Inhaltsverzeichnis

Inhaltsverzeichnis

Abkürzungs- und Literaturverzeichnis

a. A.	anderer Ansicht
a. a. O.	am angegebenen Ort
Abs.	Absatz
Abschn.	Abschnitt
a. F.	alte Fassung
ÄG 68	Gesetz zur Änderung des Landespersonalvertretungsgesetzes vom 22.4.1968 (GBl. S. 149)
ÄG 75	Gesetz zur Änderung des Landespersonalvertretungsgesetzes vom 8.7.1975 (GBl. S. 525)
ÄG 76	Gesetz zur Änderung des Landespersonalvertretungsgesetzes vom 14.12.1976 (GBl. S. 623)
ÄG 86	Gesetz zur Änderung des Landespersonalvertretungsgesetzes vom 14.7.1986 (GBl. S. 222)
ÄG 95	Gesetz zur Änderung des Landespersonalvertretungsgesetzes vom 21.12.1995 (GBl. S. 879) und Art. 2 des Landesgleichberechtigungsgesetzes vom 21.12.1995 (GBl. S. 890); sofern nicht ausdrücklich anderes vermerkt, bezieht sich der Hinweis ÄG 95 auf das Änderungsgesetz vom 21.12.1995 (GBl. S. 879)
ÄG 2005	Gesetz zur Änderung des Landesbeamtengesetzes, des Landespersonalvertretungsgesetzes und anderer Vorschriften vom 3.5.2005 (GBl. S. 321)
2. ÄG 2005	Gesetz zur Änderung des Landespersonalvertretungsrechts vom 11.10.2005 (GBl. S. 658)
ÄG 2013	Gesetz zur Änderung des Landespersonalvertretungsgesetzes, des Landesrichter- und -staatsanwaltsgesetzes und anderer Vorschriften vom 3. Dezember 2013 (GBl. S. 329, ber. GBl. 2014, S. 76)
Altvater u. a.	Altvater/Coulin/Klimpe-Auerbach, Landespersonalvertretungsgesetz Baden-Württemberg – Basiskommentar, 2. Auflage, 2012
Anm.	Anmerkung
AP	Entscheidungssammlung „Arbeitsrechtliche Praxis"
ArbG	Arbeitsgericht
ArbGG	Arbeitsgerichtsgesetz
ArbplSchG	Arbeitsplatzschutzgesetz
Art.	Artikel
ASiG	Arbeitssicherheitsgesetz
AuR	Arbeit und Recht
AusbildungsPR	Ausbildungspersonalrat
AVG	Angestelltenversicherungsgesetz
BAG	Bundesarbeitsgericht
BAGE	Entscheidungen des Bundesarbeitsgerichts
BAT	Bundesangestelltentarif
BB	Der Betriebsberater
BBiG	Berufsbildungsgesetz
BBG	Bundesbeamtengesetz
BDSG	Bundesdatenschutzgesetz
BeamtStG	Gesetz zur Regelung des Statusrechts der Beamtinnen und Beamten in den Ländern (Beamtenstatusgesetz)
Bek.	Bekanntmachung
ber.	berichtigt

Abkürzungs- und Literaturverzeichnis

Bes.Gr.	Besoldungsgruppe(n)
BetrVG	Betriebsverfassungsgesetz
BfC	Beauftragte für Chancengleichheit
BGB	Bürgerliches Gesetzbuch
BGBl.	Bundesgesetzblatt
BGH	Bundesgerichtshof
BLV	Bundeslaufbahnverordnung
BPersVG	Bundespersonalvertretungsgesetz
BPR	Bezirkspersonalrat
BRRG	Beamtenrechtsrahmengesetz
BT-Drucksache	Bundestagsdrucksache
BVerfG	Bundesverfassungsgericht
BVerfGE	Entscheidungen des Bundesverfassungsgerichts
BVerwG	Bundesverwaltungsgericht
BVerwGE	Entscheidungen des Bundesverwaltungsgerichts
BWahlG	Bundeswahlgesetz
bzgl.	bezüglich
bzw.	beziehungsweise
ChancenG	Gesetz zur Verwirklichung der Chancengleichheit von Frauen und Männern im öffentlichen Dienst des Landes Baden-Württemberg (Chancengleichheitsgesetz)
DB	Der Betrieb
dgl.	dergleichen, desgleichen
d. h.	das heißt
DÖD	Zeitschrift der öffentliche Dienst
DÖV	Die öffentliche Verwaltung
DRiG	Deutsches Richtergesetz
DVBl.	Deutsches Verwaltungsblatt
DVO	Durchführungsverordnung
entspr.	entsprechend
Erl.	Erläuterung
evtl.	eventuell
EzA	Entscheidungssammlung zum Arbeitsrecht
f.; ff.	folgende
FG	Gesetz zur Förderung der beruflichen Chancen für Frauen und der Vereinbarung von Familie und Beruf im öffentlichen Dienst des Landes Baden-Württemberg
FHG	Fachhochschulgesetz
GABl.	Gemeinsames Amtsblatt des Innenministeriums usw. des Landes Baden-Württemberg
GBl.	Gesetzblatt für Baden-Württemberg
geänd.	geändert
GemO	Gemeindeordnung für Baden-Württemberg
GesamtJAV	Gesamt-Jugend- und Auszubildendenvertretung
GesamtPR	Gesamtpersonalrat
GG	Grundgesetz für die Bundesrepublik Deutschland
ggf.	gegebenenfalls
GMBl.	Gemeinsames Ministerialblatt
GVBl.	Gesetz- und Verordnungsblatt
GVG	Gerichtsverfassungsgesetz

h. M.	herrschende Meinung
2. HRÄG	Zweites Hochschulrechtsänderungsgesetz
HPR	Hauptpersonalrat
i. d. F. v.	in der Fassung vom
i. d. R.	in der Regel
Ilbertz-Widmaier	Ilbertz/Widmaier/Sommer, Bundespersonalvertretungsgesetz mit Wahlordnung unter Einbeziehung der Landespersonalvertretungsgesetze, Kommentar, 13. Auflage, 2014
insb.	insbesondere
IÖD	Informationsdienst öffentliches Dienstrecht
i. S.	im Sinne
i. S. v.	im Sinne von
i. V. m.	in Verbindung mit
JAG	Juristenausbildungsgesetz
JAV	Jugend- und Auszubildendenvertretung
JZ	Juristenzeitung
KHG	Kunsthochschulgesetz
KIT	Karlsruher Institut für Technologie
Komm.	Kommentierung
KSchG	Kündigungsschutzgesetz
K. u. U.	Amtsblatt Kultus und Unterricht Ausgabe A
LAG	Landesarbeitsgericht
LBesG	Landesbesoldungsgesetz
LBG	Landesbeamtengesetz
LDG	Landesdisziplinargesetz
LDO	Landesdisziplinarordnung
LDSG	Landesdatenschutzgesetz
Leuze-Wörz-Bieler	Das Personalvertretungsrecht in Baden-Württemberg, Kommentar, Bielefeld, Loseblattausgabe
LGlG	Landesgleichberechtigungsgesetz
LHG	Landeshochschulgesetz
lit.	Buchstabe
LKrO	Landkreisordnung für Baden-Württemberg
LNTVO	Landesnebentätigkeitsverordnung
Lorenzen u. a.	Lorenzen-Etzel-Gerhold-Schlatmann-Rehak-Faber, Bundespersonalvertretungsgesetz, Kommentar, Heidelberg, Loseblattausgabe
LPartG	Gesetz über die eingetragene Lebenspartnerschaft
LPVG	Landespersonalvertretungsgesetz
LRiStAG	Landesrichter- und -staatsanwaltsgesetz
LS	Leitsatz
LT-Drucksache	Landtagsdrucksache
LUKG	Landesumzugskostengesetz
LV	Verfassung des Landes Baden-Württemberg
LVG	Landesverwaltungsgesetz
LVO	Landeslaufbahnverordnung
Metzler-Müller/Rieger/ Seeck/Zentgraf	Beamtenstatusgesetz, Kommentar, 2. Auflage, 2012
MTArb	Manteltarifvertrag für Arbeiterinnen und Arbeiter des Bundes und der Länder
m. w. N.	mit weiteren Nachweisen

Abkürzungs- und Literaturverzeichnis

NJW	Neue Juristische Wochenschrift
Nr.	Nummer
n. v.	nicht veröffentlicht
NZA	Neue Zeitschrift für Arbeitsrecht
o. Ä.	oder Ähnliche(s)
OLG	Oberlandesgericht
OVG	Oberverwaltungsgericht
PersR	Der Personalrat
PersV	Die Personalvertretung
PHG	Gesetz über die Pädagogischen Hochschulen im Lande Baden-Württemberg
PolG	Polizeigesetz für Baden-Württemberg
PR	Personalrat, Personalräte
RdA	Recht der Arbeit
RegBl.	Regierungsblatt
RGBl.	Reichsgesetzblatt
RiA	Das Recht im Amt
Richardi/Dörner/Weber	Kommentar zum Personalvertretungsrecht, 4. Auflage, München 2012
Rn.	Randnummer
RVG	Gesetz über die Vergütung der Rechtsanwältinnen und Rechtsanwälte
RVO	Reichsversicherungsordnung
s.	Seite; siehe
s. a.	siehe auch
SchG	Schulgesetz für Baden-Württemberg
SGB	Sozialgesetzbuch
SGB IX	Sozialgesetzbuch Neuntes Buch – Rehabilitation und Teilhabe behinderter Menschen
sog.	sogenannte(n)
StGB	Strafgesetzbuch
SWR	Südwestrundfunk
TVG	Tarifvertragsgesetz
TV-L	Tarifvertrag für den öffentlichen Dienst der Länder
TVöD	Tarifvertrag für den öffentlichen Dienst
u. a.	unter anderem
UG	Universitätsgesetz
UKG	Gesetz über die Universitätsklinika Freiburg, Heidelberg, Tübingen und Ulm (Universitätsklinika-Gesetz) i. d. F. vom 15.9.2005 (GBl. S. 625)
UniMedG	Gesetz zur Reform der Universitätsmedizin und zur Änderung des Landeshochschulgesetzes und weiterer Gesetze (Universitätsmedizingesetz) vom 7.2.2011 (GBl. S. 47)
UniMed-RüG	Gesetz zur Rückabwicklung des Universitätsmedizingesetzes vom 22.11.2011 (GBl. S. 501)
UrlVO	Verordnung der Landesregierung über den Urlaub der Beamten und Richter (Urlaubsverordnung)
u. U.	unter Umständen

VBlBW	Verwaltungsblätter für Baden-Württemberg
VerwRspr.	Verwaltungsrechtsprechung
VG	Verwaltungsgericht
VGH	Verwaltungsgerichtshof
vgl.	vergleiche
VO	Verordnung
VRG	Verwaltungsstruktur-Reformgesetz
VS	Verschlusssache
VwGO	Verwaltungsgerichtsordnung
VwPr.	Baden-Württembergische Verwaltungspraxis
VwV	Verwaltungsvorschrift
WO	Wahlordnung zum Landespersonalvertretungsgesetz
z. A.	zur Anstellung
z. B.	zum Beispiel
ZBR	Zeitschrift für Beamtenrecht
ZfPR	Zeitschrift für Personalvertretungsrecht
ZPO	Zivilprozessordnung
ZTR	Zeitschrift für Tarifrecht
zul.	zuletzt

Bearbeiterverzeichnis

In den Erläuterungen zum Landespersonalvertretungsgesetz Baden-Württemberg bearbeitet:

§§ 1–27	Dr. Schenk
§§ 28–67	Dr. Käßner
§§ 68–71	Gerstner-Heck
§§ 72, 73	Prof. Bader
§§ 74, 75	Gerstner-Heck
§§ 76–79	Prof. Bader
§§ 80–83	Gerstner-Heck
§ 84	Prof. Bader
§§ 85–88	Gerstner-Heck
§ 89	Prof. Bader
§§ 90, 91	Gerstner-Heck
§§ 92–116	Prof. Bader

Landespersonalvertretungsgesetz (LPVG)[1] – Gesetzestext

in der Fassung vom 12. März 2015 (GBl. S. 221), zuletzt geändert durch Gesetz vom 21. Juli 2015 (GBl. S. 653)

Inhaltsübersicht

---

1   Amtliche Fußnote: Dieses Gesetz dient auch der Umsetzung der Richtlinie 2002/14/EG des Europäischen Parlaments und des Rates vom 11. März 2002 zur Festlegung eines allgemeinen Rahmens für die Unterrichtung und Anhörung der Arbeitnehmer in der Europäischen Gemeinschaft (ABl. EG L 80 vom 23. März 2002, S. 29) in der jeweils geltenden Fassung.

Teil 1   Allgemeine Vorschriften

§ 1   Allgemeiner Grundsatz

In den Verwaltungen und Betrieben des Landes, der Gemeinden und Gemeindeverbände sowie der sonstigen Körperschaften, Anstalten und Stiftungen des öffentlichen Rechts, die der Aufsicht des Landes unterstehen, sowie in den Gerichten des Landes werden Personalvertretungen gebildet.

§ 2 Aufgaben der Dienststelle, der Personalvertretung, der Gewerkschaften und der Arbeitgebervereinigungen

(1) Dienststelle und Personalvertretung arbeiten unter Beachtung der Gesetze und Tarifverträge partnerschaftlich, vertrauensvoll und im Zusammenwirken mit den in der Dienststelle vertretenen Gewerkschaften und Arbeitgebervereinigungen zum Wohle der Beschäftigten und zur Erfüllung der der Dienststelle obliegenden Aufgaben zusammen.

(2) Zur Wahrnehmung der in diesem Gesetz genannten Aufgaben und Befugnisse der in der Dienststelle vertretenen Gewerkschaften ist deren Beauftragten nach Unterrichtung der Dienststelle Zugang zu der Dienststelle zu gewähren, soweit dem nicht unumgängliche Notwendigkeiten des Dienstablaufs, zwingende Sicherheitsvorschriften oder der Schutz von Dienstgeheimnissen entgegenstehen.

(3) Die Aufgaben der Gewerkschaften und der Vereinigungen der Arbeitgeber, insbesondere die Wahrnehmung der Interessen ihrer Mitglieder, werden durch dieses Gesetz nicht berührt.

§ 3 Ausschluss abweichender Regelungen

Durch Tarifvertrag oder Dienstvereinbarung kann das Personalvertretungsrecht nicht abweichend von diesem Gesetz geregelt werden.

§ 4 Beschäftigte, Gruppen

(1) [1]Beschäftigte im Sinne dieses Gesetzes sind Personen, die
1. weisungsgebunden in die Arbeitsorganisation der Dienststelle eingegliedert und innerhalb dieser tätig sind oder arbeitnehmerähnliche Personen im Sinne von § 12a des Tarifvertragsgesetzes sind,
2. sich in der Ausbildung für eine Beamtenlaufbahn oder in sonstiger beruflicher Ausbildung befinden,

unabhängig davon, ob sie in einem Dienst-, Arbeits- oder Ausbildungsverhältnis mit einer juristischen Person nach § 1 stehen. [2]Beschäftigte sind auch Personen, die unter Fortsetzung eines bestehenden unmittelbaren Dienst- oder Arbeitsverhältnisses zur Dienststelle nach beamtenrechtlichen oder tariflichen Vorschriften zu einer anderen Stelle abgeordnet oder dieser zugewiesen sind oder dort ihre geschuldete Arbeitsleistung erbringen.

(2) Als Beschäftigte im Sinne dieses Gesetzes gelten nicht
1. Personen in einem öffentlich-rechtlichen Amtsverhältnis,
2. Richter sowie Staatsanwälte, es sei denn
   a) die Richter auf Lebenszeit oder Staatsanwälte auf Lebenszeit sind an eine andere Dienststelle als ein Gericht oder eine Staatsanwaltschaft abgeordnet,
   b) die Richter auf Probe oder die Richter kraft Auftrags sind einer anderen Dienststelle als einem Gericht oder einer Staatsanwaltschaft zur Verwendung zugewiesen,
3. Personen, die ehrenamtlich tätig sind, es sei denn, sie stehen in einem Ehrenbeamtenverhältnis,
4. Personen, die vorwiegend zu ihrer Heilung, Wiedereingewöhnung oder Erziehung beschäftigt werden,

5. Personen, die in der Dienststelle auf der Grundlage von Werk-, Werklieferungs- oder Geschäftsbesorgungsverträgen tätig sind; Absatz 1 Satz 1 Nummer 1 bleibt unberührt.

(3) [1]Unter den Beschäftigten bilden die Beamten im Sinne der Beamtengesetze eine Gruppe. [2]Als Beamte im Sinne dieses Gesetzes gelten auch Personen, die sich, ohne in ein Beamtenverhältnis berufen zu sein, in der Ausbildung für eine Beamtenlaufbahn in einem öffentlich-rechtlichen Ausbildungsverhältnis befinden oder als Richter oder Staatsanwälte nach Absatz 2 Nummer 2 verwendet werden.

(4) [1]Die übrigen Beschäftigten bilden die Gruppe der Arbeitnehmer. [2]Die dieser Gruppe angehörenden Beschäftigten gelten als Arbeitnehmer im Sinne dieses Gesetzes.

§ 5   Dienststellen

(1) Dienststellen im Sinne dieses Gesetzes sind die einzelnen Behörden, Stellen und Betriebe der in § 1 genannten juristischen Personen sowie die Gerichte, die Hochschulen, das Karlsruher Institut für Technologie (KIT) und die Schulen, soweit in diesem Gesetz nichts anderes bestimmt ist.

(2) Eigenbetriebe mit in der Regel nicht mehr als 50 Beschäftigten gelten nicht als Dienststelle im Sinne von Absatz 1; ihre Beschäftigten gelten als Beschäftigte der Verwaltungsbehörde der Gemeinde oder des Gemeindeverbands.

(3) [1]Außenstellen, Nebenstellen und Teile einer Dienststelle nach Absatz 1 oder einer nach Absatz 4 zusammengefassten Dienststelle können auf Antrag der Mehrheit der betroffenen wahlberechtigten Beschäftigten oder von Amts wegen vom Leiter der Hauptdienststelle oder der zusammengefassten Dienststelle unter Berücksichtigung dienstlicher Belange und der Belange der Beschäftigten zu einer selbstständigen Dienststelle im Sinne dieses Gesetzes erklärt oder zu einer solchen zusammengefasst werden. [2]Der Personalrat ist vor der Entscheidung anzuhören. [3]Für die Aufhebung der Verselbstständigung gilt Satz 1 entsprechend. [4]Vor der Aufhebung sind der Personalrat der Dienststelle nach Satz 1, der Personalrat der Hauptdienststelle und der Gesamtpersonalrat anzuhören. [5]Die Verselbstständigung und ihre Aufhebung sind jeweils ab der folgenden Wahl wirksam.

(4) [1]Mehrere Dienststellen eines Verwaltungszweigs können von der obersten Dienstbehörde zu einer Dienststelle im Sinne dieses Gesetzes zusammengefasst werden, wenn die Mehrheit ihrer wahlberechtigten Beschäftigten in geheimen Abstimmungen zustimmt. [2]Für die Aufhebung gilt Satz 1 mit der Maßgabe entsprechend, dass es nur der Zustimmung der Mehrheit der wahlberechtigten Beschäftigten der Dienststellenteile bedarf, die aus dem Zusammenschluss ausscheiden wollen oder sollen; eine Verselbstständigung nach Absatz 3 Satz 1 gilt dadurch ebenfalls als aufgehoben. [3]Die Zusammenfassung und ihre Aufhebung sind jeweils ab der folgenden Wahl wirksam.

(5) [1]Bei gemeinsamen Dienststellen verschiedener juristischer Personen gelten die Beschäftigten jeder juristischen Person als Beschäftigte einer besonderen Dienststelle. [2]Das Landratsamt gilt als einheitliche Dienststelle.

§ 6   Behinderungs-, Benachteiligungs- und Begünstigungsverbot, Unfallschutz

(1) Personen, die Aufgaben oder Befugnisse nach diesem Gesetz wahrnehmen, dürfen darin nicht behindert und wegen ihrer Tätigkeit nicht benachteiligt oder begünstigt werden; dies gilt auch für ihre berufliche Entwicklung.

(2) Erleiden Beamte, die Aufgaben oder Befugnisse nach diesem Gesetz wahrnehmen, dabei einen Unfall, der im Sinne der beamtenrechtlichen Unfallfürsorgevorschriften ein Dienstunfall wäre, oder erfahren sie einen Sachschaden, der nach § 80 des Landesbeamtengesetzes zu ersetzen wäre, so finden diese Vorschriften entsprechende Anwendung.

§ 7 Verschwiegenheitspflicht

(1) [1]Personen, die Aufgaben oder Befugnisse nach diesem Gesetz wahrnehmen oder wahrgenommen haben, haben über die ihnen dabei bekannt gewordenen Angelegenheiten und Tatsachen Verschwiegenheit zu bewahren. [2]Abgesehen von den Fällen des § 71 Absatz 1 Satz 3, des § 76 Absatz 4 und des § 94 gilt die Verschwiegenheitspflicht nicht
1. für Mitglieder der Personalvertretung und der Jugend- und Auszubildendenvertretung gegenüber den übrigen Mitgliedern der Vertretung und gegenüber den für Mitglieder eingetretenen Ersatzmitgliedern,
2. für die in Satz 1 bezeichneten Personen gegenüber der zuständigen Personalvertretung und der zuständigen Jugend- und Auszubildendenvertretung,
3. gegenüber der übergeordneten Dienststelle, der obersten Dienstbehörde oder dem anzurufenden obersten Organ oder einem Ausschuss dieses Organs,
4. gegenüber der bei der übergeordneten Dienststelle oder der obersten Dienstbehörde gebildeten Stufenvertretung,
5. gegenüber dem Gesamtpersonalrat,
6. gegenüber der anzuhörenden Personalvertretung,
7. für die Anrufung der Einigungsstelle,
8. für Mitglieder des Wirtschaftsausschusses gegenüber Mitgliedern der Personalvertretungen.

(2) Die Verschwiegenheitspflicht besteht nicht für Angelegenheiten oder Tatsachen, die offenkundig sind oder ihrer Bedeutung nach keiner Geheimhaltung bedürfen.

(3) Die Dienststelle kann im Einzelfall auf Antrag des Personalrats von der Verschwiegenheitspflicht entbinden; die Aussagegenehmigung nach beamtenrechtlichen oder entsprechenden tariflichen Vorschriften bleibt davon unberührt.

Teil 2   Der Personalrat

Abschnitt 1 Wahl und Zusammensetzung

§ 8   Wahlberechtigung

(1) Wahlberechtigt sind alle Beschäftigten, es sei denn, dass sie
1. infolge Richterspruchs das Recht, in öffentlichen Angelegenheiten zu wählen oder zu stimmen, nicht besitzen,
2. am Wahltag seit mehr als zwölf Monaten ohne Dienstbezüge oder Arbeitsentgelt beurlaubt sind,
3. eine Teilzeitbeschäftigung mit Freistellungsjahr ausüben und am Wahltag noch mehr als zwölf Monate vom Dienst freigestellt sind,
4. Altersteilzeit im Blockmodell ausüben und sich am Wahltag in der Freistellung befinden.

(2) [1]Auszubildende in öffentlich-rechtlichen Ausbildungsverhältnissen, Beamte im Vorbereitungsdienst und Beschäftigte in einer dem Vorbereitungsdienst entsprechenden Berufsausbildung sind nur bei ihrer Stammbehörde wahlberechtigt, soweit sich aus § 58 nichts anderes ergibt. [2]Sofern die Ausbildung bei mehreren Ausbildungsstellen erfolgt, bestimmt die oberste Dienstbehörde, welche Dienststelle Stammbehörde im Sinne dieses Gesetzes ist.

§ 9   Wählbarkeit

(1) Wählbar sind die wahlberechtigten Beschäftigten im Sinne von § 4 Absatz 1 Satz 1, die am Wahltag
1. seit zwei Monaten der Dienststelle angehören und
2. das 18. Lebensjahr vollendet haben.

(2) [1]Nicht wählbar sind
1. Beschäftigte, die infolge Richterspruchs die Fähigkeit, Rechte aus öffentlichen Wahlen zu erlangen, nicht besitzen,
2. der Leiter der Dienststelle und sein ständiger Vertreter,
3. Beschäftigte, die zu selbstständigen Entscheidungen in Personalangelegenheiten der Dienststelle befugt sind,
4. die den Beschäftigten nach Nummer 3 zugeordneten unmittelbaren Mitarbeiter, die als Personalsachbearbeiter die Entscheidungen vorbereiten,
5. die Beauftragte für Chancengleichheit und ihre Stellvertreterin.

[2]Beschäftigte, die nicht ständig selbstständige Entscheidungen in Personalangelegenheiten treffen oder vorbereiten, sind von der Wählbarkeit nach Satz 1 Nummer 3 und 4 nicht ausgeschlossen, wenn nur zu einem untergeordneten Teil der Gesamtaufgaben des Beschäftigten Personalangelegenheiten entschieden oder vorbereitet werden.

§ 10   Bildung von Personalräten, Zahl der Mitglieder

(1) In allen Dienststellen, die in der Regel mindestens fünf Wahlberechtigte beschäftigen, von denen drei Beschäftigte wählbar sind, werden Personalräte gebildet.

(2) Dienststellen, bei denen die Voraussetzungen des Absatzes 1 nicht vorliegen, werden von der übergeordneten Dienststelle im Einvernehmen mit der Stufenvertretung einer benachbarten Dienststelle zugeteilt, wenn die Mehrheit ihrer wahlberechtigten Beschäftigten in geheimer Abstimmung zustimmt.

(3) Der Personalrat besteht in Dienststellen mit in der Regel

5 bis 14 wahlberechtigten Beschäftigten	aus einer Person,
15 wahlberechtigten Beschäftigten bis 50 Beschäftigten	aus drei Mitgliedern,
51 bis 150 Beschäftigten	aus fünf Mitgliedern,
151 bis 300 Beschäftigten	aus sieben Mitgliedern,
301 bis 600 Beschäftigten	aus neun Mitgliedern,
601 bis 1000 Beschäftigten	aus elf Mitgliedern,
1001 bis 1500 Beschäftigten	aus 13 Mitgliedern,
1501 bis 2000 Beschäftigten	aus 15 Mitgliedern,
2001 bis 3000 Beschäftigten	aus 17 Mitgliedern,
3001 bis 4000 Beschäftigten	aus 19 Mitgliedern,
4001 bis 5000 Beschäftigten	aus 21 Mitgliedern,
5001 bis 7500 Beschäftigten	aus 23 Mitgliedern,
7501 bis 10000 Beschäftigten	aus 25 Mitgliedern,
10001 und mehr Beschäftigten	aus 27 Mitgliedern.

(4) Liegen in Dienststellen mit in der Regel 601 und mehr Beschäftigten Außenstellen, Nebenstellen oder Teile der Dienststelle räumlich vom Dienstort der Hauptdienststelle entfernt, erhöht sich die Zahl der Mitglieder nach Absatz 3 um

1. zwei Mitglieder, wenn mindestens ein Drittel der in der Regel Beschäftigten der Dienststelle,
2. vier Mitglieder, wenn mindestens die Hälfte der in der Regel Beschäftigten der Dienststelle

zum überwiegenden Teil ihrer Arbeitszeit an einem anderen als dem Dienstort der Hauptdienststelle beschäftigt ist.

(5) [1]Maßgebend für die Ermittlung der Zahl der Mitglieder des Personalrats ist der zehnte Arbeitstag vor Erlass des Wahlausschreibens. [2]Der Wahlvorstand legt dabei den zu dem Stichtag absehbaren Beschäftigtenstand zugrunde, der voraussichtlich über die Hälfte der Amtszeit des Personalrats in der Dienststelle vorhanden sein wird.

§ 11 Vertretung nach Gruppen und Geschlechtern

(1) [1]Besteht der Personalrat aus mindestens drei Mitgliedern, sollen im Personalrat Frauen und Männer entsprechend ihren Anteilen an den in der Regel Beschäftigten der Dienststelle vertreten sein. [2]Sind in der Dienststelle Beamte und Arbeitnehmer beschäftigt, sollen Frauen und Männer in jeder Gruppe, der mehr als ein Sitz im Personalrat zusteht, entsprechend ihrem Anteil an den in der Regel beschäftigten Gruppenangehörigen vertreten sein.

(2) [1]Besteht der Personalrat aus mindestens drei Mitgliedern und sind in der Dienststelle Beamte und Arbeitnehmer beschäftigt, so muss jede der Gruppen entsprechend der Zahl der in der Regel beschäftigten Gruppenangehörigen im Personalrat vertreten sein. [2]Sind beide Gruppen gleich groß, entscheidet das Los. [3]Macht eine Gruppe von ihrem Recht, im Personalrat vertreten zu sein, keinen Gebrauch, so verliert sie ihren Anspruch auf Vertretung für die Dauer der Amtszeit des Personalrats; die entsprechend zustehenden Sitze fallen der anderen Gruppe zu.

(3) [1]Der Wahlvorstand stellt fest, wie hoch der Anteil der Frauen und der Männer an den in der Regel Beschäftigten insgesamt und innerhalb der Gruppen ist. [2]Er errechnet nach den Grundsätzen der Verhältniswahl die Verteilung der Sitze

1. im Personalrat auf die Gruppen,
2. im Personalrat auf die Geschlechter,
3. innerhalb einer Gruppe, der mehr als ein Sitz im Personalrat zusteht, auf die Geschlechter.

(4) Eine Gruppe erhält mindestens bei in der Regel

weniger als 101 Gruppenangehörigen	einen Vertreter,
101 bis 300 Gruppenangehörigen	zwei Vertreter,
301 bis 1000 Gruppenangehörigen	drei Vertreter,
1001 bis 2500 Gruppenangehörigen	vier Vertreter,
2501 bis 5000 Gruppenangehörigen	fünf Vertreter,
5001 und mehr Gruppenangehörigen	sechs Vertreter.

(5) Eine Gruppe, der in der Regel nicht mehr als fünf Beschäftigte angehören, erhält nur dann eine Vertretung, wenn sie mindestens ein Zwanzigstel der Beschäftigten der Dienststelle umfasst.

§ 12 Andere Gruppeneinteilung

(1) [1]Die Verteilung der Mitglieder des Personalrats auf die Gruppen kann abweichend von § 11 geordnet werden, wenn die wahlberechtigten Angehörigen jeder

Gruppe dies vor der Neuwahl in getrennten geheimen Vorabstimmungen beschließen. ²Der Beschluss bedarf der Mehrheit der Stimmen aller Wahlberechtigten jeder Gruppe.

(2) ¹Für jede Gruppe können auch Angehörige der anderen Gruppe vorgeschlagen werden. ²Die Gewählten gelten als Vertreter derjenigen Gruppe, für die sie vorgeschlagen worden sind. ³Satz 2 gilt auch für Ersatzmitglieder.

§ 13   Wahl des Personalrats

(1) Der Personalrat wird in geheimer und unmittelbarer Wahl gewählt.

(2) ¹Besteht der Personalrat aus mehr als einer Person, so wählen die Beamten und Arbeitnehmer ihre Vertreter je in getrennten Wahlgängen, es sei denn, dass eine Gruppe nach § 11 Absatz 5 keine Vertretung erhält oder die wahlberechtigten Angehörigen jeder Gruppe vor der Neuwahl in getrennten geheimen Vorabstimmungen die gemeinsame Wahl beschließen. ²Der Beschluss bedarf der Mehrheit der Stimmen aller Wahlberechtigten jeder Gruppe.

(3) ¹Die Wahl wird nach den Grundsätzen der Verhältniswahl durchgeführt. ²Wird nur ein Wahlvorschlag eingereicht, so findet Mehrheitswahl statt. ³In Dienststellen, deren Personalrat aus einer Person besteht, wird dieser mit einfacher Stimmenmehrheit gewählt. ⁴Das Gleiche gilt für Gruppen, denen nur ein Vertreter im Personalrat zusteht.

(4) ¹Zur Wahl des Personalrats können die wahlberechtigten Beschäftigten und die in der Dienststelle vertretenen Gewerkschaften Wahlvorschläge machen. ²Jeder Wahlvorschlag der Beschäftigten muss von mindestens einem Zwanzigstel der wahlberechtigten Gruppenangehörigen unterzeichnet sein. ³In jedem Fall genügt die Unterzeichnung durch 50 wahlberechtigte Gruppenangehörige. ⁴Die nach § 9 Absatz 2 Satz 1 Nummer 3 und 4 in Verbindung mit Satz 2 nicht wählbaren Beschäftigten dürfen keine Wahlvorschläge machen oder unterzeichnen.

(5) ¹Die Wahlvorschläge müssen mindestens so viele Bewerber enthalten, wie erforderlich sind, um die anteilige Verteilung der Sitze im Personalrat und innerhalb der Gruppen auf Frauen und Männer zu erreichen. ²Wahlvorschläge, die diesem Erfordernis nicht entsprechen, hat der Wahlvorstand nach näherer Maßgabe der Wahlordnung als gültig zuzulassen, wenn die Abweichung schriftlich begründet wird. ³Die Begründung ist mit dem Wahlvorschlag bekanntzugeben.

(6) Ist gemeinsame Wahl beschlossen worden, so muss jeder Wahlvorschlag der Beschäftigten von mindestens einem Zwanzigstel der wahlberechtigten Beschäftigten unterzeichnet sein; Absatz 4 Satz 3 und 4 gilt entsprechend.

(7) ¹Werden bei gemeinsamer Wahl für eine Gruppe gruppenfremde Bewerber vorgeschlagen, muss der Wahlvorschlag der Beschäftigten von mindestens einem Zwanzigstel der wahlberechtigten Gruppenangehörigen unterzeichnet sein, für die sie vorgeschlagen werden. ²Absatz 4 Satz 3 und 4 gilt entsprechend.

(8) Jeder Beschäftigte kann nur auf einem Wahlvorschlag benannt werden.

§ 14   Zusammensetzung des Personalrats nach Beschäftigungsarten und Dienststellenteilen

(1) Der Personalrat soll sich aus Vertretern der verschiedenen Beschäftigungsarten und verschiedener Organisationseinheiten der Dienststelle zusammensetzen.

(2) ¹Dem Personalrat beim Landratsamt sollen Beschäftigte des Landkreises und des Landes entsprechend ihren Anteilen an den in der Regel Beschäftigten des Landratsamts angehören. ²Dies gilt entsprechend für die Vertretung in den Gruppen im Personalrat.

§ 15   Wahlvorstand

(1) ¹Der Wahlvorstand besteht aus drei wahlberechtigten Beschäftigten. ²Sind in der Dienststelle Angehörige verschiedener Gruppen beschäftigt, so muss jede Gruppe im Wahlvorstand vertreten sein. ³Beide Geschlechter sollen im Wahlvorstand vertreten sein.

(2) Ein Mitglied des Wahlvorstands wird zum Vorsitzenden sowie ein weiteres Mitglied zum stellvertretenden Vorsitzenden bestimmt.

(3) ¹Für jedes Mitglied des Wahlvorstands können Ersatzmitglieder derselben Gruppe bestellt werden. ²Ein Ersatzmitglied tritt in den Wahlvorstand ein, wenn ein Mitglied aus dem Wahlvorstand ausscheidet oder ein Mitglied des Wahlvorstands zeitweilig verhindert ist.

(4) ¹Ist der Vorsitzende des Wahlvorstands zeitweilig verhindert, vertritt ihn der stellvertretende Vorsitzende; scheidet der Vorsitzende aus dem Wahlvorstand aus, so ist der Vorsitz neu zu bestimmen. ²Unabhängig davon tritt jeweils das Ersatzmitglied nach Absatz 3 Satz 2 ein.

(5) § 41 Absatz 1 Satz 2, § 43 Absatz 2 Satz 2 und § 47 Absatz 1 Satz 1 und Absatz 2 sowie Absatz 4 gelten entsprechend für die Mitglieder des Wahlvorstands und Ersatzmitglieder, solange sie in den Wahlvorstand eingetreten sind.

§ 16   Bestellung oder Wahl des Wahlvorstands

(1) Spätestens zwölf Wochen vor Ablauf seiner Amtszeit bestellt der Personalrat den Wahlvorstand und bestimmt den Vorsitzenden und den stellvertretenden Vorsitzenden.

(2) ¹Auf Antrag von mindestens drei wahlberechtigten Beschäftigten oder einer in der Dienststelle vertretenen Gewerkschaft beruft der Leiter der Dienststelle eine Personalversammlung zur Wahl des Wahlvorstands und zur Bestimmung des Vorsitzes ein, wenn
1. der Personalrat zehn Wochen vor Ablauf seiner Amtszeit keinen Wahlvorstand bestellt hat oder
2. in einer Dienststelle, die die Voraussetzungen des § 10 Absatz 1 erfüllt, kein Personalrat besteht.
²Die Personalversammlung wählt einen Versammlungsleiter.

(3) Findet die einberufene Personalversammlung nicht statt oder wählt die Personalversammlung keinen Wahlvorstand, so bestellt ihn der Leiter der Dienststelle auf Antrag von mindestens drei wahlberechtigten Beschäftigten oder einer in der Dienststelle vertretenen Gewerkschaft.

§ 17   Einleitung und Durchführung der Wahl

(1) ¹Der Wahlvorstand führt die Wahl des Personalrats durch. ²Er bestimmt den Tag, die Zeit und den Ort der Wahl. ³Dabei hat er auf die Belange der Beschäftigten und der Dienststelle Rücksicht zu nehmen.

(2) [1]Der Wahlvorstand hat die Wahl spätestens zwei Monate vor dem vorgesehenen Wahltag einzuleiten. [2]Die Wahl soll rechtzeitig vor dem Ablauf der Amtszeit des Personalrats stattfinden. [3]Ist der Wahlvorstand durch die Personalversammlung gewählt, durch den Leiter der Dienststelle bestellt oder findet eine nicht regelmäßige Personalratswahl nach § 23 Absatz 1 statt, soll die Wahl spätestens zwei Monate nach der Wahl oder Bestellung des Wahlvorstands stattfinden.

(3) [1]Kommt der Wahlvorstand den Verpflichtungen nach Absatz 1 Satz 1 und 2 und Absatz 2 nicht nach, so beruft der Leiter der Dienststelle eine Personalversammlung zur Wahl eines neuen Wahlvorstands ein. [2]§ 16 Absatz 2 Satz 2 und Absatz 3 gilt entsprechend.

(4) Bei einer Neubestellung des Wahlvorstands nach Absatz 3 gelten Absatz 1 Satz 2 und Absatz 2 mit der Maßgabe, dass der Wahlvorstand unverzüglich den Wahltag festzusetzen und die Wahl einzuleiten hat.

§ 18   Feststellung des Wahlergebnisses

[1]Unverzüglich nach Abschluss der Wahl nimmt der Wahlvorstand öffentlich die Auszählung der Stimmen vor, stellt deren Ergebnis in einer Niederschrift fest und gibt es den Angehörigen der Dienststelle bekannt. [2]Dem Leiter der Dienststelle, den in der Dienststelle vertretenen Gewerkschaften und den Vertretern der sonstigen gültigen Wahlvorschläge ist eine Abschrift der Niederschrift zu übersenden.

§ 19   Konstituierende Sitzung des Personalrats

Spätestens sechs Arbeitstage nach dem Wahltag beruft der Wahlvorstand die Mitglieder des Personalrats zur Vornahme der vorgeschriebenen Wahlen ein und leitet die Sitzung, bis der Personalrat aus seiner Mitte einen Wahlleiter bestellt hat.

§ 20   Freiheit der Wahl, Kosten

(1) [1]Niemand darf die Wahl des Personalrats behindern oder in einer gegen die guten Sitten verstoßenden Weise beeinflussen. [2]Insbesondere darf kein Wahlberechtigter in der Ausübung des aktiven und passiven Wahlrechts beschränkt werden. [3]§ 47 Absatz 1 Satz 1 und Absatz 2 sowie Absatz 4 gilt für Wahlbewerber entsprechend.

(2) [1]Die Kosten der Wahl trägt die Dienststelle. [2]Notwendiges Versäumnis von Arbeitszeit infolge der Ausübung des Wahlrechts, der Teilnahme an den in den § 16 Absatz 2 und § 17 Absatz 3 genannten Personalversammlungen oder der Betätigung im Wahlvorstand hat keine Minderung der Besoldung oder des Arbeitsentgelts zur Folge.

§ 21   Anfechtung der Wahl

(1) Mindestens drei Wahlberechtigte, jede in der Dienststelle vertretene Gewerkschaft oder der Leiter der Dienststelle können binnen einer Frist von zwölf Arbeitstagen, vom Tag der Bekanntgabe des Wahlergebnisses an gerechnet, die Wahl beim Verwaltungsgericht anfechten, wenn gegen wesentliche Vorschriften über das Wahlrecht, die Wählbarkeit oder das Wahlverfahren verstoßen worden und eine Berichti-

gung nicht erfolgt ist, es sei denn, dass durch den Verstoß das Wahlergebnis nicht geändert oder beeinflusst werden konnte.

(2) [1]Ist die Wahl für ungültig erklärt, setzt der Vorsitzende der Fachkammer des Verwaltungsgerichts einen Wahlvorstand ein. [2]Dieser hat unverzüglich die Wiederholungswahl einzuleiten, durchzuführen und das Ergebnis festzustellen. [3]Der Wahlvorstand nimmt die dem Personalrat nach diesem Gesetz zustehenden Befugnisse und Pflichten bis zur Wiederholungswahl wahr.

Abschnitt 2 **Amtszeit**

§ 22 Amtszeit, regelmäßiger Wahlzeitraum

(1) [1]Die regelmäßige Amtszeit des Personalrats beträgt fünf Jahre. [2]Sie beginnt mit dem Tag der Wahl oder, wenn zu diesem Zeitpunkt noch ein Personalrat besteht, mit dem Ablauf der Amtszeit dieses Personalrats. [3]Die Amtszeit endet spätestens am 31. Juli des Jahres, in dem die regelmäßigen Personalratswahlen stattfinden.

(2) [1]Ist am Tag des Ablaufs der Amtszeit ein neuer Personalrat nicht gewählt, führt der Personalrat die Geschäfte weiter, bis der neue Personalrat gewählt ist, längstens bis zum Ablauf des 31. Juli. [2]Der geschäftsführende Personalrat ist nicht befugt, Maßnahmen nach § 84 zu beantragen oder Dienstvereinbarungen zu schließen.

(3) [1]Die regelmäßigen Personalratswahlen finden alle fünf Jahre in der Zeit vom 1. April bis 31. Juli statt. [2]Fand außerhalb dieses Zeitraums eine Personalratswahl statt, so ist der Personalrat in dem auf die Wahl folgenden nächsten Zeitraum der regelmäßigen Personalratswahlen neu zu wählen, wenn die Amtszeit des Personalrats zu Beginn des für die regemäßigen Personalratswahlen festgelegten Zeitraums mehr als ein Jahr betragen hat. [3]War seine Amtszeit kürzer, so ist der Personalrat erst in dem übernächsten Zeitraum der regelmäßigen Personalratswahlen neu zu wählen.

§ 23 Vorzeitige Neuwahl

(1) [1]Der Personalrat ist außerhalb des für die regelmäßigen Personalratswahlen festgelegten Zeitraums neu zu wählen, wenn
1. mit Ablauf von 20 Monaten oder 40 Monaten, vom Tag der Wahl gerechnet, die Zahl der in der Regel Beschäftigten um ein Drittel, mindestens aber um 50 gestiegen oder gesunken ist oder
2. die Gesamtzahl der Mitglieder des Personalrats auch nach dem Eintreten sämtlicher Ersatzmitglieder um mehr als ein Viertel der Mitgliederzahl nach § 10 Absatz 3 gesunken ist oder
3. der Personalrat mit der Mehrheit seiner Mitglieder seinen Rücktritt beschlossen hat oder
4. der Personalrat durch gerichtliche Entscheidung aufgelöst ist oder
5. die Wahl des Personalrats mit Erfolg angefochten worden ist oder
6. in der Dienststelle kein Personalrat besteht.
[2]In den Fällen der Nummer 1 bis 3 führt der Personalrat die Geschäfte weiter, bis der neue Personalrat gewählt ist, längstens für vier Monate. [3]§ 22 Absatz 2 Satz 2 gilt entsprechend.

(2) [1]Ist eine in der Dienststelle vorhandene Gruppe, die bisher im Personalrat vertreten war, auch nach dem Eintreten sämtlicher Ersatzmitglieder durch kein Mitglied

des Personalrats mehr vertreten, so wählt diese Gruppe für den Rest der Amtszeit des Personalrats neue Vertreter. [2]Die §§ 16 bis 18, 20 und 21 finden mit folgenden Maßgaben entsprechende Anwendung:

1. Eine Personalversammlung oder eine Gruppenversammlung zur Wahl eines Wahlvorstands findet nicht statt.
2. Die Bestellung des Wahlvorstands durch den Leiter der Dienststelle ist nur auf Antrag von drei wahlberechtigten Beschäftigten der Gruppe, für welche die Neuwahl stattfinden soll, möglich. Das Antragsrecht einer in der Dienststelle vertretenen Gewerkschaft bleibt unberührt.

§ 24   Ausschluss einzelner Mitglieder und Auflösung des Personalrats

(1) [1]Auf Antrag eines Viertels der Wahlberechtigten oder einer in der Dienststelle vertretenen Gewerkschaft kann das Verwaltungsgericht den Ausschluss eines Mitglieds aus dem Personalrat oder die Auflösung des Personalrats wegen grober Vernachlässigung seiner gesetzlichen Befugnisse oder wegen grober Verletzung seiner gesetzlichen Pflichten beschließen. [2]Der Personalrat kann aus den gleichen Gründen den Ausschluss eines Mitglieds beantragen. [3]Der Leiter der Dienststelle kann den Ausschluss eines Mitglieds aus dem Personalrat oder die Auflösung des Personalrats wegen grober Verletzung seiner gesetzlichen Pflichten beantragen.

(2) Ist über den Antrag auf Ausschluss eines Mitglieds bis zum Ablauf der Amtszeit noch nicht rechtskräftig entschieden, so ist das Verfahren mit der Wirkung für die folgende Amtszeit fortzusetzen, wenn das Mitglied für die folgende Amtszeit wieder gewählt worden ist.

(3) [1]Ist der Personalrat aufgelöst, so setzt der Vorsitzende der Fachkammer des Verwaltungsgerichts einen Wahlvorstand ein. [2]Dieser hat unverzüglich die Neuwahl einzuleiten, durchzuführen und das Ergebnis festzustellen. [3]Der Wahlvorstand nimmt bis zur Neuwahl die dem Personalrat nach diesem Gesetz zustehenden Befugnisse und Pflichten wahr.

§ 25   Erlöschen der Mitgliedschaft im Personalrat

(1) Die Mitgliedschaft im Personalrat erlischt durch
1. Ablauf der Amtszeit,
2. Niederlegung des Amts,
3. Rücktritt des gesamten Personalrats,
4. Beendigung des Dienst-, Arbeits- oder Ausbildungsverhältnisses,
5. Ausscheiden als Beschäftigter aus der Dienststelle,
6. Beurlaubung ohne Dienstbezüge oder Arbeitsentgelt, wenn diese länger als zwölf Monate gedauert hat; bei Mitgliedern, die bereits bei Beginn der Amtszeit beurlaubt sind, beginnt die Frist ab diesem Zeitpunkt,
7. Teilzeitbeschäftigung mit Freistellungsjahr, wenn dieses bis zum Ruhestand andauert, mit dem Beginn der Freistellung,
8. Altersteilzeit im Blockmodell mit dem Beginn der Freistellung,
9. Verlust der Wählbarkeit,
10. gerichtliche Entscheidung nach § 24 Absatz 1 Satz 1,
11. Feststellung nach Ablauf der in § 21 Absatz 1 bezeichneten Frist, dass der Gewählte nicht wählbar war.

(2) Die Mitgliedschaft im Personalrat wird durch einen Wechsel der Gruppenzugehörigkeit eines Mitglieds nicht berührt; dieses bleibt Vertreter der Gruppe, die es gewählt hat.

(3) Für Waldarbeiter gilt Absatz 1 Nummer 4 und 5 mit der Maßgabe, dass die Mitgliedschaft im Personalrat erst bei endgültigem Ausscheiden als Waldarbeiter erlischt.

§ 26 Ruhen der Mitgliedschaft im Personalrat

(1) Die Mitgliedschaft eines Beamten im Personalrat ruht, solange ihm die Führung der Dienstgeschäfte verboten oder er disziplinarrechtlich vorläufig des Dienstes enthoben ist.

(2) Die Mitgliedschaft der in § 8 Absatz 2 bezeichneten Beschäftigten im Personalrat ruht, solange sie entsprechend den Erfordernissen ihrer Ausbildung einen Ausbildungsabschnitt in einer anderen Dienststelle ableisten.

(3) Die Absätze 1 und 2 gelten sinngemäß für Arbeitnehmer.

(4) Die Mitgliedschaft von Waldarbeitern im Personalrat ruht, solange sie vorübergehend nicht im Beschäftigungsverhältnis stehen.

§ 27 Ersatzmitglieder

(1) [1]Scheidet ein Mitglied aus dem Personalrat aus, so tritt ein Ersatzmitglied ein. [2]Ist ein Mitglied des Personalrats zeitweilig verhindert oder ruht seine Mitgliedschaft, so tritt ein Ersatzmitglied für die Zeit der Verhinderung oder des Ruhens ein.

(2) [1]Die Ersatzmitglieder werden der Reihe nach aus den nicht gewählten Beschäftigten derjenigen Vorschlagslisten entnommen, denen die zu ersetzenden Mitglieder angehören. [2]Ist ein Mitglied nach Absatz 1 mit einfacher Stimmenmehrheit gewählt, so tritt der nicht gewählte Beschäftigte mit der nächsthöheren Stimmenzahl als Ersatzmitglied ein.

(3) § 25 Absatz 2 gilt entsprechend bei einem Wechsel der Gruppenzugehörigkeit vor dem Eintritt des Ersatzmitglieds in den Personalrat.

(4) In den Fällen des § 23 Absatz 1 Satz 1 Nummer 3 und 4 treten Ersatzmitglieder nicht ein.

Abschnitt 3 Geschäftsführung

§ 28 Vorstand

(1) [1]Der Personalrat bildet aus seiner Mitte den Vorstand. [2]Diesem muss ein Mitglied jeder im Personalrat vertretenen Gruppe angehören. [3]Die Vertreter jeder Gruppe wählen das auf sie entfallende Vorstandsmitglied.

(2) [1]Der Personalrat kann aus seiner Mitte mit der Mehrheit der Stimmen aller Mitglieder zwei weitere Mitglieder in den Vorstand wählen. [2]Sind Mitglieder des Personalrats aus Wahlvorschlägen mit verschiedenen Bezeichnungen gewählt worden und sind im Vorstand nach Absatz 1 Mitglieder aus dem Wahlvorschlag nicht vertreten, der die zweitgrößte Zahl aller von den Angehörigen der Dienststelle abgegebenen Stimmen erhalten hat, so ist eines der weiteren Vorstandsmitglieder aus diesem Wahlvorschlag zu wählen.

(3) Beide Geschlechter sollen im Vorstand vertreten sein.

(4) [1]Der Vorstand führt die laufenden Geschäfte. [2]Er kann dazu andere Mitglieder des Personalrats heranziehen.

§ 29 Vorsitz

(1) [1]Der Personalrat bestimmt, welches Vorstandsmitglied nach § 28 Absatz 1 den Vorsitz übernimmt. [2]Das Vorstandsmitglied der anderen Gruppe übernimmt den stellvertretenden Vorsitz, es sei denn, der Personalrat bestimmt dazu mit Zustimmung der Vertreter dieser Gruppe ein anderes Mitglied aus seiner Mitte. [3]Ist nur eine Gruppe im Vorstand vertreten, bestimmt der Personalrat aus seiner Mitte ein Mitglied, das den stellvertretenden Vorsitz übernimmt.

(2) [1]Der Vorsitzende vertritt den Personalrat im Rahmen der von diesem gefassten Beschlüsse. [2]In Angelegenheiten, die nur eine Gruppe betreffen, vertritt der Vorsitzende, wenn er nicht selbst dieser Gruppe angehört, gemeinsam mit einem der Gruppe angehörenden Vorstandsmitglied den Personalrat.

§ 30 Anberaumung der Sitzungen

(1) [1]Der Vorsitzende des Personalrats beraumt die Sitzungen an; dabei hat er auf die dienstlichen Erfordernisse Rücksicht zu nehmen. [2]Er setzt die Tagesordnung fest und leitet die Verhandlung. [3]Der Vorsitzende hat die Mitglieder des Personalrats, die Schwerbehindertenvertretung und das von der Jugend- und Auszubildendenvertretung nach § 32 Absatz 4 Satz 1 benannte Mitglied zu den Sitzungen rechtzeitig unter Mitteilung der Tagesordnung zu laden. [4]Zu den Sitzungen sind ebenso zu laden
1. die weiteren Mitglieder der Jugend- und Auszubildendenvertretung,
2. Beauftragte von Stufenvertretungen,
3. Beauftragte des Gesamtpersonalrats,
4. die Beauftragte für Chancengleichheit,
soweit sie allgemein oder auf Beschluss des Personalrats berechtigt sind, an der Sitzung teilzunehmen.

(2) Der Leiter der Dienststelle ist vom Zeitpunkt der Sitzung unter Mitteilung der Tagesordnung rechtzeitig zu verständigen und zu Tagesordnungspunkten, an denen er teilnehmen soll, zu laden.

(3) [1]Auf Antrag eines Viertels der Mitglieder des Personalrats, der Mehrheit der Vertreter einer Gruppe oder des Leiters der Dienststelle hat der Vorsitzende eine Sitzung anzuberaumen und den Gegenstand, dessen Beratung beantragt wird, auf die Tagesordnung zu setzen. [2]Entsprechendes gilt in Angelegenheiten, die
1. besonders Beschäftigte im Sinne von § 59 betreffen, für die Mehrheit der Mitglieder der Jugend- und Auszubildendenvertretung;
2. schwerbehinderte Beschäftigte besonders betreffen, für die Schwerbehindertenvertretung;
3. besonders die Gleichstellung von Frauen und Männern betreffen, für die Beauftragte für Chancengleichheit.

(4) Der Leiter der Dienststelle oder im Verhinderungsfall eine von ihm beauftragte Person nimmt an den Sitzungen, die auf sein Verlangen anberaumt sind, und an den Sitzungen, zu denen er ausdrücklich eingeladen ist, teil.

(5) [1]Der Personalrat kann von Fall zu Fall beschließen, dass Beauftragte von Stufenvertretungen und Beauftragte des Gesamtpersonalrats berechtigt sind, mit beraten-

der Stimme an einer Sitzung teilzunehmen. ²In diesem Fall kann die Ladung zur Sitzung nach Absatz 1 auch kurzfristig erfolgen.

§ 31   Gemeinsame Aufgaben von Personalrat, Richterrat und Staatsanwaltsrat

(1) Sind an einer Angelegenheit sowohl der Personalrat als auch der Richterrat oder der Staatsanwaltsrat beteiligt, so teilt der Vorsitzende dem Richterrat oder dem Staatsanwaltsrat den entsprechenden Teil der Tagesordnung mit und gibt ihm Gelegenheit, Mitglieder in die Sitzung des Personalrats zu entsenden (§ 28 des Landesrichter- und -staatsanwaltsgesetzes).

(2) ¹Der Vorsitzende des Personalrats hat auf Antrag des Richterrats oder des Staatsanwaltsrats oder des Leiters der Dienststelle eine Angelegenheit, deren Beratung beantragt ist, auf die Tagesordnung zu setzen. ²§ 30 Absatz 3 bis 5 gilt entsprechend.

§ 32   Durchführung der Sitzungen, Teilnahmerechte

(1) Die Sitzungen des Personalrats sind nicht öffentlich; sie finden in der Regel während der Arbeitszeit statt.

(2) Der Personalrat kann ihm zur Verfügung gestelltes Büropersonal zur Erstellung der Niederschrift hinzuziehen.

(3) ¹Auf Antrag eines Viertels der Mitglieder oder der Mehrheit einer Gruppe des Personalrats kann von Fall zu Fall je eine beauftragte Person der im Personalrat vertretenen Gewerkschaften an einer Sitzung beratend teilnehmen. ²In diesem Fall sind der Zeitpunkt der Sitzung und die Tagesordnung den im Personalrat vertretenen Gewerkschaften rechtzeitig mitzuteilen. ³Nimmt der Leiter der Dienststelle oder die von ihm beauftragte Person an der Sitzung teil, kann er oder sie einen Vertreter der Arbeitgebervereinigung, der die Dienststelle angehört, hinzuziehen. ⁴Personelle und soziale Angelegenheiten einzelner Beschäftigter dürfen nur mit deren vorheriger schriftlicher Zustimmung in Anwesenheit von Beauftragten von Gewerkschaften oder der Arbeitgebervereinigung beraten werden.

(4) ¹Ein Mitglied der Jugend- und Auszubildendenvertretung, das von dieser benannt wird, kann an allen Sitzungen des Personalrats beratend teilnehmen. ²An der Behandlung von Angelegenheiten, die besonders Beschäftigte im Sinne von § 59 betreffen, kann die gesamte Jugend- und Auszubildendenvertretung teilnehmen; die Mitglieder der Jugend- und Auszubildendenvertretung haben bei Beschlüssen des Personalrats in diesen Angelegenheiten Stimmrecht. ³Der Vorsitzende des Personalrats soll Angelegenheiten, die besonders Beschäftigte im Sinne von § 59 betreffen, der Jugend- und Auszubildendenvertretung zur Beratung zuleiten.

(5) Die Schwerbehindertenvertretung kann an allen Sitzungen des Personalrats beratend teilnehmen.

(6) ¹Die Beauftragte für Chancengleichheit kann an den Beratungen des Personalrats von einzelnen Gegenständen auf der Tagesordnung teilnehmen, wenn
1. der Gegenstand auf ihren Antrag auf die Tagesordnung gesetzt wurde oder
2. der Personalrat dies im Einzelfall beschließt.
²Sie kann Anregungen zur Behandlung von Angelegenheiten geben, die besonders die Gleichstellung von Frauen und Männern betreffen.

(7) [1]Der Personalrat kann nach vorheriger Unterrichtung des Leiters der Dienststelle sachverständige Personen aus der Dienststelle oder sonstige Auskunftspersonen aus der Dienststelle anhören, soweit dies zur Erfüllung seiner Aufgaben erforderlich ist. [2]Die Teilnahme dieser Personen an Beratung und Beschlussfassung ist nicht zulässig.

(8) [1]Der Personalrat kann nach vorheriger Unterrichtung des Leiters der Dienststelle in Mitbestimmungsangelegenheiten zu personellen Einzelmaßnahmen betroffene Beschäftigte anhören. [2]Absatz 7 Satz 2 gilt entsprechend.

§ 33   Befangenheit

(1) [1]Ein Mitglied des Personalrats darf weder beratend noch entscheidend mitwirken, wenn die Entscheidung einer Angelegenheit ihm selbst oder folgenden Personen einen unmittelbaren Vorteil oder Nachteil bringen kann:
1. dem Ehegatten oder dem Lebenspartner nach § 1 des Lebenspartnerschaftsgesetzes,
2. einem in gerader Linie oder in der Seitenlinie bis zum dritten Grad Verwandten,
3. einem in gerader Linie oder in der Seitenlinie bis zum zweiten Grad Verschwägerten oder als verschwägert Geltenden, solange die die Schwägerschaft begründende Ehe oder Lebenspartnerschaft nach § 1 des Lebenspartnerschaftsgesetzes besteht, oder
4. einer von ihm kraft Gesetzes oder Vollmacht vertretenen Person.
[2]Satz 1 gilt nicht,
1. wenn die Entscheidung nur die gemeinsamen Interessen einer Berufs- oder Beschäftigtengruppe berührt,
2. für Wahlen, die vom Personalrat aus seiner Mitte vorgenommen werden müssen,
3. für Wahlen, die von den Gruppen aus ihrer Mitte vorgenommen werden müssen.

(2) Ein Mitglied des Personalrats darf ferner weder beratend noch entscheidend mitwirken, wenn es die zur Beschlussfassung anstehende Maßnahme als Beschäftigter der Dienststelle vorbereitet oder daran verantwortlich mitgewirkt hat.

(3) [1]Das Mitglied des Personalrats, bei dem ein Tatbestand vorliegt, der Befangenheit zur Folge haben kann, hat dies vor Beginn der Beratung über diesen Gegenstand dem Vorsitzenden mitzuteilen. [2]Ob ein Ausschließungsgrund vorliegt, entscheidet in Zweifelsfällen in Abwesenheit des Betroffenen der Personalrat.

(4) Wer an der Beratung und Entscheidung nicht mitwirken darf, muss die Sitzung verlassen.

(5) Ein Beschluss ist rechtswidrig, wenn bei der Beratung oder Beschlussfassung ein Mitglied trotz Befangenheit mitgewirkt hat.

§ 34   Beschlussfassung

(1) [1]Die Beschlüsse des Personalrats werden mit einfacher Stimmenmehrheit der anwesenden Mitglieder gefasst. [2]Bei Stimmengleichheit ist ein Antrag abgelehnt.

(2) Der Personalrat ist nur beschlussfähig, wenn mindestens die Hälfte seiner Mitglieder anwesend ist; Stellvertretung durch Ersatzmitglieder ist zulässig.

(3) [1]In einfach gelagerten Angelegenheiten, die durch die Geschäftsordnung nicht anderweitig übertragen sind, kann der Vorsitzende im schriftlichen Umlaufverfahren beschließen lassen, wenn kein Mitglied des Personalrats diesem Verfahren widerspricht. [2]Die nähere Bestimmung einfach gelagerter Angelegenheiten und das Ver-

fahren sind in der Geschäftsordnung zu regeln. [3]Das Ergebnis des Umlaufbeschlusses ist dem Personalrat in der nächsten Sitzung bekanntzugeben.

(4) [1]Die im Personalrat vertretenen Gruppen beraten und beschließen gemeinsam. [2]In Angelegenheiten, die lediglich die Angehörigen einer Gruppe betreffen, beschließen nach gemeinsamer Beratung im Personalrat nur die Vertreter dieser Gruppe, wenn getrennte Beschlussfassung in der Geschäftsordnung allgemein festgelegt ist oder im Einzelfall die Mehrheit der Vertreter dieser Gruppe die alleinige Beschlussfassung beantragt.

§ 35 Ausschüsse des Personalrats

(1) [1]In einem Personalrat mit elf und mehr Mitgliedern kann der Personalrat durch Regelung in der Geschäftsordnung zur Vorberatung seiner Beratungen und Vorbereitung von Beschlüssen aus seiner Mitte höchstens bis zum Ablauf seiner Amtszeit Ausschüsse bilden, in denen jeweils beide Gruppen vertreten sein müssen. [2]Beide Geschlechter sollen im Ausschuss vertreten sein.

(2) Den Vorsitz in den Ausschüssen führt der Vorsitzende des Personalrats, soweit in der Geschäftsordnung des Personalrats nichts anderes bestimmt ist.

(3) [1]Die § 30 Absatz 1, 2 und 4, § 32 Absatz 1, 2 und 4 Satz 1 sowie Absätze 5 bis 8, §§ 33, 34 Absatz 3 Satz 3 sowie Absatz 4 Satz 1 und § 38 gelten entsprechend. [2]Das Weitere über die Zusammensetzung und das Verfahren regelt die Geschäftsordnung.

(4) [1]Der Personalrat kann seine Befugnisse in einfach gelagerten Mitbestimmungsangelegenheiten und in Mitwirkungsangelegenheiten, mit Ausnahme der Fälle des § 81 Absatz 2, höchstens bis zum Ablauf seiner Amtszeit auf Ausschüsse übertragen. [2]In welchem Umfang er die Ausübung seiner Befugnisse übertragen will, ist in der Geschäftsordnung zu bestimmen. [3]Für die Beschlussfassung in den Ausschüssen gelten § 32 Absatz 4 Satz 2 und § 34 Absatz 1, 2 und 4 Satz 2 entsprechend. [4]Der Personalrat ist über die Beschlüsse unverzüglich zu unterrichten.

(5) [1]Eine einem Ausschuss übertragene Angelegenheit ist dem Personalrat zur Beratung und Beschlussfassung vorzulegen, wenn
1. der Ausschuss die Zustimmung zu einer beabsichtigten Maßnahme verweigern oder Einwendungen gegen eine beabsichtigte Maßnahme erheben will,
2. ein Ausschussmitglied einen Beschluss des Ausschusses als eine erhebliche Beeinträchtigung der Interessen der durch das Mitglied vertretenen Gruppe erachtet,
3. die Schwerbehindertenvertretung einen Beschluss des Ausschusses als erhebliche Beeinträchtigung wichtiger Interessen der schwerbehinderten Beschäftigten erachtet,
4. der Vertreter der Jugend- und Auszubildendenvertretung einen Beschluss des Ausschusses als eine erhebliche Beeinträchtigung wichtiger Interessen der Beschäftigten im Sinne von § 59 erachtet.
[2]Die Vorlage an den Personalrat ist der Dienststelle schriftlich mitzuteilen. [3]In den Fällen des Satzes 1 verlängert sich die Frist zur Zustimmung oder Erhebung von Einwendungen um eine Woche, soweit mit der Dienststelle nichts anderes vereinbart ist.

§ 36 Übertragung von Befugnissen auf den Vorstand des Personalrats

(1) [1]Der Personalrat kann seine Befugnisse in einfach gelagerten Mitbestimmungsangelegenheiten und in Mitwirkungsangelegenheiten, mit Ausnahme der Fälle des

§ 81 Absatz 2, höchstens bis zum Ablauf seiner Amtszeit auf den Vorstand übertragen. ²In welchem Umfang er die Ausübung seiner Befugnisse auf den Vorstand übertragen will, ist in der Geschäftsordnung zu bestimmen.

(2) § 32 Absatz 5, § 34 Absatz 1, 2 und 3 Satz 3 sowie Absatz 4 Satz 2, § 35 Absatz 4 Satz 4 und Absatz 5 Satz 1 Nummer 1 bis 3 sowie Satz 2 und 3 gelten entsprechend.

§ 37 Einspruch der Vertreter einer Gruppe, der Beschäftigten im Sinne von § 59 oder der schwerbehinderten Beschäftigten

(1) ¹Erachtet die Mehrheit der Vertreter einer Gruppe, die Mehrheit der Mitglieder der Jugend- und Auszubildendenvertretung oder die Schwerbehindertenvertretung einen Beschluss des Personalrats als eine erhebliche Beeinträchtigung wichtiger Interessen der durch sie vertretenen Beschäftigten, so ist auf ihren Antrag der Beschluss auf die Dauer von einer Woche vom Zeitpunkt der Beschlussfassung an auszusetzen. ²In dieser Frist soll, gegebenenfalls mit Hilfe der unter den Mitgliedern des Personalrats vertretenen Gewerkschaften, eine Verständigung versucht werden. ³Bei Aussetzung eines Beschlusses nach Satz 1 und Unterrichtung der Dienststelle verlängern sich Fristen nach diesem Gesetz um die Dauer der Aussetzung.

(2) ¹Nach Ablauf der Frist ist über die Angelegenheit erneut zu beschließen. ²Wird der erste Beschluss bestätigt, so kann der Antrag auf Aussetzung nicht wiederholt werden.

§ 38 Niederschrift

(1) ¹Über jede Verhandlung des Personalrats ist eine Niederschrift aufzunehmen, die mindestens den Wortlaut der Beschlüsse und die Stimmenmehrheit, mit der sie gefasst sind, enthält. ²Die Niederschrift ist vom Vorsitzenden und einem weiteren Mitglied zu unterzeichnen. ³Der Niederschrift ist eine Anwesenheitsliste beizufügen, in die sich jeder Teilnehmer eigenhändig einzutragen hat.

(2) ¹Haben der Leiter der Dienststelle, die von ihm beauftragte Person oder Beauftragte von Gewerkschaften an der Sitzung teilgenommen, so ist ihnen der entsprechende Teil der Niederschrift abschriftlich zuzuleiten. ²Einwendungen gegen die Niederschrift sind unverzüglich schriftlich zu erheben und der Niederschrift beizufügen.

(3) ¹Die Beauftragte für Chancengleichheit, die Schwerbehindertenvertretung, Mitglieder der Jugend- und Auszubildendenvertretung und Beauftragte von Stufenvertretungen und des Gesamtpersonalrats können in die Niederschrift über den Teil der Sitzung Einsicht nehmen, an dem sie teilgenommen haben. ²Entsprechende Abschriften können gefertigt werden.

§ 39 Geschäftsordnung

(1) Sonstige Bestimmungen über die Geschäftsführung können in einer Geschäftsordnung getroffen werden, die der Personalrat mit der Mehrheit der Stimmen seiner Mitglieder und in jeder Gruppe mit der Mehrheit der Stimmen der jeweiligen Gruppenmitglieder beschließt.

(2) ¹Hat der Personalrat mindestens fünf Mitglieder, so soll er sicherstellen, dass er an den regelmäßigen Arbeitstagen der für Personalratsbeteiligungen zuständigen Verwaltung der Dienststelle, bei der er eingerichtet ist, für die Einleitung förmlicher

Beteiligungsverfahren erreichbar ist. [2]Andere Personalräte sollen die Dienststelle rechtzeitig vorher unterrichten, wenn absehbar ist, dass der Personalrat für mehrere zusammenhängende Arbeitstage nicht erreichbar ist. [3]Personalrat und Dienststelle können für die Dauer der Amtszeit des Personalrats abweichende Vereinbarungen für die Erreichbarkeit treffen.

(3) Die Geschäftsordnung und Änderungen der Geschäftsordnung sind der Dienststelle zur Kenntnis zu geben.

§ 40   Sprechstunden

(1) [1]Der Personalrat kann Sprechstunden während der Arbeitszeit einrichten. [2]Zeit und Ort bestimmt er im Einvernehmen mit dem Leiter der Dienststelle.

(2) [1]Versäumnis von Arbeitszeit wegen des Aufsuchens der Sprechstunde des Personalrats oder sonstiger Inanspruchnahme des Personalrats hat keine Minderung der Besoldung oder des Arbeitsentgelts zur Folge. [2]Soweit der Besuch der Sprechstunde aus dienstlichen Gründen außerhalb der Arbeitszeit stattfinden muss, ist Beschäftigten Dienstbefreiung in entsprechendem Umfang zu gewähren. [3]Reisekosten, die durch den Besuch der Sprechstunde entstehen, werden in entsprechender Anwendung des Landesreisekostengesetzes erstattet.

§ 41   Kosten

(1) [1]Die durch die Tätigkeit des Personalrats entstehenden notwendigen Kosten trägt die Dienststelle. [2]Mitglieder des Personalrats erhalten bei Reisen, die zur Erfüllung ihrer Aufgaben notwendig sind, Reisekostenvergütungen nach dem Landesreisekostengesetz.

(2) Für die Sitzungen, die Sprechstunden und die laufende Geschäftsführung hat die Dienststelle in erforderlichem Umfang Räume, Geschäftsbedarf, die üblicherweise in der Dienststelle genutzte Informations- und Kommunikationstechnik und Büropersonal zur Verfügung zu stellen.

(3) [1]Dem Personalrat werden in allen Dienststellen geeignete Plätze für Bekanntmachungen und Anschläge zur Verfügung gestellt und er kann erforderliche schriftliche Mitteilungen an die Beschäftigten verteilen. [2]Er kann die Beschäftigten auch über die üblicherweise in der Dienststelle genutzten Informations- und Kommunikationseinrichtungen unterrichten. [3]Die Kosten für erforderliche Informationsmedien des Personalrats trägt die Dienststelle.

§ 42   Verbot der Beitragserhebung

Der Personalrat darf für seine Zwecke von den Beschäftigten keine Beiträge erheben oder annehmen.

Abschnitt 4   Rechtsstellung der Personalratsmitglieder

§ 43   Allgemeines

(1) Die Mitglieder des Personalrats führen ihr Amt unentgeltlich als Ehrenamt.

(2) [1]Versäumnis von Arbeitszeit, die zur ordnungsmäßigen Durchführung der Aufgaben des Personalrats erforderlich ist, hat keine Minderung der Besoldung oder des

Arbeitsentgelts zur Folge. [2]Werden Mitglieder des Personalrats durch die Erfüllung ihrer Aufgaben über ihre individuell maßgebliche Arbeitszeit hinaus beansprucht, so ist ihnen Dienstbefreiung in entsprechendem Umfang zu gewähren.

§ 44   Schulungs- und Bildungsmaßnahmen

(1) [1]Die Mitglieder des Personalrats sowie die Ersatzmitglieder, die in absehbarer Zeit in den Personalrat eintreten werden oder regelmäßig zu Sitzungen des Personalrats hinzugezogen werden, sind unter Fortzahlung der Besoldung oder des Arbeitsentgelts für die Teilnahme an Schulungs- und Bildungsveranstaltungen vom Dienst freizustellen, soweit diese Kenntnisse vermitteln, die für die Tätigkeit im Personalrat erforderlich sind; dabei sind die dienstlichen Interessen angemessen zu berücksichtigen. [2]§ 43 Absatz 2 Satz 2 gilt entsprechend.

(2) [1]Der Vorsitzende des Personalrats sowie einer der stellvertretenden Vorsitzenden haben viermal im Jahr Anspruch auf Besoldungs- oder Entgeltfortzahlung anlässlich der Teilnahme an einer von der zuständigen Gewerkschaft einberufenen Konferenz der Vorsitzenden der Personalräte. [2]Denselben Anspruch haben alle Mitglieder des Personalrats zweimal im Jahr zur Teilnahme an einer gleichen Konferenz. [3]Die persönliche Teilnahme an einer dieser Konferenzen ist durch eine Bescheinigung der zuständigen gewerkschaftlichen Konferenzleitung nachzuweisen. [4]Absatz 1 bleibt unberührt.

§ 45   Freistellung

(1) [1]Mitglieder des Personalrats sind auf Antrag des Personalrats von ihrer dienstlichen Tätigkeit freizustellen, wenn und soweit es nach Umfang und Art der Dienststelle zur ordnungsgemäßen Durchführung ihrer Aufgaben erforderlich ist. [2]Sie sind freizustellen in Personalräten mit

fünf Mitgliedern	für zwölf Arbeitsstunden in der Woche,
sieben Mitgliedern	für 24 Arbeitsstunden in der Woche,
neun Mitgliedern	im Umfang eines Vollzeitbeschäftigten,
elf Mitgliedern	im Umfang von zwei Vollzeitbeschäftigten,
13 Mitgliedern	im Umfang von drei Vollzeitbeschäftigten,
15 Mitgliedern	im Umfang von vier Vollzeitbeschäftigten,
17 Mitgliedern	im Umfang von fünf Vollzeitbeschäftigten,
19 Mitgliedern	im Umfang von sechs Vollzeitbeschäftigten,
21 Mitgliedern	im Umfang von sieben Vollzeitbeschäftigten,
23 Mitgliedern	im Umfang von acht Vollzeitbeschäftigten,
25 Mitgliedern	im Umfang von neun Vollzeitbeschäftigten,
27 Mitgliedern	im Umfang von zehn Vollzeitbeschäftigten.

[3]Eine entsprechende Teilfreistellung mehrerer Mitglieder ist zulässig.

(2) Personalrat und Dienststelle können abweichend von Absatz 1 Satz 2 höhere oder niedrigere Freistellungen für die Dauer der Amtszeit des Personalrats vereinbaren.

(3) [1]Maßgebend für die Ermittlung der Freistellungen ist die Zahl der Mitglieder des Personalrats, welche nach § 10 Absatz 1, 3 und 4 einer zum Zeitpunkt der Antragstellung durchzuführenden Wahl des Personalrats zugrunde zu legen wäre. [2]Würde sich nach der Freistellung die Zahl der Mitglieder des Personalrats im Falle einer Neuwahl um mehr als zwei Mitglieder verringern, ist eine aufgrund der bisherigen Mitgliederzahl bewilligte Freistellung zu verringern. [3]Absatz 2 bleibt unberührt.

(4) ¹Bei der Freistellung sind zunächst die von den Gruppenvertretern gewählten Vorstandsmitglieder, sodann die übrigen Vorstandsmitglieder zu berücksichtigen. ²Bei weiteren Freistellungen sind die im Personalrat vertretenen Wahlvorschläge nach den Grundsätzen der Verhältniswahl zu berücksichtigen; dabei sind die nach Satz 1 freigestellten Vorstandsmitglieder anzurechnen.

§ 46 Benachteiligungsverbot, Berufsbildung freigestellter Mitglieder des Personalrats

(1) Von ihrer dienstlichen Tätigkeit freigestellte Mitglieder des Personalrats dürfen in ihrem beruflichen Werdegang nicht benachteiligt werden.

(2) ¹Von ihrer dienstlichen Tätigkeit freigestellte Mitglieder des Personalrats dürfen von Maßnahmen der Berufsbildung innerhalb und außerhalb der Verwaltung oder des Betriebs nicht ausgeschlossen werden. ²Innerhalb eines Jahres nach Beendigung der Freistellung eines Personalratsmitglieds ist diesem im Rahmen der Möglichkeiten der Dienststelle Gelegenheit zu geben, eine wegen der Freistellung unterbliebene verwaltungs- oder betriebsübliche Entwicklung nachzuholen. ³Für Mitglieder des Personalrats, die drei volle aufeinanderfolgende Amtszeiten von ihrer dienstlichen Tätigkeit freigestellt waren, erhöht sich der Zeitraum nach Satz 2 auf zwei Jahre.

§ 47 Schutz des Arbeitsplatzes

(1) ¹Mitglieder des Personalrats dürfen gegen ihren Willen nur versetzt werden, wenn dies auch unter Berücksichtigung der Mitgliedschaft im Personalrat aus wichtigen dienstlichen Gründen unvermeidbar ist. ²Die Versetzung von Mitgliedern des Personalrats gegen ihren Willen bedarf der Zustimmung des Personalrats. ³Verweigert der Personalrat seine Zustimmung oder äußert er sich nicht innerhalb von drei Arbeitstagen nach Eingang des Antrags, so kann das Verwaltungsgericht die Zustimmung auf Antrag der Dienststelle ersetzen, wenn die Voraussetzungen des Satzes 1 vorliegen. ⁴In dem Verfahren vor dem Verwaltungsgericht ist das Mitglied des Personalrats Beteiligter.

(2) Absatz 1 gilt entsprechend in den Fällen der Abordnung, der Zuweisung, der Personalgestellung und der mit einem Wechsel des Dienstorts verbundenen oder für eine Dauer von mehr als zwei Monaten vorgesehenen Umsetzung in derselben Dienststelle.

(3) ¹Für Auszubildende in öffentlich-rechtlichen Ausbildungsverhältnissen, Beamte im Vorbereitungsdienst und Beschäftigte in einer dem Vorbereitungsdienst entsprechenden Berufsausbildung gelten die Absätze 1 und 2 sowie die §§ 15 und 16 des Kündigungsschutzgesetzes nicht. ²Die Absätze 1 und 2 gelten ferner nicht bei den dort genannten Personalmaßnahmen dieser Beschäftigten im Anschluss an den Vorbereitungsdienst oder das Ausbildungsverhältnis.

(4) ¹Die außerordentliche Kündigung von Mitgliedern des Personalrats, die in einem Arbeitsverhältnis stehen, bedarf der Zustimmung des Personalrats. ²Verweigert der Personalrat seine Zustimmung oder äußert er sich nicht innerhalb von drei Arbeitstagen nach Eingang des Antrags, so kann das Verwaltungsgericht die Zustimmung auf Antrag der Dienststelle ersetzen, wenn die außerordentliche Kündigung unter Berücksichtigung aller Umstände gerechtfertigt ist. ³In dem Verfahren vor dem Verwaltungsgericht ist das Mitglied des Personalrats Beteiligter.

(5) Die Absätze 1, 2 und 4 gelten entsprechend für Ersatzmitglieder, solange sie nach § 27 Absatz 1 in den Personalrat eingetreten sind.

§ 48   Übernahme Auszubildender

(1) Beabsichtigt die Dienststelle, einen Auszubildenden in einem Berufsausbildungsverhältnis nach dem Berufsbildungsgesetz, dem Krankenpflegegesetz oder dem Hebammengesetz, der Mitglied im Personalrat ist, nach erfolgreicher Beendigung des Berufsausbildungsverhältnisses nicht in ein Arbeitsverhältnis auf unbestimmte Zeit zu übernehmen, so hat sie dies drei Monate vor Beendigung des Berufsausbildungsverhältnisses dem Auszubildenden schriftlich mitzuteilen.

(2) Verlangt ein Auszubildender nach Absatz 1 innerhalb der letzten drei Monate vor Beendigung des Berufsausbildungsverhältnisses schriftlich von der Dienststelle die Weiterbeschäftigung, so gilt zwischen dem Auszubildenden und der Dienststelle im Anschluss an das erfolgreiche Berufsausbildungsverhältnis ein Arbeitsverhältnis auf unbestimmte Zeit als begründet.

(3) Die Absätze 1 und 2 gelten auch, wenn das Berufsausbildungsverhältnis vor Ablauf eines Jahres nach Beendigung der Amtszeit des Personalrats erfolgreich endet.

(4) [1]Die Dienststelle kann spätestens bis zum Ablauf von zwei Wochen nach Beendigung des Berufsausbildungsverhältnisses beim Verwaltungsgericht beantragen,
1. festzustellen, dass ein Arbeitsverhältnis nach den Absätzen 2 oder 3 nicht begründet wird, oder
2. das bereits nach den Absätzen 2 oder 3 begründete Arbeitsverhältnis aufzulösen,

wenn Tatsachen vorliegen, aufgrund derer der Dienststelle unter Berücksichtigung aller Umstände die Weiterbeschäftigung nicht zugemutet werden kann. [2]In dem Verfahren vor dem Verwaltungsgericht ist der Personalrat Beteiligter.

(5) Die Absätze 2 bis 4 sind unabhängig davon anzuwenden, ob die Dienststelle ihrer Mitteilungspflicht nach Absatz 1 nachgekommen ist.

Teil 3   Die Personalversammlung

§ 49   Allgemeines

(1) Die Personalversammlung besteht aus den Beschäftigten der Dienststelle.

(2) Kann nach den dienstlichen Verhältnissen, der Eigenart der Dienststelle oder anderen sachlichen Gegebenheiten eine gemeinsame Versammlung aller Beschäftigten nicht stattfinden, so sind Teilversammlungen abzuhalten.

(3) Der Personalrat kann ferner getrennte Versammlungen in bestimmten Verwaltungseinheiten der Dienststelle oder Versammlungen eines bestimmten Personenkreises durchführen.

(4) [1]Auf Beschluss der zuständigen Personalräte kann zur Behandlung gemeinsamer Angelegenheiten eine gemeinsame Personalversammlung mehrerer Dienststellen stattfinden, wenn für sie ein Gesamtpersonalrat gebildet ist oder wenn Dienststellen derselben juristischen Person nach § 1 unter derselben Leitung stehen. [2]Die Personalräte einigen sich zugleich, welcher Vorsitzende eines Personalrats die gemeinsame Personalversammlung leitet.

(5) § 68 Absatz 2 und § 69 Absatz 1 Satz 3 gelten für die Personalversammlung entsprechend.

§ 50   Einberufung der Personalversammlung

(1) [1]Der Personalrat beruft die Personalversammlung ein und legt die Tagesordnung fest. [2]Der Vorsitzende des Personalrats lädt zur Personalversammlung ein und leitet sie.

(2) Der Personalrat ist auf Wunsch des Leiters der Dienststelle oder eines Viertels der wahlberechtigten Beschäftigten verpflichtet, eine Personalversammlung einzuberufen und den Gegenstand, dessen Beratung beantragt ist, auf die Tagesordnung zu setzen.

(3) Auf Antrag einer in der Dienststelle vertretenen Gewerkschaft muss der Personalrat vor Ablauf von drei Wochen nach Eingang des Antrags eine Personalversammlung einberufen, wenn im vorhergegangenen Kalenderjahr keine Personalversammlung und keine Teilversammlung durchgeführt worden sind.

§ 51   Durchführung der Personalversammlung

(1) [1]Personalversammlungen finden während der Arbeitszeit statt, soweit nicht die dienstlichen Verhältnisse eine andere Regelung erfordern. [2]Die Teilnahme an der Personalversammlung hat keine Minderung der Besoldung oder des Arbeitsentgelts zur Folge. [3]Soweit Personalversammlungen aus dienstlichen Gründen außerhalb der Arbeitszeit stattfinden müssen, ist den Teilnehmern Dienstbefreiung in entsprechendem Umfang zu gewähren. [4]§ 43 Absatz 2 Satz 2 gilt entsprechend.

(2) Die Kosten, die durch die Teilnahme an Personalversammlungen entstehen, werden in entsprechender Anwendung des Landesreisekostengesetzes erstattet.

§ 52   Angelegenheiten der Personalversammlung

(1) Der Personalrat soll einmal in jedem Kalenderjahr in einer Personalversammlung einen Tätigkeitsbericht erstatten.

(2) Die Personalversammlung kann alle Angelegenheiten behandeln, die die Dienststelle oder ihre Beschäftigten unmittelbar betreffen, insbesondere wirtschaftliche Angelegenheiten, Tarif-, Besoldungs- und Sozialangelegenheiten sowie Fragen der Gleichstellung von Frauen und Männern.

(3) [1]Die Personalversammlung kann dem Personalrat Anträge unterbreiten und zu seinen Beschlüssen Stellung nehmen. [2]In einer gemeinsamen Personalversammlung wird gemeinsam beraten, Anträge und Stellungnahmen an die Personalräte werden jedoch getrennt von den Beschäftigten der jeweiligen Dienststelle beschlossen.

(4) Der Personalrat unterrichtet die Beschäftigten über die Behandlung der Anträge und den Fortgang der in der Personalversammlung behandelten Angelegenheiten.

§ 53   Nichtöffentlichkeit der Personalversammlung, Teilnahmerechte

(1) Die Personalversammlung ist nicht öffentlich.

(2) [1]An der Personalversammlung können mit beratender Stimme teilnehmen:

1. je ein Beauftragter der in der Dienststelle vertretenen Gewerkschaften,
2. ein Beauftragter der Arbeitgebervereinigung, der die Dienststelle angehört,
3. ein beauftragtes Mitglied der Stufenvertretung,
4. ein Beauftragter der Dienststelle, bei der die Stufenvertretung besteht,
5. ein beauftragtes Mitglied des Gesamtpersonalrats,
6. die Schwerbehindertenvertretung,
7. ein beauftragtes Mitglied der Jugend- und Auszubildendenvertretung.
[2]Der Vorsitzende des Personalrats hat die Einberufung der Personalversammlung den Teilnahmeberechtigten mitzuteilen. [3]Die Teilnahmeberechtigten können Änderungen oder Ergänzungen der Tagesordnung beantragen.

(3) [1]Der Personalrat kann der Personalversammlung vorschlagen, dass Beauftragte nach Absatz 2 Satz 1 Nummer 1 und 2 an der Personalversammlung nicht teilnehmen sollen. [2]Über den Ausschluss entscheidet die Personalversammlung mit der Mehrheit der Stimmen der anwesenden Beschäftigten.

(4) [1]Der Leiter der Dienststelle kann an den Personalversammlungen teilnehmen. [2]An den Personalversammlungen, die auf seinen Wunsch einberufen worden sind oder zu denen er ausdrücklich eingeladen worden ist, hat er teilzunehmen. [3]Er kann einen Vertreter der Arbeitgebervereinigung, der die Dienststelle angehört, hinzuziehen; in diesem Fall kann auch je ein Beauftragter der in der Dienststelle vertretenen Gewerkschaften an der Personalversammlung teilnehmen. [4]Der Leiter der Dienststelle kann sich durch einen Beauftragten in der Personalversammlung vertreten lassen, sofern die Personalversammlung nicht auf seinen Wunsch einberufen worden ist.

Teil 4   Gesamtpersonalrat und Stufenvertretungen, Arbeitsgemeinschaften

§ 54   Gesamtpersonalrat

(1) In den Fällen des § 5 Absatz 3 wird neben den einzelnen Personalräten ein Gesamtpersonalrat gebildet.

(2) [1]Die Mitglieder des Gesamtpersonalrats werden von den Beschäftigten der Dienststellen gewählt, für die der Gesamtpersonalrat gebildet wird. [2]Der Gesamtpersonalrat besteht bei

bis zu 500 in der Regel Beschäftigten	aus sieben Mitgliedern,
501 bis 1000 in der Regel Beschäftigten	aus neun Mitgliedern,
1001 bis 3000 in der Regel Beschäftigten	aus elf Mitgliedern,
3001 bis 5000 in der Regel Beschäftigten	aus 13 Mitgliedern,
5001 bis 7500 in der Regel Beschäftigten	aus 15 Mitgliedern,
7501 bis 10000 in der Regel Beschäftigten	aus 17 Mitgliedern,
10001 und mehr in der Regel Beschäftigten	aus 19 Mitgliedern.

(3) [1]Im Gesamtpersonalrat erhält jede Gruppe mindestens einen Vertreter. [2]Besteht der Gesamtpersonalrat aus mehr als neun Mitgliedern, erhält jede Gruppe mindestens zwei Vertreter. [3]§ 11 Absatz 5 gilt entsprechend.

(4) Für die Wahl, die Amtszeit und die Geschäftsführung des Gesamtpersonalrats gelten die §§ 8 bis 10 Absatz 2 und 5, § 11 Absatz 1 bis 3, §§ 12 bis 16 Absatz 1, § 17 Absatz 1, 2 und 4, §§ 18 bis 30 und 32 bis 48 mit folgenden Maßgaben entsprechend:
1.   Das Wahlrecht kann auch bei Zugehörigkeit zu mehreren Dienststellen, für die der Gesamtpersonalrat gebildet wird, nur einmal ausgeübt werden.

2. An Stelle einer Personalversammlung zur Bestellung des Wahlvorstands übt der Leiter der Dienststelle, bei der der Gesamtpersonalrat errichtet wird, die Befugnis zur Bestellung des Wahlvorstands nach § 16 Absatz 2 und 3 sowie § 17 Absatz 3 aus.

3. ¹Eine beauftragte Person des Personalrats kann an den Sitzungen des Gesamtpersonalrats mit beratender Stimme teilnehmen, wenn Angelegenheiten behandelt werden, die Beschäftigte der Dienststelle betreffen, bei welcher der Personalrat gebildet ist. ²Die Einladung zu der Sitzung ist dem Personalrat zuzuleiten.

(5) Für die Befugnisse und Pflichten des Gesamtpersonalrats gelten die §§ 68 bis 90 entsprechend.

§ 55 Bezirkspersonalrat und Hauptpersonalrat (Stufenvertretungen)

(1) ¹Für den Geschäftsbereich mehrstufiger Verwaltungen werden Stufenvertretungen gebildet, und zwar bei den Mittelbehörden Bezirkspersonalräte, bei den obersten Dienstbehörden Hauptpersonalräte. ²Mittelbehörde im Sinne dieses Gesetzes ist die einer obersten Dienstbehörde unmittelbar nachgeordnete Behörde, der andere Dienststellen nachgeordnet sind.

(2) ¹Die Mitglieder des Bezirkspersonalrats werden von den zum Geschäftsbereich der Mittelbehörde, die Mitglieder des Hauptpersonalrats von den zum Geschäftsbereich der obersten Dienstbehörde gehörenden Beschäftigten gewählt. ²Der Bezirkspersonalrat besteht bei

bis zu 500 in der Regel Beschäftigten	aus drei Mitgliedern,
501 bis 1000 in der Regel Beschäftigten	aus fünf Mitgliedern,
1001 bis 3000 in der Regel Beschäftigten	aus sieben Mitgliedern,
3001 bis 5000 in der Regel Beschäftigten	aus neun Mitgliedern,
5001 und mehr in der Regel Beschäftigten	aus elf Mitgliedern.

³Der Hauptpersonalrat besteht bei

bis zu 500 in der Regel Beschäftigten	aus fünf Mitgliedern,
501 bis 1000 in der Regel Beschäftigten	aus sieben Mitgliedern,
1001 bis 2000 in der Regel Beschäftigten	aus neun Mitgliedern,
2001 bis 3000 in der Regel Beschäftigten	aus elf Mitgliedern,
3001 bis 5000 in der Regel Beschäftigten	aus 13 Mitgliedern,
5001 bis 10000 in der Regel Beschäftigten	aus 15 Mitgliedern,
10001 bis 20000 in der Regel Beschäftigten	aus 17 Mitgliedern,
20001 und mehr in der Regel Beschäftigten	aus 19 Mitgliedern.

(3) Für die Wahl, die Amtszeit und die Geschäftsführung der Stufenvertretungen gelten die §§ 8 bis 10 Absatz 2 und 5, § 11 Absatz 1 bis 3, §§ 12 bis 16 Absatz 1, § 17 Absatz 1, 2 und 4, §§ 18 bis 30 und 32 bis 45 Absatz 1 Satz 1 und Absatz 4, §§ 46 bis 48 und 54 Absatz 3 und 4 Nummer 1 bis 3 mit folgenden Maßgaben entsprechend:

1. § 9 Absatz 2 Satz 1 Nummer 2 bis 4 gilt nur für die leitenden Beschäftigten der Dienststelle, bei der die Stufenvertretung errichtet ist, sowie für die unmittelbaren Mitarbeiter dieser Beschäftigten, die als Personalsachbearbeiter Entscheidungen vorbereiten.

2. Die in § 9 Absatz 2 Satz 1 Nummer 2 bis 4 genannten Personen, die Beschäftigte einer nachgeordneten Dienststelle sind, dürfen als Mitglieder der Stufenvertretung an Personalangelegenheiten der eigenen Dienststelle weder beratend noch entscheidend mitwirken; § 33 Absatz 2 bleibt unberührt.

3. Bei der entsprechenden Anwendung des § 19 tritt an die Stelle der Frist von sechs Arbeitstagen die Frist von drei Wochen.

4. § 32 Absatz 5 gilt mit der Maßgabe, dass beim Bezirkspersonalrat die Bezirks-schwerbehindertenvertretung, die für die Dienststelle, bei der der Bezirksperso-nalrat gebildet ist, zuständig ist, zu beteiligen ist; dies gilt entsprechend für die Beteiligung der Hauptschwerbehindertenvertretung beim Hauptpersonalrat.

5. § 34 Absatz 3 gilt mit der Maßgabe, dass der Vorsitzende alle Angelegenheiten im schriftlichen Umlaufverfahren beschließen lassen kann, wenn nicht im Einzel-fall ein Drittel der Mitglieder dem schriftlichen Umlaufverfahren widerspricht.

6. Der für die Reisekostenvergütungen nach § 41 Absatz 1 Satz 2 maßgebende Dienstort ist der Sitz der Dienststelle, der das Mitglied der Stufenvertretung an-gehört.

(4) Für die Befugnisse und Pflichten der Stufenvertretungen gelten die §§ 68 bis 90 entsprechend.

(5) [1]Die Personalräte oder, wenn solche nicht bestehen, die Leiter der Dienststellen bestellen auf Ersuchen des Bezirks- oder Hauptwahlvorstands die örtlichen Wahlvor-stände für die Wahl der Stufenvertretungen. [2]Werden in einer Verwaltung die Perso-nalräte und Stufenvertretungen gleichzeitig gewählt, so führen die bei den Dienst-stellen bestehenden Wahlvorstände die Wahlen der Stufenvertretungen im Auftrag des Bezirks- oder Hauptwahlvorstands durch. [3]Für die Durchführung der Wahl der Stufenvertretungen bei den Landratsämtern ist der Wahlvorstand für die Wahl des Personalrats beim Landratsamt zuständig.

§ 56   Arbeitsgemeinschaften von Personalvertretungen

(1) Personalvertretungen derselben Verwaltungsstufe, desselben Verwaltungs-zweigs oder mehrerer Verwaltungen und Betriebe juristischer Personen nach § 1 können zur Behandlung gemeinsam betreffender Angelegenheiten eine Arbeitsge-meinschaft bilden, wenn dies der Wahrnehmung der Befugnisse und Pflichten der einzelnen Personalvertretung förderlich ist.

(2) [1]Der Arbeitsgemeinschaft gehören jeweils der Vorsitzende oder ein anderes von der Personalvertretung bestimmtes Mitglied der beteiligten Personalvertretungen an. [2]In begründeten Fällen ist im Einvernehmen mit der Dienststelle der entsendenden Personalvertretung eine Entsendung mehrerer Mitglieder zulässig.

(3) [1]Die Arbeitsgemeinschaft bestimmt aus ihrer Mitte einen Vorsitzenden und Stell-vertreter. [2]Sie gibt sich eine Geschäftsordnung. [3]Für die Rechte und Pflichten der Mitglieder von Personalvertretungen in Arbeitsgemeinschaften und für die Ge-schäftsführung der Arbeitsgemeinschaften gelten § 30 Absatz 1 Satz 1 und 2, § 32 Absatz 1, § 38 Absatz 1, §§ 42, 43, 67 Absatz 1, § 68 Absatz 2, § 69 Absatz 1 Satz 2 und 3 entsprechend. [4]§ 41 gilt mit der Maßgabe, dass die durch die Entsendung in die Arbeitsgemeinschaft entstehenden notwendigen Kosten von der Dienststelle der jeweils entsendenden Personalvertretung zu tragen sind.

(4) [1]Abweichend von Absatz 2 Satz 1 können die Personalräte bei den Universitäts-klinika eine Arbeitsgemeinschaft bilden, der aus jedem Universitätsklinikum bis zu zwei Mitglieder angehören. [2]Auf Antrag des Personalrats ist bei jedem Universitäts-klinikum ein Mitglied für bis zu zehn Arbeitsstunden in der Woche von seiner dienstli-chen Tätigkeit für die Wahrnehmung von Aufgaben der Arbeitsgemeinschaft freizu-stellen. [3]Eine entsprechende Teilfreistellung von zwei Mitgliedern ist zulässig. [4]§ 43 Absatz 2 bleibt unberührt.

(5) Die Befugnisse und Aufgaben der Personalvertretungen nach diesem Gesetz bleiben unberührt; die §§ 73 bis 88 finden keine Anwendung.

§ 57   Arbeitsgemeinschaft der Vorsitzenden der Hauptpersonalräte

(1) [1]Die Vorsitzenden der Hauptpersonalräte bei den obersten Landesbehörden bilden die Arbeitsgemeinschaft der Vorsitzenden der Hauptpersonalräte (ARGE-HPR). [2]Besteht bei einer obersten Landesbehörde kein Hauptpersonalrat, ist der Vorsitzende des Personalrats bei der obersten Landesbehörde Mitglied in der Arbeitsgemeinschaft.

(2) An den Sitzungen der Arbeitsgemeinschaft können teilnehmen:
1. ein Vertreter der zu einer Arbeitsgemeinschaft zusammengeschlossenen Schwerbehindertenvertretungen bei den obersten Landesbehörden,
2. die Vorsitzenden der Personalräte der Dienststellen des Landtags von Baden-Württemberg.

(3) [1]Die Arbeitsgemeinschaft ist anzuhören vor Entscheidungen
1. der Landesregierung, welche für die Beschäftigten des Landes in den Geschäftsbereichen der obersten Dienstbehörden unmittelbar belastende Regelungen enthalten,
2. oberster Dienstbehörden, welche auch Beschäftigte in den Geschäftsbereichen anderer oberster Dienstbehörden des Landes betreffen,
soweit die Entscheidungen in Angelegenheiten nach den §§ 74, 75, 81 und 87 mit Ausnahme von Maßnahmen in einzelnen personellen Angelegenheiten der Beteiligung des Personalrats unterliegen würden, wenn sie von einer Dienststelle für ihre Beschäftigten getroffen würden. [2]Satz 1 gilt nicht, wenn nach beamtenrechtlichen Vorschriften die Spitzenorganisationen der zuständigen Gewerkschaften und Berufsverbände zu beteiligen sind. [3]§ 56 Absatz 5 gilt entsprechend.

(4) [1]Die federführend zuständige oberste Dienstbehörde hört die Arbeitsgemeinschaft rechtzeitig und umfassend zu der beabsichtigten Maßnahme an. [2]Der Arbeitsgemeinschaft sind die erforderlichen Unterlagen vorzulegen. [3]Auf Verlangen der Arbeitsgemeinschaft ist die beabsichtigte Maßnahme mit ihr zu erörtern. [4]Die Arbeitsgemeinschaft übermittelt ihre Stellungnahme der anhörenden obersten Dienstbehörde innerhalb von drei Wochen, sofern nicht einvernehmlich eine andere Frist vereinbart ist; § 91 Absatz 3 gilt sinngemäß.

(5) [1]Die Arbeitsgemeinschaft kann grundsätzliche Angelegenheiten beraten, die für die Beschäftigten von allgemeiner Bedeutung sind und über den Geschäftsbereich einer obersten Dienstbehörde hinausgehen. [2]Sie kann hierzu Vorschläge machen und Stellungnahmen abgeben. [3]Dies gilt auch dann, wenn nach beamtenrechtlichen Vorschriften die Spitzenorganisationen der zuständigen Gewerkschaften und Berufsverbände zu beteiligen sind. [4]Absatz 4 gilt entsprechend.

(6) [1]§ 56 Absatz 3 Satz 1 bis 3 gilt entsprechend. [2]§ 41 gilt mit der Maßgabe, dass die oberste Dienstbehörde, deren Geschäftsbereich der Vorsitzende der Arbeitsgemeinschaft angehört, die notwendigen Kosten für die Geschäftsstelle der Arbeitsgemeinschaft trägt.

Teil 5   Ausbildungspersonalrat

§ 58

(1) Für Auszubildende in öffentlich-rechtlichen Ausbildungsverhältnissen, Beamte im Vorbereitungsdienst und für Beschäftigte in dem Vorbereitungsdienst entsprechen-

der Berufsausbildung kann das für die Ordnung der Ausbildung zuständige Ministerium im Einvernehmen mit dem Innenministerium durch Rechtsverordnung bestimmen, dass

1. Ausbildungspersonalräte für eine oder mehrere Dienststellen oder für einzelne Ausbildungsbereiche gebildet werden,
2. die Amtszeit abweichend von § 22 Absatz 1 auf eine kürzere Dauer als fünf Jahre, mindestens aber auf die Dauer von einem Jahr, festgesetzt und ein von § 22 Absatz 3 Satz 1 abweichender Zeitraum für die regelmäßigen Wahlen festgelegt wird,
3. von Beteiligungsangelegenheiten des Teils 8 Abschnitt 2 abgesehen werden kann, soweit dies mit Rücksicht auf eine sachgemäße Ausbildung oder sonst aus wichtigen Gründen erforderlich und gesetzlich nichts anderes bestimmt ist.

(2) Wahlberechtigt und wählbar zum Ausbildungspersonalrat sind die Auszubildenden in öffentlich-rechtlichen Ausbildungsverhältnissen, die Beamten im Vorbereitungsdienst und die Beschäftigten in dem Vorbereitungsdienst entsprechender Berufsausbildung der Dienststellen oder des Ausbildungsbereichs, für die der Ausbildungspersonalrat gebildet wird.

(3) ¹Für die Wahl, die Amtszeit, die Geschäftsführung, die Rechte, Pflichten und Aufgaben des Ausbildungspersonalrats und seiner Mitglieder gelten § 8 Absatz 1, § 9 Absatz 1 Nummer 1 und Absatz 2 Nummer 1, § 10 Absatz 1, 3 und 5, §§ 11 bis 14 Absatz 1, §§ 15, 16 Absatz 1, § 17 Absatz 1 und 2, §§ 18 bis 23 Absatz 1 Satz 1 Nummer 2 bis 6, Satz 2 und 3, §§ 24 bis 30, 32 Absatz 1 bis 3, 5 bis 8, §§ 33, 34, 38 bis 44, 47 Absatz 1 und 2, §§ 49 bis 53, 68 bis 71 und 73 bis 88 entsprechend. ²An Stelle einer Personalversammlung zur Bestellung des Wahlvorstands übt der Leiter der Dienststelle, bei der der Ausbildungspersonalrat gebildet ist, die Befugnis zur Bestellung des Wahlvorstands nach § 16 Absatz 2 und 3 sowie § 17 Absatz 3 aus.

(4) Beschäftigte, die zu einem Ausbildungspersonalrat wahlberechtigt sind, besitzen nicht die Wahlberechtigung und die Wählbarkeit zum Personalrat, zum Gesamtpersonalrat, zu den Stufenvertretungen und zur Jugend- und Auszubildendenvertretung.

(5) § 31 findet mit der Maßgabe Anwendung, dass für die Beratung sozialer Angelegenheiten gemeinsame Sitzungen mit dem Personalrat und dem Richterrat und Staatsanwaltsrat der Dienststelle, deren Leiter auch der Leiter der Dienststelle ist, bei der der Ausbildungspersonalrat gebildet ist, stattfinden können.

(6) Eine Beteiligung bei der Gestaltung von Lehrveranstaltungen sowie bei der Auswahl der Lehrpersonen findet nicht statt.

Teil 6   Jugend- und Auszubildendenvertretungen, Jugend- und Auszubildendenversammlung

§ 59   Grundsatz

In Dienststellen, bei denen Personalvertretungen gebildet sind und denen in der Regel mindestens fünf wahlberechtigte Beschäftigte angehören, die das 18. Lebensjahr noch nicht vollendet haben oder die sich in einer beruflichen Ausbildung befinden, werden Jugend- und Auszubildendenvertretungen gebildet.

§ 60   Wahlberechtigung, Wählbarkeit

(1) [1]Wahlberechtigt sind die Beschäftigten im Sinne von § 59, soweit sich aus den §§ 58 und 96 nichts anderes ergibt. [2]§ 8 Absatz 1 gilt entsprechend.

(2) [1]Wählbar sind Beschäftigte, die am Wahltag das 26. Lebensjahr noch nicht vollendet haben, soweit sich aus den §§ 58 und 96 nichts anderes ergibt. [2]Die Altersgrenze gilt nicht für Beschäftigte, die sich in einer beruflichen Ausbildung befinden. [3]§ 9 Absatz 1 Nummer 1 und Absatz 2 ist entsprechend anzuwenden.

§ 61   Zahl der Mitglieder

(1) Die Jugend- und Auszubildendenvertretung besteht in Dienststellen mit in der Regel

5 bis 20 Beschäftigten im Sinne von § 59	aus einer Person,
21 bis 50 Beschäftigten im Sinne von § 59	aus drei Mitgliedern,
51 bis 200 Beschäftigten im Sinne von § 59	aus fünf Mitgliedern,
mehr als 200 Beschäftigten im Sinne von § 59	aus sieben Mitgliedern.

(2) § 14 gilt entsprechend.

§ 62   Wahlgrundsätze

(1) [1]Der Personalrat bestimmt den Wahlvorstand, den Vorsitzenden und den stellvertretenden Vorsitzenden. [2]§ 11 Absatz 1 und 3, § 13 Absatz 1, 3 und 4 Satz 1, Absatz 5, 6 und 8, § 20 Absatz 1 Satz 1 und 2, Absatz 2 und § 21 gelten entsprechend.

(2) [1]Der Wahlvorstand kann bestimmen, dass die Wahl in Dienststellen mit höchstens 20 in der Regel Beschäftigten im Sinne von § 59 in einer Wahlversammlung stattfindet. [2]Er hat dazu spätestens vier Wochen vor Ablauf der Amtszeit einzuberufen. [3]Gewählt wird in geheimer Wahl nach den Grundsätzen der Mehrheitswahl. [4]Der Vorsitzende des Wahlvorstands leitet die Wahlversammlung, führt die Wahl durch und fertigt über das Ergebnis eine Wahlniederschrift.

(3) [1]Die regelmäßigen Wahlen der Jugend- und Auszubildendenvertretung finden im Wechsel
1. zusammen mit den regelmäßigen Wahlen des Personalrats und
2. sonst in der Zeit vom 1. Oktober bis 31. Januar
statt. [2]§ 22 Absatz 3 Satz 2 und 3 sowie § 23 Absatz 1 Satz 1 Nummer 2 bis 6 gelten entsprechend.

(4) [1]Die regelmäßige Amtszeit der Jugend- und Auszubildendenvertretung beträgt zwei Jahre und sechs Monate. [2]Sie endet spätestens mit Ablauf des letzten Tages des Zeitraums, in dem die regelmäßigen Wahlen der Jugend- und Auszubildendenvertretung stattfinden. [3]§ 22 Absatz 1 Satz 2 und Absatz 2 Satz 1, § 23 Absatz 1 Satz 2 sowie §§ 24 bis 27 gelten entsprechend. [4]Die Mitgliedschaft in der Jugend- und Auszubildendenvertretung erlischt nicht dadurch, dass ein Mitglied im Laufe der Amtszeit das 26. Lebensjahr vollendet oder die Ausbildung beendet.

(5) Besteht die Jugend- und Auszubildendenvertretung aus drei oder mehr Mitgliedern, so wählt sie aus ihrer Mitte einen Vorsitzenden und dessen Stellvertreter.

§ 63   Aufgaben der Jugend- und Auszubildendenvertretung

(1) Die Jugend- und Auszubildendenvertretung hat folgende allgemeine Aufgaben:
1. Maßnahmen, die den Beschäftigten im Sinne von § 59 dienen, insbesondere in Fragen der Berufsausbildung und der Übernahme der zu ihrer Berufsbildung

Beschäftigten in ein Arbeits- oder Dienstverhältnis, beim Personalrat zu beantragen,

2. darüber zu wachen, dass die zugunsten der Beschäftigten im Sinne von § 59 geltenden Gesetze, Verordnungen, Tarifverträge, Dienstvereinbarungen, Verwaltungsanordnungen, Unfallverhütungsvorschriften und sonstigen Arbeitsschutzvorschriften durchgeführt werden,

3. Anregungen und Beschwerden von Beschäftigten im Sinne von § 59, insbesondere in Fragen der Berufsbildung, entgegenzunehmen und, falls sie berechtigt erscheinen, beim Personalrat auf eine Erledigung hinzuwirken; die Jugend- und Auszubildendenvertretung hat die betroffenen Beschäftigten im Sinne von § 59 über den Stand und das Ergebnis der Verhandlungen zu informieren,

4. Maßnahmen, die der Gleichstellung von weiblichen und männlichen Beschäftigten im Sinne von § 59 dienen, beim Personalrat zu beantragen,

5. die Eingliederung von Beschäftigten im Sinne von § 59 mit Migrationshintergrund in die Dienststelle sowie das Verständnis zwischen Beschäftigten im Sinne von § 59 unterschiedlicher Herkunft zu fördern und entsprechende Maßnahmen beim Personalrat zu beantragen,

6. Maßnahmen, die dem Umweltschutz, dem Klimaschutz oder der sorgsamen Energienutzung in der Dienststelle dienen, beim Personalrat zu beantragen.

(2) ¹An Vorstellungsgesprächen zur Besetzung von ausgeschriebenen Ausbildungsplätzen kann ein Mitglied der Jugend- und Auszubildendenvertretung teilnehmen. ²An Personalgesprächen mit entscheidungsbefugten Vertretern der Dienststelle kann auf Verlangen von Beschäftigten im Sinne von § 59 ein Mitglied der Jugend- und Auszubildendenvertretung teilnehmen.

(3) Die Zusammenarbeit der Jugend- und Auszubildendenvertretung mit dem Personalrat bestimmt sich nach § 30 Absatz 1 Satz 3 und 4, Absatz 3, § 32 Absatz 4, § 35 Absatz 3 und 5 Satz 1 Nummer 4, § 36 Absatz 2, § 37 Absatz 1 Satz 1 und § 38 Absatz 3.

(4) ¹Zur Durchführung ihrer Aufgaben ist die Jugend- und Auszubildendenvertretung durch den Personalrat rechtzeitig und umfassend zu unterrichten. ²Vor Organisationsentscheidungen, die beteiligungspflichtige Maßnahmen zur Folge haben, ist die Jugend- und Auszubildendenvertretung durch den Personalrat frühzeitig und fortlaufend zu unterrichten. ³Die Jugend- und Auszubildendenvertretung kann verlangen, dass ihr der Personalrat die zur Durchführung ihrer Aufgaben erforderlichen Unterlagen einschließlich der Bewerbungsunterlagen aller Bewerber bei Einstellungen von Beschäftigten im Sinne von § 59, soweit dem nicht berechtigte Belange der Bewerber entgegenstehen, zur Verfügung stellt.

(5) ¹Die Jugend- und Auszubildendenvertretung kann nach Verständigung des Personalrats Sitzungen abhalten; §§ 19 und 30 Absatz 1 gelten entsprechend. ²An den Sitzungen der Jugend- und Auszubildendenvertretung kann ein vom Personalrat beauftragtes Personalratsmitglied teilnehmen.

(6) Die Jugend- und Auszubildendenvertretung oder ein von ihr beauftragtes Mitglied hat das Recht, nach vorheriger Unterrichtung des Personalrats und des Leiters der Dienststelle, Arbeits- und Ausbildungsplätze zu begehen, sofern die aufzusuchenden Beschäftigten im Sinne von § 59 zustimmen und zwingende dienstliche Gründe nicht entgegenstehen.

(7) ¹In Dienststellen mit mehr als 50 Beschäftigten im Sinne von § 59 kann die Jugend- und Auszubildendenvertretung Sprechstunden während der Arbeitszeit einrichten. ²§ 40 gilt entsprechend. ³Ein beauftragtes Mitglied des Personalrats kann beratend teilnehmen.

§ 64 Schutz der Mitglieder der Jugend- und Auszubildendenvertretung

[1]Für die Jugend- und Auszubildendenvertretung gelten die §§ 41 bis 45 Absatz 1 Satz 1, § 46 Absatz 1 und § 69 Absatz 1 Satz 3 entsprechend. [2]§ 47 Absatz 1, 2 und 4 sowie § 48 gelten entsprechend mit den Maßgaben, dass die dort aufgeführten Personalmaßnahmen bei Mitgliedern der Jugend- und Auszubildendenvertretung der Zustimmung des Personalrats bedürfen und in dem Verfahren vor dem Verwaltungsgericht auch die Jugend- und Auszubildendenvertretung beteiligt ist. [3]Für Mitglieder des Wahlvorstands und Wahlbewerber gilt § 47 Absatz 1 Satz 1, Absatz 2 sowie Absatz 4 entsprechend.

§ 65 Jugend- und Auszubildendenversammlung

(1) [1]Die Jugend- und Auszubildendenversammlung besteht aus den Beschäftigten im Sinne von § 59. [2]Sie wird vom Vorsitzenden der Jugend- und Auszubildendenvertretung geleitet. [3]Der Personalratsvorsitzende oder ein vom Personalrat beauftragtes anderes Mitglied soll an der Jugend- und Auszubildendenversammlung teilnehmen.

(2) [1]Die Jugend- und Auszubildendenversammlung soll möglichst unmittelbar vor oder nach einer Personalversammlung stattfinden. [2]Auf Antrag eines Viertels der Beschäftigten im Sinne von § 59 ist die Jugend- und Auszubildendenvertretung verpflichtet, innerhalb von vier Wochen eine Jugend- und Auszubildendenversammlung einzuberufen.

(3) Die für die Personalversammlung geltenden Vorschriften sind sinngemäß anzuwenden.

§ 66 Gesamt-Jugend- und Auszubildendenvertretung, Stufen-Jugend- und Auszubildendenvertretung

(1) Bestehen in den Fällen des § 5 Absatz 3 mehrere Jugend- und Auszubildendenvertretungen, so ist neben diesen eine Gesamt-Jugend- und Auszubildendenvertretung zu bilden.

(2) [1]In die Gesamt-Jugend- und Auszubildendenvertretung entsendet jede Jugend- und Auszubildendenvertretung ein Mitglied. [2]Die Benennung hat in der ersten Sitzung nach der Wahl der Jugend- und Auszubildendenvertretung zu erfolgen. [3]Mindestens ein Ersatzmitglied ist zu benennen. [4]§ 27 Absatz 1 gilt entsprechend. [5]Die Namen und Anschriften der Mitglieder und der Ersatzmitglieder sind dem Vorsitzenden des Gesamtpersonalrats mitzuteilen.

(3) [1]Für die Gesamt-Jugend- und Auszubildendenvertretung gelten § 62 Absatz 3, §§ 63 und 64 Satz 1 entsprechend. [2]Die Mitglieder der Gesamt-Jugend- und Auszubildendenvertretung sind vom Vorsitzenden des Gesamtpersonalrats innerhalb von vier Wochen nach der Wahl der Jugend- und Auszubildendenvertretung zur konstituierenden Sitzung einzuladen; er leitet die Sitzung bis zur Benennung des Vorsitzenden der Gesamt-Jugend- und Auszubildendenvertretung.

(4) [1]Bei den Bezirkspersonalräten können Bezirks-Jugend- und Auszubildendenvertretungen und bei den Hauptpersonalräten Haupt-Jugend- und Auszubildendenvertretungen gebildet werden. [2]Die Absätze 2 und 3 gelten entsprechend.

Teil 7   Datenschutz

§ 67

(1) [1]Die Personalvertretungen haben bei der Verarbeitung personenbezogener Daten die datenschutzrechtlichen Vorschriften zu beachten und treffen die zu deren Einhaltung erforderlichen ergänzenden Regelungen für ihre Geschäftsführung in eigener Verantwortung. [2]Der Dienststelle sind die getroffenen Maßnahmen auf Verlangen mitzuteilen.

(2) [1]Die Personalvertretungen dürfen personenbezogene Daten speichern, soweit und solange dies zur Erfüllung ihrer Aufgaben erforderlich ist. [2]Nach Abschluss der Maßnahme, an der die Personalvertretung beteiligt war, sind die ihr in diesem Zusammenhang zur Verfügung gestellten personenbezogenen Daten zu löschen und Unterlagen mit personenbezogenen Daten der Dienststelle zurückzugeben.

(3) [1]Unabhängig von Absatz 2 dürfen Personalvertretungen zur Erfüllung ihrer Aufgaben Grunddaten der Beschäftigten speichern. [2]Dazu zählen Namen, Funktion sowie ihre Bewertung, Besoldungs- oder Entgeltgruppe, Geburts-, Einstellungs- und Ernennungsdatum, Rechtsgrundlage und Dauer der Befristung des Arbeitsverhältnisses, Datum der letzten Beförderung, Höher- oder Rückgruppierung, Beurlaubung und Teilzeitbeschäftigung. [3]Die Dienststelle stellt den Personalvertretungen diese Grunddaten auf aktuellem Stand zur Verfügung. [4]Vorher zur Verfügung gestellte Grunddaten sind unverzüglich zu löschen.

(4) Personenbezogene Daten in Niederschriften sind spätestens am Ende des achten Jahres ab der Speicherung zu löschen.

Teil 8   Beteiligung des Personalrats

Abschnitt 1 **Allgemeines**

§ 68   Zusammenarbeit zwischen Dienststelle und Personalvertretung

(1) [1]Der Leiter der Dienststelle oder sein Beauftragter und die Personalvertretung treten mindestens einmal im Vierteljahr zu gemeinschaftlichen Besprechungen zusammen. [2]In ihnen soll auch die Gestaltung des Dienstbetriebs behandelt werden, insbesondere alle Vorgänge, die die Beschäftigten wesentlich berühren. [3]Der Leiter der Dienststelle und die Personalvertretung können einvernehmlich zweimal im Jahr von den gemeinschaftlichen Besprechungen absehen, wenn wirtschaftliche Angelegenheiten im Wirtschaftsausschuss ausreichend behandelt worden sind. [4]Sofern in der Dienststelle kein Wirtschaftsausschuss besteht, soll die Dienststelle die Personalvertretung in den gemeinschaftlichen Besprechungen mindestens zweimal im Jahr über die von einem Wirtschaftsausschuss zu behandelnden Angelegenheiten unterrichten. [5]Sie haben über strittige Fragen mit dem ernsten Willen zur Einigung zu verhandeln und Vorschläge für die Beilegung von Meinungsverschiedenheiten zu machen. [6]Zu den gemeinschaftlichen Besprechungen sind beratend hinzuzuziehen:
1. die Schwerbehindertenvertretung,
2. ein Mitglied der Jugend- und Auszubildendenvertretung, das von dieser benannt wird, wenn Angelegenheiten behandelt werden, die besonders Beschäftigte im Sinne von § 59 betreffen,

3. die Beauftragte für Chancengleichheit, wenn Angelegenheiten behandelt werden, die besonders die Gleichstellung von Frauen und Männern betreffen.

(2) [1]Dienststelle und Personalvertretung haben alles zu unterlassen, was geeignet ist, die Arbeit und den Frieden der Dienststelle zu beeinträchtigen. [2]Insbesondere dürfen Dienststelle und Personalvertretung keine Maßnahmen des Arbeitskampfs gegeneinander durchführen. [3]Arbeitskämpfe tariffähiger Parteien werden hierdurch nicht berührt.

(3) Außenstehende Stellen dürfen erst angerufen werden, wenn eine Einigung in der Dienststelle nicht erzielt worden ist.

§ 69   Allgemeine Grundsätze für die Behandlung der Beschäftigten

(1) [1]Dienststelle und Personalvertretung haben darüber zu wachen, dass alle Angehörigen der Dienststelle nach Recht und Billigkeit behandelt werden, insbesondere, dass jede Benachteiligung von Personen aus rassistischen Gründen oder wegen ihrer ethnischen Herkunft, ihrer Abstammung oder sonstigen Herkunft, ihrer Nationalität, ihrer Religion oder Weltanschauung, ihrer Behinderung, ihres Alters, ihrer politischen oder gewerkschaftlichen Betätigung oder Einstellung oder wegen ihres Geschlechts oder ihrer sexuellen Identität unterbleibt. [2]Dabei müssen sie sich so verhalten, dass das Vertrauen der Beschäftigten in die Objektivität und Neutralität ihrer Amtsführung nicht beeinträchtigt wird. [3]Der Leiter der Dienststelle und die Personalvertretung haben jede parteipolitische Betätigung in der Dienststelle zu unterlassen; die Behandlung von Tarif-, Besoldungs- und Sozialangelegenheiten wird hierdurch nicht berührt.

(2) Soweit sich Beschäftigte, die Aufgaben nach diesem Gesetz wahrnehmen, auch in der Dienststelle für ihre Gewerkschaft betätigen, gilt Absatz 1 Satz 2 und 3 entsprechend.

(3) Die Personalvertretung hat sich für die Wahrung der Vereinigungsfreiheit der Beschäftigten einzusetzen.

§ 70   Allgemeine Aufgaben der Personalvertretung

(1) Die Personalvertretung hat folgende allgemeine Aufgaben:
1. Maßnahmen zu beantragen, die der Dienststelle und ihren Angehörigen oder im Rahmen der Aufgabenerledigung der Dienststelle der Förderung des Gemeinwohls dienen,
2. darüber zu wachen, dass die zugunsten der Beschäftigten geltenden Gesetze, Verordnungen, Tarifverträge, Dienstvereinbarungen, Verwaltungsanordnungen, Unfallverhütungsvorschriften und sonstigen Arbeitsschutzvorschriften durchgeführt werden und Anforderungen an die Barrierefreiheit nachgekommen wird,
3. auf die Verhütung von Unfall- und Gesundheitsgefahren zu achten, die für den Arbeitsschutz zuständigen Behörden, die Träger der gesetzlichen Unfallversicherung und die übrigen in Betracht kommenden Stellen durch Anregungen, Beratung und Auskunft bei der Bekämpfung von Unfall- und Gesundheitsgefahren zu unterstützen und sich für den Arbeitsschutz einzusetzen,
4. Anregungen und Beschwerden von Beschäftigten und der Jugend- und Auszubildendenvertretung entgegenzunehmen und, falls sie berechtigt erscheinen, durch Verhandlung mit dem Leiter der Dienststelle auf ihre Erledigung hinzuwirken; der Personalrat hat die betroffenen Beteiligten über das Ergebnis der Verhandlungen zu unterrichten,

5. im Zusammenwirken mit der Schwerbehindertenvertretung die Eingliederung und berufliche Entwicklung schwerbehinderter Beschäftigter und sonstiger Hilfsbedürftiger, insbesondere älterer Personen, in die Dienststelle zu fördern und für eine ihren Fähigkeiten und Kenntnissen entsprechende Beschäftigung zu sorgen,
6. an der Weiterentwicklung der interkulturellen Kompetenz der Verwaltung mitzuwirken und die Eingliederung von Beschäftigten mit Migrationshintergrund in die Dienststelle sowie das Verständnis zwischen Beschäftigten unterschiedlicher Herkunft zu fördern,
7. mit der Jugend- und Auszubildendenvertretung zur Förderung der Belange der Beschäftigten im Sinne von § 59 eng zusammenzuarbeiten,
8. Einrichtungen und Angebote der Dienststelle zur Kinderbetreuung anzuregen und vorzuschlagen,
9. Wahrung der Interessen der Beschäftigten in Telearbeit sowie auf einem sonstigen Arbeitsplatz außerhalb der Dienststelle,
10. Maßnahmen zu beantragen, die der Gleichstellung von Frauen und Männern dienen,
11. Maßnahmen zu beantragen, die dem Umweltschutz, dem Klimaschutz oder der sorgsamen Energienutzung in der Dienststelle dienen.

(2) ¹Reicht die Personalvertretung schriftlich Anträge oder Vorschläge nach Absatz 1 ein, soll der Leiter der Dienststelle innerhalb von drei Wochen schriftlich Stellung nehmen oder, wenn die Einhaltung der Frist nicht möglich ist, einen schriftlichen Zwischenbescheid erteilen. ²Die Ablehnung schriftlicher Anträge und Vorschläge hat der Leiter der Dienststelle schriftlich zu begründen.

§ 71   Unterrichtungs- und Teilnahmerechte der Personalvertretung, Arbeitsplatzschutzangelegenheiten

(1) ¹Die Personalvertretung ist zur Durchführung ihrer Aufgaben rechtzeitig und umfassend zu unterrichten. ²Ihr sind die hierfür erforderlichen Unterlagen vorzulegen. ³Personalaktendaten dürfen nur mit Zustimmung des Beschäftigten und nur von den von ihm bestimmten Mitgliedern der Personalvertretung eingesehen werden.

(2) ¹Vor Organisationsentscheidungen, die beteiligungspflichtige Maßnahmen zur Folge haben, ist die Personalvertretung frühzeitig und fortlaufend zu unterrichten. ²An Arbeitsgruppen, die der Vorbereitung derartiger Entscheidungen dienen, können Mitglieder der Personalvertretung beratend teilnehmen.

(3) ¹Bei Einstellungen von Beschäftigten sind der Personalvertretung auf Verlangen die Bewerbungsunterlagen aller Bewerber vorzulegen, soweit dem nicht berechtigte Belange der Bewerber entgegenstehen. ²An Vorstellungs- oder Eignungsgesprächen, welche die Dienststelle im Rahmen geregelter oder auf Übung beruhender Auswahlverfahren zur Auswahl unter mehreren Bewerbern durchführt oder durchführen lässt, kann ein Mitglied der Personalvertretung, das von dieser benannt ist, teilnehmen.

(4) ¹An Personalgesprächen mit entscheidungsbefugten Vertretern der Dienststelle an Beurteilungsgesprächen im Sinne von § 51 Absatz 2 Satz 1 des Landesbeamtengesetzes kann auf Verlangen des Beschäftigten ein Mitglied der Personalvertretung teilnehmen. ²An allgemeinen Besprechungen zur Abstimmung einheitlicher Beurteilungsmaßstäbe vor regelmäßigen Beurteilungen im Sinne von § 51 Absatz 1 des Landesbeamtengesetzes kann ein Mitglied der Personalvertre-

tung, das von dieser benannt ist, teilnehmen. [3]Die Gesamtergebnisse regelmäßiger Beurteilungen im Sinne von § 51 des Landesbeamtengesetzes sind der Personalvertretung anonymisiert mitzuteilen. [4]Dienstliche Beurteilungen sind auf Verlangen des betroffenen Beschäftigten der Personalvertretung zur Kenntnis zu geben.

(5) [1]Bei Prüfungen, die eine Dienststelle für Beschäftigte ihres Bereichs abnimmt, ist einem Mitglied der für diesen Bereich zuständigen Personalvertretung, das von dieser benannt ist, die Anwesenheit zu gestatten. [2]Dies gilt nicht für die Beratung.

(6) Der Vorsitzende oder ein beauftragtes Mitglied der Personalvertretung hat jederzeit das Recht, nach vorheriger Unterrichtung des Leiters der Dienststelle, die Dienststelle zu begehen und, sofern die Beschäftigten zustimmen, diese an ihrem Arbeitsplatz aufzusuchen, wenn zwingende dienstliche Gründe nicht entgegenstehen.

(7) [1]Die Dienststelle und die für den Arbeitsschutz zuständigen Behörden, die Träger der gesetzlichen Unfallversicherung und die übrigen in Betracht kommenden Stellen sind verpflichtet, bei allen im Zusammenhang mit dem Arbeitsschutz oder der Unfallverhütung stehenden Besichtigungen und Fragen und bei Unfalluntersuchungen die Personalvertretung oder die von ihr bestimmten Mitglieder der Personalvertretung derjenigen Dienststelle hinzuzuziehen, in der die Besichtigung oder Untersuchung stattfindet. [2]Die Dienststelle hat der Personalvertretung unverzüglich die den Arbeitsschutz oder die Unfallverhütung betreffenden Auflagen und Anordnungen der in Satz 1 genannten Stellen mitzuteilen. [3]An den Besprechungen der Dienststelle mit den Sicherheitsbeauftragten nach § 22 Absatz 2 des Siebten Buches Sozialgesetzbuch nehmen von der Personalvertretung beauftragte Mitglieder der Personalvertretung teil. [4]Die Personalvertretung erhält die Niederschriften über die Untersuchungen, Besichtigungen und Besprechungen, zu denen sie nach den Sätzen 1 und 3 hinzuzuziehen ist. [5]Die Dienststelle hat der Personalvertretung eine Durchschrift der nach § 193 Absatz 5 Satz 1 des Siebten Buches Sozialgesetzbuch von der Personalvertretung mit zu unterschreibenden Unfallanzeige oder des nach beamtenrechtlichen Vorschriften zu erstattenden Berichts auszuhändigen.

§ 72 Wirtschaftsausschuss

(1) [1]In Dienststellen ab einer Größe der Personalvertretung von mindestens sieben Mitgliedern soll auf Antrag der Personalvertretung ein Wirtschaftsausschuss gebildet werden. [2]Der Wirtschaftsausschuss hat die Aufgabe, wirtschaftliche Angelegenheiten der Dienststelle zu beraten und die Personalvertretung zu unterrichten. [3]Die Befugnisse und Aufgaben der Personalvertretungen nach diesem Gesetz bleiben unberührt.

(2) Die Dienststelle hat den Wirtschaftsausschuss rechtzeitig und umfassend über die wirtschaftlichen Angelegenheiten unter Vorlage der erforderlichen Unterlagen zu unterrichten, soweit dadurch nicht die Dienst- oder Betriebs- und Geschäftsgeheimnisse gefährdet werden, sowie die sich daraus ergebenden Auswirkungen auf die Personalplanung darzustellen.

(3) Zu den wirtschaftlichen Angelegenheiten im Sinne von Absatz 1 gehören insbesondere
1. die wirtschaftliche und finanzielle Lage der Dienststelle,
2. Veränderungen der Produktpläne,
3. beabsichtigte Investitionen,
4. beabsichtigte Partnerschaften mit Privaten,

5. die Stellung der Dienststelle in der Gesamtdienststelle,
6. beabsichtigte Rationalisierungsmaßnahmen,
7. Einführung neuer Arbeits- und Managementmethoden,
8. Fragen des Umweltschutzes, des Klimaschutzes oder der sorgsamen Energienutzung in der Dienststelle,
9. Verlegung von Dienststellen oder Dienststellenteilen,
10. Auflösung, Neugründung, Zusammenlegung oder Teilung der Dienststelle oder von Dienststellenteilen,
11. Zusammenarbeit mit anderen Dienststellen,
12. sonstige Vorgänge und Vorhaben, welche das wirtschaftliche Leben der Dienststelle und die Interessen der Beschäftigten der Dienststelle wesentlich berühren können.

(4) [1]Der Wirtschaftsausschuss besteht aus mindestens drei und höchstens sieben Mitgliedern, die der Dienststelle angehören müssen, darunter mindestens einem Mitglied der Personalvertretung. [2]Ersatzmitglieder können bestellt werden. [3]Die Mitglieder des Wirtschaftsausschusses sollen die zur Erfüllung ihrer Aufgaben erforderliche fachliche und persönliche Eignung besitzen. [4]Sie werden im Einvernehmen mit der Personalvertretung für die Dauer ihrer Amtszeit von der Dienststelle bestellt und können jederzeit abberufen werden. [5]Der Vorsitzende der Personalvertretung beruft die Mitglieder des Wirtschaftsausschusses zur konstituierenden Sitzung ein und leitet die Sitzung, bis der Wirtschaftsausschuss aus seiner Mitte einen Vorsitzenden gewählt hat. [6]§ 43 Absatz 2 gilt für die Mitglieder des Wirtschaftsausschusses entsprechend.

(5) Der Wirtschaftsausschuss soll einmal im Vierteljahr zusammentreten.

(6) [1]Der Leiter der Dienststelle oder eine von ihm beauftragte Person nimmt an den Sitzungen des Wirtschaftsausschusses teil; weitere sachkundige Beschäftigte können hinzugezogen werden. [2]An den Sitzungen des Wirtschaftsausschusses können darüber hinaus beratend teilnehmen:
1. die Schwerbehindertenvertretung,
2. ein Mitglied der Jugend- und Auszubildendenvertretung, das von dieser benannt wird, wenn Angelegenheiten behandelt werden, die besonders Beschäftigte im Sinne von § 59 betreffen,
3. die Beauftragte für Chancengleichheit, wenn Angelegenheiten behandelt werden, die besonders die Gleichstellung von Frauen und Männern betreffen.

Abschnitt 2 **Mitbestimmung, Mitwirkung und Anhörung**

§ 73   Mitbestimmung

(1) [1]Soweit eine Maßnahme der Mitbestimmung des Personalrats unterliegt, kann sie nur mit seiner Zustimmung getroffen werden. [2]Eine Maßnahme im Sinne von Satz 1 liegt bereits dann vor, wenn durch eine Handlung eine mitbestimmungspflichtige Maßnahme vorweggenommen oder festgelegt wird.

(2) [1]Der Personalrat kann seine Zustimmung zu Maßnahmen in zuvor festgelegten Einzelfällen oder für zuvor festgelegte Fallgruppen von Maßnahmen vorab erteilen. [2]Die Bestimmung der Maßnahmen erfolgt für die Dauer der Amtszeit des Personalrats in der Geschäftsordnung; die Bestimmung kann jederzeit geändert oder widerrufen werden. [3]Die Fälle, in denen die Vorabzustimmung in Anspruch genommen worden ist, sind dem Personalrat jeweils in der nächsten Sitzung bekanntzugeben.

§ 74   Angelegenheiten der uneingeschränkten Mitbestimmung

(1) Der Personalrat hat mitzubestimmen über die
1. Gewährung von Unterstützungen, Vorschüssen, Darlehen und entsprechenden sozialen Zuwendungen,
2. allgemeine Festsetzung der Nutzungsbedingungen für Wohnungen, über die die Beschäftigungsdienststelle verfügt oder für die die Beschäftigungsdienststelle ein Vorschlagsrecht hat,
3. Zuweisung von Wohnungen nach Nummer 2,
4. Kündigung von Wohnungen nach Nummer 2,
5. Aufstellung des Urlaubsplans,
6. Festsetzung der zeitlichen Lage des Erholungsurlaubs für einzelne Beschäftigte, wenn zwischen dem Leiter der Dienststelle und den beteiligten Beschäftigten kein Einverständnis erzielt wird.

(2) Der Personalrat hat, soweit eine gesetzliche oder tarifliche Regelung nicht besteht, mitzubestimmen über
1. Regelungen der Ordnung in der Dienststelle und des Verhaltens der Beschäftigten,
2. Beginn und Ende der täglichen Arbeitszeit und der Pausen sowie die Verteilung der Arbeitszeit auf die einzelnen Wochentage,
3. Einführung, Anwendung, wesentliche Änderung und Aufhebung von Arbeitszeitmodellen,
4. Anordnung von Mehrarbeit oder Überstunden, Bereitschaftsdienst und Rufbereitschaft,
5. Fragen der Gestaltung des Entgelts innerhalb der Dienststelle für Arbeitnehmer, insbesondere durch Aufstellung von Entgeltgrundsätzen, die Einführung und Anwendung von neuen Entgeltmethoden und deren Änderung sowie die Festsetzung der Akkord- und Prämiensätze und vergleichbarer leistungsbezogener Entgelte, sowie entsprechende Regelungen innerhalb der Dienststelle für Beamte,
6. Errichtung, Verwaltung, wesentliche Änderung und Auflösung von Sozialeinrichtungen ohne Rücksicht auf ihre Rechtsform,
7. Maßnahmen zur Verhütung von Dienst- und Arbeitsunfällen, Berufskrankheiten und sonstigen Gesundheitsschädigungen sowie von Gesundheitsgefährdungen,
8. Maßnahmen des behördlichen oder betrieblichen Gesundheitsmanagements einschließlich vorbereitender und präventiver Maßnahmen, allgemeine Fragen des behördlichen oder betrieblichen Eingliederungsmanagements, Maßnahmen aufgrund von Feststellungen aus Gefährdungsanalysen,
9. Aufstellung von Sozialplänen einschließlich Plänen für Umschulungen zum Ausgleich oder zur Milderung von wirtschaftlichen Nachteilen, die den Beschäftigten infolge von Rationalisierungsmaßnahmen entstehen,
10. Grundsätze über die Bewertung von anerkannten Vorschlägen im Rahmen des behördlichen oder betrieblichen Vorschlagwesens.

(3) Muss für Gruppen von Beschäftigten die tägliche Arbeitszeit nach Erfordernissen, die die Dienststelle nicht voraussehen kann, unregelmäßig und kurzfristig festgesetzt werden, so beschränkt sich die Mitbestimmung nach Absatz 2 Nummer 2 und 4 auf die Grundsätze für die Aufstellung der Dienstpläne.

§ 75   Angelegenheiten der eingeschränkten Mitbestimmung

(1) Der Personalrat hat mitzubestimmen in Personalangelegenheiten der Beschäftigten, die voraussichtlich länger als zwei Monate Beschäftigte sein werden, bei

1. Begründung des Beamtenverhältnisses, mit Ausnahme der Fälle, in denen das Beamtenverhältnis auf Widerruf nach Ablegung oder dem endgültigen Nichtbestehen der für die Laufbahn vorgeschriebenen Prüfung aufgrund von Rechtsvorschriften endet,
2. Einstellung von Arbeitnehmern, Übertragung der auszuübenden Tätigkeit bei der Einstellung, Nebenabreden zum Arbeitsvertrag, Zeit- oder Zweckbefristung des Arbeitsverhältnisses,
3. Ein-, Höher-, Um- oder Rückgruppierung einschließlich Stufenzuordnung sowie Verkürzung und Verlängerung der Stufenlaufzeit nach Entgeltgrundsätzen, Bestimmung der Fallgruppe innerhalb einer Entgeltgruppe, soweit jeweils tarifvertraglich nichts anderes bestimmt ist, übertariflicher Eingruppierung,
4. Beförderung, horizontalem Laufbahnwechsel,
5. Zulassung zum Aufstieg einschließlich der Zulassung zur Eignungsfeststellung für den Aufstieg,
6. zwei Monate überschreitender Übertragung von Dienstaufgaben eines Amtes mit höherem oder niedrigerem Grundgehalt,
7. zwei Monate überschreitender Übertragung einer Tätigkeit, die
   a) den Tätigkeitsmerkmalen einer höheren oder niedrigeren Entgeltgruppe entspricht als die bisherige Tätigkeit,
   b) einen Anspruch auf Zahlung einer Zulage auslöst, sowie Widerruf einer solchen Übertragung,
8. zwei Monate überschreitender Übertragung einer anderen Tätigkeit,
9. erneuter Übertragung von Dienstaufgaben eines Amtes oder der auszuübenden Tätigkeit nach Rückkehr aus der Beurlaubung von längerer Dauer,
10. wesentlicher Änderung des Arbeitsvertrags, ausgenommen der Änderung der arbeitsvertraglich vereinbarten Arbeitszeit,
11. Umsetzung innerhalb der Dienststelle, wenn sie mit einem Wechsel des Dienstorts verbunden ist,
12. ordentlicher Kündigung durch die Dienststelle.

(2) Der Personalrat der abgebenden Dienststelle und, soweit dort bestehend, der Personalrat der aufnehmenden Dienststelle haben in Personalangelegenheiten jeweils mitzubestimmen bei
1. Versetzung von Beschäftigten, die voraussichtlich länger als zwei Monate Beschäftigte sein werden, zu einer anderen Dienststelle,
2. Abordnung für die Dauer von mehr als zwei Monaten, mit Ausnahme der Abordnung von Beamten für die Erfüllung von Aufgaben nach dem Landesdisziplinargesetz,
3. Zuweisung für die Dauer von mehr als zwei Monaten,
4. Personalgestellung für die Dauer von mehr als zwei Monaten,
5. Abordnung auch für die Dauer von weniger als zwei Monaten, sofern sie sich unmittelbar an eine vorangegangene Abordnung anschließt; entsprechendes gilt für die Zuweisung oder Personalgestellung.

(3) Der Personalrat bestimmt in Personalangelegenheiten der Beschäftigten nur auf deren Antrag mit, bei
1. Verlängerung der Probezeit,
2. Änderung der arbeitsvertraglich vereinbarten Arbeitszeit für die Dauer von mehr als zwei Monaten,
3. Anordnungen gegenüber Beschäftigten, welche die Freiheit in der Wahl der Wohnung beschränken,
4. Ablehnung eines Antrags auf Telearbeit oder auf Einrichtung eines Arbeitsplatzes außerhalb der Dienststelle, sofern diese Arbeitsform tarifvertraglich oder durch Dienstvereinbarung besteht,

5. Versagung oder Widerruf der Genehmigung einer Nebentätigkeit, Erteilung von Auflagen zu Nebentätigkeitsgenehmigungen, Untersagung einer Nebentätigkeit,
6. Ablehnung eines Antrags auf Teilzeitbeschäftigung oder Urlaub ohne Dienstbezüge oder Arbeitsentgelt, Widerruf der Bewilligung,
7. Ablehnung eines Antrags auf Altersteilzeit,
8. Herabsetzung der Anwärterbezüge oder Unterhaltsbeihilfe,
9. Geltendmachung von Ersatzansprüchen gegen Beschäftigte,
10. Entlassung von Beamten auf Probe oder auf Widerruf, wenn sie die Entlassung nicht selbst beantragt haben,
11. Abschluss von Aufhebungs- oder Beendigungsverträgen, wenn der Arbeitnehmer die Auflösung des Arbeitsverhältnisses nicht selbst beantragt hat; entsprechendes gilt für die Beendigung vom öffentlich-rechtlichen Ausbildungsverhältnissen,
12. Ablehnung des Antrags auf vorzeitige Versetzung in den Ruhestand oder vorzeitiger Versetzung in den Ruhestand, wenn der Beamte die Versetzung nicht selbst beantragt hat,
13. Feststellung der begrenzten Dienstfähigkeit, wenn der Beamte die Feststellung nicht selbst beantragt hat,
14. Ablehnung des Antrags auf Hinausschiebung des Eintritts in den Ruhestand wegen Erreichens der Altersgrenze.

(4) Der Personalrat hat, soweit eine gesetzliche oder tarifliche Regelung nicht besteht, mitzubestimmen über
1. Bestellung und Abberufung von
   a) Vertrauens- und Betriebsärzten,
   b) behördlichen Datenschutzbeauftragten,
   c) Fachkräften für Arbeitssicherheit, Sicherheitsbeauftragten, Beauftragten für biologische Sicherheit, Fachkräften und Beauftragten für den Strahlenschutz,
   d) Hygienebeauftragten,
   e) Beauftragten des Arbeitgebers für schwerbehinderte Menschen,
2. Widerruf der Bestellung der Beauftragten für Chancengleichheit oder ihrer Stellvertreterin,
3. Inhalt von Personalfragebögen, mit Ausnahme von solchen im Rahmen der Rechnungsprüfung, Inhalt von Fragebögen für Mitarbeiterbefragungen,
4. Beurteilungsrichtlinien,
5. Inhalt und Verwendung von Formulararbeitsverträgen,
6. Erlass von Richtlinien über die personelle Auswahl
   a) bei Einstellungen,
   b) bei Versetzungen,
   c) bei Höher-, Rück- oder Umgruppierungen,
   d) bei Kündigungen,
   e) für Beförderungen und horizontalen Laufbahnwechsel nach Absatz 1 Nummer 4,
   f) bei beförderungsähnlichen Übertragungen anderer Tätigkeiten und Übertragungen von Tätigkeiten, die einen Anspruch auf Zahlung einer Zulage auslösen,
   g) für die Zulassung zum Aufstieg einschließlich Zulassung zur Eignungsfeststellung für den Aufstieg,
7. Erlass von Richtlinien über Ausnahmen von der Ausschreibung von Dienstposten für Beamte und Aufstellung von allgemeinen Grundsätzen über die Durchführung von Stellenausschreibungen für Arbeitnehmer einschließlich Inhalt, Ort und Dauer,

8. Absehen von der Ausschreibung eines Dienstpostens für Beamte, der nach gesetzlichen Vorschriften, einer Richtlinie nach Nummer 7 oder einer Dienstvereinbarung auszuschreiben wäre,

9. allgemeine Fragen zur Durchführung der beruflichen Ausbildung mit Ausnahme der Gestaltung von Lehrveranstaltungen,

   a) bei Arbeitnehmern einschließlich der Bestellung und Abberufung der Ausbilder und Ausbildungsleiter bei Ausbildungen im Sinne des Berufsbildungsgesetzes, des Krankenpflegegesetzes und des Hebammengesetzes,

   b) der Beamten einschließlich der Bestellung und Abberufung der Ausbilder und Ausbildungsleiter,

   c) von Studierenden der Dualen Hochschule, von Studierenden, die ein nach einer Studienordnung vorgeschriebenes Praktikum leisten, oder von Volontären,

10. allgemeine Fragen der beruflichen Fortbildung, Weiterbildung, Umschulung, Einführung in die Aufgaben einer anderen Laufbahn und Qualifizierungsmaßnahmen im Rahmen der Personalentwicklung,

11. Einführung und Anwendung technischer Einrichtungen, die dazu geeignet sind, das Verhalten und die Leistung der Beschäftigten zu überwachen,

12. Gestaltung der Arbeitsplätze,

13. Einführung, Anwendung oder wesentliche Änderung oder wesentliche Erweiterung technischer Einrichtungen und Verfahren der automatisierten Verarbeitung personenbezogener Daten der Beschäftigen, mit Ausnahme der Einführung und Anwendung automatisierter Verfahren für amtliche Statistiken beim Statistischen Landesamt, soweit diese von Dienststellen außerhalb des Geltungsbereichs dieses Gesetzes erstellt und unter dortiger Mitbestimmung der Personalvertretung freigegeben worden sind,

14. Maßnahmen, die zur Hebung der Arbeitsleistung und Erleichterung des Arbeitsablaufs geeignet sind, sowie deren wesentliche Änderung oder wesentliche Ausweitung,

15. Einführung grundsätzlich neuer Arbeitsmethoden, wesentliche Änderung oder wesentliche Ausweitung bestehender Arbeitsmethoden,

16. Einführung, wesentliche Änderung oder wesentliche Ausweitung der Informations- und Kommunikationsnetze,

17. Einführung grundsätzlich neuer Formen der Arbeitsorganisation und wesentliche Änderungen der Arbeitsorganisation,

18. Anordnung von Urlaubssperren aus arbeitsorganisatorischen Gründen,

19. Erstellung und Anpassung des Chancengleichheitsplans.

(5) Es gelten nicht

1. Absätze 1 bis 3 Nummer 1 bis 3, 5 bis 7, 10, 12, 14 für

   a) Beamtenstellen und Beamte der Besoldungsgruppe A 16 und höher, bei den obersten Dienstbehörden des Landes der Besoldungsgruppe B 3 und höher sowie jeweils für entsprechende Arbeitnehmerstellen und Arbeitnehmer,

   b) Landräte, Bürgermeister und Beigeordnete,

   c) leitende Beschäftigte öffentlich-rechtlicher Kreditinstitute; welche Beschäftigten leitende Beschäftigte öffentlich-rechtlicher Kreditinstitute sind, entscheidet die zuständige oberste Aufsichtsbehörde,

2. Absatz 1 Nummer 1 für die Begründung des Beamtenverhältnisses bei

   a) Polizeimeistern und Polizeikommissaren,

   b) Lehrern an allgemeinbildenden und beruflichen Schulen,

3. Absatz 1 Nummer 11 und Absatz 2 für nicht beamtete Lehrer.

(6) An die Stelle der Mitbestimmung tritt, soweit in Absatz 5 nichts anderes bestimmt ist, die Mitwirkung

1. in den Fällen der Absätze 1, 2 und 3 Nummer 2, 3, 5 bis 7 und 14 bei
   a) Leitern von Dienststellen im Sinne dieses Gesetzes,
   b) Rektoren an Grund-, Haupt-, Werkreal-, Real- und Gemeinschaftsschulen sowie entsprechenden sonderpädagogischen Bildungs- und Beratungszentren,
   c) Abteilungsleitern bei den Regierungspräsidien, Landesoberbehörden und höheren Sonderbehörden,
   d) den Ersten Landesbeamten bei den Landratsämtern,
2. in den Fällen des Absatzes 1 Nummer 11 und des Absatzes 2 bei
   a) Beamten des allgemeinen Vollzugsdienstes und des Werkdienstes bei den Justizvollzugseinrichtungen,
   b) Polizeibeamten,
   c) Beschäftigten des Landesamts für Verfassungsschutz.

(7) [1]Wird trotz anderslautender Empfehlung der Einigungsstelle nach § 78 Absatz 4 eine ordentliche Kündigung ausgesprochen, ist dem Arbeitnehmer mit der Kündigung eine Abschrift der Empfehlung der Einigungsstelle zuzuleiten. [2]Hat der Arbeitnehmer im Falle des Satzes 1 nach dem Kündigungsschutzgesetz Klage auf Feststellung erhoben, dass das Arbeitsverhältnis durch die Kündigung nicht aufgelöst ist, so muss die Dienststelle auf Verlangen des Arbeitnehmers diesen nach Ablauf der Kündigungsfrist bis zum rechtskräftigen Abschluss des Rechtsstreits bei unveränderten Arbeitsbedingungen weiterbeschäftigen. [3]Auf Antrag der Dienststelle kann das Arbeitsgericht sie durch einstweilige Verfügung von der Verpflichtung zur Weiterbeschäftigung nach Satz 2 entbinden, wenn
1. die Klage des Arbeitnehmers keine hinreichende Aussicht auf Erfolg bietet oder mutwillig erscheint oder
2. die Weiterbeschäftigung des Arbeitnehmers zu einer unzumutbaren wirtschaftlichen Belastung der Dienststelle führen würde oder
3. die Verweigerung der Zustimmung des Personalrats offensichtlich unbegründet war.

(8) [1]Tritt nach einer Rechtsvorschrift im Falle der ordentlichen Kündigung des Arbeitnehmers durch die Dienststelle an die Stelle der Mitbestimmung die Mitwirkung, so ist dem Arbeitnehmer mit der Kündigung eine Abschrift der Stellungnahme des Personalrats zuzuleiten, sofern der Personalrat nach § 82 Absatz 4 Satz 1 Einwendungen gegen die Kündigung erhoben hat, es sei denn, dass die Stufenvertretung nach Verhandlung nach § 83 Absatz 1 Satz 4 und 5 die Einwendungen nicht aufrechterhalten hat. [2]Bis zur endgültigen Entscheidung der übergeordneten Dienststelle nach § 83 Absatz 1 Satz 4 und 5 oder der obersten Dienstbehörde nach § 83 Absatz 2 oder des nach § 89 Absatz 1 zuständigen Organs kann die Kündigung nicht ausgesprochen werden. [3]Absatz 7 Satz 2 und 3 sowie § 76 Absatz 2 gelten entsprechend.

§ 76   Einleitung, Verfahren der Mitbestimmung

(1) Die Dienststelle unterrichtet den Personalrat von der beabsichtigten Maßnahme und beantragt seine Zustimmung.

(2) [1]Der Personalrat bestimmt, soweit in § 75 Absatz 5 und 6 nichts anderes bestimmt ist, nur mit
1. in den Personalangelegenheiten nach § 75 Absatz 1 und 2 der
   a) in § 9 Absatz 2 Satz 1 Nummer 2 und 3 bezeichneten Beschäftigten,
   b) der Beamten auf Zeit,
   c) der Beschäftigten mit überwiegend wissenschaftlicher oder künstlerischer Tätigkeit,

2. in den Angelegenheiten des § 74 Absatz 1 Nummer 4, wenn die betroffenen Beschäftigten es beantragen sowie
3. in den Angelegenheiten des § 74 Absatz 1 Nummer 1, wenn die betroffenen Beschäftigten nicht widersprechen. [2]§ 75 Absatz 3 bleibt unberührt.

(3) In den Fällen von Absatz 2 sowie von § 75 Absatz 3 sind die Beschäftigten von der beabsichtigten Maßnahme rechtzeitig vorher in Kenntnis zu setzen; gleichzeitig sind sie auf ihr Antrags- oder Widerspruchsrecht hinzuweisen.

(4) In den Angelegenheiten nach § 74 Absatz 1 Nummer 1 und 4 bestimmt auf Verlangen der betroffenen Beschäftigten nur der Vorstand mit.

(5) Der Personalrat kann verlangen, dass die Dienststelle die beabsichtigte Maßnahme begründet.

(6) [1]Der Beschluss des Personalrats über die beantragte Zustimmung ist der Dienststelle innerhalb von drei Wochen mitzuteilen. [2]In dringenden Fällen kann die Dienststelle diese Frist auf eine Woche abkürzen. [3]Personalrat und Dienststelle können für die Dauer der Amtszeit des Personalrats abweichende Fristen vereinbaren.

(7) Die Dienststelle kann die Fristen im Einzelfall verlängern oder in begründeten Fällen im Einvernehmen mit dem Personalrat abkürzen.

(8) [1]Aufgrund eines Beschlusses des Vorstands kann der Vorsitzende des Personalrats bei der Dienststelle im Einzelfall eine längere Frist beantragen. [2]Dabei ist die Dauer der Fristverlängerung zu benennen und ihre Erforderlichkeit zu begründen. [3]Soweit keine andere Frist bewilligt wird, verlängert sich die Frist um drei Arbeitstage. [4]Entscheidet die Dienststelle nicht innerhalb von drei Arbeitstagen nach Zugang über den Antrag, gilt die Fristverlängerung im beantragten Umfang als bewilligt. [5]Der Antrag kann nicht wiederholt werden.

(9) [1]Die Maßnahme gilt als gebilligt, wenn nicht der Personalrat innerhalb der geltenden Frist die Zustimmung unter Angabe der Gründe schriftlich verweigert oder die angeführten Gründe offenkundig keinen unmittelbaren Bezug zu den Mitbestimmungsangelegenheiten haben. [2]Soweit dabei Beschwerden oder Behauptungen tatsächlicher Art vorgetragen werden, die für einzelne Beschäftigte ungünstig sind oder ihnen nachteilig werden können, hat die Dienststelle diesen Beschäftigten Gelegenheit zur Äußerung zu geben; die Äußerung ist aktenkundig zu machen.

(10) Kommt bei Arbeitnehmern in den Fällen des § 75 Absatz 3 Nummer 2 über die beantragte Verringerung der arbeitsvertraglich vereinbarten Arbeitszeit und in den Fällen des § 75 Absatz 3 Nummer 6 über die beantragte Teilzeitbeschäftigung eine Einigung nicht zustande, entscheidet die Dienststelle endgültig; die §§ 77 und 78 finden keine Anwendung.

§ 77   Stufenverfahren der Mitbestimmung

(1) [1]Kommt eine Einigung nicht zustande, so kann die Dienststelle oder der Personalrat die Angelegenheit binnen drei Wochen auf dem Dienstweg der übergeordneten Dienststelle, bei der eine Stufenvertretung besteht, vorlegen. [2]Legt die Dienststelle die Angelegenheit der übergeordneten Dienststelle vor, so teilt sie dies dem Personalrat unter Angabe der Gründe mit.

(2) [1]Die übergeordnete Dienststelle hat die Angelegenheit der bei ihr gebildeten Stufenvertretung innerhalb von fünf Wochen vorzulegen. [2]§ 76 Absatz 1 und 5 bis 9 gilt entsprechend.

(3) [1]Können sich die übergeordnete Dienststelle und die Stufenvertretung nicht einigen, so kann die übergeordnete Dienststelle oder die Stufenvertretung die Angelegenheit binnen drei Wochen der obersten Dienstbehörde vorlegen. [2]Absatz 1 Satz 2 und Absatz 2 Satz 2 gelten entsprechend.

§ 78   Einigungsstellenverfahren

(1) Ergibt sich zwischen der obersten Dienstbehörde und der bei ihr bestehenden zuständigen Personalvertretung keine Einigung, so kann jede Seite die Einigungsstelle anrufen.

(2) [1]In den Fällen des § 74 entscheidet die Einigungsstelle endgültig. [2]Ihr Beschluss bindet die Beteiligten, soweit er eine Entscheidung im Sinne von § 79 Absatz 5 enthält. [3]Die oberste Dienstbehörde kann einen Beschluss der Einigungsstelle, der im Einzelfall wegen seiner Auswirkungen auf das Gemeinwesen wesentlicher Bestandteil der Regierungsverantwortung ist, unverzüglich nach seiner Zustellung der Landesregierung zur endgültigen Entscheidung vorlegen. [4]Der Einigungsstelle und der bei der obersten Dienstbehörde bestehenden zuständigen Personalvertretung ist Gelegenheit zu geben, innerhalb von zwei Wochen zu der Vorlage an die Landesregierung Stellung zu nehmen. [5]Eine Stellungnahme ist der Landesregierung zur Kenntnis zu bringen. [6]Die Entscheidung der Landesregierung ist den Beteiligten durch die oberste Dienstbehörde bekanntzugeben.

(3) An die Stelle der Landesregierung tritt in Angelegenheiten der Dienststellen des Landtags von Baden-Württemberg der Präsident des Landtags und in Angelegenheiten des Rechnungshofs Baden-Württemberg der Präsident des Rechnungshofs.

(4) [1]In den Fällen des § 75 beschließt die Einigungsstelle, wenn sie sich nicht der Auffassung der obersten Dienstbehörde anschließt, eine Empfehlung an diese. [2]Die oberste Dienstbehörde entscheidet sodann endgültig. [3]Die Entscheidung ist zu begründen und der Einigungsstelle und den beteiligten Personalvertretungen bekanntzugeben.

§ 79   Einigungsstelle

(1) [1]Die Einigungsstelle wird, soweit sich aus Absatz 2 nichts Abweichendes ergibt, von Fall zu Fall bei der obersten Dienstbehörde gebildet. [2]Sie besteht aus je drei Beisitzern, die von der obersten Dienstbehörde und der bei ihr bestehenden zuständigen Personalvertretung bestellt werden, und einer unparteiischen Person für den Vorsitz, auf die sich beide Seiten einigen. [3]Die Beisitzer sowie die Person für den Vorsitz sind innerhalb von zwei Wochen nach Anrufung der Einigungsstelle zu bestellen. [4]Die Person für den Vorsitz muss die Befähigung zum Richteramt besitzen oder die Voraussetzungen des § 110 Satz 1 des Deutschen Richtergesetzes erfüllen.[5]Kommt eine Einigung über die Person für den Vorsitz nicht zustande, so bestellt sie der Präsident des Verwaltungsgerichtshofs. [6]Unter den Beisitzern, die von der Personalvertretung bestellt werden, muss sich je ein Beamter und ein Arbeitnehmer befinden, es sei denn, die Angelegenheit betrifft lediglich die Beamten oder die Arbeitnehmer.

(2) [1]Aufgrund einer Dienstvereinbarung kann die Einigungsstelle auf Dauer, längstens bis zum Ablauf der Amtszeit der zuständigen Personalvertretung gebildet werden. [2]Absatz 1 gilt mit der Maßgabe entsprechend, dass zwischen der obersten Dienstbehörde und der zuständigen Personalvertretung Einigung über die unparteiische Person für den Vorsitz für die vereinbarte Amtszeit erzielt wird.

(3) [1]Die Verhandlung der Einigungsstelle ist nicht öffentlich. [2]Der obersten Dienstbehörde und der zuständigen Personalvertretung ist Gelegenheit zur mündlichen Äu-

ßerung zu geben. [3]Im Einvernehmen mit den Beteiligten kann die Äußerung schriftlich erfolgen.

(4) [1]Die Einigungsstelle soll binnen zwei Monaten nach der Anrufung durch einen Beteiligten entscheiden. [2]Die Einigungsstelle ist beschlussfähig, wenn die Person für den Vorsitz und mindestens drei Beisitzer anwesend sind. [3]Bestellt eine Seite innerhalb der in Absatz 1 Satz 3 genannten Frist keine Beisitzer oder bleiben Beisitzer trotz rechtzeitiger Einladung der Sitzung fern, so entscheiden die Person für den Vorsitz und die erschienenen Beisitzer allein.

(5) [1]Die Einigungsstelle entscheidet durch Beschluss. [2]Sie kann den Anträgen der Beteiligten auch teilweise entsprechen. [3]Der Beschluss wird mit einfacher Stimmenmehrheit gefasst; bei Stimmengleichheit entscheidet die Stimme der Person für den Vorsitz. [4]Er muss sich im Rahmen der geltenden Rechtsvorschriften, insbesondere des Haushaltsgesetzes, halten. [5]Der Beschluss ist den Beteiligten zuzustellen.

§ 80   Mitwirkung

Soweit der Personalrat an Entscheidungen mitwirkt, ist ihm die beabsichtigte Maßnahme rechtzeitig bekanntzugeben und auf Verlangen mit ihm zu erörtern.

§ 81   Angelegenheiten der Mitwirkung

(1) Der Personalrat wirkt mit bei
1. Vorbereitung von Verwaltungsanordnungen einer Dienststelle für die innerdienstlichen, sozialen oder persönlichen Angelegenheiten der Beschäftigten ihres Geschäftsbereichs,
2. Auflösung, Einschränkung, Erweiterung, Verlegung oder Zusammenlegung von Dienststellen oder wesentlichen Teilen von ihnen,
3. nicht nur vorübergehender Übertragung wesentlicher Arbeiten oder wesentlicher Aufgaben, die bisher üblicherweise durch Beschäftigte der Dienststelle wahrgenommen werden, durch Vergabe oder Privatisierung,
4. Einrichtung von Telearbeitsplätzen oder sonstigen Arbeitsplätzen außerhalb der Dienststelle,
5. Auswahl der Beschäftigten zur Teilnahme an Maßnahmen der Berufsausbildung, an Fortbildungs- sowie Weiterbildungsveranstaltungen, an Qualifizierungsmaßnahmen im Rahmen der Personalentwicklung,
6. Grundsätzen der Personalplanung,
7. Arbeitsorganisation einschließlich der Planungs- und Gestaltungsmittel und der Zahl der einzusetzenden Beschäftigten, mit Ausnahme der Erstellung von Stundenplänen an allgemeinbildenden und beruflichen Schulen,
8. Grundsätzen der Arbeitsplatz- oder Dienstpostenbewertung.

(2) [1]Der Personalrat wirkt auf Antrag der Beschäftigten mit bei
1. Erlass von Disziplinarverfügungen oder schriftlichen Missbilligungen gegen Beamte,
2. Erteilung schriftlicher Abmahnungen gegen Arbeitnehmer.
[2]§ 75 Absatz 5 Nummer 1 gilt entsprechend.

§ 82   Einleitung, Verfahren der Mitwirkung

(1) Die Dienststelle unterrichtet den Personalrat über die beabsichtigte Maßnahme.

(2) In den Fällen des § 81 Absatz 2 gilt § 76 Absatz 3 entsprechend, § 83 findet keine Anwendung.

(3) Der Personalrat kann verlangen, dass die Dienststelle die beabsichtigte Maßnahme begründet.

(4) [1]Äußert sich der Personalrat nicht innerhalb von drei Wochen, hält er bei Erörterung seine Einwendungen oder Vorschläge nicht aufrecht oder haben sie offenkundig keinen unmittelbaren Bezug zu den Mitwirkungsangelegenheiten, so gilt die beabsichtigte Maßnahme als gebilligt. [2]§ 76 Absatz 6 Satz 2 und 3, Absatz 7 und 8 gilt entsprechend.

(5) [1]Erhebt der Personalrat Einwendungen, so hat er der Dienststelle die Gründe mitzuteilen. [2]§ 76 Absatz 9 Satz 2 gilt entsprechend.

(6) Entspricht die Dienststelle den Einwendungen des Personalrats nicht oder nicht in vollem Umfang, so teilt sie dem Personalrat ihre Entscheidung unter Angabe der Gründe schriftlich mit.

§ 83 Stufenverfahren der Mitwirkung

(1) [1]Der Personalrat einer nachgeordneten Dienststelle kann die Angelegenheit binnen drei Wochen nach Zugang der Mitteilung der Dienststelle, dass Einwendungen nicht oder nicht in vollem Umfang berücksichtigt werden, auf dem Dienstweg der übergeordneten Dienststelle, bei der eine Stufenvertretung besteht, mit dem Antrag auf Entscheidung vorlegen. [2]DerPersonalrat leitet der Dienststelle eine Abschrift des Antrags zu. [3]Die übergeordnete Dienststelle hat die Angelegenheit der Stufenvertretung innerhalb von fünf Wochen vorzulegen. [4]Die übergeordnete Dienststelle entscheidet nach Verhandlung mit der Stufenvertretung. [5]§ 82 Absatz 1 und 3 bis 6 gilt entsprechend.

(2) [1]Die Stufenvertretung kann die Angelegenheit binnen drei Wochen der obersten Dienstbehörde vorlegen. [2]Absatz 1 Satz 2, 4 und 5 gilt entsprechend.

(3) Ist ein Antrag nach Absatz 1 oder 2 gestellt, so ist die beabsichtigte Maßnahme bis zur Entscheidung der angerufenen Dienststelle auszusetzen.

§ 84 Antrag des Personalrats

(1) [1]Der Personalrat kann eine Maßnahme, die nach § 74 Absatz 1 Nummer 2, 5 und 6, Absatz 2 und 3, § 75 Absatz 4 und § 81 Absatz 1 seiner Mitbestimmung oder Mitwirkung unterliegt, schriftlich beim Leiter der Dienststelle beantragen; der Antrag ist zu begründen. [2]§ 70 Absatz 2 Satz 1 gilt entsprechend.

(2) [1]Entspricht der Leiter der Dienststelle dem Antrag nicht oder nicht in vollem Umfang, so teilt er dem Personalrat die Entscheidung unter Angabe der Gründe schriftlich mit. [2]Das weitere Verfahren bestimmt sich nach der Art der beantragten Maßnahme und dem dafür vorgesehenen Verfahren nach den §§ 77 bis 79 und 83.

(3) § 70 Absatz 1 bleibt unberührt.

§ 85 Dienstvereinbarungen

(1) [1]Dienstvereinbarungen sind in allen Angelegenheiten der Mitbestimmung nach § 74 Absatz 1 Nummer 2, 5 und 6, Absatz 2 und 3, § 75 Absatz 4 und Mitwirkung nach § 81 Absatz 1 zulässig, soweit eine gesetzliche oder tarifliche Regelung nicht besteht. [2]Sie sind ferner zulässig, soweit dieses Gesetz oder tarifvertragliche Vereinbarungen Dienstvereinbarungen vorsehen.

(2) [1]Arbeitsentgelte und sonstige Arbeitsbedingungen, die durch Tarif geregelt sind oder üblicherweise geregelt werden, können nicht Gegenstand einer Dienstvereinbarung sein. [2]Dies gilt nicht, wenn tarifvertragliche Vereinbarungen den Abschluss ergänzender Dienstvereinbarungen ausdrücklich zulassen.

(3) Dienstvereinbarungen werden durch Dienststelle und Personalrat gemeinsam beschlossen, sind schriftlich niederzulegen, von beiden Seiten zu unterzeichnen und in geeigneter Weise bekanntzumachen.

(4) Dienstvereinbarungen, die für einen größeren Bereich gelten, gehen Dienstvereinbarungen für einen kleineren Bereich vor.

(5) Sofern nichts anderes vereinbart ist, können Dienstvereinbarungen von beiden Seiten jederzeit mit einer Frist von drei Monaten gekündigt werden.

(6) [1]In Angelegenheiten der uneingeschränkten Mitbestimmung nach § 74 Absatz 1 Nummer 2, 5 und 6 sowie Absatz 2 und 3 kann die Weitergeltung einer gekündigten oder abgelaufenen Dienstvereinbarung über eine bestimmte Dauer vereinbart werden. [2]Ist keine Vereinbarung über die Dauer der Weitergeltung getroffen, endet die Weitergeltung mit Ablauf der Amtszeit des Personalrats, der zum Zeitpunkt der Kündigung oder des Auslaufens der Dienstvereinbarung amtiert hat.

(7) [1]Weitergeltende Regelungen einer gekündigten oder abgelaufenen Dienstvereinbarung können jederzeit ganz oder teilweise aufgehoben werden, soweit diese Regelungen wegen ihrer Auswirkungen auf das Gemeinwesen die Regierungsverantwortung wesentlich berühren. [2]§ 78 Absatz 2 Satz 3 bis 6 und Absatz 3 gilt entsprechend.

§ 86   Anhörung des Personalrats

Soweit der Personalrat anzuhören ist, ist ihm die Angelegenheit rechtzeitig bekanntzugeben und ausreichend Gelegenheit zur Äußerung zu geben.

§ 87   Angelegenheiten der Anhörung

(1) Der Personalrat ist anzuhören
1. bei Personalplanungen,
2. bei Personalanforderungen zum Haushaltsvoranschlag vor der Weiterleitung; gibt der Personalrat einer nachgeordneten Dienststelle zu den Personalanforderungen eine Stellungnahme ab, so ist diese mit den Personalanforderungen der übergeordneten Dienststelle vorzulegen,
3. bei Raumbedarfsanforderungen für Neu-, Um- und Erweiterungsbauten von Diensträumen vor der Weiterleitung; Nummer 2 Halbsatz 2 gilt entsprechend,
4. bei Bauplanungsprojekten und Anmietungen,
5. bei räumlicher Auslagerung von Arbeit aus der Dienststelle,
6. bei Festlegung von Verfahren und Methoden von Wirtschaftlichkeits- und Organisationsuntersuchungen, mit Ausnahme von solchen im Rahmen der Rechnungsprüfung,
7. bei der Auswahl und Beauftragung von Gutachten für Wirtschaftlichkeits- und Organisationsuntersuchungen nach Nummer 6,
8. beim Abschluss von Arbeitnehmerüberlassungs- oder Arbeitnehmergestellungsverträgen,
9. vor Kündigungen von Arbeitsverhältnissen während der Probezeit, bei fristlosen Entlassungen und außerordentlichen Kündigungen.

(2) In den Fällen des Absatzes 1 Nummer 1 bis 8 gilt § 70 Absatz 2 mit der Maßgabe, dass anstelle der Schriftform auch die mündliche Unterrichtung in einer Sitzung des Personalrats erfolgen kann.

(3) [1]In den Fällen des Absatzes 1 Nummer 9 hat die Dienststelle die beabsichtigte Maßnahme zu begründen. [2]Hat der Personalrat Bedenken, so hat er sie unter Angabe der Gründe der Dienststelle unverzüglich, spätestens jedoch innerhalb von drei Arbeitstagen schriftlich mitzuteilen. [3]§ 75 Absatz 5 Nummer 1 gilt entsprechend.

§ 88 Durchführung von Entscheidungen, vorläufige Regelungen

(1) Entscheidungen, an denen der Personalrat beteiligt war, führt die Dienststelle durch, es sei denn, dass im Einzelfall etwas anderes vereinbart ist.

(2) Wird eine Maßnahme. welcher der Personalrat zugestimmt hat, die durch den Personalrat als gebilligt gilt oder die auf Antrag des Personalrats zustande gekommen ist, von der Dienststelle nicht oder nicht in angemessener Zeit durchgeführt, unterrichtet diese den Personalrat unter Angabe der Gründe.

(3) Der Personalrat darf nicht durch einseitige Handlungen in den Dienstbetrieb eingreifen.

(4) [1]Die Dienststelle kann bei Maßnahmen, die der Natur der Sache nach keinen Aufschub dulden, bis zur endgültigen Entscheidung vorläufige Regelungen treffen. [2]Sie hat dem Personalrat die vorläufige Regelung mitzuteilen und zu begründen und unverzüglich das Verfahren
1. in Mitbestimmungsangelegenheiten nach §§ 76 bis 78 Absatz 1,
2. in Mitwirkungsangelegenheiten nach §§ 82 und 83
einzuleiten oder fortzusetzen.

§ 89 Zuständigkeit in nicht gestuften Verwaltungen

(1) [1]In Gemeinden und Gemeindeverbänden sowie sonstigen Körperschaften, Anstalten und Stiftungen des öffentlichen Rechts tritt in Verfahren nach den § 77 Absatz 3, §§ 78, 79 Absatz 1 Satz 2 und Absatz 3 sowie § 83 Absatz 2 an die Stelle
1. der obersten Dienstbehörde das in ihrer Verfassung vorgesehene oberste Organ oder ein Ausschuss dieses Organs oder, wenn ein solches nicht vorhanden ist, die Aufsichtsbehörde; in Zweifelsfällen bestimmt die zuständige oberste Landesbehörde die anzurufende Stelle,
2. der Stufenvertretung der Personalrat,
3. der Landesregierung das Organ nach Nummer 1.
[2]Besteht ein Gesamtpersonalrat, ist dieser zu hören.

(2) [1]Stehen soziale oder personelle Angelegenheiten der Beschäftigten, über die zwischen dem Personalrat und der Dienststelle keine Einigung besteht, in der Sitzung des Hauptorgans einer Gemeinde, eines Gemeindeverbandes, eines Zweckverbandes oder eines anderen öffentlich-rechtlichen Verbandes kommunaler Gebietskörperschaften zur Beratung an, so ist der Vorsitzende des Personalrats zur Darlegung der Auffassung des Personalrats in nicht öffentlicher Sitzung zu laden. [2]Das Gleiche gilt für Ausschüsse der Hauptorgane oder für vergleichbare Gremien, die aufgrund ihrer Satzung oder Verfassung als Beschlussorgan vorgesehen sind.

§ 90 Verhältnis zu anderen Beteiligungsrechten

Die Personalvertretungen werden bei Maßnahmen, bei deren Vorbereitung nach § 53 des Beamtenstatusgesetzes und § 89 des Landesbeamtengesetzes die Spitzenorganisationen der zuständigen Gewerkschaften zu beteiligen sind, sowie beim Erlass von Rechtsverordnungen und Satzungen nicht beteiligt.

Teil 9 **Zuständigkeit des Personalrats, des Gesamtpersonalrats und der Stufenvertretungen**

§ 91

(1) Der Personalrat wird an den Maßnahmen beteiligt, die die Dienststelle, bei der er gebildet ist, für ihre Beschäftigten trifft.

(2) In Angelegenheiten, in denen die Dienststelle nicht zur Entscheidung befugt ist, ist an Stelle des Personalrats die bei der zuständigen Dienststelle gebildete Stufenvertretung zu beteiligen.

(3) [1]Vor einem Beschluss in Angelegenheiten, die einzelne Beschäftigte oder Dienststellen betreffen, gibt die Stufenvertretung dem Personalrat Gelegenheit zur Äußerung. [2]In diesem Fall erhöhen sich die Beteiligungsfristen auf fünf Wochen; § 76 Absatz 6 Satz 2 findet Anwendung. [3]§ 76 Absatz 6 Satz 3 sowie Absatz 7 und 8 gilt entsprechend.

(4) Werden im Geschäftsbereich mehrstufiger Verwaltungen personelle oder soziale Maßnahmen von einer Dienststelle getroffen, bei der keine für eine Beteiligung zu diesen Maßnahmen zuständige Personalvertretung vorgesehen ist, so ist die Stufenvertretung bei der nächsthöheren Dienststelle, zu deren Geschäftsbereich die entscheidende Dienststelle und die von der Entscheidung Betroffenen gehören, zu beteiligen.

(5) Soweit der Ministerpräsident Maßnahmen für Beschäftigte des Geschäftsbereichs einer anderen obersten Dienstbehörde als des Staatsministeriums trifft, die der Beteiligung der Personalvertretung unterliegen, wird die zuständige Personalvertretung beim Vorschlag der obersten Dienstbehörde an den Ministerpräsidenten beteiligt.

(6) [1]Bei Einzelmaßnahmen, in denen die Entscheidung von einer Dienststelle getroffen wird, die zum Geschäftsbereich einer anderen obersten Dienstbehörde gehört als die, auf die sich die Maßnahme erstreckt, ist der Personalrat der Dienststelle, auf deren Beschäftigte sich die Maßnahme erstreckt, zu beteiligen. [2]Erstreckt sich die Einzelmaßnahme auf mehrere Dienststellen, ist der Personalrat jeder dieser Dienststellen zu beteiligen. [3]Erstreckt sich eine Maßnahme aufDienststellen mehrerer oberster Dienstbehörden, wird bei der obersten Dienstbehörde, zu der die hauptnutzende Stelle gehört, eine gemeinsame Einigungsstelle gebildet.

(7) Ist eine Dienststelle neu errichtet und ist bei ihr ein Personalrat noch nicht gebildet worden, ist auf die Dauer von längstens sechs Monaten die bei der übergeordneten Dienststelle gebildete Stufenvertretung zu beteiligen.

(8) [1]Besteht ein Gesamtpersonalrat, so ist dieser zu beteiligen, wenn die Maßnahme über den Bereich einer Dienststelle hinausgeht. [2]Soweit der Gesamtpersonalrat zuständig ist, ist er an Stelle der Personalräte der Dienststellen zu beteiligen. [3]Vor einem Beschluss in Angelegenheiten, die einzelne Beschäftigte oder Dienststellen betreffen, gibt der Gesamtpersonalrat dem Personalrat Gelegenheit zur Äußerung. [4]Absatz 3 Satz 2 und 3 gilt entsprechend.

Teil 10   Gerichtliche Entscheidungen

§ 92

(1) Die Verwaltungsgerichte entscheiden außer in den Fällen der §§ 21, 24, 47 Absatz 1 und 4, § 48 Absatz 4 sowie § 64 Satz 2 über
1. Wahlberechtigung und Wählbarkeit,
2. Wahl, Amtszeit und Zusammensetzung der Personalvertretungen und der in § 59 genannten Vertretungen,
3. Zuständigkeit und Geschäftsführung der Personalvertretungen,
4. Bestehen oder Nichtbestehen von Dienstvereinbarungen.

(2) Die Vorschriften des Arbeitsgerichtsgesetzes über das Beschlussverfahren gelten entsprechend.

§ 93

(1) Für die nach diesem Gesetz zu treffenden Entscheidungen sind bei den Verwaltungsgerichten Fachkammern und beim Verwaltungsgerichtshof ein Fachsenat zu bilden.

(2) [1]Die Fachkammer besteht aus einem Vorsitzenden und ehrenamtlichen Richtern, der Fachsenat aus dem Vorsitzenden, Richtern und ehrenamtlichen Richtern. [2]Die ehrenamtlichen Richter müssen Beschäftigte des Landes oder einer der Aufsicht des Landes unterstehenden Körperschaft, Anstalt oder Stiftung des öffentlichen Rechts sein. [3]Sie werden je zur Hälfte von
1. den unter den Beschäftigten vertretenen Gewerkschaften und
2. den obersten Landesbehörden oder den von diesen bestimmten Stellen und den kommunalen Landesverbänden

vorgeschlagen und vom Justizministerium berufen. [4]Für die Berufung und Stellung der Beisitzer und ihre Heranziehung zu den Sitzungen gelten die Vorschriften des Arbeitsgerichtsgesetzes über Arbeitsrichter und Landesarbeitsrichter entsprechend.

(3) [1]Die Fachkammer wird tätig in der Besetzung mit einem Vorsitzenden und je zwei nach Absatz 2 Satz 3 Nummer 1 und 2 vorgeschlagenen und berufenen ehrenamtlichen Richtern. [2]Unter den in Absatz 2 Satz 3 Nummer 1 bezeichneten ehrenamtlichen Richtern muss sich je ein Beamter und ein Arbeitnehmer befinden.

(4) [1]Der Fachsenat wird tätig in der Besetzung mit einem Vorsitzenden, zwei Richtern und je einem nach Absatz 2 Satz 3 Nummer 1 und 2 vorgeschlagenen und berufenen ehrenamtlichen Richter. [2]Einer der ehrenamtlichen Richter muss Beamter und einer Arbeitnehmer sein.

Teil 11   Vorschriften für die Behandlung von Verschlusssachen

§ 94

(1) [1]Soweit eine Angelegenheit, an der eine Personalvertretung zu beteiligen ist, als Verschlusssache mindestens des Geheimhaltungsgrads »VS – VERTRAULICH« eingestuft ist, tritt an die Stelle der Personalvertretung ein Ausschuss. [2]Dem Ausschuss gehört höchstens je ein in entsprechender Anwendung des § 28 Absatz 1

gewählter Vertreter der im Personalrat vertretenen Gruppen an. [3]Die Mitglieder des Ausschusses müssen nach den dafür geltenden Bestimmungen ermächtigt sein, Kenntnis von Verschlusssachen des in Betracht kommenden Geheimhaltungsgrads zu erhalten. [4]Personalvertretungen bei Dienststellen, die Mittelbehörden nachgeordnet sind, bilden keinen Ausschuss; an ihre Stelle tritt der Ausschuss des Bezirkspersonalrats.

(2) Wird der zuständige Ausschuss nicht rechtzeitig gebildet, ist der Ausschuss der bei der Dienststelle bestehenden Stufenvertretung oder, wenn dieser nicht rechtzeitig gebildet wird, der Ausschuss der bei der obersten Dienstbehörde bestehenden Stufenvertretung zu beteiligen.

(3) [1]Die Einigungsstelle besteht in den in Absatz 1 Satz 1 bezeichneten Fällen aus je einem Beisitzer, der von der obersten Dienstbehörde und der nach § 78 Absatz 1 zuletzt beteiligten Personalvertretung bestellt wird, und einem unparteiischen Vorsitzenden, die nach den dafür geltenden Bestimmungen ermächtigt sind, von Verschlusssachen des in Betracht kommenden Geheimhaltungsgrads Kenntnis zu erhalten. [2]§ 78 Absatz 2 und 3, § 79 Absatz 1 Satz 1 bis 5, Absatz 2 bis 5 und § 89 Absatz 1 Satz 1 Nummer 1 gelten entsprechend.

(4) [1]§ 32 Absatz 4 bis 6 und § 91 Absatz 3 sowie die Vorschriften über die Beteiligung der Gewerkschaften und Arbeitgebervereinigungen in § 32 Absatz 3 und § 37 Absatz 1 sind nicht anzuwenden. [2]Angelegenheiten, die als Verschlusssache mindestens des Geheimhaltungsgrads »VS – VERTRAULICH« eingestuft sind, werden in der Personalversammlung nicht behandelt.

(5) [1]Die oberste Dienstbehörde kann anordnen, dass in den Fällen des Absatzes 1 Satz 1 dem Ausschuss und der Einigungsstelle Unterlagen nicht vorgelegt und Auskünfte nicht erteilt werden dürfen, soweit dies zur Vermeidung von Nachteilen für das Wohl der Bundesrepublik Deutschland oder eines ihrer Länder oder auf Grund internationaler Verpflichtungen geboten ist. [2]Im Verfahren nach § 92 sind die gesetzlichen Voraussetzungen für die Anordnung glaubhaft zu machen.

Teil 12   Besondere Vorschriften für die Justizverwaltung

§ 95

Für den Geschäftsbereich eines Oberlandesgerichts und der in seinem Bezirk bestehenden Staatsanwaltschaften wird eine gemeinsame Stufenvertretung (Bezirkspersonalrat beim Oberlandesgericht) gebildet.

Teil 13   Besondere Vorschriften für die Polizei und für das Landesamt für Verfassungsschutz

§ 96   Polizei

(1) § 5 Absatz 3 findet auf das Polizeipräsidium Einsatz, das Präsidium Technik, Logistik, Service der Polizei und auf die Hochschule für Polizei Baden-Württemberg nur mit der Maßgabe Anwendung, dass Außenstellen, Nebenstellen und Teile der

Dienststelle räumlich weit von der Hauptdienststelle entfernt liegen. Im Übrigen findet § 5 Absatz 3 auf Polizeidienststellen keine Anwendung.

(2) Die Beschäftigten der Polizeidienststellen und Einrichtungen für den Polizeivollzugsdienst wählen einen Hauptpersonalrat der Polizei beim Innenministerium. Dieser kann gemeinsam mit dem beim Innenministerium gebildeten allgemeinen Hauptpersonalrat beraten, soweit beide Hauptpersonalräte zu beteiligen sind; eine gemeinsame Beschlussfassung findet jedoch nicht statt.

(3) Polizeibeamte im Vorbereitungs- oder Ausbildungsdienst, die am Wahltag das 18. Lebensjahr vollendet haben, besitzen nicht die Wahlberechtigung und Wählbarkeit zur Jugend- und Auszubildendenvertretung.

(4) Werden im Geschäftsbereich der Polizei Maßnahmen von einer dem Innenministerium nachgeordneten Polizeidienststelle oder Einrichtung für den Polizeivollzugsdienst getroffen, die sich auf Beschäftigte anderer Polizeidienststellen oder Einrichtungen für den Polizeivollzugsdienst erstrecken, wird der Hauptpersonalrat der Polizei beteiligt. § 91 Absatz 1 und 4 findet keine Anwendung.

§ 97 Landesamt für Verfassungsschutz

Für das Landesamt für Verfassungsschutz gilt dieses Gesetz mit folgenden Abweichungen:
1. Der Leiter des Landesamts für Verfassungsschutz kann nach Anhörung des Personalrats bestimmen, dass Beschäftigte, bei denen dies wegen ihrer dienstlichen Aufgaben dringend geboten ist, nicht an Personalversammlungen teilnehmen.
2. Die Vorschriften über eine Beteiligung von Vertretern oder Beauftragten der Gewerkschaften und Arbeitgebervereinigungen (§ 32 Absatz 3, § 37 Absatz 1, § 53) sind nicht anzuwenden.
3. Bei der Beteiligung der Stufenvertretung und der Einigungsstelle sind Angelegenheiten, die lediglich Beschäftigte des Landesamts für Verfassungsschutz betreffen, wie Verschlusssachen des Geheimhaltungsgrads »VS – VERTRAULICH« zu behandeln, soweit nicht die zuständige Stelle etwas anderes bestimmt.

Teil 14 Besondere Vorschriften für Dienststellen, die bildenden, wissenschaftlichen und künstlerischen Zwecken dienen

§ 98 Personalvertretungen im Schulbereich

(1) [1]Für Grund-, Haupt-, Werkreal-, Real-, Gemeinschafts- und entsprechende sonderpädagogische Bildungs- und Beratungszentren sowie Schulkindergärten mit Ausnahme der sonderpädagogische Bildungs- und Beratungszentren mit Internat und der diesen angegliederten Schulkindergärten werden besondere Personalräte bei den unteren Schulaufsichtsbehörden gebildet. [2]Für Lehrer an Schulen besonderer Art sowie an Schulen, die in einem Verbund von Schularten oder einen Schulversuch einbezogen sind, kann das Kultusministerium eine hiervon abweichende Regelung treffen, sofern an der Schule auch Lehrer der in Absatz 2 Satz 1 Nummer 2 oder 3 aufgeführten Schularten unterrichten. [3]§ 5 Absatz 3 findet keine Anwendung.

(2) [1]Die beamteten und nichtbeamteten Lehrer der
1. Grund-, Haupt-, Werkreal-, Real-, Gemeinschafts- und entsprechenden sonderpädagogische Bildungs- und Beratungszentren sowie Schulkindergärten,
2. Gymnasien und Kollegs,
3. beruflichen Schulen einschließlich der beruflichen Gymnasien
wählen je besondere Stufenvertretungen bei den oberen Schulaufsichtsbehörden und beim Kultusministerium. [2]Absatz 1 Satz 2 gilt entsprechend. [3]Die besonderen Stufenvertretungen können gemeinsam und zusammen mit der bei der Dienststelle gebildeten allgemeinen Stufenvertretung beraten, soweit alle jeweils gemeinsam beratenden Stufenvertretungen zu beteiligen sind; eine gemeinsame Beschlussfassung mehrerer Stufenvertretungen findet jedoch nicht statt.

(3) In Angelegenheiten der in Ausbildung zu einem Lehrerberuf stehenden Beschäftigten, in denen die Dienststelle nicht zur Entscheidung befugt ist, werden die entsprechenden Lehrerstufenvertretungen beteiligt.

(4) Das sonstige pädagogisch tätige Personal ist Lehrern im Sinne dieser Vorschrift gleichgestellt.

§ 99   Besondere Vorschriften für Lehre und Forschung

(1) Dieses Gesetz gilt nicht für
1. Hochschullehrer, vor Inkrafttreten des Landeshochschulgesetzes vom 1. Januar 2005 eingestellte Hochschuldozenten, Gastprofessoren, Oberassistenten, Oberingenieure, wissenschaftliche und künstlerische Assistenten sowie Akademische Mitarbeiter, denen Aufgaben in Forschung und Lehre zur selbstständigen Wahrnehmung übertragen sind, ferner Lehrbeauftragte an Hochschulen,
2. die in Lehre und Forschung tätigen habilitierten Personen sowie solche Personen, die die Einstellungsvoraussetzungen als Professor erfüllen, an Forschungsstätten, die nicht wissenschaftliche Hochschulen sind; das KIT ist keine solche Forschungsstätte,
3. leitende Wissenschaftler im Sinne von § 14 Absatz 3 Satz 1 Nummer 1 und Satz 2 des KIT-Gesetzes (KITG).

(2) [1]§ 75 Absatz 1 Nummer 2 und 3 findet auf Beschäftigte, die als
1. Akademische Mitarbeiter an Hochschulen, soweit sie nicht unter Absatz 1 Nummer 1 fallen,
2. nicht habilitierte Akademische Mitarbeiter an Forschungsstätten, die nicht wissenschaftliche Hochschulen sind,
in einem befristeten Arbeitsverhältnis eingestellt werden sollen, keine Anwendung. [2]Wissenschaftliche Mitarbeiter im Sinne von § 14 Absatz 5 KITG gelten als befristet beschäftigte Akademische Mitarbeiter im Sinne von Satz 1 Nummer 1, wenn sie in einem befristeten Arbeitsverhältnis eingestellt werden sollen und sie nach der vertraglichen Vereinbarung wenigstens die Hälfte ihrer Arbeitszeit zur Promotion, Habilitation oder zur Wahrnehmung der Aufgaben einer Juniorprofessur zur Verfügung haben sollen.

(3) [1]Bei wissenschaftlichen und künstlerischen Hilfskräften an Hochschulen im Sinne von § 57 Satz 1 des Landeshochschulgesetzes sowie bei studentischen Hilfskräften an Hochschulen im Sinne von § 57 Satz 2 des Landeshochschulgesetzes tritt an die Stelle der Mitbestimmung die Mitwirkung, in den Personalangelegenheiten nach § 75 Absatz 1 Nummer 1, 2, 3 für alle Regelungsfälle, ausgenommen die Fallgruppenbestimmung, Nummer 4, 6, 7 Buchstabe a und Nummer 11, Absatz 2 und 3 Nummer 2, 3, 5 bis 7 und 14 jedoch nur, wenn sie die Beteiligung des Personalrats beantragen. [2]Bei

Personalangelegenheiten dieser Beschäftigten nach § 75 Absatz 1 Nummer 3 für den Regelungsfall der Fallgruppenbestimmung, Nummer 5, 7 Buchstabe b und Nummer 8 sowie Absatz 3 Nummer 1 ist der Personalrat nur zu beteiligen, wenn sie es beantragen.

(4) [1]Die Studienakademien der Dualen Hochschule sind Dienststellen im Sinne des § 5 Absatz 3. [2]Der Gesamtpersonalrat bei der Dualen Hochschule führt die Bezeichnung »Hochschulpersonalrat«. [3]§ 91 Absatz 8 Satz 1 und 2 gilt mit der Maßgabe, dass der Hochschulpersonalrat auch bei Maßnahmen zu beteiligen ist, die von den zentralen Organen der Hochschule getroffen werden.

§ 100 Besondere Vorschriften für Beschäftigte an Hochschulen mit Aufgaben an einem Universitätsklinikum

[1]Akademische Mitarbeiter an Hochschulen, soweit sie nicht unter § 99 Absatz 1 Nummer 1 fallen, und nicht habilitierte Akademische Mitarbeiter an Forschungsstätten, die nicht wissenschaftliche Hochschulen sind, sowie Beschäftigte an Hochschulen im Sinne von § 99 Absatz 3, die Aufgaben an einem Universitätsklinikum erfüllen, gelten auch als Beschäftigte des Universitätsklinikums; entsprechende Beschäftigte sind auch Arbeitnehmer an Hochschulen, die nach § 12 Absatz 1 Satz 4 des Universitätsklinika-Gesetzes vom 24. November 1997 (GBl. S. 474) nicht auf das Universitätsklinikum übergeleitet wurden und ihre Dienste beim Universitätsklinikum erbringen. [2]Die Beschäftigteneigenschaft bei der Hochschule bleibt unberührt. [3]In Personalangelegenheiten der in Satz 1 genannten Beschäftigten gibt die zuständige Personalvertretung dem Personalrat des Universitätsklinikums Gelegenheit zur Äußerung. [4]In diesem Fall erhöhen sich die Beteiligungsfristen auf fünf Wochen; § 76 Absatz 6 Satz 2 findet Anwendung. [5]§ 76 Absatz 6 Satz 3 sowie Absatz 7 und 8 gilt entsprechend. [6]§ 91 Absatz 3 Satz 1 bleibt unberührt.

§ 101 Besondere Vorschriften für das Karlsruher Institut für Technologie

Für das KIT gilt dieses Gesetz nach Maßgabe der folgenden Vorschriften:
1. [1]Im KIT sind
   a) das Institut für Atmosphärische Umweltforschung des KIT in Garmisch-Partenkirchen,
   b) die Einrichtungen, Institute und sonstigen Stellen des KIT im Übrigen jeweils eine Dienststelle im Sinne von § 5 Absatz 3. [2]§ 56 Absatz 4 findet entsprechende Anwendung. [3]Leiter der Dienststellen ist der Vorsitzende des Vorstands des KIT.
2. Der Personalrat bei der Dienststelle nach Nummer 1 Buchstabe b besteht aus 37 Mitgliedern.
3. Abweichend von § 28 Absatz 2 Satz 1 wählt der Personalrat neun weitere Mitglieder in den Vorstand.
4. Auf Antrag des Personalrats sind bis zu 13 Mitglieder des Personalrats bei der Dienststelle nach Nummer 1 Buchstabe b von ihrer dienstlichen Tätigkeit frei zu stellen.
5. Der Personalrat kann bis zu vier Mal in jedem Kalenderjahr eine Personalversammlung einberufen.
6. Die Jugend- und Auszubildendenvertretung bei der Dienststelle nach Nummer 1 Buchstabe b besteht aus 13 Mitgliedern; sie kann bis zu viermal in jedem Kalenderjahr eine Jugend- und Auszubildendenversammlung einberufen.

7. Der Leiter der Dienststelle oder sein Beauftragter und die Personalvertretungen treten mindestens einmal im Monat zu gemeinschaftlichen Besprechungen zusammen.

8. a) [1]Vor der Vorlage einer Angelegenheit nach § 77 oder § 83 ist ein Schlichtungsversuch zu unternehmen, der abgesehen von Verfahren nach § 76 Absatz 6 Satz 2 oder § 82 Absatz 4 Satz 2 auf Antrag des Personalrats oder der Dienststelle vor einer Schlichtungsstelle erfolgt. [2]Ein Antrag hemmt die Frist nach § 77 Absatz 1 Satz 1 oder § 83 Absatz 1 Satz 1.

   b) [1]In Angelegenheiten nach § 74 Absatz 1 Nummer 6, § 75 Absatz 1 Nummer 1 bis 8, 11 und 12, Absatz 2, Absatz 3 Nummer 1 bis 3, 5 bis 7, 9, 10, 12 und 14, § 81 Absatz 1 Nummer 5 und Absatz 2 wird eine ständige Schlichtungsstelle eingerichtet. [2]Das Nähere zur Bildung der Schlichtungsstelle, zum Verfahren und zu Einigungsvorschlägen der Schlichtungsstelle ist durch eine Dienstvereinbarung zu regeln. [3]Einigen sich die Personalvertretungen und die Dienststelle nicht auf eine Dienstvereinbarung, trifft nach entsprechender Anwendung des Verfahrens nach § 77 das Wissenschaftsministerium endgültig die Bestimmungen.

9. [1]In den Personalangelegenheiten nach § 75 Absatz 1 Nummer 1 bis 4, 6 bis 8 und 11, Absatz 2 und Absatz 3 Nummer 2, 3, 5 bis 7 und 14 der wissenschaftlichen Mitarbeiter des Großforschungsbereichs im Sinne von § 14 Absatz 3 Satz 1 Nummer 2 KITG wird, auch in Verfahren nach § 76 Absatz 6 Satz 2 und § 82 Absatz 4 Satz 2, an Stelle der Vorlage nach § 77 oder § 83 das Verfahren nach Nummer 8 durchgeführt, auch ohne dass es eines Antrags des wissenschaftlichen Mitarbeiters bedarf. [2]In diesen Fällen kann durch Dienstvereinbarung ein von § 76 Absatz 1, 5 bis 9, §§ 80 und 82 Absatz 4 bis 6 abweichendes Verfahren vereinbart werden. [3]§ 99 Absatz 2 Satz 2 bleibt unberührt.

10. [1]Arbeitnehmer des Landes am KIT gelten auch als Beschäftigte des KIT. [2]In deren Angelegenheiten gibt der Hauptpersonalrat beim Wissenschaftsministerium dem Personalrat des KIT Gelegenheit zur Äußerung.

11. [1]Der Personalrat kann von Fall zu Fall beschließen, dass ein Mitglied des Hauptpersonalrats beim Wissenschaftsministerium berechtigt ist, mit beratender Stimme an den Sitzungen des Personalrats teilzunehmen. [2]Ebenso kann ein Mitglied des Hauptpersonalrats beim Wissenschaftsministerium sowie ein Vertreter des Wissenschaftsministeriums an den Personalversammlungen teilnehmen.

§ 102 Besondere Vorschriften für die Führungsakademie Baden-Württemberg

[1]Die bei der Führungsakademie Baden-Württemberg tätigen Landesbeamten gelten auch als Beschäftigte des Staatsministeriums. [2]Die Beschäftigteneigenschaft bei der Führungsakademie bleibt unberührt. [3]§ 100 Satz 3 bis 5 gilt entsprechend.

§ 103 Besondere Vorschriften für Theater und Orchester

§ 74 Absatz 1 Nummer 5, 6, Absatz 2 Nummer 2, 4 und 5, § 75 Absatz 1 Nummer 1 bis 8, 11 und 12, Absatz 2, Absatz 3 Nummer 1 bis 3, 5 bis 7, 10, 12 und 14, Absatz 4 Nummer 12, 14 und 15, § 81 Absatz 1 Nummer 2 und 7, Absatz 2 sowie § 87 Absatz 1 Nummer 2 und 9 gelten nicht für künstlerische Mitglieder von Theatern und Orchestern.

Teil 15 Besondere Vorschriften für die Forstverwaltung

§ 104 Beschäftigte der Abteilung Forstdirektion der Regierungspräsidien

Die Beschäftigten der Abteilung Forstdirektion der Regierungspräsidien sind Beschäftigte in den Geschäftsbereichen des Innenministeriums und des Ministeriums für Ländlichen Raum und Verbraucherschutz.

Teil 16 Südwestrundfunk

§ 105 Allgemeines

Dieses Gesetz gilt für den Südwestrundfunk nach Maßgabe der folgenden Vorschriften.

§ 106 Dienststellen

(1) Beim Südwestrundfunk wird an jedem der drei Sitze eine Dienststelle im Sinne dieses Gesetzes gebildet:
1. Der Dienststelle in Baden-Baden sind alle Beschäftigten zugeordnet, die überwiegend am Sitz in Baden-Baden und außerhalb des Sendegebiets des Südwestrundfunks tätig sind.
2. Der Dienststelle in Stuttgart sind alle sonstigen Beschäftigten zugeordnet, die überwiegend in Baden-Württemberg tätig sind.
3. Der Dienststelle in Mainz sind alle Beschäftigten zugeordnet, die überwiegend in Rheinland-Pfalz tätig sind.

(2) § 5 Absatz 3 findet keine Anwendung.

(3) [1]Leiter der Dienststellen ist der Intendant. [2]Er entscheidet in allen Fällen, in denen nach diesem Gesetz der Leiter der Dienststelle, die übergeordnete Dienststelle und die oberste Dienstbehörde zur Entscheidung befugt sind.

§ 107 Beschäftigte

Beschäftigte des Südwestrundfunks im Sinne dieses Gesetzes sind
1. die durch Arbeitsvertrag unbefristet oder auf Zeit fest angestellten Personen einschließlich die zu ihrer Berufsausbildung durch Ausbildungsvertrag Beschäftigten,
2. arbeitnehmerähnliche Personen nach § 12a des Tarifvertragsgesetzes.
Beschäftigte im Sinne dieses Gesetzes sind nicht die Mitglieder der Geschäftsleitung.

§ 108 Wählbarkeit

§ 9 gilt mit der Maßgabe, dass auch die Leiter der Außenstudios und Korrespondentenbüros nicht wählbar sind.

§ 109 Kosten

§ 41 Absatz 1 Satz 2 findet mit der Maßgabe Anwendung, dass an die Stelle des Landesreisekostengesetzes die Reisekostenordnung des Südwestrundfunks tritt und die Reisekostenvergütungen nach der Reisekostenstufe, die für Abteilungsleiter des Südwestrundfunks gilt, zu bemessen sind.

§ 110 Besondere Gruppen von Beschäftigten

(1) Bei Beschäftigten, deren Funktion nicht mehr von den Merkmalen des Gehaltstarifs des Südwestrundfunks erfasst ist und deren Gehalt über der höchsten Tarifgruppe liegt, wird der Personalrat in den Fällen der § 74 Absatz 1 Nummer 1 bis 4 und 6, Absatz 2 Nummer 1, 9 und 10, § 75 Absatz 1 Nummer 2, 3, 7, 8 und 11, Absatz 2 Nummer 1 bis 3, Absatz 3 Nummer 2, 3, 5 bis 7 und 9, Absatz 4 Nummer 3 bis 6 Buchstabe a und Nummer 11 bis 13 und § 81 Absatz 2 Satz 1 Nummer 2 nicht beteiligt.

(2) Bei im Programmbereich Beschäftigten der höchsten Gehaltsgruppe des Tarifvertrages des Südwestrundfunks tritt in den Fällen des § 75 Absatz 1 Nummer 2, 3, 7 Buchstabe a und Nummer 11, Absatz 2 Nummer 1 bis 3 und Absatz 3 Nummer 2, 3, 5 bis 7 an die Stelle der Mitbestimmung des Personalrats die Mitwirkung.

(3) [1]Bei Beschäftigten nach § 107 Satz 1 Nummer 1 mit überwiegend wissenschaftlicher oder künstlerischer Tätigkeit sowie bei Beschäftigten, die maßgeblich und verantwortlich an der Programmgestaltung beteiligt sind, bestimmt der Personalrat in den Fällen des § 75 Absatz 1 Nummer 2, 3, 7 Buchstabe a und Nummer 11, Absatz 2 Nummer 1 bis 3 und Absatz 3 Nummer 2, 3, 5 bis 7 nur mit, wenn sie dies beantragen; sie sind vor der beabsichtigten Maßnahme rechtzeitig vorher in Kenntnis zu setzen und gleichzeitig auf ihr Antragsrecht hinzuweisen. [2]Bei Beschäftigten nach § 107 Satz 1 Nummer 2 findet § 75 Absatz 1 bis 3 keine Anwendung, soweit sie unmittelbar an der Programmgestaltung mitwirken.

§ 111 Einigungsstelle

Kommt zwischen Dienststelle und Personalrat eine Einigung nicht zustande, kann von jeder Seite die Einigungsstelle angerufen werden; die §§ 77, 78 Absatz 1 und § 89 Absatz 1 finden keine Anwendung.

§ 112 Gesamtpersonalrat

(1) [1]Beim Südwestrundfunk wird ein Gesamtpersonalrat gebildet, der aus elf Mitgliedern besteht. [2]Er ist zuständig für die Behandlung von Angelegenheiten, die mehrere Dienststellen gemeinsam betreffen und nicht von den einzelnen Personalräten innerhalb ihrer Dienststelle geregelt werden können. [3]Soweit der Gesamtpersonalrat zuständig ist, ist er anstelle der Personalräte der Dienststellen zu beteiligen.

(2) Kommt eine Einigung mit dem Gesamtpersonalrat nicht zustande, gilt § 111 entsprechend.

Teil 17   Schlussvorschriften

§ 113 Übergangspersonalrat, Regelungen für Umbildungen von Dienststellen

(1) [1]Werden Dienststellen im Sinne von § 5 Absatz 1 vollständig in eine andere Dienststelle eingegliedert oder zu einer neuen Dienststelle zusammengeschlossen, wird ein Übergangspersonalrat gebildet. [2]Ihm gehören an:

1. bei einer Eingliederung
   der Personalrat der aufnehmenden Dienststelle, die Vorstände und die nicht einem Vorstand angehörenden stellvertretenden Vorsitzenden der Personalräte der eingegliederten Dienststellen,
2. bei einem Zusammenschluss
   die Vorstände und die nicht einem Vorstand angehörenden stellvertretenden Vorsitzenden der Personalräte der zusammengeschlossenen Dienststellen. ³Besteht ein Gesamtpersonalrat, treten in den Übergangspersonalrat statt der Mitglieder des Personalrats die entsprechenden Mitglieder des Gesamtpersonalrats ein. ⁴Das lebensälteste Mitglied des Übergangspersonalrats nimmt die Aufgaben nach § 19 wahr. ⁵Ersatzmitglieder sind die nicht eingetretenen Mitglieder und Ersatzmitglieder jeweils für die Mitglieder aus ihrem bisherigen Personalrat. ⁶Bei einer Eingliederung tritt der Übergangspersonalrat an die Stelle des Personalrats oder, wenn ein solcher besteht, des Gesamtpersonalrats der aufnehmenden Dienststelle. ⁷Im Übrigen gelten für den Übergangspersonalrat die Vorschriften dieses Gesetzes für Personalräte entsprechend.

(2) ¹Die Amtszeit des Übergangspersonalrats endet mit der Neuwahl eines Personalrats, spätestens mit Ablauf eines Jahres von dem Tag an gerechnet, an dem er gebildet worden ist. ²Die Amtszeit wird über ein Jahr hinaus verlängert, wenn binnen weiterer fünf Monate regelmäßige Personalratswahlen stattfinden. ³§ 23 Absatz 1 Satz 1 Nummer 1 findet keine Anwendung.

(3) ¹Wird aus Teilen des Geschäftsbereichs eines Ministeriums oder mehrerer Ministerien ein Ministerium neu gebildet, ist bis zur Wahl eines Personalrats, längstens jedoch auf die Dauer von sechs Monaten nach der Bekanntmachung der Landesregierung über die Abgrenzung der Geschäftsbereiche der Ministerien, der Personalrat bei dem Ministerium zu beteiligen, aus welchem die meisten Beschäftigten zu dem neu gebildeten Ministerium übergegangen sind. ²Bei gleicher Anzahl übergegangener Beschäftigter oder in Zweifelsfällen bestimmen die Ministerien, welche die maßgeblichen Geschäftsbereiche abgegeben haben, einvernehmlich den zu beteiligenden Personalrat; die Personalräte sind vor der Bestimmung anzuhören. ³Befinden sich unter den übergegangenen Beschäftigten des neu gebildeten Ministeriums Beschäftigte, die unmittelbar vor der Bildung des neuen Ministeriums Mitglied in einem Personalrat waren, treten diese Beschäftigten bei der Behandlung von Angelegenheiten des neu gebildeten Ministeriums zu dem zu beteiligenden Personalrat mit Stimmrecht hinzu.

(4) ¹Bei Umbildungen von Dienststellen nach Absatz 1 bilden die bisherigen Jugend- und Auszubildendenvertretungen eine Übergangs-Jugend- und Auszubildendenvertretung. ²Absatz 1 Satz 3 bis 7 und Absatz 2 und 3 gelten entsprechend.

(5) ¹Die Ministerien werden ermächtigt, für ihren Geschäftsbereich und die von ihnen beaufsichtigten Körperschaften, Anstalten und Stiftungen des öffentlichen Rechts im Benehmen mit dem Innenministerium durch Rechtsverordnung Vorschriften zu erlassen, welche die Personalvertretung und ihre Wahl insoweit sicherstellen oder erleichtern, als dies erforderlich ist, um Erschwernisse auszugleichen, die bei der Neubildung, Eingliederung oder Auflösung von Dienststellen entstehen, wenn andere als die in Absatz 1 genannten Umbildungen vorgenommen oder zugleich Übergangsbestimmungen für Stufenvertretungen in demselben Geschäftsbereich getroffen werden. ²Ist kein Ministerium zuständig, erlässt das Innenministerium die Rechtsverordnung. ³Es können dabei insbesondere Bestimmungen getroffen werden über
1. die Bildung von Übergangspersonalvertretungen, höchstens mit einer Amtszeit entsprechend Absatz 2,

2. die vorübergehende Fortführung der Geschäfte durch nicht weiterbestehende Personalvertretungen für längstens sechs Monate,
3. die Zuordnung von Mitgliedern von Personalvertretungen nicht weiterbestehender oder umgebildeter Dienststellen zu anderen Personalvertretungen,
4. die Voraussetzungen und den Zeitpunkt für die Neuwahl der Personalvertretungen,
5. die Änderung der Amtszeit der Personalvertretungen bis zu höchstens einem Jahr,
6. die Bestellung von Wahlvorständen.

§ 114 Wahlordnung, Verwaltungsvorschriften

(1) Zur Regelung der in den §§ 8 bis 20, 22, 23, 54, 55 und 58 bis 62 bezeichneten Wahlen erlässt die Landesregierung durch Rechtsverordnung Vorschriften über
1. die Vorbereitung der Wahl, insbesondere die Aufstellung der Wählerlisten und die Errechnung der Vertreterzahl,
2. die Frist für die Einsichtnahme in die Wählerlisten und die Erhebung von Einsprüchen,
3. die Vorschlagslisten und die Frist für ihre Einreichung,
4. das Wahlausschreiben und die Fristen für seine Bekanntmachung,
5. die Stimmabgabe,
6. die Feststellung des Wahlergebnisses und die Fristen für seine Bekanntmachung,
7. die Aufbewahrung der Wahlakten,
8. die Nutzung elektronischer Informations- und Kommunikationstechnik, insbesondere für Bekanntmachungen des Wahlvorstands, die Vorbereitung der Wahl und die Ermittlung und Feststellung des Wahlergebnisses.

(2) Absatz 1 gilt entsprechend für die Vorabstimmungen nach § 12 Absatz 1 und § 13 Absatz 2.

(3) Die zur Ausführung dieses Gesetzes erforderlichen Verwaltungsvorschriften erlässt das zuständige Ministerium im Einvernehmen mit dem Innenministerium.

§ 115 Religionsgemeinschaften

Dieses Gesetz findet keine Anwendung auf Religionsgemeinschaften und ihre karitativen und erzieherischen Einrichtungen, die kraft Satzung Teil einer Religionsgemeinschaft sind, ohne Rücksicht auf ihre Rechtsform; ihnen bleibt die selbstständige Ordnung eines Personalvertretungsrechts überlassen.

§ 116 Inkrafttreten

(1) [1]Dieses Gesetz tritt am 1. August 1958 in Kraft mit Ausnahme des § 87, der erst am 1. November 1958 in Kraft tritt. [2]Bis dahin sind für die nach diesem Gesetz zu treffenden Entscheidungen die bestehenden Verwaltungsgerichte und Verwaltungsgerichtshöfe nach den zurzeit geltenden verwaltungsgerichtlichen Verfahrensvorschriften zuständig.

(2) *Nicht abgedruckt.*

Einleitung

I. Mit dem Landespersonalvertretungsgesetz vom 30.6.1958 (GBl. S. 175) **1**
hatte das Land Baden-Württemberg auf einem weiteren Gebiet des öffentlichen
Dienstrechts einheitliches Landesrecht geschaffen.

II. Das Landespersonalvertretungsgesetz wurde erstmals durch das Landesrichter- **2**
gesetz vom 25.2.1964 (GBl. S. 79) geändert. Dabei wurden der Geltungsbereich
des Landespersonalvertretungsgesetzes gegenüber den Richtern neu abgegrenzt
(§ 3 Abs. 1, § 5 Abs. 1 LPVG a. F.) und Bestimmungen über die Zusammenarbeit
zwischen Personalrat und Richterrat (§ 33a LPVG a. F.) getroffen.
Am 14.4.1966 brachte die Fraktion der SPD im Landtag von Baden-Württemberg
den Initiativentwurf eines Gesetzes zur Änderung des Landespersonalvertretungsgesetzes (Drucksache IV 2720) ein, der neben der Verlängerung der Amtszeit der
Personalvertretungen von zwei auf drei Jahre eine Erweiterung der Mitbestimmung und die Einführung der Stufenvertretungen vorsah. Am 29.11.1966 brachte
die Landesregierung im Landtag ebenfalls einen Entwurf zur Änderung des Landespersonalvertretungsgesetzes (Drucksache IV/3665) ein, der außer der Verlängerung der Amtszeit der Personalvertretungen nur einige kleinere Änderungen –
meist redaktioneller Art – des Landespersonalvertretungsgesetzes vorsah. Nachdem bereits während der parlamentarischen Behandlung eine weitgehende Einigung zwischen den Fraktionen der neuen Regierungskoalition – CDU und SPD –
(Drucksache IV/5901) erzielt worden war, wurde das Änderungsgesetz zum Landespersonalvertretungsgesetz am 28.3.1968 in dritter Lesung beschlossen. Die
Vorschriften über die Stufenvertretungen sind am 1.1.1969 in Kraft getreten.

III. Nach der Verabschiedung des Betriebsverfassungsgesetzes vom 15.1.1972 **3**
(BGBl. I S. 13) wurden auch in Baden-Württemberg die Vorarbeiten für die
Novellierung des Personalvertretungsgesetzes aufgenommen. Sie konnten jedoch erst intensiv weitergeführt werden, als die Entwicklung beim Bund konkrete Formen annahm und sich vor allem überblicken ließ, inwieweit der Bund
von seiner Rahmengesetzgebungskompetenz Gebrauch macht. Dadurch war
es möglich, sich bei der Novellierung des Landespersonalvertretungsgesetzes
möglichst weitgehend am Bundespersonalvertretungsgesetz vom 15.3.1974
(BGBl. I S. 693) zu orientieren und vor allem dessen Rahmenvorschriften für
die Gesetzgebung der Länder (§§ 94 bis 106) zu beachten.
Das Gesetz zur Änderung des Landespersonalvertretungsgesetzes wurde im
Landtag auf der Grundlage des Regierungsentwurfs vom 11.11.1974 (Drucksache 6/6400) beraten und am 25.6.1975 verabschiedet. Es ist am 1.10.1975
in Kraft getreten. Die Neufassung des Gesetzes vom 1.10.1975 wurde im GBl.
S. 693 bekannt gemacht.

IV. Durch das Gesetz zur Änderung des Landespersonalvertretungsgesetzes **4**
vom 14.12.1976 (GBl. S. 623), das durch einen gemeinsamen Initiativgesetzentwurf der Fraktionen der CDU und der SPD (Drucksache 7/420) im Landtag
eingebracht wurde, wurde § 9 Abs. 1 und 2 LPVG neu gefasst. Hierdurch

wurde die bis zum Inkrafttreten des ÄG 75 (1.10.1975) bestehende Möglichkeit, Außenstellen, Nebenstellen und Teile von Dienststellen, auch wenn sie räumlich nicht weit von der Hauptdienststelle entfernt liegen, zu selbstständigen Dienststellen im Sinne des Landespersonalvertretungsgesetzes zu erklären, im Grundsatz wieder hergestellt. Dagegen wurde daran festgehalten, dass auch weiterhin im Falle der Aufteilung einer Dienststelle in mehrere Dienststellen nach § 9 Abs. 2 LPVG die Bildung eines Gesamtpersonalrats zwingend vorgeschrieben bleibt.

5   V. § 94 wurde durch das Gesetz über die Universitäten im Lande Baden-Württemberg (Universitätsgesetz – UG) vom 22.11.1977 (GBl. S. 473) neu gefasst. Dabei wurde der Kreis der Beschäftigten an Hochschulen, auf die das LPVG anzuwenden ist, wesentlich erweitert. Das Gleiche gilt für die Beschäftigten an Forschungsstätten, die nicht wissenschaftliche Hochschulen sind.

6   VI. Durch das Gesetz zur Regelung der Personalvertretung der Arbeitnehmer des Südwestfunks vom 21.11.1983 (GBl. S. 705), das am 15.2.1984 in Kraft getreten ist, wurde die Anwendung des LPVG auf die Beschäftigten des damaligen Südwestfunks geregelt. Der Staatsvertrag zwischen den Ländern Baden-Württemberg und Rheinland-Pfalz über das Personalvertretungsrecht der Beschäftigten des Südwestfunks wurde im gegenseitigen Einvernehmen aufgehoben.

7   VII. Weiter wurde das Landespersonalvertretungsgesetz durch das Gesetz vom 14.7.1986 (GBl. S. 222) geändert. Die Entwicklung neuer Technologien und der Persönlichkeitsschutz der Beschäftigten ließen es der Regierung angezeigt erscheinen, als weiteren Mitbestimmungstatbestand die Einführung, Anwendung oder wesentliche Änderung der automatisierten Verarbeitung personenbezogener Daten der Beschäftigten in das Gesetz aufzunehmen. Die ausländischen Beschäftigten, die die Staatsangehörigkeit eines Mitgliedstaates der Europäischen Gemeinschaften besitzen, erhielten das passive Wahlrecht zu allen Personalvertretungen. Die personalvertretungsrechtliche Verselbstständigung von Dienststellen muss nicht mehr vor jeder Personalratswahl neu festgelegt werden, sondern bleibt wirksam bis ihre Aufhebung beschlossen oder erklärt wird. Der neu gewählte Personalrat kann sein Amt auch dann antreten, wenn die Wahl angefochten ist. Die Fristen für die Beteiligung der Personalvertretungen wurden angemessen verlängert.

8   VIII. Das Änderungsgesetz vom 22.2.1988 (GBl. S. 222) und die 3. Anpassungsverordnung vom 13.2.1989 (GBl. S. 101) enthielten im Wesentlichen Änderungen redaktioneller Art.

9   IX. Durch das Gesetz vom 29.10.1990 (GBl. S. 317) traten auch in Baden-Württemberg an die Stelle der Jugendvertretungen die Jugend- und Auszubildendenvertretungen. Das Landespersonalvertretungsgesetz wurde in der Fassung vom 20.12.1990 im GBl. 1991 S. 37 neu bekannt gemacht.

10   X. Mit dem Gesetz zur Änderung des Landespersonalvertretungsgesetzes vom 21.12.1995 (GBl. S. 879) und Art. 2 des Landesgleichberechtigungsgesetzes vom

21.12.1995 (GBl. S. 890) wurde vom 11. Landtag unter der Großen Koalition aus CDU und SPD das Gesetz umfassend novelliert. Zwar kam es nicht zu der von SPD und Gewerkschaftsseite geforderten Neustrukturierung des Personalvertretungsrechts; insgesamt wurde jedoch eine wesentliche Stärkung der Personalvertretungen erreicht. Grundlagen waren der Regierungsentwurf vom 31.7.1995 (Drucksache 11/6312) mit den allgemeinen Änderungen und der Gesetzentwurf der Landtagsfraktionen von CDU und SPD (Drucksache 11/6212) mit den frauenspezifischen Änderungen. Die Verabschiedung der Gesetzentwürfe durch den Landtag schien in Gefahr, als mitten in die parlamentarischen Beratungen die Entscheidung des BVerfG zum Mitbestimmungsgesetz Schleswig-Holstein vom 24.5.1995 (BGBl. I 1995, S. 1502; BVerfGE 93, 37; DVBl. 1995, 291) platzte. Das BVerfG erklärte wesentliche Teile dieses Gesetzes für verfassungswidrig und stellte allgemeine Grundsätze für die Mitbestimmung, insbesondere für das Letztentscheidungsrecht der Einigungsstelle, auf. Nachdem die Mitbestimmungsregelungen des bad.-württ. Landespersonalvertretungsgesetzes (wie auch die des Bundes und der anderen Länder) den vom BVerfG aufgestellten Grundsätzen nur zum Teil entsprechen, stellte sich die Frage, ob die Gesetzentwürfe vom Landtag unverändert beschlossen werden können, ohne verfassungswidrig zu handeln. Entscheidend war die Frage: Nimmt der Gesetzgeber Regelungen aus dem (Alt-)Recht in seinen Bestätigungswillen auf bzw. sind Regelungen enthalten, die den Grundsätzen des BVerfG widersprechen. In einem umfangreichen Änderungsantrag zum Regierungsentwurf wurde diesen Vorbehalten entsprochen, so dass die Gesetzentwürfe am 13.12.1995 in zweiter Lesung verabschiedet werden konnten. Dieser Kunstgriff führte jedoch zu einer weiteren Unübersichtlichkeit des Gesetzes. Der Landtag stellte bei der Verabschiedung fest, dass das Gesetz aufgrund der BVerfG-Entscheidung überprüft und ggf. geändert werden muss. Die notwendige Novellierung steht bis heute aus.

Mit den Novellen wurden im Wesentlichen der Aufgabenkatalog und die Beteiligungsrechte der Personalvertretungen spürbar erweitert. Das Mindestalter von 18 Jahren für die Wahlberechtigung wurde gestrichen und allen ausländischen Beschäftigten das passive Wahlrecht (Wählbarkeit) eingeräumt; gleichzeitig entfiel die Vertretung der ausländischen Beschäftigten. Erstmals fanden frauenspezifische Vorschriften Eingang in das Gesetz wie z. B. die geschlechteranteilige Besetzung der Personalvertretungen und des Wahlvorstands, das Antragsrecht und das Teilnahmerecht der Frauenvertreterin (jetzt Beauftragten für Chancengleichheit) an Personalratssitzungen und das Mitbestimmungsrecht bei der Bestellung der Frauenvertreterin und beim Frauenförderplan (jetzt: Chancengleichheitsplan; siehe auch unter Rn. 20. am Ende dieser Einleitung). Ebenso wurden eine besondere Datenschutzvorschrift und das Recht des Personalratsvorsitzenden, in nicht öffentlicher Sitzung des Gemeinderats die Haltung des Personalrats darzulegen, neu aufgenommen. Der stellvertretende Vorsitzende des Personalrats muss nicht mehr zwingend dem Vorstand angehören. Die Äußerungs- und Handlungsfristen wurden wesentlich verlängert, ein Übergangspersonalrat bei neu gebildeten Dienststellen und eine Beteiligungspflicht auch bei ressortübergreifenden Maßnahmen wurden eingeführt. Erstmals ermächtigt das Gesetz dazu, die Einigungsstelle für die Dauer der Amtszeit der Personalvertretung zu bilden, getrennte Versammlungen neben der Personalversammlung für die Beschäftigten durchzuführen und Beauftragte der Stufenvertretung zu Personalratssitzungen einzuladen. Das Begehungsrecht von

Arbeitsplätzen wurde gesetzlich statuiert wie auch das Teilnahmerecht an Beurteilungsgesprächen. Der besondere Personalrat der Landesbeamten wurde im Blick auf das Sonderbehörden-Eingliederungsgesetz auf alle Beschäftigten des Landes beim Landratsamt ausgedehnt und für die Gesamt-Jugend- und Auszubildendenvertretung ein neues Bestellungsverfahren eingeführt.

Das Landespersonalvertretungsgesetz wurde in der Fassung vom 1.2.1996 (GBl. S. 205 ff.) neu bekannt gemacht.

11 XI. Mit dem Gesetz zur Änderung des Landespersonalvertretungsgesetzes vom 12.2.1997 (GBl. S. 26) wurde für die Außenstelle Wertheim der Akademie der Polizei die Bildung eines eigenen Personalrats erlaubt. Das aus dem früheren Verkehrsministerium und Umweltministerium neu gebildete Ministerium für Umwelt und Verkehr erhielt zwei Hauptpersonalräte und zwar einen für die Straßenbauverwaltung und einen für den übrigen Verwaltungsbereich. Schließlich wurde die personalvertretungsrechtliche Behandlung der dem neu gebildeten Verband der Teilnehmergemeinschaften Baden-Württemberg überlassenen Landesbeamten geregelt. Grundlage war der Initiativgesetzentwurf der CDU und der FDP/DVP-Landtagsfraktionen Drucksache 12/816 mit der Beschlussempfehlung des Innenausschusses Drucksache 12/977.

12 XII. Art. 4 des Gesetzes zu dem Staatsvertrag über den Südwestrundfunk vom 21.7.1997 (GBl. S. 297) enthält die mit der Neugründung des Südwestrundfunks notwendigen personalvertretungsrechtlichen Konsequenzen. Grundlage der Gesetzesänderung war der Gesetzentwurf der Landesregierung Drucksache 12/1608.

13 XIII. Mit dem Hochschulmedizinreform-Gesetz vom 24.11.1997 (GBl. S. 474) überführte das Land zum 1.1.1998 die Universitätsklinika in rechtsfähige Anstalten des öffentlichen Rechts. Nachdem das wissenschaftliche Personal bei der Universität verblieb, gleichzeitig aber verpflichtet ist, im Universitätsklinikum Aufgaben der Krankenversorgung und sonstige Aufgaben auf dem Gebiet des öffentlichen Gesundheitswesens und der Schulen für nichtärztliche medizinische Berufe zu erfüllen, war es notwendig, in Art. 3 und 6 die sich daraus ergebenden personalvertretungsrechtlichen Folgerungen in Form eines Doppelstatus dieser Beschäftigten festzuschreiben. Die Personalräte der Universitätsklinika erhielten außerdem als Ersatz für den mit der Verselbstständigung verbundenen Wegfall der Stufenvertretung das Recht, eine Arbeitsgemeinschaft zu bilden. Die Änderungen basieren auf dem Gesetzentwurf der Landesregierung Drucksache 12/1740.

14 XIV. In Art. 4 des Gesetzes zur Änderung des Landesbeamtengesetzes und anderer Vorschriften vom 15.12.1997 (GBl. S. 522) wurde der Mitbestimmungstatbestand des § 75 Abs. 1 Nr. 10 der Neuordnung der beamtenrechtlichen Freistellungen (Teilzeitbeschäftigung und Beurlaubung) angepasst. Grundlage war der Gesetzentwurf der Landesregierung Drucksache 12/2067.

15 XV. Im Rahmen der umfassenden Novellierung des Hochschulrechts mit dem Gesetz zur Änderung hochschulrechtlicher Vorschriften vom 6.12.1999 (GBl. S. 517) wurden (in Art. 10) auch Professoren an Berufsakademien vom Geltungsbereich des LPVG ausgenommen. Gleichzeitig entfiel die bei der Mitbestimmung für Angelegenheiten der Tutoren bestehende Sonderregelung. Grundlage der Änderung war der Gesetzentwurf der Landesregierung Drucksache 12/4404.

XVI. Die mit dem Gesetz zur Neuordnung der Straßenbauverwaltung vom **16** 19.11.2002 (GBl. S. 439) beschlossene Zusammenführung der Autobahnverwaltung mit der Straßenbauverwaltung bei den Regierungspräsidien und mit einzelnen Straßenbauämtern und die gleichzeitige Auflösung des Landesamts für Straßenwesen verbunden mit der Bildung der dem Regierungspräsidium Stuttgart angegliederten Landesstelle für Straßentechnik machte eine Änderung des Landespersonalvertretungsgesetzes notwendig (Art. 5), um die Wahlberechtigung der Beschäftigten der neuen Landesstelle im besonderen HPR „Straßenbau" beim Ministerium für Umwelt und Verkehr sicher zu stellen. Der Novelle lag der Gesetzentwurf der Landesregierung Drucksache 13/1372 zugrunde.

XVII. Im Zuge der ab 1. Januar 2005 in Kraft getretenen umfassenden Neu- **17** ordnung der Landesverwaltung, mit der im Grundsatz die Landesoberbehörden sowie die höheren Sonderbehörden in die Regierungspräsidien und die unteren Sonderbehörden in die Landratsämter als Staatsbehörden und in die Bürgermeisterämter der Stadtkreise eingegliedert wurden, erfolgte gleichzeitig – soweit in diesem Zusammenhang zwingend notwendig – eine weitere Änderung des Landespersonalvertretungsgesetzes.
Aufbauend auf dem Gesetzentwurf der Landesregierung Drucksache 13/3201 enthält das Verwaltungsstruktur-Reformgesetz (VRG) vom 1.7.2004 (GBl. S. 469) in Art. 10 zunächst die notwendigen personalvertretungsrechtlichen Überleitungsvorschriften (Verschiebung der nächsten regelmäßigen Wahlen bei gleichzeitiger Terminierung der übernächsten auf das Jahr 2010, Bildung, Zusammensetzung und Zuständigkeiten der Übergangspersonalvertretungen, Auflösung von Verselbstständigungen). Art. 18 schränkt darüber hinaus für die Zukunft die personalvertretungsrechtliche Verselbstständigung von Außenstellen, Nebenstellen und Teilen von Dienststellen ein und überlässt die Entscheidung nur noch dem Leiter der Hauptdienststelle. Außerdem werden die Sondervorschriften für den Polizeibereich, die Forstverwaltung und die Straßenbauverwaltung sowie den Verband der Teilnehmergemeinschaften insbesondere an die Änderung des VRG angepasst (u. a. Wegfall der besonderen HPR für die Forstverwaltung und die Straßenbauverwaltung).
Nicht aufgegriffen wurde die längst überfällige Änderung des Landespersonalvertretungsgesetzes in Bezug auf die Entscheidung des Bundesverfassungsgerichts vom 24.5.1995 zum Mitbestimmungsgesetz Schleswig-Holstein. Offensichtlich will das Land weiter auf die Änderung des Bundespersonalvertretungsgesetzes warten, um zu sehen, wie stark der Bundesgesetzgeber seinen Beteiligungskatalog einschränkt und welche Ausgleichsmaßnahmen von ihm ggf. geboten werden.

XVIII. Mit Art. 8 des Zweiten Hochschulrechtsänderungsgesetzes vom 1.1.2005 **18** (GBl. S. 1) wurde auf der Grundlage des Gesetzentwurfs der Landesregierung Drucksache 13/3640 insbesondere der § 94 an die Begriffe und Terminologie des Landeshochschulgesetzes angepasst.

19 XIX. Mit dem Gesetz zur Änderung des Landesbeamtengesetzes, des Landespersonalvertretungsgesetzes und anderer Vorschriften vom 3.5.2005 (GBl. S. 321), das auf dem Gesetzentwurf der Landesregierung Drucksache 13/3783 beruht, wurden unmittelbare gesetzliche Übergangsregelungen für Eingliederungen und Zusammenschlüsse von ganzen Dienststellen getroffen, der Abschluss von Dienstvereinbarungen für vom Arbeitszeitgesetz abweichende Regelungen ermöglicht und die Wählbarkeit von Teilzeitbeschäftigten mit weniger als einem Drittel der regelmäßigen wöchentlichen Arbeitszeit eröffnet.

20 XX. Mit Art. 3 des Gesetzes zur Verwirklichung der Chancengleichheit von Frauen und Männern im öffentlichen Dienst des Landes Baden-Württemberg und zur Änderung anderer Gesetze vom 11.10.2005 (GBl. S. 650), das auf dem Gesetzentwurf der Landesregierung Drucksache 13/4483 beruhte, erfolgten die aufgrund des neuen Chancengleichheitsgesetzes (Art. 1 des Gesetzes) notwendigen Anpassungen des Landespersonalvertretungsgesetzes. D. h. die Begriffe „Frauenvertreterin" und „Frauenförderplan" wurden durch die Begriffe „Beauftragte für Chancengleichheit" und „Chancengleichheitsplan" ersetzt. Außerdem wurde die Mitbestimmung bzgl. der Beauftragten für Chancengleichheit auf deren Abberufung eingeschränkt, nachdem das Gesetz deren Wahl als gesetzlicher Regelfall festschreibt.

21 XXI. Eine grundlegende Neuerung brachte das von den Landtagsfraktionen der CDU und der FDP/DVP gemeinsam mit Drucksache 13/4488 eingebrachte Gesetz zur Änderung des Landespersonalvertretungsrechts vom 11.10.2005 (GBl. S. 658), das bezogen auf das Landespersonalvertretungsgesetz zum 1.10.2005 und auf die Wahlordnung zum 1.1.2006 in Kraft getreten ist.
Nachdem der Tarifvertrag für den öffentlichen Dienst mit seinem Inkrafttreten zum 1.10.2005 für die Kommunen die Unterscheidung zwischen Angestellten und Arbeitern aufhebt und auch die Versicherungspflicht in der gesetzlichen Rentenversicherung nicht mehr zwischen Angestellten- und Arbeitertätigkeiten unterscheidet, entfielen insoweit die Anknüpfungspunkte für die Gruppeneinteilung. Unter Beibehaltung des Gruppenprinzips wurden deshalb im Landespersonalvertretungsgesetz und in der Wahlordnung die bisherigen „Angestellten" und „Arbeiter" zu einer Gruppe der „Arbeitnehmer" zusammengefasst sowie die sich aus der Verringerung der Gruppenzahl ergebenden Anpassungen vorgenommen.
Da die tarifliche Zusammenführung der Angestellten und Arbeiter nur bei den Kommunen und nicht zeitgleich mit den PR-Wahlen erfolgt, wurden ergänzend im Wesentlichen folgende Übergangsvorschriften getroffen:
Für die *Landesverwaltung*: Die PR-Wahlen im Herbst 2005 werden noch nach altem Recht durchgeführt, Landespersonalvertretungsgesetz und Wahlordnung gelten in der alten Fassung weiter, bis ein neuer Tarifvertrag in Kraft tritt, der eine Zusammenführung der Angestellten und Arbeiter enthält.
Für die *Kommunen*: Die im Jahr 2005 noch heranstehenden PR-Wahlen werden noch nach dem alten Recht durchgeführt. In den PR werden die Angestellten und Arbeiter ab 1.10.2005 bis zur ersten ab dem 1.1.2006 stattfindenden Wahl zu einer gemeinsam handelnden Gruppe zusammengeführt und damit zusammenhängende Regelungen für die Geschäftsführung innerhalb der PR und für Beteiligungsverfahren getroffen.

XXII. Das Landespersonalvertretungsgesetz wurde in den Jahren 2007 bis **22** 2010 mehrfach und zum Teil grundlegend geändert. Hiervon war insbesondere die Mitbestimmung im Hochschul- und Forschungsbereich betroffen. Zu erwähnen sind insoweit Art. 6 des Gesetzes zur Umsetzung der Föderalismusreform im Hochschulbereich vom 20.11.2007 (GBl. S. 505), Art. 6 des Zweiten Gesetzes zur Umsetzung der Föderalismusreform im Hochschulbereich vom 3.12.2008 (GBl. S. 435) sowie das KIT-Zusammenführungsgesetz vom 14.7.2009 (GBl. S. 317). Zusätzliche Änderungen erfolgten durch das Gesetz zur Weiterentwicklung der Verwaltungsstrukturreform vom 14.10.2008 (GBl. S. 313), Art. 3 des Gesetzes zur Neuordnung des Landesdisziplinarrechts vom 14.10.2008 (GBl. S. 343), Art. 4 des Gesetzes zur Änderung des Landesverwaltungsverfahrensgesetzes vom 30.7.2009 (GBl. S. 363) und Art. 3 des Gesetzes zur Änderung des Schulgesetzes für Baden-Württemberg vom 30.7.2009 (GBl. S. 365). Von besonderer Bedeutung sind die Änderungen des Landespersonalvertretungsgesetzes durch Art. 6 des Gesetzes zur Reform des öffentlichen Dienstrechts vom 9.11.2010 (GBl. S. 793). Mit diesen Änderungen wurde den Anforderungen des Bundesverfassungsgerichts in seiner Entscheidung vom 24.5.1995 (BVerfGE 93, 37) zur verfassungsgemäßen Ausgestaltung der Beteiligungsrechte der Personalvertretungen Rechnung getragen.

XXIII. In den Jahren 2011 und 2012 wurde das Landespersonalvertretungsge- **23** setz mehrfach geändert. Durch Art. 35 der Achten Verordnung des Innenministeriums zur Anpassung des Landesrechts an die geänderten Geschäftsbereiche und Bezeichnungen der Ministerien vom 25.1.2012 (GBl. S. 65) wurden die §§ 97, 97a angepasst. Die §§ 94a und b wurden durch Art. 5 des Gesetzes zur Reform der Universitätsmedizin und zur Änderung des Landeshochschulgesetzes und weiterer Gesetze (UniMedG) vom 7.2.2011 (GBl. S. 47) geändert. Nach Art. 9 Abs. 4 UniMedG hätten die dort vorgesehenen personalvertretungsrechtlichen Neuregelungen ab dem jeweiligen Errichtungszeitpunkt der Körperschaften für Universitätsmedizin in Kraft treten sollen. Nach § 77 Abs. 1 LHG in der Fassung des UniMedG hätte dies spätestens bis 1.1.2013 erfolgen müssen. Hierzu kam es nicht, weil durch die weitgehende Rückabwicklung des Universitätsmedizingesetzes durch das Gesetz zur Rückabwicklung des Universitätsmedizingesetzes vom 22.11.2011 (GBl. S. 501) die personalvertretungsrechtlichen Regelungen (§§ 94a, b) wieder in den Stand der vor dem 7.2.2011 geltenden Fassung gebracht wurden. Durch Art. 4 des Gesetzes zur Änderung des Schulgesetzes für Baden-Württemberg und anderer Gesetze vom 24.4.2012 (GBl. S. 209) wurden die §§ 81 und 93 LPVG redaktionell an die Einführung der Gemeinschaftsschule (§ 8a Schulgesetz n. F.) angepasst. § 94c wurde durch Art. 3 des Gesetzes zur Weiterentwicklung des Karlsruher Instituts für Technologie (KIT-Weiterentwicklungsgesetz – KIT-WB) vom 22.5.2012 (GBl. S. 327) geändert.

XXIV. Im Jahre 2013 ist das Landespersonalvertretungsgesetz zweimal geän- **24** dert worden. Durch das Gesetz zur Umsetzung der Polizeistrukturreform (Polizeistrukturreformgesetz – PolRG) vom 23. Juli 2013 (GBl. S. 233) wurde die Organisation der Polizei grundlegend verändert. Die nun eingeführte Zweistufigkeit des Behördenaufbaus hat auch erhebliche Auswirkungen auf Struktur und Arbeit der dortigen Personalvertretungen. Durch Art. 12 des PolRG wurde zum einen § 90 LPVG teils neu gefasst, teils geändert, zum anderen machte die grundlegende Umstrukturierung der Polizei vielfältige Regelungen für Übergangspersonalvertretungen erforderlich (Art. 2 §§ 1 ff. des PolRG). Schwerwiegender waren die Änderungen, die das LPVG durch das Gesetz zur Änderung des Landespersonalvertretungsgesetzes, des Landesrichter- und -staatsanwaltsgesetzes und anderer Vorschriften vom 3. Dezember 2013 (GBl. S. 329, ber. GBl. 2014, S. 76) erfahren hat. Mit dieser Neuregelung wurde grundlegend in die bestehenden Strukturen des Landespersonalvertretungsgesetzes eingegriffen. Die Novellierung soll den im öffentlichen Dienst eingetretenen Entwicklungen Rechnung tragen und das Personalvertretungsrecht fortentwickeln.

25 XXV. Auf Grund von Artikel 14 des Gesetzes zur Änderung des Landespersonalvertretungsgesetzes, des Landesrichter- und -staatsanwaltsgesetzes und anderer Vorschriften vom 3. Dezember 2013 (GBl. S. 329, 362) wurde der Wortlaut des LPVG, zuletzt bekannt gemacht in der Fassung vom 1. Februar 1996 (GBl. S. 205), unter dem 12. März 2015 (GBl. S. 221) neu bekannt gemacht. Zugleich wurde auf Grund von Artikel 3 der Verordnung der Landesregierung zur Änderung der Wahlordnung zum Landespersonalvertretungsgesetz vom 28. Januar 2014 (GBl. S. 67, 74) der Wortlaut der Wahlordnung zum Landespersonalvertretungsgesetz vom 14. Oktober 1996 (GBl. S. 677) unter dem 12. März 2015 neu bekannt gemacht (GBl. S. 260). Durch Art. 4 des Gesetzes zur Änderung des Schulgesetzes für Baden-Württemberg und anderer Vorschriften vom 21. Juli 2015 (GBl. S. 653) wurden die §§ 75 und 98 LPVG redaktionell an die gesetzliche Regelung inklusiver Bildungsangebote angepasst.

Landespersonalvertretungsgesetz (LPVG)[1] – Erläuterungen

LPVG in der Fassung vom 12. März 2015 (GBl. S. 221), zuletzt geändert durch Gesetz vom 21. Juli 2015 (GBl. S. 653)

Teil 1   Allgemeine Vorschriften

§ 1   Allgemeiner Grundsatz

In den Verwaltungen und Betrieben des Landes, der Gemeinden und Gemeindeverbände sowie der sonstigen Körperschaften, Anstalten und Stiftungen des öffentlichen Rechts, die der Aufsicht des Landes unterstehen, sowie in den Gerichten des Landes werden Personalvertretungen gebildet.

I.   Einleitende Bemerkungen zum Personalvertretungsrecht

Personalvertretungsrecht als öffentliches Dienstrecht. Das Personalvertretungsrecht gehört zum öffentlichen Dienstrecht. Hieraus folgt, dass der Bund für den Bereich seiner Beschäftigten die ausschließliche Gesetzgebungskompetenz hat (Art. 73 Abs. 1 Nr. 8 GG). Für den Bereich der Beschäftigten der Länder, der Gemeinden und der anderen, nicht der Bundesaufsicht unterstehenden Körperschaften des öffentlichen Rechts konnte der Bund bis zum Inkrafttreten des Gesetz zur Änderung des Grundgesetzes vom 28.8.2006 (BGBl. I S. 2034; sog. Föderalismusreform I) Rahmenvorschriften erlassen (Art. 75 Abs. 1 Nr. 1 GG a. F.; vgl. BVerfG, 3.10.1957 – 2 BvL 7/56 – BVerfGE 7, 120 = ZBR 1957, 409; BVerwG, 23.6.2010 – 6 P 8.09 – www.bverwg.de = PersR 2010, 442 = PersV 2010, 454). Rahmenvorschriften des Bundes enthielten §§ 94 bis 106 BPersVG, „unmittelbar für die Länder geltende Vorschriften" §§ 107 bis 109 BPersVG. Zur Föderalismusreform I, insbesondere zu ihren Auswirkungen auf die Vorschriften in §§ 94–109 BPersVG Gronimus PersV 2007, 252, 254 ff.; vgl. ferner Ilbertz-Widmaier § 94 Rn. 1 ff. **1**

§ 51 BeamtStG. § 51 des Beamtenstatusgesetzes (BeamtStG) vom 17.6.2008 (BGBl. I S. 2008) bestimmt – eher deklaratorisch (vgl. Baßlsperger, PersV 2008, 404, 412) –, dass die Bildung von Personalvertretungen zum Zweck der vertrauensvollen Zusammenarbeit zwischen der Behördenleitung und dem Personal unter Einbeziehung der Beamtinnen und Beamten zu gewährleisten ist. **2**

Personalvertretungsrecht als Arbeitsrecht. Aus der Zugehörigkeit des Personalvertretungsrechts zum öffentlichen Dienstrecht folgt, dass die Länder befugt und ggf. verpflichtet sind, im Rahmen des Personalvertretungsrechts auch die Rechtsverhältnisse ihrer Arbeitnehmerinnen und Arbeitnehmer und die der Ge- **3**

---

1 Amtliche Fußnote: Dieses Gesetz dient auch der Umsetzung der Richtlinie 2002/14/EG des Europäischen Parlaments und des Rates vom 11. März 2002 zur Festlegung eines allgemeinen Rahmens für die Unterrichtung und Anhörung der Arbeitnehmer in der Europäischen Gemeinschaft (ABl. EG L 80 vom 23. März 2002, S. 29) in der jeweils geltenden Fassung.

meinden usw. zu regeln, obwohl das Arbeitsrecht einschließlich der Betriebsverfassung nach Art. 74 Abs. 1 Nr. 12 GG der konkurrierenden Gesetzgebung des Bundes unterliegt.

II. Sachlicher Geltungsbereich des LPVG

4 **Regelungsinhalt des § 1.** § 1 bestimmt den sachlichen Geltungsbereich des LPVG und damit dem Grundsatz nach, bei welchen Verwaltungen und Betrieben im Land Baden-Württemberg Personalvertretungen nach dem LPVG zu bilden sind.

5 **Begriff der Personalvertretung.** Personalvertretung ist der **Oberbegriff** für PR (§ 10), GesamtPR (§ 54), Stufenvertretungen, d. h. BPR und HPR (§ 55), AusbildungsPR (§ 58), JAV (§ 59) und GesamtJAV (§ 66). Die Terminologie ist nicht an allen Stellen des LPVG ganz eindeutig. Nicht immer ist unter PR nur der örtliche PR zu verstehen. **Welche Personalvertretungen** bei den einzelnen Dienststellen zu bilden sind und welche weiteren Voraussetzungen bei diesen vorliegen müssen, ergibt sich aus den nachfolgenden Vorschriften des LPVG.

6 **Bildung und Bestand von Personalvertretungen.** Das Gesetz ordnet zwar die Bildung von Personalvertretungen an. Ob diese jedoch tatsächlich gebildet werden, hängt von der **Bereitschaft der Beschäftigten** ab, einen PR zu wählen und eine Wahl zum Mitglied des PR anzunehmen. Ferner muss die einzelne **Dienststelle personalratsfähig** sein (vgl. dazu § 10 Abs. 1 und 2 sowie die Erl. zu § 10). Da der PR das Schicksal seiner Dienststelle teilt, geht er mit deren **Untergang** ebenfalls unter (vgl. BVerwG, 11.12.1991 – 6 P 5.91 – PersR 1992, 104 = PersV 1992, 256). Vgl. auch § 5 Rn. 3.

7 **Begriff der Verwaltung.** Der Begriff der Verwaltung ist im umfassenden Sinne zu verstehen.
Verwaltungen des Landes sind die obersten Landesbehörden (vgl. §§ 7 ff. des Landesverwaltungsgesetzes – LVG), die allgemeinen Verwaltungsbehörden (vgl. §§ 10 ff. LVG) und die besonderen Verwaltungsbehörden (§§ 23 ff. LVG). Zur Verwaltung i. S. v. § 1 zählen auch die Landtagsverwaltung einschließlich der den Fraktionen vom Landtag zur Verfügung gestellten Parlamentarischen Berater (vgl. § 2 Abs. 2 des Fraktionsgesetzes) sowie die Schulen (vgl. § 5 Abs. 1).

8 **Verwaltung der Gemeinde** ist die vom Bürgermeister geleitete Gemeindeverwaltung (vgl. § 44 Abs. 1 der Gemeindeordnung – GemO).

8a **Verwaltung eines Gemeindeverbands.** Durch das ÄG 2013 wurde der Begriff des Landkreises durch den des Gemeindeverbandes ersetzt. Nach der Begründung des Gesetzentwurfs der Landesregierung soll hierdurch eine „Anpassung an den üblichen Sprachgebrauch in den dienstrechtlichen Gesetzen des Landes" erfolgen (LT-Drucksache 15/4224, S. 84; vgl. z. B. § 1 des Landesbeamtengesetz – LBG). Neben den Landkreisen sind Gemeindeverbände z. B. Gemeindeverwaltungsverbände nach § 59 Satz 1 Alt. 1 GemO und Zweckverbände nach §§ 2 ff. des Gesetzes über kommunale Zusammenarbeit (GKZ). Die **Verwaltung des Landkreises** erfolgt durch dessen Behörde, das Landratsamt (vgl. § 1

Abs. 3 Satz 1 Hs. 1 der Landkreisordnung – LKrO), das vom Landrat geleitet wird (vgl. § 42 LKrO).

Verwaltungen der sonstigen Körperschaften, Anstalten und Stiftungen des öffentlichen Rechts. Zu den sonstigen Körperschaften, Anstalten und Stiftungen des öffentlichen Rechts gehören z. B. die Industrie- und Handelskammern, die AOK Baden-Württemberg, die Sparkassen und das Landesmuseum für Technik und Arbeit. In Dienststellen eines der in § 1 genannten Träger außerhalb Baden-Württembergs gilt das LPVG gleichermaßen. **9**

Betriebe. Ob Betriebe unter das Gesetz fallen, entscheidet sich nach ihrer Rechtsform bzw. Trägerschaft. Erfasst werden: **10**
– **Betriebe ohne eigene Rechtspersönlichkeit** des Landes, einer Gemeinde, eines Landkreises oder einer sonstigen Körperschaft, Anstalt oder Stiftung des öffentlichen Rechts, die der Aufsicht des Landes unterstehen. Beim Land sind dies die Landesbetriebe nach § 26 LHO (z. B. die Staatliche Münzen Baden-Württemberg, das Logistikzentrum Baden-Württemberg, das Haus der Geschichte Baden-Württemberg). Im kommunalen Bereich gehören dazu die Eigenbetriebe (vgl. das Eigenbetriebsgesetz, s. auch § 5 Rn. 10);
– Betriebe, die als **besondere juristische Personen des öffentlichen Rechts** organisiert sind (z. B. Zentren für Psychiatrie und Universitätskliniken als rechtsfähige Anstalten des öffentlichen Rechts (vgl. § 5 Rn. 7)).

Betriebe in privatrechtlicher Form. Betriebe, die in privatrechtlicher Form, z. B. als Aktiengesellschaft oder GmbH, geführt werden, fallen unter das BetrVG. Vgl. auch § 130 BetrVG. Zum Sonderfall eines gemeinsamen Betriebs i. S. der Rechtsprechung des BAG (BAGE 82, 112) s. BVerwG, 13.6.2001 – 6 P 8.00 – BVerwGE 114, 313 = PersR 2001, 418 = PersV 2001, 560. **11**

Gerichte des Landes. Vom LPVG werden nur die Gerichte des Landes erfasst. Die bei diesen tätigen Richter sind nicht Beschäftigte im Sinne des LPVG (vgl. § 4 Abs. 2 Nr. 2). Die PR bei den Gerichten werden daher nur von den dort tätigen Beamten und Arbeitnehmern gewählt. **12**

Richterräte und Präsidialräte. Für die Richterinnen und Richter werden bei den Gerichten des Landes nach § 15 des Landesrichter- und -staatsanwaltsgesetzes (LRiStAG) Richterräte gebildet. Diese werden aber nur in den §§ 70, 71, 74, 75 Abs. 3 Nr. 9, Abs. 4 Nr. 1, 3 bis 18, § 76 Abs. 2 Satz 1 Nr. 2 und 3, Abs. 3 und 4, § 81 Abs. 1 Nr. 1 und 2, § 85 Abs. 2 LPVG bezeichneten allgemeinen und sozialen Angelegenheiten der Richterinnen und Richter beteiligt (§ 20 Nr. 1 LRiStAG [in der Fassung aufgrund des ÄG 2013]). Soweit diese Angelegenheiten sowohl Richterinnen und Richter als auch andere Beschäftigte des Gerichts betreffen, werden der Richterrat und der PR gemeinsam nach Maßgabe des § 28 LRiStAG und des § 31 LPVG beteiligt (§ 20 Nr. 2 LRiStAG). In **Personalangelegenheiten der Richterinnen und Richter** wirken nicht die Richterräte, sondern die für die jeweiligen Gerichtszweige gebildeten Präsidialräte mit (vgl. § 15 Nr. 2, §§ 32 ff. LRiStAG). **13**

Berufsgerichte. Die nach dem Gesetz über das Berufsrecht und die Kammern der Ärzte, Zahnärzte, Tierärzte, Apotheker, Psychologischen Psychotherapeuten so- **14**

wie der Kinder- und Jugendlichenpsychotherapeuten (Heilberufe-Kammergesetz) i. d. F. vom 16.3.1995 (GBl. S. 314) sowie nach dem Architektengesetz i. d. F. vom 28.3.2011 (GBl. S. 152) gebildeten Berufsgerichte sind zwar funktionell als staatliche Gerichte anzusehen, im Übrigen aber (insbesondere organisatorisch) Organe der Kammern. Die bei diesen Gerichten tätigen Richter und Kammeranwälte üben ihr Amt nur nebenberuflich, soweit sie Richter oder Beamte sind, als Nebenamt aus. Die Angehörigen der Geschäftsstellen sind Beschäftigte der jeweiligen Kammern und im Gericht nur nebenamtlich beschäftigt; auf die Geschäftsstellen wären ggf. § 5 Abs. 4 oder § 10 Abs. 2 anzuwenden.

15 **Staatsanwaltschaf**ten. Die Staatsanwaltschaften sind Dienststellen im Sinne des LPVG. Die Vertretung der Staatsanwälte wird aber durch Staatsanwaltsräte wahrgenommen, die bei jeder Staatsanwaltschaft gebildet werden (§ 88 Abs. 1 Satz 1 LRiStAG). Beim Justizministerium wird ein Hauptstaatsanwaltsrat gebildet (§ 88 Abs. 1 Satz 2 LRiStAG). Die PR bei den Staatsanwaltschaften werden daher von den übrigen Beamten und den Arbeitnehmern gewählt. Im Übrigen vgl. § 31.

16 Das **LPVG gilt nicht**, auch wenn sie ihren Sitz im Land Baden-Württemberg haben, für die
– Verwaltungen (auch Betriebsverwaltungen) und Gerichte des Bundes (§ 1, § 95 Abs. 1 BPersVG),
– bundesunmittelbaren Körperschaften, Anstalten und Stiftungen des öffentlichen Rechts (§ 1 Satz 1, § 95 Abs. 1 BPersVG),
– Religionsgemeinschaften und ihre karitativen und erzieherischen Einrichtungen ohne Rücksicht auf ihre Rechtsform; ihnen bleibt die selbstständige Ordnung des Personalvertretungsrechts überlassen (so klarstellend § 115 LPVG, vgl. auch § 112 BPersVG),
– Verwaltungen und Betriebe internationaler oder zwischenstaatlicher Organisationen.

17 **SWR** und **ZDF.** Für den Südwestrundfunk (SWR) gilt das LPVG nach Maßgabe der §§ 105 bis 112. Für das Zweite Deutsche Fernsehen (ZDF) gilt das Personalvertretungsgesetz des Landes Rheinland-Pfalz, da die Anstalt ihren Sitz in Mainz hat (vgl. §§ 112 ff. des Personalvertretungsgesetzes für das Land Rheinland-Pfalz; BVerwG, 5.11.1965 – VII C 119.64 – BVerwGE 22, 299 = NJW 1966, 1282 = DÖV 1966, 415).

18 **Besondere Vorschriften** bestehen außerdem für die Justizverwaltung (§ 95), die Polizei (§ 96) und das Landesamt für Verfassungsschutz (§ 97), die Dienststellen, die bildenden, wissenschaftlichen und künstlerischen Zwecken dienen (§§ 98–102, darunter die Bestimmung für das Karlsruher Institut für Technologie in § 101; vgl. dazu ferner § 5 Abs. 1) und schließlich die Forstverwaltung (§ 104).

19 **Gemeinsame Dienststellen.** Bei gemeinsamen Dienststellen verschiedener Körperschaften gelten die Beschäftigten jeder Körperschaft als Beschäftigte einer besonderen Dienststelle (§ 5 Abs. 5 Satz 1 und § 5 Rn. 47). Zu den **Landratsämtern** s. § 5 Abs. 5 Satz 2 und § 5 Rn. 48 f.

§ 2 Aufgaben der Dienststelle, der Personalvertretung, der Gewerkschaften und der Arbeitgebervereinigungen

(1) Dienststelle und Personalvertretung arbeiten unter Beachtung der Gesetze und Tarifverträge partnerschaftlich, vertrauensvoll und im Zusammenwirken mit den in der Dienststelle vertretenen Gewerkschaften und Arbeitgebervereinigungen zum Wohle der Beschäftigten und zur Erfüllung der der Dienststelle obliegenden Aufgaben zusammen.

(2) Zur Wahrnehmung der in diesem Gesetz genannten Aufgaben und Befugnisse der in der Dienststelle vertretenen Gewerkschaften ist deren Beauftragten nach Unterrichtung der Dienststelle Zugang zu der Dienststelle zu gewähren, soweit dem nicht unumgängliche Notwendigkeiten des Dienstablaufs, zwingende Sicherheitsvorschriften oder der Schutz von Dienstgeheimnissen entgegenstehen.

(3) Die Aufgaben der Gewerkschaften und der Vereinigungen der Arbeitgeber, insbesondere die Wahrnehmung der Interessen ihrer Mitglieder, werden durch dieses Gesetz nicht berührt.

I.   Gebot der vertrauensvollen Zusammenarbeit (Abs. 1)

Bedeutung. Das Gebot der vertrauensvollen Zusammenarbeit von Dienststelle **1** und Personalvertretung ist einer der wichtigsten Grundsätze des Personalvertretungsrechts (vgl. BVerwG, 8.8.2012 – 6 PB 8.12 – www.bverwg.de Rn. 4). Es wurde wegen seiner fundamentalen Bedeutung durch das ÄG 75 in den Allgemeinen Teil übernommen und damit an den Anfang des Gesetzes gestellt. Durch das ÄG 2013 wurde in das Gesetz ausdrücklich aufgenommen, dass die Zusammenarbeit „partnerschaftlich" zu erfolgen hat; der Aspekt der „Partnerschaft" sei – so die Landesregierung in ihrem Gesetzentwurf – schon bisher ein prägender Aspekt des Gebots der vertrauensvollen Zusammenarbeit gewesen (vgl. LT-Drucksache 15/4224, S. 84). Abs. 1 ist nicht nur ein Programmsatz oder eine allgemeine Richtlinie, sondern unmittelbar geltendes zwingendes Recht (vgl. Richardi/Dörner/Weber § 2 Rn. 4 ff.; Ilbertz-Widmaier § 2 Rn. 2). Das Gebot ist in weiteren Bestimmungen des LPVG konkretisiert, z. B. in den §§ 68 bis 71 (vgl. VGH Mannheim, 8.5.2013 – PL 15 S 2845/11 – www.landesrecht-bw.de Rn. 20 = PersV 2013, 341 hinsichtlich der Verpflichtung des Leiters der Dienststelle, selbst an dem Vierteljahresgespräch des § 68 Abs. 1 teilzunehmen).

Dimensionen des Gebots. Zunächst ist das Gebot ein **Verhaltensgebot** i. S. ei- **2** ner gleichberechtigten Partnerschaft mit dem Ziel, einvernehmliche Lösungen unter Beachtung des jeweiligen gesetzlichen Aufgabenbereichs zu finden (vgl. BVerwG, 8.8.2012 – 6 PB 8.12 – www.bverwg.de Rn. 4). Die Zusammenarbeit der Personalvertretung und der Dienststelle muss vom ernsten Willen zur Einigung getragen sein (vgl. auch Bossert, VBlBW 2014, 413, 414). Das Gebot beinhaltet gleichzeitig eine **Auslegungs- und Vollzugsrichtlinie** und schließlich eine Art **Generalklausel,** die das Verhältnis Personalvertretung/Dienststelle prägen soll. Dazu gehören gegenseitige Offenheit wie auch Zuverlässigkeit und Kontinuität.

3   **Keine zusätzlichen Zuständigkeiten.** Aus dem Gebot der vertrauensvollen Zu-
sammenarbeit kann die Personalvertretung keine zusätzlichen Zuständigkeiten
(Beteiligungsrechte) ableiten. Die Rechte und Pflichten sowie die Aufgaben der
Personalvertretung sind abschließend im LPVG geregelt. Das Gebot regelt ausschließlich die Art und Weise der Zusammenarbeit (vgl. auch BVerwG,
11.2.1981 – 6 P 44.79 – BVerwGE 61, 325 = PersV 1981, 320 = ZBR 1981, 381).
Durch Vereinbarung mit der Dienststelle kann die Personalvertretung jedoch im
Einzelfall Aufgaben für die Beschäftigten übernehmen, z. B. die Organisation ei-
nes Betriebsausflugs, der Weihnachtsfeier oder eines sonstigen Festes.

4   **Beispiele eines Verstoßes gegen das Gebot.** Gegen das Gebot der vertrauensvollen Zusammenarbeit wird z. B. verstoßen, wenn
 – ein PR-Mitglied ohne vorherige Unterrichtung des Dienstvorgesetzten sei-
    nen Arbeitsplatz zur Ausübung von PR-Tätigkeiten verlässt (BVerwG,
    9.3.1990 – 6 P 15.88 – BVerwGE 85, 36 = PersV 1990, 315);
 – ein PR eine Unterschriftenaktion durchführt, bei der die Beschäftigten
    durch eine Unterschrift die Gegenposition zur Dienststelle unterstützen sol-
    len, ohne dass dem Leiter der Dienststelle diese Aktion bekannt ist (VGH
    Mannheim, 8.9.1992 – PL 15 S 130/92 – www.landesrecht-bw.de = PersV
    1995, 122);
 – der PR eine Fragebogenaktion durchführt, mit der die Erforderlichkeit von
    Maßnahmen zur Verbesserung des Gesundheitsschutzes am Arbeitsplatz er-
    mittelt werden soll, wenn die Dienststelle ihrerseits eine Gefährdungsana-
    lyse gemäß § 5 Abs. 1 ArbSchG vorbereitet (vgl. BVerwG, 8.8.2012 – 6 PB
    8.12 – www.bverwg.de);
 – ein PR ein Flugblatt herausgibt, in dem er den Leiter der Dienststelle an-
    greift und ihn versteckt zum Rücktritt auffordert (BVerwG, 27.11.1981 –
    6 P 38.79 – PersV 1983, 408).

5   **Verletzung des Gebots.** Eine Verletzung des Gebots der vertrauensvollen Zusammenarbeit durch den PR ist eine **Pflichtverletzung i. S. des** § 24 Abs. 1,
durch den Dienststellenleiter eine Pflichtverletzung, gegen die die Dienstaufsichtsbeschwerde gegeben ist und die u. U. zu Disziplinarmaßnahmen führen
kann (BVerwG, 23.5.1986 – 6 P 23.83 – PersR 1986, 233 = PersV 1987, 196 =
ZBR 1986, 305).

6   **Grenzen** der Zusammenarbeit. Die Grenzen, an die sich Dienststelle und Personalvertretung bei ihrer Zusammenarbeit halten müssen, sind die Gesetze und
Tarifverträge. Gesetze sind alle Rechtsnormen im materiellen Sinn (also auch
Verordnungen und Satzungen sowie haushaltsrechtliche Vorschriften). Tarifverträge (vgl. dazu auch § 3 Rn. 1) haben ebenfalls Vorrang. Es dürfte genügen,
dass überhaupt ein Tarifvertrag in der Dienststelle angewandt wird, auch wenn
er nicht allgemeinverbindlich ist. Zu beachten ist, dass der normative Teil eines
Tarifvertrags zwischen den Beteiligten ebenso Rechtsnormen setzt wie ein Gesetz (vgl. § 4 TVG).

7   **Keine einseitige Interessenvertretung.** Dass die Zusammenarbeit zur Erfüllung
der dienstlichen Aufgaben und zum Wohle der Beschäftigten geschehen soll,
verlangt ein gegenseitiges vertrauensvolles Zusammenwirken und verbietet eine

einseitige Interessenvertretung durch Dienststelle oder PR im Rahmen des Zusammenwirkens (vgl. BVerwG, 8.8.2012 – 6 PB 8.12 – www.bverwg.de Rn. 4).

Zusammenwirken mit den in der Dienststelle vertretenen Gewerkschaften und **8**
Arbeitgebervereinigungen. Ein Zusammenwirken mit den in der Dienststelle vertretenen Gewerkschaften und Arbeitgebervereinigungen kommt außer in den Fällen des § 32 Abs. 3, des § 47 Abs. 1 Satz 2 und des § 53 Abs. 2 nur in Betracht, wenn entweder die Dienststelle oder der PR oder beide es wünschen. Gewerkschaften und Arbeitgebervereinigungen erwachsen aus § 2 Abs. 1 keine besonderen Rechte.

Begriff der Gewerkschaft. Der Begriff der Gewerkschaft im Sinne des § 2 (wie **9**
des LPVG insgesamt) ist weit auszulegen (vgl. zum Begriff der Gewerkschaft auch Richardi/Dörner/Weber § 2 Rn. 40 ff.). Darunter sind nicht nur die Verbände von Arbeitnehmern zu verstehen, die nach Schrifttum und Rechtsprechung Gewerkschaften im Sinne des Arbeitsrechts sind. Auch die Beamtenverbände zählen dazu. Es muss sich um Zusammenschlüsse von Arbeitnehmern und/oder Beamten auf freiwilliger Basis handeln, die unabhängig vom Wechsel ihrer Mitglieder bestehen, keine Arbeitgeber (Dienstherren) als Mitglieder haben und haben können und von diesen unabhängig sind sowie über den Bereich eines Betriebs oder einer Verwaltungsstelle hinaus organisiert sind. Ferner ist als Hauptzweck des Zusammenschlusses zu fordern, dass die sozialen und beruflichen Interessen der Mitglieder nachhaltig und ständig vertreten und gefördert werden sollen. Die Arbeitnehmergewerkschaften einschließlich der sog. gemischten Gewerkschaften, die Arbeitnehmer und Beamte als Mitglieder haben, anerkennen grundsätzlich das geltende Tarif- und Schlichtungsrecht und bejahen hierbei für die Arbeitnehmer den Abschluss von Tarifverträgen und äußerstenfalls den Streik als Mittel zur Erreichung ihrer Ziele; nach einer Entscheidung des Bundesverfassungsgerichts (6.5.1964 – 1 BvR 79/62 – BVerfGE 18, 18 = PersV 1964, 153) ist allerdings die Bereitschaft zum Arbeitskampf keine notwendige Voraussetzung für die Tariffähigkeit von Arbeitnehmerorganisationen. Für die Beamtenverbände wird Tarif- und Streikwilligkeit keinesfalls vorausgesetzt, da die Dienstverhältnisse der Beamten gesetzlich geregelt sind und den Beamten nach jedenfalls bislang herrschender Meinung schon aufgrund von Art. 33 Abs. 5 GG kein Streikrecht zusteht.

Spitzenorganisationen und Einzelgewerkschaften. Zu den Gewerkschaften zäh- **10**
len sowohl die Spitzenorganisationen, d. h. die Zusammenschlüsse von Fachgewerkschaften (z. B. Deutscher Gewerkschaftsbund, Deutscher Beamtenbund), als auch die Einzelgewerkschaften (z. B. ver.di, Gewerkschaft Erziehung und Wissenschaft), ferner Bundesverbände, Landesverbände und deren bezirkliche Untergliederungen, letztere soweit sie eine gewisse organisatorische Selbstständigkeit und Entscheidungsbefugnis besitzen.

Zur Stellung der Gewerkschaften. Gewerkschaften sind, auch soweit sie in der **11**
Dienststelle vertreten sind, keine Organe der Personalvertretung, sondern außerhalb der Dienststelle stehende Organisationen (zum Ganzen BVerwG, 13.7.2011 – 6 P 16.10 – www.bverwg.de Rn. 10 = BVerwGE 140, 134 = PersR 2011, 443 = PersV 2011, 433). Den in der Dienststelle vertretenen Gewerk-

schaften sind in einer Reihe von gesetzlichen Bestimmungen spezielle personalvertretungsrechtliche Aufgaben und Befugnisse eingeräumt, die auf Bildung, Unterstützung und Kontrolle einer funktionsfähigen Personalvertretung ausgerichtet sind. Diese Aufgaben und Befugnisse sind abschließend und erschöpfend. Aus ihnen kann weder im Wege der Analogie noch unter Heranziehung eines allgemeinen Rechtsgedankens ein allgemeines Kontrollrecht der Gewerkschaften auf Einhaltung der personalvertretungsrechtlichen Bestimmungen hergeleitet werden.

12 **§ 69 Abs. 2.** Nach § 69 Abs. 2 gelten die **Gebote der Objektivität** und der **Neutralität** (§ 69 Abs. 1 Satz 2) und das **Verbot der parteipolitischen Betätigung** (§ 69 Abs. 1 Satz 3) auch für **die gewerkschaftliche Betätigung** in der Dienststelle durch Beschäftigte, die Aufgaben nach dem LPVG wahrnehmen, entsprechend.

13 **Arbeitgebervereinigung**en. Als Arbeitgebervereinigungen sind Vereinigungen der Arbeitgeber zu verstehen, die sich in erster Linie mit der Gestaltung der Arbeits- und Dienstverhältnisse als Partner der Gewerkschaften befassen, nicht sonstige Interessenverbände der Arbeitgeber, die sich z. B. nur um die Wahrnehmung von Interessen der Gemeinden gegenüber dem Land bemühen. Als Arbeitgebervereinigungen kommen im Geltungsbereich des LPVG in erster Linie die Tarifgemeinschaft deutscher Länder (TdL) und der Kommunale Arbeitgeberverband Baden-Württemberg in Betracht. Keine Arbeitgeberverbände sind z. B. die kommunalen Landesverbände (Landkreistag Baden-Württemberg, Städtetag Baden-Württemberg, Gemeindetag Baden-Württemberg), obwohl diese nach § 90 i. V. m. § 89 LBG (vgl. auch § 53 des Beamtenstatusgesetzes) bei der Vorbereitung allgemeiner beamtenrechtlicher Regelungen wie die Spitzenorganisationen der Gewerkschaften beteiligt werden.
Wie bei den Gewerkschaften können auch bei den Arbeitgebervereinigungen Spitzenorganisationen und Einzelverbände, Bundes-, Landes- und Unterorganisationen Vereinigungen im Sinne des § 2 sein.

II. Zugangsrecht der Gewerkschaften (Abs. 2)

14 **Zugang zu der Dienststelle.** Das in Abs. 2 geregelte Zugangsrecht der in der Dienststelle vertretenen Gewerkschaften besteht für den ganzen Bereich der Dienststelle, nicht etwa nur für einzelne Teile, z. B. das Geschäftszimmer des PR oder die Räume, in die zu einer Sitzung eingeladen ist.

15 **Wahrnehmung der im LPVG genannten Aufgaben und Befugnisse.** Das Zugangsrecht ist auf die Wahrnehmung der im LPVG genannten Aufgaben und Befugnisse der Gewerkschaften beschränkt. Zu diesen gehören: § 2 Abs. 1: vertrauensvolles Zusammenwirken mit Dienststelle und PR, § 13 Abs. 4: Einreichung von Wahlvorschlägen, § 16 Abs. 2: Antrag auf Einberufung einer Personalversammlung zur Wahl des Wahlvorstands, § 16 Abs. 3: Antrag auf Bestellung des Wahlvorstands, § 21: Anfechtung der Wahl, § 23 Abs. 2 Satz 2 Nr. 2: Antrag auf Bestellung des Wahlvorstands bei vorzeitiger Neuwahl von Gruppenvertretern, § 24: Antrag auf Ausschluss eines Mitglieds aus dem PR oder auf Auflösung des PR,

§ 32 Abs. 3: Teilnahme an PR-Sitzungen auf Antrag eines Viertels der PR-Mitglieder oder der Mehrheit einer Gruppe, § 37 Abs. 1: Verständigungsversuch nach Aussetzung eines PR-Beschlusses, § 50 Abs. 3: Antrag auf Einberufung einer Personalversammlung, § 53 Abs. 2 Satz 1 Nr. 1: Teilnahme an der Personalversammlung. Soweit diese Bestimmungen im Einzelfall oder auf einzelne Dienststellen keine Anwendung finden, entfällt auch das aus ihnen hergeleitete Zugangsrecht (vgl. § 94 Abs. 4, § 97 Nr. 2 und 3).

Kein allgemeines Zugangsrecht. Ein allgemeines, eigenständiges und uneinge- **16** schränktes Zugangsrecht der Gewerkschaften ergibt sich aus Abs. 2 nicht, denn auch bei der Beratung und Unterstützung des PR kann es sich nur um personalvertretungsrechtliche Angelegenheiten handeln. Außerdem entscheidet der PR, ob und inwieweit er gewerkschaftliche Beratung und Unterstützung in Anspruch nehmen will. Keinesfalls ist die Beratung einzelner Beschäftigter umfasst, ebenso wenig das Recht auf Verteilung von Informationsmaterial oder die Anwerbung neuer Mitglieder (vgl. Richardi/Dörner/Weber § 2 Rn. 76; Ilbertz-Widmaier § 2 Rn. 17 ff.; vgl. auch Rn. 8).

In der Dienststelle vertreten. Eine Gewerkschaft ist in einer Dienststelle vertre- **17** ten, wenn ihr mindestens ein Beschäftigter dieser Dienststelle angehört (vgl. BVerwG, 16.12.2010 – 6 PB 18.10 – www.bverwg.de = PersR 2011, 120 = PersV 2011, 136). Dabei ist unerheblich, ob er wahlberechtigt (§ 8) oder wählbar (§ 9) ist (vgl. Ilbertz-Widmaier § 2 Rn. 23). Gewerkschaftliche Spitzenorganisationen, bei denen satzungsgemäß natürliche Personen nicht Mitglied sein können, können keine „in der Dienststelle vertretenen Gewerkschaften" i. S. des Abs. 2 sein (vgl. BVerwG, 11.2.1981 – 6 P 20.80 – BVerwGE 61, 334 = PersV 1982, 112 = ZBR 1982, 57).

Nach Unterrichtung der Dienststelle. Das Zugangsrecht kann erst nach Unterrich- **18** tung der Dienststelle ausgeübt werden. Vor Inkrafttreten des ÄG 2013 forderte das Gesetz die Unterrichtung „des Leiters der Dienststelle oder seines Vertreters". Die Änderung erfolgt ausweislich der Begründung des Regierungsentwurfs „zur Verwaltungsvereinfachung und Entlastung der Dienststellenleitung" (LT-Drucksache 15/4224, S. 84). Ist mit „Dienststelle" im Sinne des Abs. 2 also nicht der Dienststellenleiter gemeint, so stellt sich die Frage, welche in der Dienststelle tätigen Personen denn als Adressat der Unterrichtung in Betracht kommen. Im Hinblick darauf, dass die Unterrichtung nicht zuletzt dem Leiter der Dienststelle ermöglichen soll zu prüfen, ob dem beabsichtigten Zugang Gründe entgegenstehen (siehe sogleich Rn. 19), muss es sich jedenfalls um eine Person handeln, die das Vertrauen des Leiters der Dienststelle darin genießt, dass sie ihn in Zweifelsfällen informiert. Das Gesetz enthält auch keine näheren Vorschriften über **Art, Form und Zeitpunkt der Unterrichtung.** Es gilt: Die Unterrichtung hat so rechtzeitig zu erfolgen, dass der Dienststellenleiter insbesondere genügend Zeit hat, um mögliche Zugangsverweigerungsgründe prüfen zu können. Für diese Prüfung muss Inhalt der Unterrichtung auch die Person des Beauftragten sowie der Zweck und der genaue Zeitpunkt des Besuchs sein (vgl. Richardi/Dörner/Weber § 2 Rn. 87).

Entgegenstehende Gründe. Die in Abs. 2 genannten dem Zugang entgegenste- **19** henden Gründe sind eng auszulegen, da es sich um Ausnahmeregelungen handelt. Sicherheitsvorschriften sind nicht nur Bestimmungen des Arbeits- und Unfallschutzes, sondern auch z. B. Anordnungen zum Schutz von Verteidigungsanlagen u. Ä. Beim Schutz von Dienstgeheimnissen ist zu prüfen, ob diese nicht schon durch die in § 7 festgelegte Verschwiegenheitspflicht, die auch für Beauftragte der Gewerkschaften gilt, hinreichend geschützt sind. Unumgängliche Notwendigkeiten des Dienstbetriebs setzen voraus, dass durch die Anwesenheit des Gewerkschaftsbeauftragten die Durchführung wichtiger und unaufschiebbarer Verwaltungshandlungen unvertretbar verzögert bzw. eine fristgerechte Erledigung unmöglich würde.

20 **Beauftragte.** Die Gewerkschaften sind frei in der Auswahl ihres Beauftragten, den sie entsenden wollen (vgl. BVerwG, 14.6.1968 – VII P 21.66 – BVerwGE 30, 43 = PersV 1968, 276). Er braucht nicht Mitglied der Gewerkschaft zu sein. Der Dienststellenleiter kann in der Regel dem Beauftragten einer Gewerkschaft aus Gründen, die in dessen Person liegen, den Zugang nicht verweigern, es sei denn, dass aufgrund konkreter Anhaltspunkte ein rechtswidriges Verhalten zu befürchten ist, z. B. ein Überschreiten oder ein Missbrauch der Befugnisse (vgl. Ilbertz-Widmaier § 2 Rn. 24 ff.).

III. Regelung des Abs. 3

21 **Abs. 3** enthält eine programmatische Grundsatzerklärung. Sie bedeutet, dass **Gewerkschaften und Arbeitgebervereinigungen einerseits und Personalvertretungen andererseits voneinander unabhängig** sind (vgl. auch § 68 Abs. 2 Satz 3 und § 69). Die **Vereinigungsfreiheit** (und zwar das positive Koalitionsrecht, d. h. das Recht, sich zusammenzuschließen, wie auch die negative Koalitionsfreiheit, d. h. dass kein Zwang zu einem Zusammenschluss oder Beitritt zu einem Verband ausgeübt werden darf) ist durch Art. 9 Abs. 3 GG geschützt; sie gilt insbesondere auch bei der Koalitionsbetätigung im Personalvertretungswesen (BVerfG, 30.11.1965 – 2 BvR 54/62 – BVerfGE 19, 303 = ZBR 1966, 152 und 26.5.1970 – 2 BvR 664/65 – BVerfGE 28, 295 = ZBR 1970, 262). Für die Beamtinnen und Beamten ist dieses Recht auch in § 52 des Beamtenstatusgesetzes festgelegt.

§ 3   Ausschluss abweichender Regelungen

Durch Tarifvertrag oder Dienstvereinbarung kann das Personalvertretungsrecht nicht abweichend von diesem Gesetz geregelt werden.

1 Die **Vorschrift**, die vor Inkrafttreten des ÄG 2013 die Überschrift „Tarifverträge" trug und noch nicht die Formulierung „oder Dienstvereinbarung" enthielt, ist **zwingend.** Sie verbietet, durch Tarifvertrag oder Dienstvereinbarung das Personalvertretungsrecht abweichend vom LPVG zu regeln; dazu gehört auch die Ausfüllung von „Lücken im Gesetz" oder die Ergänzung oder Erläuterung allgemeiner Bestimmungen des Gesetzes. Es ist daher auch nicht möglich, durch Tarifvertrag oder Dienstvereinbarung die Beteiligungsrechte des PR einzuschränken oder zu erweitern. Der Landesgesetzgeber selbst ist natürlich befugt, vom

LPVG abweichende Regelungen vorzusehen (vgl. BVerwG, 13.10.2009 – 6 P 15.08 – www.bverwg.de = PersR 2009, 501 = PersV 2010, 142).

Dienstvereinbarungen. Mit der Ergänzung der Vorschrift um die Formulierung **2** „oder Dienstvereinbarungen" soll „klargestellt werden, dass von den gesetzlichen Vorschriften selbst im Einvernehmen zwischen Dienststelle und Personalrat nicht abgewichen werden darf, soweit dies nicht ausdrücklich zugelassen ist" (vgl. LT-Drucksache 15/4224, S. 84). Dies galt schon bisher. Ausdrücklich zugelassen sind Dienstvereinbarungen in § 79 Abs. 2 und – vor allem – in § 85. Sofern Dienststelle und Personalvertretung vom Gesetz nicht zugelassene abweichende Vereinbarungen treffen, können daraus die sich aus dem LPVG ergebenden Rechte und Pflichten nicht abgeleitet werden (z. B. Stufenverfahren, Anrufung des Verwaltungsgerichts).

§ 4 Beschäftigte, Gruppen

(1) [1]Beschäftigte im Sinne dieses Gesetzes sind Personen, die
1. weisungsgebunden in die Arbeitsorganisation der Dienststelle eingegliedert und innerhalb dieser tätig sind oder arbeitnehmerähnliche Personen im Sinne von § 12a des Tarifvertragsgesetzes sind,
2. sich in der Ausbildung für eine Beamtenlaufbahn oder in sonstiger beruflicher Ausbildung befinden,
unabhängig davon, ob sie in einem Dienst-, Arbeits- oder Ausbildungsverhältnis mit einer juristischen Person nach § 1 stehen. [2]Beschäftigte sind auch Personen, die unter Fortsetzung eines bestehenden unmittelbaren Dienst- oder Arbeitsverhältnisses zur Dienststelle nach beamtenrechtlichen oder tariflichen Vorschriften zu einer anderen Stelle abgeordnet oder dieser zugewiesen sind oder dort ihre geschuldete Arbeitsleistung erbringen.

(2) Als Beschäftigte im Sinne dieses Gesetzes gelten nicht
1. Personen in einem öffentlich-rechtlichen Amtsverhältnis,
2. Richter sowie Staatsanwälte, es sei denn
   a) die Richter auf Lebenszeit oder Staatsanwälte auf Lebenszeit sind an eine andere Dienststelle als ein Gericht oder eine Staatsanwaltschaft abgeordnet,
   b) die Richter auf Probe oder die Richter kraft Auftrags sind einer anderen Dienststelle als einem Gericht oder einer Staatsanwaltschaft zur Verwendung zugewiesen,
3. Personen, die ehrenamtlich tätig sind, es sei denn, sie stehen in einem Ehrenbeamtenverhältnis,
4. Personen, die vorwiegend zu ihrer Heilung, Wiedereingewöhnung oder Erziehung beschäftigt werden,
5. Personen, die in der Dienststelle auf der Grundlage von Werk-, Werklieferungs- oder Geschäftsbesorgungsverträgen tätig sind; Absatz 1 Satz 1 Nummer 1 bleibt unberührt.

(3) [1]Unter den Beschäftigten bilden die Beamten im Sinne der Beamtengesetze eine Gruppe. [2]Als Beamte im Sinne dieses Gesetzes gelten auch Personen, die sich, ohne in ein Beamtenverhältnis berufen zu sein, in der Ausbildung für eine Beamtenlaufbahn in einem öffentlich-rechtlichen Ausbildungsverhältnis befinden oder als Richter oder Staatsanwälte nach Absatz 2 Nummer 2 verwendet werden.

(4) ¹Die übrigen Beschäftigten bilden die Gruppe der Arbeitnehmer. ²Die dieser Gruppe angehörenden Beschäftigten gelten als Arbeitnehmer im Sinne dieses Gesetzes.

1   Regelungsinhalt. § 4 regelt zum einen, wer Beschäftigter im Sinne des LPVG ist (Abs. 1 und 2). Zum anderen ordnet er die Aufteilung der Beschäftigten in zwei Gruppen an (Abs. 3 und 4). Der Regelungsinhalt der Vorschrift umfasst damit die Regelungsinhalte der §§ 4 bis 7 vor Inkrafttreten des ÄG 2013. Eine einleuchtende Begründung dafür, eine Vorschrift mit einem derart umfassenden Regelungsinhalt, der sich zu zentralen Aspekten des Personalvertretungsrechts verhält, zu schaffen, ist nicht ersichtlich.

I.   Beschäftigte im Sinne des LPVG (Abs. 1)

2   Begriff des Beschäftigten. Der Begriff des Beschäftigten ist der **Oberbegriff** für alle unter das LPVG fallenden Angehörigen des öffentlichen Dienstes. Vor Inkrafttreten des ÄG 2013 enthielt das LPVG keine gesetzliche Definition des Begriffs des Beschäftigten. Nach der Begründung des Gesetzentwurfs der Landesregierung (LT-Drucksache 15/4224, S. 84 f.) soll der Beschäftigtenbegriff nach Abs. 1 „alle Personen erfassen, die in der Dienststelle tatsächlich beschäftigt sind oder ausgebildet werden. Grundsätzlich sollen alle Personen, die weisungsabhängig von der Dienststellenleitung in der Dienststelle arbeiten, ohne Rücksicht auf die Art des Beschäftigungsverhältnisses Beschäftigte sein. Sie sollen damit den Personalrat mitwählen können und von der Vertretung durch den Personalrat erfasst werden. Mit dem Weisungs- oder Direktionsrecht der Dienststelle korrespondieren Fürsorge- und Schutzpflichten, beispielsweise im Bereich des Arbeitsschutzes, deren Einhaltung der Personalrat zu überwachen hat. Damit ist gerechtfertigt, den Beschäftigtenbegriff umfassender als bisher zu bestimmen. Außerdem soll mit dem erweiterten Beschäftigtenbegriff die Vielfalt heutiger Beschäftigungsverhältnisse erfasst werden. Es soll weniger die Art der rechtlichen Bindung an die Dienststelle als mehr die tatsächliche Eingliederung in die Dienststelle entscheidend sein. Gleichfalls soll in dem neuen Beschäftigtenbegriff berücksichtigt werden, dass gelegentlich Beschäftigte nur dienst- oder arbeitsvertraglich einer Dienststelle zuzurechnen sind, sie aber aufgrund beamtenrechtlicher oder tarifvertraglicher Vorschriften im Wege der Abordnung, Zuweisung oder Personalgestellung tatsächlich bei einer anderen Stelle eingesetzt sind, beispielsweise in Jobcentern. Da Beschäftigte in diesen Fällen zumindest formal ihrer Stammdienststelle verbunden bleiben und diese gewisse personelle Maßnahmen ihnen gegenüber trifft, sollen sie personalvertretungsrechtlich auch als Beschäftigte ihrer Stammdienststelle weiter gelten." Die Landesregierung sieht in der **zeitgemäßen Fassung des Beschäftigtenbegriffs** einen der wesentlichen Inhalte des ÄG 2013 (a. a. O. S. 2).

3   Die gesetzliche Definition des Beschäftigten. Personen sind Beschäftigte, wenn sie weisungsgebunden in die Arbeitsorganisation der Dienststelle eingegliedert und innerhalb dieser tätig sind oder arbeitnehmerähnliche Personen i. S. v. § 12a des Tarifvertragsgesetzes sind (Nr. 1), sich – wohl zu ergänzen: in der

Dienststelle – in der Ausbildung für eine Beamtenlaufbahn oder in sonstiger beruflicher Ausbildung befinden (Nr. 2), unabhängig davon, ob sie in einem Dienst-, Arbeits- oder Ausbildungsverhältnis mit einer juristischen Person nach § 1 stehen (Satz 1). Die gesetzliche Definition erfasst selbstverständlich nach wie vor Beamte und Arbeitnehmer im Sinne von § 4 Abs. 1 Satz 1 Nr. 1 bzw. 2 in der Fassung vor Inkrafttreten des ÄG 2013 (vgl. 13. Auflage § 4 Rn. 10). Die tatsächliche Eingliederung in die Dienststelle, die ausweislich des zitierten Gesetzentwurfs (Rn. 2) „entscheidend" ist, verlangt „auch eine gewisse Stetigkeit und einen gewissen Umfang der Beschäftigung" (LT-Drucksache 15/4224, S. 85 f.).

Arbeitnehmerähnliche Personen im Sinne von § 12a des Tarifvertragsgesetzes. **4**
§ 12a des Tarifvertragsgesetzes (TVG) nennt die Kriterien für die Annahme einer arbeitnehmerähnlichen Person im Sinne des TVG. Arbeitnehmerähnliche Personen sind danach insbesondere (vgl. Abs. 1 Nr. 1) Personen, die wirtschaftlich abhängig und vergleichbar einem Arbeitnehmer sozial schutzbedürftig sind, wenn sie aufgrund von Dienst- oder Werkverträgen für andere Personen tätig sind, die geschuldeten Leistungen persönlich und im Wesentlichen ohne Mitarbeit von Arbeitnehmern erbringen und überwiegend für eine Person tätig sind oder ihnen von einer Person im Durchschnitt mehr als die Hälfte des Entgelts zusteht, das ihnen für ihre Erwerbstätigkeit insgesamt zusteht.

Auszubildende (Satz 1 Nr. 2). Berufsausbildung i. S. v. Satz 1 Nr. 2 ist nicht nur **5**
die Ausbildung zu einem anerkannten Ausbildungsberuf. Darunter fallen etwa auch Volontäre und Praktikanten. Die Person muss – wenn auch nicht ausschließlich – für Aufgaben der Dienststelle vorbereitet werden und diese – wenn auch nach Anleitung und unter Aufsicht – wahrnehmen.

Bestehen eines Dienst-, Arbeits- oder Ausbildungsverhältnisses mit einer juristi- **6**
schen Person nach § 1 unerheblich. Satz 1 stellt an seinem Ende ausdrücklich klar, dass das Bestehen eines Dienst-, Arbeits- oder Ausbildungsverhältnisses mit einer juristischen Person nach § 1, also insbesondere mit einer Körperschaft des öffentlichen Rechts, unerheblich ist. Dieses Kriterium zielt nicht zuletzt darauf, dass „Leiharbeitnehmer" vom Beschäftigtenbegriff erfasst werden (vgl. auch Rn. 8). Der besonderen Regelung für bestimmte Krankenpfleger, Krankenschwestern und Kinderkrankenschwestern sowie Religionslehrer an Schulen in § 4 Abs. 2 in der Fassung vor Inkrafttreten des ÄG 2013 bedarf es nicht mehr.

„Dienststellenangehörige Externe" (Satz 2). Satz 2 erweitert den Beschäftigten- **7**
kreis um bestimmte Personen, die augenblicklich nicht weisungsgebunden in die Arbeitsorganisation der Dienststelle eingegliedert und innerhalb dieser tätig sind, aber formal dieser zugehören („unter Fortsetzung eines bestehenden unmittelbaren Dienst- oder Arbeitsverhältnisses zur Dienststelle"). Erfasst sind die Fälle der Abordnung (Personen, die „zu einer anderen Stelle abgeordnet" sind), der Zuweisung (Personen, die „[einer anderen Stelle] zugewiesen" sind) und der Personalgestellung (Personen, die „[in einer anderen Stelle] ihre geschuldete Arbeitsleistung erbringen").

8 **Vom neuen Beschäftigtenbegriff insbesondere erfasste Personen.** Nach der Begründung des Gesetzentwurfs der Landesregierung zum ÄG 2013 (LT-Drucksache 15/4224, S. 85) sollen vom neuen Beschäftigtenbegriff „insbesondere erfasst werden":

- „Personen im Sinne von § 12a des Tarifvertragsgesetzes, weil sie bei Erfüllung ihres Vertrags arbeitnehmerähnlich in der Dienstelle eingesetzt werden"; dass diese Personen erfasst sein sollen, ergibt sich bereits aus dem Wortlaut des Gesetzes;
- „Personen in Leiharbeitsverhältnissen nach dem Arbeitnehmerüberlassungsgesetz und Personen, die aufgrund eines Gestellungsvertrages in der Dienststelle tätig sind oder ausgebildet werden"; Leiharbeitnehmer i. S. des Arbeitnehmerüberlassungsgesetzes waren bislang keine Beschäftigte, weil zwischen ihnen und der Dienststelle kein „unmittelbares Dienstverhältnis" (vgl. § 4 Abs. 2 in der Fassung vor Inkrafttreten des ÄG 2013) besteht (vgl. 13. Auflage § 4 Rn. 7);
- „Personen, die im Rahmen von Arbeitsbeschaffungsmaßnahmen in der Dienststelle eingesetzt werden";
- „Erwerbsfähige Arbeitssuchende, die in der Dienststelle eine Arbeitsgelegenheit nach § 16d des Zweiten Buchs Sozialgesetzbuch wahrnehmen (sogenannte Ein-Euro-Jobs)"; nach alter Rechtslage zählten diese Personen nicht zu den Beschäftigten (siehe 13. Auflage § 4 Rn. 5);
- „geringfügig Beschäftigte, Vertretungen, Aushilfen, Praktikanten, Volontäre"; zu den beiden letztgenannten Personengruppen vgl. Rn. 5;
- „Telearbeiter, das heißt Personen, die gelegentlich oder regelmäßig ihre Tätigkeiten außerhalb der Dienststelle ausüben";
- „Ehrenbeamte nach § 91 des Landesbeamtengesetze und der zugrundeliegenden Rechtsvorschriften, wie zum Beispiel ehrenamtliche Bürgermeister, ehrenamtliche Amtsverweser und ehrenamtliche Ortsvorsteher";
- „Personen im Freiwilligendienst, etwa die einen Dienst nach dem Bundesfreiwilligengesetz vom 28. April 2011 (BGBl. I S. 687) leisten oder nach dem Jugendfreiwilligendienstegesetz vom 16. Mai 2008 (BGBl. I S. 842) ein freiwilliges soziales oder ökologisches Jahr absolvieren".

9 **Dienststellenleiter** sind Beschäftigte i. S. des LPVG.

II. Keine Beschäftigten im Sinne des LPVG (Abs. 2)

10 Abs. 2 bestimmt, dass bestimmte Personen nicht als Beschäftigte gelten. Die **Aufzählung in Abs. 2 ist abschließend** (LT-Drucksache 15/4224, S. 86). „Im Zweifel sind daher Personen, die nicht den Fallgruppen des Absatzes 2 zugeordnet werden können, als Beschäftigte anzusehen" (a. a. O.; vgl. auch Bossert, VBlBW 2014, 413, 417). Ob die Personen nach den Vorschriften des Abs. 1 Beschäftigte wären, wie es die Formulierung „gelten nicht" nahelegt, bedarf keiner Erörterung. Wer schon nicht Beschäftigter i. S. des Abs. 1 ist, kann eigentlich auch nicht „nicht als solcher gelten".

11 **Personen in einem öffentlich-rechtlichen Amtsverhältnis (Nr. 1).** Als Beispiele für Personen, die in einem öffentlich-rechtlichen Amtsverhältnis stehen, nennt die Begründung des Gesetzentwurfs der Landesregierung zum ÄG 2013 „Minister und Politische Staatssekretäre" (LT-Drucksache 15/4224, S. 85).

Richter und Staatsanwälte (Nr. 2). Richter und Staatsanwälte sind nur Beschäf- **12** tigte in den Fällen, die in den Buchstaben a) und b) genannt sind. Der Inhaber einer Lebenszeitstelle (zu den verschiedenen Arten des Richterverhältnisses vgl. § 8 des Deutschen Richtergesetzes – DRiG) muss **an eine andere Dienststelle als ein Gericht oder eine Staatsanwaltschaft abgeordnet** sein (**Buchstabe a**), der Richter auf Probe (vgl. auch § 13 DRiG: „Ein Richter auf Probe kann ohne seine Zustimmung nur bei einem Gericht, bei einer Behörde der Gerichtsverwaltung oder bei einer Staatsanwaltschaft verwendet werden.") oder der Richter kraft Auftrags (vgl. § 16 Abs. 2 DRiG) muss **einer anderen Dienststelle als einem Gericht oder einer Staatsanwaltschaft zur Verwendung zugewiesen** sein (**Buchstabe b**). Beschäftigter ist demnach beispielsweise der an ein Regierungspräsidium abgeordnete Richter am Verwaltungsgericht, Beschäftigte die an das Landesjustizministerium abgeordnete Proberichterin. Die Beschäftigteneigenschaft beginnt mit Aufnahme der Tätigkeit bei der anderen Dienststelle.

Ehrenamtlich tätige Personen mit Ausnahme von Ehrenbeamten (Nr. 3). In der **13** Begründung des Gesetzentwurfs der Landesregierung zum ÄG 2013 heißt es hinsichtlich der Nr. 3 (LT-Drucksache 15/4224, S. 85 f.): „wobei in Abgrenzung nach Art und Intensität der Eingliederung in die Dienststelle auch zu berücksichtigen ist, dass Personen in Freiwilligendiensten in der Regel nicht hierunter fallen, sondern zu den Beschäftigten zählen; die Beschäftigteneigenschaft setzt auch eine gewisse Stetigkeit und einen gewissen Umfang der Beschäftigung voraus, die bei ehrenamtlich Tätigen (etwa Nachmittagsbetreuer an Schulen) weniger vorliegt, weshalb von einer tatsächlichen Eingliederung in die Belegschaft und der Arbeitsorganisation in der Regel nicht ausgegangen werden kann". Zu Ehrenbeamtinnen und Ehrenbeamten vgl. § 91 des Landesbeamtengesetzes (LBG). Angehörige des Freiwilligen Polizeidienstes sind keine ehrenamtlich tätigen Personen i. S. der Nr. 3 (VG Karlsruhe, 19.11.2014 – PL 12 K 3555/14 – www.landesrecht-bw.de).

Personen, die vorwiegend zu ihrer Heilung, Wiedereingewöhnung oder Erzie- 14 hung beschäftigt werden (Nr. 4), galten schon vor Inkrafttreten des ÄG 2013 nicht als Beschäftigte im Sinne des LPVG (vgl. § 4 Abs. 3 a. F.).

Personen, die in der Dienststelle auf der Grundlage von Werk-, Werklieferungs- 15 oder Geschäftsbesorgungsverträgen tätig sind (Nr. 4), waren bereits vor Inkrafttreten des ÄG 2013 nicht Beschäftigte (vgl. 13. Auflage § 4 Rn. 6). In der Begründung des Gesetzentwurfs der Landesregierung zum ÄG 2013 heißt es hinsichtlich der Nr. 4 (LT-Drucksache 15/4224, S. 86): „… zum Beispiel Mitarbeiter des Kantinenpächters, Angehörige einer externen Reinigungsfirma, denn sie unterliegen dem Direktionsrecht des Unternehmens, welches in der Dienststelle die vertraglich vereinbarte Leistung erbringt, nicht aber unmittelbaren Weisungen der Dienststelle. Gleiches gilt etwa für selbstständige Handwerker, die Aufträge in der Dienststelle erledigen. Nicht erfasst werden von den Ausnahmen aber die arbeitnehmerähnlichen Beschäftigten nach § 12a des Tarifvertragsgesetzes, die ausdrücklich (Absatz 1) als Beschäftigte gelten".

III. Gruppe der Beamten (Abs. 3)

16   **Gruppenprinzip.** Insbesondere die Rechtsverhältnisse der Beamten und der „klassischen" Arbeitnehmer sind unterschiedlich geregelt. Auch die Interessen dieser beiden Gruppen können unterschiedlich gelagert sein. Es liegt deshalb nahe, dass diese Interessen im PR in erster Linie durch Vertreter der eigenen Gruppe gewahrt werden. Daher gilt das Gruppenprinzip. Es gehört zu den hergebrachten Grundsätzen des Berufsbeamtentums i. S. v. Art. 33 Abs. 5 (vgl. Ilbertz-Widmaier § 5 Rn. 6; vgl. auch § 51 des Beamtenstatusgesetzes).

17   **Bedeutung der Gruppenzugehörigkeit.** Die Gruppenzugehörigkeit ist etwa von Bedeutung für die Zusammensetzung des PR (§§ 11 und 12), für die Wahl des PR (§ 13 Abs. 2, 4 und 5), für die Zusammensetzung des Wahlvorstands (§ 15 Abs. 1), für die Zusammensetzung des Vorstands des PR (§ 28 Abs. 1 und 2), für einen Antrag auf Anberaumung einer PR-Sitzung (§ 30 Abs. 3), für die Beschlussfassung in Gruppenangelegenheiten (§ 34 Abs. 4), für das Vetorecht einer Gruppe (§ 37), für die Wahl des GesamtPR (§ 54 Abs. 3 und 4) und für die Wahl der Stufenvertretungen (§ 55 Abs. 3). Auch für die Beteiligung des PR nach §§ 73 ff. kann die Gruppenzugehörigkeit eine Rolle spielen (vgl. z. B. § 75 Abs. 1 Nr. 1 und 2).

18   **Gruppe der Beamten.** Wer Beamter ist, bestimmen die Beamtengesetze (**Satz 1**; vgl. auch § 6 Abs. 1 in der Fassung vor Inkrafttreten des ÄG 2013). Für die Beamten des Landes, der Gemeinden und der Gemeindeverbände sowie der sonstigen der Aufsicht des Landes unterstehenden Körperschaften, Anstalten und Stiftungen des öffentlichen Rechts gelten das **Beamtenstatusgesetz** vom 17.6.2008 (BeamtStG, BGBl. I S. 1010) und das **Landesbeamtengesetz** (LBG, nunmehr in der Fassung aufgrund des Dienstrechtsreformgesetzes vom 9.11.2010 [GBl. S. 793, 794 ff.]). Beamter i. S. des LPVG ist danach nur, wer unter Aushändigung einer Ernennungsurkunde zum Beamten ernannt ist (vgl. § 8 Abs. 1 und 2 BeamtStG, § 9 Abs. 2, § 10 LBG n. F.). Welcher Art das Beamtenverhältnis ist (auf Lebenszeit, auf Zeit, auf Probe, auf Widerruf, vgl. § 4 BeamtStG, §§ 6 ff. LBG), spielt grundsätzlich keine Rolle. Beamte, für die andere Beamtengesetze gelten (Bundesbeamtengesetz – BBG, Beamtengesetze anderer Bundesländer) kommen nur in Betracht, wenn sie zu Dienststellen, für die das LPVG gilt, abgeordnet werden.

19   **Satz 2** ordnet der Gruppe der Beamten diejenigen Personen zu, die sich, ohne in ein Beamtenverhältnis berufen zu sein, in der Ausbildung für eine Beamtenlaufbahn in einem öffentlich-rechtlichen Ausbildungsverhältnis befinden (vgl. § 16 Abs. 5 LBG) oder als Richter oder Staatsanwälte nach Abs. 2 Nr. 2 verwendet werden (vgl. Rn. 12). Üblicherweise sind Personen in der Ausbildung für ein Beamtenverhältnis Beamte auf Widerruf im Vorbereitungsdienst (vgl. § 4 Abs. 4 Buchst. a BeamtStG).

20   **Ruhestandsbeamte.** Die als Arbeitnehmer weiter- oder wiederbeschäftigten Ruhestandsbeamten sind keine Beamten im Sinne des LPVG. Die Beamten, bei denen der Eintritt in den Ruhestand nach § 39 LBG hinausgeschoben wurde, bleiben während dieser Zeit bis zum Eintritt in den Ruhestand Beamte.

IV. Gruppe der Arbeitnehmer (Abs. 4)

Die übrigen Beschäftigten, d. h. alle Beschäftigten, die nicht der Gruppe der **21** Beamten (Abs. 3) angehören, bilden die Gruppe der Arbeitnehmer (**Satz 1**) und gelten als Arbeitnehmer i. S. des LPVG (**Satz 2**). Vor Inkrafttreten des ÄG 2013 enthielt § 7 Satz 1 eine positive Bestimmung des Begriffs des Arbeitnehmers, die allerdings infolge des erweiterten Beschäftigtenbegriffs (vgl. Rn. 2) nicht mehr herangezogen werden kann.

§ 5 Dienststellen

(1) Dienststellen im Sinne dieses Gesetzes sind die einzelnen Behörden, Stellen und Betriebe der in § 1 genannten juristischen Personen sowie die Gerichte, die Hochschulen, das Karlsruher Institut für Technologie (KIT) und die Schulen, soweit in diesem Gesetz nichts anderes bestimmt ist.

(2) Eigenbetriebe mit in der Regel nicht mehr als 50 Beschäftigten gelten nicht als Dienststelle im Sinne von Absatz 1; ihre Beschäftigten gelten als Beschäftigte der Verwaltungsbehörde der Gemeinde oder des Gemeindeverbands.

(3) [1]Außenstellen, Nebenstellen und Teile einer Dienststelle nach Absatz 1 oder einer nach Absatz 4 zusammengefassten Dienststelle können auf Antrag der Mehrheit der betroffenen wahlberechtigten Beschäftigten oder von Amts wegen vom Leiter der Hauptdienststelle oder der zusammengefassten Dienststelle unter Berücksichtigung dienstlicher Belange und der Belange der Beschäftigten zu einer selbstständigen Dienststelle im Sinne dieses Gesetzes erklärt oder zu einer solchen zusammengefasst werden. [2]Der Personalrat ist vor der Entscheidung anzuhören. [3]Für die Aufhebung der Verselbstständigung gilt Satz 1 entsprechend. [4]Vor der Aufhebung sind der Personalrat der Dienststelle nach Satz 1, der Personalrat der Hauptdienststelle und der Gesamtpersonalrat anzuhören. [5]Die Verselbstständigung und ihre Aufhebung sind jeweils ab der folgenden Wahl wirksam.

(4) [1]Mehrere Dienststellen eines Verwaltungszweigs können von der obersten Dienstbehörde zu einer Dienststelle im Sinne dieses Gesetzes zusammengefasst werden, wenn die Mehrheit ihrer wahlberechtigten Beschäftigten in geheimen Abstimmungen zustimmt. [2]Für die Aufhebung gilt Satz 1 mit der Maßgabe entsprechend, dass es nur der Zustimmung der Mehrheit der wahlberechtigten Beschäftigten der Dienststellenteile bedarf, die aus dem Zusammenschluss ausscheiden wollen oder sollen; eine Verselbstständigung nach Absatz 3 Satz 1 gilt dadurch ebenfalls als aufgehoben. [3]Die Zusammenfassung und ihre Aufhebung sind jeweils ab der folgenden Wahl wirksam.

(5) [1]Bei gemeinsamen Dienststellen verschiedener juristischer Personen gelten die Beschäftigten jeder juristischen Person als Beschäftigte einer besonderen Dienststelle. [2]Das Landratsamt gilt als einheitliche Dienststelle.

I. Begriff der Dienststelle (Abs. 1)

Regelungszusammenhang. § 1 enthält den Grundsatz, dass Personalvertretun- **1** gen zu bilden sind. § 10 Abs. 1 bestimmt als Organisationseinheit, bei der ein (örtlicher) PR zu bilden ist, die Dienststelle. Was eine Dienststelle i. S. des LPVG ist, definiert § 5 Abs. 1.

2 **Dienststellen** i. S. des LPVG sind organisatorische Einheiten, die einen selbstständigen Aufgabenbereich haben und innerhalb der Verwaltungsorganisation
verselbstständigt sind. Ob sie hoheitliche Aufgaben (Behörden) oder sonstige
Verwaltungsaufgaben (Stellen) wahrnehmen oder ob ihnen im Rahmen der öffentlichen Verwaltung Aufgaben der Befriedigung von Bedürfnissen der Allgemeinheit mit betrieblichen Arbeitsmitteln (Betriebe) übertragen sind, ist nicht
entscheidend. Ausschlaggebend ist vielmehr, dass sie in dem in der öffentlichen
Verwaltung möglichen Umfang verselbstständigt sind und dem Leiter der Einrichtung die mit deren organisatorischen Verselbstständigung verbundene Rege-
lungskompetenz im personellen und sachlichen Bereich zukommt, die die
Grundlage für das in § 2 Abs. 1 geforderte vertrauensvolle Zusammenwirken
zwischen Dienststelle und PR ist (nahezu wortgleich LT-Drucksache 15/4224,
S. 86). Nur wenn er – in den Grenzen der für die öffentliche Verwaltung allgemein bestehenden Weisungsgebundenheit – bei den für eine Beteiligung der Personalvertretung in Betracht kommenden organisatorischen, personellen und sozialen Angelegenheiten einen eigenen Entscheidungs- und Handlungsspielraum
hat, kann er ihm als verantwortlicher Partner gegenübertreten und eigenständige
Verhandlungen und Gespräche mit ihm führen. Fehlt dem Leiter der Einrichtung
der für die verantwortliche Zusammenarbeit mit dem PR erforderliche Entschei-
dungs- und Handlungsspielraum, dann ist er nicht nur kein geeigneter Partner
für die Personalvertretung, sondern dann erweist sich daran, dass die von ihm
geleitete Einrichtung organisatorisch nicht in dem für eine Dienststelle zu for-
dernden Maße verselbstständigt ist, mag sie auch räumlich und hinsichtlich ihrer
Aufgabenstellung von anderen Verwaltungseinrichtungen des gleichen Verwal-
tungsträgers abgetrennt sein (ständige Rechtsprechung; aus jüngerer Zeit
BVerwG, 26.11.2008 – 6 P 7.08 – www.bverwg.de = BVerwGE 132, 276 =
PersR 2009, 267 = PersV 2009, 138; 4.2.2010 – 6 PB 38.09 – www.bverwg.de =
PersR 2010, 262 und 17.7.2010 – 6 PB 6.10 – www.bverwg.de = PersR 2010,
396; VGH Mannheim, 4.12.2012 – PL 15 S 696/12 – www.landesrecht-bw.de
Rn. 34 [im Anschluss daran BVerwG, 13.3.2013 – BVerwG 6 PB 4.13 –
www.bverwg.de Rn. 3]).

3 **Entfallen der Voraussetzungen.** Entfallen die genannten Voraussetzungen –
etwa durch organisatorische Maßnahmen –, verliert die Einheit ihre personalvertretungsrechtliche Selbstständigkeit. Der PR hört zu dem Zeitpunkt zu bestehen auf, zu dem offensichtlich wird, dass die Einheit personalvertretungsrechtlich nicht mehr selbstständig ist (BVerwG, 18.1.1990 – 6 P 8.88 – PersR
1990, 108 = PersV 1990, 348; VGH Mannheim, 4.12.2012 – PL 15 S 696/
12 – www.landesrecht-bw.de Rn. 39).

4 **Wahl trotz Fehlens einer personalratspflichtigen Dienststelle.** Das Fehlen einer
personalratspflichtigen Dienststelle führt nur dann zur Nichtigkeit der Wahl
eines PR, wenn dieser Mangel im Zeitpunkt der Wahl offensichtlich war
(BVerwG, 13.5.1987 – 6 P 20.85 – PersV 1988, 401; s. a. § 25 Rn. 24).

5 **Sonderregelungen im LPVG.** Die Dienststellen i. S. des LPVG sind in § 98
Abs. 1 für **Schulen** und in § 106 für den **Südwestrundfunk** abweichend von
Abs. 1 bestimmt.

Gerichte und Staatsanwaltschaften des Landes. Dienststellen sind auch die Ge- **6**
richte des Landes (vgl. § 1 Rn. 12). Die bei den Gerichten beschäftigten Richter
gelten jedoch grundsätzlich nicht Beschäftigte i. S. des LPVG (vgl. § 4 Abs. 2
sowie § 4 Rn. 12); dies sind nur die Beamten und Arbeitnehmer des Gerichts.
Zur Beteiligung von PR und Richterrat in gemeinsamen Angelegenheiten vgl.
§ 28 LRiStAG und § 31 LPVG. Auch die Staatsanwälte sind an den bei den
Staatsanwaltschaften bestehenden PR grundsätzlich nicht beteiligt (vgl. § 4
Abs. 2). Im Übrigen vgl. § 88 Abs. 2 i. V. m. § 28 LRiStAG und § 31 LPVG.

Hochschulen sind die staatlichen Hochschulen nach § 1 Abs. 2 des Landes- **7**
hochschulgesetzes – LHG, also insbesondere die Universitäten, die Pädagogischen Hochschulen, die Kunsthochschulen und die Fachhochschulen. Die Universitätskliniken sind nach § 1 des Universitätsklinika-Gesetzes (i. d. F. vom
15.9.2005 (GBl. S. 625)) rechtsfähige Anstalten des öffentlichen Rechts der
Universitäten und damit kraft Gesetzes eine Dienststelle.

Karlsruher Institut für Technologie (KIT). Das KIT wurde durch das ÄG 2013 **7a**
in die Vorschrift aufgenommen. Zur Begründung heißt es in dem Regierungsentwurf, das KIT werde von dem herkömmlichen Hochschulbegriff nicht erfasst, weil es auch Forschungseinrichtung sei (LT-Drucksache 15/4224, S. 87).
Zum KIT s. § 101.

Materialprüfungsanstalten. Bis zum Inkrafttreten des ÄG 2013 waren in Abs. 1 **8**
die Materialprüfungsanstalten aufgeführt. Zur Streichung heißt es in dem Regierungsentwurf (LT-Drucksache 15/4224, S. 87): „Die früheren Materialprüfungsanstalten sind zu einer Materialprüfungsanstalt zusammengeschlossen
worden, die heute eine zentrale Einrichtung der Universität Stuttgart ist. Die
Personalvertretung kann durch den Personalrat der Universität wahrgenommen werden. Die eigenständige Personalratsfähigkeit der ‚Materialprüfungsanstalten' soll deshalb entfallen."

Die Gemeinden, die **Landkreise** und die **sonstigen der Aufsicht des Landes** **9**
unterstehenden Körperschaften, Anstalten und Stiftungen des öffentlichen
Rechts sind jeweils ohne ihre Betriebe i. S. des Eigenbetriebsgesetzes eine
Dienststelle i. S. des LPVG (vgl. Stellungnahme des Innenministeriums LT-
Drucksache 12/1407, S. 2 und VGH Mannheim, 29.6.1999 – PL 15 S 1670/
98 – www.landesrecht-bw.de = PersR 1999, 505 und 24.7.2007 – PL 15 S 3/
06 – www.landesrecht-bw.de).

Kommunale Betriebe (vgl. § 1 Rn. 10), auf die das **Eigenbetrieb**sgesetz Anwen- **10**
dung findet, sind personalvertretungsrechtlich selbstständige Dienststellen (vgl.
die soeben genannten Entscheidungen des Verwaltungsgerichtshofs Baden-
Württemberg sowie die durch das ÄG 2013 eingeführte Ausnahmeregelung
nunmehr des Abs. 2). Für sie kann deshalb zusammen mit der übrigen Ge-
meinde- bzw. Landkreisverwaltung (Rn. 9) kein GesamtPR gebildet werden.
Damit bestehen in Kommunen, in denen Eigenbetriebe gebildet sind, grundsätzlich ein PR bei der Verwaltung und ein PR bei jedem Eigenbetrieb. Zu
Abs. 2 siehe Rn. 13a ff.; zur Zusammenfassung nach § 5 Abs. 4 siehe Rn. 32 ff.

11 **Gemeindeverwaltung als Dienststelle.** Bei Gemeinden ist Dienststelle i. S. des LPVG die Gemeindeverwaltung. Leiter der Gemeindeverwaltung ist nach § 42 Abs. 1 Satz 1 und § 44 Abs. 1 Satz 1 der Gemeindeordnung (GemO) der Bürgermeister. Er ist infolgedessen Dienststellenleiter i. S. des LPVG und damit Partner des PR. Diese Partnerschaft wird nicht dadurch eingeschränkt, dass dem Gemeinderat (oder nach der Hauptsatzung einem seiner Ausschüsse) die Beschlussfassung auch über beteiligungspflichtige Maßnahmen zukommt. Nach § 43 Abs. 1 GemO bereitet der Bürgermeister die Sitzungen des Gemeinderats vor; er stellt nach § 34 Abs. 1 GemO die Tagesordnung auf. Wenn der Bürgermeister beteiligungspflichtige Angelegenheiten in die Tagesordnung aufnehmen will, hat er diese dem PR mitzuteilen und im Falle der Mitbestimmung dessen Zustimmung zu beantragen. Der PR hat etwaige Einwendungen und Bedenken dem Bürgermeister gegenüber vorzubringen. Dieser ist verpflichtet, sie vollständig und objektiv dem Gemeinderat vor der Beschlussfassung mitzuteilen (BVerwG, 14.1.1983 – 6 P 93.78 – BVerwGE 66, 347 = ZBR 1983, 213). Der PR hat dem Gemeinderat (bzw. dessen Ausschüssen) gegenüber grundsätzlich kein Erörterungs- oder Beteiligungsrecht. Der mit dem ÄG 95 in das LPVG aufgenommene § 83a (nunmehr § 89) gibt ihm aber in sozialen oder personellen Angelegenheiten, die mit dem Leiter der Dienststelle streitig sind, das Recht, in nichtöffentlicher Sitzung des Gemeinderats oder des zuständigen Ausschusses, die Auffassung des PR darzulegen.

12 Vorstehende Ausführungen zu Gemeinden gelten entsprechend für die **Landkreise** und, wenn sich aus ihren Organisationsnormen nichts anderes ergibt, auch für die **sonstigen der Aufsicht des Landes unterstehenden Körperschaften, Anstalten und Stiftungen des öffentlichen Rechts**.

13 **Partner nach dem LPVG** sind der **PR** und der **Leiter** der Dienststelle (vgl. Rn. 2), bei der er gebildet wurde. Im LPVG fehlt eine dem § 7 BPersVG entsprechende Bestimmung darüber, wer für die Dienststelle handeln kann. Besondere Schwierigkeiten können sich aber daraus kaum ergeben. Die **Vertretung der Dienststelle und des Dienststellenleiters** ist eine Frage der Organisation, in die vor allem wegen des kommunalen Bereichs nicht ohne zwingenden Grund eingegriffen werden sollte. Im Bereich des LPVG ist eine elastischere Praxis als im Bereich des BPersVG möglich; dies kann auch der Beschleunigung des Verfahrens dienen. Es wird letztlich auf die Größe der Dienststelle und die Bedeutung der anstehenden Sache ankommen, ob der Dienststellenleiter selbst, sein allgemeiner Vertreter oder ein sonstiger Beauftragter des Dienststellenleiters im Rahmen des LPVG nach außen tätig wird und z. B. die Verhandlungen mit dem PR führt. In Baden-Württemberg besteht jedenfalls bei allen größeren Dienststellen, nicht nur bei Ministerien oder sonstigen obersten Dienstbehörden (vgl. dazu § 3 Abs. 2 LBG) die Möglichkeit, dass z. B. auch ein Abteilungsleiter oder Personalreferent für die Dienststelle oder den Dienststellenleiter handelt.

II. Kleine Eigenbetriebe (Abs. 2)

13a Übergangsvorschrift des Art. 13 § 4 des ÄG 2013 („**Aufzulösende Personalräte**").

(1) ...

(2) Eigenbetriebe mit in der Regel nicht mehr als 50 Beschäftigten gelten ab der dem Inkrafttreten dieses Gesetzes folgenden Neuwahl des Personalrats bei der Verwaltungsbehörde der Gemeinde oder des Gemeindeverbands nicht als selbstständige Dienststelle.

Ausnahmeregelung. Eigenbetriebe sind nach Abs. 1 grundsätzlich selbstständige Dienststellen. Aufgrund des ÄG 2013 gilt nunmehr (Abs. 2, zunächst Abs. 1a) allerdings, dass Eigenbetriebe mit in der Regel nicht mehr als 50 Beschäftigten nicht als Dienststelle i. S. v. Abs. 1 gelten (Hs. 1). Die Begründung des Regierungsentwurfs geht davon aus, dass die Qualifizierung als selbstständige Dienststellen kostenintensiv sei und vor allem bei kleineren Betrieben auf wenig Verständnis stoße, da die Beschäftigten oftmals sowohl für Aufgaben des Eigenbetriebs als auch der Verwaltung herangezogen würden; meist sei nur technisches Personal voll dem Eigenbetrieb zugeordnet (LT-Drucksache 15/4224, S. 87).   **13b**

Beschäftigte der Verwaltungsbehörde der Gemeinde oder des Gemeindeverbands. Hs. 2 ordnet an, dass die Beschäftigten eines Eigenbetriebs nach Hs. 1 als Beschäftigte der Verwaltungsbehörde der Gemeinde oder des Gemeindeverbands (siehe § 1 Rn. 8a) gelten.   **13c**

Verselbstständigung nach Abs. 3. Die Begründung des Regierungsentwurfs betont, dass ein von Abs. 1a (nunmehr Abs. 2) erfasster Eigenbetrieb nach Abs. 2 (nunmehr Abs. 3) zu einer selbstständigen Dienststelle erklärt werden kann; die Regelung des Abs. 1a (nunmehr Abs. 2) solle das Regel-Ausnahme-Verhältnis umkehren (LT-Drucksache 15/4224, S. 87).   **13d**

III. Erklärung oder Zusammenfassung zu einer selbstständigen Dienststelle, Aufhebung der Verselbstständigung (Abs. 3)

Änderung im Jahr 2009. Satz 1 wurde durch Gesetz vom 30.7.2009 (GBl. S. 363, 365) in Reaktion auf einen Beschluss des Verwaltungsgerichtshofs Baden-Württemberg vom 24.7.2007 (PL 15 S 3/06, www.landesrecht-bw.de) geändert (vgl. LT-Drucksache 14/4780, S. 14 und 36 f., kritisch zu der Änderung Altvater, PersR 2010, 287, 291). Nach „Teile einer Dienststelle" wurde „nach Absatz 1 oder einer nach Absatz 3 *[Anm. des Verfassers: nunmehr Abs. 4]* zusammengefassten Dienststelle", nach „Leiter der Hauptdienststelle" „oder der zusammengefassten Dienststelle" angefügt. Mit der Änderung sollte klargestellt werden, „dass insbesondere kommunale Eigenbetriebe, die durch die oberste Dienstbehörde mit der Verwaltung zusammengefasst werden, durch den Leiter der zusammengefassten Dienststelle personalvertretungsrechtlich zu selbstständigen Dienststellen erklärt werden können, wenn die sonstigen Voraussetzungen gegeben sind. Mit Hilfe der Verselbstständigung besteht die Möglichkeit, für die gesamte Gemeinde oder den gesamten Landkreis, d. h. einschließlich deren Eigenbetriebe, einen Gesamtpersonalrat zu bilden". Vgl. zum Ganzen auch VGH Mannheim, 4.12.2012 – PL 15 S 696/12 – www.landesrecht-bw.de Rn. 23.   **14**

14a   **ÄG 2013.** Das AG 2013 ersetzte die bisherige Formulierung „zu selbstständigen Dienststellen erklärt oder zu solchen zusammengefasst" durch die nunmehrige „zu einer selbstständigen Dienststelle im Sinne des Gesetzes erklärt oder zu einer solchen zusammengefasst". Es handele sich um eine „redaktionelle Klarstellung des Gewollten" (LT-Drucksache 15/4224, S. 87).

15   **Außenstellen, Nebenstellen und Teile einer Dienststelle.** Der Unterschied zwischen den Begriffen der Außenstelle, der Nebenstelle und des Teils einer Dienststelle nach Abs. 1 ist nicht genau zu fassen, praktisch aber auch bedeutungslos (vgl. VGH Mannheim, 4.12.2012 – PL 15 S 696/12 – www.landesrecht-bw.de Rn. 32). Außenstellen und Nebenstellen werden eine eigene Funktion und eine gewisse Selbstständigkeit der Organisation haben müssen, was aber auch, wenn vielleicht auch in geringerem Grad, bei Teilen einer Dienststelle der Fall sein kann. Teil einer Dienststelle kann auch eine Abteilung einer Behörde sein.

15a   **Verselbstständigungsentscheidung bei Eigenbetrieben.** Der Verwaltungsgerichtshof Baden-Württemberg (4.12.2012 – PL 15 S 696/12 – www.landesrecht-bw.de Rn. 25; vgl. ferner die ihn darin bestätigende Entscheidung des Bundesverwaltungsgerichts [13.3.2013 – BVerwG 6 PB 4.13 – www.bverwg.de Rn. 2]) hat jüngst ausdrücklich entschieden, dass bei einem Krankenhaus, das in der Form eines Eigenbetriebs geführt wird und damit eine selbstständige Dienststelle i. S. des Abs. 1 ist (vgl. Rn. 10), grundsätzlich eine Verselbstständigungsentscheidung nach Abs. 3 Satz 1 Alt. 1 möglich ist (und infolgedessen auch die Bildung eines GesamtPR).

16   **Zuständigkeit des Leiters der Hauptdienststelle oder der zusammengefassten Dienststelle.** Satz 1 legt die Entscheidung darüber, ob Außenstellen, Nebenstellen und Teile einer Dienststelle nach Abs. 1 oder einer nach Abs. 4 zusammengefasste Dienststelle personalvertretungsrechtlich verselbstständigt oder zusammengefasst werden, also neben dem PR der Hauptdienststelle einen eigenen PR haben können, in die ausschließliche Zuständigkeit des Leiters der Hauptdienststelle oder der zusammengefassten Dienststelle. Durch (Mehrheits-)Beschluss der wahlberechtigten Beschäftigten kann eine Verselbstständigung oder eine Zusammenfassung nicht herbeigeführt werden.

17   **Auf Antrag oder von Amts wegen.** Eine Entscheidung kann entweder auf einen Antrag der Mehrheit der betroffenen wahlberechtigten Beschäftigten oder von Amts wegen getroffen werden.

18   **Betroffene wahlberechtigte Beschäftigte.** Betroffen sind nur die Beschäftigten der Außenstellen, Nebenstellen oder der Teile der Dienststelle nach Abs. 1 oder der nach Abs. 4 zusammengefassten Dienststelle, die für ihren Bereich einen eigenen PR wünschen. Zur Wahlberechtigung s. § 8.

19   **Ermittlung der Mehrheit der betroffenen wahlberechtigten Beschäftigten.** Ob eine Mehrheit der betroffenen wahlberechtigten Beschäftigten für den Antrag auf Verselbstständigung bzw. Zusammenfassung ist, ist durch eine Abstimmung zu ermitteln. Auch wenn das Gesetz keine Vorgaben darüber enthält, wie die Abstimmung über den Antrag an den Dienststellenleiter zu erfolgen hat, so sind doch die allgemeinen Grundsätze demokratischer Abstimmungen zu beachten. Dabei kann entsprechend § 4 WO (Vorabstimmungen) vorgegangen werden, zwingend ist dies aber nicht. Die Abstimmung kann auch in einer Personalversammlung oder getrennten Versammlungen (§ 49) erfolgen. Abzustimmen ist gemeinsam und nicht nach Gruppen. Die Abstimmung ist erfolgreich, wenn die Mehrheit der wahlberechtigten Beschäftigten, nicht nur der abstimmenden Beschäftigten, dem Antrag zugestimmt hat. Die Abstimmungen sind stets für die einzelne Außenstelle, Nebenstelle oder den einzelnen Teil der Dienststelle nach Abs. 1 oder einer nach Abs. 4 zusammengefassten Dienststelle durchzuführen, auch wenn eine personalvertretungsrechtliche Zusammenfassung von mehreren Außenstellen usw. zu einer Dienststelle beantragt werden soll. Eine gemeinsame Zusammenkunft aller Betroffenen ist möglich, die Abstimmungen müssen jedoch getrennt erfolgen. Die Durchführung der Abstimmung gehört nicht zu den Aufgaben des Wahlvorstands (den es weit im Vorfeld einer Wahl ohnehin noch nicht gibt). Die Initiative zur Antragstellung kann jeder Wahlberechtigte ergreifen.

Entscheidungskriterien. Der Leiter der Hauptdienststelle oder der zusammenge- **20** fassten Dienststelle muss bei der Entscheidung, ob er aufgrund eines Antrags der betroffenen Beschäftigten oder von Amts wegen eine Verselbstständigung einzelner Außenstellen, Nebenstellen oder Teile der Dienststelle nach Abs. 1 oder der nach Abs. 4 zusammengefassten Dienststelle oder deren Zusammenfassung zu einer oder mehreren selbstständigen Dienststellen herbeiführen will, die **dienstlichen Belange und die Belange der Beschäftigten gegeneinander abwägen.** Zumindest im Landesbereich wird er dabei die mit der Verwaltungsreform verfolgten Ziele der Integration und Verschlankung der Verwaltung berücksichtigen müssen. Das Gesetz enthält bewusst keine Eingrenzung der Abwägungskriterien. Es gilt, vor Ort gemeinsam – auch unter Berücksichtigung des Grundsatzes der vertrauensvollen Zusammenarbeit (§ 2) – ausgewogene Lösungen zu finden.

Dienstliche Belange können begründet sein z. B. durch **21**
– die Aufgabenstellung oder Beschäftigtenstruktur, die eine angemessene Interessenvertretung im PR der Hauptdienststelle nicht mehr gewährleistet,
– Vorliegen eines Betriebs i. S. v. § 26 LHO,
– Delegation von Budget- und Personalverantwortung,
– räumliche Entfernung, wobei im Blick auf die mit dem VRG erfolgte Rechtsänderung eine Entfernung von 20 km oder mehr als eine Stunde Fahrtzeit nicht mehr generell Maßstab sein können, vielmehr eher von weitaus höheren Grenzen auszugehen sein wird,
– Anbindung an öffentliche Verkehrsmittel.

Belange der Beschäftigten. Dienstliche Belange können mit den Belangen der **22** Beschäftigten identisch sein. Teilweise sind sie es aber unter anderen Vorzeichen. Für die Beschäftigten ist es sehr wichtig, Ansprechpartner und Vertreter zu haben, die ihr Vertrauen genießen und ihre Belange und Wünsche fundiert und möglichst aus eigener Anschauung kennen.

Anhörung des PR. Nach **Satz 2** hat der Leiter der Hauptdienststelle bzw. der **23** zusammengefassten Dienstelle vor seiner Entscheidung den PR der Hauptdienststelle bzw. der zusammengefassten Dienststelle anzuhören. Diese Pflicht besteht vor dem Hintergrund, dass dieser im Falle der Verselbstständigung in seinen Vertretungsrechten eingeschränkt sein wird. Liegt ein Antrag der Beschäftigten vor, ist der PR zu diesem zu hören. Der Dienststellenleiter kann, muss aber nicht seine Haltung zu dem Antrag mitteilen; zweckmäßigerweise tut er dies. Soll die Verselbstständigung von Amts wegen erfolgen, ist der PR zu diesem Vorhaben zu hören. In diesem Fall sind dem PR die Gründe, die für die Verselbstständigung sprechen, zumindest auf Wunsch mitzuteilen. Die Anhörung kann mündlich oder schriftlich erfolgen. Der Dienststellenleiter ist an die Äußerung des PR nicht gebunden. Die Anhörung setzt natürlich die Existenz eines PR voraus (VGH Mannheim, 4.12.2012 – PL 15 S 696/12 – www.landesrecht-bw.de Rn. 40).

24   **Ab der folgenden Wahl wirksam (Satz 5).** Die personalvertretungsrechtliche Verselbstständigung einer Außenstelle, einer Nebenstelle oder eines Teils einer Dienststelle nach Abs. 1 oder einer nach Abs. 4 zusammengefassten Dienststelle oder deren Zusammenfassung kann **jederzeit** von der Mehrheit der betroffenen wahlberechtigten Beschäftigten in geheimer Abstimmung **beantragt oder** vom Leiter der Hauptdienststelle bzw. der zusammengefassten Dienststelle **verfügt** werden. Sie wird aber nach Satz 5 **erst ab der** auf die Verfügung **folgenden PR-Wahl wirksam,** und zwar ohne Rücksicht darauf, ob es sich um eine regelmäßige (§ 22 Abs. 2) oder um eine vorzeitige (§ 23 Abs. 1) Wahl handelt.

25   **Fortdauer der Verselbstständigung.** Die personalvertretungsrechtliche **Verselbstständigung gilt** nicht nur für die Amtszeit des aus der Wahl hervorgegangenen PR, sondern **bis zu der auf ihre Aufhebung folgenden PR-Wahl.** Es ist also nicht möglich, durch Verselbstständigungsverfügungen oder deren Aufhebung vorzeitige Neuwahlen herbeizuführen.

26   **Aufhebung der Verselbstständigung.** Da nach **Satz 3** für die Aufhebung die gleichen Regeln wie für die Verselbstständigung gelten, hat auch insoweit der Leiter der Hauptdienststelle bzw. der zusammengefassten Dienststelle das alleinige Sagen, wobei er auf Antrag der betroffenen Beschäftigten oder von Amts wegen tätig werden kann und bei seiner Entscheidung die dienstlichen Belange und die Belange der Beschäftigten (Rn. 20) zu berücksichtigen hat. Anzuhören sind vor der Entscheidung der PR der aufzuhebenden personalvertretungsrechtlich verselbstständigten Dienststelle, der PR der Hauptdienststelle und der GesamtPR (**Satz 4**).

27   **Spätester Entscheidungszeitpunkt.** Der jeweils späteste Zeitpunkt einer Entscheidung nach Satz 1 oder der Aufhebung der personalvertretungsrechtlichen Verselbstständigung ergibt sich aus § 4 WO. Hiernach sind bei sinngemäßer Auslegung Verselbstständigungsverfügungen des Leiters der Hauptdienststelle oder der zusammengefassten Dienststelle vom Wahlvorstand nur zu berücksichtigen, wenn sie vor dem Erlass des Wahlausschreibens (§ 9 WO) vorliegen. Zur Orientierung dient die Frist von sechs Arbeitstagen nach der Bekanntmachung gem. § 1 Abs. 3 WO. Es empfiehlt sich daher, einen Antrag der betroffenen Beschäftigten so rechtzeitig vor der PR-Wahl, für die die Verselbstständigung usw. (erstmals) wirksam werden soll, beim Dienststellenleiter einzureichen, dass für das weitere Verfahren und die erforderlichen Anhörungen ausreichend Zeit ist.

Leiter der neuen Dienststelle. Für die nach Abs. 3 verselbstständigte neue **28** Dienststelle muss auch ein Dienststellenleiter i. S. des LPVG vorhanden sein, der u. a. die Aufgaben des Dienststellenleiters i. S. des LPVG wahrzunehmen hat; der Dienststellenleiter muss aber keine personalvertretungsrechtlich relevanten Befugnisse haben (vgl. BVerwG, 29.5.1991 – 6 P 12.89 – PersR 1991, 334 = ZBR 1991, 132 und 13.9.2010 – 6 P 14.09 – www.bverwg.de; Altvater/Coulin/Klimpe-Auerbach § 9 Rn. 22).

Leiter der Hauptdienststelle und Leiter der neuen Dienststelle. Da durch eine **29** Verfügung nach Satz 1 keine verwaltungsorganisatorischen Wirkungen eintreten und deshalb die Rechtsstellung sowie die Aufgaben und Befugnisse des Leiters der Hauptdienststelle und eines etwaigen Leiters der Nebenstelle usw. nicht berührt werden (vgl. BVerwG, 14.4.1961 – VII P 4.60 – BVerwGE 12, 194 = ZBR 1961, 186 und 22.6.1962 – VII P 9.61 – BVerwGE 14, 287 = ZBR 1962, 283 = PersV 1962, 257), werden auch die personalrechtlichen Befugnisse des Leiters der Hauptdienststelle nicht beeinträchtigt. Der Leiter der personalvertretungsrechtlich verselbstständigten Nebenstelle usw. wird aber für diese in jedem Fall die Befugnisse des Dienststellenleiters etwa im Zusammenhang mit der Wahl des PR (vgl. § 16, § 17 Abs. 3, § 18 Abs. 1 Satz 2) wahrzunehmen haben.

Wählbarkeit des Leiters der neuen Dienststelle. Der Leiter der personalvertre- **30** tungsrechtlich verselbstständigten Nebenstelle usw. und sein Stellvertreter sind unabhängig von ihren Zuständigkeiten nicht zum PR wählbar (§ 9 Abs. 2 Nr. 2; BVerwG, 22.6.1962 – VII P 9.61 – BVerwGE 14, 287 = ZBR 1962, 283 = PersV 1962, 257).

Zu dem in den Fällen des § 5 Abs. 3 zwingend zu bildenden **GesamtPR** s. **31** § 54 und zu der Zuständigkeitsabgrenzung zwischen GesamtPR und PR s. § 91 Abs. 8 sowie jeweils die diesbezüglichen Erl.

IV. Zusammenfassung mehrerer Dienststellen, Aufhebung einer zusammengefassten Dienststelle (Abs. 4)

Regelungsinhalt des Abs. 4. Satz 1 ermöglicht die Zusammenfassung mehrerer **32** Dienststellen eines Verwaltungszweigs zu einer neuen („zusammengefassten") Dienststelle, Satz 2 die Aufhebung einer solchen Dienststelle. Die Zusammenfassung und die Aufhebung bedürfen einer besonderen Verfügung. Hierfür ist die oberste Dienstbehörde zuständig. Von einer Zusammenfassung wird die organisationsrechtliche Status der Dienststellen nicht berührt.

Zustimmungserfordernis. Die Zusammenfassung setzt die Zustimmung der **33** Mehrheit der wahlberechtigten Beschäftigten – nicht nur der Abstimmenden – jeder beteiligten Dienststelle voraus. Die Aufhebung bedarf – jedenfalls seit der Änderung der Vorschrift durch das ÄG 2013 – lediglich der Zustimmung der Mehrheit der wahlberechtigten Beschäftigten der Dienststelle, die aus dem Zusammenschluss ausscheiden wollen oder sollen (Satz 2 Hs. 1; so bereits die 13. Auflage [§ 9 Rn. 33] in Auslegung der Anordnung der „entsprechenden" Anwendung des Satzes 1, andere Auslegung in LT-Drucksache 15/4224, S. 87). Die notwendigen Abstimmungen müssen geheim sein.

34 **Kein Initiativrecht der Beschäftigten.** Den Beschäftigten ist kein Initiativrecht zur Durchsetzung einer Zusammenfassung eingeräumt. Für die Durchführung der geheimen Abstimmungen gilt das unter Rn. 19 Gesagte entsprechend; sie sind getrennt in jeder beteiligten Dienststelle durchzuführen.

35 **Beteiligung der PR.** Eine Beteiligung der PR der betroffenen Dienststellen – soweit solche überhaupt bestehen – ist **nicht vorgeschrieben**. Sie ergibt sich auch nicht aus § 81 Abs. 1 Nr. 2, wenn auch dort die Zusammenlegung von Dienststellen genannt ist, denn unter diese Bestimmung fallen nur allgemeine organisatorische, nicht aber ausschließlich personalvertretungsrechtliche Maßnahmen.

36 **Oberste Dienstbehörde.** Bei Dienststellen des Landes ist oberste Dienstbehörde die oberste Behörde, zu deren Bereich die Dienststelle gehört (vgl. § 7 LVG, § 3 Abs. 2 LBG). Oberste Dienstbehörde ist in den Gemeinden der Bürgermeister (§ 44 Abs. 4 der Gemeindeordnung) und in den Landkreisen der Landrat (§ 42 Abs. 4 der Landkreisordnung). Bei Körperschaften, Anstalten und Stiftungen des öffentlichen Rechts ergibt sich die Bestimmung der obersten Dienstbehörde in der Regel aus den entsprechenden Errichtungsvorschriften.

37 **Derselbe Verwaltungszweig.** Die Dienststellen müssen zu demselben Verwaltungszweig gehören. Für die Zugehörigkeit zu einem Verwaltungszweig ist nicht auf das inhaltliche Kriterium der Gleichartigkeit der zu erfüllenden Aufgaben abzustellen, sondern auf das formale Kriterium der hierarchischen Verknüpfung der Dienststellen (VGH Mannheim, 24.7.2007 – PL 15 S 3/06 – www.landesrecht-bw.de Rn. 25). Danach gehören zu einem Verwaltungszweig alle Dienststellen, die eine gemeinsame oberste Dienstbehörde haben. Unzulässig wäre es beispielsweise, eine Dienststelle aus dem Geschäftsbereich des Finanzministeriums mit einer aus dem Geschäftsbereich des Innenministeriums oder mehrere Gemeinden zu einer Dienststelle zusammenzufassen.

38 **Keine materiellen Entscheidungskriterien.** Das Gesetz regelt nicht, unter welchen Voraussetzungen eine Zusammenfassung zulässig ist. Sie liegt im pflichtgemäßen Ermessen der obersten Dienstbehörde. Diese muss bei ihrer Entscheidung gleichermaßen die Belange der Beschäftigten (angemessene Personalvertretung) und die dienstlichen Belange berücksichtigen (vgl. Rn. 21). Die Zusammenfassung wird z. B. zweckmäßig sein bei Dienststellen, die im Verwaltungsaufbau unterhalb der den Mittelbehörden unmittelbar nachgeordneten Dienststellen auf derselben Stufe liegen. Außerdem wird die Zusammenfassung in Betracht kommen, wenn die einzelnen Dienststellen nicht die nach § 10 Abs. 1 für die Bildung örtlicher PR erforderliche Zahl von Beschäftigten haben (vgl. Rn. 44 und § 10 Abs. 2).

39 **Ab der folgenden Wahl wirksam (Satz 3).** Die Zusammenfassung oder deren Aufhebung ist nach Satz 3 jeweils ab der folgenden Wahl wirksam (s. Rn. 24).

Zu diesem Zeitpunkt hören die zusammengefassten (bisherigen) Dienststellen personalvertretungsrechtlich zu bestehen auf.

Satz 2 Hs. 2 bestimmt nunmehr ausdrücklich, dass mit der Aufhebung eine **40** Verselbstständigung nach Abs. 3 Satz 1 als aufgehoben gilt.

Bedeutung im kommunalen Bereich. Im kommunalen Bereich ermöglicht **41** Abs. 4 eine (gemeinsame) **personalvertretungsrechtliche Dienststelle aus Verwaltung und Eigenbetrieb** (vgl. VGH Mannheim, 24.7.2007 – PL 15 S 3/06 – www.landesrecht-bw.de Rn. 25). Auf die so zusammengefassten Dienststellen findet – jedenfalls nunmehr nach der Klarstellung (vgl. Rn. 14) – § 9 Abs. 3 Anwendung. Für die Verwaltung und den Eigenbetrieb kann also als wiederum personalvertretungsrechtlich verselbstständigte Dienststellen ein eigener PR gewählt werden. Für die Gesamtdienststelle „Gemeinde" ist nach § 54 Abs. 1 zwingend ein GesamtPR zu wählen. Entsprechendes gilt für die anderen kommunalen Körperschaften, Anstalten und Stiftungen des öffentlichen Rechts.

Bestellung eines besonderen Dienststellenleiters. Bei der Zusammenfassung nach **42** Abs. 4 wird die allgemeine organisationsrechtliche Stellung der Leiter der ursprünglichen Dienststellen nicht berührt. Insbesondere im Hinblick auf die Befugnisse im Zusammenhang mit der Wahl des PR (§ 16 Abs. 2 Satz 1, Abs. 3, § 17 Abs. 3 und § 24 Abs. 1 Satz 3), der Personalversammlung (§ 50 Abs. 2) sowie den Besprechungen nach § 68 Abs. 1 Satz 1 kann jede Dienststelle i. S. des LPVG allerdings nur einen verantwortlichen Dienststellenleiter haben. In der Verfügung über die Zusammenfassung oder später in einer besonderen Verfügung ist deshalb ein besonderer Dienststellenleiter zu bestellen. Wenn Dienststellen zusammengefasst werden, die in der Behördenorganisation im Verhältnis der Über-/Unterordnung stehen, wird wohl stets der Leiter der übergeordneten Dienststelle bestellt werden. Bei der Zusammenfassung gleichgeordneter Dienststellen wird der Leiter einer dieser Dienststellen hierzu zu bestellen sein. Einen Beamten einer übergeordneten Behörde, etwa des Ministeriums, zum Leiter der zusammengefassten Dienststelle zu bestellen, erscheint nicht zulässig, da der Dienststellenleiter Angehöriger einer der nach Abs. 4 zusammengefassten Dienststellen sein muss. Da als „von außen kommender" Dienststellenleiter ohnehin nur ein fachlich zuständiger leitender Beamter einer übergeordneten Dienststelle in Betracht käme, ergäbe sich überdies bei seinen Entscheidungen jeweils die Frage, ob es sich nicht um eine Maßnahme der übergeordneten Dienststelle handle, evtl. mit der Folge einer Zuständigkeit der Stufenvertretung (vgl. § 91 Abs. 2). Der besonders bestellte Dienststellenleiter ist nicht zum PR wählbar. Bei der Beteiligung des PR ist im Übrigen jeder (organisationsrechtliche) Leiter einer ursprünglichen Dienststelle je für seinen Bereich Partner des PR der zusammengefassten Dienststelle.

Wählbarkeit der Leiter der ursprünglichen Dienststellen. Sind die Leiter der **43** ursprünglichen Dienststellen jeweils für ihren Bereich Partner des PR, so sind auch sie nach § 9 Abs. 2 Nr. 2 von der Wählbarkeit ausgeschlossen.

Verhältnis von Abs. 4 zu § 10 Abs. 2. Wird eine Zusammenfassung nach **44** Abs. 4 vorgenommen, durch welche die in § 10 Abs. 1 genannten Zahlen (mindestens fünf Wahlberechtigte, davon drei wählbar) erreicht werden, so ist für eine Entscheidung nach § 10 Abs. 2 kein Raum mehr. Wird von einer Zusammenfassung nach Abs. 4 in Ausübung pflichtgemäßen Ermessens abgesehen, so ist bei Vorliegen der Voraussetzungen zwingend nach § 10 Abs. 2 zu verfahren.

45   Während im **Fall des Abs. 4** personalvertretungsrechtlich eine **neue Dienststelle** mit eigenem PR gebildet wird, bleiben im **Fall des § 10 Abs. 2** die **Dienststellen** auch personalvertretungsrechtlich **grundsätzlich selbstständig**. Die Zuteilung geschieht hier nur zur Bildung eines gemeinsamen PR mit der anderen Dienststelle. Daher bleiben auch im Fall des § 10 Abs. 2 die Leiter der zugeteilten Dienststellen Dienststellenleiter i. S. des LPVG; der Leiter der Dienststelle, der eine andere Dienststelle zur Bildung eines gemeinsamen PR nach § 10 Abs. 2 zugeteilt wird, wird nicht auch Leiter dieser zugeteilten Dienststelle. Für diesen gemeinsamen PR sind also **mehrere Dienststellenleiter** als Partner der Beteiligung zuständig, und zwar jeweils für ihren Bereich. Die im Zusammenhang mit der Wahl des gemeinsamen PR stehenden Befugnisse des Dienststellenleiters, z. B. nach § 16 Abs. 2 Satz 1, Abs. 3, § 17 Abs. 3 und § 24 Abs. 1 Satz 3 werden allerdings nur vom Leiter der Dienststelle, der nach § 10 Abs. 2 andere Dienststellen zugeteilt sind, wahrgenommen werden können. Die Personalversammlung (§ 16 Abs. 2 Satz 1, § 17 Abs. 3) muss auch die Beschäftigten der nach § 10 Abs. 2 zugeteilten Dienststellen umfassen. Die Befugnisse und Pflichten des Dienststellenleiters nach § 50 Abs. 2 und § 68 Abs. 1 Satz 1 werden in der Regel im Einvernehmen mit den übrigen Dienststellenleitern ausgeübt werden. Besondere Schwierigkeiten werden sich bei alledem nicht ergeben, da Dienststellen nach § 10 Abs. 2 nur einer „benachbarten" Dienststelle zugeteilt werden können.

46   **Personalratsfähigkeit der neuen Dienststelle.** Die nach § 5 Abs. 4 neu gebildete Dienststelle ist personalratsfähig, wenn sie die Voraussetzungen des § 10 Abs. 1 erfüllt, auch wenn in ihr nur nichtpersonalratsfähige Kleinstdienststellen zusammengefasst wurden (vgl. auch § 10 Rn. 11).

V.   Gemeinsame Dienststelle verschiedener juristischer Personen, Landratsamt (Abs. 5)

47   **Gemeinsame Dienststellen verschiedener juristischer Personen (Satz 1).** Satz 1 zielte insbesondere auf die **Oberfinanzdirektion Karlsruhe**, die bis Ende des Jahres 2007 (vgl. § 7 Abs. 2 des Finanzverwaltungsgesetzes in der bis zu diesem Zeitpunkt geltenden Fassung) eine gemeinsame Dienststelle des Bundes und des Landes war (vgl. Organisationserlass des Finanzministeriums Baden-Württemberg vom 3.8.2004, GABl. S. 614). Ein gemeinsamer PR kann in einem solchen Fall wegen § 6 Abs. 4 BPersVG, der bestimmt, dass bei gemeinsamen Dienststellen des Bundes und anderer Körperschaften nur die im Bundesdienst Beschäftigten als zur Dienststelle gehörig gelten, nicht gebildet werden (vgl. auch Ilbertz-Widmaier § 6 Rn. 33 ff.).

48   **Landratsämter (Satz 2).** Das Landratsamt ist nach § 1 Abs. 3 der Landkreisordnung (LKrO) Behörde des Landkreises und zugleich – als untere Verwaltungsbehörde (vgl. § 15 Abs. 1 Nr. 1 des Landesverwaltungsgesetzes [LVG]) – Staatsbehörde. Bei ihm sind neben den Beschäftigten (Beamten und Arbeitnehmer) des

Landkreises auch Landesbeamte und Landesarbeitnehmer beschäftigt. Satz 2 ist vor diesem Hintergrund zu sehen. Er ordnet ausdrücklich an, dass das Landratsamt als **einheitliche Dienststelle** gilt. Die Beschäftigen des Landkreises und die dem Landratsamt zugeteilten Beschäftigten des Landes wählen infolgedessen einen gemeinsamen PR.

Bei den Landratsämtern war nach § 9 Abs. 4 Satz 2 in der vor Inkrafttreten des ÄG **49** 2013 geltenden Fassung ein besonderer Personalrat der Beschäftigten des Landes für die Beteiligung in Angelegenheiten zu bilden, in denen eine übergeordnete Dienststelle entscheidet; im Übrigen galt das Landratsamt nach § 9 Abs. 4 Satz 3 in der vor Inkrafttreten des ÄG 2013 geltenden Fassung als einheitliche Dienststelle. Diese „besonderen Personalräte" hat das ÄG 2013 abgeschafft. Dem besonderen Personalrat wird – so heißt es in der Begründung des Regierungsentwurfs (LT-Drucksache 15/4224, S. 88) – „bei Maßnahmen übergeordneter Dienststellen, die einzelne Beschäftigte des Landes bei Landratsämtern betreffen, von der zuständigen Stufenvertretung lediglich die Gelegenheit zur Äußerung gegeben, mithin kommt ihm nur die Funktion eines ‚Anhörungspersonalrats' [vgl. 13. Auflage § 9 Rn. 49 ff.] zu". Die Abschaffung begründet er wie folgt (a. a. O.): „Die Sondervertretung für Beschäftigte des Landes hatte früher größere Bedeutung, als der Anteil der Landesbeschäftigten in den Landratsämtern noch geringer und deshalb die Vertretung durch eigene Mitglieder im (gemeinsamen) Personalrat beim Landratsamt, der sowohl von den Beschäftigten des Landkreises als auch den dem Landratsamt zugeteilten Beschäftigten des Landes gewählt wird, schwerer zu erreichen war. Die Sondervertretung gibt es seit dem Personalvertretungsgesetz von 1953. Durch die Kreisreform sind räumlich größere Landkreise entstanden und vor allem sind durch die Verwaltungsstrukturreform weitere Geschäftsbereiche in die Landratsämter eingegliedert worden. Deshalb sind mittlerweile verhältnismäßig mehr Beschäftigte des Landes in den Landratsämtern tätig. Diesen Beschäftigten ist es daher eher möglich, eigene Vertreter in den (gemeinsamen) Personalrat zu wählen, der auch für die Interessen der Beschäftigten des Landes gegenüber der Stufenvertretung eintritt. Gefördert werden soll die Vertretung von Landesbeschäftigten im (gemeinsamen) Personalrat durch die Neuregelung in § 18 Absatz 2. Durch die Entwicklungen in der Personalausstattung in den Landratsämtern ist der Bedarf für eine zudem kompetenzmäßig eingeschränkte Sondervertretung nicht mehr gegeben. Die Abschaffung des besonderen Personalrats der Beschäftigten des Landes erspart Wahlaufwand und Verwaltungskosten und ist insoweit ein Beitrag zur Kostenverringerung."

Übergangsvorschrift des Art. 13 § 4 des ÄG 2013 („Aufzulösende Personal- **50** **räte").**
(1) Die zum Zeitpunkt des Inkrafttretens dieses Gesetzes bei den Landratsämtern bestehenden besonderen Personalräte der Beschäftigten des Landes (§ 9 Absatz 4 Satz 2 LPVG in der am Tag vor Inkrafttreten dieses Gesetzes geltenden Fassung) bestehen bis zum Ablauf ihrer jeweiligen Amtszeit fort, längstens bis zum Ablauf des 31. Juli 2014. Sie haben bis zu ihrer Auflösung die Aufgaben und Befugnisse nach dem Landespersonalvertretungsgesetz in der am Tag vor Inkrafttreten dieses Gesetzes geltenden Fassung.
(2) ...

§ 6   Behinderungs-, Benachteiligungs- und Begünstigungsverbot, Unfallschutz

(1) Personen, die Aufgaben oder Befugnisse nach diesem Gesetz wahrnehmen, dürfen darin nicht behindert und wegen ihrer Tätigkeit nicht benachteiligt oder begünstigt werden; dies gilt auch für ihre berufliche Entwicklung.

(2) Erleiden Beamte, die Aufgaben oder Befugnisse nach diesem Gesetz wahrnehmen, dabei einen Unfall, der im Sinne der beamtenrechtlichen Unfallfürsorgevorschriften ein Dienstunfall wäre, oder erfahren sie einen Sachschaden, der nach § 80 des Landesbeamtengesetzes zu ersetzen wäre, so finden diese Vorschriften entsprechende Anwendung.

I.   Behinderungs-, Benachteiligungs- und Begünstigungsverbot (Abs. 1)

1   Die **Schutzvorschrift des Abs.** 1 entspricht nahezu wörtlich der – früheren – „unmittelbar für das Land geltenden Vorschrift" des § 107 Satz 1 BPersVG (vgl. LT-Drucksache 14/6694, S. 387, 562) sowie § 8 BPersVG. Die zu § 107 Satz 1 BPersVG ergangene Rechtsprechung ist übertragbar. Mit der Einfügung durch das Dienstrechtsreformgesetz hat der Landesgesetzgeber von seiner ihm nach Art. 125a Abs. 1 Satz 2 GG eingeräumten Ersetzungsbefugnis Gebrauch gemacht.

2   **Schutzrichtungen.** Abs. 1 dient sowohl der Sicherung der Tätigkeit im Bereich der Personalvertretung als auch dem Schutz und der Unabhängigkeit der beteiligten Personen (vgl. BVerwG, 21.9.2006 – 2 C 13.05 – www.bverwg.de = BVerwGE 126, 333 = PersR 2007, 83 = PersV 2008, 105; auch BVerwG, 27.1.2004 – 6 P 9.03 – www.bverwg.de = PersR 2004, 152 = PersV 2004, 313). Letztere sollen die Tätigkeit unbeeinflusst von der Furcht vor Benachteiligungen, aber auch unbeeinflusst von der Aussicht auf Begünstigungen wahrnehmen. Der Sicherung der Tätigkeit im Bereich der Personalvertretung dient Abs. 1 auch, weil er vermeidet, dass qualifizierte Beschäftigte von einer solchen Tätigkeit absehen, weil sie Sorge haben, aus Anlass der Tätigkeit berufliche Perspektiven zurückstellen zu müssen.

3   **Zusammenspiel mit anderen Vorschriften.** Abs. 1 ist ein Schutzgesetz i. S. v. § 823 Abs. 2 BGB und damit auch Grundlage für einen Unterlassungsanspruch nach § 1004 BGB in entsprechender Anwendung (vgl. BAG, 19.8.1992 – 7 AZR 262/91 – PersR 1993, 85 = NZA 1993, 222). Die Vorschrift kann in Verbindung mit § 134 BGB zur Nichtigkeit einer Vereinbarung fuhren (vgl. BAG, 16.2.2005 – 7 AZR 95/04 – PersR 2005, 500 = PersV 2005, 429).

4   **Wahrnehmung von Aufgaben oder Befugnissen nach dem LPVG.** Die Verbote, die sich an jedermann richten (vgl. Ilbertz-Widmaier § 8 Rn. 1) und deshalb beispielsweise auch im Verhältnis der PR-Mitglieder untereinander zu beachten sind (vgl. Richardi/Dörner/Weber § 8 Rn. 5), beziehen sich auf die Wahrnehmung von Aufgaben oder Befugnissen nach dem LPVG. Geschützt ist also nicht nur die Tätigkeit in einer Personalvertretung, sondern z. B. auch die Tätigkeit in einem Wahlvorstand oder als Wahlhelfer. Das LPVG enthält Konkretisierung des Abs. 1, z. B. in § 20 (s. auch Rn. 9).

Behinderungsverbot. Hs. 1 enthält zunächst ein Behinderungsverbot. Der Begriff **5** der Behinderung ist nach der Zweckbestimmung der Vorschrift weit auszulegen. Daher ist grundsätzlich jede Form der Beeinträchtigung der Aufgabenwahrnehmung – von der Erschwerung und Störung bis zur Verhinderung – als Behinderung anzusehen (BVerwG, 27.8.1990 – 6 P 26.87 – PersR 1990, 327 = PersV 1991, 75). Keine Behinderung (und auch keine Benachteiligung) ist jedoch eine Beeinträchtigung der Personalratstätigkeit, die sich aus personalvertretungsrechtlichen Bestimmungen selbst ergibt (BVerwG, 3.11.2011 – 6 P 14.10 – www.bverwg.de Rn. 29 m. w. N.); dies gilt auch, soweit die Mitgliedschaft im Personalrat aufgrund wahlrechtlicher Bestimmungen erlischt. Eine Behinderung erfordert **kein fahrlässiges oder** gar **vorsätzliches** („schuldhaftes") Handeln; es genügt, dass objektiv eine Behinderung vorliegt (vgl. Ilbertz-Widmaier § 8 Rn. 4).

Beispiele für Behinderungen: Weigerung des Dienststellenleiters, dem PR in den **6** gesetzlich vorgesehenen Fällen die Beteiligung einzuräumen oder ihm von ihm benötigte Sachmittel (Räume, Geräte etc.) zur Verfügung zu stellen (vgl. Ilbertz-Widmaier § 8 Rn. 4); gegen § 30 Abs. 1 Satz 2 verstoßende, weil nicht die erforderlichen Informationen enthaltende Ladung der PR-Mitglieder durch den PR-Vorsitzen (vgl. Richardi/Dörner/Weber § 8 Rn. 16); je nach den Umständen des Einzelfalls auch die Erwähnung der PR-Tätigkeit in einer dienstlichen Beurteilung (vgl. BAG, 19.8.1992 – 7 AZR 262/91 – PersR 1993, 85 = NZA 1993, 222).

Benachteiligungsverbot. Hs. 1 enthält sodann ein Benachteiligungsverbot. Perso- **7** nen, die Aufgaben oder Befugnisse nach dem LPVG wahrnehmen, dürfen hiernach wegen dieser Tätigkeit nicht schlechter behandelt werden als vergleichbare Beschäftigte, die keine Aufgaben oder Befugnisse nach dem LPVG wahrnehmen (vgl. BVerwG, 27.1.2004 – 6 P 9.03 – www.bverwg.de = PersR 2004, 152 = PersV 2004, 313; 25.11.2004 – 6 P 6.04 – www.bverwg.de = PersR 2005, 75 = PersV 2005, 194, 1.7.2010 – 6 PB 7.10 – www.bverwg.de = NVwZ-RR 2010, 816 und 3.11.2011 – 6 P 14.10 – www.bverwg.de Rn. 32). Ob eine Benachteiligung eine entsprechende Absicht des Benachteiligenden voraussetzt oder ob das objektive Vorliegen einer Benachteiligung genügt (so z. B. Richardi/Dörner/Weber § 8 Rn. 21; Ilbertz-Widmaier § 8 Rn. 10), ist nicht unumstritten. Letzteres ist ausgehend vom Zweck der Vorschrift (s. Rn. 2) vorzugswürdig. Das Bundesverwaltungsgericht hat zwischenzeitlich ausdrücklich entschieden (1.2.2010 – 6 PB 36.09 – www.bverwg.de = PersR 2010, 167 = PersV 2010, 226), dass eine Benachteiligung eine kausale Verknüpfung zwischen Schlechterstellung und Personalratsfunktion verlangt und dass es dagegen auf eine Benachteiligungsabsicht nicht ankommt. Fälle, in denen sich die Gerichte mit der Frage eines Verstoßes gegen das Benachteiligungsverbot auseinanderzusetzen haben, sind selten (aktuelleres Beispiel: Entziehung einer Funktionszulage wegen Freistellung für PR-Tätigkeit; LAG Köln, 7.6.2010 – 5 Sa 1116/09 –).

Begünstigungsverbot. Hs. 1 enthält schließlich ein Begünstigungsverbot. Eine Be- **8** günstigung i. S. des Hs. 1 ist jede sachlich nicht gerechtfertigte Bevorzugung oder Besserstellung vor vergleichbaren Beschäftigten (vgl. Ilbertz-Widmaier § 8

Rn. 15). Ein PR-Mitglied hat beispielsweise nicht wegen seiner Mitgliedschaft Anspruch auf (schnellere) Beförderung. Eine Begünstigung läge etwa auch vor, wenn zugunsten eines PR-Mitglieds von der für den von ihm angestrebten Dienstposten erforderlichen Vorverwendung abgesehen werden würde (BVerwG, 3.7.2001 – 1 WB 24.01 – NVwZ-RR 2001, 675 = PersV 2002, 286) oder wenn ein PR-Mitglied nur wegen seiner PR-Tätigkeit eine höhere Vergütung erhielte (BAG, 16.2.2005 – 7 AZR 95/04 – PersR 2005, 500 = PersV 2005, 429).

9   **Auch für die berufliche Entwicklung.** Das Benachteiligungs- und das Begünstigungsverbot gelten nach Hs. 2 „auch für die berufliche Entwicklung". Eine diesbezügliche Konkretisierung in Bezug auf freigestellte PR-Mitglieder enthält § 46 Abs. 1 (vgl. dazu VGH Mannheim, 4.7.2008 – 4 S 519/08 – www.landesrecht-bw.de).

II.   Unfälle und Sachschäden (Abs. 2)

10   **Übernahme von § 47a a. F. durch das ÄG 2013.** Abs. 2 entspricht im Wesentlichen § 47a in der vor Inkrafttreten des ÄG 2013 geltenden Fassung. In der Begründung des Regierungsentwurfs heißt es (LT-Drucksache 15/4224, S. 88), „[d]urch die Verschiebung des Regelungsstandorts soll klargestellt werden, dass zum geschützten Personenkreis nicht nur die Mitglieder von Personalvertretungen sowie Jugend- und Auszubildendenvertretungen gehören, sondern alle Beamtinnen und Beamten, die Aufgaben und Befugnisse nach dem Landespersonalvertretungsgesetz wahrnehmen, also etwa auch Mitglieder von Wahlvorständen oder Mitglieder in Wirtschaftsausschüssen".

11   **Beamte.** Abs. 2 betrifft lediglich Beamte (vgl. § 4 Abs. 3). Sie müssen Aufgaben oder Befugnisse nach dem LPVG wahrnehmen (vgl. Rn. 4).

12   **Dienstunfall im Sinne der beamtenrechtlichen Unfallfürsorgevorschriften.** Die beamtenrechtlichen Unfallfürsorgevorschriften finden sich in §§ 44 ff. des Landesbeamtenversorgungsgesetzes (LBeamtVG). Nach § 45 Abs. 1 Satz 1 LBeamtVG ist ein Dienstunfall ein auf äußerer Einwirkung beruhendes, plötzliches, örtlich und zeitlich bestimmbares, einen **Körperschaden** verursachendes Ereignis, das in Ausübung oder infolge des Dienstes eingetreten ist. Sind bei einem Dienstunfall Kleidungsstücke oder sonstige **Gegenstände**, die der Beamte mit sich geführt hat, **beschädigt** oder **zerstört** worden oder **abhandengekommen**, kann dafür Ersatz geleistet werden (§ 47 Satz 1 LBeamtVG). Abs. 2 ordnet die entsprechende Anwendung der §§ 44 ff. LBeamtVG an, wenn der Unfall im Sinne der beamtenrechtlichen Vorschriften ein Dienstunfall wäre.

13   **Sachschaden.** Da die beamtenrechtlichen Unfallfürsorgevorschriften eine Verletzung der körperlichen Unversehrtheit voraussetzen, erfassen sie keine Schadensfälle, bei denen dem Beamten lediglich Sachschäden entstanden sind. Der Ersatz von Sachschäden anlässlich der Wahrnehmung personalvertretungsrechtlicher Aufgaben und Befugnisse erfolgt entsprechend § 80 des Landesbeamtengesetzes (LBG).

Arbeitnehmer. Bei Unfällen von Arbeitnehmern in Wahrnehmung personalver- **14**
tretungsrechtlicher Aufgaben und Befugnisse liegt ein **Arbeitsunfall** i. S. v. §§ 8
Abs. 1, 2 Abs. 1 Nr. 1 SGB VII vor. Sie haben Anspruch auf Leistungen aus der
gesetzlichen Unfallversicherung.

§ 7 Verschwiegenheitspflicht

**(1) ¹Personen, die Aufgaben oder Befugnisse nach diesem Gesetz wahrneh-
men oder wahrgenommen haben, haben über die ihnen dabei bekannt gewordenen Angelegenheiten und Tatsachen Verschwiegenheit zu bewahren. ²Ab-
gesehen von den Fällen des § 71 Absatz 1 Satz 3, des § 76 Absatz 4 und des
§ 94 gilt die Verschwiegenheitspflicht nicht**
1. **für Mitglieder der Personalvertretung und der Jugend- und Auszubildendenvertretung gegenüber den übrigen Mitgliedern der Vertretung und gegenüber den für Mitglieder eingetretenen Ersatzmitgliedern,**
2. **für die in Satz 1 bezeichneten Personen gegenüber der zuständigen Personalvertretung und der zuständigen Jugend- und Auszubildendenvertretung,**
3. **gegenüber der übergeordneten Dienststelle, der obersten Dienstbehörde
   oder dem anzurufenden obersten Organ oder einem Ausschuss dieses Organs,**
4. **gegenüber der bei der übergeordneten Dienststelle oder der obersten
   Dienstbehörde gebildeten Stufenvertretung,**
5. **gegenüber dem Gesamtpersonalrat,**
6. **gegenüber der anzuhörenden Personalvertretung,**
7. **für die Anrufung der Einigungsstelle,**
8. **für Mitglieder des Wirtschaftsausschusses gegenüber Mitgliedern der Personalvertretungen.**

**(2) Die Verschwiegenheitspflicht besteht nicht für Angelegenheiten oder Tat-
sachen, die offenkundig sind oder ihrer Bedeutung nach keiner Geheimhaltung bedürfen.**

**(3) Die Dienststelle kann im Einzelfall auf Antrag des Personalrats von der Ver-
schwiegenheitspflicht entbinden; die Aussagegenehmigung nach beamtenrechtlichen oder entsprechenden tariflichen Vorschriften bleibt davon unberührt.**

ÄG 2013. Die Begründung des Regierungsentwurfs zum ÄG 2013 führt aus **1**
(LT-Drucksache 15/4224, S. 88), die Verschwiegenheitspflicht sei in § 10 in der
vor Inkrafttreten des ÄG 2013 geltenden Fassung „nicht ausreichend geregelt.
Dies führt in der Praxis zu Rechtsunsicherheiten und möglicherweise zu
Rechtsverstößen. Die Vorschrift soll entsprechend neu gefasst und systematisch
klarer gegliedert werden. Die Ausnahmen von der Verschwiegenheitspflicht
sollen aus Gründen der Rechtsklarheit erschöpfend aufgezählt werden".

I. Verschwiegenheitspflicht (Abs. 1)

Bedeutung. Die in Abs. 1 Satz 1 angeordnete Verschwiegenheitspflicht ist eine **2**
wesentliche Voraussetzung für eine vertrauensvolle Zusammenarbeit zwischen

Dienststelle und PR. Darüber hinaus soll sie die Unabhängigkeit der PR-Mitglieder garantieren, indem sie sicherstellt, dass diese, ohne befürchten zu müssen, dass Inhalt und Ablauf der nicht-öffentlichen Sitzungen publik werden, unbeeinflusst von außen um Rahmen der offenen Diskussion ihre Entscheidungen treffen können (VG Karlsruhe, 24.5.2013 – PL 12 K 3822/12 – www.landesrecht-bw.de Rn. 28 = PersV 2013, 430). Neben der Verschwiegenheitspflicht gelten für die Beschäftigten die beamtenrechtlichen bzw. die für Arbeitnehmer geltenden Verschwiegenheitspflichten unbeschränkt.

3 **Verpflichtete Personen.** Verpflichtet sind durch Abs. 1 Satz 1 Personen, die Aufgaben oder Befugnisse nach dem LPVG wahrnehmen (vgl. bereits § 9a Rn. 4) oder wahrgenommen haben. Zum Personenkreis gehören etwa auch die dem PR nach § 41 Abs. 2 zur Verfügung gestellten Schreibkräfte. Sie sind über die ihnen anlässlich der Tätigkeit für den PR bekanntgewordenen Angelegenheiten und Tatsachen auch gegenüber Vorgesetzten zur Verschwiegenheit verpflichtet. Die Verschwiegenheitspflicht der Beauftragten von Gewerkschaften und Arbeitgebervereinigungen hat vor allem Bedeutung für Angelegenheiten, die sie bei der Teilnahme an Sitzungen des PR nach § 32 und an Personalversammlungen nach § 53 erfahren. Im Übrigen dürfen PR-Mitglieder ohnehin Angelegenheiten, die der Verschwiegenheitspflicht unterliegen, auch einer Gewerkschaft nicht mitteilen. Die Verschwiegenheitspflicht besteht nicht gegenüber Ersatzmitgliedern, wenn diese ein ordentliches Mitglied vertreten; dies ist in Satz 2 Nr. 1 nunmehr ausdrücklich klargestellt.

4 **Zeitlich unbegrenzt.** Durch die Formulierung „oder wahrgenommen haben" ist klargestellt, dass die Verschwiegenheitspflicht für unbegrenzte Zeit gilt und nicht bereits etwa mit dem Ausscheiden aus dem PR oder der Aufgabe der Tätigkeit bei einer Gewerkschaft oder bei einer Arbeitgebervereinigung endet. Deshalb sind ausgeschiedene PR-Mitglieder auch gegenüber ihren Nachfolgern zur Verschwiegenheit verpflichtet. Nur ausnahmsweise, nämlich dann, wenn ein vollständiger Wechsel der Personen stattgefunden hat und keine ausreichenden Unterlagen vorhanden oder Verfahren noch anhängig sind, wird eine Unterrichtung der Nachfolger zulässig sein (vgl. Ilbertz-Widmaier § 10 Rn. 8).

5 **Angelegenheiten und Tatsachen.** Die Verschwiegenheitspflicht erstreckt sich auf „Angelegenheiten und Tatsachen", die bei der Wahrnehmung personalvertretungsrechtlicher Aufgaben oder Befugnisse bekannt geworden sind. Erfasst sind insbesondere die personalratsinternen Vorgänge der Willensbildung, insoweit wiederum vor allem die Meinungsäußerungen und das Abstimmungsverhalten der PR-Mitglieder (vgl. VG Karlsruhe, 24.5.2013 – PL 12 K 3822/12 – www.landesrecht-bw.de Rn. 28 = PersV 2013, 430).

6 **Ausnahmen nach Satz 2.** Die Ausnahmen von der Verschwiegenheitspflicht, die Satz 2 zulässt, sind notwendig, um überhaupt eine verantwortungsvolle personalvertretungsrechtliche Tätigkeit zu ermöglichen. Sie gelten nur im Rahmen der ordnungsmäßigen Wahrnehmung der gesetzlichen Aufgaben und Befugnisse der in Satz 1 genannten Personen. Die Regelung ist abschließend (vgl. bereits Rn. 1). So ist ein Informationsaustausch nur zwischen den dort genannten Personalvertretungen möglich. Nicht zulässig ist etwa ein Informationsaustausch zwischen dem zuständigen und einem unzuständigen PR (vgl. BVerwG, 21.10.1993 – 6 P 18.91 – PersR 1994, 165 = PersV 1994, 515). Einzelne Personalratsmitglieder, die bei Abstimmungen im Personalrat unterlegen sind, dürfen sich nach dem Verschwiegenheitsgebot nicht an die vorgesetzte Dienststelle, die Stufenvertretung oder den GesamtPR wenden.

Satz 2 lässt keine Ausnahmen von der Verschwiegenheitspflicht zu, soweit es **7** um die Einsicht in Personalakten (vgl. § 71 Abs. 1 Satz 3), eine Mitbestimmung nach § 76 Abs. 4 oder Verschlusssachen (§ 94) geht.

Verletzung der Verschwiegenheitspflicht. Beamte, die die Verschwiegenheits- **8** pflicht verletzen, begehen ein Dienstvergehen, das disziplinarrechtlich geahndet werden kann. Zu den dienstrechtlichen Konsequenzen eines Verstoßes vgl. z. B. OVG Koblenz, 25.2.2000 – 2 A 12134/99 – ZfPR 2001, 11 = NVwZ-RR 2000, 524. Bei Beamten auf Probe und auf Widerruf sowie bei Arbeitnehmern kann die Verletzung der Schweigepflicht einen wichtigen Grund zur Entlassung oder fristlosen Kündigung geben. Die Verletzung der Schweigepflicht kann auch eine grobe Pflichtverletzung i. S. v. § 24 Abs. 1 sein. Dabei wird schon wegen des Grundsatzes der Verhältnismäßigkeit im Allgemeinen zunächst der Ausschluss aus dem PR nach § 24 Abs. 1 anzustreben sein und eine Entfernung aus dem Dienst oder eine Kündigung als schwerstes Mittel nur in besonders schwerwiegenden Fällen oder bei häufiger Wiederholung in Betracht kommen.

Strafrechtliche Folgen. Die **strafrechtlichen Folgen** der Verletzung der Ver- **9** schwiegenheitspflicht sind in § 203 Abs. 2 Nr. 3, Abs. 5, § 205 und § 353b Abs. 1 Nr. 3, Abs. 2 und 4 StGB festgelegt.

Kein Zeugnisverweigerungsrecht aus Abs. 1. Aus Abs. 1 ergibt sich für Perso- **10** nen, die Aufgaben und Befugnisse nach dem LPVG wahrnehmen oder wahrgenommen haben, kein Zeugnisverweigerungsrecht in gerichtlichen Verfahren. Sie haben auch **kein Zeugnisverweigerungsrecht nach** § 53 StPO; denn sie sind in der erschöpfenden Aufzählung der Berufsgeheimnisträger, deren Schweigepflicht der Pflicht zur Zeugenaussage vorgeht, nicht genannt (vgl. BVerfG, 19.1.1979 – 2 BvR 995/78 – NJW 1979, 1286). Die PR-Mitglieder haben aber ein **Zeugnisverweigerungsrecht nach § 383 Abs. 1 Nr. 6 ZPO**, also im Zivilprozess.

Presseerklärungen oder Presseauskünfte durch den PR sind im Blick auf Abs. 1 **11** nur ausnahmsweise (z. B. als Gegenäußerung) und nur in engen Grenzen zulässig. Dabei darf jedenfalls die Verschwiegenheitspflicht nicht verletzt und muss im Blick auf die Friedenspflicht (§ 68 Abs. 2) und den Grundsatz der vertrauensvollen Zusammenarbeit (§ 2) die notwendige Zurückhaltung und Mäßigung geübt werden (vgl. Ilbertz-Widmaier § 66 Rn. 19b).

II. Offenkundige und nicht geheimhaltungsbedürftige Angelegenheiten und Tatschen (Abs. 2)

Ausnahmen von der Verschwiegenheitspflicht sind in Abs. 2 **allgemein zugelas- 12** sen** für Tatsachen, die offenkundig sind oder wegen ihrer geringen Bedeutung keiner Geheimhaltung bedürfen. **Offenkundig** sind nur solche **Tatsachen,** die allgemein bekannt sind. Tatsachen, die nur innerhalb der Dienststelle bekannt sind, dürfen nicht Personen oder Organisationen außerhalb der Dienststelle mitgeteilt werden. Mit der wirksamen Bekanntgabe des Beschlusses über die Kündigung einer Dienstvereinbarung gegenüber dem Dienststellenleiter entfällt die Geheimhaltungsbedürftigkeit des in dieser Angelegenheit zuvor ergangenen Beschlusses der Personalvertretung (VG Karlsruhe, 24.5.2013 – PL 12 K 3822/ 12 – www.landesrecht-bw.de = PersV 2013, 430).

III. Entbindung von der Verschwiegenheitspflicht (Abs. 3)

13 **Neuregelung durch das ÄG 2013.** Eine Entbindung von der Verschwiegenheitspflicht sah das LPVG vor Inkrafttreten des ÄG 2013 nicht vor. Sie kann etwa erforderlich sein, wenn im Kündigungsschutzverfahren für das als Zeuge geladene PR-Mitglied ein Zeugnisverweigerungsrecht nach § 383 Abs. 1 Nr. 6 ZPO nicht besteht, weil es nach § 385 Abs. 2 ZPO von der Schweigepflicht entbunden wird. Es liegt eigentlich nahe, dass die Entbindung von allen an dem Verfahren Beteiligten zu erteilen ist (also gegebenenfalls auch vom PR oder – in Personalangelegenheiten – vom betroffenen Beschäftigten). Abs. 3 nennt allerdings ausschließlich die Dienststelle. Immerhin bedarf es eines Antrags des PR.

14 **Aussagegenehmigung in Angelegenheiten, die auch der dienstlichen Schweigepflicht unterliegen.** In Angelegenheiten, die auch der dienstlichen Schweigepflicht unterliegen, bedürfen Beschäftigte zusätzlich der Aussagegenehmigung ihres Dienstvorgesetzten im Straf- wie auch im Zivilverfahren nach den dienstrechtlichen Vorschriften (vgl. z. B. § 54 Abs. 1 StPO, § 376 Abs. 1 ZPO, § 37 Abs. 3 bis 5 BeamtStG).

Teil 2   **Der Personalrat**

Abschnitt 1 **Wahl und Zusammensetzung**

§ 8   Wahlberechtigung

(1) Wahlberechtigt sind alle Beschäftigten, es sei denn, dass sie
1. **infolge Richterspruchs das Recht, in öffentlichen Angelegenheiten zu wählen oder zu stimmen, nicht besitzen,**
2. **am Wahltag seit mehr als zwölf Monaten ohne Dienstbezüge oder Arbeitsentgelt beurlaubt sind,**
3. **eine Teilzeitbeschäftigung mit Freistellungsjahr ausüben und am Wahltag noch mehr als zwölf Monate vom Dienst freigestellt sind,**
4. **Altersteilzeit im Blockmodell ausüben und sich am Wahltag in der Freistellung befinden.**

(2) ¹Auszubildende in öffentlich-rechtlichen Ausbildungsverhältnissen, Beamte im Vorbereitungsdienst und Beschäftigte in einer dem Vorbereitungsdienst entsprechenden Berufsausbildung sind nur bei ihrer Stammbehörde wahlberechtigt, soweit sich aus § 58 nichts anderes ergibt. ²Sofern die Ausbil-

dung bei mehreren Ausbildungsstellen erfolgt, bestimmt die oberste Dienstbehörde, welche Dienststelle Stammbehörde im Sinne dieses Gesetzes ist.

I. Wahlberechtigung der Beschäftigten (Abs. 1)

Aktives Wahlrecht. Die Wahlberechtigung, d. h. das **Recht, den PR zu wählen** **1** (aktives Wahlrecht), besitzen grundsätzlich alle Beschäftigten nach § 4 Abs. 1 und 2 (vgl. LT-Drucksache 15/4224, S. 89). Abs. 1 führt in den Nummern 1 bis 4 diejenigen Fälle auf, in denen der Grundsatz nicht gilt. Wahlberechtigt sind infolgedessen beispielsweise auch Beschäftigte, die am Wahltag das 18. Lebensjahr noch nicht vollendet haben oder nicht Deutsche i. S. des Art. 116 GG (Ausländer oder Staatenlose) sind.

Streichung der Regelung bei Abordnungen und Zuweisungen durch das ÄG **2** **2013.** § 11 Abs. 2 in der vor Inkrafttreten des ÄG 2013 geltenden Fassung enthielt eine ausdifferenzierte Regelung zur Wahlberechtigung bei Abordnungen und Zuweisungen. Nach dessen Satz 1 wurde, wer zu einer Dienststelle abgeordnet war, in ihr wahlberechtigt, sobald die Abordnung länger als drei Monate gedauert hatte; im gleichen Zeitpunkt verlor er das Wahlrecht bei der alten Dienststelle. Zur Streichung der Vorschrift führt die Landesregierung in der Begründung ihres Gesetzentwurfs aus (LT-Drucksache 15/4224, S. 89 f.): „Beschäftigte, welche zur Dienst- oder Arbeitsleistung in die Dienststelle eines anderen Dienstherrn oder Arbeitgebers im Wege der Abordnung, Zuweisung oder Personalgestellung eingegliedert sind, deren Dienst- oder Arbeitsverhältnis zur abgebenden Dienststelle aber bestehen bleibt, bleiben bei der abgebenden Dienststelle wahlberechtigt (Mehrfachwahlberechtigung). Diese Bestimmung korrespondiert mit dem erweiterten Beschäftigtenbegriff nach § 4 Absatz 1 Satz 2, wonach die vorgenannten Personen personalvertretungsrechtlich auch als Beschäftigte ihrer Stammdienststelle gelten.“

Wählerverzeichnis. Die Eintragung in das Wählerverzeichnis (§ 6 Abs. 1 WO) **3** ist zwar formelle Voraussetzung für die Ausübung der Wahlberechtigung (§ 20 Abs. 1 WO). Der Kreis der Wahlberechtigten ist aber in § 8 abschließend festgelegt. Durch die Nichteintragung in das Wählerverzeichnis verliert der Beschäftigte seine Wahlberechtigung nicht (vgl. BVerwG, 26.11.2008 – 6 P 7.08 – www.bverwg.de = BVerwGE 132, 276 = PersR 2009, 267 = PersV 2009, 138) und ein fälschlicherweise in das Wählerverzeichnis Eingetragener erwirbt sie hierdurch nicht.

Weitergehende Bedeutung der Wahlberechtigung. Die Wahlberechtigung ist **4** **auch Voraussetzung für die Wählbarkeit** (§ 9 Abs. 1) sowie für das Wahlvorschlagsrecht (§ 13 Abs. 4 bis 8), für die Bestellung zum Wahlvorstand (§ 15 Abs. 1), für das Antragsrecht für die Einberufung einer Personalversammlung zur Wahl des Wahlvorstands (§ 16 Abs. 2), für das Antragsrecht für die Bestellung des Wahlvorstands durch den Dienststellenleiter (§ 16 Abs. 3), für das Recht zur Wahlanfechtung (§ 21 Abs. 1; vgl. VGH Mannheim, 10.5.2004 – PL 15 S 1844/03 – www.landesrecht-bw.de = PersV 2004, 342) und für die Beantragung der Einberufung einer Personalversammlung (§ 50 Abs. 2). Die

Wahlberechtigten haben ein Antragsrecht auf Verselbstständigung von Außenstellen, Nebenstellen und Teilen einer Dienststelle nach § 5 Abs. 1 oder einer nach § 9 Abs. 4 zusammengefassten Dienststelle (§ 5 Abs. 3 Satz 1), sie haben ein Mitentscheidungsrecht bei der Zusammenfassung von Dienststellen (§ 9 Abs. 4) und sie entscheiden, ob an die Stelle der Gruppenwahl die gemeinsame Wahl treten soll (§ 13 Abs. 2). Von der Zahl der Wahlberechtigten hängt es ab, ob eine Dienststelle personalratsfähig ist (§ 10 Abs. 1); ferner kann die Zahl für die Zahl der PR-Mitglieder von Bedeutung sein (vgl. § 10 Abs. 3).

5 **Dienststellenbezug.** Die zeitgemäße Fassung des Beschäftigtenbegriffs (vgl. § 4 Rn. 1) führt zu einem größeren Kreis an Wahlberechtigten. Die Wahlberechtigung kann Ergebnis der **tatsächlichen Eingliederung** in die Dienststelle **oder** der **dienstrechtlichen oder arbeitsvertraglichen Bindung** an die Dienststelle sein (vgl. LT-Drucksache 15/4224, S. 89). Infolgedessen kann es auch häufiger vorkommen, dass Personen (wahlberechtigte) **Beschäftigte mehrerer Dienststellen** sind (vgl. LT-Drucksache 15/4224, S. 89: Es „kann auch ein mehrfaches Wahlrecht entstehen, etwa in einem Jobcenter nach § 6d des Zweiten Buchs Sozialgesetzbuch und in der Entsendedienststelle, sofern das Wahlrecht nicht zu derselben Personalvertretung mehrfach ausgeübt wird.“). Vgl. im Übrigen auch die besondere Regelung in § 100.

6 **Dienststellenleiter.** Der Dienststellenleiter (ausgenommen Minister) ist Beschäftigter (vgl. § 4 Rn. 9) und daher wahlberechtigt.

7 **Beginn und Erlöschen der Wahlberechtigung.** Die Wahlberechtigung beginnt, sobald eine Person Beschäftige der Dienststelle wird. Sie erlischt grundsätzlich, sobald die Person nicht mehr Beschäftigte der Dienststelle ist, z. B. aufgrund Beendigung des Beamtenverhältnisses, Auflösung des Arbeitsvertrags, aber auch Versetzung zu einer anderen Dienststelle (BVerwG, 3.11.2011 – 6 P 14.10 – www.bverwg.de Rn. 14; vgl. auch § 25 Abs. 1 Nr. 4 und 5, § 25 Rn. 6 ff.). Durch die **Einleitung eines** förmlichen **Disziplinarverfahrens** oder durch eine **vorläufige Dienstenthebung** wird die Wahlberechtigung eines Beamten nicht berührt. Die Wahlberechtigung der Arbeitnehmer besteht auch **während des Laufs der Kündigungsfrist**. Sie besteht über den Kündigungstermin hinaus fort, wenn der Beschäftigte die Wirksamkeit der Kündigung angefochten hat (vgl. aber Richardi/Dörner/Weber § 13 Rn. 14).

8 **Betreute.** Das Gesetz enthält nach wie vor keine ausdrückliche Bestimmung über die Wahlberechtigung von **Beschäftigten, denen** am Wahltag zur Besorgung aller ihrer Angelegenheiten **ein Betreuer** (vgl. §§ 1896 ff. BGB) nicht nur durch einstweilige Anordnung **bestellt ist.** Fälle dieser Art dürften in der Regel zur Beendigung des Beschäftigungsverhältnisses fuhren, so dass sich die Frage der Wahlberechtigung gar nicht stellt. Der Gesetzgeber sollte jedoch prüfen, ob eine klarstellende Bestimmung erforderlich ist (vgl. § 7 Abs. 2 Nr. 2 des Landtagswahlgesetzes). Ilbertz-Widmaier (§ 13 Rn. 7) betonen – jedenfalls nachvollziehbar –, dass demjenigen, dem durch Richterspruch die Fähigkeit zur Regelung privater Angelegenheiten aberkannt worden ist, durch seine Stimmabgabe nicht Einfluss auf die Zusammensetzung der Personalvertretung nehmen darf.

Recht, in öffentlichen Angelegenheiten zu wählen oder zu stimmen (Nr. 1). **9**
Der Beschäftigte muss am Wahltag das Recht besitzen, in öffentlichen Angelegenheiten zu wählen oder zu stimmen. Dieses Recht kann durch richterliche Entscheidung nach § 45 Abs. 5 StGB aberkannt werden. Der Verlust dieses Rechts ist bei der Aufstellung des Wählerverzeichnisses (§ 6 WO) vom Wahlvorstand zu berücksichtigen.

Längere Beurlaubung ohne Dienstbezüge oder Arbeitsentgelt (Nr. 2). Weiterer **10**
Ausnahmefall ist, dass Beschäftigte am Wahltag seit mehr als zwölf Monaten ohne Dienstbezüge oder Arbeitsentgelt beurlaubt sind. Der Gesetzgeber geht davon aus, dass bei einer solchen Beurlaubung ein „gelockerter Dienstbezug" (vgl. LT-Drucksache 15/4224, S. 89; ferner LT-Drucksache 15/4326, S. 19: „dass die tatsächliche Eingliederung in die Dienststelle nicht mehr besteht") besteht, der das Entfallen der Wahlberechtigung rechtfertigt. Bei der Beurlaubung unter Wegfall der Bezüge ist es unerheblich, ob diese auf § 31 der Arbeitszeit- und Urlaubsverordnung vom 29.11.2005 (GBl. S. 716), § 72 LBG oder auf einer sonstigen Rechtsvorschrift beruht. Dass das Gesetz nunmehr (vgl. § 11 Abs. 1 Satz 2 in der vor Inkrafttreten des ÄG 2013 geltenden Fassung: „seit mehr als sechs Monaten beurlaubt") eine Beurlaubung „seit mehr als zwölf Monaten" verlangt, erklärt sich insbesondere mit der „grundsätzliche[n] Dauer des Bezugs von Elterngeld nach dem Bundeselterngeld- und Elternzeitgesetz" (LT-Drucksache 15/4326, S. 19). Die Wahlberechtigung fällt mit dem ersten Tag des dreizehnten Monats der Beurlaubung weg. Dagegen berühren **Erholungsurlaub und Urlaub aus anderem Anlass** unter voller oder teilweiser Fortzahlung der Bezüge die Wahlberechtigung nicht.

Teilzeitbeschäftigung mit Freistellungsjahr (Nr. 3). Wer eine Teilzeitbeschäftigung mit Freistellungsjahr (vgl. § 69 Abs. 5 LBG) ausübt, ist nicht wahlberechtigt, wenn er am Wahltag noch mehr als zwölf Monate vom Dienst freigestellt ist (zur Zusammenfassung mehrerer Freistellungsjahre siehe § 69 Abs. 5 Satz 4 LBG). **11**

Freistellungsphase der Altersteilzeit (Nr. 4). Mit dem Eintritt in die Freistellungsphase nach dem Blockmodell des Altersteilzeitarbeitsverhältnisses (vgl. das Altersteilzeitgesetz vom 23.7.1996, BGBl. S. 1078) geht das Wahlrecht verloren (BVerwG, 15.5.2002 – 6 P 6.04 – www.bverwg.de = BVerwGE 116, 242 = PersR 2002, 434 = ZfPR 2002, 260 = PersV 2003, 267). **12**

II. Auszubildende in öffentlich-rechtlichen Ausbildungsverhältnissen, Beamte im Vorbereitungsdienst und Beschäftigte in einer dem Vorbereitungsdienst entsprechenden Berufsausbildung (Abs. 2)

Wahlberechtigung bei der Stammbehörde. Die in Abs. 2 genannten Beschäftigten sind, wenn die übrigen Voraussetzungen vorliegen, bei ihrer Stammbehörde wie auch zu den Stufenvertretungen wahlberechtigt. Welche Dienststelle, wenn die Ausbildung bei mehreren Dienststellen erfolgt, Stammbehörde für den einzelnen Beschäftigten ist, bestimmt die zuständige oberste Dienstbehörde. Dies ist geschehen durch die gemeinsame Verwaltungsvorschrift des Innenministeri- **13**

ums, des Kultusministeriums, des Justizministeriums, des Ministeriums für Ernährung und Ländlichen Raum und des Umweltministeriums zur Bestimmung der Stammbehörden für die Wahl der Personalvertretungen vom 27.10.2005 (GABl. S. 781), zuletzt geändert durch Verwaltungsvorschrift vom 11.7.2007 (GABl. S. 460). Nicht wahlberechtigt sind die in Abs. 2 genannten Beschäftigten bei den Dienststellen, denen sie im Laufe ihrer Ausbildung (Vorbereitungsdienst) zur Ableitung einzelner Ausbildungsabschnitte zugewiesen werden.

14 **AusbildungsPR.** § 58 gibt die Möglichkeit, durch Rechtsverordnung AusbildungsPR zu schaffen und so den besonderen Verhältnissen in den einzelnen Verwaltungszweigen besser Rechnung zu tragen. Beschäftigte, die aufgrund einer nach § 58 erlassenen Rechtsverordnung zu einem AusbildungsPR wahlberechtigt sind, sind nur zu diesem AusbildungsPR wahlberechtigt und wählbar. Sie besitzen nicht die Wahlberechtigung und die Wählbarkeit zum PR, zum GesamtPR, zu den Stufenvertretungen und auch nicht zur JAV, selbst wenn die sonstigen Voraussetzungen hierfür vorliegen würden (§ 58 Abs. 4).

III. Entsprechende Geltung des § 8

15 § 8 gilt für den GesamtPR (§ 54 Abs. 3), die Stufenvertretungen (§ 55 Abs. 3) und beschränkt auf Abs. 1 für den AusbildungsPR (§ 58 Abs. 3) entsprechend. Für die JAV bestimmt § 60 Abs. 1 Satz 2 ebenfalls die entsprechende Anwendung des § 8 Abs. 1.

§ 9   Wählbarkeit

(1) Wählbar sind die wahlberechtigten Beschäftigten im Sinne von § 4 Absatz 1 Satz 1, die am Wahltag
1. **seit zwei Monaten der Dienststelle angehören und**
2. **das 18. Lebensjahr vollendet haben.**
(2) [1]Nicht wählbar sind
1. **Beschäftigte, die infolge Richterspruchs die Fähigkeit, Rechte aus öffentlichen Wahlen zu erlangen, nicht besitzen,**
2. **der Leiter der Dienststelle und sein ständiger Vertreter,**
3. **Beschäftigte, die zu selbstständigen Entscheidungen in Personalangelegenheiten der Dienststelle befugt sind,**
4. **die den Beschäftigten nach Nummer 3 zugeordneten unmittelbaren Mitarbeiter, die als Personalsachbearbeiter die Entscheidungen vorbereiten,**
5. **die Beauftragte für Chancengleichheit und ihre Stellvertreterin.**
[2]Beschäftigte, die nicht ständig selbstständige Entscheidungen in Personalangelegenheiten treffen oder vorbereiten, sind von der Wählbarkeit nach Satz 1 Nummer 3 und 4 nicht ausgeschlossen, wenn nur zu einem untergeordneten Teil der Gesamtaufgaben des Beschäftigten Personalangelegenheiten entschieden oder vorbereitet werden.

I. Voraussetzungen der Wählbarkeit (Abs. 1)

1 **Wahlberechtigte Beschäftigte i. S. v. § 4 Abs. 1 Satz 1.** Voraussetzung der Wählbarkeit, d. h. des passiven Wahlrechts, ist zunächst die in § 8 geregelte

Wahlberechtigung (s. § 8; BVerwG, 26.11.2008 – 6 P 7.08 – www.bverwg.de = BVerwGE 132, 276 = PersR 2009, 267 = PersV 2009, 138). Wer die Wahlberechtigung, d. h. das aktive Wahlrecht verliert, verliert auch die Wählbarkeit (vgl. BVerwG, 3.11.2011 – 6 P 14.10 – www.bverwg.de Rn. 13). Wählbar sind allerdings nicht alle wahlberechtigten Beschäftigten. Durch den Verweis auf § 4 Abs. 1 Satz 1 soll – so die Begründung des Entwurfs der Landesregierung zum ÄG 2013 (LT-Drucksache 15/4224, S. 90) – „klargestellt werden, dass Beschäftigte, die an eine andere Dienststelle abgeordnet sind und ähnliches, mangels tatsächlicher Eingliederung bei der abordnenden Dienststelle nicht wählbar sind". Wählbar sind somit **nur die wahlberechtigten, tatsächlich in die Dienststelle eingegliederten Beschäftigten.** Denn – so die Landesregierung (a. a. O.) – „effektive Personalratsarbeit kann nicht aus der Ferne geleistet werden beziehungsweise die Leitung der Beschäftigungsdienststelle muss nicht für Personalratsarbeit in einer anderen Dienststelle Arbeitsbefreiung genehmigen". Auch wenn das Gesetz hierzu keine Aussage trifft, muss es auf die tatsächliche Eingliederung am Wahltag ankommen.

Seit zwei Monaten der Dienststelle angehörig (Nr. 1). Voraussetzung der Wähl- **2** barkeit ist nach Nr. 1, dass der wahlberechtigte Beschäftigte am Wahltag seit zwei Monaten der Dienststelle angehört. In der Begründung des Entwurfs der Landesregierung zum ÄG 2013 heißt es zu dieser Voraussetzung (LT-Drucksache 15/4224, S. 90), sie sei „aus wahlrechtsformalen Gründen allein deshalb erforderlich, weil Bewerber für die Mitgliedschaft im Personalrat auf einen Wahlvorschlag aufgenommen werden müssen. Dies setzt voraus, dass sie der Dienststelle bereits eine gewisse Zeit vor dem Wahltag angehören."

Mindestalter (Nr. 2). Ein Mindestalter für das aktive Wahlrecht besteht nicht **3** (vgl. § 8 Rn. 1). Der Gesetzgeber ist allerdings nach wie vor der Auffassung, dass die Wählbarkeit auf Beschäftigte beschränkt sein soll, die das 18. Lebensjahr vollendet haben. Das 18. Lebensjahr hat vollendet, wer seinen 18. Geburtstag begeht (§ 187 Abs. 2 Satz 2 BGB); dies muss spätestens am (ersten) Wahltag der Fall sein.

Streichung bisheriger Voraussetzungen durch das ÄG 2013. § 12 Abs. 1 in der **4** vor Inkrafttreten des ÄG 2013 geltenden Fassung forderte, dass der Wahlberechtigte am Wahltag seit sechs Monaten dem Geschäftsbereich seiner obersten Dienstbehörde angehört (Nr. 1) und seit einem Jahr in öffentlichen Verwaltungen oder von diesen geführten Betrieben beschäftigt ist (Nr. 2). Die Streichung dieser Voraussetzungen erfolgte aufgrund der Überlegung, dass die Beschäftigten mit ihrer Wahlentscheidung selbst bestimmen können sollen, ob sie Kandidatinnen oder Kandidaten, die über keine lange Erfahrung in der Verwaltung verfügen, ihr Vertrauen schenken wollen (LT-Drucksache 15/4224, S. 90). Folgeänderung ist der Wegfall der Regelung des § 13 in der vor Inkrafttreten des ÄG 2013 geltenden Fassung, der Ausnahmen zu § 12 Abs. 1 Nr. 1 und 2 vorsah.

§ 25 Abs. 1 Nr. 9. § 25 Abs. 1 Nr. 9 verbindet mit dem Verlust der Wählbar- **5** keit (z. B. durch Abordnung, siehe Rn. 1) das Erlöschen der Mitgliedschaft im PR.

II. Ausschluss von der Wählbarkeit (Abs. 2)

6 **Fähigkeit, Rechte aus öffentlichen Wahlen zu erlangen (Satz 1 Nr. 1).** Bereits von der Wahlberechtigung und damit auch von der Wählbarkeit ausgeschlossen sind Beschäftigte, die infolge Richterspruchs das Recht, in öffentlichen Angelegenheiten zu wählen oder zu stimmen, nicht besitzen (§ 8 Abs. 1 Nr. 1). Von der Wählbarkeit sind nach Nr. 1 weiter ausgeschlossen Beschäftigte, die infolge Richterspruchs die Fähigkeit, Rechte aus öffentlichen Wahlen zu erlangen, nicht besitzen (vgl. Art. 18 GG i. V. m. § 39 Abs. 2 des Gesetzes über das Bundesverfassungsgericht vom 11.8.1993 (BGBl. I S. 1473) und § 45 StGB). Die Aberkennung wird in das Bundeszentralregister eingetragen.

7 **Leiter der Dienststelle und sein ständiger Vertreter (Satz 1 Nr. 2).** Der Dienststellenleiter und sein ständiger Vertreter sind ohne Rücksicht auf die ihnen zustehenden Entscheidungsbefugnisse zum PR ihrer Dienststelle nicht wählbar. Dies gilt auch für den Leiter einer nach § 5 Abs. 3 personalvertretungsrechtlich verselbstständigten Dienststelle und seinen ständigen Vertreter (BVerwG, 22.6.1962 – VII P 9.61 – BVerwGE 14, 287 = ZBR 1963, 283; vgl. auch § 5 Rn. 28). Der Dienststellenleiter und sein ständiger Vertreter besitzen aber das **passive Wahlrecht zu den Stufenvertretungen,** die bei den ihrer Dienststelle übergeordneten Dienststellen gebildet sind (vgl. § 55 Abs. 3 Nr. 1). Wegen der Wählbarkeit zum GesamtPR s. § 54 Rn. 7. Wem nur vorübergehend – wenn auch regelmäßig – die **Abwesenheitsvertretung** des Dienststellenleiters übertragen wird, ist nicht „ständiger" Vertreter des Dienststellenleiters und deshalb wählbar.

8 **Befugnis zu selbstständigen Entscheidungen in Personalangelegenheiten der Dienststelle (Satz 1 Nr. 3 und Satz 2).** Wie im früheren Recht (§ 12 Abs. 3 Satz 1 in der vor Inkrafttreten des ÄG 2013 geltenden Fassung) sind Beschäftigte, die zu selbstständigen Entscheidungen in Personalangelegenheit der Dienststelle befugt sind, nicht wählbar. Neu ist die Einschränkung, dass der Ausschluss von der Wählbarkeit lediglich greift, wenn der Beschäftigte nur zu einem untergeordneten Teil der Gesamtaufgaben Personalangelegenheiten entscheidet (Satz 2; s. Rn. 12).

9 **Begriff der Personalangelegenheiten.** Der Begriff der Personalangelegenheiten in Abs. 2 ist mit dem in anderen Vorschriften des LPVG wortgleich verwendeten Begriff identisch und umfasst nur **die in § 75 Abs. 1 bis 2 aufgezählten Angelegenheiten.** So ist z. B. die Befugnis, Urlaub oder Dienstbefreiung zu erteilen oder dienstliche Beurteilungen abzugeben, keine Befugnis zu selbstständigen Entscheidungen in Personalangelegenheiten, die nach Satz 1 Nr. 3 zum Ausschluss der Wählbarkeit führt (vgl. BVerwG, 11.3.1982 – 2 P 8.80 – BVerwGE 65, 127 = PersV 1983, 195 und 10.5.1982 – 6 P 40.80 – BVerwGE 65, 297 = PersV 1983, 405).

10 **Personalreferenten.** Zu selbstständigen Entscheidungen in Personalangelegenheiten befugt sind oft außer dem Dienstvorgesetzten auch sonstige Beschäftigte mit Zeichnungsbefugnis (Personalreferenten). Dass sich die Entscheidungsbefugnis auf sämtliche Personalangelegenheiten erstreckt, ist nicht notwendig; sie kann auch eingeschränkt sein.

Ständige Vertreter des Personalreferenten. Während Satz 1 Nr.   **11**
2 den ständigen Vertreter des Dienststellenleiters von der Wählbarkeit ausschließt, enthält das Gesetz keine Aussage zum Vertretungsfall eines Personalreferenten. Auch hier wird zur Vermeidung des „bösen Scheins" einer Interessenkollision davon auszugehen sein, dass der ständige Abwesenheitsvertreter nicht wählbar ist.

Nicht nur zu einem untergeordneten Teil der Gesamtaufgaben. Ob die Entschei-   **12**
dung von Personalangelegenheiten nur einen untergeordneten Teil der Gesamtaufgaben ausmacht, dürfte im Einzelfall nur schwer zu ermitteln sein, nicht zuletzt weil die zeitliche Inanspruchnahme auch Schwankungen unterworfen sein kann. Es ist zumindest erforderlich, dass der Beschäftigte durchschnittlich weniger als die Hälfte seiner Dienst- bzw. Arbeitszeit für die Entscheidung der Personalangelegenheiten (einschließlich deren Vorbereitung) aufwendet.

Personalsachbearbeiter (Satz 1 Nr. 4 und Satz 2). Nicht wählbar sind weiterhin   **13**
(vgl. bereits § 12 Abs. 3 Satz 2 in der vor Inkrafttreten des ÄG 2013 geltenden Fassung) die den Beschäftigten nach Nr. 3 zugeordneten unmittelbaren Mitarbeiter, die als Personalsachbearbeiter die Entscheidungen vorbereiten. Allerdings gilt nunmehr auch die Einschränkung, dass die Vorbereitung von Personalangelegenheiten nicht nur einen untergeordneten Teil der Gesamtausgaben ausmachen darf (Satz 2). Personalsachbearbeiter in diesem Sinne ist nur, wer eine gewisse Selbstständigkeit besitzt und Vorschläge macht. Wer nur auf Anweisung arbeitet, fällt nicht darunter, ebenso wenig z. B. ein Sachbearbeiter für Besoldung oder Beihilfen.

Beauftrage für Chancengleichheit und ihre Stellvertreterin (Satz 1 Nr. 5). Den   **14**
Ausschluss der Beauftragten für Chancengleichheit und ihrer Stellvertreterin von der Wählbarkeit begründet die Landesregierung in ihrem Gesetzentwurf zum ÄG 2013 damit, dass diese kraft ihres Amtes an die Dienststellenleitung angebunden seien (LT-Drucksache 15/4224, S. 91). Der Verwaltungsgerichtshof Baden-Württemberg hat jüngst entschieden, dass keine verfassungsrechtlichen Bedenken gegen die Regelung des Satzes 1 Nr. 5 bestehen (20.1.2015 – PL 15 S 1102/14 – www.landesrecht-bw.de).

III. Wählbarkeit besonderer Personengruppen

Mitglieder des Wahlvorstands. Die Mitglieder des Wahlvorstands sind mangels   **15**
entgegenstehender Vorschrift wählbar (vgl. BVerwG, 12.1.1962 – VII P 10.60 – BVerwGE 13, 296 = ZBR 1962, 88 = PersV 1962, 66). Um jedoch Wahlanfechtungen möglichst zu vermeiden, sollten (potentielle) Bewerber um einen Sitz im PR nicht in den Wahlvorstand berufen werden.

Mitglieder des bisherigen PR. Die Mitglieder des bisherigen PR können – natür-   **16**
lich – wiedergewählt werden. Der **Ausschluss eines PR-Mitglieds nach § 24 Abs. 1** gehört nicht zu den die Wählbarkeit hindernden Tatbeständen des § 9, denn die Rechtsfolgen des Ausschlusses eines PR-Mitglieds beschränken sich nach § 25 Abs. 1 auf das Erlöschen der Mitgliedschaft in der Personalvertretung, der es im Zeitpunkt seines Ausschlusses angehört hat (vgl. BVerwG, 23.11.1962 – VII P

2.62 – BVerwGE 15, 166 = PersV 1963, 62). Im Falle der Wiederwahl des PR-Mitglieds ist jedoch das Verfahren gegen dieses mit Wirkung für die neue Amtszeit fortzusetzen, wenn über den Ausschlussantrag beim Ablauf der (bisherigen) Amtszeit noch nicht rechtskräftig entschieden ist (§ 24 Abs. 2).

17   **Mitglieder einer anderen Personalvertretung.** Wählbar sind auch Beschäftigte, die am Wahltag bereits Mitglied einer anderen Personalvertretung (z. B. des GesamtPR oder einer Stufenvertretung) sind, denn eine solche Mitgliedschaft ist in der abschließenden Aufzählung der Ausschlusstatbestände des § 9 nicht genannt (vgl. Ilbertz-Widmaier § 14 Rn. 13).

IV. Entsprechende Geltung des § 9

18   § 9 gilt für den GesamtPR (§ 54 Abs. 3), die Stufenvertretungen (§ 55 Abs. 3; siehe dort auch Nr. 1 und 2) und beschränkt auf Abs. 1 Nr. 1 und Abs. 2 Nr. 1 für den AusbildungsPR (§ 58 Abs. 3) entsprechend. Zur JAV siehe § 60 Abs. 2.

§ 10   Bildung von Personalräten, Zahl der Mitglieder

(1) In allen Dienststellen, die in der Regel mindestens fünf Wahlberechtigte beschäftigen, von denen drei Beschäftigte wählbar sind, werden Personalräte gebildet.

(2) Dienststellen, bei denen die Voraussetzungen des Absatzes 1 nicht vorliegen, werden von der übergeordneten Dienststelle im Einvernehmen mit der Stufenvertretung einer benachbarten Dienststelle zugeteilt, wenn die Mehrheit ihrer wahlberechtigten Beschäftigten in geheimer Abstimmung zustimmt.

(3) Der Personalrat besteht in Dienststellen mit in der Regel

5 bis 14 wahlberechtigten Beschäftigten	aus einer Person,
15 wahlberechtigten Beschäftigten bis 50 Beschäftigten	aus drei Mitgliedern,
51 bis 150 Beschäftigten	aus fünf Mitgliedern,
151 bis 300 Beschäftigten	aus sieben Mitgliedern,
301 bis 600 Beschäftigten	aus neun Mitgliedern,
601 bis 1000 Beschäftigten	aus elf Mitgliedern,
1001 bis 1500 Beschäftigten	aus 13 Mitgliedern,
1501 bis 2000 Beschäftigten	aus 15 Mitgliedern,
2001 bis 3000 Beschäftigten	aus 17 Mitgliedern,
3001 bis 4000 Beschäftigten	aus 19 Mitgliedern,
4001 bis 5000 Beschäftigten	aus 21 Mitgliedern,
5001 bis 7500 Beschäftigten	aus 23 Mitgliedern,
7501 bis 10000 Beschäftigten	aus 25 Mitgliedern,
10001 und mehr Beschäftigten	aus 27 Mitgliedern.

(4) Liegen in Dienststellen mit in der Regel 601 und mehr Beschäftigten Außenstellen, Nebenstellen oder Teile der Dienststelle räumlich vom Dienstort der Hauptdienststelle entfernt, erhöht sich die Zahl der Mitglieder nach Absatz 3 um

1. zwei Mitglieder, wenn mindestens ein Drittel der in der Regel Beschäftigten der Dienststelle,

2. **vier Mitglieder, wenn mindestens die Hälfte der in der Regel Beschäftigten der Dienststelle** zum überwiegenden Teil ihrer Arbeitszeit an einem anderen als dem Dienstort der Hauptdienststelle beschäftigt ist.

(5) [1]**Maßgebend für die Ermittlung der Zahl der Mitglieder des Personalrats ist der zehnte Arbeitstag vor Erlass des Wahlausschreibens.** [2]**Der Wahlvorstand legt dabei den zu dem Stichtag absehbaren Beschäftigtenstand zugrunde, der voraussichtlich über die Hälfte der Amtszeit des Personalrats in der Dienststelle vorhanden sein wird.**

I. Personalratsfähige Dienststellen (Abs. 1)

Voraussetzungen im Überblick. Abs. 1 konkretisiert die in § 1 dem Grundsatz   **1** nach festgelegte Pflicht zur Bildung von Personalvertretungen in der öffentlichen Verwaltung und bestimmt, dass (örtliche) Personalräte **bei** allen **Dienststellen** im Sinne des LPVG (s. § 5 Abs. 1 sowie § 5 Rn. 2) zu bilden sind, die **in der Regel mindestens fünf Wahlberechtigte** (vgl. § 8) beschäftigen, von denen **drei Beschäftigte** (vgl. § 4) **wählbar** (vgl. § 9) sind. Ob ein PR tatsächlich gebildet werden kann, hängt von der Bereitschaft ab, einen solchen zu wählen und eine Wahl zum Mitglied des PR anzunehmen.

In der Regel mindestens fünf Wahlberechtigte beschäftigt. Hinsichtlich der   **2** Frage, ob eine Dienststelle in der Regel fünf Wahlberechtigte beschäftigt, gilt der in Abs. 5 Satz 2 hinsichtlich der Ermittlung der Zahl der Mitglieder des PR genannte Maßstab weder unmittelbar noch entsprechend. Eine Dienststelle kann ihre Personalratsfähigkeit vielmehr jederzeit verlieren (vgl. auch Rn. 4). Nach wie vor ist davon auszugehen, dass die Zahl derjenigen, die „in der Regel" in der Dienststelle beschäftigt sind, dem unter normalen Verhältnissen in der Dienststelle vorhandenen Personalstand entspricht. Bei seiner Ermittlung ist in erster Linie, jedoch nicht ausschließlich vom Stellenplan bzw. der Stellenübersicht auszugehen. Abweichungen vom Stellenplan ist in der Weise Rechnung zu tragen, dass der regelmäßige tatsächliche Beschäftigungsstand zugrunde zu legen ist.

Einzelaspekte bei der Ermittlung der in der Regel wahlberechtigten Beschäftig-   **3** **ten.** Vorübergehend zusätzlich in der Dienststelle Beschäftigte (z. B. Saisonarbeiter, Urlaubs- und Krankheitsvertretungen) werden nicht mitgezählt. Ebenso bleibt die **vorübergehende Nichtbesetzung** von Stellen außer Betracht. Die in § 8 Abs. 2 Satz 1 genannten **Beschäftigten** sind nur ihrer Stammbehörde zuzurechnen und dies auch nur dann, wenn sie nicht aufgrund einer nach § 58 erlassenen Rechtsverordnung zu einem AusbildungsPR wahlberechtigt sind. **Abgeordnete Beschäftigte** sind seit Inkrafttreten des ÄG 2013 uneingeschränkt wahlberechtigt und deshalb einzubeziehen.

Sinkt die Zahl der wahlberechtigten Beschäftigten einer Dienststelle während   **4** der Amtszeit eines PR nicht nur vorübergehend **unter fünf**, so ist das **Amt des PR beendet** (vgl. Ilbertz-Widmaier § 12 Rn. 11, § 16 Rn. 9). Es ist dann nach Abs. 2 zu verfahren.

5 **Mindestens drei wählbare Beschäftigte.** Mit der Bestimmung, dass von den Beschäftigten einer Dienststelle mindestens drei wählbar sein müssen, soll sichergestellt werden, dass die Beschäftigten bei der Wahl „auswählen" können.

6 **Sinkt die Zahl der wählbaren Beschäftigten** einer Dienststelle während der Amtszeit des PR **unter drei,** so hat dies keine Auswirkungen auf dessen Bestand und **führt** deshalb **nicht zur Beendigung der Amtszeit des PR** (vgl. Ilbertz-Widmaier § 16 Rn. 9).

7 Auch bei einer nur **für begrenzte Zeit errichteten Dienststelle** ist ein PR zu bilden, sobald die Voraussetzungen des Abs. 1 erfüllt sind.

8 **Nicht personalratsfähige Dienststelle (Kleinstdienststellen).** In Kleinstdienststellen, d. h. in Dienststellen, die die Voraussetzungen des Abs. 1 nicht erfüllen, kann ein PR nicht gebildet werden. Ein dennoch gebildeter PR ist kein PR i. S. des LPVG (vgl. Ilbertz-Widmaier § 12 Rn. 9).

9 **Beschäftigte einer Kleinstdienststelle.** Die Beschäftigten einer nach Abs. 1 nicht personalratsfähigen Dienststelle behalten, auch wenn ihre Dienststelle nicht nach Abs. 2 einer anderen Dienststelle zugeteilt wird, ihre **Wahlberechtigung zum GesamtPR und zu den Stufenvertretungen.** Das Gleiche gilt für die Beschäftigten der Dienststellen, bei denen aus irgendwelchen Gründen die Wahl eines PR nicht zustande kommt (s. sogleich).

10 **Kein Interesse der Beschäftigten an der Bildung eines PR.** Durch § 16 soll in jeder personalratsfähigen Dienststelle die Bestellung eines Wahlvorstands, der die PR-Wahl durchzuführen hat, grundsätzlich sichergestellt werden. **Das LPVG enthält** aber **keine Bestimmungen über die Bildung eines PR, wenn die Beschäftigten hieran nicht interessiert sind,** wenn sie z. B. keinen Antrag auf Einberufung einer Personalversammlung zur Wahl des Wahlvorstands stellen (§ 16 Abs. 2) oder keine gültigen Wahlvorschläge einreichen oder geschlossen nicht wählen. In diesem Fall bleibt die Dienststelle für die laufende Amtszeit ohne PR (vgl. auch Ilbertz-Widmaier § 12 Rn. 4).

II. Kleinstdienststellen (Abs. 2)

11 **Regelungsinhalt.** Abs. 2 schreibt vor, dass Kleinstdienststellen (vgl. Rn. 8) von der übergeordneten Dienststelle im Einvernehmen mit der bei ihr bestehenden Stufenvertretung einer benachbarten Dienststelle zuzuteilen sind. Aufgrund des ÄG 2013 bedarf die Zuteilung nunmehr der Zustimmung der Mehrheit der wahlberechtigten Beschäftigten der Kleinstdienststelle. Die Vorschrift findet **nur auf Dienststellen des Landes** Anwendung, nicht aber auf solche der Gemeinden, Landkreise und sonstigen Körperschaften, Anstalten und Stiftungen des öffentlichen Rechts, die der Aufsicht des Landes unterstehen.

12 **Zeitpunkt der Zuteilung.** Die Zuteilung ist bei Errichtung der Dienststelle oder unmittelbar nach dem Zeitpunkt, ab der die Zahl der regelmäßig Beschäftigten die Grenze des Abs. 1 dauerhaft unterschreitet, zu verfügen.

Zuständigkeit. Zuständig für die Zuteilung ist die übergeordnete Dienststelle, in **13**
deren Bereich die zuzuteilende, nicht personalratsfähige Kleinstdienststelle liegt.

Zuzuteilende und benachbarte Dienststelle. Die betroffenen Dienststellen soll- **14**
ten schon aus praktischen Gründen, müssen aber nicht demselben Verwaltungszweig oder dem Geschäftsbereich derselben obersten Dienstbehörde angehören. Es können auch zwei oder mehrere Kleinstdienststellen zusammengelegt
und damit eine personalratsfähige Dienststelle i. S. des LPVG gebildet werden
(ebenso Richardi/Dörner/Weber § 12 Rn. 18; vgl. aber Ilbertz-Widmaier § 12
Rn. 12).

Zustimmung der Mehrheit der wahlberechtigten Beschäftigten. Dem neu einge- **15**
führten Zustimmungserfordernis liegt die Überlegung zugrunde, dass „es der
Entscheidung der Beschäftigten [der] Kleinstdienststelle überlassen bleiben
[soll], ob sie personalvertretungsrechtlich einer benachbarten Dienststelle zugeteilt und mithin von dem Personalrat bei dieser Dienststelle vertreten werden
oder ohne Personalvertretung bleiben wollen" (LT-Drucksache 15/4224, S. 91).
Ob die Mehrheit der wahlberechtigten Beschäftigten zustimmt, muss in einer
geheimen Abstimmung ermittelt werden.

Kommt ein **Einvernehmen zwischen der übergeordneten Dienststelle und der** **15a**
bei ihr bestehenden Stufenvertretung nicht zustande, muss die Zuteilung unterbleiben, denn es handelt sich hier nicht um eine Mitbestimmungs- oder Mitwir-
kungsangelegenheit nach §§ 73 ff.

Dauer der Zuteilung. Die personalvertretungsrechtliche **Zuteilung einer Kleinst-** **16**
dienststelle zu einer anderen Dienststelle nach Abs. 2 **endet,** wenn sie – was allerdings eher nur in Ausnahmefällen in Betracht kommen dürfte (vgl. Richardi/Dör-
ner/Weber § 12 Rn. 21) – wieder aufgehoben wird oder wenn die Kleinstdienststelle
die Personalratsfähigkeit nach Abs. 1 erlangt. Im Falle der Erlangung der Personalratsfähigkeit kann unverzüglich ein PR nach § 23 Abs. 1 Satz 1 Nr. 6 gewählt werden (vgl. Richardi/Dörner/Weber a. a. O.; vgl. aber Ilbertz-Widmaier § 12 Rn. 16,
die der Auffassung sind, dass die personalvertretungsrechtliche Verbundenheit in
diesem Falle bis zum Ablauf der Amtszeit bestehen bleibt).

Verhältnis zu § 5 Abs. 4. Die Möglichkeit, nicht personalratsfähige Dienststel- **17**
len nach § 5 Abs. 4 mit anderen Dienststellen desselben Verwaltungszweigs zu
einer Dienststelle zusammenzufassen, bleibt unberührt und sollte in der Praxis
den Vorzug behalten, da die Zuteilung einer nicht personalratsfähigen Dienststelle zu einer benachbarten Dienststelle zumindest dann nicht sinnvoll erscheint, wenn diese zum Geschäftsbereich einer anderen obersten Dienstbehörde gehört (vgl. § 5 Rn. 44 f.). Auch bestehen keine Bedenken gegen eine
Zusammenfassung von zwei oder mehreren nicht personalratsfähigen Dienststellen zu einer personalratsfähigen Dienststelle.

III. Zahl der PR-Mitglieder (Abs. 3 bis 5)

Übergangsvorschrift des Art. 13 § 2 des ÄG 2013 („Maßgebliche Regelgrößen **17a**
von Personalvertretungen").

(1) Für bei Inkrafttreten dieses Gesetzes vorhandene Personalräte gelten abweichend von § 14 Absatz 3 und 4 sowie § 15 Absatz 3 LPVG § 14 Absatz 3 und 4 sowie § 15 Absatz 3 LPVG in der am Tag vor Inkrafttreten dieses Gesetzes geltenden Fassung.
(2)–(3) ...

18 **Zwingende Regelungen.** Die Festlegung der Zahl der PR-Mitglieder in Abs. 3 und 4 ist zwingend. Sie kann nicht durch Tarifvertrag oder (Dienst-)Vereinbarung geändert werden. Hat – was eher theoretisch sein dürfte – eine Dienststelle weniger wählbare Beschäftigte, als nach Abs. 3 PR-Mitglieder zu wählen sind, besteht der PR aus der höchstmöglichen Zahl von Mitgliedern (vgl. Richardi/Dörner/Weber § 16 Rn. 12; Ilbertz-Widmaier § 16 Rn. 7). Entsprechendes gilt, wenn für eine Gruppe insgesamt, d. h. auf allen eingereichten Wahlvorschlägen zusammen, weniger Wahlbewerber vorgeschlagen werden, als Gruppenvertreter zu wählen sind.

18a Abs. 3 und 4 sind wesentliche Vorschriften i. S. v. § 21 Abs. 1 (vgl. BVerwG, 24.2.2015 – 5 P 7.14 – www.bverwg.de Rn. 18).

19 **Ermittlung durch Wahlvorstand.** Die Zahl der Mitglieder des PR nach Abs. 3 und 4 wird vom Wahlvorstand ermittelt (§ 7 Abs. 1 Satz 1 LPVGWO).

20 **Maßgebender Zeitpunkt (Abs. 5 Satz 1).** Der Wahlvorstand muss für die Bestimmung der Zahl der zu wählenden PR-Mitglieder von den Verhältnissen **am zehnten Arbeitstag vor Erlass des Wahlausschreibens** ausgehen.

20a **Der zu dem Stichtag absehbare Beschäftigtenstand (Abs. 5 Satz 2).** Abs. 3 stellt auf die „in der Regel" (wahlberechtigten) Beschäftigten ab. Zur Ermittlung der Zahl der in der Regel (wahlberechtigten) Beschäftigten verhält sich Abs. 5 Satz 2. Nach dieser Vorschrift legt der der Wahlvorstand der Bestimmung der Zahl der zu wählenden PR-Mitglieder den zu dem Stichtag des Abs. 5 Satz 1 absehbaren **Beschäftigtenstand** zugrunde, der **voraussichtlich über die Hälfte der Amtszeit des PR in der Dienststelle vorhanden** sein wird.

21 **Festlegungen des Abs. 3.** Das ÄG 2013 führte zu leichten Veränderungen bei der Größe von PR. Für die erste im Gesetz genannte Stufe – **PR besteht nur aus einer Person** – kommt es nur auf die Zahl der in der Regel wahlberechtigten Beschäftigten an (mindestens fünf und höchstens 14 [früher 20]). Für die zweite Stufe – **PR besteht aus drei Mitgliedern** – ist als untere Grenze eine Zahl von in der Regel wahlberechtigten Beschäftigten (15; früher 21) und als obere Grenze eine Zahl von in der Regel Beschäftigten ohne Rücksicht auf ihre Wahlberechtigung (50) festgelegt. Hat z. B. eine Dienststelle zwar 22 in der Regel Beschäftigte, von denen aber in der Regel nur 14 wahlberechtigt sind, so besteht der PR aus einer Person. Erst ab der dritten Stufe – **PR hat fünf Mitglieder** – ist ausschließlich die Zahl der in der Regel Beschäftigten maßgebend. Durch die Verringerung der Anzahl der Ein-Personen-Personalräten wird – so die Begründung des Gesetzentwurfs der Landesregierung zum ÄG 2013 (LT-Drucksache 15/4224, S. 91) – „nützlicher Meinungsaustausch mehrerer Mitglieder gefördert". „Die Mitgliederzahlen von Personalräten bis 1.500 Beschäftigten haben sich", so die Landesregierung (a. a. O. S. 91 f.), „im Wesentlichen als effektiv und angemessen erwiesen und sollen deshalb nicht verändert werden. Jedenfalls ist nicht dargetan und auch sonst nicht ersichtlich, dass die sachgerechte Aufgabenerledigung bisher gelitten habe. Auch die Stärkung der Mitbestimmungsrechte verlangt nicht nach mehr Personalratsmitgliedern, vielmehr nach effektiven Praktiken, die durch weitere Änderungen im Personalvertretungsrecht ermöglicht werden. Veränderungen an der Personalratsgröße sollen deshalb punktuell nur an Stellen erfolgen, die mit grundlegenden Strukturänderungen des Dienststellenaufbaus verbunden sind. Forderungen, die Größen der mit anderen Funktionen und Befugnissen ausgestatteten Betriebsräte zu übertragen, verkennen die Einbindung der Personalräte in die von strikter Rechtsbindung, hierarchischen Aufsichtsstrukturen und Haushaltsdisziplin gekennzeichneten öffentlichen Verwaltungen und Betriebe. Ferner darf nicht außer Acht bleiben, dass ab einer bestimmten Basisgröße des Personalrats dessen Arbeitsaufwand nicht parallel zum Anstieg der Belegschaftsgröße zunimmt, sondern Synergien einsetzen. Deshalb wird auch die um zwei Mitglieder angehobene Obergrenze beibehalten."

Keine Regelung einer Höchstzahl mehr. § 14 Abs. 4 in der vor Inkrafttreten **22** des ÄG 2013 geltenden Fassung sah eine Höchstzahl von 25 Mitgliedern vor. Die Regelung einer Höchstzahl wurde deshalb entbehrlich, da Abs. 3 nunmehr für Dienststellen jeglicher Größe die Zahl der PR-Mitglieder festlegt.

Änderungen der Zahl der Wahlberechtigten und der Beschäftigten. Unwesentli- **23** che Änderungen der Zahl der in der Regel Wahlberechtigten oder der in der Regel Beschäftigten, die während der Amtszeit des PR eintreten, bleiben unberücksichtigt. Größere Änderungen der Zahl der in der Regel Beschäftigten können nach § 23 Abs. 1 Satz 1 Nr. 1 zu einer vorzeitigen Neuwahl führen.

Erhöhung der Zahl der PR-Mitglieder (Abs. 4). Eine Erhöhung der Zahl der **24** PR-Mitglieder kommt in Betracht, wenn eine Dienststelle in der Regel 601 und mehr Beschäftigte hat („größere Dienststellen", vgl. LT-Drucksache 15/4224, S. 92). Weitere – und die Erhöhung vor allem rechtfertigende (vgl. Rn. 26) – Voraussetzung ist, dass Außenstellen, Nebenstellen oder Teile der Dienststelle räumlich vom Dienstort der Hauptdienststelle entfernt liegen. Dienstort in diesem Sinne ist die politische Gemeinde (a. a. O.; vgl. auch Bossert, VBlBW 2014, 413, 417).

Differenzierung nach der Anzahl der „Externen" (Abs. 4 Nr. 1 und 2). Zwei **25** Mitglieder mehr hat der PR, wenn mindestens ein Drittel der in der Regel Beschäftigten der Dienststelle zum überwiegenden Teil ihrer Arbeitszeit an einem anderen als dem Dienstort der Hauptstelle beschäftigt sind (Nr. 1). Ist dies bei mehr als der Hälfte der in der Regel Beschäftigten der Fall, so erhöht sich die Zahl der PR-Mitglieder um vier (Nr. 2).

Begründung für die Erhöhung nach Abs. 4. Die bislang nicht vorgesehene Er- **26** höhung der Sitzzahl nach Abs. 4 „soll es Beschäftigten in entfernt gelegenen Außenstellen erleichtern, Vertreter aus den eigenen Reihen im Personalrat zu platzieren. Mit dem Ziel, durch höhere Sitzzahlen die Außenstellenvertretung

zu stärken, soll den Beschäftigten die Berücksichtigung bei ihrer Wahlentscheidung erleichtert werden" (LT Drucksache 15/4224, S. 92).

IV. Entsprechende Geltung des § 10

27 Für den **GesamtPR** gilt § 10 Abs. 2 und 5 (§ 54 Abs. 3), für die **Stufenvertretungen**
§ 10 Abs. 2 und 5 (§ 55 Abs. 3) und für den **AusbildungsPR** § 10 Abs. 1, 3 bis 5
(§ 58 Abs. 3) entsprechend. Keine Anwendung findet § 10 auf die **JAV**; jedoch
wird Abs. 5 auch dort entsprechend herangezogen werden müssen.

§ 11   Vertretung nach Gruppen und Geschlechtern

(1) [1]Besteht der Personalrat aus mindestens drei Mitgliedern, sollen im Personalrat Frauen und Männer entsprechend ihren Anteilen an den in der Regel
Beschäftigten der Dienststelle vertreten sein. [2]Sind in der Dienststelle Beamte
und Arbeitnehmer beschäftigt, sollen Frauen und Männer in jeder Gruppe, der
mehr als ein Sitz im Personalrat zusteht, entsprechend ihrem Anteil an den in
der Regel beschäftigten Gruppenangehörigen vertreten sein.

(2) [1]Besteht der Personalrat aus mindestens drei Mitgliedern und sind in der
Dienststelle Beamte und Arbeitnehmer beschäftigt, so muss jede der Gruppen
entsprechend der Zahl der in der Regel beschäftigten Gruppenangehörigen im
Personalrat vertreten sein. [2]Sind beide Gruppen gleich groß, entscheidet das
Los. [3]Macht eine Gruppe von ihrem Recht, im Personalrat vertreten zu sein,
keinen Gebrauch, so verliert sie ihren Anspruch auf Vertretung für die Dauer
der Amtszeit des Personalrats; die entsprechend zustehenden Sitze fallen der
anderen Gruppe zu.

(3) [1]Der Wahlvorstand stellt fest, wie hoch der Anteil der Frauen und der Männer
an den in der Regel Beschäftigten insgesamt und innerhalb der Gruppen ist. [2]Er
errechnet nach den Grundsätzen der Verhältniswahl die Verteilung der Sitze
1. im Personalrat auf die Gruppen,
2. im Personalrat auf die Geschlechter,
3. innerhalb einer Gruppe, der mehr als ein Sitz im Personalrat zusteht, auf
   die Geschlechter.

(4) Eine Gruppe erhält mindestens bei in der Regel

weniger als 101 Gruppenangehörigen	einen Vertreter,
101 bis 300 Gruppenangehörigen	zwei Vertreter,
301 bis 1000 Gruppenangehörigen	drei Vertreter,
1001 bis 2500 Gruppenangehörigen	vier Vertreter,
2501 bis 5000 Gruppenangehörigen	fünf Vertreter,
5001 und mehr Gruppenangehörigen	sechs Vertreter.

(5) Eine Gruppe, der in der Regel nicht mehr als fünf Beschäftigte angehören,
erhält nur dann eine Vertretung, wenn sie mindestens ein Zwanzigstel der Beschäftigten der Dienststelle umfasst.

1 Die in § 11 enthaltenen – grundsätzlich zwingenden – Regelungen gelten gleichermaßen für Gruppenwahl und gemeinsame Wahl (vgl. § 13 Abs. 2). Allerdings kann nach § 12 Abs. 1 eine andere Verteilung der Sitze auf die Gruppen
beschlossen werden.

I. Vertretung nach Geschlechtern (Abs. 1)

ÄG 95 und ÄG 2013. Aufgrund des ÄG 95 galt bis Inkrafttreten des ÄG 2013, **2** dass Frauen und Männer entsprechend ihrem Anteil an den wahlberechtigten Beschäftigten der Dienststelle im PR (vgl. § 15 Abs. 1 Satz 1 a. F.) und dass Frauen in jeder Gruppe mindestens entsprechend ihrer Stärke im PR (vgl. § 15 Abs. 1 Satz 4 a. F.) vertreten sein sollen. Die Regelungen in Abs. 1 betreffend die Vertretung von Frauen und Männern im PR bzw. in der Gruppenvertretung sind nach wie vor jeweils als Soll-Vorschrift ausgestaltet. Die Geschlechtergerechtigkeit soll – so heißt es in der Begründung des Gesetzentwurfs der Landesregierung zum ÄG 2013 (LT-Drucksache 15/4224, S. 93) – „nicht kraft gesetzlicher Regelungen dazu führen, die Wahlentscheidung der Wahlberechtigten durch eine bindende, die Sitzverteilung bestimmende Geschlechterquote zu verändern". Die Soll-Bestimmung habe mit dazu beigetragen, dass die Anzahl weiblicher Personalratsmitglieder gestiegen sei (a. a. O.).

Charakter der Soll-Vorschriften. Satz 1 und Satz 2 bringen jeweils lediglich ei **3** nen gesetzgeberischen Wunsch zum Ausdruck. Seine Erfüllung hängt insbesondere von der Bereitschaft zur Kandidatur und dem Wahlverhalten ab. Mit der „Nichterfüllung" der Wünsche kann eine Wahlanfechtung nach § 21 nicht begründet werden. Nachdruck hat der Gesetzgeber seinem Wunsch freilich durch die Regelung des § 13 Abs. 5 verliehen (s. § 13 Rn. 15a).

Bezugsgröße. Die Vertretung von Frauen und Männern im **PR** soll entsprechend **4** ihren **Anteilen an den in der Regel Beschäftigten** der Dienststelle erfolgen (Satz 1), die Vertretung von Frauen und Männern in jeder **Gruppe** entsprechend ihrem **Anteil an den in der Regel beschäftigten Gruppenangehörigen** (Satz 2). Hinsichtlich des Maßstabs der „in der Regel" Beschäftigten bzw. „in der Regel" beschäftigten Gruppenangehörigen ist ebenfalls auf den Beschäftigtenstand abzustellen, der voraussichtlich über die Hälfte der Amtszeit des PR in der Dienststelle vorhanden sein wird (vgl. § 10 Abs. 5 Satz 2 und § 10 Rn. 20a sowie § 5 Satz 2 WO); die Prognose über das Verhältnis von weiblichen und männlichen Beschäftigten dürfte allerdings (noch) größere Probleme bereiten als die Prognose über die voraussichtliche Beschäftigtenzahl.

Ausführungsbestimmungen. Die WO enthält notwendige Ausführungsbestim **5** mungen (vgl. etwa § 5, § 6 Abs. 3 Satz 2, § 8, § 9 Abs. 2 Nr. 5, 6 und 11, § 46 Satz 2 Nr. 5 und 6, § 47 Abs. 5 Nr. 4, § 48 Abs. 2 Nr. 5, 6 und 10, § 50 Abs. 2 Nr. 2).

II. Vertretung nach Gruppen (Abs. 2)

Entsprechend der Zahl der in der Regel beschäftigten Gruppenangehörigen. **6** Besteht ein **PR** aus **mindestens drei Mitgliedern** (vgl. § 10 Abs. 3) und sind in der Dienststelle **Beamte und Arbeitnehmer** beschäftigt (vgl. § 4 Abs. 3 und 4), so muss jede der Gruppen entsprechend der Zahl der in der Regel beschäftigten Gruppenangehörigen im PR vertreten sein (**Satz 1**). Die Wahlberechtigung der in der Regel beschäftigten Gruppenangehörigen ist unerheblich. Auszugehen ist von der Zahl der am zehnten Arbeitstag vor Erlass des Wahlausschreibens in der Regel Beschäftigten und von ihrer Verteilung auf die Gruppen (vgl. § 5 WO). Die Verteilung der Sitze auf die Gruppen ist vom Wahlvorstand vor dem Erlass des Wahlausschreibens zu ermitteln, da das Wahlausschreiben diese Angaben enthalten muss (vgl. § 9 Abs. 2 Nr. 4 WO).

7   **Bei Wiederholungswahl.** Bei Wiederholungswahlen aufgrund von Wahlanfechtung (§ 21) bleibt die Sitzverteilung der Gruppen auch dann unverändert, wenn sich die Zahl und die Zusammensetzung der Beschäftigten geändert hat (vgl. BVerwG, 15.2.1994 – 6 P 9.92 – PersR 1994, 167 = PersV 1995, 21 = ZfPR 1994, 84; Ilbertz-Widmaier § 17 Rn. 12).

8   Zum **Losentscheid nach Satz 2** s. Rn. 14.

9   **Verlust des Anspruchs auf Vertretung (Abs. 2 Satz 3).** Wenn eine Gruppe von ihrem Recht, im PR vertreten zu sein, keinen Gebrauch macht, erhöht sich die Zahl der Sitze der anderen Gruppe. Diese Gruppe bildet dann den PR mit der sich aus § 10 ergebenden Mitgliederzahl. Der Verzicht muss von der Gesamtheit der Gruppenangehörigen einstimmig beschlossen werden (vgl. Ilbertz-Widmaier § 17 Rn. 9).
Beispiel: Die Dienststelle hat 70 Beamte und 21 Arbeitnehmer. Der PR besteht aus fünf Mitgliedern (vgl. § 10 Abs. 3); vier Sitze entfallen auf die Beamten, ein Sitz auf die Arbeitnehmer. Die Arbeitnehmer verzichten auf ihre Vertretung. Infolgedessen entfallen alle fünf Sitze auf die Beamten. Die Gruppe der Arbeitnehmer kann erst wieder an der nächsten PR-Wahl teilnehmen. Ihre Angehörigen können sich nicht der anderen Gruppe anschließen.

10   **Verzicht aller Gruppen.** Machen alle Gruppen von ihrem Recht, im PR vertreten zu sein, keinen Gebrauch, so kann kein PR gewählt werden.

11   **Keine Fälle des Verzichts i. S. v. Abs. 2 Satz 3.** Ist auch innerhalb einer vom Wahlvorstand gesetzten Nachfrist (§ 16 WO) **bei Gruppenwahl für eine Gruppe kein gültiger Wahlvorschlag** eingegangen oder sind **bei gemeinsamer Wahl für eine Gruppe keine Bewerber** gültig vorgeschlagen, fallen alle Sitze der anderen Gruppe zu (§ 7 Abs. 4 WO). Diese Folge tritt auch ein, wenn eine Gruppe keine wählbaren Angehörigen hat und auch gruppenfremde Bewerber nicht aufstellt (vgl. Ilbertz-Widmaier § 17 Rn. 7). Schlägt eine Gruppe **weniger Wahlbewerber** vor, als ihr nach der Sitzverteilung zustehen, fallen die freien Sitze nicht an die andere Gruppe (§ 10 Rn. 18).

III. Aufgaben des Wahlvorstands nach Abs. 3

12   **Feststellungen und Berechnungen des Wahlvorstands.** Die Vertretung nach Geschlechtern und Gruppen fordern den Wahlvorstand. Er muss – als Folge der Regelung des Abs. 2 – ermitteln, wie viele Sitze auf jede Gruppe entfallen (Satz 2 Nr. 1; s. auch § 7 Abs. 1 Satz 2 WO), und – als Folge der Regelungen in Abs. 1 –, wie viele Männer und Frauen dem PR und einer Gruppenvertretung angehören sollen (Satz 2 Nr. 2 bzw. Nr. 3, s. auch § 8 Satz 1 und 2 WO). Dazu muss er vorab feststellen, wie hoch der Anteil der Frauen und der Männer an den in der Regel Beschäftigten insgesamt und innerhalb der Gruppen ist (Satz 1).

Berechnung nach den Grundsätzen der Verhältniswahl. Die WO bestimmt in **13** § 7 Abs. 2 hinsichtlich der Verteilung der Sitze im PR auf die Gruppen die Anwendung des d'Hondt'schen Höchstzahlverfahrens. Hierbei werden die Zahlen der der Dienststelle angehörenden Beamten und Arbeitnehmer nebeneinander gestellt und der Reihe nach durch 1, 2, 3 usw. geteilt (§ 7 Abs. 2 Satz 2 WO). Auf die jeweils höchste Teilzahl (Höchstzahl) wird so lange ein Sitz zugeteilt, bis alle PR-Sitze verteilt sind (§ 7 Abs. 2 Satz 3 WO). Jede Gruppe erhält grundsätzlich (siehe aber Abs. 4, dazu Rn. 15) so viele Sitze, wie Höchstzahlen auf sie entfallen (§ 7 Abs. 2 Satz 4 WO). Hinsichtlich der Verteilung der Sitze im PR und innerhalb einer Gruppe auf die Geschlechter ordnet § 8 Satz 3 die entsprechende Anwendung des § 7 Abs. 2 an. Es sind also die Zahlen der der Dienststelle bzw. einer Gruppe angehörenden Frauen und Männer nebeneinander zu stellen und der Reihe nach durch 1, 2, 3 usw. zu teilen.

Losentscheid (Abs. 2 Satz 2 LPVG, § 7 Abs. 2 Satz 5 sowie § 8 Satz 3 i. V. m. § 7 **14** **Abs. 2 Satz 5 WO).** Ein Losentscheid gemäß Abs. 2 Satz 2, § 7 Abs. 2 Satz 5 WO (Situation, dass bei gleichen Höchstzahlen nur noch ein Sitz zu verteilen ist) kann in jedem geeigneten Verfahren erfolgen, das den Zufall nicht beeinträchtigt und jedem Bewerber gleiche Chancen bietet (BVerwG, 15.5.1991 – 6 P 15.89 – BVerwGE 88, 183 = PersR 1991, 411 = PersV 1992, 89). Zulässig ist z. B. das Ziehen von gefalteten Zetteln aus einem Behälter, der die Bedeutung des Zettels nicht erkennen lässt, Würfeln oder Werfen einer Münze. Beispiel: Eine Dienststelle hat 240 Beschäftigte, 120 von ihnen sind Beamte (Gruppe A) und 120 Arbeitnehmer (Gruppe B). Der PR besteht aus 7 Mitgliedern (§ 10 Abs. 3). Höchstzahlen: 120 (A); 120 (B); 60 (A); 60 (B); 40 (A); 40 (B); 30 (A); 30 (B). Das Los muss entscheiden, ob Gruppe A oder B einen 4. Sitz erhält.

IV. Mindestvertretung einer Gruppe (Abs. 4)

Übergangsvorschrift des Art. 13 § 2 des ÄG 2013 („Maßgebliche Regelgrößen **14a** **von Personalvertretungen").**
(1) Für bei Inkrafttreten dieses Gesetzes vorhandene Personalräte gelten abweichend von § 14 Absatz 3 und 4 sowie § 15 Absatz 3 LPVG § 14 Absatz 3 und 4 sowie § 15 Absatz 3 LPVG in der am Tag vor Inkrafttreten dieses Gesetzes geltenden Fassung.
(2)–(3) ...

Minderheitenschutz. Der durch das ÄG 2013 neu gefasste Abs. 4 dient dem **15** Minderheitenschutz (vgl. LT-Drucksache 15/4224, S. 94). Jede Gruppe erhält – vorbehaltlich des Eingreifens von Abs. 5 – mindestens die ihr in Abs. 4 zugestandene Zahl an Sitzen. Die Zahl der Sitze der anderen Gruppe vermindert sich infolgedessen; die Zahl der Sitze dieser Gruppe wird jeweils um die zuletzt zugeteilten Sitze gekürzt.

Beispiel: Eine Dienststelle hat 414 Beschäftigte, 380 von ihnen sind Beamte (Gruppe A) und 34 Arbeitnehmer (Gruppe B). Der PR besteht aus 9 Mitgliedern (§ 10 Abs. 3). Höchstzahlen: 380 (A); 190 (A); 126,67 (A); 95 (A); 76 (A); 63,33 (A); 54,29 (A); 47,5 (A); 38 (A), 34,55 (A), 34 (B). Danach würden auf Gruppe A alle neun Sitze entfallen. Da jedoch nach Abs. 4 die Gruppe B einen Vertreter erhalten muss, erhält Gruppe A nur acht Sitze. Abs. 5 ändert an diesem Ergebnis nichts.

V. Vertretung von Kleinstgruppen (Abs. 5)

16 **Ausnahme von Abs. 4.** Abs. 5 enthält eine Ausnahme von Abs. 4. Hat eine Gruppe in der Regel fünf oder weniger Beschäftigte (Kleinstgruppe), hat sie einen Vertretungsanspruch nur, wenn sie mindestens ein Zwanzigstel aller Beschäftigten der Dienststelle umfasst. Bei der Ermittlung des Anteils an den Beschäftigten ist eine Abrundung auf eine ganze Zahl nicht zulässig.
Beispiel: Die Dienststelle zählt 120 Beschäftigte, 5 von ihnen sind Beamte und 115 Arbeitnehmer. Die Gruppe der Beamten erhält keinen Vertreter, da sie nicht mindestens ein Zwanzigstel der Beschäftigten, d. h. 6 Beschäftigte, zählt. Alle 5 Sitze fallen der Gruppe der Arbeitnehmer zu.

17 **An Abs. 5 anknüpfende Regelung des § 13 Abs. 2.** Steht einer Gruppe nach Abs. 5 keine Vertretung zu, so findet nach § 13 Abs. 2 gemeinsame Wahl statt.

VI. Entsprechende Geltung des § 11

18 § 11 Abs. 1 bis 3 gilt für den GesamtPR (§ 54 Abs. 3) und die Stufenvertretungen (§ 55 Abs. 3) sowie § 11 insgesamt für den AusbildungsPR (§ 58 Abs. 3) entsprechend.

§ 12 Andere Gruppeneinteilung

(1) [1]Die Verteilung der Mitglieder des Personalrats auf die Gruppen kann abweichend von § 11 geordnet werden, wenn die wahlberechtigten Angehörigen jeder Gruppe dies vor der Neuwahl in getrennten geheimen Vorabstimmungen beschließen. [2]Der Beschluss bedarf der Mehrheit der Stimmen aller Wahlberechtigten jeder Gruppe.

(2) [1]Für jede Gruppe können auch Angehörige der anderen Gruppe vorgeschlagen werden. [2]Die Gewählten gelten als Vertreter derjenigen Gruppe, für die sie vorgeschlagen worden sind. [3]Satz 2 gilt auch für Ersatzmitglieder.

I. Verteilung der Mitglieder des PR abweichend von § 11 (Abs. 1)

1 **Inhaltliche übereinstimmende Beschlüsse der Gruppen.** Durch inhaltlich übereinstimmende Beschlüsse der Gruppen kann die Verteilung der Sitze auf die Gruppen anders, als es § 11 vorsieht, geregelt werden. Zu unterscheiden von einem Vorgehen nach Abs. 1 ist der Fall, dass eine Gruppe auf ihr Vertretungsrecht nach § 11 Abs. 2 Satz 3 verzichtet (§ 11 Rn. 9).

Mehrheit der Stimmen aller Wahlberechtigten jeder Gruppe (Abs. 1 Satz 2). **2**
Aufgrund des ÄG 2013 bedarf nunmehr jeder Beschluss der Mehrheit der Stimmen aller Wahlberechtigten jeder Gruppe. § 15 Abs. 1 in der vor Inkrafttreten des ÄG 2013 geltenden Fassung stellte hingegen auf die Mehrheit der Angehörigen jeder Gruppe (also einschließlich der nicht Wahlberechtigten) ab (vgl. LT-Drucksache 15/4224, S. 94). Die Mehrheit der an der Vorabstimmung teilnehmenden wahlberechtigten Gruppenangehörigen genügt nach wie vor nicht (vgl. a. a. O.). Auch eine Kleinstgruppe i. S. v. § 11 Abs. 5 hat an der Vorabstimmung teilzunehmen.

Kein vollständiger Ausschluss einer Gruppe. Der vollständige Ausschluss einer   **3**
Gruppe ist nicht zulässig; jeder Gruppe muss mindestens ein Vertreter bleiben (vgl. Richardi/Dörner/Weber § 18 Rn. 9; Ilbertz-Widmaier § 18 Rn. 8).

Initiative. Die Initiative für eine von § 11 abweichende Verteilung der Sitze auf   **4**
die Gruppen kann jeder Beschäftigte der Dienststelle, aber auch jede in der Dienststelle vertretene Gewerkschaft sowie der Wahlvorstand selbst ergreifen.

Abstimmungsvorstand. Die Vorabstimmung muss unter der Leitung eines aus   **5**
mindestens drei Wahlberechtigten bestehenden Abstimmungsvorstands durchgeführt werden, dem – ebenso wie dem Wahlvorstand (vgl. § 15 Abs. 1 Satz 2) – mindestens ein Mitglied jeder in der Dienststelle vertretenen Gruppe angehören muss (§ 4 WO). Der Abstimmungsvorstand kann auch mehr als drei Mitglieder haben („mindestens" drei wahlberechtigte Beschäftigte; vgl. BVerwG, 21.7.1980 – 6 P 13.80 – PersV 1981, 501). Wer den Abstimmungsvorstand beruft, ist weder im LPVG noch in der WO geregelt. Beschäftigte können den Abstimmungsvorstand aus eigener Initiative bilden, er kann aber auch vom PR eingesetzt oder von der Personalversammlung gewählt werden. Auch der ordnungsmäßig bestellte Wahlvorstand kann Abstimmungsvorstand sein. Die Einberufung der Beschäftigten zur Durchführung der Vorabstimmung erfolgt zweckmäßigerweise durch den Abstimmungsvorstand (vgl. auch Ilbertz-Widmaier § 18 Rn. 11).

Abstimmungsmodalitäten. Die Abstimmung muss **geheim** und damit schriftlich   **6**
erfolgen (§ 4 WO). Die Mindestanforderungen an eine unmittelbare, allgemeine, freie und gleiche Teilnahmemöglichkeit der Stimmberechtigten und an eine zuverlässige Ermittlung des Abstimmungsergebnisses müssen gewährleistet sein (vgl. VGH Mannheim, 10.6.1986 – 15 S 3319/85 – ZBR 1988, 72). Briefwahl ist in entsprechender Anwendung des § 23 WO zulässig und kann erforderlichenfalls unter den Voraussetzungen des § 24 WO vom Abstimmungsvorstand angeordnet werden (vgl. BVerwG, 21.7.1980 – 6 P 13.80 – PersV 1981, 501). Folge der in Abs. 1 vorgesehenen Voraussetzung, dass „jede Gruppe" eine andere Gruppeneinteilung beschließen muss, ist, dass die **Gruppen getrennt abstimmen** müssen (ausdrücklich bestimmt auch in § 4 WO) und dass das Abstimmungsergebnis für jede Gruppe gesondert ermittelt werden muss. Das **Abstimmungsergebnis muss dem Wahlvorstand** binnen sechs Arbeitstagen nach der Bekanntgabe der Namen seiner Mitglieder vorgelegt werden (§ 4 i. V. m. § 1 Abs. 3 WO).

Keine Verbindung mit der Vorabstimmung über die Durchführung der gemein-   **7**
samen Wahl. Eine Verbindung der Vorabstimmung über eine von § 11 abwei-

chende Verteilung der Sitze auf die Gruppen mit der Abstimmung über die Durchführung der gemeinsamen Wahl nach § 13 Abs. 2 ist nicht zulässig. Die Gegenstände der Vorabstimmungen stehen nicht in einem zwingenden Verhältnis zueinander.

8   **Wirkung nur für die bevorstehende Wahl.** Ein Beschluss nach Abs. 1 gilt – anders als ein Beschluss nach § 5 Abs. 3 Satz 1 – jeweils nur für die bevorstehende Wahl.

9   **Inhalt der Beschlüsse.** Die Beschlüsse müssen die von § 11 **abweichende Verteilung** der Mitglieder des PR auf die Gruppen **zweifelsfrei erkennen lassen.** Eine Erhöhung oder Verminderung der Zahl der Mitglieder des PR kann nicht beschlossen werden, denn diese Zahl ist in § 10 zwingend festgelegt (vgl. Ilbertz-Widmaier § 18 Rn. 4). Unbedenklich ist, wenn abweichend von § 11 Abs. 5 beschlossen wird, dass auch ein Vertreter einer Kleinstgruppe im PR vertreten ist (vgl. Richardi/Dörner/Weber § 18 Rn. 10).

10   Die **Grundsätze des § 20** (Freiheit der Wahl, Kosten) gelten bei Vorabstimmungen nach Abs. 1 entsprechend (§ 20 Rn. 5).

II.   Gruppenübergreifender Wahlvorschlag (Abs. 2)

11   **Verhältnis zu Abs. 1.** Die Regelung in Abs. 2 ist unabhängig von derjenigen in Abs. 1. Sie gilt für Gruppenwahl und für gemeinsame Wahl (§ 13 Abs. 2). Beispiel: Die Gruppe der Beamten wählt einen nach seinem Eintritt in den Ruhestand im Arbeitnehmerverhältnis weiterbeschäftigten Beamten. Der Gewählte bleibt dienstrechtlich Arbeitnehmer, gilt aber in seiner Eigenschaft als PR-Mitglied als Beamter (Abs. 2 Satz 2), z. B. bei der Bildung des Vorstands nach § 28, bei Beschlüssen nach § 34 Abs. 4 Satz 2 und bei einem Antrag nach § 37 Abs. 1. Er ist aber bei der Wahl des PR bei der Gruppe der Arbeitnehmer und nicht bei der Gruppe der Beamten wahlberechtigt, ebenso ist er bei einer etwaigen Berufung in den Wahlvorstand der Gruppe der Arbeitnehmer zuzurechnen (s. a. § 13 Rn. 16).

III.   Entsprechende Geltung des § 12

12   § 12 gilt für den GesamtPR (§ 54 Abs. 3), die Stufenvertretungen (§ 55 Abs. 3) und den AusbildungsPR (§ 56 Abs. 3) entsprechend.

§ 13   Wahl des Personalrats

(1) Der Personalrat wird in geheimer und unmittelbarer Wahl gewählt.

(2) [1]**Besteht der Personalrat aus mehr als einer Person, so wählen die Beamten und Arbeitnehmer ihre Vertreter je in getrennten Wahlgängen, es sei denn, dass eine Gruppe nach § 11 Absatz 5 keine Vertretung erhält oder die wahlberechtigten Angehörigen jeder Gruppe vor der Neuwahl in getrennten geheimen Vorabstimmungen die gemeinsame Wahl beschließen.** [2]**Der Beschluss bedarf der Mehrheit der Stimmen aller Wahlberechtigten jeder Gruppe.**

(3) [1]Die Wahl wird nach den Grundsätzen der Verhältniswahl durchgeführt. [2]Wird nur ein Wahlvorschlag eingereicht, so findet Mehrheitswahl statt. [3]In Dienststellen, deren Personalrat aus einer Person besteht, wird dieser mit einfacher Stimmenmehrheit gewählt. [4]Das Gleiche gilt für Gruppen, denen nur ein Vertreter im Personalrat zusteht.

(4) [1]Zur Wahl des Personalrats können die wahlberechtigten Beschäftigten und die in der Dienststelle vertretenen Gewerkschaften Wahlvorschläge machen. [2]Jeder Wahlvorschlag der Beschäftigten muss von mindestens einem Zwanzigstel der wahlberechtigten Gruppenangehörigen unterzeichnet sein. [3]In jedem Fall genügt die Unterzeichnung durch 50 wahlberechtigte Gruppenangehörige. [4]Die nach § 9 Absatz 2 Satz 1 Nummer 3 und 4 in Verbindung mit Satz 2 nicht wählbaren Beschäftigten dürfen keine Wahlvorschläge machen oder unterzeichnen.

(5) [1]Die Wahlvorschläge müssen mindestens so viele Bewerber enthalten, wie erforderlich sind, um die anteilige Verteilung der Sitze im Personalrat und innerhalb der Gruppen auf Frauen und Männer zu erreichen. [2]Wahlvorschläge, die diesem Erfordernis nicht entsprechen, hat der Wahlvorstand nach näherer Maßgabe der Wahlordnung als gültig zuzulassen, wenn die Abweichung schriftlich begründet wird. [3]Die Begründung ist mit dem Wahlvorschlag bekanntzugeben.

(6) Ist gemeinsame Wahl beschlossen worden, so muss jeder Wahlvorschlag der Beschäftigten von mindestens einem Zwanzigstel der wahlberechtigten Beschäftigten unterzeichnet sein; Absatz 4 Satz 3 und 4 gilt entsprechend.

(7) [1]Werden bei gemeinsamer Wahl für eine Gruppe gruppenfremde Bewerber vorgeschlagen, muss der Wahlvorschlag der Beschäftigten von mindestens einem Zwanzigstel der wahlberechtigten Gruppenangehörigen unterzeichnet sein, für die sie vorgeschlagen werden. [2]Absatz 4 Satz 3 und 4 gilt entsprechend.

(8) Jeder Beschäftigte kann nur auf einem Wahlvorschlag benannt werden.

Regelungsinhalt. In § 13 sind die **Grundsätze** festgelegt, nach denen nicht nur **1** der (örtliche) PR, sondern alle Personalvertretungen (vgl. § 1 Rn. 5) zu wählen sind (s. § 54 Abs. 3, § 55 Abs. 3, § 58 Abs. 3, § 62 Abs. 1; wegen der Sonderregelung für die GesamtJAV s. § 66). Die ins Einzelne gehenden Vorschriften über die Vorbereitung und die Durchführung der PR-Wahl enthält die Wahlordnung zum LPVG (WO, s. Anhang).

I.   Geheime und unmittelbare Wahl (Abs. 1)

Die Wahl ist geheim und unmittelbar, und zwar unabhängig davon, ob Grup- **2** penwahl oder gemeinsame Wahl stattfindet, ob nur ein Mitglied des PR oder ob mehrere Mitglieder des PR zu wählen sind. Eine Wahl durch Zuruf ist ebenso unzulässig wie eine Wahl durch Beauftragte (Wahlmänner). Dies gilt auch für die Wahl des GesamtPR und der Stufenvertretungen, die nur von den wahlberechtigten Beschäftigten, nicht aber von den PR der beteiligten Dienststellen gewählt werden können (vgl. § 98 Abs. 1 BPersVG). Aufgrund des ÄG 95 wird allerdings die GesamtJAV seit dem 1.2.1996 nicht mehr gewählt; vielmehr entsendet jede JAV ein Mitglied (§ 66 Abs. 2).

II. Wahlsysteme (Abs. 2)

3 **Gruppenwahl.** Aus dem Gruppenprinzip, einem der tragenden Grundsätze des Personalvertretungsrechts (vgl. § 4 Rn. 16), ergibt sich – und war deshalb auch rahmenrechtlich vorgeschrieben (§ 98 Abs. 2 und 3 BPersVG) –, dass grundsätzlich die Wahlberechtigten der Gruppen ihre Vertreter im PR **in getrennten Wahlgängen** wählen (Gruppenwahl).

4 **Gemeinsame Wahl** findet (nur) statt, wenn der **PR** lediglich aus **einer Person** besteht (vgl. § 10 Abs. 3), wenn eine Gruppe nach § **11 Abs. 5** keine Vertretung erhält oder wenn die **Mehrheit der Wahlberechtigten** jeder in der Dienststelle vertretenen Gruppe (es genügt also nicht die Mehrheit der Abstimmenden) getrennt und geheim diese in einer Vorabstimmung (vgl. § 4 WO) **beschließt.**

5 **Vorabstimmung** über gemeinsame Wahl. Für eine solche Vorabstimmung gilt § 12 entsprechend. Eine etwaige Aufforderung des Abstimmungsvorstands, bei der Vorabstimmung für die gemeinsame Wahl zu stimmen, stellt keine unzulässige Wahlbeeinflussung dar, darin liegt auch keine die Gültigkeit der Wahl berührende Pflichtverletzung (vgl. BVerwG, 21.7.1980 – 6 P 13.80 – PersV 1981, 501). Die Vorabstimmung muss vor der Wahl stattfinden; ihr Ergebnis muss dem Wahlvorstand binnen sechs Arbeitstagen nach der Bekanntgabe der Mitglieder des Wahlvorstands vorliegen (§ 4 i. V. m. § 1 Abs. 3 WO). Eine nachträgliche Genehmigung ist nicht möglich, eine trotzdem durchgeführte Wahl aber nur anfechtbar. Die Grundsätze des § 20 (Freiheit der Wahl, Kosten) gelten bei Vorabstimmungen entsprechend (vgl. § 12 Rn. 10 und § 20 Rn. 5).

6 **Stimmabgabe bei Gruppenwahl und gemeinsamer Wahl.** Bei **Gruppenwahl** wählen die Wahlberechtigten jeder Gruppe **nur die Vertreter ihrer Gruppe;** jeder Wähler kann so viele Stimmen abgeben, als Vertreter der Gruppe, der er angehört, zu wählen sind (§ 20 Abs. 4 Satz 1 WO). Bei **gemeinsamer Wahl** wählen alle Wahlberechtigten **sämtliche PR-Mitglieder** ohne Rücksicht auf die Gruppeneinteilung; jeder Wähler hat so viele Stimmen, als PR-Mitglieder zu wählen sind. Die Verteilung der Sitze auf die Gruppen nach § 11 wird aufgrund der Durchführung einer gemeinsamen Wahl nicht berührt; dementsprechend kann der Wähler bei gemeinsamer Wahl für die Bewerber der einzelnen Gruppen nur so viele Stimmen abgeben, als Vertreter dieser Gruppe zu wählen sind (§ 20 Abs. 4 Satz 2 WO).

III. Wahlvorschläge (Abs. 4 bis 8)

7 **Bewerberliste und Unterschriftenliste.** Wahlvorschläge (dazu im Einzelnen §§ 11 bis 18 WO) bestehen aus der Bewerberliste und der Unterschriftenliste, die zusammen eine einheitliche Urkunde bilden (BVerwG, 10.4.1978 – 6 P 60.78 – PersV 1979, 197 = ZBR 1978, 342; 11.3.2014 – 6 P 5.13 – www.bverwg.de Rn. 16). Zustimmungserklärungen sind nicht Bestandteil des Wahlvorschlags (s. Rn. 18a).

7a **Kennwort.** Wird der Wahlvorschlag nach § 12 Abs. 7 WO mit einem Kennwort versehen, so darf dieses wegen § 20 Abs. 1 Satz 1 nicht irreführend sein (VGH

Mannheim, 12.4.2007 – PL 15 S 940/05 – www.landesrecht-bw.de = ZfPR 2008, 7).

Einreichung beim Wahlvorstand. Wahlvorschläge sind innerhalb von zwölf Ar- **8** beitstagen nach Erlass des Wahlausschreibens (§ 9 WO) während der Dienststunden beim Wahlvorstand einzureichen (§ 11 Abs. 2 Satz 1 WO). Sie werden mit ihrer Einreichung rechtsverbindlich. Der Ort, an dem die Wahlvorschläge abzugeben sind, ist im Wahlausschreiben ausreichend bestimmt anzugeben (vgl. § 9 Abs. 2 Nr. 17 WO sowie BVerwG, 11.8.2009 – 6 PB 16.09 – PersR 2009, 418 = PersV 2009, 465). Vor Erlass des Wahlausschreibens können Wahlvorschläge nicht eingereicht werden. Vorbereitende Handlungen (Kandidatensuche, Unterstützungsunterschriften) sind allerdings zulässig und auch zweckmäßig.

Gewählt werden können nur Bewerber, die **auf** einem **gültigen und** vom Wahl- **9** vorstand **bekannt gemachten Wahlvorschlag** aufgeführt sind (vgl. § 18 Abs. 2 Satz 2 Nr. 2 WO).

Rücknahme und Rückgabe eines Wahlvorschlags. Die Rücknahme eines Wahl- **10** vorschlags nach Einreichung beim Wahlvorstand ist ausgeschlossen (vgl. BVerwG, 11.6.1975 – VII P 15.73 – BVerwGE 48, 317 = PersV 1976, 185). Der Vorsitzende des Wahlvorstands muss mängelbehaftete Wahlvorschläge zur Mängelbeseitigung zurückgeben (vgl. § 14 Abs. 2 WO). Dies muss „unverzüglich" geschehen. Um dem zu genügen, muss der Wahlvorstand Vorkehrungen treffen, um auch am Ende der Einreichungsfrist ihm vorgelegte Wahlvorschläge prüfen zu können und gegebenenfalls eine noch fristgerechte Ergänzung oder Korrektur zu ermöglichen (VG Stuttgart, 16.12.2014 – PL 22 K 3331/14 – n. v.).

Übernimmt der Wahlvorstand bei der Mehrheitswahl die Bewerber nicht in **10a** unveränderter Reihenfolge aus dem eingereichten Wahlvorschlag, begründet dies regelmäßig eine Wahlanfechtung.

Wahlvorschläge der wahlberechtigten Beschäftigten. Für Wahlvorschläge der **11** (wahlberechtigten) Beschäftigten (vgl. Abs. 4 Satz 1 Alt. 1) sind die Unterschriften von mindestens einem Zwanzigstel der wahlberechtigten Gruppenangehörigen, bei gemeinsamer Wahl die Unterschriften von mindestens einem Zwanzigstel der wahlberechtigten Beschäftigten der Dienststelle erforderlich (Abs. 4 Satz 2, Abs. 6 Hs. 1). Dezimalstellen sind nach oben aufzurunden, da andernfalls nicht die Mindestzahl gewahrt wäre. Eine absolute Mindestzahl von Unterschriften ist nicht vorgeschrieben. So genügen z. B. bei 38 Wahlberechtigten einer Gruppe zwei Unterschriften. Ohne Rücksicht auf die Größe der Dienststelle genügt die Unterzeichnung eines Wahlvorschlags durch 50 wahlberechtigte Gruppenangehörige bzw. wahlberechtigte Beschäftigte der Dienststelle (Abs. 4 Satz 3, Abs. 6 Hs. 2; vgl. hierzu auch BVerfG, 23.3.1982 – 2 BvL 1/81 – BVerfGE 60, 162 = PersV 1982, 329). Der von den Wahlberechtigten eigenhändig unterzeichnete Wahlvorschlag muss im Original beim Wahlvorstand eingehen (BVerwG, 11.3.2014 – 6 P 5.13 – www.bverwg.de Rn. 18).

Keine Wahlvorschläge machen oder unterzeichnen dürfen die Beschäftigten, **12** die nach § 9 Abs. 2 Satz 1 Nr. 3 und 4 in Verbindung mit Satz 2 nicht wählbar sind – also der Dienststellenleiter, sein ständiger Vertreter sowie – grundsätzlich – Beschäftigte, die zu selbstständigen Entscheidungen in Personalangelegenheiten der Dienststelle befugt sind, und deren unmittelbare Mitarbeiter, die als Personalsachbearbeiter die Entscheidungen vorbereiten (siehe § 9 Rn. 8 ff.) (Abs. 4 Satz 4, Abs. 6 Hs. 2).

13 **Wahlbewerber und Mitglieder des Wahlvorstands** dürfen Wahlvorschläge unterzeichnen.

14 **Fehlende Unterschriften** können nach Ablauf der Einreichungsfrist nicht mehr nachgereicht werden (§ 14 Abs. 2 Satz 2 WO); entsprechende Wahlvorschläge sind ungültig (§ 15 Abs. 5 Nr. 3 WO). Unterschriften können nach Einreichung des Wahlvorschlags nicht mehr zurückgenommen werden (§ 14 Abs. 3 WO). Vor Einreichung ist dies möglich.

15 **Gewerkschaftliche Wahlvorschläge.** Wahlvorschläge, die von einer in der Dienststelle vertretenen Gewerkschaft eingereicht werden, bedürfen der Unterschrift eines zeichnungsberechtigten Mitglieds des Vorstands einer Gewerkschaft auf Orts-, Bezirks-, Landes- oder Bundesebene (§ 12 Abs. 4 WO). Der Wahlvorstand kann einen Nachweis über die Zeichnungsberechtigung und darüber verlangen, dass seine Gewerkschaft in der Dienststelle vertreten ist (§ 15 Abs. 1 Satz 2 WO; vgl. auch § 2 Rn. 17). Wer Vorstandsmitglied ist, bestimmt sich nach den Statuten der Gewerkschaft.

15a **Ausreichend Bewerberinnen und Bewerber auf Wahlvorschlägen (Abs. 5 Satz 1).** Um seinem Wunsch nach Geschlechtergerechtigkeit (vgl. § 11 Rn. 3) Nachdruck zu verleihen, hat der Gesetzgeber mit dem ÄG 2013 zusätzliche Anforderungen an Wahlvorschläge normiert. Diese müssen mindestens so viele Bewerberinnen und Bewerber enthalten, dass Frauen und Männern entsprechend den Soll-Vorschriften des § 11 Abs. 1 im PR bzw. in der Gruppenvertretung vertreten sein können (vgl. auch § 12 Abs. 2 Satz 1 WO). Enthält der Wahlvorschlag mehr Bewerberinnen und Bewerber als erforderlich sind, um die ermittelten Sitzzahlen für jedes Geschlecht zu erreichen, so ist dies rechtlich unerheblich. Gleichwohl sollte es – so die Landesregierung in ihrem Gesetzentwurf zum ÄG 2013 (LT-Drucksache 15/4224, S. 94) – „dem Wahlvorschlagsträger anempfohlen sein, sich für den kompletten Wahlvorschlag nach der Geschlechterverteilung in der Dienststelle zu richten. Dies soll jedoch nicht Aufgabe des Wahlvorstands sein, darauf hinzuwirken".

Das Verwaltungsgericht Karlsruhe hat jüngst entschieden, dass in dem Fall, dass **einer Gruppe lediglich ein Sitz** im Personalrat zusteht, dem Erfordernis des Abs. 5 Satz 1 keine Bedeutung zukommt (12.12.2014 – PL 12 K 2295/14 – www.landesrecht-bw.de). In Abs. 5 Satz 1 sei von einer *anteiligen* Verteilung der Sitze im Personalrat und innerhalb der Gruppen auf Frauen und Männer die Rede; eine anteilige Vertretung sei aber in Fällen, in denen einer Gruppe von vornherein lediglich ein Sitz im Personalrat zustehe, nicht denkbar (a. a. O. Rn. 33). Dieses Ergebnis folge auch aus der gesetzlichen Regelung in § 11 Abs. 1 Satz 2.

15b **Zulassung inhaltlich wegen Verstoßes gegen Abs. 5 Satz 1 unzureichender Wahlvorschläge (Abs. 5 Satz 2).** Der Wahlvorstand muss einen Wahlvorschlag, der die Anforderungen des Abs. 5 Satz 1 nicht erfüllt, zulassen, wenn die Abweichung schriftlich begründet wird (vgl. auch § 12 Abs. 2 Satz 2 WO, der eine Pflicht zur schriftlichen Begründung einer Abweichung anordnet). Eine Prüfung der „Berechtigung" der geltend gemachten Gründe sieht das Gesetz nicht vor; dementsprechend ordnet § 15 Abs. 1 Satz 1 Nr. 6 WO auch nur eine Prüfung des „Vorliegens" einer schriftlichen Begründung für ein Abweichen an. Die Begründung ist mit dem Wahlvorschlag bekannt zu geben (**Abs. 5 Satz 3**). Als ungültig zurückzuweisen ist ein Wahlvorschlag, der die notwendige schriftliche Begründung nicht enthält (§ 15 Abs. 5 Nr. 7 WO). Nach Auffassung des Verwaltungsgerichts Karlsruhe rechtfertigt ein **Verstoß gegen die Pflicht zur Bekanntgabe der Begründung der Abweichung** des Abs. 5 Satz 3 nicht die Ungültigerklärung der Wahl (12.12.2014 – PL 12 K 2295/ 14 – www.landesrecht-bw.de). Bei dem Erfordernis handele es sich trotz des zwingend ausgestalteten Wortlauts („ist bekannt zu geben") nicht um eine wesentliche Verfahrensvorschrift i. S. v. § 21 Abs. 1, sondern um eine erklärende Ordnungsvorschrift, deren Verletzung nicht zur Ungültigkeit der Wahl führe (a. a. O Rn. 34).

Vorschlag gruppenfremder wählbarer Beschäftigter. Auch bei gemeinsamer **16** Wahl können für eine Gruppe gruppenfremde wählbare Beschäftigte vorgeschlagen werden (vgl. § 12 Abs. 2 Satz 1 und § 12 Rn. 11).

Von den Beschäftigten eingereichte Wahlvorschläge. In diesem Fall müssen die **17** von den Beschäftigten eingereichten Wahlvorschläge, auf denen ein Bewerber für eine Gruppe, der er nicht angehört, vorgeschlagen wird, nicht nur von mindestens einem Zwanzigstel der wahlberechtigten Beschäftigten der Dienststelle, sondern auch von mindestens einem Zwanzigstel der wahlberechtigten Gruppenangehörigen, für die der gruppenfremde Bewerber vorgeschlagen wird, unterzeichnet sein (Abs. 7 Satz 1). Dies ist mit dem Gleichbehandlungsgrundsatz des Art. 3 Abs. 1 GG vereinbar (BVerwG, 3.2.1988 – 6 P 12.86 – BVerwGE 79, 40 = PersR 1988, 156 = PersV 1988, 499). In jedem Fall genügen aber ohne Rücksicht auf die Größe der Dienststelle 50 Unterschriften der wahlberechtigten Beschäftigten und 50 Unterschriften der wahlberechtigten Angehörigen der Gruppe, für die ein gruppenfremder Bewerber vorgeschlagen wird (Abs. 7 Satz 2, Abs. 4 Satz 3). Auch hier dürfen die in § 9 Abs. 2 Satz 1 Nr. 3 und 4 in Verbindung mit Satz 2 genannten nicht wählbaren Beschäftigten keine Wahlvorschläge machen und unterzeichnen (Abs. 7 Satz 2, Abs. 4 Satz 4; vgl. Rn. 12).

Gewerkschaftliche Wahlvorschläge. Bei Wahlvorschlägen der in der Dienst- **18** stelle vertretenen Gewerkschaften genügt, auch wenn gruppenfremde Bewerber für eine Gruppe vorgeschlagen werden, die Unterzeichnung durch ein zeichnungsberechtigtes Mitglied des Vorstands der Gewerkschaft auf Orts-, Bezirks-, Landes- oder Bundesebene (vgl. Rn. 15).

Zustimmungserklärungen. Dem Wahlvorschlag ist die schriftliche Zustimmung **18a** der in ihm aufgeführten Bewerber zur Aufnahme in den Wahlvorschlag beizufügen (§ 13 Abs. 2 WO). Bereits aus dem Wortlaut des § 13 Abs. 2 WO ergibt sich, dass die Zustimmungserklärung nicht Bestandteil des Wahlvorschlags ist.

Das Schriftformerfordernis ist nur erfüllt, wenn die vom Bewerber unterschriebene Zustimmungserklärung beim Wahlvorstand eingereicht wird; eine Übermittlung per Telefax reicht nicht aus (vgl. BVerwG, 11.3.2014 – 6 P 5.13 – www.bverwg.de).

18b Fehlende **Zustimmungserklärungen** können nach Ablauf der Einreichungsfrist nicht mehr nachgereicht werden (§ 14 Abs. 2 Satz 2 WO). In den Wahlvorschlägen sind die Bewerber zu streichen, deren Zustimmungserklärung fehlt oder nicht rechtzeitig oder unter einer Bedingung vorgelegt worden ist (§ 15 Abs. 2 Satz 1 Nr. 2 WO). Zustimmungserklärungen können nach Einreichung des Wahlvorschlags nicht mehr zurückgenommen werden (§ 14 Abs. 3 WO). Vor Einreichung ist dies möglich.

19 **Sonderfälle bei gemeinsamer Wahl.** Ist gemeinsame Wahl nach Abs. 2 beschlossen worden (vgl. Rn. 4) und **wurde nur für eine Gruppe ein gültiger Wahlvorschlag eingereicht** oder wurden die Wahlvorschläge für die andere Gruppe zurückgezogen, kann eine gemeinsame Wahl nicht stattfinden (vgl. Ilbertz-Widmaier § 19 Rn. 26). Es ist nach § 11 Abs. 2 Satz 3 zu verfahren, d. h. die Zahl der Sitze der anderen Gruppe ist zu erhöhen (Altvater/Coulin/Klimpe-Auerbach § 17 Rn. 7). Ebenso ist nach § 11 Abs. 2 Satz 3 zu verfahren, wenn zwar gemeinsame Wahl ordnungsmäßig beschlossen wurde, aber für eine Gruppe auf allen eingereichten Wahlvorschlägen **keine Bewerber gültig benannt** wurden (vgl. § 16 Abs. 4 Nr. 1 WO).

20 Die **Nichtzulassung** (Rückgabe) **eines gültigen Wahlvorschlags** ist als Verletzung einer wesentlichen Vorschrift über das Wahlverfahren i. S. des § 21 anzusehen (vgl. BVerwG, 26.11.2008 – 6 P 7.08 – www.bverwg.de = BVerwGE 132, 276 = PersR 2009, 267 = PersV 2009, 138).

21 **Änderung eines Wahlvorschlags.** Bei einer Änderung des Wahlvorschlags nach der Unterzeichnung decken die Unterschriften diesen nur insoweit, als die Zustimmung der Unterzeichner zu der Änderung erteilt worden ist. Unterschriften von Unterzeichnern, die der Änderung nicht nachweislich zugestimmt haben, können nicht mitgezählt werden. Die Bewerberliste darf keine Änderungen enthalten; in der Unterschriftenliste dürfen – vor Einreichung beim Wahlvorstand – Fehler berichtigt und mit Zustimmung der Betroffenen auch Namen gestrichen werden (BVerwG, 14.4.1978 – 6 P 60.78 – PersV 1979, 197 = ZBR 1978, 342). Die Berichtigung der Schreibweise eines Namens ist, wenn zu berechtigten Zweifeln daran, dass alle Unterzeichner dieselbe Person als Bewerber bezeichnet haben, kein Anlass besteht, keine Änderung des Wahlvorschlags. Die Änderung der Bezeichnung eines Wahlvorschlags vor dessen Einreichung beim Wahlvorstand berührt nicht die Identität des Wahlvorschlags und die Gültigkeit der vorher erteilten Kandidatenzustimmungen und Unterstützungsunterschriften.

22 **Unterzeichnung mehrerer Wahlvorschläge.** Die Unterzeichnung mehrerer Wahlvorschläge durch einen Wahlberechtigten ist nach § 15 Abs. 4 WO zu behandeln. Sein Name ist unter allen eingereichten Wahlvorschlägen zu streichen. Sofern Wahlvorschläge danach nicht mehr die erforderliche Anzahl von

Unterschriften aufweisen, hat sie der Wahlvorstand dem Listenvertreter (vgl. § 12 Abs. 5 WO) mit der Auflage, die fehlenden Unterschriften binnen drei Arbeitstagen nachzubringen, zurückzugeben.

Auf mehreren Wahlvorschlägen als Bewerber. Ist ein Beschäftigter mit seiner   **23** Zustimmung auf mehreren Wahlvorschlägen als Bewerber benannt worden, ist nach § 15 Abs. 3 WO zu verfahren. Der Bewerber ist aufzufordern, innerhalb von drei Arbeitstagen zu erklären, auf welchem Wahlvorschlag er benannt bleiben will. Gibt er die Erklärung nicht bzw. nicht fristgerecht ab, wird er auf allen Wahlvorschlägen gestrichen. Das Verbot der Doppelkandidatur bezieht sich nur auf eine Stufe, d. h. ein Wahlbewerber kann auf allen Stufen (PR, Stufenvertretungen, GesamtPR) gleichzeitig kandidieren.

Im Wahlvorschlag angegebene Amts- und Funktionsbezeichnung. Die im   **24** Wahlvorschlag angegebene Amts- und Funktionsbezeichnung (vgl. § 12 Abs. 3 Satz 2 WO) ist im dienstrechtlichen Sinne zu verstehen (z. B. Schreibkraft, Datenerfasser, Sachbearbeiter, Hilfssachbearbeiter, Referent, Sachgebietsleiter, Kraftfahrer, Hausmeister, Regierungsinspektor, Regierungsdirektorin). Die Bezeichnung „Personalrat" ist keine entsprechende Bezeichnung; die Verwendung dieser Bezeichnung im Stimmzettel (vgl. §§ 18, 21 WO) stellt einen Verstoß gegen eine wesentliche Vorschrift des Wahlverfahrens dar (§ 21 Abs. 1) und führt bei Wahlanfechtung zur Ungültigkeit der Wahl. Ebenfalls um keine Amts- oder Funktionsbezeichnung handelt es sich z. B. bei der Angabe „Betriebswirt".

IV. Verhältniswahl und Mehrheitswahl (Abs. 3)

Verhältniswahl. Grundsätzlich gelten bei der Wahl die Grundsätze der Verhält-   **25** niswahl (**Satz 1**). Nach diesen Grundsätzen ist zu wählen, wenn – bei **Gruppenwahl** – für die betreffende Gruppe mehrere gültige Wahlvorschläge eingegangen und mehrere Vertreter zu wählen sind oder – bei **gemeinsamer Wahl** – mehrere gültige Wahlvorschläge eingegangen sind und mehr als ein Vertreter zu wählen ist.
Vgl. die besonderen Vorschriften für die Verhältniswahl in §§ 33 bis 39 WO.

Mehrheitswahl. Nach den Grundsätzen der Mehrheitswahl ist zu wählen,   **26** wenn – bei **Gruppenwahl** – für die betreffende Gruppe nur ein gültiger Wahlvorschlag eingegangen ist (**Satz 2**) oder nur ein Vertreter zu wählen ist (**Satz 4 i. V. m. Satz 3**; vgl. VG Karlsruhe, 16.7.2010 – PL 12 K 1234/10 – www.landesrecht-bw.de) oder – bei **gemeinsamer Wahl** – nur ein gültiger Wahlvorschlag eingegangen ist (**Satz 2**) oder nur ein Personalratsmitglied zu wählen ist (**Satz 3**).
Vgl. die besonderen Vorschriften für die Mehrheitswahl in §§ 40 bis 44 WO.

Gesonderte Feststellung im Fall der Gruppenwahl. Im Falle der Gruppenwahl   **27** muss für jeden der beiden Wahlgänge gesondert festgestellt werden, ob dieser nach den Grundsätzen der Mehrheits- oder der Verhältniswahl durchzuführen ist (vgl. Altvater/Coulin/Klimpe-Auerbach § 17 Rn. 8).

28   **Stimmenzahl.** Sowohl bei Verhältniswahl als auch bei Mehrheitswahl kann jeder Wähler so viele Stimmen abgeben, als bei Gruppenwahl Vertreter der Gruppe, der er angehört, bei gemeinsamer Wahl PR-Mitglieder insgesamt zu wählen sind (§ 20 Abs. 4 Satz 1 WO). Bei gemeinsamer Wahl kann er jedoch für die Bewerber der einzelnen Gruppen nur so viele Stimmen abgeben, als Vertreter dieser Gruppen zu wählen sind (§ 20 Abs. 4 Satz 2 WO).

29   **Panaschieren und Kumulieren bei Verhältniswahl.** Im Falle der Verhältniswahl kann der Wähler gemäß § 33 Satz 1 Hs. 1 WO Bewerber innerhalb der gleichen Gruppe aus anderen Wahlvorschlägen übernehmen (panaschieren). Dies geschieht in der Regel durch handschriftliche Beifügung der Namen der aus anderen Wahlvorschlägen zu übernehmenden Bewerber auf den Stimmzettel, mit dem gewählt wird, und durch Beifügung eines Kreuzes oder einer Zahl zu diesen Namen. Außerdem kann der Wähler im Falle der Verhältniswahl gemäß § 33 Satz 1 Hs. 2 WO jedem Bewerber bis zu drei Stimmen geben (kumulieren). Die ihm insgesamt oder im Falle der gemeinsamen Wahl für Bewerber jeder Gruppe zustehende Zahl von Stimmen (vgl. Rn. 28) darf er dabei nicht überschreiten.

30   **Nur eine Stimme pro Bewerber bei Mehrheitswahl.** Im Falle der Mehrheitswahl kann der Wähler jedem Bewerber nur eine Stimme geben (§ 40 Satz 1 WO). Stimmenhäufung (Kumulation) ist also anders als im Falle der Verhältniswahl nicht zulässig (vgl. § 42 Abs. 2 WO). Panaschieren (vgl. Rn. 29) ist bei Mehrheitswahl nicht möglich (vgl. auch § 41 Abs. 1 und 2 WO).

31   **Ermittlung der gewählten Bewerber im Falle der Verhältniswahl. Bei Gruppenwahl** werden die für jeden Bewerber abgegebenen gültigen Stimmen ermittelt. Sodann werden die auf sämtliche Bewerber eines jeden Wahlvorschlags entfallenden Stimmen zusammengezählt (§ 37 Abs. 1 Satz 2 WO). Stimmen, die für einen Bewerber abgegeben worden sind, der vom Wähler aus einem anderen Wahlvorschlag übernommen worden ist (vgl. Rn. 29), sind zugunsten des Wahlvorschlags, aus dem er übernommen worden ist, zu zählen (§ 37 Abs. 1 Satz 5 WO).
Beispiel: Ein Bewerber wird aus dem Wahlvorschlag 2 in den Wahlvorschlag 1 übernommen. Die für ihn abgegebenen Stimmen sind dem Wahlvorschlag 2 gutzuschreiben.
Die für die einzelnen Wahlvorschläge ermittelten Gesamtstimmenzahlen werden nebeneinander gestellt und der Reihe nach durch 1, 2, 3 usw. geteilt (§ 37 Abs. 1 Satz 2 WO). Auf die jeweils höchste Teilzahl (Höchstzahl) wird so lange ein Sitz zugeteilt, bis alle der Gruppe zustehenden Sitze verteilt sind – d'Hondt'sches Höchstzahlverfahren – (§ 37 Abs. 1 Satz 3 WO). Innerhalb der Wahlvorschläge werden die Sitze auf die Bewerber in der Reihenfolge der von ihnen erreichten Stimmenzahlen zugeteilt (§ 37 Abs. 2 Satz 1 WO).

32   **Bei gemeinsamer Wahl** ist ebenfalls von der Zahl der für die einzelnen Bewerber abgegebenen gültigen Stimmen auszugehen. Die auf die Bewerber gleicher Gruppenzugehörigkeit der einzelnen Wahlvorschläge entfallenen Stimmen werden zusammengezählt (§ 38 Abs. 1 Satz 2 WO). Für jede Gruppe werden die für die einzelnen Wahlvorschläge ermittelten Gesamtstimmenzahlen nebeneinander gestellt und der Reihe nach durch 1, 2, 3 usw. geteilt (§ 38 Abs. 1 Satz 2 WO). Auf die jeweils höchste Teilzahl (Höchstzahl) wird so lange ein Sitz zugeteilt, bis alle der Gruppe zustehenden Sitze verteilt sind (§ 38 Abs. 1 Satz 3 WO). Innerhalb der Wahlvorschläge werden die den einzelnen Gruppen zugefallenen Sitze auf die Bewerber der entsprechenden Gruppen in der Reihenfolge der von ihnen erreichten Stimmenzahlen zugeteilt (§ 38 Abs. 2 Satz 1 WO).

Gleiche Höchstzahlen. Ist bei gleichen Höchstzahlen nur noch ein Sitz oder **33** sind bei drei gleichen Höchstzahlen nur noch zwei Sitze zu verteilen, so entscheidet das Los (§ 37 Abs. 1 Satz 4 bzw. § 38 Abs. 1 Satz 4 WO).

Gleiche Stimmenzahl mehrerer Bewerber eines Wahlvorschlags. Haben inner- **34** halb eines Wahlvorschlags, bei gemeinsamer Wahl innerhalb einer Gruppe, mehrere Bewerber die gleiche Stimmenzahl erhalten, entscheidet die Reihenfolge der Benennung im Wahlvorschlag (§ 37 Abs. 2 Satz 3, § 38 Abs. 2 Satz 2 WO).

Ersatzmitglieder. Die Bewerber, auf die kein Sitz entfällt, sind in der Reihen- **35** folge der von ihnen erreichten Stimmenzahlen als Ersatzmitglieder ihres Wahlvorschlags für die Gruppe, für die sie vorgeschlagen wurden, festzustellen (§ 37 Abs. 2 Satz 4, § 38 Abs. 2 Satz 2 WO). Ersatzmitglieder können natürlich nur für die Wahlvorschläge bzw. bei gemeinsamer Wahl für die Gruppen innerhalb der Wahlvorschläge festgestellt werden, die mindestens einen Sitz erhalten haben.

Enthält – bei **Gruppenwahl** – ein Wahlvorschlag weniger Bewerber, als ihm **36** nach der Zahl der auf ihn entfallenen Höchstzahlen Sitze zustehen würden, so fallen die überschüssigen Sitze den übrigen Wahlvorschlägen in der Reihenfolge der nächsten Höchstzahlen zu (§ 37 Abs. 3 Satz 1 WO).

Enthält – bei **gemeinsamer Wahl** – ein Wahlvorschlag weniger Bewerber einer **37** Gruppe, als dieser nach der Zahl der auf sie entfallenen Höchstzahlen Sitze zustehen würden, so fallen die überschüssigen Sitze den Bewerbern derselben Gruppe auf den übrigen Wahlvorschlägen in der Reihenfolge der nächsten Höchstzahlen dieser Gruppe zu (§ 38 Abs. 3 Satz 1 WO). Die überschüssigen Sitze fallen nicht etwa der anderen Gruppe desselben Wahlvorschlags zu.

Enthalten – bei **Gruppenwahl** – alle Wahlvorschläge oder – bei **gemeinsamer** **38** **Wahl** – alle Wahlvorschläge für dieselbe Gruppe zu wenig Bewerber, bleiben die überschüssigen Sitze unbesetzt (§ 37 Abs. 3 Satz 2, § 38 Abs. 3 Satz 2 WO). Sie gehen also, im Gegensatz zu dem in § 16 Abs. 4 Nr. 1 und § 7 Abs. 4 WO genannten Fall, nicht auf die andere Gruppe über.

Die auf einen Bewerber entfallenden Stimmen, dessen **Wählbarkeit nach Be-** **39** **kanntgabe des Wahlvorschlags** (§ 18 WO) **weggefallen** ist (z. B. aufgrund einer Versetzung, die im Zeitpunkt der Bekanntgabe noch nicht bekannt war), sind bei der Ermittlung der Gesamtstimmenzahlen eines Wahlvorschlags bzw. einer Gruppe dennoch zu berücksichtigen.

40   Sind – im Falle der **Mehrheitswahl** – mehrere Bewerber aufgrund eines **Wahlvorschlags** zu wählen, so sind nach § 43 Abs. 1 Satz 1 WO bei **Gruppenwahl** die Bewerber in der Reihenfolge der jeweils höchsten auf sie entfallenen Stimmenzahl gewählt (Nr. 1), bei **gemeinsamer Wahl** die den einzelnen Gruppen zustehenden Sitze mit Bewerbern dieser Gruppe in der Reihenfolge der jeweils höchsten auf sie entfallenen Stimmenzahlen zu besetzen (Nr. 2).

41   Ist **ein Bewerber aufgrund eines oder mehrerer Wahlvorschläge** zu wählen, so ist der Bewerber gewählt, der die meisten Stimmen erhalten hat (vgl. § 43 Abs. 2 Satz 1, § 43 Abs. 4 WO).

42   Haben **mehrere Bewerber** die **gleiche Stimmenzahl** erhalten, entscheidet das Los (§ 43 Abs. 1 Satz 2, Abs. 2 Satz 2, Abs. 4 WO) und nicht, wie im Falle der Verhältniswahl, die Reihenfolge der Benennung auf dem Wahlvorschlag (vgl. § 37 Abs. 2 Satz 3, § 38 Abs. 2 Satz 2 WO).

V. Briefwahl

43   § 23 WO enthält Regelungen über die Briefwahl. Voraussetzung der Briefwahl ist nicht mehr, dass der wahlberechtigte Beschäftigte im Zeitpunkt der Wahl verhindert ist, seine Stimme persönlich abzugeben; **Briefwahl** ist infolgedessen **uneingeschränkt zulässig**.

44   Zu den Möglichkeiten des Wahlvorstands, in bestimmten Konstellationen bzw. für bestimmte Beschäftigte Briefwahl anzuordnen, s. § 24 und § 25 WO.

---

§ 14   Zusammensetzung des Personalrats nach Beschäftigungsarten und Dienststellenteilen

(1) Der Personalrat soll sich aus Vertretern der verschiedenen Beschäftigungsarten und verschiedener Organisationseinheiten der Dienststelle zusammensetzen.

(2) [1]Dem Personalrat beim Landratsamt sollen Beschäftigte des Landkreises und des Landes entsprechend ihren Anteilen an den in der Regel Beschäftigten des Landratsamts angehören. [2]Dies gilt entsprechend für die Vertretung in den Gruppen im Personalrat.

1   § 14 enthält wie die Aufforderung zur geschlechteranteiligen Besetzung des PR (vgl. § 11 Rn. 2) **Wünsche des Gesetzgebers**. Die Beschäftigten und die Gewerkschaften sollen bei der Einreichung von Wahlvorschlägen (vgl. § 13 Abs. 4) die **verschiedenen Beschäftigungsarten** innerhalb der Dienststelle (z. B. bei den Beamten die verschiedenen Laufbahngruppen, technische und nichttechnische Beschäftigte, Sachbearbeiter und Kanzleikräfte) und – seit Inkrafttreten des ÄG 2013 – die **verschiedenen Organisationseinheiten** berücksichtigen (**Abs. 1**). Der mit dem ÄG 2013 neu ins Gesetz aufgenommene **Abs. 2** trägt den **Besonderheiten des Landratsamts** Rechnung (vgl. § 5 Abs. 5 Satz 2 sowie § 5 Rn. 48). Die Nichtbeachtung dieser Vorschriften beeinträchtigt weder die

Gültigkeit eines Wahlvorschlags noch die Gültigkeit der Wahl selbst, auch rechtfertigt sie nicht die Anfechtung der Wahl.

§ 14 gilt für den GesamtPR (§ 54 Abs. 3), die Stufenvertretungen (§ 55 Abs. 3) **2** und – beschränkt auf Abs. 1 – den AusbildungsPR (§ 58 Abs. 3) entsprechend.

§ 15 Wahlvorstand

(1) ¹Der Wahlvorstand besteht aus drei wahlberechtigten Beschäftigten. ²Sind in der Dienststelle Angehörige verschiedener Gruppen beschäftigt, so muss jede Gruppe im Wahlvorstand vertreten sein. ³Beide Geschlechter sollen im Wahlvorstand vertreten sein.

(2) Ein Mitglied des Wahlvorstands wird zum Vorsitzenden sowie ein weiteres Mitglied zum stellvertretenden Vorsitzenden bestimmt.

(3) ¹Für jedes Mitglied des Wahlvorstands können Ersatzmitglieder derselben Gruppe bestellt werden. ²Ein Ersatzmitglied tritt in den Wahlvorstand ein, wenn ein Mitglied aus dem Wahlvorstand ausscheidet oder ein Mitglied des Wahlvorstands zeitweilig verhindert ist.

(4) ¹Ist der Vorsitzende des Wahlvorstands zeitweilig verhindert, vertritt ihn der stellvertretende Vorsitzende; scheidet der Vorsitzende aus dem Wahlvorstand aus, so ist der Vorsitz neu zu bestimmen. ²Unabhängig davon tritt jeweils das Ersatzmitglied nach Absatz 3 Satz 2 ein.

(5) § 41 Absatz 1 Satz 2, § 43 Absatz 2 Satz 2 und § 47 Absatz 1 Satz 1 und Absatz 2 sowie Absatz 4 gelten entsprechend für die Mitglieder des Wahlvorstands und Ersatzmitglieder, solange sie in den Wahlvorstand eingetreten sind.

I. Größe und Zusammensetzung des Wahlvorstands (Abs. 1)

Zwingende Vorgaben und Wunsch des Gesetzgebers. Satz 1 und Satz 2 enthalten zwingende Vorgaben: Der Wahlvorstand muss aus **drei wahlberechtigten Beschäftigten** bestehen. Und jede in der Dienststelle vertretene **Gruppe** muss im **Wahlvorstand vertreten** sein; sind in einer Dienststelle sowohl Beamte als auch Arbeitnehmer beschäftigt, so darf sich der Wahlvorstand also weder ausschließlich aus Beamten noch ausschließlich aus Arbeitnehmern zusammensetzen. Hingegen bringt Satz 3 bezüglich des Vertretenseins von **Frauen und Männern** wiederum lediglich einen Wunsch des Gesetzgebers zum Ausdruck. Zur Bestellung des Wahlvorstands verhält sich Abs. 1 (anders als § 20 Abs. 1 Satz 1 in der vor Inkrafttreten des ÄG 2013 geltenden Fassung) nicht; s. dazu § 16.

II. Vorsitzender und stellvertretender Vorsitzender (Abs. 2)

Abs. 2 ordnet an, dass eines der drei Mitglieder des Wahlvorstands dessen **Vorsitzender** **2** und ein weiteres Mitglied dessen **stellvertretender Vorsitzender** sein muss. Verschiedenen Gruppen müssen die beiden nicht angehören.

III. Ersatzmitglieder (Abs. 3)

3 Satz 1 sieht die Möglichkeit, aber nicht die Pflicht vor, dass „für jedes Mitglied des Wahlvorstands" – also **personenbezogen** – Ersatzmitglieder bestellt werden. Ein Ersatzmitglied für einen Beamten muss auch Beamter, ein Ersatzmitglied für einen Arbeitnehmer auch Arbeitnehmer sein („derselben Gruppe"). Wer die Ersatzmitglieder bestellt, ist in Satz 3 nicht geregelt; vgl. dazu § 16 Rn. 2.

4 Im Gesetzentwurf der Landesregierung zum ÄG 2013 heißt es, „die Aufnahme von Bestimmungen zur Bestellung von Ersatzmitgliedern" entspreche „dem praktischen Bedürfnis der Praxis nach Rechtssicherheit" (LT-Drucksache 15/ 4224, S. 96). Durch die Bestellung von Ersatzmitgliedern solle „auch die Bereitschaft der Beschäftigten zur Übernahme von Wahlvorstandsaufgaben gefördert werden, weil der Druck, das Wahlverfahren unbedingt durchstehen zu müssen, verringert wird".

5 Der **Eintritt** eines Ersatzmitglieds in den Wahlvorstand kann dauerhaft – Eintritt für ein ausgeschiedenes Mitglied – oder vorübergehend – Eintritt für ein zeitweilig verhindertes Mitglied – sein (vgl. **Satz 2**). Zum „Ausscheiden" und zur „zeitweiligen Verhinderung" s. auch § 27 Abs. 1 und § 27 Rn. 1 ff.

IV. Zeitweilige Verhinderung und Ausscheiden des Vorsitzenden (Abs. 4)

6 Die Vertretung des zeitweilig verhinderten Vorsitzenden erfolgt durch den stellvertretenden Vorsitzenden (Abs. 4 Satz 1 Hs. 1). Scheidet der Vorsitzende aus dem Wahlvorstand aus, wird nicht etwa der stellvertretende Vorsitzende der Vorsitzende, sondern der Vorsitz ist neu zu bestimmen (Abs. 4 Satz 1 Hs. 2). Für den zeitweilig verhinderten oder ausscheidenden Vorsitzenden tritt jeweils dessen nach Abs. 3 bestelltes Ersatzmitglied ein (Abs. 4 Satz 2), allerdings grundsätzlich nur als „einfaches Mitglied" (vgl. LT-Drucksache 15/4224, S. 96); Vorsitzender wird das Ersatzmitglied nur, wenn es dazu bestimmt wird. Im Gesetzentwurf der Landesregierung ist im Zusammenhang mit der Regelung des Abs. 4 noch ausgeführt (LT-Drucksache 15/4224, S. 96): „Unbeschadet bleibt die vollständige Neubestellung des Wahlvorstands durch den Personalrat, wenn weder das nachgerückte Ersatzmitglied noch die verbliebenen Mitglieder die Vorsitzfunktion zu übernehmen bereit sind und ihr Amt niederlegen. In entsprechender Anwendung des § 31 Absatz 4 [*Anm. des Verfassers: nunmehr § 27 Abs. 4*] ist davon auszugehen, dass weitere Ersatzmitglieder nicht einrücken."

V. Geltung von Schutzvorschriften (Abs. 5)

7 Abs. 5 ordnet die entsprechende Anwendung von den PR betreffende Vorschriften auf die Mitglieder des Wahlvorstands und eingetretene Ersatzmitglieder an (vgl. vor Inkrafttreten des ÄG 2013 § 24 Abs. 1 Satz 3, Abs. 2 Satz 3). Im Einzelnen geht es um Reisekosten (§ 41 Abs. 1 Satz 2), Beanspruchung über die individuell maßgebliche Arbeitszeit hinaus (§ 43 Abs. 2 Satz 1) sowie den Schutz des Arbeitsplatzes (§ 47 Abs. 1 Satz 1, Abs. 2 und Abs. 4).

§ 16 Bestellung oder Wahl des Wahlvorstands

(1) Spätestens zwölf Wochen vor Ablauf seiner Amtszeit bestellt der Personalrat den Wahlvorstand und bestimmt den Vorsitzenden und den stellvertretenden Vorsitzenden.

(2) [1]Auf Antrag von mindestens drei wahlberechtigten Beschäftigten oder einer in der Dienststelle vertretenen Gewerkschaft beruft der Leiter der Dienststelle eine Personalversammlung zur Wahl des Wahlvorstands und zur Bestimmung des Vorsitzes ein, wenn
1. der Personalrat zehn Wochen vor Ablauf seiner Amtszeit keinen Wahlvorstand bestellt hat oder
2. in einer Dienststelle, die die Voraussetzungen des § 10 Absatz 1 erfüllt, kein Personalrat besteht.
[2]Die Personalversammlung wählt einen Versammlungsleiter.

(3) Findet die einberufene Personalversammlung nicht statt oder wählt die Personalversammlung keinen Wahlvorstand, so bestellt ihn der Leiter der Dienststelle auf Antrag von mindestens drei wahlberechtigten Beschäftigten oder einer in der Dienststelle vertretenen Gewerkschaft.

§ 16 fasst nunmehr die Möglichkeiten zusammen, wie ein Wahlvorstand ins **1** Amt kommen kann. Die Vorschrift umfasst Regelungen aus den §§ 20 bis 22 in der Fassung vor Inkrafttreten des ÄG 2013. Bei der Bestellung oder Wahl des PR sind die Regelungen des § 15 über den Wahlvorstand zu beachten.

I. Bestellung des Wahlvorstands durch den PR (Abs. 1)

Abs. 1 verpflichtet den in einer Dienststelle bestehenden PR, den **Wahlvorstand** **2** (vgl. § 16 Abs. 1) zu bestellen und den **Vorsitzenden** und den **stellvertretenden Vorsitzenden** (vgl. § 15 Abs. 2) zu bestimmen. Das vor Inkrafttreten des ÄG 2013 geltende Recht sah als Zeitpunkt des Tätigwerdens des PR „spätestens acht Wochen vor Ablauf seiner Amtszeit" vor (§ 20 Abs. 1 Satz 1). Nunmehr muss der PR spätestens zwölf Wochen vor Ablauf seiner Amtszeit tätig werden. Der PR kann bei der Bestellung der Mitglieder des Wahlvorstands auch von der Möglichkeit des § 15 Abs. 3 Satz 1 Gebrauch machen und Ersatzmitglieder (vgl. § 15 Rn. 3) bestellen.

II. Wahl des Wahlvorstands durch eine Personalversammlung (Abs. 2)

Für die Fälle, dass der **PR** zehn Wochen vor Ablauf seiner Amtszeit seiner **3** **Verpflichtung** zur Bestellung und Bestimmung **nach Abs. 1 nicht nachgekommen** ist (**Nr. 1**) oder in einer personalratsfähigen Dienststelle **kein PR** besteht (**Nr. 2**), sieht Satz 1 die Einberufung einer Personalversammlung zur Wahl des Wahlvorstands und zur Bestimmung des Vorsitzenden und des stellvertretenden Vorsitzenden („Vorsitz") durch den Dienststellenleiter vor. Die Einberufung setzt einen Antrag entweder von mindestens drei wahlberechtigten Beschäftigten (zur Wahlberechtigung s. § 8) oder einer in der Dienststelle vertretenen

Gewerkschaft (vgl. § 2 Rn. 17) voraus. Der Dienststellenleiter sollte die Beschäftigten auf dieses Antragserfordernis und die ggf. eintretenden Konsequenzen in geeigneter Weise hinweisen; gesetzlich verpflichtet ist er dazu allerdings nicht. Bleibt er trotz Vorliegens eines Antrags untätig, kann er im Dienstaufsichtswege zur Erfüllung seiner Pflichten angehalten werden.

4 **Fälle der Nr. 2.** Nr. 2 wird etwa bedeutsam, wenn eine Dienststelle neu errichtet wird, wenn Außenstellen, Nebenstellen oder Teile einer Dienststelle nach § 5 Abs. 1 oder einer nach § 5 Abs. 4 zusammengefassten Dienststelle gemäß § 5 Abs. 3 zu einer personalvertretungsrechtlich selbstständigen Dienststelle erklärt oder zu einer solchen zusammengefasst werden, wenn mehrere Dienststellen gemäß § 9 Abs. 4 zu einer Dienststelle zusammengefasst werden oder wenn in einer Dienststelle, die bisher die Voraussetzungen des § 10 Abs. 1 nicht erfüllt hat, infolge einer Personalverstärkung ein PR zu bilden ist. Nach Nr. 2 ist auch zu verfahren, wenn alle Mitglieder und Ersatzmitglieder des PR ihr Amt niedergelegt haben (s. auch § 25 Rn. 3).

5 **Keine Fälle von Nr. 2.** Ist die **PR-Wahl** mit Erfolg angefochten und deshalb **für ungültig erklärt** worden (vgl. § 21 Abs. 2 Satz 1, § 23 Abs. 1 Nr. 5) oder wurde der **PR** durch Gerichtsentscheidung **aufgelöst** (vgl. § 24 Abs. 1, § 23 Abs. 1 Nr. 4), wird der Wahlvorstand vom Vorsitzenden der Fachkammer des Verwaltungsgerichts bestellt (§ 21 Abs. 2 Satz 1, § 24 Abs. 3 Satz 1).

6 **Fälle des § 23 Abs. 1 Satz 1 Nr. 1 bis 3.** In den Fällen des § 23 Abs. 1 Satz 1 Nr. 1 bis 3 wird der Wahlvorstand vom vorübergehend gemäß § 23 Abs. 1 Satz 2 noch weiteramtierenden PR bestellt (s. § 23 Rn. 21).

7 **Versammlungsleiter.** Satz 2 sieht die Wahl eines Versammlungsleiters durch die Personalversammlung vor.

8 **Kein Antrag nach Abs. 2.** Stellen weder mindestens drei wahlberechtigte Beschäftigte noch eine in der Dienststelle vertretene Gewerkschaft einen Antrag nach Abs. 2, kann kein Wahlvorstand gebildet werden und eine PR-Wahl infolgedessen nicht stattfinden. Eine Bestellung des Wahlvorstands durch den Dienststellenleiter kommt nicht in Betracht, denn Abs. 3 setzt zumindest eine „einberufene Personalversammlung" voraus.

III. Bestellung des Wahlvorstands durch den Dienststellenleiter (Abs. 3)

9 Für die Fälle, dass die nach Abs. 2 **einberufene Personalversammlung** (etwa mangels Beteiligung [vgl. LT-Drucksache 15/4224, S. 97]) **nicht stattfindet** oder sie zwar stattfindet, aber **keinen Wahlvorstand wählt** (etwa weil sich überhaupt niemand oder nicht ausreichend viele und geeignete Personen bereit erklären, Mitglied des Wahlvorstands zu werden), bestellt der Leiter der Dienststelle den Wahlvorstand. Er ist bei seiner an Vorschläge der Beschäftigten oder einer in der Dienststelle vertretenen Gewerkschaft nicht gebunden.

Antragserfordernis. Der Dienststellenleiter sollte die Beschäftigten in geeigneter **10** Weise darauf hinweisen, dass ein Wahlvorstand von ihm nur bestellt wird, wenn drei Wahlberechtigte oder eine in der Dienststelle vertretene Gewerkschaft dies beantragen (vgl. Rn. 3). Wenn ein solcher Antrag vorliegt, muss er tätig werden. Kommt er dieser Pflicht nicht nach, kann er im Dienstaufsichtswege dazu angehalten werden.

IV. Entsprechende Anwendung des § 16

Zum GesamtPR s. § 54 Abs. 4, insbesondere Nr. 2, zu den Stufenvertretungen **11** s. § 55 Abs. 3, der seinerseits auch auf § 54 Abs. 4 Nr. 2 verweist. Eine Personalversammlung zur Bestellung des Wahlvorstands findet beim GesamtPR und den Stufenvertretungen nicht statt.

§ 17 Einleitung und Durchführung der Wahl

(1) [1]Der Wahlvorstand führt die Wahl des Personalrats durch. [2]Er bestimmt den Tag, die Zeit und den Ort der Wahl. [3]Dabei hat er auf die Belange der Beschäftigten und der Dienststelle Rücksicht zu nehmen.

(2) [1]Der Wahlvorstand hat die Wahl spätestens zwei Monate vor dem vorgesehenen Wahltag einzuleiten. [2]Die Wahl soll rechtzeitig vor dem Ablauf der Amtszeit des Personalrats stattfinden. [3]Ist der Wahlvorstand durch die Personalversammlung gewählt, durch den Leiter der Dienststelle bestellt oder findet eine nicht regelmäßige Personalratswahl nach § 23 Absatz 1 statt, soll die Wahl spätestens zwei Monate nach der Wahl oder Bestellung des Wahlvorstands stattfinden.

(3) [1]Kommt der Wahlvorstand den Verpflichtungen nach Absatz 1 Satz 1 und 2 und Absatz 2 nicht nach, so beruft der Leiter der Dienststelle eine Personalversammlung zur Wahl eines neuen Wahlvorstands ein. [2]§ 16 Absatz 2 Satz 2 und Absatz 3 gilt entsprechend.

(4) Bei einer Neubestellung des Wahlvorstands nach Absatz 3 gelten Absatz 1 Satz 2 und Absatz 2 mit der Maßgabe, dass der Wahlvorstand unverzüglich den Wahltag festzusetzen und die Wahl einzuleiten hat.

I. Durchführung der Wahl durch Wahlvorstand und Bestimmung von Tag, Zeit und Ort der Wahl (Abs. 1 und Abs. 2 Satz 2 und 3)

Der durch das ÄG 2013 eingefügte Abs. 1 Satz 1 (vgl. zuvor bereits § 1 Abs. 1 **1** Satz 1 WO) bekräftigt die Aufgabe des Wahlvorstands, die sich eigentlich bereits aus der Bezeichnung als „Wahlvorstand" ergibt. Auch die **Regelungen des Abs. 1 Satz 2 und Satz 3** hat der Gesetzgeber **aus der WO übernommen** (§ 3 Satz 1 und 2 WO). Insbesondere Abs. 1 Satz 2 konkretisiert die in Abs. 1 Satz 1 enthaltene Pflicht zur Durchführung der Wahl.

Vorbereitung der Wahl. Vorschriften über die Vorbereitung der Wahl (ein- **2** schließlich des Erlasses des Wahlausschreibens [vgl. Rn. 6 f.]) enthalten §§ 1 bis 9 WO.

3   **Unterstützung durch die Dienststelle.** Es versteht sich von selbst, dass die Dienststelle den Wahlvorstand bei der Erfüllung seiner Aufgaben unterstützen muss (s. § 1 Abs. 2 WO).

4   **Bestimmung von Tag, Zeit und Ort der Wahl (Abs. 1 Satz 2 und 3 und Abs. 2 Satz 2 und 3).** Besonders wichtig ist die Bestimmung des Tags der Wahl durch den Wahlvorstand. Hierzu enthält Abs. 2 Satz 2 und 3 Vorgaben. Die Wahl soll rechtzeitig vor dem Ablauf der Amtszeit des PR (vgl. § 22 Abs. 1 Satz 3) stattfinden (Abs. 2 Satz 2). In den in Abs. 2 Satz 3 genannten Fällen soll die Wahl spätestens zwei Monate nach der Wahl oder Bestellung des Wahlvorstands stattfinden.

II.   Einleitung der Wahl (Abs. 2 Satz 1)

5   Abs. 2 entspricht im Wesentlichen § 23 Abs. 1 Satz 1 in der vor Inkrafttreten des ÄG 2013 geltenden Fassung.

6   **Einleitung der Wahl durch Erlass des Wahlausschreibens.** Nach Satz 1 ist der Wahlvorstand verpflichtet, spätestens zwei Monate (vor Inkrafttreten des ÄG 2013: sechs Wochen) vor dem vorgesehenen Wahltag die Wahl einzuleiten. Die Wahl ist eingeleitet mit Erlass des Wahlausschreibens (§ 9 Abs. 6 WO).

7   **Wahlausschreiben.** Das Wahlausschreiben ist am Tage seines Erlasses bekannt zu geben (vgl. § 9 Abs. 3 Satz 1 WO; zu Bekanntmachungen vgl. § 2 WO).

III.   Wahl eines neuen Wahlvorstands (Abs. 3 und Abs. 4)

8   Abs. 3 entspricht im Wesentlichen § 23 Abs. 1 Satz 2 in der vor Inkrafttreten des ÄG 2013 geltenden Fassung.

9   **Pflichtverletzung durch den Wahlvorstand.** Verletzt der Wahlvorstand seine Verpflichtungen aus Abs. 1 Satz 1 und 2, Abs. 2 (also die Pflicht zur Durchführung der Wahl, zur Bestimmung von Tag, Zeit und Ort der Wahl und zur Einleitung der Wahl), hat der Leiter der Dienststelle, ohne dass es (abweichend von § 16 Abs. 2 Satz 1, dessen entsprechende Anwendung Abs. 3 Satz 2 nicht anordnet) eines Antrags wahlberechtigter Beschäftigter oder einer in der Dienststelle vertretenen Gewerkschaft bedarf, eine **Personalversammlung zur Wahl eines neuen Wahlvorstands** einzuberufen (**Abs. 3 Satz 1**). Abs. 3 Satz 2 ordnet zwar die entsprechende Anwendung des § 16 Abs. 3 an. Ob die **Bestellung des Wahlvorstands durch den Dienststellenleiter** deshalb allerdings (neuerdings) in den Fällen, dass die einberufene Personalversammlung nicht stattfindet oder keinen Wahlvorstand wählt, eines Antrags bedarf, ist zweifelhaft. Den Gesetzesmaterialien lässt sich hierzu nichts entnehmen. Es dürfte davon auszugehen sein, dass der Gesetzgeber die frühere Rechtslage (kein Antragserfordernis, vgl. 13. Auflage § 23 Rn. 5) beibehalten wollte.

10   **Prüfung durch Dienststellenleiter.** Der Dienststellenleiter wird sehr sorgfältig abwägen müssen, ob die Voraussetzungen für sein Eingreifen gegeben sind.

Man wird davon ausgehen müssen, dass außer der Nichteinhaltung der Frist für die Einleitung der Wahl nur völlige Untätigkeit, die Einleitung von Maßnahmen, die offensichtlich zu einem Scheitern der Wahl führen, oder die verzögerte Geschäftsführung als Anlass für ein Tätigwerden des Dienststellenleiters in Betracht kommen, denn bei Verstößen gegen wesentliche Vorschriften über das Wahlrecht, die Wählbarkeit und das Wahlverfahren ist die Wahlanfechtung nach § 21 gegeben (vgl. Richardi/Dörner/Weber § 23 Rn. 19 f.).

Absatz 4 stellt klar, „dass der Wahlvorstand in den Fällen des Absatzes 3 entsprechend Absatz 1 Satz 2 und Absatz 2 den Wahltag unverzüglich festzusetzen und ebenso unverzüglich die Wahl einzuleiten hat" (LT-Drucksache 15/4224, S. 97). **11**

§ 18 Feststellung des Wahlergebnisses

[1]Unverzüglich nach Abschluss der Wahl nimmt der Wahlvorstand öffentlich die Auszählung der Stimmen vor, stellt deren Ergebnis in einer Niederschrift fest und gibt es den Angehörigen der Dienststelle bekannt. [2]Dem Leiter der Dienststelle, den in der Dienststelle vertretenen Gewerkschaften und den Vertretern der sonstigen gültigen Wahlvorschläge ist eine Abschrift der Niederschrift zu übersenden.

§ 18 enthält im Wesentlichen die Regelungen von § 23 Abs. 2 in der vor Inkrafttreten des ÄG 2013 geltenden Fassung. Die amtliche Überschrift „Feststellung des Wahlergebnisses" gibt den Regelungsinhalt der Vorschrift nur unzureichend wieder. **1**

Unverzüglich nach Abschluss der Wahl. Nach **Satz 1** ist der Wahlvorstand verpflichtet, unverzüglich nach Abschluss der Wahl öffentlich die **Auszählung der Stimmen** vorzunehmen sowie das **Ergebnis** der Wahl **festzustellen** (s. dazu § 26 WO) und **bekannt zu geben** (s. dazu Rn. 4). Unverzüglich bedeutet „ohne schuldhaftes Zögern". Ein unverzügliches Tätigwerden liegt regelmäßig (wenn nicht ganz besondere Gründe entgegenstehen) nur dann vor, wenn die Auszählung der Stimmen sowie die Feststellung und Bekanntgabe des Wahlergebnisses **noch am Wahltag** erfolgen. Der Wahlvorstand hat Vorsorge zu treffen, dass dies möglich ist, z. B. durch die Festlegung der Zeit der Stimmabgabe (s. § 17 Abs. 1 Satz 2 des Gesetzes und § 3 Satz 1 WO) und durch die Bestellung von Wahlhelfern in hinreichender Zahl. Für eine Inanspruchnahme der Mitglieder des Wahlvorstands über die regelmäßige Arbeitszeit hinaus gilt § 47 Abs. 2 Satz 2 entsprechend (vgl. § 15 Abs. 5). **2**

Öffentliche Stimmauszählung. Satz 1 (vgl. auch § 26 Abs. 6 WO) verlangt, dass die Auszählung der Stimmen öffentlich erfolgt. Die Beschäftigten der Dienststelle, die in ihr vertretenen Gewerkschaften und der Dienststellenleiter sollen jederzeit und ungehindert die ordnungsgemäße Durchführung dieser Wahlhandlung kontrollieren können; dem Erfordernis des § 26 Abs. 6 WO, dass die Sitzung, in der das Wahlergebnis festgestellt wird, den Beschäftigten zugänglich sein muss, ist nicht Rechnung getragen, wenn interessierte Wahlbeobachter **3**

Einlass in den Auszählungsraum nur auf besondere Aufforderung (etwa durch Anruf eines Wahlvorstandsmitglieds, Klopfen an eine verschlossene Tür, Klingelzeichen etc.) erhalten (VG Karlsruhe, 30.7.2010 – PL 12 K 837/10 – www.landesrecht-bw.de). Ein Verstoß gegen Satz 1 und § 26 Abs. 6 WO stellt einen Verstoß gegen eine wesentliche Vorschrift über das Wahlverfahren i. S. des § 21 Abs. 1 dar (VG Karlsruhe a. a. O.).

4 **Feststellung und Bekanntmachung des Wahlergebnisses.** Die Feststellung des Wahlergebnisses ist in § 26 sowie in §§ 27 bis 29, 35 bis 39 und 42 bis 44 WO geregelt. Regelungen über die in Satz 1 ausdrücklich genannte Wahlniederschrift enthält § 29 WO. Die Bekanntmachung (Bekanntgabe [vgl. Satz 1 a. E.]) des Wahlergebnisses hat durch zweiwöchigen Aushang zu erfolgen (vgl. § 31 Abs. 1 Satz 2 Hs. 1 WO; zu Bekanntmachungen des Wahlvorstands s. § 2 WO). Da § 31 Abs. 1 Satz 2 Hs. 2 die entsprechende Geltung von § 2 Abs. 2 WO anordnet, kann das Wahlergebnis in gleicher Weise wie das Wahlausschreiben auch in elektronischer Form bekanntgemacht werden (zu Einzelheiten s. § 2 Abs. 2 WO).

5 **Übersendung einer Abschrift der Niederschrift (Satz 2).** Das Recht, Wahlvorschläge einzureichen, steht nach § 13 Abs. 4 Satz 1 den wahlberechtigten Beschäftigten und den in der Dienststelle vertretenen Gewerkschaften (vgl. § 2 Rn. 17) zu. Hieran anknüpfend schreibt Satz 2 vor, dass außer **dem Leiter der Dienststelle** auch **den Vertretern der von den Beschäftigten eingereichten Wahlvorschläge** (§ 12 Abs. 5 WO) und **den in der Dienststelle vertretenen Gewerkschaften** (und zwar auch denen, die keinen gültigen Wahlvorschlag eingereicht haben, aber ebenfalls nach § 21 Abs. 1 anfechtungsberechtigt sind) eine Abschrift der Wahlniederschrift zu übersenden ist (ebenso § 31 Abs. 4 WO).

6 § 30 WO sieht darüber hinaus vor, dass der Wahlvorstand die als PR-Mitglieder **Gewählten** unverzüglich schriftlich von ihrer Wahl **benachrichtigt.**

7 § 18 gilt für den GesamtPR (§ 54 Abs. 3), die Stufenvertretungen (§ 55 Abs. 3) und den AusbildungsPR (§ 58 Abs. 3) entsprechend, nicht aber für die JAV.

§ 19   Konstituierende Sitzung des Personalrats

Spätestens sechs Arbeitstage nach dem Wahltag beruft der Wahlvorstand die Mitglieder des Personalrats zur Vornahme der vorgeschriebenen Wahlen ein und leitet die Sitzung, bis der Personalrat aus seiner Mitte einen Wahlleiter bestellt hat.

1 § 19 entspricht nahezu wörtlich § 34 Abs. 1 in der vor Inkrafttreten des ÄG 2013 geltenden Fassung. Für die Gesetzesänderung führt der Gesetzentwurf der Landesregierung zum ÄG 2013 „systematische Gründe" an (LT-Drucksache 15/4224, S. 97), ohne diese allerdings zu präzisieren.

2 **Einberufungsfrist.** Die erste (**konstituierende**) Sitzung des PR hat spätestens **sechs** Arbeitstage nach der Wahl stattzufinden. Die Einberufungsfrist beginnt mit dem ersten Arbeitstag nach dem Wahltag; bei mehrtägigen Wahlen gilt nach § 3 Satz 4 WO der erste Tag der Wahlhandlung als Wahltag. Bei Stufenvertretungen gilt eine Frist auf drei Wochen (§ 55 Abs. 3 Nr. 3). Fristüberschreitungen haben grundsätzlich keine Konsequenzen für die Rechtmäßigkeit der gefassten Beschlüsse, da es sich nur um eine Ordnungsvorschrift handelt. Jedoch wird der PR erst durch die in der konstituierenden Sitzung vorzunehmenden Wahlen handlungsfähig.

Einberufung durch den Wahlvorstand. Zur ersten Sitzung des PR hat der Wahl **3** vorstand unter Mitteilung der Tagesordnung – nämlich Wahl des Vorstands (vgl. § 28) sowie Bestimmung des Vorsitzenden und ggf. seines Stellvertreters (vgl. § 29) – die gewählten Mitglieder des PR **einzuberufen.** Ein Ersatzmitglied darf nur geladen werden und an der Sitzung teilnehmen, wenn ein (ordentliches) Mitglied verhindert ist. Eingeladen werden müssen auch ein Mitglied der JAV und die Schwerbehindertenvertretung, da ihr Teilnahmerecht für alle Sitzungen besteht (§ 32 Abs. 4 und 5). Der Dienststellenleiter und die in der Dienststelle vertretenen Gewerkschaften sind nicht berechtigt, an der konstituierenden Sitzung teilzunehmen. Sie dürfen deshalb auch vom Wahlvorstand nicht eingeladen werden. Kommt der Wahlvorstand seiner Verpflichtung nicht oder nicht rechtzeitig nach, so haben die PR-Mitglieder selbst zur ersten Sitzung zusammenzutreten und die vorgeschriebenen Wahlen vorzunehmen.

Bestellung eines Wahlleiters. Die erste Sitzung des PR wird vom Wahlvorstand **4** solange geleitet, bis der PR **aus seiner Mitte** einen Wahlleiter bestellt hat. Teilzunehmen hat der gesamte Wahlvorstand, wobei der Vorsitzende die Sitzung förmlich leitet. **Mit der Bestellung des Wahlleiters erlischt das Amt des Wahlvorstands** und damit sein Recht zur weiteren Teilnahme an der Sitzung. Er hat die Sitzung zu verlassen.

Wahlleiter. Über die Bestellung des Wahlleiters enthält das LPVG keine Vor **5** schriften. Sie kann durch Zuruf, durch offene, aber auch durch geheime Abstimmung geschehen. Der Wahlleiter muss Mitglied des neu gewählten PR sein („aus seiner Mitte"). Kann sich der PR nicht auf einen Wahlleiter einigen, dürften keine Bedenken bestehen, wenn der Wahlvorstand die Sitzung bis zur Wahl des Vorsitzenden leitet.

Zeitpunkt. Die erste Sitzung des PR findet auch statt, wenn seine Amtszeit noch **6** nicht begonnen hat (vgl. § 22 Abs. 1), jedoch kann der PR in dieser Sitzung nur die vorgeschriebenen Wahlen vornehmen.

Anschließende ordentliche PR-Sitzung. Eine Sitzung des PR mit **weiteren Ta** **7** **gesordnungspunkten** darf nur mit Zustimmung aller PR-Mitglieder (nicht nur der anwesenden) und nur, wenn die Amtszeit des PR bereits begonnen hat, im unmittelbaren Anschluss an die konstituierende Sitzung des PR stattfinden, denn der einladende Wahlvorstand ist zur Festsetzung weiterer Tagesordnungspunkte nicht berechtigt.

§ 20 Freiheit der Wahl, Kosten

(1) ¹Niemand darf die Wahl des Personalrats behindern oder in einer gegen die guten Sitten verstoßenden Weise beeinflussen. ²Insbesondere darf kein

Wahlberechtigter in der Ausübung des aktiven und passiven Wahlrechts beschränkt werden. [3]**§ 47 Absatz 1 Satz 1 und Absatz 2 sowie Absatz 4 gilt für Wahlbewerber entsprechend.**
(2) [1]**Die Kosten der Wahl trägt die Dienststelle.** [2]**Notwendiges Versäumnis von Arbeitszeit infolge der Ausübung des Wahlrechts, der Teilnahme an den in den § 16 Absatz 2 und § 17 Absatz 3 genannten Personalversammlungen oder der Betätigung im Wahlvorstand hat keine Minderung der Besoldung oder des Arbeitsentgelts zur Folge.**

I. Verbot der Behinderung und der sittenwidrigen Beeinflussung der Wahl (Abs. 1 Satz 1 und 2)

1 **Adressaten der Verbote.** Die Verbote richten sich an jedermann, also nicht nur an die Dienststelle und an die Beschäftigten der Dienststelle (einschließlich der Wahlbewerber und der Einreicher von Wahlvorschlägen), sondern auch an Personen oder Organisationen (z. B. Gewerkschaften) außerhalb der Dienststelle (VGH Mannheim, 12.4.2007 – PL 15 S 940/05 – www.landesrecht-bw.de = ZfPR 2008, 7; VG Karlsruhe, 30.7.2010 – PL 12 K 837/10 – www.landesrecht-bw.de).

2 **Inhalt der Verbote.** Abs. 1 Satz 1 verpflichtet dazu, alles zu unterlassen, was in einer das Anstandsgefühl aller billig und gerecht Denkenden verletzenden Weise ein bestimmtes Wahlergebnis herbeiführen kann (VGH Mannheim, a. a. O.; VG Karlsruhe, a. a. O.).

3 **Beispiele** für eine Behinderung oder eine unzulässige Beeinflussung der Wahl: Verfälschung von Wählerlisten oder Wahlvorschlägen; Verweigerung von Dienstbefreiung für den Wahlvorstand; Versetzung von Beschäftigten nur zu dem Zweck, dass sie nicht an der Wahl teilnehmen können; Androhung dienstlicher oder persönlicher Nachteile; Gewährung oder Inaussichtstellung von Vorteilen. Derartige Handlungen können neben straf- und zivilrechtlichen Folgen (z. B. nach §§ 185 bis 187 und § 240 StGB, § 823 BGB) zu einer Wahlanfechtung führen (vgl. § 21). Die Vorschriften der §§ 107 ff. StGB über Wahlbehinderung, Wählernötigung usw. sind allerdings nicht anwendbar, da die PR-Wahlen in § 108d StGB, der die von §§ 107 ff. StGB erfassten Wahlen nennt, nicht aufgeführt sind. Eine Wahlbehinderung liegt auch vor, wenn der Wahlvorstand einem im Wahllokal persönlich erscheinenden Wahlberechtigten die Herausgabe der Wahlunterlagen mit der Begründung verweigert, er habe Briefwahl beantragt und die entsprechenden Unterlagen erhalten (vgl. BVerwG, 3.3.2003 – 6 P 14.02 – www.bverwg.de = PersR 2003, 196 = ZfPR 2003, 104).

4 **Keine Behinderung** liegt vor, wenn wahlberechtigte Beschäftigte der Wahl fernbleiben, da das Gesetz keine Wahlpflicht kennt.

5 **„Die Wahl"**. Zur Wahl gehören nicht nur die Stimmabgabe, sondern auch die Vorbereitung, die Einleitung und die Durchführung der Wahl sowie Vorabstimmungen nach § 12 Abs. 1 und § 13 Abs. 2. Nach Sinn und Zweck der Regelung sind sogar schon Abstimmungen nach § 5 Abs. 4 erfasst, da sie im weiteren Sinne vorbereitend für die Wahlen sind.

II. Entsprechende Geltung des § 47 Abs. 1 Satz 1 und Abs. 2 sowie Abs. 4 für Wahlbewerber (Abs. 1 Satz 3)

Die **Wahlbewerber** dürfen gegen ihren Willen nur **versetzt oder abgeordnet**   **6**
werden, wenn dies auch unter Berücksichtigung ihrer Bewerbung aus wichtigen
dienstlichen Gründen unvermeidbar ist (Abs. 1 Satz 3 i. V. m. § 47 Abs. 1
Satz 1, Abs. 2). Entsprechendes gilt für die neben der Abordnung in § 47 Abs. 2
genannten Fälle.

Für die Wahlbewerber besteht außerdem **Kündigungsschutz** nach § 47 Abs. 4.   **7**
Der Schutz beginnt bei Wahlbewerbern mit dem Zeitpunkt des Einreichens des
Wahlvorschlags beim Wahlvorstand (vgl. aber Ilbertz-Widmaier § 24 Rn. 11,
die es für ausreichend halten, wenn der Wahlvorschlag die erforderlichen Unterschriften enthält; auf die Einreichung beim Wahlvorstand komme es nicht
an).

III. Kosten der Wahl, Versäumnis von Arbeitszeit (Abs. 2)

Kosten der Wahl i. S. des **Satz 1** sind Aufwendungen für Tätigkeiten aufgrund die   **8**
Wahl betreffender Vorschriften des Personalvertretungsrechts. Zu den Kosten der
Wahl gehören insbesondere auch die außergerichtlichen Kosten eines Wahlanfechtungsverfahrens. Dies hat das BVerwG mit Beschluss vom 29.8.2000 (6 P 7.99 –
BVerwGE 112, 12 = PersR 2000, 513 = ZfPR 2000, 327) bezüglich der Kosten für
ein erfolgreich durchgeführtes Wahlanfechtungsverfahren entschieden. Allerdings
wird dies auch für ein nicht erfolgreiches Verfahren gelten müssen, es sei denn,
die Rechtsverfolgung erscheint von vornherein aussichtslos (zwischenzeitlich auch
BVerwG, 11.10.2010 – 6 P 16.09 – www.bverwg.de = PersR 2011, 33); denn auch
in einem solchen Fall dient das Verfahren der auch im Interesse des Dienstherrn
erfolgenden Prüfung, ob der PR entsprechend den gesetzlichen Anforderungen zu-
sammengesetzt ist. Wahlkosten sind auch die Kosten der Vorabstimmungen (vgl.
Rn. 5) sowie Reisekosten, die den Mitgliedern des Wahlvorstands bei der Erfüllung ihrer Aufgaben, z. B. bei Reisen zu Teilen der Dienststelle entstehen. Zu den
Reisekosten der Mitglieder des Wahlvorstands s. § 15 Abs. 5 i. V. m. § 41 Abs. 1
Satz 2.

Nur notwendige Kosten. Die Dienststelle hat, auch wenn eine entsprechende   **9**
Einschränkung im Gesetzestext nicht enthalten ist, die notwendigen Kosten der
Wahl zu tragen, d. h. diejenigen Kosten, die bei objektiver Betrachtung der
Erfordernisse der Wahl vom Wahlvorstand als berechtigt angesehen werden
durften. Ein Hinweis für eine Einschränkung findet sich in Satz 2, der auch
nur das „notwendige" Versäumnis von Arbeitszeit als unschädlich hinsichtlich
der Besoldung bzw. des Arbeitsentgelts ansieht.

Kosten für die Teilnahme der Wahlvorstandsmitglieder an einer Schulungsver-   **10**
anstaltung. Die Kosten für die Teilnahme der Wahlvorstandsmitglieder an einer
Schulungsveranstaltung zur Vermittlung von Kenntnissen über die Wahlvor-
schriften sind regelmäßig als notwendige anzusehen, besonders bei Beschäftigten, die erstmals in den Wahlvorstand berufen worden sind, wenn die Veran-

staltung nicht länger als einen Tag dauert und wenn der Veranstalter, die Referenten und das Programm Gewähr dafür bieten, dass die Schulung zweckentsprechend durchgeführt wird.

11 **Kosten für die Reise zur Stimmabgabe.** Die Frage, ob zu den notwendigen Kosten der Wahl auch die Kosten gehören, die den nicht am Ort der Stimmabgabe beschäftigten Wahlberechtigten für die Reise zur Stimmabgabe entstehen, dürfte im Hinblick auf die Möglichkeit der Briefwahl (§ 23 WO) zu verneinen sein.

12 **Notwendiges Versäumnis von Arbeitszeit** infolge der Ausübung des Wahlrechts, der Teilnahme an den in den § 16 Abs. 2 und § 17 Abs. 3 genannten Personalversammlungen oder der Betätigung im Wahlvorstand hat nach **Satz 2** keine Minderung der Besoldung oder des Arbeitsentgeltes zur Folge. Zur **Beanspruchung der Mitglieder des Wahlvorstands über ihre individuell maßgebliche Arbeitszeit hinaus** s. § 15 Abs. 5 i. V. m. § 47 Abs. 2 Satz 2.

13 Soweit die in Abs. 2 genannten Handlungen nicht ohnehin mit Wissen und Willen der Dienststelle vorgenommen werden, sollte der **Dienststellenleiter** mindestens **verständigt** werden, wenn dadurch Arbeitszeit versäumt wird.

IV. Entsprechende Geltung des § 20

14 § 20 gilt für den GesamtPR (§ 54 Abs. 3), die Stufenvertretungen (§ 55 Abs. 3) und den AusbildungsPR (§ 58 Abs. 3) entsprechend. Für die JAV gilt nur § 20 Abs. 1 Satz 1 und 2 sowie Abs. 2 (§ 62 Abs. 1).

§ 21 Anfechtung der Wahl

(1) Mindestens drei Wahlberechtigte, jede in der Dienststelle vertretene Gewerkschaft oder der Leiter der Dienststelle können binnen einer Frist von zwölf Arbeitstagen, vom Tag der Bekanntgabe des Wahlergebnisses an gerechnet, die Wahl beim Verwaltungsgericht anfechten, wenn gegen wesentliche Vorschriften über das Wahlrecht, die Wählbarkeit oder das Wahlverfahren verstoßen worden und eine Berichtigung nicht erfolgt ist, es sei denn, dass durch den Verstoß das Wahlergebnis nicht geändert oder beeinflusst werden konnte.

(2) **¹Ist die Wahl für ungültig erklärt, setzt der Vorsitzende der Fachkammer des Verwaltungsgerichts einen Wahlvorstand ein. ²Dieser hat unverzüglich die Wiederholungswahl einzuleiten, durchzuführen und das Ergebnis festzustellen. ³Der Wahlvorstand nimmt die dem Personalrat nach diesem Gesetz zustehenden Befugnisse und Pflichten bis zur Wiederholungswahl wahr.**

I. Anfechtung der Wahl (Abs. 1)

1 **Zulässiger Gegenstand einer Wahlanfechtung** ist die **Wahl des PR** oder, wenn Gruppenwahl stattgefunden hat, die **Wahl der einzelnen Gruppenvertretungen** (BVerwG, 26.11.2008 – 6 P 7.08 – www.bverwg.de = BVerwGE 132, 276 = PersR 2009, 267 = PersV 2009, 138; vgl. auch VG Karlsruhe, 16.7.2010 – PL

12 K 1234/10 – www.landesrecht-bw.de: Beschränkung auf die Feststellung eines Ersatzmitglieds), **nicht** aber die **Wahl eines einzelnen PR-Mitglieds**, es sei denn natürlich, der PR oder die Gruppenvertretung bestehen nur aus einer Person; denn die Wahl eines einzelnen PR-Mitglieds kann nicht aus dem Wahlvorgang ausgegliedert werden (vgl. Richardi/Dörner/Weber § 25 Rn. 45; Ilbertz-Widmaier § 25 Rn. 23). Nach § 25 Abs. 1 Nr. 11 kann allerdings auch nach Ablauf der Anfechtungsfrist durch Beschluss des Verwaltungsgerichts festgestellt werden, dass ein PR-Mitglied im Zeitpunkt der Wahl nicht zum PR wählbar war.

Auf eine Gruppe beschränkte Wahlanfechtung. Bereits unzulässig (nämlich wegen fehlenden Rechtsschutzbedürfnisses) ist eine Wahlanfechtung, die sich nur auf eine Gruppe beschränkt, wenn sich der geltend gemachte Fehler notwendig auch auf die andere Gruppe auswirkt (BVerwG, 26.11.2008 – 6 P 7.08 – www.bverwg.de = BVerwGE 132, 276 = PersR 2009, 267 = PersV 2009, 138). Die auf eine Gruppe beschränkte Wahlanfechtung kann nach Ablauf der Anfechtungsfrist nicht erstmals auf die Wahlen anderer Gruppen erweitert werden, auch wenn sich der geltend gemachte Fehler entsprechend auswirkt (BVerwG, 6.6.1991 – 6 P 7.08 – PersR 1991, 337 = PersV 1992, 76 = ZfPR 1991, 169). **2**

Zu dem Versuch, den Abbruch des Verfahrens einer Personalratswahl gerichtlich zu erzwingen, s. BVerwG, 14.4.2008 – 6 P 6.08 – www.bverwg.de = PersR 2008, 417 = PersV 2008, 340. **3**

Keine oder nicht rechtzeitige Anfechtung. Wird eine Wahl nicht oder nicht rechtzeitig angefochten, so gilt sie als ordnungsgemäß durchgeführt, es sei denn, sie ist nichtig (vgl. BVerwG, 23.10.2003 – 6 P 10.03 – www.bverwg.de = BVerwGE 119, 138 = PersR 2004, 35 = ZBR 2004, 201 und 13.7.2011 – 6 P 16.10 – www.bverwg.de Rn. 11 = BVerwGE 140, 134 = PersR 2011, 443 = PersV 2011, 433; VG Stuttgart, 22.1.2015 – 3 K 3148/14 – www.landesrecht-bw.de Rn. 19): zur Nichtigkeit der Wahl s. Rn. 24 f.). Der gewählte PR ist dann der legitimierte Vertreter der Beschäftigten i. S. des Gesetzes. **4**

Anfechtungsberechtigung. Anfechtungsberechtigt sind **mindestens drei Wahlberechtigte** der Dienststelle, der **Dienststellenleiter** und **jede in der Dienststelle vertretene Gewerkschaft** (s. Rn. 8). Es ist nicht erforderlich, dass sich unter den anfechtenden Wahlberechtigten Beschäftigte aller in der Dienststelle vorhandenen Gruppen befinden. Die Wahl einer Gruppenvertretung kann auch von Wahlberechtigten der anderen Gruppe angefochten werden (vgl. BVerwG, 10.5.1982 – 6 P 40.80 – BVerwGE 65, 297 = PersV 1983, 155; VG Stuttgart, 16.12.2014 – PL 22 K 3331/14 – n. v.). **5**

Mindestens drei Wahlberechtigte während des gesamten Verfahrens. Es genügt nicht, dass mindestens drei anfechtungsberechtigte Beschäftigte das Verfahren einleiten. Sie müssen vielmehr das Verfahren (auch in den Rechtsmittelinstanzen) fortdauernd betreiben (BVerwG, 8.2.1982 – 6 P 43.80 – BVerwGE 65, 33 = PersV 1983, 63; 27.4.1983 – 6 P 17.81 – BVerwGE 67, 145 = PersV 1984, 322). Eine Wahlanfechtung wird unzulässig, wenn einer der drei anfech- **6**

tungsberechtigten Beschäftigten, die die Wahl angefochten haben, während des Wahlanfechtungsverfahrens als Wahlanfechtender ausscheidet (vgl. BVerwG, 27.4.1983 – 6 P 17.81 – a. a. O.). Die drei Antragsteller bilden wahlanfechtungsrechtlich keine Gruppe dergestalt, dass sie die Wahlanfechtung nur gemeinsam zurücknehmen könnten.

7   **Wahlberechtigung bei der anzufechtenden Wahl.** Anfechtungsberechtigt sind alle Beschäftigten, die bei der anzufechtenden Wahl wahlberechtigt waren. Ein im Verlauf der Wahlanfechtung eintretender Verlust der Wahlberechtigung für künftige Wahlen berührt die Anfechtungsbefugnis nicht (BVerwG, 27.4.1983 – 6 P 17.81 – BVerwGE 67, 145 = PersV 1984, 322; 24.2.2015 – 5 P 7.14 – www.bverwg.de Rn. 11). Sie führt grundsätzlich auch nicht dazu, dass das auch für das Wahlanfechtungsverfahren zu fordernde Rechtsschutzinteresse entfällt (BVerwG, 24.2.2015 – 5 P 7.14 – www.bverwg.de Rn. 14 f.).

8   **In der Dienststelle vertretene Gewerkschaft.** Eine Gewerkschaft ist in der Dienststelle vertreten, wenn ihr mindestens ein Beschäftigter der Dienststelle angehört (§ 2 Rn. 17). Gewerkschaftliche Spitzenorganisationen, die satzungsgemäß keine natürlichen Personen als Mitglieder haben können, sind deshalb in einer Dienststelle nicht vertreten und deshalb auch nicht anfechtungsberechtigt (BVerwG, 11.2.1981 – 6 P 20.80 – BVerwGE 61, 334 = PersV 1982, 112 = ZBR 1982, 57).

9   **Voraussetzung für den Erfolg einer Wahlanfechtung** ist, dass **gegen wesentliche Vorschriften über das Wahlrecht, die Wählbarkeit oder das Wahlverfahren verstoßen** und eine Berichtigung nicht vorgenommen worden ist, sowie die **Möglichkeit**, dass durch den Verstoß das **Wahlergebnis geändert oder beeinflusst** worden ist (s. Rn. 11).

10   **Wesentliche Vorschriften** sind alle zwingenden Vorschriften (Muss-Vorschriften). Die Verletzung von Soll-Vorschriften führt in der Regel nicht zum Erfolg einer Wahlanfechtung. Die Antragsteller müssen im Wahlanfechtungsverfahren darlegen, aus welchen Gründen gegen wesentliche Vorschriften der genannten Art verstoßen worden sein soll; ist diesen Anforderungen Genüge getan, so kann die Wahl auch aus Gründen für ungültig erklärt werden, die erst nach Ablauf der Anfechtungsfrist geltend gemacht oder festgestellt werden (BVerwG, 13.5.1998 – 6 P 9.97 – BVerwGE 106, 378 = PersR 1998, 516; vgl. auch BVerwG, 28.5.2009 – 6 PB 11.09 – www.bverwg.de = PersR 2009, 364 = PersV 2009, 383; ferner Burkholz, PersR 2010, 146, 153).

11   **Erheblichkeit des Verstoßes.** Eine Wahlanfechtung hat keinen Erfolg, wenn zwar ein wesentlicher Verstoß vorliegt, das Wahlergebnis dadurch aber nicht beeinflusst oder geändert werden konnte. Für den Erfolg der Wahlanfechtung genügt demnach schon die Möglichkeit einer Änderung oder Beeinflussung des Wahlergebnisses, ohne dass es der Feststellung einer tatsächlich erfolgten Änderung oder Beeinflussung bedarf. Ob diese Möglichkeit bestand, d. h. ob der Verstoß geeignet war, eine Änderung oder Beeinflussung des Wahlergebnisses herbeizuführen, beantwortet sich in der Regel aus der Art des Verstoßes und der Berücksichtigung des konkreten Sachverhaltes. Dabei wird allerdings eine nur denkbare Möglichkeit dann nicht genügen, die Anfechtung zu begründen, wenn sie nach der Lebenserfahrung vernünftigerweise nicht in Betracht zu ziehen ist. Demnach bleiben abstrakt nicht auszuschließende, nach der Lebenserfahrung aber unwahrscheinliche Kausalverläufe unberücksichtigt, wenn für ihren Eintritt keine tatsächlichen Anhaltspunkte bestehen (so jüngst zusammenfassend BVerwG, 26.11.2008 – 6 P 7.08 – www.bverwg.de = BVerwGE 132, 276 = PersR 2009, 267 = PersV 2009, 138; hierauf Bezug nehmend BVerwG, 11.8.2009 – 6 PB 16.09 – www.bverwg.de = PersR 2009, 418 = PersV 2009, 456; ferner Burkholz, PersR 2010, 146, 153).

Beispiele: Wenn ein nichtwahlberechtigter Beschäftigter zur Wahl zugelassen **12** worden ist, ist zu berechnen, ob die Zahl der auf die einzelnen Wahlvorschläge entfallenden Sitze sich ändern würde, wenn jeweils auf jeden einzelnen Wahlvorschlag eine entsprechende Zahl von Stimmen weniger abgegeben worden wäre (vgl. § 20 Abs. 4, §§ 37, 38 und 43 WO). Die Angabe einer um einen Tag verkürzten Einreichungsfrist für Wahlvorschläge im Wahlausschreiben stellt der Art nach einen Mangel des Wahlverfahrens dar, der ohne Einfluss auf das Wahlergebnis bleiben kann (so BVerwG, 7.5.2003 – 6 P 17.02 – www.bverwg.de = PersR 2003, 313 = PersV 2003, 423 = ZfPR 2003, 229).

Ein Wahlverstoß der sich lediglich auf die **Reihenfolge der Ersatzmitglieder 13** auswirkt, beeinflusst das Wahlergebnis nicht und berechtigt nicht zur Wahlanfechtung (so BAG, 21.2.2001 – 7 ABR 41/99 – NZA 2002, 383 = ZfPR 2004, 47 (LS) zu § 19 Abs. 1 BetrVG; vgl. aber auch VG Karlsruhe, 16.7.2010 – PL 12 K 1234/10 – www.landesrecht-bw.de).

Berichtigung von Fehlern. Der Wahlvorstand muss Fehler, die ihm bei der **14** Durchführung der Wahl unterlaufen sind, berichtigen, wenn sie rechtzeitig, also insbesondere noch während seiner Amtszeit, bekannt werden und heilbar sind.

Beteiligte im Anfechtungsverfahren (vgl. § 92 Abs. 2 LPVG i. V. m. § 83 Abs. 1 **15** Satz 2 ArbGG, s. § 92 Rn. 19 ff.) sind die Antragsteller, also der aus der Wahl hervorgegangene PR (auch wenn nur die Wahl einer Gruppenvertretung angefochten wird) und der Dienststellenleiter (vgl. § 92 Abs. 2 i. V. m. § 83 Abs. 3 ArbGG). Nicht beteiligt sind Beschäftigte, die durch die Anfechtung ihren Sitz im PR verlieren könnten (BVerwG, 8.7.1977 – VII P 28.75 – BVerwGE 54, 172 = PersV 1978, 312). Nicht beteiligt ist auch der Wahlvorstand, der die angefochtene Wahl durchgeführt hat (BVerwG, 18.4.1978 – 6 P 34.78 – BVerwGE 55, 341 = PersV 1979, 194), weil er ohne Rücksicht auf eine etwaige Anfechtung der Wahl mit der Bestellung eines Wahlleiters in der von ihm einberufenen konstituierenden Sitzung des PR (vgl. § 19) zu bestehen aufgehört hat.

Anfechtungsfrist. Die Anfechtungsfrist ist auf **zwölf Arbeitstage** festgelegt. Nach **16** dem Willen des Gesetzgebers muss die Frage, ob eine Wahl angefochten wird, innerhalb kurzer Zeit geklärt sein (VGH Mannheim, 7.6.2011 – PL 15 S 147/11 – www.landesrecht-bw.de Rn. 24). Die Anfechtungsfrist **beginnt** mit dem ersten Arbeitstag nach der Bekanntgabe des Wahlergebnisses (s. § 18 Rn. 4) und **endet** mit dem Ablauf des zwölften Arbeitstages (also um 24.00 Uhr) nach der Bekanntgabe des Wahlergebnisses (§ 187 Abs. 1, § 188 Abs. 1 BGB). Es handelt sich um eine Ausschlussfrist (vgl. BVerwG, 13.7.2011 – 6 P 16.10 – www.bverwg.de Rn. 24 = BVerwGE 140, 134 = PersR 2011, 443 = PersV 2011, 433). Maßgebend für den Beginn der Frist ist der Tag, der auf den Aushang des Wahlergebnisses folgt (nicht der Tag, der nach Ablauf der Zweiwochenfrist nach § 31 Abs. 1 WO beginnt). Arbeitstag ist ein Begriff, der im LPVG (und auch im BPersVG) nicht definiert ist. Man muss diesbezüglich von der in § 55 Satz 2 WO (entsprechend in § 52 Satz 2 der WO zum BPersVG) enthaltenen Definition ausgehen. Demnach sind Arbeitstage i. S. des LPVG die Wochentage Montag bis Freitag mit Ausnahme der gesetzlichen Feiertage.

17   **Bekanntgabe des Wahlergebnisses.** Die Bekanntgabe des Wahlergebnisses (s. § 18 Satz 1 sowie § 18 Rn. 4) hat die in § 31 Abs. 2, Abs. 3 WO genannten Angaben zu enthalten. Ein Hinweis auf die Anfechtungsfrist des Abs. 1 ist dort nicht erwähnt und deshalb nicht erforderlich.

18   **Beginn der Amtszeit trotz Anfechtung.** Auch wenn die Wahl angefochten wird, beginnt die Amtszeit des PR mit dem Tag der Wahl, nicht aber vor dem Ablauf der Amtszeit des bisherigen PR, wenn dieser sich am Wahltag noch im Amt befindet (§ 22 Abs. 1).

19   **Nach Beendigung der Amtszeit des PR** besteht weiterhin ein **Rechtsschutzbedürfnis für die Feststellung der Ungültigkeit der Wahl,** wenn eine hohe Wahrscheinlichkeit dafür spricht, dass der Vorgang, der die Wahlanfechtung ausgelöst hat, sich wiederholen wird und die sich an ihn knüpfenden Rechtsfragen erneut stellen werden (vgl. BVerwG, 13.7.2011 – 6 P 16.10 – www.bverwg.de Rn. 11 = BVerwGE 140, 134 = PersR 2011, 443 = PersV 2011, 433).

20   **Keine Rückwirkung der Entscheidung.** Die erfolgreiche Wahlanfechtung wird mit der Rechtskraft der Entscheidung, nicht aber rückwirkend wirksam (BVerwG, 13.6.1969 – VII P 10.68 – BVerwGE 32, 182 = ZBR 1969, 355 = PersV 1970, 14; vgl. auch BVerwG, 13.7.2011 – 6 P 16.10 – www.bverwg.de Rn. 20 = BVerwGE 140, 134 = PersR 2011, 443 = PersV 2011, 433).

21   **Feststellung der Ungültigkeit der Wahl.** Wird in der Entscheidung festgestellt, dass die Wahl ungültig ist, hört der PR auf zu bestehen. Die Gewählten verlieren ihr Amt als PR-Mitglieder, die Ersatzmitglieder ihre Stellung als solche. Die Beschlüsse und sonstigen Maßnahmen des PR bleiben jedoch wirksam. Bis zum Beginn der Amtszeit des neu zu wählenden PR entsteht eine personalratslose Zeit, denn der bisherige PR ist nicht ermächtigt, während der Übergangszeit die Aufgaben des PR ganz oder teilweise weiterhin wahrzunehmen (siehe hierzu aber Rn. 31).

22   **Wiederholung des vollständigen Wahlverfahrens.** Hört bei erfolgreicher Wahlanfechtung der PR auf zu bestehen, muss das Wahlverfahren vollständig wiederholt werden. Wurde nur die Wahl der Vertreter einer Gruppe mit Erfolg angefochten, muss nur diese Wahl wiederholt werden. Die Wiederholungswahl (vgl. Abs. 2 Satz 2) muss unter den gleichen Voraussetzungen erfolgen, wie sie bei der für ungültig erklärten Wahl bestanden haben, z. B. Größe des PR, Sitze der Gruppen,

Gruppenzugehörigkeit. Seit der angefochtenen Wahl neu eingestellte wahlberechtigte Beschäftigte dürfen nicht teilnehmen (BVerwG, 15.2.1994 – 6 P 9.92 – PersR 1994, 167 = PersV 1995, 21).

Lediglich gegen die Feststellung des Wahlergebnisses gerichteter Antrag. Rich-   **23**
tet sich die Wahlanfechtung nur gegen die Feststellung des Wahlergebnisses, so muss das Verwaltungsgericht das richtige Wahlergebnis in seinem Beschluss feststellen (vgl. VG Karlsruhe, 16.7.2010 – PL 12 K 1234/10 – www.landesrecht-bw.de: Befugnis zur Berichtigung selbst dann, wenn ein festgestellter Verstoß gegen das Wahlverfahren zwar keinen Einfluss auf das Wahlergebnis haben kann, eine Berichtigung aber aus Gründen der Rechtssicherheit und zur Vermeidung weiterer Fehlerfolgen erforderlich erscheint; Richardi/Dörner/Weber § 25 Rn. 57). Ein Antrag auf Berichtigung des Wahlergebnisses kann nach Ablauf der Anfechtungsfrist nicht um einen Antrag auf Ungültigerklärung der Wahl erweitert werden (VGH Mannheim, 7.6.2011 – PL 15 S 147/11 – www.landesrecht-bw.de).

Nichtigkeit der Wahl. Eine Wahl ist nichtig, wenn sie mit so großen Mängeln   **24**
behaftet ist, dass nicht einmal der Anschein einer ordnungsmäßigen Wahl besteht (vgl. BVerwG, 3.11.1958 – VII P 9.57 – BVerwGE 7, 251 = PersV 1958/59, 141). Das Fehlen einer personalratspflichtigen Dienststelle führt nur dann zur Nichtigkeit der Wahl eines PR, wenn dieser Mangel im Zeitpunkt der Wahl offensichtlich war (BVerwG, 15.3.1987 – 6 P 20.85 – PersV 1988, 401).

Geltendmachung der Nichtigkeit. Die Nichtigkeit kann von jedem geltend ge-   **25**
macht werden, der an der Feststellung der Nichtigkeit ein Interesse hat (vgl. Richardi/Dörner/Weber § 25 Rn. 11). Ihre Geltendmachung ist an keine Frist gebunden, insbesondere nicht an die Wahlanfechtungsfrist. Über die Nichtigkeit einer PR-Wahl kann in jedem Verfahren als Vorfrage entschieden werden. Soll nur die Nichtigkeit einer PR-Wahl festgestellt werden, entscheidet das Verwaltungsgericht im Beschlussverfahren nach § 92 Abs. 1 Nr. 2 (vgl. Richardi/Dörner/Weber § 25 Rn. 10). Im Falle der Nichtigkeit ist die PR-Wahl so zu behandeln, als wäre sie nicht erfolgt (BVerwG, 13.5.1987 – 6 P 20.85 – PersV 1988, 401).

II. Folgen der Erklärung der Ungültigkeit der Wahl (Abs. 2)

Einsetzung eines Wahlvorstands durch den Vorsitzenden der Fachkammer   **26**
(Satz 1). Seit Inkrafttreten des ÄG 95 ist bestimmt, dass bei ungültiger Wahl der Wahlvorstand (ggf. einschließlich von Ersatzmitgliedern) vom Vorsitzenden der Fachkammer des Verwaltungsgerichts bestellt wird (Satz 1); eines Antrags – etwa von drei Wahlberechtigten oder einer in der Dienststelle vertretenen Gewerkschaft (vgl. § 16) – bedarf es nach der gesetzlichen Regelung nicht. Gegen die Entscheidung ist die Beschwerde nach § 87 ArbGG statthaft (Altvater/Coulin/Klimpe-Auerbach § 25 Rn. 14; anders 11. Auflage Rn. 18 und Altvater/Coulin § 25 Rn. 14). Der Vorsitzende der Fachkammer des Verwaltungsgerichts ist auch zuständig, wenn das Verfahren seinen Abschluss in einer höhe-

ren Instanz gefunden hat. Bei seiner Entscheidung muss er die Vorgaben des § 15 für die Zusammensetzung des Wahlvorstands beachten.

27 **Bei Ungültigerklärung der Wahl einer Gruppe.** In dem Fall, dass nur die Wahl einer Gruppe für ungültig erklärt worden ist, wurde an dieser Stelle bislang die Auffassung vertreten, dass der Rest-PR den Wahlvorstand bestimmt. Zur Begründung wurde ausgeführt: Dem Wortlaut des Satzes 1 sei eine entsprechende Differenzierung zwar nicht zu entnehmen. Die die Befugnis des Vorsitzenden der Fachkammer einschränkende Auslegung der Bestimmung sei jedoch aus folgendem Grund geboten: Wie sich vor allem aus Satz 3 ergibt, habe Abs. 2 eine personalratslose Zeit im Blick (s. Rn. 31). Eine solche trete nicht ein, wenn ein Rest-PR vorhanden sei. Damit entfalle die Rechtfertigung für ein Tätigwerden des Vorsitzenden der Fachkammer. Das Verwaltungsgericht Stuttgart hat unlängst die Auffassung vertreten, dass **Abs. 2 Satz 1** auch für den Fall der Wiederholungswahl nur einer Gruppe unter Fortbestand des Personalrats im Übrigen gilt (18.3.2015 – PL 22 K 1349/15 – n. v.). Zur Begründung führt das Gericht im Wesentlichen aus, dies folge zunächst aus dem klaren Wortlaut der Norm, die keine Differenzierung dahin vornehme, ob die Wahl des Personalrats insgesamt oder nur teilweise für ungültig erklärt worden sei. Eine andere Sichtweise sei auch nicht im Hinblick auf Sinn und Zweck bzw. deren systematische Auslegung geboten. Zunächst verbiete sich ein Vergleich mit § 23 (vorzeitige Neuwahl). § 23 Abs. 2 regele zwar eine äußerlich vergleichbare Situation. Der entscheidende Unterschied liege aber darin, dass der Personalrat hier einer Veränderung, die während der laufenden Amtszeit eingetreten sei, Rechnung trage. Demgegenüber betreffe die „Wiederholungswahl" nach erfolgreicher Wahlanfechtung einen Gegenstand, der vor der Amtsübernahme des neuen Personalrats liege. Eine Bestellung durch den neuen Rest-PR sei auch nicht sachgerecht. Häufig würden unterschiedliche Gruppen- oder Beschäftigteninteressen zu einer Wahlanfechtung führen. Ebenso seien die Wahlanfechtungsgründe, die nach § 21 Abs. 1 für eine erfolgreiche Wahlanfechtung vorliegen müssten, von einer Art, die an die Durchführung der Wiederholungswahl besondere Anforderungen an die Objektivität des Wahlverfahrens stellten, um weitere Rechtsverletzungen oder auch nur Irritationen zu vermeiden. Es könne ohne Weiteres sein, dass der verbleibende Rest-PR dieses Vertrauen der Beschäftigten gerade aus den Gründen, die zur Wahlanfechtung geführt hätten, nicht besitze.

28 Bei einer **nichtigen Wahl** (Rn. 24 f.) ist nach § 16 Abs. 2 zu verfahren.

29 **Wiederholungswahl.** Mit dem Dienstrechtsreformgesetz hat der Gesetzgeber den zuvor in Satz 2 und 3 verwendeten Begriff der Neuwahl durch den Begriff der Wiederholungswahl ersetzt. Er wollte damit klarstellen (LT-Drucksache 14/6694, S. 563), „dass im Falle einer wegen Wahlanfechtung aufgehobenen Personalratswahl nicht eine Neuwahl, sondern eine Wiederholungswahl durchzuführen ist. Das bedeutet eine Wahl unter den gleichen Voraussetzungen, wie sie sich bei der ursprünglichen Wahl gestellt haben". S. bereits Rn. 22.

30 **Satz 2.** Die Bestimmung, dass der Wahlvorstand die Wiederholungswahl unverzüglich einzuleiten, durchzuführen und das Ergebnis festzustellen hat, enthält lediglich eine Bekräftigung dieser Aufgaben, da auch für die Arbeit eines vom Vorsitzenden der Fachkammer des Verwaltungsgerichts nach Abs. 2 bestellten Wahlvorstands die Vorschriften des LPVG und der WO gelten.

Satz 3. Seit Inkrafttreten des ÄG 95 hat der vom Vorsitzenden der Fachkammer **31** bestellte Wahlvorstand die Aufgabe, die dem **PR zustehenden Befugnisse und Pflichten** bis zur Wiederholungswahl **wahrzunehmen.** Hierdurch soll eine Zeit ohne jegliche Personalvertretung vermieden werden. Die Zeitangabe „bis zur Wiederholungswahl" meint wohl „bis zur konstituierenden Sitzung des neugewählten PR" (vgl. § 19).

III. Entsprechende Geltung des § 21

§ 21 gilt für den GesamtPR (§ 54 Abs. 3), die Stufenvertretungen (§ 55 Abs. 3), **32** den AusbildungsPR (§ 58 Abs. 3) und die JAV (§ 62 Abs. 1) entsprechend.

Abschnitt 2 **Amtszeit**

§ 22   Amtszeit, regelmäßiger Wahlzeitraum

(1) [1]**Die regelmäßige Amtszeit des Personalrats beträgt fünf Jahre.** [2]**Sie beginnt mit dem Tag der Wahl oder, wenn zu diesem Zeitpunkt noch ein Personalrat besteht, mit dem Ablauf der Amtszeit dieses Personalrats.** [3]**Die Amtszeit endet spätestens am 31. Juli des Jahres, in dem die regelmäßigen Personalratswahlen stattfinden.**

(2) [1]**Ist am Tag des Ablaufs der Amtszeit ein neuer Personalrat nicht gewählt, führt der Personalrat die Geschäfte weiter, bis der neue Personalrat gewählt ist, längstens bis zum Ablauf des 31. Juli.** [2]**Der geschäftsführende Personalrat ist nicht befugt, Maßnahmen nach § 84 zu beantragen oder Dienstvereinbarungen zu schließen.**

(3) [1]**Die regelmäßigen Personalratswahlen finden alle fünf Jahre in der Zeit vom 1. April bis 31. Juli statt.** [2]**Fand außerhalb dieses Zeitraums eine Personalratswahl statt, so ist der Personalrat in dem auf die Wahl folgenden nächsten Zeitraum der regelmäßigen Personalratswahlen neu zu wählen, wenn die Amtszeit des Personalrats zu Beginn des für die regemäßigen Personalratswahlen festgelegten Zeitraums mehr als ein Jahr betragen hat.** [3]**War seine Amtszeit kürzer, so ist der Personalrat erst in dem übernächsten Zeitraum der regelmäßigen Personalratswahlen neu zu wählen.**

I.   Regelmäßige Amtszeit (Abs. 1)

Amtszeit. Die regelmäßige Amtszeit des PR betrug bis zum Inkrafttreten des **1** ÄG 2013 vier Jahre; nunmehr sieht Abs. 1 Satz 1 eine **fünfjährige regelmäßige Amtszeit** vor. Die Landesregierung führt in ihrem Gesetzentwurf zum Vorschlag der Verlängerung aus (LT-Drucksache 15/4224, S. 98): „Der Kontinuität und Qualität der Personalratsratsarbeit ist die längere Dauer der Amtszeit zuträglich. Es fällt weniger Einarbeitungsaufwand neuer Personalratsmitglieder an und die während der Amtszeit gewonnenen Erfahrungen und Kenntnisse können länger eingesetzt werden. Demgegenüber sind Verfestigungen bestehender Personalratsstrukturen nicht zu erwarten. Die regelmäßige Erneuerung der Legitimation des Personalrats zur Repräsentation aller Beschäftigten einer Dienststelle ist auch bei einer um ein Jahr verlängerten Amtszeit noch ausreichend sichergestellt."

Die Amtszeit kann **kürzer** (z. B. bei Auflösung durch das Verwaltungsgericht nach § 24 Abs. 1 oder in den Fällen des Abs. 3 Satz 2) oder **länger** (in den Fällen des Abs. 3 Satz 3) sein.

1a   Übergangsvorschrift des Art. 13 § 1 des ÄG 2013 („Amtszeiten").
(1) Für die zum Zeitpunkt des Inkrafttretens dieses Gesetzes vorhandenen Personalräte, Gesamtpersonalräte und Stufenvertretungen gilt abweichend von § 26 Absatz 1 Satz 1 LPVG § 26 Absatz 1 Satz 1 LPVG in der am Tag vor Inkrafttreten dieses Gesetzes geltenden Fassung.
(2) ...
(3) In den Fällen des Absatzes 1 und 2 verlängern sich die Amtszeiten der zum Zeitpunkt des Inkrafttretens dieses Gesetzes vorhandenen Personalräte, Gesamtpersonalräte, Stufenvertretungen, Jugend- und Auszubildendenvertretungen, Gesamt-Jugend- und Auszubildendenvertretungen sowie der Richterräte, deren Amtszeit jeweils im März 2014 enden würde, um einen Monat, längstens bis zum Tag der Neuwahl der entsprechenden Vertretung.

2   **Beginn der Amtszeit.** Die Amtszeit beginnt **mit dem Tag der Wahl, nicht aber vor dem Ablauf der Amtszeit des alten PR**, wenn dieser sich am Wahltag noch im Amt befindet (**Satz 2**). Wird die Wahl an mehreren aufeinander folgenden Tagen durchgeführt, gilt der erste Tag der Wahlhandlung als Wahltag (§ 3 Satz 4 WO). Für die Berechnung des Beginns der regelmäßigen Amtszeit ist auch der Wahltag mitzuzählen (vgl. § 187 Abs. 2 Satz 1 BGB). Der PR ist durch eine Wahlanfechtung nicht gehindert, sein Amt vom Beginn seiner Amtszeit an auszuüben. Die Weiterführung der Geschäfte durch den alten PR über den Ablauf seiner Amtszeit hinaus ist nicht möglich. Die **neugewählten, aber noch nicht amtierenden PR-Mitglieder** genießen bereits den **Schutz** des § 47 LPVG (vgl. Ilbertz-Widmaier § 26 Rn. 6).

3   **Konstituierung nicht erforderlich.** Keine Voraussetzung für den Beginn der Amtszeit des PR ist seine **Konstituierung** (vgl. § 19). Der PR ist jedoch, solange er die in § 28 vorgeschriebenen Wahlen des Vorstands bzw. die Bestimmung des Vorsitzenden und ggf. seiner Stellvertreter nicht durchgeführt hat, handlungsunfähig.

4   **Ende der Amtszeit.** Die Amtszeit des PR endet fünf Jahre nach ihrem Beginn (dazu s. Rn. 2). Das Ende wird nach § 188 Abs. 2 Hs. 2 BGB berechnet. Begann z. B. die Amtszeit eines PR am 20. Mai des Jahres X, so endete sie mit dem Ablauf des 19. Mai des Jahres X+5.

5   **Satz 3.** Die Amtszeit des PR endet (z. B. in den Fällen des § 23 Abs. 1) ohne Rücksicht auf ihren Beginn spätestens mit dem Ablauf des 31. Juli des Jahres, in dem die regelmäßigen PR-Wahlen durchzuführen sind (vgl. nunmehr Abs. 3 Satz 1), es

sei denn, die Amtszeit des PR hat zu Beginn des für die regelmäßigen Personalratswahlen festgelegten Zeitraums noch nicht ein Jahr betragen (vgl. Abs. 3 Satz 3).
In diesem Falle endet die Amtszeit erst mit dem Ablauf des 31. Juli des übernächsten Zeitraums der regelmäßigen PR-Wahlen. Die Amtszeit des PR endet auch
dann spätestens mit dem Ablauf des 31. Juli des Jahres, in dem die regelmäßigen
PR-Wahlen stattfinden, wenn die Neuwahl sich verzögert oder gar nicht zustande
kommt; es besteht dann kein PR in der Dienststelle. Abs. 1 Satz 3 bewirkt keine
Verlängerung einer schon vor dem 31. Juli beendeten Amtszeit bis zu diesem Zeitpunkt (vgl. die Einschränkung „spätestens").

II. Weiterführung der Geschäfte nach Ablauf der Amtszeit (Abs. 2)

Keine personalratslose Zeit. Die Regelung des Abs. 2 soll eine personalratslose   **6**
Zeit verhindern. Bis zur Wahl eines neuen PR, längstens aber bis zum 31. Juli
führt der alte PR nach Ablauf seiner Amtszeit die Geschäfte weiter (Satz 1).
Mit dem Ablauf seiner Amtszeit verfügt der PR allerdings nur noch über eine
allenfalls eingeschränkte Legitimation. Dem trägt Satz 2 Rechnung, indem er
regelt, dass der nach Satz 1 geschäftsführende PR weder Maßnahmen nach
§ 84 beantragen noch Dienstvereinbarungen schließen darf.

III. Zeitpunkt der regelmäßigen Personalratswahlen (Abs. 3 Satz 1)

§ 19 Abs. 1 in der vor Inkrafttreten des ÄG 2013 geltenden Fassung bestimmte,   **7**
dass die regelmäßigen PR-Wahlen alle vier Jahr in der Zeit vom 1. März bis
31. Mai stattfinden. Dass sie nunmehr **alle fünf Jahre** stattfinden (Abs. 3
Satz 1), ist Folge der um eine Jahr verlängerten Amtszeit (vgl. Rn. 1). Zur Verschiebung und Verlängerung der Zeit, in der die regelmäßigen PR-Wahlen stattfinden sollen (nunmehr **vom 1. April bis 31. Juli**) führt die Landesregierung in
der Begründung ihres Entwurfs zum ÄG 2013 aus (LT-Drucksache 15/4224,
S. 99): „Hierdurch wird ein einheitlicher Wahlzeitraum mit den Wahlen im
Schulbereich erreicht. Hinzu kommt, dass der Zeitpunkt der Personalratswahlen im Laufe der Jahre zunehmend an das Ende des regelmäßigen Wahlzeitraums gerückt ist. Durch die Verschiebung des Wahlzeitraums kann dieser wieder besser ausgenutzt werden. Außerdem kann durch die Verlängerung des
Wahlzeitraums die Wahlvorbereitung während der in dieser Zeit häufig anfallenden Ferien und Feiertage günstiger gestaltet werden."

IV. Amtszeit des außerhalb des Zeitraums der regelmäßigen PR-
Wahlen gewählten PR (Abs. 3 Sätze 2 und 3)

Sätze 2 und 3 entsprechen inhaltlich § 19 Abs. 3 in der vor Inkrafttreten des   **8**
ÄG 2013 geltenden Fassung. Die Amtszeit des außerhalb des Zeitraums der
regelmäßigen PR-Wahlen gewählten PR endet grundsätzlich am 31. Juli desjenigen Jahres, in dem nach Satz 1 die nächsten regelmäßigen PR-Wahlen stattfinden (vgl. **Satz 2**); die **Amtszeit des PR** ist in diesem Fall **kürzer als die regelmäßige Amtszeit** nach Abs. 1 Satz 1. Dies gilt allerdings nur dann, wenn die

Amtszeit des PR zu Beginn des für die regelmäßigen PR-Wahlen festgelegten Zeitraums (vgl. Satz 1) mehr als ein Jahr betragen hat. War der PR hingegen zu diesem Zeitpunkt höchstens ein Jahr, also relativ kurz, im Amt, so findet die nächste PR-Wahl erst im übernächsten Zeitraum der regelmäßigen PR-Wahlen statt (vgl. Satz 3); die **Amtszeit** des PR ist in diesem Fall **länger als die regelmäßige Amtszeit** nach Abs. 1 Satz 1. Mit den zwingenden Vorgaben der Sätze 2 und 3 wird sichergestellt, dass die PR-Wahlen möglichst bald wieder im Zeitraum der regelmäßigen PR-Wahlen nach Satz 1 stattfinden.

V. Entsprechende Geltung des § 22

9 § 22 gilt für den GesamtPR (§ 54 Abs. 3), die Stufenvertretungen (§ 55 Abs. 3) und den AusbildungsPR (§ 58 Abs. 3, wobei für ihn auch eine kürzere Amtszeit festgelegt werden kann, § 58 Abs. 1 Nr. 2) entsprechend.

Für die JAV legt § 62 Abs. 4 Satz 1 eine regelmäßige Amtszeit von zwei Jahren und sechs Monaten fest. Nach § 62 Abs. 4 Satz 3 gilt § 22 Abs. 1 Satz 2 und Abs. 2 Satz 1 entsprechend. Zu den regelmäßigen Personalratswahlen verhält sich § 62 Abs. 3 Satz 1; nach § 62 Abs. 3 Satz 2 gilt § 22 Abs. 3 Satz 2 und 3 entsprechend.

§ 23   Vorzeitige Neuwahl

(1) ¹Der Personalrat ist außerhalb des für die regelmäßigen Personalratswahlen festgelegten Zeitraums neu zu wählen, wenn
1. mit Ablauf von 20 Monaten oder 40 Monaten, vom Tag der Wahl gerechnet, die Zahl der in der Regel Beschäftigten um ein Drittel, mindestens aber um 50 gestiegen oder gesunken ist oder
2. die Gesamtzahl der Mitglieder des Personalrats auch nach dem Eintreten sämtlicher Ersatzmitglieder um mehr als ein Viertel der Mitgliederzahl nach § 10 Absatz 3 gesunken ist oder
3. der Personalrat mit der Mehrheit seiner Mitglieder seinen Rücktritt beschlossen hat oder
4. der Personalrat durch gerichtliche Entscheidung aufgelöst ist oder
5. die Wahl des Personalrats mit Erfolg angefochten worden ist oder
6. in der Dienststelle kein Personalrat besteht.

²In den Fällen der Nummer 1 bis 3 führt der Personalrat die Geschäfte weiter, bis der neue Personalrat gewählt ist, längstens für vier Monate. ³§ 22 Absatz 2 Satz 2 gilt entsprechend.

(2) ¹Ist eine in der Dienststelle vorhandene Gruppe, die bisher im Personalrat vertreten war, auch nach dem Eintreten sämtlicher Ersatzmitglieder durch kein Mitglied des Personalrats mehr vertreten, so wählt diese Gruppe für den Rest der Amtszeit des Personalrats neue Vertreter. ²Die §§ 16 bis 18, 20 und 21 finden mit folgenden Maßgaben entsprechende Anwendung:
1. Eine Personalversammlung oder eine Gruppenversammlung zur Wahl eines Wahlvorstands findet nicht statt.
2. Die Bestellung des Wahlvorstands durch den Leiter der Dienststelle ist nur auf Antrag von drei wahlberechtigten Beschäftigten der Gruppe, für welche die Neuwahl stattfinden soll, möglich. Das Antragsrecht einer in der Dienststelle vertretenen Gewerkschaft bleibt unberührt.

I. Vorzeitige Neuwahl des gesamten PR (Abs. 1 Satz 1)

Fälle einer zwingenden vorzeitigen Neuwahl. Abs. 1 Satz 1 übernimmt im We- **1**
sentlichen die Regelung des § 19 Abs. 2 in der vor Inkrafttreten des ÄG 2013
geltenden Fassung. Er zählt die Fälle in denen der PR vorzeitig neu zu wählen
ist, abschließend auf. Auf die vorzeitige Neuwahl kann in diesen Fällen nicht
verzichtet werden.

Fall der Nr. 1. Nr. 1 betrifft den Fall einer aus Sicht des Gesetzgebers **erhebli-** **2**
chen Veränderung der Beschäftigtenzahl. Bislang stellte der Gesetzgeber auf
den Ablauf von zwei Jahren, vom Tag der Wahl gerechnet ab; eine erhebliche
Veränderung der Beschäftigtenzahl nahm er an, wenn die Zahl der regemäßigen Beschäftigten um die Hälfte, mindestens aber um 50 gestiegen oder gesunken ist (§ 19 Abs. 2 Nr. 1 in der vor Inkrafttreten des ÄG 2013 geltenden
Fassung).

Zwei Stichtage. Nunmehr sieht der Gesetzgeber – nicht zuletzt „im Hinblick **3**
auf die Verlängerung der Amtszeit des Personalrats" (vgl. LT-Drucksache 15/
4224, S. 99) – zwei Stichtage vor, nämlich den Ablauf von 20 Monaten und
den Ablauf von 40 Monaten, jeweils vom Tag der Wahl (vgl. dazu § 3 Satz 4
WO: „der erste Tag der Wahlhandlung") gerechnet.
Beispiel: Für eine am 15.05. des Jahres X durchgeführte Wahl sind Stichtage
der 15.1. des Jahres X+2 und der 15.9. des Jahres X+3.
Veränderungen, die nach dem späteren Stichtag eintreten, führen zu keiner
vorzeitigen Neuwahl.

Zahl der in der Regel Beschäftigen. Nach Nr. 1 kommt es auf die Veränderung **4**
der Zahl der in der Regel Beschäftigten (vgl. § 4 Abs. 1 und 2) und nicht etwa
auf die Zahl der Wahlberechtigten (vgl. § 8 Abs. 1) an. Auch eine Veränderung
der Zahl der Angehörigen der beiden Gruppen ist unerheblich.

Um ein Drittel, mindestens aber um 50. Zur Herabsenkung des Quorums auf **5**
ein Drittel ist in der Begründung des Gesetzentwurfs lediglich zu lesen (LT-
Drucksache 15/4224, S. 99), dass diese „in der Praxis schneller zu Neuwahlen,
insbesondere bei größeren Umgliederungen von Dienststellen [führt]". Die beiden Voraussetzungen müssen kumulativ erfüllt sein.

Fall der Nr. 2. Nr. 2 betrifft den Fall einer aus Sicht des Gesetzgebers **erhebli-** **6**
chen Verringerung der Gesamtzahl der PR-Mitglieder. Auszugehen ist von der
Zahl der PR-Mitglieder, die der Wahlvorstand bei der PR-Wahl nach § 10
Abs. 3 ermittelt hat (Soll-Stärke). Der PR ist danach neu zu wählen, sobald die
Ist-Stärke des PR auch nach dem Eintreten sämtlicher Ersatzmitglieder (vgl.
§ 27) 75 v. H. der Soll-Stärke unterschreitet.
Beispiel: Die Mindeststärke ist unterschritten, wenn bei einem siebenköpfigen
PR zwei Mitglieder und bei einem neun- oder elfköpfigen PR drei Mitglieder
fehlen.

Bereits bei Konstituierung. Der Fall der Nr. 2 kann auch bereits bei der Konsti- **7**
tuierung des PR eintreten (z. B. bei Ablehnung der Annahme der Wahl und
fehlenden Ersatzmitgliedern). Anders verhält es sich, wenn der PR bei der Neu-

wahl mangels Wahlbewerber oder mangels wählbarer Beschäftigter nicht die Mindeststärke erreicht; hier besteht der PR auch fort, wenn seine Mitgliederzahl unter 75 v. H. der Soll-Stärke liegt, da die Gesamtzahl der Mitglieder des PR nicht i. S. v. Nr. 2 abgesunken ist.

8 Die **zeitweilige Verhinderung** eines oder mehrerer PR-Mitglieder führt auch dann nicht zur Neuwahl, wenn dadurch vorübergehend weniger als 75 v. H. der PR-Sitze besetzt sind und keine (weiteren) Ersatzmitglieder zur Verfügung stehen. Das zeitweilig verhinderte PR-Mitglied bleibt Mitglied des PR. Es ist daher bei der Ermittlung, ob die Voraussetzungen für eine vorzeitige Neuwahl nach Nr. 2 vorliegen, zu den im Amt befindlichen PR-Mitgliedern zu rechnen (vgl. Richardi/Dörner/Weber § 27 Rn. 21; Ilbertz-Widmaier § 27 Rn. 17).

9 **Fall der Nr. 3.** Nr. 3 betrifft den Fall des **Rücktritts des PR**. Für den Rücktrittsbeschluss nach Nr. 3 ist die Mehrheit der Stimmen aller PR-Mitglieder (Zahl der gewählten PR-Mitglieder), nicht nur die Mehrheit der Stimmen der an der Abstimmung teilnehmenden PR-Mitglieder erforderlich. Ersatzmitglieder, die anstelle eines ausgeschiedenen oder zeitweilig verhinderten PR-Mitglieds (§ 27 Abs. 1) in den PR eingetreten sind, können bei dem Beschluss mitwirken. Der Rücktrittsbeschluss bindet auch die PR-Mitglieder, die gegen ihn gestimmt haben, ferner die Ersatzmitglieder ohne Rücksicht darauf, ob sie schon in den PR eingetreten sind oder nicht (vgl. § 27 Abs. 4). Der Rücktrittsbeschluss ist **nicht begründungspflichtig** und unterliegt keiner inhaltlichen gerichtlichen Kontrolle (BVerwG, 7.5.2003 – 6 P 17.02 – www.bverwg.de = PersR 2003, 313 = PersV 2003, 423 = ZfPR 2003, 229). Er ist **unwiderruflich.** Von der wirksamen Beschlussfassung über seinen Rücktritt an ist der PR nur noch geschäftsführend tätig (Satz 2; s. Rn. 17).

10 **Aus einem Mitglied bestehende Personalvertretung.** Auch eine nur aus einem Mitglied bestehende Personalvertretung kann zurücktreten (vgl. Ilbertz-Widmaier § 27 Rn. 22; Richardi/Dörner/Weber § 27 Rn. 26).

11 **Rücktritt einer Gruppenvertretung.** Der Rücktritt einer Gruppenvertretung ist im LPVG nicht vorgesehen (vgl. Richardi/Dörner/Weber § 27 Rn. 27; Ilbertz-Widmaier § 27 Rn. 21). Die Vertreter einer Gruppe und ihre Ersatzmitglieder können aber durch Einzelerklärungen ihr Amt niederlegen (vgl. § 25 Abs. 1 Nr. 2; § 25 Rn. 2). Neue Gruppenvertreter sind dann nach Abs. 2 zu wählen. Wenn durch die Amtsniederlegung auch die Voraussetzungen der Nr. 2 eintreten, ist der ganze PR neu zu wählen (BVerwG, 18.3.1982 – 6 P 30.80 – BVerwGE 65, 153 = PersV 1983, 71).

12 **Gleichzeitige Amtsniederlegung.** Von dem Rücktrittsbeschluss nach Nr. 3 ist die **gleichzeitige Amtsniederlegung** (vgl. § 25 Abs. 1 Nr. 2; § 25 Rn. 2) **aller Mitglieder und Ersatzmitglieder** des PR zu unterscheiden. In diesem Fall ist in der Dienststelle **kein PR mehr vorhanden,** denn das Amt aller PR-Mitglieder endet mit der Amtsniederlegung. Es ist deshalb nach Maßgabe des § 16 Abs. 2 und 3 ein Wahlvorstand zu bestellen.

13 Zur **Folgeregelung des Satz 2,** die **für die Fäll der Nr. 1 bis 3** gilt, vgl. Rn. 17.

Fall der Nr. 4. Nr. 4 betrifft den Fall der **Auflösung des PR durch gerichtliche** **14** **Entscheidung.** Der durch gerichtliche Entscheidung nach § 24 Abs. 1 aufgelöste PR darf keine Tätigkeit mehr ausüben. Die Auflösung trifft auch die Ersatzmitglieder (vgl. § 27 Abs. 4). Das weitere Verfahren richtet sich nach § 24 Abs. 3. Der **vom Vorsitzenden der Fachkammer des Verwaltungsgerichts eingesetzte Wahlvorstand** nimmt bis zur Neuwahl die dem PR zustehenden Befugnisse und Pflichten wahr (§ 24 Rn. 19). Solange der Wahlvorstand nicht eingesetzt ist, ist eine Beteiligung der Beschäftigten in allen Angelegenheiten, die nach dem LPVG der Beteiligung des PR unterliegen, nicht möglich.

Der **Ausschluss eines oder mehrerer Mitglieder** aus dem PR nach § 28 Abs. 1 **15** führt nur unter den Voraussetzungen der Nr. 2 zur Neuwahl des PR.

Fälle der Nr. 5 und 6. Nr. 1 betrifft den Fall einer mit Erfolg angefochtenen **16** Wahl des PR (vgl. § 21), Nr. 6 den Fall, dass in der Dienststelle kein PR besteht.

II. Geschäftsführung in den Fällen des Abs. 1 Satz 1 Nr. 1 bis 3 (Abs. 1 Satz 2 und 3)

Nach Satz 2 ist der (Rest-)PR verpflichtet, in den Fällen des Satzes 1 Nr. 1 bis **17** 3 die **Geschäfte fortzuführen.** Dies gilt in zeitlicher Hinsicht bis zur Wahl des neuen PR, nicht jedoch länger als vier Monate. Mit dieser Regelung soll eine personalratslose Zeit möglichst vermieden oder (in Ausnahmefällen) auf das unumgängliche Mindestmaß beschränkt werden.

Entsprechende Geltung des § 22 Abs. 2 Satz 2 (Satz 3). Bei der Fortführung **18** der Geschäfte ist der PR nur insoweit eingeschränkt, als er nicht befugt ist, Maßnahmen nach § 84 zu beantragen oder Dienstvereinbarungen zu schließen (vgl. § 22 Rn. 6).

Ersatzmitglieder können im Fall des Satzes 1 Nr. 1 nachrücken (§ 27 Rn. 3). **19** Für den Fall des Satzes 1 Nr. 3 ist dies durch § 27 Abs. 4 seit Inkrafttreten des ÄG 2013 ausgeschlossen (vgl. § 27 Rn. 15).

Die Mitglieder des PR genießen während der Fortführung der Geschäfte wei- **20** terhin den für „normale" PR-Mitglieder geltenden Schutz.

Zu Beginn seiner geschäftsführenden Tätigkeit hat der PR einen Wahlvorstand **21** nach § 16 Abs. 1 zu bestellen. Kommt er dieser Verpflichtung nicht unverzüglich nach, hat der Dienststellenleiter auf Antrag von mindestens drei Wahlberechtigten oder einer in der Dienststelle vertretenen Gewerkschaft nach § 16 Abs. 2 und 3 zu verfahren.

III. Vorzeitige Neuwahl von Gruppenvertretern (Abs. 2)

Abs. 2 entspricht im Wesentlichen § 27 in der vor Inkrafttreten des ÄG 2013 gel- **22** tenden Fassung. Die Vorschrift enthält eine Regelung für den Fall, dass eine in der Dienststelle vorhandene **Gruppe,** die bisher im Personalrat vertreten war, – auch nach Eintreten sämtlicher Ersatzmitglieder, wie das ÄG 2013 ausdrücklich klargestellt hat (vgl. LT-Drucksache 15/4224, S. 100) – **durch kein Mitglied des PR mehr vertreten ist.** Diese **Gruppe wählt** dann **für den Rest der Amtszeit** des PR **neue Vertreter (Satz 1).** Es ist **unerheblich, aus welchen Gründen** die Gruppe nicht mehr vertreten ist, insbesondere aus welchen Gründen die Mitglieder und die Ersatzmitglieder der Gruppe ausgeschieden sind, oder ob auf den für die Gruppe eingereichten Wahlvorschlägen nicht genügend Bewerber benannt waren, so dass Ersatzmitglieder in ausreichender Zahl nicht gewählt werden konnten (vgl. § 27 Rn. 13). Sind **gleichzeitig** auch die **Voraussetzungen des Abs. 1 Satz 1 Nr. 2** gegeben, ist der **gesamte PR neu zu wählen** (vgl. BVerwG, 18.3.1982 – 6 P 30.80 – BVerwGE 65, 153 = PersV 1983, 71; Rn. 6).

23 **Auch bei gemeinsamer Wahl.** Eine vorzeitige Neuwahl von Gruppenvertretern findet auch statt, wenn der PR in gemeinsamer Wahl (§ 13 Abs. 2) gewählt worden ist (Altvater/Coulin/Klimpe-Auerbach § 27 Rn. 2; vgl. aber Richardi/ Dörner/Weber § 27 Rn. 60). Das Gruppenprinzip erfordert, dass die nicht mehr vertretene Gruppe die Möglichkeit zur Wahl neuer Vertreter erhält. Andernfalls hätte dies in § 23 ausgeschlossen werden müssen.

24 Abs. 2 findet keine Anwendung, wenn eine **Gruppe** von ihrem Recht, im PR vertreten zu sein, **keinen Gebrauch gemacht** hat (vgl. § 11 Abs. 2 Satz 3). Denn in diesem Fall ist sie nicht „nicht mehr", sondern war „überhaupt nicht" vertreten. Die „wahlmüde" Gruppe bleibt bis zur nächsten Neuwahl ohne Vertretung.

25 **Modifizierte Anwendung der §§ 16 bis 18, 20 und 21 (Satz 2).** Für die **Bestellung des Wahlvorstands,** die **Einleitung und Durchführung der Wahl,** die **Feststellung des Wahlergebnisses,** die **Freiheit und die Kosten der Wahl** sowie die **Anfechtung der Wahl** gelten die §§ 16 bis 18, 20 und 21 mit den in Satz 2 genannten Maßgaben entsprechend. Insbesondere ist in Nr. 2 festgelegt, dass der Leiter der Dienststelle bei Gruppenneuwahlen nur auf Antrag von **drei wahlberechtigten** Beschäftigten der Gruppe, für welche die Neuwahl stattfinden soll, oder einer in der Dienststelle vertretenen Gewerkschaft (§ 2 Rn. 17) tätig werden kann.

26 Die neuen Gruppenvertreter wählen das auf sie entfallende Vorstandsmitglied (vgl. § 28 Abs. 1). Zur Wahl beruft der Vorsitzende oder stellvertretende Vorsitzende des PR ein (je nach dem, welche dieser Personen von der Gruppenneuwahl nicht betroffen ist); der Anordnung der entsprechenden Anwendung des § 19 bedurfte es deshalb nicht.

27 **Amtszeit der neu gewählten Gruppenvertreter.** Die Amtszeit der neu gewählten Gruppenvertreter endet mit der Amtszeit der übrigen PR-Mitglieder, denn sie sind nur **für den Rest der Amtszeit des PR** gewählt (vgl. Richardi/Dörner/Weber § 27 Rn. 74). § 22 Abs. 3 Satz 2 und 3 findet nicht entsprechende Anwendung.

IV. Entsprechende Geltung des § 23

28 § 23 gilt für den GesamtPR (§ 54 Abs. 3) und die Stufenvertretungen (§ 55 Abs. 3) insgesamt entsprechend, für den AusbildungsPR und für die JAV eingeschränkt (vgl. § 58 Abs. 3 bzw. § 60 Abs. 3 Satz 2 und Abs. 4 Satz 3).

§ 24 Ausschluss einzelner Mitglieder und Auflösung des Personalrats

(1) [1]Auf Antrag eines Viertels der Wahlberechtigten oder einer in der Dienststelle vertretenen Gewerkschaft kann das Verwaltungsgericht den Ausschluss eines Mitglieds aus dem Personalrat oder die Auflösung des Personalrats wegen grober Vernachlässigung seiner gesetzlichen Befugnisse oder wegen grober Verletzung seiner gesetzlichen Pflichten beschließen. [2]Der Personalrat kann aus den gleichen Gründen den Ausschluss eines Mitglieds beantragen. [3]Der Leiter der Dienststelle kann den Ausschluss eines Mitglieds aus dem Personalrat oder die Auflösung des Personalrats wegen grober Verletzung seiner gesetzlichen Pflichten beantragen.

(2) Ist über den Antrag auf Ausschluss eines Mitglieds bis zum Ablauf der Amtszeit noch nicht rechtskräftig entschieden, so ist das Verfahren mit der Wirkung für die folgende Amtszeit fortzusetzen, wenn das Mitglied für die folgende Amtszeit wieder gewählt worden ist.

(3) [1]Ist der Personalrat aufgelöst, so setzt der Vorsitzende der Fachkammer des Verwaltungsgerichts einen Wahlvorstand ein. [2]Dieser hat unverzüglich die Neuwahl einzuleiten, durchzuführen und das Ergebnis festzustellen. [3]Der Wahlvorstand nimmt bis zur Neuwahl die dem Personalrat nach diesem Gesetz zustehenden Befugnisse und Pflichten wahr.

I. Auflösung des Personalrats oder Ausschluss eines Mitglieds (Abs. 1)

Bedeutung. Der gewählte PR hat eine starke Stellung. Weder er im Ganzen noch **1** ein einzelnes Mitglied kann (etwa durch einen Misstrauensantrag der Beschäftigten) zum Rücktritt gezwungen werden. Wenn der **PR** nicht selbst seinen Rücktritt beschließt (vgl. § 23 Abs. 1 Satz 1 Nr. 3), kann er **nur durch das Verwaltungsgericht** (Fachkammer für Personalvertretungsangelegenheiten, § 93) und **nur aus den im Gesetz genannten Gründen** auf Antrag **aufgelöst** werden.

Antragsberechtigung. Berechtigt zur Stellung des Antrags auf Auflösung des **2** PR oder auf Ausschluss eines Mitglieds sind gemäß **Satz 1** ein Viertel der – zur Zeit der Antragstellung – Wahlberechtigten (s. § 8) oder die in der Dienststelle vertretenen Gewerkschaften (§ 2 Rn. 17), ferner gemäß **Satz 3** der Dienststellenleiter, der hierbei nach den für die betreffende Dienststelle geltenden Vorschriften vertreten werden kann.

Ein Viertel der Wahlberechtigten (Satz 1 Alt. 1). Die Mindestzahl von einem **3** Viertel der Wahlberechtigten muss im Zeitpunkt der Antragstellung und für die Dauer des Ausschluss- bzw. Auflösungsverfahrens, also auch in der Rechtsmittelinstanz, vorliegen (vgl. Richardi/Dörner/Weber § 28 Rn. 31).

Antragsgrund der in Satz 1 genannten Antragsberechtigten. Die in Satz 1 ge- **4** nannten Antragsberechtigten müssen eine grobe Vernachlässigung gesetzlicher Befugnisse oder eine grobe Verletzung gesetzlicher Pflichten geltend machen.

Antragsberechtigung des Dienststellenleiters (Satz 3). Die Antragsberechtigung **5** des Dienststellenleiters ist nicht an die Person des jeweiligen Amtsinhabers, sondern an das Amt gebunden (BVerwG, 6.2.1979 – 6 P 14.78 – PersV 1980, 196 = ZBR 1980, 191).

6 **Antragsgrund des Dienststellenleiters.** Der Dienststellenleiter kann nur eine grobe Verletzung gesetzlicher Pflichten geltend machen.

7 **Antragsberechtigung des PR (Satz 2).** Den Ausschluss eines Mitglieds kann auch der PR – durch Mehrheitsbeschluss, vgl. § 33 – beantragen (Satz 2). Notwendig ist die einfache Stimmenmehrheit aller anwesenden PR-Mitglieder ohne Rücksicht auf die Gruppenzugehörigkeit. An der Beschlussfassung darf das PR-Mitglied, über dessen Ausschluss das Verwaltungsgericht auf Antrag des PR beschließen würde, weder beratend noch entscheidend mitwirken, da es persönlich betroffen ist (§ 33 Abs. 1; VGH Mannheim, 23.2.1996 – PL 15 S 3328/94 – www.landesrecht-bw.de = ZBR 1997, 30 (LS)). Für das betroffene Mitglied tritt ein Ersatzmitglied ein (vgl. § 27 Abs. 1 Satz 2).

8 **Anfechtungsgrund des PR.** Hinsichtlich des Anfechtungsgrunds verweist Satz 2 auf Satz 1.

9 **Erfolg des Antrags.** Der Antrag hat Erfolg, wenn das Verwaltungsgericht eine grobe Verletzung gesetzlicher Pflichten bzw. eine **grobe Vernachlässigung gesetzlicher Befugnisse** feststellen kann.

10 **Grobe Verletzung gesetzlicher Pflichten.** Eine Pflichtverletzung ist dann grob, wenn sie schwerwiegend ist und ein mangelndes Pflichtbewusstsein des PR bzw. des PR-Mitglieds erkennen lässt oder auf die gesetzmäßige Tätigkeit des PR von nicht unbedeutendem Einfluss ist (vgl. BVerwG, 14.5.2014 – 6 PB 13.14 – www.bverwg.de Rn. 5; VG Karlsruhe, 24.5.2013 – PL 12 K 3822/12 –, www.landesrecht-bw.de Rn. 31 = PersV 2013, 430). Das Vertrauen in eine künftige ordnungsmäßige Amtsführung muss zerstört oder zumindest schwer erschüttert sein und zwar vom Standpunkt eines objektiv urteilenden, verständigen Beschäftigten aus (BVerwG, 14.4.2004 – 6 PB 1.04 – www.bverwg.de = PersR 2004, 268 = ZfPR 2004, 229 = ZBR 2005, 49). Eine grobe Pflichtverletzung kann beispielsweise vorliegen, wenn Befugnisse (in erheblichem Umfang) überschritten werden, in die Tätigkeit der Dienststelle eingegriffen wird, die Verschwiegenheitspflicht (§ 17) verletzt wird (vgl. VG Karlsruhe, 24.5.2013 – PL 12 K 3822/12 –, www.landesrecht-bw.de Rn. 27 = PersV 2013, 430), der Frieden in der Dienststelle gefährdet wird (§ 68 Abs. 2), in der Dienststelle politische Betätigung erfolgt (§ 69 Abs. 1 Satz 3), Gewerkschaftsbeiträge während der Dienstzeit trotz Verbots einkassiert werden, andere PR-Mitglieder oder der Dienststellenleiter grob beschimpft oder verunglimpft werden (vgl. BVerwG, 14.5.2014 – 6 PB 13.14 – www.bverwg.de Rn. 5), die Personalversammlung nach § 50 Abs. 1 nicht durchgeführt wird, Vorgänge aus einer PR-Sitzung an Außenstehende weitergegeben werden, ein PR-Mitglied Anträge und Schreiben im Namen des PR an die Dienststellenleitung richtet, ohne dass ein entsprechender Beschluss des PR gefasst worden ist, ein PR-Mitglied den Sitzungen des PR ohne Mitteilung der Verhinderung überwiegend fernbleibt (VGH Mannheim, 19.11.2002 – PL 15 S 1416/02 – PersV 2003, 352).

Grobe Vernachlässigung gesetzlicher Befugnisse. Eine grobe Vernachlässigung **11** der gesetzlichen Befugnisse ist namentlich Untätigkeit da, wo die Interessen der Beschäftigten ein Tätigwerden besonders verlangen.

Verschulden. Auf ein Verschulden kommt es beim PR nicht an, es genügt ob- **12** jektive Pflichtverletzung (BVerwG, 15.12.1961 – VII P 3.61 – BVerwGE 13, 242 = PersV 1962, 65). Dagegen kann der Ausschluss eines einzelnen Mitglieds aus dem PR nur auf schuldhaftes Verhalten gestützt werden, wobei einfache Fahrlässigkeit genügt (BVerwG, 14.2.1969 – VII P 11.71 – BVerwGE 31, 298 = PersV 1969, 252; 14.5.2014 – 6 PB 13.14 – www.bverwg.de Rn. 5).

„Tätige Reue" (z. B. Entschuldigung mit der Versicherung, sich künftig geset- **13** zeskonform zu verhalten) kann die Ahndung der Pflichtverletzung nicht verhindern (vgl. Ilbertz-Widmaier § 28 Rn. 22).

Vorläufiger Rechtsschutz. Im Wege der **einstweiligen** Verfügung (vgl. § 85 **14** Abs. 2 ArbGG, § 92 Rn. 51) kann das Verwaltungsgericht in (besonders) schwerwiegenden und dringenden Fällen dem betreffenden PR-Mitglied die weitere Amtsausübung vorläufig untersagen, nicht aber den Ausschluss aus dem PR beschließen (Altvater/Coulin/Klimpe-Auerbach § 28 Rn. 5).

Die Pflichtverletzung braucht nicht zugleich eine **Dienstpflichtverletzung** zu **15** sein. Ist dies jedoch der Fall, kann der Dienststellenleiter die nötigen Maßnahmen (Einleitung eines Disziplinarverfahrens, Kündigung) neben dem Antrag auf Ausschluss aus dem PR ergreifen.

Kein Verlust der Wählbarkeit. Durch den Ausschluss aus dem PR verliert das **16** Mitglied nicht die **Wählbarkeit bei einer neuen Wahl.**

II. Fortsetzung des Verfahrens nach Ablauf der Amtszeit (Abs. 2)

Der Antrag auf Auflösung des PR oder auf Ausschluss eines PR-Mitglieds wird **17** durch das Aufhören des Bestehens des PR (z. B. durch Ablauf der Amtszeit) gegenstandslos. Nach Abs. 2 ist jedoch das **Ausschlussverfahren** gegen ein PR-Mitglied **mit der Wirkung für die folgende Amtszeit fortzuführen,** wenn das PR-Mitglied für die folgende Amtszeit wiedergewählt worden ist. Damit soll verhindert werden, dass über Ausschlussanträge, die erst verhältnismäßig kurze Zeit vor Ablauf der Amtszeit eines PR gestellt werden, ohne Rücksicht auf die Schwere der vorgeworfenen Pflichtverletzung überhaupt nicht entschieden werden muss und diese deshalb ohne Folgen bleiben. Allerdings besteht kein Anlass für die Weiterführung des Ausschlussverfahrens, wenn das PR-Mitglied nicht erneut gewählt und deshalb ohnehin aus dem PR ausgeschieden ist (BVerwG, 7.5.2003 – 6 P 17.02 – www.bverwg.de = PersR 2003, 313 = PersV 2003, 423 = ZfPR 2003, 229).

Das Bundesverwaltungsgericht hat – in einem Fall im Anwendungsbereich des **18** BPersVG, das keine dem Abs. 2 entsprechende Vorschrift kennt – entschieden, dass ein Rechtsschutzbedürfnis für den Antrag auf Ausschluss eines PR-Mitglieds aus dem PR nur gegeben ist, wenn die gerichtliche Entscheidung noch gestaltende Wirkung haben kann oder wenn eine hohe Wahrscheinlichkeit dafür spricht, dass sich die Rechtsfragen, die der Antrag aufwirft, unter denselben Verfahrensbeteiligten wiederum stellen werden (BVerwG, 12.8.1988 – 6 P 5.87 – BVerwGE 80, 50 = PersR 1988, 268 = PersV 1989, 268). Letzteres dürfte durch Abs. 2 für Fälle im Anwendungsbereich des LPVG ausgeschlossen sein.

III. Folgen der Auflösung des Personalrats (Abs. 3)

19 Nach der rechtskräftigen Auflösung kann der PR keinerlei Befugnisse mehr ausüben. An seine Stelle tritt der vom Vorsitzenden der Fachkammer des Verwaltungsgerichts eingesetzte Wahlvorstand. Zur Bestellung und Zusammensetzung des Wahlvorstands sowie zu dessen Befugnissen vgl. § 21 Rn. 26 und 31.

IV. Entsprechende Geltung des § 24

20 § 24 gilt für den GesamtPR (§ 54 Abs. 3), die Stufenvertretungen (§ 55 Abs. 3), den AusbildungsPR (§ 86 Abs. 3) und die JAV (§ 62 Abs. 4) entsprechend. Ein Ausschluss aus der JAV führt, sofern das Mitglied auch der GesamtJAV angehört, gleichzeitig zum Erlöschen der Mitgliedschaft in diesem Gremium (§ 66 Abs. 2).

§ 25   Erlöschen der Mitgliedschaft im Personalrat

(1) Die Mitgliedschaft im Personalrat erlischt durch
 1. **Ablauf der Amtszeit,**
 2. **Niederlegung des Amts,**
 3. **Rücktritt des gesamten Personalrats,**
 4. **Beendigung des Dienst-, Arbeits- oder Ausbildungsverhältnisses,**
 5. **Ausscheiden als Beschäftigter aus der Dienststelle,**
 6. **Beurlaubung ohne Dienstbezüge oder Arbeitsentgelt, wenn diese länger als zwölf Monate gedauert hat; bei Mitgliedern, die bereits bei Beginn der Amtszeit beurlaubt sind, beginnt die Frist ab diesem Zeitpunkt,**
 7. **Teilzeitbeschäftigung mit Freistellungsjahr, wenn dieses bis zum Ruhestand andauert, mit dem Beginn der Freistellung,**
 8. **Altersteilzeit im Blockmodell mit dem Beginn der Freistellung,**
 9. **Verlust der Wählbarkeit,**
 10. **gerichtliche Entscheidung nach § 24 Absatz 1 Satz 1,**
 11. **Feststellung nach Ablauf der in § 21 Absatz 1 bezeichneten Frist, dass der Gewählte nicht wählbar war.**

(2) Die Mitgliedschaft im Personalrat wird durch einen Wechsel der Gruppenzugehörigkeit eines Mitglieds nicht berührt; dieses bleibt Vertreter der Gruppe, die es gewählt hat.

(3) Für Waldarbeiter gilt Absatz 1 Nummer 4 und 5 mit der Maßgabe, dass die Mitgliedschaft im Personalrat erst bei endgültigem Ausscheiden als Waldarbeiter erlischt.

I.   Gründe für das Erlöschen der Mitgliedschaft (Abs. 1)

1 Ablauf der Amtszeit (Nr. 1). Dass die Mitgliedschaft im PR durch den Ablauf der Amtszeit (vgl. § 22 Abs. 1) erlischt, ist eine Selbstverständlichkeit.

Niederlegung des Amts (Nr. 2). Die Niederlegung des Amts ist jederzeit mög- **2**
lich. Die Erklärung ist dem PR oder dessen Vorsitzenden gegenüber abzugeben
und muss unbedingt und unmissverständlich sein, jedoch nicht begründet werden. Aus Gründen der Rechtssicherheit ist Schriftform zu empfehlen. Die Erklärung kann nicht zurückgenommen oder angefochten werden. Die Niederlegung des Amts wird mit dem Zugang der Erklärung beim Adressaten bzw. zu
dem in der Erklärung genannten Termin wirksam. Bei Niederlegung des Amts
tritt ein Ersatzmitglied ein (s. § 27 Abs. 1).

Durch sämtliche PR-Mitglieder. Denkbar ist auch, dass sämtliche PR-Mitglie- **3**
der ihr Amt niederlegen und für diese Ersatzmitglieder, die ihr Amt nicht niederlegen, eintreten. In diesem Fall wird im Gegensatz zu dem in § 23 Abs. 1
Satz 1 Nr. 3 geregelten Fall nicht neu gewählt (vgl. auch § 23 Rn. 12 zu dem
Fall, dass auch die Ersatzmitglieder ihr Amt niederlegen).

Nichtannahme der Wahl zum PR. Wird die Wahl zum PR nicht angenommen, **4**
liegt ebenfalls eine Amtsniederlegung nach Nr. 2 vor; die Erklärung ist in diesem Fall gegenüber dem Wahlvorstand abzugeben.

Nur ein PR-Mitglied. Besteht der PR nur aus einer Person, kann die Erklärung **5**
nur gegenüber dem Ersatzmitglied abgegeben werden. Fehlt das Ersatzmitglied,
muss ausnahmsweise der Dienststellenleiter Adressat der Erklärung sein (vgl.
Richardi/Dörner/Weber § 29 Rn. 14).

Rücktritt des gesamten PR (Nr. 3). Die Ergänzung um den Tatbestand des **5a**
Rücktritts des gesamten PR (vgl. § 23 Abs. 1 Satz 1 Nr. 3 sowie § 27 Abs. 4)
soll – so die Begründung der Landesregierung des Entwurfs zum ÄG 2013
(LT-Drucksache 15/4224, S. 100) – klarstellen, „dass die Mitgliedschaft des
einzelnen Mitglieds durch Rücktritt des gesamten Gremiums erlischt, ohne dass
es einer Niederlegung des Amtes im Sinne von § 29 Absatz 1 Nummer 2 *[Anm.
des Verfassers: nunmehr § 25 Abs. 1 Nr. 2]* von jedem Mitglied und jedem
Ersatzmitglied bedarf".

Beendigung des Dienst-, Arbeits- oder Ausbildungsverhältnisses (Nr. 4). Weite- **6**
rer Grund für das Erlöschen der Mitgliedschaft ist die Beendigung des Dienst-,
Arbeits- oder Ausbildungsverhältnisses. Regelungen zur **Beendigung des Beamtenverhältnisses** enthalten die §§ 31 ff. LBG (in der Fassung des Dienstrechtsreformgesetzes). Eine Beendigung des Dienstverhältnisses im Sinne von Nr. 4 ist
nach Sinn und Zweck der Regelung auch dann anzunehmen, wenn die Nichtigkeit der Ernennung festgestellt oder diese zurückgenommen wird (vgl. §§ 12
und 13 LBG). Die Versetzung zu einem anderen Dienstherrn (vgl. § 24 Abs. 1
Alt. 2 LBG) fällt ebenfalls unter Nr. 3. Wegen der **Beendigung des Arbeitsverhältnisses** der Arbeitnehmer wird auf die tarifvertraglichen Regelungen Bezug
genommen. Die Beendigung des Dienst-, Arbeits- oder Ausbildungsverhältnisses dürfte in aller Regel auch zu einem Ausscheiden aus der Dienststelle i. S. v.
Nr. 5 führen.
Die Mitgliedschaft endet auch dann, wenn unmittelbar im Anschluss an ein
Beamtenverhältnis auf Widerruf ein (neues) Beamtenverhältnis auf Probe bei
derselben Dienststelle begründet wird.

7 Fälle des § 26. Bei einem Verbot der Führung der Dienstgeschäfte (s. § 26 Rn. 2) oder bei einer vorläufigen Dienstenthebung (s. § 26 Rn. 3) liegt keine Beendigung des Dienstverhältnisses vor; dies ergibt sich jedenfalls aus § 26. Die Mitgliedschaft im PR ruht nach dieser Vorschrift lediglich.

8 **Ausscheiden als Beschäftigter aus der Dienststelle (Nr. 5).** Ein Fall des Ausscheidens aus der Dienststelle (Nr. 5) dürfte häufig mit der Beendigung des Dienst-, Arbeits- oder Ausbildungsverhältnisses i. S. v. Nr. 4 zusammenfallen. Eigenständige Bedeutung dürfte Nr. 5 insbesondere bei Beschäftigten erlangen, die in keinem derartigen Verhältnis zur Dienststelle stehen (vgl. § 4 Rn. 6). Die Landesregierung betont in ihrem Gesetzentwurf zum ÄG 2013 (LT-Drucksache 15/4224, S. 100), dass maßgeblich „in jedem Fall das Ausscheiden aus der Dienststelle als Beschäftigter [ist], wenn also die Eingliederung in die Arbeitsorganisation beendet wird". Eine Abordnung zu oder eine Zuweisung an eine andere Dienststelle ist zwar für die Beschäftigteneigenschaft nach § 4 Abs. 1 Satz 2 unerheblich, führt aber zum Verlust der Wählbarkeit (vgl. § 9 Rn. 1) und unterfällt damit Nr. 9.

9 **Beurlaubung ohne Dienstbezüge oder Arbeitsentgelt (Nr. 6), Teilzeitbeschäftigung mit Freistellungsjahr (Nr. 7) und Altersteilzeit im Blockmodell (Nr. 8).** Diese Fälle knüpfen an § 9 Abs. 1 Nr. 2 bis 4 an. Sie betreffen das längere (Nr. 6) bzw. dauerhafte (Nr. 7 und 8) Ausscheiden aus der Arbeitsorganisation. Eigentlich führen sie zum Verlust der Wahlberechtigung und damit auch der Wählbarkeit i. S. v. Nr. 9. Vermutlich da § 9 Abs. 1 Satz 1 Nr. 2 bis 4 auf den Wahltag abstellen, hielt die Landesregierung eine „klarstellende Anpassung" (LT-Drucksache 15/4224, S. 100) für erforderlich.

10 **Verlust der Wählbarkeit (Nr. 9).** Die Mitgliedschaft im PR erlischt nach Nr. 9 auch durch den Verlust der Wählbarkeit. In Betracht kommen insbesondere der Fall der durch Richterspruch erfolgten Aberkennung der Fähigkeit, Rechte aus öffentlichen Ämtern zu erlangen (vgl. § 9 Abs. 2 Nr. 1) und der Fall des Einrückens in den Personenkreis des § 9 Abs. 2 Nr. 2 bis 5, ferner der Fall des Verlusts des aktiven Wahlrechts. Wie sich schon aus dem Wortlaut der Bestimmung („Verlust"), aber auch aus der Regelung des Abs. 1 Nr. 11 ergibt, ist der Fall des (anfänglichen) Fehlens der Wählbarkeit nicht erfasst.

11 **Gerichtliche Entscheidung nach § 24 Abs. 1 Satz 1 (Nr. 10).** Eine gerichtliche Entscheidung nach § 24 Abs. 1 Satz 1 liegt vor, sobald der vom Verwaltungsgericht gefasste Beschluss über den Ausschluss rechtskräftig wird.

12 **Feststellung nach Ablauf der in § 21 Abs. 1 bezeichneten Frist, dass der Gewählte nicht wählbar war (Nr. 11).** Das Verwaltungsgericht kann auch nach Ablauf der in § 21 Abs. 1 bezeichneten Frist für die Anfechtung der Wahl die Feststellung treffen, dass der Gewählte nicht wählbar war (vgl. § 92 Abs. 1 Nr. 1; VG Karlsruhe, 30.9.2011 – PL 12 K 701/11 – www.landesrecht-bw.de Rn. 37). Eine solche Feststellung führt zum Erlöschen der Mitgliedschaft im PR. Ein auf die Feststellung gerichteter Antrag an das Verwaltungsgericht ist nicht an eine bestimmte Frist gebunden. Er kann jederzeit gestellt werden, solange der Gewählte dem PR angehört. Im LPVG ist nicht ausdrücklich festgelegt, wer den Antrag stellen kann. Der VGH Mannheim geht davon aus, dass jedenfalls eine Gruppe von drei Wahlberechtigten einen solchen Antrag stellen kann (VGH Mannheim, 9.9.1986 – 15 S 3169/85 –; VG Karlsruhe a. a. O.). In sinngemäßer Anwendung des § 21 Abs. 1 dürfte auch eine Antragstellung durch jede in der Dienststelle vertretene Gewerkschaft und den Leiter der Dienststelle zulässig sein. Nach h. M. ist eine Antragstellung ausgeschlossen, wenn der Mangel der Wählbarkeit inzwischen behoben ist.

II. Wechsel der Gruppenzugehörigkeit (Abs. 2)

Ein Wechsel der Gruppenzugehörigkeit führt nicht zum Erlöschen der Mitgliedschaft. Vielmehr bleibt der Betroffene Vertreter der Gruppe, die ihn gewählt hat. **13**

III. Sonderregelung für Waldarbeiter (Abs. 3)

Abs. 3 entspricht § 96 Satz 1 in der vor Inkrafttreten des ÄG 2013 geltenden Fassung. Bei Waldarbeitern soll die Mitgliedschaft nicht nur deshalb erlöschen, weil das Beschäftigungsverhältnis aus Gründen der Saison oder der Witterung für einige Zeit unterbrochen ist. Die Folgeregelung des § 96 Satz 2 in der vor Inkrafttreten des ÄG 2013 geltenden Fassung findet sich nunmehr in § 26 Abs. 4. **14**

IV. Entsprechende Geltung des § 25

§ 25 gilt für den GesamtPR (§ 54 Abs. 3), die Stufenvertretungen (§ 55 Abs. 3), den AusbildungsPR (§ 58 Abs. 3) und die JAV (§ 62 Abs. 4) entsprechend. **15**

§ 26 Ruhen der Mitgliedschaft im Personalrat

(1) Die Mitgliedschaft eines Beamten im Personalrat ruht, solange ihm die Führung der Dienstgeschäfte verboten oder er disziplinarrechtlich vorläufig des Dienstes enthoben ist.

(2) Die Mitgliedschaft der in § 8 Absatz 2 bezeichneten Beschäftigten im Personalrat ruht, solange sie entsprechend den Erfordernissen ihrer Ausbildung einen Ausbildungsabschnitt in einer anderen Dienststelle ableisten.

(3) Die Absätze 1 und 2 gelten sinngemäß für Arbeitnehmer.

(4) Die Mitgliedschaft von Waldarbeitern im Personalrat ruht, solange sie vorübergehend nicht im Beschäftigungsverhältnis stehen.

Ruhen der Mitgliedschaft eines Beamten (Abs. 1). Ruht die Mitgliedschaft eines Beamten i. S. v. Abs. 1, so bleibt dieser zwar Mitglied des PR; für ihn tritt aber ein Ersatzmitglied ein (vgl. § 27 Abs. 1 Satz 2). Der Schutz des § 47 bleibt bestehen. **1**

Verbot der Führung der Dienstgeschäfte. Rechtsgrundlage für ein Verbot der Führung der Dienstgeschäfte ist § 39 Satz 1 des Beamtenstatusgesetzes (Be- **2**

amtStG); hiernach kann Beamtinnen und Beamten aus zwingenden dienstlichen Gründen die Führung der Dienstgeschäfte verboten werden (vgl. § 78 LBG a. F.). Die Mitgliedschaft im PR ruht von dem Zeitpunkt ab, in dem die Verfügung wirksam und vollziehbar geworden ist. Damit ein Rechtsbehelf des Betroffenen keine – die Vollziehbarkeit entfallen lassende – aufschiebende Wirkung hat, ist ein Vorgehen nach § 80 Abs. 2 Satz 1 Nr. 4 VwGO erforderlich. Hat das Verwaltungsgericht nach Anordnung der sofortigen Vollziehung die aufschiebende Wirkung nach § 80 Abs. 5 Satz 1 Alt. 2 VwGO wiederhergestellt, lebt die ruhende Mitgliedschaft wieder auf. Das Verbot der Führung der Dienstgeschäfte erlischt – und das Ruhen der Mitgliedschaft im PR ist zu Ende –, wenn nicht bis zum Ablauf von drei Monaten gegen die Beamtin oder den Beamten ein Disziplinarverfahren oder ein sonstiges auf Rücknahme der Ernennung oder auf Beendigung des Beamtenverhältnisses gerichtetes Verfahren eingeleitet worden ist (§ 39 Satz 2 BeamtStG).

3 **Vorläufige Enthebung des Dienstes.** Die Mitgliedschaft eines Beamten im PR ruht auch, wenn er nach § 22 Abs. 1 Satz 1 des Landesdisziplinargesetzes (LDG) vom 14.10.2008 (GBl. S. 343) **vorläufig des Dienstes enthoben** ist (vgl. § 89 LDO a. F.). Da die gegen die Verfügung gerichtete (Anfechtungs-)Klage nach § 23 Abs. 5 LDG (in der seit Inkrafttreten des Dienstrechtsreformgesetzes geltenden Fassung) keine aufschiebende Wirkung hat (zur Entbehrlichkeit eines Vorverfahrens vgl. § 15 Abs. 2 des Gesetzes zur Ausführung der Verwaltungsgerichtsordnung (AGVwGO) vom 14.10.2008 (GBl. S. 343)), ruht die Mitgliedschaft des Beamten im PR ab dem Zeitpunkt der Zustellung der Verfügung (vgl. § 23 Abs. 1 LDG). Sie lebt wieder auf, wenn das Gericht (Disziplinarkammer oder Disziplinarsenat, vgl. §§ 7 und 8 AGVwGO) die aufschiebende Wirkung der Klage nach § 80 Abs. 5 Satz 1 Alt. 1 VwGO anordnet. Die Disziplinarbehörde kann eine vorläufige Dienstenthebung nach § 23 Abs. 6 LDG (in der seit Inkrafttreten des Dienstrechtsreformgesetzes geltenden Fassung) auch selbst aufheben.

4 Durch den **Erlass einer Disziplinarverfügung** (vgl. § 38 LDG) oder durch die **Einleitung eines Disziplinarverfahrens ohne vorläufige Dienstenthebung** wird die Mitgliedschaft des Beamten im PR nicht berührt.

5 Das Verbot der Führung der Dienstgeschäfte oder die vorläufige Dienstenthebung rechtfertigen nicht als solche den Erfolg eines **Ausschlussantrags nach § 24 Abs. 1.** Das Verwaltungsgericht schließt den Beamten vielmehr nur dann aus dem PR aus, wenn der die Maßnahme auslösende Tatbestand gleichzeitig zum Vorliegen der in § 24 Abs. 1 genannten Ausschlussgründe führt (vgl. Ilbertz-Widmaier § 30 Rn. 10).

6 **Ruhen der Mitgliedschaft der in § 8 Abs. 2 bezeichneten Beschäftigten (Abs. 2).** Abs. 2 stellt klar, dass die Mitgliedschaft eines Auszubildenden im PR auch ruht, solange ein Ausbildungsabschnitt in einer anderen Dienststelle abgeleistet wird (vgl. LT-Drucksache 15/4224, S. 101).

7 Die **sinngemäße Geltung für Arbeitnehmer (Abs. 3)** war vor Inkrafttreten des ÄG 2013 in § 30 Satz 2 angeordnet.

Die **Sonderregelung für Waldarbeiter** (Abs. 4) enthielt vor Inkrafttreten des ÄG **8** 2013 § 96 Satz 2. Sie ist eine Folgeregelung zu § 25 Abs. 3 (vgl. § 25 Rn. 14).

§ 26 gilt für den GesamtPR (§ 54 Abs. 3), die Stufenvertretungen (§ 55 Abs. 3), **9** den AusbildungsPR (§ 58 Abs. 3) und die JAV (§ 62 Abs. 4) entsprechend.

§ 27   Ersatzmitglieder

(1) [1]**Scheidet ein Mitglied aus dem Personalrat aus, so tritt ein Ersatzmitglied ein.** [2]**Ist ein Mitglied des Personalrats zeitweilig verhindert oder ruht seine Mitgliedschaft, so tritt ein Ersatzmitglied für die Zeit der Verhinderung oder des Ruhens ein.**

(2) [1]**Die Ersatzmitglieder werden der Reihe nach aus den nicht gewählten Beschäftigten derjenigen Vorschlagslisten entnommen, denen die zu ersetzenden Mitglieder angehören.** [2]**Ist ein Mitglied nach Absatz 1 mit einfacher Stimmenmehrheit gewählt, so tritt der nicht gewählte Beschäftigte mit der nächsthöheren Stimmenzahl als Ersatzmitglied ein.**

(3) § 25 Absatz 2 gilt entsprechend bei einem Wechsel der Gruppenzugehörigkeit vor dem Eintritt des Ersatzmitglieds in den Personalrat.

(4) In den Fällen des § 23 Absatz 1 Satz 1 Nummer 3 und 4 treten Ersatzmitglieder nicht ein.

I.   Eintreten eines Ersatzmitglieds in den Personalrat (Abs. 1)

Ersatzmitglied. Nach Abs. 1 ist ein Ersatzmitglied eine Person, die nicht in den **1** PR gewählt worden ist, jedoch für ein Mitglied des PR nach dessen Ausscheiden, bei dessen zeitweiliger Verhinderung oder bei Ruhen der Mitgliedschaft in den PR (dauerhaft oder vorübergehend) eintritt. Einer Entscheidung des PR oder seines Vorsitzenden bedarf es für den **Eintritt** des Ersatzmitglieds nicht; dieser erfolgt vielmehr **kraft Gesetzes.** Der Eintritt hängt auch nicht davon ab, ob während der Verhinderung des (ordentlichen) PR-Mitglieds oder des Ruhens der Mitgliedschaft eine PR-Sitzung stattfindet. Das Ersatzmitglied wird nach Maßgabe des Abs. 2 (s. Rn. 12) den nicht gewählten Wahlbewerbern entnommen. Dieser nicht gewählte Wahlbewerber wird erst in dem Zeitpunkt „Ersatzmitglied des PR", zu dem er für ein gewähltes Mitglied in den PR eintritt, und bleibt es nur so lange, wie das gewählte PR-Mitglied, das er ersetzt, verhindert ist, sein PR-Amt selbst auszuüben, oder seine Mitgliedschaft ruht. Mit dem Ende seiner Ersatzmitgliedschaft verliert er wieder die Stellung eines „Ersatzmitglieds des PR". Er tritt in den Stand eines in einem Wahlvorschlag aufgeführten, aber nicht gewählten Beschäftigten zurück, der eine Chance hat, wiederum in den PR als Ersatzmitglied einzutreten. Ihm gibt das Personalvertretungsrecht dann keinen stärkeren Schutz gegen ihm nicht genehme Personalmaßnahmen der Dienststelle als anderen nicht gewählten Wahlbewerbern (BVerwG, 27.9.1987 – 6 P 38.83 – ZBR 1985, 60 = NJW 1985, 2842 = PersV 1986, 468). Siehe hierzu auch § 15 Abs. 2 KSchG.

Nur bei Vorliegen der gesetzlichen Voraussetzungen. Nur im Falle des Aus- **2** scheidens (vgl. § 25 Abs. 1), der zeitweiligen Verhinderung und des Ruhens der

Mitgliedschaft von (ordentlichen) PR-Mitgliedern treten Ersatzmitglieder in den PR ein. Die PR-Mitglieder können sich **nicht beliebig** von Ersatzmitgliedern **vertreten lassen.**

3 **Fortbestand des PR.** Voraussetzung für das Eintreten von Ersatzmitgliedern ist ferner, dass der PR als solcher bestehen bleibt. Deshalb können, wenn dies erforderlich wird, Ersatzmitglieder auch in den PR eintreten, wenn dieser in den Fällen des § 23 Abs. 1 Satz 1 Nr. 1 bis 3 nach § 23 Abs. 1 Satz 2 die Geschäfte fortführt (§ 23 Rn. 17). Ist der PR durch gerichtliche Entscheidung nach § 24 Abs. 1 aufgelöst, können auch keine Ersatzmitglieder mehr eintreten, da mit der Rechtskraft der Entscheidung der PR zu bestehen aufgehört hat (vgl. § 24 Abs. 3). Dies gilt auch, wenn bei erfolgreicher Wahlanfechtung die Ungültigkeit der Wahl festgestellt wird (vgl. § 21 Rn. 21).

4 **Zeitweilige Verhinderung und Ruhen der Mitgliedschaft (Satz 2).** Der vorübergehende Eintritt eines Ersatzmitglieds nach Abs. 1 Satz 2 ist vorgesehen für die zeitweilige Verhinderung eines PR-Mitglieds (z. B. durch Urlaub, Krankheit oder Dienstreise) und für das Ruhen der Mitgliedschaft nach § 26. Letzteres gilt ausdrücklich seit Inkrafttreten des ÄG 2013; allerdings dürfte eine „zeitweilige Verhinderung" auch im Falle des Ruhens der Mitgliedschaft vorliegen (so die 13. Auflage § 31 Rn. 4 und wohl auch LT-Drucksache 15/4224, S. 101 [„ausdrücklich … vorgesehen"]).

4a Keine Verhinderung liegt vor, wenn das PR-Mitglied tatsächlich in der Lage ist, sein Amt auszuüben, sich jedoch aus persönlichen Beweggründen dessen enthält, etwa weil es über andere PR-Mitglieder verärgert ist oder weil es sich an der Entscheidung über eine ihm nicht genehme Angelegenheit nicht beteiligen will (s. auch Rn. 2). In seinem solchen Fall ist u. U. nach § 24 Abs. 1 zu verfahren (vgl. Ilbertz-Widmaier § 31 Rn. 11).

5 **Dauer der Verhinderung unerheblich.** Auf die Dauer der Verhinderung kommt es im Falle des Satz 2 nicht an. Eine zeitweilige Verhinderung eines PR-Mitglieds mit der Folge des (zeitweiligen) Eintritts eines Ersatzmitglieds liegt etwa vor, wenn es an einer Sitzung des PR nicht teilnehmen kann, aber auch schon, wenn das Mitglied wegen persönlicher Betroffenheit durch eine einzelne Angelegenheit, über die beschlossen werden soll – etwa über eine Personalangelegenheit oder über den Ausschluss eines Mitglieds –, als befangen angesehen werden muss (vgl. Ilbertz-Widmaier § 31 Rn. 10; Richardi/Dörner/Weber § 31 Rn. 21). Verhinderung kann somit bereits vorliegen, wenn ein PR-Mitglied nicht an der ganzen Sitzung teilnehmen kann. Zur plötzlichen kurzfristigen Verhinderung s. Rn. 10.

6 **Befangenheit.** Ist ein PR-Mitglied in einer Angelegenheit als befangen anzusehen, so darf es bei der Behandlung dieser Angelegenheit im PR auch nicht beratend mitwirken (vgl. § 33). Die Frage der Befangenheit ist auch bei den zeitweilig eintretenden Ersatzmitgliedern zu prüfen. Diese liegt z. B. vor, wenn über den Ausschluss eines PR-Mitglieds nach § 24 Abs. 1 Satz 2 beschlossen werden soll, denn das Ersatzmitglied rückt möglicherweise für den Rest der Amtszeit in den PR nach.

Krankheit. Eine zeitweilige Verhinderung durch Krankheit liegt in der Regel 7
vor, wenn sich das PR-Mitglied ordnungsgemäß krank gemeldet hat und dem
Dienst ferngeblieben ist. Jedenfalls ist ein PR-Mitglied, das objektiv dienst-
bzw. arbeitsunfähig ist, an der Teilnahme der Personalratssitzung verhindert,
und zwar auch dann, wenn es sich selbst für „amtsfähig" hält und an der
Sitzung teilnehmen möchte. Dagegen kann in einer plötzlichen kurzfristigen
Unterbrechung der Teilnahme an einer PR-Sitzung – z. B. wegen plötzlichen
Unwohlseins, zur Entgegennahme eines dringenden Ferngesprächs oder zur Erledigung eines plötzlich notwendig gewordenen Dienstgeschäfts – keine zeitweilige Verhinderung gesehen werden, die zum Eintritt eines Ersatzmitglieds in
den PR führt (vgl. auch Richardi/Dörner/Weber § 31 Rn. 13).

Urlaub. Im Falle des genehmigten Urlaubs eines PR-Mitglieds entsteht für das 8
Ersatzmitglied kraft Gesetzes ein eigenständiges Teilnahmerecht an den PR-
Sitzungen (Rn. 2). Dieses Teilnahmerecht schließt das Teilnahmerecht des PR-
Mitglieds auch dann aus, wenn das eingetretene Ersatzmitglied der Sitzung
unentschuldigt fernbleibt; denn das PR-Mitglied hat kein Wahlrecht, ob es
während seines genehmigten Urlaubs doch an einer PR-Sitzung teilnehmen
will.

Die Ersatzmitglieder genießen **während der Vertretungszeit** den gleichen **Schutz** 9
wie die PR-Mitglieder (vgl. §§ 43 bis 47; VG Stuttgart, 22.1.2015 – 3 K 3148/
14 – www.landesrecht-bw.de Rn. 20).

Einladung des Ersatzmitglieds. Der PR-Vorsitzende hat ein Ersatzmitglied zur 10
Sitzung einzuladen, wenn ihm im Zeitpunkt der Ladung bekannt ist, dass ein
Mitglied verhindert ist. Tritt die Verhinderung erst nach der Ladung ein oder
wird sie erst zu diesem Zeitpunkt bekannt, hat der Vorsitzende das entsprechende Ersatzmitglied unverzüglich zu verständigen und ihm Sitzungstermin
und Beratungsgegenstände mitzuteilen. Wird ein Befangenheitsgrund und damit die zeitweilige Verhinderung erst in der Sitzung bekannt und ist eine Verta-
gung der die Befangenheit auslösenden Angelegenheit z. B. wegen Fristablaufs
ausgeschlossen, wird der Vorsitzende versuchen müssen, das entsprechende Ersatzmitglied herbeizuholen. Gelingt dies kurzfristig nicht, wird es zulässig sein,
dass der PR ohne das Ersatzmitglied beschließt.

Denkbar ist im Übrigen auch, dass ein Ersatzmitglied für ein Ersatzmitglied 11
eintritt, etwa wenn das „erste" Ersatzmitglied „auf den Eintritt in den PR
verzichtet". Da der Eintritt kraft Gesetzes erfolgt, ist ein „Verzicht" juristisch
als Amtsniederlegung im Sinne von § 25 Abs. 1 Nr. 2 anzusehen.

II. Bestimmung der Person des Ersatzmitglieds (Abs. 2)

Ersatzmitglieder rücken – zwingend – in der Reihenfolge nach, die vom Wahlvor- 12
stand aufgrund des Wahlergebnisses nach § 37 Abs. 2 Satz 4, § 38 Abs. 2 Satz 2,
§ 43 Abs. 1 Satz 3 und § 43 Abs. 2 Satz 3 WO festgelegt wurde. Das Nachrücken
von Ersatzmitgliedern in den PR ist also ein Vorgang, der in der vorausgegange-

nen Wahl des PR seine Grundlage findet (BVerwG, 30.11.2010 – 6 PB 16.10 – www.bverwg.de = PersR 2011, 73). Es rücken nach
a) **bei Verhältniswahl** (s. § 13 Rn. 25): das auf dem gleichen Wahlvorschlag mit der höchsten Stimmenzahl gewählte Ersatzmitglied der gleichen Gruppe;
b) **bei Mehrheitswahl** (s. § 13 Rn. 26):
   aa) wenn nur ein PR-Mitglied zu wählen war:
       das mit der höchsten Stimmenzahl gewählte Ersatzmitglied ohne Rücksicht auf Gruppenzugehörigkeit und Wahlvorschlag;
   bb) wenn nur ein Mitglied einer Gruppe zu wählen war:
       das mit der höchsten Stimmenzahl gewählte Ersatzmitglied derselben Gruppe ohne Rücksicht auf den Wahlvorschlag;
   cc) wenn mehrere Mitglieder einer Gruppe aufgrund eines Wahlvorschlags zu wählen waren:
       das mit der höchsten Stimmenzahl gewählte Ersatzmitglied derselben Gruppe. Dies gilt auch bei gemeinsamer Wahl nach § 13 Abs. 2 aufgrund eines Wahlvorschlags.

13 **Erschöpfung einer Vorschlagsliste.** Ist eine Vorschlagsliste erschöpft, kann nicht ein Ersatzmitglied, das einer anderen Gruppe angehört oder auf einem anderen Wahlvorschlag gewählt wurde, nachrücken. Ein Rückgriff auf andere Vorschlagslisten ist auch dann ausgeschlossen, wenn zugleich die Voraussetzungen für eine außerordentliche Personalratsneuwahl nach § 27 Abs. 1 Satz 1 Nr. 2 eintreten (vgl. BVerwG, 30.11.2010 – 6 PB 16.10 – www.bverwg.de = PersR 2011, 73).

III. Wechsel der Gruppenzugehörigkeit vor Eintritt des Ersatzmitglieds (Abs. 3)

14 Wie die PR-Mitglieder beim Wechsel ihrer Gruppenzugehörigkeit weiterhin Angehörige der Gruppe im PR bleiben, für die sie gewählt worden sind, so bleiben nach Abs. 3 auch die Ersatzmitglieder über die ganze Dauer der Amtszeit des PR Ersatzmitglieder der Gruppe des PR, für die sie (als Ersatzmitglieder) gewählt worden sind, auch wenn sich ihre Gruppenzugehörigkeit (z. B. durch die Ernennung eines Arbeitnehmers zum Beamten) ändert.

IV. Regelung für die Fälle des § 23 Abs. 1 Satz 1 Nr. 3 und 4 (Abs. 4)

15 Abs. 4 bestimmt ausdrücklich, dass in den Fällen des § 23 Abs. 1 Satz 1 Nr. 3 und 4, wenn also der PR mit der Mehrheit seiner Mitglieder seinen Rücktritt beschlossen hat oder durch gerichtliche Entscheidung aufgelöst worden ist, keine Ersatzmitglieder eintreten.

V. Entsprechende Geltung des § 27

16 § 27 gilt für den GesamtPR (§ 54 Abs. 3), die Stufenvertretungen (§ 55 Abs. 3), den AusbildungsPR (§ 58 Abs. 3) und die JAV (§ 62 Abs. 4) entsprechend.

Abschnitt 3 Geschäftsführung

§ 28   Vorstand

(1) [1]Der Personalrat bildet aus seiner Mitte den Vorstand. [2]Diesem muss ein Mitglied jeder im Personalrat vertretenen Gruppe angehören. [3]Die Vertreter jeder Gruppe wählen das auf sie entfallende Vorstandsmitglied.

(2) [1]Der Personalrat kann aus seiner Mitte mit der Mehrheit der Stimmen aller Mitglieder zwei weitere Mitglieder in den Vorstand wählen. [2]Sind Mitglieder des Personalrats aus Wahlvorschlägen mit verschiedenen Bezeichnungen gewählt worden und sind im Vorstand nach Absatz 1 Mitglieder aus dem Wahlvorschlag nicht vertreten, der die zweitgrößte Zahl aller von den Angehörigen der Dienststelle abgegebenen Stimmen erhalten hat, so ist eines der weiteren Vorstandsmitglieder aus diesem Wahlvorschlag zu wählen.

(3) Beide Geschlechter sollen im Vorstand vertreten sein.

(4) [1]Der Vorstand führt die laufenden Geschäfte. [2]Er kann dazu andere Mitglieder des Personalrats heranziehen.

Vorbemerkung. § 28 gilt für den GesamtPR (§ 54 Abs. 4), die Stufenvertretungen (§ 55 Abs. 3) und den AusbildungsPR (§ 58 Abs. 3) entsprechend, nicht dagegen für die JAV, die GesamtJAV und die StufenJAV (vgl. § 62 Abs. 5, § 66 Abs. 3). Über Streitigkeiten entscheidet das Verwaltungsgericht nach § 92 Abs. 1 Nr. 3. **1**

I. Vorstand (Abs. 1)

1. Bildung des Vorstands. Der PR muss einen Vorstand wählen; wählt er keinen Vorstand oder bestimmt er keinen Vorsitzenden, so liegt eine grobe Pflichtverletzung vor, die zur Auflösung des PR nach § 24 Abs. 1 führen kann. Grundsätzlich sind die Wahlen in der ersten (konstituierenden) Sitzung (vgl. § 19) des neu gewählten PR durchzuführen. Die Funktionsfähigkeit des PR hängt aber nicht von der Bestimmung des Vorstandes oder eines Vorsitzenden und seines Stellvertreters ab; ein ordnungsgemäß gewählter PR kann vielmehr auch schon vorher rechtswirksame Beschlüsse fassen, da sonst bei Auseinandersetzungen um die Vorstandsbildung die Interessen der Beschäftigten nicht wirksam wahrgenommen werden könnten (a. A. Ilbertz-Widmaier § 32 Rn. 1). **2**

Anfechtung. Die **Wahl** des Vorstands **kann** nicht gemäß § 21, sondern nach § 92 Abs. 1 Nr. 3 vor den Verwaltungsgerichten **angefochten werden**, da es sich nicht um eine Wahl im Sinne des § 21 handelt, sondern um einen Akt der Geschäftsführung des PR. Eine Frist besteht daher im Gegensatz zu § 21 hier nicht (BVerwG 15.5.1991 – 6 P 15/89 – BVerwGE 88, 183 = PersV 1992, 73 = PersR 1991, 411), doch ist Verwirkung des Rechts zur Anrufung des Gerichts anzunehmen, wenn der Antragsberechtigte während eines längeren Zeitraums sich so verhält, dass andere Beteiligte annehmen können, er werde von seinem Antragsrecht keinen Gebrauch machen (BVerwG, 10.10.1957 – II CO 5.56 – BVerwGE 5, 261 = DÖV 1958, 267 = NJW 1958, 75). **3**

4 **2. Zusammensetzung.** Der **Vorstand** besteht aus so vielen Mitgliedern, wie Gruppen im PR vertreten sind. Sind beide Gruppen (Beamte und Arbeitnehmer, vgl. § 4 Abs. 3 und 4) im PR vertreten, so besteht der Vorstand aus zwei Mitgliedern. Besteht der PR nur aus einer Gruppe, so besteht der Vorstand grundsätzlich auch nur aus einem Mitglied der einzig vertretenen Gruppe (BVerwG, 27.8.1997 – 6 P 11/95 – PersR 1998, 113). Die Zuwahl weiterer Vorstandsmitglieder ist nach Abs. 2 möglich (s. dazu unten).

5 **Verlust des Bestellungsrechts.** Macht eine Gruppe von ihrem Recht, das auf sie entfallende Vorstandsmitglied zu wählen, keinen Gebrauch, so verliert sie ihren Anspruch auf Bestellung eines **Gruppensprechers** (§ 11 Abs. 2 Satz 3 analog). Das Recht zur Wahl des unbesetzten Vorstandssitzes geht in diesem Fall auf die andere Gruppe über (BVerwG, 19.8.2010 – 6 PB 10.10 – ZfPR online 2010, Nr. 11, 8–9; VG Karlsruhe, 30.9.2011 – PL 12 K 701/11 – juris; a. A: Ilbertz-Widmaier § 32 Rn. 12).

6 **3. Wahl.** Ist eine Gruppe nur durch ein Mitglied im PR vertreten, so ist dieses (kraft seiner Wahl zum PR-Mitglied) zugleich das auf diese Gruppe entfallende Vorstandsmitglied. Hat eine Gruppe zwei oder mehr PR-Mitglieder, wählen die Gruppenvertreter unter sich das auf sie entfallende Vorstandsmitglied (Abs. 1 Satz 3). Einer Bestätigung der Gewählten durch den gesamten PR bedarf es nicht. Der PR muss die von den Gruppen getroffene Wahl hinnehmen; er kann nicht verlangen, dass die Gruppen sich nach dem Willen der Mehrheit des PR richten. Die Gruppenvertreter können auch nicht einen Angehörigen einer anderen Gruppe wählen; § 12 Abs. 2 gilt insoweit nicht entsprechend (LVG Hamburg, 5.3.1957, ZBR 1957, 182). Dagegen kann ein gemäß § 12 Abs. 2 gewähltes PR-Mitglied von der Gruppe, von der es gewählt wurde, auch zum Vorstandsmitglied gewählt und vom PR in dieser Eigenschaft auch zum Vorsitzenden des PR bestimmt werden (LVG Arnsberg, 25.9.1958, ZBR 1959, 338).

7 **Wahlverfahren.** Vorschriften über das Wahlverfahren fehlen (außer § 19: Zeitpunkt!). Jede Gruppe kann selbst darüber entscheiden, wie die Wahl durchgeführt werden soll. Die Wahl kann formlos geschehen; insbesondere ist keine geheime Wahl vorgeschrieben. Damit ist auch eine offene Abstimmung z. B. durch Zuruf oder Handzeichen zulässig (Lorenzen u. a. § 32 Rn. 12).

8 **Losentscheid.** Bei **Stimmengleichheit entscheidet das Los** (OVG Weimar, 20.3.2001 – 5 PO 407/00 – PersV 2002, 515 = PersR 2002, 213; VGH Mannheim, 19.7.1983 – 15 S 74/83 – ZBR 1984, 190). Der Losentscheid kann aber **nicht durch Streichholzziehen** durchgeführt werden, weil dieses Verfahren wenig transparent ist und es die Gefahr der Manipulation verstärkt in sich birgt (BVerwG, 15.5.1991 – 6 P 15.89 – BVerwGE 88, 183 = PersV 1992, 73 = PersR 1991, 411). Denkbar ist dagegen ein **Münzwurf** (VGH München, 13.2.1991 – 17 P 90.3560 – NJW 1991, 2306 f.). Kommt es über die Verfahrensweise beim Losentscheid innerhalb der Gruppenvertreter nicht zu einer Mehrheit, so kann ein Losentscheid und damit die Vertretung der betreffenden Gruppe im Vorstand des PR nicht zustande kommen. Der (gesamte) PR ist weder berechtigt, diese den Gruppenvertretern obliegende, aber von diesen nicht bewältigte Aufgabe der Bestimmung des Losverfahrens an sich zu ziehen, noch kann er die Gruppenvertreter sonst zwingen, sich auf ein bestimmtes Losverfahren zu einigen und es dann auch durchzuführen. Die Gruppe bleibt eben dann im Vorstand unvertreten bis sie eine Lösung gefunden hat (VGH München, 2.4.1986 – 18 C 86.00748 – ZBR 1987, 29).

Wahl trotz Verhinderung. Sofern PR-Mitglieder aus dienstlichen (z. B. Besprechung) oder persönlichen (z. B. Krankheit, Urlaub) Gründen an der Teilnahme **an der konstituierenden Sitzung** verhindert sind, **können sie trotzdem** zum Vorstandsmitglied (und später zum Vorsitzenden) **gewählt werden,** wenn sie ihre Bereitschaft zur Kandidatur und zur Annahme des Mandats vorher schriftlich erklärt haben. Die Erklärung kann gegenüber dem Wahlvorstand abgegeben werden, der sie der Gruppe bzw. dem Wahlleiter (§ 19) weiterzuleiten hat. **9**

Ersatzvorstandsmitglieder. Die Wahl von Ersatzvorstandsmitgliedern ist zulässig (Lorenzen u. a. § 32 Rn. 16; Ilbertz-Widmaier § 32 Rn. 16). **Scheidet ein Vorstandsmitglied vorzeitig aus** dem PR aus, so rückt für dieses in seiner Eigenschaft als PR-Mitglied (nicht aber als Vorstandsmitglied!) ein Ersatzmitglied gemäß § 27 nach. Die Gruppe hat ein neues Vorstandsmitglied zu wählen, sofern sie das Ersatzvorstandsmitglied zuvor noch nicht bestimmt hat. Bei **zeitweiliger Verhinderung eines Vorstandsmitglieds** wird dieses in seiner Eigenschaft als PR-Mitglied ebenfalls von einem Ersatzmitglied nach § 27 vertreten. Die Vertretung als Vorstandsmitglied muss entweder von Fall zu Fall oder allgemein in der Geschäftsordnung geregelt werden. Wegen der Vertretung des Vorsitzenden s. § 29 Abs. 1 Satz 2. **10**

II. Zuwahl von Mitgliedern in den Vorstand (Abs. 2)

Zweck. Nach Abs. 2 „kann" der PR aus seiner Mitte mit der Mehrheit der Stimmen aller Mitglieder zwei weitere Mitglieder in den Vorstand wählen. Durch die Zuwahl können gerade große PR dem Umfang der diesen übertragenen Aufgaben Rechnung tragen und die Arbeitskraft des Vorstands zur Führung der laufenden Geschäfte verstärken. **11**

Voraussetzungen. Anders als nach der vor dem ÄG 2013 geltenden Rechtslage (§ 33 a. F.) ist die Zuwahl von Ergänzungsmitgliedern in den Vorstand nicht mehr von einer Mindestgröße des PR abhängig (nach früherer Rechtslage ab einer Größe von elf Mitgliedern). Somit wird die Zuwahl auch kleineren PR ermöglicht. Die Zuwahl steht im **pflichtgemäßen Ermessen** des PR. Bei großen PR dürfte sich das Ermessen allerdings zu einer **Zuwahl-Pflicht** verdichten, um die Arbeitsfähigkeit des Vorstands bei erhöhter Aufgabenlast zu sichern. **12**

Reihenfolge. Die **Zuwahl** nimmt der **PR in seiner Gesamtheit aus seiner Mitte** vor (anders als bei Abs. 1 Satz 3 nicht die einzelnen Gruppen), und zwar grundsätzlich erst **nach** der Wahl des Vorstands und nach der Bestimmung des Vorsitzenden und ggf. des Stellvertreters des Vorsitzenden. Die einzuhaltende Reihenfolge spiegelt den Vorrang des Gruppenprinzips bei der Vorstandsbildung wider (vgl. BVerwG, 19.8.2010 – 6 PB 10.10 – ZfPR online 2010, Nr. 11, 8– **13**

9). Die Wahl der Ergänzungsmitglieder findet aber grundsätzlich ebenso in der konstituierenden Sitzung statt.

14   **Vorsitzender.** Der PR ist zunächst bei der Bestimmung des Vorsitzenden und ggf. des Stellvertreters des Vorsitzenden auf die nach Abs. 1 Satz 3 gewählten Vorstandsmitglieder beschränkt. Den nach Abs. 2 zugewählten Vorstandsmitgliedern können nur dann diese Ämter durch Wahl übertragen werden, wenn nach Abs. 1 Satz 3 gewählte Vorstandsmitglieder nicht zur Verfügung stehen (BVerwG, 13.6.1957 – II CO 3.56 – BVerwGE 5, 118 = ZBR 1957, 407; VGH München, 22.12.1982 – 17 C 82 A. 1851 – PersV 1984, 416 = ZBR 1984, 55).

15   **Minderheitenschutz.** In seinem freien Ermessen bei der Wahl der weiteren Vorstandsmitglieder ist der PR durch Abs. 2 Satz 2 eingeschränkt, der einen weiteren Minderheitenschutz enthält und dem Willen der Wähler Rechnung trägt, indem eine starke Wählerminderheit zwingend auch im Vorstand vertreten wird. Wenn nicht bereits nach Abs. 1 Satz 3 ein PR-Mitglied, das aus dem Wahlvorschlag gewählt worden ist, der die zweitgrößte Zahl aller von den wahlberechtigten Beschäftigten der Dienststelle abgegebenen Stimmen erhalten hat, zum Vorstandsmitglied gewählt worden ist, ist der PR verpflichtet, eines der nach Abs. 2 Satz 1 zu wählenden Mitglieder aus den PR-Mitgliedern dieses Wahlvorschlags zu wählen.

16   **Wahlvorschlag.** Abs. 2 Satz 2 weicht insoweit von § 33 Satz 2 BPersVG ab, als er **keine Mindestzahl** der für den Wahlvorschlag abgegebenen Stimmen vorschreibt und außerdem den Begriff „Wahlvorschlag" anstelle des im Personalvertretungsrecht nicht gebräuchlichen Ausdrucks „Listen" verwendet und damit klarstellt, dass nur die einzelnen Wahlvorschläge (§ 12 WO), nicht etwa bei Gruppenwahl die unter einem gleichen Kennwort (§ 12 Abs. 7 WO) oder einer gleichen Bezeichnung für mehrere Gruppen abgegebenen Wahlvorschläge, gemeint sind (vgl. VGH Mannheim, 22.1.1991 – 15 S 1681/90 – PersR 1992, 39; a. A. Altvater u.a § 33 Rn. 4).

17   **Zahl der Stimmen.** Die Zahl der für einen Wahlvorschlag abgegebenen Stimmen ist die Summe der gültigen Stimmen, die auf dem Wahlvorschlag zur Wahl gestellten Bewerber erhalten haben. Dazu gehören auch die Stimmen, die dem einzelnen Bewerber unter Verwendung des Stimmzettels eines anderen Wahlvorschlags im Wege des Panaschierens zugewendet worden sind.

18   **Keine verfassungsrechtlichen Bedenken.** Es gibt kein die Gestaltungsfreiheit des Gesetzgebers einengendes Verfassungsgebot, bei der Wahl zum PR-Vorstand den **Minderheitenschutz** ausschließlich über die Grundsätze der Verhältniswahl zu berücksichtigen, auch wenn der PR nach diesen Grundsätzen gewählt wurde. Verfassungsrechtliche Bedenken gegen Satz 2 bestehen daher nicht (BVerwG, 27.9.1990 – 6 P 23.88 – PersV 1991, 266 = PersR 1991, 25; BVerfG, 5.12.1990 – 2 BvR 1528/90 – juris).

19   **Keine Annahmepflicht.** Eine Pflicht zur Annahme eines Vorstandsamtes besteht für die PR-Mitglieder nicht. Lehnen alle Mitglieder der zweitstärksten Liste mit Ausnahme eines Mitglieds das Amt des Vorstandsmitglieds ab, dann bleibt dem PR keine andere Wahl, als dieses Mitglied in den erweiterten Vorstand aufzunehmen. Die „Wahl" beschränkt sich in diesem Fall auf die schlichte Aufnahme dieses einen Mitglieds in den erweiterten Vorstand, ohne dass es dazu einer Mehrheitsentscheidung des PR bedarf (vgl. BVerwG, 19.8.2010 – 6 PB 10.10 – ZfPR online 2010, Nr. 11, 8–9).

Keine nachträgliche Ungültigkeit. Der Übertritt eines nach Abs. 2 Satz 2 ge- **20** wählten Ergänzungsmitglieds zu einem Verband, der einen anderen Wahlvorschlag getragen hat, führt nicht zur nachträglichen Ungültigkeit der Wahl zum Vorstandsmitglied (BVerwG, 12.6.1984 – 6 P 13.83 – BVerwGE 69, 311 ff. = PersV 1986, 162).

Wahlverfahren. Über das Wahlverfahren ist nichts gesagt, insbesondere ist – **21** ebenso wie beim Vorstand nach Abs. 1 – geheime Wahl nicht vorgeschrieben.

Absolute Mehrheit. Seit dem ÄG 2013 genügt für die Zuwahl der Ergänzungs- **22** mitglieder nicht mehr die einfache Stimmenmehrheit. Vielmehr bedarf es der absoluten Mehrheit, d. h. der Mehrheit der Stimmen aller Mitglieder des PR (nicht nur der Anwesenden).

Rechte und Pflichten. Die **Abberufung** der zugewählten Vorstandsmitglieder **23** durch den PR ist jederzeit möglich. Sie sind im Übrigen vollberechtigte Vorstandmitglieder, die hinsichtlich ihrer Aufgaben die **gleichen Rechte und Pflichten** haben wie die durch die Gruppen bestimmten Vorstandsmitglieder (Ilbertz-Widmaier § 33 Rn. 7).

III. Gleichberechtigung (Abs. 3)

Gleichberechtigung. Mit dem ÄG 95 wurde auch für den Vorstand die ge- **24** schlechteranteilige Besetzung als Soll-Bestimmung vorgeschrieben (Abs. 3). Vgl. hierzu die Erl. zu § 11 Abs. 1.

IV. Geschäftsführung (Abs. 4)

Geschäftsführung. Der **Vorstand führt die laufenden Geschäfte** zur gesamten **25** Hand mit gleichen Rechten und Pflichten. Abs. 4 Satz 1 ist insoweit zwingend. Dies schließt nicht aus, einzelne Aufgaben zur federführenden Vorbereitung auf einzelne Vorstandsmitglieder aufzuteilen. Abs. 4 Satz 2 stellt darüber hinaus klar, dass der Vorstand zur Erledigung laufender Geschäfte auch andere Mitglieder des PR heranziehen kann.

Geschäftsverteilung. Über die Geschäftsverteilung innerhalb des Vorstands ist **26** ggf. vom gesamten PR zu entscheiden (VGH München, 17.9.1992 – 17 P 92.1614 – ZBR 1993, 279 = PersR 1993, 384). Die Bestellung eines besonderen „Geschäftsführers" ist dann fehlerhaft, wenn damit die in erster Linie zur Erledigung der laufenden Geschäfte berufenen Vorstandsmitglieder ausgeschaltet werden sollen. Zur Bildung von **Ausschüssen** s. § 35.

27 Laufende Geschäfte. Zu den „laufenden Geschäften" i. S. v. Abs. 4 gehören insbesondere die Vorbereitung und Durchführung der Beschlüsse des PR, vorbereitende Verhandlungen, Einholung von Auskünften, Entgegennahme von Anregungen, Vorschlägen und Anträgen des Dienststellenleiters und der Beschäftigten, Abhaltung von Sprechstunden, Ausarbeitung und Beschaffung der für die Beratung und Beschlussfassung des PR erforderlichen Unterlagen sowie die Fertigung von Entwürfen für die Entscheidungen des PR, ferner die Erledigung aller verwaltungsmäßigen und technischen Arbeiten, die sich aus der Tätigkeit des PR ergeben (vgl. BVerwG, 13.2.2012 – 6 PB 19.11 – PersR 2012, 172).

28 Keine laufenden Geschäfte. Nicht zu den laufenden Geschäften gehört „jedenfalls die Erledigung von Angelegenheiten, die vom Gesetzgeber zum Gegenstand einer Beschlussfassung des PR gemacht werden" (BVerwG, 20.3.1959 – VII P 8.58 – BVerwGE 8, 214 = PersV 1959, 187). Dies sind insbesondere alle der Mitbestimmung oder der Mitwirkung unterliegenden personellen und sozialen Angelegenheiten (BVerwG, 11.10.1972 – VII P 2.72 – BVerwGE 41, 30 = PersV 1973, 48; VGH Kassel, 22.5.1974 – BPV TK 3/74 – PersV 1975, 65).

29 Weitere Aufgaben. Über die laufenden Geschäfte hinaus kann der PR weitere Befugnisse auf den Vorstand übertragen. S. hierzu den mit ÄG 2013 eingeführten § 36.

§ 29 Vorsitz

(1) ¹Der Personalrat bestimmt, welches Vorstandsmitglied nach § 28 Absatz 1 den Vorsitz übernimmt. ²Das Vorstandsmitglied der anderen Gruppe übernimmt den stellvertretenden Vorsitz, es sei denn, der Personalrat bestimmt dazu mit Zustimmung der Vertreter dieser Gruppe ein anderes Mitglied aus seiner Mitte. ³Ist nur eine Gruppe im Vorstand vertreten, bestimmt der Personalrat aus seiner Mitte ein Mitglied, das den stellvertretenden Vorsitz übernimmt.

(2) ¹Der Vorsitzende vertritt den Personalrat im Rahmen der von diesem gefassten Beschlüsse. ²In Angelegenheiten, die nur eine Gruppe betreffen, vertritt der Vorsitzende, wenn er nicht selbst dieser Gruppe angehört, gemeinsam mit einem der Gruppe angehörenden Vorstandsmitglied den Personalrat.

1 Vorbemerkung. § 29, der vor dem ÄG 2013 die Absätze 2 und 3 des § 32 a. F. bildete, gilt für den GesamtPR (§ 54 Abs. 4), die Stufenvertretungen (§ 55 Abs. 3) und den AusbildungsPR (§ 58 Abs. 3) entsprechend, nicht dagegen für die JAV, die GesamtJAV und die StufenJAV (vgl. § 62 Abs. 5, § 66 Abs. 3).

I. Vorsitzender und Stellvertreter (Abs. 1)

2 1. Bestimmung. Den Vorsitzenden bestimmt der ganze PR nach der Wahl der Vorstandsmitglieder durch die Gruppenvertreter nach § 28 Abs. 1.

3 Keine Gruppenangelegenheit. Die Abstimmung über den PR-Vorsitz stellt keine Gruppenangelegenheit dar (BVerfG, 19.12.1994 – 2 BvL 8/88 – BVerfGE 91, 367 = PersV 1995, 168 = PersR 1995, 165). Eine Abstimmung über die Person des Vorsitzenden dürfte auch dann erforderlich sein, wenn wegen des Verzichts des anderen Vorstandsmitglieds nur ein Bewerber übrig bleibt („Der PR bestimmt.").

2. Stellvertretender Vorsitzender. Das Vorstandsmitglied der anderen Gruppe ist **4** kraft Gesetzes sein Stellvertreter, es sei denn der PR bestimmt mit Zustimmung der Vertreter der Gruppe, der die Stellvertretung an sich zusteht (notwendig ist die Mehrheit der Gruppenmitglieder), ein anderes Mitglied des PR aus seiner Mitte zum stellvertretenden Vorsitzenden. Er kann also sowohl ein nach § 28 Abs. 2 zugewähltes Vorstandsmitglied zum stellvertretenden Vorsitzenden bestimmen (eine Bestimmung zum Vorsitzenden ist für zugewählte Vorstandsmitglieder nur möglich, wenn die nach § 28 Abs. 1 Satz 3 von den Gruppenvertretern gewählten beiden Vorstandsmitglieder verzichten; BVerwG, 9.2.1962 – VII P 2.61 – BVerwGE 13, 341 = PersV 1962, 229; VGH München, 5.2.2003 – 17 P 02.3215 – PersV 2004, 60), als auch ein nicht dem Vorstand angehörendes PR-Mitglied.

Umfang der Vertretungsbefugnis. Soweit ein nicht dem Vorstand angehörendes **5** Mitglied des PR die Stellvertretung des Vorsitzenden übernimmt, beschränkt sich die Vertretungsbefugnis auf die Funktionen im Amt des Vorsitzenden und umfasst nicht dessen Funktionen als Vorstandsmitglied (z. B. nach § 36).

Geschäftsführungsakt. Die Bestimmung des Vorsitzenden und seines Stellver- **6** treters ist keine Wahl im eigentlichen Sinne, sondern ein Geschäftsführungsakt, der in Form eines Beschlusses des PR zu treffen ist und wie alle Beschlüsse mit **einfacher Mehrheit** der anwesenden PR-Mitglieder im Sinne des § 34 ergeht (BVerwG, 3.8.1983 – 6 P 15.81 – PersV 1985, 69 = ZBR 1984, 128). § 37 ist nicht anwendbar. Bei **Stimmengleichheit** ist wie bei der Wahl der Vorstandsmitglieder der Vorsitzende per Los zu bestimmen, wobei zuvor auch die Durchführung eines **zweiten Wahlgangs** in Betracht kommt (VG Stuttgart, 4.6.2008 – PL 22 K 4503/07 – juris).

Abberufung des Vorsitzenden. Der PR kann den Vorsitzenden (mit einfacher **7** Mehrheit) **jederzeit abberufen,** jedoch nur in dieser Eigenschaft. Für den Stellvertreter gilt dies nur in Verbindung mit dem Vorsitzenden oder der Abberufung als Vorstandsmitglied, da insoweit eine gesetzliche Regelfolge besteht, es sei denn, der PR hat ohnehin ein anderes Mitglied aus seiner Mitte zum Stellvertreter bestimmt. Der PR kann auch mit Zustimmung der Gruppe, die bisher den Stellvertreter stellt, jederzeit ein anderes PR-Mitglied zum Stellvertreter bestimmen.

Abberufung der Vorstandsmitglieder. Als Vorstandsmitglieder kann den Vorsit- **8** zenden und seinen Stellvertreter bzw. seine Stellvertreter jedoch nur die Gruppe abberufen, die sie gewählt hat, nicht der PR. Der Beschluss (einfache Mehrheit) bedarf keiner Begründung und ist nur beschränkt gerichtlich nachprüfbar (BVerwG, 23.10.1970 – VII P 5.70 – BVerwGE 36, 174 = PersV 1971, 141 = ZBR 1971, 123).

3. Satz 3. Besteht der Vorstand nur aus einem Mitglied (d. h. es ist nur die **9** Gruppe der Beamten oder Arbeitnehmer im PR vertreten), bestimmt der PR mit einfacher Mehrheit den stellvertretenden PR-Vorsitzenden aus seiner Mitte.

II. Aufgaben des Vorsitzenden (Abs. 2)

10 **1. Vertretung des PR.** Zu den **Aufgaben des Vorsitzenden** gehören insbesondere die in § 29 Abs. 2 (Vertretung des PR), § 30 Abs. 1 und 3 (Anberaumung von Sitzungen), § 30 Abs. 1 Satz 2 (Tagesordnung und Leitung der Verhandlung), § 31 Abs. 2 (Tagesordnung), § 32 Abs. 3 (Mitteilungen), § 38 Abs. 1 Satz 2 (Unterzeichnung der Niederschrift), § 50 Abs. 1 Satz 2 (Einladung zur und Leitung der Personalversammlung) und § 71 Abs. 6 (Begehung der Dienststelle) aufgeführten Funktionen. Zur Vertretung im personalvertretungsrechtlichen Beschlussverfahren vor dem Verwaltungsgericht vgl. die Erl. zu § 92.

11 **Im Rahmen der PR-Beschlüsse.** Da der Vorsitzende die Aufgabe hat, den PR im Rahmen der von diesem gefassten Beschlüsse zu vertreten (Abs. 2 Satz 1), spricht die Vermutung dafür, dass **Erklärungen des Vorsitzenden** durch einen Beschluss des PR gedeckt sind (Ilbertz-Widmaier § 32 Rn. 27). Die Dienststelle darf auf die Richtigkeit der Erklärungen des Vorsitzenden des PR vertrauen, sie aber nicht „unbesehen" zur Grundlage ihrer Entscheidungen machen, wenn sie begründete Zweifel in tatsächlicher oder rechtlicher Hinsicht hat. Ein eigenmächtiges Abweichen des Vorsitzenden von den Beschlüssen des PR ist ein Pflichtverstoß i. S. v. § 24 Abs. 1 (vgl. OVG Lüneburg, 5.11.1974 – POVG B 3/74 – PersV 1976, 61 = PersR 1976, 349).

12 **Vollzugsorgan.** Der Vorsitzende ist kein Vertreter im Willen i. S. v. §§ 164 ff. BGB; er vertritt den PR in der Erklärung. Ihm steht kein eigenes Entscheidungsrecht zu; er ist lediglich Sprachrohr und Vollzugsorgan (BVerfG, 19.12.1994 – 2 BvL 8/88 – BVerfGE 91, 367 = PersV 1995, 168 = PersR 1995, 165).

13 **2. Gruppenangelegenheiten.** Abs. 2 Satz 2 schränkt die Vertretungsbefugnis des Vorsitzenden des PR dahin ein, dass ihm die **Vertretung in Angelegenheiten, die nur eine Gruppe betreffen,** nur gemeinsam mit einem dieser Gruppe angehörenden Vorstandsmitglied zukommt, es sei denn, er ist selbst Angehöriger dieser Gruppe oder für diese Gruppe nach § 12 Abs. 2 gewählt. Befinden sich in einem nach § 28 Abs. 2 ergänzten Vorstand mehrere Mitglieder einer Gruppe, so ist vor den nach § 28 Abs. 2 zugewählten Vorstandsmitgliedern das nach § 28 Abs. 1 Satz 3 gewählte Vorstandsmitglied zur Vertretung in der Gruppenangelegenheiten heranzuziehen. Ist eine Gruppe im PR (§ 11 Abs. 5) oder im Vorstand nicht vertreten, so kommt die Vertretung des PR in Angelegenheiten dieser Gruppe dem Vorsitzenden allein zu.

14 **Unwirksamkeit.** Erklärungen des PR, bei denen die zwingenden Bestimmungen des Abs. 2 nicht beachtet worden sind, **bei denen insbesondere die vorgeschriebene Mitbeteiligung des Gruppenvertreters fehlt, sind unwirksam** (BVerwG, 14.7.1986 – 6 P 12.84 – ZBR 1986, 312 = PersV 1987, 199; BVerwG, 21.4.1992 – 6 P 8.90 – PersR 1992, 304 = ZBR 1992, 280; Ilbertz-Widmaier § 32 Rn. 36; Altvater u. a. § 32 Rn. 20).

§ 30   Anberaumung der Sitzungen

(1) ¹Der Vorsitzende des Personalrats beraumt die Sitzungen an; dabei hat er auf die dienstlichen Erfordernisse Rücksicht zu nehmen. ²Er setzt die Tages-

ordnung fest und leitet die Verhandlung. [3]**Der Vorsitzende hat die Mitglieder des Personalrats, die Schwerbehindertenvertretung und das von der Jugend- und Auszubildendenvertretung nach § 32 Absatz 4 Satz 1 benannte Mitglied zu den Sitzungen rechtzeitig unter Mitteilung der Tagesordnung zu laden.** [4]**Zu den Sitzungen sind ebenso zu laden**
1. **die weiteren Mitglieder der Jugend- und Auszubildendenvertretung,**
2. **Beauftragte von Stufenvertretungen,**
3. **Beauftragte des Gesamtpersonalrats,**
4. **die Beauftragte für Chancengleichheit,**
soweit sie allgemein oder auf Beschluss des Personalrats berechtigt sind, an der Sitzung teilzunehmen.

(2) Der Leiter der Dienststelle ist vom Zeitpunkt der Sitzung unter Mitteilung der Tagesordnung rechtzeitig zu verständigen und zu Tagesordnungspunkten, an denen er teilnehmen soll, zu laden.

(3) [1]**Auf Antrag eines Viertels der Mitglieder des Personalrats, der Mehrheit der Vertreter einer Gruppe oder des Leiters der Dienststelle hat der Vorsitzende eine Sitzung anzuberaumen und den Gegenstand, dessen Beratung beantragt wird, auf die Tagesordnung zu setzen.** [2]**Entsprechendes gilt in Angelegenheiten, die**
1. **besonders Beschäftigte im Sinne von § 59 betreffen, für die Mehrheit der Mitglieder der Jugend- und Auszubildendenvertretung;**
2. **schwerbehinderte Beschäftigte besonders betreffen, für die Schwerbehindertenvertretung;**
3. **besonders die Gleichstellung von Frauen und Männern betreffen, für die Beauftragte für Chancengleichheit.**

(4) Der Leiter der Dienststelle oder im Verhinderungsfall eine von ihm beauftragte Person nimmt an den Sitzungen, die auf sein Verlangen anberaumt sind, und an den Sitzungen, zu denen er ausdrücklich eingeladen ist, teil.

(5) [1]**Der Personalrat kann von Fall zu Fall beschließen, dass Beauftragte von Stufenvertretungen und Beauftragte des Gesamtpersonalrats berechtigt sind, mit beratender Stimme an einer Sitzung teilzunehmen.** [2]**In diesem Fall kann die Ladung zur Sitzung nach Absatz 1 auch kurzfristig erfolgen.**

Vorbemerkung. § 30 gilt für den GesamtPR (§ 54 Abs. 4), die Stufenvertretungen (§ 55 Abs. 3) und den AusbildungsPR (§ 58 Abs. 3) entsprechend. Wegen der Sitzungen der JAV, der GesamtJAV und der StufenJAV vgl. § 63 Abs. 5 und § 66 Abs. 3. Teilweise ist § 30 zudem auf die Arbeitsgemeinschaften anwendbar (§ 56 Abs. 3 Satz 3). **1**

Konstituierende Sitzung. Die erste (konstituierende) Sitzung des PR wird durch den Wahlvorstand einberufen. Genaueres ist seit dem ÄG 2013 nicht mehr in § 30 Abs. 1 geregelt, sondern in § 19. Siehe daher die dortigen Erläuterungen. **2**

I. Anberaumung und Ladung (Abs. 1)

1. Anberaumung. Nach der konstituierenden Sitzung kann nur der Vorsitzende des PR Sitzungen anberaumen, nicht etwa ein anderes Mitglied oder der Dienststellenleiter, grundsätzlich auch wenn der Vorsitzende trotz Antrags gemäß Abs. 3 nicht tätig wird; in diesem Fall verletzt er seine Pflicht (vgl. hierzu **3**

§ 24). In einem solchen Fall wird der PR jedoch das Recht zur Selbstversammlung haben, um seine Aufgaben wahrnehmen zu können. Voraussetzung ist, dass alle Mitglieder zusammenkommen und mit der Anberaumung der Sitzung einverstanden sind (Lorenzen u. a. § 34 Rn. 9; Ilbertz-Widmaier § 34 Rn. 13). Ansonsten bestimmt das LPVG nicht, in welchem **zeitlichen Abstand** die Sitzungen stattfinden. Dies hat der Vorsitzende nach pflichtgemäßem Ermessen entsprechend der Dringlichkeit der anfallenden Vorgänge zu entscheiden (Ilbertz-Widmaier § 34 Rn. 12).

4 **Dienstliche Belange.** Bei der Anberaumung der Sitzungen ist nach Abs. 1 Satz 1 Hs. 2 auf die dienstlichen Erfordernisse **Rücksicht** zu nehmen. Die Sitzungen finden in der Regel während der Arbeitszeit statt (§ 32 Abs. 1).

5 **2. Tagesordnung.** Nach Abs. 1 Satz 2 setzt der Vorsitzende die Tagesordnung fest und leitet die Sitzung. In die Tagesordnung hat der PR-Vorsitzende alle Angelegenheiten aufzunehmen, „die sich aus der Erfüllung der gesetzlichen Aufgaben der Personalvertretung ergeben" (BVerwG, 29.8.1975 – VII P 2.74 – BVerwGE 49, 144 = ZBR 1976, 124 = PersV 1976, 385).

6 **Inhalt der Tagesordnung.** In der Tagesordnung sind die **Beratungsgegenstände** so **klar zu bezeichnen,** dass sich die PR-Mitglieder hinreichend auf die Beratung vorbereiten können (BVerwG, 29.8.1975 – VII P 2.74 – BVerwGE 49, 144 = ZBR 1976, 124 = PersV 1976, 385). Es genügt beispielsweise nicht die Angabe als Tagesordnungspunkt „Behandlung von Mitbestimmungsfällen nach § 74 bzw. § 75 LPVG" oder „Verschiedenes". Vielmehr ist genau anzugeben, um welche konkrete Personalangelegenheit es sich handelt (z. B. „Beförderung von Frau Muster zur Amtsrätin zum 1.8.2015").

7 **Informationen.** Den PR-Mitgliedern müssen die gleichen Unterlagen zur Verfügung stehen, wie sie dem Vorstand vorliegen (VGH Kassel, 9.4.1980 – BPV TK 15/78 – PersV 1982, 376). Einen Anspruch darauf, dass diese Unterlagen in Abschrift mit der Tagesordnung versandt werden, besteht nicht, ebenso wenig ein Recht, vor der Sitzung Einsicht in Akten oder Unterlagen zu nehmen; gesetzlich vorgesehene Informationsquelle ist die PR-Sitzung (BVerwG, 29.8.1975 – VII P 2.74 – BVerwGE 49, 144 = ZBR 1976, 124 = PersV 1976, 385). Der PR-Vorsitzende ist verpflichtet, in der Sitzung umfassend zu informieren und Auskunft zu geben (BVerwG, 19.7.1994 – 6 P 12.92 – PersV 1995, 77 = PersR 1994, 518).

8 **Leitung.** Der Vorsitzende leitet die PR-Sitzung. So erteilt er beispielsweise das Wort, leitet die Abstimmungen, stellt die Anwesenheit und die Beschlussfähigkeit fest, übt im Sitzungsraum das Hausrecht aus etc. (vgl. Altvater u. a. § 34 Rn. 12).

9 **3. Ladung.** Zu den Sitzungen sind die PR-Mitglieder und stets die in Abs. 1 Satz 3 aufgeführten weiteren Teilnahmeberechtigten (Schwerbehindertenvertretung § 32 Abs. 5, JAV-Mitglied § 32 Abs. 4 Satz 1) so **rechtzeitig** zu laden, dass ihnen noch ausreichend Zeit bleibt, sich auf die einzelnen Punkte der Tagesordnung, die ihnen mit der Ladung übermittelt werden muss, entsprechend vorzubereiten und nötigenfalls eine vorherige Besprechung mit ihrer Gruppe durchführen zu können. Eine bestimmte Form der Ladung und der Übermittlung der Tagesordnung ist nicht vorgeschrieben. Näheres über die Form und den Zeitpunkt der Ladung sowie über die Form der Tagesordnung kann in der Geschäftsordnung des PR bestimmt werden (§ 39).

Verspätete Tagesordnung. Wird ein Punkt der **Tagesordnung nicht rechtzeitig** **10** den PR-Mitgliedern bekannt gegeben, so kann darüber nur dann im PR beschlossen werden, wenn alle Mitglieder erschienen und mit der Beschlussfassung einverstanden sind (BVerwG, 10.10.1957 – II CO 1.57 – BVerwGE 5, 263 = ZBR 1957, 413; VGH München, 4.2.2004 – 18 P 03.692 – PersV 2004, 308 = ZfPR 2004, 198).

4. Ladung weiterer Teilnahmeberechtigten. Abs. 1 Satz 4 bestimmt, welche **11** weiteren Personen zu den Sitzungen des PR zu laden sind, namentlich die weiteren Mitglieder der JAV, Beauftragte von Stufenvertretungen, Beauftragte des GesamtPR und die Beauftragte für Chancengleichheit. Die Ladung erfolgt allerdings nur, soweit diese Personen nach anderen Vorschriften des LPVG allgemein (vgl. etwa § 32 Abs. 4 Satz 2, Abs. 6) oder auf Beschluss des PR berechtigt sind, an der Sitzung teilzunehmen.

II. Ladung des Dienststellenleiters (Abs. 2)

Ladung des Dienststellenleiters. Nach Abs. 2 ist der Dienststellenleiter vom **12** Zeitpunkt der Sitzung rechtzeitig und unter Mitteilung der Tagesordnung zu verständigen und zu Tagesordnungspunkten, an denen er teilnehmen soll, zu laden. Die Information des Dienststellenleiters entspricht dem Grundsatz der vertrauensvollen Zusammenarbeit von PR und Dienststelle. Die Ladung des Dienststellenleiters in bestimmten Fällen korrespondiert mit seinem in Abs. 4 normierten Teilnahmerecht.

III. Antrag auf Anberaumung von Sitzungen und Aufnahme in die Tagesordnung (Abs. 3)

1. Anberaumung auf Antrag. Nach Abs. 3 können bestimmte Personen bzw. **13** Personengruppen den Vorsitzenden zwingen, eine Sitzung anzuberaumen und den Gegenstand, dessen Beratung beantragt wird, auf die Tagesordnung zu setzen. Der Antrag muss einen bestimmten Gegenstand benennen, der beraten werden soll (Ilbertz-Widmaier § 34 Rn. 34). Eine bestimmte Form des Antrags ist nicht vorgeschrieben. Sie muss es allerdings dem Vorsitzenden ermöglichen, die Erfüllung der Antragsvoraussetzungen zu überprüfen.

Antragsberechtigte. Die **Aufzählung der Personen in Abs. 3**, die die Anberau- **14** mung einer PR-Sitzung und die Aufnahme eines bestimmten Beratungspunktes in die Tagesordnung dieser Sitzung erzwingen können, **ist erschöpfend.** Andere Personen, einzelne Mitglieder des PR und die in der Dienststelle vertretenen Gewerkschaften können nur entsprechende Anregungen zur Tagesordnung geben oder Wünsche äußern, eine Behandlung bestimmter Themen aber nicht erzwingen. Antragsberechtigt sind nach Abs. 3 Satz 1 ein Viertel der Mitglieder des PR, die Mehrheit der Vertreter einer Gruppe und der Leiter der Dienststelle.

15   **2. Weitere Antragsberechtigte in bestimmten Angelegenheiten.** Durch Abs. 3 Satz 2 wird der Kreis der Antragsberechtigten erweitert, allerdings mit der weiteren Voraussetzung, dass die Belange der von ihnen vertretenen Personen „besonders betroffen" sind. Unter dieser Voraussetzung antragsberechtigt sind die Mehrheit der Mitglieder der JAV und die Schwerbehindertenvertretung. Gleiches gilt für die Beauftragte für Chancengleichheit, die seit dem ÄG 2013 nur noch in Angelegenheiten antragsberechtigt ist, die besonders die Gleichstellung von Frauen und Männern betreffen. Das früher vorgesehene Antragsrecht des Vertrauensmannes der Zivildienstleistenden wurde aus dem Gesetz gestrichen, da es seit Aussetzung der Wehrpflicht zum 1.7.2011, die auch den Wegfall des Zivildienstes zur Folge hatte, ohnehin ins Leere ging. Dem Sprecher der Freiwilligen nach § 10 Bundesfreiwilligendienstgesetz (vom 28.4.2011, BGBl. I S. 687) hat der Gesetzgeber kein entsprechendes Recht eingeräumt.

IV.   Teilnahme des Dienststellenleiters (Abs. 4)

16   **Teilnahmerecht und -pflicht.** Der **Dienststellenleiter** hat das Recht und die Pflicht, an den PR-Sitzungen, die auf sein Verlangen anberaumt worden sind, teilzunehmen. Die unbegründete Ablehnung der Teilnahme an einer sonstigen Sitzung des PR, zu der er ausdrücklich eingeladen wurde, dürfte ein Verstoß gegen die Pflicht zur vertrauensvollen Zusammenarbeit (§ 2 Abs. 1) sein. Der Dienststellenleiter kann sich im Verhinderungsfalle durch eine beauftragte Person vertreten lassen; als solcher wird jedoch nur ein Angehöriger der Dienststelle in Betracht kommen. In der Regel wird es sich um seinen ständigen Vertreter handeln. Er kann auch weitere Beschäftigte (Sachbearbeiter) mitbringen oder schicken, jedoch im Hinblick auf die Nichtöffentlichkeit der Sitzungen nur, wenn der PR mit ihrer Anwesenheit einverstanden ist. Ein Recht, bei der förmlichen Beratung und Beschlussfassung des PR anwesend zu sein, hat der Dienststellenleiter nicht (Ilbertz-Widmaier § 34 Rn. 37 ff.; Altvater u. a. § 34 Rn. 16).

V.   Beauftragte von Stufenvertretungen und GesamtPR (Abs. 5)

17   **Im Einzelfall.** Das durch Abs. 5 eröffnete Recht, im Einzelfall **Beauftragte von Stufenvertretungen** (§ 55) und **Beauftragte des GesamtPR** (§ 54) mit beratender Stimme zur Sitzung einzuladen, dient dem Erfahrungsaustausch und ist auf Angelegenheiten beschränkt, für welche die Dienststelle, bei welcher der PR gebildet ist, zuständig ist (a. A. Altvater u. a. § 34 Rn. 17). Vor einem solchen Beschluss müssen die Informationsmöglichkeiten innerhalb der Dienststelle ausgeschöpft werden. Die Einladung kann nicht im Voraus für alle künftigen Sitzungen beschlossen werden, sondern muss auf bestimmte Sitzungen und Tagesordnungspunkte beschränkt sein. Die Beschränkung auf Einzelfälle soll im Hinblick auf die mit der Teilnahme in der Regel verbundenen Kosten (insbesondere Reisekosten) den Ausnahmecharakter dieser Vorschrift verdeutlichen

(LT-Drucksache 11/6312 S. 38). Die Einberufung des PR ist nicht fehlerhaft, wenn die Ladung in diesen Fällen nur kurzfristig erfolgt (Abs. 5 Satz 2).

§ 31 Gemeinsame Aufgaben von Personalrat, Richterrat und Staatsanwaltsrat

(1) Sind an einer Angelegenheit sowohl der Personalrat als auch der Richterrat oder der Staatsanwaltsrat beteiligt, so teilt der Vorsitzende dem Richterrat oder dem Staatsanwaltsrat den entsprechenden Teil der Tagesordnung mit und gibt ihm Gelegenheit, Mitglieder in die Sitzung des Personalrats zu entsenden (§ 28 des Landesrichter- und -staatsanwaltsgesetzes).

(2) ¹Der Vorsitzende des Personalrats hat auf Antrag des Richterrats oder des Staatsanwaltsrats oder des Leiters der Dienststelle eine Angelegenheit, deren Beratung beantragt ist, auf die Tagesordnung zu setzen. ²§ 30 Absatz 3 bis 5 gilt entsprechend.

Vorbemerkung. § 31 regelt das Verfahren für die Beratung und Beschlussfas- **1** sung über gemeinsame Angelegenheiten von Richterrat oder Staatsanwaltsrat und PR bei Gerichten und Staatsanwaltschaften. Er gilt **nicht** für den GesamtPR (§ 54 Abs. 4), die Stufenvertretungen (§ 55 Abs. 3) und den AusbildungsPR (§ 58 Abs. 3).

I. Gemeinsame Aufgaben (Abs. 1)

Richterrat. Nach § 15 Nr. 1 LRiStAG werden bei den Gerichten des Landes **2** Richterräte für die Beteiligung der Richter an allgemeinen und sozialen Angelegenheiten nach Maßgabe der §§ 20 und 21 LRiStAG eingerichtet. Nach § 20 Nr. 2 LRiStAG wird der Richterrat gemeinsam mit dem PR an den in §§ 68, 68a, 70, 71 Abs. 2 Nr. 9, Abs. 3 Nr. 1, 3 bis 18, § 72 Abs. 2 Satz 1 Nr. 2 und 3, Abs. 3 und 4, § 76 Abs. 1 Nr. 1 und 2, § 80 Abs. 1a des LPVG bezeichneten allgemeinen und sozialen Angelegenheiten, die sowohl Richter als auch Bedienstete des Gerichts, für das er gebildet ist, betreffen (gemeinsame Angelegenheiten), beteiligt. Die genannten Vorschriften beziehen sich noch auf die Zählung des LPVG vor dessen Neubekanntmachung vom März 2015. Heute finden sich die entsprechenden Vorschriften in den §§ 70, 71, 74, 75 Abs. 3 Nr. 9, Abs. 4 Nr. 1, 3 bis 18, § 76 Abs. 2 Satz 1 Nr. 2 und 3, Abs. 3 und 4, § 81 Abs. 1 Nr. 1 und 2, § 85 Abs. 2 des LPVG.

Gemeinsame Angelegenheiten. Als gemeinsame Angelegenheiten können nur **3** solche Regelungstatbestände angesehen werden, die sinnvollerweise – d. h. aus vernünftigen Erwägungen – für die durch den Richterrat Repräsentierten nur in gleicher oder ähnlicher Weise wie für die durch den PR vertretenen Bediensteten geregelt werden können, beide also **unmittelbar berühren**. Der Begriff der Gemeinsamkeit schafft eine feste Klammer, die nicht ohne Gefährdung einer wirksamen und sinnvollen Regelung der Angelegenheit gelöst werden kann (vgl. BVerwG, 14.8.2007 – 6 PB 5.07 – NJW-RR 2007, 1716).

4 **Entsendung in PR.** Zur Beratung und Beschlussfassung über **gemeinsame Ange-legenheiten** entsendet der Richterrat nach Maßgabe des § 28 Abs. 2 LRiStAG Mitglieder in den PR, wobei die Zahl der Entsandten zur Zahl der Richter im gleichen Verhältnis stehen muss wie die Zahl der Mitglieder des PR zur Zahl der wahlberechtigten Beamten und Arbeitnehmer des Gerichts.

5 **Aussetzung eines PR-Beschlusses.** Bei der entsprechenden Anwendung des § 37 LPVG (früher: § 40 LPVG) gelten die in den PR entsandten Mitglieder des Richterrats als Vertreter einer Gruppe (§ 28 Abs. 3 LRiStAG), so dass sie die Aussetzung eines Beschlusses des PR über gemeinsame Angelegenheiten bewir-ken können.

6 **Staatsanwaltsrat.** Die vorstehenden Erl. gelten entsprechend für die gemein-same Beratung und Beschlussfassung über gemeinsame Angelegenheiten von **Staatsanwaltsrat** und PR (vgl. auch § 89 Abs. 3 LRiStAG).

II. Antrag auf Behandlung (Abs. 2)

7 **Antragsrecht.** Auf Antrag des Richterrats, des Staatsanwaltsrats oder des Dienststellenleiters hat der Vorsitzende des PR eine Angelegenheit auf die Ta-gesordnung zu setzen.

8 **Beauftragte von Stufenvertretungen.** Mit dem ÄG 95 wurde – wie für den PR – auch für die gemeinsamen Sitzungen nach Abs. 2 Satz 2 zugelassen, dass durch gemeinsamen Beschluss Beauftragte von Stufenvertretungen eingeladen werden können. Gleiches gilt seit dem ÄG 2013 für Beauftragte des GesamtPR. § 30 Abs. 3 bis 5 gilt entsprechend.

§ 32   Durchführung der Sitzungen, Teilnahmerechte

(1) Die Sitzungen des Personalrats sind nicht öffentlich; sie finden in der Regel während der Arbeitszeit statt.

(2) Der Personalrat kann ihm zur Verfügung gestelltes Büropersonal zur Erstel-lung der Niederschrift hinzuziehen.

(3) [1]Auf Antrag eines Viertels der Mitglieder oder der Mehrheit einer Gruppe des Personalrats kann von Fall zu Fall je eine beauftragte Person der im Perso-nalrat vertretenen Gewerkschaften an einer Sitzung beratend teilnehmen. [2]In diesem Fall sind der Zeitpunkt der Sitzung und die Tagesordnung den im Per-sonalrat vertretenen Gewerkschaften rechtzeitig mitzuteilen. [3]Nimmt der Leiter der Dienststelle oder die von ihm beauftragte Person an der Sitzung teil, kann er oder sie einen Vertreter der Arbeitgebervereinigung, der die Dienststelle angehört, hinzuziehen. [4]Personelle und soziale Angelegenheiten einzelner Be-schäftigter dürfen nur mit deren vorheriger schriftlicher Zustimmung in Anwe-senheit von Beauftragten von Gewerkschaften oder der Arbeitgebervereini-gung beraten werden.

(4) [1]Ein Mitglied der Jugend- und Auszubildendenvertretung, das von dieser benannt wird, kann an allen Sitzungen des Personalrats beratend teilnehmen. [2]An der Behandlung von Angelegenheiten, die besonders Beschäftigte im Sinne von § 59 betreffen, kann die gesamte Jugend- und Auszubildendenver-

tretung teilnehmen; die Mitglieder der Jugend- und Auszubildendenvertretung haben bei Beschlüssen des Personalrats in diesen Angelegenheiten Stimmrecht. [3]Der Vorsitzende des Personalrats soll Angelegenheiten, die besonders Beschäftigte im Sinne von § 59 betreffen, der Jugend- und Auszubildendenvertretung zur Beratung zuleiten.

(5) Die Schwerbehindertenvertretung kann an allen Sitzungen des Personalrats beratend teilnehmen.

(6) [1]Die Beauftragte für Chancengleichheit kann an den Beratungen des Personalrats von einzelnen Gegenständen auf der Tagesordnung teilnehmen, wenn
1. der Gegenstand auf ihren Antrag auf die Tagesordnung gesetzt wurde oder
2. der Personalrat dies im Einzelfall beschließt.
[2]Sie kann Anregungen zur Behandlung von Angelegenheiten geben, die besonders die Gleichstellung von Frauen und Männern betreffen.

(7) [1]Der Personalrat kann nach vorheriger Unterrichtung des Leiters der Dienststelle sachverständige Personen aus der Dienststelle oder sonstige Auskunftspersonen aus der Dienststelle anhören, soweit dies zur Erfüllung seiner Aufgaben erforderlich ist. [2]Die Teilnahme dieser Personen an Beratung und Beschlussfassung ist nicht zulässig.

(8) [1]Der Personalrat kann nach vorheriger Unterrichtung des Leiters der Dienststelle in Mitbestimmungsangelegenheiten zu personellen Einzelmaßnahmen betroffene Beschäftigte anhören. [2]Absatz 7 Satz 2 gilt entsprechend.

I.   Grundsätze für die Durchführung der Sitzungen (Abs. 1)

Nichtöffentlichkeit. Aus der **Nichtöffentlichkeit** der PR-Sitzungen ergibt sich,   **1** dass alle Beratungspunkte wie auch der Gang der Beratung selbst **vertraulich** zu behandeln sind (vgl. auch § 7) und dass an den PR-Sitzungen im Ausgangspunkt nur die Mitglieder des PR teilnehmen können. Ersatzmitglieder dürfen an den PR-Sitzungen nur teilnehmen, wenn sie für ein ausgeschiedenes oder verhindertes PR-Mitglied eingetreten sind (vgl. § 27 Abs. 1). Hiervon kann weder durch – auch nicht durch einstimmigen – Beschluss des PR noch durch die Geschäftsordnung des PR abgewichen werden. Auch die Zulassung der Öffentlichkeit in Einzelfällen ist nicht möglich; die Ausnahmen sind im LPVG abschließend geregelt.

Zweck. Die Nichtöffentlichkeit soll die sachliche, freie, durch Druck von außen   **2** nicht beeinflusste Willensbildung innerhalb des PR und damit einhergehend die Unabhängigkeit der PR-Mitglieder im Rahmen einer offenen Diskussion sicherstellen (BVerwG, 11.1.2006 – 6 PB 17.05 – PersV 2006, 186 = PersR 2006, 300).

Abstimmungsverhalten. In der Öffentlichkeit bekannt gegeben werden darf insbesondere auch nicht das Abstimmungsverhalten eines einzelnen PR-Mitglieds.   **3** Dieses kann zwar seinen abweichenden Standpunkt zum gefassten PR-Beschluss öffentlich vertreten, allerdings nur so, dass daraus keine Rückschlüsse auf das Abstimmungsverhalten der anderen PR-Mitglieder gezogen werden können (Ilbertz-Widmaier § 10 Rn. 12 und VGH München, 14.11.2001 – 17 PO 1.1526 – ZfPR 2002, 172).

4 **Ausnahmen.** Der Grundsatz der Nichtöffentlichkeit der PR-Sitzungen ist im LPVG mehrmals durchbrochen:

§ 30 Abs. 4 und 5:	Teilnahme des Dienststellenleiters und von Beauftragten der Stufenvertretungen und des GesamtPR,
§ 31:	Teilnahme von Mitgliedern des Richterrats oder Staatsanwaltsrats (§ 28 Abs. 1 LRiStAG),
§ 32 Abs. 2:	Anwesenheit von Büropersonal zur Erstellung der Niederschrift,
§ 32 Abs. 3:	Teilnahme von Vertretern der Gewerkschaften und der Arbeitgebervereinigung,
§ 32 Abs. 4:	Teilnahme eines Mitglieds oder aller Mitglieder der JAV,
§ 32 Abs. 5:	Teilnahme der Schwerbehindertenvertretung,
§ 32 Abs. 6:	Teilnahme der Beauftragten für Chancengleichheit in bestimmten Fällen,
§ 32 Abs. 7:	Teilnahme sachverständiger Personen der Dienststelle und sonstiger Auskunftspersonen,
§ 32 Abs. 8:	Anhörung betroffener Beschäftigter.

5 **Referenten.** Der Grundsatz der Nichtöffentlichkeit schließt wohl aber nicht aus, dass der **Dienststellenleiter** zu PR-Sitzungen, an denen er nach § 30 Abs. 4 teilnimmt, **Referenten oder Sachbearbeiter** mitbringt. Voraussetzung ist jedoch, dass der PR damit einverstanden ist (Ilbertz-Widmaier § 35 Rn. 4 f.). Sie dürfen jedoch keinesfalls bei der eigentlichen Beratung und der Beschlussfassung anwesend sein.

6 **Rechtsfolge.** Ein Verstoß gegen das Gebot der Nichtöffentlichkeit führt grundsätzlich **nicht zur Ungültigkeit** der gefassten Beschlüsse, es sei denn, die Beschlussfassung könnte von den Nichtteilnahmeberechtigten beeinflusst worden sein. Wiederholte Verletzung des Gebots der Nichtöffentlichkeit ist jedoch als Pflichtverletzung i. S. des § 24 zu betrachten (Ilbertz-Widmaier § 35 Rn. 6).

7 **Sitzungstermine.** Sitzungen des PR finden grundsätzlich **während der Arbeitszeit** statt. Nur wenn es aus dienstlichen Gründen unbedingt notwendig ist, kann die Dienststelle gegen die Abhaltung einer Sitzung während der Arbeitszeit Einwendungen erheben. Aus dem Grundsatz der vertrauensvollen Zusammenarbeit ergibt sich aber die Pflicht des PR-Vorsitzenden, bei der Anberaumung der Sitzungen auf die dienstlichen Erfordernisse Rücksicht zu nehmen (§ 30 Abs. 1 Satz 1). Der Termin sollte so gewählt werden, dass möglichst alle PR-Mitglieder an der Sitzung teilnehmen können, wobei grundsätzlich eine **Teilnahmepflicht** besteht.

8 **Dienstbezüge.** Die Mitglieder des PR erleiden durch die Teilnahme an den Sitzungen keine Einbuße an **Besoldung oder Arbeitsentgelt** (vgl. § 43 Abs. 2 Satz 1). Wenn eine Sitzung außerhalb der Arbeitszeit stattfindet, ist **Dienstbefreiung** in entsprechendem Umfang zu gewähren (§ 43 Abs. 2 Satz 2).

9 **Unterrichtung des Vorgesetzten.** Die Einordnung der PR-Sitzungen in die Arbeitszeit schließt nicht aus, dass die PR-Mitglieder, sofern sie nicht ganz freigestellt sind, vor Verlassen ihres Arbeitsplatzes ihren dienstlichen Vorgesetzten zu unterrichten haben (Lorenzen u. a. § 35 Rn. 11). Dessen Genehmigung benötigen sie jedoch nicht.

II. Protokollführer (Abs. 2)

Protokollführer. Nach alter Rechtslage durften nicht dem PR angehörende Personen weder als Protokollführer noch als Schreibkraft des Protokollführers an den PR-Sitzungen teilnehmen. Die Hinzuziehung einer solchen Person hätte einen Verstoß gegen die Nichtöffentlichkeit der PR-Sitzung dargestellt. Die Protokollierung musste daher zwingend von einem PR-Mitglied übernommen werden. Dies hinderte dieses Mitglied jedoch möglicherweise, aktiv an den Beratungen des PR teilzunehmen oder verzögerte dadurch die Beratungen (LT-Drucksache 15/4224 S. 103). Seit dem ÄG 2013 ist die Heranziehung von dem PR zur Verfügung gestellten Büropersonals zur Erstellung der Niederschrift (§ 38) kraft Gesetzes erlaubt. Die Heranziehung steht im Ermessen des PR. Der Gesetzgeber ist damit einem praktischen Bedürfnis zum Zwecke der effektiveren PR-Arbeit nachgekommen. Die hinzugezogene Assistenzkraft unterliegt dabei der **Verschwiegenheitspflicht** nach § 7. **10**

III. Teilnahme der Gewerkschaften und Arbeitgebervereinigung (Abs. 3)

1. Teilnahmeberechtigung. Als Ausnahme von der Nichtöffentlichkeit sieht Abs. 3 unter bestimmten Voraussetzungen Teilnahmerechte von Vertretern der Gewerkschaften und der Arbeitgebervereinigung vor. Nur beauftragte Personen solcher **Gewerkschaften** sind teilnahmeberechtigt, die „unter den Mitgliedern des PR vertreten sind", d. h. denen mindestens ein Mitglied des PR angehört. Gewerkschaften, die zwar mindestens ein Mitglied in der Dienststelle, aber nicht unter den PR-Mitgliedern haben, sind nicht teilnahmeberechtigt (anders in § 21 Abs. 1). Zum Begriff der Gewerkschaft s. die Erl. zu § 2. **11**

Eine beauftragte Person. Nur eine beauftragte Person jeder unter den Mitgliedern des PR vertretenen Gewerkschaften kann teilnehmen. Jede Gewerkschaft ist in der Auswahl ihres Beauftragten frei. Es kann auch ein Beschäftigter der Dienststelle als beauftragte Person einer Gewerkschaft entsandt werden. Die beauftragte Person braucht nicht der Gewerkschaft, die sie entsendet, anzugehören. Der PR wie auch der Dienststellenleiter können von ihr den Nachweis der Beauftragung durch eine Gewerkschaft verlangen. **12**

Aller vertretenen Gewerkschaften. Es ist nicht zulässig, etwa nur dem Beauftragten einer unter den Mitgliedern des PR vertretenen Gewerkschaft die Teilnahme zu gestatten. Vielmehr muss der Antrag die **Teilnahme je einer beauftragten Person aller** unter den Mitgliedern des PR vertretenen Gewerkschaften umfassen (anders § 36 BPersVG). Bei der Einladung ist die Tagesordnung anzugeben, damit eine Vorbereitung möglich ist. **13**

Im Einzelfall. Die Entsendung je eines Gewerkschaftsbeauftragten kann nicht im Voraus für alle künftigen PR-Sitzungen beantragt werden. Vielmehr ist der **14**

Antrag nur von „**Fall zu Fall**" zulässig, d. h. er muss auf bestimmte Sitzungen und bestimmte Tagesordnungspunkte beschränkt sein. Etwas anderes kann auch nicht durch die Geschäftsordnung des PR bestimmt werden.

15   **Schweigepflicht.** Die Beauftragten der Gewerkschaften unterliegen der Schweigepflicht (§ 7).

16   **Mehrheit einer Gruppe/Viertel der PR-Mitglieder.** Die **Mehrheiten nach Satz 1** bestimmen sich nach den Soll-Stärken und nicht nach der Zahl der bei der Antragstellung Anwesenden. Die Zahl der PR-Mitglieder ist durch vier zu teilen und das Ergebnis auf die nächste volle Zahl aufzurunden. Hat ein PR weniger als vier Mitglieder, kann jedes Mitglied den Antrag stellen. Die Mehrheit einer Gruppe ist bereits gegeben, wenn die Gruppe nur einen Vertreter hat (Ilbertz-Widmaier § 36 Rn. 10). Verfügt eine Gruppe über zwei Mitglieder, müssen beide zustimmen.

17   **Form und Frist.** Für den Antrag ist **keine bestimmte Form vorgeschrieben.** Satz 2 geht davon aus, dass er rechtzeitig vor der Sitzung gestellt wird, denn nur so ist die rechtzeitige Einladung unter Mitteilung der Tagesordnung möglich. Denkbar dürfte in Übereinstimmung mit Lorenzen u. a. (§ 36 Rn. 5) aber auch noch eine Antragstellung in der Sitzung sein. Die Antragsstellung ist in der Sitzungsniederschrift zu vermerken.

18   **Kein Ablehnungsrecht.** Der Vorsitzende des PR hat dem Antrag zu entsprechen. Der **PR ist nicht berechtigt,** durch einen nach § 34 mit einfacher Stimmenmehrheit seiner anwesenden Mitglieder gefassten Beschluss einen Antrag auf beratende **Teilnahme** je eines Beauftragten der im PR vertretenen Gewerkschaften an einer PR-Sitzung, der zuvor mit der erforderlichen Zahl von PR-Mitgliedern gestellt worden ist, **abzulehnen** (OVG Münster, 8.5.1995 – 1 A 146792.PVL – PersR 1996, 202).

19   **Beratende Stimme.** Beauftragte der Gewerkschaften haben in den Sitzungen des PR beratende Stimme. Sie nehmen an den Abstimmungen des PR nicht teil, dürfen jedoch dazu Stellung nehmen und Kritik üben.

20   **2. Mitteilung an Gewerkschaften und Dienststellenleiter.** Wird ein Antrag nach Satz 1 gestellt, so sind den im PR vertretenen Gewerkschaften der Zeitpunkt der Sitzung und die Tagesordnung rechtzeitig mitzuteilen (Satz 2). Der Dienststellenleiter ist bereits nach § 30 Abs. 2 rechtzeitig von der Sitzung und der Tagesordnung zu unterrichten. Hierbei ist ihm auch mitzuteilen, dass Gewerkschaftsvertreter hinzugezogen werden. Dies gebietet die vertrauensvolle Zusammenarbeit und ermöglicht es dem Dienststellenleiter, sofern er an der Sitzung teilnimmt, einen Vertreter der Arbeitgebervereinigung als Tarifpartner der Gewerkschaften rechtzeitig beizuziehen (LT-Drucksache 15/4224 S. 104).

21   **3. Teilnahme eines Vertreters der Arbeitgebervereinigung.** Einen (nur einen) Vertreter der Arbeitgebervereinigung, der die Dienststelle angehört, kann der Dienststellenleiter oder die von ihm beauftragte Person stets zu den PR-Sitzungen hinzuziehen, an denen er teilnimmt. Er kann ihn aber nicht mit seiner Vertretung beauftragen. In Betracht kommen die Tarifgemeinschaft deutscher

Länder und die Vereinigung der kommunalen Arbeitgeberverbände. Auch der Vertreter der Arbeitgebervereinigung hat im PR bloß beratende Stimme wie der Dienststellenleiter und die Beauftragten der in der Dienststelle vertretenen Gewerkschaften.

4. Datenschutz. Soweit über personelle und soziale Angelegenheiten einzelner Be- **22** schäftigter in Anwesenheit der Beauftragten der Gewerkschaft oder der Arbeitgebervereinigung gesprochen werden soll, bedarf es der **vorherigen schriftlichen Zustimmung** der betroffenen Beschäftigten (Satz 4). Das Zustimmungserfordernis dient der Wahrung des Grundrechts der Beschäftigten auf informationelle Selbstbestimmung. Beschäftigte müssen zwar davon ausgehen, dass ihre Angelegenheiten, soweit sie der PR-Beteiligung unterliegen, im PR personenbezogen erörtert werden. Die Hinzuziehung von externen Beauftragten ist ihnen jedoch nicht allgemein transparent, weshalb auf die vorherige schriftliche Zustimmung abzustellen ist (LT-Drucksache 15/4224 S. 104).

IV. Teilnahme der JAV (Abs. 4)

1. Teilnahme eines JAV-Vertreters. Der JAV muss Gelegenheit gegeben werden, **23** zu **jeder** Sitzung des PR **einen** Vertreter zu entsenden, unabhängig von den Themen auf der Tagesordnung. Es muss ihr deshalb rechtzeitig der Zeitpunkt und die Tagesordnung der Sitzungen des PR mitgeteilt werden (§ 30 Abs. 1 Satz 3). Dies gilt auch für die konstituierende Sitzung (§ 19), wobei die Einladung vom Wahlvorstand vorzunehmen ist.

Bestimmung des Vertreters. Besteht die JAV aus zwei oder mehr Mitgliedern, **24** so bestimmt sie mit einfacher Mehrheit, wer an den einzelnen Sitzungen teilnehmen soll. Die Entscheidung kann für mehrere Sitzungen, aber auch von Fall zu Fall getroffen werden. In der Regel wird wohl der Vorsitzende der JAV bestimmt werden.

Beratende Stimme. Der **Vertreter der JAV** nimmt an den Sitzungen des PR mit **25** **beratender** Stimme teil. Er kann zur Sache sprechen und Vorschläge machen. Er darf sich an der Abstimmung **nicht** beteiligen, muss aber nicht die Sitzung verlassen. Wird der von der JAV benannte Vertreter nicht oder nicht ordnungsgemäß zu den Sitzungen des PR eingeladen, liegt eine **Pflichtverletzung** des PR-Vorsitzenden i. S. des § 24 vor. Die in diesen Sitzungen vom PR gefassten Beschlüsse sind **deshalb aber nicht unwirksam.**

2. Teilnahme der gesamten JAV. Die **gesamte JAV** hat nur **ein** Teilnahmerecht an **26** der Behandlung der Tagesordnungspunkte der einzelnen Sitzungen, **die besonders Beschäftigte im Sinne von § 59 betreffen.** Die Unterscheidung in Angelegenheiten, die „besonders" Beschäftigte i. S. v. § 59 betreffen und solchen, die diese „überwiegend" betreffen, ist mit dem ÄG 95 im Interesse einer intensiveren Teilhabe der Jugendlichen an der PR-Arbeit aufgegeben worden. Seither haben alle Mitglieder der JAV bzw. der GesamtJAV im GesamtPR (in den Fällen des § 91 Abs. 8) bereits in Angelegenheiten Teilnahme- und Stimmrecht, welche die Beschäftigten i. S. v. § 59 nicht nur überwiegend, sondern „besonders" betreffen.

27 **Besondere Betroffenheit.** Ob eine Angelegenheit die Beschäftigten im Sinne von § 59 besonders betrifft, ist objektiv und in der Regel **von Fall zu Fall** zu beurteilen. Eine besondere Interessenlage der Beschäftigten i. S. v. § 59 ist gegeben, wenn die Angelegenheit ihre bedeutsamen und damit schützenswerten Interessen betrifft, daneben aber ebenso bedeutsame oder noch gewichtigere Interessen der übrigen Beschäftigten oder, bei einer Gruppenangelegenheit, die Angehörigen dieser Gruppe berührt. Darunter fallen insbesondere Fragen zur **Ausbildung** (Ausbildungsplätze, Ausbildungsgänge, besondere Fortbildungsangebote für Jugendliche) oder zum **Jugendarbeitsschutz.** Dazu gehören auch personelle Einzelmaßnahmen im Zuge der Besetzung von Dienstposten, die einen besonderen Bezug zu den Beschäftigten i. S. v. § 59 haben (z. B. Dienstposten des Ausbildungsleiters). Nicht unter Abs. 4 Satz 2 fällt die Einstellung oder Beförderung von Jugendlichen i. S. v. § 59, da hierbei nicht die Geltendmachung von jugendspezifischen Interessen im Vordergrund steht.

28 **Stimmrecht.** Das Stimmrecht besteht unabhängig davon, ob über die Angelegenheit der PR nach § 34 Abs. 4 Satz 1 gemeinsam beschließt oder lediglich die Vertreter einer Gruppe nach § 34 Abs. 4 Satz 2 zur Beschlussfassung berufen sind, auch wenn dies in den Fällen des § 34 Abs. 4 Satz 2 zu einer gewissen Einschränkung des Gruppenprinzips führt. Das Abstimmungsverfahren entspricht dem Üblichen nach § 34 Abs. 1, wobei die Stimmen der JAV-Mitglieder uneingeschränkt mitzuzählen sind.

29 **Unwirksamkeit bei Nichtbeteiligung.** PR-Beschlüsse in Angelegenheiten, die **besonders Beschäftigte im Sinne von** § 59 betreffen, sind **unwirksam,** wenn der JAV nicht ermöglicht wurde, an der Beratung und Abstimmung nach Abs. 4 Satz 2 teilzunehmen (Altvater u. a. § 41 Rn. 5). Nimmt die JAV dagegen aus freien Stücken ihre Beteiligungsrechte nicht wahr, sind die ohne sie gefassten Beschlüsse wirksam (Ilbertz-Widmaier § 40 Rn. 13; Altvater u. a. § 41 Rn. 5).

30 **Einspruchsrecht.** Wegen des Einspruchsrechts (**Aussetzungsantragsrechts**) der JAV im Falle einer erheblichen Beeinträchtigung wichtiger Interessen der Beschäftigten i. S. des § 59 siehe § 37.

31 **3. Information.** Mit dem ÄG 95 neu aufgenommen wurde die Aufforderung an den PR, Angelegenheiten, welche besonders Beschäftigte i. S. v. § 59 betreffen, über die sie also mitbeschließen dürfen, der JAV **vorweg zur Vorberatung zuzuleiten.** Die Einhaltung dieser Soll-Bestimmung wird davon abhängen, welche Zeitspielräume vorhanden sind.

V. Teilnahme der Schwerbehindertenvertretung (Abs. 5)

32 **Teilnahmerecht.** Die **Schwerbehindertenvertretung** hat das Recht, an **allen** Sitzungen des PR beratend teilzunehmen (s. a. § 95 Abs. 4 Satz 1 SGB IX). Sie ist deshalb zu allen Sitzungen des PR unter Mitteilung der Tagesordnung zu laden (§ 30 Abs. 1 Satz 3), hat aber – anders als die JAV – auch in Angelegenheiten, die überwiegend Schwerbehinderte betreffen, **kein Stimmrecht.** Jedoch hat auch sie ein eigenes Einspruchsrecht nach § 37 Abs. 1 Satz 1.

Wegfall des Vertrauensmannes. Das frühere Teilnahmerecht des Vertrauens- **33** mannes der Zivildienstleistenden in Angelegenheiten, die auch Zivildienstleistende betrafen, (§ 41 Abs. 3 a. F.) ist durch das ÄG 2013 entfallen. Es ging ohnehin seit Aussetzung der Wehrpflicht zum 1.7.2011, die auch den Wegfall des Zivildienstes zur Folge hatte, ins Leere. Der Gesetzgeber hat dem Sprecher der Freiwilligen nach § 10 Bundesfreiwilligendienstgesetz (vom 28.4.2011, BGBl. I S. 687) kein entsprechendes Teilnahmerecht eingeräumt.

VI. Teilnahme der Beauftragten für Chancengleichheit (Abs. 6)

Erweitertes Teilnahmerecht. Durch das ÄG 2013 erhielt die Beauftragte für **34** Chancengleichheit (§§ 16 ff. ChancenG) in Abs. 6 ein erweitertes Teilnahmerecht an PR-Sitzungen. Dieses Recht besteht nach wie vor nicht generell, sondern nur in bestimmten Fällen. Während jedoch ihre Teilnahme zuvor auf solche Fälle beschränkt war, in denen der PR ihre Teilnahme beschlossen hat (vgl. § 41 Abs. 4 Satz 1 a. F., heute § 32 Abs. 6 Satz 1 Nr. 2), kann sie nach der Neuregelung auch dann teilnehmen, wenn ein Gegenstand beraten wird, der auf ihren Antrag auf die Tagesordnung gesetzt wurde (Abs. 6 Satz 1 Nr. 1). Dies sind die Fälle des § 30 Abs. 3 Satz 2 Nr. 3. In der Sitzung kann die Beauftragte für Chancengleichheit **nur Anregungen** zur Behandlung von Angelegenheiten geben, die besonders die Gleichstellung von Frauen und Männern betreffen (Abs. 6 Satz 2). Ein Stimmrecht besteht nicht.

VII. Anhörung von Auskunftspersonen (Abs. 7)

Auskunftspersonen. Nach dem mit ÄG 2013 neu eingefügten Abs. 7 kann der **35** PR nunmehr ausdrücklich nach vorheriger Unterrichtung des Dienststellenleiters sachverständige Personen und sonstige Auskunftspersonen aus der Dienststelle anhören, soweit dies zur Erfüllung seiner Aufgaben erforderlich ist (Abs. 7 Satz 1). Die Vorschrift dient der Erfüllung des allgemeinen Informationsanspruchs des PR (§ 71). Zu beachten ist, dass es sich lediglich um Auskunftspersonen **aus der Dienststelle** handeln darf. Die notwendige **vorherige Unterrichtung** des Dienststellenleiters erfolgt im Hinblick auf den Grundsatz der vertrauensvollen Zusammenarbeit.

Bloße Anhörung. Das Teilnahmerecht an der PR-Sitzung aus Abs. 7 ist zeitlich **36** und sachlich beschränkt. Es beschränkt sich auf eine bloße Anhörung zu einem bestimmten Tagesordnungspunkt. Nach der Anhörung muss die Auskunftsperson die Sitzung wieder verlassen. Satz 2 stellt klar, dass eine weitergehende Teilnahme an der Beratung und Beschlussfassung des PR nicht zulässig ist und damit einen Verstoß gegen den Grundsatz der Nichtöffentlichkeit darstellen würde.

VIII. Anhörung Betroffener (Abs. 8)

Betroffene Beschäftigte. Nach Abs. 8 hat der PR die Möglichkeit, in Mitbe- **37** stimmungsangelegenheiten zu personellen Einzelmaßnahmen betroffene Beschäftigte anzuhören. Diese Möglichkeit war bereits zuvor anerkannt (vgl. Kommentierung § 36 Rn. 6 der 13. Auflage), wurde aber erst durch das ÄG 2013 gesetzlich verankert. Auch in diesem Fall ist der Dienststellenleiter vorab zu unterrichten und der Betroffene von der eigentlichen Beratung und Beschlussfassung des PR ausgeschlossen (Abs. 8 Satz 2 i. V. m. Abs. 7 Satz 2).

§ 33 Befangenheit

(1) [1]Ein Mitglied des Personalrats darf weder beratend noch entscheidend mitwirken, wenn die Entscheidung einer Angelegenheit ihm selbst oder folgenden Personen einen unmittelbaren Vorteil oder Nachteil bringen kann:
1. dem Ehegatten oder dem Lebenspartner nach § 1 des Lebenspartnerschaftsgesetzes,
2. einem in gerader Linie oder in der Seitenlinie bis zum dritten Grad Verwandten,
3. einem in gerader Linie oder in der Seitenlinie bis zum zweiten Grad Verschwägerten oder als verschwägert Geltenden, solange die die Schwägerschaft begründende Ehe oder Lebenspartnerschaft nach § 1 des Lebenspartnerschaftsgesetzes besteht, oder
4. einer von ihm kraft Gesetzes oder Vollmacht vertretenen Person.
[2]Satz 1 gilt nicht,
1. wenn die Entscheidung nur die gemeinsamen Interessen einer Berufs- oder Beschäftigtengruppe berührt,
2. für Wahlen, die vom Personalrat aus seiner Mitte vorgenommen werden müssen,
3. für Wahlen, die von den Gruppen aus ihrer Mitte vorgenommen werden müssen.

(2) Ein Mitglied des Personalrats darf ferner weder beratend noch entscheidend mitwirken, wenn es die zur Beschlussfassung anstehende Maßnahme als Beschäftigter der Dienststelle vorbereitet oder daran verantwortlich mitgewirkt hat.

(3) [1]Das Mitglied des Personalrats, bei dem ein Tatbestand vorliegt, der Befangenheit zur Folge haben kann, hat dies vor Beginn der Beratung über diesen Gegenstand dem Vorsitzenden mitzuteilen. [2]Ob ein Ausschließungsgrund vorliegt, entscheidet in Zweifelsfällen in Abwesenheit des Betroffenen der Personalrat.

(4) Wer an der Beratung und Entscheidung nicht mitwirken darf, muss die Sitzung verlassen.

(5) Ein Beschluss ist rechtswidrig, wenn bei der Beratung oder Beschlussfassung ein Mitglied trotz Befangenheit mitgewirkt hat.

1 Vorbemerkung. § 33 ist im Grundsatz dem § 18 GemO nachgebildet und legt die Fälle, in denen ein PR-Mitglied an der Beratung und Beschlussfassung des PR nicht teilnehmen darf, näher fest. Das BPersVG enthält keine entsprechende Bestimmung; jedoch wird der Ausschluss befangener PR-Mitglieder auf Bundesebene als Selbstverständlichkeit angesehen (Ilbertz-Widmaier § 37 Rn. 8), da es einem allgemeinen Grundsatz entspricht, dass jemand, der durch eine Maßnahme persönlich betroffen ist, sich in Bezug auf diese Maßnahme jeder

Tätigkeit im Rahmen eines objektiven und neutralen Gremiums wie dem PR enthalten muss (vgl. BVerwG, 28.4.1967 – VII P 11.66 – PersV 1968, 110).

Besondere Bedeutung der Vorschrift. Da ein **Beschluss des PR rechtswidrig** ist, **2** wenn bei der Beratung oder Beschlussfassung der Vorsitzende oder ein PR-Mitglied trotz Befangenheit mitgewirkt hat (Abs. 5), kommt der Vorschrift auch in der Praxis besondere Bedeutung zu.

I. Mitwirkungsverbot (Abs. 1)

1. Mitwirkungsverbot. Satz 1 beschreibt diejenigen Fälle, in denen ein Mitwir- **3** kungsverbot besteht. Namentlich darf ein PR-Mitglied **weder beratend noch entscheidend** mitwirken, wenn die Entscheidung einer Angelegenheit ihm selbst oder bestimmten, im Folgenden näher umschriebenen Personen einen unmittelbaren **Vor- oder Nachteil** bringen **kann**. In diesen Fällen geht das Gesetz von einer Befangenheit des PR-Mitglieds aus.

Nr. 1: Ehegatten und Lebenspartner. Voraussetzung ist, dass die **Ehe oder** die **4** **Lebenspartnerschaft** rechtlich besteht; ob die Ehegatten/Lebenspartner getrennt leben, ist unerheblich. Seit Inkrafttreten des Dienstrechtsreformgesetzes vom 9.11.2010 gelten geschiedene Ehegatten nicht mehr als befangen.

Nr. 2: Verwandte. Nach § 1589 BGB bestimmt sich der Grad der **Verwandt- 5 schaft** nach der Zahl der sie vermittelnden Geburten. Zwischen Verwandtschaft in der geraden oder in der Seitenlinie unterscheidet das Gesetz nicht. Bis zum dritten Grad verwandt sind die Eltern, Großeltern, Urgroßeltern, Kinder, Enkel, Urenkel, Geschwister, Onkel, Tanten, Neffen und Nichten. Cousinen und Cousins sind im vierten Grad miteinander verwandt. Sie fallen daher nicht unter Nr. 2. Mit dem nichtehelichen Kind ist der Vater nach Feststellung der Vaterschaft durch Anerkennung oder gerichtliche Entscheidung verwandt (§§ 1592, 1600d BGB). Durch die Annahme an Kindes Statt (Adoption) wird der Adoptierte zum Verwandten des Adoptierenden. Im Fall der Adoption eines Minderjährigen entsteht auch ein Verwandtschaftsverhältnis des Adoptierten zu den Verwandten des Annehmenden (vgl. § 1754 Abs. 1 BGB). Bei einer Volljährigenadoption tritt dagegen keine Verwandtschaft im Verhältnis des Angenommenen zu den Verwandten des Annehmenden ein (§ 1770 Abs. 1 Satz 1 BGB). Entsprechendes gilt für die Schwägerschaft.

Nr. 3: Verschwägerte. Schwägerschaft ist das Verhältnis eines Ehegatten zu den **6** Verwandten des anderen Ehegatten. **Als verschwägert gelten** nach § 11 Abs. 2 Satz 1 LPartG auch die Verwandten eines Lebenspartners mit dem anderen Lebenspartner. Die Schwägerschaft dauert zwar nach der Auflösung der sie begründenden Ehe/Lebenspartnerschaft fort (§ 1590 Abs. 2 BGB; § 11 Abs. 2 Satz 3 LPartG). Jedoch bestimmt Nr. 3 seit Inkrafttreten des Dienstrechtsreformgesetzes vom 9.11.2010 ausdrücklich, dass die Befangenheit nur vorliegt, solange die die Schwägerschaft begründende Ehe oder Lebenspartnerschaft besteht. Dies korrespondiert mit der Streichung der geschiedenen Ehegatten aus Nr. 1 der Vorschrift.

7 **Grad der Schwägerschaft.** Der Grad der Schwägerschaft bestimmt sich nach dem Grad der sie vermittelnden Verwandtschaft. Bis zum zweiten Grad ist verschwägert der eine Ehegatte mit den Großeltern, Eltern und Geschwistern des anderen Ehegatten sowie mit dessen Kindern und Enkeln, also mit seinen Stiefkindern und Stiefenkeln. Dagegen sind die von beiden Ehegatten in die Ehe eingebrachten Kinder (die also keinen Elternteil gemeinsam haben) weder miteinander verwandt noch verschwägert. Nicht miteinander verschwägert sind z. B. auch die Ehefrauen zweier Brüder oder die Ehemänner zweier Schwestern.

8 **Nr. 4: Vetretene.** Ein Mitwirkungsverbot besteht auch, wenn der Vor- bzw. Nachteil bei einer vom PR-Mitglied kraft Gesetzes oder Vollmacht vertretenen Person eintreten kann. Diese Voraussetzungen sind z. B. gegeben zwischen Vormund und Mündel (§ 1793 BGB), Betreuer und Betreuten (§ 1902 BGB) oder bei einer Pflegschaft (§ 1915 BGB), aber auch zwischen Rechtsanwalt und Mandanten oder zwischen dem Beschäftigten und dem von ihm in einer bestimmten Sache Bevollmächtigten.

9 **Unmittelbarer Vor- oder Nachteil.** Es genügt die **Möglichkeit** eines unmittelbaren Vor- oder Nachteils („bringen kann"). Wann dies zutrifft, richtet sich nach der Lage des Einzelfalles. Es müssen konkrete Umstände vorliegen, die eine daraus folgende Interessenkollision nahe legen. Der Nachweis einer tatsächlichen Befangenheit ist nicht zu führen; vielmehr muss der mögliche Vor- oder Nachteil, d. h ein **materielles oder ideelles Sonderinteresse rechtlicher, wirtschaftlicher oder anderer Art,** hinreichend wahrscheinlich sein und eine reale Grundlage haben. Es muss ein individuelles Sonderinteresse tangiert sein, durch das sich die Tätigkeit des PR auf die persönlichen Belange der betreffenden Person zuspitzt und daher zu befürchten ist, dass das PR-Mitglied nicht unvoreingenommen seine gesetzliche Funktion ausüben kann.

10 **2. Ausnahmen.** Abs. 1 Satz 2 beschreibt diejenigen Fälle, in denen das Entstehen eines Vor- oder Nachteils naheliegt, die jedoch kraft Gesetzes nicht zu einem Mitwirkungsverbot führen sollen.

11 **Nr. 1: Gruppenprivileg.** Ein Ausschluss wegen Befangenheit erfolgt **nicht,** wenn die vom PR vorzunehmende Entscheidung nur die **gemeinsamen Interessen einer Berufs- oder Beschäftigtengruppe** berührt. Das ist der Fall, wenn es sich um kollektive Interessen von Personenmehrheiten dreht, die sich nach gemeinsamen örtlichen, beruflichen, wirtschaftlichen oder sozialen Interessen abgrenzen lassen. Nur individuelle, nicht kollektive Interessen sollen einen Ausschlussgrund bilden. Dieses sog. **Gruppenprivileg** findet sich auch im Kommunalrecht (vgl. § 18 Abs. 3 GemO).

12 **Nr. 2 und Nr. 3: Wahlen.** Die Befangenheitsvorschriften gelten darüber hinaus **nicht für Wahlen.** Dies gilt für Wahlen, die der PR aus seiner Mitte vornehmen muss und für solche, die die Gruppen aus ihrer Mitte vornehmen müssen.

II. Mitwirkungsverbot bei vorherigem Tätigwerden (Abs. 2)

13 **Vortätigkeit.** Abs. 2 ist als Mitwirkungsverbot durch das ÄG 2013 hinzugefügt worden. Danach darf ein PR-Mitglied auch dann nicht mitwirken, wenn es die zur Beschlussfassung anstehende Maßnahme als Beschäftigter der Dienststelle vorbereitet oder daran verantwortlich mitgewirkt hat. Es handelt sich um eine Folgeänderung zu § 9 Abs. 2 Satz 2 n. F. und der darin erfolgten Zulassung der Wählbarkeit für Beschäftigte, welche nicht ständig selbstständige Entscheidungen in Personalangelegenheiten treffen oder vorbereiten, wenn Personalangelegenheiten nur einen untergeordneten Teil der Gesamtaufgaben des Beschäftigten ausmachen. Die Zulassung der Wählbarkeit soll durch den Ausschluss wegen Befangenheit ausgeglichen werden. Der Ausschluss gilt jedoch nicht nur in Personalangelegenheiten, sondern auch in anderen Angelegenheiten, welche die Dienststelle in den PR einbringt und an der der Betreffende mitgewirkt hat. Die Anhörung als sachverständige Person aus der Dienststelle nach § 32 Abs. 7 wird dadurch nicht ausgeschlossen (zum Ganzen LT-Drucksache 15/4224 S. 105).

III. Verfahren (Abs. 3)

1. Selbstanzeige. Liegen Umstände vor, die Befangenheit zur Folge haben kön- **14** nen, müssen diese vom PR-Mitglied dem Vorsitzenden mitgeteilt werden, bevor mit der Beratung des entsprechenden Gegenstandes begonnen wird. Da in **Zweifelsfällen** allein der PR entscheidet, müssen auch Umstände offenbart werden, die das PR-Mitglied nicht für ausreichend erachtet, um den Tatbestand der Befangenheit zu begründen.

2. Entscheidung über Mitwirkungsverbot. In klaren Fällen eines Mitwirkungs- **15** verbots bedarf es keiner ausdrücklichen Entscheidung des PR. In Zweifelsfällen muss der PR aber ausdrücklich entscheiden. Das betroffene PR-Mitglied ist an der Mitwirkung bei dieser Entscheidung gehindert, auch wenn er sich selbst nicht für befangen hält. Die Beschlussfassung über das Mitwirkungsverbot erfolgt in seiner Abwesenheit.

IV. Folgen (Abs. 4 und Abs. 5)

Verhaltenspflichten. Ein Mitglied des PR, das an einer Angelegenheit nicht mitwir- **16** ken darf, hat die **Sitzung zu verlassen**. Das Mitwirkungsverbot gilt nur für die konkrete Angelegenheit, für die Gründe im Sinne von Abs. 1 oder 2 vorliegen. An den übrigen Tagesordnungspunkten kann das PR-Mitglied noch bzw. wieder teilnehmen.

Rechtsfolge. Wirkt ein PR-Mitglied mit, obwohl es befangen ist, so ist der **17** gefasste Beschluss **rechtswidrig**. Die Feststellung der Rechtswidrigkeit kann im gerichtlichen Beschlussverfahren begehrt werden. So ist etwa der Beschluss, einen Antrag auf Ausschluss von PR-Mitgliedern zu stellen, unwirksam, wenn an der Beratung und Beschlussfassung die auszuschließenden PR-Mitglieder mitgewirkt haben (VGH Mannheim, 23.2.1996 – PL 15 S 3328/94 – IÖD 1996, 154 = ZBR 1997, 30 (LS)).

§ 34   Beschlussfassung

(1) ¹Die Beschlüsse des Personalrats werden mit einfacher Stimmenmehrheit der anwesenden Mitglieder gefasst. ²Bei Stimmengleichheit ist ein Antrag abgelehnt.

(2) Der Personalrat ist nur beschlussfähig, wenn mindestens die Hälfte seiner Mitglieder anwesend ist; Stellvertretung durch Ersatzmitglieder ist zulässig.

(3) ¹In einfach gelagerten Angelegenheiten, die durch die Geschäftsordnung nicht anderweitig übertragen sind, kann der Vorsitzende im schriftlichen Umlaufverfahren beschließen lassen, wenn kein Mitglied des Personalrats diesem Verfahren widerspricht. ²Die nähere Bestimmung einfach gelagerter Angelegenheiten und das Verfahren sind in der Geschäftsordnung zu regeln. ³Das Ergebnis des Umlaufbeschlusses ist dem Personalrat in der nächsten Sitzung bekanntzugeben.

(4) ¹Die im Personalrat vertretenen Gruppen beraten und beschließen gemeinsam. ²In Angelegenheiten, die lediglich die Angehörigen einer Gruppe betreffen, beschließen nach gemeinsamer Beratung im Personalrat nur die Vertreter dieser Gruppe, wenn getrennte Beschlussfassung in der Geschäftsordnung allgemein festgelegt ist oder im Einzelfall die Mehrheit der Vertreter dieser Gruppe die alleinige Beschlussfassung beantragt.

1   Vorbemerkung. § 34 gilt für den GesamtPR (§ 54 Abs. 4), die Stufenvertretungen (§ 55 Abs. 3 mit Modifikationen für das Umlaufverfahren), den AusbildungsPR (§ 58 Abs. 3) und – obwohl nicht ausdrücklich geregelt – auch für die JAV, die GesamtJAV und die StufenJAV (Lorenzen u. a. § 37 Rn. 3) entsprechend.

I.   Beschlussfassung durch einfache Stimmenmehrheit (Abs. 1)

2   1. Stimmenmehrheit. Die Vorschrift bestimmt, unter welchen Voraussetzungen der PR wirksame Beschlüsse fassen kann. Erforderlich ist die **Mehrheit der anwesenden Mitglieder** des PR (sog. einfache Mehrheit). Die Beschlüsse und die Stimmenmehrheit sind in der Niederschrift zu dokumentieren (vgl. hierzu § 38).

3   Ordnungsgemäße Sitzung. Beschlüsse können nur in einer **ordnungsmäßig einberufenen** Sitzung (§ 30) gefasst werden. An der **Beschlussfassung** dürfen nur die in der Sitzung anwesenden PR-Mitglieder sowie die Ersatzmitglieder, die für ein ausgeschiedenes oder verhindertes Mitglied in den PR eingetreten sind (§ 27), mitwirken.

4   Anwesenheit. Die (körperliche) Anwesenheit muss **bei der Beschlussfassung** gegeben sein. Es genügt nicht, dass die Anwesenheit nur beim Beginn der Sitzung oder nur bei der Beratung des Punktes der Tagesordnung, über den beschlossen werden soll, besteht. Dagegen ist eine zeitweilige Abwesenheit bei der Beratung des Punktes, über den beschlossen werden soll, unerheblich. Schriftliche oder fernmündliche Abstimmung durch Abwesende ist **nicht zulässig** (Altvater u. a. § 38 Rn. 1). Zur (neuen) Möglichkeit der Durchführung eines Umlaufbeschlussverfahrens siehe unten die Erläuterungen zu Abs. 3.

Keine Abstimmung über Begründung. Die schriftliche Begründung eines Beschlusses bedarf keiner Abstimmung innerhalb des PR (Ilbertz-Widmaier § 37 Rn. 6). **5**

Tagesordnung. Beschlüsse, die in einer Sitzung gefasst werden, zu der **nicht rechtzeitig oder ohne Mitteilung der Tagesordnung eingeladen** wurde, sind grundsätzlich unwirksam. Beschlüsse ohne Ankündigung in der Tagesordnung oder ohne vorausgegangene Einladung sind jedoch dann möglich, wenn alle PR-Mitglieder anwesend und mit der Beschlussfassung bzw. Erweiterung der Tagesordnung einverstanden sind (vgl. Ilbertz-Widmaier § 37 Rn. 4). Auch evtl. Teilnahmeberechtigte (§ 32) müssen ggf. anwesend sein (Lorenzen u. a. § 37 Rn. 7). **6**

Wiederaufgreifen. Wurde über einen Tagesordnungspunkt Beschluss gefasst, so kann der PR diesen Punkt in derselben Sitzung wieder aufnehmen und anders beschließen. Dies gilt jedenfalls dann, wenn die PR-Mitglieder, die an dem ersten Beschluss mitgewirkt haben, an der Beschlussfassung über das Wiederaufgreifen des Tagesordnungspunktes beteiligt sind (BVerwG, 5.5.1989 – 6 P 13.86 – BVerwGE 82, 52 = PersV 1989, 485 = PersR 1989, 273). **7**

Änderung eines Beschlusses. Der Beschluss einer Personalvertretung **kann aufgehoben oder geändert werden,** solange er noch nicht nach außen rechtswirksam geworden ist (Ilbertz-Widmaier § 37 Rn. 13; Lorenzen u. a. § 37 Rn. 21). Bemerkt wird, dass die Änderung eines nach außen noch nicht wirksamen Beschlusses nach § 30 Abs. 3 auf Antrag eines Viertels der Mitglieder des PR oder der Mehrheit der Vertreter einer Gruppe auf die Tagesordnung einer neuen PR-Sitzung gesetzt werden müsste und in dieser Sitzung nach § 34 Abs. 1 beschlossen werden könnte. Zur vorübergehenden Aussetzung eines Beschlusses des PR s. § 37. **8**

Unwirksamkeit bei Verfahrensmängeln. Ein mit **wesentlichen Verfahrensmängeln behafteter Beschluss** des PR ist **unwirksam.** Dies ist z. B. der Fall bei Unzuständigkeit, bei Mitwirkung eines (früheren) Mitglieds, dessen Amt erloschen ist, bei Mitwirkung eines befangenen Mitglieds (§ 33 Abs. 5), bei Fehlen der Beschlussfähigkeit, bei Verstoß gegen § 30 Abs. 1 Satz 3. **9**

Verwaltungsgerichtliches Verfahren. Über Streitigkeiten hinsichtlich der Verfahrensweise entscheiden die Verwaltungsgerichte nach § 92 Abs. 1 Nr. 3. Bei der inhaltlichen Überprüfung hat das Gericht das **Ermessen** des PR zu berücksichtigen. **10**

Keine Rechtswidrigkeit der mitbestimmungsbedürftigen Maßnahme. Verfahrensmängel, die die Unwirksamkeit eines PR-Beschlusses nach sich ziehen, bewirken dagegen **nicht,** dass die **Maßnahme des Dienststellenleiters,** die beispielsweise der Mitbestimmung des PR unterliegt, rechtswidrig und für den Betroffenen anfechtbar ist; denn die Verletzung des § 34 fällt nicht in die Sphäre des Dienststellenleiters und die Beteiligung des PR dient **nicht in erster Linie Individualinteressen,** sondern vornehmlich dem Wohl aller Beschäftigten (VGH Mannheim, 21.9.2007 – 4 S 2131/07 – IÖD 2008, 180). **11**

12 **Art der Abstimmung.** Um Missverständnisse zu vermeiden, muss die zur Abstimmung gestellte Fragestellung so eindeutig wie möglich formuliert sein. Über die **Art** der Abstimmung (Handzeichen oder Zuruf, offen oder geheim etc.) entscheidet der PR oder die zur Beschlussfassung berufene Gruppe (Abs. 4), nicht aber der Vorsitzende. Die Art der Abstimmung kann in der Geschäftsordnung geregelt werden.

13 **Qualifizierte Mehrheit.** Die (qualifizierte oder absolute) Mehrheit aller Mitglieder des PR – nicht nur der anwesenden – ist erforderlich für den Beschluss des Rücktritts des PR nach § 23 Abs. 1 Nr. 3, die Wahl von Ergänzungsmitgliedern des Vorstandes nach § 28 Abs. 2 Satz 1 und für den Beschluss über den Erlass einer Geschäftsordnung nach § 39.

14 **2. Stimmengleichheit.** Da einfache Stimmenmehrheit der Anwesenden gefordert wird, ist bei Stimmengleichheit ein **Antrag abgelehnt** (Satz 2). Es gibt also keinen Stichentscheid des Vorsitzenden. **Stimmenthaltung** wirkt sich daher praktisch als Ablehnung aus (Ilbertz-Widmaier § 37 Rn. 11; Lorenzen u. a. § 37 Rn. 16; OVG Magdeburg, 25.4.2001 – SL 12/00 – PersV 2002, 81 = PersR 2001, 485).

II. Beschlussfähigkeit (Abs. 2)

15 **Feststellung.** Bei der Feststellung der **Beschlussfähigkeit** des PR, die der Vorsitzende vornimmt, ist von der Zahl der Mitglieder des PR auszugehen, wie sie sich aus § 10 ergibt. Können jedoch für ausgeschiedene PR-Mitglieder Ersatzmitglieder nicht nachrücken, weil die betreffende Vorschlagsliste erschöpft ist, bleiben diese Sitze bei der Feststellung der Beschlussfähigkeit außer Betracht. Ebenso bleiben die Sitze außer Betracht, die nicht besetzt werden konnten, weil nicht in ausreichender Zahl Wahlbewerber vorgeschlagen wurden. Dagegen ist ein verhindertes PR-Mitglied, für das ein Ersatzmitglied nicht vorhanden ist, bei Feststellung der Beschlussfähigkeit mitzurechnen, denn seine Mitgliedschaft im PR ist auch bei Verhinderung nicht beendet. Stimmberechtigte Mitglieder der JAV (§ 32 Abs. 4 Satz 2 Hs. 2) oder des Richter- bzw. Staatsanwaltsrats (§ 31) bleiben bei der Feststellung der Beschlussfähigkeit ebenso außer Betracht (Ilbertz-Widmaier § 37 Rn. 10).

16 **Anwesenheit bei Abstimmung.** Nicht notwendig ist, dass mindestens die Hälfte der PR-Mitglieder bei der Beratung anwesend ist. Es kommt nur auf die Anwesenheit bei der Abstimmung an. Ein Mitglied, das wegen Befangenheit an der Beratung und Abstimmung nicht teilnehmen kann, wird bei der Feststellung der Beschlussfähigkeit nicht mitgezählt. Führen PR-Mitglieder die Beschlussunfähigkeit des PR vorsätzlich herbei (z. B. durch unbegründetes Fernbleiben oder durch Verlassen der Sitzung), so kann darin eine grobe Pflichtverletzung liegen, die zum Ausschluss der betreffenden Mitglieder nach § 24 Abs. 1 führen kann.

17 **Vertretung durch Ersatzmitglied.** Abs. 2 Hs. 2 bedeutet nicht, dass ein Mitglied sich beliebig durch ein Ersatzmitglied vertreten lassen kann. Die Stellvertretung ist nur in Fällen des § 27, d. h. nur bei tatsächlicher Verhinderung des Mitglieds, möglich. Das anwesende Ersatzmitglied wird bei der Feststellung der Beschlussfähigkeit mitgezählt.

Erreichbarkeit. Die ständige Beschlussfähigkeit soll durch die PR-Mitglieder **18** über die neu eingefügten Regelungen über die Erreichbarkeit nach § 39 Abs. 2 sichergestellt werden. Vgl. die Erläuterungen zu § 39.

III. Schriftliches Umlaufverfahren (Abs. 3)

1. Umlaufverfahren. In Anlehnung an die schon früher für Stufenvertretungen **19** bestehende Möglichkeit (vgl. § 55 Abs. 3 Nr. 5) ist mit dem ÄG 2013 auch für die PR-Beschlüsse die Möglichkeit der Durchführung eines schriftlichen Umlaufverfahrens gesetzlich eingeführt worden. Das Umlaufverfahren wird bei Vorliegen der Voraussetzungen durch den Vorsitzenden veranlasst und dient der Vereinfachung der PR-Arbeit. Die Voraussetzungen hierfür hat der Gesetzgeber jedoch bewusst eng gefasst (LT-Drucksache 15/4224 S. 105).

Widerspruch. Ein Umlaufverfahren darf nicht durchgeführt werden, wenn **ein** **20** **Mitglied** des PR dieser Verfahrensweise widerspricht. Sodann ist das Umlaufverfahren abzubrechen und die Angelegenheit auf die Tagesordnung der nächsten Sitzung zu übernehmen.

Zustandekommen des Beschlusses. Ein Umlaufbeschluss ist zustande gekommen, **21** wenn die Mehrheit der Mitglieder zugestimmt hat. Dies bedeutet indes nicht, dass der weitere Umlauf der Angelegenheit unterbleiben kann, sobald sich mehr als die Hälfte der Unterschriften der PR-Mitglieder auf dem Dokument befinden. Der Beschluss ist **allen** PR-Mitgliedern zuzuleiten. Auch das letzte PR-Mitglied muss noch die Möglichkeit haben, Widerspruch zu erheben und so die Aussprache und persönliche Beschlussfassung in einer PR-Sitzung herbeizuführen.

2. Einfach gelagerte Angelegenheiten. Das Umlaufverfahren darf nur in einfach **22** gelagerten Angelegenheiten stattfinden, die durch die Geschäftsordnung nicht anderweitig (etwa auf einen Ausschuss nach § 35 Abs. 4 oder den Vorstand nach § 36 Abs. 1) übertragen sind (Satz 1). In der Geschäftsordnung (§ 39) ist die nähere Bestimmung einfach gelagerter Angelegenheiten zu regeln (Satz 2).

Verfahren. Sofern der PR von der Möglichkeit des Umlaufs Gebrauch machen **23** will, ist auch das nähere Verfahren in der Geschäftsordnung zu regeln. Hierbei sind insbesondere die datenschutzrechtlichen Vorgaben zu beachten.

3. Ergebnis. Nach Satz 3 ist das Ergebnis des Umlaufbeschlusses dem PR in **24** der nächsten Sitzung bekanntzugeben. Dies obliegt dem Vorsitzenden, der das Umlaufverfahren in Gang gesetzt hat.

IV. Grundsatz der gemeinsamen Beratung und Beschlussfassung (Abs. 4)

1. Gemeinsame Beratung und Beschlussfassung. Das Gesetz geht zwar von dem **25** Grundsatz aus, dass die Vertreter der Gruppen (Beamte und Arbeitnehmer) in erster Linie die Gruppeninteressen zu wahren haben, betrachtet aber doch den öffentlichen Dienst als eine **Einheit**. Daher ist im Grundsatz eine gemeinsame Beratung und Beschlussfassung vorgesehen (Satz 1). Das Gesetz geht seit dem ÄG 2013 davon aus, dass nicht mehr nur gemeinsame Angelegenheiten, sondern auch solche Angelegenheiten, die nur eine Gruppe betreffen, generell gemeinsam beschlossen werden. Der Begriff der gemeinsamen Angelegenheit findet sich im Gesetz nicht mehr. Er dient allerdings weiterhin der Abgrenzung zu den Gruppenangelegenheiten, für die Satz 2 eine Sonderregelung trifft.

26 **2. Getrennte Beschlussfassung.** Abweichend von dem Grundsatz der gemeinsamen Beschlussfassung beschließen in Angelegenheiten, die lediglich die Angehörigen einer Gruppe betreffen, nach Satz 2 nur die Vertreter dieser Gruppe (Gruppenprinzip!). Voraussetzung hierfür ist, dass eine getrennte Beschlussfassung in der Geschäftsordnung (§ 39) allgemein festgelegt ist oder im Einzelfall die Mehrheit der Vertreter dieser Gruppe die alleinige Beschlussfassung beantragt. Hierdurch kann der PR seinen örtlichen Gegebenheiten Rechnung tragen.

27 **Dennoch gemeinsame Beratung.** Auch bei dieser getrennten Beschlussfassung in Gruppenangelegenheiten ist wenigstens eine gemeinsame Beratung im PR vorgeschrieben. Nur die Beschlussfassung kann den Gruppenvertretern vorbehalten werden.

28 **Gruppenangelegenheiten.** Welche **Angelegenheiten** nur die Angehörigen **einer Gruppe unmittelbar** betreffen, ist im Einzelfall nach dem sachlichen Gegenstand und der Rechtsnatur der Maßnahme zu entscheiden. Durch die zwingende gemeinsame Beratung, wird den mittelbaren Interessen der nicht zum Beschluss berufenen Gruppe hinreichend Rechnung getragen (BVerwG, 21.12.2006 – 6 PB 17.06 – PersR 2007, 169).

29 **Abgrenzung. Personalangelegenheiten,** die einen einzelnen Beschäftigten betreffen, sind in der Regel Gruppenangelegenheiten, unbeschadet etwaiger Rückwirkungen auf Angehörige anderer Gruppen. Beschlüsse im Rahmen der §§ 47, 48 sind keine Gruppenangelegenheiten. Dgl. gilt für die Bestellung der Fachbeauftragten (§ 75 Abs. 4 Nr. 1); soweit damit allerdings weitere personelle Maßnahmen verbunden sind (z. B. Einstellung, Versetzung), handelt es sich insoweit zusätzlich um eine Gruppenangelegenheit.

30 **Keine gemeinsamen Angelegenheiten.** Gruppenangelegenheiten sind von den gemeinsamen Angelegenheiten abzugrenzen. Diese liegen vor, wenn alle im PR vertretenen Gruppen unmittelbar betroffen sind. So zählen etwa **soziale Angelegenheiten** in der Regel zu den gemeinsamen Angelegenheiten, da das Interesse einer Gleichbehandlung aller Beschäftigten im Vordergrund steht (Lorenzen u. a. § 38 Rn. 16). Hat die Maßnahme allerdings in erster Linie individuelle Auswirkungen, handelt es sich um eine Angelegenheit derjenigen Gruppe, der der Betroffene angehört (Ilbertz-Widmaier § 38 Rn. 15).

31 **Geschäftsführende Beschlüsse.** Geschäftsführende Beschlüsse sind in aller Regel gemeinsame Angelegenheiten, wie beispielsweise die Bestellung des Wahlvorstandes, der Antrag auf Ausschluss eines PR-Mitglieds wegen grober Pflichtverletzung oder die Einberufung einer Personalversammlung.

Zusammensetzung des PR. Die Entscheidung, ob in einem **Wahlanfechtungs-** **32** **verfahren** Beschwerde gegen den Beschluss der Fachkammer für Personalvertretungssachen, durch den im Wege der Wahlberichtigung einer Gruppe ein Sitz entzogen wurde, eingelegt werden soll, ist eine allgemeine und keine Gruppenangelegenheit. Von der Zusammensetzung des PR sind alle Gruppen gleichmäßig berührt, auch wenn nur die Stärke einer Gruppe streitig ist (OVG Münster, 29.11.1988 – CL 64/87 – ZBR 1990, 159 = PersV 1990, 80).

Status des Beschäftigten. Bei der Übernahme eines Beschäftigten in eine andere **33** Gruppe (z. B. Arbeitnehmer wird Beamter) handelt es sich um eine Angelegenheit der neuen Gruppe (VGH Mannheim, 23.7.1985 – 15 S 136/85 – PersV 1987, 478). Ebenso kann über die Einstellung oder Höhergruppierung eines Arbeitnehmers unter Inanspruchnahme einer Beamtenstelle die Gruppe der Arbeitnehmer allein entscheiden. Entscheidend ist der Status desjenigen, in dessen Angelegenheit der PR beteiligt ist.

Beschlussfassung durch die Gruppe. Für die **Entscheidung der Gruppe** ist es **34** unerheblich, in welcher Stärke sie im PR vertreten ist. Für die Beschlussfassung der Gruppe gelten die gleichen Grundsätze wie für den PR, d. h. auch bei Gruppenbeschlüssen muss mindestens die Hälfte der Gruppenvertreter anwesend sein. Bei Stimmengleichheit (Patt) gilt entsprechend Abs. 1 Satz 2 die Angelegenheit als abgelehnt. Die Gruppenabstimmung setzt keine Abwesenheit der PR-Mitglieder der anderen Gruppe voraus (Ilbertz-Widmaier § 38 Rn. 8).

Begründung. Diejenigen Gruppenvertreter, welche eine Angelegenheit ableh- **35** nen, sind gehalten, die Begründung für die Ablehnung zu formulieren (Ilbertz-Widmaier § 38 Rn. 8).

Beschluss des PR. Der Beschluss der Gruppenvertreter ist ein Beschluss des PR; **36** zur Ausführung eines solchen Beschlusses vgl. § 29 Abs. 2 Satz 2.

Anwesenheit. Ist kein Gruppenvertreter anwesend und ist nicht ein Umlaufver- **37** fahren vorgesehen, kann keine Gruppenentscheidung getroffen werden. Die Beschlussfassung muss deshalb ausgesetzt werden. Ist eine **Gruppe im PR überhaupt nicht** (nicht nur in einer einzelnen Sitzung) **vertreten**, beschließt der ganze PR über ihre Angelegenheiten.

§ 35 Ausschüsse des Personalrats

(1) [1]**In einem Personalrat mit elf und mehr Mitgliedern kann der Personalrat durch Regelung in der Geschäftsordnung zur Vorberatung seiner Beratungen und Vorbereitung von Beschlüssen aus seiner Mitte höchstens bis zum Ablauf seiner Amtszeit Ausschüsse bilden, in denen jeweils beide Gruppen vertreten sein müssen.** [2]**Beide Geschlechter sollen im Ausschuss vertreten sein.**

(2) Den Vorsitz in den Ausschüssen führt der Vorsitzende des Personalrats, soweit in der Geschäftsordnung des Personalrats nichts anderes bestimmt ist.

(3) ¹Die § 30 Absatz 1, 2 und 4, § 32 Absatz 1, 2 und 4 Satz 1 sowie Absätze 5 bis 8, §§ 33, 34 Absatz 3 Satz 3 sowie Absatz 4 Satz 1 und § 38 gelten entsprechend. ²Das Weitere über die Zusammensetzung und das Verfahren regelt die Geschäftsordnung.

(4) ¹Der Personalrat kann seine Befugnisse in einfach gelagerten Mitbestimmungsangelegenheiten und in Mitwirkungsangelegenheiten, mit Ausnahme der Fälle des § 81 Absatz 2, höchstens bis zum Ablauf seiner Amtszeit auf Ausschüsse übertragen. ²In welchem Umfang er die Ausübung seiner Befugnisse übertragen will, ist in der Geschäftsordnung zu bestimmen. ³Für die Beschlussfassung in den Ausschüssen gelten § 32 Absatz 4 Satz 2 und § 34 Absatz 1, 2 und 4 Satz 2 entsprechend. ⁴Der Personalrat ist über die Beschlüsse unverzüglich zu unterrichten.

(5) ¹Eine einem Ausschuss übertragene Angelegenheit ist dem Personalrat zur Beratung und Beschlussfassung vorzulegen, wenn
1. der Ausschuss die Zustimmung zu einer beabsichtigten Maßnahme verweigern oder Einwendungen gegen eine beabsichtigte Maßnahme erheben will,
2. ein Ausschussmitglied einen Beschluss des Ausschusses als eine erhebliche Beeinträchtigung der Interessen der durch das Mitglied vertretenen Gruppe erachtet,
3. die Schwerbehindertenvertretung einen Beschluss des Ausschusses als erhebliche Beeinträchtigung wichtiger Interessen der schwerbehinderten Beschäftigten erachtet,
4. der Vertreter der Jugend- und Auszubildendenvertretung einen Beschluss des Ausschusses als eine erhebliche Beeinträchtigung wichtiger Interessen der Beschäftigten im Sinne von § 59 erachtet,
²Die Vorlage an den Personalrat ist der Dienststelle schriftlich mitzuteilen. ³In den Fällen des Satzes 1 verlängert sich die Frist zur Zustimmung oder Erhebung von Einwendungen um eine Woche, soweit mit der Dienststelle nichts anderes vereinbart ist.

I. Bildung von Ausschüssen (Abs. 1)

1 **Ausschüsse.** Als weitere Option zur effektiveren Gestaltung der PR-Arbeit besteht für PR mit elf oder mehr Mitgliedern seit dem ÄG 2013 die Möglichkeit, Ausschüsse zu bilden. Hierzu bedarf es einer Regelung in der Geschäftsordnung (§ 39). Die gebildeten Ausschüsse bestehen jeweils bis zum Ablauf der Amtszeit des PR. Ein neu gewählter PR ist daher nicht an vorherige Regelungen gebunden.

2 **Zusammensetzung.** Die Ausschüsse werden „aus der Mitte des PR" gebildet, d. h. mit PR-Mitgliedern besetzt. Nach Abs. 1 Satz 1 müssen in jedem Ausschuss beide Gruppen vertreten sein. Dies kann jedoch nur gelten, wenn beide Gruppen auch im PR vertreten sind. Nach Abs. 1 Satz 2 sollen beide Geschlechter im Ausschuss vertreten sein. Diese Vorschrift entspricht der Soll-Vorschrift des § 28 Abs. 3.

3 **Aufgaben.** Die Ausschüsse dienen der **Vorberatung** der Beratungen des PR und der **Vorbereitung** von Beschlüssen des PR. Dies kann gerade bei sehr großen PR mit hohem Arbeitsaufkommen eine bedeutende Entlastung darstellen. In kleinerem Umfang kann der PR auch seine Entscheidungsbefugnisse auf Ausschüsse übertragen. Siehe hierzu die Erläuterungen unten zu Abs. 4.

II. Ausschuss-Vorsitz (Abs. 2)

Vorsitz. Der Vorsitzende des PR führt grundsätzlich auch den Vorsitz in den **4** jeweiligen Ausschüssen. In der Geschäftsordnung des PR (nicht der Ausschüsse!) kann etwas Abweichendes geregelt werden. Eine abweichende Regelung ist insbesondere dann sinnvoll, wenn mehrere Ausschüsse gebildet werden und der Vorsitzende daher entlastet werden soll. Als Alternative für den Ausschuss-Vorsitz nennt das Gesetz keine bestimmten Personen. Hierbei wird wohl aber insbesondere – wenn auch nicht zwingend – auf die weiteren Vorstandsmitglieder zurückzugreifen sein.

III. Anwendbare Vorschriften (Abs. 3)

1. Anwendbare Vorschriften. Die Vorschriften über die Anberaumung von Sit- **5** zungen des PR, die Tagesordnung, die zu ladenden Teilnahmeberechtigten (§ 30 Abs. 1 und 2), die Teilnahme des Dienststellenleiters (§ 30 Abs. 4), die Durchführung der Sitzung (§ 32 Abs. 1 und 2), die Teilnahmeberechtigungen (§ 32 Abs. 4 bis 8), die Mitwirkungsverbote bei zu besorgender Befangenheit (§ 33), die Bekanntgabe von Entscheidungen (§ 34 Abs. 3 Satz 3), die gemeinsame Beratung und Beschlussfassung (§ 34 Abs. 4 Satz 1) sowie die Niederschrift (§ 38) gelten für die Ausschüsse entsprechend. Wichtig ist hier insbesondere, dass diejenigen, die zur Teilnahme an den PR-Sitzungen berechtigt sind, auch an den Ausschusssitzungen teilnehmen können.

2. Satz 2. Das Weitere über die Zusammensetzung der Ausschüsse und das Ver- **6** fahren regelt die Geschäftsordnung (des PR).

IV. Übertragung von Befugnissen (Abs. 4)

Übertragung. Abs. 4 ermöglicht es dem PR, seine Befugnisse **in einfach gelager-** **7** **ten Mitbestimmungsangelegenheiten** und in **Mitwirkungsangelegenheiten** auf Ausschüsse zu übertragen (Satz 1). Dies gilt nicht in Fällen des § 81 Abs. 2 (Mitwirkung bei Disziplinarmaßnahmen gegen Beamte und Abmahnungen gegen Arbeitnehmer auf Antrag der Betroffenen). Der Umfang der Übertragung der Befugnisse bestimmt der PR in seiner Geschäftsordnung (Satz 2). Die Übertragung erfolgt allgemein und nicht bezogen auf einen konkreten Mitwirkungs- bzw. Mitbestimmungsfall.

Beschluss des Ausschusses. Auch bei der Beschlussfassung durch einen Aus- **8** schuss ist das Stimmrecht der JAV in Angelegenheiten, die besonders Beschäftigte im Sinne von § 59 betreffen, zu beachten (Satz 3 i. V. m. § 32 Abs. 4 Satz 2). Im Übrigen gelten § 34 Abs. 1 (einfache Mehrheit, Ablehnung bei Stimmengleichheit), § 34 Abs. 2 (Beschlussfähigkeit) und § 34 Abs. 4 Satz 2 (ggf. Trennung nach Gruppen) entsprechend.

9 **Unterrichtung des PR.** Nach Satz 4 ist der PR über die Beschlüsse der Ausschüsse unverzüglich zu unterrichten. Die Unterrichtung ist unabdingbar, da die Beschlüsse nach außen als Beschlüsse des PR wirken.

V. Vorlage an PR (Abs. 5)

10 **Rückübertragung.** Um die Verantwortlichkeit des PR als Gesamtgremium zu sichern, ist eine eigentlich dem Ausschuss zur Entscheidung übertragene Angelegenheit dem PR zur Beratung und Beschlussfassung vorzulegen, wenn eine der in Satz 1 genannten Voraussetzungen vorliegt. Die Rückübertragung erfolgt danach, wenn der Ausschuss die Zustimmung zu einer beabsichtigen Maßnahme verweigern oder Einwendungen erheben will (Nr. 1), ein Ausschussmitglied einen Beschluss als eine erhebliche Beeinträchtigung der Interessen der durch ihn vertretenen Gruppe erachtet (Nr. 2), die Schwerbehindertenvertretung einen Beschluss als erhebliche Beeinträchtigung wichtiger Interessen der schwerbehinderten Beschäftigten erachtet (Nr. 3) oder der Vertreter der JAV einen Beschluss als eine erhebliche Beeinträchtigung wichtiger Interessen der Beschäftigten im Sinne von § 59 erachtet (Nr. 4). Der Ausschuss kann demnach nur zustimmende Stellungnahmen abgeben bzw. von einer Stellungnahme gänzlich absehen.

11 **Beschluss des PR.** Nach erfolgter Rückübertragung beraumt der PR-Vorsitzende eine Sitzung an und setzt die Angelegenheit zur Beratung und Beschlussfassung auf die Tagesordnung (§ 30 Abs. 1). An die vom Ausschuss geäußerte Ansicht ist der PR nicht gebunden. Auch ein PR-Mitglied, das zugleich Mitglied des zunächst zur Entscheidung berufenen Ausschusses ist, ist bei der Abstimmung im PR nicht an seine frühere Stimmabgabe im Ausschuss gebunden.

12 **Fristverlängerung.** Die Vorlage an den PR ist der Dienststelle schriftlich mitzuteilen (Satz 2). Denn durch die Rückübertragung verlängert sich die Frist zur Zustimmung oder Erhebung von Einwendungen um eine Woche (Satz 3). Hierauf kann sich die Dienststelle nur durch die Mitteilung einstellen. Zwischen der Dienststelle und dem PR kann Abweichendes vereinbart werden (Satz 3 a. E.).

§ 36   Übertragung von Befugnissen auf den Vorstand des Personalrats

(1) [1]Der Personalrat kann seine Befugnisse in einfach gelagerten Mitbestimmungsangelegenheiten und in Mitwirkungsangelegenheiten, mit Ausnahme der Fälle des § 81 Absatz 2, höchstens bis zum Ablauf seiner Amtszeit auf den Vorstand übertragen. [2]In welchem Umfang er die Ausübung seiner Befugnisse auf den Vorstand übertragen will, ist in der Geschäftsordnung zu bestimmen.

(2) § 32 Absatz 5, § 34 Absatz 1, 2 und 3 Satz 3 sowie Absatz 4 Satz 2, § 35 Absatz 4 Satz 4 und Absatz 5 Satz 1 Nummer 1 bis 3 sowie Satz 2 und 3 gelten entsprechend.

I. Übertragung auf den Vorstand (Abs. 1)

1 **Übertragung.** Bereits vor Einführung des § 36 durch das ÄG 2013 konnte der PR nach § 72 Abs. 8 und Abs. 9 a. F. seine Befugnisse in Mitwirkungsangelegenheiten über die Führung der laufenden Geschäfte hinaus auf den Vorstand übertragen. Mit der Neuregelung in § 36 ist dies nun darüber hinaus auch in einfach gelagerten Mitbestimmungsangelegenheiten möglich. Dem PR steht damit eine weitere Option zur effektiveren Gestaltung seiner Arbeit zur Verfügung. Ob er hiervon Gebrauch macht, steht in seinem Ermessen. Die Übertragung erfolgt auf den gesamten **Vorstand** (§ 28) und nicht auf den Vorsitzenden (§ 29). Die Übertragung ist unabhängig von der Größe des PR.

Umfang. Die weiteren Vorgaben zur Übertragung von Befugnissen auf den **2** Vorstand nach § 36 decken sich im Wesentlichen mit den Vorschriften zur Übertragung von Befugnissen auf die Ausschüsse nach § 35 Abs. 4 und Abs. 5. Den Umfang der Übertragung hat der PR in seiner Geschäftsordnung allgemein und detailliert zu bestimmen. Sie gilt höchstens bis zum Ablauf seiner Amtszeit. Übertragen werden können lediglich Befugnisse in einfach gelagerten Mitbestimmungsangelegenheiten und in Mitwirkungsangelegenheiten, mit Ausnahme der Fälle des § 81 Abs. 2.

II. Anwendbare Vorschriften (Abs. 2)

Verfahren. Das weitere Verfahren deckt sich ebenso mit dem im Falle der Über- **3** tragung auf Ausschüsse. § 32 Abs. 5 (Teilnahme der Schwerbehindertenvertretung), § 34 Abs. 1 (einfache Mehrheit, Ablehnung bei Stimmengleichheit), § 34 Abs. 2 (Beschlussfähigkeit), § 34 Abs. 3 Satz 3 (Bekanntgabe an PR), § 34 Abs. 4 Satz 2 (ggf. Trennung nach Gruppen), § 35 Abs. 4 Satz 4 (unverzügliche Unterrichtung des PR), § 35 Abs. 5 Satz 1 Nr. 1 bis Nr. 3 (Rückübertragung), § 35 Abs. 5 Satz 2 (Mitteilung an Dienststelle) und § 35 Abs. 5 Satz 2 (Fristverlängerung) gelten entsprechend.

Rückübertragung. Auch der Vorstand darf damit lediglich zustimmende Stel- **4** lungnahmen abgeben oder von einer Stellungnahme absehen. Möchte er die Zustimmung zu einer Maßnahme verweigern oder Einwendungen erheben, entscheidet der gesamte PR. Auch bei zu besorgender Beeinträchtigung von Gruppeninteressen und wichtiger Interessen der schwerbehinderten Beschäftigten ist eine Entscheidung durch den gesamten PR sichergestellt. Bei einer von der JAV besorgten Beeinträchtigung wichtiger Interessen der Beschäftigten im Sinne von § 59 erfolgt eine Rückübertragung jedoch, anders als bei einer Zuständigkeit eines Ausschusses (§ 35 Abs. 5 Satz 1 Nr. 4), nicht.

---

§ 37 Einspruch der Vertreter einer Gruppe, der Beschäftigten im Sinne von § 59 oder der schwerbehinderten Beschäftigten

(1) [1]Erachtet die Mehrheit der Vertreter einer Gruppe, die Mehrheit der Mitglieder der Jugend- und Auszubildendenvertretung oder die Schwerbehindertenvertretung einen Beschluss des Personalrats als eine erhebliche Beeinträchtigung wichtiger Interessen der durch sie vertretenen Beschäftigten, so ist auf ihren Antrag der Beschluss auf die Dauer von einer Woche vom Zeitpunkt der Beschlussfassung an auszusetzen. [2]In dieser Frist soll, gegebenenfalls mit Hilfe der unter den Mitgliedern des Personalrats vertretenen Gewerkschaften,

eine Verständigung versucht werden. [3]Bei Aussetzung eines Beschlusses nach Satz 1 und Unterrichtung der Dienststelle verlängern sich Fristen nach diesem Gesetz um die Dauer der Aussetzung.

(2) [1]Nach Ablauf der Frist ist über die Angelegenheit erneut zu beschließen. [2]Wird der erste Beschluss bestätigt, so kann der Antrag auf Aussetzung nicht wiederholt werden.

1 **Vorbemerkung.** § 37 gilt für den GesamtPR (§ 54 Abs. 4) und die Stufenvertretungen (§ 55 Abs. 3) entsprechend.

I. Einspruch und Aussetzung (Abs. 1)

2 **1. Aussetzungsantrag.** Ein Einspruch bzw. Aussetzungsantrag ist sowohl gegen Beschlüsse, die der PR in seiner Gesamtheit gefasst hat (§ 34 Abs. 4 Satz 1), wie auch gegen Beschlüsse der Gruppenvertreter (§ 34 Abs. 4 Satz 2) **zulässig**, denn auch diese Beschlüsse sind Beschlüsse des PR (BVerwG, 29.1.1992 – 6 P 17.89 – PersV 1992, 426 = PersR 1992, 208). Die Wahl des Vorstands und die Bestimmung des Vorsitzenden sowie ggf. seiner Stellvertreter sind keine Beschlüsse i. S. des § 34 Abs. 1; als Geschäftsführungsakte sind sie Einsprüchen nicht zugänglich (so auch Lorenzen u. a. § 39 Rn. 4; Ilbertz-Widmaier § 39 Rn. 11). Gegen sie ist deshalb ein Aussetzungsantrag unzulässig.

3 **Antragsberechtigte.** Antragsberechtigt ist die **Mehrheit der** dem PR angehörenden **Vertreter einer Gruppe.** Die Mehrheit der bei der Beschlussfassung über den Antrag anwesenden Gruppenvertreter genügt nicht. Es kommt nicht darauf an, wie stark die Gruppe ist und wie viele ihrer Vertreter an der Sitzung teilgenommen haben. Das Antragsrecht ist weder auf die Gruppe beschränkt, deren Mehrheit gegen den Beschluss gestimmt hat, noch auf die Gruppenvertreter, die innerhalb ihrer Gruppe überstimmt worden sind (Ilbertz-Widmaier § 39 Rn. 6; Lorenzen u. a. § 39 Rn. 8). Bei einem Gruppenbeschluss kann auch eine am Beschluss nicht beteiligte Gruppe die Aussetzung beantragen. Wenn eine Gruppe nur einen Vertreter im PR hat, kann dieser den Antrag stellen. Eine Gruppe, die zwei Vertreter hat, kann den Aussetzungsantrag nur einstimmig beschließen.

4 **Weitere Antragsberechtigte.** Antragsberechtigt sind ferner die **Mehrheit der Mitglieder der JAV und die Schwerbehindertenvertretung.** Das Gleiche gilt nach § 28 Abs. 3 LRiStAG bei Gerichten und Staatsanwaltschaften auch für die in den PR entsandten Mitglieder des **Richterrats** bzw. **Staatsanwaltsrats.**

5 **Ersetzung jederzeit möglich.** Selbstverständlich ändert § 37 nichts an der stets bestehenden Möglichkeit des PR, einen Beschluss, der mehrheitlich als unzweckmäßig angesehen wird, durch einen neuen Beschluss aufzuheben oder abzuändern.

6 **Möglichkeit der Interessenbeeinträchtigung.** Der Antrag ist zulässig, wenn die Antragsberechtigten den angegriffenen Beschluss des PR als eine erhebliche Beeinträchtigung wichtiger Interessen der durch sie vertretenen Beschäftigten erachten. Es genügt die Behauptung, dass wichtige Interessen beeinträchtigt werden; eine Beweispflicht besteht nicht. Der Vorsitzende darf einem Aussetzungsantrag jedoch höchst ausnahmsweise dann nicht entsprechen, wenn sich die Ausübung des Antragsrechts unzweifelhaft als **Rechtsmissbrauch** darstellt (BVerwG, 29.1.1992 – 6 P 17.89 – PersV 1992, 426 = PersR 1992, 208).

Form. Für den Aussetzungsantrag enthält das Gesetz keine Formvorschriften. **7** Der Antrag, der sich an den PR-Vorsitzenden richtet, kann **formlos**, schriftlich oder mündlich (z. B. zweckmäßigerweise zur Niederschrift in der Sitzung) gestellt werden.

Frist. Eine ausdrückliche Antragsfrist sieht das Gesetz nicht vor. Der Antrag **8** muss aber **vor Ausführung** des beanstandeten Beschlusses gestellt werden (vgl. Ilbertz-Widmaier § 39 Rn. 13).

Zwingende Aussetzung. Der Beschluss „ist auf die Dauer von **einer Woche** **9** vom Zeitpunkt der Beschlussfassung an auszusetzen". Vor Ablauf von einer Woche darf über die Angelegenheit nicht neu beschlossen werden. Die Wirkungen eines getroffenen Beschlusses sind suspendiert. Die Aussetzungsfrist entspricht seit dem ÄG 2013 der in Bezug auf das Antragsrecht der Schwerbehindertenvertretung vorrangigen Bundesvorschrift § 95 Abs. 4 Satz 2 SGB IX.

2. Verständigung. Der Grundsatz der vertrauensvollen Zusammenarbeit zwi- **10** schen Dienststelle und Personalvertretung (§ 2 Abs. 1) sollte in erhöhtem Maße für die Zusammenarbeit innerhalb des PR gelten. Deshalb sollte **zunächst innerhalb des PR eine Verständigung** versucht werden. Die Hilfe (**Vermittlung**) der unter den Mitgliedern des PR vertretenen Gewerkschaften kann von allen Beteiligten, d. h. auch von einem einzelnen PR-Mitglied, angerufen werden. Die entsprechenden Beratungen können auch außerhalb einer förmlichen PR-Sitzung stattfinden. Es sind aber auch andere Verständigungsversuche möglich, z. B. mit Hilfe des Dienststellenleiters.

3. Fristverlängerung. Im Gegensatz zu § 39 Abs. 1 Satz 3 BPersVG **verlängern** **11** sich die durch die Aussetzung eines Beschlusses berührten Fristen um die Zeit der Aussetzung, d. h. um eine Woche. In Betracht kommen insbesondere die Fristen in § 76 Abs. 6, § 82 Abs. 4 und § 91 Abs. 3 und 8. Ein Versäumnis dieser Fristen durch den PR gilt als Zustimmung bzw. Billigung der beabsichtigten Maßnahmen (§ 76 Abs. 9 Satz 1, § 82 Abs. 4 Satz 1). Nach Ablauf der Frist kann sie der Dienststellenleiter unverzüglich vollziehen. Es ist daher notwendig, dass der PR den **Dienststellenleiter** von einem Einspruch nach § 37 und der sich daraus ergebenden Fristverlängerung unverzüglich **unterrichtet.** Dies ist nunmehr auch im Gesetz genannte Voraussetzung der Fristverlängerung.

II.   Erneute Beschlussfassung (Abs. 2)

1. Erneute Entscheidung. Nach Ablauf der Frist muss über die Angelegenheit **12** erneut entschieden werden. Zu diesem Zweck hat der Vorsitzende eine förmliche Sitzung unmittelbar vor Ablauf der Aussetzungsfrist anzuberaumen.

13 2. Keine erneute Aussetzung. Brachte der Verständigungsversuch keine Änderung und wird der ursprüngliche Beschluss bei der erneuten Beschlussfassung bestätigt, kann nicht noch einmal ein Aussetzungsantrag gestellt werden.

§ 38 Niederschrift

(1) ¹**Über jede Verhandlung des Personalrats ist eine Niederschrift aufzunehmen, die mindestens den Wortlaut der Beschlüsse und die Stimmenmehrheit, mit der sie gefasst sind, enthält. ²Die Niederschrift ist vom Vorsitzenden und einem weiteren Mitglied zu unterzeichnen. ³Der Niederschrift ist eine Anwesenheitsliste beizufügen, in die sich jeder Teilnehmer eigenhändig einzutragen hat.**

(2) ¹**Haben der Leiter der Dienststelle, die von ihm beauftragte Person oder Beauftragte von Gewerkschaften an der Sitzung teilgenommen, so ist ihnen der entsprechende Teil der Niederschrift abschriftlich zuzuleiten. ²Einwendungen gegen die Niederschrift sind unverzüglich schriftlich zu erheben und der Niederschrift beizufügen.**

(3) ¹**Die Beauftragte für Chancengleichheit, die Schwerbehindertenvertretung, Mitglieder der Jugend- und Auszubildendenvertretung und Beauftragte von Stufenvertretungen und des Gesamtpersonalrats können in die Niederschrift über den Teil der Sitzung Einsicht nehmen, an dem sie teilgenommen haben. ²Entsprechende Abschriften können gefertigt werden.**

1 Vorbemerkung. § 38 gilt für den GesamtPR (§ 54 Abs. 4), die Stufenvertretungen (§ 55 Abs. 3), den AusbildungsPR (§ 58 Abs. 3), die Ausschüsse (§ 35 Abs. 3), teilweise für die Arbeitsgemeinschaften (§ 56 Abs. 3 Satz 3) und – wenn auch nicht ausdrücklich bestimmt – für die JAV, die GesamtJAV und die StufenJAV entsprechend.

I. Anforderungen an die Niederschrift (Abs. 1)

2 1. Zweck. Die Niederschrift dient der **Dokumentation der wesentlichen Vorgänge** im PR, dem Nachweis des ordnungsgemäßen Geschäftsgangs und des gesetzmäßigen Zustandekommens der PR-Beschlüsse.

3 Sitzungen. Über **alle förmlichen Sitzungen des PR** ist eine **Niederschrift** zu fertigen, die im Original bei den Akten des PR aufzubewahren ist. Nicht notwendig ist eine Niederschrift über sonstige Zusammenkünfte (z. B. Vorberatungen), Besprechungen und Verhandlungen des PR, auch nicht über die vierteljährlichen Besprechungen mit dem Dienststellenleiter nach § 68 Abs. 1 (Lorenzen u. a. § 41 Rn. 3 und § 66 Rn. 11; Wahlers, PersV 1989, 145; a. A. Ilbertz-Widmaier § 41 Rn. 7). Obgleich können auch hier schriftliche Fixierungen der wesentlichen Vorgänge ratsam sein.

4 Frist. Eine Frist, innerhalb derer die Niederschrift anzufertigen ist, sieht das Gesetz **nicht** vor. Es empfiehlt sich jedoch dringend eine **zeitnahe** Anfertigung, um die vollständige und sachlich richtige Dokumentation zu gewährleisten.

Vorstandssitzungen. Die Sitzungen des Vorstands unterliegen in gleichem **5** Maße der Protokollierungspflicht. Gleiches gilt für die Sitzungen der nach § 35 gebildeten **Ausschüsse** (§ 35 Abs. 3).

Inhalt. In der Niederschrift sind wenigstens der **Wortlaut der gefassten Be- 6 schlüsse** und das ihnen zugrunde liegende **Abstimmungsergebnis** (Ja-, Nein-Stimmen, Enthaltungen) zu erfassen. Darüber hinaus sollte auch der **Gang der Beratung** festgehalten werden. Ein Wortprotokoll ist dabei ebenso wenig erforderlich wie, von begründeten Ausnahmen abgesehen, die Aufnahme jeder Äußerung zur Sache oder etwa die Feststellung, wer sich nicht geäußert hat. Bei namentlicher Abstimmung sollte auch festgehalten werden, wie das einzelne PR-Mitglied gestimmt hat. Abgelehnte förmliche Beschlussanträge sind ebenfalls im Wortlaut festzuhalten mit dem Ergebnis der Abstimmung, die zu ihrer Ablehnung geführt hat. Auch über Sitzungen, in denen nur beraten wurde, ist eine Niederschrift zu fertigen.

Datenschutz. Mit dem ÄG 95 wurde in § 67 Abs. 4 aus Gründen des Daten- **7** schutzes bestimmt, dass **personenbezogene Daten** in Niederschriften spätestens am Ende des achten Jahres ab der Speicherung zu löschen sind.

Protokollführer. Es gehört zu den Aufgaben des **Vorsitzenden**, dafür zu sorgen, **8** dass über jede Sitzung eine Niederschrift geführt wird. Er kann diese Tätigkeit selbst übernehmen oder aber den PR veranlassen, einen Protokollführer aus seiner Mitte für alle Sitzungen im Voraus oder im ständigen Wechsel von Sitzung zu Sitzung zu bestellen. Seit dem ÄG 2013 kann der PR gemäß § 32 Abs. 2 ihm zur Verfügung gestelltes **Büropersonal** zur Erstellung der Niederschrift hinzuziehen. Damit dürfen nunmehr auch bestimmte nicht dem PR angehörende Personen zum Schriftführer bestellt werden. Denkbar ist auch, das Protokoll zu diktieren und im Anschluss von der zur Verfügung gestellten Bürokraft schreiben zu lassen.

Wirksamkeit von Beschlüssen. Wird **keine Niederschrift** angefertigt oder weist **9** diese erhebliche Mängel auf, wird dadurch die **Gültigkeit** der Beschlüsse des PR **nicht berührt**, wohl aber ihre **Beweisbarkeit** erheblich erschwert.

2. Unterzeichnung. Abs. 1 Satz 2 bestimmt nur, dass die Niederschrift vom **10** Vorsitzenden und einem weiteren Mitglied zu unterzeichnen ist. Daraus folgt, dass über die Niederschrift nicht zwingend vom PR zu beschließen ist. Vorsitzender i. S. der Vorschrift ist derjenige, der die Sitzung leitet. Bei Verhinderung muss dies nicht zwingend der eigentliche Vorsitzende des PR nach § 29 Abs. 1 Satz 1 sein.

3. Anwesenheitsliste. In die der Niederschrift beizufügende Anwesenheitsliste **11** haben sich nicht nur die PR-Mitglieder, sondern auch alle weiteren an der Sitzung teilnehmenden Personen, z. B. der Dienststellenleiter, sein Vertreter oder die von ihm beauftragte Person, Gewerkschaftsvertreter, die Schwerbehindertenvertretung, die Mitglieder der JAV oder die Beauftragte für Chancengleichheit eigenhändig einzutragen.

II. Protokollabschrift und Einwendungen (Abs. 2)

12 1. Dienststellenleiter/Gewerkschaften. Anspruch auf einen **Auszug** aus der Niederschrift haben nur der Leiter der Dienststelle, die von ihm beauftragte Person und Beauftragte von Gewerkschaften und zwar nur über den Teil der Sitzung, an dem sie teilgenommen haben. Für die Herstellung und Zuleitung ist vom PR-Vorsitzenden zu sorgen.

13 PR-Mitglieder. Keinen entsprechenden Anspruch haben die einzelnen PR-Mitglieder (die Praxis sieht allerdings anders aus). Etwas anderes kann in der Geschäftsordnung des PR festgelegt werden.

14 Einsichtnahme. Die einzelnen PR-Mitglieder haben das Recht der jederzeitigen Einsichtnahme in die Niederschriften; sie können sich auch Abschriften anfertigen. Andere Personen können in die Niederschrift nur zu den Punkten Einsicht nehmen, an denen sie teilgenommen haben (siehe dazu auch Abs. 3).

15 Beschäftigte. Auch einzelne Beschäftigte haben **keinen** solchen Anspruch, auch wenn Angelegenheiten behandelt wurden, die sie betreffen.

16 2. Einwendungen. Nach Abs. 2 Satz 2 sind Einwendungen gegen die Niederschrift **unverzüglich** beim Vorsitzenden des PR zu erheben und, sofern die beiden Unterzeichner diesen stattgeben, die Niederschrift zu **berichtigen**. Sowohl bei einer Berichtigung als auch bei Ablehnung sind die Einwendungen der Niederschrift beizufügen. Bei Berichtigung muss die ursprüngliche Fassung der Niederschrift erkennbar bleiben. In Zweifelsfällen muss der PR über die Einwendungen entscheiden. Um Unsicherheiten zu vermeiden, empfiehlt es sich (wie in der Praxis üblich) die Billigung der Niederschrift regelmäßig auf die Tagesordnung einer der nächsten Sitzungen des PR zu setzen. Die Einwendungen können durch jeden Sitzungsteilnehmer erhoben werden.

III. Einsichtnahme (Abs. 3)

17 1. Recht der Einsichtnahme. Seit dem ÄG 2013 haben auch die Beauftragte für Chancengleichheit, die Schwerbehindertenvertretung, Mitglieder der JAV und Beauftragte von Stufenvertretungen und des GesamtPR das Recht, Einsicht in die Niederschrift zu nehmen. Das Recht beschränkt sich allerdings auf den Teil der Sitzung, an dem diese Personen teilgenommen haben. Es korrespondiert mit den Teilnahme- und Antragsrechten der genannten Personen aus § 30 Abs. 3 und § 32. Wer an der Sitzung teilgenommen hat, soll auch Kenntnis von der Niederschrift erlangen dürfen (LT-Drucksache 15/4224 S. 107).

18 2. Abschrift. Abschriften für die Einsichtnahmeberechtigten können von den entsprechenden Teilen der Niederschrift gefertigt werden. Dies soll aber nach dem Willen des Gesetzgebers nicht die Regel darstellen (LT-Drucksache 15/4224 S. 107).

§ 39   Geschäftsordnung

(1) Sonstige Bestimmungen über die Geschäftsführung können in einer Geschäftsordnung getroffen werden, die der Personalrat mit der Mehrheit der

Stimmen seiner Mitglieder und in jeder Gruppe mit der Mehrheit der Stimmen der jeweiligen Gruppenmitglieder beschließt.

(2) [1]Hat der Personalrat mindestens fünf Mitglieder, so soll er sicherstellen, dass er an den regelmäßigen Arbeitstagen der für Personalratsbeteiligungen zuständigen Verwaltung der Dienststelle, bei der er eingerichtet ist, für die Einleitung förmlicher Beteiligungsverfahren erreichbar ist. [2]Andere Personalräte sollen die Dienststelle rechtzeitig vorher unterrichten, wenn absehbar ist, dass der Personalrat für mehrere zusammenhängende Arbeitstage nicht erreichbar ist. [3]Personalrat und Dienststelle können für die Dauer der Amtszeit des Personalrats abweichende Vereinbarungen für die Erreichbarkeit treffen.

(3) Die Geschäftsordnung und Änderungen der Geschäftsordnung sind der Dienststelle zur Kenntnis zu geben.

Vorbemerkung. § 39 gilt für den GesamtPR (§ 54 Abs. 4), die Stufenvertretun- **1** gen (§ 55 Abs. 3) und den AusbildungsPR (§ 58 Abs. 3) entsprechend; nicht dagegen für die JAV und die GesamtJAV (s. a. Lorenzen u. a. § 42 Rn. 2). Durch das ÄG 2013 ist der Geschäftsordnung eine größere Bedeutung zugemessen worden. Aus Gründen der Rechtssicherheit und Verlässlichkeit für die Dienststelle und andere sollen Verfahrensregelungen in der Geschäftsordnung getroffen werden. Dies gilt insbesondere im Rahmen der gebotenen Flexibilisierungen und Optionsmöglichkeiten (LT-Drucksache 15/4224 S. 107).

I. Erlass einer Geschäftsordnung (Abs. 1)

Ermessen. Ob der PR eine Geschäftsordnung beschließt, liegt in seinem Ermes- **2** sen („können getroffen werden"). Bei größeren PR ist eine Geschäftsordnung aber sehr ratsam.

Inhalt. Die Geschäftsordnung kann nur die formellen Verfahrensvorschriften **3** des LPVG (d. h. die Vorschriften über den internen Geschäftsbetrieb des PR) ergänzen oder Lücken ausfüllen. Sie darf nicht von den zwingenden Vorschriften des LPVG abweichen. Auch Abläufe, die nach dem LPVG mit dem Dienststellenleiter abzustimmen sind, darf der PR nicht einseitig durch seine Geschäftsordnung festlegen (z. B. Sprechstunden nach § 40).

Regelungsgegenstände. Regelungsgegenstände der Geschäftsordnung können **4** beispielsweise sein: Art und Weise der Abstimmung; turnusmäßige Bestimmung von Schriftführern; Übertragung spezieller Aufgaben an einzelne Mitglieder; Form der Ladung; Vertretung von Vorstandsmitgliedern; Verbreitung der Niederschrift. Im LPVG wird an einigen Stellen ausdrücklich darauf verwiesen, dass eine Regelung bestimmter Abläufe durch eine Geschäftsordnung zu erfolgen hat. So erfolgt etwa die Bildung von Ausschüssen (§ 35 Abs. 1), die Übertragung von Befugnissen auf Ausschüsse (§ 35 Abs. 4 Satz 2) oder den Vorstand (§ 36 Abs. 1 Satz 2), die Bestimmung einfacher Angelegenheiten und die Einzelheiten des Umlaufverfahrens (§ 34 Abs. 3) und die Festlegung getrennter Beschlussfassung (§ 34 Abs. 4) durch die Geschäftsordnung.

5 **Beschluss und Mehrheiten.** Der PR gibt sich die Geschäftsordnung durch Beschluss (§ 34). Da der Geschäftsordnung größere Verbindlichkeit zukommt als
anderen Beschlüssen, bedarf es besonders **qualifizierter Mehrheiten.** Zum einen
muss sie mit der **absoluten Mehrheit** der Stimmen der Mitglieder des PR (also
nicht nur der bei der Abstimmung anwesenden Mitglieder) beschlossen werden. Maßgebend dafür ist die Ist-Stärke des PR und nicht die Soll-Stärke nach
§ 10 Abs. 3. Darüber hinaus muss die Geschäftsordnung neuerdings auch in
jeder Gruppe mit der **Mehrheit der Stimmen der jeweiligen Gruppenmitglieder**
beschlossen werden. Dieses zusätzliche Mehrheitserfordernis ist durch das ÄG
2013 eingefügt worden und dient dem Minderheitenschutz von Gruppen. Gegen die Auffassung einer kleinen Gruppe, die möglicherweise nur aus einer
Person besteht, können flexiblere Geschäftsführungsregelungen nicht herbeigeführt werden. Kommen die Mehrheiten nicht zustande, bleibt es bei den gesetzlichen Regelnormen (LT-Drucksache 15/4224 S. 107).

6 **Form.** Schriftform ist zwar nicht vorgeschrieben, gebietet sich jedoch aus der
Sache heraus. Schließlich ist die Geschäftsordnung auch als Beschluss des PR
im Wortlaut in die Sitzungsniederschrift nach § 38 aufzunehmen (Altvater u. a.
§ 43 Rn. 3).

7 **Geltungsdauer.** Die Geschäftsordnung gilt für die Dauer der Amtszeit des PR,
der sie beschlossen hat (Altvater u. a. § 43 Rn. 4; Lorenzen u. a. § 42 Rn. 18;
a. A Ilbertz-Widmaier § 42 Rn. 8). Dies ergibt sich nicht zuletzt aus einer Zu-
sammenschau mit den Regelungen in § 35 Abs. 1 Satz 1 und § 36 Abs. 1 Satz 1
(„höchstens bis zum Ablauf seiner Amtszeit") und dem in Abs. 1 betonten
Minderheitenschutz. Will ein neu gewählter PR die vorherige Geschäftsordnung übernehmen, sollte der Vorsitzende die Beratung und Beschlussfassung
darüber auf eine der ersten Tagesordnungen setzen.

8 **Änderung.** Eine Änderung oder Aufhebung der Geschäftsordnung ist jederzeit
mit den in Abs. 1 genannten Mehrheiten möglich.

II. Erreichbarkeit (Abs. 2)

9 **1. Grundsätzliche Erreichbarkeit.** Abs. 2 wurde durch das ÄG 2013 eingefügt.
Er enthält erstmals Vorschriften über die Erreichbarkeit der PR-Mitglieder. Ab
einer Größe von **fünf Mitgliedern** soll der PR sicherstellen, dass er an den
regelmäßigen Arbeitstagen der für PR-Beteiligungen zuständigen Verwaltung
der Dienststelle für die Einleitung förmlicher Beteiligungsverfahren erreichbar
ist.

10 **Zweck.** Nach der Intention des Gesetzgebers soll die Neuregelung für eine
kontinuierliche und verlässliche Zusammenarbeit im Hinblick auf die Hand-
lungsfähigkeit der Dienststelle, insbesondere in förmlichen Mitbestimmungs-
und Mitwirkungsangelegenheiten sorgen. Entsprechend dem Grundsatz der
partnerschaftlichen und vertrauensvollen Zusammenarbeit muss sich die
Dienststelle darauf verlassen können, dass der PR auch zu Ferien- oder Urlaubszeiten ansprechbar ist. Dies muss jedenfalls im PR ab einer bestimmten

Größe (fünf Mitglieder) grundsätzlich sichergestellt sein (LT-Drucksache 15/ 4224 S. 108). Die PR-Mitglieder müssen daher ihre Urlaubs-, Dienstreisen- und Fortbildungsplanung miteinander abstimmen.

Beschlussfähigkeit. Die Beschlussfähigkeit muss **innerhalb angemessener Zeit** **11** herbeigeführt werden können. Hierzu sind unter Umständen Ersatzmitglieder heranzuziehen. Durch die Regelung soll der Fall vermieden werden, dass eine Dienststelle gehindert ist, Maßnahmen rasch und zeitgerecht vorzunehmen, weil der PR nicht arbeitsfähig ist. Andererseits soll die Funktion des PR nicht durch kurze Beratungszeiten geschwächt werden, wenn die Dienststelle nur noch mit Eilentscheidung notwendige Handlungen vornehmen könnte (LT-Drucksache 15/4224 S. 108).

Regelmäßige Arbeitstage. Bei der regelmäßigen Erreichbarkeit ist auf die Funk- **12** tionszeiten der Verwaltung, die sich üblicherweise mit den personalratsrelevanten Angelegenheiten befasst, abzustellen. Nicht relevant ist dabei die Gesamtarbeitszeit der Dienststelle, wie etwa die von Versorgungsbetrieben oder Krankenhäusern, die rund um die Uhr und an Wochenenden und Feiertagen einsatzbereit sind.

Soll-Vorschrift. Die grundsätzliche Verpflichtung in Abs. 2 Satz 1 ist als Soll- **13** Vorschrift ausgestaltet. Die PR-Mitglieder sollen ihre Erreichbarkeit in aller Regel sicherstellen. Dies schließt nicht aus, dass Fälle eintreten, in denen die Erreichbarkeit des PR unvorhergesehen nicht besteht, beispielsweise bei dringender dienstlicher Abwesenheit oder in Krankheitsfällen. Diese ausnahmsweise Nichterreichbarkeit in **unvorhergesehenen Fällen** stellt daher keine Pflichtverletzung des PR dar.

2. Erreichbarkeit kleiner PR. Nach Satz 2 sollen andere PR, d. h. solche mit **14** weniger als fünf Mitgliedern, die Dienststelle rechtzeitig vorher unterrichten, wenn absehbar ist, dass der PR für mehrere zusammenhängende Arbeitstage nicht erreichbar ist. Würden kleine PR der Verpflichtung des Satz 1 unterworfen, wären die Freiheiten der Mitglieder zu stark eingeschränkt. Gerade ein PR mit nur einem Mitglied könnte sodann gar nicht mehr abwesend sein. Daher beschränkt sich die Verpflichtung der kleinen PR auf eine Unterrichtungspflicht gegenüber der Dienststelle, dass die Erreichbarkeit auf eine bestimmte Zeit nicht gewährleistet werden kann.

Mehrere zusammenhängende Arbeitstage. Die Gesetzesbegründung geht davon **15** aus, dass das Merkmal im Hinblick auf die Eilfrist von einer Woche (§ 76 Abs. 6 Satz 2) in der Regel ab einem Zeitraum von **mehr als drei Arbeitstagen** erfüllt ist. Abhängig von der Lage von Feiertagen und Wochenenden könnten es auch weniger Arbeitstage sein (LT-Drucksache 15/4224 S. 108).

3. Abweichende Vereinbarungen. Die gesetzlichen Vorgaben über die Erreich- **16** barkeit nach Satz 1 und Satz 2 sind nicht absolut verbindlich. PR und Dienststelle können nach Satz 3 eine abweichende Vereinbarung über die Erreichbarkeit treffen. Dies soll es wiederum ermöglichen, den örtlichen Gegebenheiten Rechnung zu tragen (LT-Drucksache 15/4224 S. 108).

III. Mitteilung an Dienststelle (Abs. 3)

17 **Mitteilung an Dienststelle.** Die im Rahmen von Abs. 1 beschlossene Geschäftsordnung und nachfolgende Änderungen sind der Dienststelle mitzuteilen. Dies folgt aus dem Grundsatz der vertrauensvollen Zusammenarbeit. Die Dienststelle muss in der Lage sein, sich auf die Arbeitsweise des PR einzustellen.

§ 40   Sprechstunden

(1) [1]Der Personalrat kann Sprechstunden während der Arbeitszeit einrichten. [2]Zeit und Ort bestimmt er im Einvernehmen mit dem Leiter der Dienststelle.

(2) [1]Versäumnis von Arbeitszeit wegen des Aufsuchens der Sprechstunde des Personalrats oder sonstiger Inanspruchnahme des Personalrats hat keine Minderung der Besoldung oder des Arbeitsentgelts zur Folge. [2]Soweit der Besuch der Sprechstunde aus dienstlichen Gründen außerhalb der Arbeitszeit stattfinden muss, ist Beschäftigten Dienstbefreiung in entsprechendem Umfang zu gewähren. [3]Reisekosten, die durch den Besuch der Sprechstunde entstehen, werden in entsprechender Anwendung des Landesreisekostengesetzes erstattet.

1 **Vorbemerkung.** § 40 gilt für den GesamtPR (§ 54 Abs. 4), die Stufenvertretungen (§ 55 Abs. 3), den AusbildungsPR (§ 58 Abs. 3), die JAV, GesamtJAV und die StufenJAV (§§ 63 Abs. 7 Satz 2, 66 Abs. 3 und Abs. 4) entsprechend.

I.   Einrichtung von Sprechstunden (Abs. 1)

2 **1. Einrichtung.** Ob Sprechstunden eingerichtet werden sollen, **entscheidet der PR** nach pflichtgemäßem **Ermessen.** Nach Satz 1 sind Sprechzeiten **grundsätzlich während der Arbeitszeit** einzurichten. Sprechstunden können aber auch **außerhalb der Arbeitszeit** eingerichtet werden. Für die Durchführung der Sprechstunden hat die Dienststelle nach § 41 Abs. 2 geeignete **Räumlichkeiten** in erforderlichem Umfang zur Verfügung zu stellen.

3 **Beratung durch PR-Mitglied.** Nur ein Mitglied des PR kann die Sprechstunde abhalten, nicht etwa ein Vertreter der Gewerkschaften. Das Mitglied wird in der Regel dem Vorstand angehören, muss es aber nicht. Es kann für die Abhaltung der Sprechstunden freigestellt werden. Nach h. M. muss der Beschäftigte in der Sprechstunde die Möglichkeit haben, mit einem Vertreter seiner Gruppe zu sprechen.

4 **Rechtsberatung.** Der PR ist zu einer **rechtlichen Erörterung** mit den Beschäftigten nur befugt, soweit dies zur sachgerechten Ausübung seiner gesetzlich geregelten Handlungsbefugnisse, namentlich in konkreten mitwirkungs- oder mitbestimmungspflichtigen Angelegenheiten, erforderlich ist; in diesem Rahmen kann der PR die Erörterung der Rechtsfragen eigenverantwortlich gestalten. Dazu gehört **nicht**, Bedienstete in der **Durchsetzung subjektiver Rechte** gegenüber der Dienststelle unmittelbar zu unterstützen (BVerwG, 18.8.2003 – 6 P 6.03 – PersV 2004, 55 = PersR 2003, 498). Nach § 2 Abs. 3 Nr. 3 des Rechts-

dienstleistungsgesetzes vom 12.12.2007 (BGBl. I S. 2840) ist dem PR „die Er-
örterung der die Beschäftigten berührenden Rechtsfragen mit ihren gewählten
Interessenvertretungen, soweit ein Zusammenhang zu den Aufgaben dieser
Vertretungen besteht" erlaubt, ohne den Restriktionen des Rechtsdienstleis-
tungsgesetzes zu unterliegen. Eine Hilfestellung zur Rechtsdurchsetzung im
Klage- oder Verwaltungsverfahren bleibt damit aber ausgeschlossen (Ilbertz-
Widmaier § 43 Rn. 2a).

Haftung. Die PR-Mitglieder haften für die von ihnen in der Sprechstunde gege- 5
benen Auskünfte nur aus unerlaubter Handlung (§§ 676, 823 BGB). Der PR
als solcher haftet nicht, ebenso wenig die Dienststelle (Lorenzen u. a. § 43
Rn. 17; Ilbertz-Widmaier § 43 Rn. 7).

2. Einvernehmen des Dienststellenleiters. Das Einvernehmen mit dem Dienst- 6
stellenleiter ist nur für die Bestimmung von **Ort und Zeit** der Sprechstunden
erforderlich, wenn diese während der Arbeitszeit durchgeführt werden sollen.
Werden Sprechstunden **außerhalb der Dienstzeit** durchgeführt, bedarf es des
Einvernehmens des Dienststellenleiters nur, wenn dienstliche Räume oder Geschäftsbedarf in Anspruch genommen werden.

II. Aufsuchen der Sprechstunde (Abs. 2)

Versäumnis von Arbeitszeit. Wird eine Sprechstunde während der Dienstzeit 7
eingerichtet, können die Beschäftigten sie **ohne Minderung** ihres Anspruchs
auf Besoldung oder Arbeitsentgelt besuchen (Satz 1). Sie haben sich vor dem
Verlassen ihres Arbeitsplatzes bei ihrem Vorgesetzten abzumelden. Findet der
Besuch der Sprechstunde aus dienstlichen Gründen außerhalb der Arbeitszeit
statt, ist Dienstbefreiung in entsprechendem Umfang zu gewähren (Satz 2). Die
Beschäftigten sollen nicht davon abgehalten werden, die Sprechstunde aufzusuchen.

Reisekosten. Entstehende Reisekosten werden analog zum Landesreisekosten- 8
gesetz erstattet. Dies soll es auch Beschäftigten in Außenstellen ohne eigene
Personalvertretung ermöglichen, die Sprechstunde zu nutzen.

§ 41 Kosten

**(1) ¹Die durch die Tätigkeit des Personalrats entstehenden notwendigen Kos-
ten trägt die Dienststelle. ²Mitglieder des Personalrats erhalten bei Reisen, die
zur Erfüllung ihrer Aufgaben notwendig sind, Reisekostenvergütungen nach
dem Landesreisekostengesetz.**

**(2) Für die Sitzungen, die Sprechstunden und die laufende Geschäftsführung
hat die Dienststelle in erforderlichem Umfang Räume, Geschäftsbedarf, die
üblicherweise in der Dienststelle genutzte Informations- und Kommunikationstechnik und Büropersonal zur Verfügung zu stellen.**

**(3) ¹Dem Personalrat werden in allen Dienststellen geeignete Plätze für Bekannt-
machungen und Anschläge zur Verfügung gestellt und er kann erforderliche
schriftliche Mitteilungen an die Beschäftigten verteilen. ²Er kann die Beschäftig-**

ten auch über die üblicherweise in der Dienststelle genutzten Informations- und Kommunikationseinrichtungen unterrichten. ³Die Kosten für erforderliche Informationsmedien des Personalrats trägt die Dienststelle.

1   **Vorbemerkung.** § 41 gilt für den GesamtPR (§ 54 Abs. 4), die Stufenvertretungen (§ 55 Abs. 3), die Arbeitsgemeinschaften (§ 56 Abs. 3 Satz 4, § 57 Abs. 6 Satz 2), den AusbildungsPR (§ 58 Abs. 3), die JAV, die GesamtJAV und die StufenJAV (§§ 64 Satz 1, 66 Abs. 3) entsprechend.

I.   Kostentragung (Abs. 1)

2   **1. Grundsatz.** Nach Abs. 1 Satz 1 trägt die Dienststelle die durch die Tätigkeit des PR entstehenden **notwendigen Kosten.** Dies sichert die Pflicht des PR zur objektiven und neutralen Amtsführung. Aufgrund der Kostentragung ist der PR für die Wahrnehmung seiner Aufgaben **nicht auf Zuwendungen Dritter** angewiesen. Damit korrespondiert ein grundsätzliches Verbot, Zuwendungen von Dritten anzunehmen (BVerwG, 10.10.1990 – 6 P 22.88 – PersV 1991, 272 = PersR 1991, 27 ff.) und Beiträge zu erheben (§ 42). Da das PR-Amt zudem als unentgeltliches Ehrenamt ausgestaltet ist (§ 43 Abs. 1), ist die Kostentragung durch die Dienststelle nur konsequent.

3   **Notwendige Kosten.** Notwendige Kosten des PR und der PR-Mitglieder sind die Aufwendungen, die diesen aus ihrer Tätigkeit entstanden sind und die sie bei objektiver Betrachtung und vernünftiger Abwägung aller Umstände und unter Beachtung des **Gebots der sparsamen Verwaltung öffentlicher Mittel** für berechtigt halten durften (BVerwG, 18.6.1991 – 6 P 3.90 – PersV 1992, 45 = PersR 1991, 341). Die kostenverursachenden Tätigkeiten und Maßnahmen müssen zum Aufgabenbereich des PR oder eines seiner Mitglieder gehören. Die Dienststelle kann die **Übernahme von Kosten,** die sie nicht für notwendig hält, **ablehnen.** Hiergegen kann der PR das Verwaltungsgericht anrufen (vgl. § 92 Abs. 1 Nr. 3).

4   **Haushaltsmittel.** PR haben ihre Arbeit so zu gestalten, dass die dadurch entstehenden, von der Dienststelle zu tragenden Kosten die zur Verfügung stehenden Haushaltsmittel **nicht überschreiten.** Die Grundsätze der **Sparsamkeit** und **Wirtschaftlichkeit** sind zu beachten (BVerwG, 24.11.1986 – 6 P 3.85 – PersV 1987, 422 = PersR 1987, 84; BVerwG, 26.2.2003 – 6 P 9.02 – BVerwGE 118, 1 = PersV 2003, 348 = PersR 2003, 279). Auch das **Verhältnismäßigkeitsgebot** ist zu beachten (BVerwG, 18.6.1991 – 6 P 3.90 – PersV 1992, 45 = PersR 1991, 341). Der PR ist an den durch das Haushaltsgesetz festgestellten Haushaltsplan gebunden. Voraussehbarer Finanzbedarf zur Deckung regelmäßiger Aufwendungen ist von ihm rechtzeitig vor Aufstellung des Haushaltsplans bei der Dienststelle anzumelden. Anfragen der Dienststelle nach dem Haushaltsbedarf sind vom PR nach bestem Wissen zu beantworten.

5   **Erschöpfte Mittel.** Sind die vorgesehenen Mittel erschöpft, so hat sich der PR grundsätzlich weiterer kostenwirksamer Beschlüsse zu enthalten. Dies gilt nicht, wenn das Personalvertretungsrecht strikte Festlegungen trifft, welche die Funktions- und Arbeitsfähigkeit der Personalvertretung sicherstellen und **keinen zeitli-**

chen **Aufschub** dulden (z. B. Durchführung von PR-Wahlen; BVerwG, 26.2.2003 – 6 P 9.02 – BVerwGE 118, 1 = PersV 2003, 348 = PersR 2003, 279). Unvorhersehbare und **unvermeidbare** Aufwendungen, die bei der Haushaltsanforderung nicht berücksichtigt werden konnten, sind so rechtzeitig der Dienststelle anzuzeigen, dass die zusätzlichen Mittel vor dem Entstehen der Verpflichtung haushaltsrechtlich nachbewilligt werden können (überplanmäßige oder außerplanmäßige Ausgaben). Der PR hat die Verwendung der Haushaltsmittel entweder selbst zu kontrollieren oder sich vor kostenwirksamen Entscheidungen zu erkundigen, ob Mittel zur Verfügung stehen. Versäumt er dies, muss er vom Dienststellenleiter unterrichtet werden, wenn die Mittel erschöpft sind.

Rechtsverfolgung/Rechtsverteidigung. Zu Abs. 1 Satz 1 gehören auch die **Kos-** **6** **ten eines Rechtsstreits,** den der PR in Ausübung seiner Befugnisse führt, einschließlich der Kosten der u. U. notwendigen oder vorgeschriebenen (z. B. nach § 89 Abs. 1, § 94 Abs. 1 ArbGG) Zuziehung eines Rechtsanwalts oder Gewerkschaftsvertreters.

Rechtsanwaltskosten. Die Kosten eines vom PR mit der Durchführung eines **7** **personalvertretungsrechtlichen** gerichtlichen **Beschlussverfahrens** beauftragten Rechtsanwalts sind i. S. des Abs. 1 Satz 1 notwendig, wenn der PR die Durchführung des Beschlussverfahrens und die Hinzuziehung des Rechtsanwalts **bei sachgerechter Würdigung aller Umstände für erforderlich halten durfte** (VGH Mannheim, 19.11.2002 – PL 15 S 744/02 – PersR 2003, 204); davon ist grundsätzlich auszugehen. Dies gilt auch dann, wenn der PR auf den Rat des Rechtsanwalts hin von der Durchführung eines gerichtlichen Beschlussverfahrens absieht (VGH Mannheim, 13.11.1979 – XIII S 2392/78 – ZBR 1980, 258 = PersV 1982, 21). Insbesondere ist die Zuziehung eines Prozessbevollmächtigten geboten, wenn im gerichtlichen Verfahren **Vertretungszwang** besteht. In solchen Fällen kann die Dienststelle die Kostenerstattung nur ganz ausnahmsweise verweigern, wenn beispielsweise im Falle des § 94 Abs. 1 ArbGG die Einlegung eines Rechtsmittels bei verständiger Würdigung von vornherein als aussichtslos anzusehen ist (Lorenzen u. a. § 44 Rn. 18).

Mutwilligkeit/Aussichtslosigkeit. Ein Kostenerstattungsanspruch besteht nur **8** dann **nicht,** wenn der Rechtsstreit (Beschlussverfahren) **mutwillig,** aus haltlosen Gründen begonnen wurde (BVerwG, 29.4.2011 – 6 PB 21.10 – PersV 2011, 397 = PersR 2011, 341) oder die Rechtsverfolgung **von vornherein aussichtslos** war. Von vornherein aussichtslos ist ein Antrag, wenn sich seine Abweisung nach Maßgabe der einschlägigen Rechtsvorschriften und dazu gegebenenfalls vorliegender Rechtsprechung **geradezu aufdrängt.** Eine Rechtsverfolgung kann nicht als aussichtslos betrachtet werden, wenn sie bisher ungeklärte Rechtsfragen aufwirft (BVerwG, 11.10.2010 – 6 P 16.09 – PersR 2011, 33). **Mutwilligkeit** liegt vor, wenn bei zwei gleichwertigen prozessualen Wegen der **kostspieligere** beschritten wird oder das Verfahren zur Durchsetzung eines individuellen, mit der personalvertretungsrechtlichen Aufgabenstellung nicht zusammenhängenden Anspruchs eines PR-Mitglieds betrieben wird.

Vorheriger Beschluss des PR. Vor Einleitung eines gerichtlichen Verfahrens **9** bzw. der Beauftragung eines Rechtsanwalts bedarf es eines **vorherigen Be-**

schlusses des PR und zwar für **jeden Instanzenzug** (BVerwG, 19.12.1996 – 6 P 10.94 – PersR 1997, 309).

10 **Information des Dienststellenleiters.** Für die Einleitung gerichtlicher Verfahren bzw. die Einschaltung eines Anwalts ist **keine vorherige Zustimmung** des Dienststellenleiters erforderlich; seine Unterrichtung kann aber aus haushaltsrechtlichen Gründen erforderlich sein (über- oder außerplanmäßige Ausgabe).

11 **Einigungsversuch.** Der Erstattungsanspruch setzt vor Einleitung eines Beschlussverfahrens einen ernsthaften Einigungsversuch mit dem Dienststellenleiter voraus.

12 **Haftung der Dienststelle.** Die Dienststelle haftet bei rechtmäßiger Verweigerung der Kostenerstattung **nicht gegenüber dem Anwalt.** Auftraggeber ist allein der PR, dem insoweit Teilrechtsfähigkeit zukommt. Der Anspruch gegen die Dienststelle auf Erstattung der Rechtsanwaltskosten kann abgetreten werden. Wird beispielsweise ein Anspruch auf Kostenerstattung im Rahmen eines Wahlanfechtungsverfahrens nach Einleitung eines Beschlussverfahrens an den Bevollmächtigten abgetreten, so rückt dieser von Gesetzes wegen auch verfahrensrechtlich in die Antragstellerposition ein (BVerwG, 11.10.2010 – 6 P 16.09 – PersR 2011, 33).

13 **Anwaltsgebühren.** Die Gebührenforderung des Rechtsanwalts muss mit dem RVG in Einklang stehen; dazu gehört auch die Erteilung einer Rechnung, die an den PR als Auftraggeber und nicht an die Dienststelle als möglicherweise Kostentragungspflichtige gerichtet sein muss. Vorschussforderungen (§ 9 RVG) unterliegen ebenfalls der Kostenerstattungspflicht (OVG Hamburg, 25.2.2002 – 8 Bf 378/00 – PersV 2002, 420 = ZfPR 2002, 337). Aus dem Gebot der sparsamen Verwendung öffentlicher Mittel folgt, dass die Dienststelle regelmäßig nur die gesetzliche Vergütung nach dem RVG zu erstatten hat und nicht ein auf der Basis einer Vergütungsvereinbarung in Rechnung gestelltes Zeithonorar (VGH Mannheim, 2.11.2010 – PB 15 S 127/10 – PersR 2011, 122; BVerwG, 29.4.2011 – 6 PB 21.10 – PersV 2011, 397 = PersR 2011, 341).

14 **Aufwendungen des PR-Mitglieds.** Sind die Anwaltskosten in einer Angelegenheit entstanden, in deren Zusammenhang das PR-Mitglied in dieser Eigenschaft zur ordnungsgemäßen Erfüllung seiner Aufgaben tätig geworden ist, besteht Kostenerstattungspflicht. Diese Voraussetzung liegt bei einem Verfahren nach § 47 Abs. 4 LPVG bzw. § 108 Abs. 1 BPersVG **nicht** vor, d. h. wenn dem Mitglied **außerordentlich gekündigt** werden soll (BVerwG, 25.2.2004 – 6 P 12.03 – PersR 2004, 181 = PersV 2004, 338 = ZfPR 2004, 110). Auch bei einem erfolgreichen **Ausschlussverfahren** nach § 24 ist eine Kostenerstattung für das ausgeschlossene Mitglied nicht möglich (BVerwG, 26.10.1962 – VII P 1.62 – BVerwGE 15, 96 = PersV 1963, 158).

15 **Außergerichtliche Beratung.** Die Heranziehung eines **Rechtsanwalts** zur Beratung außerhalb eines Beschlussverfahrens darf der PR nur unter ganz besonderen Umständen und nach eingehender Überlegung und sachgerechter Würdigung aller Umstände des Einzelfalles für geboten halten, nachdem er zunächst alle ihm zur Verfügung stehenden Möglichkeiten der Klärung innerhalb der Behördenorganisation genutzt hat (VGH Mannheim, 19.11.2002 – PL 15 S 744/02 – PersR 2003, 204). Dabei ist auch § 68 Abs. 2 und 3 zu beachten.

Kosten für Sachverständige. Die gleichen Grundsätze gelten für die Heranziehung **16** eines **Sachverständigen.** § 71 Abs. 1 schließt zwar die Hinzuziehung eines Sachverständigen durch den PR nicht schlechthin aus. Begrenzt wird diese „Selbstinformation" durch die Grundsätze der vertrauensvollen Zusammenarbeit und der Verhältnismäßigkeit, durch die Friedenspflicht sowie durch die Verpflichtung, eine Einigung möglichst innerhalb der Dienststelle anzustreben (§ 68 Abs. 2 und 3; BVerwG, 8.11.1989 – 6 P 7.87 – BVerwGE 84, 58 = PersV 1989, 342 = PersR 1990, 102). Der PR muss vor Einschaltung eines Sachverständigen alle vorhandenen und ihm zur Verfügung stehenden Hilfen zur **Informationsbeschaffung und -verarbeitung ausgeschöpft** haben. Dazu gehören Erkundigungen bei Gewerkschaften, die Selbstunterrichtung an Hand von Fachliteratur, das Einholen von Auskünften bei der Dienststelle bzw. innerhalb der Behördenorganisation, z. B. beim Landesbeauftragten für den Datenschutz, und die Teilnahme an projektbezogenen Schulungen. Es muss vorher festgestellt sein, dass andere, weniger kostenintensive Informationsquellen nicht zur Verfügung stehen (BVerwG, 18.6.1991 – 6 P 3.90 – PersV 1992, 45 = PersR 1991, 341).

Wissenschaftler. Die Dienststelle hat nicht die Kosten eines **Referats** zu tragen, **17** das der PR auf **einer Personalversammlung** von einem auswärtigen Wissenschaftler zu den Auswirkungen halten lässt, die ein erst als Bericht einer Regierungskommission vorliegendes Reformvorhaben auf die Beschäftigten, Kunden und Bürger haben kann (BVerwG, 18.6.1991 – 6 P 3.90 – PersV 1992, 45 = PersR 1991, 341).

Kosten der Wahlen. Für die Kosten der **Wahlen** gilt § 20 Abs. 2. Die Kosten **18** eines erfolgreich durchgeführten **Wahlanfechtungsverfahrens** sind „Kosten der Wahl", die von der Dienststelle zu tragen sind (BVerwG, 29.8.2000 – 6 P 7.99 – BVerwGE 112, 12 – PersR 2000, 513 = PersV 2001, 131).

Einzelfälle. Kosten, die durch **Tätigkeiten** entstehen, **die nicht zu den gesetzlichen 19 Aufgaben des PR gehören,** hat die Dienststelle nicht zu tragen. So sind dem PR z. B. nicht zu ersetzen: Aufwendungen für **Jubiläums-, Geburtstags- oder Hochzeitsgeschenke,** Reisekosten für **Krankenbesuche** (es sei denn, es liegt ein konkreter, in der Aufgabenerfüllung des PR liegender Besuchsgrund vor) oder zur Teilnahme an einer **Beerdigung** sowie die Kosten eines Kranzes, die Kosten der **Teilnahme an Arbeitstagungen mit PR anderer Behörden** (Ausnahme Arbeitsgemeinschaften i. S. d. § 56) oder entsprechender Behörden anderer Bundesländer zu einem Erfahrungs- oder Meinungsaustausch (BVerwG, 27.4.1979 – 6 P 89.78 – PersV 1981, 23). Keine Erfüllung personalvertretungsrechtlicher Aufgaben sind in der Regel auch **Besprechungen zwischen Vorsitzenden von Personalvertretungen** (BVerwG, 21.7.1982 – 6 P 30.79 – PersV 1983, 372). Dies gilt auch für Besprechungen des Vorsitzenden des PR einer nachgeordneten Dienststelle und dem Leiter der vorgesetzten Dienstbehörde und dem Vorsitzenden der dort bestehenden Stufenvertretung. Die Vorbereitung und Durchführung von **Betriebsausflügen** gehört ebenfalls nicht zu den gesetzlichen Aufgaben des PR. Die Dienststelle hat nur dann die entstandenen Kosten zu übernehmen, wenn der PR im Auftrag oder mit Zustimmung der Dienststelle handelt (VGH Kassel, 15.12.1975 – HPV TL 8/74 – PersV 1977, 137). Die Übernahme der Kosten einer Sitzung in einem nahegelegenen Erholungsgebiet kann der PR nicht verlangen, wenn in der Dienststelle die erforderlichen Räume zur Verfügung stehen. Dies gilt auch für **auswärtige Klausurtagungen** des PR.

20 **Arbeitsgemeinschaften.** Seit dem ÄG 2013 werden die Kosten für die Teilnahme an dienststellenübergreifenden Arbeitsgemeinschaften von der Dienststelle getragen, deren Personalvertretung Mitglieder in die Arbeitsgemeinschaft entsendet (§ 56 Abs. 3 Satz 4). Im Falle der Arbeitsgemeinschaft der Vorsitzenden der Hauptpersonalräte bei den obersten Landesbehörden (ARGE-HPR) trägt die Kosten die oberste Dienstbehörde, deren Geschäftsbereich der Vorsitzende der Arbeitsgemeinschaft angehört (§ 57 Abs. 6 Satz 2).

21 **2. Reisekosten.** Für notwendige Reisen erhalten die PR-Mitglieder **Reisekosten** nach dem Landesreisekostengesetz. Da danach die Reisekostenvergütung nicht mehr nach Besoldungsgruppen gestaffelt ist, wurde der früher in Abs. 1 enthaltene Verweis auf die Beträge für Beamte der Besoldungsgruppe A 15 durch das Dienstrechtsreformgesetz vom 9.11.2010 gestrichen. Für den Bereich des Landes siehe auch die Hinweise des Finanzministeriums in der Allgemeinen Verwaltungsvorschrift zum Landesreisekostengesetz vom 30.11.2009 (GABl. S. 307), insbesondere Nr. 4.1 zu § 1.

22 **Beschluss.** Reisen müssen vom PR **vor Antritt beschlossen werden** (BVerwG, 21.7.1982 – 6 P 14.79 – PersV 1983, 316); einer **Genehmigung des Dienststellenleiters bedarf es** daneben **nicht.** Die Dienststelle darf jedoch nachprüfen, ob eine Reise innerhalb des gesetzlichen Aufgabenbereichs des PR erfolgte und ob ihre Ausführung als vertretbar angesehen werden durfte. Wurde einem PR-Mitglied für eine Reise in Personalvertretungsangelegenheiten die unentgeltliche Benutzung eines Dienstkraftwagens in zumutbarer Weise angeboten, hat es keinen Anspruch auf Fahrtkostenerstattung, wenn es die Reise mit seinem eigenen Kraftfahrzeug durchgeführt hat (BVerwG, 27.8.1990 – 6 P 26.87 – PersV 1991, 75 = PersR 1990, 327).

23 **Stufenvertretungen.** Für die Mitglieder der Stufenvertretungen bestimmt § 55 Abs. 3 Nr. 6, dass der für Reisekostenvergütungen maßgebende Dienstort der Sitz der Dienststelle ist, der das Mitglied der Stufenvertretung angehört. Mitglieder eines BPR können die Erstattung der durch die Teilnahme an einer außerhalb des **Sitzes der Mittelbehörde stattgefundenen Sitzung entstandenen Reisekosten nur verlangen,** wenn die Reise für die Behandlung der Tagesordnung aufgrund besonderer Umstände für vertretbar oder erforderlich gehalten werden durfte (VGH Mannheim, 11.4.1995 – PL 15 S 54/94 – PersV 1997, 264 = PersR 1996, 30). Mitglieder von Stufenvertretungen können die Reisekosten für die **Teilnahme an Sitzungen (örtlicher) PR** im Rahmen des § 30 Abs. 5 erstattet erhalten.

24 **Schulungen.** Wegen der Kosten der Teilnahme an Schulungs- und Bildungsveranstaltungen s. die Erl. zu § 44.

II. Sächliche Ausstattung (Abs. 2)

Räume. Die Dienststelle hat für die Sitzungen, Sprechstunden und die laufende **25** Geschäftsführung geeignete Räume zur Verfügung zu stellen. Bei **Großraumbüros** hat der PR ebenfalls nur Anspruch darauf, dass ihm für seine Geschäfte eine Teilfläche des Großraumbüros zur Verfügung steht, wenn er die Möglichkeit zur Mitbenutzung von Sitzungs- und Besprechungszimmern hat (OVG Münster, 4.3.1994 – 1 A 2443/91.PVL – PersV 1996, 412 = PersR 1994, 566). Hierdurch darf allerdings die Einhaltung der datenschutzrechtlichen Vorgaben (§ 67) nicht beeinträchtigt sein.

Geschäftsbedarf. Die Dienststelle trägt auch die Kosten des erforderlichen Ge- **26** schäftsbedarfs.

Kosten für Fachliteratur. Zum Geschäftsbedarf gehört **Fachliteratur** (BVerwG, **27** 25.7.1979 – 6 P 29.78 – PersV 1980, 57; VGH Mannheim, 3.5.1994 – PB 15 S 3048/93 – PersV 1995, 140 = PersR 1994, 375). In welchem Umfang und in welcher Ausstattung diese erforderlich ist, wird in der Regel von der Zahl der Beschäftigten der Dienststelle abhängen, sofern sich nicht aus der Struktur der Dienststelle besondere qualitative Anforderungen an die Arbeit der Personalvertretung ergeben. Unabhängig hiervon sind in jedem Fall die Texte der für die Arbeit der Personalvertretung bedeutsamen Rechtsvorschriften **und ein Erläuterungswerk (Kommentar) zum Personalvertretungsrecht** in aktueller Fassung erforderlich (BVerwG, 25.7.1979 – 6 P 29.78 – PersV 1980, 57; VGH Mannheim, 3.5.1994 – PB 15 S 3048/93 – PersV 1995, 140 = PersR 1994, 375). Eine Verweisung auf die in der Dienststelle sonst vorhandenen Exemplare kommt nur bei solchen Vorschriften in Betracht, die lediglich gelegentlich benötigt werden. Begrenzt wird der Bedarf an Fachliteratur durch den auch für die Personalvertretung geltenden Grundsatz der sparsamen Verwaltung öffentlicher Mittel.

Arbeitsrechtskommentare. Zum erforderlichen Geschäftsbedarf des PR kann **28** auch je ein Kommentar des TVöD und des TV-L gehören, wenn der PR auch Arbeitnehmer zu vertreten hat. Es kann genügen, ihm den Kommentar bei Bedarf auf Anforderung von Fall zu Fall im Wege der Ausleihe zur Verfügung zu stellen (BVerwG, 21.1.1991 – 6 P 13.89 – PersV 1991, 473 = PersR 1991, 92; BVerwG, 16.5.1991 – 6 P 13.90 – PersV 1992, 40 = PersR 1991, 333).

Fachzeitschriften. Zum Geschäftsbedarf, den eine Dienststelle dem PR zur Ver- **29** fügung zu stellen hat, gehört auch eine für seine Arbeit einschlägige Fachzeitschrift zum **Personalvertretungsrecht.** Der haushaltsrechtliche Grundsatz der Sparsamkeit kann nur die Art und Weise beeinflussen, in der die Zeitschrift dem PR zur Verfügung zu stellen ist (BVerwG, 29.6.1988 – 6 P 18.86 – BVerwGE 79, 361 = ZBR 1988, 321 = PersV 1988, 394). Hieraus lässt sich aber nicht herleiten, dass für jeden PR eine solche Zeitschrift zur alleinigen Benutzung zu beschaffen ist. Eine Fachzeitschrift kann auch in der Weise zur Verfügung gestellt werden, dass zwischen den PR mehrerer kleinerer Dienststellen an einem Ort ein Umlaufverfahren eingerichtet wird, das eine zeitgerechte Information und einen späteren Zugriff auf die bereits umgelaufenen Hefte ohne wesentliche Probleme gewährleistet (BVerwG, 12.9.1989 – 6 P 14.87 – ZBR 1990, 55 = PersR 1989, 293). Soweit in der Dienststelle nicht bereits eine Fachzeitschrift für Personalvertretungsrecht vorhanden ist, hat der PR unter mehreren zu seiner Information geeigneten Fachzeitschriften ein Auswahlrecht (BVerwG, 5.10.1989 – 6 P 10.88 – ZBR 1990, 556 = PersR 1990, 11; Lecheler, PersV 1988, 241). Steht dem PR eine geeignete personalvertretungsrechtliche Fachzeitschrift zur Mitbenutzung zur Verfügung, so kann er nicht verlangen, dass stattdessen oder zusätzlich eine andere derartige Fachzeitschrift beschafft wird (BVerwG, 30.1.1991 – 6 P 7.89 – PersV 1991, 474 = PersR 1991, 213). Ein PR mit geringen Mitwirkungsrechten hat jedenfalls grundsätzlich keinen Anspruch auf Beschaffung und Überlassung der erforderlichen Fachzeitschriften zum alleinigen Gebrauch. Er kann auf ein Umlaufverfahren verwiesen werden (BVerwG, 19.8.1994 – 6 P 25.92 – PersV 1995, 80 = PersR 1994, 522).

30   **Informations- und Kommunikationstechnik.** Dem PR ist die üblicherweise in der Dienststelle genutzte Informations- und Kommunikationstechnik zur Verfügung zu stellen. Dies ist seit dem ÄG 2013 ausdrücklich in Abs. 2 verankert, um dem technischen Fortschritt Rechnung zu tragen. Bereits zuvor konnten diese Techniken unter den Geschäftsbedarf des PR subsumiert werden. Zu den Informations- und Kommunikationstechniken gehören insbesondere Telefon, Computer, ein E-Mail-Account und ein Internetzugang (siehe dazu im Weiteren). Entscheidend ist, welche Techniken üblicherweise in der Dienststelle verwendet werden.

31   **Telekommunikation.** Zu den zur Verfügung zu stellenden Informations- und Kommunikationstechniken gehört je nach Bedarf auch ein **Telefon**anschluss; ist die Erreichbarkeit des PR erschwert, kommt ggf. ein **Mobiltelefon** (Handy) in Betracht. Die Zielnummernspeicherung zur Erfassung der durch die PR-Tätigkeit verursachten Kosten ist zulässig, sofern eine fachliche Kontrolle ausgeschlossen ist und es dem Dienststellenleiter verwehrt ist, sich ein Bild über den möglichen Gesprächsinhalt zu verschaffen (BVerwG, 16.6.1989 – 6 P 10.86 – BVerwGE 82, 131 = PersV 1989, 486 = PersR 1989, 296). Ein **Anrufbeantworter** kann berechtigt sein, wenn die Erreichbarkeit des PR besonders erschwert ist (z. B. bei Unterbringung der Dienststelle in weit auseinanderliegenden Gebäuden oder Verwendung des PR-Mitglieds im Außendienst). Die Aufstellung eines eigenen **Telefax**gerätes für den PR wird nur in größeren Dienststellen erforderlich sein; in kleineren Dienststellen dürfte die Mitbenutzung in der Dienststelle vorhandener Geräte genügen (selbstverständlich unter Beachtung der datenschutzrechtlichen Erfordernisse).

32   **PC.** Angesichts des heutigen Büroausstattungsstandards bedarf die Notwendigkeit der Arbeit des PR mit einem **Computer** (PC) nebst Monitor und Drucker sowie Software keiner besonderen Begründung mehr (Ilbertz-Widmaier § 44 Rn. 38). Das VG Sigmaringen bezeichnet eine EDV-Grundausstattung zu Recht als **regelmäßig unverzichtbar** (VG Sigmaringen, 13.9.2010 – PL 11 K 4215/ 09 – juris). Die Bereitstellung eines PC ist nicht zuletzt zur Speicherung der Grunddaten nach § 67 Abs. 3 sinnvoll. Der PR kann aber nicht verlangen, allein zum Zweck der Wahrung der Vertraulichkeit seiner Arbeit nicht vernetzte eigene Festplatten, Programme und Laufwerke zu erhalten, da der erforderliche Schutz auch hinreichend durch die Vergabe von Passwörtern im Rahmen des Netzwerks der Dienststelle gewährleistet werden kann (VGH Mannheim, 9.10.2001 – PL 15 S 2437/00 – PersR 2002, 126 = PersV 2002, 148). Ob vom PR auch ein **mobiler Computer** (Laptop/Notebook) gefordert werden kann, ist vom Einzelfall abhängig, ausgeschlossen ist es jedenfalls nicht (so auch Ilbertz-Widmaier § 44 Rn. 38; die Erforderlichkeit bejaht: VG Sigmaringen, 13.9.2010 – PL 11 K 4215/09 – juris).

Intranet/Internet. In Übereinstimmung mit der Rechtsprechung des BAG zum **33** BetrVG wird die Nutzung eines in der Dienststelle vorhandenen **Intranets** zur Einstellung von Informationen und Beiträgen für zulässig gehalten werden können, wenn der Dienststelle keine besonderen Kosten entstehen, die Schweigepflicht (§ 7) gewahrt ist und keine sonstigen Gründe entgegenstehen (BAG, 3.9.2003 – 7 ABR 12/03 – NZA 2004, 278 = ZfPR 2003, 304 (LS)). Auch der Zugang zum **Internet** kann – soweit aufgabenbezogen notwendig – zur Sachmittelausstattung gehören, um z. B. an Informationen über arbeits- und personalvertretungsrechtliche Entwicklungen und die neueste Rechtsprechung zu gelangen (vgl. BAG, 3.9.2003 – 7 ABR 8/03 – BAGE 107, 231 = NZA 2004, 281) und zudem Informationen über die PR-Arbeit an die Beschäftigten – etwa per E-Mail – weiterleiten zu können. Ein wichtiger Maßstab für die Erforderlichkeit und Angemessenheit der Nutzung von PC, Intranet, Internet und E-Mail ist die **Standardausstattung** der Dienststelle.

Büropersonal. Durch das ÄG 2013 wurde der Begriff „Schreibkräfte" in Abs. 2 **34** durch den Begriff „Büropersonal" (entsprechend § 44 Abs. 2 BPersVG) ersetzt. Die Tätigkeit, für die bei Bedarf eine Kraft zur Verfügung zu stellen ist, beschränkt sich damit nicht nur auf die bloße Anfertigung von Schreiben, sondern kann beispielsweise auch Fotokopier- und Versandarbeiten, Terminvereinbarungen und die Erledigung von Telefonaten erfassen. Nach § 32 Abs. 2 kann das Büropersonal inzwischen auch zur Erstellung der Niederschrift hinzugezogen werden. Je nach Arbeitsanfall ist die zeitweilige oder dauerhafte Zuordnung von Büropersonal (einer oder mehrerer Personen) zum PR notwendig. Die Erledigung der Schreibarbeiten in einer zentralen Schreibstelle ist zulässig, wenn sichergestellt ist, dass nur zum Stillschweigen besonders verpflichtete Schreibkräfte mit den PR-Arbeiten betraut werden (VGH Kassel, 17.2.1994 – HPV TL 2143/92 – ZBR 1994, 190 = IÖD 1994, 167, der die Verpflichtung zur Bereitstellung eines besonderen Raums bejaht, wenn die räumlichen Verhältnisse der Dienststelle dies zulassen und auch die anderen Beschäftigten in ähnlich großzügigen räumlichen Verhältnissen arbeiten können). Die Auswahl des Büropersonals obliegt dem Dienststellenleiter; er kann vom PR aber nicht verlangen, eine bestimmte Person zu beschäftigen, von der eine sachgerechte Erledigung der anfallenden Aufgaben nicht zu erwarten ist. Auch die Vertrauenswürdigkeit des ausgewählten Personals muss gewährleistet sein. Einem PR mit drei Freistellungen wird der Anspruch auf eine vollbeschäftigte Bürokraft zugestanden werden müssen. Das OVG Magdeburg sieht bei einem aus neun Mitgliedern bestehenden PR einer Kommunalverwaltung und einer vollen Freistellung die Zuweisung einer Bürokraft mit 20 Wochenstunden als erforderlich an (30.7.2003 – 5 L 5/02 – PersV 2004, 64 = PersR 2003, 508).

III. Bekanntmachungen und Informationsschriften (Abs. 3)

35 **1. Bekanntmachungen.** Dem PR sind in allen Dienststellen geeignete Plätze für Bekanntmachungen und **Anschläge** – sog. „**Schwarzes Brett**" – zur Verfügung zu stellen (Abs. 3 Satz 1). Sie müssen für die Beschäftigten leicht zugänglich und wahrnehmbar sein, ggf. sind mehrere Orte und Schutzmaßnahmen vorzusehen (OVG Hamburg, 22.5.2000 – 8 Bf 436/99.PVL – PersV 2001, 120 = PersR 2001, 43).

36 **Keine eigenen Mitteilungen Einzelner.** Das einzelne PR-Mitglied ist nicht berechtigt, das dem PR in der Dienststelle zur Verfügung gestellte Anschlagbrett für eigene Mitteilungen über die PR-Tätigkeit ohne Genehmigung des PR und des Dienststellenleiters zu nutzen (VGH München, 29.7.1987 – 17 C 87.01687 – ZBR 1988, 134 = PersV 1988, 274).

37 **Schriftliche Mitteilungen.** Darüber hinaus kann der PR auch erforderliche schriftliche Mitteilungen unmittelbar an alle Beschäftigten verteilen. Die Herausgabe von Informationsschriften (z. B. auch solche auf elektronischem Weg oder Flugblätter) ist damit gleichberechtigt zu den sonstigen Möglichkeiten der Unterrichtung der Beschäftigten (z. B. Anschlagtafel) zugelassen. Dem PR ist es überlassen, welchen Informationsweg er unter Beachtung des Gebots der sparsamen Verwendung öffentlicher Mittel gehen will. Auch die Herausgabe einer periodischen Informationsschrift ist nicht grundsätzlich ausgeschlossen (vgl. aber OVG Münster, 10.2.1993 – CL 1/90 – PersV 1995, 461, das die Zulässigkeit im Grundsatz verneinte und sie für sehr große Dienststellen offen ließ), muss jedoch die Voraussetzung der Erforderlichkeit erfüllen. Sonstige Informationsmöglichkeiten dürfen nicht ausreichen, um das Informationsbedürfnis der Beschäftigten hinreichend zu befriedigen.

38 **Vertrauensvolle Zusammenarbeit.** Die Informationsschrift darf im Übrigen dem Grundsatz der vertrauensvollen Zusammenarbeit (§ 2) nicht widerstreiten. Die vertrauensvolle Zusammenarbeit bedingt den persönlichen Kontakt zwischen PR und Dienststellenleiter; dies lässt es nicht zu, dass Meinungsverschiedenheiten in der unpersönlichen Form dienststellenöffentlicher schriftlicher Verlautbarungen ausgetragen werden. Informationsschriften und Flugblätter müssen in unmittelbarem Zusammenhang mit den Aufgaben des PR stehen, sie dürfen auch nicht gegen gesetzliche Bestimmungen (z. B. § 68 Abs. 2 – Friedenspflicht, Strafgesetze) verstoßen oder für bestimmte Gewerkschaften werben.

39 **2. E-Mail und Intranet.** Nach Satz 2 kann der PR die Beschäftigten auch über die üblicherweise in der Dienststelle genutzten Informations- und Kommunikationseinrichtungen unterrichten. Hierbei ist jeweils dem technischen Fortschritt Rechnung zu tragen. Angesichts der inzwischen nahezu flächendeckenden Ausstattung der öffentlichen Verwaltung in Baden-Württemberg mit moderner EDV-Technik, sind insbesondere E-Mail und Intranet zur Weitergabe von Informationen nutzbar, sofern damit alle Beschäftigten erreicht werden (Ilbertz-Widmaier § 44 Rn. 38; Lorenzen u. a. § 44 Rn. 40c); ggf. sind die Informationen zusätzlich an die „nicht vernetzten" Beschäftigten auf herkömmlichem

Wege weiterzuleiten. Die Belange des Datenschutzes sind hierbei zwingend zu beachten (§ 67).

Homepage. Unter Umständen kann dem PR auch ein Anspruch auf Einrich- **40** tung einer personalratseigenen Homepage im dienststelleneigenen **Intranet** zustehen, wenn in der Dienststelle ein entsprechendes Medium regelmäßig genutzt wird (Ilbertz-Widmaier § 44 Rn. 41).

3. Kosten. Die Kosten für die erforderlichen Informationsmedien des PR trägt **41** die Dienststelle. Die Erforderlichkeit ist jeweils nach den Umständen des Einzelfalles zu bestimmen.

Inhalt. Unbeschadet der Frage der Notwendigkeit der Herausgabe eines **Informa- 42 tionsblatts** durch den PR kann von der Dienststelle die Übernahme der Kosten abgelehnt werden, wenn dieses Artikel enthält, die mit dem Aufgabenbereich des PR nichts zu tun haben, diese die Beschäftigten der Dienststelle nicht unmittelbar betreffen, gegen gesetzliche Bestimmungen, insbesondere gegen Strafgesetze und die Friedenspflicht verstoßen oder wenn der Grundsatz der sparsamen Verwendung öffentlicher Mittel nicht beachtet wird (BVerwG, 26.11.1982 – 6 P 40.79 – PersV 1983, 408; OVG Münster 10.2.1993 – CL 1/90 – PersV 1995, 461).

Keine Zuwendungen Dritter. Der PR darf aber auch eine von ihm herausgege- **43** bene Informationsschrift, für die die Kosten nicht von der Dienststelle übernommen werden, weder durch eine Umlage bei seinen Mitgliedern oder den Beschäftigten der Dienststelle noch durch Zuwendungen Dritter, wozu auch der kostenlose Druck gehört, finanzieren. Eine Zuwiderhandlung wäre ein Verstoß gegen das Gebot der Objektivität und Neutralität seiner Amtsführung und gegen das Verbot, Beiträge von den Beschäftigten zu erheben (§ 42; BVerwG, 10.10.1990 – 6 P 22.88 – PersR 1991, 27).

§ 42 Verbot der Beitragserhebung

Der Personalrat darf für seine Zwecke von den Beschäftigten keine Beiträge erheben oder annehmen.

Vorbemerkung. § 42 gilt für den GesamtPR (§ 54 Abs. 4), die Stufenvertretun- **1** gen (§ 55 Abs. 3), die Arbeitsgemeinschaften (§ 56 Abs. 3), den AusbildungsPR (§ 58 Abs. 3), die JAV, die GesamtJAV und die StufenJAV (§§ 64 Satz 1, 64 Abs. 3) entsprechend. Es handelt sich um einen allgemeinen Rechtsgrundsatz des Personalvertretungsrechts.

Grundsatz. Nach § 41 sind die persönlichen und sächlichen **Kosten,** die dem **2** PR und seinen Mitgliedern aus ihrer Tätigkeit entstehen, **von der Dienststelle zu tragen.** Damit ist die Funktionsfähigkeit des PR aus finanzieller Sicht hinreichend gesichert. Es ist deshalb zur **Wahrung der Unabhängigkeit** des PR nur folgerichtig, wenn § 42 dem PR die Erhebung und die Annahme von Beiträgen von den Beschäftigten untersagt. Auch den Druck seines Informationsblattes darf der PR nicht durch eine Umlage auf seine Mitglieder finanzieren, denn auch die PR-Mitglieder gehören zu den Beschäftigten im Sinne dieser Vorschrift (BVerwG, 10.10.1990 – 6 P 22.88 – PersR 1991, 27).

3 **Beiträge.** Unter den Begriff „Beiträge" fallen nicht nur Geldleistungen, sondern **Leistungen aller Art.**

4 **Leistungen Dritter.** Auch von der Dienststelle darf der PR über § 41 hinausgehende Zuwendungen weder fordern noch annehmen. Dies gilt auch für etwaige Zuwendungen Dritter, z. B. der Gewerkschaften. Das **Verbot, Zuwendungen von Dritten anzunehmen,** folgt aus der allgemeinen **Pflicht des PR zur objektiven und neutralen Amtsführung,** insbesondere aus seiner Pflicht, alles zu unterlassen, was Zweifel hinsichtlich der Neutralität und Objektivität seiner Amtsführung begründen könnte (BVerwG, 10.10.1990 – 6 P 22.88 – PersR 1991, 27).

5 **Sammlungen.** Ebenso darf der PR keine Sammlungen für andere Zwecke durchführen. Er darf deshalb auch den Beitragseinzug für Gewerkschaften nicht übernehmen. Es ist jedoch nichts dagegen einzuwenden, wenn ein einzelnes PR-Mitglied außerhalb seiner Tätigkeit im PR den Beitrag für die Gewerkschaft, der es angehört, einzieht.

6 **Spenden.** Die Annahme von **freiwilligen Beiträgen** und Spenden der Beschäftigten wird aber wohl dann nicht als unzulässig angesehen werden können, wenn sie der **Pflege der innerdienstlichen zwischenmenschlichen Beziehungen** oder der Erfüllung einer **gesellschaftlich gebotenen Pflicht** dienen (vgl. auch Lorenzen u. a. § 45 Rn. 8; Ilbertz-Widmaier § 45 Rn. 4). So wird gegen Spenden für beispielsweise **Geburtstags- oder Hochzeitsgeschenke** sowie für einen Kranz anlässlich einer **Beerdigung** nichts einzuwenden sein. Es wird zweckmäßig sein, wenn der PR möglichst im Einvernehmen mit dem Dienststellenleiter handelt und vor derartigen Sammlungen einen zustimmenden Beschluss der Personalversammlung herbeiführt.

Abschnitt 4 **Rechtsstellung der Personalratsmitglieder**

§ 43   Allgemeines

(1) Die Mitglieder des Personalrats führen ihr Amt unentgeltlich als Ehrenamt.

(2) [1]Versäumnis von Arbeitszeit, die zur ordnungsmäßigen Durchführung der Aufgaben des Personalrats erforderlich ist, hat keine Minderung der Besoldung oder des Arbeitsentgelts zur Folge. [2]Werden Mitglieder des Personalrats durch die Erfüllung ihrer Aufgaben über ihre individuell maßgebliche Arbeitszeit hinaus beansprucht, so ist ihnen Dienstbefreiung in entsprechendem Umfang zu gewähren.

1 **Vorbemerkung.** Die frühere amtliche Fußnote zum 4. Abschnitt wurde durch das ÄG 2013 gestrichen. Die Fußnote enthielt Verweise auf unmittelbar für die Länder geltende Vorschriften des BPersVG, namentlich auf die §§ 107 bis 109 und § 9 BPersVG, die den Schutz der PR-Mitglieder ausgestalten. Die Vorschriften wurden zwischenzeitlich vollinhaltlich in das LPVG übernommen, so dass die amtliche Fußnote entbehrlich wurde. Die dem § 107 BPersVG entsprechende Vorschrift über die Behinderungs-, Benachteiligungs- und Begünstigungsverbote findet sich in § 6 Abs. 1 LPVG. Vorschriften zum Kündigungsschutz entsprechend § 108 BPersVG finden sich in § 47 LPVG. Der Unfallschutz entsprechend § 109 BPersVG ist landesrechtlich in § 6 Abs. 2 LPVG geregelt (früher § 47a a. F.). Die Regelungen zur Weiterbeschäftigung von Auszubildenden (§ 107 Satz 2 i. V. m. § 9 BPersVG) sind in § 48 LPVG enthalten. Vgl. hierzu im Einzelnen die Erläuterungen zu den jeweiligen Vorschriften.

Entsprechende Anwendung. § 43 gilt für den GesamtPR (§ 54 Abs. 4), die Stufenvertretungen (§ 55 Abs. 3), die Arbeitsgemeinschaften (§ 56 Abs. 3 Satz 3, § 57 Abs. 6), den AusbildungsPR (§ 58 Abs. 3), die JAV, die GesamtJAV und die StufenJAV (§§ 64 Satz 1, 66 Abs. 3 und Abs. 4) entsprechend.   **2**

I.   Ehrenamt (Abs. 1)

Unentgeltlichkeit. Abs. 1 legt fest, dass die Mitglieder des PR ein öffentliches **3** Ehrenamt innehaben, **mit dem eine Vergütung nicht verbunden ist** (Unentgeltlichkeit). Die PR-Mitglieder dürfen für ihre PR-Tätigkeit weder von ihrer Dienststelle und deren Beschäftigten noch von Außenstehenden (z. B. Gewerkschaften, Verbänden) Zuwendungen, gleich welcher Art, auch nicht in versteckter Form (z. B. Zuweisung eines besseren Arbeitsplatzes, bevorzugte Beförderung oder Höhergruppierung, unangemessene Entlastung im Amt, Zahlung von Sitzungsgeldern) annehmen. Das Verbot des Abs. 1 schließt aber den Ersatz der notwendigen Auslagen, die den PR-Mitgliedern bei der Erfüllung ihrer gesetzlichen Aufgaben entstanden sind, nicht aus (vgl. § 41).

II.   Aufgabendurchführung (Abs. 2)

1. Arbeits- bzw. Dienstbefreiung. Nach Abs. 2 haben die PR-Mitglieder An- **4** spruch auf **Arbeits- oder Dienstbefreiung** in dem für die Wahrnehmung ihrer gesetzlichen Aufgaben erforderlichen Umfang. Satz 1 sieht daher vor, dass ein Versäumnis von Arbeitszeit **nicht zur Minderung der Besoldung** oder des Arbeitsentgelts führt. Dieser Anspruch besteht nicht für die Tätigkeiten der PR-Mitglieder in Angelegenheiten, die nicht zu ihren gesetzlich festgelegten Aufgaben gehören, z. B. die Vertretung von Beschäftigten vor dem Arbeitsgericht oder für die Tätigkeit in einem Verband oder einer Gewerkschaft. Lehnt die Dienststelle die Arbeits- oder Dienstbefreiung wegen Fehlens der Voraussetzungen ab, muss das PR-Mitglied am Arbeitsplatz verbleiben, auch wenn es anderer Auffassung ist (Ilbertz-Widmaier § 46 Rn. 6). Über Streitigkeiten entscheidet das Verwaltungsgericht (ggf. im einstweiligen Rechtsschutzverfahren).

Benachrichtigung. Zur ordnungsmäßigen Wahrnehmung ihrer gesetzlichen **5** Aufgaben bedürfen die Mitglieder des PR weder eines Urlaubs noch einer ausdrücklichen Dienstbefreiung, soweit es sich um von Fall zu Fall zu erledigende Aufgaben handelt, wie Sitzungen, Besprechungen mit dem Dienststellenleiter, Beratung von Beschäftigten u. dgl. Jedoch haben sie ihre **Vorgesetzten zu be-**

nachrichtigen, wenn sie dem Dienst fernbleiben müssen oder ihre Dienstaufgaben nicht erledigen können (BVerwG, 9.3.1990 – 6 P 15.88 – BVerwGE 85, 36 = PersV 1990, 315 = PersR 1990, 177). Dazu gehört die Angabe des Orts und der voraussichtlichen Dauer der Abwesenheit.

6 **Aufgabenerfüllung.** Das Versäumnis von Arbeitszeit muss zur Erfüllung der gesetzlichen Aufgaben der PR-Mitglieder **erforderlich** und auch im Hinblick auf das Gebot der sparsamen und wirtschaftlichen Verwaltung der öffentlichen Mittel vertretbar sein. Dies schließt eine übermäßige zeitliche Ausdehnung von Besprechungen und Sitzungen ebenso aus wie die Übertragung einzelner Aufgaben an mehrere PR-Mitglieder, wenn diese ebenso gut und mit insgesamt geringerem Zeitaufwand von einem einzelnen PR-Mitglied erledigt werden können. Grundsätzlich wird man davon ausgehen können, dass als erforderlich die Arbeitszeitversäumnis angesehen werden kann, die das PR-Mitglied zur Erfüllung seiner Aufgaben bei der gegebenen Sachlage unter vernünftiger Würdigung aller Umstände für notwendig halten durfte (Ilbertz-Widmaier § 46 Rn. 8; Lorenzen u. a. § 46 Rn. 37).

7 **2. Freizeitausgleich.** Kann die PR-Arbeit ausnahmsweise nicht während der Arbeitszeit erfolgen, sollen die PR-Mitglieder nicht dadurch benachteiligt werden, dass sie ihre ehrenamtliche PR-Arbeit während der Freizeit erbringen müssen (LT-Drucksache 15/4224 S. 109 f.). Nach Abs. 2 Satz 2 haben die PR-Mitglieder daher einen **Rechtsanspruch** auf Freizeitausgleich, wenn sie durch die Erfüllung ihrer Aufgaben über ihre **individuell maßgebliche Arbeitszeit** hinaus in Anspruch genommen werden. Der Freizeitausgleich bemisst sich nach der tatsächlichen Dauer der PR-Arbeit, wobei Pausen nicht mitgerechnet werden (BVerwG, 30.1.1986 – 2 C 18.83 – PersV 1987, 21 = PersR 1987, 21). Die Abgeltung des Freizeitausgleichs durch die Zahlung einer Mehrarbeitsvergütung o. Ä. ist unzulässig (Lorenzen u. a. § 46 Rn. 68).

8 **Individuell maßgebliche Arbeitszeit.** Durch das ÄG 2013 wurde die frühere Bezugsgröße der „regelmäßigen Arbeitszeit" durch die „individuell maßgebliche Arbeitszeit" ersetzt. Hierdurch wurde insbesondere für Teilzeitbeschäftigte die Rechtssicherheit verbessert.

9 **Reisezeiten.** Kein Anspruch auf Freizeitausgleich besteht nach der Entscheidung des BAG vom 22.5.1986 (6 AZR 526/83 – PersV 1988, 455 = PersR 1987, 86) **für Reisezeiten**, die ein PR-Mitglied zum Erreichen einer auswärtigen Sitzung des BPR außerhalb der regelmäßigen Arbeitszeit aufwendet (s. a. OVG Greifswald, 30.5.2000 – 8 L 120/00 – ZfPR 2003, 139). Dieser Entscheidung kann wegen des Benachteiligungsverbots aber nur gefolgt werden, soweit der Ausschluss auch für Dienstreisen aller anderen Beschäftigten der Dienststelle gilt (vgl. auch Altvater u. a. § 47 Rn. 6).

10 **Ausschlussfrist.** Der Anspruch auf Freizeitausgleich fällt unter die Ausschlussfrist der §§ 37 Abs. 1 TVöD und TV-L.

§ 44   Schulungs- und Bildungsmaßnahmen

(1) [1]Die Mitglieder des Personalrats sowie die Ersatzmitglieder, die in absehbarer Zeit in den Personalrat eintreten werden oder regelmäßig zu Sitzungen des

Personalrats hinzugezogen werden, sind unter Fortzahlung der Besoldung oder des Arbeitsentgelts für die Teilnahme an Schulungs- und Bildungsveranstaltungen vom Dienst freizustellen, soweit diese Kenntnisse vermitteln, die für die Tätigkeit im Personalrat erforderlich sind; dabei sind die dienstlichen Interessen angemessen zu berücksichtigen. [2]§ 43 Absatz 2 Satz 2 gilt entsprechend.

(2) [1]Der Vorsitzende des Personalrats sowie einer der stellvertretenden Vorsitzenden haben viermal im Jahr Anspruch auf Besoldungs- oder Entgeltfortzahlung anlässlich der Teilnahme an einer von der zuständigen Gewerkschaft einberufenen Konferenz der Vorsitzenden der Personalräte. [2]Denselben Anspruch haben alle Mitglieder des Personalrats zweimal im Jahr zur Teilnahme an einer gleichen Konferenz. [3]Die persönliche Teilnahme an einer dieser Konferenzen ist durch eine Bescheinigung der zuständigen gewerkschaftlichen Konferenzleitung nachzuweisen. [4]Absatz 1 bleibt unberührt.

I. Schulungs- und Bildungsveranstaltungen (Abs. 1)

1. Freistellung bei Erforderlichkeit. Die PR-Mitglieder sind nach Abs. 1 unter **1** Fortzahlung der Besoldung und des Arbeitsentgelts für die Teilnahme an **erforderlichen** Schulungs- und Bildungsveranstaltungen **freizustellen.** Das Merkmal der Erforderlichkeit bestimmt sich danach, ob die Schulung **objektiv** für die PR-Tätigkeit, aber auch **subjektiv** im Hinblick auf das Schulungsbedürfnis des entsandten Mitglieds geboten ist. Die Schulungsveranstaltung muss von ihrer Thematik her die Vermittlung von Kenntnissen zum Gegenstand haben, die ihrer Art nach für die Tätigkeit des PR benötigt werden. Sie muss die Gewähr für eine ordentliche und sachgerechte Schulung bieten. Außerdem muss in objektiver Hinsicht ein **Schulungsbedürfnis** für das zu entsendende PR-Mitglied bestehen. Subjektiv erforderlich ist die Teilnahme an der Schulung dann, wenn gerade der von der Personalvertretung Ausgewählte die Schulung in den Themenbereichen benötigt, die Gegenstand der Veranstaltung bilden. Dieses Schulungsbedürfnis kann sich daraus ergeben, dass das Mitglied einer personalvertretungsrechtlichen Schulung bedarf, um seine Tätigkeit im PR überhaupt sachgerecht ausüben zu können, oder wenn eine Spezialausbildung erforderlich ist, um den besonderen Aufgaben, die ihm innerhalb der Personalvertretung zukommen, gerecht werden zu können (VGH Mannheim, 11.4.1995 – PL 15 S 2879/94 – PersR 1996, 61).

Berechtigte Personen. Für Schulungs- und Bildungsmaßnahmen erforderlichen- **2** falls freizustellen sind neben den PR-Mitgliedern seit dem ÄG 2013 auch ausdrücklich **Ersatzmitglieder,** die in absehbarer Zeit in den PR eintreten werden oder bereits gegenwärtig regelmäßig zu Sitzungen des PR hinzugezogen werden. In diesen Fällen ist es im Hinblick auf die Gewährleistung der reibungslosen Arbeitsfähigkeit des PR sinnvoll, den in Frage kommenden Ersatzmitgliedern bereits frühzeitig eine Schulung zu ermöglichen, die sich allerdings in der Regel auf eine **Grundschulung** beschränken dürfte (LT-Drucksache 15/4224 S. 110).

Entscheidung über Teilnahme. Welches PR-Mitglied oder Ersatzmitglied eine **3** Schulung besucht, entscheidet der PR. Im Hinblick auf den Grundsatz der ver-

trauensvollen Zusammenarbeit hat er hierbei allerdings auf dienstliche Belange
Rücksicht zu nehmen. Die Entscheidung über die Schulungsteilnahme erfolgt
durch gemeinsamen Beschluss i. S. v. § 34 Abs. 4 Satz 1. Das PR-Mitglied/Er-
satzmitglied ist verpflichtet, den Beschluss zu befolgen. Die Dienststelle spricht
sodann die Freistellung von den Dienstgeschäften für den benötigten Zeitraum
aus. Hierbei überprüft sie das Vorliegen der Voraussetzungen des Abs. 1, allerdings unter Beachtung des dem PR zustehenden **Beurteilungsspielraums** (vgl.
BVerwG, 25.6.1992 – 6 P 29.90 – PersR 1992, 364 = PersV 1992, 523).

4 Keine Dienstreise. Reisen zu Schulungs- und Bildungsveranstaltungen nach
Abs. 1 sind keine Dienstreisen; sie bedürfen deshalb keiner Anordnung oder
Genehmigung durch den zuständigen Vorgesetzten (vgl. die Allgemeine Verwal-
tungsvorschrift zum LRKG vom 30.11.2009 – GABl. S. 307 – Nr. 4.1 zu § 1).

5 Orientierungshilfe. Zu § 47 Abs. 5 a. F. (heute § 44 Abs. 1) hatte das Innenministerium Baden-Württemberg im Einvernehmen mit dem Finanzministerium
am 16.5.1991 (GABl. S. 601) die Verwaltungsvorschrift über die Kosten der
Teilnahme an Schulungs- und Bildungsveranstaltungen im Sinne des § 47
Abs. 5 LPVG erlassen, die aufgrund der Bereinigungsanordnung vom
16.12.1981 (GABl. 1982 S. 14), geändert am 8.1.1997 (GABl. S. 74), mit
Ablauf des Jahres 1998 außer Kraft getreten ist. Das Innenministerium teilte
den anderen Landesministerien mit, dass im Interesse des Vorschriftenabbaus
die Verwaltungsvorschrift nicht neu erlassen wird. Gleichzeitig übersandte es
den nachstehenden Entwurf einer neuen Vorschrift. Dieser Entwurf kann als
Orientierungshilfe für die Auslegung des § 44 Abs. 1 herangezogen werden
(s. a. die Hinweise des Finanzministeriums in der Allgemeinen Verwaltungsvorschrift zum LRKG vom 30.11.2009, GABl. S. 307 zu § 1). Verbindlich ist
er **nicht**!

Entwurf

*Verwaltungsvorschrift des Innenministeriums über Schulungs- und Bildungsveran-
staltungen für Mitglieder von Personalvertretungen (VwV-PersV-Schulung)
Vom … Az: 1-0307/82*

I.

*Das Innenministerium gibt im Einvernehmen mit dem Finanzministerium zur Freistel-
lung von Mitgliedern der Personalvertretungen und zur Übernahme der Kosten anlässlich der Teilnahme an Schulungs- und Bildungsveranstaltungen im Sinne des
§ 47 Abs. 5 des Landespersonalvertretungsgesetzes – LPVG – (Schulungen) folgende Hinweise:*
1. *Die Personalvertretung entscheidet durch Beschluss, welche ihrer Mitglieder an
   Schulungen teilnehmen sollen. Die Dienststelle entscheidet über die Freistellung
   vom Dienst und zugleich über die Übernahme der Kosten (§ 45 Abs. 1 Satz 1
   LPVG).*
2. *Die Schulung muss dem zur Teilnahme bestimmten Mitglied Kenntnisse vermitteln, die für seine Tätigkeit in der Personalvertretung objektiv und subjektiv erforderlich sind. Dies bedeutet:*
   – *die Schulung muss Sachgebiete betreffen, die zu den Aufgaben der jeweili-
     gen Personalvertretung gehören, und*

– das zur Teilnahme bestimmte Mitglied muss der Schulung in den Themenbereichen, die Gegenstand der Schulung sind, bedürfen.

2.1 Die Vermittlung von Grundkenntnissen (Grundschulung) über das Personalvertretungsrecht sowie regelmäßig berührte Sachgebiete, wie z. B. Dienst- und Tarifrecht, ist für alle Personalvertretungen erforderlich.

Die Grundschulung steht jedem Mitglied zu, das nicht bereits eine Grundschulung erfahren oder die entsprechenden Grundkenntnisse anderweitig erworben hat. War die Mitgliedschaft für mehrere Amtszeiten unterbrochen oder hat sich die Rechtslage grundlegend geändert, kann ausnahmsweise eine erneute Grundschulung erforderlich sein.

Für die Grundschulung wird in der Regel eine Dauer bis zu fünf Kalendertagen (Reisetage nicht eingerechnet) als erforderlich anzuerkennen sein.

2.2 Die Vermittlung von Kenntnissen über spezielle Sachgebiete (Spezialschulung) ist nur für solche Personalvertretungen erforderlich, die mit Vorgängen aus derartigen Spezialgebieten (z. B. Informationstechnik, Arbeitsschutz, Kündigungsschutz, Datenschutz) befasst sind oder in naher Zukunft befasst sein werden.

Die Vermittlung von Kenntnissen über ein Spezialgebiet ist in der Regel nur für ein Mitglied der Personalvertretung erforderlich. Schulungsbedürftig ist ein Mitglied nur, wenn ihm besondere in der Schulung zu behandelnde Aufgaben zugewiesen sind und kein anderes Mitglied über entsprechende Kenntnisse verfügt.

2.3 [...]

3. [...]

4. Bei der Entscheidung über die Kostenübernahme ist das Gebot der sparsamen Bewirtschaftung öffentlicher Mittel, insbesondere in Bezug auf die Zahl der zu entsendenden Mitglieder und die Dauer der Schulung, zu beachten. Außerdem ist zu prüfen, ob nicht gleichwertige Schulungsveranstaltungen angeboten werden, deren Besuch geringere Kosten verursachen würde.

Die Personalvertretung muss im Rahmen der Haushaltsaufstellung den Bedarf an Haushaltsmitteln bei der Dienststelle anmelden. Sind die verfügbaren Haushaltsmittel erschöpft, kommt die Kostenübernahme nur im Falle eines unvorhergesehenen und unabweisbaren Schulungsbedürfnisses (§ 37 Abs. 1 der Landeshaushaltsordnung) in Betracht. In diesem Fall können Verpflichtungen durch die Personalvertretung erst nach Schaffung der haushaltsmäßigen Voraussetzungen für die Kostenübernahme (Bereitstellung von überplanmäßigen Mitteln) eingegangen werden. Die Personalvertretung wirkt bei der Bereitstellung dieser Mittel durch Anzeige und Begründung des Mittelbedarfs mit.

5. Die Höhe der zu übernehmenden notwendigen Kosten bestimmt sich entsprechend § 45 Abs. 1 Satz 2 LPVG nach dem Landesreisekostengesetz (LRKG). Das freizustellende Personalratsmitglied hat die notwendigen Kosten durch geeignete Nachweise zu belegen. Aus den Kostennachweisen muss sich ergeben, welche Leistungen erbracht werden und welche Preise die Schulungsteilnehmer hierfür zu bezahlen haben. Nach Möglichkeit sollten die Zahl der notwendigen Übernachtungen sowie der Preis für die einzelne Übernachtung ebenso ersichtlich sein wie die Anzahl und die Einzelpreise der zu berechnenden Frühstücke, Mittag- und Abendessen.

6. Die sachlichen und personellen Generalunkosten (Vorhaltekosten) einer gewerkschaftlichen Schulungseinrichtung sind keine notwendigen Nebenkosten im Sinne des § 14 LRKG, da sie nicht in unmittelbarem Zusammenhang mit einer konkreten Schulungsveranstaltung stehen. Aus den Kostennachweisen von gewerkschaftlichen Schulungseinrichtungen muss hervorgehen, dass in dem Teilnehmerbeitrag oder den Verpflegungs- und Unterkunftskosten keine Vorhaltekosten enthalten sind.

II.

(Anwendungsempfehlung für die der Aufsicht des Landes unterstehenden Körperschaften, Anstalten und Stiftungen des öffentlichen Rechts.)

III.

(Inkrafttreten)

6   Rundschreiben des BMI. Anhaltspunkte für die Anwendung des Abs. 1 bietet darüber hinaus das Rundschreiben des **Bundesministeriums des Innern** zur Kostenerstattung für die Teilnahme an Schulungs- und Bildungsveranstaltungen sowie die hierfür notwendigen Freistellungen nach § 46 Abs. 6 Bundespersonalvertretungsgesetz (BPersVG) vom 28.4.2008 (GMBl. S. 406). Auch dieses Rundschreiben ist für das Land Baden-Württemberg **nicht** verbindlich, kann jedoch ebenso als Orientierungshilfe dienen.

7   Schulungskosten. Wegen der Bereitstellung der für die Schulungskosten erforderlichen Haushaltsmittel siehe § 41. Schulungskosten sind regelmäßige Aufwendungen, für die ein Antrag auf überplanmäßige oder außerplanmäßige Mittel grundsätzlich ausgeschlossen ist (BVerwG, 24.11.1986 – 6 P 3.85 – PersV 1987, 422 = PersR 1987, 84). Bei fehlenden Haushaltsmitteln sind die Kosten der Teilnahme an einer Schulungsveranstaltung, welche für die PR-Tätigkeit erforderliche Kenntnisse vermittelt, von der Dienststelle nur dann zu übernehmen, wenn der **Schulungsbedarf unaufschiebbar** ist (BVerwG, 26.2.2003 – 6 P 10.02 – PersV 2003, 351 = PersR 2003, 276). Unaufschiebbarkeit wird vom BVerwG bei Grundschulungen bejaht, wenn diese einhalb Jahre nach der Neuwahl noch nicht erfolgt sind, da sie sonst ihren Zweck nicht mehr erfüllen könnten. Bei Spezialschulungen liegt Unaufschiebbarkeit vor, wenn die vermittelten Kenntnisse benötigt werden, um einem akuten Handlungsbedarf zu genügen.

8   Rechtsprechungsbeispiele zu Abs. 1 (früher § 47 Abs. 5 a. F.) bzw. vergleichbaren Vorschriften des Bundes und der Länder:
–   Zur Erforderlichkeit der Schulung:
    BVerwG, 27.4.1979 – 6 P 83.78 – ZBR 1980, 254; BVerwG, 27.4.1979 – 6 P 76.78 – PersV 1981, 68 (Änderungen des BPersVG); BVerwG, 27.4.1979 – 6 P 62.78 – PersV 1981, 241 = ZBR 1981, 230 (Arbeitsschutz); BVerwG, 27.4.1979 – 6 P 17.78 – PersV 1981, 161 = ZBR 1980, 27 (Arbeitsrecht); BVerwG, 27.4.1979 – 6 P 3.78 – PersV 1981, 242 = ZBR 1981, 230 (Wahlordnung, Kindergeld); VGH Mannheim, 11.4.1995 – PL 15 S 2879/94 – PersR 1996, 61 (arbeitsgerichtliches Verfahren); OVG Lüneburg, 29.3.2007 – 17 LP 4/05 – ZfPR online 2007 Nr. 8, 11–13 (Altersversorgung im öffentlichen Dienst); BVerwG, 9.7.2007 – 6 P 9.06 – PersR 2007, 434 (Grundschulung für neugewählte PR-Mitglieder).
–   **Zur Teilnahme** des Vorsitzenden und des stellvertretenden Vorsitzenden des PR **an einem** sich über fünf Arbeitstage und ein Wochenende erstreckenden **Schulungskurs** „Einführung in das Arbeitsrecht": VGH Mannheim, 13.11.1979 – XIII 3415/78 – PersV 1982, 22 = ZBR 1980, 258.

- Für die Teilnahme eines PR-Mitglieds ohne besondere Aufgaben an einem Seminar „Arbeitsrecht II – Verfahrensrecht", das Spezialkenntnisse auf dem Gebiet des Arbeitsgerichtsverfahrens vermittelt, besteht kein Schulungsbedarf: VGH Mannheim, 11.4.1995 – PL 15 S 2879/94 – PersR 1996, 61.
- **Keine Erforderlichkeit der Schulung, wenn mit der Materie vertraute Mitglieder dem PR angehören:** BVerwG, 16.11.1987 – 6 PB 14.87 – ZBR 1988, 195 = PersV 1989, 67 = RiA 1988, 332.
- **Keine für die PR-Arbeit erforderliche Schulung über Arbeitskampf:** BVerwG, 22.7.1982 – 6 P 42.79 – PersV 1983, 374 = ZBR 1983, 165.
- **Schulung in rhetorischer Kommunikation nicht** für die Tätigkeit im PR erforderlich: BVerwG, 27.4.1979 – 6 P 36.78 – PersV 1981, 26; VGH Kassel, 2.12.2004 – 22 TL 558/04 – PersV 2005, 423 = ZfPR 2005, 70.
- Eine **Schulung zum Thema „Mobbing"** kann erforderlich sein, wenn eine Konfliktlage dargelegt wird, aus der sich ein Handlungsbedarf zur Wahrnehmung einer gesetzlichen Aufgabenstellung ergibt und zu deren Lösung das auf der Schulung vermittelte Wissen notwendig ist (für das BetrVG: BAG, 15.1.1997 – 7 ABR 14.96 – BAGE 85, 56 = NZA 1997, 781).
- Auch die **Schulung** mehrerer PR-Mitglieder über „**Eingruppierungsrecht des BAT**" (jetzt TVöD/TV-L) kann bei entsprechendem Arbeitsanfall im PR erforderlich sein: BVerwG, 16.11.1987 – 6 PB 14.87 – PersV 1989, 67.
- Die Teilnahme des **Stellvertreters** eines PR-Vorsitzenden an Schulungsveranstaltungen für Vorsitzende von PR mit dem Gegenstand „**Vorbereitung und Durchführung von Sitzungen, Verhandlungen und Versammlungen" ist nicht erforderlich, solange nicht feststeht, dass er demnächst Vorsitzender werden wird:** BVerwG, 23.4.1991 – 6 P 19.88 – BVerwGE 88, 137 = PersV 1992, 115 = ZBR 1991, 311.
- Ein PR-Mitglied kann grundsätzlich lediglich die Übernahme der Kosten für die Teilnahme an **einer** mehrtägigen Schulungsveranstaltung zum **Landespersonalvertretungsrecht** verlangen. Die Übernahme der Kosten für eine weitere Schulung im Personalvertretungsrecht kommt allenfalls dann in Betracht, wenn zwischen den Schulungsveranstaltungen eine größere Zeitspanne liegt oder zwischenzeitlich in der Rechtsentwicklung wesentliche Änderungen eingetreten sind: OVG Münster, 9.12.1980 – 2 CL 7/78 – PersV 1981, 378.
- **Voraussetzung der Pflicht** der Dienststelle, **die Kosten der Schulung** eines Mitglieds der Personalvertretung (JAV) **zu erstatten, ist grundsätzlich ein entsprechender Entsendungsbeschluss der Personalvertretung und eine entsprechende Freistellung durch die Dienststelle.** Die Dienststelle kann nicht nachträglich geltend machen, die Voraussetzungen – etwa wegen Erschöpfung der Haushaltsmittel – hätten nicht vorgelegen: VGH Mannheim, 8.6.1982 – 15 S 2630/81 – PersV 1983, 468; OVG Münster, 4.3.1993 – CL 33/89 – PersV 1995, 463, entsprechend zur Berechtigung zur Teilnahme an einer Schulung.
- **Der Beschluss des PR**, ein Mitglied zu einer Schulungs- und Bildungsveranstaltung zu entsenden, **hat nicht die Wirkung, dass das Mitglied zur Teilnahme an der Veranstaltung vom Dienst freigestellt ist.** Hierzu bedarf es der Freistellung vom Dienst durch die Dienststelle: VGH Mannheim, 6.7.1982 – 15 S 23/82 – PersV 1983, 469.

- Auf dem Gebiet der **Personalplanung/Arbeitsorganisation** besteht kein Schulungsanspruch, wenn die Dienststelle keine eigenständigen Entscheidungskompetenzen auf diesen Gebieten hat: OVG Lüneburg. 18.3.1992 – 17 L 10/90 – PersV 1994, 25.
- Kein Schulungsanspruch besteht, wenn die Schulungsveranstaltung nur **wenige Tage vor dem Ende der Amtszeit** eines PR-Mitglieds stattfinden soll: BVerwG, 25.6.1992 – 6 P 29.90 – PersR 1992, 364 = ZBR 1992, 379.
- Eine Schulung zum Thema „**Kündigungsschutz nach dem Schwerbehindertengesetz**" kann für die PR-Tätigkeit erforderlich sein: OVG Münster, 23.9.1992 – CB 172/89 – PersR 1993, 224.
- Wenn aus Sicht eines objektiven Betrachters eine Schulungsveranstaltung nicht erforderlich ist oder die Kosten in einem unangemessenen Verhältnis zu dem zu erwartenden Schulungseffekt stehen bzw. wenn keine Haushaltsmittel vorhanden sind, kann die **Kostenübernahme abgelehnt** werden: BVerwG, 7.12.1994 – 6 P 36.93 – BVerwGE 97, 116 = PersR 1995, 179.
- **Allgemeine Vorhaltekosten** (Generalunkosten) einer gewerkschaftlichen Bildungsstätte sind im Rahmen personalvertretungsrechtlicher Schulungsmaßnahmen ebenso wenig zu erstatten wie Kosten für zusätzliche Gesetzestexte und Kommentare für jeden Teilnehmer: VGH München, 3.5.2000 – 17 P 99.3639 – ZfPR 2001, 8 = PersV 2001, 365.
- Erweist sich die erfolgte Durchführung einer Schulungsveranstaltung wegen Verstoßes gegen das **Gebot der sparsamen Verwendung öffentlicher Mittel** als nicht erforderlich, so bleibt die Verpflichtung der Dienststelle unberührt, wenigstens diejenigen Kosten zu erstatten, die bei einer dieses Gebot beachtenden Durchführung der Veranstaltung angefallen wären: BVerwG, 12.11.2012 – 6 P 4.12 – PersR 2013, 85 = PersV 2013, 155.

9 **Sonderurlaub.** Unbeschadet der Regelung des § 44 kann nach § 29 Abs. 1 Nr. 3 AzUVO (früher: § 12 Abs. 1 Nr. 3 UrlVO) i. V. m. Nr. 9 VV zu § 112 LBG (heute: § 71 LBG) auf Anforderung der zuständigen Berufsvertretung, sofern dienstliche Gründe nicht entgegenstehen, Beamten Urlaub unter Belassung der Dienstbezüge zur Teilnahme an **Tagungen** und Lehrgängen, die **Zwecken der Gewerkschaften oder der Berufsverbände** dienen, bewilligt werden.

10 **Umfang.** Übersteigt dieser Urlaub zusammen mit dem Urlaub zur Teilnahme an Tagungen, Lehrgängen und Veranstaltungen, die fachlichen Zwecken dienen (§ 29 Abs. 1 Nr. 3c AzUVO), im Urlaubsjahr die Dauer von fünf Tagen, so ist für die weitere Zeit Erholungsurlaub des laufenden Urlaubsjahres oder, wenn dieser bereits genommen ist, Erholungsurlaub des folgenden Urlaubsjahres zu nehmen. Abweichend hiervon können nach § 29 Abs. 4 AzUVO für die genannten Zwecke Urlaub auch bis zu zehn Tagen, durch die oberste Dienstbehörde in besonders begründeten Ausnahmefällen auch darüber hinaus, bewilligt werden.

11 **2. Freizeitausgleich.** Abs. 1 Satz 2 erklärt § 43 Abs. 2 Satz 2 für entsprechend anwendbar. Damit ist PR-Mitgliedern bzw. Ersatzmitgliedern, die an Schulungen teilnehmen, die über ihre individuell maßgebliche Arbeitszeit hinausreichen, Dienstbefreiung in entsprechendem Umfang zu gewähren. Damit gibt der Gesetzgeber zu erkennen, dass er auch Schulungsmaßnahmen als PR-Arbeit

ansieht, die nicht in die Freizeit der Mitglieder fallen soll (LT-Drucksache 15/ 4224 S. 110). Dies kommt insbesondere auch Teilzeitbeschäftigten zugute.

II. Gewerkschaftstagungen (Abs. 2)

1. Vorsitzender. Abs. 2 regelt – wie Abs. 1 – ausschließlich die dienstrechtliche **12** Seite (Freistellung, Fortzahlung der Bezüge) für die Teilnahme **des Vorsitzenden des PR** an einer von der zuständigen Gewerkschaft einberufenen **Konferenz.** Der Vorsitzende und einer seiner Stellvertreter können **viermal im Jahr** bei Besoldungs- und Entgeltfortzahlung an einer solchen Konferenz teilnehmen. Die bisherige Bindung an das Kalendervierteljahr wurde aufgegeben, weil die Terminierung derartiger Konferenzen weniger an Jahresquartalen orientiert ist (LT-Drucksache 15/4224 S. 111).

Kosten. Die Kostenerstattung bestimmt sich nach § 41 Abs. 1. Sie hängt bei **13** Entsendung von PR-Mitgliedern zu einer **gewerkschaftlichen Personalrätekonferenz** davon ab, ob sich die Kosten (Reisekosten) auf die Tätigkeit des PR zurückführen lassen, und ob der Besuch der Konferenz objektiv zur Erfüllung der Aufgaben des PR und subjektiv für das entsandte PR-Mitglied erforderlich war (BVerwG, 1.8.1996 – 6 P 21.93 – PersV 1997, 109 = ZBR 1996, 400). Nach der Allgemeinen Verwaltungsvorschrift zum LRKG vom 30.11.2009 – GABl. S. 307 – Nr. 4.2 zu § 1 erfolgt eine Reisekostenerstattung für Reisen zu Konferenzen nach Abs. 2 (früher § 47 Abs. 6 a. F.) in der Regel nicht.

2. PR-Mitglieder. Während sich Satz 1 nur auf den Vorsitzenden des PR und **14** seine Stellvertreter bezieht, regelt Satz 2, dass auch die übrigen Mitglieder des PR einen solchen Anspruch auf Teilnahme an der gleichen Konferenz besitzen, allerdings nur **zweimal im Jahr.** Über die konkrete Teilnahme entscheidet der PR durch Beschluss.

3. Bescheinigung. Der Vorsitzende oder das PR-Mitglied muss an der Gewerk- **15** schaftskonferenz persönlich teilnehmen. Über seine Teilnahme muss die veranstaltende Gewerkschaft eine Bescheinigung ausstellen, die das PR-Mitglied bzw. der Vorsitzende seinem Arbeitgeber/Dienstherrn vorzulegen hat. Die Vorlage einer ordnungsgemäßen Bescheinigung ist Voraussetzung der Fortzahlung der Bezüge (Altvater u. a. § 47 Rn. 37).

4. Schulungen. Satz 4 stellt klar, dass sich die Regelungen des Abs. 2 nicht auf **16** die Teilnahme an Schulungsveranstaltungen bezieht, sondern die dafür geltenden speziellen Regelungen unberührt lässt.

§ 45   Freistellung

(1) ¹Mitglieder des Personalrats sind auf Antrag des Personalrats von ihrer dienstlichen Tätigkeit freizustellen, wenn und soweit es nach Umfang und Art der Dienststelle zur ordnungsgemäßen Durchführung ihrer Aufgaben erforderlich ist. ²Sie sind freizustellen in Personalräten mit

fünf Mitgliedern	für zwölf Arbeitsstunden in der Woche,
sieben Mitgliedern	für 24 Arbeitsstunden in der Woche,
neun Mitgliedern	im Umfang eines Vollzeitbeschäftigten,
elf Mitgliedern	im Umfang von zwei Vollzeitbeschäftigten,
13 Mitgliedern	im Umfang von drei Vollzeitbeschäftigten,
15 Mitgliedern	im Umfang von vier Vollzeitbeschäftigten,
17 Mitgliedern	im Umfang von fünf Vollzeitbeschäftigten,
19 Mitgliedern	im Umfang von sechs Vollzeitbeschäftigten,
21 Mitgliedern	im Umfang von sieben Vollzeitbeschäftigten,
23 Mitgliedern	im Umfang von acht Vollzeitbeschäftigten,
25 Mitgliedern	im Umfang von neun Vollzeitbeschäftigten,
27 Mitgliedern	im Umfang von zehn Vollzeitbeschäftigten.

[3]Eine entsprechende Teilfreistellung mehrerer Mitglieder ist zulässig.

(2) Personalrat und Dienststelle können abweichend von Absatz 1 Satz 2 höhere oder niedrigere Freistellungen für die Dauer der Amtszeit des Personalrats vereinbaren.

(3) [1]Maßgebend für die Ermittlung der Freistellungen ist die Zahl der Mitglieder des Personalrats, welche nach § 10 Absatz 1, 3 und 4 einer zum Zeitpunkt der Antragstellung durchzuführenden Wahl des Personalrats zugrunde zu legen wäre. [2]Würde sich nach der Freistellung die Zahl der Mitglieder des Personalrats im Falle einer Neuwahl um mehr als zwei Mitglieder verringern, ist eine aufgrund der bisherigen Mitgliederzahl bewilligte Freistellung zu verringern. [3]Absatz 2 bleibt unberührt.

(4) [1]Bei der Freistellung sind zunächst die von den Gruppenvertretern gewählten Vorstandsmitglieder, sodann die übrigen Vorstandsmitglieder zu berücksichtigen. [2]Bei weiteren Freistellungen sind die im Personalrat vertretenen Wahlvorschläge nach den Grundsätzen der Verhältniswahl zu berücksichtigen; dabei sind die nach Satz 1 freigestellten Vorstandsmitglieder anzurechnen.

I.   Freistellung (Abs. 1)

1   **1. Grundsatz.** Freistellung nach § 45 bedeutet eine **generelle Befreiung von dienstlicher Tätigkeit**, im Gegensatz zur Dienstbefreiung zur Wahrnehmung der von Fall zu Fall auftretenden Aufgaben des PR nach § 43 Abs. 2. Die Freistellung kann eine teilweise (für Stunden oder Tage) oder eine vollständige sein. Der Betreffende wird von seinen Dienstaufgaben entpflichtet. Die Freistellung ist nur möglich und zulässig, wenn und soweit es nach Umfang und Art der Dienststelle zur ordnungsgemäßen Durchführung der PR-Arbeit erforderlich ist. Die Übertragung der Aufgaben, für die freigestellt wird, muss in die Zuständigkeit des PR fallen und mit dem Gesetz in Einklang stehen.

2   **Antrag.** Die Freistellung wird vom PR bei der Dienststelle beantragt. Dies ist eine gemeinsame Angelegenheit, für die es eines Beschlusses des PR bedarf. Er entscheidet auch unter Beachtung von Abs. 4, welche Mitglieder freigestellt werden sollen nach § 34 Abs. 4 Satz 1 als gemeinsame Angelegenheit.

3   **Entscheidung über Freistellung.** Die **Dienststelle** prüft, ob die Freistellungen gerechtfertigt sind und entscheidet über die Freistellung der einzelnen PR-Mit-

glieder. Dem PR steht ein **Rechtsanspruch** auf Freistellungen zu (Ilbertz-Widmaier § 46 Rn. 16; Lorenzen u. a. § 46 Rn. 94). Die vom PR getroffene Auswahl seiner freizustellenden Mitglieder ist für den Dienststellenleiter insoweit
verbindlich, als er nicht von ihr abweichen darf. Er muss eine beantragte Freistellung ablehnen, wenn entweder die gesetzlichen Voraussetzungen nicht gegeben sind oder wenn unabweisbare Gründe, die sich aus den von ihm rechtlich
und tatsächlich zu vertretenden dienstlichen Belangen oder aus seiner eigenen
personalvertretungsrechtlichen Stellung ableiten, der Freistellung eines oder
mehrerer der vom PR ausgewählten Mitglieder entgegenstehen. Er ist aber
nicht berechtigt, eine Freistellung auch dann abzulehnen, wenn er die Auswahlentscheidung des PR mit Vorschriften des Personalvertretungsrechts für unver-
einbar hält, die seine eigene personalvertretungsrechtliche Stellung nicht berühren (VGH Mannheim, 11.1.1983 – 15 S 2470/82 – ZBR 1984, 154; BVerwG,
10.5.1984 – 6 P 33.83 – BVerwGE 69, 222 = PersV 1986, 160 = PersR 1986,
15).

Zuständigkeit. Die **Entscheidung** über den Antrag auf Freistellung eines PR- **4**
Mitglieds obliegt **in Gemeinden** als Geschäft der laufenden Verwaltung dem
Bürgermeister.

Keine Mitbestimmung. Da die Freistellung der PR-Mitglieder kein Fall der Mit- **5**
bestimmung oder der Mitwirkung ist, finden im Falle der Nichteinigung die
§§ 73 ff. keine Anwendung. Der PR kann sich aber an die nächsthöhere Dienststelle wenden mit der Bitte, im Dienstaufsichtsweg einzugreifen. Er kann auch
das Verwaltungsgericht anrufen.

Dauer. Freistellungen erfolgen grundsätzlich für die Dauer der Amtszeit des **6**
PR, es sei denn, sie werden wegen eindeutiger, erheblicher und dauerhafter
Veränderung der Beschäftigtenzahl (nach oben oder nach unten) oder der Auf-
gaben des PR oder wegen Abberufung des Freigestellten durch den PR aufgeho-
ben (BVerwG, 2.9.1996 – 6 P 3.95 – PersR 1996, 498 = PersV 1997, 119).
Vgl. hierzu auch Abs. 3.

Lohnausfallprinzip. Die PR-Mitglieder haben, auch wenn sie ganz oder teil- **7**
weise freigestellt sind, die Besoldung bzw. das Arbeitsentgelt zu beanspruchen,
das sie normalerweise für ihre Arbeit erhalten würden. Es gilt das sog. Lohnausfallprinzip, d. h. der Entgeltanspruch richtet sich danach, welche Sach- und
Rechtslage vorgelegen hätte, wenn die PR-Aufgaben nicht übernommen worden wären (Ilbertz-Widmaier § 46 Rn. 9). Zu ihm gehören auch die Nebenbe-
züge, die vor der Freistellung regelmäßig angefallenen tariflichen Zuschläge
für Nacht-, Sonntags- und Feiertagsarbeit usw., nicht jedoch der Ersatz für
Aufwendungen, die infolge der Arbeitsversäumnis oder Freistellung nicht entstanden sind oder nicht mehr entstehen. Die für die Zuschläge anfallenden
Steuern und Sozialversicherungsbeiträge muss das freigestellte PR-Mitglied
selbst tragen, auch wenn die Zuschläge usw. vor der Freistellung abgabenfrei
ausgezahlt wurden. Dem Arbeitnehmer steht nur das Arbeitsentgelt zu, das
er bei Erbringung der Arbeitsleistung erhalten hätte, nicht aber ein tariflicher
Urlaubslohnaufschlag (BAG, 23.10.2002 – 7 AZR 416/01 – BAGE 103, 158 =
PersR 2003, 247). Eine bisher gewährte Erschwerniszulage für Dienst zu un-

günstigen Zeiten ist weiterzuzahlen. Die Höhe bestimmt sich nach der Zahl der Stunden des Dienstes zu ungünstigen Zeiten, die der Beamte geleistet hätte, wenn er nicht freigestellt worden wäre (BVerwG, 13.9.2001 – 2 C 34.00 – ZfPR 2002, 105 = PersR 2002, 162 = PersV 2003, 146).

8 **Keine Pauschale.** Eine **pauschalierte Aufwandsentschädigung** für ganz oder teilweise freigestellte PR-Mitglieder, wie sie § 46 Abs. 5 BPersVG vorsieht, **lehnte der Gesetzgeber ab.** Der Anspruch der PR-Mitglieder auf Ersatz der ihnen durch ihre PR-Tätigkeit entstehenden notwendigen Kosten (§ 41 Abs. 1) bleibt unberührt.

9 **Urlaub.** Der Urlaub voll freigestellter PR-Mitglieder ist (formal) von der Dienststelle zu genehmigen; sie hat sich dabei an die Vorstellungen des PR zu halten. Hierbei ist § 39 Abs. 2 zu beachten.

10 **2. Umfang der Freistellungen.** Abs. 1 Satz 2 enthält eine durch das ÄG 2013 umfassend umstrukturierte Freistellungsstaffel. Der Freistellungsanspruch wird nunmehr an die Zahl der Mitglieder des PR angeknüpft, wie sie sich aus § 10 ergibt (vgl. auch Abs. 3) und nicht mehr an die Zahl der „in der Regel Beschäftigten". Der zeitliche Freistellungsumfang bemisst sich nicht mehr an Mitgliedern sondern nach dem Arbeitszeitumfang von Vollzeitbeschäftigten. Damit soll vorgebeugt werden, dass teilzeitbeschäftigte PR-Mitglieder bei Freistellungen unberücksichtigt bleiben, aus der Befürchtung heraus, dass das Freistellungskontingent teilweise verfallen könnte (LT-Drucksache 15/4224 S. 111). Insgesamt wurde zudem der Freistellungsumfang erhöht, um den durch das ÄG 2013 erweiterten Mitbestimmungs- und Beteiligungsrechten Rechnung zu tragen.

11 **Freistellungsstaffel.** Ab einer PR-Größe von fünf Mitgliedern legt die Freistellungsstaffel den Umfang der Freistellungen fest. Eine **Prüfung,** ob und inwieweit nach Art und Umfang bei der einzelnen Dienststelle eine Freistellung zur ordnungsmäßigen Durchführung der Aufgaben der Personalvertretung tatsächlich erforderlich ist, findet **nicht** statt. Der Freistellungsstaffel liegt die Erwägung zugrunde, dass bei einer bestimmten Mitgliederzahl im PR und einer damit verbundenen hohen Anzahl von Beschäftigten für den PR regelmäßig Aufgaben anfallen, die eine entsprechende Freistellung erfordern. Die Freistellungssätze beruhen auf vom Gesetzgeber für angemessen erachteten Erfahrungswerten. In Dienststellen mit weniger als fünf PR-Mitgliedern ist über den Freistellungsanspruch anhand einer **konkreten Bedarfsprüfung** nach Abs. 1 Satz 1 zu entscheiden.

12 **3. Teilfreistellung.** Abs. 1 Satz 3 lässt ausdrücklich die Teilfreistellung mehrerer PR-Mitglieder zu und erleichtert damit die verstärkte Mitarbeit und Übernahme von Funktionen (z. B. im Vorstand) auch der Mitglieder, die wegen ihrer PR-Tätigkeit aus ihrem bisherigen Arbeitsgebiet nicht ganz ausscheiden und sich für den Fall der Beendigung ihrer Freistellung die Rückkehr auf ihren bisherigen Arbeitsplatz offen halten möchten. Durch Teilfreistellungen darf die Obergrenze der Freistellungen nach Abs. 1 Satz 2 nicht überschritten werden. Die Verteilung der Freistellungsstunden richtet sich auch bei Teilfreistellungen nach § 45 Abs. 4 (VGH Mannheim, 24.4.2001 – PL 15 S 1419/00 – PersR 2001, 481).

II. Abweichende Vereinbarung (Abs. 2)

Abweichende Vereinbarung. Die Freistellungsstaffel in Abs. 1 Satz 2 beruht auf **13** einer gesetzlichen Vermutung des im Normfall erforderlichen Freistellungsaufwands. Mit Abs. 2 ermöglicht es jedoch der Gesetzgeber dem PR und der Dienststelle, gemeinsam und flexibel auf die örtlichen Gegebenheiten und die aktuelle Arbeitsbelastung zu reagieren. Sie können einvernehmlich abweichende Vereinbarungen – etwa durch Dienstvereinbarungen – über den Freistellungsumfang treffen. Dabei kommen sowohl höhere als auch niedrigere Freistellungen in Betracht. Entscheidend bleibt der Erforderlichkeitsgrundsatz aus Abs. 1 Satz 1 (LT-Drucksache 15/4224 S. 113).

III. Ermittlung der Freistellungen (Abs. 3)

1. Maßgebende Zahl. Abs. 3 Satz 1 bestimmt, welche Mitgliederzahl des PR **14** zu welchem Zeitpunkt für die Freistellung maßgebend ist, namentlich die Zahl der Mitglieder, die nach § 10 Abs. 1, Abs. 3 und Abs. 4 einer zum Zeitpunkt der Antragstellung (auf Freistellung) durchzuführenden Wahl des PR zugrunde zu legen wäre.

2. Reduzierung der Freistellungen. Bereits vor dem ÄG 2013, durch das Abs. 3 **15** in die Freistellungsvorschriften aufgenommen wurde, war nach der Rechtsprechung anerkannt, dass der PR verpflichtet ist, während seiner Amtszeit eine Reduzierung der Zahl der Freistellungen hinzunehmen, wenn eindeutig feststeht, dass der nach der Freistellungsstaffel maßgebliche Schwellenwert erheblich und dauerhaft unterschritten wird (vgl. BVerwG, 9.7.2008 – 6 PB 12.08 – PersR 2008, 415 = PersV 2008, 421). Abs. 3 Satz 2 bestimmt nunmehr, dass eine erhebliche Verringerung mit der Konsequenz einer Verringerung der bewilligten Freistellungen erst vorliegt, wenn sich die Mitgliederzahl des PR im Falle einer fiktiven Neuwahl um mehr als zwei Mitglieder verringern würde. Damit führen Schwankungen in geringerem Umfang nicht zu Änderungen in der Freistellung. Die Regelung greift nach der Intention des Gesetzgebers allerdings nur, wenn die bewilligten Freistellungen der bisher maßgeblichen Mitgliederzahl des PR entsprechen, also das Freistellungskontingent vollständig ausgeschöpft ist (zum Ganzen LT-Drucksache 15/4224 S. 113).

3. Abweichende Vereinbarungen. Abs. 3 Satz 3 stellt klar, dass Abs. 2 unbe- **16** rührt bleibt, d. h. dass unbeschadet der grundsätzlichen Verpflichtung zur Anpassung der Freistellungen aus Abs. 3 Satz 2 der PR und die Dienststelle einvernehmlich eine abweichende Regelung treffen können.

IV. Freizustellende Personen (Abs. 4)

1. Vorstandsmitglieder. Abs. 4 Satz 1, wonach bei der Freistellung zunächst die **17** von den Gruppen gewählten Vorstandsmitglieder, sodann die übrigen Vorstandsmitglieder zu berücksichtigen sind, schafft einen **absoluten Vorrang der Gruppenvorstandsmitglieder.** Der PR kann daher nicht ein zugewähltes Vorstandsmitglied zur Freistellung vorschlagen, wenn ein zur Freistellung bereites Gruppenvorstandsmitglied noch vorhanden ist (VGH Mannheim, 29.9.1992 – 15 S 1685/91 – PersV 1997, 507).

18   **2. Weitere Freistellungen.** Nach Abs. 4 Satz 2 sind bei weiteren Freistellungen die im PR vertretenen **Wahlvorschläge** nach den Grundsätzen der Verhältniswahl unter Anrechnung der bereits freigestellten Vorstandsmitglieder zu berücksichtigen.

§ 46   Benachteiligungsverbot, Berufsbildung freigestellter Mitglieder des Personalrats

(1) Von ihrer dienstlichen Tätigkeit freigestellte Mitglieder des Personalrats dürfen in ihrem beruflichen Werdegang nicht benachteiligt werden.

(2) [1]Von ihrer dienstlichen Tätigkeit freigestellte Mitglieder des Personalrats dürfen von Maßnahmen der Berufsbildung innerhalb und außerhalb der Verwaltung oder des Betriebs nicht ausgeschlossen werden. [2]Innerhalb eines Jahres nach Beendigung der Freistellung eines Personalratsmitglieds ist diesem im Rahmen der Möglichkeiten der Dienststelle Gelegenheit zu geben, eine wegen der Freistellung unterbliebene verwaltungs- oder betriebsübliche Entwicklung nachzuholen. [3]Für Mitglieder des Personalrats, die drei volle aufeinanderfolgende Amtszeiten von ihrer dienstlichen Tätigkeit freigestellt waren, erhöht sich der Zeitraum nach Satz 2 auf zwei Jahre.

I.   Benachteiligungsverbot (Abs. 1)

1   **Benachteiligungsverbot.** Abs. 1 konkretisiert das Benachteiligungsverbot des § 6 Abs. 1 in Bezug auf den **beruflichen Werdegang** von Freigestellten. Danach nehmen freigestellte PR-Mitglieder bei Erfüllung der beamten-, laufbahn- oder tarifrechtlichen Voraussetzungen in demselben Umfang am beruflichen Fortkommen teil, wie nicht Freigestellte. Für die freigestellten PR-Mitglieder ist eine **fiktive Nachzeichnung** der Laufbahn oder des beruflichen Werdegangs vorzunehmen; zum Vergleich ist auf die berufliche Entwicklung von Beschäftigten abzustellen, die vor der Freistellung einen dem PR-Mitglied entsprechenden Dienstposten innehatten. Zur gesicherten Bewertung des Leistungsvermögens kann es auch notwendig sein, die Freistellung zu unterbrechen, um berufliche Kenntnisse und Fähigkeiten nachzuweisen, wenn dieser Nachweis von allen Bewerbern gefordert wird (z. B. bei Aufstieg oder Höhergruppierungen; vgl. z. B. OVG Münster, 24.6.1980 – 6 A 292/78 – PersV 1982, 75). Eine solche Erprobungszeit kann nach Auffassung des OVG Koblenz (8.11.2004 – 2 A 10994/04 – ZfPR 2005, 8 = PersR 2005, 195 = PersV 2005, 149) bei Beamten auch im Wege der Teilzeitbeschäftigung von mindestens der Hälfte der regelmäßigen Arbeitszeit abgeleistet werden.

2   **Beamte.** Die Nachzeichnung ist bei Beamten dadurch möglich, dass die letzte dienstliche Beurteilung unter Berücksichtigung der Entwicklung vergleichbarer

Beamter **fiktiv fortgeschrieben** wird (BVerwG, 10.4.1997 – 2 C 38.95 – PersR 1997, 533; OVG Magdeburg, 30.5.2000 – B 3 S 391/99 – ZfPR 2001, 171). Sie ist keine dienstliche Beurteilung i. S. des Beamtenrechts, die dem Betroffenen zu eröffnen und zu den Personalakten zu nehmen wäre. Allerdings ist ihm zur Nachzeichnung im Rahmen eines Auswahlverfahrens **rechtliches Gehör** zu gewähren.

Einzelfälle. Der Anspruch eines freigestellten PR-Mitglieds auf **Höhergruppie- 3 rung** setzt eine fiktive Nachzeichnung des beruflichen Werdegangs voraus, den das PR-Mitglied ohne die PR-Tätigkeit genommen hätte (BAG, 27.6.2001 – 7 AZR 496/99 – NZA 2002, 106 = ZfPR 2002, 44 = PersR 2002, 39). Dgl. kann bei teilweise freigestellten PR-Mitgliedern gelten (BAG, 19.3.2003 – 7 AZR 334/02 – BAGE 105, 329 = PersV 2004, 69 = ZfPR 2004, 79). Dabei ist darauf zu achten, dass keine Bevorzugung gegenüber nicht freigestellten PR-Mitgliedern eintritt und darauf abzustellen, welche höherbewertete Tätigkeit für den Betroffenen in Betracht gekommen wäre und anderen, vergleichbaren, nicht freigestellten Arbeitnehmern auch übertragen wurde. Eingruppierungsunterschiede, die nur auf individuelle Leistungs- und Befähigungsunterschiede zurückgehen, dürfen nicht berücksichtigt werden. Ein **Bewährungsaufstieg**, der – wie der Zeitaufstieg – während der Freistellung möglich ist, ist davon abhängig, ob die tarifgerechte Eingruppierung dies zulässt.

Vergütung. Das PR-Mitglied kann den Arbeitgeber – ohne dass es auf dessen 4 Verschulden ankäme – unmittelbar auf die Zahlung der Vergütung aus einer höheren Vergütungsgruppe in Anspruch nehmen, wenn er ohne seine Freistellung mit Aufgaben betraut worden wäre, welche die Eingruppierung in die höhere Vergütungsgruppe rechtfertigen (BAG, 27.6.2001 – 7 AZR 496/99 – NZA 2002, 106 = ZfPR 2002, 44 = PersR 2002, 39).

Auswahlverfahren. Kommt ein PR-Mitglied in einem Auswahlverfahren man- 5 gels fehlendem aktuellen Fachwissen oder weil sich der Arbeitgeber zur Beurteilung der fachlichen und beruflichen Qualifikation in Folge der Freistellung außer Stande sieht, nicht in Betracht, so ist zwar die Entscheidung für den qualifizierteren Bewerber nach Art. 33 Abs. 2 GG nicht zu beanstanden. Gleichwohl kann eine Zahlungspflicht aus § 107 BPersVG i. V. mit § 46 Abs. 1 LPVG entstehen, wenn das Fehlen von feststellbarem aktuellem Wissen aufgrund der Freistellung eingetreten ist (BAG, 27.6.2001 – 7 AZR 496/99 – NZA 2002, 106 = ZfPR 2002, 44 = PersR 2002, 39).

Alter Arbeitsplatz. Das PR-Mitglied hat nach Beendigung der Freistellung kei- 6 nen Anspruch auf seinen „alten" Arbeitsplatz; es kann nur die Übertragung von Tätigkeiten verlangen, die denen vor der Freistellung besoldungs- bzw. tarifmäßig entsprechen.

II. Berufliche Weiterbildung (Abs. 2)

Berufliche Weiterbildung. Abs. 2 wurde § 38 Abs. 4 BetrVG nachgebildet und 7 soll neben Abs. 1 sicherstellen, dass PR-Mitgliedern auch durch eine längere

Freistellung keine Nachteile in ihrem beruflichen Werdegang entstehen. Sie dürfen daher von Maßnahmen der **Berufsbildung** nicht ausgeschlossen werden (Satz 1). Satz 2 und Satz 3 gehen davon aus, dass ein freigestelltes PR-Mitglied wegen der Freistellung nicht in der Lage war, an Berufsbildungsmaßnahmen teilzunehmen. Ihm ist daher nach Beendigung der Freistellung Gelegenheit zu geben, die unterbliebene **verwaltungs- oder betriebsübliche Entwicklung nachzuholen.** Hierfür sieht Satz 2 einen Zeitraum von einem Jahr vor. Sofern die Freistellung für drei volle aufeinanderfolgende Amtszeiten des PR bestand, erhöht sich der Zeitraum auf zwei Jahre (Satz 3), da der Nachholungsbedarf in diesem Fall regelmäßig höher ist.

§ 47   Schutz des Arbeitsplatzes

(1) [1]Mitglieder des Personalrats dürfen gegen ihren Willen nur versetzt werden, wenn dies auch unter Berücksichtigung der Mitgliedschaft im Personalrat aus wichtigen dienstlichen Gründen unvermeidbar ist. [2]Die Versetzung von Mitgliedern des Personalrats gegen ihren Willen bedarf der Zustimmung des Personalrats. [3]Verweigert der Personalrat seine Zustimmung oder äußert er sich nicht innerhalb von drei Arbeitstagen nach Eingang des Antrags, so kann das Verwaltungsgericht die Zustimmung auf Antrag der Dienststelle ersetzen, wenn die Voraussetzungen des Satzes 1 vorliegen. [4]In dem Verfahren vor dem Verwaltungsgericht ist das Mitglied des Personalrats Beteiligter.

(2) Absatz 1 gilt entsprechend in den Fällen der Abordnung, der Zuweisung, der Personalgestellung und der mit einem Wechsel des Dienstorts verbundenen oder für eine Dauer von mehr als zwei Monaten vorgesehenen Umsetzung in derselben Dienststelle.

(3) [1]Für Auszubildende in öffentlich-rechtlichen Ausbildungsverhältnissen, Beamte im Vorbereitungsdienst und Beschäftigte in einer dem Vorbereitungsdienst entsprechenden Berufsausbildung gelten die Absätze 1 und 2 sowie die §§ 15 und 16 des Kündigungsschutzgesetzes nicht. [2]Die Absätze 1 und 2 gelten ferner nicht bei den dort genannten Personalmaßnahmen dieser Beschäftigten im Anschluss an den Vorbereitungsdienst oder das Ausbildungsverhältnis.

(4) [1]Die außerordentliche Kündigung von Mitgliedern des Personalrats, die in einem Arbeitsverhältnis stehen, bedarf der Zustimmung des Personalrats. [2]Verweigert der Personalrat seine Zustimmung oder äußert er sich nicht innerhalb von drei Arbeitstagen nach Eingang des Antrags, so kann das Verwaltungsgericht die Zustimmung auf Antrag der Dienststelle ersetzen, wenn die außerordentliche Kündigung unter Berücksichtigung aller Umstände gerechtfertigt ist. [3]In dem Verfahren vor dem Verwaltungsgericht ist das Mitglied des Personalrats Beteiligter.

(5) Die Absätze 1, 2 und 4 gelten entsprechend für Ersatzmitglieder, solange sie nach § 27 Absatz 1 in den Personalrat eingetreten sind.

1   **Vorbemerkung.** § 47 gilt auch für die **Mitglieder des GesamtPR** (§ 54 Abs. 4) **und der Stufenvertretungen** (§ 55 Abs. 3). Weiter gilt § 47 zum Teil für die Mitglieder der **JAV** (§ 64 Satz 2) und des **AusbildungsPR** (§ 58 Abs. 3) entsprechend; bei der JAV mit der Maßgabe, dass die in § 47 genannten Personalmaßnahmen bei Mitgliedern der JAV der Zustimmung des PR bedürfen. Da sich die

GesamtJAV und die StufenJAV (§ 66) aus Mitgliedern der JAV zusammensetzt, erübrigte sich für diese Gremien eine besondere Regelung. In der Praxis wird wohl die Zustimmung zur Versetzung, Abordnung, Umsetzung etc. eines Mitglieds der JAV oder des AusbildungsPR nicht versagt werden können, wenn es sich um eine Maßnahme entsprechend den Erfordernissen der Ausbildung des Beschäftigten handelt, denn das Benachteiligungsverbot des § 6 Abs. 1 ist auch von den Personalvertretungen zu beachten.

Wahlvorstand und Wahlbewerber. § 47 Abs. 1 Satz 1, Abs. 2 und Abs. 4 gilt   **2**
auch für die **Mitglieder des Wahlvorstands** und Ersatzmitglieder, solange sie in den Wahlvorstand eingetreten sind (§ 15 Abs. 5), und **die Wahlbewerber** entsprechend bei der Wahl des PR (§ 20 Abs. 1 Satz 3), des GesamtPR (§ 54 Abs. 4), der Stufenvertretungen (§ 55 Abs. 3) und des AusbildungsPR (§ 58 Abs. 3). Da jedoch § 47 Abs. 1 Satz 3 bis 4 keine entsprechende Anwendung findet, besteht für den Wahlvorstand von seiner Bestellung (Wahl) an bis zur ersten (konstituierenden) Sitzung des neuen PR und für die Wahlbewerber von der Aufstellung des Wahlvorschlags an bis zur Bekanntgabe des Wahlergebnisses ein umfassender Schutz gegen Versetzung, Abordnung oder andere in Abs. 2 genannte Personalmaßnahmen, wenn das Mitglied des Wahlvorstands oder der Wahlbewerber mit der beabsichtigten Maßnahme nicht einverstanden ist. Eine von § 47 Abs. 1 und Abs. 2 erfasste Personalmaßnahme ist deshalb auch mit Zustimmung des PR nicht möglich, es sei denn, der Beschäftigte ist mit der beabsichtigten Maßnahme einverstanden. Dieser weitgehende Schutz ist angesichts der kurzen Zeitspanne, für den er gilt, hinnehmbar. Ein umfassender Schutz der Mitglieder des Wahlvorstands und der Wahlbewerber ergibt sich zudem aus § 20 Abs. 1 Satz 1. Die Möglichkeit der außerordentlichen Kündigung auch des Wahlvorstands und der Wahlbewerber mit Zustimmung des PR nach § 47 Abs. 4 bleibt unberührt.

Zweck. Der Zweck des Schutzes des Arbeitsplatzes nach § 47 ist es zu verhin-   **3**
dern, dass durch Personalmaßnahmen der Verlust der PR-Mitgliedschaft eintritt und so Einfluss auf die Zusammensetzung des PR genommen werden könnte. Zudem sichert § 47 die ungestörte Ausübung des Amtes. Geschützt wird damit nicht nur das einzelne Mitglied sondern auch das gesamte Gremium (Altvater u. a. § 48 Rn. 5).

I.   Schutz vor Versetzungen (Abs. 1)

1. Versetzung. Abs. 1 Satz 1 schränkt die **Versetzung der PR-Mitglieder** ganz   **4**
erheblich ein. Gegen ihren Willen dürfen sie nur versetzt werden, wenn dies auch unter Berücksichtigung der Mitgliedschaft im PR **aus wichtigen dienstlichen Gründen unvermeidbar** ist **und der PR,** dem sie angehören, **zustimmt** (Abs. 1 Satz 2). Es genügt also nicht, dass für die Maßnahme ein dienstliches Bedürfnis besteht (§ 24 Abs. 2 Satz 1 und § 25 Abs. 1 Satz 2 LBG). Es muss hinzukommen, dass die Maßnahme aus wichtigen dienstlichen Gründen unvermeidbar ist, d. h. dass die dienstlichen Interessen die Versetzung unabweisbar erfordern, dass vor allem durch die Versetzung eines anderen Beschäftigten den dienstlichen Belangen nicht in ausreichendem Maße Rechnung getragen wer-

den kann, und dass bei gerechter Abwägung aller Umstände die Interessen des Beschäftigten und des PR zurückstehen müssen.

5 **Widerruf der Zustimmung.** Die **Zustimmung eines PR-Mitglieds** zu seiner Versetzung kann nach der Eröffnung der Versetzungsverfügung **nicht** mehr **widerrufen** werden (BVerwG, 12.4.2000 – 1 WB 7.00 – PersV 2000, 557 = ZBR 2000, 307).

6 Nachwirkung. Eine vor Ablauf der Amtszeit des PR verfügte und erst nach deren Ende wirksam werdende Versetzung eines PR-Mitglieds unterliegt bei dessen fehlender Zustimmung auch weiterhin dem Schutz des Abs. 1, insbesondere dem Zustimmungserfordernis des Abs. 1 Satz 2, wenn das PR-Mitglied noch vor Eintritt der Wirksamkeit der Personalmaßnahme erneut in den PR gewählt wird (BVerwG, 18.5.2004 – 1 WDS-VR 1.04 – PersV 2004, 460 = PersR 2005, 322).

7 Stufenvertretung. Ebenso bedarf die Versetzung eines Mitglieds einer Stufenvertretung deren Zustimmung, auch wenn diese Versetzung nicht zum Verlust des Amts in der Stufenvertretung führt, z. B. weil die neue Dienststelle ebenfalls zum Bereich der Stufenvertretung gehört (BVerwG, 29.4.1981 – 6 P 37.79 – PersV 1982, 406 = ZBR 1982, 185).

8 2. Zustimmung des PR. Die Versetzung eines PR-Mitglieds bedarf zu ihrer Wirksamkeit der Zustimmung des PR. Die Zustimmung nach Abs. 1 Satz 2 des PR, dem das beteiligte Mitglied angehört, ist **nicht erforderlich, wenn** dieses mit der beabsichtigten Maßnahme **einverstanden ist** (BVerwG, 18.10.1977 – VII P 14.75 – PersV 1979, 70), denn im Falle der Verweigerung der Zustimmung gegen den Willen des PR-Mitglieds hätte dieses immer noch die Möglichkeit, sein Amt niederzulegen (§ 25 Abs. 1 Nr. 2).

9 Verfahren. Die Zustimmung nach Abs. 1 Satz 2 gehört nicht zu den Fällen der Mitbestimmung oder Mitwirkung. Das weitere Verfahren ist deshalb in Abs. 1 Satz 3 und 4 abschließend geordnet. Die §§ 73 ff. finden keine Anwendung. Bei der Beschlussfassung des PR handelt es sich um eine gemeinsam zu beschließende Angelegenheit i. S. v. § 34 Abs. 4 Satz 1. Es handelt sich nicht um eine Gruppenangelegenheit, da der PR in seiner Gesamtheit betroffen ist (s. a. Ilbertz-Widmaier § 47 Rn. 43). Der PR kann die Zustimmung zur Versetzung eines seiner Mitglieder auch **nach Ablauf der Äußerungsfrist** nach Abs. 1 Satz 3 noch erteilen (VGH Mannheim, 28.3.1996 – 4 S 3185/95 – ZBR 1996, 222).

10 Mitbestimmung. Die in Abs. 1 und Abs. 2 genannten Maßnahmen unterliegen neben der Zustimmung nach Abs. 1 Satz 2 **auch** der **Mitbestimmung** nach § 75 Abs. 1 Nr. 11 und Abs. 2, denn die Beteiligungsrechte der nach diesen Bestimmungen zuständigen Personalvertretungen werden durch § 47 Abs. 1 nicht eingeschränkt.

11 3. Ersetzung der Zustimmung. Stimmt der PR der Maßnahme nicht zu oder äußert er sich nicht innerhalb der in Satz 3 genannten Frist von **drei Arbeitstagen**, kann das **Verwaltungsgericht** auf Antrag des Dienststellenleiters die Zustimmung ersetzen, wenn die Voraussetzungen des Satzes 1 vorliegen. Die Entscheidung ergeht im Beschlussverfahren.

4. Beteiligte. Im gerichtlichen Beschlussverfahren sind der Dienststellenleiter **12** (Antragsteller) und der PR (weiterer Beteiligter) beteiligt. Abs. 1 Satz 4 bestimmt, dass die Rechte des betroffenen PR-Mitglieds nicht nur vom PR wahrgenommen werden, sondern dass das PR-Mitglied selbst am Verfahren zu beteiligen ist. Dieser hat alle aus der Stellung als Verfahrensbeteiligter folgenden Rechte und kann sich auch dann anwaltlich vertreten lassen, wenn bereits der PR einen Rechtsanwalt mandatiert hat.

II. Weitere Personalmaßnahmen (Abs. 2)

Weitere Personalmaßnahmen. Abs. 2 benennt weitere Personalmaßnahmen, **13** für die das Zustimmungserfordernis nach Abs. 1 gilt, namentlich für die Abordnung, Zuweisung, Personalgestellung und die mit einem Wechsel des Dienstortes verbundene oder für eine Dauer von mehr als zwei Monaten vorgesehene Umsetzung in derselben Dienststelle.

Abordnungsdauer. Bei Abordnungen gilt die in § 75 Abs. 2 Nr. 2 festgelegte **14** Zweimonatsfrist nicht; d. h. **jede Abordnung** unterliegt **ohne Rücksicht auf ihre Zeitdauer** den Beschränkungen des Abs. 1. Die Beendigung einer befristeten Abordnung und damit Rückkehr („Rückabordnung") des Beschäftigten in die Stammdienststelle löst keine Zustimmungspflicht aus (VGH Mannheim, 30.3.1999 – PL 15 S 2568/98 – PersR 1999, 275).

Umsetzung. Der Abordnung bzw. Versetzung gleichgestellt ist nicht nur die mit **15** dem Wechsel des Dienstorts verbundene **Umsetzung** innerhalb der Dienststelle sondern auch eine Umsetzung in derselben Dienststelle, die für mehr als zwei Monate andauern soll. Auch eine nur **vorübergehende Umsetzung** eines PR-Mitglieds, mit der ein Wechsel des Dienstorts verbunden ist, bedarf der Zustimmung des PR, dem es angehört (BVerwG, 29.4.1981 – 6 P 37.79 – PersV 1982, 406 = ZBR 1982, 186). Die Ausdehnung des Zustimmungserfordernisses durch das ÄG 2013 begründete der Gesetzgeber mit der großen Wichtigkeit der Erhaltung des konkret zugewiesenen Arbeitsplatzes für die PR-Mitglieder. Sie sollen vor jeder Maßnahme bewahrt werden, die sie an der unabhängigen Wahrnehmung ihres Ehrenamtes hindern können. Auch eine Umsetzung am selben Dienstort bringe die Eingliederung in eine andere Arbeitsorganisation mit sich, in der die PR-Tätigkeit unter Umständen nur unter erschwerten Bedingungen erledigt werden kann. In der Regel besteht auf dem bisherigen Arbeitsplatz eine Übereinkunft, die dienstliche Aufgaben und PR-Tätigkeit in Einklang bringen. Dies soll durch eine Umsetzung nicht gefährdet werden (LT-Drucksache 15/4224 S. 114).

Weitere Maßnahmen. Nicht unter den Schutz des Abs. 1 und Abs. 2 fallen **16** **Maßnahmen i. S. v. § 16 BeamtStG**, da es sich um keine Versetzungen handelt und der Übergang eine gesetzliche Folge darstellt. Ebenso nicht darunter fallen **organisatorische Maßnahmen**, durch welche die Gliederung der Dienststellenorganisation verändert wird, auch wenn mit ihnen der Verlust des PR-Amts verbunden ist (BVerwG, 15.7.2004 – 6 P 15.03 – PersR 2004, 434 = PersV 2004, 427 = ZfPR 2005, 66).

III. Ausnahmen (Abs. 3)

17   **1. Personenkreis.** Abs. 3 Satz 1 schließt Auszubildende in öffentlich-rechtlichen Ausbildungsverhältnissen, Beamte im Vorbereitungsdienst und Beschäftigte in einer dem Vorbereitungsdienst entsprechenden Berufsausbildung von der Anwendung der Abs. 1 und 2 und der §§ 15 und 16 des KSchG aus. Als entsprechende Berufsausbildung gelten solche, die in der Regel bei mehreren Dienststellen nach Weisung der Stammbehörde erfolgen, die die Einstellung verfügt und die Ausbildung im Einzelnen regelt (Lorenzen u. a. § 47 Rn. 154).

18   **2. Satz 2.** Wird ein in Abs. 3 Satz 1 genannter Beschäftigter im Anschluss an das Ausbildungsverhältnis zu einer anderen Dienststelle versetzt, abgeordnet oder unterliegt einer sonstigen Personalmaßnahme im Sinne des Abs. 2, verbleibt es bei der Ausschlussregelung des Abs. 3 Satz 1.

IV. Außerordentliche Kündigung (Abs. 4)

19   **1. Zustimmung des PR.** Nach Abs. 4 Satz 1 bedarf die **außerordentliche Kündigung** von Mitgliedern des PR, die in einem Arbeitsverhältnis stehen, der Zustimmung des PR. Abs. 4 wurde mit dem Dienstrechtsreformgesetz vom 9.11.2010 in das LPVG eingefügt. Er entspricht im Wesentlichen dem bisher unmittelbar für die Länder geltenden **§ 108 Abs. 1 BPersVG**. Der Schutz nach Abs. 4 sowie § 15 des KSchG gilt **nicht für Beamte**. Die bei Beamten auf Lebenszeit oder auf Zeit allein mögliche Beendigung des Beamtenverhältnisses gegen ihren Willen im Wege des förmlichen Disziplinarverfahrens nach dem Landesdisziplinargesetz oder im Wege der zwangsweisen Zurruhesetzung nach § 44 LBG bleibt hier ebenso unberührt wie die bei allen Beamten mögliche Entlassung nach §§ 31 und 32 LBG. Aber auch für Beamte auf Probe oder auf Widerruf, die nach § 23 Abs. 3 und 4 BeamtStG ohne förmliches Disziplinarverfahren entlassen werden können, fehlt ein entsprechender Kündigungs-(Entlassungs-)schutz, jedoch ist bei diesen Beamten § 107 Satz 1 BPersVG und § 75 Abs. 3 Nr. 10 zu beachten.

20   **Ordentliche Kündigung.** Eine über Abs. 4 hinausgehende Regelung **für die ordentliche Kündigung** von Mitgliedern einer Personalvertretung, eines Wahlvorstands und der Wahlbewerber enthält § 15 KSchG. Diesen Schutz haben die Mitglieder der Personalvertretungen auch noch ein Jahr nach Beendigung ihrer Amtszeit. Die Mitglieder eines Wahlvorstands und die Wahlbewerber haben den Schutz noch ein halbes Jahr nach der Bekanntgabe des Wahlergebnisses.

21   **Stimmrecht.** Die **Mitglieder der JAV** stimmen bei der außerordentlichen Kündigung eines ihrer Mitglieder (mit Ausnahme dieses Mitglieds) im PR mit, da es sich um eine Angelegenheit handelt, die besonders die Beschäftigten i. S. v. § 59 betrifft (§ 32 Abs. 4 Satz 2).

Zuständigkeit. Zuständig für die Zustimmung ist der PR, dem der Beschäf- **22** tigte als Mitglied angehört oder zu dem er als Mitglied des Wahlvorstands oder als Wahlbewerber in personalvertretungsrechtlicher Beziehung steht. **Gehört ein Arbeitnehmer mehreren Personalvertretungen als Mitglied an,** bedarf es zu seiner außerordentlichen Kündigung der Zustimmung jeder einzelnen dieser Personalvertretungen (BVerwG, 8.2.1986 – 6 P 20.84 – PersV 1987, 46 = ZBR 1987, 288).

Verfahren. Zur **Antragstellung** berechtigt ist der Leiter derjenigen Dienststelle, **23** die für das Aussprechen der außerordentlichen Kündigung zuständig ist. Es handelt sich hier um keine Mitbestimmung oder Mitwirkung im eigentlichen Sinne. Die §§ 73 ff. finden keine Anwendung.

2. Ersetzung der Zustimmung. Das Verwaltungsgericht kann die Zustimmung **24** auf Antrag des Dienststellenleiters ersetzen, wenn die außerordentliche Kündigung **unter Berücksichtigung aller Umstände gerechtfertigt** ist (Abs. 4 Satz 2).

Einzelfälle. Beispielsweise stellt **Diebstahl** von Heizöl zum Nachteil des Arbeit- **25** gebers einen wichtigen Grund dar, der gemäß Abs. 4 Satz 2, § 108 Abs. 1 Satz 2 BPersVG i. V. mit § 626 Abs. 1 BGB zur Ersetzung der Zustimmung der Personalvertretung zur außerordentlichen Kündigung des Arbeitsverhältnisses eines Hausmeisters durch das Verwaltungsgericht ermächtigt (VGH Mannheim, 11.12.2001 – PL 15 S 715/01 – PersR 2002, 344 = PersV 2003, 149).

Frist. Der Antrag muss innerhalb der **zweiwöchigen Ausschlussfrist** des § 626 **26** Abs. 2 BGB beim Verwaltungsgericht gestellt sein und demnächst zugestellt werden (Lorenzen u. a. § 47 Rn. 80). Der Antrag ist jedoch dann noch rechtzeitig gestellt, wenn er unverzüglich nach Erteilung der behördlichen Zustimmung nach dem SGB IX bei Gericht eingeht (VGH Mannheim, 11.12.2001 – PL 15 S 715/01 – PersR 2002, 344 = PersV 2003, 149).

3. Beteiligung. Im gerichtlichen Beschlussverfahren ist der betroffene Beschäf- **27** tigte Beteiligter.

V. Ersatzmitglieder (Abs. 5)

Entsprechende Anwendung. Die Abs. 1, 2 und 4 gelten auch für Ersatzmitglie- **28** der, solange sie nach § 27 Abs. 1 in den PR eingetreten sind (Abs. 5). Mit dem ÄG 2013 hat der Gesetzgeber die bereits in der Rechtsprechung anerkannte Fallgruppe in das Gesetz übernommen (BVerwG, 27.9.1984 – 6 P 38.83 – ZBR 1985, 60 = NJW 1985, 2842 = PersV 1986, 468). Das Ersatzmitglied muss dauerhaft oder jedenfalls für längere Zeit ein Mitglied des PR ersetzen, um in den Anwendungsbereich des § 47 zu fallen. Wer als Ersatzmitglied an nur einer Sitzung des PR teilgenommen hat, genießt zwar den nachwirkenden Kündigungsschutz nach § 15 Abs. 2 Satz 2 KSchG, seine außerordentliche Kündigung bedarf aber nicht der Zustimmung dieses PR (BVerwG, 8.12.1986 – 6 P 20.84 – PersV 1987, 426 = ZBR 1987, 287).

§ 48   Übernahme Auszubildender

(1) Beabsichtigt die Dienststelle, einen Auszubildenden in einem Berufsausbildungsverhältnis nach dem Berufsbildungsgesetz, dem Krankenpflegegesetz oder dem Hebammengesetz, der Mitglied im Personalrat ist, nach erfolgreicher Beendigung des Berufsausbildungsverhältnisses nicht in ein Arbeitsverhältnis auf unbestimmte Zeit zu übernehmen, so hat sie dies drei Monate vor Beendigung des Berufsausbildungsverhältnisses dem Auszubildenden schriftlich mitzuteilen.

(2) Verlangt ein Auszubildender nach Absatz 1 innerhalb der letzten drei Monate vor Beendigung des Berufsausbildungsverhältnisses schriftlich von der Dienststelle die Weiterbeschäftigung, so gilt zwischen dem Auszubildenden und der Dienststelle im Anschluss an das erfolgreiche Berufsausbildungsverhältnis ein Arbeitsverhältnis auf unbestimmte Zeit als begründet.

(3) Die Absätze 1 und 2 gelten auch, wenn das Berufsausbildungsverhältnis vor Ablauf eines Jahres nach Beendigung der Amtszeit des Personalrats erfolgreich endet.

(4) [1]Die Dienststelle kann spätestens bis zum Ablauf von zwei Wochen nach Beendigung des Berufsausbildungsverhältnisses beim Verwaltungsgericht beantragen,
1. **festzustellen, dass ein Arbeitsverhältnis nach den Absätzen 2 oder 3 nicht begründet wird, oder**
2. **das bereits nach den Absätzen 2 oder 3 begründete Arbeitsverhältnis aufzulösen,**

wenn Tatsachen vorliegen, aufgrund derer der Dienststelle unter Berücksichtigung aller Umstände die Weiterbeschäftigung nicht zugemutet werden kann. [2]In dem Verfahren vor dem Verwaltungsgericht ist der Personalrat Beteiligter.

(5) Die Absätze 2 bis 4 sind unabhängig davon anzuwenden, ob die Dienststelle ihrer Mitteilungspflicht nach Absatz 1 nachgekommen ist.

I.   Nichtübernahme von Auszubildenden (Abs. 1)

1   **Personenkreis.** Mit § 48 (früher § 47 Abs. 4 bis 8 a. F.) wurden die bisher unmittelbar für die Länder geltenden Vorschriften des § 107 Satz 2 i. V. m. § 9 BPersVG unter redaktioneller Anpassung in das Landesrecht übernommen. Sie gelten durch Verweisungen auch für Mitglieder des GesamtPR (§ 54 Abs. 4), Mitglieder der Stufenvertretungen (§ 55 Abs. 3) sowie Mitglieder der JAV (§ 64 Satz 2). Für Auszubildende, die vorzeitig (vor dem Ende der Amtszeit) aus dem PR ausgeschieden sind, gilt der Schutz des § 48 nicht. Nach § 48 werden die in einem Berufsausbildungsverhältnis nach dem **Berufsbildungsgesetz,** dem **Krankenpflegegesetz** und dem **Hebammengesetz** stehenden Beschäftigten, die PR-Mitglieder sind, gegen die Nichtübernahme in ein Arbeitsverhältnis auf unbestimmte Zeit nach Beendigung der Ausbildung geschützt. Beschäftigte, die **im Rahmen eines öffentlich-rechtlichen Dienstverhältnisses ausgebildet werden** (z. B. Auszubildende in öffentlich-rechtlichen Ausbildungsverhältnissen im Sinne des § 16 Abs. 5 LBG, Beamte auf Widerruf im Vorbereitungsdienst) sowie Volontäre und Anlernlinge gehören nicht zu den geschützten Personen. Sie haben aber den Schutz des § 6 Abs. 1 (Benachteiligungsverbot). Auch **Umschulungen** zu einem Beruf nach dem Berufsbildungsgesetz, dem Krankenpflegegesetz oder dem Hebammengesetz fallen unter den Schutz (BVerwG, 31.5.1990 – 6 P 16.88 – PersV 1990, 528 = PersR 1990, 256 = ZfPR 1990, 107).

Beamte. Der Schutz nach § 48 sowie § 15 des KSchG gilt **nicht für Beamte.** **2** Die bei Beamten auf Lebenszeit oder auf Zeit allein mögliche Beendigung des Beamtenverhältnisses gegen ihren Willen im Wege des förmlichen Disziplinarverfahrens nach dem Landesdisziplinargesetz oder im Wege der zwangsweisen Zurruhesetzung nach § 44 LBG bleibt hier ebenso unberührt wie die bei allen Beamten mögliche Entlassung nach §§ 31 und 32 LBG. Aber auch für Beamte auf Probe oder auf Widerruf, die nach § 23 Abs. 3 und 4 BeamtStG ohne förmliches Disziplinarverfahren entlassen werden können, fehlt ein entsprechender Kündigungs-(Entlassungs-)schutz, jedoch ist bei diesen Beamten § 107 Satz 1 BPersVG und § 75 Abs. 3 Nr. 10 zu beachten.

Mitteilungspflicht. Der Arbeitgeber, der einen Auszubildenden nach erfolgreicher Beendigung der Ausbildung nicht in ein Arbeitsverhältnis auf unbestimmte **3** Zeit übernehmen will, muss dies dem Auszubildenden drei Monate vor Beendigung des Ausbildungsverhältnisses schriftlich mitteilen.

II. Übernahmeverlangen (Abs. 2)

Arbeitsverhältnis. Verlangt ein Auszubildender im Sinne von Abs. 1 innerhalb **4** der letzten drei Monate vor Beendigung des Berufsausbildungsverhältnisses schriftlich die Weiterbeschäftigung, so kommt durch dieses Verlangen im Anschluss an das Ausbildungsverhältnis ein Arbeitsverhältnis auf unbestimmte Zeit zustande.

Ersatzmitglied. Ein Beschäftigter, der in einer JAV nur an wenigen, zeitlich weit **5** auseinanderliegenden Sitzungen oder nur kurzfristig als **Ersatzmitglied** mitgewirkt hat, kann nicht verlangen, nach Beendigung seiner Berufsausbildung in der Dienststelle in einem Dauerarbeitsverhältnis weiterbeschäftigt zu werden (BVerwG, 25.6.1986 – 6 P 27.84 – ZBR 1986, 306 = PersV 1986, 514). Dagegen ist das **Weiterbeschäftigungsverlangen** eines Ersatzmitglieds **gerechtfertigt,** wenn zeitlich getrennte Vertretungstätigkeiten in einer so großen Zahl von Einzelfällen ausgeübt worden sind, dass sie in ihrer Gesamtheit einer über einen längeren, in sich geschlossenen Zeitraum bestehenden Ersatzmitgliedschaft im PR gleichkommt und wenn sich eine missbräuchliche Begünstigung ausschließen lässt (BVerwG, 28.2.1990 – 6 P 21.87 – BVerwGE 85, 5 = PersV 1990, 312). Entscheidend sind die Umstände des Einzelfalls.

Keine Hinweispflicht. Der Leiter der Dienststelle ist nicht verpflichtet, den Aus- **6** zubildenden darauf hinzuweisen, dass er sein **Übernahmeverlangen** nach Abs. 2 innerhalb der letzten drei Monate vor Beendigung des Berufsausbildungsverhältnisses (schriftlich) zu stellen hat (BVerwG, 22.4.1987 – 6 P 15.83 – PersR 1987, 189); er muss die Fristeinhaltung auch nicht zugunsten des Auszubildenden kontrollieren oder ihn zur Wahrung seiner Rechte anhalten (BVerwG, 9.10.1996 – 6 P 20.94 – BVerwGE 102, 100 = ZfPR 1997, 44 = PersR 1997, 163).

III. Nachwirkung (Abs. 3)

7   **Abschluss der Berufsausbildung.** Die Abs. 1 und 2 gelten auch im Falle des Abs. 3. Die Auszubildenden haben den Schutz auch noch, wenn das Berufsausbildungsverhältnis vor Ablauf eines Jahres nach Beendigung der Amtszeit erfolgreich endet.

IV. Gerichtliches Verfahren (Abs. 4)

8   **1. Antrag.** Der Arbeitgeber kann im verwaltungsgerichtlichen Beschlussverfahren klären lassen, ob es durch das Übernahmeverlangen zu einem Arbeitsverhältnis gekommen ist bzw. er kann die Auflösung dieses Arbeitsverhältnisses begehren.

9   **Frist.** Der Antrag kann nur innerhalb einer Frist von zwei Wochen nach Beendigung des Ausbildungsverhältnisses beim Verwaltungsgericht gestellt werden. Die **Zweiwochenfrist** nach Abs. 4 Satz 1 ist nur gewahrt, wenn der Bedienstete, der den Antrag für die Dienststelle stellt, seine Vertretungsbefugnis durch Vorlage einer schriftlichen Vollmacht innerhalb der Ausschlussfrist nachweist; auf den Zeitpunkt der Ausstellung der Vollmacht kommt es nicht an (BVerwG, 1.12.2003 – 6 P 11.03 – BVerwGE 119, 270 ff. = PersR 2004, 60 = ZfPR 2004, 73).

10   **Voraussetzungen.** Dem Feststellungs- bzw. Auflösungsantrag ist nur zu entsprechen, wenn Tatsachen vorliegen, aufgrund derer dem Arbeitgeber die Weiterbeschäftigung nicht zumutbar ist.

11   **Zumutbarkeit.** Einem Arbeitgeber ist es nur dann zuzumuten, ein (früheres) Mitglied einer Personalvertretung nach Abschluss der Berufsausbildung weiter zu beschäftigen, wenn ihm dafür eine **Planstelle** oder ein der Ausbildung entsprechender **Arbeitsplatz** zur Verfügung steht, auf dem der Weiterzubeschäftigende dauernd beschäftigt werden kann. Nach dem Beschluss des BVerwG vom 31.5.1990 (6 P 16.88 – PersV 1990, 528 = PersR 1990, 256) ist für die Beurteilung der **Zumutbarkeit** nach Abs. 4 Satz 1 (früher § 47 Abs. 7 Satz 1 a. F.) ausschlaggebend, ob im Zeitpunkt der Beendigung des Berufsausbildungsverhältnisses **gesetzliche oder tarifliche oder schwerwiegende in der Person des Beschäftigten liegende Gründe gegeben sind, die es ausschließen, die Fortsetzung des Beschäftigungsverhältnisses von dem Arbeitgeber zu verlangen.** Die Weiterbeschäftigung ist für den Arbeitgeber auch unzumutbar, wenn eine **ausbildungsadäquate Stelle nicht zur Verfügung** steht (VGH München, 4.2.1987 – 17 C 86.03523 – ZBR 1988, 137; vgl. auch BVerwG, 2.11.1994 – 6 P 6.93 – PersV 1995, 332). Die objektiven und subjektiven Einstellungsbedingungen des öffentlichen Dienstes müssen beachtet sein. **Der Arbeitgeber ist nicht verpflichtet, eine Planstelle oder einen Arbeitsplatz einzurichten, um seiner Weiterbeschäftigungspflicht nachkommen zu können** (BVerwG, 15.10.1985 – 6 P 13.84 – BVerwGE 72, 154 = PersR 1986, 173 = ZBR 1986, 142; BVerwG, 9.9.1999 – 6 P 5.98 – BVerwGE 109, 295 = PersR 2000, 156 = ZBR 2000, 172).

Beförderungsstellen. Die Weiterbeschäftigung ist dann nicht unzumutbar, **12** wenn nur Stellen frei sind, für die zwar auch die Absolventen hinreichend qualifiziert sind, die jedoch als „Beförderungsstellen" verwendet werden sollen und speziell zu diesem Zweck zur alsbaldigen Besetzung intern ausgeschrieben sind; denn die Weiterbeschäftigung kann unter den Vorbehalt gestellt werden, dass die Beschäftigung auf dieser Planstelle nur vorübergehend (vertretungsweise) vorgesehen ist und alsbald auf dem durch den vorgesehenen Beförderungsvorgang demnächst frei werdenden Arbeitsplatz fortgesetzt werden soll (BVerwG, 17.5.2000 – 6 P 8/99 – ZfPR 2000, 232 = PersR 2000, 419).

Eignung. Eine Weiterbeschäftigung ist nicht zumutbar, wenn andere Bewerber **13** objektiv wesentlich fähiger und geeigneter sind als das PR-Mitglied (BVerwG, 9.9.1999 – 6 P 5.98 – BVerwGE 109, 295 = PersR 2000, 156). Dies ist der Fall, wenn er in einer maßgeblichen Abschlussprüfung um deutlich mehr als eine volle Notenstufe schlechter abgeschnitten hat als der schwächste sonstige Bewerber, der sonst in ein Dauerarbeitsverhältnis übernommen würde. Die Differenz muss mindestens das 1,33-fache dieser Notenstufe betragen (BVerwG, 17.5.2000 – 6 P 9.99 – PersR 2000, 421).

Betriebliche Gründe. Umstände i. S. v. Abs. 4 Satz 1, die eine Weiterbeschäfti- **14** gung unzumutbar machen, sind nicht nur personenbedingte oder verhaltensbedingte, sondern **auch betriebliche Gründe** (VGH Mannheim, 13.11.1979 – XIII 1277/79 – PersV 1982, 24).

Stellenbesetzungssperre. Auch eine **haushaltsrechtliche** Stellenbesetzungs- **15** sperre ist bei der Prüfung, ob dem Arbeitgeber die Weiterbeschäftigung nicht zuzumuten ist, zu beachten (BVerwG, 30.10.1987 – 6 P 25.85 – BVerwGE 78, 223 = PersV 1988, 494 = RiA 1988, 157; VGH Mannheim, 22.8.1995 – PB 15 S 1008/95 – PersR 1996, 286). Jedoch führt eine **verwaltungsinterne** allgemeine Stellenbesetzungssperre, die von dem die Funktion des Arbeitgebers wahrnehmenden Verwaltungsorgan verfügt wurde, nicht zur Unzumutbarkeit der Weiterbeschäftigung eines (früheren) PR-Mitglieds (BVerwG, 13.3.1989 – 6 P 22.85 – ZBR 1989, 309 = PersV 1989, 357). Dagegen führt ein von einer übergeordneten Behörde verfügter Einstellungsstopp zur Unzumutbarkeit, wenn er in Vollzug wenigstens globaler Anweisungen des Haushaltsgesetzgebers zur Personaleinsparung ergeht. Ausnahmen müssen eindeutig gefasst sein (BVerwG, 2.11.1994 – 6 P 6.93 – PersV 1995, 332). Unzumutbarkeit kann auch vorliegen, wenn im maßgebenden Zeitpunkt der Beendigung des Ausbildungsverhältnisses eine durch den Haushaltsgesetzgeber veranlasste Stellenbesetzungssperre besteht, von der das Finanzministerium nur im Falle eines unabweisbar vordringlichen Personalbedarfs Ausnahmen zulassen kann (BVerwG, 13.9.2001 – 6 PB 9.01 – PersR 2001, 524 = PersV 2002, 552).

Topfwirtschaft. Im Fall von Topfwirtschaft (wenn Funktionen nicht bestimm- **16** ten Planstellen zugeordnet sind) ist eine Weiterbeschäftigung zumutbar, wenn zur Nachbesetzung freier Dienstposten noch Planstellen zur Verfügung stehen (OVG Lüneburg, 1.9.1993 – 17 L 1672/93 – PersR 1994, 290).

17 2. Beteiligung. Im Beschlussverfahren ist nach Abs. 4 Satz 2 auch der PR beteiligt. Ebenfalls beteiligt sind die Dienststelle als Antragstellerin sowie der betroffene Auszubildende und die JAV als weitere Beteiligte.

V. Verletzung der Mitteilungspflicht (Abs. 5)

18 Unabhängig von Mitteilungspflicht. Die Anwendung der Abs. 2 bis 4 hängt nicht davon ab, ob die Dienststelle ihrer Mitteilungspflicht nach Abs. 1 nachgekommen ist.

Teil 3   Die Personalversammlung

§ 49   Allgemeines

(1) Die Personalversammlung besteht aus den Beschäftigten der Dienststelle.

(2) Kann nach den dienstlichen Verhältnissen, der Eigenart der Dienststelle oder anderen sachlichen Gegebenheiten eine gemeinsame Versammlung aller Beschäftigten nicht stattfinden, so sind Teilversammlungen abzuhalten.

(3) Der Personalrat kann ferner getrennte Versammlungen in bestimmten Verwaltungseinheiten der Dienststelle oder Versammlungen eines bestimmten Personenkreises durchführen.

(4) [1]Auf Beschluss der zuständigen Personalräte kann zur Behandlung gemeinsamer Angelegenheiten eine gemeinsame Personalversammlung mehrerer Dienststellen stattfinden, wenn für sie ein Gesamtpersonalrat gebildet ist oder wenn Dienststellen derselben juristischen Person nach § 1 unter derselben Leitung stehen. [2]Die Personalräte einigen sich zugleich, welcher Vorsitzende eines Personalrats die gemeinsame Personalversammlung leitet.

(5) § 68 Absatz 2 und § 69 Absatz 1 Satz 3 gelten für die Personalversammlung entsprechend.

I. Die Personalversammlung (Abs. 1)

1 1. Begriff. Die Personalversammlung ist ein „dienststelleninternes Ausspracheforum" (VGH Mannheim, 19.1.1993 – PL 15 S 346/92 – PersR 1993, 358 ff.). Sie besteht aus sämtlichen **Beschäftigten** (§ 4) **der Dienststelle** (§ 5) ohne Rücksicht darauf, ob sie wahlberechtigt (§ 8) oder wählbar (§ 9) sind und gilt als „Organ der Personalvertretung" (BVerwG, 30.7.2010 – 6 P 11.09 – PersR 2010, 400 ff.). Sie ist als eine alle Beschäftigten der Dienststelle erfassende **Vollversammlung** (Abs. 1) oder als eine Reihe von ebenfalls alle Beschäftigten erfassenden **Teilversammlungen** (Abs. 2) durchzuführen. Mit dem ÄG 95 neu eröffnet wurde in Abs. 3 die Möglichkeit, **getrennte Versammlungen** für bestimmte Verwaltungseinheiten oder bestimmte Beschäftigtengruppen abzuhalten. Seit dem ÄG 2013 gibt es ferner die Möglichkeit der Durchführung **gemeinsamer Versammlungen** mehrerer Dienststellen (Abs. 4).

Funktion. Die Personalversammlung dient der Verständigung, der Aussprache **2** und der Information unter den Beschäftigten. Sie kann nach § 52 Abs. 3 Satz 1 dem PR Anträge unterbreiten und zu seinen Beschlüssen Stellung nehmen. Personalvertretungsrechtliches Entscheidungsorgan bleibt jedoch allein der PR.

Anwendungsbereich. Personalversammlungen finden **nur bei den Dienststellen** **3** i. S. des LPVG (vgl. § 5) statt. Soweit von § 5 Abs. 3 oder 4 Gebrauch gemacht wird, ist die Personalversammlung für die verselbstständigte Außenstelle, Nebenstelle oder den verselbstständigten Teil der Dienststelle bzw. für die zusammengefasste Dienststelle anzuberaumen. Keine Personalversammlungen werden für den Bereich einer Stufenvertretung durchgeführt, jedoch für den Bereich des **AusbildungsPR** (§ 58 Abs. 3). Zudem ist eine Jugend- und Auszubildenden**versammlung** (vgl. § 65) vorgesehen.

Keine Teilnahmepflicht. Eine **Pflicht zur Teilnahme** an einer Personalversammlung **besteht nicht.** Bleibt ein Beschäftigter der Versammlung fern, so hat er **4** keinen Anspruch auf Dienstbefreiung und darf seinen Arbeitsplatz nicht verlassen (Ilbertz-Widmaier § 48 Rn. 8). Beschäftigten, die sich in der Freistellungsphase der Altersteilzeit im Blockmodell befinden, steht ab Beginn der Freistellungsphase kein Teilnahmerecht mehr zu (vgl. BVerwG, 15.5.2002 – 6 P 8.01 – BVerwGE 116, 242 ff. = PersV 2003, 267). Teilnahmeberechtigt ist dagegen ein Beschäftigter im Erholungsurlaub (Ilbertz-Widmaier § 48 Rn. 8).

Zeitpunkt. Die zeitliche Lage der Personalversammlung ist nach dem Grundsatz der vertrauensvollen Zusammenarbeit (§ 2 Abs. 1) mit dem Leiter der **5** Dienststelle abzustimmen. Kommt eine Einigung nicht zustande, ist es Sache des PR, den Zeitpunkt zu bestimmen (Lorenzen u. a. § 50 Rn. 6; Ilbertz-Widmaier § 48 Rn. 9).

Ort. Über Ort und Raum der Personalversammlung enthält das LPVG keine **6** Bestimmung. Aber schon im Hinblick auf das Gebot der sparsamen und wirtschaftlichen Verwendung öffentlicher Mittel sind auch die vom PR einberufenen Personalversammlungen möglichst am Sitz der Dienststelle und in deren Räumen durchzuführen, soweit diese hierfür geeignet sind. Keinesfalls darf aber allein wegen räumlicher Engpässe die Durchführung von Teilversammlungen erzwungen werden. Aus dem Grundsatz der vertrauensvollen Zusammenarbeit ergibt sich auch, dass Ort und Raum der Personalversammlung von PR und Dienststelle im gegenseitigen Einvernehmen festgelegt werden.

Kosten. Die Kosten der Personalversammlung trägt die Dienststelle entsprechend § 41 Abs. 1; sie stellt auch den Raum zur Verfügung. Auch die Kosten, **7** die durch die Teilnahme an einer Personalversammlung entstehen, werden nach dem Landesreisekostengesetz erstattet (§ 51 Abs. 2).

II. Teilversammlungen (Abs. 2)

Zulässigkeit. Die Durchführung von **Teilversammlungen** (Abs. 2) muss auf die **8** Fälle beschränkt bleiben, in denen eine Vollversammlung objektiv unmöglich oder unzweckmäßig ist (BVerwG, 16.12.1960 – VII P 3.59 – BVerwGE 11,

299 = PersV 1961, 106). Teilversammlungen sind nur im Zusammenhang mit anderen Teilversammlungen zur Erreichung der Gesamtheit der Beschäftigten zulässig; d. h. Vollversammlung aus mehreren Einzelschritten i. S. der Teilversammlungen (VGH Mannheim, 15.9.1987 – 15 S 3397/86 – PersV 1990, 131). Mit dem ÄG 95 wurden Teilversammlungen nicht nur in den Fällen zugelassen, in denen nach den dienstlichen Verhältnissen eine Vollversammlung nicht stattfinden kann, sondern auch wenn es die Eigenart der Dienststelle, insbesondere aber auch andere sachliche Gegebenheiten, erfordern. Der **Ausnahmecharakter** der Teilversammlung ist damit aufgeweicht worden.

III. Getrennte Versammlungen (Abs. 3)

9 **Durchführung.** Bei den mit dem ÄG 95 außerdem zugelassenen **getrennten Versammlungen** (Abs. 3) handelt es sich um Personalversammlungen besonderer Art. Sie werden **neben und nicht als Teil** von Personalversammlungen in bestimmten Verwaltungseinheiten der Dienststelle durchgeführt. Über die Durchführung der ebenfalls nicht öffentlichen Versammlungen ist vom PR zu beschließen (§ 34 Abs. 1); neben Ort und Zeitpunkt hat er festzulegen, welche Beschäftigten daran teilnehmen können.

10 **Beispiele.** Getrennte Versammlungen sind z. B. möglich für die Beschäftigten einzelner Laufbahngruppen oder Laufbahnen, für weibliche oder männliche Beschäftigte, für Beschäftigte einzelner Abteilungen der Dienststelle oder für Beschäftigte von Außenstellen, die nicht zu selbständigen Dienststellen erklärt sind, wenn ein besonderer Erörterungsbedarf für diese bestimmte Personengruppe besteht.

IV. Gemeinsame Personalversammlung (Abs. 4)

11 **1. Gemeinsame Personalversammlung.** Die Beschäftigten mehrerer Dienststellen können sich gemeinsam versammeln, um gemeinsame Angelegenheiten zu erörtern. Voraussetzung hierfür ist, dass entweder ein Gesamtpersonalrat besteht oder die Dienststellen derselben juristischen Person im Sinne des § 1 zugehören und unter derselben Leitung stehen. Der Gesetzgeber dachte insoweit insbesondere an die Fälle des § 5 Abs. 3 und etwa an den Fall einer Gemeinde, die einen Eigenbetrieb führt, da dieser grundsätzlich als eigene Dienststelle im Sinne des LPVG gilt (LT-Drucksache 15/4224 S. 115).

12 **2. Leitung.** Die PR müssen sich einigen, welcher Vorsitzende eines PR der teilnehmenden Dienststellen die gemeinsame Personalversammlung leitet. Erfolgt keine Einigung ist ein Losentscheid denkbar.

V. Anwendbare Vorschriften (Abs. 5)

13 **Friedenspflicht.** Die in § 68 Abs. 2 festgelegte Friedenspflicht und das **Verbot der parteipolitischen Betätigung** nach § 69 Abs. 1 Satz 3 gelten für die Personalversammlung entsprechend. Personalversammlungen gehören zur dienstli-

chen Sphäre. Daher gelten auch hier die dienst- und arbeitsrechtlichen Grund-
pflichten.

§ 50   Einberufung der Personalversammlung

(1) [1]**Der Personalrat beruft die Personalversammlung ein und legt die Tagesordnung fest.** [2]**Der Vorsitzende des Personalrats lädt zur Personalversammlung ein und leitet sie.**

**(2) Der Personalrat ist auf Wunsch des Leiters der Dienststelle oder eines Vier-
tels der wahlberechtigten Beschäftigten verpflichtet, eine Personalversammlung einzuberufen und den Gegenstand, dessen Beratung beantragt ist, auf
die Tagesordnung zu setzen.**

**(3) Auf Antrag einer in der Dienststelle vertretenen Gewerkschaft muss der
Personalrat vor Ablauf von drei Wochen nach Eingang des Antrags eine Personalversammlung einberufen, wenn im vorhergegangenen Kalenderjahr
keine Personalversammlung und keine Teilversammlung durchgeführt worden
sind.**

I.   Grundsätzliches (Abs. 1)

1. Einberufung. Personalversammlungen werden vom PR **einberufen** (Abs. 1   **1**
Satz 1). Etwas anderes gilt lediglich für Personalversammlungen zur Wahl eines
Wahlvorstands (§ 16 Abs. 2, § 17 Abs. 3), die vom Dienststellenleiter einzuberu-
fen sind. Versammlungen, zu denen nicht der PR oder der Dienststellenleiter zur
Wahl eines Wahlvorstands, sondern andere (z. B. einzelne Beschäftigte, einzelne
Gruppen oder Gewerkschaften) die Beschäftigten einladen, sind keine Personal-
versammlungen i. S. des LPVG. Auch Personalversammlungen auf Wunsch des
Dienststellenleiters oder eines Viertels der wahlberechtigten Beschäftigten
(Abs. 2) oder auf Antrag einer in der Dienststelle vertretenen Gewerkschaft
(Abs. 3) können nur vom PR einberufen werden (BVerwG, 23.5.1986 – 6 P
23.83 – ZBR 1986, 305 = PersV 1987, 196).

Einberufungsbeschluss. Der **PR beschließt förmlich** (§ 34 Abs. 1), **ob und wann**   **2**
eine Personalversammlung einberufen wird. Er ist stets berechtigt – etwa aus
aktuellen Anlässen –, eine Personalversammlung einzuberufen. Er handelt dabei nach pflichtgemäßem **Ermessen.** Wegen der **Pflicht** des PR, eine Personalversammlung einzuberufen, s. Abs. 2 und Abs. 3. Zudem **soll** der PR einmal in
jedem Kalenderjahr im Rahmen einer Personalversammlung einen **Tätigkeitsbericht** erstatten (§ 52 Abs. 1). Hiervon sollte der PR nur aus nachvollziehbaren Gründen absehen. Einen positiven Beschluss des PR hat der Vorsitzende
des PR durchzuführen (§ 29 Abs. 2 Satz 1), also zur Personalversammlung einzuladen und sie zu leiten (Abs. 1 Satz 2).

Tagesordnung. Der PR (und nicht der Vorsitzende) legt auch die Tagesordnung   **3**
für die Personalversammlung fest. Welche Angelegenheiten zur Behandlung in
der Personalversammlung in Betracht kommen, ergibt sich aus § 52. Hierzu
zählt insbesondere der jährliche Tätigkeitsbericht. Zudem können der Dienst-

stellenleiter sowie ein Viertel der Wahlberechtigten Einfluss auf die Tagesordnung nehmen (Abs. 2).

4 **2. Ladung.** Für die Ladung zur Personalversammlung enthält das LPVG **keine Formvorschriften.** Es muss aber sichergestellt sein, dass alle Beschäftigten rechtzeitig und unter Angabe der Tagesordnung eingeladen werden. Dies kann durch Anschlag, durch Umlauf oder durch besondere Einladungsschreiben (z. B. auch auf elektronischem Wege) geschehen. Die Ladung erfolgt durch den PR-Vorsitzenden.

5 **Leitung.** Die Personalversammlung wird vom PR-Vorsitzenden geleitet. Im Falle seiner Verhinderung trifft diese Pflicht seinen Stellvertreter. Ausnahme: Personalversammlungen nach § 16 Abs. 2, § 17 Abs. 3, die der Dienststellenleiter einberuft, werden von einem von der Personalversammlung aus ihrer Mitte gewählten Versammlungsleiter geleitet (§ 16 Abs. 2 Satz 2).

II. Einberufungspflicht (Abs. 2)

6 **Einberufungspflicht.** Auf Wunsch des Dienststellenleiters oder eines Viertels der wahlberechtigten Beschäftigten (§ 8) ist der PR zur Einberufung der Personalversammlung sogar verpflichtet. Der Gegenstand, dessen Beratung von den Initiativberechtigten begehrt wird, muss zwingend auf die Tagesordnung gesetzt werden. Er muss hinreichend bestimmt bezeichnet werden und sich im Rahmen der Befassungsbefugnis nach § 52 halten. Die Tagesordnung kann auch bei nach Abs. 2 einberufenen Versammlungen durch den PR um weitere Punkte ergänzt werden (Altvater u. a. § 30 Rn. 6).

III. Personalversammlung auf Antrag (Abs. 3)

7 **Antrag einer Gewerkschaft.** Führt der PR im Laufe eines Jahres keine Personalversammlung oder Teilversammlungen durch, so kann **eine in der Dienststelle vertretene Gewerkschaft** die Einberufung einer Personalversammlung beantragen. Der PR hat die Versammlung sodann binnen drei Wochen nach Eingang des Antrags einzuberufen. Der Zeitpunkt der Personalversammlung kann nach der Frist von drei Wochen liegen, darf allerdings nicht unverhältnismäßig hinausgezögert werden. Haben im abgelaufenen Kalenderjahr Teilversammlungen stattgefunden, steht den Gewerkschaften das Recht nach Abs. 3 nur zu, wenn diese nicht für alle Beschäftigte durchgeführt wurden (Ilbertz-Widmaier § 49 Rn. 18). Durch den Antrag können die Gewerkschaften insbesondere die jährliche Erstattung des Tätigkeitsberichts (§ 52 Abs. 1) erzwingen.

§ 51　Durchführung der Personalversammlung

(1) **¹Personalversammlungen finden während der Arbeitszeit statt, soweit nicht die dienstlichen Verhältnisse eine andere Regelung erfordern. ²Die Teilnahme an der Personalversammlung hat keine Minderung der Besoldung oder des Arbeitsentgelts zur Folge. ³Soweit Personalversammlungen aus dienstlichen Gründen außerhalb der Arbeitszeit stattfinden müssen, ist den Teilnehmern Dienstbefrei-**

ung in entsprechendem Umfang zu gewähren. [4]**§ 43 Absatz 2 Satz 2 gilt entsprechend.**

(2) Die Kosten, die durch die Teilnahme an Personalversammlungen entstehen, werden in entsprechender Anwendung des Landesreisekostengesetzes erstattet.

Vorbemerkung. § 51 gilt unmittelbar nur für den Bereich des PR und des Aus-   **1**
bildungsPR (§ 58 Abs. 3). Wegen der Jugend- und Auszubildendenversammlung vgl. § 65.

I.   Zeitpunkt der Personalversammlung (Abs. 1)

1. Grundsatz. Personalversammlungen finden grundsätzlich **während der Ar-**   **2**
beitszeit statt (Abs. 1 Satz 1). Seit dem ÄG 2013 gilt dieser Grundsatz für **alle**
Personalversammlungen. Erfasst sind damit nicht mehr nur (ordentliche) Personalversammlungen, die der Entgegennahme des Tätigkeitsberichts des PR
dienen, die auf Wunsch des Dienststellenleiters einberufenen Personalversammlungen und die Personalversammlungen zur Wahl eines Wahlvorstands. Vielmehr sollen jetzt auch weitere vom PR einberufene Personalversammlungen,
außerordentliche Personalversammlungen auf Wunsch eines Viertels der Wahlberechtigten, die getrennten Versammlungen sowie gemeinsame und Teilversammlungen während der Arbeitszeit stattfinden. Auf diese Weise will der
Gesetzgeber dem Zweck der Personalversammlung, ein Forum zum Informationsaustausch zwischen den Beschäftigten und dem PR zu bieten, besser entsprechen (LT-Drucksache 15/4224 S. 116).

Ausnahmen. Vom Grundsatz, dass Personalversammlungen in der Arbeitszeit   **3**
stattfinden, kann nur abgewichen werden, soweit die dienstlichen Verhältnisse
eine andere Regelung erfordern, d. h. die Versammlung objektiv und unausweichlich betriebsstörend in die technische Organisation der Dienststelle eingreifen würde (Ilbertz-Widmaier § 50 Rn. 5). Die Bestimmung ist eng auszulegen; ggf. ist die Möglichkeit von Teilversammlungen (§ 49 Abs. 2) zu prüfen.

Genauer Zeitpunkt. Grundsätzlich ist es Sache des PR, festzulegen, **wann in-**   **4**
nerhalb der Arbeitszeit eine Personalversammlung stattfinden soll. Der PR hat
aber, je nach Lage des Einzelfalls, bei der Terminierung auf die Aufgaben und
Belange der Dienststelle und ihrer Beschäftigten Rücksicht zu nehmen (OVG
Bremen, 14.6.1977 – PV-B 11/76 – PersV 1980, 62). Auch gebietet der Grund-
satz der vertrauensvollen Zusammenarbeit eine Festlegung des Zeitpunkts der
Personalversammlung im gegenseitigen Einvernehmen zwischen PR und
Dienststelle. Die ausdrückliche Zustimmung des Dienststellenleiters ist jedoch
nicht erforderlich (OVG Münster, 4.9.1989 – CL 36/89 – PersV 1993, 28 =
PersR 1990, 343).

Lehrer. Personalversammlungen der Lehrer sind grundsätzlich bzw. so weit   **5**
als möglich in die unterrichtsfreie Arbeitszeit zu legen (BVerwG, 25.6.1984 –
6 P 2.83 – BVerwGE 69, 313 = PersV 1984, 500; VGH Mannheim,
30.10.2001 – PL 15 S 526/01 – PersR 2002, 33 = ZfPR 2002, 80 (LS)). Nach

der Verwaltungsvorschrift des Kultusministeriums vom 31.1.2002 (K. u. U. 2002 S. 191) in der Fassung vom 11.11.2009 (K. u. U. 2009 S. 223) können Personalversammlungen im Bereich der Grund-, Haupt-, Real- und Sonderschulen (nun sonderpädagogische Bildungs- und Beratungszentren) grundsätzlich nicht in die Hauptunterrichtszeit am Vormittag gelegt werden. Allerdings wird zugelassen, dass Personalversammlungen in jedem zweiten Kalenderjahr einmal frühestens um 11.00 Uhr beginnen können, sofern in dem Kalenderjahr nur eine Personalversammlung gemäß § 50 Abs. 1 (a. F.) stattfindet; im Übrigen beginnen die Personalversammlungen frühestens um 13.00 Uhr.

6   **Schichtarbeit.** Arbeiten die Beschäftigten in **mehreren Schichten**, so sollte die Personalversammlung so gelegt werden, dass sie zumindest einen Teil der Arbeitszeit beider Schichten erfasst (Ilbertz-Widmaier § 50 Rn. 4).

7   **Pflichtverletzung.** Führt der PR eine Personalversammlungen innerhalb der Arbeitszeit durch, obwohl dienstliche Belange entgegenstehen, so kann dies eine grobe Pflichtverletzung im Sinne des § 24 mit den sich daraus ergebenden Folgen sein. Die Teilnahme an einer solchen Personalversammlung kann bei Beamten u. U. zu Disziplinarmaßnahmen, bei Arbeitnehmern zur Abmahnung führen.

8   **2. Dienstbezüge.** Die Beschäftigten, die an Personalversammlungen teilnehmen, müssen hinsichtlich der **Besoldung** (Beamte) oder des **Arbeitsentgelts** (Arbeitnehmer) so gestellt werden, wie wenn sie gearbeitet hätten (Abs. 1 Satz 2). Wird die während der Arbeitszeit begonnene Personalversammlung über das Ende der normalen Dienst- bzw. Arbeitszeit hinaus fortgesetzt, besteht kein Anspruch auf Vergütung für die überschießende Zeit. Beschäftigte, die an der Personalversammlung nicht teilnehmen, aber trotzdem ihren Arbeitsplatz verlassen, haben keinen Anspruch auf Entgelt. Bei Beamten kann dies u. U. auch disziplinäre Folgen haben.

9   **3. Dienstbefreiung.** Findet eine Personalversammlung aus dienstlichen Gründen **außerhalb der Arbeitszeit** statt, hat der Beschäftigte nach Abs. 1 Satz 3 für die Zeit der **Teilnahme** einen Anspruch auf Freizeitausgleich durch entsprechende **Dienstbefreiung.** Dies erfasst die Fälle, in denen die Versammlung gänzlich außerhalb der Arbeitszeit anberaumt ist und auch in denen sich die Versammlung über die Arbeitszeit hinaus erstreckt. Die Teilnehmer haben aber in diesen Fällen keinen Anspruch auf Dienstbefreiung für die erforderlichen Wegezeiten (BVerwG, 28.10.1982 – 2 C 1.80 – PersV 1985, 162 = ZBR 1983, 191).

10   **4. Individuelle Arbeitszeit.** Gemäß Abs. 1 Satz 4 gilt § 43 Abs. 2 Satz 2 entsprechend. Hierdurch wird klargestellt, dass es für den Anspruch auf Dienstbefreiung aus Satz 3 auf die individuelle Arbeitszeit des jeweiligen Teilnehmers ankommt. Dies hat insbesondere für Teilzeitbeschäftigte Bedeutung.

II.   Kosten (Abs. 2)

11   **Reisekosten.** Abs. 2 stellt klar, dass die Dienststelle auch etwaige Reisekosten zu tragen hat, die den Beschäftigten aus Anlass der Teilnahme an den Personalversammlungen entstehen (z. B. wenn die Personalversammlung nicht am Dienstort der Beschäftigten stattfindet). Da Abs. 2 anders als § 50 Abs. 1 Satz 4 BPersVG von „Kosten" und nicht von „Fahrtkosten" spricht, erstreckt sich die Erstattungspflicht ggf. auch auf Tage- und Übernachtungsgelder. Das Landesreisekostengesetz ist entsprechend anzuwenden. Die entstandenen Kosten müssen nachgewiesen werden. Dienstreisegenehmigungen sind nicht erforderlich.

Unfälle. Auf Unfälle, die sich aus Anlass der Teilnahme an Personalversammlungen ereignen – dazu gehören auch Wegunfälle –, finden bei Beamten die beamtenrechtlichen Unfallfürsorgevorschriften entsprechende Anwendung. Sachschäden werden entsprechend § 80 LBG ersetzt (vgl. § 6 Abs. 2; hinsichtlich Unfällen auch § 109 BPersVG). Arbeitnehmer haben in diesen Fällen den gesetzlichen Unfallversicherungsschutz der §§ 2 Abs. 1 Nr. 1, 8 Abs. 1 SGB VII (Ilbertz-Widmaier § 50 Rn. 11; Lorenzen u. a. § 11 Rn. 24).   **12**

§ 52 Angelegenheiten der Personalversammlung

(1) Der Personalrat soll einmal in jedem Kalenderjahr in einer Personalversammlung einen Tätigkeitsbericht erstatten.

(2) Die Personalversammlung kann alle Angelegenheiten behandeln, die die Dienststelle oder ihre Beschäftigten unmittelbar betreffen, insbesondere wirtschaftliche Angelegenheiten, Tarif-, Besoldungs- und Sozialangelegenheiten sowie Fragen der Gleichstellung von Frauen und Männern.

(3) ¹Die Personalversammlung kann dem Personalrat Anträge unterbreiten und zu seinen Beschlüssen Stellung nehmen. ²In einer gemeinsamen Personalversammlung wird gemeinsam beraten, Anträge und Stellungnahmen an die Personalräte werden jedoch getrennt von den Beschäftigten der jeweiligen Dienststelle beschlossen.

(4) Der Personalrat unterrichtet die Beschäftigten über die Behandlung der Anträge und den Fortgang der in der Personalversammlung behandelten Angelegenheiten.

I. Jährlicher Tätigkeitsbericht (Abs. 1)

Soll-Vorschrift. Nach Abs. 1 soll der PR einmal in jedem Kalenderjahr einen Tätigkeitsbericht erstatten. Durch das ÄG 2013 wurde der halbjährliche Rhythmus für den Tätigkeitsbericht in einen Jahresrhythmus und zudem die zwingende Verpflichtung in eine Soll-Vorschrift umgewandelt. Abweichend von § 49 Abs. 1 BPersVG, der die halbjährliche **Personalversammlung** zwingend vorschreibt, bestimmt Abs. 1, dass eine Personalversammlung **einmal im Kalenderjahr** stattfinden **soll.** Hiermit soll eine zeitlich flexiblere Handhabung von Personalversammlungen bewirkt werden, ohne strikt an das Kalenderjahr oder -halbjahr gebunden zu sein (LT-Drucksache 15/4224 S. 116). Findet eine Personalversammlung nicht jährlich statt, besteht das Antragsrecht der Gewerkschaften nach § 50 Abs. 3. Auch der Dienststellenleiter und ein Viertel der Wahlberechtigten kann die Erstattung eines Tätigkeitsberichts auf die Tagesordnung setzen lassen (§ 50 Abs. 2).   **1**

2   **Tätigkeitsbericht.** Der Tätigkeitsbericht wird vom PR erstattet. Der Vortrag des Tätigkeitsberichts kommt grundsätzlich dem Vorsitzenden zu (§ 29 Abs. 2). Der PR kann aber auch den Stellvertreter des Vorsitzenden oder ein PR-Mitglied beauftragen oder die Berichterstattung auf mehrere Mitglieder verteilen (z. B. nach Gruppen). Gegenstand des Berichts ist die Tätigkeit des PR während des Berichtszeitraums (Rechenschaftsbericht über die Arbeit auf allen Zuständigkeits- und Handlungsgebieten), nicht etwa des GesamtPR oder einer Stufenvertretung. Der wesentliche Inhalt des Berichts muss vorab vom PR festgelegt und beschlossen worden sein (BVerfG, 26.6.1970 – 2 BvR 311/67 – BVerfGE 28, 314 = PersV 1970, 260; BVerwG, 25.2.1972 – VII P 2.71 – PersV 1972, 214). Die Personalversammlung kann hierzu Stellung nehmen (Abs. 3 Satz 1) und dabei auch Kritik üben sowie Erläuterungen verlangen (Ilbertz-Widmaier § 49 Rn. 12).

3   **Verschwiegenheitpflicht.** Angelegenheiten, die der Verschwiegenheitpflicht des PR unterliegen (§ 7), z. B. auch der Inhalt von Personalakten, dürfen im Tätigkeitsbericht nicht vorgetragen werden. In diesen Fällen besteht nur die Möglichkeit, durch Verallgemeinerung auf in diesem Zusammenhang bestehende Problemfelder aufmerksam zu machen (Lorenzen u. a. § 49 Rn. 6).

II.   Angelegenheiten (Abs. 2)

4   **Zulässige Behandlungsgegenstände.** Eine obligatorische Behandlung bestimmter Themen ist nicht vorgesehen. Die Personalversammlung kann **alle Angelegenheiten** behandeln, **die die Dienststelle oder ihre Beschäftigten unmittelbar betreffen,** insbesondere wirtschaftliche Angelegenheiten, Tarif-, Besoldungs- und Sozialangelegenheiten sowie – mit dem ÄG 95 neu eingefügt – Fragen der Gleichstellung von Frauen und Männern (Abs. 2). Dazu gehören alle Angelegenheiten, für die der PR nach §§ 73 bis 90 zuständig ist, aber auch die in den §§ 68 bis 72 genannten (allgemeinen) Aufgaben des PR (BVerwG, 25.5.1962 – VII P 11.60 – BVerwGE 14, 206 = PersV 1962, 234; Ilbertz-Widmaier § 51 Rn. 3). Alle Fragen, die von der Personalversammlung behandelt werden sollen, müssen jedoch die Dienststelle oder ihre Beschäftigten „unmittelbar" betreffen. Dies gilt auch für die Behandlung von wirtschaftlichen Angelegenheiten, Tarif-, Besoldungs- und Sozialangelegenheiten sowie Fragen der Gleichstellung von Frauen und Männern. Auf die Entscheidungsbefugnis des Dienststellenleiters kommt es nicht an; ausreichend ist, dass sich aus einer Entscheidung unmittelbare Auswirkungen auf die Dienststelle oder ihre Beschäftigten ergeben. Die Erörterung gewerkschaftlicher, parteipolitischer, konfessioneller oder allgemeinwirtschaftlicher Fragen durch die Personalversammlung kommt nicht in Betracht. Die Vorbereitung von Streiks, Arbeitskämpfen und ähnlichen Maßnahmen, die Abfassung politischer Resolutionen, die Werbung für politische Parteien oder für Gewerkschaften ist unzulässig (Ilbertz-Widmaier § 51 Rn. 6, 7).

5   **Pflichten.** Der PR ist verpflichtet, dafür zu sorgen, dass **Angelegenheiten, für deren Beratung die Personalversammlung nicht zuständig ist,** nicht auf die Tagesordnung der Personalversammlung gesetzt werden. Die Erörterung solcher Fragen außerhalb der Tagesordnung hat der Leiter der Personalversammlung

(Vorsitzender des PR, § 50 Abs. 1 Satz 2) zu unterbinden. Er hat dabei erforderlichenfalls vom Hausrecht Gebrauch zu machen (Altvater u. a. § 52 Rn. 9).

III. Anträge und Stellungnahmen (Abs. 3)

1. Befugnisse. Die Personalversammlung kann dem PR **Anträge** unterbreiten **6** und **Vorschläge** machen sowie zu seinen Beschlüssen – auch kritisch – **Stellung** nehmen (Abs. 3 Satz 1). Sie ist dem PR **nicht übergeordnet.** Sie hat weder ihm noch dem Dienststellenleiter gegenüber ein Kontrollrecht (OVG Münster, 19.3.1979 – CL 21/78 – ZBR 1980, 131). Dies folgt aus ihrer Natur als „dienststelleninternes Ausspracheforum", das der Verständigung und Information der Beschäftigten dient. Die Personalversammlung kann dem PR weder Weisungen geben noch seine Beschlüsse aufheben. Ebenso wenig kann die Personalversammlung dem PR das Vertrauen entziehen oder ihn abberufen. **Personalvertretungsrechtliches Entscheidungsorgan ist allein der PR.**

Beschlussfassung. Die Willenserklärungen (Antrag; Stellungnahme) der Perso- **7** nalversammlung erfolgen durch **Beschluss.** Vorschriften über die Beschlussfassung und -fähigkeit fehlen. Es entscheidet die Mehrheit der Anwesenden, wobei eine Mindestzahl von anwesenden Beschäftigten nicht vorgeschrieben ist. Stimmberechtigt ist jeder Beschäftigte ohne Rücksicht auf die Wahlberechtigung zum PR. Ob auch der **Dienststellenleiter** als Beschäftigter der Dienststelle in der Personalversammlung stimmberechtigt ist (so Ilbertz-Widmaier § 51 Rn. 13, soweit ihn die Angelegenheit wie jeden anderen Beschäftigten auch betrifft) oder als Repräsentant des Dienstherrn in der Personalversammlung vom Stimmrecht ausgeschlossen ist, ist umstritten.

2. Gemeinsame Personalversammlung. Satz 2 stellt klar, dass im Rahmen von **8** gemeinsamen Personalversammlungen (§ 49 Abs. 4) zwar gemeinsam beraten wird, die Beschlussfassung hinsichtlich der Anträge und Stellungnahmen an die PR jedoch getrennt von den Beschäftigten der jeweiligen Dienststellen erfolgen.

IV. Unterrichtungspflicht (Abs. 4)

Unterrichtung. Der PR hat die Beschäftigten über die Behandlung der Anträge **9** und den Fortgang der in der Personalversammlung behandelten Angelegenheiten zu unterrichten. Wann und wie die Unterrichtung erfolgt, überlässt das Gesetz dem PR. Dies kann beispielsweise durch schriftliche Informationen oder im Rahmen der nächsten Personalversammlung erfolgen. Abs. 4 soll damit das Informationsbedürfnis der Beschäftigten stärken.

§ 53 Nichtöffentlichkeit der Personalversammlung, Teilnahmerechte

(1) Die Personalversammlung ist nicht öffentlich.

(2) [1]An der Personalversammlung können mit beratender Stimme teilnehmen:
1. je ein Beauftragter der in der Dienststelle vertretenen Gewerkschaften,
2. ein Beauftragter der Arbeitgebervereinigung, der die Dienststelle angehört,

3. ein beauftragtes Mitglied der Stufenvertretung,
4. ein Beauftragter der Dienststelle, bei der die Stufenvertretung besteht,
5. ein beauftragtes Mitglied des Gesamtpersonalrats,
6. die Schwerbehindertenvertretung,
7. ein beauftragtes Mitglied der Jugend- und Auszubildendenvertretung.

²Der Vorsitzende des Personalrats hat die Einberufung der Personalversammlung den Teilnahmeberechtigten mitzuteilen. ³Die Teilnahmeberechtigten können Änderungen oder Ergänzungen der Tagesordnung beantragen.

(3) ¹Der Personalrat kann der Personalversammlung vorschlagen, dass Beauftragte nach Absatz 2 Satz 1 Nummer 1 und 2 an der Personalversammlung nicht teilnehmen sollen. ²Über den Ausschluss entscheidet die Personalversammlung mit der Mehrheit der Stimmen der anwesenden Beschäftigten.

(4) ¹Der Leiter der Dienststelle kann an den Personalversammlungen teilnehmen. ²An den Personalversammlungen, die auf seinen Wunsch einberufen worden sind oder zu denen er ausdrücklich eingeladen worden ist, hat er teilzunehmen. ³Er kann einen Vertreter der Arbeitgebervereinigung, der die Dienststelle angehört, hinzuziehen; in diesem Fall kann auch je ein Beauftragter der in der Dienststelle vertretenen Gewerkschaften an der Personalversammlung teilnehmen. ⁴Der Leiter der Dienststelle kann sich durch einen Beauftragten in der Personalversammlung vertreten lassen, sofern die Personalversammlung nicht auf seinen Wunsch einberufen worden ist.

I.   Grundsatz der Nichtöffentlichkeit (Abs. 1)

1   **Nichtöffentlichkeit.** Die Personalversammlung ist **nicht öffentlich** (Abs. 1). Der Kreis der Teilnahmeberechtigten – neben den Beschäftigten – ist in Abs. 2 abschließend festgelegt. An Gerichten können gemäß § 30 LRiStAG **Richter** an den Personalversammlungen mit den gleichen Rechten wie die anderen Bediensteten teilnehmen, wenn gemeinsame Angelegenheiten behandelt werden. Der **Dienststellenleiter** (ausgenommen Minister) ist Beschäftigter i. S. des § 4 und als solcher teilnahmeberechtigt. Im Übrigen ist ihm in Abs. 4 Satz 1 ausdrücklich ein Teilnahmerecht eingeräumt, das auch für Minister gilt.

2   **Keine Aufhebung der Nichtöffentlichkeit.** Die Nichtöffentlichkeit ist **zwingend** und kann auch nicht durch Beschluss der Personalversammlung oder des PR aufgehoben werden. Nichtteilnahmeberechtigte Personen können deshalb grundsätzlich auch nicht als Gäste oder als Sachverständige zugelassen werden. Dies gilt auch für die Teilnahme von Medienvertretern (BVerwG, 24.10.1975 – VII P 11.73 – BVerwGE 49, 259 = PersV 1976, 425; Lorenzen u. a. § 48 Rn. 20, 21).

3   **Auskunftspersonen.** Dienststellenfremde dürfen als Auskunftspersonen nur hinzugezogen werden, wenn sonst eine Unterrichtung der Teilnehmer mangels hinreichender Sach- und Fachkenntnisse nicht zu einem sinnvollen Ergebnis führen könnte (BVerwG, 6.9.1984 – 6 P 17.82 – BVerwGE 70, 69 = PersV 1985, 205 ff. = PersR 1985, 44 ff.; BVerwG, 18.6.1991 – 6 P 3.90 – PersV 1992, 45 = PersR 1991, 341). Die Hinzuziehung ist jedoch auf die Dauer der Erörterung des entsprechenden Themas beschränkt.

4   **Teilnahme von Politikern.** Die Teilnahme von Politikern, die nicht Angehörige der Dienststelle sind, ist daher grundsätzlich nicht zulässig. Sie ist (als Auskunftsperson) ausnahmsweise nur zulässig, wenn sichergestellt ist, dass durch die Themenstellung sowie die konkrete Organisation der Befragung, eine ausschließlich sachbezogene Information der Beschäftigten aus aktuellem, gewichtigem Anlass und zu ihren konkret und erheblich betreffenden Fragen gewährleistet ist, insbesondere jegliche parteipolitische Darstellung und Auseinandersetzung vermieden wird (BVerwG, 10.3.1995 – 6 P 15.93 – PersR 1995, 489).

Keine Personalversammlung. Durch die Zulassung Nichtberechtigter wird die   **5**
Nichtöffentlichkeit aufgehoben. Die Versammlung ist dann keine Personalversammlung i. S. des LPVG mehr (Ilbertz-Widmaier § 48 Rn. 16).

Ton- und Bildaufzeichnungen. Ton- und Bildaufnahmen sind zulässig, wenn   **6**
alle Teilnehmer zustimmen. Auch wenn eine Niederschrift über die Personalversammlung nicht vorgeschrieben ist, ist die Anfertigung einer solchen in sinngemäßer Anwendung des § 38 jedoch zweckmäßig.

II.   Teilnahmeberechtigte (Abs. 2)

1. Teilnahmeberechtigte. Abs. 2 Satz 1 führt die Ausnahmen vom Grundsatz   **7**
der **Nichtöffentlichkeit** der Personalversammlungen auf. Teilnahmeberechtigt sind neben den Beschäftigten, dem Dienststellenleiter (Abs. 4) und ggf. den Richtern (§ 30 LRiStAG) jeweils **mit beratender Stimme:**
Nr. 1: je ein Beauftragter, der in der Dienststelle vertretenen Gewerkschaften,
Nr. 2: ein Beauftragter der Arbeitgebervereinigung, der die Dienststelle angehört,
Nr. 3: ein beauftragtes Mitglied der Stufenvertretung,
Nr. 4: ein Beauftragter der Dienststelle, bei der die Stufenvertretung besteht,
Nr. 5: ein beauftragtes Mitglied des GesamtPR,
Nr. 6: die Schwerbehindertenvertretung,
Nr. 7: ein beauftragtes Mitglied der JAV.
Die genannten Personen sind teilnahmeberechtigt, ohne dass es eines Antrags der Beschäftigten oder eines Teils der PR-Mitglieder oder eines Beschlusses des PR bedarf. Es wird nicht mehr zwischen Teilnahmeberechtigten mit beratender Stimme und ohne beratende Stimme unterschieden.

Gewerkschaften. Im Gegensatz zu § 32 Abs. 3 sind nicht nur die **Gewerkschaf-**   **8**
ten teilnahmeberechtigt, denen mindestens ein PR-Mitglied angehört, sondern zur Gewährung der Chancengleichheit alle Gewerkschaften, die unter den Beschäftigten der Dienststelle vertreten sind.

Kein Kontrollrecht. Ein Kontrollrecht haben die Gewerkschaften und die Ar-   **9**
beitgebervereinigung nicht. So sind sie nicht befugt, in einem personalvertretungsrechtlichen Beschlussverfahren überprüfen zu lassen, ob der PR-Vorsitzende in seiner Eigenschaft als Leiter der Personalversammlung seine Pflichten verletzt hat (OVG Münster, 31.5.1988 – CL 16/86 – ZBR 1988, 393 = PersV 1990, 33).

10   **Beauftragter.** Jede Gewerkschaft kann **nur einen Beauftragten** entsenden. In der Auswahl ihres Beauftragten ist die Gewerkschaft frei. Der Beauftragte muss kein Funktionär der Gewerkschaft sein. Ebenso ist eine Mitgliedschaft in der Gewerkschaft nicht erforderlich. Auch ein Beschäftigter der Dienststelle kann Beauftragter einer Gewerkschaft sein. Entsprechendes gilt für den Beauftragten der Arbeitgebervereinigung, der die Dienststelle angehört.

11   **Beauftragte Mitglieder.** Auch jeweils **ein beauftragtes Mitglied der Stufenvertretung und des GesamtPR** haben ein Teilnahmerecht an der Personalversammlung. Das zu entsendende Mitglied muss durch Beschluss des Plenums der jeweiligen Vertretung von Fall zu Fall bestellt werden. Eine generelle Bestellung des Vorsitzenden mit Substitutionsrecht ist unzulässig (BVerwG, 18.3.1981 – 6 P 85.78 – PersV 1982, 237 = ZBR 1982, 56).

12   **Nächsthöhere Stufenvertretung.** Das **Entsendungsrecht** liegt bei **der nächsthöheren Stufenvertretung**, weil diese mit den örtlichen Verhältnissen besser vertraut ist als die übernächste Stufenvertretung, also der HPR. Zu § 52 Abs. 1 Satz 3 BPersVG hat das BVerwG mit Beschluss vom 18.3.1981 (6 P 85.78 – PersV 1982, 237 = ZBR 1982, 56) entschieden, dass die bei der obersten Dienstbehörde gebildete Stufenvertretung (HPR) **ein beauftragtes Mitglied nur zu den Personalversammlungen der Mittelstufe** entsenden kann. Ein Recht auf Teilnahme an den Personalversammlungen der Dienststelle, bei der der (HPR) gebildet wurde, und der Dienststellen, die einer Mittelbehörde nachgeordnet sind, besteht nicht. Dies muss auch für die Auslegung des § 53 Abs. 2 Satz 1 Nr. 3 LPVG, gelten. Entsprechend hat der VGH Mannheim in seinem Beschluss vom 15.10.1991 (– 15 S 388/91 – PersV 1992, 357) festgestellt, dass zu Personalversammlungen bei Dienststellen der unteren Verwaltungsstufe nur die nächsthöhere Stufenvertretung, also in der Regel nur der BPR, ein von ihr beauftragtes Mitglied entsenden kann. Die übernächste Stufenvertretung, also in der Regel der HPR, ist dazu nicht berechtigt. Dies hat nunmehr auch der Gesetzgeber bestätigt (LT-Drucksache 15/4224 S. 117).

13   **Beschäftigte der Dienststelle.** Das Teilnahmerecht der Mitglieder der Stufenvertretungen und des GesamtPR, die Beschäftigte der Dienststelle sind, wird durch Abs. 2 Satz 1 nicht berührt. Sie gehören zu dem Personenkreis, aus dem die Personalversammlung besteht.

14   **JAV.** Das in Abs. 2 Satz 1 Nr. 7 vorgesehene Teilnahmerecht eines beauftragten Mitglieds der JAV hat mehr deklaratorische Bedeutung, da die Beschäftigen i. S. von § 59 wie alle anderen Beschäftigten ohnehin das Recht haben, an der Personalversammlung teilzunehmen. Durch die explizite Nennung ist jedoch klargestellt, dass das beauftragte Mitglied stellvertretend für das Gremium JAV das Wort ergreifen kann. Die Entsendung wurde im Gegensatz zur vorherigen Gesetzesfassung auf **ein** beauftragtes **Mitglied** beschränkt. Die JAV darf daher nicht mehr Nichtmitglieder mit der Wahrung ihrer Interessen in der Personalversammlung beauftragen.

15   **Schwerbehindertenvertretung.** Mit beratender Stimme kann ebenso die Schwerbehindertenvertretung teilnehmen. Als Beschäftigte haben deren Mitglieder ohnehin ein Teilnahmerecht. Jedoch eröffnet Abs. 2 Satz 1 Nr. 6 die Möglichkeit, als Gremium die besonderen Interessen der Schwerbehinderten in die Personalversammlung einzubringen.

2. Mitteilungspflicht. Der PR hat den Teilnahmeberechtigten die **Einberufung** **16** **der Personalversammlung** unter Angabe von Ort, Zeit und Tagesordnung rechtzeitig **mitzuteilen** (Abs. 2 Satz 2), und zwar auch den Gewerkschaften, die nur durch Beschäftigte im Sinne von § 59 in der Dienststelle vertreten sind (VGH Mannheim, 21.3.1988 – 15 S 2438/87 – ZBR 1989, 153).

3. Antragsrecht. Die teilnahmeberechtigten Personen haben **lediglich eine bera-** **17** **tende Stimme**, dürfen sich also an den Abstimmungen der Personalversammlung nicht beteiligen (sofern sie nicht zugleich stimmberechtigte Beschäftigte sind). Nach Abs. 2 Satz 3 können sie allerdings **Änderungen** und Ergänzungen **der Tagesordnung** beantragen.

III. Ausschluss der Gewerkschaften und Arbeitgebervereinigung (Abs. 3)

1. Ausschluss auf Vorschlag. Das zuvor in § 53 Abs. 1 Satz 1 a. F. enthaltene **18** Widerspruchsrecht des PR gegen die Teilnahme der Beauftragten der Gewerkschaften und der Arbeitgebervereinigung wurde mit dem ÄG 2013 in ein Vorschlagsrecht des PR umgewandelt (Abs. 3 Satz 1). Das Gesetz enthält nach wie vor keine Bestimmung darüber, aus welchen Gründen die Teilnahme der Beauftragten ausgeschlossen werden kann. Man muss davon ausgehen, dass der Vorschlag nur beim Vorliegen eines **wichtigen Grundes** zulässig ist. Dabei muss die Chancengleichheit unter den Gewerkschaften, aber auch zwischen den Beauftragten der Gewerkschaften und dem Beauftragten der Arbeitgebervereinigung gewahrt bleiben. Den Ausschluss eines bestimmten Beauftragten kann der PR dann vorschlagen, wenn zu befürchten ist, dass er das Hausrecht des Vorsitzenden verletzen oder die Sitzung stören würde (Ilbertz-Widmaier § 52 Rn. 12). Der Gesetzgeber geht davon aus, dass ein Ausschluss weiterhin möglich sein muss, da die Personalversammlung keine Gewerkschafts- oder Arbeitgeberveranstaltung ist (LT-Drucksache 15/4224 S. 118). Die Koalitionsfreiheit wird dadurch nicht beeinträchtigt.

Kein Ausschluss. Ein Ausschluss von Beauftragten der Arbeitgebervereinigung, **19** der die Dienststelle angehört, durch die Personalversammlung auf Vorschlag des PR kommt dann aufgrund der vorrangigen Spezialregelung nicht in Betracht, wenn die Dienststellenleitung von ihrer Befugnis nach Abs. 4, die Arbeitgebervereinigung hinzuzuziehen, Gebrauch macht (LT-Drucksache 15/4224 S. 118).

2. Abstimmung. Über den Ausschluss entscheidet die Personalversammlung mit **20** der (einfachen) Mehrheit der Stimmen der anwesenden Beschäftigten (Abs. 3 Satz 2). Die Teilnahmeberechtigten nach Abs. 2 haben auch hier kein Stimmrecht.

IV. Teilnahme des Dienststellenleiters (Abs. 4)

21 **Grundsätzlich keine Teilnahmepflicht.** Dem **Leiter der Dienststelle** steht es frei, ob er an einer Personalversammlung teilnehmen will. Er ist jedoch **verpflichtet,** an den Personalversammlungen teilzunehmen, die auf seinen Wunsch einberufen worden sind oder zu denen er ausdrücklich eingeladen worden ist. Verweigert er ohne zwingenden Grund die Teilnahme und entsendet er, obwohl dies zulässig wäre (vgl. Abs. 4 Satz 4), auch keinen Beauftragten, so liegt darin ein Verstoß gegen den Grundsatz der vertrauensvollen Zusammenarbeit (§ 2 Abs. 1), der den PR zu einer Dienstaufsichtsbeschwerde berechtigen würde (vgl. Ilbertz-Widmaier § 52 Rn. 18, 19).

22 **Rechte.** Der Leiter der Dienststelle ist berechtigt, in der Personalversammlung das Wort zu ergreifen und auch Anträge zu stellen. Dies ergibt sich aus § 50 Abs. 2, wonach der Leiter der Dienststelle das Recht hat, die Einberufung einer Personalversammlung und die Aufnahme bestimmter Beratungspunkte in die Tagesordnung zu verlangen. Ist der **Dienststellenleiter,** was in der Regel der Fall ist, **Beschäftigter der Dienststelle,** dann gehört er zu dem Personenkreis, aus dem die Personalversammlung besteht, und hat damit grundsätzlich die gleichen Rechte, also auch das Rede- und Stimmrecht wie alle anderen Beschäftigten der Dienststelle. Dies wird man jedoch auf solche Angelegenheiten beschränken müssen, die ihn wie jeden anderen Beschäftigten auch betreffen und die mit seiner herausgehobenen Stellung als Dienststellenleiter nichts zu tun haben.

23 **Hinzuziehung.** Nach Abs. 4 Satz 3 kann je **ein Beauftragter der in der Dienststelle vertretenen Gewerkschaften** an der Personalversammlung teilnehmen, wenn der Dienststellenleiter einen Vertreter der Arbeitgebervereinigung, der die Dienststelle angehört, hinzuzieht. Die Möglichkeit des Ausschlusses auf Vorschlag des PR besteht in diesem Falle nicht. Der Vertreter der Arbeitgebervereinigung hat in der Personalversammlung ebenso wie die Gewerkschaftsvertreter auch bei einer Hinzuziehung nach Abs. 4 Satz 3 nur beratende Stimme.

Teil 4 | **Gesamtpersonalrat und Stufenvertretungen, Arbeitsgemeinschaften**

§ 54   Gesamtpersonalrat

(1) In den Fällen des § 5 Absatz 3 wird neben den einzelnen Personalräten ein Gesamtpersonalrat gebildet.

(2) [1]Die Mitglieder des Gesamtpersonalrats werden von den Beschäftigten der Dienststellen gewählt, für die der Gesamtpersonalrat gebildet wird. [2]Der Gesamtpersonalrat besteht bei

bis zu 500 in der Regel Beschäftigten	**aus sieben Mitgliedern,**
501 bis 1000 in der Regel Beschäftigten	**aus neun Mitgliedern,**
1001 bis 3000 in der Regel Beschäftigten	**aus elf Mitgliedern,**

3001 bis 5000 in der Regel Beschäftigten aus 13 Mitgliedern,
5001 bis 7500 in der Regel Beschäftigten aus 15 Mitgliedern,
7501 bis 10000 in der Regel Beschäftigten aus 17 Mitgliedern,
10001 und mehr in der Regel Beschäftigten aus 19 Mitgliedern.

(3) [1]Im Gesamtpersonalrat erhält jede Gruppe mindestens einen Vertreter. [2]Besteht der Gesamtpersonalrat aus mehr als neun Mitgliedern, erhält jede Gruppe mindestens zwei Vertreter. [3]§ 11 Absatz 5 gilt entsprechend.

(4) Für die Wahl, die Amtszeit und die Geschäftsführung des Gesamtpersonalrats gelten die §§ 8 bis 10 Absatz 2 und 5, § 11 Absatz 1 bis 3, §§ 12 bis 16 Absatz 1, § 17 Absatz 1, 2 und 4, §§ 18 bis 30 und 32 bis 48 mit folgenden Maßgaben entsprechend:
1. Das Wahlrecht kann auch bei Zugehörigkeit zu mehreren Dienststellen, für die der Gesamtpersonalrat gebildet wird, nur einmal ausgeübt werden.
2. An Stelle einer Personalversammlung zur Bestellung des Wahlvorstands übt der Leiter der Dienststelle, bei der der Gesamtpersonalrat errichtet wird, die Befugnis zur Bestellung des Wahlvorstands nach § 16 Absatz 2 und 3 sowie § 17 Absatz 3 aus.
3. [1]Eine beauftragte Person des Personalrats kann an den Sitzungen des Gesamtpersonalrats mit beratender Stimme teilnehmen, wenn Angelegenheiten behandelt werden, die Beschäftigte der Dienststelle betreffen, bei welcher der Personalrat gebildet ist. [2]Die Einladung zu der Sitzung ist dem Personalrat zuzuleiten.

(5) Für die Befugnisse und Pflichten des Gesamtpersonalrats gelten die §§ 68 bis 90 entsprechend.

I. Bildung des Gesamtpersonalrats (Abs. 1)

In Fällen des § 5 Abs. 3. Abs. 1 schreibt in Übereinstimmung mit § 55 BPersVG **1** die Bildung von GesamtPR in den Fällen vor, in denen nach § 5 Abs. 3 Außenstellen, Nebenstellen oder Teile von Dienststellen auf Antrag der Mehrheit der betroffenen wahlberechtigten Beschäftigten oder von Amts wegen vom Leiter der Hauptdienststelle oder der zusammengefassten Dienststelle zu selbstständigen Dienststellen i. S. des LPVG erklärt oder zu solchen zusammengefasst wurden. Da die Vorschrift **zwingend** ist, kann auch durch Tarifvertrag oder Dienstvereinbarung nichts anderes bestimmt werden. Ein GesamtPR ist auch zu bilden, wenn nur in der Hauptdienststelle, nicht aber in einer nach § 5 Abs. 3 verselbstständigten Dienststelle wegen Wahlmüdigkeit ein PR gewählt wurde; dgl. gilt im umgekehrten Falle (Lorenzen u. a. § 55 Rn. 10). Wird kein GesamtPR gewählt, können die ihm zustehenden Befugnisse nicht wahrgenommen werden. Zur Bildung eines GesamtPR beim **Südwestrundfunk** vgl. § 112.

Eigenständigkeit. Der GesamtPR ist eine **eigenständige Personalvertretung**, die **2** neben den bei den einzelnen nach § 5 Abs. 3 personalvertretungsrechtlich verselbstständigten Dienststellen bestehenden PR und dem PR der Hauptdienststelle steht. Er ist diesen **nicht übergeordnet** und hat auch nicht die Stellung einer vertikal organisierten Stufenvertretung im mehrstufigen Verwaltungsaufbau. Vielmehr ergänzt er diese (BVerwG, 30.7.2010 – 6 P 11.09 – PersR 2010, 400 ff.) und bildet eine organisatorische Einheit der verselbstständigten Neben- und Teildienststellen auf gleicher Verwaltungsebene (Ilbertz-Widmaier § 55 Rn. 2, 3).

3 **Zuständigkeit.** Die Zuständigkeit des GesamtPR ist in § 91 Abs. 8 geregelt und ist gegeben, wenn die beabsichtigte Maßnahme über den Bereich einer personalvertretungsrechtlich verselbstständigten Dienststelle hinausgeht. Hinsichtlich der **Befugnisse** und der **Pflichten** des GesamtPR verweist Abs. 5 auf die §§ 68 bis 90.

II. Mitglieder des Gesamtpersonalrats (Abs. 2)

4 **1. Wahl.** Alle Personalvertretungen werden grundsätzlich in geheimer und unmittelbarer Wahl von den wahlberechtigten Beschäftigten gewählt. Dies gilt auch für die Wahl des GesamtPR. Es ist also **nicht zulässig, dass die einzelnen PR die Mitglieder des GesamtPR bestimmen.**

5 **2. Größe.** Die **Zahl der Mitglieder des GesamtPR** wurde durch das ÄG 2013 erhöht. Nach der Intention des Gesetzgebers berücksichtigt die höhere Mitgliederzahl des GesamtPR dessen Zuständigkeit für Maßnahmen, die über den Bereich einer einzigen Dienststelle hinausgehen und entspricht damit einem Bedürfnis der personalvertretungsrechtlichen Praxis. Dies sind in der Regel weniger routinemäßige Personaleinzelfälle, dafür häufiger übergreifend konzeptionelle Angelegenheiten der Gesamtdienststelle. Mitgliederzahlen unweit unterhalb der Stufen der örtlichen PR sind demnach angemessen (LT-Drucksache 15/4224 S. 118). Die Größe **richtet sich** wie bei den (örtlichen) PR größerer Dienststellen (§ 10 Abs. 3) **nach der Zahl der in der Regel Beschäftigten** und nicht nach der Zahl der wahlberechtigten Beschäftigten.

III. Gruppenvertreter (Abs. 3)

6 **Gruppenprinzip.** Die **Minderheitenschutzbestimmungen** des § 11 Abs. 4 finden **keine** Anwendung. Jedoch erhält im GesamtPR nach Abs. 3 jede Gruppe **mindestens einen Sitz** (Satz 1) bzw., wenn der GesamtPR mehr als neun Mitglieder hat, mindestens zwei Sitze (Satz 2). Für Kleinstgruppen gilt § 11 Abs. 5 entsprechend (Satz 3), so dass eine Gruppe, der in der Regel nicht mehr als fünf Beschäftigte angehören, nur dann eine Vertretung im GesamtPR erhält, wenn sie mindestens ein Zwanzigstel der Beschäftigten umfasst.

IV. Wahl, Amtszeit, Geschäftsführung (Abs. 4)

7 **Wählbarkeit.** Die entsprechende Anwendung der Vorschriften über die Wählbarkeit (§ 9) bedeutet u. a. auch, dass die in § 9 Abs. 2 genannten Beschäftigten aller Dienststellen, für die der GesamtPR gebildet wird, nicht in den GesamtPR wählbar sind. Es sind also nicht nur die unter § 9 Abs. 2 fallenden Beschäftigten der („Haupt-")Dienststelle, bei der der GesamtPR eingerichtet wird, vom passiven Wahlrecht zum GesamtPR ausgeschlossen. Hätte der Gesetzgeber dies gewollt, hätte er die in § 55 Abs. 3 Nr. 1 und 2 für die Wählbarkeit zu den Stufenvertretungen getroffene Regelung auch in den § 54 übernehmen müssen.

Wahlberechtigung. Abs. 4 Nr. 1 stellt klar, dass das Wahlrecht auch bei Zuge- **8** hörigkeit zu mehreren Dienststellen, für die der GesamtPR gebildet wird – etwa durch Teilzuweisungen –, nur einmal ausgeübt werden kann.

Kompatibilität. Die Mitgliedschaften im PR, im GesamtPR und in den Stufen- **9** vertretungen **schließen sich gegenseitig nicht aus**, sondern können gleichzeitig wahrgenommen werden.

Freistellung. Für die **Freistellung der Mitglieder des GesamtPR** gilt § 45 ent- **10** sprechend. Hiernach sind Mitglieder des GesamtPR auf Antrag des GesamtPR von ihrer dienstlichen Tätigkeit freizustellen, wenn und soweit dies nach Art und Umfang der Dienststellen, für die der GesamtPR gebildet ist, zur ordnungsgemäßen Durchführung ihrer Aufgaben erforderlich ist. Seit dem ÄG 2013 gilt die Freistellungsstaffel des § 45 Abs. 1 Satz 2 auch für den Ge- samtPR. Mit der Anwendung der Freistellungsstaffel entsteht für einen Ge- samtPR ab neun Mitgliedern, und damit faktisch für jeden GesamtPR, mindes- tens eine Freistellung im Umfang einer Vollzeitarbeitskraft (LT-Drucksache 15/ 4224 S. 119). Im Streitfall entscheiden nach § 92 Abs. 1 Nr. 3 die Verwaltungs- gerichte. Die freigestellten Mitglieder des GesamtPR haben nach § 46 den **glei- chen Anspruch auf berufsbildende und berufsfördernde Maßnahmen** wie die freigestellten Mitglieder der örtlichen PR.

Keine Personalversammlungen. Personalversammlungen für den Geschäftsbe- **11** reich eines GesamtPR sieht das LPVG nicht vor. Die §§ 49 bis 53 finden auf den GesamtPR keine Anwendung. Allerdings besteht nach § 49 Abs. 4 die Möglichkeit von gemeinsamen Personalversammlungen mehrerer Dienststellen auf Beschluss des PR, wenn für sie ein GesamtPR gebildet ist. Zur Teilnahme eines beauftragten Mitglieds des GesamtPR an Personalversammlungen der einzelnen Dienststellen siehe § 53 Abs. 2 Satz 1 Nr. 5. Gemäß Abs. 4 Nr. 2 fin- det auch zur Bestellung eines Wahlvorstands eine Personalversammlung nicht statt. Stattdessen übt der Dienststellenleiter, bei der der GesamtPR errichtet wird, die Befugnis zur Bestellung des Wahlvorstands nach § 16 Abs. 2 und 3, § 17 Abs. 3 aus.

Teilnahme des PR. Nach Abs. 4 Nr. 3 kann eine beauftragte Person des PR **12** an den Sitzungen des GesamtPR teilnehmen, wenn Angelegenheiten behandelt werden, die Beschäftigte der Dienststelle betreffen, bei welcher der PR gebildet ist. Die beauftragte Person hat insoweit eine beratende Stimme. Die Einladung zu der Sitzung ist dem PR zuzuleiten, der darüber zu entscheiden hat, welche Person er entsendet.

V. Befugnisse und Pflichten (Abs. 5)

§§ 68 bis 90. Für die Befugnisse und Pflichten des GesamtPR gelten die §§ 68 **13** bis 90 entsprechend (Abs. 5). Zu beachten ist zudem § 91 Abs. 8. Der Ge- samtPR hat somit, wenn er nach § 91 Abs. 8 für die Beteiligung zuständig ist, die gleichen Rechte und Pflichten wie der örtliche PR.

§ 55   Bezirkspersonalrat und Hauptpersonalrat (Stufenvertretungen)

(1) [1]Für den Geschäftsbereich mehrstufiger Verwaltungen werden Stufenvertretungen gebildet, und zwar bei den Mittelbehörden Bezirkspersonalräte, bei den obersten Dienstbehörden Hauptpersonalräte. [2]Mittelbehörde im Sinne dieses Gesetzes ist die einer obersten Dienstbehörde unmittelbar nachgeordnete Behörde, der andere Dienststellen nachgeordnet sind.

(2) [1]Die Mitglieder des Bezirkspersonalrats werden von den zum Geschäftsbereich der Mittelbehörde, die Mitglieder des Hauptpersonalrats von den zum Geschäftsbereich der obersten Dienstbehörde gehörenden Beschäftigten gewählt. [2]Der Bezirkspersonalrat besteht bei

bis zu 500 in der Regel Beschäftigten	aus drei Mitgliedern,
501 bis 1000 in der Regel Beschäftigten	aus fünf Mitgliedern,
1001 bis 3000 in der Regel Beschäftigten	aus sieben Mitgliedern,
3001 bis 5000 in der Regel Beschäftigten	aus neun Mitgliedern,
5001 und mehr in der Regel Beschäftigten	aus elf Mitgliedern.

[3]Der Hauptpersonalrat besteht bei

bis zu 500 in der Regel Beschäftigten	aus fünf Mitgliedern,
501 bis 1000 in der Regel Beschäftigten	aus sieben Mitgliedern,
1001 bis 2000 in der Regel Beschäftigten	aus neun Mitgliedern,
2001 bis 3000 in der Regel Beschäftigten	aus elf Mitgliedern,
3001 bis 5000 in der Regel Beschäftigten	aus 13 Mitgliedern,
5001 bis 10000 in der Regel Beschäftigten	aus 15 Mitgliedern,
10001 bis 20000 in der Regel Beschäftigten	aus 17 Mitgliedern,
20001 und mehr in der Regel Beschäftigten	aus 19 Mitgliedern.

(3) Für die Wahl, die Amtszeit und die Geschäftsführung der Stufenvertretungen gelten die §§ 8 bis 10 Absatz 2 und 5, § 11 Absatz 1 bis 3, §§ 12 bis 16 Absatz 1, § 17 Absatz 1, 2 und 4, §§ 18 bis 30 und 32 bis 45 Absatz 1 Satz 1 und Absatz 4, §§ 46 bis 48 und 54 Absatz 3 und 4 Nummer 1 bis 3 mit folgenden Maßgaben entsprechend:

1. § 9 Absatz 2 Satz 1 Nummer 2 bis 4 gilt nur für die leitenden Beschäftigten der Dienststelle, bei der die Stufenvertretung errichtet ist, sowie für die unmittelbaren Mitarbeiter dieser Beschäftigten, die als Personalsachbearbeiter Entscheidungen vorbereiten.
2. Die in § 9 Absatz 2 Satz 1 Nummer 2 bis 4 genannten Personen, die Beschäftigte einer nachgeordneten Dienststelle sind, dürfen als Mitglieder der Stufenvertretung an Personalangelegenheiten der eigenen Dienststelle weder beratend noch entscheidend mitwirken; § 33 Absatz 2 bleibt unberührt.
3. Bei der entsprechenden Anwendung des § 19 tritt an die Stelle der Frist von sechs Arbeitstagen die Frist von drei Wochen.
4. § 32 Absatz 5 gilt mit der Maßgabe, dass beim Bezirkspersonalrat die Bezirksschwerbehindertenvertretung, die für die Dienststelle, bei der der Bezirkspersonalrat gebildet ist, zuständig ist, zu beteiligen ist; dies gilt entsprechend für die Beteiligung der Hauptschwerbehindertenvertretung beim Hauptpersonalrat.
5. § 34 Absatz 3 gilt mit der Maßgabe, dass der Vorsitzende alle Angelegenheiten im schriftlichen Umlaufverfahren beschließen lassen kann, wenn nicht im Einzelfall ein Drittel der Mitglieder dem schriftlichen Umlaufverfahren widerspricht.
6. Der für die Reisekostenvergütungen nach § 41 Absatz 1 Satz 2 maßgebende Dienstort ist der Sitz der Dienststelle, der das Mitglied der Stufenvertretung angehört.

(4) Für die Befugnisse und Pflichten der Stufenvertretungen gelten die §§ 68 bis 90 entsprechend.

(5) ¹Die Personalräte oder, wenn solche nicht bestehen, die Leiter der Dienststellen bestellen auf Ersuchen des Bezirks- oder Hauptwahlvorstands die örtlichen Wahlvorstände für die Wahl der Stufenvertretungen. ²Werden in einer Verwaltung die Personalräte und Stufenvertretungen gleichzeitig gewählt, so führen die bei den Dienststellen bestehenden Wahlvorstände die Wahlen der Stufenvertretungen im Auftrag des Bezirks- oder Hauptwahlvorstands durch. ³Für die Durchführung der Wahl der Stufenvertretungen bei den Landratsämtern ist der Wahlvorstand für die Wahl des Personalrats beim Landratsamt zuständig.

I. Stufenvertretungen (Abs. 1)

1. Anwendungsbereich. Die Einrichtung von **Stufenvertretungen** ist im Geltungsbereich des LPVG nur im Bereich der **Landesverwaltung** möglich, da es – in Abgrenzung etwa zu den Selbstverwaltungskörperschaften – nur dort mehrstufige Verwaltungen gibt. Die mehrstufige Verwaltung des Bundes richtet sich nach dem BPersVG. Die Einrichtung von Stufenvertretungen trägt der Weisungsgebundenheit der nachgeordneten Dienststellen Rechnung und gewährleistet eine wirksame und lückenlose Vertretung der Interessen der Beschäftigten (Altvater u. a. § 55 Rn. 1 f.).   **1**

Bildung des HPR und des BPR. Stufenvertretungen werden nur bei **mehrstufigen**, d. h. mindestens zweistufigen, im Verhältnis der Über-/Unterordnung stehenden Verwaltungen gebildet. Bei den **obersten Dienstbehörden** (zum Begriff vgl. § 3 Abs. 2 LBG), die nachgeordnete Behörden haben, sind Hauptpersonalräte **(HPR)** zu bilden; dies sind sämtliche Fachministerien und der Rechnungshof; dagegen sind beim Staatsministerium (s. hierzu aber § 102) und beim Präsidenten des Landtags, die oberste Dienstbehörden sind, aber keine nachgeordneten Behörden haben, keine HPR zu bilden. Bei **Mittelbehörden** i. S. des Satzes 2, die obersten Dienstbehörden unmittelbar nachgeordnet sind und denen andere Dienststellen nachgeordnet sind, sind Bezirkspersonalräte **(BPR)** zu bilden.   **2**

Besonderheiten. Wegen der Besonderheiten für die Stufenvertretungen im Bereich der **Justizverwaltung** vgl. § 95, im Bereich der **Polizei** vgl. § 96 Abs. 2 und im **Schulbereich** vgl. § 98 Abs. 2.   **3**

Zuständigkeit. Die Zuständigkeit der Stufenvertretungen in Abgrenzung zur Zuständigkeit des PR und des GesamtPR ergibt sich aus § 91. Die Stufenvertretungen sind keine übergeordneten Personalvertretungen (Altvater u. a. § 55 Rn. 2), sondern stehen neben den PR der einzelnen Dienststellen.   **4**

StufenJAV. Zur seit dem ÄG 2013 bestehenden Möglichkeit der Bildung von StufenJAV siehe § 66 Abs. 4.   **5**

Keine Personalversammlung. Personalversammlungen für den Geschäftsbereich einer Stufenvertretung sieht das LPVG in Übereinstimmung mit dem BPersVG und den Personalvertretungsgesetzen der anderen Bundesländer nicht vor. Die §§ 49   **6**

bis 53 finden auf die Stufenvertretungen keine Anwendung. Auch Personalversammlungen zur Wahl eines Bezirks- oder Hauptwahlvorstands finden nicht statt (§ 55 Abs. 3 i. V. m. § 54 Abs. 4 Nr. 2 i. V. m. §§ 16 Abs. 2 und 3, § 17 Abs. 3). Die Aufgaben der Personalversammlung bei der Bestellung eines Wahlvorstands nimmt der Leiter der Dienststelle, bei der die Stufenvertretung gebildet wird, wahr. Nicht eindeutig ist, ob es für das Tätigwerden des Dienststellenleiters eines Antrags von drei Wahlberechtigten oder einer in der Dienststelle vertretenen Gewerkschaft bedarf. Dies ist zu bejahen, da die Sonderregelung nur die Aufgabenwahrnehmung als solche, nicht aber die Voraussetzung dazu beinhaltet. Zur Teilnahme eines beauftragten Mitglieds einer Stufenvertretung an Personalversammlungen der einzelnen Dienststellen siehe § 53 Abs. 2 Satz 1 Nr. 3.

7   **Teilnahme an PR-Sitzungen.** Wegen der Teilnahme von **Beauftragten** der Stufenvertretungen an Sitzungen des PR siehe § 30 Abs. 5. Das Wort „Beauftragte" lässt nicht ohne weiteres darauf schließen, dass es sich um Mitglieder der Stufenvertretung handeln muss. Sachnotwendig wird von diesem Erfordernis auszugehen sein. Möglich ist die Teilnahme eines Beauftragten des BPR und/oder des HPR.

8   **2. Mittelbehörden.** Bei den **Regierungspräsidien** sind folgende Besonderheiten zu beachten: Sie haben die sog. „Bündelungsfunktion", welche mit dem Verwaltungsstruktur-Reformgesetz vom 1.7.2004 (GBl. S. 469) ab 1.1.2005 erheblich ausgeweitet wurde. In dieser Mittelinstanz werden Aufgaben aus den Geschäftsbereichen nahezu aller Ministerien (Innenministerium, Wirtschaftsministerium, Ministerium für Ernährung und Ländlichen Raum, Sozialministerium, Kultusministerium, Wissenschaftsministerium und Umweltministerium) wahrgenommen. Dem Innenministerium obliegt nach § 14 Abs. 1 Satz 2 LVG für die Bediensteten der Regierungspräsidien – mit Ausnahme der Bediensteten des schulpsychologischen und schulpädagogischen Dienstes – die den Ministerien zugewiesenen Aufgaben auf dem Gebiet der Personalangelegenheiten. Den Regierungspräsidien nachgeordnet sind die Landratsämter als untere Verwaltungsbehörden, in die (abgesehen von den Stadtkreisen) mit dem Verwaltungsstruktur-Reformgesetz – ausgenommen der Polizeibereich – im Grundsatz sämtliche unteren Sonderbehörden eingegliedert wurden. Nachgeordnet sind außerdem das Staatliche Tierärztliche Untersuchungsamt – Diagnostikzentrum Aulendorf, die Chemischen und Veterinäruntersuchungsämter und die (weiterhin) Staatlichen Schulämter bei den Stadtkreisen.

II.   Zusammensetzung der Stufenvertretungen (Abs. 2)

9   **1. Wahl des BPR.** Der (allgemeine) **BPR** beim Regierungspräsidium wird gewählt, von
- allen Beschäftigten des Regierungspräsidiums;
- den nicht zum Lehrpersonal gehörenden Landesbeschäftigten bei den in § 98 Abs. 2 genannten schulischen Einrichtungen;
- den Landesbeschäftigten bei den Landratsämtern, beim Staatlichen Tierärztlichen Untersuchungsamt – Diagnostikzentrum Aulendorf und bei den Chemischen und Veterinäruntersuchungsämtern.

Besonderheiten. Besondere BPR bestehen bei den Regierungspräsidien für den **10** Schulbereich (§ 98 Abs. 2 Satz 1).

Wahl des HPR. Während also Beschäftigte aus den unterschiedlichsten Fachrich- **11** tungen einen gemeinsamen BPR wählen, richtet sich die Wahl zum HPR nach den jeweiligen Geschäftsbereichen der Ministerien (Abs. 2 Satz 1). Die Beschäftigten der Regierungspräsidien sind daher zu folgenden **HPR** wahlberechtigt:
– die Beschäftigten des schulpsychologischen und schulpädagogischen Diens-
   tes zum HPR des Kultusministeriums, nachdem dieses Ministerium für sie
   personalverwaltend zuständig ist (§ 14 Abs. 1 Satz 2 LVG);
– alle anderen Beschäftigten zum (allgemeinen) HPR beim Innenministerium
   (§ 14 Abs. 1 Satz 2 LVG).
Die Beschäftigten der Polizeidienststellen und Einrichtungen für den Polizeivollzugsdienst wählen einen HPR der Polizei beim Innenministerium (§ 96 Abs. 2).

Wahl nach fachlicher Zuordnung. Die Landesbeschäftigten bei den Landrats- **12** ämtern wählen je nach fachlicher Zuständigkeit (maßgebend ist grundsätzlich die Zuordnung der Stellen zu bestimmten Einzelplänen des Staatshaushalts-plans) den HPR des jeweils für sie dienstrechtlich zuständigen Ministeriums (z. B. Beschäftigte des medizinischen Dienstes den HPR beim Sozialministe-rium, Beschäftigte des schulpsychologischen und schulpädagogischen Dienstes den HPR beim Kultusministerium; § 20 Abs. 1 Satz 2 LVG i. V. m. § 8 Abs. 3 Satz 1 Nr. 2 LVG), ansonsten den allgemeinen HPR beim Innenministerium. Die Beschäftigten des Staatlichen Tierärztlichen Untersuchungsamts – Diagnos-tikzentrum Aulendorf und der Chemischen und Veterinäruntersuchungsämter sind zum HPR des Ministeriums für Ernährung und Ländlichen Raum wahlbe-rechtigt, das Fachpersonal der Staatlichen Schulämter bei den Stadtkreisen wählt den HPR beim Kultusministerium.

Kompatibilität. Die Mitgliedschaft im PR, im GesamtPR und in den Stufenver- **13** tretungen **schließen sich gegenseitig nicht aus.** Ebenso kann ein wählbarer Be-schäftigter, wenn die sonstigen Voraussetzungen vorliegen, sich als Bewerber für die Wahl zum PR, zum GesamtPR und zu den Stufenvertretungen aufstellen lassen, auch wenn diese Wahlen gleichzeitig stattfinden.

2. Mitgliederzahl. Abs. 2 Satz 2 der Vorschrift legt die Zahl der Mitglieder der **14** Stufenvertretungen fest. Seit dem ÄG 2013 sieht das Gesetz unterschiedliche Mitgliederzahlen für BPR und HPR vor. So wurde insbesondere die Zahl der Mitglieder der HPR erhöht. Der Gesetzgeber erkennt damit an, dass die kons-truktive Mitarbeit des HPR bei vielerlei Fragestellungen und frühzeitigen Hin-zuziehungen die Verteilung der anfallenden Aufgaben auf mehrere Schultern erfordert (LT-Drucksache 15/4224 S. 120).

III. Wahl, Amtszeit und Geschäftsführung (Abs. 3)

Anwendbare Vorschriften. Abs. 3 bestimmt die auf die Stufenvertretungen ent- **15** sprechend anzuwendenden Vorschriften, wobei bestimmte Abweichungen aus-drücklich aufgeführt sind.

16 Gruppenprinzip. Die Sitze in den Stufenvertretungen sind auf die einzelnen Gruppen entsprechend ihrem Anteil an den Beschäftigten zu verteilen (§ 55 Abs. 3 i. V. m. § 11 Abs. 2). Die Vorschriften des § 11 Abs. 4 und 5 über den Minderheitenschutz im PR finden keine Anwendung. Dagegen garantiert § 55 Abs. 3 i. V. m. § 54 Abs. 3, dass – wie im GesamtPR – auch in den Stufenvertretungen jede Gruppe mindestens einen Vertreter, und wenn die Stufenvertretung aus mehr als neun Mitgliedern besteht, mindestens zwei Vertreter erhält. Dies gilt jedoch nicht, wenn einer Gruppe so wenig Beschäftigte angehören, dass ihr nach § 11 Abs. 5 überhaupt keine Vertretung zukommt.

17 Freistellung. Für die Freistellung der Mitglieder der Stufenvertretungen gilt § 45 Abs. 1 Satz 1 entsprechend. Hiernach sind Mitglieder der Stufenvertretungen auf Antrag von ihrer dienstlichen Tätigkeit freizustellen, wenn und soweit dies nach Art und Umfang der Dienststellen, für die die Stufenvertretungen gebildet worden ist, zur ordnungsgemäßen Durchführung ihrer Aufgaben erforderlich ist. Der Gesetzgeber hat aber § 45 Abs. 1 Satz 2 nicht für entsprechend anwendbar erklärt. Diese Freistellungsstaffelung gilt daher für die Stufenvertretungen nicht. Der Umfang der Freistellungen ist von der Dienststelle, bei welcher die Stufenvertretung gebildet wurde, im Einvernehmen mit der Stufenvertretung festzulegen. Dabei ist insbesondere der Umfang der Inanspruchnahme durch seine Aufgaben unter Berücksichtigung der Verteilung der Zuständigkeiten zwischen Stufenvertretungen, GesamtPR und den örtlichen PR nach § 91 und unter Beachtung der bei der Verwaltung öffentlicher Mittel geltenden Grundsätze zu prüfen. Im Streitfall entscheiden nach § 92 Abs. 1 Nr. 3 die Verwaltungsgerichte. Die freigestellten Mitglieder der Stufenvertretungen haben nach § 46 den **gleichen Anspruch auf berufsbildende und berufsfördernde Maßnahmen** wie die freigestellten Mitglieder der örtlichen PR.

18 Nr. 1: Wahlberechtigung und Wählbarkeit. Auf die Stufenvertretungen finden die Vorschriften über die Wahlberechtigung (§ 8) und über die Wählbarkeit (§ 9) zum PR entsprechende Anwendung. Jedoch sind zum BPR und zum HPR, im Gegensatz zu der für die Wahl des GesamtPR geltenden Regelung, nach Abs. 3 Nr. 1 auch die leitenden Beschäftigten und die Personalsachbearbeiter der Dienststellen, die der Dienststelle nachgeordnet sind, bei der diese Stufenvertretungen gebildet werden, wählbar. Nur der **Leiter der Dienststelle**, bei der die Stufenvertretung errichtet ist, sein ständiger Vertreter und die Beschäftigten, die **zu selbstständigen Entscheidungen in Personalangelegenheiten** für den Bereich der Stufenvertretung, nicht nur für die Dienststelle selbst, befugt sind, sowie die unmittelbaren Mitarbeiter dieser Beschäftigten, die als **Personalsachbearbeiter** deren Entscheidungen vorbereiten, sind **nicht wählbar**.

19 Beschäftigte der Mittelbehörde. Zum BPR sind **auch die Beschäftigten der Mittelbehörde**, bei der er gebildet wird, **wahlberechtigt und wählbar**, wenn die sonstigen Voraussetzungen hierfür vorliegen, da der BPR an allen Maßnahmen zu beteiligen ist, die der Leiter der Mittelbehörde für deren gesamten Geschäftsbereich trifft. Dies gilt entsprechend für das Wahlrecht der Beschäftigten einer obersten Dienstbehörde bei der Wahl zum HPR bei dieser.

20 Ausbildungspersonalrat. Beschäftigte, die nach § 58 Abs. 2 zu einem AusbildungsPR wahlberechtigt sind, **besitzen nicht das aktive und das passive Wahl-**

recht zum PR, GesamtPR und zu den Stufenvertretungen (§ 58 Abs. 4 Satz 1). Dagegen sind die Auszubildenden in öffentlich-rechtlichen Ausbildungsverhältnissen, die Beamten im Vorbereitungsdienst und die Beschäftigten in entsprechender Berufsausbildung, die nicht zu einem AusbildungsPR nach § 58 Abs. 2 wahlberechtigt sind, wenn die sonstigen Voraussetzungen vorliegen, zum PR ihrer Stammbehörde (§ 8 Abs. 2), zum GesamtPR und zu den Stufenvertretungen wahlberechtigt und wählbar.

Nr. 2: Ausschluss von der Mitwirkung. Die in § 9 Abs. 2 Satz 1 Nr. 2 bis 4   **21** genannten Personen dürfen bei der Behandlung von Personalangelegenheiten ihrer Dienststelle in den Stufenvertretungen weder beratend noch entscheidend mitwirken. § 33 Abs. 2 bleibt daneben unberührt.

Nr. 3: Frist. Für die Anberaumung der konstituierenden Sitzung (§ 19) gilt die   **22** abweichende Frist von drei Wochen.

Nr. 4: Teilnahme der Schwerbehindertenvertretung. An den Sitzungen der Stu-   **23** fenvertretungen nimmt in entsprechender Anwendung von § 32 Abs. 5 die Bezirksschwerbehindertenvertretung bzw. die Hauptschwerbehindertenvertretung teil.

Nr. 5: Umlaufbeschlussverfahren. Bereits das ÄG 95 eröffnete für die Stufen-   **24** vertretung – wie nunmehr in § 34 Abs. 3 auch für die örtlichen PR – die Möglichkeit des Umlaufbeschlussverfahrens (Abs. 3 Nr. 5). Es ist allerdings nicht nur in einfach gelagerten Angelegenheiten, sondern in allen Angelegenheiten zulässig; die datenschutzrechtlichen Vorgaben sind auch hier zu beachten. Ob von dieser Art der Beschlussfassung im Einzelfall Gebrauch gemacht wird, entscheidet der Vorsitzende. Auf Wunsch eines Drittels der Mitglieder der Stufenvertretung ist das Umlaufbeschlussverfahren abzubrechen und die Angelegenheit in eine Sitzung zur Beschlussfassung zu übernehmen. Ein Umlaufbeschluss ist zustande gekommen, wenn die Mehrheit der Mitglieder zugestimmt hat.

Nr. 6: Maßgebender Dienstort. Mit dem ÄG 95 wurde in Abs. 3 Nr. 6 aus   **25** reisekostenrechtlichen Gründen festgeschrieben, dass **Dienstort** eines Mitglieds der Stufenvertretung stets der Sitz seiner Stammdienststelle ist; es erhält damit die volle Reisekostenvergütung für die Fahrt zwischen dem Ort seiner Stammdienststelle und dem Sitz der Stufenvertretung. Ein PR-Mitglied, das einen Tag vor der Sitzung der Stufenvertretung an den von seinem Dienstort weit entfernt liegenden Tagungsort anreist, hat Anspruch auf Erstattung der dadurch entstehenden Mehrkosten (OVG Münster, 4.10.2001 – 1 A 531/00.PVB – PersV 2002, 371 ff. = PersR 2002, 83 ff.).

Unzulässigkeit sog. Vorbehaltsbeschlüsse. Sog. „Vorbehaltsbeschlüsse" einer   **26** Stufenvertretung, die vor Eingang der Stellungnahme des örtlichen PR getroffen werden, verletzen die Informationsrechte und Entscheidungsbefugnisse der Mitglieder des Gremiums (BVerwG, 19.7.1994 – 6 P 12.92 – PersV 1995, 77 = PersR 1994, 518).

Kosten der Wahl. Die Kosten der Wahl der Stufenvertretungen tragen die Dienst-   **27** stellen, bei denen sie gebildet werden (§ 55 Abs. 3 i. V. m. § 20 Abs. 2). Eine etwaige Aufteilung der Kosten unter den Dienststellen im Geschäftsbereich einer Mittelbehörde oder einer obersten Dienstbehörde ist eine haushaltsrechtliche Angelegenheit und wird in der Regel unter dem Gesichtspunkt der Zweckmäßigkeit und der Verwaltungsvereinfachung zu entscheiden sein.

IV. Befugnisse und Pflichten (Abs. 4)

28 §§ 68 bis 90. Für die Befugnisse und Pflichten der Stufenvertretungen gelten die §§ 68 bis 90 entsprechend (Abs. 4). Zu beachten ist zudem § 91 Abs. 2 bis 7. Die Stufenvertretungen haben somit, wenn sie nach § 91 Abs. 2 bis 7 für die Beteiligung zuständig sind, die gleichen Rechte und Pflichten wie der örtliche PR.

V. Wahlvorstand (Abs. 5)

29 Bezirks- und Hauptwahlvorstand. Die Durchführung der Wahl der Stufenvertretung obliegt dem Bezirks- bzw. Hauptwahlvorstand. Die Bestellung dieser Wahlvorstände ist Aufgabe der (alten) Stufenvertretungen. Nur wenn eine Stufenvertretung diese ihr obliegende Pflicht nicht oder nicht rechtzeitig erfüllt, hat der Leiter der Dienststelle, bei der die Stufenvertretung gebildet wurde, nach §§ 16 ff. tätig zu werden.

30 Örtliche Wahlvorstände. Die Wahl der Stufenvertretungen wird in den einzelnen Dienststellen von den örtlichen Wahlvorständen im Auftrag der Bezirks- und Hauptwahlvorstände vorbereitet und durchgeführt. Wegen ihrer Bestellung siehe Abs. 5. Zur Durchführung der Wahlen siehe §§ 45 ff. WO.

§ 56 Arbeitsgemeinschaften von Personalvertretungen

(1) Personalvertretungen derselben Verwaltungsstufe, desselben Verwaltungszweigs oder mehrerer Verwaltungen und Betriebe juristischer Personen nach § 1 können zur Behandlung gemeinsam betreffender Angelegenheiten eine Arbeitsgemeinschaft bilden, wenn dies der Wahrnehmung der Befugnisse und Pflichten der einzelnen Personalvertretung förderlich ist.

(2) [1]Der Arbeitsgemeinschaft gehören jeweils der Vorsitzende oder ein anderes von der Personalvertretung bestimmtes Mitglied der beteiligten Personalvertretungen an. [2]In begründeten Fällen ist im Einvernehmen mit der Dienststelle der entsendenden Personalvertretung eine Entsendung mehrerer Mitglieder zulässig.

(3) [1]Die Arbeitsgemeinschaft bestimmt aus ihrer Mitte einen Vorsitzenden und Stellvertreter. [2]Sie gibt sich eine Geschäftsordnung. [3]Für die Rechte und Pflichten der Mitglieder von Personalvertretungen in Arbeitsgemeinschaften und für die Geschäftsführung der Arbeitsgemeinschaften gelten § 30 Absatz 1 Satz 1 und 2, § 32 Absatz 1, § 38 Absatz 1, § 42, 43, 67 Absatz 1, § 68 Absatz 2, § 69 Absatz 1 Satz 2 und 3 entsprechend. [4]§ 41 gilt mit der Maßgabe, dass die durch die Entsendung in die Arbeitsgemeinschaft entstehenden notwendigen Kosten von der Dienststelle der jeweils entsendenden Personalvertretung zu tragen sind.

(4) [1]**Abweichend von Absatz 2 Satz 1 können die Personalräte bei den Universitätsklinika eine Arbeitsgemeinschaft bilden, der aus jedem Universitätsklinikum bis zu zwei Mitglieder angehören.** [2]**Auf Antrag des Personalrats ist bei jedem Universitätsklinikum ein Mitglied für bis zu zehn Arbeitsstunden in der Woche von seiner dienstlichen Tätigkeit für die Wahrnehmung von Aufgaben der Arbeitsgemeinschaft freizustellen.** [3]**Eine entsprechende Teilfreistellung von zwei Mitgliedern ist zulässig.** [4]**§ 43 Absatz 2 bleibt unberührt.**

(5) Die Befugnisse und Aufgaben der Personalvertretungen nach diesem Gesetz bleiben unberührt; die §§ 73 bis 88 finden keine Anwendung.

Vorbemerkung. § 56 ist durch das ÄG 2013 eingefügt worden. Arbeitsgemein-   **1**
schaften von verschiedenen Personalvertretungen gab es zwar in der Praxis
bereits zuvor. Hierfür gab es jedoch, bis auf wenige Ausnahmen (etwa für die
Arbeitsgemeinschaft der Universitätsklinika; vgl. hierzu Abs. 4), keine gesetzliche Verankerung. Mit § 56 hat der Gesetzgeber nunmehr eine Rechtsgrundlage
geschaffen, um einerseits den Schutz der PR-Arbeit auch bei Tätigkeiten in
Arbeitsgemeinschaften klarzustellen (z. B. den Unfallschutz) und andererseits
auch Pflichten zu verdeutlichen, wie beispielsweise das Neutralitätsgebot und
die Verschwiegenheitspflicht (LT-Drucksache 15/4224 S. 121).

I.   Bildung von Arbeitsgemeinschaften (Abs. 1)

Arbeitsgemeinschaften. Abs. 1 ermöglicht es Personalvertretungen derselben   **2**
Verwaltungsstufe, desselben Verwaltungszweigs oder mehrerer Verwaltungen
und Betriebe juristischer Personen (§ 1) zur Behandlung gemeinsam betreffender Angelegenheiten Arbeitsgemeinschaften zu bilden. Weitere Voraussetzung
hierfür ist lediglich, dass dies zur Wahrnehmung der Befugnisse und Pflichten
der einzelnen Personalvertretungen förderlich ist.

Zweck. Arbeitsgemeinschaften der Personalvertretungen fördern den Informations- und Meinungsaustausch in gemeinsam betreffenden Angelegenheiten. Sie   **3**
dienen der Abstimmung der PR-Arbeit untereinander. Auch eine Qualitätssicherung bzw. -steigerung ist hierdurch ggf. zu erwarten.

II.   Zusammensetzung (Abs. 2)

Zusammensetzung. Die Zusammensetzung der Arbeitsgemeinschaften wird in   **4**
Abs. 2 insoweit vorgegeben, als ihnen jeweils der Vorsitzende oder ein anderes
von der Personalvertretung bestimmtes Mitglied der beteiligten Personalvertretungen angehören sollen (Satz 1). In begründeten Fällen ist im Einvernehmen
mit der Dienststelle der entsendenden Personalvertretung eine Entsendung
mehrerer Mitglieder zulässig (Satz 2). Die Beschränkung auf grundsätzlich nur
ein zu entsendendes Mitglied erfolgte wohl unter Kostengesichtspunkten.
Wann ein „begründeter Fall" zu bejahen ist, wird die Rechtsanwendung in der
Zukunft zeigen.

III. Anwendbare Vorschriften (Abs. 3)

5 **Geschäftsführung.** Die Arbeitsgemeinschaft bestimmt aus ihrer Mitte einen Vorsitzenden und (einen oder mehrere) Stellvertreter (Abs. 3 Satz 1). Hierbei ist sie nicht an die Zugehörigkeit zu einer Gruppe gebunden. Sie gibt sich zudem eine Geschäftsordnung (Abs. 3 Satz 2), in der Näheres zur Geschäftsführung geregelt werden kann. Nach Abs. 3 Satz 3 sind ferner die Regelungen der § 30 Abs. 1 Satz 1 und 2 (Anberaumung von Sitzungen; Tagesordnung; Verhandlungsleitung), § 32 Abs. 1 (Nichtöffentlichkeit; während der Arbeitszeit), § 38 Abs. 1 (Niederschrift), § 42 (Verbot der Beitragserhebung), § 67 Abs. 1 (Datenschutz) anwendbar.

6 **Rechte und Pflichten.** Die Rechte und Pflichten der Mitglieder von Personalvertretungen in Arbeitsgemeinschaften ergeben sich aus weiteren nach Abs. 3 Satz 3 für anwendbar erklärten Vorschriften über PR. So sind entsprechend anwendbar: § 43 (Unentgeltlichkeit; keine Minderung der Dienstbezüge), § 68 Absatz 2 (Friedenspflicht), § 69 Abs. 1 Satz 2 und 3 (Pflicht zur Objektivität und Neutralität; Unterlassen parteipolitischer Betätigung). Darüber hinaus sind die allgemeinen Vorschriften § 6 (Benachteiligungsverbot; Unfallschutz) und § 7 (Verschwiegenheitspflicht) heranzuziehen.

7 **Kosten.** Hinsichtlich der Kosten erklärt Abs. 3 Satz 4 den § 41 mit der Maßgabe für anwendbar, dass die durch die Entsendung in die Arbeitsgemeinschaft entstehenden notwendigen Kosten von der Dienststelle der jeweils entsendenden Personalvertretung zu tragen sind. Besonders wichtig dürfte in diesem Zusammenhang die Reisekostenvergütung nach dem Landesreisekostengesetz sein, da Arbeitsgemeinschaften häufig überregional gebildet werden.

IV. Arbeitsgemeinschaft der PR der Universitätsklinika (Abs. 4)

8 **Früher § 94b.** Die Sonderregelung des Abs. 4 für die Arbeitsgemeinschaft der PR der Universitätsklinika fand sich vor dem ÄG 2013 in § 94b. Die Vorschrift kam wie § 94a a. F. durch Art. 3 des Hochschulmedizinreformgesetzes vom 24.11.1997 (GBl. S. 474) in das LPVG und wurde durch das UniMedG vom 7.2.2011 geändert. Nach Art. 9 Abs. 4 UniMedG hätten die dort vorgesehenen personalvertretungsrechtlichen Neuregelungen (§§ 94a, 94b a. F.) ab dem jeweiligen Errichtungszeitpunkt der Körperschaften für Universitätsmedizin in Kraft treten sollen. Nach § 77 Abs. 1 LHG a. F. hätte dies spätestens bis 1.1.2013 erfolgen müssen. Durch die weitgehende Rückabwicklung des UniMedG durch das Gesetz vom 22.11.2011 sind die personalvertretungsrechtlichen Regelungen (§§ 94a, 94b a. F.) wieder in den Stand der vor dem 7.2.2011 geltenden Fassung gebracht worden. Mit § 94b a. F. wurde erstmals eine Arbeitsgemeinschaft von Personalvertretern mit den notwendigen Kosten- und Freistellungsregelungen im Gesetz statuiert. Begründet wurde die Einrichtung einer solchen Arbeitsgemeinschaft mit der notwendigen Abstimmung der PR der Klinika untereinander, was bis zur rechtlichen Verselbstständigung der Universitätsklinika über den HPR beim Wissenschaftsministerium möglich gewesen sei. Inhaltliche Änderungen gingen mit der Verschiebung der Norm in den § 56 Abs. 4 durch das ÄG 2013 nicht einher.

1. Mitglieder. Nach Abs. 4 Satz 1 können die PR bei den Universitätsklinika **9** eine Arbeitsgemeinschaft bilden, der abweichend von Abs. 2 Satz 1 aus jedem Universitätsklinikum bis zu zwei Mitglieder angehören. Die zwei Mitglieder müssen zugleich Mitglied des jeweiligen PR sein (Altvater u. a. § 94b Rn. 2). Die Notwendigkeit, mehr als ein Mitglied zu entsenden, muss daher hier nicht dargelegt werden. Die Kostentragungspflicht des Klinikums des entsendenden PR ergibt sich aus Abs. 3 Satz 4 (früher § 94b Satz 2 a. F.).

2. Freistellung. Nach Abs. 4 Satz 2 kommt auch für die Wahrnehmung der Auf- **10** gaben in der Arbeitsgemeinschaft eine Freistellung im Umfang von bis zu 10 Arbeitsstunden in der Woche in Betracht. Die Freistellung erfolgt auf Antrag des PR für ein Mitglied der Arbeitsgemeinschaft.

3. Teilfreistellung. Nach Abs. 4 Satz 3 kommt alternativ zur Freistellung eines **11** Mitglieds auch die Teilfreistellung beider Mitglieder in Betracht (vgl. auch die Erläuterungen zu § 45 Abs. 1 Satz 3).

4. Satz 4. Dass § 43 Abs. 2 unberührt bleibt, bedeutet, dass die Wahrnehmung **12** von Aufgaben im Rahmen der Arbeitsgemeinschaft und die damit verbundene Versäumnis an Arbeitszeit nicht zu einer Minderung der Bezüge führt. Ebenso kommt Dienstbefreiung in entsprechender Anwendung von § 43 Abs. 2 Satz 2 in Betracht.

V. Befugnisse (Abs. 5)

Befugnisse. Abs. 5 stellt klar, dass die Arbeitsgemeinschaften nicht an die Stelle **13** der Personalvertretungen treten und nicht an ihrer Stelle Entscheidungen treffen können. Die für die Personalvertretungen geltenden Vorschriften über die Mitbestimmung, Mitwirkung und Anhörung (§§ 73 bis 88) gelten explizit nicht. Dies verdeutlicht, dass die Arbeitsgemeinschaften lediglich dem Informations- und Meinungsaustausch dienen und nicht die Arbeit der PR ersetzen.

§ 57 Arbeitsgemeinschaft der Vorsitzenden der Hauptpersonalräte

(1) ¹Die Vorsitzenden der Hauptpersonalräte bei den obersten Landesbehörden bilden die Arbeitsgemeinschaft der Vorsitzenden der Hauptpersonalräte (ARGE-HPR). ²Besteht bei einer obersten Landesbehörde kein Hauptpersonalrat, ist der Vorsitzende des Personalrats bei der obersten Landesbehörde Mitglied in der Arbeitsgemeinschaft.

(2) An den Sitzungen der Arbeitsgemeinschaft können teilnehmen:
1. ein Vertreter der zu einer Arbeitsgemeinschaft zusammengeschlossenen Schwerbehindertenvertretungen bei den obersten Landesbehörden,
2. die Vorsitzenden der Personalräte der Dienststellen des Landtags von Baden-Württemberg.

(3) ¹Die Arbeitsgemeinschaft ist anzuhören vor Entscheidungen
1. der Landesregierung, welche für die Beschäftigten des Landes in den Geschäftsbereichen der obersten Dienstbehörden unmittelbar belastende Regelungen enthalten,

2. oberster Dienstbehörden, welche auch Beschäftigte in den Geschäftsbereichen anderer oberster Dienstbehörden des Landes betreffen,

soweit die Entscheidungen in Angelegenheiten nach den §§ 74, 75, 81 und 87 mit Ausnahme von Maßnahmen in einzelnen personellen Angelegenheiten der Beteiligung des Personalrats unterliegen würden, wenn sie von einer Dienststelle für ihre Beschäftigten getroffen würden. [2]Satz 1 gilt nicht, wenn nach beamtenrechtlichen Vorschriften die Spitzenorganisationen der zuständigen Gewerkschaften und Berufsverbände zu beteiligen sind. [3]§ 56 Absatz 5 gilt entsprechend.

(4) [1]Die federführend zuständige oberste Dienstbehörde hört die Arbeitsgemeinschaft rechtzeitig und umfassend zu der beabsichtigten Maßnahme an. [2]Der Arbeitsgemeinschaft sind die erforderlichen Unterlagen vorzulegen. [3]Auf Verlangen der Arbeitsgemeinschaft ist die beabsichtigte Maßnahme mit ihr zu erörtern. [4]Die Arbeitsgemeinschaft übermittelt ihre Stellungnahme der anhörenden obersten Dienstbehörde innerhalb von drei Wochen, sofern nicht einvernehmlich eine andere Frist vereinbart ist; § 91 Absatz 3 gilt sinngemäß.

(5) [1]Die Arbeitsgemeinschaft kann grundsätzliche Angelegenheiten beraten, die für die Beschäftigten von allgemeiner Bedeutung sind und über den Geschäftsbereich einer obersten Dienstbehörde hinausgehen. [2]Sie kann hierzu Vorschläge machen und Stellungnahmen abgeben. [3]Dies gilt auch dann, wenn nach beamtenrechtlichen Vorschriften die Spitzenorganisationen der zuständigen Gewerkschaften und Berufsverbände zu beteiligen sind. [4]Absatz 4 gilt entsprechend.

(6) [1]§ 56 Absatz 3 Satz 1 bis 3 gilt entsprechend. [2]§ 41 gilt mit der Maßgabe, dass die oberste Dienstbehörde, deren Geschäftsbereich der Vorsitzende der Arbeitsgemeinschaft angehört, die notwendigen Kosten für die Geschäftsstelle der Arbeitsgemeinschaft trägt.

---

1   **Vorbemerkung.** Mit § 57 ist als besondere Arbeitsgemeinschaft die Arbeitsgemeinschaft der Vorsitzenden der HPR bei den obersten Dienstbehörden (ARGE-HPR) gesetzlich durch das ÄG 2013 verankert worden. Die Tätigkeit der ARGE-HPR war bereits bisher aufgrund von Ministerratsbeschlüssen anerkannt. Mit der gesetzlichen Verankerung soll nunmehr für die ARGE-HPR eine Rechtsgrundlage geschaffen und die Beteiligungen in Form der Anhörung konkretisiert werden. Mitbestimmungsrechte sind der ARGE-HPR in § 57 hingegen nicht zugewiesen, da sie nicht über die unmittelbare Legitimation aufgrund einer direkten Wahl durch die Beschäftigten verfügt. Gleichwohl soll damit die Vertretung der Interessen der Landesbeschäftigten gegenüber der Landesregierung und den Ministerien nachhaltig gestärkt werden, da die ARGE-HPR unabhängig von Gewerkschaften und Berufsverbänden die Binnensicht der Beschäftigten vertritt. Außerdem soll ein Forum geboten werden, das die Abstimmung und den Erfahrungsaustausch zwischen den HPR verbessert (zum Ganzen LT-Drucksache 15/4224 S. 121).

I.   Bildung der ARGE-HPR (Abs. 1)

2   **Mitglieder.** Die ARGE-HPR wird aus den jeweiligen Vorsitzenden der HPR bei den obersten Landesbehörden gebildet. Ist bei einer obersten Landesbehörde kein HPR vorhanden, ist der Vorsitzende des PR dieser Behörde zugleich Mitglied der ARGE.

II. Teilnahmeberechtigte (Abs. 2)

Schwerbehindertenvertretung. Entsprechend dem Teilnahmerecht der Schwerbe-   **3**
hindertenvertretung an Sitzungen des PR (§ 32 Abs. 5) ist ein Vertreter der Arbeitsgemeinschaft der Schwerbehindertenvertretungen bei den obersten Landesbehörden (AGSV BW) zur Teilnahme an allen Sitzungen der ARGE-HPR
berechtigt (Abs. 2 Nr. 1). In aller Regel wird wohl der Vorsitzende der AGSV BW
entsandt; zwingend ist dies jedoch nicht (LT-Drucksache 15/4224 S. 121 f.).

Landtag. Ebenso teilnahmeberechtigt sind die Vorsitzenden der PR der Dienststel-   **4**
len des baden-württembergischen Landtags (Abs. 2 Nr. 2). Sie sind keine Mitglieder der ARGE-HPR nach Abs. 1, da sie nicht zu der der Regierung unterstellten
Landesverwaltung gehören und ein HPR dort nicht besteht. Zum Geschäftsbereich der Landtagsverwaltung gehören derzeit drei Dienststellen: die Landtagsverwaltung, die Dienststelle des Landesbeauftragten für den Datenschutz und die
Landeszentrale für politische Bildung (LT-Drucksache 15/4224 S. 122).

III. Befugnisse (Abs. 3)

1. Anhörungsrechte. Die ARGE-HPR wird bei ressortübergreifenden Angele-   **5**
genheiten unterrichtet und angehört, die die Beschäftigten unmittelbar belasten
und eine förmliche PR-Beteiligung auslösen würden, wenn es nicht um ressortübergreifende Angelegenheiten ginge. Genaueres ist Abs. 3 Satz 1 zu entnehmen. Die Anhörung erfolgt bei **allgemeinen Maßnahmen**, nicht dagegen bei
einzelnen personellen Angelegenheiten (LT-Drucksache 15/4224 S. 122). Die
Beteiligung beschränkt sich auf eine bloße Anhörung. Eine Mitbestimmung ist
nicht vorgesehen.

2. Keine Anhörung. Die Beteiligung der ARGE-HPR unterbleibt, wenn nach   **6**
beamtenrechtlichen Vorschriften die Spitzenorganisationen der zuständigen
Gewerkschaften und Berufsverbände zu beteiligen sind (Abs. 3 Satz 2).

3. Satz 3. Satz 3 stellt durch seinen Verweis auf § 56 Abs. 5 klar, dass die Ein-   **7**
richtung der ARGE-HPR an den Befugnissen und Aufgaben der Personalvertretungen nichts ändert. Die ARGE-HPR ist selbst **keine Personalvertretung** im
Sinne des LPVG.

IV. Verfahren (Abs. 4)

Verfahren. Abs. 4 enthält Vorgaben für den Ablauf der Anhörung. Die ARGE-   **8**
HPR wird rechtzeitig und umfassend durch die federführende zuständige oberste
Dienstbehörde zu der beabsichtigten Maßnahme angehört (Satz 1). Um sachgerecht Stellung nehmen zu können, ist es unabdingbar, dass ihr die erforderlichen
Unterlagen zur Verfügung gestellt werden (Satz 2). Sie kann zudem eine Erörterung verlangen (Satz 3). Der ARGE-HPR steht dieselbe Stellungnahmefrist zu wie
den Stufenvertretungen, namentlich in der Regel drei Wochen, sofern nicht etwas
anderes vereinbart wurde (Satz 4 Hs. 1). Die Frist erhöht sich auf fünf Wochen,
wenn PR angehört werden sollen (Satz 4 Hs. 2 i. V. m. § 91 Abs. 3).

V. Grundsätzliche Angelegenheiten (Abs. 5)

9 **Weitere Befugnisse.** Über die Anhörungsrechte nach Abs. 3 hinaus kann die ARGE-HPR **grundsätzliche Angelegenheiten** behandeln sowie Vorschläge machen und Stellungnahmen abgeben, die für die Beschäftigten von allgemeiner Bedeutung sind und über den Geschäftsbereich einer obersten Dienstbehörde hinausgehen (Abs. 5). Dies soll auch für Angelegenheiten gelten, in denen ein Beteiligungsrecht der Spitzenorganisationen der Gewerkschaften und Berufsverbände besteht, etwa bei Anhörungen zu dienstrechtlichen Gesetz- und Verordnungsentwürfen, auch sofern die PR-Beteiligung nach § 90 ausgeschlossen ist. Für das Verfahren der Beteiligung gilt Abs. 4 entsprechend.

VI. Anwendbare Vorschriften (Abs. 6)

10 **1. Anwendbare Vorschriften.** Die Vorschriften des § 56 Abs. 3 Satz 1 bis 3 über die Bestimmung eines Vorsitzenden und Stellvertreter, über die Geschäftsordnung und die weiteren entsprechend anwendbaren Vorschriften über die Rechte und Pflichten der Mitglieder von Personalvertretungen in Arbeitsgemeinschaften gelten auch für die Arbeitsgemeinschaft der Vorsitzenden der HPR entsprechend (Abs. 6 Satz 1).

11 **2. Kosten.** § 41 über die Kosten ist in diesem Falle mit der Maßgabe anwendbar, dass die oberste Dienstbehörde, deren Geschäftsbereich der Vorsitzende der Arbeitsgemeinschaft angehört, die notwendigen Kosten für die Geschäftsstelle der Arbeitsgemeinschaft trägt (Abs. 6 Satz 2). Durch diese gesetzliche Verankerung wird nach den Vorstellungen des Gesetzgebers die bereits bestehende Praxis nachgezeichnet. Aufwendungen für einzelne Mitglieder der ARGE-HPR (insbesondere Reisekosten, Arbeitszeitausgleich, Freistellung) sollen von der obersten Dienstbehörde, deren Geschäftsbereich das jeweilige Mitglied angehört, getragen werden. Die allgemein für die Tätigkeit der ARGE-HPR anfallenden notwendigen Kosten (z. B. Sachaufwand, Büropersonal) trägt nunmehr nicht mehr das Innenministerium, sondern diejenige oberste Dienstbehörde, deren Geschäftsbereich der Vorsitzende der ARGE-HPR angehört. Eine entsprechende Umetatisierung erfolge (LT-Drucksache 15/4224 S. 122).

Teil 5   **Ausbildungspersonalrat**

§ 58

(1) Für Auszubildende in öffentlich-rechtlichen Ausbildungsverhältnissen, Beamte im Vorbereitungsdienst und für Beschäftigte in dem Vorbereitungsdienst entsprechender Berufsausbildung kann das für die Ordnung der Ausbildung zuständige Ministerium im Einvernehmen mit dem Innenministerium durch Rechtsverordnung bestimmen, dass
1.   Ausbildungspersonalräte für eine oder mehrere Dienststellen oder für einzelne Ausbildungsbereiche gebildet werden,

2. die Amtszeit abweichend von § 22 Absatz 1 auf eine kürzere Dauer als fünf Jahre, mindestens aber auf die Dauer von einem Jahr, festgesetzt und ein von § 22 Absatz 3 Satz 1 abweichender Zeitraum für die regelmäßigen Wahlen festgelegt wird,

3. von Beteiligungsangelegenheiten des Teils 8 Abschnitt 2 abgesehen werden kann, soweit dies mit Rücksicht auf eine sachgemäße Ausbildung oder sonst aus wichtigen Gründen erforderlich und gesetzlich nichts anderes bestimmt ist.

(2) Wahlberechtigt und wählbar zum Ausbildungspersonalrat sind die Auszubildenden in öffentlich-rechtlichen Ausbildungsverhältnissen, die Beamten im Vorbereitungsdienst und die Beschäftigten in dem Vorbereitungsdienst entsprechender Berufsausbildung der Dienststellen oder des Ausbildungsbereichs, für die der Ausbildungspersonalrat gebildet wird.

(3) ¹Für die Wahl, die Amtszeit, die Geschäftsführung, die Rechte, Pflichten und Aufgaben des Ausbildungspersonalrats und seiner Mitglieder gelten § 8 Absatz 1, § 9 Absatz 1 Nummer 1 und Absatz 2 Nummer 1, § 10 Absatz 1, 3 und 5, §§ 11 bis 14 Absatz 1, §§ 15, 16 Absatz 1, § 17 Absatz 1 und 2, §§ 18 bis 23 Absatz 1 Satz 1 Nummer 2 bis 6, Satz 2 und 3, §§ 24 bis 30, 32 Absatz 1 bis 3, 5 bis 8, §§ 33, 34, 38 bis 44, 47 Absatz 1 und 2, §§ 49 bis 53, 68 bis 71 und 73 bis 88 entsprechend. ²An Stelle einer Personalversammlung zur Bestellung des Wahlvorstands übt der Leiter der Dienststelle, bei der der Ausbildungspersonalrat gebildet ist, die Befugnis zur Bestellung des Wahlvorstands nach § 16 Absatz 2 und 3 sowie § 17 Absatz 3 aus.

(4) Beschäftigte, die zu einem Ausbildungspersonalrat wahlberechtigt sind, besitzen nicht die Wahlberechtigung und die Wählbarkeit zum Personalrat, zum Gesamtpersonalrat, zu den Stufenvertretungen und zur Jugend- und Auszubildendenvertretung.

(5) § 31 findet mit der Maßgabe Anwendung, dass für die Beratung sozialer Angelegenheiten gemeinsame Sitzungen mit dem Personalrat und dem Richterrat und Staatsanwaltsrat der Dienststelle, deren Leiter auch der Leiter der Dienststelle ist, bei der der Ausbildungspersonalrat gebildet ist, stattfinden können.

(6) Eine Beteiligung bei der Gestaltung von Lehrveranstaltungen sowie bei der Auswahl der Lehrpersonen findet nicht statt.

Ausbildungspersonalrat. Die Vorschrift eröffnet die Möglichkeit, für Auszubil- **1** dende in öffentlich-rechtlichen Ausbildungsverhältnissen, Beamte im Vorbereitungsdienst und Beschäftigte in dem Vorbereitungsdienst entsprechender Berufsausbildung durch Rechtsverordnung AusbildungsPR zu schaffen, um so den besonderen Interessen und Verhältnissen dieser Personengruppen Rechnung zu tragen. Hat das zuständige Ministerium hiervon Gebrauch gemacht, so beschränkt sich das aktive und passive Wahlrecht der genannten Beschäftigten auf den AusbildungsPR. Die Wahlberechtigung und die Wählbarkeit zum PR, GesamtPR, zu den Stufenvertretungen und zur JAV bestehen **dann nicht mehr** (Abs. 4). Wurde kein AusbildungsPR geschaffen, bestimmt sich das Wahlrecht der genannten Personen nach § 8 Abs. 2 und § 60.

Dienstanfänger. Der in Abs. 1 früher enthaltene Begriff der „Dienstanfänger" **2** wurde mit dem Dienstrechtsreformgesetz vom 9.11.2010 durch den in § 16

Abs. 5 LBG enthaltenen Terminus „Auszubildende in öffentlich-rechtlichen Ausbildungsverhältnissen" ersetzt.

3 **Zweck.** § 58 geht davon aus, dass die in Abs. 1 genannten Beschäftigten nach Maßgabe ihres Ausbildungsplans in der Regel nur für verhältnismäßig kurze Zeit den einzelnen Dienststellen zur Ausbildung zugewiesen sind, so dass man von einer echten Eingliederung in diese Dienststellen nicht sprechen kann. Auch die Bestimmung einer „Stammbehörde" nach § 8 Abs. 2 Satz 2 führt vielfach zu keiner befriedigenden Regelung. Es wäre z. B. wenig sinnvoll, bei Beamten auf Widerruf im Vorbereitungsdienst die erste Ausbildungsstelle zur Stammbehörde zu erklären. Diese Beamten haben in der Regel zu ihrer ersten Ausbildungsstelle keine größere Bindung als zu allen anderen folgenden Ausbildungsstellen. Außerdem ist es nicht zu vertreten, dass diese Beschäftigten, deren Ausbildungszeit (Vorbereitungsdienst) vielfach nur eineinhalb bis zwei Jahre dauert, an einer zufällig in die Zeit ihrer Ausbildung fallenden PR-Wahl ihrer Stammbehörde teilnehmen und die Zusammensetzung eines PR mitbestimmen, der in der Praxis im Wesentlichen über Angelegenheiten der „Stammbeschäftigten" dieser Dienststelle zu entscheiden hat. Wegen der fünf Jahre dauernden Amtszeit des PR hätten alle zu ihrer Ausbildung Beschäftigten, die nach den allgemeinen PR-Wahlen ihre Ausbildung beginnen, aber vor den nächsten allgemeinen PR-Wahlen beenden, keine Möglichkeit, auf die Zusammensetzung des PR Einfluss zu nehmen. Da man davon ausgehen kann, dass die Zahl der einer Dienststelle zur Ausbildung Zugewiesenen in der Regel über einen längeren Zeitraum hinweg konstant bleibt, treten die Voraussetzungen des § 23 Abs. 1 Nr. 1 für eine vorzeitige Neuwahl kaum ein. Dagegen könnte in einer solchen Dienststelle § 23 Abs. 1 Nr. 2 zu einer vorzeitigen Neuwahl führen, nämlich wenn eine entsprechende Zahl der zu ihrer Ausbildung Beschäftigten in den PR gewählt worden ist und diese mit der Beendigung ihrer Ausbildung vor Ablauf der Amtszeit des PR aus diesem ausscheiden. Hieran dürften aber die „Stammbeschäftigten" der Dienststelle kein Interesse haben. Hinzu kommt, dass viele der Auszubildenden gar nicht die Absicht haben, nach Abschluss ihrer Ausbildung in den öffentlichen Dienst einzutreten, wie dies z. B. bei den Rechtsreferendaren der Fall ist. Außerdem liegen die Interessen der Auszubildenden vielfach anders als die der Stammbeschäftigten der Dienststelle. Schwierigkeiten können sich auch für die Anwärter ergeben, die für Laufbahnen ausgebildet werden, in denen üblicherweise der Vorbereitungsdienst bei verschiedenen Dienstherrn abgeleistet wird, wie z. B. beim gehobenen Verwaltungsdienst.

4 **Rechtsverordnung.** Bei der Verschiedenartigkeit der einzelnen Ausbildungsgänge ist eine abschließende und einheitliche Regelung im LPVG nicht möglich. Deshalb ermächtigt § 58 Abs. 1 das jeweils für die Ordnung eines Ausbildungsgangs (Laufbahn) zuständige Ministerium, im Einvernehmen mit dem Innenministerium durch Rechtsverordnung die Personalvertretung der Auszubildenden in öffentlich-rechtlichen Ausbildungsverhältnissen, der Beamten im Vorbereitungsdienst und der Beschäftigten in dem Vorbereitungsdienst entsprechender Berufsausbildung nach Maßgabe der Vorschriften des § 58 besonders zu regeln.

Bereiche. Bis jetzt wurden aufgrund von § 58 folgende Rechtsverordnungen **5** erlassen:

a) Verordnung des **Kultusministeriums** über die Bildung von Ausbildungspersonalräten im Geschäftsbereich der Kultusverwaltung vom 7.3.1977 (GBl. S. 98).

b) Verordnung des **Justizministeriums** über die Errichtung von Ausbildungspersonalräten für Rechtsreferendare vom 17.3.1977 (GBl. S. 98).

c) Verordnung des **Innenministeriums** über Ausbildungspersonalräte für die Anwärterinnen und Anwärter des gehobenen Verwaltungsdienstes vom 15.1.2010 (GBl. S. 21).

d) Verordnung des **Wissenschaftsministeriums** über die Bildung eines Ausbildungspersonalrats für den gehobenen Archivdienst vom 8.3.1989 (GBl. S. 143).

Keine Stufenvertretung. Die Nichterwähnung des § 91 und des § 55 in Abs. 3 **6** soll die **Bildung von Stufenvertretungen ausschließen**; der Ausschluss der Stufenvertretung im Bereich des AusbildungsPR ist mit Blick auf § 95 Abs. 1 BPersVG vertretbar.

Wahl. Zur Vorbereitung und Durchführung der **Wahl** des AusbildungsPR siehe **7** § 53 WO.

Teil 6 Jugend- und Auszubildendenvertretungen, Jugend- und Auszubildendenversammlung

§ 59 Grundsatz

In Dienststellen, bei denen Personalvertretungen gebildet sind und denen in der Regel mindestens fünf wahlberechtigte Beschäftigte angehören, die das 18. Lebensjahr noch nicht vollendet haben oder die sich in einer beruflichen Ausbildung befinden, werden Jugend- und Auszubildendenvertretungen gebildet.

Vorbemerkung. Nach der rahmenrechtlichen Bestimmung des § 95 Abs. 2 **1** Satz 1 BPersVG sind in den einzelnen Dienststellen der Länder zwingend Jugend- und Auszubildendenvertretungen – JAV – vorzusehen. Anlass für den Gesetzgeber, auch Auszubildende, die das 18. Lebensjahr schon vollendet haben, in die Vertretung der jüngeren Beschäftigten einzubeziehen, war die Tatsache, dass der Anteil der volljährigen Auszubildenden zuletzt immer mehr gestiegen ist. Die Jugendvertretungen alter Art konnten somit nur noch einen Bruchteil der Auszubildenden vertreten (LT-Drucksache 10/3250). Das Land Baden-Württemberg hat dies mit dem Gesetz zur Änderung des LPVG vom 29.10.1990 (GBl. S. 317) umgesetzt.

Voraussetzungen. Eine JAV ist in **allen Dienststellen zu bilden**, in denen **2** a) eine Personalvertretung besteht **und**

b) in der Regel mindestens fünf wahlberechtigte Beschäftigte tätig sind, die das 18. Lebensjahr noch nicht vollendet haben oder die sich in einer beruflichen Ausbildung befinden (**Beschäftigte im Sinne von § 59**).

3 **Kleinstdienststellen.** In Kleinstdienststellen, die nach § 10 Abs. 2 einer benachbarten Dienststelle zugeteilt sind, kann es keine JAV geben.

4 **Lebensalter.** Das 18. **Lebensjahr hat vollendet,** wer seinen 18. Geburtstag begeht (§ 187 Abs. 2 Satz 2 BGB). Die früher vorhandene Altersobergrenze von 26 Jahren bei Auszubildenden wurde mit dem ÄG 95 im Interesse einer allumfassenden Interessenvertretung gestrichen (anders § 57 BPersVG, der eine Altersobergrenze von 25 Jahren vorsieht).

5 **Zahl der Beschäftigten.** Wegen der Zahl der „in der Regel" Beschäftigten s. § 10. Sinkt die Zahl der Beschäftigten im Sinne des § 59 nicht nur vorübergehend unter fünf, endet das Amt der JAV.

6 **PR.** JAV können **nur in den Dienststellen** gebildet werden, **in denen ein PR besteht,** denn nur der PR kann den Wahlvorstand für die Wahl einer JAV und seinen Vorsitzenden bestimmen (§ 62 Abs. 1 Satz 1). Ohne ordnungsgemäß bestellten Wahlvorstand ist die Durchführung der Wahl nicht möglich. Die Bestellung des Wahlvorstands durch die Personalversammlung, durch die Jugend- und Auszubildendenversammlung, durch den Dienststellenleiter oder durch die JAV selbst ist **nicht** zulässig, denn die §§ 15 bis 18 finden auf die Wahl der JAV keine Anwendung. Der Dienststellenleiter ist also im Gegensatz zum Verfahren bei der Bestellung eines Wahlvorstands für die Wahl des PR nicht verpflichtet und auch nicht berechtigt, einen Wahlvorstand für die Wahl der JAV zu bestellen, wenn der PR dieser Pflicht nicht nachkommt. Eine Untätigkeit des PR könnte jedoch eine grobe Verletzung seiner gesetzlichen Pflichten mit den sich aus § 24 ergebenden Folgen darstellen. Näheres zur Wahl ergibt sich aus § 62.

7 **Unselbstständigkeit.** Die **JAV ist kein selbstständiges** neben dem PR in der Dienststelle bestehendes **Organ der Personalvertretung** (BVerwG, 8.7.1977 – VII P 22.75 – PersV 1978, 309). Die Interessen aller Beschäftigten der Dienststelle, also auch die der Beschäftigten im Sinne von § 59, werden vom PR wahrgenommen. Die JAV hat deshalb auch der Dienststelle gegenüber **keine eigenen Mitbestimmungs- und Mitwirkungsrechte.** Sie kann die Belange der Beschäftigten im Sinne von § 59 dem Dienststellenleiter gegenüber **nur über den PR** geltend machen. Zu diesem Zweck obliegt es der JAV, dem PR die besonderen Belange der Beschäftigten im Sinne von § 59 nahe zu bringen und dafür einzutreten, dass eine angemessene Berücksichtigung dieser Belange gewährleistet ist (Ilbertz-Widmaier § 57 Rn. 5).

8 **Bindung an PR.** Da die Bildung einer **JAV** unabdingbar an das Bestehen eines PR gebunden ist, **hört** diese mit dem PR **zu bestehen auf,** z. B. bei Auflösung des PR nach § 24 Abs. 1, Unterlassung der Neuwahl des PR nach Ablauf der Amtszeit oder nach Rücktritt des PR, es sei denn, es handelt sich nur um eine verhältnismäßig kurze „personalratslose" Zeit, z. B. durch Verzögerung der

Neuwahl oder wegen erfolgreicher Anfechtung der PR-Wahl (Ilbertz-Widmaier § 57 Rn. 8; Lorenzen u. a. § 57 Rn. 16). Ob bei vorübergehendem Nichtvorhandensein eines PR eine unmittelbare Wahrnehmung der Aufgaben der JAV gegenüber der Dienststelle möglich ist, ist umstritten.

§ 60 Wahlberechtigung, Wählbarkeit

(1) ¹Wahlberechtigt sind die Beschäftigten im Sinne von § 59, soweit sich aus den §§ 58 und 96 nichts anderes ergibt. ²§ 8 Absatz 1 gilt entsprechend.

(2) ¹Wählbar sind Beschäftigte, die am Wahltag das 26. Lebensjahr noch nicht vollendet haben, soweit sich aus den §§ 58 und 96 nichts anderes ergibt. ²Die Altersgrenze gilt nicht für Beschäftigte, die sich in einer beruflichen Ausbildung befinden. ³§ 9 Absatz 1 Nummer 1 und Absatz 2 ist entsprechend anzuwenden.

I. Aktives Wahlrecht (Abs. 1)

1. Wahlberechtigung. Bei der Wahl der JAV sind alle in der Dienststelle Beschäftigten wahlberechtigt, die am Wahltag
a) das 18. Lebensjahr noch nicht vollendet haben **oder**
b) sich in einer beruflichen Ausbildung befinden. **1**

Stichtag. Erstreckt sich die Wahl über mehrere Tage, so kommt es für die Bestimmung des Alters auf den letzten Tag der Wahl an (Ilbertz-Widmaier § 58 Rn. 2). Zur **Vorbereitung und Durchführung der Wahl** der JAV siehe § 54 WO. **2**

Staatsangehörigkeit. Wahlberechtigt sind auch Beschäftigte i. S. v. § 59, die **nicht Deutsche nach Art. 116 GG**, also Ausländer oder staatenlos sind. Die Beschäftigten müssen am Wahltag das Recht besitzen, in öffentlichen Angelegenheiten zu wählen. Dieses Recht kann nur durch richterliche Entscheidung aberkannt werden. Weitere Beschränkungen der Wahlberechtigung ergeben sich aus der entsprechenden Anwendbarkeit des § 8 Abs. 1 (Abs. 1 Satz 2). Auf die dortigen Erl. wird verwiesen. **3**

Abordnung. Beschäftigte im Sinne von § 59, die abgeordnet werden, sind in der neuen Dienststelle ohne Wartezeit und ohne Rücksicht auf die Dauer der Abordnung **sofort zur JAV wahlberechtigt.** Die Wahlberechtigung ist auch bei den zu dem Personenkreis des § 8 Abs. 2 gehörenden Beschäftigten im Sinne von § 59 nicht an die Stammbehörde gebunden, sondern besteht bei der Dienststelle, bei der die Beschäftigten im Sinne von § 59 am Tag der Wahl beschäftigt werden (Lorenzen u. a. § 58 Rn. 10). **4**

Ausnahmen. Nicht wahlberechtigt sind Beschäftigte im Sinne von § 59 die
a) die Wahlberechtigung zu einem **AusbildungsPR** besitzen (§ 58 Abs. 4), oder
b) **Polizeibeamte** im Vorbereitungs- oder Ausbildungsdienst sind und am Wahltag das 18. Lebensjahr vollendet haben (§ 96 Abs. 3). **5**

6 **2. Verlust des Wahlrechts.** Nicht wahlberechtigt sind in entsprechender Anwendung von § 8 Abs. 1 Nr. 1 Beschäftigte, die infolge Richterspruchs das Wahlrecht verloren haben.

7 **Beurlaubung.** Nicht wahlberechtigt bei der Wahl der JAV sind auch Beschäftigte im Sinne von § 59, die am Wahltag seit mehr als sechs Monaten unter Wegfall der Bezüge beurlaubt sind (§ 8 Abs. 1 Nr. 2).

II. Passives Wahlrecht (Abs. 2)

8 **1. Wählbarkeit.** Wählbar zur JAV sind alle Beschäftigten, die am Wahltag das 26. Lebensjahr noch nicht vollendet haben, also nicht nur die Beschäftigten im Sinne von § 59, und am Wahltag mindestens seit zwei Monaten der Dienststelle angehören (§ 9 Abs. 1 Nr. 1).

9 **Doppelmitgliedschaft.** Eine Doppelmitgliedschaft in der JAV und in einer anderen Personalvertretung (PR, GesamtPR oder Stufenvertretung, nicht jedoch AusbildungsPR) ist zulässig (Lorenzen u. a. § 58 Rn. 25; Ilbertz-Widmaier § 58 Rn. 8).

10 **2. Keine Altersgrenze bei Ausbildung.** Seit dem ÄG 95 gilt die Altersgrenze des 26. Lebensjahres nicht für Beschäftigte, die sich in einer beruflichen Ausbildung befinden (Abs. 2 Satz 2). Überschreitet ein Mitglied während der Amtszeit der JAV die Altersgrenze oder beendet er seine Ausbildung, so scheidet er **nicht** aus (vgl. § 62 Abs. 4 Satz 4). Die Wählbarkeit muss lediglich am Wahltag gegeben sein (VGH München, 19.12.1984 – 18 C 84 A.2790 – ZBR 1985, 88 ff.).

11 **3. Ausnahmen.** Nicht **wählbar zur JAV** sind insbesondere Beschäftigte, die infolge Richterspruchs die Fähigkeit, Rechte aus öffentlichen Wahlen zu erlangen, nicht besitzen (Abs. 2 Satz 3 i. V. m. § 9 Abs. 2 Satz 1 Nr. 1). Die weiteren Fallgruppen des § 9 Abs. 2 sind ebenfalls zu beachten, dürften im Falle der JAV aber eine geringe Rolle spielen. Im Übrigen gilt das Gleiche wie für das aktive Wahlrecht: die Wahlberechtigten zu einem AusbildungsPR (§ 58 Abs. 4) und Polizeibeamte im Vorbereitungs- oder Ausbildungsdienst, die am Wahltag das 18. Lebensjahr vollendet haben (§ 96 Abs. 3), sind nicht wählbar.

§ 61   Zahl der Mitglieder

(1) Die Jugend- und Auszubildendenvertretung besteht in Dienststellen mit in der Regel

5 bis 20 Beschäftigten im Sinne von § 59	**aus einer Person,**
21 bis 50 Beschäftigten im Sinne von § 59	**aus drei Mitgliedern,**
51 bis 200 Beschäftigten im Sinne von § 59	**aus fünf Mitgliedern,**
mehr als 200 Beschäftigten im Sinne von § 59	**aus sieben Mitgliedern.**

(2) § 14 gilt entsprechend.

1 **Zahl der Mitglieder.** Die Zahl der Jugend- und Auszubildendenvertreter wird vom Wahlvorstand ermittelt. Er hat dabei von der Zahl der Beschäftigten im

Sinne von § 59 auszugehen, die in der Regel in der Dienststelle beschäftigt sind (vgl. hierzu § 10). Die JAV besteht aus mindestens einer Person und höchstens sieben Mitgliedern.

Abs. 2. § 14 wird für entsprechend anwendbar erklärt. Auch die JAV soll sich **2** daher möglichst aus Vertretern der verschiedenen **Beschäftigungsarten** und verschiedenen Organisationseinheiten der Dienststelle zusammensetzen (§ 14 Abs. 1). Der JAV beim Landratsamt sollen Beschäftigte des Landkreises und des Landes entsprechend ihren Anteilen an den in der Regel Beschäftigten angehören (§ 14 Abs. 2). Das Gruppenprinzip im Sinne einer Unterscheidung zwischen Beamten und Arbeitnehmern gilt hier anders als im PR jedoch nicht.

§ 62 Wahlgrundsätze

(1) ¹Der Personalrat bestimmt den Wahlvorstand, den Vorsitzenden und den stellvertretenden Vorsitzenden. ²§ 11 Absatz 1 und 3, § 13 Absatz 1, 3 und 4 Satz 1, Absatz 5, 6 und 8, § 20 Absatz 1 Satz 1 und 2, Absatz 2 und § 21 gelten entsprechend.

(2) ¹Der Wahlvorstand kann bestimmen, dass die Wahl in Dienststellen mit höchstens 20 in der Regel Beschäftigten im Sinne von § 59 in einer Wahlversammlung stattfindet. ²Er hat dazu spätestens vier Wochen vor Ablauf der Amtszeit einzuberufen. ³Gewählt wird in geheimer Wahl nach den Grundsätzen der Mehrheitswahl. ⁴Der Vorsitzende des Wahlvorstands leitet die Wahlversammlung, führt die Wahl durch und fertigt über das Ergebnis eine Wahlniederschrift.

(3) ¹Die regelmäßigen Wahlen der Jugend- und Auszubildendenvertretung finden im Wechsel
1. zusammen mit den regelmäßigen Wahlen des Personalrats und
2. sonst in der Zeit vom 1. Oktober bis 31. Januar
statt. ²§ 22 Absatz 3 Satz 2 und 3 sowie § 23 Absatz 1 Satz 1 Nummer 2 bis 6 gelten entsprechend.

(4) ¹Die regelmäßige Amtszeit der Jugend- und Auszubildendenvertretung beträgt zwei Jahre und sechs Monate. ²Sie endet spätestens mit Ablauf des letzten Tages des Zeitraums, in dem die regelmäßigen Wahlen der Jugend- und Auszubildendenvertretung stattfinden. ³§ 22 Absatz 1 Satz 2 und Absatz 2 Satz 1, § 23 Absatz 1 Satz 2 sowie §§ 24 bis 27 gelten entsprechend. ⁴Die Mitgliedschaft in der Jugend- und Auszubildendenvertretung erlischt nicht dadurch, dass ein Mitglied im Laufe der Amtszeit das 26. Lebensjahr vollendet oder die Ausbildung beendet.

(5) Besteht die Jugend- und Auszubildendenvertretung aus drei oder mehr Mitgliedern, so wählt sie aus ihrer Mitte einen Vorsitzenden und dessen Stellvertreter.

I. Wahl (Abs. 1)

1. Wahlvorstand. Zur Vorbereitung und Durchführung der Wahl der JAV be- **1** stellt der PR einen **Wahlvorstand**, dessen Vorsitzenden und dessen stellvertretenden Vorsitzenden. Mitglieder einer noch im Amt befindlichen JAV haben bei der Beschlussfassung des PR Stimmrecht (§ 32 Abs. 4 Satz 2; Lorenzen u. a.

§ 60 Rn. 13). **Besteht kein PR, kann auch keine JAV gewählt werden.** Über die Größe und die Zusammensetzung des Wahlvorstands enthält das LPVG ebenso wie das BPersVG keine Bestimmungen. Der Wahlvorstand sollte aber aus drei Mitgliedern bestehen. Ihm sollten nicht nur Beschäftigte im Sinne von § 59, sondern wenigstens ein älterer, in Wahlangelegenheiten erfahrener Beschäftigter oder ein PR-Mitglied angehören. Nicht erforderlich ist, dass die in der Dienststelle unter den Beschäftigten im Sinne von § 59 vertretenen Gruppen auch im Wahlvorstand vertreten sind. Wird die Wahl gleichzeitig mit der Wahl des PR durchgeführt, empfiehlt es sich aus Gründen der Geschäftsvereinfachung, den Wahlvorstand für die PR-Wahl gleichzeitig auch zum Wahlvorstand für die Wahl der JAV zu bestellen.

2 2. **Wahlgrundsätze.** Die JAV wird in **geheimer** und unmittelbarer Wahl gewählt (§ 13 Abs. 1). Die Wahl der JAV ist immer eine **gemeinsame Wahl** (vgl. § 54 Abs. 1 WO), d. h. eine **Unterteilung in die verschiedenen Gruppen** (Beamte und Arbeitnehmer) **findet nicht statt.** Das Gruppenprinzip tritt im Rahmen der JAV zurück. Allerdings ist auch bei der JAV auf Geschlechtergerechtigkeit zu achten (§ 11 Abs. 1, § 13 Abs. 5).

3 **Verhältniswahl.** Die Wahl der JAV wird nach den Grundsätzen der **Verhältniswahl** durchgeführt. Wird nur ein Wahlvorschlag eingereicht oder ist nur ein Jugend- und Auszubildendenvertreter (in Dienststellen mit in der Regel 5 bis 20 Beschäftigten im Sinne von § 59 – s. § 61 Abs. 1 –) zu wählen, findet **Mehrheitswahl** statt (Abs. 2 Satz 3, § 13 Abs. 3).

4 **Wahlvorschlag.** Zur Wahl der JAV können die wahlberechtigten Beschäftigten im Sinne von § 59 und die in der Dienststelle vertretenen Gewerkschaften Wahlvorschläge machen (§ 13 Abs. 4 Satz 1). Jeder Wahlvorschlag der Beschäftigten muss von mindestens einem Zwanzigstel der wahlberechtigten Beschäftigten im Sinne von § 59 unterzeichnet sein (§ 13 Abs. 6) In den Wahlvorschlägen sollen die Geschlechter entsprechend ihrem Anteil unter den Beschäftigten i. S. v. § 59 vertreten sein (§ 13 Abs. 5 i. V. m. § 11 Abs. 2). Jeder Beschäftigte i. S. v. § 59 kann nur auf einem Wahlvorschlag benannt werden (§ 13 Abs. 8).

5 **Schutz der Wahl.** Die Wahl der JAV hat den gleichen **Schutz** wie die Wahl der Personalvertretung (§ 20 Abs. 1 Satz 1 und 2, § 64 Satz 3).

6 **Kosten.** Die Kosten der Wahl der JAV trägt ebenso wie die Kosten der PR-Wahl die Dienststelle (§ 20 Abs. 2).

7 **Anfechtung.** Für die Anfechtung der Wahl der JAV gilt § 21 entsprechend.

8 **Vorbereitung und Durchführung der Wahl.** Siehe hierzu § 54 WO.

II. Wahlversammlung (Abs. 2)

9 **Wahlversammlung.** Zur Vereinfachung der Wahl in Dienststellen mit wenigen Jugendlichen und Auszubildenden (höchstens 20) ermöglicht Abs. 2 seit dem ÄG 2013 die Durchführung von Wahlversammlungen (Satz 1). Hierzu beruft der Wahlvorstand spätestens vier Wochen vor Ablauf der Amtszeit der JAV ein (Satz 2). Gewählt wird geheim nach den Grundsätzen der Mehrheitswahl (Satz 3); denn es ist lediglich eine Person als JAV zu wählen (§ 61 Abs. 1 i. V. m. § 13 Abs. 3 Satz 3). Der Vorsitzende des Wahlvorstands leitet die Wahlversammlung, führt die Wahl durch und fertigt über das Ergebnis eine Niederschrift (Satz 4). Näheres bestimmt § 54 WO.

III. Zeitpunkt der Wahl (Abs. 3)

1. Zeitpunkt. Die **regelmäßigen Wahlen der JAV** finden im Wechsel zusammen **10** mit den regelmäßigen Wahlen des PR und sonst in der Zeit vom 1. Oktober bis 31. Januar statt (Satz 1). Die Bestimmung trägt der Verlängerung der Amtszeit der JAV auf zwei Jahre und sechs Monate nach Abs. 4 Satz 1 Rechnung. Jedenfalls jede zweite Wahl findet gleichzeitig mit der des PR statt, um Synergieeffekte zu nutzen (LT-Drucksache 15/4224 S. 124).

2. Vorzeitige Neuwahlen. Außerhalb dieser Zeit ist die JAV neu zu wählen, **11** wenn einer der in § 23 Abs. 1 Nr. 2 bis 6 genannten Fälle eintritt. Für die Amtszeit einer außerhalb des für die regelmäßigen Wahlen der JAV festgelegten Zeitraums gewählten JAV gilt § 22 Abs. 3 Satz 2 und 3 entsprechend (Satz 3).

IV. Amtszeit (Abs. 4)

1. Regelmäßige Amtszeit. Die regelmäßige Amtszeit der JAV beträgt nach **12** Abs. 4 Satz 1 zwei Jahre und sechs Monate und beginnt ebenso wie die Amtszeit des PR mit dem Tag der Wahl oder, wenn zu diesem Zeitpunkt noch eine JAV besteht, mit dem Ablauf deren Amtszeit (Satz 3 i. V. m. § 22 Abs. 1 Satz 2). Die Verlängerung der Amtszeit um sechs Monate im Rahmen des ÄG 2013 trägt der ebenfalls verlängerten Amtszeit des PR von nunmehr fünf Jahren Rechnung.

2. Ende der Amtszeit. Die Amtszeit endet spätestens mit Ablauf des letzten **13** Tages des Zeitraums, in dem die regelmäßigen Wahlen der JAV stattfinden (Satz 2).

Sonstige Beendigung. Sinkt die **Zahl der Beschäftigten** im Sinne von § 59 einer **14** Dienststelle während der Amtszeit der JAV nicht nur vorübergehend unter fünf, so ist das Amt der JAV beendet.

3. Anwendbare Vorschriften. Für den **Ausschluss eines Mitglieds oder die Auf-** **15** **lösung der JAV,** das Erlöschen oder Ruhen der Mitgliedschaft sowie für das Nachrücken von **Ersatzmitgliedern** gelten die §§ 24 bis 27 entsprechend.

4. Altersgrenze. Überschreitet ein Mitglied während der Amtszeit der JAV die **16** Altersgrenze oder beendet er seine Ausbildung, so erlischt seine Mitgliedschaft in der JAV **nicht.** Die Wählbarkeitsvoraussetzungen müssen nur im Zeitpunkt der Wahl vorliegen.

V. Bildung eines Vorstands (Abs. 5)

17 Vorstand. Besteht die JAV aus drei oder mehr Mitgliedern, wählt sie zum Zwecke eines effektiven Tätigwerdens aus ihrer Mitte einen Vorsitzenden und dessen Stellvertreter. Anders als beim PR spielt hierbei das Gruppenprinzip keine Rolle.

§ 63 Aufgaben der Jugend- und Auszubildendenvertretung

(1) Die Jugend- und Auszubildendenvertretung hat folgende allgemeine Aufgaben:

1. Maßnahmen, die den Beschäftigten im Sinne von § 59 dienen, insbesondere in Fragen der Berufsausbildung und der Übernahme der zu ihrer Berufsbildung Beschäftigten in ein Arbeits- oder Dienstverhältnis, beim Personalrat zu beantragen,

2. darüber zu wachen, dass die zugunsten der Beschäftigten im Sinne von § 59 geltenden Gesetze, Verordnungen, Tarifverträge, Dienstvereinbarungen, Verwaltungsanordnungen, Unfallverhütungsvorschriften und sonstigen Arbeitsschutzvorschriften durchgeführt werden,

3. Anregungen und Beschwerden von Beschäftigten im Sinne von § 59, insbesondere in Fragen der Berufsbildung, entgegenzunehmen und, falls sie berechtigt erscheinen, beim Personalrat auf eine Erledigung hinzuwirken; die Jugend- und Auszubildendenvertretung hat die betroffenen Beschäftigten im Sinne von § 59 über den Stand und das Ergebnis der Verhandlungen zu informieren,

4. Maßnahmen, die der Gleichstellung von weiblichen und männlichen Beschäftigten im Sinne von § 59 dienen, beim Personalrat zu beantragen,

5. die Eingliederung von Beschäftigten im Sinne von § 59 mit Migrationshintergrund in die Dienststelle sowie das Verständnis zwischen Beschäftigten im Sinne von § 59 unterschiedlicher Herkunft zu fördern und entsprechende Maßnahmen beim Personalrat zu beantragen,

6. Maßnahmen, die dem Umweltschutz, dem Klimaschutz oder der sorgsamen Energienutzung in der Dienststelle dienen, beim Personalrat zu beantragen.

(2) ¹An Vorstellungsgesprächen zur Besetzung von ausgeschriebenen Ausbildungsplätzen kann ein Mitglied der Jugend- und Auszubildendenvertretung teilnehmen. ²An Personalgesprächen mit entscheidungsbefugten Vertretern der Dienststelle kann auf Verlangen von Beschäftigten im Sinne von § 59 ein Mitglied der Jugend- und Auszubildendenvertretung teilnehmen.

(3) Die Zusammenarbeit der Jugend- und Auszubildendenvertretung mit dem Personalrat bestimmt sich nach § 30 Absatz 1 Satz 3 und 4, Absatz 3, § 32 Absatz 4, § 35 Absatz 3 und 5 Satz 1 Nummer 4, § 36 Absatz 2, § 37 Absatz 1 Satz 1 und § 38 Absatz 3.

(4) ¹Zur Durchführung ihrer Aufgaben ist die Jugend- und Auszubildendenvertretung durch den Personalrat rechtzeitig und umfassend zu unterrichten. ²Vor Organisationsentscheidungen, die beteiligungspflichtige Maßnahmen zur Folge haben, ist die Jugend- und Auszubildendenvertretung durch den Personalrat frühzeitig und fortlaufend zu unterrichten. ³Die Jugend- und Auszubildendenvertretung kann verlangen, dass ihr der Personalrat die zur Durchführung ihrer Aufgaben erforderlichen Unterlagen einschließlich der Bewerbungsunterlagen aller

Bewerber bei Einstellungen von Beschäftigten im Sinne von § 59, soweit dem nicht berechtigte Belange der Bewerber entgegenstehen, zur Verfügung stellt.

(5) ¹Die Jugend- und Auszubildendenvertretung kann nach Verständigung des Personalrats Sitzungen abhalten; §§ 19 und 30 Absatz 1 gelten entsprechend. ²An den Sitzungen der Jugend- und Auszubildendenvertretung kann ein vom Personalrat beauftragtes Personalratsmitglied teilnehmen.

(6) Die Jugend- und Auszubildendenvertretung oder ein von ihr beauftragtes Mitglied hat das Recht, nach vorheriger Unterrichtung des Personalrats und des Leiters der Dienststelle, Arbeits- und Ausbildungsplätze zu begehen, sofern die aufzusuchenden Beschäftigten im Sinne von § 59 zustimmen und zwingende dienstliche Gründe nicht entgegenstehen.

(7) ¹In Dienststellen mit mehr als 50 Beschäftigten im Sinne von § 59 kann die Jugend- und Auszubildendenvertretung Sprechstunden während der Arbeitszeit einrichten. ²§ 40 gilt entsprechend. ³Ein beauftragtes Mitglied des Personalrats kann beratend teilnehmen.

I. Aufgaben (Abs. 1)

Aufgabenwahrnehmung gegenüber PR. In Abs. 1 sind die **Aufgaben der JAV** **1** abschließend aufgeführt (a. A. Altvater u. a. § 61 Rn. 1). Diese orientieren sich am Zweck der JAV als Interessenvertretung der in § 59 genannten Beschäftigten. Sämtliche Aufgaben **werden gegenüber dem PR wahrgenommen,** nicht genüber dem Dienststellenleiter. Es obliegt der JAV, dem PR die besonderen Belange der Beschäftigten im Sinne von § 59 nahe zu bringen und dafür einzutreten, dass eine angemessene Berücksichtigung dieser Belange gewährleistet ist (Ilbertz-Widmaier § 57 Rn. 5). Die JAV hat keine eigenständigen Beteiligungsrechte. Sie ist ein Beratungsgremium, das vom PR im Rahmen seiner Beteiligungsrechte hinzugezogen wird.

Antragsrecht. Es besteht ein Antragsrecht **gegenüber dem PR (Nr. 1).** Der Initi- **2** ative der JAV geht eine Beratung und entsprechende Beschlussfassung der JAV voraus. Der PR hat den Antrag entgegenzunehmen und sich mit ihm zu befassen. Dabei hat er ihn auch auf seine Sachdienlichkeit, Zweckmäßigkeit und Begründung zu überprüfen. Folgt der PR dem Antrag, so hat er ihn an den Dienststellenleiter heranzutragen und auf seine Erledigung zu drängen, sei es im Rahmen seiner allgemeinen Aufgaben nach § 70 und der regelmäßigen Besprechungen mit dem Dienststellenleiter nach § 68 Abs. 1 oder aber, wenn die Voraussetzungen hierfür gegeben sind, als Initiativantrag nach § 84. Folgt der PR dem Antrag der JAV nicht, so hat er diese über seine Entscheidung zu unterrichten. Die Unterrichtung braucht nicht förmlich zu geschehen. Sie kann als erfolgt angesehen werden, wenn mindestens ein Mitglied der JAV an der PR-Sitzung, in der die ablehnende Entscheidung getroffen wurde, anwesend war.

Aufgabenkatalog. Mit dem ÄG 2013 ist der Aufgabenkatalog des Abs. 1 erwei- **3** tert worden. Die JAV soll nunmehr – wie auch der PR nach § 70 Abs. 1 Nr. 6 und Nr. 11 – die Eingliederung von Beschäftigten im Sinne von § 59 mit Migrationshintergrund sowie das Verständnis zwischen Beschäftigten unterschiedlicher Herkunft fördern (Nr. 5) sowie Maßnahmen, die dem Umweltschutz, dem Klimaschutz und der sorgsamen Energienutzung in der Dienststelle dienen, beim PR beantragen (Nr. 6).

II. Teilnahme an Vorstellungsgesprächen (Abs. 2)

4 **Vorstellungsgespräche.** Als weitere Aufgabe enthält Abs. 2 in Anlehnung an die Informations- und Teilnahmerechte der PR ein Teilnahmerecht an Vorstellungsgesprächen zur Besetzung von Ausbildungsplätzen und an Personalgesprächen auf Verlangen eines Beschäftigten im Sinne von § 59.

III. Zusammenarbeit mit dem Personalrat (Abs. 3)

5 **Rechte.** Hinsichtlich der Zusammenarbeit der JAV mit dem PR verweist Abs. 3 auf § 30 Abs. 1 Satz 3 und 4, Abs. 3, § 32 Abs. 4, § 35 Abs. 3 und 5 Satz 1 Nr. 4, § 36 Abs. 2, § 37 Abs. 1 Satz 1 und § 38 Abs. 3. Hierdurch wird gewährleistet, dass die JAV in die Willensbildung des PR einbezogen wird (Altvater u. a. § 61 Rn. 6). Damit hat die JAV zur Erfüllung ihrer Aufgaben gegenüber dem PR **folgende Rechte:**

a) **§ 30 Abs. 1 Satz 3 und 4:** Erhalt von Ladungen zu den PR-Sitzungen.

b) **§ 30 Abs. 3:** Auf Antrag der Mehrheit der Mitglieder der JAV hat der Vorsitzende des PR eine **Sitzung des PR anzuberaumen** und den Gegenstand, dessen Beratung beantragt wird, auf die **Tagesordnung** zu setzen, sofern er besonders Beschäftigte im Sinne von § 59 betrifft.

c) **§ 32 Abs. 4:** Ein Mitglied der JAV, das von dieser bestimmt wird, kann an allen Sitzungen des PR **beratend teilnehmen.** An der Behandlung von Angelegenheiten, die besonders Beschäftigte im Sinne von § 59 betreffen, kann die gesamte JAV beratend teilnehmen. Bei Beschlüssen des PR, die besonders Beschäftigte im Sinne von § 59 betreffen, haben die Jugend- und Auszubildendenvertreter **Stimmrecht.**

d) **§ 35 Abs. 3 und 5 Satz 1 Nr. 4:** Teilnahme an Sitzungen der Ausschüsse: Rückübertragung einer dem Ausschuss übertragenen Angelegenheit auf Antrag der JAV, wenn eine erhebliche Beeinträchtigung wichtiger Interessen der Beschäftigten im Sinne von § 59 zu befürchten ist.

e) **§ 36 Abs. 2:** Entsprechende Rechte wie unter d) bei Übertragung einer Angelegenheit auf den PR-Vorstand.

f) **§ 37 Abs. 1 Satz 1:** Erachtet die Mehrheit der JAV einen Beschluss des PR als eine erhebliche Beeinträchtigung wichtiger Interessen der Beschäftigten im Sinne von § 59, so ist auf ihren Antrag der Beschluss auf die Dauer von einer Woche vom Zeitpunkt der Beschlussfassung an **auszusetzen.**

g) **§ 38 Abs. 3:** Einsichtnahme in die Niederschrift von PR-Sitzungen, an denen JAV-Mitglieder teilgenommen haben.

h) **§ 53 Abs. 2 Satz 1 Nr. 7:** Ein beauftragtes Mitglied der JAV kann mit **beratender** Stimme an den Personalversammlungen teilnehmen.

i) **§ 68 Abs. 1 Satz 6 Nr. 2:** Werden Angelegenheiten behandelt, die Beschäftigte im Sinne von § 59 besonders betreffen, hat der PR ein Mitglied der JAV zu den **Besprechungen mit dem Dienststellenleiter** beizuziehen.

IV. Information und Einsichtnahme (Abs. 4)

Umfassende Unterrichtung. Die zur Durchführung ihrer Aufgaben erforderli-   **6**
che **Unterrichtung der JAV** nach Abs. 4 ist Sache des PR und nicht Sache der
Dienststelle. Die Unterrichtung hat rechtzeitig und umfassend zu erfolgen. Die
Unterrichtung hat nicht nur auf Verlangen, sondern **ständig** in dem Umfang zu
erfolgen, dass die JAV ihre Aufgaben ordnungsmäßig wahrnehmen kann. Sie
hat einen Informationsanspruch. Insbesondere vor Organisationsmaßnahmen,
die beteiligungspflichtige Maßnahmen zur Folge haben, ist die JAV frühzeitig
und umfassend zu unterrichten.

Unterlagen. Dagegen sind ihr Unterlagen vom PR nur vorzulegen, wenn sie   **7**
dies aus konkretem Anlass verlangt (nur Einsichtnahme bzw. zeitweilige Überlassung). Nach Abs. 4 Satz 3 kann die JAV die Vorlage **erforderlicher** Unterlagen einschließlich der Bewerbungsunterlagen aller Bewerber bei Einstellungen
von Beschäftigten im Sinne von § 59 verlangen, soweit dem nicht berechtigte
Interessen der Bewerber entgegenstehen.

V. Sitzungen (Abs. 5)

1. Einberufung. Die **Sitzungen der JAV** beruft der Vorsitzende der JAV **nach**   **8**
Verständigung des Vorsitzenden des PR ein. Er setzt die Tagesordnung fest
und hat sie rechtzeitig den Mitgliedern der JAV zuzuleiten. Die konstituierende
Sitzung der JAV wird ebenso wie die konstituierende Sitzung des PR vom Vorsitzenden des Wahlvorstands einberufen. Sofern die JAV nach § 62 Abs. 5 Wahlen durchzuführen hat, leitet der Vorsitzende des Wahlvorstands diese Sitzung
solange, bis die JAV aus ihrer Mitte einen Wahlleiter bestimmt hat.

Rücksichtnahme. Hinsichtlich der **Sitzungsterminierung** hat die JAV wie der   **9**
PR auf die dienstlichen Verhältnisse Rücksicht zu nehmen und den Leiter der
Dienststelle vom Zeitpunkt zu unterrichten (Ilbertz-Widmaier § 61 Rn. 28; Lo-
renzen u. a. § 61 Rn. 69).

Nicht öffentlich. Die **Sitzungen** der JAV sind – wenn auch nicht ausdrücklich   **10**
gesetzlich festgelegt – **nicht öffentlich** (Ilbertz-Widmaier § 61 Rn. 32; Lorenzen
u. a. § 61 Rn. 73).

2. Teilnahme eines PR-Mitglieds. An den JAV-Sitzungen kann nach Abs. 5   **11**
Satz 2 ein vom PR beauftragtes PR-Mitglied teilnehmen.

VI. Begehungsrecht (Abs. 6)

Begehung. Mit dem ÄG 95 wurde auch für die JAV ein Begehungsrecht für   **12**
Arbeits- und Ausbildungsplätze geschaffen. Abweichend von der für den PR
getroffenen Regelung (§ 71 Abs. 6) steht das Recht der gesamten JAV zu; sie
kann (durch Beschluss) ein Mitglied mit der Begehung beauftragen. Vor der
Begehung sind zwingend der (Vorsitzende des) PR und der Dienststellenleiter
zu unterrichten. Aufgesucht werden dürfen nur Arbeits- und Ausbildungsplätze

von Beschäftigten i. S. v. § 59. Mit Rücksicht auf das Selbstbestimmungsrecht setzt der Besuch die vorherige Zustimmung des Beschäftigten voraus. Der Leiter der Dienststelle darf die Begehung nur aus zwingenden dienstlichen Gründen (z. B. wegen Sprechzeiten; Gefahr einer nicht unerheblichen Störung der Ordnung und des Arbeitsablaufs) untersagen.

VII. Sprechstunden (Abs. 7)

13 Einrichtung. Abs. 7 sieht die Einrichtung von Sprechstunden der JAV in Dienststellen mit mehr als 50 Beschäftigten im Sinne von § 59 vor. Diese finden während der Arbeitszeit statt (Satz 1). § 40 gilt entsprechend (Satz 2). Ein beauftragtes PR-Mitglied kann beratend teilnehmen (Satz 3).

---

§ 64   Schutz der Mitglieder der Jugend- und Auszubildendenvertretung

[1]Für die Jugend- und Auszubildendenvertretung gelten die §§ 41 bis 45 Absatz 1 Satz 1, § 46 Absatz 1 und § 69 Absatz 1 Satz 3 entsprechend. [2]§ 47 Absatz 1, 2 und 4 sowie § 48 gelten entsprechend mit den Maßgaben, dass die dort aufgeführten Personalmaßnahmen bei Mitgliedern der Jugend- und Auszubildendenvertretung der Zustimmung des Personalrats bedürfen und in dem Verfahren vor dem Verwaltungsgericht auch die Jugend- und Auszubildendenvertretung beteiligt ist. [3]Für Mitglieder des Wahlvorstands und Wahlbewerber gilt § 47 Absatz 1 Satz 1, Absatz 2 sowie Absatz 4 entsprechend.

---

1 Kosten. Die durch die Tätigkeit der JAV entstehenden notwendigen Kosten trägt die Dienststelle (Satz 1 i. V. m. § 41). Die Mitglieder der JAV erhalten wie die PR-Mitglieder bei Reisen, die zur Erfüllung ihrer Aufgaben notwendig sind, Reisekostenvergütung. Weiter sind für die Sitzungen, die Sprechstunden und die laufende Geschäftsführung von der Dienststelle in erforderlichem Umfang Räume, Geschäftsbedarf und Büropersonal sowie geeignete Plätze für Bekanntmachungen zur Verfügung zu stellen. Außerdem hat die Dienststelle die Kosten für erforderliche Informationsschriften zu übernehmen.

2 Keine Beitragserhebung. Auch die JAV darf für ihre Zwecke **keine Beiträge erheben** und annehmen (Satz 1 i. V. m. § 42).

3 Bezüge. Die Mitglieder der JAV führen ihr Amt unentgeltlich als **Ehrenamt** (Satz 1 i. V. m. § 43 Abs. 1). Versäumnis von Arbeitszeit hat keine Minderung der Dienstbezüge oder des Arbeitsentgelts zur Folge. Werden Mitglieder der JAV durch die Erfüllung ihrer Aufgaben über die regelmäßige Arbeitszeit hinaus beansprucht, so ist ihnen Dienstbefreiung in entsprechendem Umfang zu gewähren (Satz 1 i. V. m. § 43 Abs. 2).

4 Freistellung. Für die Freistellung der Mitglieder der JAV gilt nur die Generalklausel des § 45 Abs. 1 Satz 1, aber nicht die Staffelung des § 45 Abs. 1 Satz 2. Hiernach sind die Mitglieder der JAV auf Antrag von ihrer dienstlichen Tätigkeit freizustellen, wenn und soweit es nach Umfang und Art der Dienststelle zur ordnungsmäßigen Wahrnehmung ihrer Aufgaben erforderlich ist. Da das

Gruppenprinzip für die JAV nicht gilt, findet auch der Abs. 4 des § 45 keine Anwendung. Eine etwaige Freistellung von Jugend- und Auszubildendenvertretern darf nicht zu einer Beeinträchtigung ihres beruflichen Werdegangs führen (Satz 1 i. V. m. § 46 Abs. 1). Bei Beschäftigten im Sinne von § 59, die in einem Ausbildungsverhältnis stehen, das mit einer Prüfung (Laufbahnprüfung) abzuschließen ist, wird eine Freistellung, die nicht zu einer Beeinträchtigung des beruflichen Werdegangs führt oder führen könnte, in der Regel nicht möglich sein.

Schulungen. Wegen der Teilnahme an **Schulungs- und Bildungsveranstaltungen** **5** sowie an von Gewerkschaften einberufenen **Konferenzen** s. § 44. Bei Schulungsveranstaltungen ist darauf abzustellen, ob beim Teilnehmer ein objektiver und subjektiver Schulungsbedarf besteht, um die Aufgaben der JAV, die sich aus § 63 ergeben, sachkundig ausüben zu können (VGH Mannheim, 18.6.1996 – PL 15 S 3314/95 – juris, VGHBW-Ls 1996, Beilage 9, B 6).

Keine Parteipolitik. Auch für die JAV gilt das **Verbot der parteipolitischen Be- 6 tätigung** in der Dienststelle (Satz 1 i. V. m. § 69 Abs. 1 Satz 3).

Schäden. Wegen des **Unfallschutzes** und des Ersatzes von **Sachschäden** vgl. § 6 **7** Abs. 2.

Schutzvorschriften. Wegen des **Schutzes** der Mitglieder der JAV bei Versetzung, **8** Abordnung, Umsetzung sowie anderen Personalmaßnahmen und bei außerordentlicher Kündigung vgl. § 47 Abs. 1, 2 und 4. Die einschränkende Vorschrift des § 47 Abs. 3 gilt nicht. Die in § 47 Abs. 1 Satz 2 vorgeschriebene Zustimmung erteilt der PR und nicht die JAV; bei der Beschlussfassung haben die Vertreter der JAV nach § 32 Abs. 4 Satz 2 Stimmrecht. Bei Streitigkeiten ist die JAV in einem verwaltungsgerichtlichen Verfahren Beteiligte.

Schutz der Wahlbeteiligten. Für Mitglieder des **Wahlvorstandes** und für **Wahl- 9 bewerber** besteht Schutz nach § 47 Abs. 1 Satz 1 und Abs. 2 sowie Abs. 4 entsprechend.

§ 65 Jugend- und Auszubildendenversammlung

(1) [1]Die Jugend- und Auszubildendenversammlung besteht aus den Beschäftigten im Sinne von § 59. [2]Sie wird vom Vorsitzenden der Jugend- und Auszubildendenvertretung geleitet. [3]Der Personalratsvorsitzende oder ein vom Personalrat beauftragtes anderes Mitglied soll an der Jugend- und Auszubildendenversammlung teilnehmen.

(2) [1]Die Jugend- und Auszubildendenversammlung soll möglichst unmittelbar vor oder nach einer Personalversammlung stattfinden. [2]Auf Antrag eines Viertels der Beschäftigten im Sinne von § 59 ist die Jugend- und Auszubildendenvertretung verpflichtet, innerhalb von vier Wochen eine Jugend- und Auszubildendenversammlung einzuberufen.

(3) Die für die Personalversammlung geltenden Vorschriften sind sinngemäß anzuwenden.

I. Grundsätze (Abs. 1)

1   **Teilnahme.** Die Jugend- und Auszubildendenversammlung besteht aus den Beschäftigten im Sinne von § 59 einer Dienststelle (Abs. 1 Satz 1). Weitere Teilnahmeberechtigte ergeben sich aus der entsprechenden Anwendung des § 53 Abs. 2 (vgl. Abs. 3). Darüber hinaus soll auch der PR-Vorsitzende oder ein vom PR beauftragtes anderes PR-Mitglied an der Jugend- und Auszubildendenversammlung teilnehmen (Abs. 1 Satz 3). Dies eröffnet die Möglichkeit, von den Erfahrungen der älteren Mitglieder der Personalvertretung zu profitieren. Die Versammlung wird jedoch **vom Vorsitzenden der JAV geleitet** (Abs. 1 Satz 2).

II. Zeitpunkt (Abs. 2)

2   **Im Zusammenhang mit Personalversammlung.** Die Jugend- und Auszubildendenversammlung soll möglichst unmittelbar vor oder nach einer Personalversammlung stattfinden (Abs. 2 Satz 1). Dies bringt Synergieeffekte und lässt eine höhere Teilnahme erwarten. Zudem ergeben sich aus der Personalversammlung ggf. Themen, die die Jugend- und Auszubildendenversammlung eingehender beraten will.

3   **Antragsrecht.** Nach Abs. 2 Satz 2 hat die JAV auf **Antrag eines Viertels der Beschäftigten i. S. v.** § 59 innerhalb von vier Wochen eine Jugend- und Auszubildendenversammlung einzuberufen. Das Antragsrecht besteht nur im Rahmen der Aufgabenzuständigkeit der JAV (LT-Drucksache 11/6312 S. 42). Daneben steht unverändert aufgrund der sinngemäßen Anwendung der für die Personalversammlung geltenden Vorschriften das **Antragsrecht des Leiters der Dienststelle** (§ 50 Abs. 2) und einer in der Dienststelle vertretenen **Gewerkschaft** (§ 50 Abs. 3). Eine Gewerkschaft ist in der Dienststelle auch dann vertreten, wenn sie unter den zum Personenkreis des § 59 gehörenden Beschäftigten keine Mitglieder hat (VGH Mannheim, 21.3.1988 – 15 S 2438/87 – ZBR 1989, 153).

III. Anwendbare Vorschriften (Abs. 3)

4   **Anwendbare Vorschriften.** Für die Jugend- und Auszubildendenversammlung gelten, soweit sich aus den Abs. 1 und 2 nichts anderes ergibt, die Vorschriften über die Personalversammlung sinngemäß. Insoweit wird auf die Erl. zu den §§ 49 bis 53 verwiesen.

5   **Während der Arbeitszeit.** Auch die Jugend- und Auszubildendenversammlung findet während der Arbeitszeit statt, soweit dienstliche Belange nicht entgegenstehen (§ 51 Abs. 1 Satz 1). Auch hier unterscheidet der Gesetzgeber nicht mehr zwischen ordentlichen und außerordentlichen Versammlungen.

6   **Teilversammlung.** Mit der sinngemäßen Anwendung der für die Personalversammlung geltenden Vorschriften sind bei Vorliegen der Voraussetzungen auch **Teiljugend- und Auszubildendenversammlungen** nach § 49 Abs. 2 und **getrennte Versammlungen** nach § 49 Abs. 3 sowie **gemeinsame Versammlungen** nach § 49 Abs. 4 für die Beschäftigten i. S. v. § 59 zulässig.

§ 66   Gesamt-Jugend- und Auszubildendenvertretung, Stufen-Jugend- und Auszubildendenvertretung

(1) Bestehen in den Fällen des § 5 Absatz 3 mehrere Jugend- und Auszubildendenvertretungen, so ist neben diesen eine Gesamt-Jugend- und Auszubildendenvertretung zu bilden.

(2) [1]**In die Gesamt-Jugend- und Auszubildendenvertretung entsendet jede Jugend- und Auszubildendenvertretung ein Mitglied.** [2]**Die Benennung hat in der ersten Sitzung nach der Wahl der Jugend- und Auszubildendenvertretung zu erfolgen.** [3]**Mindestens ein Ersatzmitglied ist zu benennen.** [4]**§ 27 Absatz 1 gilt entsprechend.** [5]**Die Namen und Anschriften der Mitglieder und der Ersatzmitglieder sind dem Vorsitzenden des Gesamtpersonalrats mitzuteilen.**

(3) [1]**Für die Gesamt-Jugend- und Auszubildendenvertretung gelten § 62 Absatz 3, §§ 63 und 64 Satz 1 entsprechend.** [2]**Die Mitglieder der Gesamt-Jugend- und Auszubildendenvertretung sind vom Vorsitzenden des Gesamtpersonalrats innerhalb von vier Wochen nach der Wahl der Jugend- und Auszubildendenvertretung zur konstituierenden Sitzung einzuladen; er leitet die Sitzung bis zur Benennung des Vorsitzenden der Gesamt-Jugend- und Auszubildendenvertretung.**

(4) [1]**Bei den Bezirkspersonalräten können Bezirks-Jugend- und Auszubildendenvertretungen und bei den Hauptpersonalräten Haupt-Jugend- und Auszubildendenvertretungen gebildet werden.** [2]**Die Absätze 2 und 3 gelten entsprechend.**

Vorbemerkung. Das LPVG sieht seit dem ÄG 2013 nicht mehr nur die Einrichtung einer GesamtJAV, sondern angelehnt an § 64 Abs. 1 BPersVG auch die Bildung von Jugend- und Auszubildendenstufenvertretungen (StufenJAV) vor.   **1**

I. Bildung der GesamtJAV (Abs. 1)

Voraussetzungen. Eine GesamtJAV kann **nur** dort gebildet werden, wo ein GesamtPR nach § 54 Abs. 1 **besteht**. Weitere Voraussetzung ist, dass in den Dienststellen i. S. des LPVG, für die ein GesamtPR gebildet worden ist, mehrere JAV bestehen. Es genügt also nicht, dass nur in einer dieser Dienststellen eine JAV vorhanden ist.   **2**

II. Besetzung der GesamtJAV (Abs. 2)

Entsendung. Mit dem ÄG 95 wurde erstmals anstelle des Wahlverfahrens ein Bestellungsverfahren für die Mitglieder der GesamtJAV eingeführt. Inwieweit dies mit § 98 Abs. 1 BPersVG vereinbar ist, bleibt dahingestellt. Nach der Gesetzesbegründung ist das einfachere Bestellungsverfahren jedenfalls vertretbar, da die Interessenwahrnehmung der Beschäftigten i. S. v. § 59 auch über die benannten Mitglieder sichergestellt sei (LT-Drucksache 11/6312 S. 43; für Unvereinbarkeit: Altvater u. a. § 64 Rn. 1).   **3**

Mitglieder. Die GesamtJAV besteht aus so vielen Mitgliedern, wie JAV vorhanden sind. Jede JAV hat in der ersten Sitzung nach ihrer Wahl neben dem (or-   **4**

dentlichen) Mitglied der GesamtJAV, mindestens ein Ersatzmitglied zu benennen (einfacher Beschluss) und deren Namen und Anschriften dem Vorsitzenden des GesamtPR mitzuteilen.

5 **Ersatzmitglied.** Für den Eintritt eines Ersatzmitglieds gilt § 27 Abs. 1 entsprechend. Ist für den Bereich einer JAV kein Ersatzmitglied mehr vorhanden, hat diese unverzüglich ein weiteres Ersatzmitglied zu benennen und dessen Namen und Anschrift dem Vorsitzenden des GesamtPR mitzuteilen.

III. Konstituierung und anwendbare Vorschriften (Abs. 3)

6 **Konstituierende Sitzung.** Der Vorsitzende des GesamtPR hat innerhalb von vier Wochen nach der regelmäßigen Wahl der JAV zur konstituierenden Sitzung der GesamtJAV einzuladen und diese bis zur Benennung des Vorsitzenden der GesamtJAV zu leiten (Abs. 3 Satz 2). Insoweit geht die Funktion des Vorsitzenden des GesamtPR über die des Wahlvorstands nach § 19 hinaus.

7 **Vorsitzender.** Ein Vorsitzender der GesamtJAV und dessen Stellvertreter sind nur zu wählen, wenn diese aus drei oder mehr Mitgliedern besteht (a. A. Altvater u. a. § 64 Rn. 6). Dies ergibt sich aus Abs. 3 Satz 1 i. V. m. § 62 **Abs. 5.** Soweit der aktuelle Gesetzestext in Abs. 3 Satz 1 auf § 62 Abs. 3 verweist, handelt es sich offenbar um ein Redaktionsversehen im Rahmen der Neubekanntmachung des LPVG vom 12. März 2015. Ein Verweis auf den heutigen § 62 Abs. 3 geht insoweit ins Leere, als dieser den Zeitpunkt der Wahlen der JAV regelt. Da die GesamtJAV nicht durch eigene Wahlen sondern durch Entsendung gebildet wird, ergibt eine entsprechende Anwendung keinen Sinn. Seit der Neubekanntmachung findet sich der Text des früheren Abs. 3 des § 62 nunmehr in Abs. 5, auf den hier ersichtlich weiterhin verwiesen werden soll.

8 **Amtszeit.** Die Amtszeit der GesamtJAV beträgt entsprechend der regelmäßigen Amtszeit ihrer Mitglieder zwei Jahre und sechs Monate (§ 62 Abs. 4 Satz 1). Soweit einzelne JAV vorzeitig neu gewählt werden müssen, bleibt die Mitgliedschaft bis zur Neuwahl unberührt. Dgl. gilt im Falle einer Wahlanfechtung. Erlischt die Mitgliedschaft in der JAV nach § 25, gilt dies automatisch auch für die GesamtJAV; entsprechendes gilt bei Maßnahmen nach §§ 24 und 26.

9 **Abberufung.** Der einzelnen JAV dürfte es möglich sein, entsandte Mitglieder jederzeit abzuberufen; im Interesse der Kontinuität sollte dies jedoch nur bei grober Vernachlässigung der gesetzlichen Befugnisse oder grober Verletzung der gesetzlichen Pflichten (entsprechend § 24 Abs. 1) erfolgen.

10 **Zuständigkeit.** Entsprechend § 91 Abs. 8 ist die Zuständigkeit der GesamtJAV nach § 63 nur dann begründet, wenn eine Maßnahme über den Bereich einer Dienststelle hinausgeht. Ist nur eine Dienststelle betroffen, ist die Zuständigkeit der JAV gegeben.

11 **Schutz.** Für die Mitglieder der GesamtJAV gilt die **Schutzvorschrift** des § 62 Satz 2 aufgrund ihrer gleichzeitigen Mitgliedschaft in der JAV.

Keine Versammlung. Eine „Gesamt-Jugend- und Auszubildendenversamm- **12** lung" findet nicht statt, denn § 65 gilt für die GesamtJAV nicht entsprechend.

IV. Stufen-Jugend- und Auszubildendenvertretung (Abs. 4)

Grundsätze. Durch das ÄG 2013 ist in Abs. 4 die Möglichkeit aufgenommen **13** worden, **Stufen-Jugend- und Auszubildendenvertretungen** zu bilden. Sie können bedarfsabhängig bei den Stufenvertretungen eingerichtet werden, um die zentrale Wahrnehmung der Interessen von Beschäftigten im Sinne von § 59 zu stärken. Bei den BPR werden ggf. **Bezirks-Jugend- und Auszubildendenvertretungen** und bei den HPR **Haupt-Jugend- und Auszubildendenvertretungen** gebildet. Die Abs. 2 und 3 sind entsprechend anzuwenden. Dies bedeutet insbesondere, dass eine gesonderte Wahl der StufenJAV nicht stattfindet, sondern wie bei den GesamtJAV eine Entsendung erfolgt.

Teil 7   Datenschutz

§ 67

(1) ¹Die Personalvertretungen haben bei der Verarbeitung personenbezogener Daten die datenschutzrechtlichen Vorschriften zu beachten und treffen die zu deren Einhaltung erforderlichen ergänzenden Regelungen für ihre Geschäftsführung in eigener Verantwortung. ²Der Dienststelle sind die getroffenen Maßnahmen auf Verlangen mitzuteilen.

(2) ¹Die Personalvertretungen dürfen personenbezogene Daten speichern, soweit und solange dies zur Erfüllung ihrer Aufgaben erforderlich ist. ²Nach Abschluss der Maßnahme, an der die Personalvertretung beteiligt war, sind die ihr in diesem Zusammenhang zur Verfügung gestellten personenbezogenen Daten zu löschen und Unterlagen mit personenbezogenen Daten der Dienststelle zurückzugeben.

(3) ¹Unabhängig von Absatz 2 dürfen Personalvertretungen zur Erfüllung ihrer Aufgaben Grunddaten der Beschäftigten speichern. ²Dazu zählen Namen, Funktion sowie ihre Bewertung, Besoldungs- oder Entgeltgruppe, Geburts-, Einstellungs- und Ernennungsdatum, Rechtsgrundlage und Dauer der Befristung des Arbeitsverhältnisses, Datum der letzten Beförderung, Höher- oder Rückgruppierung, Beurlaubung und Teilzeitbeschäftigung. ³Die Dienststelle stellt den Personalvertretungen diese Grunddaten auf aktuellem Stand zur Verfügung. ⁴Vorher zur Verfügung gestellte Grunddaten sind unverzüglich zu löschen.

(4) Personenbezogene Daten in Niederschriften sind spätestens am Ende des achten Jahres ab der Speicherung zu löschen.

Vorbemerkung. Mit dem ÄG 95 wurde in § 67 (früher § 65 a. F.) die Bedeu- **1** tung des Rechts der **informationellen Selbstbestimmung** gegenüber den Personalvertretungen herausgestellt. Die Vorschrift wiederholt allgemeine Datenschutzgrundsätze und enthält konkrete datenschutzrechtliche Ermächtigungen und Verpflichtungen für die Arbeit der Personalvertretung. **§ 67 gilt für alle Personalvertretungen**, also für den PR, den GesamtPR, die Stufenvertretungen, den AusbildungsPR, die JAV, GesamtJAV und die StufenJAV.

2 **Kein Dritter.** Die Personalvertretungen sind **Teil der Dienststelle**, bei der sie gebildet sind, und nicht Dritte i. S. v. § 3 Abs. 5 LDSG. Die Datenweitergabe von der Dienststelle zur Personalvertretung stellt damit keine Übermittlung nach § 3 Abs. 2 Nr. 4 LDSG dar. Zulässigkeit und Erforderlichkeit der Weitergabe personenbezogener Daten an die Personalvertretung bestimmen sich als Spezialregelung ausschließlich nach § 71 Abs. 1 bis 4; dabei ist auch auf die Belange des Datenschutzes Rücksicht zu nehmen (Lorenzen u. a. § 68 Rn. 61). Die Personalvertretungen entscheiden grundsätzlich eigenständig, ob sie ihre Aufgaben manuell (nicht automatisiert, in visuell lesbarer Form) oder automatisiert (in nicht visuell lesbarer Form) erledigen wollen.

3 **Eigenverantwortlichkeit.** Dem **behördlichen Datenschutzbeauftragten** (§ 10 LDSG) stehen grundsätzlich **keine Kontrollrechte** gegenüber der Personalvertretung zu (für den Bereich des BetrVG: BAG, 11.11.1997 – 1 ABR 21/97 – BAGE 87, 64 = NZA 1998, 385 = PersR 1998, 227; Altvater u. a. § 65 Rn. 15). Die Personalvertretungen haben in eigener Verantwortung für die Einhaltung der Vorschriften Sorge zu tragen. Allerdings sind der Dienststelle nach dem mit ÄG 2013 eingefügten Abs. 1 Satz 2 die getroffenen Maßnahmen zum Datenschutz auf Verlangen mitzuteilen. Auch einer Kontrolle durch den **Landesbeauftragten für den Datenschutz** nach § 28 LDSG steht dies nicht entgegen.

4 **Zustimmungserfordernis.** Ein grundlegendes **Einsichtsrecht** der Personalvertretung **in Personalakten** besteht **nicht**. Sie dürfen nach § 71 Abs. 1 Satz 3 nur mit **Zustimmung** des betroffenen Beschäftigten und nur von den von ihm bestimmten Mitgliedern der Personalvertretung eingesehen werden.

I. Verpflichtung zum Datenschutz (Abs. 1)

5 **1. Datenschutzvorschriften.** Abs. 1 wiederholt und betont den Grundsatz, dass die datenschutzrechtlichen Bestimmungen zu beachten sind. Dies sind zunächst die **allgemeinen Vorschriften** des Datenschutzrechts, insbesondere
- über die technischen und organisatorischen Maßnahmen (§ 9 LDSG),
- die Rechte der Beschäftigten (§ 5 Abs. 1, §§ 21 bis 25 LDSG) und
- die Verarbeitung personenbezogener Daten bei Dienst- und Arbeitsverhältnissen (§ 36 LDSG).

Daneben sind die **bereichsspezifischen Datenschutzvorschriften** etwa in §§ 83 bis 88 LBG, in Tarifverträgen, Dienstvereinbarungen oder dienststelleninternen Datenschutzvorschriften zu beachten.

6 **Zweckbeschränkung.** Die von der Personalvertretung zulässigerweise erhobenen und an sie übermittelten Daten dürfen **nur für personalvertretungsrechtliche Zwecke** genutzt bzw. weiterverarbeitet werden (§ 36 Abs. 1 LDSG).

Datenverarbeitung. Zum Begriff „Verarbeitung personenbezogener Daten" siehe **7**
§ 3 Abs. 2 LDSG. Darunter fällt das Erheben, Speichern, Verändern, Übermitteln,
Nutzen, Sperren und Löschen personenbezogener Daten. Die datenschutzrechtlichen Vorschriften finden Anwendung, gleichgültig, ob die Verarbeitung in einem
automatisierten Verfahren oder in nicht automatisierten Dateien erfolgt, ebenso
auf die Akten der Personalvertretung. Die Gestaltung und Auswahl der technischen Einrichtungen und Verfahren zur automatisierten Verarbeitung personenbezogener Daten hat sich danach auszurichten, keine oder so wenig personenbezogene Daten wie möglich zu verarbeiten (§ 9 Abs. 1 LDSG).

Maßnahmen. Wichtig sind die nach § 9 Abs. 2 bis 5 LDSG von der Personal- **8**
vertretung als ergänzende Regelung **eigenverantwortlich zu treffenden technischen und organisatorischen Maßnahmen.** Dazu ist ein **Sicherungskonzept** unter Berücksichtigung der Belange der jeweiligen Personalvertretung festzulegen,
das in einer Dienstanweisung für das Büropersonal und die sonst zur Bearbeitung befugten Mitglieder der Personalvertretung mündet. Die Dienststelle hat
die Personalvertretung nach dem Grundsatz der vertrauensvollen Zusammenarbeit und im Blick auf § 41 Abs. 2 hierbei zu unterstützen. Erforderlich sind
Maßnahmen nur, wenn ihr Aufwand, insbesondere unter Berücksichtigung der
Art der zu schützenden personenbezogenen Daten, in einem angemessenen Verhältnis zu dem Schutzzweck steht.

Zuständigkeit. Zuständig ist die gesamte Personalvertretung und nicht der Vor- **9**
stand, da es sich um kein laufendes Geschäft i. S. des § 28 Abs. 4 Satz 1 handelt.

Automatisierte Verarbeitung. Für die automatisierte Verarbeitung sind nach **10**
§ 9 Abs. 3 LDSG insbesondere geeignete Maßnahmen zu treffen, um
– Unbefugten den Zutritt zu Datenverarbeitungsanlagen zu verwehren (Zu-
  trittskontrolle),
– zu verhindern, dass Datenträger unbefugt gelesen, kopiert, verändert oder
  entfernt werden können (Datenträgerkontrolle),
– die unbefugte Eingabe in den Speicher sowie die unbefugte Kenntnisnahme,
  Veränderung oder Löschung gespeicherter Daten zu verhindern (Speicher-
  kontrolle),
– zu verhindern, dass Datenverarbeitungssysteme mit Hilfe von Einrichtungen zur Datenübertragung von Unbefugten genutzt werden können (Benut-
  zerkontrolle),
– zu gewährleisten, dass die zur Benutzung eines Datenverarbeitungssystems
  Berechtigten ausschließlich auf die ihrer Zugriffsberechtigung unterliegenden Daten zugreifen können (Zugriffskontrolle),
– zu gewährleisten, dass überprüft und festgestellt werden kann, an welche
  Stellen Daten durch Einrichtungen zur Datenübertragung übermittelt werden können (Übermittlungskontrolle),
– zu gewährleisten, dass nachträglich überprüft und festgestellt werden kann,
  welche Daten zu welcher Zeit von wem in Datenverarbeitungssysteme eingegeben worden sind (Eingabekontrolle),
– zu gewährleisten, dass Daten, die im Auftrag verarbeitet werden, nur entsprechend den Weisungen des Auftraggebers verarbeitet werden können
  (Auftragskontrolle),

- zu gewährleisten, dass bei der Übertragung von Daten sowie beim Transport von Datenträgern die Daten nicht unbefugt gelesen, kopiert, verändert oder gelöscht werden können (Transportkontrolle),
- zu gewährleisten, dass personenbezogene Daten gegen zufällige Zerstörung oder Verlust geschützt sind (Verfügbarkeitskontrolle), und
- die innerbehördliche oder innerbetriebliche Organisation so zu gestalten, dass sie den besonderen Anforderungen des Datenschutzes gerecht wird (Organisationskontrolle).

Zu diesem Zweck sollte die Personalvertretung Verantwortlichkeiten für den Umgang mit dem PC festlegen, insbesondere einen Systemverwalter und die Zuständigkeit für Auskünfte, Speicherung, Berichtigung, Sperrung und Löschung von Daten bestimmen. Die Sicherung des PC vor unbefugten Benutzern kann beispielsweise durch folgende Maßnahmen sichergestellt werden: Gehäuseabschluss und sichere Aufbewahrung des Schlüssels, Ausschluss des Startens über das Disketten- oder CD-ROM-Laufwerk bzw. das USB-Laufwerk, Einrichtung eines Passwortschutzes, Sperrung bei fehlerhaften Anmeldeversuchen, Einrichtung differenzierter Zugriffsbefugnisse, Schutz der Betriebs- und Anwendungsprogramme, Schutz vor Viren und Trojanern, automatisierte Protokollierung der Aktivitäten (s. a. die Hinweise des Landesbeauftragten für den Datenschutz beim Einsatz von PC in Anhang 9 des 17. Tätigkeitsberichts und seine Merkblätter zum technischen und organisatorischen Datenschutz unter www.baden-wuerttemberg.datenschutz.de).

11 **Verfahrensverzeichnis.** Das nach § 11 LDSG zu führende Verfahrensverzeichnis ist Sache der Dienststelle, aufgrund der sich aus § 41 Abs. 2 ergebenden Verpflichtung.

12 **Unterrichtungspflicht.** Bei der **erstmaligen Speicherung** von Personalaktendaten in automatisierten Dateien und deren wesentliche Änderung ist die nach § 87 Abs. 5 LBG und § 36 Abs. 2 LDSG bestehende Unterrichtungspflicht gegenüber den Beschäftigten zu beachten.

13 **Verhaltensregeln.** Beim Betrieb des PC sind die gebotenen Verhaltensregeln einzuhalten (z. B.: Abschalten beim Verlassen des Arbeitsplatzes oder Sperren des Bildschirms; sofortige Klärung von Störmeldungen; Verschluss nichtbenutzter Datenträger; ständige Aktualisierung von Zugriffsrechten; Auswertung von Protokolldaten; Vermeidung von Viren und Trojanern). Vor der Aussonderung, dem Verkauf oder der Weggabe eines PC zur Reparatur ist darauf zu achten, dass alle auf der Festplatte gespeicherten Daten (physikalisch) gelöscht sind.

14 **Nicht automatisierte Verarbeitung.** Bei personenbezogenen Daten in **nicht automatisierten Dateien oder in Akten** ist zu verhindern, dass Unbefugte bei der Bearbeitung, der Aufbewahrung, dem Transport und der Vernichtung auf die Daten zugreifen können (§ 9 Abs. 5 LDSG). Danach ist beispielsweise zu regeln:
- der Zugang zum Dienstzimmer der Personalvertretung und zu den Schränken, in denen personenbezogene Daten aufbewahrt werden, einschließlich der sicheren Aufbewahrung der Schlüssel;
- ob und auf welche Weise den Mitgliedern der Personalvertretung vor Sitzungen Unterlagen mit personenbezogenen Daten zugeleitet werden;

- dass Unterlagen mit besonders schutzbedürftigen Daten nur in der Sitzung zur Einsicht bereitgehalten, mündlich bekannt gegeben oder ausgeteilt werden;
- dass Unterlagen, die Mitgliedern vor oder bei der Sitzung überlassen werden, nach der Sitzung an den Vorsitzenden zurückzugeben sind;
- wer für die Erteilung von Auskünften sowie die Speicherung, Sperrung und Löschung der Daten, z. B. auch in Niederschriften nach Abs. 4, zuständig ist.

2. Mitteilung an Dienststelle. Nach Abs. 1 Satz 2 der durch das ÄG 2013 eingefügt wurde, sind der Dienststelle die getroffenen Maßnahmen zum Datenschutz auf Verlangen mitzuteilen. Dies soll nach der Gesetzesbegründung der Stärkung des Datenschutzes beim Umgang mit personenbezogenen Daten dienen (LT-Drucksache 15/4224 S. 127). Hieraus ergibt sich vor allem die Notwendigkeit der andauernden Selbstkontrolle, um dem Auskunftsverlangen nachkommen zu können. **15**

II. Speicherung personenbezogener Daten (Abs. 2)

1. Speicherung. Abs. 2 Satz 1 unterstreicht den Grundsatz, dass personenbezogene Daten nur **soweit und solange** gespeichert werden dürfen, wie dies **zur Aufgabenerfüllung der Personalvertretung notwendig** ist. Abs. 3 konkretisiert dies für die dort genannten Grunddaten, Abs. 4 für personenbezogene Daten in Niederschriften. Die Regelung baut auf § 71 Abs. 1 bis 4 auf, der den Anspruch der Personalvertretung auf Unterrichtung zur Aufgabenerfüllung regelt; nur insoweit kann die Personalvertretung überhaupt speicherungsfähige Daten erhalten. **16**

Zuständigkeit. Zuständig für die Einhaltung der Vorschrift ist zunächst der Vorstand, daneben auch die gesamte Personalvertretung. **17**

2. Löschung. Abs. 2 Satz 2 stellt ergänzend für die anlässlich von Beteiligungsverfahren der Personalvertretung zur Verfügung gestellten personenbezogenen Daten fest, dass diese nach Abschluss des Verfahrens von ihr zu löschen, also unkenntlich zu machen und entsprechende Unterlagen der Dienststelle zurückzugeben sind. Die Unterlagen dürfen von der Personalvertretung nicht selbst vernichtet werden. **18**

Weitere Daten. Für **außerhalb von Beteiligungsverfahren** (z. B. bei Beschwerden) oder anlässlich von Wahlen erhaltene personenbezogene Daten gilt Abs. 2 Satz 1. Hierzu zählen beispielsweise auch Auflistungen über Freistellungen nach § 45 oder Listen über Teilnehmer an Schulungs- und Bildungsmaßnahmen nach § 44. Diese Daten können bis zum Abschluss der Amtszeit der Personalvertretung gespeichert werden. **19**

III. Speicherung von Grunddaten (Abs. 3)

Grunddaten. Unabhängig von Abs. 2 erlaubt Abs. 3 der Personalvertretung i. S. v. § 4 Abs. 1 Nr. 1 LDSG die **dauerhafte Speicherung** der folgenden, abschließend **20**

aufgezählten **Grunddaten** der Beschäftigten: Name, Funktion sowie ihre Bewertung, Besoldungs- oder Entgeltgruppe, Geburts-, Einstellungs- und Ernennungsdatum, Rechtsgrundlage und Dauer der Befristung des Arbeitsverhältnisses, Datum der letzten Beförderung, Höher- oder Rückgruppierung, Beurlaubung und Teilzeitbeschäftigung. Unter Funktion ist die tatsächlich ausgeübte Tätigkeit im organisationsrechtlichen Sinne zu verstehen (z. B. Sachbearbeiter, Referent, Abteilungsleiter für die Einheit …). Bewertung ist die besoldungsrechtliche Bewertung i. S. v. § 20 LBesG bzw. die tarifrechtliche Einstufung der Tätigkeit, nicht dagegen die Bewertung im Haushaltsplan.

21 **Überlassungsanspruch.** Die Ermächtigung beseitigt die mit der Entscheidung des BVerwG vom 4.9.1990 (6 P 28.87 – PersV 1991, 83 = PersR 1990, 329) entstandenen Unsicherheiten. Sie gibt der Personalvertretung in Verbindung mit § 71 Abs. 1 bis 4 einen **Anspruch gegenüber der Dienststelle auf Überlassung der Grunddaten** (Abs. 3 Satz 2). Die Erforderlichkeit muss nicht mehr im Einzelfall geprüft werden. Der Gesetzgeber unterstellt, dass die Grunddaten zur Erfüllung der allgemeinen Aufgaben stets notwendig sind. Kein Überlassungsanspruch besteht für die Grunddaten der Beschäftigten, für die das LPVG nicht gilt (z. B. Professoren i. S. v. § 99 Abs. 1 Nr. 1); dagegen besteht der Überlassungsanspruch für Beschäftigte, für die das LPVG bei den Beteiligungsfällen nur in abgeschwächter Form gilt (z. B. wissenschaftliche Hilfskräfte i. S. v. § 99 Abs. 3). Bei den Stufenvertretungen (§ 55) wird der Überlassungsanspruch nur für die Grunddaten der Beschäftigten bejaht werden können, für die sie nach § 91 Abs. 2 unmittelbar zuständig sind. Im Stufenverfahren genügt es, wenn der BPR oder HPR die Daten der jeweiligen Beschäftigten von Fall zu Fall erhält.

22 **Verfahren.** In welcher **Form** die Grunddaten der Personalvertretung überlassen werden, entscheidet die Dienststelle. Die Grunddaten werden auf aktuellem Stand zur Verfügung gestellt. Für die Aktualisierung des ihr überlassenen Datenbestands ist grundsätzlich die Personalvertretung zuständig (z. B. Löschung der Daten ausgeschiedener Beschäftigter). Jedoch wird sie in regelmäßigen Abständen auch einen aktuellen Datensatz von der Dienststelle beanspruchen können. Frühere zur Verfügung gestellte Grunddaten sind dann unverzüglich zu löschen (Abs. 3 Satz 3). Der Personalvertretung dürfte von der Dienststelle auch ein auf die Grunddaten beschränkter Zugriff auf ein Personalverwaltungssystem eingeräumt werden können; in diesem Fall ist die Pflicht zur Unterrichtung der Beschäftigten nach § 87 Abs. 5 LBG zu beachten.

IV. Niederschriften (Abs. 4)

23 **Löschung nach 8 Jahren.** Nach Abs. 4 sind in **Niederschriften** (§ 38) enthaltene personenbezogene Daten spätestens am Ende des achten Jahres ab der Speicherung zu löschen, d. h. unkenntlich zu machen (also in Niederschriften des Jahres 2007 bis spätestens 31.12.2015). Die Löschung kann durch Schwärzung der Daten, die Vernichtung der gesamten Niederschrift bzw. die (physikalische) Löschung vom elektronischen Speichermedium erfolgen.

Teil 8   Beteiligung des Personalrats

Abschnitt 1 Allgemeines

§ 68   Zusammenarbeit zwischen Dienststelle und Personalvertretung

(1) [1]Der Leiter der Dienststelle oder sein Beauftragter und die Personalvertretung treten mindestens einmal im Vierteljahr zu gemeinschaftlichen Besprechungen zusammen. [2]In ihnen soll auch die Gestaltung des Dienstbetriebs behandelt werden, insbesondere alle Vorgänge, die die Beschäftigten wesentlich berühren. [3]Der Leiter der Dienststelle und die Personalvertretung können einvernehmlich zweimal im Jahr von den gemeinschaftlichen Besprechungen absehen, wenn wirtschaftliche Angelegenheiten im Wirtschaftsausschuss ausreichend behandelt worden sind. [4]Sofern in der Dienststelle kein Wirtschaftsausschuss besteht, soll die Dienststelle die Personalvertretung in den gemeinschaftlichen Besprechungen mindestens zweimal im Jahr über die von einem Wirtschaftsausschuss zu behandelnden Angelegenheiten unterrichten. [5]Sie haben über strittige Fragen mit dem ernsten Willen zur Einigung zu verhandeln und Vorschläge für die Beilegung von Meinungsverschiedenheiten zu machen. [6]Zu den gemeinschaftlichen Besprechungen sind beratend hinzuzuziehen:
1. die Schwerbehindertenvertretung,
2. ein Mitglied der Jugend- und Auszubildendenvertretung, das von dieser benannt wird, wenn Angelegenheiten behandelt werden, die besonders Beschäftigte im Sinne von § 59 betreffen,
3. die Beauftragte für Chancengleichheit, wenn Angelegenheiten behandelt werden, die besonders die Gleichstellung von Frauen und Männern betreffen.

(2) [1]Dienststelle und Personalvertretung haben alles zu unterlassen, was geeignet ist, die Arbeit und den Frieden der Dienststelle zu beeinträchtigen. [2]Insbesondere dürfen Dienststelle und Personalvertretung keine Maßnahmen des Arbeitskampfs gegeneinander durchführen. [3]Arbeitskämpfe tariffähiger Parteien werden hierdurch nicht berührt.

(3) Außenstehende Stellen dürfen erst angerufen werden, wenn eine Einigung in der Dienststelle nicht erzielt worden ist.

Vorbemerkung. In § 2 Abs. 1 ist der **Grundsatz der vertrauensvollen Zusammenarbeit** zwischen Dienststelle und PR festgelegt. § 68 konkretisiert **Einzelheiten** dieser vertrauensvollen Zusammenarbeit wie gemeinsame Besprechungen (Abs. 1) und eine Friedenspflicht (Abs. 2 und 3).   **1**

Geltungsbereich. § 68 gilt für den PR, den GesamtPR (§ 91 Abs. 8), die Stufenvertretungen (s. §§ 77 und 91) und den AusbildungsPR (§ 58).   **2**

Rechtsfolgen. Bei schweren **Verstößen** gegen § 68 Abs. 2 oder 3 kann eine Auflösung des PR oder der Ausschluss einzelner Mitglieder nach § 24 in Betracht kommen. Die Kündigung eines Arbeitnehmers oder die Verhängung disziplinarischer Maßnahmen gegen einen Beamten sind nur möglich, wenn in dem Verstoß gegen § 68 Abs. 2 oder 3 zugleich eine schwerwiegende Verletzung der Pflichten aus dem Arbeits- oder Beamtenverhältnis liegt.   **3**

I. Zusammenarbeit

4 **1. Vierteljahresgespräch.** Dienststelle und Personalvertretung sind **verpflichtet,** mindestens eine gemeinsame Besprechung im Vierteljahr (Vierteljahresgespräch) durchzuführen. Weitere Besprechungen sind möglich und geboten, wenn es die Sachlage erfordert. Durch die regelmäßigen Gespräche können anstehende Probleme frühzeitig besprochen werden. Eine Weigerung, an dem Vierteljahresgespräch teilzunehmen, wäre auf Seiten des Dienststellenleiters Grund für eine Dienstaufsichtsbeschwerde durch den PR, auf Seiten des PR eine Pflichtverletzung nach § 24. Der Dienststellenleiter kann sich aber durch einen von ihm Beauftragten vertreten lassen, und zwar auch dann, wenn er nicht verhindert ist (VGH Mannheim, 7.5.2013 – PL 15 S 2845/11 – PersV 2013, 341 = PersR 2013, 434).

5 **Wirtschaftsausschuss.** Gibt es in der Dienststelle einen Wirtschaftsausschuss nach § 72 können der Dienststellenleiter und der PR einvernehmlich auf zwei Besprechungen verzichten, wenn wirtschaftliche Angelegenheiten bereits im Wirtschaftsausschuss ausreichend behandelt worden sind (s. Satz 3 sowie Rn. 9).

6 **Verfahren.** Vorschriften für die Form der Einladung sowie die Durchführung der Besprechungen enthält das LPVG nicht. Der Gesprächskontakt ist **informell. Ort und Zeitpunkt** der Besprechungen werden vom Dienststellenleiter und vom PR-Vorsitzenden von Fall zu Fall formlos **vereinbart.** Die Initiative können beide Seiten ergreifen. Sie können aber auch im Voraus für einen bestimmten Zeitraum die Besprechungstermine vereinbaren. Die Besprechungen können auch im Rahmen einer oder im Anschluss an eine PR-Sitzung stattfinden. Die Einladung zu den Besprechungen kann formlos ergehen, einer Tagesordnung bedarf es nicht. Eine **Besprechungsniederschrift** ist zwar nicht vorgeschrieben, ist aber sinnvoll und jedenfalls dann empfehlenswert, wenn Zusagen gemacht oder Vereinbarungen (für Dienstvereinbarungen gilt § 85) getroffen werden.

7 **Nichtöffentlichkeit.** Anders als in § 32 Abs. 1 Hs. 1 für die PR-Sitzungen ist nicht ausdrücklich bestimmt, dass die Vierteljahresgespräche nicht öffentlich sind. Wenn aber die Gespräche dem internen offenen Meinungsaustausch und der Bereinigung von Meinungsverschiedenheiten im Vorfeld des förmlichen Beteiligungsverfahrens (§§ 73 ff.) dienen sollen, sollte der Kreis der Beteiligten nur in Ausnahmefällen über den Dienststellenleiter oder seinen Beauftragten, die PR-Mitglieder, die Schwerbehindertenvertretung und ggf. die Jugend- und Auszubildendenvertretung sowie die Beauftragte für Chancengleichheit hinausgehen. Das LPVG hat deshalb weder den Vertretern der Gewerkschaften und der Arbeitgebervereinigungen, noch den Mitgliedern des GesamtPR oder der Stufenvertretungen ein Teilnahmerecht eingeräumt. Dies schließt aber nicht aus, dass zu den Besprechungen **im gegenseitigen Einvernehmen** diese Personen oder **Dritte,** etwa als Referenten oder Sachverständige, oder Mitarbeiter des Dienststellenleiters **zugezogen werden können;** ihre Teilnahme ist allerdings ausgeschlossen, wenn nur einer der Teilnahmeberechtigten widerspricht (BVerwG, 5.8.1983 – 6 P 11/81 – PersV 1985, 71 = PersR 1984, 31).

2. Gesprächsgegenstand. Die Besprechungen sind **nicht auf die der förmlichen** **8**
Mitbestimmung, Mitwirkung oder Anhörung des PR unterliegenden Angele-
genheiten (s. §§ 74, 75, 81 und 87) **beschränkt.** Auch die Gestaltung des
Dienstbetriebs soll behandelt werden, insbesondere alle Vorgänge, die die Beschäftigten wesentlich berühren. Die Gespräche können das gesamte dem PR
nach dem LPVG zukommende Aufgabenspektrum umfassen, von den allgemeinen bis hin zu den beteiligungspflichtigen Angelegenheiten, insbesondere auch
die in § 70 Abs. 1 aufgeführten Aufgaben. Es muss sich aber um Angelegenheiten handeln, die die Dienststelle und die Beschäftigten betreffen, Angelegenheiten, die **außerhalb der Zuständigkeit der Dienststelle** liegen, können nicht Gesprächsgegenstand sein. Nach dem durch das ÄG 2013 neu eingefügten Satz 4
soll der PR bei den Besprechungen auch mindestens zweimal im Jahr durch die
Dienststelle über deren wirtschaftlichen Angelegenheiten unterrichtet werden
(s. Rn. 10).

3. Verhältnis zu § 72. Gibt es in der Dienststelle einen Wirtschaftsausschuss **9**
nach § 72, können sich der Dienststellenleiter und der PR darauf verständigen,
zweimal im Jahr von den gemeinschaftlichen Besprechungen abzusehen, unter
der Voraussetzung, dass wirtschaftliche Angelegenheiten bereits im Wirtschaftsausschuss ausreichend behandelt worden sind. Da dem Wirtschaftsausschuss fachkundige Mitglieder der Dienststelle angehören (§ 72 Abs. 4 Satz 3),
können die wirtschaftlichen Angelegenheiten der Dienststelle dort intensiver
behandelt werden. Für eine ausreichend Information des PR ist gesorgt, da
dem Wirtschaftsausschuss zwingend mindestens ein Mitglied des PR angehören
muss (§ 72 Abs. 4 Satz 1).

4. Informationspflicht über wirtschaftliche Angelegenheiten. Gibt es in der **10**
Dienststelle keinen Wirtschaftsausschuss nach § 72, soll die Dienststelle den
PR in den gemeinschaftlichen Besprechungen mindestens zweimal im Jahr über
die von einem Wirtschaftsausschuss zu behandelnden Angelegenheiten unterrichten. Dies hat zeitnah und umfassend zu erfolgen und der PR hat auch
Anspruch auf Vorlage von Unterlagen. Die wirtschaftlichen Angelegenheiten
sind beispielhaft in § 72 Abs. 3 aufgezählt. Auf die Kommentierung zu § 72
Abs. 3 wird verwiesen. In Dienststellen ohne wirtschaftliche Ausprägung kann
die zweimalige jährliche Unterrichtung des PR sinnvoller sein als die Bildung
eines Wirtschaftsausschusses.

5. Einigungswille. Satz 5 stellt eine Richtschnur dar, die nicht nur für die Vier- **11**
teljahresgespräche, sondern für die Behandlung aller strittigen Fragen, insbesondere auch im Verfahren nach §§ 76 ff., 82 ff. und nach § 86 von Bedeutung
ist. Bevor eine der förmlichen Mitbestimmung oder Mitwirkung des PR unterliegende Angelegenheit an die nächsthöhere Dienststelle, bei der eine Stufenvertretung besteht, oder an die Einigungsstelle herangetragen wird, haben Dienststelle und PR mit dem ernsten Willen zur Einigung zu verhandeln. Dies
erfordert insbesondere eine offene Darlegung der gegenseitigen Standpunkte
und ein verständnisvolles Eingehen auf sie. Weder vom Dienststellenleiter noch
vom PR kann jedoch verlangt werden, dass sie ihre auch nach Abwägung der
Argumente der Gegenseite für richtig gehaltene Auffassung aufgeben. Eine
Kompromisspflicht ergibt sich aus Satz 5 weder für den Dienststellenleiter noch

für den PR. Der gesetzlich geforderte Wille zur Einigung darf auch nicht dazu führen, einer erkennbar rechtswidrigen Forderung des Verhandlungspartners nachzugeben.

12 **6. Teilnehmer.** Satz 6 regelt **abschließend** den **Teilnehmerkreis** der Vierteljahresgespräche. Das Vierteljahresgespräch wird zwischen dem Dienststellenleiter (oder seinem Beauftragten) und **allen PR-Mitgliedern**, nicht nur dem PR-Vorsitzenden oder dem PR-Vorstand, geführt. Stets hinzugezogen werden muss die Schwerbehindertenvertretung, der eine beratende Stimme eingeräumt ist. Dagegen muss die Jugend- und Auszubildendenvertretung nur beigezogen werden, wenn Angelegenheiten behandelt werden, die **besonders** Beschäftigte i. S. v. § 59 betreffen, d. h. Personen, die das 18. Lebensjahr noch nicht vollendet haben oder sich in einer beruflichen Ausbildung befinden. Die Beauftragte für Chancengleichheit muss nur beigezogen werden, wenn Angelegenheiten behandelt werden, die besonders die Gleichstellung von Frauen und Männern betreffen. In beiden Fällen besteht dann ein Teilnahmerecht mit beratender Stimme.

II. Verhaltenspflichten

13 **1. Beeinträchtigungsverbot.** Verboten sind vorsätzliche und fahrlässige Handlungen, die geeignet sind, den Frieden in der Dienststelle zu stören. Der **Arbeitsfrieden** kann z. B. auch durch ausfallende Kritik an der Dienststelle oder **parteipolitische Agitation** in Flugschriften etc. oder durch die Aufforderung, das Gesetz nicht zu beachten, gestört werden (BVerwG, 27.11.1981 – 6 P 38/79 – PersV 1983, 408; BVerwG, 19.9.1984 – 1 D 38/84 – PersV 1985, 112).

14 **2. Friedenspflicht.** Maßnahmen des **Arbeitskampfs** sind hauptsächlich Streik und Aussperrung; dazu gehören aber auch Bummelstreik, Dienst nach Vorschrift o. Ä. Das Verbot betrifft nur die Dienststelle und die Personalvertretung als Organ. Der PR als solcher darf auch einen legalen Streik nicht unterstützen, z. B. dadurch, dass er zur Streikbeteiligung aufruft; der Dienstherr darf nicht den „PR" als solchen aussperren. Das einzelne Mitglied des PR und der Dienststellenleiter können jedoch als Arbeitnehmer (Beamten steht kein Streikrecht zu) an einem von der Gewerkschaft ausgerufenen Streik teilnehmen. Sie sind aber zur absoluten Zurückhaltung verpflichtet und dürfen die Autorität ihres Amtes nicht ausnutzen (BVerwG, 23.2.1994 – 1 D 48/92 – juris).

15 **3. Arbeitskämpfe.** Arbeitskämpfe tariffähiger Parteien werden durch das LPVG nicht berührt. Gehört eine öffentliche Verwaltung einer tariffähigen Vereinigung an, kann der Dienststellenleiter auf Weisung Maßnahmen des Arbeitskampfes durchführen; PR-Mitglieder können durch ihre Gewerkschaft aufgefordert werden, sich an Maßnahmen des Arbeitskampfes zu beteiligen.

III. Anrufung außenstehender Stellen

16 **Interner Einigungsversuch.** Bei sofortiger **Anrufung außenstehender Stellen** wäre die nach § 2 Abs. 1 vorgeschriebene vertrauensvolle Zusammenarbeit gefährdet. Anrufung bedeutet die Einschaltung mit dem Ziel einer Vermittlung, Einflussnahme oder Entscheidung.

Außenstehende Stellen. Außenstehend ist eine Stelle nur dann, wenn ihr nach **17** dem Gesetz die Kompetenz zugewiesen ist, im Nichteinigungsfalle Streitigkeiten zwischen Dienststelle und Personalvertretung beizulegen, **nicht** also Einrichtungen, denen lediglich **Beratungsfunktion** zukommt, über deren Zuhilfenahme die Personalvertretung selbst entscheidet (s. Abs. 1, Rn. 7).

Übergeordnete Dienststellen, Einigungsstellen. Außenstehende Stellen sind da- **18** nach übergeordnete Dienststellen, die bei ihr gebildeten Personalvertretungen und die **Einigungsstellen.**

Gerichte. Grundsätzlich gehören auch die Gerichte zu den außenstehenden **19** Stellen. Es ist deshalb nicht ausgeschlossen, dass das Verwaltungsgericht einen Antrag nach § 92 wegen fehlenden Rechtsschutzbedürfnisses zurückweist, wenn es zu der Auffassung gelangt, dass die den Antrag stellende Stelle zuvor nicht alles unternommen hat um eine Einigung zu erzielen.

Zulässige Kontakte. Keine außenstehenden Stellen sind u. a. die **Gewerkschaf-** **20** **ten** und **Arbeitgebervereinigungen** und der **Landesbeauftragte für den Daten-** **schutz.** Werden z. B. bei Gewerkschaften Sach- und Rechtsauskünfte eingeholt, liegt darin kein Verstoß gegen Abs. 3. Auch das **Parlament** und der **Petitions-** **ausschuss** gehören nicht zu den außenstehenden Stellen (Ilbertz-Widmaier § 66 Rn. 18). Ein Petitionsrecht nach Art. 17 GG steht aber weder der Dienststelle noch dem PR zu. Zur Einschaltung der **Presse** siehe § 7 Rn. 11.

Verpflichteter Personenkreis. Abs. 3 gilt nur für die Dienststelle, deren Leiter, **21** den PR und seine Mitglieder, nicht aber für sonstige Beschäftigte. Diese können insbesondere grundsätzlich gerichtlichen Rechtsschutz in Anspruch nehmen ohne einer vorherigen Einigungspflicht zu unterliegen.

§ 69   Allgemeine Grundsätze für die Behandlung der Beschäftigten

(1) [1]Dienststelle und Personalvertretung haben darüber zu wachen, dass alle Angehörigen der Dienststelle nach Recht und Billigkeit behandelt werden, insbesondere, dass jede Benachteiligung von Personen aus rassistischen Gründen oder wegen ihrer ethnischen Herkunft, ihrer Abstammung oder sonstigen Herkunft, ihrer Nationalität, ihrer Religion oder Weltanschauung, ihrer Behinderung, ihres Alters, ihrer politischen oder gewerkschaftlichen Betätigung oder Einstellung oder wegen ihres Geschlechts oder ihrer sexuellen Identität unterbleibt. [2]Dabei müssen sie sich so verhalten, dass das Vertrauen der Beschäftigten in die Objektivität und Neutralität ihrer Amtsführung nicht beeinträchtigt wird. [3]Der Leiter der Dienststelle und die Personalvertretung haben jede parteipolitische Betätigung in der Dienststelle zu unterlassen; die Behandlung von Tarif-, Besoldungs- und Sozialangelegenheiten wird hierdurch nicht berührt.

(2) Soweit sich Beschäftigte, die Aufgaben nach diesem Gesetz wahrnehmen, auch in der Dienststelle für ihre Gewerkschaft betätigen, gilt Absatz 1 Satz 2 und 3 entsprechend.

(3) Die Personalvertretung hat sich für die Wahrung der Vereinigungsfreiheit der Beschäftigten einzusetzen.

1 **Vorbemerkung.** Die Vorschrift **legt** dem Dienststellenleiter wie auch dem PR **Verpflichtungen auf,** die eine gedeihliche Entwicklung der persönlichen und dienstlichen Verhältnisse in der Dienststelle gewährleisten sollen. § 69 gilt für den PR, den GesamtPR (§ 91 Abs. 8), die Stufenvertretungen (s. §§ 77 und 91) und den AusbildungsPR (§ 58). Hinsichtlich der Jugend- und Auszubildendenvertretung (§ 59) gilt Folgendes: obwohl § 64 Satz 1 nur die entsprechende Anwendung des § 69 Abs. 1 Satz 3 bestimmt, ist davon auszugehen, dass der gesamte § 69 nach seinem Sinngehalt zur Anwendung kommt.

I. Überwachungsverpflichtung und Verhaltenspflichten

2 **1. Wächterstellung.** Abs. 1 Satz 1 überträgt der **Dienststelle** und dem **PR** die Pflicht darüber zu wachen, dass **alle Angehörigen der Dienststelle gerecht behandelt werden.** Zu den Angehörigen gehören neben den Beschäftigten nach § 4 alle Personen, die in der Dienststelle für sie tätig sind, ohne Rücksicht auf ihren Rechtsstatus. Es ist Pflicht sowohl des Dienststellenleiters als auch des PR, bei Verstößen gegen die in Satz 1 genannten Grundsätze die erforderlichen Schritte zu ergreifen. Für den PR hat die Vorschrift nicht nur im Rahmen der förmlichen Beteiligung an Maßnahmen der Dienststelle Bedeutung. Auch soweit der PR an Maßnahmen personeller oder sozialer Art nicht förmlich beteiligt wird, hat er die Pflicht, Einwendungen zu erheben, wenn Beschäftigte aus den in Satz 1 genannten Gründen bevorzugt oder benachteiligt werden. Hat er mit seinen Einwendungen keinen Erfolg, hat er sogar die Pflicht, die Sache weiter zu verfolgen, z. B. durch einen Bericht an die vorgesetzte Dienststelle.

3 **Gegenstand.** Durch das Dienstrechtsreformgesetz vom 9.11.2010 ist Abs. 1 Satz 1 an § 1 des Allgemeinen Gleichbehandlungsgesetzes vom 14.8.2006 angepasst worden. Das bisherige Verbot der unterschiedlichen Behandlung ist durch den nunmehr verwendeten Begriff der Benachteiligung noch verdeutlicht worden. Die beispielhafte Aufzählung von unzulässigen Unterscheidungsmerkmalen ist um die Merkmale rassistische Benachteiligung, ethnische Herkunft, Weltanschauung, Behinderung, Alter und sexuelle Identität ergänzt worden. Die **Aufzählung** ist aber nach wie vor nur **beispielhaft** („insbesondere"), auch wenn der Gesetzgeber sich bemüht hat, möglichst viele Merkmale für eine mögliche Benachteiligung aufzuzählen.

4 **Recht und Billigkeit.** Die Behandlung „nach Recht und Billigkeit" verlangt nicht nur ein streng rechtmäßiges Vorgehen, sondern auch ein grundsätzlich wohlwollendes Verhalten gegenüber den Beschäftigten. Insbesondere die Beachtung der Fürsorgepflicht gegenüber Beamten (s. § 45 BeamtStG) und gegenüber Arbeitnehmern ist hiervon erfasst.

5 **Differenzierungsverbot.** Die in der Vorschrift genannten Merkmale dürfen nicht als Anknüpfungspunkt für eine unterschiedliche Behandlung herangezogen werden. Das gilt auch dann, wenn ein bestimmtes Verhalten des Dienstherrn nicht auf eine verbotene Ungleichbehandlung angelegt ist, sondern in erster Linie andere Ziele verfolgt (BVerfG, 8.4.1987 – 1 BvL 8/84 – juris). Dabei kommt auch dem Verbot der **mittelbaren Benachteiligung** besondere Bedeutung zu. Eine unzulässige mittelbare Benachteiligung liegt i. d. R. vor, wenn zum Nachteil von Teilzeitbeschäftigten differenziert wird, da der ganz überwiegende Teil der Teilzeitbeschäftigten aus Frauen besteht.

Ausnahmen vom Differenzierungsverbot. Das Benachteiligungsverbot ist nicht **6** verletzt, wenn eine unterschiedliche Behandlung der Sache nach geboten ist. So ist eine Gleichbehandlung von Frau und Mann zwingend, wenn wirkliche Gleichartigkeit besteht. Nach dem Geschlecht differenzierende Regelungen sind nur ausnahmsweise zulässig, wenn sie zur Lösung von Problemen, die ihrer Natur nach nur entweder bei Männern oder bei Frauen auftreten können, zwingend erforderlich sind (BVerfG, 28.1.1992 – 1 BvR 1025/82 – PersR 92, 166: das Nachtarbeitsverbot für Frauen ist nicht gerechtfertigt). Das Gleiche gilt, wenn besondere Rücksichtnahmen, z. B. gegenüber Angehörigen von Glaubensgemeinschaften, geboten sind.

2. Objektivität und Neutralität. Die Vorschrift stellt nochmals ausdrücklich die **7** Objektivitäts- und Neutralitätspflicht von Dienststelle und PR bei der Wahrnehmung der in Abs. 1 Satz 1 genannten Aufgaben heraus. Diese gilt auch für die Tätigkeit innerhalb des PR.

3. Parteipolitische Betätigung. Das Verbot der parteipolitischen Betätigung gilt **8** für den Dienststellenleiter und den PR wie auch für die einzelnen PR-Mitglieder. Es dient der Wahrung des Friedens in der Dienststelle und der Erhaltung des Vertrauens der Beschäftigten in die Neutralität und Objektivität des Dienststellenleiters und des PR und verstößt nicht gegen das GG (BVerfG, 28.4.1976 – 1 BvR 71/ 73 – juris).

Verbotsinhalt. Unter das Verbot fällt jede parteipolitische Betätigung, sei es für **9** eine bestimmte Partei oder für eine politische Richtung oder Gruppierung, die sich nicht (oder noch nicht) als Partei organisiert hat. Verboten ist insbesondere die **Werbung für eine Partei** und deren Programm in jeder Form, z. B. durch Flugblätter, Plakate, Informationsmaterial, Broschüren, die Herbeiführung von **Resolutionen** und **Unterschriftensammlungen** für bestimmte politische Ziele, Unterzeichnung von **Wahlaufrufen** für bestimmte Parteien oder Wahlbewerber, das Sammeln von Spenden für eine Partei.

Grundrechte. Die Dienststelle ist kein grundrechtsfreier Raum. Nicht verboten **10** ist deshalb die schlichte politische oder sonstige Meinungsäußerung des Dienststellenleiters und der PR-Mitglieder, wenn damit nicht eine politische Agitation oder Propaganda verbunden ist.

Außerdienstliches Verhalten. Das Verbot der parteipolitischen Betätigung ist **11** (trotz der Formulierung „in der Dienststelle") **räumlich nicht auf die Dienststelle beschränkt,** sondern umfasst auch jede parteipolitische Tätigkeit im Zusammenhang mit der oder unter Hinweis auf die Stellung als Dienststellenleiter oder PR-Mitglied. Außerhalb dieses Zusammenhangs ist die parteipolitische

Betätigung des Dienststellenleiters und der PR-Mitglieder, nicht aber des PR als solchen, zulässig.

II. Gewerkschaftliche Betätigung

12 **Gewerkschaftliche Betätigung in der Dienststelle.** Nach Abs. 2 gelten das Gebot der Objektivität und der Neutralität (Abs. 1 Satz 2) und das Verbot der parteipolitischen Betätigung (Abs. 1 Satz 3) auch für die gewerkschaftliche Betätigung in der Dienststelle. Gewerkschaftlich organisierte PR-Mitglieder dürfen zwar Mitglieder für ihre Gewerkschaft werben, die **Werbung** muss sich jedoch auf die Dauer eines normalen Gesprächs während der Arbeitszeit beschränken (BVerfG, 14.11.1995 – 1 BvR 601/92 – PersR 1996, 131). Eine Werbung ist jedenfalls unzulässig, wenn sie nachhaltig und unter Druck auf den Umworbenen betrieben wird, auch die Verwendung des Briefkopfs des PR in einem Werbebrief für eine Gewerkschaft ist unzulässig (BVerwG, 22.8.1991 – 6 P 10/90 – PersV 1992, 158 = PersR 1991, 417).

III. Vereinigungsfreiheit

13 **Einsatz für Vereinigungsfreiheit.** Der PR und seine Mitglieder dürfen nicht nur selbst keinerlei Druck auf die Beschäftigten zu Gunsten oder Ungunsten bestimmter Gewerkschaften oder Berufsverbände ausüben, sondern müssen allen derartigen Bestrebungen entgegentreten, mögen sie von Beschäftigten der Dienststelle oder von außenstehenden Personen oder Organisationen ausgehen (vgl. Art. 9 Abs. 3 Satz 2 GG). Zur Vereinigungsfreiheit gehört auch die Freiheit, sich keiner Vereinigung anzuschließen (negative Koalitionsfreiheit).

14 **Rechtsfolgen.** Grobe Verstöße des PR oder einzelner Mitglieder gegen § 69 können zu Maßnahmen nach § 24 führen (BVerwG, 22.8.1991 – 6 P 10/90 – PersV 1992, 158 = PersR 1991, 417).

§ 70   Allgemeine Aufgaben der Personalvertretung

(1) Die Personalvertretung hat folgende allgemeine Aufgaben:
1. **Maßnahmen zu beantragen, die der Dienststelle und ihren Angehörigen oder im Rahmen der Aufgabenerledigung der Dienststelle der Förderung des Gemeinwohls dienen,**
2. **darüber zu wachen, daß die zugunsten der Beschäftigten geltenden Gesetze, Verordnungen, Tarifverträge, Dienstvereinbarungen, Verwaltungsanordnungen, Unfallverhütungsvorschriften und sonstigen Arbeitsschutzvorschriften durchgeführt werden und Anforderungen an die Barrierefreiheit nachgekommen wird,**
3. **auf die Verhütung von Unfall- und Gesundheitsgefahren zu achten, die für den Arbeitsschutz zuständigen Behörden, die Träger der gesetzlichen Unfallversicherung und die übrigen in Betracht kommenden Stellen durch Anregungen, Beratung und Auskunft bei der Bekämpfung von Unfall- und Gesundheitsgefahren zu unterstützen und sich für den Arbeitsschutz einzusetzen,**

4. **Anregungen und Beschwerden von Beschäftigten und der Jugend- und Auszubildendenvertretung entgegenzunehmen und, falls sie berechtigt erscheinen, durch Verhandlung mit dem Leiter der Dienststelle auf ihre Erledigung hinzuwirken; der Personalrat hat die betroffenen Beteiligten über das Ergebnis der Verhandlungen zu unterrichten,**

5. **im Zusammenwirken mit der Schwerbehindertenvertretung die Eingliederung und berufliche Entwicklung schwerbehinderter Beschäftigter und sonstiger Hilfsbedürftiger, insbesondere älterer Personen, in die Dienststelle zu fördern und für eine ihren Fähigkeiten und Kenntnissen entsprechende Beschäftigung zu sorgen,**

6. **an der Weiterentwicklung der interkulturellen Kompetenz der Verwaltung mitzuwirken und die Eingliederung von Beschäftigten mit Migrationshintergrund in die Dienststelle sowie das Verständnis zwischen Beschäftigten unterschiedlicher Herkunft zu fördern,**

7. **mit der Jugend- und Auszubildendenvertretung zur Förderung der Belange der Beschäftigten im Sinne von § 59 eng zusammenzuarbeiten,**

8. **Einrichtungen und Angebote der Dienststelle zur Kinderbetreuung anzuregen und vorzuschlagen,**

9. **Wahrung der Interessen der Beschäftigten in Telearbeit sowie auf einem sonstigen Arbeitsplatz außerhalb der Dienststelle,**

10. **Maßnahmen zu beantragen, die der Gleichstellung von Frauen und Männern dienen,**

11. **Maßnahmen zu beantragen, die dem Umweltschutz, dem Klimaschutz oder der sorgsamen Energienutzung in der Dienststelle dienen.**

(2) ¹Reicht die Personalvertretung schriftlich Anträge oder Vorschläge nach Absatz 1 ein, soll der Leiter der Dienststelle innerhalb von drei Wochen schriftlich Stellung nehmen oder, wenn die Einhaltung der Frist nicht möglich ist, einen schriftlichen Zwischenbescheid erteilen. ²Die Ablehnung schriftlicher Anträge und Vorschläge hat der Leiter der Dienststelle schriftlich zu begründen.

I. Allgemeine Aufgaben

Allgemeines. Die Vorschrift nennt zur weiteren Konkretisierung des Grundsatzes der vertrauensvollen Zusammenarbeit von Dienststelle und PR (§ 2 Abs. 1) allgemeine Aufgaben des PR, die **selbstständig neben und unabhängig von den speziellen Zuständigkeiten** und Rechten des PR im Rahmen der der förmlichen Mitbestimmung, Mitwirkung und Anhörung unterliegenden Angelegenheiten (s. §§ 74, 75, 81 und 87) bestehen. Die Vorschrift gilt auch für die Stufenvertretungen (§§ 77 und 91), den GesamtPR (§ 91 Abs. 8) und den AusbildungsPR (§ 58). Die Aufgaben der Jugend- und Auszubildendenvertretung (§ 59) sind in § 63 gesondert geregelt. **1**

Nr. 1. Gemeinwohlförderung. Nr. 1 wurde durch das ÄG 2013 (damals: § 68) ausgeweitet auf alle Maßnahmen, die der Dienststelle und ihren Angehörigen oder im Rahmen der Aufgabenerledigung der Dienststelle der Förderung des Gemeinwohls dienen. Dies gilt jedoch nur, soweit die Beschäftigten ihrerseits im Rahmen der Erfüllung ihrer Aufgaben auf die Förderung des Gemeinwohls zu achten haben. Es bleibt auch dabei, dass der PR keinen Auftrag zur **Gemeinwohlförderung,** sondern nur die Belange der Beschäftigten zu vertreten hat. **2**

3 **Allgemeines Initiativrecht.** Aufgrund des allgemeinen (formlosen) Initiativrechts (zum speziellen Initiativrecht s. § 84) kann der PR selbst Maßnahmen vorschlagen und für die Angehörigen der Dienststelle eintreten. In Betracht kommen etwa Arbeitsschutzmaßnahmen (s. a. Nr. 3), innerer Geschäftsbetrieb (jedoch nur, soweit die innerdienstlichen, sozialen oder persönlichen Belange der Beschäftigten unmittelbar berührt sind), Ausstattung der Dienststelle mit Arbeitsgeräten, Einrichtung von Werkküchen, Einrichtung von Parkplätzen für Fahrzeuge der Beschäftigten, aber auch Maßnahmen zur Förderung einzelner Beschäftigter (Fortbildung, Qualifizierung, Beförderung).

4 **Innerdienstliche Belange.** Zur Zuständigkeit des PR gehören nur innerdienstliche Belange, die in der Dienststelle geregelt werden können. Hierzu gehören nicht allgemeine Fragen, die durch Gesetz (z. B. Beamtenbesoldung im Landesbesoldungsgesetz) oder Verordnung (z. B. allgemeine Urlaubsbestimmungen in der Arbeitszeit- und Urlaubsverordnung) geregelt sind. Soweit Rechtsvorschriften bestimmte Maßnahmen abschließend regeln, insbesondere etwa finanzielle Leistungen an Beschäftigte, kann der PR keine weitergehenden Forderungen erheben.

5 **Entscheidungsbefugnis der Dienststelle.** Da sich die Zuständigkeit des PR grundsätzlich auf diejenigen Angelegenheiten der Dienststelle beschränkt, in denen der Dienststellenleiter die Entscheidungsbefugnis hat (vgl. BVerwG, 13.12.1974 – VII P 4/73 – PersV 1975, 178), kann der PR Anregungen, Anträge und Vorschläge **nur an die Dienststelle** richten. Ist die übergeordnete Dienststelle zuständig, hat der Dienststellenleiter den Antrag an diese weiterzuleiten. Der PR seinerseits kann bei der zuständigen Stufenvertretung anregen, diese möge bei der zuständigen Dienststelle entsprechende Anträge stellen. Der Dienststellenleiter entscheidet nach pflichtgemäßem Ermessen, ob und inwieweit er den Anregungen, Anträgen und Vorschlägen des PR entsprechen will.

6 **Antragsrecht.** Das Antragsrecht gibt dem PR die Möglichkeit, auch in Angelegenheiten initiativ zu werden, die **keiner förmlichen Beteiligung** unterliegen. Bei diesen allgemeinen Aufgaben hat der PR eine Initiative zu entwickeln. Er hat nach pflichtgemäßem Ermessen zu entscheiden, ob und welche Maßnahmen er ergreift. Über die Antragstellung ist vom PR zu beschließen (a. A. Lorenzen u. a. § 68 Rn. 13). Ein besonderes **Verfahren** ist nicht vorgeschrieben. Für den Antrag ist auch keine bestimmte **Form** vorgeschrieben. Er kann **jederzeit mündlich oder schriftlich** gegenüber der Dienststelle vorgebracht werden. Die Anregungen, Anträge und Vorschläge des PR können auch Gegenstand der Besprechungen nach § 68 Abs. 1 sein.

7 **Nichteinigung.** Erzielen der Dienststellenleiter und der PR kein Einvernehmen, so ist das Recht nach Nr. 1 ausgeschöpft; der PR hat keine gesetzliche Handhabe, um sein Anliegen auf der übergeordneten Verwaltungsebene durchsetzen zu können (vgl. BVerwG, 20.1.1993 – 6 P 21/90 – PersV 1994, 219). Gem. Abs. 2 ist die Dienststelle jedoch verpflichtet, auf schriftliche Anträge des PR zeitnah zu reagieren und diesem eine anderweitige Auffassung schriftlich darzulegen.

Nr. 2. Überwachung. Die Vorschrift legt ein Überwachungsrecht und eine **8** Überwachungspflicht des PR fest. Sie ergänzt insoweit § 69 Abs. 1 Satz 1. Zur Ausübung dieses Überwachungsrechts hat die Dienststelle für einen möglichst umfassenden Kenntnisstand des PR zu sorgen. Für die Wahrnehmung des Überwachungsauftrags gibt es keine Formvorschriften.

Umfang. Das Überwachungsrecht umfasst **alle** die Dienststelle bindenden Vor- **9** schriften. Hierzu gehören sämtliche einschlägigen, allgemein verbindlichen Gesetze und Verordnungen, z. B. über Arbeitsschutz, Arbeitszeit, Jugendschutz und Schwerbehinderte, aber auch verwaltungsinterne Anordnungen, Dienstvereinbarungen und Tarifverträge. Hinzuweisen ist insb. auf die sich aus dem Teilzeit- und Befristungsgesetz vom 21.12.2000, BGBl. I S. 1966, zul. geänd. durch Art. 23 des Gesetzes vom 20.12.2011, BGBl. I S. 2854, ergebenden Überwachungsaufgaben und Informationsrechte; siehe dazu auch Kröll, PersR 2001, 179. Auch das Allgemeine Gleichbehandlungsgesetz vom 14.8.2006 gibt dem PR eine Reihe zusätzlicher Überwachungsrechte und -pflichten. Nach dem ÄG 2013 ist der PR nunmehr auch verpflichtet, darüber zu wachen, dass den Anforderungen an die Barrierefreiheit nachgekommen wird. Alle baulichen Anlagen, Systeme (auch Computersysteme) und Gebrauchsgegenstände sind so zu gestalten, dass sie von allen Beschäftigten genutzt werden können, auch von schwerbehinderten Beschäftigten.

Keine allgemeine Aufsichtsbefugnis. Durch das Überwachungsrecht wird der **10** PR nicht zu einem Kontrollorgan über die Verwaltung, das der Rechts- und Fachaufsicht nebengeordnet ist. Dem PR kommt nicht die Aufgabe zu, die Aufgabenerfüllung und den inneren Betrieb der Dienststelle allgemein und unabhängig von ihm zugewiesenen Aufgaben zu überwachen. Die Wahrnehmung des Überwachungsauftrags setzt deshalb in aller Regel voraus, dass **Anhaltspunkte für Verstöße** oder Unbilligkeiten erkennbar sind. Dies gilt allerdings nicht in Bereichen, in denen der **vorbeugenden Überwachung** (z. B. Arbeitsplatzsicherheit) eine besondere Bedeutung zukommt, da die Überwachungsaufgabe einen breiten, über die Konfliktfälle hinausgehenden Kenntnisstand erforderlich macht. Auch die **Einsichtnahme von Bruttolohn- und -gehaltslisten** darf nicht davon abhängig gemacht werden, dass die Besorgnis einer Rechtsverletzung besteht, ebenso die Unterrichtung über die Gewährung von **Leistungszulagen** und deren Empfänger (BVerwG, 22.12.1993 – 6 P 15/92 – PersV 1994, 523 = PersR 1994, 78).

Rechtsverfolgung. Aus der allgemeinen Überwachungsaufgabe in Nr. 2 er- **11** wächst dem PR nicht das Recht, Meinungsverschiedenheiten über die Auslegung und Handhabung der „zugunsten der Beschäftigten" geltenden Normen gerichtlich überprüfen zu lassen. Seine Befugnisse enden dort, wo individuelle Rechte berührt sind, die der Beschäftigte selbst in Anspruch nehmen oder verteidigen kann.

Nr. 3. Arbeitsschutz. Nr. 3 verpflichtet den PR nicht nur, sich in der Dienst- **12** stelle für den Arbeitsschutz und die Unfallverhütung einzusetzen, sondern darüber hinaus auch, sich mit den Einrichtungen, die außerhalb der Dienststelle für diese Maßnahmen zuständig sind, Kontakt aufzunehmen. Der PR hat nicht nur das Recht, sondern auch die Pflicht, von sich aus tätig zu werden; es ist ein Mitwirkungsrecht besonderer Art. Der PR hat seine Anregungen und Vorschläge zur Abstellung bestehender Mängel an den Dienststellenleiter heranzutragen (mündlich, zweckmäßigerweise aber schriftlich). Erst wenn mit dem Dienststellenleiter eine Einigung nicht erzielt wird, darf sich der PR an die für den Arbeitsschutz zuständigen Stellen (z. B. Regierungspräsidium, Landratsamt, Berufsgenossenschaften, Baubehörden) sowie an die nächsthöhere Dienststelle oder an die Aufsichtsbehörde wenden (s. § 68 Abs. 3). Die Dienststelle und die für den Arbeitsschutz zuständigen Stellen haben ihrerseits eine Informationspflicht gegenüber dem PR, s. § 71 Abs. 7.

13 **Arbeitsschutz/Gesundheitsgefahren.** Durch Maßnahmen des Arbeitsschutzes sollen Unfälle bei der Arbeit und arbeitsbedingte Gesundheitsgefahren verhütet und die Arbeit menschengerecht gestaltet werden (s. § 2 Abs. 1 ArbSchG). Zur Verhütung von arbeitsbedingten Gesundheitsgefahren gehört insbesondere auch der vorbeugende Schutz vor schweren ansteckenden Krankheiten.

14 **Arbeitsschutzvorschriften.** Hierzu zählen insbesondere:
a) § 77 LBG, der auf § 18 Arbeitsschutzgesetz vom 7.8.1996 (BGBl. I S. 1246), zul. geänd. am 19.10.2013 (BGBl. I S. 3836) und die dazu ergangenen Verordnungen verweist; gegenüber Arbeitnehmern bestehen die gleichen Fürsorgepflichten gem. § 618 BGB;
b) Arbeitszeit- und Urlaubsverordnung vom 29.11.2005 (GBl. S. 716), zul. geänd. am 26.11.2013 (GBl. S. 363); für Arbeitnehmer das Arbeitszeitgesetz vom 6.6.1994 (BGBl. I S. 1170), zul. geänd. durch Gesetz vom 20.4.2013 (BGBl. I S. 868);
c) Jugendarbeitsschutzgesetz vom 12.4.1976 (BGBl. I S. 965), zul. geänd. durch Gesetz vom 20.1.2015 (BGBl. I S. 10) und die aufgrund dieses Gesetzes erlassenen Verordnungen über den Arbeitsschutz für jugendliche Beamte, s. § 49 Abs. 2 Arbeitszeit- und Urlaubsverordnung vom 29.11.2005 (GBl. S. 716), zul. geänd. am 26.11.2013 (GBl. S. 363);
d) Mutterschutzgesetz i. d. F. der Bek. vom 20.6.2002 (BGBl. I S. 2318), zul. geänd. am 23.10.2012 (BGBl. I S. 2246), das für weibliche Arbeitnehmer gilt, sowie die für Beamtinnen und Richterinnen geltenden Vorschriften der §§ 32 ff. Arbeitszeit- und Urlaubsverordnung vom 29.11.2005 (GBl. S. 716), zul. geänd. am 26.11.2013 (GBl. S. 363);
e) Sozialgesetzbuch IX vom 19.6.2001 (BGBl. I. S. 1046), zul. geänd. am 7.1.2015 (BGBl. 2015 II S. 15);
f) Gesetz über Betriebsärzte, Sicherheitsingenieure und andere Fachkräfte für Arbeitssicherheit vom 12.12.1973 (BGBl. I S. 1885), zul. geänd. am 20.4.2013 (BGBl. I S. 868).
Dazu gehören weiter alle gesetzlichen und tarifvertraglichen Bestimmungen über den technischen Arbeitsschutz, z. B. Unfallverhütungsvorschriften, Vorschriften über den Umgang mit gesundheitsschädlichen oder gefährlichen Stoffen, Strahlenschutzverordnung, Biostoffverordnung.

15 **Nr. 4. Anregungen, Beschwerden Beschäftigter.** Der PR hat auch Anregungen und Beschwerden von Beschäftigten sowie der Jugend- und Auszubildendenvertretung aufzugreifen. Das bedeutet jedoch nicht, dass die Beschäftigten und die Jugend- und Auszubildendenvertretung ihre Anregungen und Beschwerden nur über den PR vorbringen dürfen.

Verfahren. Jedes PR-Mitglied ist verpflichtet, Anregungen und Beschwerden **16** aufzunehmen und dem PR bekannt zu machen. Über deren Berechtigung ist vom gesamten PR durch Beschluss (§§ 34, 35) zu entscheiden.

Entscheidung. Eine Entscheidung über die Beschwerde von Beschäftigten oder **17** der Jugend- und Auszubildendenvertretung steht dem PR nicht zu. Diese obliegt vielmehr dem Dienststellenleiter. Der PR hat auch **kein** allgemeines **Schlichtungsrecht.** Der PR ist verpflichtet, die betroffenen Beschäftigten bzw. bei Anregungen und Beschwerden der Jugend- und Auszubildendenvertretung diese über das Verhandlungsergebnis mit der Dienststellenleitung zu unterrichten; im letzteren Fall hat die Jugend- und Auszubildendenvertretung die betroffenen Beschäftigten i. S. v. § 59 zu informieren. Da die Zuständigkeit des PR über eine Verhandlung mit der Dienststelle nicht hinausgeht, können die Beschwerden auch nicht an die Stufenvertretung weitergeleitet werden.

Rechtmäßigkeitskontrolle. Hat ein Beschäftigter Bedenken gegen die Rechtmä- **18** ßigkeit einer ihm erteilten dienstlichen Weisung, so kann er diese nicht dem PR vortragen, da dieser insoweit nicht zuständig ist. Der Beamte hat den in § 36 Abs. 2 BeamtStG vorgeschriebenen Weg einzuhalten, u. U. kommt auch eine Beschwerde nach § 49 Abs. 1 LBG in Betracht; für Arbeitnehmer vgl. den TVöD und den TV-L.

Rechtsberatung. Zur rechtlichen Beratung der Beschäftigten ist der PR nur **19** befugt, soweit dies zur sachgerechten Ausübung seiner gesetzlich übertragenen Handlungsbefugnisse namentlich in konkreten mitbestimmungspflichtigen Angelegenheiten erforderlich ist (BVerwG, 18.8.2003 – 6 P 6/03 – PersR 2003, 498 = PersV 2004, 55).

Nr. 5. Schwerbehinderte Beschäftigte. Hinsichtlich der **Eingliederung** Hilfsbe- **20** dürftiger geht die Vorschrift über die entsprechende Bestimmung des BPersVG (§ 68 Abs. 1 Nr. 4) hinaus. Hilfsbedürftige, deren Eingliederung der PR fördern und für deren angemessene Beschäftigung er sorgen soll, sind außer den ausdrücklich erwähnten schwerbehinderten Beschäftigten (§§ 1, 2 SGB IX) und älteren Personen, z. B. Wiedergutmachungsberechtigte, Vertriebene, Flüchtlinge, Umsiedler und anerkannte Asylberechtigte, aber auch Jugendliche, Suchtkranke, längerfristig arbeitslos Gewesene, Schwangere und Alleinerziehende mit minderjährigen Kindern. Die in Nr. 5 dem PR auferlegten Verpflichtungen erstrecken sich vor allem auf die **dienstliche Verwendung** der schutzbedürftigen Personen. Teilweise sind den Dienstherren und Arbeitgebern in den entsprechenden Spezialgesetzen, z. B. im SGB IX, ganz bestimmte konkrete Pflichten auferlegt.

Berufliche Förderung. Maßnahmen zur beruflichen Förderung schwerbehin- **21** derter Beschäftigter können sowohl **generelle Maßnahmen** wie auch **individuelle Maßnahmen** für den einzelnen schwerbehinderten Beschäftigten sein. Zu deren Beschäftigung s. a. die Gemeinsame Verwaltungsvorschrift aller Ministerien und des Rechnungshofs über die Beschäftigung schwerbehinderter Menschen in der Landesverwaltung vom 27.1.2005 (GABl. S. 324).

22 **Maßnahmen.** Auf folgende sich aus dem SGB IX ergebende Rechte und Pflichten des PR ist besonders hinzuweisen:
- § 80 Abs. 2: Anspruch auf Vorlage einer Kopie der Anzeige der Dienststelle an die Agentur für Arbeit über den Umfang der Beschäftigungspflicht und des Verzeichnisses der schwerbehinderten Beschäftigten;
- § 83: Beteiligungsrechte beim Abschluss der Integrationsvereinbarung;
- § 84: Beteiligungsrechte beim betrieblichen Eingliederungsmanagement;
- § 93: Förderung der Eingliederung schwerbehinderter Beschäftigter und Überwachung der der Dienststelle obliegenden Verpflichtungen nach §§ 71, 72 SGB IX (Beschäftigungspflicht) und §§ 81 bis 84 SGB IX sowie Hinwirken auf die Wahl der Schwerbehindertenvertretung;
- § 99: Enge Zusammenarbeit der Dienststelle und der Interessenvertretungen.

23 **Nr. 6. Beschäftigte mit Migrationshintergrund.** Die Förderung der Eingliederung von Beschäftigten mit Migrationshintergrund in die Dienststelle und des Verständnisses zwischen Beschäftigten unterschiedlicher Herkunft beinhaltet sowohl die Überwindung sprachlicher **Verständigungsschwierigkeiten** als auch die Unterrichtung über **nationalitäts- und herkunftsbedingte Unterschiede** in den Lebensgewohnheiten. Aufgenommen wurde durch das ÄG 2013 deshalb auch die Mitwirkung des PR an der interkulturellen Kompetenz der Verwaltung.

24 **Nr. 7. Zusammenarbeit mit der JAV.** Der PR ist zur engen Zusammenarbeit mit der Jugend- und Auszubildendenvertretung verpflichtet. Auch in Angelegenheiten der Beschäftigten im Sinne von § 59 kann er – sei es aus eigenem Entschluss, sei es auf Veranlassung der Jugend- und Auszubildendenvertretung – initiativ werden. Die Vorschriften über die Beteiligung der Jugend- und Auszubildendenvertretung werden dadurch nicht berührt.

25 **Nr. 8. Kinderbetreuung.** Der PR soll gegenüber der Dienststelle initiativ werden, damit im notwendigen Umfang Kinderbetreuungseinrichtungen für die erziehenden Mütter und Väter unter den Beschäftigten verfügbar sind. Die Verpflichtung besteht erst, wenn entsprechende Beschäftigungsverhältnisse vorliegen oder in Kürze zu erwarten sind. Kinderbetreuungseinrichtungen sind z. B. Kindertagesstättenplätze, Kindergartenplätze oder entsprechende Belegungsrechte, Wickel- oder Stillraum, Kinderhochstuhl für die Kantine. Der PR kann nur dienststellenintern tätig werden, also nicht selbst Verhandlungen mit Dritten über die Vorhaltung entsprechender Kinderbetreuungseinrichtungen führen, es sei denn, er ist ausdrücklich vom Dienststellenleiter damit beauftragt worden.

26 **Nr. 9. Arbeitsplatz außerhalb der Dienststelle.** Der PR hat die Interessen aller Beschäftigte zu wahren, die ihre Arbeit nicht in der Dienststelle verrichten, sondern in Telearbeit oder auf einem sonstigen Arbeitsplatz außerhalb der Dienststelle. **Telearbeitsplätze** sind alle Arbeitsplätze, die datentechnisch mit der Dienststelle verbunden sind. Umfasst werden alle Beschäftigten, Beamte ebenso wie Arbeitnehmer, nicht aber die für die Dienststelle tätigen Selbstständigen oder lediglich arbeitnehmerähnlichen Personen. Im Rahmen der Interessenwahrnehmung soll der PR bei der Dienststelle u. a. darauf hinwirken, dass die Beschäftigten in den hausinternen Informationsdienst eingebunden und an ihrem externen Arbeitsplatz die arbeitsschutzrechtlichen Vorschriften gewahrt sind.

Nr. 10. Gleichstellung von Frauen und Männern. Die Vorschrift regelt als Spezial- **27** vorschrift zu Nr. 1 und § 69 Abs. 1 die Berechtigung und Verpflichtung des PR, die zur Gleichstellung von Frauen und Männern **notwendigen Maßnahmen** bei der Dienststelle zu beantragen. In der Vorschrift kommt die personalvertretungsrechtliche Bedeutung der Gleichstellungsfragen, gleichzeitig aber auch die Stellung des PR gegenüber der **Beauftragten für Chancengleichheit** – früher: Frauenvertreterin – (§§ 16 ff. ChancenG) zum Ausdruck. Beide sind Teil der Dienststelle, nehmen die jeweils ihnen übertragenen Aufgaben wahr und stehen mit ihren gesetzlich definierten Aufgabenfeldern eigenständig nebeneinander. Auch der PR hat im Rahmen der Aufgaben nach Nr. 1 und 10 darauf zu achten, dass die Bestimmungen des ChancenG eingehalten werden (vgl. BVerwG, 20.3.1996 – 6 P 7/ 94 – PersV 1996, 473 = PersR 1996, 319). Wegen der Aufgaben und Befugnisse der Beauftragten für Chancengleichheit siehe neben den Vorschriften des ChancenG auch § 30 Abs. 3 Satz 2 Nr. 3 (Initiativrecht der Beauftragten für Chancengleichheit) und § 32 Abs. 6 (Teilnahme der Beauftragten für Chancengleichheit an PR-Sitzungen hinsichtlich einzelner Gegenstände der Tagesordnung). Trotz der Eigenständigkeit beider Institutionen ist unter Berücksichtigung der gemeinsamen Ziele eine kooperative Zusammenarbeit anzustreben. Das in § 32 Abs. 6 der Beauftragten für Chancengleichheit eröffnete Teilnahmerecht an PR-Sitzungen sollte in diesem Sinne praktiziert werden. Gem. § 9 Abs. 2 Nr. 5 können die Beauftragte für Chancengleichheit und ihre Stellvertreterin selbst dem PR nicht mehr angehören (siehe Erl. zu § 9).

Beauftragte für Chancengleichheit. Der PR hat das Recht, in Beteiligungsver- **28** fahren nicht ohne vorherige Kenntnis der Stellungnahme der Beauftragten für Chancengleichheit zu entscheiden (BVerwG, 20.3.1996 – 6 P 7/94 – PersV 1996, 473 = PersR 1996, 319). Damit sind im Mitbestimmungs- und Mitwirkungsverfahren Vorlagen grundsätzlich zuerst der Beauftragten für Chancengleichheit und erst danach dem PR vorzulegen. § 4 Abs. 6 Satz 2 ChancenG stellt dazu nunmehr klarstellend fest, dass die Beteiligung der Beauftragten für Chancengleichheit vor Beteiligung der Personalvertretung erfolgen soll. Nach der Gesetzesbegründung in LT-Drucksache 13/4483 ist in begründeten Ausnahmefällen, etwa bei besonderer Dringlichkeit der Maßnahme, eine zeitgleiche Beteiligung der Beauftragten für Chancengleichheit und der Personalvertretung zulässig.

Maßnahmen. Maßnahmen nach Nr. 10 sind beispielsweise besonders auf die **29** Bedürfnisse von Frauen ausgerichtete Fortbildungsveranstaltungen, Zulassung zu Fortbildungsveranstaltungen und Aufstiegslehrgängen sowie Auswahl von Referenten unter Berücksichtigung einer „Frauenquote", Maßnahmen im Sinne des ChancenG (wie Bestellung der Beauftragten für Chancengleichheit,

Bestellung der Ansprechpartnerin oder der fachlichen Beraterin, Einhaltung des Chancengleichheitsplans, Gestaltung der Arbeitszeit, Besetzung von Gremien) und Unterbindung sexueller Belästigungen in der Dienststelle. Es kann sich um allgemeine oder nur einzelne Beschäftigte betreffende Maßnahmen handeln.

30 Nr. 11. Umweltschutz. Bei den Maßnahmen des Umwelt- und Klimaschutzes sowie der sorgsamen Energienutzung, die der PR beantragen kann, muss es sich um Maßnahmen handeln, die in der Dienststelle durchgeführt werden sollen und die Bezug zu den Belangen der Beschäftigten haben.

II. Behandlung von Anträgen durch die Dienststelle

31 1. Pflicht zur Stellungnahme. Zu schriftlichen Anträgen und Vorschlägen des PR nach Abs. 1 soll der Dienststellenleiter innerhalb von drei Wochen schriftlich Stellung nehmen. Ist innerhalb dieser Frist eine schriftliche Stellungnahme nicht möglich, soll ein schriftlicher **Zwischenbescheid** erteilt werden, in dem dem PR mitgeteilt wird, warum eine abschließende Stellungnahme derzeit noch nicht möglich ist und wann diese voraussichtlich erfolgen wird. Kommt der Dienststellenleiter dieser Verpflichtung nicht nach, liegt ein Verstoß gegen den Grundsatz der vertrauensvollen Zusammenarbeit vor, der jedoch keine Folgen hat.

32 2. Begründungspflicht. Lehnt der Dienststellenleiter schriftliche Anträge oder Vorschläge des PR nach Abs. 1 ab, muss er diese Ablehnung schriftlich begründen.

§ 71   Unterrichtungs- und Teilnahmerechte der Personalvertretung, Arbeitsplatzschutzangelegenheiten

(1) ¹Die Personalvertretung ist zur Durchführung ihrer Aufgaben rechtzeitig und umfassend zu unterrichten. ²Ihr sind die hierfür erforderlichen Unterlagen vorzulegen. ³Personalaktendaten dürfen nur mit Zustimmung des Beschäftigten und nur von den von ihm bestimmten Mitgliedern der Personalvertretung eingesehen werden.

(2) ¹Vor Organisationsentscheidungen, die beteiligungspflichtige Maßnahmen zur Folge haben, ist die Personalvertretung frühzeitig und fortlaufend zu unterrichten. ²An Arbeitsgruppen, die der Vorbereitung derartiger Entscheidungen dienen, können Mitglieder der Personalvertretung beratend teilnehmen.

(3) ¹Bei Einstellungen von Beschäftigten sind der Personalvertretung auf Verlangen die Bewerbungsunterlagen aller Bewerber vorzulegen, soweit dem nicht berechtigte Belange der Bewerber entgegenstehen. ²An Vorstellungs- oder Eignungsgesprächen, welche die Dienststelle im Rahmen geregelter oder auf Übung beruhender Auswahlverfahren zur Auswahl unter mehreren Bewerbern durchführt oder durchführen lässt, kann ein Mitglied der Personalvertretung, das von dieser benannt ist, teilnehmen.

(4) ¹An Personalgesprächen mit entscheidungsbefugten Vertretern der Dienststelle sowie an Beurteilungsgesprächen im Sinne von § 51 Absatz 2 Satz 1 des

Landesbeamtengesetzes kann auf Verlangen des Beschäftigten ein Mitglied der Personalvertretung teilnehmen. [2]An allgemeinen Besprechungen zur Abstimmung einheitlicher Beurteilungsmaßstäbe vor regelmäßigen Beurteilungen im Sinne von § 51 Absatz 1 des Landesbeamtengesetzes kann ein Mitglied der Personalvertretung, das von dieser benannt ist, teilnehmen. [3]Die Gesamtergebnisse regelmäßiger Beurteilungen im Sinne von § 51 des Landesbeamtengesetzes sind der Personalvertretung anonymisiert mitzuteilen. [4]Dienstliche Beurteilungen sind auf Verlangen des betroffenen Beschäftigten der Personalvertretung zur Kenntnis zu geben.

(5) [1]Bei Prüfungen, die eine Dienststelle für Beschäftigte ihres Bereichs abnimmt, ist einem Mitglied der für diesen Bereich zuständigen Personalvertretung, das von dieser benannt ist, die Anwesenheit zu gestatten. [2]Dies gilt nicht für die Beratung.

(6) Der Vorsitzende oder ein beauftragtes Mitglied der Personalvertretung hat jederzeit das Recht, nach vorheriger Unterrichtung des Leiters der Dienststelle, die Dienststelle zu begehen und, sofern die Beschäftigten zustimmen, diese an ihrem Arbeitsplatz aufzusuchen, wenn zwingende dienstliche Gründe nicht entgegenstehen.

(7) [1]Die Dienststelle und die für den Arbeitsschutz zuständigen Behörden, die Träger der gesetzlichen Unfallversicherung und die übrigen in Betracht kommenden Stellen sind verpflichtet, bei allen im Zusammenhang mit dem Arbeitsschutz oder der Unfallverhütung stehenden Besichtigungen und Fragen und bei Unfalluntersuchungen die Personalvertretung oder die von ihr bestimmten Mitglieder der Personalvertretung derjenigen Dienststelle hinzuzuziehen, in der die Besichtigung oder Untersuchung stattfindet. [2]Die Dienststelle hat der Personalvertretung unverzüglich die den Arbeitsschutz oder die Unfallverhütung betreffenden Auflagen und Anordnungen der in Satz 1 genannten Stellen mitzuteilen. [3]An den Besprechungen der Dienststelle mit den Sicherheitsbeauftragten nach § 22 Absatz 2 des Siebten Buches Sozialgesetzbuch nehmen von der Personalvertretung beauftragte Mitglieder der Personalvertretung teil. [4]Die Personalvertretung erhält die Niederschriften über die Untersuchungen, Besichtigungen und Besprechungen, zu denen sie nach den Sätzen 1 und 3 hinzuzuziehen ist. [5]Die Dienststelle hat der Personalvertretung eine Durchschrift der nach § 193 Absatz 5 Satz 1 des Siebten Buches Sozialgesetzbuch von der Personalvertretung mit zu unterschreibenden Unfallanzeige oder des nach beamtenrechtlichen Vorschriften zu erstattenden Berichts auszuhändigen.

Vorbemerkung. Die Vorschrift regelt in Abs. 1 die dem Dienststellenleiter obliegende Pflicht zur umfassenden Unterrichtung des PR. Die Abs. 2 bis 4 konkretisieren die Informations- und Teilnahmerechte des PR vor Organisationsentscheidungen (Abs. 2), bei Vorstellungs- und Eignungsgesprächen (Abs. 3) sowie bei Personalgesprächen und Beurteilungen (Abs. 4). Abs. 5 regelt das Recht des PR auf Anwesenheit bei Prüfungen. Das Recht des PR zur Arbeitsplatzbegehung ist in Abs. 6 geregelt und die Zusammenarbeit beim Arbeitsschutz in Abs. 7. **1**

Geltungsbereich. § 71 gilt für alle Personalvertretungen, also auch für den GesamtPR (§ 91 Abs. 8), die Stufenvertretungen (s. §§ 77 und 91), den AusbildungsPR (§ 58) und die Jugend- und Auszubildendenvertretung (§ 59). **2**

I.   Informationspflicht der Dienststelle

3   **1. Informationspflicht.** Der Dienststellenleiter ist **verpflichtet**, den PR **rechtzeitig und umfassend** über beabsichtigte Maßnahmen **zu unterrichten** und ihm die erforderlichen Unterlagen vorzulegen. Einschränkungen bestehen insoweit lediglich für **Personalaktendaten** (Satz 3 sowie Rn. 14 ff.). Einer besonderen Aufforderung hierzu durch den PR bedarf es nicht.

4   **Umfang.** Der Informationsanspruch des PR besteht nur insoweit, als er Auskünfte von der Dienststelle benötigt, um seine Aufgaben und Befugnisse uneingeschränkt, rechtzeitig und sachgerecht wahrnehmen zu können; dies beurteilt sich vom Standpunkt eines dies verständig würdigenden PR (BVerwG, 26.1.1994 – 6 P 21/92 – PersV 1994, 539 = PersR 1994, 213). Der Informationsanspruch bezieht sich auf **alle Aufgaben**, die dem PR zugewiesen sind, nicht nur auf die förmlichen Beteiligungsverfahren. Auch die allgemeinen Aufgaben des PR und seine Überwachungsfunktion (s. § 70) erfordern seine Unterrichtung über bestimmte Sachverhalte. Dabei reicht allerdings der Hinweis auf die Wahrnehmung allgemeiner Überwachungsaufgaben grundsätzlich nicht aus. Dem PR steht **kein allumfassendes Informationsrecht** zu, um dadurch eine allgemeine Kontrolle der Tätigkeit der Dienststelle vorzunehmen, denn der PR ist kein Kontrollorgan, dem es obliegt, die Aufgabenerfüllung und den inneren Betrieb der Dienststelle allgemein zu überwachen. Er hat lediglich darüber zu wachen, dass die Belange der Beschäftigten gewahrt werden. Dabei stehen ihm die Informationen zu, die er braucht, um Rechtsverstößen möglichst schon im Vorfeld entgegenwirken zu können (s. die Gesetzesbegründung zum ÄG 2013, § 68a, LT-Drucksache 15/4224, S. 62).

4a   **Einzelfälle.** Der PR hat deshalb einen Anspruch auf Einsichtnahme in die Bruttolohn- und -gehaltslisten, um seinen Auftrag erfüllen zu können, darüber zu wachen, dass die Tarifverträge eingehalten werden (BVerwG, 22.4.1998 – 6 P 4/97 – PersV 1999, 23 = PersR 1998, 461). Dagegen darf er ohne einen sachlich berechtigten Anlass von der Dienststelle nicht verlangen, über die Schwangerschaft von Mitarbeiterinnen unterrichtet zu werden (BVerwG, 29.8.1990 – 6 P 30/87 – PersV 1991, 78 = PersR 1990, 301).

5   **Waffengleichheit.** Allgemein wird dem PR der gleiche Informationsstand zu gewährleisten sein, wie ihn die Dienststelle hat, damit er anstehende Entscheidungsprozesse nachvollziehen kann. Nähere Einzelheiten zu Umfang und Grenzen des Anspruchs ergeben sich bei der Mitbestimmung auch aus dem Mitbestimmungstatbestand, insbesondere aus seinem Schutzzweck (VGH Mannheim, 23.2.1996 – PL 15 S 1715/94 – juris). Wegen der Überlassung der Grunddaten der Beschäftigten s. § 67 Abs. 3 und die Erl. hierzu.

6   **Zuständigkeit der Dienststelle.** Der Informationsanspruch des PR ist beschränkt auf die Angelegenheiten, für die die Dienststelle, bei der der PR gebildet ist, zur Entscheidung befugt ist. Er besteht nicht in Angelegenheiten, für deren Entscheidung eine übergeordnete Dienststelle zuständig ist.

7   **Verfahren.** Die Unterrichtung braucht **nicht durch** den **Dienststellenleiter persönlich** zu erfolgen, er kann sie auch seinem Stellvertreter oder einem Beauftragten übertragen. Die Unterrichtung kann schriftlich oder/und mündlich vorgenommen werden.

Zeitpunkt. Der PR muss so **rechtzeitig unterrichtet** werden, dass er noch **genü-** **8** **gend Zeit** hat, sich mit der Angelegenheit zu befassen, sich eine Meinung zu bilden und die für seine Entscheidung im LPVG vorgeschriebenen Fristen zu wahren. Auch dürfen nicht durch vorausgegangene nicht beteiligungspflichtige Maßnahmen so weit vollendete Tatsachen geschaffen worden sein, dass für eine echte Entscheidung des PR kein Raum mehr ist (VGH Mannheim, 23.2.1996 – PL 15 S 1715/94 – juris). „Rechtzeitig" heißt aber nicht „unverzüglich" und bedeutet auch nicht, dass die Dienststelle den PR schon unterrichten muss, wenn sie die ersten Überlegungen über eine etwa zu ergreifende Maßnahme anstellt. So setzt z. B. die Beteiligung des PR erst ein, wenn die Dienststelle sich zur Einstellung eines bestimmten Bewerbers oder mehrerer von ihnen entschlossen hat. Erst in diesem Stadium liegt eine „beabsichtigte Maßnahme" vor, die der Zustimmung des PR bedarf (BVerwG, 11.2.1981 – 6 P 3/79 – PersV 1982, 106).

Vollständigkeit. Umfassend ist die Unterrichtung, wenn sie alle Angaben ent-   **9** hält, die für eine sachgemäße und sinnvolle Erfüllung der Aufgaben des PR erforderlich sind. Dazu gehört auch die Information über die Stellungnahme der Beauftragten für Chancengleichheit (BVerwG, 20.3.1996 – 6 P 7/94 – PersV 1996, 473 = PersR 1996, 319). Dem PR muss das Entscheidungsmaterial in derselben Vollständigkeit zugänglich sein, wie es dem Dienststellenleiter bei seiner Meinungsbildung zur Verfügung gestanden hat; nur so ist die notwendige „Waffengleichheit" gegeben.

Zustimmungsverweigerung. Bei einer Zustimmungsverweigerung wegen nicht   **10** ausreichender Unterrichtung muss der PR konkrete, fallbezogene Ausführungen vorbringen, aus denen hervorgeht, dass der Dienststellenleiter über einzelne, für die beabsichtigte Maßnahme wesentliche Umstände nicht informiert hat, sonst ist der Einwand unbeachtlich (BVerwG, 29.6.1996 – 6 P 38/93 – PersR 1996, 239).

2. Unterlagen. Nach Satz 2 der Vorschrift sind dem PR die zu seiner Unterrich-   **11** tung erforderlichen Unterlagen **vorzulegen**. Die Verpflichtung „vorzulegen" umfasst grundsätzlich alle Varianten von der **Einsichtnahme** bis zur zeitweisen oder **dauerhaften Überlassung** von Unterlagen. Welcher Weg zu beschreiten ist, hängt von der Aufgabenstellung unter Berücksichtigung einer die Schutzinteressen des Beschäftigten schonenden Vorgehensweise ab. Unterlagen, die der PR zur Wahrnehmung seiner Beteiligungsrechte immer wieder benötigt, sind ihm **in Kopie auf Dauer** zu überlassen. Dies gilt z. B. für die Personalbedarfsberechnung und den Stellenplan (BVerwG, 23.1.2002 – 6 P 5/01 – PersR 2002, 201 = PersV 2003, 153), aber auch für solche Unterlagen, die – sei es auch nur als Hintergrund- oder Abrundungsinformation – für die Arbeit des PR hilfreich und förderlich sind (VG Freiburg, 3.6.2004 – P 11 K 2859/03 – PersR 2004, 403 = PersV 2004, 461).

Umfang der Vorlagepflicht. Welche Unterlagen dem PR vorzulegen sind, rich-   **12** tet sich nach der Vorlagefähigkeit und der Erforderlichkeit. Da dem PR keine allgemeine Kontrolle der Dienststelle zusteht, hat er auch keinen generellen und uneingeschränkten Vorlageanspruch. **Erforderlich** ist die Vorlage nur dann, wenn sie in einem untrennbaren Zusammenhang mit konkreten Aufgaben und Beteiligungsrechten des PR steht und er die in der Vorlage enthaltenen Informationen für seine Aufgabenwahrnehmung bzw. Entscheidung (z. B. Versagung oder Zustimmung) für bedeutsam halten kann. Hierbei kommt es auf den Standpunkt eines objektiven PR an und nicht darauf, was der jeweilige PR für sich beanspruchen will. Dabei ist vom tatsächlichen Kenntnisstand des PR auszugehen und die Frage zu stellen, ob er zur zweckentsprechenden und sachgerechten Aufgabenerfüllung weitere Informationen für prüfungserheblich halten darf. Er hat deshalb einen Anspruch auf Einsicht in alle Unterlagen, die Auskünfte zur Eignung, Befähigung und fachlichen Leistung aller Stellenbewerber geben (BVerwG, 26.1.1994 – 6 P 21/92 – PersV 1994, 539 = PersR 1994, 213). Da der Unterrichtungsanspruch des PR nur gegenüber der Dienststelle, bei der er gebildet ist, besteht, kann der PR nur die Vorlage von Unterlagen verlangen, über die der Dienststellenleiter verfügt. Der PR kann auch eine Ergänzung der ihm vorgelegten Unterlagen verlangen.

13 **Ausnahmen.** Über eine von der Dienststelle beabsichtigte Maßnahme, die (z. B. gem. § 75 Abs. 5) **nicht seiner Beteiligung unterliegt,** kann der PR weder seine Unterrichtung noch die Vorlage von Unterlagen verlangen. Das Gleiche gilt, wenn die Beteiligung des PR von einem Antrag des betroffenen Beschäftigten abhängt (s. z. B. § 76 Abs. 2 Satz 1 Nr. 1 und 2) und dieser keinen Beteiligungsantrag gestellt hat (vgl. BVerwG, 20.3.2002 – 6 P 6/01 – PersV 2002, 405 = PersR 2002, 395).

14 **3. Personalaktendaten.** Der Begriff der Personalaktendaten ist der Gleiche wie im allgemeinen Beamtenrecht, vgl. dazu § 50 BeamtStG und §§ 83 bis 88 LBG sowie § 36 Abs. 2 LDSG, der für Arbeitnehmer auf die für Beamte geltenden Vorschriften verweist, es sei denn, besondere Rechtsvorschriften oder tarifliche Vereinbarungen gehen vor. Zur Personalakte gehören alle Unterlagen einschließlich der in Dateien gespeicherten Informationen, die den Beschäftigten betreffen, soweit sie mit seinem Dienstverhältnis in einem unmittelbaren inneren Zusammenhang stehen (Personalaktendaten, s. § 50 Satz 1 BeamtStG); andere Unterlagen dürfen in die Personalakte nicht aufgenommen werden. In die Personalakte aufzunehmen sind Bewerbungsunterlagen, dienstliche Beurteilungen, Angaben über Beförderungen (einschließlich deren Ablehnung), Abordnungen und Versetzungen, Nebentätigkeiten und Fortbildungen sowie gesundheitsbezogene Daten, aber auch besonders geführte Akten über Disziplinarverfahren sowie Besoldungsakten. Daten, die in keinem inneren Zusammenhang mit dem Dienstverhältnis stehen, sind auch dann nicht in die Personalakte aufzunehmen, wenn sie Bezug zum Dienstverhältnis haben, z. B. Sicherheits- und Kindergeldakten; sie sind in von der Personalakte getrennten Sachakten aufzunehmen.

15 **Zustimmungserfordernis.** Der Beschäftigte ist in seiner Entscheidung frei, ob und welchen Mitgliedern des PR er Einsicht in seine Personalakten geben will. Die Zustimmung ist gegenüber dem Dienststellenleiter zu erklären und erfolgt zweckmäßigerweise schriftlich oder zur Niederschrift. Da § 88 Abs. 1 Satz 1 LBG nunmehr ausdrücklich bestimmt, dass Personalaktendaten nach sachlichen Gesichtspunkten in einen Grunddatenbestand und Teildatenbestände (z. B. Beihilfe, Heilfürsorge und Heilverfahren sowie Disziplinarverfahren, s. § 88 Abs. 1 Satz 2 LBG) gegliedert werden können, darf die Zustimmung auch auf einzelne genau bezeichnete Teildatenbestände beschränkt werden. Die Übermittlung von ärztlichen Gutachten und Befunden zu einem bestimmten Beamten bedarf dessen ausdrücklicher Zustimmung (OVG Dresden, 26.11.2003 – 2 B 465/03 – PersV 2004, 351 = PersR 2004, 184). Wird die Zustimmung zur Einsichtnahme nicht dem gesamten PR erteilt, gilt für den Einsichtnehmenden die Verschwiegenheitspflicht des § 7.

Umfang des Einsichtsrechts. Die Personalakten dürfen von den ermächtigten **16** PR-Mitgliedern eingesehen werden. Diese dürfen sich auch Aufzeichnungen und Notizen machen, wörtliche Auszüge oder Ablichtungen sind dagegen nicht erlaubt. Erst recht dürfen die Personalakten den ermächtigten PR-Mitgliedern **nicht überlassen** werden.

Fehlende Zustimmung. Wenn der Beschäftigte der Akteneinsicht nicht zu- **17** stimmt, ist es nicht ohne weiteres möglich, in der Sitzung des PR mündliche Auskünfte zu den Personalakten zu geben. Wegen des Schutzzwecks des Satzes 3 für die Beschäftigten wird dies nur in Betracht kommen, wenn es für den Beschluss des PR unabweisbar ist und gegenüber dem Vertrauensschutz, den der Beschäftigte hat, vertretbar ist. Das Mitbestimmungsrecht des PR würde weitgehend entwertet werden, wenn selbst Auskünfte über einzelne Informationen aus der Personalakte, die zur Aufgabenerfüllung des PR unerlässlich sind, an die vorherige Zustimmung des Beschäftigten gebunden wäre (BVerwG, 26.1.1994 – 6 P 21/92 – PersV 1994, 539 = PersR 1994, 213). Dem Persönlichkeitsschutz kann im Rahmen des Erforderlichkeitsprinzips und der Bekanntgabe in möglichst schonender Weise ausreichend entsprochen werden.

II.   Organisationsentscheidungen

1. Frühzeitige Unterrichtung. Vor Organisationsentscheidungen wie z. B. der **18** Umstrukturierung der Behörde oder der Einführung von Pilotverfahren ist der PR nach der Neuregelung in Abs. 2 so frühzeitig und dann auch fortlaufend zu unterrichten, dass er auf die geplante Maßnahme Einfluss nehmen kann. Die verwaltungsinterne Meinungsbildung und dienststelleninternen Vorprüfungen und Vorgespräche unterliegen nicht der Mitbestimmung (BVerwG, 14.10.2002 – 6 P 7/01 – PersV 2003, 186 = PersR 2003, 113). Die Mitbestimmungspflicht setzt erst mit solchen Handlungen ein, die eine mitbestimmungspflichtige Maßnahme vorwegnehmen oder festlegen (s. die Neuregelung in § 73 Abs. 1 Satz 2). Da zu diesem Zeitpunkt der Meinungsbildungsprozess bereits abgeschlossen ist, muss der PR frühzeitig und fortlaufend unterrichtet werden, um bereits auf den Meinungsbildungsprozess Einfluss nehmen zu können.

2. Vorbereitende Arbeitsgruppe. Zur Vorbereitung von Organisationsentschei- **19** dungen werden in der Dienststelle häufig Arbeitsgruppen gebildet, an diesen können Mitglieder der Personalvertretung beratend teilnehmen. Ihre Teilnahme ist nicht zwingend erforderlich. Besteht seitens des PR jedoch ein Teilnahmewunsch, wird dieser zu erfüllen sein. Dies gilt jedoch nur für eine bei der örtli-

chen Dienststelle gebildete Arbeitsgruppe. Werden die Organisationsentscheidungen von der übergeordneten Dienststelle getroffen und auch vorbereitet,
hat nur die dort bestehende Stufenvertretung ein Teilnahmerecht.

III. Einstellungen

20   **1. Bewerbungsunterlagen.** Bei der Einstellung von Bewerbern sind dem PR die
Bewerbungsunterlagen aller Bewerber vorzulegen, also auch der Bewerber, die
von der Dienststelle nicht für die Einstellung vorgesehen sind, sowie der Bewerber, die noch nicht Beschäftigte i. S. des LPVG (§ 4) sind, denn nur so kann
der PR prüfen, ob ein Grund für die Verweigerung seiner Zustimmung vorliegt,
insbesondere, ob die Dienststelle bei der Auswahl die Grenzen eingehalten hat,
die ihrem weiten Beurteilungsspielraum durch Art. 33 Abs. 2 GG gezogen sind.
Soweit die Dienststelle in den Unterlagen nicht nur Gesamturteile (abschließende Bewertungen), sondern auch einzelne Noten ausweist, sind dem PR danach auch diese Beurteilungsnoten bekannt zu geben.

21   **Zusammenstellungen von Daten.** Vorzulegende Unterlagen können auch Zusammenstellungen von Daten sein, welche die Dienststelle ohne dazu verpflichtet zu sein aus eigener Initiative zu reinen Übersichtszwecken aufstellt. So kann
der PR anlässlich der Mitbestimmung bei einer Einstellung oder Beförderung
auch die Vorlage von Unterlagen verlangen, in denen vorhandene Erkenntnisse
oder eingeholte Auskünfte zu Eignung, Befähigung und fachlicher Leistung der
Bewerber zusammengestellt und gegeneinander abgewogen werden, wenn ihm
diese Informationen sonst nicht zur Verfügung stehen.

22   **Persönlichkeitsschutz.** Die unerlässlichen Informationen sind unter Berücksichtigung des Persönlichkeitsschutzes der Beschäftigten in möglichst schonender Weise
zu erteilen. Die Unterlagen können z. B. nur zur Einsicht bereitgehalten werden.
Persönlichkeitsrechte der Beschäftigten werden nicht schon dadurch verletzt, dass
dem PR aus den dienstlichen Beurteilungen die abschließenden Beurteilungsnoten
bekanntgegeben werden (BVerwG, 26.1.1994 – 6 P 21/92 – PersV 1994, 539 =
PersR 1994, 213). Das Informationsrecht des PR geht als bereichsspezifische Regelung des Dienstrechts einem etwa weiter reichenden Datenschutz vor (vgl.
BVerwG, 9.10.1996 – 6 P 1/94 – PersV 1997, 171 = PersR 1997, 116).

23   **2. Vorstellungsgespräche.** Nach der Neuregelung in Abs. 3 Satz 2 hat der PR
nunmehr das **Recht** eines seiner Mitglieder **zur Teilnahme** an Vorstellungs- und
Eignungsgesprächen zu benennen. Dies gilt für Vorstellungsgespräche bei der
Einstellung sowie für Auswahlgespräche für die Zulassung zum Aufstieg in
die nächsthöhere Laufbahn oder für die Übertragung einer Tätigkeit, die den
Tätigkeitsmerkmalen einer höheren Vergütungsgruppe entspricht. Die Auswahlgespräche dienen zur Vorbereitung der danach erfolgenden mitbestimmungsbedürftigen Entscheidungen über die Einstellung und den Aufstieg (s.
§ 75 Abs. 1 Nr. 1, 2, 4, 5 und 6). Es muss sich um institutionalisierte Auswahlgespräche handeln, die aufgrund von Richtlinien nach § 75 Abs. 4 Nr. 6 oder
aufgrund ständiger Übung durchgeführt werden. Dabei ist gleichgültig, ob die

Dienststelle die Auswahlgespräche selbst durchführt oder sie einen externen Dritten damit betraut.

Teilnahmerecht. Das Mitglied des PR hat nur ein Teilnahmerecht ohne bera- **24** tende Stimme. Die Auswahlentscheidung nach dem Grundsatz der Bestenauslese wird allein von der Dienststelle getroffen ohne dass dem Mitglied des PR ein Beratungsrecht zustünde (s. auch die Kommentierung zu § 75 Abs. 1). Das Teilnahmerecht umfasst jedoch auch das Recht, Fragen zu stellen.

Ausbildungsplätze. An Vorstellungsgesprächen zur Besetzung von ausgeschrie- **25** benen Ausbildungsplätzen kann gem. § 63 Abs. 2 Satz 1 ein Mitglied der Jugend- und Auszubildendenvertretung teilnehmen.

IV. Personalgespräche und Beurteilungsgespräche

1. Personal-/Beurteilungsgespräche. Auf Verlangen des Beschäftigten kann ein **26** Mitglied des PR an Personalgesprächen sowie an Beurteilungsgesprächen. i. S. v. § 51 Abs. 2 Satz 1 LBG teilnehmen, um ihm bereits in diesem Stadium die notwendige allgemeine oder für Gegendarstellungen gebotene Unterstützung zukommen zu lassen. Die Teilnahme ist beim Dienststellenleiter bzw. bei demjenigen, welcher das Personal- oder Beurteilungsgespräch führt, zu beantragen; sie kann grundsätzlich nicht abgelehnt werden. Das Teilnahmerecht ist beschränkt auf das Personalgespräch mit dem Vertreter der Dienststelle, der zum Erlass der beabsichtigten Personalmaßnahme (z. B. Versetzung, Abordnung) befugt ist. Es ist weiter beschränkt auf das Beurteilungsgespräch, in welchem die Beurteilung bekannt gegeben und auf Verlangen besprochen wird (§ 51 Abs. 2 Satz 1 LBG).

Jugend- und Auszubildendenvertretung. Bei Beschäftigten i. S. v. § 59 steht auf **27** deren Verlangen der Jugend- und Auszubildendenvertretung ein Teilnahmerecht zu (§ 63 Abs. 2 Satz 2). Sie hat nur ein Teilnahmerecht ohne beratende Stimme. Das Teilnahmerecht umfasst jedoch auch das Recht, Fragen zu stellen.

2. Allgemeine Abstimmungsbesprechungen. Gem. § 51 Abs. 1 Satz 1 LBG sind **28** Eignung, Befähigung und fachliche Leistung von Beamten in regelmäßigen Zeitabständen zu beurteilen (sog. Regelbeurteilungen). Neben dem Erlass von Beurteilungsrichtlinien, der gem. § 75 Abs. 4 Nr. 4 mitbestimmungspflichtig ist, kann es sinnvoll sein, die bei den einzelnen Beurteilungen anzulegenden Maßstäbe abzustimmen, um zu gewährleisten, dass die unterschiedlichen Vorbeurteiler einheitliche Bewertungsmaßstäbe einhalten. Finden dabei zur Abstimmung allgemeine Schulungen und Informationsveranstaltungen statt, kann der PR eines seiner Mitglieder zur Teilnahme benennen. In Betracht kommt z. B. die Aufstellung eines Katalogs der Kriterien, die bei Inhabern bestimmter Stellen zu berücksichtigen sind und mit welcher Gewichtung. Das PR-Mitglied hat nur ein Teilnahmerecht, keine beratende Stimme. Orientierungsrunden oder Beurteilungskonferenzen, in denen die Beurteilungen einzelner oder einer Gruppe von Beschäftigten besprochen werden, sind keine allgemeinen Besprechungen zur Abstimmung einheitlicher Beurteilungsmaßstäbe.

29   3. **Gesamtergebnisse.** Die bei den Regelbeurteilungen erzielten Gesamtergebnisse (Gesamtpunktzahl, Gesamtnoten) sind dem PR anonymisiert i. S. v. § 3 Abs. 6 LDSG mitzuteilen.

30   4. **Kenntnisgabe.** Auf Verlangen des betroffenen Beschäftigten ist dem PR dessen dienstliche Beurteilung zur Kenntnis zu geben. Sinnvollerweise soll das Verlangen schriftlich und gegenüber der Dienststelle geäußert werden.

V. Prüfungen

31   1. **Anwesenheitsrecht.** Die Vorschrift gibt dem PR bei Prüfungen, die die Dienststelle für Beschäftigte (auch Beamte) ihres Bereiches abnimmt, ein Anwesenheitsrecht. Prüfungen in diesem Sinne sind alle von der Dienststelle vorzunehmenden, in einem förmlichen Verfahren geregelten Feststellungen des Kenntnisstands und der Fähigkeiten der Beschäftigten. Gespräche zwischen dem Dienststellenleiter oder seinem Beauftragten und einem Arbeitnehmer zur Feststellung seiner Kenntnisse und Fähigkeiten sind keine Prüfungen in diesem Sinne.

32   **Sachlicher Umfang.** Das Anwesenheitsrecht ist beschränkt auf Prüfungen, die die Dienststelle für die bei ihr Beschäftigten selbst abnimmt. Es besteht deshalb nicht bei Prüfungen, die von Einrichtungen (Schulen, Prüfungsämtern), die nicht zur Dienststelle gehören, abgenommen werden. Auch **Unterrichtsbesuche** durch Beamte der Schulaufsichtsbehörde sind bei Lehrern **keine Prüfungen** i. S. d. Abs. 5. **Vorstellungsgespräche** sind ebenfalls **keine Prüfungen** i. S. d. Abs. 5.

33   **Persönlicher Umfang.** Das **Anwesenheitsrecht** beschränkt sich auf **ein Mitglied des zuständigen PR**, das von diesem benannt wird. **Zuständig** ist der PR, der bei der Dienststelle gebildet ist, welche die Prüfung abnimmt.

34   2. **Beratung.** Hinsichtlich der Beratung ist ein Anwesenheitsrecht ausdrücklich ausgeschlossen. Anders als das Teilnahmerecht umfasst das Anwesenheitsrecht auch **nicht** das Recht, Fragen zu stellen.

VI. Arbeitsplatzbegehung

35   **Voraussetzungen.** Der Vorsitzende oder ein beauftragtes Mitglied des PR kann jederzeit, nach vorheriger Unterrichtung des Dienststellenleiters, die **Dienststelle begehen,** wenn zwingende dienstliche Gründe nicht entgegenstehen. Der PR ist nicht im Einzelnen darlegungspflichtig, aus welchem Anlass der Besuch stattfindet und warum er ihn für notwendig hält. Er muss sich auch nicht darauf verweisen lassen, die Angelegenheit besser in einer Sprechstunde mit dem Beschäftigten zu erörtern. Das Recht umfasst auch das Aufsuchen von außerhalb der Dienststelle befindlichen **Telearbeitsplätzen.**

36   **Zustimmungserfordernis.** Im Hinblick auf das Selbstbestimmungsrecht der Beschäftigten dürfen **einzelne Arbeitsplätze** nur aufgesucht werden, wenn die Beschäftigten zustimmen. Der PR kann einzelne Arbeitsplätze auch ohne die Zustimmung des Beschäftigten in Augenschein nehmen, z. B. Begutachtung, ob die arbeitsrechtlichen Vorgaben eingehalten sind, er kann dann jedoch den Beschäftigten nicht zum Gespräch verpflichten.

Widerspruchsrecht. Das Recht auf Arbeitsplatzbegehung steht dem PR oder **37** einzelner seiner Mitglieder nur zu, wenn dienstliche Gründe nicht entgegenstehen. Es kann deshalb nur **im Einvernehmen mit dem Dienststellenleiter** ausgeübt werden. Widerspricht der Dienststellenleiter, muss er allerdings triftige Gründe geltend machen, etwa, dass eine nicht unerhebliche **Störung der Ordnung und des Arbeitsablaufs** zu befürchten oder dass der Besuch offensichtlich **rechtsmissbräuchlich** ist; nur insoweit steht ihm aufgrund seines Direktionsrechts ein **Widerspruchsrecht** zu (vgl. BVerwG, 9.3.1990 – 6 P 15/88 – PersV 1990, 315 = PersR 1990, 177). Für seine Entscheidung, ob der Arbeitsplatzbesuch unter arbeitsorganisatorischen Gründen vertretbar ist, muss der Dienststellenleiter wissen, welcher Bereich bzw. Arbeitsplatz besucht werden und zu welchem Zeitpunkt ein Gespräch geführt werden soll.

Aktionen des PR. Der **Grundsatz der vertrauensvollen Zusammenarbeit** ist auch **38** bei der Arbeitsplatzbegehung zu beachten. Eine **Unterschriftenaktion** des PR, bei welcher die Beschäftigten ohne Einverständnis des Dienststellenleiters von einem Mitglied des PR am Arbeitsplatz aufgesucht werden, damit sie durch Unterschrift den PR in einer Angelegenheit in seiner Gegenposition zum Dienststellenleiter unterstützen, widerspricht dem Grundsatz der vertrauensvollen Zusammenarbeit (VGH Mannheim, 8.9.1992 – PL 15 S 130/92 – PersV 1995, 121).

VII. Zusammenarbeit beim Arbeitsschutz

1. Hinzuziehung und Information. Bei Besichtigungen im Zusammenhang mit **39** dem Arbeitsschutz und Unfallverhütungen sowie bei Unfalluntersuchungen ist – und zwar nur diese – die Personalvertretung der Dienststelle zu beteiligen ist, in der die Besichtigung oder Untersuchung stattfindet. Dies gilt auch dann, wenn eine oder mehrere an einem Unfall Beteiligte Beschäftigte einer anderen Dienststelle sind. Teilnehmen kann der gesamte PR oder von ihm bestimmte Mitglieder.

Umfang. Ein Beteiligungsrecht besteht nur für die Besichtigungen und Untersu- **40** chungen, die von den für den Arbeitsschutz zuständigen Behörden, den Trägern der gesetzlichen Unfallversicherung und den übrigen in Betracht kommenden Stellen durchgeführt werden, **nicht** aber **für polizeiliche, staatsanwaltschaftliche oder gerichtliche Untersuchungen** und Ermittlungen.

2. Mitteilungspflicht. Der PR ist unverzüglich über die den Arbeitsschutz und **41** die Unfallverhütung betreffenden Auflagen und Anordnungen der in Satz 1 genannten Stellen zu informieren. Dies soll dem PR die Möglichkeit geben, diese Auflagen oder Anordnungen mit zu überwachen und Vorschläge für deren rasche und zweckmäßige Durchführung zu machen.

42 3. **Besprechungen mit Sicherheitsbeauftragten.** Das Recht der gesetzlichen Un-fallversicherung ist im SGB VII geregelt. Gem. § 22 Abs. 1 SGB VII sind in Dienst-stellen mit mehr als 20 Beschäftigten Sicherheitsbeauftragte zu bestellen; bei ihrer Bestellung und Abberufung bestimmt der PR nach § 75 Abs. 4 Nr. 1 Buchst. c mit. Die Sicherheitsbeauftragten haben die Dienststelle bei der Durchführung der Maßnahmen zur Verhütung von Arbeitsunfällen und Berufskrankheiten zu unter-stützen, insbesondere sich von dem Vorhandensein und der ordnungsgemäßen Benutzung der vorgeschriebenen Schutzeinrichtungen und persönlichen Schutz-ausrüstungen zu überzeugen und auf Unfall- und Gesundheitsgefahren für die Versicherten aufmerksam zu machen (§ 22 Abs. 2 SGB VII). Anders als die Vor-gängervorschrift (§ 719 Abs. 4 RVO) verpflichtet § 22 Abs. 2 SGB VII den Dienststellenleiter nicht mehr zu einem monatlichen Erfahrungsaustausch mit den Sicherheitsbeauftragten, dies soll sinnvollerweise einer flexibleren Handha-bung in der Dienststelle überlassen bleiben. Bei den stattfindenden Besprechungen haben vom PR beauftragte PR-Mitglieder (nicht aber der ganze PR) das Recht teilzunehmen.

43 4. **Niederschriften.** Der PR hat Anspruch auf Überlassung der Niederschriften über die stattgefundenen Untersuchungen, Besichtigungen und Besprechungen, zu denen er nach den Sätzen 1 und 3 hinzuziehen ist. Die vorgeschriebene Unterrichtung des PR, der auch die Mitunterzeichnung der Unfallanzeigen durch den PR dient (s. Satz 5), soll diesem die Wahrnehmung seiner Aufgaben auf dem Gebiet des Arbeitsschutzes erleichtern und ihn ständig über alle Ange-legenheiten, die für den Arbeitsschutz von Bedeutung sind, auf dem Laufenden halten.

44 5. **Unfallanzeige.** Gem. § 193 Abs. 1 Satz 1 SGB VII hat der Dienststellenleiter Unfälle von Versicherten in der Dienststelle dem Unfallversicherungsträger an-zuzeigen, wenn Versicherte getötet oder so verletzt sind, dass sie mehr als drei Tage arbeitsunfähig werden. Die Anzeige ist binnen drei Tagen zu erstatten, nachdem der Dienststellenleiter von dem Unfall Kenntnis erlangt hat (§ 193 Abs. 4 Satz 1 SGB VII) und vom PR mit zu unterzeichnen (§ 193 Abs. 5 Satz 1 SGB VII). Bei Beamten tritt an die Stelle der Unfallanzeige i. S. v. § 193 SGB VII ein Bericht über den Unfall nach § 62 Abs. 3 LBeamtVGBW; eine Unterzeich-nung durch den PR ist dabei allerdings nicht vorgesehen. Dem PR ist von der Dienststelle jeweils eine Durchschrift der Unfallanzeige oder des Berichts auszuhändigen.

§ 72 Wirtschaftsausschuss

(1) [1]In Dienststellen ab einer Größe der Personalvertretung von mindestens sieben Mitgliedern soll auf Antrag der Personalvertretung ein Wirtschaftsaus-schuss gebildet werden. [2]Der Wirtschaftsausschuss hat die Aufgabe, wirtschaft-liche Angelegenheiten der Dienststelle zu beraten und die Personalvertretung zu unterrichten. [3]Die Befugnisse und Aufgaben der Personalvertretungen nach die-sem Gesetz bleiben unberührt.

(2) Die Dienststelle hat den Wirtschaftsausschuss rechtzeitig und umfassend über die wirtschaftlichen Angelegenheiten unter Vorlage der erforderlichen

Unterlagen zu unterrichten, soweit dadurch nicht die Dienst- oder Betriebs- und Geschäftsgeheimnisse gefährdet werden, sowie die sich daraus ergebenden Auswirkungen auf die Personalplanung darzustellen.

(3) Zu den wirtschaftlichen Angelegenheiten im Sinne von Absatz 1 gehören insbesondere

1. die wirtschaftliche und finanzielle Lage der Dienststelle,
2. Veränderungen der Produktpläne,
3. beabsichtigte Investitionen,
4. beabsichtigte Partnerschaften mit Privaten,
5. die Stellung der Dienststelle in der Gesamtdienststelle,
6. beabsichtigte Rationalisierungsmaßnahmen,
7. Einführung neuer Arbeits- und Managementmethoden,
8. Fragen des Umweltschutzes, des Klimaschutzes oder der sorgsamen Energienutzung in der Dienststelle,
9. Verlegung von Dienststellen oder Dienststellenteilen,
10. Auflösung, Neugründung, Zusammenlegung oder Teilung der Dienststelle oder von Dienststellenteilen,
11. Zusammenarbeit mit anderen Dienststellen,
12. sonstige Vorgänge und Vorhaben, welche das wirtschaftliche Leben der Dienststelle und die Interessen der Beschäftigten der Dienststelle wesentlich berühren können.

(4) ¹Der Wirtschaftsausschuss besteht aus mindestens drei und höchstens sieben Mitgliedern, die der Dienststelle angehören müssen, darunter mindestens einem Mitglied der Personalvertretung. ²Ersatzmitglieder können bestellt werden. ³Die Mitglieder des Wirtschaftsausschusses sollen die zur Erfüllung ihrer Aufgaben erforderliche fachliche und persönliche Eignung besitzen. ⁴Sie werden im Einvernehmen mit der Personalvertretung für die Dauer ihrer Amtszeit von der Dienststelle bestellt und können jederzeit abberufen werden. ⁵Der Vorsitzende der Personalvertretung beruft die Mitglieder des Wirtschaftsausschusses zur konstituierenden Sitzung ein und leitet die Sitzung, bis der Wirtschaftsausschuss aus seiner Mitte einen Vorsitzenden gewählt hat. ⁶§ 43 Absatz 2 gilt für die Mitglieder des Wirtschaftsausschusses entsprechend.

(5) Der Wirtschaftsausschuss soll einmal im Vierteljahr zusammentreten.

(6) ¹Der Leiter der Dienststelle oder eine von ihm beauftragte Person nimmt an den Sitzungen des Wirtschaftsausschusses teil; weitere sachkundige Beschäftigte können hinzugezogen werden. ²An den Sitzungen des Wirtschaftsausschusses können darüber hinaus beratend teilnehmen:

1. die Schwerbehindertenvertretung,
2. ein Mitglied der Jugend- und Auszubildendenvertretung, das von dieser benannt wird, wenn Angelegenheiten behandelt werden, die besonders Beschäftigte im Sinne von § 59 betreffen,
3. die Beauftragte für Chancengleichheit, wenn Angelegenheiten behandelt werden, die besonders die Gleichstellung von Frauen und Männern betreffen.

I. Bildung und Aufgaben des Wirtschaftsausschusses (Abs. 1)

Vorbemerkung. § 72 stellt im Rahmen des LPVG ein Novum dar. Er ist dem **1** Wirtschaftsausschuss des Betriebsverfassungsrechts (§§ 106 ff. BetrVG) nachgebildet, weshalb diese Vorschriften ergänzend heran gezogen werden können.

Dabei muss aber auf die Besonderheiten des öffentlichen Dienstes geachtet werden. Die Einzelbegründung zu § 72 des Gesetzentwurfs vom 29.9.2013 weist insoweit darauf hin, dass in öffentlichen Verwaltungen, besonders in Betrieben, aber auch im klassischen Verwaltungsbereich die wirtschaftlichen Rahmenbedingungen einen immer größeren Einfluss haben. Der Einsatz betriebswirtschaftlicher Steuerungsinstrumente schaffe die Grundlage von Entscheidungen der Dienststelle, die Auswirkungen auf die Beschäftigten haben könnten. Es sei deshalb sachgerecht, bewährte Gremien aus der privatwirtschaftlichen Mitarbeiterbeteiligung in das LPVG zu übernehmen.

2 **1. Bildung des Wirtschaftsausschusses.** In Dienststellen ab einer Größe des PR von mindestens sieben Mitgliedern (dies entspricht mindestens in der Regel 151 Beschäftigten) soll ein Wirtschaftsausschuss gebildet werden. Durch die Formulierung „soll" wird zum Ausdruck gebracht, dass das Gesetz die Bildung eines Wirtschaftsausschusses bei dieser Dienststellengröße als Regelfall ansieht, in atypischen Fällen kann die Bildung eines Wirtschaftsausschusses auch bei dieser Dienststellengröße gleichwohl unterbleiben. Damit soll den Besonderheiten der öffentlichen Verwaltungen und Betriebe Rechnung getragen werden. Umgekehrt schließt Absatz 1 Satz 1 die Bildung eines Wirtschaftsausschusses bei kleineren Betriebsgrößen nicht aus. Die Entscheidung liegt dann aber im Ermessen der Dienststelle.

3 **Vierteljahresgespräche.** Sieht die Dienststelle von der Bildung eines Wirtschaftsausschusses ab, muss sie die Neufassung des § 68 Abs. 1 beachten. Hiernach soll die Dienststelle den PR in den gemeinschaftlichen Besprechungen mindestens zweimal im Jahr über die von einem Wirtschaftsausschuss zu behandelnden Angelegenheiten unterrichten (§ 68 Abs. 1 Satz 4).

4 **Antrag des PR.** Die Bildung des Wirtschaftsausschusses soll auf Antrag des PR erfolgen. Dies bedeutet, dass die Dienststelle beim Vorliegen der sonstigen Voraussetzungen des Absatzes 1 Satz 1 einen Wirtschaftsausschuss bestellen muss, sobald ein solcher Antrag gestellt ist, es sei denn, es liegt ein atypischer Fall (s. o.) vor. Die Antragstellung ist aber nicht konstitutiv derart, dass es der Dienststelle verboten wäre, ohne Antrag des PR zu handeln. Ohne Antrag des PR steht es im Ermessen der Dienststelle, ob sie einen Wirtschaftsausschuss bildet oder nicht.

5 **2. Aufgaben.** Absatz 1 Satz 2 umschreibt allgemein die Aufgaben des Wirtschaftsausschusses, während Absatz 3 die konkreten Tätigkeitsfelder des Wirtschaftsausschusses benennt. Der Wirtschaftsausschuss soll wirtschaftliche Angelegenheiten der Dienststelle beraten und den PR insoweit unterrichten. Deshalb brauchen die Mitglieder des Wirtschaftsausschusses auch die erforderliche fachliche und persönliche Eignung (Absatz 4 Satz 3). Sie können sich auch der fachlichen Unterstützung der Bediensteten der Dienststelle bedienen. Damit ist der Wirtschaftsausschuss als Beratungs- und Informationsgremium die Schnittstelle zwischen Dienststelle und PR, der den PR insbesondere bei komplexen wirtschaftlichen Zusammenhängen beraten und unterstützen soll. Welche konkrete praktische Bedeutung diesem neuen Instrument zukommen wird, muss die Zukunft weisen.

Begriff. Der Wirtschaftsausschuss ist keine Personalvertretung und auch kein **6** Teil der Personalvertretung, sondern eine Institution eigener Art. Er soll die Arbeit des PR unterstützen, indem er den PR in wirtschaftlichen Fragen, die die Dienststelle betreffen, unterrichtet und berät.

3. Verhältnis zum PR. Die Abgrenzung des Wirtschaftsausschusses zum PR **7** wird durch Absatz 1 Satz 1 betont, der bestimmt, dass die Befugnisse und Aufgaben des PR durch die Bestellung eines Wirtschaftsausschusses unberührt bleiben. Dies bedeutet, dass selbstredend auch der PR für alle die Dienststelle betreffenden wirtschaftlichen Themen unverändert zuständig ist und diese auch mit der Dienststelle – z. B. in den Vierteljahresgesprächen – erörtern kann. Ebenso hat der PR gegenüber der Dienststelle einen Anspruch auf Information und Vorlage von Unterlagen, die die wirtschaftlichen Themen betreffen (vgl. insbesondere auch § 68 Abs. 1 Satz 4).

II. Informationspflicht der Dienststelle (Abs. 2)

Grundsatz. Die Informationspflicht der Dienststelle gegenüber dem Wirt- **8** schaftsausschuss ist in Anlehnung zur Informationspflicht gegenüber dem PR (§ 71 Abs. 1) ausgestaltet worden. Dies bedeutet, dass der Wirtschaftsausschuss rechtzeitig und umfassend über alle wirtschaftlichen Angelegenheiten unterrichtet werden muss. Die hierzu gehörenden Unterlagen sind dem Wirtschaftsausschuss vorzulegen.

Personalplanung. Von besonderer Bedeutung sind dabei Informationen, die **9** sich auf die Personalplanung auswirken können. Hierbei muss die Unterrichtung dafür Sorge tragen, dass der Wirtschaftsausschuss möglichst frühzeitig über die personelle Situation der Dienststelle und deren Entwicklung informiert wird. Personalplanung ist dabei jede Planung, die sich auf den gegenwärtigen und künftigen Personalbedarf (Personalbeschaffung, Personalabbau, Personaleinsatz) in quantitativer und qualitativer Hinsicht bezieht (BAG, 6.11.1990 – 1 ABR 60/89 – BAGE 66, 186).

Geheimhaltung. Durchbrochen wird diese grundsätzliche Informationspflicht **10** dann, wenn durch die Offenbarung Dienst-, Betriebs- oder Geschäftsgeheimnisse gefährdet werden. Die Begründung des Regierungsentwurfs nennt in diesem Zusammenhang ausdrücklich Daten von Bietern in einem Vergabeverfahren, es gibt aber eine Vielzahl anderer Sachbereiche, in denen die allgemeinen und speziellen Datenschutzbestimmungen, die den öffentlichen Dienst prägen, beachtet werden müssen.

III. Wirtschaftliche Angelegenheiten (Abs. 3)

Aufgabenbereiche. Die Aufzählung des Absatzes 3 ist exemplarisch und nicht ab- **11** schließend. Sie ist zu einem gewissen Teil der Aufzählung in § 106 Abs. 3 BetrVG nachgebildet. Zum großen Teil betreffen die hier aufgeführten Themen solche Angelegenheiten, bei deren späterer Umsetzung dem PR ein Beteiligungsrecht zustehen wird. Der Aufgabenbereich des Wirtschaftsausschusses ist aber nicht auf mögliche Beteiligungsfälle begrenzt, sondern geht über diese hinaus, wie sich insbesondere aus der Auffangklausel, der dortigen Nr. 12 ergibt, die alle Vorgänge und Vorhaben umfasst, die das wirtschaftliche Leben der Dienststelle und die Interessen der Beschäftigten wesentlich berühren können.

12   **Haushaltsrecht.** Im Bereich des öffentlichen Dienstes ist allerdings nicht zu übersehen, dass eine Vielzahl wirtschaftlicher Entscheidungen und insbesondere auch große Teile der Personalplanung den Dienststellen entzogen und dem Haushaltsgesetzgeber zugewiesen sind. Insoweit gab und gibt es keine Beteiligung des PR, sondern nur dessen Information, weshalb durch die Information eines neuen Gremiums nichts substantiell verändert wird.

IV. Zusammensetzung und Verfahren (Abs. 4)

13   **1. Anzahl der Mitglieder.** Nach Absatz 4 Satz 1 besteht der Wirtschaftsausschuss aus mindestens drei und höchstens sieben Mitgliedern. Damit ist die Wahl jeder Zahl zwischen der Ober- und der Untergrenze möglich; auch die Bestellung einer geraden Anzahl von Mitgliedern ist zulässig. Die Regelung ist § 107 Abs. 1 Satz 1 BetrVG nachgebildet. Welche Zahl konkret angemessen ist, hängt insbesondere von der Dienststellengröße und dem Umfang der zu bewältigenden Aufgaben ab.

14   **Zuständigkeit zur Festlegung.** Die konkrete Anzahl der Mitglieder des Wirtschaftsausschusses wird von der Dienststelle festgelegt. Denn nach § 72 Abs. 4 Satz 4 bestellt die Dienststelle die Mitglieder des Wirtschaftsausschusses, woraus abzuleiten ist, dass ihr insoweit auch die Befugnis zusteht, die konkrete Anzahl der Mitglieder des Wirtschaftsausschusses festzulegen. Gegenüber dem BetrVG weist die Regelung im LPVG hier einen wichtigen Unterschied auf: Nach § 107 Abs. 2 Satz 1 BetrVG bestimmt der Betriebsrat die Mitglieder des Wirtschaftsausschusses für die Dauer seiner Amtszeit, woraus unschwer gefolgert werden kann, dass er auch befugt ist, die Anzahl der Mitglieder in dem vom Gesetz vorgegebenen Rahmen festzulegen. Dem PR wird durch Absatz 4 Satz 4 aber insoweit nur das Recht zugewiesen, sein Einvernehmen zur konkreten Bestellungsentscheidung der Dienststelle zu versagen. Das heißt, er kann ggf. die Bestellung eines Mitglieds durch Versagung seines Einvernehmens verhindern, aber er kann nicht die Bestellung bestimmter Mitglieder oder die Bestellung einer bestimmten Anzahl von Mitgliedern erzwingen. Im Rahmen der vertrauensvollen Zusammenarbeit muss sich die Dienststelle aber mit dem PR auch über diese Fragen abstimmen, Vorschläge des PR ernsthaft prüfen und der eigenen Entscheidung zugrunde legen.

15   **Personenkreis.** Wer Mitglied des Wirtschaftsausschusses werden kann bestimmt das Gesetz dahin, dass alle Mitglieder Beschäftigte der Dienststelle sein müssen und dass zumindest ein Mitglied des Wirtschaftsausschusses auch Mitglied des PR sein muss. Darüber hinaus müssen die konkret ausgewählten Beschäftigten die erforderliche Eignung (Absatz 3 Satz 3) aufweisen. In diesem gesetzlich vorgegebenen Rahmen unterliegt es zunächst der Dienststelle nach ihrem Ermessen Beschäftigte auszuwählen und dem PR vorzuschlagen. Stimmt dieser zu, können diese Beschäftigten nach Absatz 4 Satz 4 bestellt werden und müssen sich (spätestens) dann darüber erklären, ob sie bereit sind, das Amt zu übernehmen.

Rechtsstellung der Mitglieder. Der Wirtschaftsausschuss ist keine Personalvertretung im Sinne des LPVG. Mitglieder des Wirtschaftsausschusses, die nicht zugleich PR-Mitglieder sind, werden daher nicht als Mitglied einer Personalvertretung tätig. Die Vorschriften über die Rechtsstellung der PR-Mitglieder (z. B. Schutz des Arbeitsplatzes – § 47) finden auf sie keine Anwendung. Die Mitglieder des Wirtschaftsausschusses nehmen aber Aufgaben nach dem LPVG wahr, weshalb die diesbezüglichen Regelungen auch für sie gelten. Insbesondere unterliegen sie der Pflicht zur Verschwiegenheit (§ 7) und es gilt für sie das Behinderungs-, Benachteiligungs- und Begünstigungsverbot des § 6 (vgl. insofern auch §§ 78, 79 Abs. 2 BetrVG). **16**

2. Ersatzmitglieder. Nach Absatz 4 Satz 2 ist die Bestellung von Ersatzmitgliedern zulässig. Auch deren Bestellung erfolgt nach den Regelungen des Absatzes 4, d. h. sie müssen Bedienstete der Dienststelle sein und werden durch die Dienststelle im Einvernehmen mit dem PR bestimmt. Auch die Ersatzmitglieder müssen ihrer Bestellung ausdrücklich zustimmen. Sie müssen die Voraussetzungen des Absatzes 4 Satz 3 erfüllen. Bei der Bestellung mehrerer Ersatzmitglieder ist zugleich die Reihenfolge ihrer etwaigen Heranziehung festzulegen. Die Bestellung von Ersatzmitgliedern kommt insbesondere in Betracht, wenn der Wirtschaftsausschuss nur aus drei Mitgliedern besteht und durch das Ausscheiden schon eines Mitglieds diese gesetzliche Untergrenze unterschritten würde. **17**

3. Eignung. Nach Absatz 4 Satz 3 sollen die Mitglieder des Wirtschaftsausschusses die zur Erfüllung ihrer Aufgaben erforderliche fachliche und persönliche Eignung besitzen. **Fachliche Eignung** ist hierbei zu bejahen, wenn das Mitglied die Kenntnisse besitzt, die erforderlich sind, um die Informationen der Dienststelle i. S. v. Absatz 2 und 3 zu verstehen und auch beratend an den PR weiterzugeben. Abstrakter Maßstab ist der Katalog des Absatzes 3, konkreter Maßstab sind die Verhältnisse und Anforderungen der jeweiligen Dienststelle. Allgemein erforderlich dürften insoweit aber durchweg betriebs- und haushaltswirtschaftliche Grundkenntnisse sein. **Persönliche Eignung** liegt vor, wenn das Mitglied, die für die Aufgabenerfüllung notwendige Zuverlässigkeit, insbesondere Verschwiegenheit aufweist. Ob die zu bestellenden Mitglieder des Wirtschaftsausschusses diesen Anforderungen genügen, muss die Dienststelle bei ihrer Auswahlentscheidung und der PR bei Erteilung seines Einvernehmens im Rahmen des ihnen insoweit eingeräumten Ermessens entscheiden. **18**

4. Bestellung. Die Mitglieder des Wirtschaftsausschusses werden nach Absatz 4 Satz 4 von der Dienststelle bestellt. Das bedeutet zunächst, dass – anders als im Betriebsverfassungsrecht (dort durch den Betriebsrat) – keine Wahl erfolgt, sondern lediglich eine Entscheidung des Dienststellenleiters. Dieser kann sich auch schon vor seiner Entscheidung mit dem PR abstimmen, was einer vertrauensvollen Zusammenarbeit wohl am ehesten entsprechen würde. Sinnvollerweise werden auch die Beschäftigten, die in Erwägung gezogen werden, bereits im Vorfeld gefragt, ob sie mit der Bestellung einverstanden sind. **19**

20 **Einvernehmen des PR.** Dem PR wird durch Absatz 4 Satz 4 das Recht zugewiesen, sein Einvernehmen zur konkreten Bestellungsentscheidung der Dienststelle zu erteilen oder zu versagen. Einvernehmen bedeutet: vorherige Zustimmung des PR zur Entscheidung der Dienststelle. Damit wird die Bestellung durch die Dienststelle erst wirksam, wenn der PR zugestimmt hat. Daraus folgt, dass der PR zwar die Bestellung eines Mitglieds durch Versagung seines Einvernehmens verhindern kann, aber er kann in diesem Verfahren grundsätzlich nicht die Bestellung bestimmter Mitglieder erzwingen, sondern nur vorschlagen. Sein Einvernehmen erteilt der PR nach entsprechender Beschlussfassung nach § 34.

21 **PR-Mitglied.** Anderes gilt aber hinsichtlich des Mitglieds des Wirtschaftsausschusses, das auch Mitglied des PR sein muss. Hinsichtlich dieser Besetzung wird die Kompetenz der Dienststelle zur Bestellung der Mitglieder durchbrochen. Denn es folgt aus der Natur der Sache, dass der Gesetzgeber mit dieser Regelung die Präsenz des PR im Wirtschaftsausschuss sichern wollte. Dann aber kann es nur Sache des PR sein, darüber zu bestimmen, welches PR-Mitglied auch Mitglied im Wirtschaftsausschuss sein soll. Hierüber hat der PR nach § 34 Beschluss zu fassen. Dieser Beschluss ist für die Dienststelle bindend.

22 **Dauer.** Nach Absatz 4 Satz 4 werden die Mitglieder des Wirtschaftsausschusses für die Dauer der Amtszeit des PR bestellt. Nach Ablauf der Amtszeit muss ein neuer Wirtschaftsausschuss bestellt werden.

23 **Abberufung.** Während der Amtszeit können Mitglieder des Wirtschaftsausschusses jederzeit abberufen werden. Über die Abberufung entscheidet die Dienststelle. Da die Abberufung die Umkehroperation der Bestellung ist und zudem im selben Satz 4, wie die Bestellung geregelt ist, ist zu folgern, dass auch die Abberufung eines Mitglieds des **Einvernehmens des PR** bedarf. Erteilt der PR sein Einvernehmen nicht, verbleibt der Beschäftigte Mitglied des Wirtschaftsausschusses. Das Gesetz gibt keinerlei Vorgaben, wann eine Abberufung in Betracht kommt, so dass diese auch ohne besonderen Grund und insbesondere ohne Begründung erfolgen könnte.

24 **Sonstige Beendigung.** Die Mitgliedschaft im Wirtschaftsausschuss endet auch durch Amtsniederlegung, die jederzeit möglich ist und durch Beendigung des Beschäftigungsverhältnisses oder wenn der Beschäftigte nicht mehr der Dienststelle angehört. Die Mitgliedschaft des Beschäftigten, der nach Satz 1 zugleich dem PR angehört, endet auch dann, wenn dieser aus dem PR ausscheidet.

25 **Nachträgliche Bestellung.** Scheidet ein Mitglied aus dem Wirtschaftsausschuss aus bzw. wird es vorzeitig abberufen, steht es im Ermessen der Dienststelle, ob ein neues Mitglied bestellt wird. Dies gilt nicht, wenn durch das Ausscheiden die Mindestzahl von drei Mitgliedern unterschritten wird oder wenn das PR-Mitglied ausscheidet. Dann muss ein neues Mitglied bestellt werden. Das Verfahren richtet sich nach Absatz 4 Satz 4.

26 **5. Konstituierende Sitzung.** Nach der Bestellung der Mitglieder des Wirtschaftsausschusses durch die Dienststelle, bedarf es einer konstituierenden Sitzung, damit der Wirtschaftsausschuss die Arbeit aufnehmen kann. Die Konstituierung des Wirtschaftsausschusses ist in Anlehnung der Regelungen über den PR gefasst worden (§ 19).

Einberufung, Sitzungsleitung. Anders als § 19 regelt Absatz 4 Satz 5 keine bestimmte Frist, innerhalb derer der PR-Vorsitzende zur konstituierenden Sitzung einzuladen hat. Es liegt aber nahe, sich an dieser Frist zu orientieren, weil dieser eine vergleichbare Verfahrenssituation zugrunde liegt. Da der Wirtschaftsausschuss alsbald nach der Bestellung seiner Mitglieder seine Arbeit aufnehmen soll, muss der PR-Vorsitzende jedenfalls unverzüglich nach deren Bestellung zur konstituierenden Sitzung einladen. **27**

Wahl des Vorsitzenden. In der konstituierenden Sitzung wählen die bestellten Mitglieder des Wirtschaftsausschusses aus ihrer Mitte einen Vorsitzenden. Mit der Wahl und deren Annahme übergibt der PR-Vorsitzende die Sitzungsleitung an den neu gewählten Vorsitzenden des Wirtschaftsausschusses. **28**

6. Versäumnis von Arbeitszeit. Nach Absatz 4 Satz 6 gilt § 43 Abs. 2 entsprechend. Dies bedeutet, dass auch die Mitglieder des Wirtschaftsausschusses insoweit wie PR-Mitglieder zu behandeln sind. Versäumnis an Arbeitszeit, die zur ordnungsgemäßen Aufgabendurchführung erforderlich ist, darf keine Minderung der Besoldung bzw. des Arbeitsentgelts zur Folge haben; ggf. besteht in entsprechender Anwendung von § 43 Abs. 2 Satz 2 Anspruch auf Dienstbefreiung. **29**

V. Sitzungen des Wirtschaftsausschusses (Abs. 5)

Vierteljahressitzungen. Nach Absatz 5 soll der Wirtschaftsausschuss einmal im Vierteljahr zusammenkommen. Diese Anzahl von Sitzungen hält der Gesetzgeber im Regelfall („soll") für ausreichend, um eine kontinuierliche Unterrichtung des Wirtschaftsausschusses und damit des PR zu gewährleisten. Dieser Turnus ist sachgerecht zumal er der Regelung des § 70 Abs. 1 Satz 1 entspricht und auf diesen abgestimmt ist. Dieser Sitzungsturnus unterscheidet sich zwar vom monatlichen Sitzungsturnus des § 108 Abs. 1 BetrVG, ist aber im öffentlichen Dienst sachlich gerechtfertigt. Zudem stellt Absatz 5 nur eine Bestimmung für den Regelfall dar. Wenn es nach den besonderen Verhältnissen einer Dienststelle häufigerer Sitzungen bedarf, schließt dies Absatz 5 nicht aus. Ebenso sind auch weniger Sitzungen des Wirtschaftsausschusses möglich, wenn die konkreten Verhältnisse keine vier Sitzungen erfordern. **30**

Verhältnis zu § 68. Die Anzahl der Sitzungen des Wirtschaftsausschusses hängt nicht zuletzt von der Informationspolitik gegenüber dem PR ab. Nach der Neuregelung von § 68 Abs. 1 können Dienststellenleiter und PR einvernehmlich auf zwei Besprechungen verzichten, wenn wirtschaftliche Angelegenheiten bereits im Wirtschaftsausschuss ausreichend behandelt worden sind. Umgekehrt ist zu folgern, dass es weniger Sitzungen des Wirtschaftsausschusses bedarf, wenn der PR schon umfänglich informiert worden ist. Dies folgt letztlich auch aus dem neuen § 68 Abs. 1 Satz 4. Wenn es in einer Dienststelle keinen Wirtschaftsausschuss gibt, soll die Dienststelle den PR in den gemeinschaftlichen **31**

Besprechungen mindestens zweimal im Jahr über die von einem Wirtschaftsausschuss zu behandelnden Angelegenheiten unterrichten. Entscheidend ist nach alledem, dass der PR – auf welchem Wege auch immer – über die wirtschaftlichen Angelegenheiten zeitnah und umfassend informiert wird.

VI. Teilnahme an den Sitzungen des Wirtschaftsausschusses (Abs. 6)

32 **1. Dienststellenleiter.** Nach Absatz 6 Satz 1 nimmt der Dienststellenleiter oder eine von diesem beauftragte Person an den Sitzungen des Wirtschaftsausschusses teil. Der Dienststellenleiter ist zur Teilnahme an den Sitzungen verpflichtet, kann sich aber durch eine beauftragte Person vertreten lassen. Der Dienststellenleiter ist vom Vorsitzenden des Wirtschaftsausschusses unter Angabe der Tagesordnung rechtzeitig zu den Sitzungen zu laden.

33 **Verfahren, Kosten.** Für die Ladungen und die Durchführung der Sitzungen finden die Vorschriften über die Sitzungen des PR sinngemäß Anwendung. Über die Sitzung ist eine **Niederschrift** zu erstellen. Der Wirtschaftsausschuss kann sich ebenso wie der PR eine **Geschäftsordnung** geben, in der Einzelheiten des Verfahrens geregelt werden. Die Kosten der Sitzungen und die sonstigen Kosten des Wirtschaftsausschusses trägt die Dienststelle. Nach Absatz 4 Satz 6 gilt § 43 Abs. 2 entsprechend.

34 **Vertraulichkeit.** Die Sitzungen des Wirtschaftsausschusses sind nicht öffentlich und vertraulich. Dienststellenleiter und die Mitglieder des Wirtschaftsausschusses unterliegen der Verschwiegenheitspflicht nach § 7 Abs. 1 Satz 1, weil sie Personen sind, die Aufgaben nach diesem Gesetz wahrnehmen.

35 **Sachkundige Beschäftigte.** Nach Satz 1 können auch weitere sachkundige Beschäftigte zur Sitzung hinzugezogen werden. Werden sonstige Beschäftigte oder auch externe Sachverständige (vgl. hierzu: BVerwG, 8.11.1989 – 6 P 7/87 – PersV 1990, 342 = PersR 1990, 102) zu den Sitzungen zugezogen, nehmen auch diese Aufgaben nach diesem Gesetz wahr und unterliegen ebenfalls der Verschwiegenheitspflicht (vgl. insoweit auch § 108 Abs. 2 Satz 3 BetrVG). Hierauf sind sie ausdrücklich hinzuweisen.

36 **2. Sonstige Teilnehmer.** Nach Absatz 6 Satz 2 können an den Sitzungen des Wirtschaftsausschusses beratend die Schwerbehindertenvertretung, ein Mitglied der JAV sowie die Beauftragte für Chancengleichheit teilnehmen.

37 **Nr. 1: Schwerbehindertenvertretung.** Die Schwerbehindertenvertretung ist an allen Sitzungen des Wirtschaftsausschusses teilnahmeberechtigt und dementsprechend zu allen Sitzungen zu laden.

38 **Nr. 2: JAV.** Demgegenüber ist ein JAV-Mitglied nur dann teilnahmeberechtigt, wenn in der Sitzung Angelegenheiten behandelt werden, die besonders Beschäftigte im Sinne von § 59 betreffen. Ansonsten ist eine Sitzungsteilnahme unzulässig. Ob die Voraussetzungen des Absatzes 6 Satz 2 Nr. 2 vorliegen, entscheidet der Vorsitzende des Wirtschaftsausschusses und lädt entsprechend die JAV. Diese bestimmt sodann ein Mitglied der JAV als Sitzungsvertreter.

Nr. 3: BfC. Ebenso ist die Sitzungsteilnahme der Beauftragten für Chancen- **39** gleichheit nur zulässig, wenn Angelegenheiten behandelt werden, die besonders die Gleichstellung von Frauen und Männern betreffen. Auch dies entscheidet der Vorsitzende des Wirtschaftsausschusses und lädt ggf. die Beauftragte für Chancengleichheit zur Sitzung.

Abschnitt 2 **Mitbestimmung, Mitwirkung und Anhörung**

§ 73 Mitbestimmung

(1) [1]Soweit eine Maßnahme der Mitbestimmung des Personalrats unterliegt, kann sie nur mit seiner Zustimmung getroffen werden. [2]Eine Maßnahme im Sinne von Satz 1 liegt bereits dann vor, wenn durch eine Handlung eine mitbestimmungspflichtige Maßnahme vorweggenommen oder festgelegt wird.

(2) [1]Der Personalrat kann seine Zustimmung zu Maßnahmen in zuvor festgelegten Einzelfällen oder für zuvor festgelegte Fallgruppen von Maßnahmen vorab erteilen. [2]Die Bestimmung der Maßnahmen erfolgt für die Dauer der Amtszeit des Personalrats in der Geschäftsordnung; die Bestimmung kann jederzeit geändert oder widerrufen werden. [3]Die Fälle, in denen die Vorabzustimmung in Anspruch genommen worden ist, sind dem Personalrat jeweils in der nächsten Sitzung bekanntzugeben.

I. Zustimmungserfordernis (Abs. 1)

1. Vorherige Zustimmung. Gegenstand der Mitbestimmung der Personalvertre- **1** tung ist die beabsichtigte Maßnahme des Dienststellenleiters (zum Begriff vgl. § 76 Rn. 4). In dem Umfang („soweit") diese Maßnahme der Mitbestimmung unterliegt, kann sie grundsätzlich nur mit vorheriger Zustimmung der Personalvertretung getroffen werden. Eine nachträgliche Einholung (im Sinne einer Genehmigung) ist ausgeschlossen; zur Nachholung der Mitbestimmung vgl. Rn. 12. Eine Zustimmung im Voraus kommt nur ausnahmsweise nach Maßgabe von Absatz 2 in Betracht.

Begriff. Die Mitbestimmung ist die **stärkste Form der Beteiligung.** Im Gegen- **2** satz zum Mitwirkungsverfahren, das im Falle der Nichteinigung zwischen Dienststelle und PR mit der Entscheidung der obersten Dienstbehörde bzw. bei Gemeinden, Landkreisen und den sonstigen Körperschaften, Anstalten und Stiftungen des öffentlichen Rechts mit der Entscheidung des in ihrer Verfassung vorgesehenen obersten Organs endet, endet das Mitbestimmungsverfahren, wenn eine Einigung nicht zustande kommt, grundsätzlich mit einem Beschluss der Einigungsstelle.

Arten der Mitbestimmung. Bei der Mitbestimmung ist zu unterscheiden zwi- **3** schen der uneingeschränkten Mitbestimmung (§ 74), d. h. den Fällen, in denen die **Einigungsstelle** eine abschließende und für beide Beteiligte verbindliche Entscheidung trifft, und der eingeschränkten Mitbestimmung (§ 75), also den Fällen, in denen die Einigungsstelle nur eine **Empfehlung** an die oberste Dienstbehörde beschließen kann (§ 78 Abs. 4 Satz 1). Der Gesetzgeber ist bei der Zuordnung von Gegenständen zur vollen bzw. eingeschränkten Mitbestimmung insbesondere an das Demokratieprinzip gebunden. Nach der Rechtsprechung des BVerfG (vgl. insb. 24.5.1995 – 2 BvF 1/92 – PersV 1995, 553 = PersR 1995, 483) kommt nach der dort aufgestellten **3-Fallgruppen-Theorie** bei bestimmten Maßnahmen grundsätzlich nur die eingeschränkte Mitbestimmung in Betracht. Dem trägt das neue LPVG Rechnung.

4   a) **Unterlassung des Verfahrens.** Die Durchführung eines Mitbestimmungsverfahrens kann versehentlich unterbleiben; es kann aber auch unterschiedliche Auffassungen über die Mitbestimmungsbedürftigkeit der Maßnahme geben. Ohne Zustimmung des PR getroffene Maßnahmen sind rechtswidrig. Der Dienststellenleiter kann aber die rechtswidrige Maßnahme aufheben und dem PR dann einen Antrag zur Entscheidung vorlegen; es tritt kein Verbrauch des Beteiligungsverfahrens durch die rechtswidrige Erstentscheidung ein (VGH Mannheim, 21.9.2007 – 4 S 2131/07 – juris). Handelt der Dienststellenleiter trotz bestehender Mitbestimmungsbedürftigkeit ohne Zustimmung des PR, kann dies eine Dienstpflichtverletzung darstellen, wenn das Mitbestimmungsrecht vorsätzlich oder hartnäckig verletzt wird.

5   **Beschlussverfahren.** Bei Verletzung eines Beteiligungsrechts steht dem PR durchweg die Anrufung des Verwaltungsgerichts – Personalvertretungskammer – offen, mit dem Ziel, das Beteiligungsrecht gerichtlich feststellen zu lassen. Vor Anrufung des Gerichts muss der PR im Rahmen der vertrauensvollen Zusammenarbeit aber zunächst dem Dienststellenleiter seine Rechtsauffassung darlegen und diesem Gelegenheit zur Abhilfe geben.

6   **Frist/Verwirkung.** Die Einleitung des Beschlussverfahrens ist nicht an eine bestimmte Frist gebunden. Im Rahmen der vertrauensvollen Zusammenarbeit ist der PR aber gehalten, den Dienststellenleiter auf das Beteiligungsrecht alsbald nach Kenntnis hinzuweisen. In der Regel tritt aber keine **Verwirkung** des Mitbestimmungsrechts ein, weil auch eine längere Untätigkeit des PR allein hierzu nicht ausreicht. Es müssen vielmehr im Einzelfall besondere Umstände hinzutreten, welche die verspätete Geltendmachung als Verstoß gegen Treu und Glauben erscheinen lassen (VGH Mannheim, 23.2.2010 – PL 15 S 2584/08). Dies ist insbesondere der Fall, wenn der Dienststellenleiter darauf vertrauen durfte, dass das Recht nicht mehr ausgeübt werde und ihm durch die verspätete Durchsetzung ein unzumutbarer Nachteil entstehen würde (VGH Mannheim, 23.2.2010 – PL 15 S 2584/08).

7   b) **Rechtsfolgen.** Ohne Zustimmung der zuständigen Personalvertretung getroffene Maßnahmen sind nicht schlechthin unwirksam. Hinsichtlich rechtsgeschäftlicher Erklärungen des Privatrechts kommt es bei Verletzung des Mitbestimmungsrechts darauf an, welchem **Schutzzweck die Mitbestimmung** dienen soll, ob der Arbeitnehmer begünstigt wird (Wirksamkeit der Maßnahme) oder belastet wird (Unwirksamkeit der Maßnahme); vgl. hierzu: BAG, 3.12.1991 – GS 2/90 – BAGE 69, 134; Ilbertz-Widmaier § 69 Rn. 39 ff. So sind z. B. nach der Rechtsprechung des BAG ohne Zustimmung des PR abgeschlossene Arbeitsverträge voll wirksam; die Dienststelle darf den Bewerber jedoch nicht beschäftigen, solange die Zustimmung des PR nicht vorliegt (BAG, 26.6.2002 – 7 AZR 92/01 – PersV 2003, 116; Richardi/Dörner/Weber § 75 Rn. 26).

Verwaltungsakte. Mit ihrer Bekanntgabe werden Verwaltungsakte wirksam, **8** wenn sie nicht ausnahmsweise aufgrund schwerwiegender Fehler nichtig sind. Eine Verletzung des Mitbestimmungsrechts führt regelmäßig nur zur Rechtswidrigkeit und damit Anfechtbarkeit des Verwaltungsakts. Wird ein rechtswidriger Verwaltungsakt aber nicht angefochten, so wird er bestandskräftig und behält seine Wirkung trotz seiner Rechtswidrigkeit. Abweichend von diesen allgemeinen verwaltungsverfahrensrechtlichen Regelungen kann das **Fachrecht** spezielle Regelungen enthalten, die die Folgen eines fehlerhaften Vorgehens der Verwaltung in anderer Weise abschließend regeln, z. B. bei Einstellungen, Anstellungen und Beförderungen von Beamten, die als Ernennungen nur in den vom Beamtenrecht vorgesehenen Fällen nichtig oder zurücknehmbar sind (Illbertz-Widmaier § 69 Rn. 42 f.; Lorenzen u. a. § 69 Rn. 57a).

Anfechtungsberechtigung. Anfechtungsberechtigt ist der von der Maßnahme **9** betroffene Beamte, wenn er durch den Verwaltungsakt beschwert ist, z. B. bei der Ablehnung eines Antrags auf Teilzeitbeschäftigung oder Beurlaubung. Dies kann aber auch bei einer Versetzung, Abordnung oder Umsetzung der Fall sein. Der **PR hat kein Anfechtungsrecht** (Richardi/Dörner/Weber § 69 Rn. 120). Er kann allenfalls Dienstaufsichtsbeschwerde erheben oder in einem verwaltungsgerichtlichen Beschlussverfahren nach § 92 Abs. 1 Nr. 3 die Verletzung seines Mitbestimmungsrechts feststellen lassen. Dies führt aber nicht zur Unwirksamkeit der Maßnahme.

Rückgängigmachung. Wird die Mitbestimmungsbedürftigkeit einer Maßnahme **10** nachträglich erkannt oder gerichtlich festgestellt, kann der Dienststellenleiter die getroffene Maßnahme ggf. rückgängig machen. Der PR hat aber keinen einklagbaren Rechtsanspruch auf Rückgängigmachung der Maßnahme (BVerwG, 20.1.1993 – 6 P 18/90 – PersV 1994, 215 = PersR 1993, 307). Handelt es sich jedoch um eine **fortwirkende** (abänderbare oder rückgängig machbare Maßnahme) besteht die Verpflichtung des Dienststellenleiters, diese rückgängig zu machen oder die Mitbestimmung nachzuholen (BVerwG, 16.9.1994 – 6 P 32/92 – PersV 1995, 175 = PersR 1995, 16). Ggf. kommt hier auch der Antrag auf Erlass einer einstweiligen Verfügung durch den PR in Betracht (BVerwG, 27.7.1990 – 6 PB 12/89 – PersV 1991, 29 = PersR 1990, 297; Widmaier, PersV 2000, 50).

c) Abbruch des Verfahrens. Der Dienststellenleiter kann ein bereits eingeleitetes **11** Verfahren in jeder Phase des Mitbestimmungsverfahrens abbrechen. Dies kommt in Betracht, wenn er an der beabsichtigten Maßnahme nicht festhält oder er die Rechtslage anders einschätzt, z. B. weil er von der übergeordneten Dienststelle entsprechend angewiesen worden ist (BVerwG, 28.8.2008 – 6 PB 19/08 – PersV 2009, 104 = PersR 2008, 458). Ebenso wie bei der Unterlassung des Verfahrens steht dem PR im letzteren Fall die Anrufung des VG offen, mit dem Ziel, im Beschlussverfahren die Mitbestimmungsbedürftigkeit der Maßnahme klären zu lassen. Steht dem PR ein Verfügungsgrund zur Seite, kann er die Fortsetzung des Mitbestimmungsverfahrens auch im Wege der einstweiligen Verfügung verfolgen (vgl. z. B. VGH Mannheim, 2.7.2010 – PB 15 S 820/10).

12   **d) Nachholung.** Ein rechtswidrig unterlassenes Mitbestimmungsverfahren kann grundsätzlich auch mit Wirkung für die Vergangenheit nachgeholt werden, wenn sich die Maßnahme nicht zwischenzeitlich erledigt hat. Ob und ggf. bis zu welchem Zeitpunkt eine Nachholung mit heilender Wirkung zulässig ist, entscheidet in erster Linie das jeweilige Fachrecht (vgl. z. B. BVerwG, 22.3.1989 – 1 DB 30/88 – PersR 1989, 231; BVerwG, 24.11.1983 – 2 C 9/82 – BVerwGE 68, 189 (194 f.)). Fehlen spezielle Regelungen kommt es personalvertretungsrechtlich darauf an, ob der Zweck des Mitbestimmungsverfahrens durch eine Nachholung noch erreicht werden kann (VGH Mannheim, 10.9.2009 – 4 S 2816/07 – DÖV 2010, 43). Dies ist zu bejahen, wenn die rechtswidrig durchgeführte Maßnahme rückgängig gemacht oder abgeändert werden kann (BVerwG, 28.12.1998 – 6 P 1/97 – PersR 1999, 271) oder in zumutbarer Weise anderweitig ausgeglichen werden kann (VGH Mannheim, 10.9.2009 – 4 S 2816/07 – DÖV 2010, 43). Bei Vorliegen dieser Voraussetzungen, kann der PR vom Dienststellenleiter die nachträgliche Einleitung des Mitbestimmungsverfahrens und eine vollständige Unterrichtung verlangen (BVerwG, 15.3.1995 – 6 P 31/93 – PersV 1996, 121 = PersR 1995, 423). Eine Nachholung scheidet aber immer aus, wenn diese nur eine leere Förmelei wäre und dem PR keine Einwirkungsmöglichkeiten mehr zur Verfügung stünden.

13   **2. Erweiterter Maßnahmebegriff.** In der personalvertretungsrechtlichen Praxis wurde der Begriff der „Maßnahme" in der Vergangenheit als zu eng angesehen. Der neu ins Gesetz eingefügte Absatz 1 Satz 2 trägt dem Rechnung, indem er klarstellt, dass als zustimmungspflichtige „Maßnahme" bereits schon die Handlungen anzusehen sind, durch die eine mitbestimmungspflichtige Maßnahme vorweggenommen oder festgelegt wird. Sinn der Neuregelung ist es, solche Tatbestände zu erfassen, bei denen aufgrund der Verfahrensgestaltung oder der Vorfestlegung der Dienststelle die Mitbestimmung des PR zu spät kommen würde, falls dieser erst mit dem Antrag auf Zustimmung zur Beratung und Entscheidung aufgerufen würde.

14   **Vorbereitende Handlungen.** Man wird aber auch unter der Geltung des neuen Rechts nicht umhin können, den erweiterten Maßnahmebegriff von rein vorbereitenden Handlungen zu unterscheiden. Lediglich vorbereitend ist eine Handlung dann, wenn die Entscheidung, **ob** eine Maßnahme überhaupt getroffen werden soll und **ggf. welche Maßnahme** konkret getroffen werden soll, offen ist. Die verwaltungsinterne Meinungsbildung sowie dienststelleninterne Vorprüfungen und Vorgespräche unterliegen nicht der Mitbestimmung (BVerwG, 14.10.2002 – 6 P 7/01 – PersV 2003, 186 = PersR 2003, 113).

15   **Vorwegnahme.** Von einer Vorwegnahme der Maßnahme ist dann auszugehen, wenn die zu bewertende Handlung der Dienststelle in allen Einzelheiten bereits der Maßnahme entspricht, die eigentliche, später erfolgende Maßnahme mithin nur noch förmlich vollzieht, was bereits entschieden ist. Die Offenheit des Verfahrens, ob und ggf. wie eine Maßnahme zu treffen sein wird, die das vorbereitende Verfahren kennzeichnet, fehlt hier gerade.

Festlegung. Der zustimmungsbedürftigen Maßnahme steht auch eine Handlung **16** der Dienststelle gleich, die zwar nicht schon der späteren „Maßnahme" entspricht, aber bereits solche Dispositionen trifft, die bei normalem Lauf der Dinge mit hoher Wahrscheinlichkeit auf eine bestimmte Maßnahme hinauslaufen. Auch hier muss die Frage, ob und wie die Dienststelle verbindlich handeln will, bereits im Vorfeld derart eingeengt sein, dass nicht mehr von einer offenen Entscheidungssituation gesprochen werden kann.

Verfahren. Verfährt die Dienststelle nach § 76 Abs. 1 liegt eine Maßnahme im **17** Sinne von § 73 Abs. 1 Satz 1 vor. Im Falle des Absatzes 1 Satz 2 fehlt ein solcher ausdrücklicher Antrag der Dienststelle, so dass nicht von einem Mitbestimmungsverfahren im Sinne von § 76 Abs. 1 gesprochen werden kann. Typischerweise werden dem PR deshalb die Umstände (Handlungen der Dienststelle), aus denen die bereits bestehende Zustimmungsbedürftigkeit geschlossen wird, anderweitig bekannt werden. In diesem Fall muss der PR sein Mitbestimmungsrecht unverzüglich gegenüber der Dienststelle geltend machen und die Einleitung eines förmlichen Mitbestimmungsverfahrens verlangen. Kommt die Dienststelle diesem Verlangen nicht nach, besteht die Möglichkeit ein gerichtliches Beschlussverfahren zur Klärung der Mitbestimmungsbedürftigkeit einzuleiten. In Betracht kommt in dieser Verfahrenssituation ggf. auch die Beschlussfassung und förmliche Ablehnung der Maßnahme durch den PR. Es ist dann aber Sache des PR, die Umstände im Einzelnen darzulegen, aus denen sich die behauptete Vorwegnahme bzw. die Festlegung ergibt.

Modellversuche. Die versuchsweise Einführung einer dem Grunde nach mitbe- **18** stimmungspflichtigen Maßnahme ist bereits „Maßnahme" nach Absatz 1 Satz 1 und von daher mitbestimmungspflichtig, weil insoweit ein abgeschlossener Willensbildungsprozess des Dienststellenleiters vorliegt.

II. Vorabzustimmung (Abs. 2)

1. Ausnahmeregelung. § 73 Abs. 2 stellt eine Ausnahmeregelung dar, weil in **19** Mitbestimmungsverfahren grundsätzlich zu verlangen ist, dass der PR **vor** Umsetzung der Maßnahme informiert wird, beraten und Beschluss fassen kann. Von daher ist Absatz 2 eng auszulegen. Dieses Normverständnis wird auch durch die bisherige Rechtsprechung des BVerwG nahe gelegt, das sich in dieser Frage – anders als die Vorinstanzen (vgl. VGH Kassel, 19.3.1989 und 29.3.1989 – BPV TK 3821/87 – PersR 1989, 162 und PersV 1990, 176) – nicht festgelegt hat, sondern die Zulässigkeit von Vorabzustimmungen ausdrücklich offen gelassen hat (vgl. insoweit: BVerwG, 3.2.1993 – 6 P 28/91 – PersV 1994, 225 = PersR 1993, 260; 27.7.1990 – 6 PB 12/89 – PersV 1991, 29 = PersR 1990, 297). Der Gesetzesbegründung ist zu entnehmen, dass die Neuregelung der bestehenden Rechtsunsicherheit begegnen und Klarheit dahin schaffen soll, dass in **Routinefällen**, die keinen erkennbaren Beratungsbedarf aufweisen, die Geschäftsführung des PR erleichtert werden soll. In der Praxis sollte die Vorabzustimmung aber auf einfache immer wieder auftretende Fälle beschränkt werden und nicht für **unbestimmte künftige Fälle** genutzt werden (vgl. hierzu auch Lorenzen u. a. § 69 Rn. 4b; Ilbertz-Widmaier § 69 Rn. 13).

20 **Maßnahmen.** Als Maßnahmen im Sinne von Absatz 2 Satz 1 kommen nur solche in Betracht, die ihrem Wesen nach einfach gelagert sind und routinemäßig entschieden werden können. Alle Mitbestimmungstatbestände, die eine größere Komplexität aufweisen oder für Beschäftigte oder Dienststelle folgenschwere Entscheidungen betreffen, bedürfen der einzelfallbezogenen Beratung und Beschlussfassung des PR und können nicht der Vorabzustimmung unterworfen werden.

21 **Einzelfälle, Fallgruppen.** Eine Vorabzustimmung kommt nur in zuvor festgelegten Einzelfällen bzw. zuvor festgelegten Fallgruppen von Maßnahmen in Betracht. Die Festlegung erfolgt nach Absatz 2 Satz 2 durch die Geschäftsordnung des PR. Liegt eine solche Festlegung nicht vor, muss die Dienststelle das normale Verfahren nach § 73 Abs. 1 einleiten.

22 **2. Geschäftsordnung.** Die Festlegung der Einzelfälle und Fallgruppen nach Absatz 2 Satz 1 und 2 muss zwingend in der Geschäftsordnung des PR (§ 39) erfolgen. Dies bedeutet, dass sich der PR dann zwingend eine Geschäftsordnung geben muss, wohingegen § 39 Abs. 1 es dem PR frei stellt, ob er eine Geschäftsordnung erlässt. Die Beschlussfassung des PR richtet sich insoweit nach § 39 Abs. 1. Nach der Begründung des Gesetzesentwurfs soll durch das Erfordernis der Geschäftsordnungsregelung sichergestellt werden, dass die Mehrheit des PR und der Gruppen eine solche Vorgehensweise und die dabei geregelten Fälle mitträgt. Die Dienststelle hat keinen Anspruch darauf, dass der PR eine entsprechende Geschäftsordnung erlässt bzw. entsprechende Festlegungen in die Geschäftsordnung aufnimmt. § 73 Abs. 2 will nur das Verfahren des PR erleichtern, aber nicht die Dienststelle privilegieren.

23 **Bestimmtheit.** In der Geschäftsordnung müssen die Maßnahmen, die der Vorabzustimmung unterfallen sollen, eindeutig und zweifelsfrei festgelegt sein. Bestehen aufgrund der Regelung in der Geschäftsordnung Zweifel an der Vorabzustimmung, ist die Dienststelle nicht zum Vollzug der Maßnahme berechtigt. Sie kann dann im Wege der vertrauensvollen Zusammenarbeit auf eine Klarstellung in der Geschäftsordnung hinwirken oder das Normalverfahren wählen.

24 **Dauer.** Die Vorabzustimmung wirkt ab Inkrafttreten der Geschäftsordnung des PR, was eine ordnungsgemäße und § 39 Abs. 1 genügende Beschlussfassung des PR voraussetzt. Sie wirkt für die Dauer der Amtszeit des PR. Eine zeitlich befristete Regelung ist nicht vorgesehen, wegen der jederzeitigen Widerruflichkeit aber auch nicht erforderlich.

25 **Änderung/Widerruf.** Die Bestimmung über die Vorabzustimmung in der Geschäftsordnung kann nach Absatz 2 Satz 2 jederzeit geändert oder gänzlich widerrufen werden. Durch diese Dispositionsbefugnis wird vom Gesetz nochmals unterstrichen, dass allein der PR durch die Regelung privilegiert sein soll und frei darüber entscheiden kann, ob er auf einem normalen Mitbestimmungsverfahren besteht oder vom Vorabzustimmungsverfahren Gebrauch machen will. Es bedarf keiner besonderen Voraussetzungen, um einen Widerruf oder eine Änderung zu beschließen. Diese Beschlussfassung muss ihrerseits den formellen

Erfordernissen des § 39 Abs. 1 entsprechen und der Dienststelle mitgeteilt werden (§ 39 Abs. 3). Ein Widerruf bzw. eine Änderung wird insbesondere dann in Betracht kommen, wenn in der praktischen Umsetzung der Vorabzustimmung Zweifelsfälle zu Tage treten bzw. sich erweist, dass von der Zustimmung auch Fälle erfasst werden, die der PR eigentlich nach §§ 76 ff. behandeln will.

3. Bekanntgabe. Nach Absatz 2 Satz 3 hat die Dienststelle, die Fälle, in denen **26** die Vorabzustimmung in Anspruch genommen worden ist, dem PR jeweils in der nächsten Sitzung bekannt zu geben. Damit soll dem PR die Möglichkeit eröffnet werden, die praktische Umsetzung im Auge zu behalten und ggf. Änderungen an der Geschäftsordnung vorzunehmen.

§ 74 Angelegenheiten der uneingeschränkten Mitbestimmung

(1) Der Personalrat hat mitzubestimmen über die
1. Gewährung von Unterstützungen, Vorschüssen, Darlehen und entsprechenden sozialen Zuwendungen,
2. allgemeine Festsetzung der Nutzungsbedingungen für Wohnungen, über die die Beschäftigungsdienststelle verfügt oder für die die Beschäftigungsdienststelle ein Vorschlagsrecht hat,
3. Zuweisung von Wohnungen nach Nummer 2,
4. Kündigung von Wohnungen nach Nummer 2,
5. Aufstellung des Urlaubsplans,
6. Festsetzung der zeitlichen Lage des Erholungsurlaubs für einzelne Beschäftigte, wenn zwischen dem Leiter der Dienststelle und den beteiligten Beschäftigten kein Einverständnis erzielt wird.

(2) Der Personalrat hat, soweit eine gesetzliche oder tarifliche Regelung nicht besteht, mitzubestimmen über
1. Regelungen der Ordnung in der Dienststelle und des Verhaltens der Beschäftigten,
2. Beginn und Ende der täglichen Arbeitszeit und der Pausen sowie die Verteilung der Arbeitszeit auf die einzelnen Wochentage,
3. Einführung, Anwendung, wesentliche Änderung und Aufhebung von Arbeitszeitmodellen,
4. Anordnung von Mehrarbeit oder Überstunden, Bereitschaftsdienst und Rufbereitschaft,
5. Fragen der Gestaltung des Entgelts innerhalb der Dienststelle für Arbeitnehmer, insbesondere durch Aufstellung von Entgeltgrundsätzen, die Einführung und Anwendung von neuen Entgeltmethoden und deren Änderung sowie die Festsetzung der Akkord- und Prämiensätze und vergleichbarer leistungsbezogener Entgelte, sowie entsprechende Regelungen innerhalb der Dienststelle für Beamte,
6. Errichtung, Verwaltung, wesentliche Änderung und Auflösung von Sozialeinrichtungen ohne Rücksicht auf ihre Rechtsform,
7. Maßnahmen zur Verhütung von Dienst- und Arbeitsunfällen, Berufskrankheiten und sonstigen Gesundheitsschädigungen sowie von Gesundheitsgefährdungen,
8. Maßnahmen des behördlichen oder betrieblichen Gesundheitsmanagements einschließlich vorbereitender und präventiver Maßnahmen, allgemeine Fragen des behördlichen oder betrieblichen Eingliederungsmanagements, Maßnahmen aufgrund von Feststellungen aus Gefährdungsanalysen,

  9. **Aufstellung von Sozialplänen einschließlich Plänen für Umschulungen zum Ausgleich oder zur Milderung von wirtschaftlichen Nachteilen, die den Beschäftigten infolge von Rationalisierungsmaßnahmen entstehen,**

10. **Grundsätze über die Bewertung von anerkannten Vorschlägen im Rahmen des behördlichen oder betrieblichen Vorschlagwesens.**

(3) Muss für Gruppen von Beschäftigten die tägliche Arbeitszeit nach Erfordernissen, die die Dienststelle nicht voraussehen kann, unregelmäßig und kurzfristig festgesetzt werden, so beschränkt sich die Mitbestimmung nach Absatz 2 Nummer 2 und 4 auf die Grundsätze für die Aufstellung der Dienstpläne.

1   **Vorbemerkung.** In der Vorschrift sind nunmehr sämtliche Angelegenheiten aufgeführt, in denen der PR uneingeschränkt mitzubestimmen hat. Die Aufzählung ist **abschließend**. Über diese Aufzählung hinaus können weder durch Tarifvertrag noch durch Dienstvereinbarung weitere Angelegenheiten der uneingeschränkten Mitbestimmung unterstellt werden (§§ 3, 85). In **Abs. 1** sind die Angelegenheiten aufgeführt, in denen der PR immer mitzubestimmen hat. **Abs. 2** zählt die Angelegenheiten auf, in denen der PR nur mitzubestimmen hat, soweit keine gesetzliche oder tarifliche Regelung besteht. In **Abs. 3** wird, wenn eine unregelmäßige und kurzfristige Festsetzung der täglichen Arbeitszeit erforderlich ist, die Mitbestimmung des PR beschränkt auf die Grundsätze für die Aufstellung der Dienstpläne.

2   **Antrag/Widerspruch des Beschäftigten.** In den Angelegenheiten des Abs. 1 Nr. 4 (Kündigung von Wohnungen) besteht ein Mitbestimmungsrecht des PR nur, wenn der Beschäftigte dies beantragt (§ 76 Abs. 2 Satz 1 Nr. 2). In den Angelegenheiten des Abs. 1 Nr. 1 (Gewährung von sozialen Zuwendungen) kann der betroffene Beschäftigte der Beteiligung des PR widersprechen (§ 76 Abs. 2 Satz 1 Nr. 3). In beiden Fällen hat der betroffene Beschäftigte auch die Möglichkeit, die Beteiligung des PR auf dessen Vorstand zu beschränken (§ 76 Abs. 4).

3   **Form der Ausübung.** Bei den Mitbestimmungstatbeständen des Abs. 1 Nr. 2, 5 und 6 sowie der Abs. 2 und 3, die nicht auf Einzelpersonen bezogen sind, kann das Mitbestimmungsrecht sowohl im Einzelfall als auch durch Abschluss einer Dienstvereinbarung nach § 85 ausgeübt werden. Auf die Kommentierung zu § 85 wird verwiesen.

4   **Unterbliebene/mangelhafte Beteiligung.** Eine unterbliebene oder mangelhafte Beteiligung des PR kann bis zum Abschluss des Widerspruchsverfahrens nachgeholt werden, wenn ihr noch eine echte Einwirkungsmöglichkeit auf die Entscheidung der Dienststelle gewährt wird.

I.   Angelegenheiten der uneingeschränkten Mitbestimmung

5   **Begriff.** Bei der uneingeschränkten Mitbestimmung trifft die Einigungsstelle im Falle der Nichteinigung des PR mit der obersten Dienstbehörde oder dem in § 89 Abs. 1 Satz 1 Nr. 1 genannten obersten Organ eine abschließende und für die Beteiligten verbindliche Entscheidung (§ 78 Abs. 2 Sätze 1 und 2), bei der

eingeschränkten Mitbestimmung (s. § 75) kann die Einigungsstelle nicht entscheiden, sondern nur eine Empfehlung an die oberste Dienststelle beschließen
(§ 78 Abs. 4 Satz 1). Auf die Kommentierung zu § 78 wird verwiesen.

Nr. 1: Soziale Zuwendungen. Die Personalvertretung hat mitzubestimmen bei   **6**
der Gewährung von **Unterstützungen,** Vorschüssen, Darlehen und entsprechenden sozialen Zuwendungen. Eines Antrags des Beschäftigten auf Beteiligung
bedarf es nicht, dieser hat jedoch das **Recht, der PR-Beteiligung zu widersprechen** (§ 76 Abs. 2 Satz 1 Nr. 3); er ist von der beabsichtigten Maßnahme rechtzeitig vorher in Kenntnis zu setzen und auf sein Widerspruchsrecht hinzuweisen
(§ 76 Abs. 3). Neben dem Widerspruchsrecht hat der Beschäftigte auch die
Möglichkeit, die Beteiligung des PR auf dessen Vorstand zu beschränken (§ 76
Abs. 4).

Unterstützungen. Eine Unterstützung ist eine vom Dienstherrn ohne rechtliche   **7**
Verpflichtung mit Rücksicht auf die allgemeine Fürsorgepflicht gewährte Leistung zur Erleichterung einer individuellen Notlage (BVerwG, 21.3.1980 – 6 P
79/78 – PersV 1981, 329). Damit scheiden alle Zuwendungen aus, auf die ein
Rechtsanspruch besteht (z. B. Beihilfen in Krankheits-, Geburts- und Todesfäl-
len, Jubiläumsgaben, Umzugskostenvergütungen). Ebenfalls scheiden Leistungen aus, die unter gleichen Voraussetzungen allen oder einem größeren Kreis
von Beschäftigten ohne Rücksicht auf deren Bedürftigkeit gewährt werden, da
es sich dann nicht mehr um soziale Zuwendungen handelt. Keine sozialen Zuwendungen sind somit Gehaltsvorschüsse (vgl. Ilbertz-Widmaier § 75 Rn. 40; s.
auch die Verwaltungsvorschrift des Finanzministeriums vom 28.1.2008, GABl.
S. 84, ber. S. 211, in der für die Gewährung eines Gehaltsvorschusses zwar verlangt wird, dass der Beschäftigte durch besondere Umstände ungewöhnlich der
Art zu unabwendbaren Ausgaben genötigt ist, die er aus den laufenden Bezügen
nicht bestreiten kann, die Kriterien hierfür aber abstrakt-generell festgelegt sind,
ohne dass es auf die persönliche Bedürftigkeit ankommt). Auch bei der im Ermessen des Dienstherrn liegenden Gewährung von Sachschadensersatz handelt
es sich um keine soziale Zuwendung i. S. d. Abs. 1 Nr. 1 (BVerwG, 30.3.1989 –
6 P 6/86 – PersV 1989, 362 = PersR 1989, 159). Ablehnende Entscheidungen,
mit denen die beantragte Unterstützung versagt wird, unterliegen ebenfalls der
Mitbestimmung.

Nr. 2: Nutzungsbedingungen. Zur allgemeinen Festsetzung der Nutzungsbe-   **8**
dingungen gehören insbesondere die Aufstellung von Grundsätzen für die Gestaltung der Mietverhältnisse (z. B. Mustermietvertrag, Hausordnung) und die
Ermittlung des Mietzinses (u. a. Erhöhungssatz, wenn dieser als ein allgemeiner
Durchschnittswert angestrebt wird und die Entscheidung, ob lineare oder
nichtlineare Erhöhung). Ein Mitbestimmungsrecht besteht bei Regelungen dieser Art jedoch nur, wenn und soweit die Beschäftigungsdienststelle eine Ent-
scheidungskompetenz hat. **Kein Mitbestimmungsrecht** besteht bei entsprechenden **Regelungen im konkreten Einzelfall,** z. B. bei der Festsetzung des
Mietzinses für eine zugewiesene Wohnung (BVerwG, 15.3.1995 – 6 P 24/93 –
juris). Ein Mitbestimmungsrecht besteht nur, wenn die Beschäftigungsdienststelle entweder über eine **Wohnung verfügt** oder sie ein **Vorschlagsrecht** hat.
Auch über eine Wohnung, die nicht in ihrem Eigentum steht, verfügt die Be-

schäftigungsdienststelle, wenn ihr das Besetzungsrecht zusteht. Beim Vorschlagsrecht schlägt die Beschäftigungsdienststelle der verfügenden Dienststelle vor, die Wohnung an einen bestimmten Beschäftigten zu vergeben, das Entscheidungsrecht steht aber der verfügenden Dienststelle zu. Im staatlichen Bereich hat Abs. 1 Nr. 2–4 keine große Bedeutung, da Wohnungen, die im Eigentum des Landes stehen, vom Landesbetrieb Vermögen und Bau Baden-Württemberg verwaltet werden. Sie kommt allerdings zur Anwendung, wenn eine dieser Wohnung an Beschäftigte des Landesbetriebs Vermögen und Bau Baden-Württemberg vergeben wird, unter der Voraussetzung, dass die Entscheidung vom Dienststellenleiter und nicht von einem Wohnungsausschuss beim Landesbetrieb Vermögen und Bau Baden-Württemberg getroffen wird.

9   **Nr. 3: Zuweisung von Wohnungen.** Eine bloße Stellungnahme des Dienststellenleiters zur Wohnungsbelegung, auch ein Verzicht auf die Belegung gegenüber der entscheidenden Stelle, begründet kein Mitbestimmungsrecht des PR.

10   **Nr. 4: Wohnungskündigung.** Wird die Wohnung durch die Dienststelle gekündigt, wird der PR **nur auf Antrag** des betroffenen Beschäftigten beteiligt (§ 76 Abs. 2 Satz 1 Nr. 2). Damit er dieses Recht ausüben kann, ist der Dienststellenleiter verpflichtet, den Beschäftigten rechtzeitig von der beabsichtigten Maßnahme zu unterrichten und auf sein Antragsrecht hinzuweisen (§ 76 Abs. 3). Der Beschäftigte kann hier verlangen, dass nur der Vorstand des PR mitbestimmt (§ 76 Abs. 4).

11   **Nr. 5: Urlaubsplan.** Der PR hat mitzubestimmen bei der Aufstellung des Urlaubsplans. Die Dauer des Urlaubs ist für Beamte in der Arbeitszeit- und Urlaubsverordnung und für Arbeitnehmer tarifvertraglich (s. TVöD und TV-L) geregelt. Insoweit ist der PR nicht beteiligt. Das Mitbestimmungsrecht bezieht sich auf die Lage des Urlaubs im Urlaubsjahr. Schutzzweck ist, auf eine gerechte Abwägung der Interessen der Einzelnen zu den Vorstellungen anderer Beschäftigten und zu den dienstlichen Interessen zu achten (BVerwG, 19.1.1993 – 6 P 19/90 – PersV 1993, 369 = PersR 1993, 167). Die Aufstellung des Urlaubsplans umfasst die zeitliche Lage des Urlaubs der Beschäftigten und die Regelung der Urlaubsvertretung. Auch die Festlegung der allgemeiner Verfahrensgrundsätze, nach denen der Urlaub zu erteilen ist, z. B. Auslegung der Urlaubsliste, wird von der Mitbestimmung erfasst. Die Anordnung einer **Urlaubssperre** ist dagegen **nicht mitbestimmungspflichtig.**

12   **Urlaubsplanung in Schulen.** Die Festlegung des jährlichen Erholungsurlaubs der Lehrkräfte einer Musikschule auf die Faschingsferien und die Sommerferien der allgemeinbildenden Schulen unterliegt, da die Urlaubszeiten koordiniert werden, der Mitbestimmung des PR (VGH Mannheim, 20.6.2000 – PL 15 S 2134/99 – PersR 2000, 431).

13   **Nr. 6: Erholungsurlaub für einzelne Beschäftigte.** Der PR hat weiter mitzubestimmen über die Festsetzung der zeitlichen Lage des Erholungsurlaubs für einzelne Beschäftigte, wenn zwischen dem Dienststellenleiter und den beteiligten Beschäftigten kein Einverständnis erzielt wird. Dienststellenleiter und PR haben sowohl auf die Wünsche der Beschäftigten wie auch auf die dienstlichen Erfordernisse Rücksicht zu nehmen.

Urlaubsbegriff. Das Mitbestimmungsrecht erstreckt sich **nur** auf den **Erho-**   **14**
lungsurlaub (§§ 21–25 Arbeitszeit- und Urlaubsverordnung, § 26 TVöD/TV-
L), nicht auf den Sonderurlaub (§§ 26–30 Arbeitszeit- und Urlaubsverordnung,
§ 29 TVöD/TV-L) und den Urlaub aus sonstigen Gründen (§ 31 Arbeitszeit-
und Urlaubsverordnung, § 28 TVöD/TV-L).

II. Mitbestimmung soweit keine gesetzliche oder tarifliche Regelung

Vorrangige Regelungen. In den in Abs. 2 genannten, grundsätzlich der uneinge-   **15**
schränkten Mitbestimmung unterliegenden Angelegenheiten, kann der PR **nur**
mitbestimmen, soweit keine gesetzliche oder tarifliche Regelung besteht. Eine
die Mitbestimmung ausschließende gesetzliche oder tarifliche Regelung liegt
nur vor, wenn der Sachverhalt vollständig, umfassend und erschöpfend unmittelbar geregelt ist und es zum Vollzug der Maßnahme keines Ausführungsaktes
mehr bedarf (BVerwG, 12.8.2002 – 6 P 17/01 – PersV 2003, 192 = PersR
2002, 473 und 18.5.2004 – PersV 2004, 386 = PersR 2004, 349). Die Regelung muss zwingend sein, eine gesetzliche Ermessensvorschrift entfaltet keine
Sperrwirkung (BVerwG, 15.12.1994 – 6 P 19/92 – PersV 1995, 376 = PersR
1995, 207).

Nr. 1: Ordnung in der Dienststelle. Es muss sich um Regelungen für alle Be-   **16**
schäftigten oder wenigstens für bestimmte Gruppen von Beschäftigten der
Dienststelle handeln, und zwar grundsätzlich um solche Regelungen, die das
sog. Betriebsverhältnis, nicht (auch) das Grundverhältnis (Beamtenverhältnis,
Arbeitsverhältnis) selbst betreffen; umfasst sind z. B. Vorschriften über Krank-
und Abwesenheitsmeldung, Regelung des Hausdienstes, Parken von Fahrzeu-
gen, Steuern von Dienstkraftwagen durch Selbstfahrer, Handel oder Entgegennahme von Bestellungen in der Dienststelle, Rauchverbot. Dies sind Regelungen, die das Miteinander der Beschäftigten und den Gebrauch der ihnen von
der Dienststelle zur Verfügung gestellten Gegenstände ordnen (BVerwG,
19.5.2003 – 6 P 16/02 – PersV 2003, 339 = PersR 2003, 314). Auch das von
der Dienststelle erlassene Verbot, während der Dienstzeit Rundfunksendungen
zu hören, unterliegt der Mitbestimmung (BVerwG, 30.12.1987 – 6 P 20/82 –
PersV 1989, 71 = PersR 1988, 54).

Dienstaufgaben. Dagegen unterliegen Regelungen, die die Erfüllung der dienst-   **17**
lichen Aufgaben der Beschäftigten regeln, also mit ihrer Arbeitsleistung in unmittelbarem Zusammenhang stehen, oder diensttechnische Regelungen, die
den Ablauf des Dienstes gestalten, **nicht der Mitbestimmung,** denn die Beteiligung kann nicht so weit gehen, dass die Erfüllung der Aufgaben der Dienststelle auch hinsichtlich ihrer Art und Weise von der Mitbestimmung des PR
abhängt (BVerwG, 19.5.2003 – 6 P 16/02 – PersV 2003, 339 = PersR 2003,
314).

Abgrenzung. Bei Anordnungen, die sowohl das allgemeine Verhalten der Be-   **18**
schäftigten als auch die Erfüllung von Dienstaufgaben regeln, ist maßgebend,
welcher Zweck objektiv im Vordergrund steht. Mitbestimmungsfrei sind Rege-

lungen, bei denen die Diensterfüllung eindeutig Vorrang hat und die Verhaltens- und Ordnungsmaßnahme nur zwangsläufige Folge ist. Entschieden wurden folgende Einzelfälle:

19   **Generelle Regelungen.** Der Mitbestimmung unterliegen nur generelle Regelungen, die für alle Beschäftigte oder jedenfalls für einen nach abstrakten Kriterien abgrenzbaren Teil der Beschäftigten gelten. Anordnungen, die sich auf **einzelne Arbeitsplätze beschränken**, z. B. die Zuweisung von Dienstzimmern an einzelne Beschäftigte, gehören nicht zur Regelung der Ordnung in der Dienststelle.

20   **Bekleidungsvorschriften.** Anordnungen über das **Tragen der Dienstkleidung** der Beamten des Polizeivollzugsdienstes sind mitbestimmungsfrei, da sie die formale Gestaltung des Dienstes betreffen und damit den diensttechnischen Anordnungen zuzurechnen sind (OVG Lüneburg, 19.2.1986 – 17 B 16/85 – PersV 1988, 441; OVG Münster, 30.9.1986 – CB 26/84 – PersV 1988, 271). Zur „Kleiderordnung" in medizinischen Einrichtungen s. OVG Münster, 12.3.2003 – 1 A 5764/00.PVL – PersV 2004, 175 = PersR 2003, 323.

21   **Anwesenheitserfassung.** Die Anordnung der Führung von **Abwesenheitslisten**, in die von den Beschäftigten vor Verlassen des Dienstgebäudes der Zeitraum, der Anlass (dienstlich oder privat) sowie bei Dienstgängen der entsprechende Aufenthaltsort einzutragen sind, unterliegt nicht der Mitbestimmung (BVerwG, 19.6.1990 – 6 P 3/87 – PersV 1990, 534 = PersR 1990, 259).

22   **Alkohol-/Rauchverbot.** Ein allgemeines **Alkoholverbot** unterliegt der Mitbestimmung, wenn im Vordergrund die Regelung des allgemeinen Verhaltens der Beschäftigten und die Ordnung in der Dienststelle stehen, nicht aber, wenn das Alkoholverbot zur Sicherstellung der Erfüllung konkreter dienstlicher Aufgaben erlassen werden soll, z. B. für waffentragende Zollbeamte oder für Fahrer von Dienstkraftfahrzeugen. Eine solche Anordnung regelt nicht das „Verhalten der Beschäftigten", sondern betrifft unmittelbar die „Dienstausübung". Ein **Rauchverbot** zum Schutz vor Belästigungen am Arbeitsplatz ist der Mitbestimmung unterworfen.

23   **Mitarbeitergespräche.** Die Einführung strukturierter und formalisierter **Mitarbeitergespräche** mit Zielvereinbarung unterliegt der Mitbestimmung, allerdings nur hinsichtlich der Festlegung, welche Gesprächspartner in welchen Zeitabständen miteinander zu reden haben (VGH Mannheim, 9.5.2000 – PL 15 S 2514/99 – PersV 2000, 528 = PersR 2000, 291).

24   **Erkrankte Beschäftigte.** Dienstliche **Weisungen** zum Verhalten **gegenüber langzeiterkrankten und häufig kurzzeiterkrankten Beschäftigten** sind keine Angelegenheiten i. S. v. Nr. 1. Ebenso sind Gespräche mit Langzeitkranken über deren Gesundheitszustand und die voraussichtliche Wiederaufnahme des Dienstes, die dazu dienen, die Voraussetzungen für die Wiederaufnahme des Dienstes zu schaffen, mitbestimmungsfrei.

25   **Ärztliche Bescheinigung.** Anordnungen, nach denen Beschäftigte, die während der Arbeitszeit einen Arzt aufsuchen, die Notwendigkeit des **Arztbesuchs** besonders nachweisen und sich bereit erklären müssen, auf Anforderung eine ärztliche Bescheinigung nachzureichen, fallen als Ordnungsmaßnahme unter Nr. 1 (OVG Münster, 3.2.2000 – 1 A 426/98.PVL – PersV 2000, 567 = PersR 2000, 517).

Erscheinungsbild der Dienststelle. Die Einführung einer bestimmten **Computer-   26 schrift** als Standardschriftart und die Bestimmung ihrer Verwendung als einheitliche Hausschrift regelt ausschließlich, in welcher Schriftform der dienstliche Schriftverkehr intern und extern abgewickelt werden soll und unterliegt deshalb nicht der Nr. 1 (VGH Mannheim, 17.9.2002 – PL 15 S 623/02 – PersR 2003, 78). Das Gleiche gilt für die **Anweisung** an Sachbearbeiter, auch ihren **Vornamen in Dienstbriefen anzugeben.**

Nr. 2: Arbeitszeit. Der PR hat mitzubestimmen über Beginn und Ende der tägli-   27 chen Arbeitszeit und der Pausen sowie die Verteilung der Arbeitszeit auf die einzelnen Wochentage. Die **Dauer der wöchentlichen Arbeitszeit** unterliegt dagegen **nicht** der Mitbestimmung; sie wird für Beamte festgelegt in § 67 LBG sowie § 4 Arbeitszeit- und Urlaubsverordnung und für Arbeitnehmer durch Tarifvertrag (§ 6 Abs. 1, 2 TVöD, TV-L). Wegen der Mitbestimmung bei der Änderung der arbeitsvertraglich vereinbarten Arbeitszeit von Arbeitnehmern s. § 75 Abs. 1 Nr. 10.

Umfang. Dem Mitbestimmungsrecht des PR unterfällt jede Maßnahme, durch   28 die eine generelle und unmittelbar verbindliche Verteilung der vorgeschriebenen Arbeitszeit und der Arbeitspausen auf die Wochenarbeitszeit oder die einzelnen Wochentage erfolgen soll (BVerwG, 12.8.2002 – 6 P 17/01 – PersV 2003, 192 = PersR 2002, 473). Mitbestimmungspflichtig sind nur (generelle konkrete) Regelungen, die alle Beschäftigte oder eine bestimmte Gruppe von ihnen umfassen; die Festlegung der Arbeitszeit nur eines einzelnen Beschäftigten ist demgegenüber nicht mitbestimmungspflichtig (nur kollektiver Schutzauftrag). Die Mitbestimmungspflicht kann auch greifen, wenn nur ein Teil der täglichen Arbeitszeit geregelt wird (BVerwG, 12.8.2002 – 6 P 17/01 – PersV 2003, 192 = PersR 2002, 473).

Zuständigkeit der Dienststelle. Das Mitbestimmungsrecht steht dem PR nur   29 insoweit zu, soweit die einzelne Dienststelle eine **Entscheidungsfreiheit** hat, also insbesondere nicht durch eine **abschließende** gesetzliche oder tarifliche Regelung oder durch eine Verwaltungsanordnung einer übergeordneten Stelle gebunden ist. Ein Mitbestimmungsrecht besteht, wenn und soweit nach den gesetzlichen oder tarifvertraglichen Bestimmungen die Dienststelle einen Spielraum hat; so räumen §§ 6 ff. TV-L, §§ 7 ff. TVöD und §§ 8 ff. Arbeitszeit- und Urlaubsverordnung den einzelnen Dienststellen eine weite Entscheidungsbefugnis ein. Gegenstand des Mitbestimmungsrechts bilden die Verteilung der abzuleistenden Arbeitszeit auf die zur Verfügung stehenden Arbeitstage und die Bestimmung ihrer zeitlichen Lage am einzelnen Arbeitstag. Hierzu gehört auch die Einführung der sog. **gleitenden Arbeitszeit** (s. § 9 Arbeitszeit- und Urlaubsverordnung), soweit diese nicht durch allgemeine Normen verbindlich geregelt ist (Festlegung der Kernarbeitszeit und der Gleitzeitspanne). Auch bei der Erstellung oder Änderung von **Schicht-**(Dienst-)**Plänen** bestimmt der PR nur mit, wenn und soweit nach den gesetzlichen oder tarifvertraglichen Bestimmungen die Dienststelle einen Spielraum zur Festlegung von Beginn und Ende der Arbeitszeit der betroffenen Beschäftigten hat (BVerwG, 2.3.1993 – 6 P 34/91 – PersV 1994, 231 = PersR 1993, 266).

30 **Stundenpläne.** Der Gesamtstundenplan und der **Lehrerstundenplan** der Schule unterliegen nicht der Mitbestimmung, denn hierbei handelt es sich nicht um eine generelle Regelung, sondern um ein Bündel von individuellen Festsetzungen (BVerwG, 23.12.1982 – 6 P 36/79 – PersV 1983, 413). Auch die Regelung von Präsenztagen am Ende der Sommerferien in der Dienstanweisung für Lehrerinnen und Lehrer ist nicht mitbestimmungspflichtig (BVerwG, 23.8.2007 – 6 P 7/06 – PersR 2007, 476).

31 **Einzelfälle.** Die Entscheidung über eine Verlängerung der Schalteröffnungszeiten ist, da sie die Erfüllung der Aufgaben der Sparkasse gegenüber der Allgemeinheit und ihren Kunden betrifft, der Mitbestimmung entzogen (VGH Mannheim, 19.10.1999 – PL 15 S 326/99 – PersV 2002, 29 = PersR 2000, 25).

31a **Festlegung von Grundsätzen.** Aus der Einschränkung in Abs. 3 ergibt sich, dass Nr. 2 nur die Festsetzung der Arbeitszeit nach **vorhersehbaren** Erfordernissen umfasst. Ist eine unregelmäßige und kurzfristige Festsetzung der täglichen Arbeitszeit erforderlich und zwar aufgrund von Umständen, die für die Dienststelle nicht voraussehbar sind, wird das in Nr. 2 eingeräumte Mitbestimmungsrecht auf die **Festlegung von Grundsätzen** für die Aufstellung von Dienstplänen beschränkt. Dies sind die allgemeinen Regeln, nach denen die Arbeitszeitfestsetzung zu erfolgen hat. Ist die Mitbestimmung auf die Aufstellung von Grundsätzen beschränkt, so unterliegt die jeweilige Festsetzung auch dann keiner Mitbestimmung, wenn die Dienststelle keine Grundsätze erlässt (VGH Mannheim, 8.9.1992 – 15 S 2807/91 – PersV 1997, 501).

32 **Zustimmungsverweigerung.** Der PR kann die Zustimmungsverweigerung darauf stützen, dass die vom Dienststellenleiter seiner Dienstzeitordnung zugrunde gelegte arbeitszeitrechtliche Beurteilung nicht der arbeitszeitrechtlichen Rechtslage – nur an diese wäre auch der PR gebunden – entspricht (VGH Mannheim, 1.4.2003 – PL 15 S 2688/02 – PersV 2003, 463 = PersR 2003, 366).

33 **Nr. 3: Arbeitszeitmodelle.** Nach diesem durch das ÄG 2013 neu eingefügten Beteiligungstatbestand bestimmt der PR mit bei Einführung, Anwendung, wesentlichen Änderung und Aufhebung von Arbeitszeitmodellen. Damit ist klargestellt, dass der PR auch dann mitzubestimmen hat, wenn den Beschäftigten flexible Arbeitszeiträume eingeräumt worden sind, insb. gleitende Arbeitszeit.

34 **Nr. 4: Mehrarbeit/Überstunden/Bereitschaftsdienst/Rufbereitschaft.** Mit diesem durch das ÄG 2013 neu eingefügten Beteiligungstatbestand wird zum einen entsprechend der Rspr. klargestellt, dass das Mitbestimmungsrecht auch die Entscheidung umfasst, ob und in welchem Umfang Mehrarbeit oder Überstunden angeordnet werden (vgl. BVerwG, 30.6.2005 – 6 P 9/04 – PersV 2006, 24 = PersR 2005, 416). Neben der Festlegung der Tage und Tageszeiten, zu denen vom Dienststellenleiter angeordnete Mehrarbeit oder Überstunden geleistet werden sollen, gehört dazu auch die Entscheidung, ob Mehrarbeit oder

Überstunden überhaupt angeordnet werden. Kein Mitbestimmungsrecht besteht bei der Entscheidung über den Abbau der Überstunden. Für Beamte siehe die in § 67 Abs. 3 LBG getroffene Regelung.

Präsenzpflicht. Weiter wird klargestellt, dass das Mitbestimmungsrecht auch **35** die Entscheidung umfasst, ob und in welchem Umfang Bereitschaftsdienst oder Rufbereitschaft angeordnet werden. Da **Bereitschaftsdienst** (= Bereithalten an einem vom Arbeitgeber bestimmten Ort außerhalb des privaten Bereichs, um im Bedarfsfall die Arbeit aufnehmen zu können, s. § 7 Abs. 3 ArbZG, § 7 Abs. 3 TV-L, § 9 TVöD) als Arbeitszeit gilt, unterlag seine Vereinbarung, Anordnung oder Änderung schon nach der bisherigen Rspr. der Mitbestimmung. Ausdrücklich aufgenommen in den Mitbestimmungtatbestand wurde durch das ÄG 2013 die **Rufbereitschaft.** Auch wenn diese nur ein Bereithalten im privaten Bereich verlangt (s. z. B. § 7 Abs. 4 TV-L), wird dadurch doch für die betroffenen Beschäftigten Dauer, Beginn oder Ende der Arbeitszeit i. S. v. Nr. 4 festgelegt. Keine mitbestimmungspflichtige Arbeitszeitregelung i. S. der Nr. 4 ist die Anordnung der grundsätzlichen Präsenzpflicht von **wissenschaftlichen Mitarbeitern und von Lehrkräften** für besondere Aufgaben an einer Pädagogischen Hochschule während der vorlesungsfreien Zeit durch den Rektor (VGH Mannheim, 21.10.1986 – 15 S 496/86 – PersV 1988, 261 (LS)). Dies ist auch der Fall bei der Festlegung des **Elternsprechtags** durch den Schulleiter (VGH Kassel, 30.3.1988 – HPV TL 337/84 – PersV 1990, 37 (LS)).

Festlegung von Grundsätzen. Aus der Einschränkung in Abs. 3 ergibt sich, dass **36** Nr. 4 nur die Anordnung der **vorhersehbaren** Mehrarbeit und Überstunden und des **vorhersehbaren** Bereitschaftsdienstes umfasst. Ist eine unregelmäßige und kurzfristige Festsetzung der täglichen Arbeitszeit erforderlich und zwar aufgrund von Umständen, die für die Dienststelle nicht voraussehbar sind, wird das in Nr. 4 eingeräumte Mitbestimmungsrecht auf die **Festlegung von Grundsätzen** für die Aufstellung von Dienstplänen, insbesondere für die Anordnung von Rufbereitschaft, Mehrarbeit und Überstunden beschränkt. Ist die Mitbestimmung auf die Aufstellung von Grundsätzen beschränkt, so unterliegt die jeweilige Festsetzung auch dann keiner Mitbestimmung, wenn die Dienststelle keine Grundsätze erlässt (VGH Mannheim, 8.9.1992 – 15 S 2807/91 – PersV 1997, 501).

Nr. 5: Fragen der Entgeltgestaltung. Der PR hat mitzubestimmen bei Fragen **37** der Entgeltgestaltung innerhalb der Dienststelle für Arbeitnehmer, insbesondere durch Aufstellung von Entgeltgrundsätzen, die Einführung und Anwendung von neuen Entgeltmethoden und deren Änderung sowie die Festsetzung der Akkord- und Prämiensätze und vergleichbarer leistungsbezogener Entgelte sowie entsprechender Regelungen für Beamte. Der Bestimmung kommt im Bereich der einzelnen Dienststellen keine nennenswerte Bedeutung zu, da die entsprechenden Fragen entweder durch Gesetz oder Rechtsverordnung geregelt sind (s. z. B. für die Sonderzuschläge zur Sicherung der Funktions- und Wettbewerbsfähigkeit § 75 LBesGBW und für die Leistungsprämien § 76 LBesGBW) oder Gegenstand tarifvertraglicher Vereinbarungen sind. Der Mitbestimmung unterliegen nur abstrakt-generelle Regelungen (BVerwG, 23.12.1982 – 6 P 19/80 – PersV 1983, 506).

38 **Entgeltgestaltung.** Die Gestaltung des Entgelts i. S. d. Vorschrift umfasst das Aufstellen von allgemeinen Regeln, nach denen das Entgelt zu erfolgen hat, nicht die Lohnhöhe. **Entgeltgrundsätze** legen die Errechnung des Entgelts fest, also die Technik. Mit den **Entgeltmethoden** wird die Art und Weise der erstmaligen und weiteren Anwendung oder Änderung der Entgeltgrundsätze bestimmt. Unter Akkord- und Prämiensätzen **vergleichbare leistungsbezogene Entgelte** sind solche zu verstehen, deren Höhe sich aus dem Verhältnis zur Arbeitsleistung ermittelt. Mitbestimmungspflichtig ist danach grundsätzlich die Aufstellung allgemeiner Kriterienkataloge zur Festsetzung von Leistungsprämien i. S. v. § 76 LBesGBW (die Rechtsverordnung nach § 76 Abs. 6 LBesGBW steht noch aus, die bisher geltende Leistungsprämien- und -zulagenverordnung vom 30.3.1998 ist am 1.1.2011 außer Kraft getreten), nicht aber die Festsetzung einzelner Leistungsprämien.

39 **Beihilfe.** Der einzelvertragliche Ausschluss von Beihilfeansprüchen für neu eingestellte Arbeitnehmer unterliegt nicht der Mitbestimmung nach Nr. 5 (VGH Mannheim, 12.12.2000 – PL 15 S 1212/00 – PersV 2003, 432 = PersR 2001, 218).

40 **Informationsanspruch.** Besteht ein Mitbestimmungsrecht, kann der PR auch verlangen, dass die Dienststelle ihn über die entsprechenden Maßnahmen unterrichtet und ihm dabei die Namen der Betroffenen mitteilt. Der Informationsanspruch des PR ist gewahrt, wenn die Unterrichtung nach getroffener Vergabeentscheidung, aber vor Vergabe der Mittel selbst erfolgt (OVG Münster, 20.9.2002 – 1 A 1061/01.PVB – PersV 2003, 178 = PersR 2003, 161). Der PR kann die dazu gehörenden Unterlagen oder vorhandenen Listen nur innerhalb der Dienststelle einsehen, dagegen nicht ihre Aushändigung verlangen (BVerwG, 22.12.1993 – 6 P 15/92 – PersV 1994, 523 = PersR 1994, 78).

41 **Nr. 6: Sozialeinrichtungen.** Der PR hat bei der Errichtung, Verwaltung und Auflösung sowie nunmehr auch bei der wesentlichen Änderung von Sozialeinrichtungen mitzubestimmen ohne Rücksicht auf ihre Rechtsform. Sozialeinrichtungen sind auf Dauer gedachte Einrichtungen, die von der Dienststelle zu dem Zweck geschaffen wurden, den Beschäftigten oder einzelnen Gruppen von Beschäftigten Vorteile zukommen zu lassen. Der objektive Zweck muss darin bestehen, die soziale Lage der Beschäftigten durch die Gewährung der Vorteile zu verbessern. Hierzu gehören z. B. **Behördenkantinen, Beschäftigtenparkplätze, Kindertageseinrichtungen,** Erholungsheime und Kinderheime, Sportanlagen, Fortbildungseinrichtungen und Büchereien mit Unterhaltungsliteratur. Da es auf die Rechtsform dieser Einrichtungen nicht ankommt, kann es sich auch um einen unselbstständigen Teil einer Dienststelle handeln.

42 **Selbsthilfeeinrichtungen.** Selbsthilfeeinrichtungen sind Einrichtungen, die von Beschäftigten selbst geschaffen und geführt werden. Sie sind deshalb keine Sozialeinrichtungen i. S. der Nr. 6.

43 **Zuständigkeit der Dienststelle.** Das Mitbestimmungsrecht ist nur gegeben, wenn die Dienststelle auf die Art und Weise, in der die Einrichtung die ihr gesteckten Ziele erfüllen soll und auf die der Erreichung dieses Ziels dienende Arbeit einwirken kann (BVerwG, 12.7.1984 – 6 P 14/83 – ZBR 1985, 28). Es ist dann aber auch bei Einrichtungen gegeben, die über den Bereich der Dienststelle hinausgehen oder die mit anderen Dienststellen gemeinsam errichtet oder verwaltet werden (BVerwG, 24.4.1992 – 6 P 33/90 – PersV 1992, 437 = PersR 1992, 308).

Umfang. Der PR hat bei der Errichtung, der wesentlichen Änderung (einschl. Um- **44** bau, s. BVerwG, 24.2.1992 – 6 P 33/90 – PersV 1992, 437 = PersR 1992, 308) und Auflösung, aber auch in allen Verwaltungsangelegenheiten der Sozialeinrichtungen mitzubestimmen. Zur Verwaltung gehören auch Maßnahmen zur Verringerung des Leistungsangebots wie z. B. die Herausnahme einer bestimmten Anzahl von Wohnungen aus dem Kontingent der vorgehaltenen Personalunterkünfte (OVG Münster, 6.2.2002 – 1 A 144/00.PVL – PersV 2003, 62 = PersR 2002, 478) oder die Übertragung der Aufgaben des angestellten Hausmeisters auf eine Fremdfirma (OVG Hamburg, 11.6.2001 – 8 Bf 424/00.PVL – PersV 2003, 66 = PersR 2002, 121). Auch die Erhöhung der Preise in einer **Personalkantine** ist mitbestimmungspflichtig (OVG Münster, 27.3.1998 – 1 A 5806/95.PVL – PersR 1999, 73).

Ausübung. Die Mitbestimmung in Verwaltungsangelegenheiten kann entweder **45** von Fall zu Fall oder durch Aufstellung von Grundsätzen für die Verwaltung der Einrichtung (generelle Mitbestimmung) ausgeübt werden. Ob die Mitbestimmung allein durch die Entsendung eines PR-Mitglieds in die Verwaltungsstelle der Sozialeinrichtungen wahrgenommen werden kann, ist zweifelhaft.

Parkplätze. Parkplätze, die für Beschäftigte vorgehalten werden, können Sozi **46** aleinrichtungen sein. Allerdings stellen für die Allgemeinheit bestimmte und jederzeit ohne Beschränkung auf einen bestimmten Benutzerkreis gegen Entgelt zugängliche Parkplätze auch dann keine Sozialeinrichtung dar, wenn allein die Beschäftigten eine gegenüber dem allgemein erhobenen Nutzungsentgelt verbilligte Parkberechtigung durch Zahlung einer monatlichen Gebühr erwerben können (VGH Mannheim, 25.2.1997 – PL 15 S 2464/95 – PersR 1997, 402).

Ausnahmen. Kranzspenden, Nachrufe oder Todesanzeigen für verstorbene Be **47** schäftigte sind keine Sozialeinrichtungen. Dies gilt auch für **Betriebsausflüge** und für **einzelne Wohnungen**, über die die Dienststelle verfügt. Lediglich Personalwohnhäuser mit mehreren, einheitlich verwalteten Personalwohnungen, die freiwillig erstellt und ohne Gewinnerzielungsabsicht vermietet werden, gelten als Sozialeinrichtungen (BVerwG, 24.4.1992 – 6 P 33/90 – PersV 1992, 437 = PersR 1992, 308).

Privater Betreiber. Werden Einrichtungen von außerhalb der Verwaltung ste **48** henden Dritten betrieben (z. B. verpachtete Kantinen), hat der PR beim Abschluss und der Kündigung des Pachtvertrags mitzubestimmen. Hinsichtlich des Betriebs der Einrichtung sind, da insoweit das LPVG nicht unmittelbar gilt, besondere Regelungen über die Einflussnahme des PR auf die Verwaltung notwendig. Die Beteiligungsrechte müssen deshalb in den zwischen der Dienststelle und dem Privaten abgeschlossenen Verträgen vorbehalten werden. Gegen den Willen des Privaten können Mitbestimmungsrechte nicht erzwungen werden. Die Erhöhung der Preise in einer verpachteten Personalkantine ist deshalb nur dann mitbestimmungspflichtig, wenn sich die Dienststelle ein Zustimmungsrecht zur Essenspreiserhöhung vorbehalten hat.

49 **Nr. 7: Gesundheitsschädigungen/Gesundheitsgefährdungen.** Der PR hat mitzubestimmen bei Maßnahmen zur Verhütung von Dienst- und Arbeitsunfällen, Berufskrankheiten und sonstigen Gesundheitsschädigungen. Hierzu gehören insbesondere die Durchführung des Arbeitsschutzgesetzes vom 7.8.1996, BGBl. I S. 1246 (zul. geändert am 5.12.2009, BGBl. I S. 160) und die dazu ergangenen Verordnungen, die Beachtung von Unfallschutzvorschriften, die Anordnung und Einrichtung von Arbeitsschutzvorrichtungen und Maßnahmen des vorbeugenden Gesundheitsschutzes. Grundsätzlich verantwortlich für die Durchführung dieser Maßnahmen ist der Dienstherr; diese Verantwortung wird durch die Mitbestimmung des PR nicht berührt. Die Bestellung von Fachkräften für Arbeitssicherheit und Sicherheitsbeauftragten ist gesondert in § 75 Abs. 4 Nr. 1 Buchst. c geregelt und unterliegt nur der eingeschränkten Mitbestimmung.

50 **Maßnahmen.** Voraussetzung für die Mitbestimmung ist, dass die beabsichtigte Maßnahme „zur Verhütung" der in Nr. 7 genannten Schäden und Gefährdungen ergriffen werden soll, d. h. dass sie darauf abzielt, das Risiko von Gesundheitsschäden und -gefährdungen oder Unfällen innerhalb der Dienststelle zu mindern. Der Mitbestimmungstatbestand erfasst daher nur Arbeitsschutzmaßnahmen, die nach gesetzlicher Vorschrift oder nach freiem Entschluss des Dienststellenleiters ergriffen werden sollen, um die Beschäftigten allgemein zu schützen oder vor konkreten Gefahren zu bewahren, die die Tätigkeit auf bestimmten Arbeitsplätzen mit sich bringt. Maßnahmen, die in erster Linie andere Zwecke verfolgen und sich nur mittelbar auf den Arbeits- oder Gesundheitsschutz der Beschäftigten auswirken können, unterliegen daher nicht der Mitbestimmung (BVerwG, 19.5.2003 – 6 P 16/02 – PersV 2003, 339 = PersR 2003, 317).

51 **Schutzkleidung.** Die Auswahl von Schutzkleidung für Beschäftigte eines Krankenhauses unterliegt als Maßnahme zur Verhütung von Gesundheitsschädigungen der Mitbestimmung (VGH Mannheim, 27.9.1994 – PL 15 S 2844/93 – PersR 1995, 214).

52 **Amts- oder vertrauensärztliche Untersuchung.** Keine Maßnahme i. S. der Nr. 7 ist die Anordnung der amts- oder vertrauensärztlichen Untersuchung von Beschäftigten zur Klärung ihrer Dienstfähigkeit. Auch die Neuregelung der Reinigungshäufigkeit in Diensträumen, in denen Arbeitsplätze eingerichtet sind, ist keine Maßnahme zur Verhütung von Gesundheitsschäden und -gefährdungen i. S. von Nr. 7 und auch keine Maßnahme zur Gestaltung von Arbeitsplätzen nach § 75 Abs. 4 Nr. 12 (BVerwG, 25.8.1986 – 6 P 16/84 – PersV 1987, 287 = PersR 1986, 235).

53 **Bildschirmarbeit.** Der PR kann im Hinblick auf die EG-Bildschirmrichtlinie Unterbrechungen der Bildschirmarbeit durch andere Tätigkeiten oder Kurzpausen verlangen (BVerwG, 8.1.2001 – 6 P 6/00 – PersR 2001, 154).

54 **Schulraumsanierung.** Maßnahmen zur Asbestsanierung von Schulräumen und zur Beseitigung von Schaben und zur Dekontamination von insektengiftbelasteten Räumen in Schulen unterliegen, weil sie der Erfüllung der Schule obliegenden Aufgabe der ordnungsgemäßen Unterrichtung der Schüler dienen und wegen ihrer erheblichen organisatorischen Bedeutung, grundsätzlich nicht der Mitbestimmung; das gilt auch für Unterrichtsräume in Universitäten (BVerwG, 23.8.2000 – 6 P 12/99 – PersR 2001, 20).

Beschäftigungsverbote nach dem Mutterschutzgesetz. Die Beschäftigungsverbote nach dem Mutterschutzgesetz (§§ 3, 4, 6) schließen eine Mitbestimmung des PR aus; insoweit besteht auch kein Raum für Konkretisierungen oder Ergänzungen durch Dienstvereinbarungen (BVerwG, 19.5.1992 – 6 P 5/90 – PersV 1992, 444 = PersR 1992, 361). **55**

Gefährdungsbeurteilung. Nach der Rechtsprechung unterliegt eine zu Arbeitsschutzzwecken (z. B. zur Gefährdungsbeurteilung) durchgeführte Befragung der Beschäftigten nicht der Nr. 7, da die Befragung noch keine Maßnahme ist, sondern sie nur vorbereitet (BVerwG, 14.10.2002 – 6 P 7/01 – PersV 2003, 186 = PersR 2003, 113). Es ist fraglich, ob dies im Hinblick auf den erweiterten Maßnahmebegriff in § 73 Abs. 1 Satz 2 noch aufrechterhalten werden kann (s. die Erl. zu § 73 Abs. 1 Satz 2). **56**

Nr. 8: Gesundheitsmanagement. Nach diesem durch das ÄG 2013 (damals § 70 Abs. 2 Nr. 8) eingefügten Mitbestimmungstatbestand hat der PR mitzubestimmen bei Maßnahmen des behördlichen oder betrieblichen Gesundheitsmanagements einschließlich vorbereitender und präventiver Maßnahmen, allgemeinen Fragen des behördlichen oder betrieblichen Eingliederungsmanagements sowie Maßnahmen aufgrund von Feststellungen aus Gefährdungsanalysen. Die Mitbestimmung umfasst damit alle Maßnahmen, die die Dienststelle ergreift, um so früh wie möglich Gesundheitsgefährdungen entgegenzuwirken und eine aktive Gesundheitsvorsorge zu betreiben. In Betracht kommen z. B. von Fachleuten gehaltene Vorträge über Gesundheitsrisiken und Gesundheitsvorsorge, aber auch die Durchführung von ganz konkreten Maßnahmen wie z. B. die Durchführung von **Augenuntersuchungen** anlässlich von Bildschirmarbeit, das Anbieten von Yogakursen o. Ä. oder das Anbieten einer Massagemöglichkeit in der Dienststelle. Hinsichtlich des bei längerfristig erkrankten Beschäftigten zu betreibenden Eingliederungsmanagements steht dem PR nur ein Mitbestimmungsrecht hinsichtlich der allgemeinen Fragen zu, nicht hinsichtlich der Festlegung der bei einem konkreten Beschäftigten durchzuführenden Eingliederungsmaßnahmen. Hat der Dienststellenleiter eine **Gefährdungsanalyse** erstellen lassen, hat der PR bei den Maßnahmen mitzubestimmen, die dann aufgrund der Feststellungen der Gefährdungsanalyse durchgeführt werden (z. B. der besseren Beleuchtung des Treppenhauses). **57**

Nr. 9: Sozialpläne. Der PR hat mitzubestimmen bei der Aufstellung von Sozialplänen, einschließlich Plänen für Umschulungen, zum Ausgleich oder zur Milderung von wirtschaftlichen Nachteilen, die dem Beschäftigten infolge von Rationalisierungsmaßnahmen entstehen. Durch die Aufstellung von Sozialplänen sollen die den Beschäftigten durch Rationalisierungsmaßnahmen erwachsenden wirtschaftlichen Nachteile gemildert oder ausgeglichen werden. Der Ausgleich anderer Nachteile oder die Entscheidung über die Durchführung einer Rationalisierungsmaßnahme selbst können nicht Gegenstand eines Sozialplans sein. **58**

59 Rationalisierungsmaßnahme. Eine Rationalisierungsmaßnahme i. S. d. Nr. 9 ist eine Maßnahme, durch die die Leistungen der Dienststelle verbessert werden sollen, indem der Aufwand an maschineller Arbeit oder auch an Zeit, Energie, Material und Kapital herabgesetzt wird (BVerwG, 17.6.1992 – 6 P 17/91 – PersV 1992, 175 = PersR 1992, 451). Die den tariflichen Rationalisierungsschutztarifverträgen zugrunde liegende Begriffsdefinition hat insoweit keine personalvertretungsrechtliche Bedeutung. Eine Rationalisierungsmaßnahme liegt danach nicht vor, wenn der Personalbedarf lediglich an die vorhandenen Gegebenheiten angepasst wird. Wirtschaftliche Nachteile sind nur vermögenswirksame Nachteile, nicht dagegen immaterielle Beeinträchtigungen. Die Mitbestimmung des PR ist im Übrigen auf die Aufstellung von Sozialplänen usw. beschränkt; bei Maßnahmen, die den anschließenden Vollzug der Rationalisierungsmaßnahme betreffen, ist er nicht zu beteiligen.

60 Nr. 10: Vorschlagswesen. Die Festlegung von Grundsätzen über die Bewertung von anerkannten Vorschlägen im Rahmen des behördlichen Vorschlagswesens unterliegt der Mitbestimmung. Das Mitbestimmungsrecht erstreckt sich nur auf die Erstellung von Grundsätzen nach denen eine Bewertung anerkannter Vorschläge durchzuführen ist. Dazu gehören u. a. die Festlegung von Kriterien hinsichtlich der Verwendbarkeit, Praktikabilität und Kosteneinsparung eines Vorschlags, aber auch die Art der Anerkennung, insbesondere die Höhe der Prämie. Nicht der Mitbestimmung unterliegt die Entscheidung über die Anerkennung einzelner Vorschläge, die Festlegung des Anerkennungsverfahrens und die Besetzung etwaiger Anerkennungsausschüsse.

III. Beschränkung der Mitbestimmung auf Festlegung von Grundsätzen

61 Aufstellung von Dienstplänen. Abs. 3 schafft kein eigenes Mitbestimmungsrecht, sondern schränkt das dem PR in Abs. 1 Nr. 2 und 4 eingeräumte Recht ein. Ist eine unregelmäßige und kurzfristige Festsetzung der täglichen Arbeitszeit erforderlich und zwar aufgrund von Umständen, die für die Dienststelle nicht voraussehbar sind, wird das in Nr. 2 und 4 eingeräumte Mitbestimmungsrecht auf die **Festlegung von Grundsätzen** für die Aufstellung von Dienstplänen, insb. für die Anordnung von Rufbereitschaft, Mehrarbeit und Überstunden beschränkt. Ist die Mitbestimmung auf die Aufstellung von Grundsätzen beschränkt, so unterliegt die jeweilige Festsetzung auch dann keiner Mitbestimmung, wenn die Dienststelle keine Grundsätze erlässt (VGH Mannheim, 8.9.1992 – 15 S 2807/91 – PersV 1997, 501).

---

§ 75 Angelegenheiten der eingeschränkten Mitbestimmung

(1) Der Personalrat hat mitzubestimmen in Personalangelegenheiten der Beschäftigten, die voraussichtlich länger als zwei Monate Beschäftigte sein werden, bei

   1. Begründung des Beamtenverhältnisses, mit Ausnahme der Fälle, in denen das Beamtenverhältnis auf Widerruf nach Ablegung oder dem endgültigen Nichtbestehen der für die Laufbahn vorgeschriebenen Prüfung aufgrund von Rechtsvorschriften endet,

2. Einstellung von Arbeitnehmern, Übertragung der auszuübenden Tätigkeit bei der Einstellung, Nebenabreden zum Arbeitsvertrag, Zeit- oder Zweckbefristung des Arbeitsverhältnisses,
3. Ein-, Höher-, Um- oder Rückgruppierung einschließlich Stufenzuordnung sowie Verkürzung und Verlängerung der Stufenlaufzeit nach Entgeltgrundsätzen, Bestimmung der Fallgruppe innerhalb einer Entgeltgruppe, soweit jeweils tarifvertraglich nichts anderes bestimmt ist, übertariflicher Eingruppierung,
4. Beförderung, horizontalem Laufbahnwechsel,
5. Zulassung zum Aufstieg einschließlich der Zulassung zur Eignungsfeststellung für den Aufstieg,
6. zwei Monate überschreitender Übertragung von Dienstaufgaben eines Amtes mit höherem oder niedrigerem Grundgehalt,
7. zwei Monate überschreitender Übertragung einer Tätigkeit, die
    a) den Tätigkeitsmerkmalen einer höheren oder niedrigeren Entgeltgruppe entspricht als die bisherige Tätigkeit,
    b) einen Anspruch auf Zahlung einer Zulage auslöst, sowie Widerruf einer solchen Übertragung,
8. zwei Monate überschreitender Übertragung einer anderen Tätigkeit,
9. erneuter Übertragung von Dienstaufgaben eines Amtes oder der auszuübenden Tätigkeit nach Rückkehr aus der Beurlaubung von längerer Dauer,
10. wesentlicher Änderung des Arbeitsvertrags, ausgenommen der Änderung der arbeitsvertraglich vereinbarten Arbeitszeit,
11. Umsetzung innerhalb der Dienststelle, wenn sie mit einem Wechsel des Dienstorts verbunden ist,
12. ordentlicher Kündigung durch die Dienststelle.

(2) Der Personalrat der abgebenden Dienststelle und, soweit dort bestehend, der Personalrat der aufnehmenden Dienststelle haben in Personalangelegenheiten jeweils mitzubestimmen bei
1. Versetzung von Beschäftigten, die voraussichtlich länger als zwei Monate Beschäftigte sein werden, zu einer anderen Dienststelle,
2. Abordnung für die Dauer von mehr als zwei Monaten, mit Ausnahme der Abordnung von Beamten für die Erfüllung von Aufgaben nach dem Landesdisziplinargesetz,
3. Zuweisung für die Dauer von mehr als zwei Monaten,
4. Personalgestellung für die Dauer von mehr als zwei Monaten,
5. Abordnung auch für die Dauer von weniger als zwei Monaten, sofern sie sich unmittelbar an eine vorangegangene Abordnung anschließt; entsprechendes gilt für die Zuweisung oder Personalgestellung.

(3) Der Personalrat bestimmt in Personalangelegenheiten der Beschäftigten nur auf deren Antrag mit, bei
1. Verlängerung der Probezeit,
2. Änderung der arbeitsvertraglich vereinbarten Arbeitszeit für die Dauer von mehr als zwei Monaten,
3. Anordnungen gegenüber Beschäftigten, welche die Freiheit in der Wahl der Wohnung beschränken,
4. Ablehnung eines Antrags auf Telearbeit oder auf Einrichtung eines Arbeitsplatzes außerhalb der Dienststelle, sofern diese Arbeitsform tarifvertraglich oder durch Dienstvereinbarung besteht,
5. Versagung oder Widerruf der Genehmigung einer Nebentätigkeit, Erteilung von Auflagen zu Nebentätigkeitsgenehmigungen, Untersagung einer Nebentätigkeit,

6. Ablehnung eines Antrags auf Teilzeitbeschäftigung oder Urlaub ohne Dienstbezüge oder Arbeitsentgelt, Widerruf der Bewilligung,
7. Ablehnung eines Antrags auf Altersteilzeit,
8. Herabsetzung der Anwärterbezüge oder Unterhaltsbeihilfe,
9. Geltendmachung von Ersatzansprüchen gegen Beschäftigte,
10. Entlassung von Beamten auf Probe oder auf Widerruf, wenn sie die Entlassung nicht selbst beantragt haben,
11. Abschluss von Aufhebungs- oder Beendigungsverträgen, wenn der Arbeitnehmer die Auflösung des Arbeitsverhältnisses nicht selbst beantragt hat; entsprechendes gilt für die Beendigung vom öffentlich-rechtlichen Ausbildungsverhältnissen,
12. Ablehnung des Antrags auf vorzeitige Versetzung in den Ruhestand oder vorzeitiger Versetzung in den Ruhestand, wenn der Beamte die Versetzung nicht selbst beantragt hat,
13. Feststellung der begrenzten Dienstfähigkeit, wenn der Beamte die Feststellung nicht selbst beantragt hat,
14. Ablehnung des Antrags auf Hinausschiebung des Eintritts in den Ruhestand wegen Erreichens der Altersgrenze.

(4) Der Personalrat hat, soweit eine gesetzliche oder tarifliche Regelung nicht besteht, mitzubestimmen über
1. Bestellung und Abberufung von
   a) Vertrauens- und Betriebsärzten,
   b) behördlichen Datenschutzbeauftragten,
   c) Fachkräften für Arbeitssicherheit, Sicherheitsbeauftragten, Beauftragten für biologische Sicherheit, Fachkräften und Beauftragten für den Strahlenschutz,
   d) Hygienebeauftragten,
   e) Beauftragten des Arbeitgebers für schwerbehinderte Menschen,
2. Widerruf der Bestellung der Beauftragten für Chancengleichheit oder ihrer Stellvertreterin,
3. Inhalt von Personalfragebögen, mit Ausnahme von solchen im Rahmen der Rechnungsprüfung, Inhalt von Fragebögen für Mitarbeiterbefragungen,
4. Beurteilungsrichtlinien,
5. Inhalt und Verwendung von Formulararbeitsverträgen,
6. Erlass von Richtlinien über die personelle Auswahl
   a) bei Einstellungen,
   b) bei Versetzungen,
   c) bei Höher-, Rück- oder Umgruppierungen,
   d) bei Kündigungen,
   e) für Beförderungen und horizontalen Laufbahnwechsel nach Absatz 1 Nummer 4,
   f) bei beförderungsähnlichen Übertragungen anderer Tätigkeiten und Übertragungen von Tätigkeiten, die einen Anspruch auf Zahlung einer Zulage auslösen,
   g) für die Zulassung zum Aufstieg einschließlich Zulassung zur Eignungsfeststellung für den Aufstieg,
7. Erlass von Richtlinien über Ausnahmen von der Ausschreibung von Dienstposten für Beamte und Aufstellung von allgemeinen Grundsätzen über die Durchführung von Stellenausschreibungen für Arbeitnehmer einschließlich Inhalt, Ort und Dauer,

8. Absehen von der Ausschreibung eines Dienstpostens für Beamte, der nach gesetzlichen Vorschriften, einer Richtlinie nach Nummer 7 oder einer Dienstvereinbarung auszuschreiben wäre,
9. allgemeine Fragen zur Durchführung der beruflichen Ausbildung mit Ausnahme der Gestaltung von Lehrveranstaltungen,
   a) bei Arbeitnehmern einschließlich der Bestellung und Abberufung der Ausbilder und Ausbildungsleiter bei Ausbildungen im Sinne des Berufsbildungsgesetzes, des Krankenpflegegesetzes und des Hebammengesetzes,
   b) der Beamten einschließlich der Bestellung und Abberufung der Ausbilder und Ausbildungsleiter,
   c) von Studierenden der Dualen Hochschule, von Studierenden, die ein nach einer Studienordnung vorgeschriebenes Praktikum leisten, oder von Volontären,
10. allgemeine Fragen der beruflichen Fortbildung, Weiterbildung, Umschulung, Einführung in die Aufgaben einer anderen Laufbahn und Qualifizierungsmaßnahmen im Rahmen der Personalentwicklung,
11. Einführung und Anwendung technischer Einrichtungen, die dazu geeignet sind, das Verhalten und die Leistung der Beschäftigten zu überwachen,
12. Gestaltung der Arbeitsplätze,
13. Einführung, Anwendung oder wesentliche Änderung oder wesentliche Erweiterung technischer Einrichtungen und Verfahren der automatisierten Verarbeitung personenbezogener Daten der Beschäftigen, mit Ausnahme der Einführung und Anwendung automatisierter Verfahren für amtliche Statistiken beim Statistischen Landesamt, soweit diese von Dienststellen außerhalb des Geltungsbereichs dieses Gesetzes erstellt und unter dortiger Mitbestimmung der Personalvertretung freigegeben worden sind,
14. Maßnahmen, die zur Hebung der Arbeitsleistung und Erleichterung des Arbeitsablaufs geeignet sind, sowie deren wesentliche Änderung oder wesentliche Ausweitung,
15. Einführung grundsätzlich neuer Arbeitsmethoden, wesentliche Änderung oder wesentliche Ausweitung bestehender Arbeitsmethoden,
16. Einführung, wesentliche Änderung oder wesentliche Ausweitung der Informations- und Kommunikationsnetze,
17. Einführung grundsätzlich neuer Formen der Arbeitsorganisation und wesentliche Änderungen der Arbeitsorganisation,
18. Anordnung von Urlaubssperren aus arbeitsorganisatorischen Gründen,
19. Erstellung und Anpassung des Chancengleichheitsplans.

(5) Es gelten nicht
1. Absätze 1 bis 3 Nummer 1 bis 3, 5 bis 7, 10, 12, 14 für
   a) Beamtenstellen und Beamte der Besoldungsgruppe A 16 und höher, bei den obersten Dienstbehörden des Landes der Besoldungsgruppe B 3 und höher sowie jeweils für entsprechende Arbeitnehmerstellen und Arbeitnehmer,
   b) Landräte, Bürgermeister und Beigeordnete,
   c) leitende Beschäftigte öffentlich-rechtlicher Kreditinstitute; welche Beschäftigten leitende Beschäftigte öffentlich-rechtlicher Kreditinstitute sind, entscheidet die zuständige oberste Aufsichtsbehörde,
2. Absatz 1 Nummer 1 für die Begründung des Beamtenverhältnisses bei
   a) Polizeimeistern und Polizeikommissaren,
   b) Lehrern an allgemeinbildenden und beruflichen Schulen,
3. Absatz 1 Nummer 11 und Absatz 2 für nicht beamtete Lehrer.

(6) An die Stelle der Mitbestimmung tritt, soweit in Absatz 5 nichts anderes bestimmt ist, die Mitwirkung
1. in den Fällen der Absätze 1, 2 und 3 Nummer 2, 3, 5 bis 7 und 14 bei
    a) Leitern von Dienststellen im Sinne dieses Gesetzes,
    b) Rektoren an Grund-, Haupt-, Werkreal-, Real- und Gemeinschaftsschulen sowie entsprechenden sonderpädagogischen Bildungs- und Beratungszentren,
    c) Abteilungsleitern bei den Regierungspräsidien, Landesoberbehörden und höheren Sonderbehörden,
    d) den Ersten Landesbeamten bei den Landratsämtern,
2. in den Fällen des Absatzes 1 Nummer 11 und des Absatzes 2 bei
    a) Beamten des allgemeinen Vollzugsdienstes und des Werkdienstes bei den Justizvollzugseinrichtungen,
    b) Polizeibeamten,
    c) Beschäftigten des Landesamts für Verfassungsschutz.

(7) ¹Wird trotz anderslautender Empfehlung der Einigungsstelle nach § 78 Absatz 4 eine ordentliche Kündigung ausgesprochen, ist dem Arbeitnehmer mit der Kündigung eine Abschrift der Empfehlung der Einigungsstelle zuzuleiten. ²Hat der Arbeitnehmer im Falle des Satzes 1 nach dem Kündigungsschutzgesetz Klage auf Feststellung erhoben, dass das Arbeitsverhältnis durch die Kündigung nicht aufgelöst ist, so muss die Dienststelle auf Verlangen des Arbeitnehmers diesen nach Ablauf der Kündigungsfrist bis zum rechtskräftigen Abschluss des Rechtsstreits bei unveränderten Arbeitsbedingungen weiterbeschäftigen. ³Auf Antrag der Dienststelle kann das Arbeitsgericht sie durch einstweilige Verfügung von der Verpflichtung zur Weiterbeschäftigung nach Satz 2 entbinden, wenn
1. die Klage des Arbeitnehmers keine hinreichende Aussicht auf Erfolg bietet oder mutwillig erscheint oder
2. die Weiterbeschäftigung des Arbeitnehmers zu einer unzumutbaren wirtschaftlichen Belastung der Dienststelle führen würde oder
3. die Verweigerung der Zustimmung des Personalrats offensichtlich unbegründet war.

(8) ¹Tritt nach einer Rechtsvorschrift im Falle der ordentlichen Kündigung des Arbeitnehmers durch die Dienststelle an die Stelle der Mitbestimmung die Mitwirkung, so ist dem Arbeitnehmer mit der Kündigung eine Abschrift der Stellungnahme des Personalrats zuzuleiten, sofern der Personalrat nach § 82 Absatz 4 Satz 1 Einwendungen gegen die Kündigung erhoben hat, es sei denn, dass die Stufenvertretung nach Verhandlung nach § 83 Absatz 1 Satz 4 und 5 die Einwendungen nicht aufrechterhalten hat. ²Bis zur endgültigen Entscheidung der übergeordneten Dienststelle nach § 83 Absatz 1 Satz 4 und 5 oder der obersten Dienstbehörde nach § 83 Absatz 2 oder des nach § 89 Absatz 1 zuständigen Organs kann die Kündigung nicht ausgesprochen werden. ³Absatz 7 Satz 2 und 3 sowie § 76 Absatz 2 gelten entsprechend.

1   **Vorbemerkung.** In der Vorschrift sind nunmehr sämtliche Angelegenheiten aufgeführt, die der eingeschränkten Mitbestimmung des PR unterliegen. **Abs.** 1 zählt die Personalangelegenheiten auf, in denen der PR bei einer voraussichtlichen Beschäftigungsdauer von zwei Monaten oder länger mitzubestimmen hat, wobei in **Abs.** 2 die Angelegenheiten aufgeführt sind, die der doppelten Mitbestimmung bedürfen, sowohl der des PR der die Maßnahme treffenden (abgebenden) Dienststelle als

auch der des PR der aufnehmenden Dienststelle. **Abs.** 3 zählt die Angelegenheiten auf, in denen der PR nur mitzubestimmen hat, wenn der Beschäftigte dies beantragt. **Abs.** 4 zählt die Angelegenheiten auf, in denen der PR mitbestimmt, soweit keine gesetzliche oder tarifliche Regelung besteht. Hinsichtlich einiger Angelegenheiten werden in **Abs.** 5 bestimmte Personenkreise von der Mitbestimmungsbefugnis ausgenommen und in **Abs.** 6 wird die Mitbestimmung für weitere Personenkreise zur Mitwirkung herabgestuft. Den Weiterbeschäftigungsanspruch des Arbeitnehmers bei der Beendigung des Arbeitsverhältnisses durch ordentliche Kündigung regelt für die Fälle, in denen der PR mitzubestimmen hat, **Abs.** 7 und für die Fälle, in denen der PR nur mitzuwirken hat, **Abs.** 8.

Abschließende Aufzählung. Die Aufzählung der der eingeschränkten Mitbestimmung unterliegenden Angelegenheiten der Beschäftigten ist erschöpfend und zwingend (§§ 3, 85). Eine Erweiterung oder Einschränkung durch Vereinbarung zwischen Dienststelle und PR oder zwischen den Tarifpartnern ist nicht zulässig. Zu dem Verfahren und die Zuständigkeit s. § 76 und § 91.   **2**

Ausübung. Da die Mitbestimmungstatbestände des Abs. 4 nicht auf Maßnahmen gegenüber Einzelpersonen bezogen sind, kann das Mitbestimmungsrecht sowohl im Einzelfall als auch durch Abschluss einer Dienstvereinbarung nach § 85 ausgeübt werden. Auf die Kommentierung zu § 85 wird verwiesen.   **3**

Unterbliebene/mangelhafte Beteiligung. Eine unterbliebene oder mangelhafte Beteiligung des PR kann bis zum Abschluss des Widerspruchsverfahrens nachgeholt werden, wenn ihr noch eine echte Einwirkungsmöglichkeit auf die Entscheidung der Dienststelle gewährt wird.   **4**

I.   Angelegenheiten der eingeschränkten Mitbestimmung

Eingeschränkte Mitbestimmung. Während bei der uneingeschränkten Mitbestimmung (s. § 74) im Falle der Nichteinigung des PR mit der obersten Dienstbehörde oder dem in § 89 Abs. 1 Satz 1 genannten obersten Organ die Einigungsstelle eine abschließende und für die Beteiligten verbindliche Entscheidung trifft (§ 78 Abs. 2 Satz 1 und 2), kann bei der eingeschränkten Mitbestimmung die Einigungsstelle, wenn sie sich nicht der Auffassung der obersten Dienstbehörde anschließt, nicht entscheiden, sondern nur eine Empfehlung an die oberste Dienstbehörde beschließen (§ 78 Abs. 4 Satz 1). Auf die Kommentierung zu § 78 wird verwiesen.   **5**

Mindestdauer der Beschäftigung. Die in Absatz 1 aufgezählten Personalangelegenheiten unterliegen nur dann der Mitbestimmung des PR, wenn eine mindestens zweimonatige Beschäftigungsdauer zu erwarten ist. Die Vorschrift stellt nunmehr klar, dass bei einer kürzeren Beschäftigungsdauer auch die mit der Einstellung verbundene Übertragung der auszuübenden Tätigkeit nicht mitbestimmungspflichtig ist (s. Nr. 2). Da die Berufung in das Beamtenverhältnis regelmäßig für einen längeren Zeitraum erfolgt, hat die Vorschrift nur für Arbeitnehmer praktische Bedeutung.   **6**

Ausgenommener Personenkreis. Bei **allen** in Abs. 1 genannten Personalangelegenheiten von Beamten der Besoldungsgruppe A 16 und höher, bei den oberst-   **7**

ten Dienstbehörden des Landes der Besoldungsgruppen B 3 und höher sowie den entsprechenden Arbeitnehmern, bei Landräten, Bürgermeistern und Beigeordneten und leitenden Beschäftigten öffentlich-rechtlicher Kreditinstitute bestimmt der PR nicht mit und wird auch sonst **nicht beteiligt** (Abs. 5 Nr. 1). Bei **Polizeimeistern und Polizeikommissaren** sowie von **Lehrern an allgemeinbildenden und beruflichen Schulen** ist gem. Abs. 5 Nr. 2 die Mitbestimmung des PR nur bei der **Begründung** des Beamtenverhältnisses (Nr. 1) ausgeschlossen (s. Rn. 14). Bei nicht beamteten Lehrern ist gem. Abs. 5 Nr. 3 nur die Umsetzung (Nr. 11) von der Mitbestimmung ausgenommen (s. Rn. 49).

8 **Herabstufung zur Mitwirkung.** Bei Leitern von Dienststellen i. S. d. LPVG, Rektoren an Grund-, Haupt-, Werkreal-, Real- und Gemeinschaftsschulen sowie entsprechenden sonderpädagogischen Bildungs- und Beratungszentren, Abteilungsleitern bei den Regierungspräsidien, Landesoberbehörden und höheren Sonderbehörden und den Ersten Landesbeamten bei den Landratsämtern **tritt** bei **allen** in Abs. 1 genannten Personalangelegenheiten nach Abs. 6 Nr. 1 **an die Stelle der Mitbestimmung die Mitwirkung.** Für Beamte des allgemeinen Vollzugsdienstes und Werkdienstes bei den Justizvollzugseinrichtungen, Polizeibeamte und Beschäftigte des Landesamts für Verfassungsschutz gilt dies gem. Abs. 6 Nr. 2 nur für die Umsetzung (s. Nr. 11 sowie Rn. 50).

9 **Antragsabhängige Mitbestimmung.** Bei **allen** in Abs. 1 genannten Personalangelegenheiten von leitenden Beschäftigten einer Dienststelle i. S. d. § 9 Abs. 2 Satz 1 Nr. 2 und 3, Beamten auf Zeit und Beschäftigten mit überwiegend wissenschaftlicher oder künstlerischer Tätigkeit bestimmt der PR nur mit, wenn der betroffene Beschäftigte dies beantragt (§ 76 Abs. 2 Satz 1 Nr. 1).

10 **Nr. 1: Begründung des Beamtenverhältnisses.** Das Beamtenverhältnis wird durch Ernennung begründet, die durch Aushändigung einer Ernennungsurkunde erfolgt (§ 8 Abs. 1 Nr. 1 und Abs. 2 BeamtStG). Mitbestimmungspflichtig ist die Entscheidung des Dienstherrn, einen bestimmten Bewerber einzustellen. Mitbestimmungspflichtig ist nicht nur die erstmalige Begründung eines Beamtenverhältnisses, sondern auch die Wiederbegründung eines Beamtenverhältnisses, wenn ein früherer (entlassener, durch Disziplinarurteil aus dem Dienst entfernter oder ein im Ruhestand befindlicher) Beamter erneut in das Beamtenverhältnis berufen wird. Der Mitbestimmung unterliegt auch, wenn bei einem Beamten unter Fortbestand des bisherigen Beamtenverhältnisses ein weiteres Beamtenverhältnis zum gleichen oder einem anderen Dienstherrn begründet wird (vgl. dazu § 22 Abs. 2 Satz 1 und Abs. 3 BeamtStG). Das Gleiche gilt für die Übernahme eines Arbeitnehmers in das Beamtenverhältnis zum gleichen Dienstherrn, wobei das bisherige Dienstverhältnis des Arbeitnehmers endet (vgl. § 9 Abs. 3 LBG).

11 **Anwendungsbereich.** Welche Art von Beamtenverhältnis begründet werden soll (auf Lebenszeit, auf Zeit, auf Probe, auf Widerruf, als Ehrenbeamter, vgl. § 4 BeamtStG), ist grundsätzlich gleichgültig. **Ausgenommen** von der Mitbestimmung sind jedoch die Fälle in denen das **Beamtenverhältnis auf Widerruf nach Ablegung oder dem endgültigen Nichtbestehen der für die Laufbahn vorgeschriebenen Prüfung** aufgrund von Rechtsvorschriften endet. Gem. § 22 Abs. 4

BeamtStG endet das Beamtenverhältnis auf Widerruf mit Ablauf des Tages der Ablegung oder dem endgültigen Nichtbestehen der für die Laufbahn vorgeschriebenen Prüfung, sofern durch Landesrecht nichts anderes bestimmt ist, was in Baden-Württemberg nicht der Fall ist.

Umwandlung eines Beamtenverhältnisses. Im Hinblick auf den Schutzzweck des Mitbestimmungsrechts gilt auch die Übernahme eines Beamten auf Widerruf in ein Beamtenverhältnis auf Probe als Einstellung im personalvertretungsrechtlichen Sinne (BVerwG, 28.10.2002 – 6 P 13/01 – PersV 2003, 225 = PersR 2003, 117). Ansonsten stellt die Umwandlung eines Beamtenverhältnisses in ein solches anderer Art (z. B. „auf Probe" in „auf Lebenszeit", vgl. § 8 Abs. 1 Nr. 2 i. V. m. § 4 BeamtStG) keine Begründung eines Beamtenverhältnisses i. S. v. Abs. 1 Nr. 1 dar. In den Fällen des Dienstherrnwechsels nach §§ 16 ff. BeamtStG, also bei Umbildung von juristischen Personen des öffentlichen Rechts mit Dienstherrnfähigkeit (Körperschaften), wird bei Übernahme von Beamten durch Übernahmeverfügung gemäß § 17 Abs. 3 BeamtStG der PR nach Abs. 1 Nr. 1 zu beteiligen sein. Keine Mitbestimmung findet dagegen statt beim Übertritt der Beamten kraft Gesetzes nach § 16 Abs. 1 BeamtStG, da hier keine Entscheidung durch eine Dienststelle zu treffen ist. **12**

Rückkehr aus Beurlaubung. Bei einem aus der Beurlaubung ohne Dienstbezüge zurückkehrenden Beamten erfolgt keine erneute Einstellung. Die dann notwendige erneute Übertragung von Dienstaufgaben nach der Rückkehr aus einer Beurlaubung von längerer Dauer ist jedoch gem. Abs. 1 Nr. 9 mitbestimmungspflichtig. **13**

Ausgenommener Personenkreis. Gem. Abs. 5 unterliegt nicht der Mitbestimmung die **Einstellung** von Beamten der **Besoldungsgruppen A 16** und höher, bei den obersten Dienstbehörden des Landes der **Besoldungsgruppen B 3** und höher sowie bei **Landräten, Bürgermeistern und Beigeordneten** (Abs. 5 Nr. 1 Buchst. a und b). Auch bei der Begründung des Beamtenverhältnisses bei **Polizeimeistern und Polizeikommissaren** sowie von **Lehrern an allgemeinbildenden und beruflichen Schulen** ist die Mitbestimmung des PR ausgeschlossen (Abs. 5 Nr. 2). **14**

Nr. 2: Einstellung von Arbeitnehmern. Nr. 2 trifft für Arbeitnehmer eine Nr. 1 vergleichbare Regelung. Einstellung ist die Begründung eines Arbeitsverhältnisses, wobei es rechtlich ohne Bedeutung ist, wenn der Arbeitsvertrag zwar gewollt, rechtlich aber fehlgeschlagen und deshalb unwirksam ist (BVerwG, 4.9.1995 – 6 P 32/93 – PersV 1996, 220 = PersR 1995, 525). Bei der Einstellung eines neuen Arbeitnehmers soll der PR die Interessen der bereits in der Dienststelle Beschäftigten wahren. Der Mitbestimmung unterliegen deshalb auch die der erstmaligen Einstellung vergleichbaren Fallkonstellationen, wie die Verlängerung eines befristeten Arbeitsverhältnisses und die Umwandlung eines befristeten in ein unbefristetes Arbeitsverhältnis. **15**

Anwendungsbereich. Mitbestimmungspflichtig ist die Entscheidung, einen bestimmten Bewerber einzustellen, seine erstmalige Eingliederung in die Dienststelle und die Entscheidung, welche Tätigkeiten der zur Einstellung vorgesehenen Perso- **16**

nen zu übertragen sind. Der Inhalt des bei der Einstellung abzuschließenden Arbeitsvertrags ist in der Regel unmittelbar tarifvertraglich geregelt sowie durch Rechtsvorschriften festgelegt.

17 **Umwandlung.** Eine mitbestimmungspflichtige Einstellung liegt immer dann vor, wenn der Beschäftigte in die Dienststelle eingegliedert wird. Daran fehlt es, wenn von einem Krankenhaus die Reinigungsaufgaben durch Vertrag an ein **privates Reinigungsunternehmen** übertragen werden und das Krankenhaus keine Weisungsbefugnisse gegenüber dessen Beschäftigten hat (BVerwG, 4.9.1995 – 6 P 32/93 – PersV 1996, 220 = PersR 1995, 525). Eine Einstellung liegt jedoch vor, wenn frühere Arbeitnehmer des Arbeitgebers oder frühere oder jetzige Beamte oder Richter des Dienstherrn als Arbeitnehmer übernommen werden sollen. Das Gleiche gilt, wenn Beschäftigte eines anderen Arbeitgebers oder Dienstherrn übernommen werden sollen.

18 **Nebenabreden zum Arbeitsvertrag.** Nunmehr ausdrücklich als mitbestimmungspflichtig aufgenommen sind Nebenabreden zum Arbeitsvertrag, die für das Arbeitsverhältnis eine entscheidende Bedeutung haben können, wie etwa die Vereinbarung von **Teilzeitbeschäftigung** oder die **Zeit- oder Zweckbefristung** eines Arbeitsverhältnisses. Der PR ist über die Dauer der konkreten Befristung und den Befristungsgrund zu unterrichten (BAG, 27.9.2000 – 7 AZR 412/99 – PersR 2001, 123; BAG, 20.2.2002 – 7 AZR 707/00 – PersV 2003, 113 = PersR 2002, 355). Der PR hat ein Mitprüfungsrecht, ob die beabsichtigte Befristung arbeitsrechtlich zulässig ist, und bei arbeitsrechtlicher Zulässigkeit ein Mitentscheidungsrecht, ob der Arbeitsvertrag tatsächlich befristet werden soll; insoweit sind wie bei der Einstellung insbesondere auch die kollektiven Interessen der der Dienststelle bereits angehörenden Beschäftigten zu berücksichtigen (vgl. BAG, 20.2.2002 – 7 AZR 707/00 – PersV 2003, 113 = PersR 2002, 355). Der PR kann auch der Einstellung zustimmen, aber die Zustimmung zur Befristung verweigern. Wird trotzdem ein befristeter Arbeitsvertrag geschlossen, ist die Befristung unwirksam und führt zu einem unbefristeten Arbeitsverhältnis (BAG, 9.6.1999 – 7 AZR 170/98 – PersV 2000, 93 = PersR 2000, 29; BAG, 20.2.2002 – 7 AZR 707/00 – PersV 2003, 113 = PersR 2002, 355). Die **Verlängerung eines befristeten Arbeitsverhältnisses** gilt als **Neueinstellung.**

19 **Ausgenommener Personenkreis.** Gem. Abs. 5 unterliegt nicht der Mitbestimmung die Einstellung der leitenden Beschäftigten öffentlich-rechtlicher Kreditinstitute (Abs. 5 Nr. 1 Buchst. c).

20 **Auszubildende.** Ausgenommen von der Mitbestimmung ist auch die Einstellung von Auszubildenden in ein öffentlich-rechtliches Ausbildungsverhältnis (s. § 16 Abs. 5 LBG), da es an dem für die Einstellung notwendigen Ernennungsakt fehlt. Das Gleiche gilt für die Zulassung von **Rechtsreferendaren** zum Vorbereitungsdienst, der ebenfalls in einem öffentlich-rechtlichen Ausbildungsverhältnis erfolgt (s. § 5 JAG).

21 **Nr. 3: Regelungsgegenstand.** Der Mitbestimmung unterliegt nunmehr ausdrücklich die Ein-, Höher, Um- oder Rückgruppierung einschließlich Stufenzuordnung sowie Verkürzung und Verlängerung der Stufenlaufzeit nach Entgeltgrundsätzen, die Bestimmung der Fallgruppe innerhalb einer Entgeltgruppe, soweit jeweils tarifvertraglich nichts anderes bestimmt ist, sowie die übertarifliche Eingruppierung. Kernbestandteil des tariflichen Entgelts ist das Tabellenentgelt nach § 15 TV-L. Für dessen Bemessung wird der Arbeitnehmer eingeordnet in eine Entgeltgruppe. Die Eingruppierung richtet sich nach den Tätigkeitsmerkmalen der Entgeltordnung (§ 12 Abs. 1 Satz 1 TV-L). Das Tabellenentgelt bestimmt sich weiter nach der für den Arbeitnehmer geltenden Stufe. Nach § 16 Abs. 1 TV-L umfassen die Entgeltgruppen bis zu sechs Stufen. Der Beschäftigte erreicht die jeweils nächste Stufe nach bestimmten Zeiten einer ununterbrochenen Tätigkeit innerhalb derselben Entgeltgruppe; diese Stufenlaufzeit ist progressiv gestaffelt (§ 16 Abs. 3 TV-L). Die Aufzählung in Nr. 3 ergibt, dass alle wesentlichen entgeltrelevanten Maßnahmen der Dienststelle der Mitbestimmung unterliegen. Die Mitbestimmung des PR ist kein Mitgestaltungs-, sondern ein **Mitbeurteilungsrecht.** Sie soll sicherstellen, dass die Anwendung der in der Dienststelle geltenden Entgeltordnung möglichst zutreffend erfolgt. Dabei ist ohne Bedeutung, ob der Dienststelle bei der Einstufung ein gerichtlich nicht überprüfbarer Beurteilungsspielraum zukommt (BVerwG, 27.8.2008 – 6 P 3/08 – PersR 2008, 500).

Tarifvorbehalt. Die Mitbestimmung bei der Eingruppierung ist nur dann nicht **22** gegeben, wenn sie durch Tarifvertrag ausgeschlossen wird. Nicht ausreichend ist eine Tarifautomatik, bei der sich die Einordnung in die Entgeltgruppe durch Subsumtion der auszuübenden Tätigkeit unter die abstrakten Tätigkeitsmerkmale der tariflichen Entgeltordnung ergibt (BVerwG, 13.10.2009 – 6 P 15/08 – PersV 2010, 142 = PersR 2009, 501).

Eingruppierung. Die Eingruppierung ist die Einreihung des Arbeitnehmers bei sei- **23** ner Einstellung in ein kollektives Entgeltschema, das die Zuordnung des Arbeitnehmers nach bestimmten, generell beschriebenen (i. d. R. Tätigkeits-)Merkmalen vorsieht. Der Arbeitnehmer ist in eine Entgeltgruppe einzuordnen und innerhalb dieser einer bestimmten Stufe zuzuordnen. Die Eingruppierung ist ein Akt strikter Rechtsanwendung. Die Mitbestimmung des PR ist kein Mitgestaltungs-, sondern ein **Mitbeurteilungsrecht.** Kern der Mitbestimmung ist die richtige Bezahlung (BVerwG, 22.10.2007 – 6 P 1/07 – PersV 2008, 103 = PersR 2008, 23). Die einschlägigen Entgeltordnungen enthalten häufig unbestimmte Rechtsbegriffe, die erhebliche Auslegungsspielräume eröffnen und deren Anwendung im Einzelfall Schwierigkeiten bereitet. Hier bietet die Mitbeurteilung des PR eine größere Gewähr für die Richtigkeit der Eingruppierung. Sie soll sicherstellen, dass die Anwendung der in der Dienststelle geltenden Entgeltordnung möglichst zutreffend erfolgt (BVerwG, 27.8.2008 – 6 P 3/08 – PersR 2008, 500).

Umgruppierung. Entspricht die Tätigkeit eines Arbeitnehmers nicht oder nicht **24** mehr den Merkmalen der Entgeltgruppe, in die er eingeordnet ist, ist er umzugruppieren. Dies ist insbesondere der Fall, wenn neu zu bewertende Arbeitsplätze geschaffen werden. Eine Umgruppierung ist auch vorzunehmen, wenn ein neuer Tarifvertrag anzuwenden ist.

Höhergruppierung. Höhergruppierung ist die Eingruppierung in eine höhere **25** Entgeltgruppe wegen der Übertragung einer höher zu bewertenden Tätigkeit oder wegen einer veränderten Bewertung der ausgeübten Tätigkeit (§§ 13 und 17 Abs. 4 Sätze 1 und 4 TV-L). Mitbestimmungspflichtig ist daneben auch die zwei Monate überschreitende Übertragung einer Tätigkeit, die den Tätigkeitsmerkmalen einer höheren Entgeltgruppe entspricht als die bisherige Tätigkeit (s. Nr. 7 Buchst. a).

26   **Rückgruppierung.** Unter Rückgruppierung versteht man die Eingruppierung in eine niedrigere Entgeltgruppe wegen der Übertragung einer niedriger zu bewertenden Tätigkeit oder wegen einer veränderten Bewertung der ausgeübten Tätigkeit (§§ 13 und 17 Abs. 4 Sätze 1 und 4 TV-L). Mitbestimmungspflichtig ist daneben auch die zwei Monate überschreitende Übertragung einer Tätigkeit, die den Tätigkeitsmerkmalen einer niedrigeren Entgeltgruppe entspricht als die bisherige Tätigkeit (s. Nr. 7 Buchst. a). Auch die Rückgruppierung im Einverständnis mit dem Beschäftigten unterliegt der Mitbestimmung.

27   **Stufenzuordnung.** Die Mitbestimmung erstreckt sich sowohl bei der Eingruppierung auf die Stufenzuordnung nach § 16 Abs. 2 Satz 1 bis 3 TV-L als auch bei der Höher- und Rückgruppierung auf die Stufenzuordnung nach § 17 Abs. 4 Satz 1 und 4 TV-L (BVerwG, 13.10.2009 – 6 P 15/08 – PersV 2010, 142 = PersR 2009, 501). Auch hier gilt der Tarifvorbehalt nicht. Nicht der Mitbestimmung unterliegt dagegen das Erreichen der nächsten Stufe nach Ablauf der regulären Stufenlaufzeit gem. § 16 Abs. 3 und 4 TV-L, da es sich hierbei um in großer Zahl zu bewältigende Routinevorgänge handelt (BVerwG, 13.10.2009 – 6 P 15/08 – PersV 2010, 142 = PersR 2009, 501).

28   **Stufenlaufzeit.** Gem. § 17 Abs. 2 Sätze 1 und 2 TV-L kann bei Leistungen der Beschäftigten, die erheblich über dem Durchschnitt liegen, die erforderliche Zeit für das Erreichen der Stufen 4 bis 6 jeweils verkürzt, bei Leistungen, die erheblich unter dem Durchschnitt liegen, jeweils verlängert werden. Beide Maßnahmen unterliegen der Mitbestimmung des PR.

29   **Fallgruppe.** Gem. § 12 Abs. 1 Satz 1 TV-L richtet sich die Eingruppierung nach den Tätigkeitsmerkmalen der Entgeltordnung. Diese sieht teilweise innerhalb einer Entgeltgruppe mehrere Fallgruppen vor. Da für die Fallgruppen unterschiedliche Protokollerklärungen gelten, kann sich auch die Bestimmung der Fallgruppe auf die Höhe des zu gewährenden Entgelts auswirken.

30   **Übertarifliche Eingruppierung.** Auch eine etwaige übertarifliche Eingruppierung unterliegt der Mitbestimmung. Sie ist gegeben, wenn ein Arbeitnehmer ein Entgelt erhalten soll, das höher ist als das Entgelt, das in der höchsten Entgeltgruppe des an sich anzuwendenden Tarifvertrags festgelegt ist.

31   **Nr. 4: Beförderung/horizontaler Laufbahnwechsel.** Durch die **Beförderung** wird einem Beamten ein anderes Amt mit höherem Grundgehalt verliehen (§ 20 Abs. 1 LBG). Ein **horizontaler Laufbahnwechsel** ist der Wechsel von der Laufbahn der Fachrichtung A in die Laufbahn der Fachrichtung B **innerhalb der Laufbahngruppe** (s. § 21 LBG). Beim **vertikalen Laufbahnwechsel** wird dagegen innerhalb derselben Fachrichtung in die **nächsthöhere Laufbahngruppe** gewechselt; dieser ist als Aufstieg (s. § 22 LBG) zugleich eine Beförderung und deshalb ohnehin als Mitbestimmungsfall erfasst.

Bestenauswahl. Auswahlentscheidungen nach Nr. 4 werden nach dem Grund-   **32**
satz der Bestenauswahl getroffen. Der PR kann dabei nicht sein eigenes Wertur-
teil an die Stelle der Beurteilung durch den Dienststellenleiter setzen. Er hat
jedoch darüber zu wachen, dass z. B. Richtlinien über die personelle Auswahl
nach Abs. 4 Nr. 6 eingehalten werden und auch sonst der Gleichheitsgrundsatz
nicht verletzt wird. Gem. § 71 Abs. 3 Satz 2 kann nunmehr auch ein vom PR
benanntes Mitglied an im Rahmen institutionalisierter Auswahlverfahren
durchgeführten Auswahlgespräche teilnehmen.

Nr. 5: Aufstieg. Die Zulassung zum Aufstieg einschließlich der Zulassung zur Eig-   **33**
nungsfeststellung für den Aufstieg ist mitbestimmungspflichtig. Aufstieg ist der
Wechsel in die nächsthöhere Laufbahn derselben Fachgruppe (§ 22 Abs. 1 LBG),
z. B. vom mittleren in den gehobenen Dienst innerhalb der allgemeinen Innenverwaltung. Gem. § 22 Abs. 1 LBG können Beamte in die nächsthöhere Laufbahn
derselben Fachrichtung aufsteigen, auch wenn die Bildungsvoraussetzungen nach
§ 15 LBG für diese Laufbahn nicht vorliegen, wenn sie u. a. seit mindestens einem
Jahr erfolgreich überwiegend Aufgaben der nächsthöheren Laufbahn wahrnehmen und durch Qualifizierungsmaßnahmen zusätzliche, über ihre Vorbildung und
die bisherige Laufbahnbefähigung hinausgehende Kenntnisse und Fähigkeiten erworben haben (§ 22 Abs. 1 Nr. 3 und 5 LBG). Bereits durch die **Zulassung** zum
Aufstieg und zur Eignungsfeststellung wird eine entscheidende Vorauswahl unter
den Bewerbern getroffen, da der Aufstieg nur für diejenigen möglich ist, die durch
erfolgreich absolvierte Einführungszeiten und durch die Teilnahme an für die neue
Laufbahn qualifizierenden Fortbildungen (s. § 22 Abs. 4 LBG), die für die neue
Laufbahn erforderlichen Kenntnisse und Fähigkeiten erworben haben. Der Gesetzgeber hat deshalb für diese wesentlichen Vorentscheidungen dem PR nunmehr
ein Mitbestimmungsrecht eingeräumt. Der PR hat insb. über die Einhaltung des
Gleichbehandlungsgebotes sowie darüber zu wachen, dass die einschlägigen Vorschriften – § 22 Abs. 1 LBG und die gem. § 22 Abs. 4 LBG ergangenen Rechtsver-
ordnungen – eingehalten werden. An der nachfolgenden Entscheidung über den
Aufstieg selbst, der zu einem Wechsel der Laufbahngruppe führt, hat der PR nach
Nr. 4 mitzubestimmen.

Nr. 6: Übertragung von Dienstaufgaben. Die zwei Monate überschreitende   **34**
Übertragung von Dienstaufgaben eines Amtes mit höherem oder niedrigerem
Grundgehalt ist mitbestimmungspflichtig. Ausgangspunkt sind die Dienstaufgaben des dem Beamten verliehenen **statusrechtlichen Amtes.** Mitbestimmungspflichtig ist die Übertragung von Dienstaufgaben, die höher oder niedriger zu bewerten sind als die Dienstaufgaben des verliehenen statusrechtlichen
Amtes, in dem sich der Beamte befindet. Bewertungsmaßstab sind zunächst
die Festsetzungen im Stellenplan. Im Falle der sog. **Topfwirtschaft** (wenn die
Planstelle nicht bindend bestimmten Funktionen zugeordnet ist bzw. die Zahl
der bewerteten Funktionsstellen die Zahl der nach dem Stellenplan verfügbaren
Stellen übersteigt) ist auf die Bewertung der Gesamtumstände, insbesondere
auf die übliche Einstufung, auf im konkreten Falle bestehende Einstellungsab-
sichten oder aber – mangels anderweitiger Anhaltspunkte – auf die jeweilige
besoldungsmäßige Einstufung des (bisherigen) Dienstposteninhabers abzustellen (BVerwG, 16.9.1994 – 6 P 31/92 – PersV 1995, 175 = PersR 1995, 16).

Die höhere oder niedrigere Bewertung eines Dienstpostens löst keine Mitbestimmung aus, da sie keine Maßnahme gegenüber einem ganz bestimmten Beamten ist (BVerwG, 2.12.2009 – 6 PB 33/09 – PersR 2010, 85). Das Gleiche gilt bei gesetzlicher Überleitung in die nächsthöhere oder nächstniedrigere Besoldungsgruppe. Für die Beurteilung der Mitbestimmungspflicht ist im Übrigen maßgeblich auf die tatsächlich übertragenen Dienstaufgaben abzustellen. Bei der Übertragung eines Dienstpostens bleiben daher einem Amtsvorgänger übertragene Dienstaufgaben unberücksichtigt, die nicht mehr wahrgenommen werden sollen (VGH Mannheim, 26.4.1994 – PL 15 S 234/93 – ZBR 1995, 53).

35 **Höheres Grundgehalt.** Ein Amt mit höherem Grundgehalt liegt auch dann vor, wenn es mit einer **Amtszulage** verbunden ist, die Bestandteil des Grundgehaltes ist (s. § 43 Abs. 2 LBesGBW).

36 **Niedrigeres Grundgehalt.** Die Voraussetzungen eines Amtes mit niedrigerem Grundgehalt sind auch dann erfüllt, wenn zur Vermeidung der Versetzung in den Ruhestand eine geringerwertige Tätigkeit übertragen wird (s. § 26 Abs. 3 BeamtStG). Das Gleiche gilt bei der Auflösung, wesentlichen Veränderung oder Verschmelzung von Behörden für eine Versetzung in ein Amt mit geringerem Grundgehalt (s. § 24 Abs. 2 Satz 3 LBG).

37 **Zweck der Vorschrift.** Die Übertragung von Dienstaufgaben eines Amtes mit höherem Grundgehalt ist in der Regel die Vorstufe zu einer nach Abs. 1 Nr. 5 der Mitbestimmung unterliegenden Maßnahme. Hier soll sichergestellt werden, dass der PR bereits zu einem Zeitpunkt beteiligt wird, in dem er noch gestaltend Einfluss nehmen kann, und nicht erst, wenn bereits vollendete Tatsachen für eine Maßnahme nach Abs. 1 Nr. 5 geschaffen sind. Bei der nicht nur vorübergehenden Übertragung der Aufgaben eines niedriger bewerteten Amtes dient die Mitbestimmung des PR insbesondere dem Schutz des Beamten. Der Beamte hat grundsätzlich Anspruch auf Übertragung eines seinem statusrechtlichen Amt entsprechenden Funktionsamtes, d. h. eines amtsgemäßen Aufgabenbereichs (BVerwG, 2.12.2009 – 6 PB 33/09 – PersR 2010, 85).

38 **Mindestdauer.** Die Übertragung muss zwei Monate überschreiten, d. h. länger als zwei Monate dauern. Die Frage, ob die Übertragung nur vorübergehend zur Krankheitsvertretung erfolgen soll, ist damit nicht mehr entscheidend. Auch eine nur befristete Übertragung für länger als zwei Monate unterliegt der Mitbestimmung. Das gilt auch für sog. kommissarische Übertragungen eines höherwertigeren Amtes bis zur endgültigen Besetzung für länger als zwei Monate. Ist die Überschreitung der Zwei-Monatsfrist bereits bei der Übertragung bekannt, muss der PR rechtzeitig vorher beteiligt werden; ansonsten ist die Beteiligung **vor Ablauf der Zwei-Monatsfrist** einzuleiten.

39 **Nr. 7 Buchst. a: Übertragung der Tätigkeit einer höheren oder niedrigeren Entgeltgruppe als die bisherige Tätigkeit.** Mitbestimmungspflichtig ist die zwei Monate überschreitende Übertragung einer Tätigkeit, die den Tätigkeitsmerkmalen einer höheren oder niedrigeren Entgeltgruppe entspricht als die bisherige Tätigkeit. Die übertragene Tätigkeit muss einer höheren oder niedrigeren Entgeltgruppe zugeordnet sein als die bisherige Tätigkeit. Die Übertragung kann durch die Zuweisung eines anderen Arbeitsplatzes oder die Veränderung des bisherigen Aufgabengebiets bestehen. Ist mit der Übertragung eine Höher- oder Rückgruppierung verbunden, ist auch diese mitbestimmungspflichtig (s. Nr. 3). Der Zweck der Mitbestimmung ist aber jeweils ein anderer. Bei der Höher- oder Rückgruppierung ist auf die richtige Einordnung in die Entgeltordnung zu achten, während bei der Übertragung der anderen Tätigkeit auf die Wahrung der Interessen des Beschäftigten zu achten ist.

Nr. 7 Buchst. b: Zulage. Mitbestimmungspflichtig ist die zwei Monate über- **40** schreitende Übertragung einer Tätigkeit, die einen Anspruch auf Zahlung einer Zulage auslöst, sowie Widerruf einer solchen Übertragung. Zulagen i. S. d. Vorschrift sind alle Arten von Zulagen, deren Zahlung von der Ausübung einer bestimmten Tätigkeit abhängig ist, vor allen Dingen Funktionszulagen. Einschlägig sind beispielsweise persönliche Zulagen nach dem TV-L oder TVöD. Mitbestimmungspflichtig ist die Übertragung der für die Zahlung der Zulage auslösenden Tätigkeit sowie der Widerruf der Übertragung.

Mindestdauer. Die Übertragung muss zwei Monate überschreiten, d. h. länger **41** als zwei Monate dauern. Die Frage, ob die Übertragung nur vorübergehend zur Krankheitsvertretung erfolgen soll, ist damit nicht mehr entscheidend. Auch eine nur befristete Übertragung für länger als zwei Monate unterliegt der Mitbestimmung. Das gilt auch für sog. kommissarische Übertragungen entsprechender Tätigkeiten bis zur endgültigen Besetzung für länger als zwei Monate. Ist die Überschreitung der Zwei-Monatsfrist bereits bei der Übertragung bekannt, muss der PR rechtzeitig vorher beteiligt werden; ansonsten ist die Beteiligung **vor Ablauf der Zwei-Monatsfrist** einzuleiten.

Zweck der Vorschrift. Kern der Mitbestimmung ist die gerechte Personalaus- **42** lese. Der PR hat darauf zu achten, dass nicht einzelne Arbeitnehmer zu Unrecht bevorzugt und andere zu Unrecht benachteiligt werden. Er hat deshalb auf die Einhaltung des Gleichbehandlungs- und des Leistungsgrundsatzes zu achten (BVerwG, 13.10.2009 – 6 P 15/08 – PersV 2010, 142 = PersR 2009, 501).

Nr. 8: Übertragung anderer Tätigkeit. Mitbestimmungspflichtig ist die zwei **43** Monate überschreitende Übertragung einer anderen Tätigkeit. Eine andere Tätigkeit wird bei der Zuweisung eines anderen Arbeitsbereichs übertragen, wobei die Veränderung so erheblich sein muss, dass der neue Arbeitsplatz eine andere Prägung hat als der bisherige (vgl. die Rspr. zur Umsetzung, z. B. BVerwG, 18.12.1996 – 6 P 8/95 – PersR 1997, 364). Zur Überschreitung der Zwei-Monatsfrist siehe die Kommentierung zu Nr. 7.

Nr. 9: Rückkehr aus Beurlaubung. Die erneute Übertragung von Dienstaufga- **44** ben eines Amtes oder der auszuübenden Tätigkeit nach Rückkehr aus der Beurlaubung von längerer Dauer ist mitbestimmungspflichtig. Die Rückkehr aus einer Beurlaubung von längerer Dauer, z. B. zur Betreuung von Kindern oder pflegebedürftigen Angehörigen (s. § 72 Abs. 1 LBG), hat für die Dienststelle oft die gleiche Wirkung wie eine Neueinstellung. Die Auslegung des Begriffs von längerer Dauer hat sich an § 72 LBG zu orientieren. Ab einem Jahr wird man eine längere Dauer anzunehmen haben.

45   **Nr. 10: Änderung des Arbeitsvertrags.** Die wesentliche Änderung des Arbeitsvertrags ist mitbestimmungspflichtig, ausgenommen die Änderung der arbeitsvertraglich vereinbarten Arbeitszeit. Eine wesentliche Änderung des Arbeitsvertrags kann dieselben Wirkungen haben wie eine Einstellung. Ob die Initiative vom Dienstherr ausgeht oder vom Arbeitnehmer, ist unerheblich. Die Änderung der im Arbeitsvertrag vereinbarten Arbeitszeit, z. B. der Übergang von der Vollzeit- zu einer Teilzeitbeschäftigung, unterliegt gem. Abs. 3 Nr. 2 nur bei Antrag des Beschäftigten der Mitbestimmung.

46   **Nr. 11: Umsetzung.** Der Mitbestimmung unterliegt die Umsetzung innerhalb der Dienststelle, wenn sie mit einem **Wechsel des Dienstorts verbunden** ist. Umsetzung ist die Übertragung eines anderen Arbeitsbereichs, bei der sich Art und Inhalt oder/und die funktionelle Verantwortung des Beschäftigten ändern. Im Gegensatz zur Versetzung erfolgt die Umsetzung innerhalb der Dienststelle, der Aufgabenbereich des Beschäftigten wird aber wesentlich geändert. Eine Umsetzung liegt nicht vor, wenn eine Dienststelle umorganisiert wird, das Arbeitsgebiet des Beschäftigten sich aber nicht ändert. Es genügt für eine Umsetzung auch nicht, dass der Beschäftigte künftig dieselbe Tätigkeit in einem anderen Raum, in einem anderen Gebäude oder an einer anderen Arbeitsstelle der Dienststelle ausübt.

47   **Dauerhafte Umsetzung.** Mitbestimmungspflichtig ist **nur die auf Dauer angelegte Umsetzung**, nicht dagegen die vorübergehende, zeitlich befristete Zuordnung eines anderen Arbeitsplatzes. Umsetzungen setzen die Abberufung vom bisherigen Dienstposten und die Zuweisung eines anderen Dienstpostens auf Dauer voraus (BVerwG, 18.12.1996 – 6 P 8/95 – PersR 1997, 364). Eine vorübergehende Umsetzung für die Dauer von zwei Monaten unterliegt jedenfalls nicht der Mitbestimmung (VGH Mannheim, 16.9.2003 – PL 15 S 1104/03 – PersR 2004, 113). Der VGH Kassel (24.4.2003 – 22 TL 848/02 – PersV 2003, 430 = PersR 2003, 198) kommt zu dem Ergebnis, dass eine mitbestimmungsbedürftige Umsetzung vorliegt, wenn Beschäftigte bei gleichbleibender Tätigkeit für die Dauer von mehr als sechs Monaten ihren Dienstort im Bereich derselben Dienststelle wechseln müssen.

48   **Dienstort.** Zum Dienstort gehört im Gegensatz zu § 75 Abs. 1 Nr. 3 BPersVG **nicht** das **Einzugsgebiet** i. S. des Umzugskostenrechts. Deshalb unterliegt jede Umsetzung innerhalb der Dienststelle, mit der ein Wechsel des Dienstorts (d. h. der politischen Gemeinde) verbunden ist, der Mitbestimmung.

49   **Ausgenommener Personenkreis.** Über die in Abs. 5 Nr. 1 genannten Beschäftigten hinaus, bei denen eine Beteiligung des PR in allen in Abs. 1 genannten Personalangelegenheiten entfällt, entfällt bei der Umsetzung auch bei **nicht beamteten Lehrern** die Beteiligung des PR (Abs. 5 Nr. 3).

50   **Herabstufung zur Mitwirkung.** Über die in Abs. 6 Nr. 1 genannten Beschäftigten hinaus, bei denen die Beteiligung des PR in allen in Abs. 1 genannten Personalangelegenheiten zur Mitwirkung herabgestuft wird, tritt bei der Umsetzung auch bei **Beamten des allgemeinen Vollzugsdienstes und Werkdienstes bei den Justizvollzugseinrichtungen, Polizeibeamten und Beschäftigten des Landesamts**

für **Verfassungsschutz** nach Abs. 6 Nr. 2 an die Stelle der Mitbestimmung die Mitwirkung.

Nr. 12: Ordentliche Kündigung. Der PR ist bei jeder ordentlichen Kündigung **51** durch die Dienststelle zu beteiligen, dies gilt auch für eine erneut ausgesprochene Kündigung (**Wiederholungskündigung**, vgl. BAG, 5.9.2002 – 2 AZR 523/01 – PersR 2003, 123) oder eine **Änderungskündigung**, d. h. eine Kündigung mit dem Angebot der Fortsetzung des Arbeitsverhältnisses unter geänderten Bedingungen. Ist aus betriebsbedingten Gründen ausnahmsweise die **außerordentliche Kündigung eines tariflich unkündbaren Arbeitnehmers** zulässig, steht diese hinsichtlich der PR-Beteiligung einer ordentlichen Kündigung gleich, d. h., der PR hat nicht nur ein Anhörungs-, sondern ein Mitbestimmungsrecht nach § 75 Abs. 1 Nr. 12 (vgl. BAG, 5.2.1998 – 2 AZR 227/97 – PersR 1998, 387).

Auflösungsvertrag/Befristung. Die Beendigung des Arbeitsverhältnisses durch **52** Auflösungsvertrag oder durch Ablauf der vereinbarten Frist oder den Eintritt einer auflösenden Bedingung stellt **keine Kündigung** dar. Ebenso ist die Geltendmachung einer **Nichtigkeit** oder die **Anfechtung** eines Arbeitsvertrags keine Kündigung. Auch die Beendigung eines Arbeitsverhältnisses durch Eintritt in das Beamtenverhältnis nach § 9 Abs. 3 LBG ist keine Kündigung; hier hat aber die Dienststelle gem. Abs. 1 Nr. 1 ein Mitbestimmungsverfahren einzuleiten.

Begriff. Bei der **ordentlichen Kündigung** wird von der gesetzlich, tarifvertrag- **53** lich oder einzelvertraglich vorgesehenen – regelmäßig fristgebundenen – Möglichkeit der Beendigung des Arbeitsverhältnisses Gebrauch gemacht. Sie setzt anders als die außerordentliche Kündigung keinen wichtigen Grund voraus. Bei einer **außerordentlichen Kündigung**, die gem. § 626 Abs. 1 BGB nur aus wichtigem Grund und nur innerhalb einer Frist von zwei Wochen erfolgen kann (§ 626 Abs. 2 BGB), ist der PR lediglich anzuhören (§ 87 Abs. 1 Nr. 9).

Unterrichtungspflicht. Die gem. § 76 Abs. 1 erforderliche Unterrichtung des PR **54** von der beabsichtigten Kündigung muss **umfassend** sein (Personaldaten des Beschäftigten, Art der Kündigung, Kündigungsfrist, Kündigungstermin, Kündigungsgründe). Da auch insoweit die in § 71 Abs. 1 Satz 2 getroffene allgemeine Regelung gilt, nach der dem PR die zur Durchführung seiner Aufgaben erforderlichen Unterlagen vorzulegen sind, sind dem PR über die Tatsachenangaben hinaus auch Unterlagen und Beweismaterial zur Verfügung zu stellen (a. A. hinsichtlich der Anhörung des Betriebsrats zu einer beabsichtigten Kündigung BAG, 6.2.1997 – 2 AZR 265/96 – juris). Dabei dürfen jedoch gem. § 71 Abs. 1 Satz 3 **Personalaktendaten** nur mit Zustimmung des Arbeitnehmers und nur von den von ihm bestimmten Mitgliedern der Personalvertretung eingesehen werden.

Umfang der Unterrichtungspflicht. Der Umfang der Unterrichtungspflicht be- **55** stimmt sich danach, welche Daten für den PR für die Beurteilung der Wirksamkeit der Kündigung von Bedeutung sind. Über Personalaktendaten des zu kündigenden Beschäftigten, aus denen sich Unterhaltsverpflichtungen für die Familienangehörigen ergeben, ist der PR bei verhaltensbedingten Kündigungen nur in Ausnahmefällen zu unterrichten (BVerwG, 9.10.1996 – 6 P 1/94 – PersV 1997, 171= PersR 1997, 116).

56   **Krankheitsbedingte Kündigung.** Bei krankheitsbedingter Kündigung sind dem PR regelmäßig die einzelnen Ausfallzeiten der letzten Jahre mitzuteilen, auf welche die Dienststelle ihre Prognose stützt, dass auch in Zukunft mit Krankheitszeiten im selben Umfang zu rechnen sei. Gleiches gilt für die aufgewandten Lohnfortzahlungskosten, wenn hiervon die betriebliche Beeinträchtigung abgeleitet wird. Allerdings kann es in Fällen, in denen der Beschäftigte seit Beginn des Arbeitsverhältnisses fortlaufend jedes Jahr überdurchschnittlich hohe Krankheitszeiten aufzuweisen hat und hohe Lohnfortzahlungskosten verursacht hat, u. U. ausreichen, lediglich nach Jahren gestaffelt die überdurchschnittlichen Krankheitszeiten darzulegen und die Entgeltfortzahlungskosten der letzten Jahre in einem Gesamtbetrag mitzuteilen. Dies gilt jedenfalls dann, wenn der PR aus den mitgeteilten Krankheitszeiten und Entgeltfortzahlungskosten ohne weiteres ableiten kann, eine Negativprognose hinsichtlich der in Zukunft zu erwartenden Krankheitszeiten sei gerechtfertigt (vgl. BAG, 7.11.2002 – 2 AZR 493/01 – PersR 2003, 451 = PersV 2003, 387).

57   **Sozialauswahl.** Zur ordnungsgemäßen Beteiligung des PR gehört die Mitteilung der Auswahlüberlegungen. Beruft sich die Dienststelle auf eine Auswahl nach sozialen Kriterien, hat sie dem PR auch die von ihr herangezogenen Sozialdaten der aufgrund der Auswahl nicht betroffenen Arbeitnehmer anzugeben.

58   **Rechtsfolge.** Kommt die Dienststelle ihrer Unterrichtungspflicht nicht richtig, insbesondere nicht ausführlich genug nach, ist die Kündigung unwirksam (BAG, 26.9.2002 – 2 AZR 424/01 – juris).

59   **Einwendungen des PR.** Gegen eine beabsichtigte ordentliche Kündigung kann der PR Einwendungen **jeder Art** erheben. Gilt in der Dienststelle eine **Richtlinie** über die personelle Auswahl bei Kündigungen nach Abs. 4 Nr. 6 Buchst. d, ist diese von der Dienststelle zu beachten. Der PR wacht darüber, dass solche Richtlinien eingehalten werden und erhebt ggf. hierauf gestützte Einwendungen. Der PR hat auch zu prüfen, ob es für den zu kündigenden Arbeitnehmer eine **Weiterbeschäftigungsmöglichkeit** gibt an einem anderen Arbeitsplatz in der Dienststelle. Darüber hinaus hat er zu prüfen und zu erwägen, ob der Beschäftigte nach sowohl für ihn als auch die Dienststelle zumutbaren **Umschulungs-** oder Fortbildungsmaßnahmen weiter beschäftigt werden kann. Auch die **Weiterbeschäftigung zu geänderten, auch ungünstigeren Vertragsbedingungen** ist zu erwägen und ggf. mit der Dienststelle zu erörtern. Dies setzt allerdings das Einverständnis des Arbeitnehmers voraus.

60   **Ausgenommener Personenkreis.** Bei der Kündigung des Arbeitsverhältnisses von Arbeitnehmern, die eine Vergütung erhalten, die der Besoldung von Beamten der Besoldungsgruppe A 16 und höher, bei den obersten Dienstbehörden des Landes der Besoldungsgruppen B 3 und höher entspricht, sowie bei leitenden Beschäftigten öffentlich-rechtlicher Kreditinstitute bestimmt der PR nicht mit und wird auch sonst **nicht beteiligt** (Abs. 5 Nr. 1).

61   **Herabstufung zur Mitwirkung.** Soweit es sich bei den in Abs. 6 Nr. 1 genannten Beschäftigten um keine Beamten, sondern um Arbeitnehmer handelt (was selten der Fall sein dürfte), tritt an die Stelle der Mitbestimmung die Mitwirkung.

Weiterbeschäftigungsanspruch. Zum Weiterbeschäftigungsanspruch eines Arbeit-   **62**
nehmers bis zur rechtskräftigen Entscheidung über seine Kündigungsschutzklage,
wenn der PR der Kündigung widersprochen hat, siehe Abs. 7 und 8.

II. Doppelte Mitbestimmung

Aufnehmende und abgebende Dienststelle. Abs. 2 zählt die Personalangelegenhei-   **63**
ten auf, die der doppelten Mitbestimmung bedürfen, sowohl der Mitbestimmung
des PR der die Maßnahme treffenden (abgebenden) Dienststelle als auch der Mitbestimmung des PR der aufnehmenden Dienststelle. Der PR der abgebenden
Dienststelle hat die Interessen der verbleibenden Beschäftigten zu vertreten und der
PR der aufnehmenden Dienststelle die Interessen der dortigen Beschäftigten. Beide
PR dürfen prüfen, ob durch die Versetzung, Abordnung usw. Nachteile nicht unerheblichen Gewichts etwa in Form von Mehrbelastung auf die vorhandenen Beschäftigten zukommen (BVerwG, 4.6.1993 – 6 P 31/91 – PersV 1994, 414). Bei
einer Versetzung mit dem Ziel einer Beförderung werden sie auch besonders darauf
zu achten haben, dass dadurch andere Beschäftigte nicht benachteiligt werden,
ohne dass dies aus dienstlichen oder persönlichen Gründen gerechtfertigt ist.

Ausgenommener Personenkreis. Bei allen in Abs. 2 genannten Personalangele-   **64**
genheiten von Beamten der Besoldungsgruppe A 16 und höher, bei den obersten Dienstbehörden des Landes der Besoldungsgruppen B 3 und höher sowie
den entsprechenden Arbeitnehmern, bei Landräten, Bürgermeistern und Beigeordneten und leitenden Beschäftigten öffentlich-rechtlicher Kreditinstitute bestimmt der PR nicht mit und wird auch sonst **nicht beteiligt** (Abs. 5 Nr. 1). Das
Gleiche gilt für nicht beamtete Lehrer (Abs. 5 Nr. 3).

Herabstufung zur Mitwirkung. Bei Leitern von Dienststellen i. S. d. LPVG, Rek-   **65**
toren an Grund-, Haupt-, Werkreal-, Real- und Gemeinschaftsschulen sowie
entsprechenden sonderpädagogischen Bildungs- und Beratungszentren, Abteilungsleitern bei den Regierungspräsidien, Landesoberbehörden und höheren
Sonderbehörden und den Ersten Landesbeamten bei den Landratsämtern **tritt**
nach Abs. 6 Nr. 1 **an die Stelle der Mitbestimmung die Mitwirkung.** Das Gleiche
gilt für Beamte des allgemeinen Vollzugsdienstes und Werkdienstes bei den Justizvollzugseinrichtungen, Polizeibeamte und Beschäftigte des Landesamts für Verfassungsschutz (Abs. 6 Nr. 2).

Antragsabhängige Mitbestimmung. Bei **allen** in Abs. 2 genannten Personalan-   **66**
gelegenheiten von leitenden Beschäftigten einer Dienststelle i. S. d. § 9 Abs. 2
Satz 1 Nr. 2 und 3, Beamten auf Zeit und Beschäftigten mit überwiegend wissenschaftlicher oder künstlerischer Tätigkeit bestimmt der PR nur mit, wenn
der betroffene Beschäftigte dies beantragt (§ 76 Abs. 2 Satz 1 Nr. 1).

Nr. 1: Versetzung. Die Versetzung zu einer anderen Dienststelle unterliegt nur   **67**
dann der Mitbestimmung, wenn der Beschäftigte voraussichtlich länger als
zwei Monate Beschäftigter sein wird.

Arbeitnehmer. Bei Arbeitnehmern sind Versetzungen gem. § 4 Abs. 1 TV-L   **68**
ausdrücklich zulässig. Dies ergibt sich, wie die Umsetzung innerhalb der

Dienststelle, in Grenzen aber auch schon aus dem Direktionsrecht des Arbeitgebers.

69 **Beamte.** Bei Beamten ist von dem beamtenrechtlichen Begriff der **Versetzung** auszugehen. Eine Versetzung ist beamtenrechtlich die auf Dauer angelegte Übertragung eines anderen Amtes bei einer anderen Dienststelle desselben oder eines anderen Dienstherrn (§ 24 Abs. 1 LBG). Dabei muss das andere Amt im Rahmen des Beamtenverhältnisses übertragen werden. Das ist bei der Ernennung eines Beamten zum Richter kraft Auftrags nicht der Fall, hier schließen die spezialgesetzlichen Regelungen der Richtergesetze über die besondere Art der Beteiligung bei der Ernennung von Richtern eine Mitbestimmung nach den allgemeinen Regeln des Personalvertretungsrechts aus (BVerwG, 29.3.1993 – 6 P 19/91 – PersR 1993, 268 = PersV 1994, 269).

70 **Verselbstständigte Dienststellen.** Bei einem Wechsel zu einer lediglich personalvertretungsrechtlich verselbstständigten Dienststelle i. S. v. § 5 Abs. 3 liegt eine Versetzung auch dann nicht vor, wenn der Wechsel dauerhaft ist (VGH Mannheim, 27.9.1994 – PL 15 S 2803/93 – juris).

71 **Versetzungen** von einem Dienstherrn **zu einem anderen Dienstherrn** werden vom abgebenden Dienstherrn im Einverständnis mit dem aufnehmenden Dienstherrn verfügt. Dies gilt entsprechend für die Versetzung von Landesbeamten aus dem Geschäftsbereich eines Ministeriums in den Geschäftsbereich eines anderen Ministeriums (§ 6 Ernennungsgesetz vom 29.1.1992, GBl. S. 141, zul. geänd. durch das Dienstrechtsreformgesetz vom 9.11.2010, GBl. S. 954). Das Einverständnis ist schriftlich zu erklären. In der Versetzungsverfügung ist zum Ausdruck zu bringen, dass das Einverständnis vorliegt (§ 24 Abs. 4 LBG). Die Versetzungsverfügung und die Einverständniserklärung hierzu sind für das Zustandekommen der Versetzung gleich wichtig. Deshalb unterliegen beide Maßnahmen der Mitbestimmung: die Versetzungsverfügung der Mitbestimmung der Personalvertretung der abgebenden und die Einverständniserklärung hierzu der Mitbestimmung der Personalvertretung der aufnehmenden Dienststelle.

72 **Länderübergreifende Versetzung.** Für länderübergreifende Versetzungen und Versetzungen aus einem Land in die **Bundesverwaltung** gilt § 15 BeamtStG (s. § 13 BeamtStG). Auch Versetzungen nach den Beschlüssen der Kultusministerkonferenz über „Eine einheitliche Regelung für den **Lehreraustausch zwischen den Ländern**" unterliegen der Mitbestimmung der Personalvertretung sowohl der abgebenden als auch der aufnehmenden Dienststelle (BVerwG, 5.12.1988 – 6 P 6/86 – PersR 1989, 11 = PersV 1989, 317).

73 **Zuständigkeit.** Wer für die Versetzung im Einzelfall zuständig ist – und damit auch die Zuständigkeit des PR –, ergibt sich für Landesbeamte aus dem Ernennungsgesetz, für die übrigen Beamten im Geltungsbereich des LBG aus besonderen Gesetzen, Rechtsverordnungen und Satzungen (s. § 9 Abs. 1 LBG). Hieraus ergibt sich auch i. V. m. § 91, welche Personalvertretungen zu beteiligen sind. **Eingeleitet** wird die Beteiligung der jeweils zuständigen Personalvertretung von der Dienststelle, bei der sie gebildet ist, d. h. z. B., dass die Beteiligung der Personalvertretung der aufnehmenden Dienststelle nicht durch den Leiter der abgebenden Dienststelle eingeleitet wird.

Erschlichene Zustimmung. Wird die Zustimmung des PR erwirkt mit der unrichtigen Angabe, der Beschäftigte sei mit der Versetzung einverstanden, ist die Zustimmung unwirksam sowie die Versetzung wegen eines Verfahrensfehlers rechtswidrig. Die nachträgliche Mitteilung, die Versetzung erfolge gegen den Willen des Beschäftigten, heilt den Fehler nicht, vielmehr ist ein erneuter Zustimmungsantrag notwendig (OVG Berlin, 18.12.2002 – 4 S 41.02 – PersR 2003, 163). **74**

Nr. 2: Abordnung. Die Abordnung für die Dauer von mehr als zwei Monaten ist mitbestimmungspflichtig. Abordnung ist die vorübergehende Beschäftigung bei einer anderen Dienststelle desselben oder eines anderen Dienstherrn unter Beibehaltung des bisherigen Amts und der bisherigen Dienstbezüge. Sie unterliegt, wenn sie für mehr als zwei Monate vorgesehen ist, in gleicher Weise der Mitbestimmung wie die Versetzung. Eine zunächst auf kürzere Zeit befristete Abordnung unterliegt der Mitbestimmung, sobald sich erkennen lässt, dass sie auf mehr als zwei Monate verlängert werden muss, s. auch Nr. 5. **75**

Ausgenommener Personenkreis. Bei Beamten, die zur Erfüllung von Aufgaben nach dem Landesdisziplinargesetz abgeordnet werden, entfällt die Beteiligung des PR bei der Abordnung. **76**

Nr. 3: Zuweisung. Die Zuweisung für die Dauer von mehr als zwei Monaten ist mitbestimmungspflichtig. Nach § 20 Abs. 1 BeamtStG kann Beamten mit ihrer Zustimmung vorübergehend ganz oder teilweise einem ihrem Amt entsprechende Tätigkeit bei einer **öffentlichen Einrichtung ohne Dienstherreneigenschaft** oder bei einer **öffentlich-rechtlichen Religionsgemeinschaft** („im dienstlichen oder öffentlichen Interesse") oder bei einer **anderen privaten Einrichtung** („wenn öffentliche Interessen es erfordern") zugewiesen werden. Nach § 20 Abs. 2 BeamtStG kann Beamten einer Dienststelle, die ganz oder teilweise in eine **öffentlich-rechtlich organisierte Einrichtung ohne Dienstherreneigenschaft** oder eine **privatrechtlich organisierte Einrichtung der öffentlichen Hand** umgewandelt wird, auch ohne ihre Zustimmung – und zwar auf Dauer – eine ihrem Amt entsprechende Tätigkeit bei dieser Einrichtung zugewiesen werden, „wenn öffentliche Interessen es erfordern". **77**

Begriff. TV-L und TVöD verstehen unter der **Zuweisung von Arbeitnehmern** die – unter Fortsetzung des bestehenden Arbeitsverhältnisses erfolgende – vorübergehende Beschäftigung bei einem Dritten, bei dem der TV-L und der TVöD nicht zur Anwendung kommen. **78**

Nr. 4: Personalgestellung. Die Personalgestellung für die Dauer von mehr als zwei Monaten ist mitbestimmungspflichtig. Werden Aufgaben der Beschäftigten zu einem Dritten verlagert, ist auf Verlangen des Arbeitgebers bei weiter bestehendem Arbeitsverhältnis die arbeitsvertraglich geschuldete Arbeitsleistung bei dem Dritten zu erbringen (Personalgestellung), s. § 4 Abs. 3 TV-L. In diesem Fall sorgt der Dienstherr nicht nur für die Vergütung, sondern darüber hinaus auch für den Einsatz und die Überwachung seines einem Dritten zur Arbeitsleistung überlassenen Beschäftigten. **79**

80 Nr. 5: Kettenabordnungen. Die Abordnung auch für die Dauer von weniger als zwei Monaten, sofern sie sich unmittelbar an eine vorangegangene Abordnung anschließt, ist mitbestimmungspflichtig; entsprechendes gilt für die Zuweisung oder Personalgestellung. Die Vorschrift stellt nunmehr ausdrücklich klar, dass Kettenabordnungen (= ununterbrochen aneinandergereiht Kurzabordnungen), durch die der Zweimonatszeitraum überschritten oder eine diesen Zeitraum überschreitende Abordnung weiter ausgedehnt wird, der Mitbestimmung unterliegen. Dies gilt auch dann, wenn die Kurzabordnungen nacheinander zu verschiedenen Dienststellen erfolgen und wenn zwischen den Kurzabordnungen ein Feiertag oder ein arbeitsfreies Wochenende liegen (VGH Mannheim, 7.12.1993 – PB 15 S 203/93 – PersR 1994, 372). Das Gleiche gilt für die Verlängerung von Zuweisungen und Personalgestellungen.

III. Antragsabhängige Mitbestimmung

81 Antragserfordernis. Abs. 3 zählt abschließend die Angelegenheiten auf, in denen der PR nur mitbestimmt, wenn der betroffene Beschäftigte dies beantragt, denn dieser kann ein Interesse daran haben, dass seine persönlichen Verhältnisse und Motive für sein Verhalten keinem größeren Personenkreis bekannt werden. Um ihm eine Entscheidung zu ermöglichen, ob er den PR beteiligen will, ist ihm von der beabsichtigten Maßnahme rechtzeitig vorher Kenntnis zu geben, gleichzeitig ist er auf sein Antragsrecht hinzuweisen (s. § 76 Abs. 3); dies sollte zweckmäßigerweise in Schriftform erfolgen. Darüber hinaus ist das Mitbestimmungsverfahren dahingehend modifiziert, dass bei der Ablehnung der Verringerung der vertraglich vereinbarten Arbeitszeit (Nr. 2) sowie bei der Ablehnung von Teilzeitbeschäftigung (Nr. 6) die Dienststelle endgültig entscheidet, wenn keine Einigung zustande kommt. Die Beteiligten können dann weder ein Stufenverfahren einleiten noch die Einigungsstelle anrufen (s. § 76 Abs. 10).

82 Ausgenommener Personenkreis. Bei den in Nr. 1 bis 3, 5 bis 7, 10, 12 und 14 genannten Personalangelegenheiten von Beamten der Besoldungsgruppe A 16 und höher, bei den obersten Dienstbehörden des Landes der Besoldungsgruppen B 3 und höher sowie den entsprechenden Arbeitnehmern, bei Landräten, Bürgermeistern und Beigeordneten und leitenden Beschäftigten öffentlich-rechtlicher Kreditinstitute bestimmt der PR nicht mit und wird auch sonst **nicht beteiligt** (Abs. 5 Nr. 1).

83 Herabstufung zur Mitwirkung. Bei Leitern von Dienststellen i. S. d. LPVG, Rektoren an Grund-, Haupt-, Werkreal-, Real- und Gemeinschaftsschulen sowie entsprechenden sonderpädagogischen Bildungs- und Beratungszentren, Abteilungsleitern bei den Regierungspräsidien, Landesoberbehörden und höheren Sonderbehörden und den Ersten Landesbeamten bei den Landratsämtern tritt bei den in Nr. 2, 3, 5 bis 7 und 14 genannten Personalangelegenheiten an die Stelle der Mitbestimmung die Mitwirkung (Abs. 6 Nr. 1).

84 Nr. 1: Verlängerung der Probezeit. Nach § 19 Abs. 6 LBG kann die Probezeit bis auf höchstens fünf Jahre (s. auch § 6 LBG) verlängert werden, wenn die Bewährung bis zum Ablauf der regulären, dreijährigen Probezeit (s. § 19 Abs. 1

Satz 2 LBG) noch nicht festgestellt werden kann. Die Mitwirkung des PR soll sicherstellen, dass eine Verlängerung nur erfolgt, wenn dies für die Feststellung der Bewährung erforderlich ist.

Ausgenommener Personenkreis. Bei der Verlängerung der Probezeit von Beam- **85** ten der Besoldungsgruppe A 16 und höher, bei den obersten Dienstbehörden des Landes der Besoldungsgruppen B 3 und höher sowie den entsprechenden Arbeitnehmern, bei Landräten, Bürgermeistern und Beigeordneten und leitenden Beschäftigten öffentlich-rechtlicher Kreditinstitute bestimmt der PR nicht mit und wird auch sonst **nicht beteiligt** (Abs. 5 Nr. 1).

Nr. 2: Änderung der arbeitsvertraglich vereinbarten Arbeitszeit für die Dauer von **86** mehr als zwei Monaten. Erfasst sind nur Änderungen der arbeitsvertraglich vereinbarten Arbeitszeit, nicht hingegen die erstmalige Festlegung der Arbeitszeit im Arbeitsvertrag. Mitbestimmungspflichtig sind sowohl die Erhöhung oder Verringerung des Umfangs der Gesamtarbeitszeit (Wochenarbeitszeit) als auch die Lage der Arbeitszeit, sofern diese Festlegungen im Arbeitsvertrag enthalten sind. Die Änderung der Arbeitszeit muss durch eine Arbeitsvertragsänderung vorgenommen werden. Die Mitbestimmung bei der Umwandlung eines Vollzeitarbeitsverhältnisses in ein Teilzeitarbeitsverhältnis regeln Nr. 6 und 7.

Mindestdauer. Eine Mitbestimmung ist nur erforderlich, wenn die Arbeitszeit- **87** änderung länger als zwei Monate gelten soll. Das ermöglicht der Dienststelle eine schnelle Reaktion auf kurzfristig eintretende Arbeitsspitzen.

Letztentscheidung der Dienststelle. Kann im Mitbestimmungsverfahren über **88** eine beantragte Arbeitszeit**verkürzung** keine Einigung zwischen PR und Dienststelle erzielt werden, entscheidet gem. § 76 Abs. 10 die Dienststelle endgültig; kein Beteiligter kann ein Stufenverfahren einleiten oder die Einigungsstelle anrufen. (s. § 76 Abs. 10).

Ausgenommener Personenkreis. Bei den Arbeitnehmern, deren Besoldung der **89** von Beamten der Besoldungsgruppe A 16 und höher, bei den obersten Dienstbehörden des Landes der Besoldungsgruppen B 3 und höher entspricht sowie bei leitenden Beschäftigten öffentlich-rechtlicher Kreditinstitute bestimmt der PR nicht mit und wird auch sonst **nicht beteiligt** (Abs. 5 Nr. 1).

Herabstufung zur Mitwirkung. Soweit es sich bei den in Abs. 6 Nr. 1 genann- **90** ten Beschäftigten um keine Beamten, sondern um Arbeitnehmer handelt, tritt an die Stelle der Mitbestimmung die Mitwirkung.

Nr. 3: Beschränkung der Wohnungswahl. Anordnungen, welche die Freiheit in **91** der Wahl der Wohnung beschränken, sind mitbestimmungspflichtig. Gemeint sind bei **Beamten** Anweisungen nach § 54 Abs. 2 LBG, die Wohnung innerhalb bestimmter Entfernung von der Dienststelle zu nehmen, oder die Verpflichtung von Beamtinnen und Beamten des Polizeivollzugsdienstes, in einer **Gemeinschaftsunterkunft** zu wohnen (§ 54 Abs. 3 LBG). Die Anweisung des Dienstherrn an den Beamten, eine **Dienstwohnung** zu beziehen (s. § 92 Abs. 2, 2. Alt. LBG a. F.), ist in § 54 LBG nicht mehr vorgesehen.

92 **Arbeitnehmer.** Eine dem § 54 Abs. 2 LBG entsprechende Vorschrift ist in den Tarifverträgen nicht enthalten. Doch wird der Arbeitgeber gleichwohl aus seinem Direktionsrecht die Befugnis haben, den **Arbeitnehmer** zum Bezug einer Wohnung an einem bestimmten Ort anzuhalten, wenn andernfalls eine ordnungsgemäße Dienstleistung – etwa wegen zu weiter Entfernung der Wohnung von der Dienststelle – nicht gewährleistet wäre. Der TV-L sowie der TVöD enthalten – anders als davor § 65 BAT und § 69 MTArb – keine Regelung mehr über die Verpflichtung zum Bezug einer Dienstwohnung. Vereinbarungen zwischen Arbeitgeber und Beschäftigten über die Zurverfügungstellung von Wohnraum fallen nicht unter Nr. 3, sondern unter § 74 Abs. 1 Nr. 3.

93 **Umfang.** Anordnungen über den **Aufenthalt während der dienstfreien Zeit** nach § 54 Abs. 4 LBG fallen nicht unter Nr. 3, da sich diese nicht auf die Wahl der Wohnung beziehen.

94 **Meldepflicht.** Auch ein Erlass an die Schulämter und die Schulleiter, alle Fälle zu berichten, in denen die einfache Wegstrecke eines Lehrers von seiner Wohnung zur Schule mehr als 80 km beträgt, unterliegt weder der Mitbestimmung nach Abs. 3 Nr. 3 noch nach Abs. 4 Nr. 3 (Inhalt von Personalfragebogen). Auch ein Mitwirkungstatbestand nach § 81 Abs. 1 Nr. 1 (Vorbereitung von Verwaltungsanordnungen für die innerdienstlichen, sozialen oder persönlichen Angelegenheiten der Beschäftigten) ist nicht gegeben.

95 **Ausgenommener Personenkreis.** Bei Beamten der Besoldungsgruppe A 16 und höher, bei den obersten Dienstbehörden des Landes der Besoldungsgruppen B 3 und höher sowie den entsprechenden Arbeitnehmern, bei Landräten, Bürgermeistern und Beigeordneten und leitenden Beschäftigten öffentlich-rechtlicher Kreditinstitute bestimmt der PR nicht mit und wird auch sonst **nicht beteiligt** (Abs. 5 Nr. 1).

96 **Herabstufung zur Mitwirkung.** Bei Leitern von Dienststellen i. S. d. LPVG, Rektoren an Grund-, Haupt-, Werkreal-, Real- und Gemeinschaftsschulen sowie entsprechenden sonderpädagogischen Bildungs- und Beratungszentren, Abteilungsleitern bei den Regierungspräsidien, Landesoberbehörden und höheren Sonderbehörden und den Ersten Landesbeamten bei den Landratsämtern tritt an die Stelle der Mitbestimmung die Mitwirkung (Abs. 6 Nr. 1).

97 **Nr. 4: Telearbeit.** Die **Ablehnung** eines Antrags auf Telearbeit oder auf Einrichtung eines Arbeitsplatzes außerhalb der Dienststelle, sofern diese Arbeitsform tarifvertraglich vereinbart oder durch Dienstvereinbarung besteht, ist mitbestimmungspflichtig. Ist tarifvertraglich oder durch Dienstvereinbarung nach § 85 Telearbeit oder die Einrichtung eines Arbeitsplatzes außerhalb der Dienststelle vorgesehen, hat der PR mitzubestimmen, wenn ein entsprechender Antrag eines Beschäftigten **abgelehnt** wird.

98 **Nr. 5: Nebentätigkeitsgenehmigung.** Die Versagung oder der Widerruf der Genehmigung einer Nebentätigkeit, die Erteilung von Auflagen zu Nebentätigkeitsgenehmigungen sowie die Untersagung einer Nebentätigkeit sind mitbestimmungspflichtig. Die Genehmigungspflicht und damit die Mitbestimmung bei Versagung oder Widerruf der Genehmigung hat nur noch für den **Beamten-bereich** Bedeutung. Mitbestimmungspflichtig ist dabei nur die Versagung oder der Widerruf der Genehmigung, nicht aber die Genehmigung einer Nebentätig-keit (s. § 62 LBG). Für **Arbeitnehmer** besteht keine Genehmigungspflicht mehr (anders noch z. B. § 11 BAT, der für die Nebentätigkeit von Arbeitnehmern auf die für die Beamten des Arbeitgebers geltenden Bestimmungen verwies), sondern lediglich eine Anzeigepflicht mit der Möglichkeit des Arbeitgebers, die Nebentätigkeit zu untersagen (§ 3 Abs. 4 TV-L, § 3 Abs. 3 TVöD).

Nebentätigkeitsbegriff. Nebentätigkeit ist bei **Beamten** jede nicht zu seinem **99** Hauptamt gehörende Tätigkeit innerhalb oder außerhalb des öffentlichen Dienstes (§ 60 Abs. 1 Satz 1 LBG). Ausgenommen sind unentgeltliche Tätigkei-ten, die nach allgemeiner Anschauung zur persönlichen Lebensgestaltung gehö-ren (§ 60 Abs. 1 Satz 2 LBG). Bei **Arbeitnehmern** ist Nebentätigkeit jede für einen anderen Arbeitgeber geleistete und jede eigene selbstständige Tätigkeit (in Anlehnung an die Begriffsbestimmung des § 67 Nr. 28 BMT-G).

Umfang. Neben der Versagung der beantragten Genehmigung und dem Wider- **100** ruf einer erteilten Nebentätigkeitsgenehmigung ist nunmehr auch die gem. § 62 Abs. 5 Satz 2 LBG mögliche Erteilung von Auflagen zu Nebentätigkeitsgeneh-migungen mitbestimmungspflichtig. Mitbestimmungspflichtig ist weiter die Untersagung einer nicht genehmigungspflichtigen Nebentätigkeit durch den Dienstherr (bei Beamten s. § 63 Abs. 4 LBG).

Nebentätigkeit auf Verlangen. Nicht mitbestimmungspflichtig sind die **Anord- 101 nung** der Übernahme einer Nebentätigkeit durch den Dienstvorgesetzten nach § 61 LBG sowie der Entzug dieser Nebentätigkeit (so auch Altvater u. a. § 75 Rn. 87).

Ausgenommener Personenkreis. Bei Beamten der Besoldungsgruppe A 16 und hö- **102** her, bei den obersten Dienstbehörden des Landes der Besoldungsgruppen B 3 und höher sowie den entsprechenden Arbeitnehmern, bei Landräten, Bürgermeistern und Beigeordneten und leitenden Beschäftigten öffentlich-rechtlicher Kreditinsti-tute bestimmt der PR nicht mit und wird auch sonst **nicht beteiligt** (Abs. 5 Nr. 1).

Herabstufung zur Mitwirkung. Bei Leitern von Dienststellen i. S. d. LPVG, Rek- **103** toren an Grund-, Haupt-, Werkreal-, Real- und Gemeinschaftsschulen sowie entsprechenden sonderpädagogischen Bildungs- und Beratungszentren, Abtei-lungsleitern bei den Regierungspräsidien, Landesoberbehörden und höheren Sonderbehörden und den Ersten Landesbeamten bei den Landratsämtern tritt an die Stelle der Mitbestimmung die Mitwirkung (Abs. 6 Nr. 1).

Nr. 6: Teilzeitbeschäftigung und Beurlaubung. Die Ablehnung eines Antrags **104** auf Teilzeitbeschäftigung oder auf Urlaub ohne Dienstbezüge oder Arbeitsent-gelt sowie der Widerruf der Bewilligung sind mitbestimmungspflichtig. Nur die vollständige oder teilweise **Ablehnung** dieser Anträge (s. §§ 69, 70 und 72 LBG und die entsprechenden tariflichen Bestimmungen) bedarf der Zustimmung des PR. Die Bewilligung eines solchen Antrags unterliegt nicht der Mitbestimmung. Soll aber eine erteilte Bewilligung widerrufen werden, unterliegt dieser Wider-ruf der Mitbestimmung.

105 Letztentscheidung der Dienststelle. Kann im Mitbestimmungsverfahren keine Einigung zwischen PR und Dienststelle erzielt werden, entscheidet gem. § 76 Abs. 10 die Dienststelle endgültig; kein Beteiligter kann ein Stufenverfahren einleiten oder die Einigungsstelle anrufen (s. § 76 Abs. 10).

106 Ausgenommener Personenkreis. Bei Beamten der Besoldungsgruppe A 16 und höher, bei den obersten Dienstbehörden des Landes der Besoldungsgruppen B 3 und höher sowie den entsprechenden Arbeitnehmern, bei Landräten, Bürgermeistern und Beigeordneten und leitenden Beschäftigten öffentlich-rechtlicher Kreditinstitute bestimmt der PR nicht mit und wird auch sonst **nicht beteiligt** (Abs. 5 Nr. 1).

107 Herabstufung zur Mitwirkung. Bei Leitern von Dienststellen i. S. d. LPVG, Rektoren an Grund-, Haupt-, Werkreal-, Real- und Gemeinschaftsschulen sowie entsprechenden sonderpädagogischen Bildungs- und Beratungszentren, Abteilungsleitern bei den Regierungspräsidien, Landesoberbehörden und höheren Sonderbehörden und den Ersten Landesbeamten bei den Landratsämtern tritt an die Stelle der Mitbestimmung die Mitwirkung (Abs. 6 Nr. 1).

108 Nr. 7: Altersteilzeit. Mitbestimmungspflichtig ist die vollständige oder teilweise Ablehnung eines Antrags auf Altersteilzeit (s. § 70 LBG sowie die entsprechenden tarifvertraglichen Bestimmungen).

109 Ausgenommener Personenkreis. Bei Beamten der Besoldungsgruppe A 16 und höher, bei den obersten Dienstbehörden des Landes der Besoldungsgruppen B 3 und höher sowie den entsprechenden Arbeitnehmern, bei Landräten, Bürgermeistern und Beigeordneten und leitenden Beschäftigten öffentlich-rechtlicher Kreditinstitute bestimmt der PR nicht mit und wird auch sonst **nicht beteiligt** (Abs. 5 Nr. 1).

110 Herabstufung zur Mitwirkung. Bei Leitern von Dienststellen i. S. d. LPVG, Rektoren an Grund-, Haupt-, Werkreal-, Real- und Gemeinschaftsschulen sowie entsprechenden sonderpädagogischen Bildungs- und Beratungszentren, Abteilungsleitern bei den Regierungspräsidien, Landesoberbehörden und höheren Sonderbehörden und den Ersten Landesbeamten bei den Landratsämtern tritt an die Stelle der Mitbestimmung die Mitwirkung (Abs. 6 Nr. 1).

111 Nr. 8: Herabsetzung der Anwärterbezüge oder der Unterhaltsbeihilfe. Beamte auf Widerruf im Vorbereitungsdienst (Anwärter) erhalten Anwärterbezüge (§ 70 LBesGBW), die gem. § 84 LBesGBW gekürzt werden können, u. a, wenn sich die Ausbildung aus einem vom Anwärter zu vertretenden Grund verzögert. Rechtsreferendare erhalten eine Unterhaltsbeihilfe, die unter bestimmten Voraussetzungen während des Ergänzungsvorbereitungsdienstes nach dem Nichtbestehen der Zweiten juristischen Staatsprüfung herabgesetzt werden kann (s. VO des Ministeriums für Finanzen und Wirtschaft über die Gewährung von Unterhaltsbeihilfen an Rechtsreferendare v. 27.6.2011). In beiden Fällen bestimmt der PR der für die Kürzung/Herabsetzung zuständigen Stelle mit (s. zur Zuständigkeit des PR die Kommentierung zu § 91).

Nr. 9: Regressansprüche. Die Geltendmachung von Ersatzansprüchen gegen **112** Beschäftigte ist mitbestimmungspflichtig. Ein Beamter, der vorsätzlich oder grob fahrlässig die ihm obliegenden Pflichten verletzt, hat dem Dienstherrn, dessen Aufgaben er wahrgenommen hat, den daraus entstehenden Schaden zu ersetzen (§ 48 Satz 1 BeamtStG i. V. m. § 59 LBG); für Arbeitnehmer gelten entsprechende tarifvertragsrechtliche Regelungen. **Die Rückforderung zu viel gezahlter Dienstbezüge** oder Arbeitsentgelte fällt **nicht** unter Nr. 9.

Umfang. Der Mitbestimmungstatbestand ist gegeben, wenn die Dienststelle **113** dem Beschäftigten kundtun will, dass sie einen bestimmten Ersatzanspruch gegen ihn für gegeben hält; auf eine Zahlungsaufforderung kommt es nicht an (BVerwG, 24.4.2002 – 6 P 4/01 – PersV 2002, 542 = PersR 2002, 398). Das Mitbestimmungsrecht des PR umfasst sowohl die Prüfung, ob überhaupt ein Ersatzanspruch besteht, als auch die Prüfung der Rechtmäßigkeit der Durchsetzung des festgestellten Ersatzanspruchs. Der Umfang der Mitbestimmung kann allerdings nicht über die Entscheidungsbefugnis des Dienststellenleiters hinausgehen, der grundsätzlich eine Verpflichtung zur Geltendmachung eines Ersatzanspruchs hat. Soweit die Bestimmungen unbestimmte Rechtsbegriffe enthalten, sind diese unter Beachtung der Rechtsprechung auszulegen; dies gilt insbesondere für die Frage, welcher Grad der Fahrlässigkeit vorliegt. Deshalb wird die Mitbestimmung des PR bei der Geltendmachung von Ersatzansprüchen gegen einzelne Beschäftigte in vielen Fällen praktisch nur formalen Charakter haben. Das Mitbestimmungsrecht wird dann akut, wenn dem Dienststellenleiter ein Ermessen zusteht.

Nr. 10: Entlassung von Beamten auf Probe oder auf Widerruf. Ein Mitbestim- **114** mungsrecht besteht nur, wenn diese die Entlassung nicht selbst beantragt haben. Zum Begriff und den Arten der Beamten auf Probe und auf Widerruf s. § 4 Abs. 3 und 4 BeamtStG. Von Nr. 10 werden die Entlassungsfälle des § 23 Abs. 3 BeamtStG (Beamte auf Probe) und des § 23 Abs. 4 BeamtStG (Beamte auf Widerruf, auch im Vorbereitungsdienst) erfasst. Nicht erfasst werden dagegen die Entlassung kraft Gesetzes nach § 22 Abs. 1 bis 3 BeamtStG, der alle Beamten betrifft, und die Beendigung des Beamtenverhältnisses auf Widerruf mit Bestehen oder dem endgültigem Nichtbestehen der für die Laufbahn vorgeschriebenen Prüfung nach § 22 Abs. 4 BeamtStG. Bei der Entlassung nach § 23 Abs. 1 Nr. 1 und 5 BeamtStG, der für alle Beamten gilt, muss eine Beteiligung des PR deshalb entfallen, weil hier eine gesetzliche Pflicht zur Entlassung beim Vorliegen eindeutig bestimmbarer Voraussetzungen besteht und daran auch eine Stellungnahme des PR vernünftigerweise nichts ändern könnte. Im Fall des § 23 Abs. 1 Nr. 2 und 3 BeamtStG (Entlassung statt Zurruhesetzung) dagegen wird man eine Beteiligung des PR in entsprechender Anwendung der Regelung in Nr. 10 für zulässig und geboten halten müssen.

Wiederholung der Entlassungsverfügung. Das Mitbestimmungsrecht bezieht **115** sich nicht auf die verwaltungstechnische Entlassungsverfügung, sondern auf den Vorgang der Entlassung. Wird eine **Entlassungsverfügung** aus formalen Gründen **aufgehoben** und durch eine neue, auf einen späteren Zeitpunkt datierte ersetzt, bedarf es deshalb bei gleichbleibendem Sachverhalt keiner erneuten Beteiligung des PR (BVerwG, 10.6.1988 – 2 B 84/88 – PersR 1988, 326).

116   **Ausgenommener Personenkreis.** Bei Beamten der Besoldungsgruppe A 16 und höher, bei den obersten Dienstbehörden des Landes der Besoldungsgruppen B 3 und höher sowie bei Landräten, Bürgermeistern und Beigeordneten bestimmt der PR nicht mit und wird auch sonst **nicht beteiligt** (Abs. 5 Nr. 1).

117   **Nr. 11: Aufhebungs- und Beendigungsverträge.** Der Abschluss von Aufhebungs- und Beendigungsverträgen, wenn der Arbeitnehmer die Auflösung des Arbeitsverhältnisses nicht selbst beantragt hat, ist mitbestimmungspflichtig. Entsprechendes gilt für die Beendigung von öffentlich-rechtlichen Ausbildungsverhältnissen. Nach dem ÄG 2013 unterliegt nunmehr entsprechend Nr. 10 auch die Auflösung des Arbeitsverhältnisses von Arbeitnehmern und Beschäftigten in öffentlich-rechtlichen Ausbildungsverhältnissen der Mitbestimmung, wenn diese die Auflösung nicht selbst beantragt haben.

118   **Nr. 12: Vorzeitige Versetzung in den Ruhestand.** Der PR hat mitzubestimmen bei der **Ablehnung des Antrags** von Beamten auf vorzeitige Versetzung in den Ruhestand und bei **vorzeitiger Versetzung in den Ruhestand,** wenn der Beamte die Versetzung nicht selbst beantragt hat. Mitbestimmungspflichtig sind somit nur die Fälle, bei denen der Dienstherr einem Antrag des Beamten nicht entsprechen will, oder bei denen die Initiative zur vorzeitigen Versetzung in den Ruhestand nicht vom Beamten ausgeht, sondern vom Dienstherrn, der den Beamten für nicht mehr dienstunfähig hält.

119   **Anwendungsbereich.** Unter die Vorschrift fallen die Versetzungen in den Ruhestand auf Antrag ohne Nachweis der Dienstunfähigkeit nach § 40 LBG und wegen Dienstunfähigkeit nach § 26 BeamtStG i. V. m. § 43 LBG. Auch die Versetzung von Probebeamten in den Ruhestand nach § 28 BeamtStG ist erfasst, ebenso die Entlassung eines Beamten auf Lebenszeit wegen Dienstunfähigkeit, der nicht in den Ruhestand versetzt werden kann (s. § 23 Abs. 1 Nr. 2 und 3 BeamtStG sowie BVerwG, 9.12.1999 – 2 C 4/99 – PersV 2000, 264 = PersR 2000, 210). Zweifelhaft ist, ob die **Versetzung in den einstweiligen Ruhestand nach §§ 30 und 31 BeamtStG** eine vorzeitige Versetzung in den Ruhestand ist. Nach Sinn und Zweck der Nr. 12 wird man davon ausgehen müssen, obwohl diese Bestimmung nur den „Ruhestand" nennt und diese Formulierung sonst immer den endgültigen Ruhestand bezeichnet, denn auch hier wird das Beamtenverhältnis vorzeitig, d. h. vor Erreichen der Altersgrenze, beendet (so auch Altvater u. a. § 80 Rn. 24).

120   **Ausgenommener Personenkreis.** Bei Beamten der Besoldungsgruppe A 16 und höher, bei den obersten Dienstbehörden des Landes der Besoldungsgruppen B 3 und höher sowie bei Landräten, Bürgermeistern und Beigeordneten bestimmt der PR nicht mit und wird auch sonst **nicht beteiligt** (Abs. 5 Nr. 1).

121   **Nr. 13: Feststellung der begrenzten Dienstfähigkeit.** Gem. § 27 Abs. 1 BeamtStG soll von der Versetzung in den Ruhestand wegen Dienstunfähigkeit abgesehen werden, wenn der Beamte seine Dienstpflichten noch mindestens während der Hälfte der regelmäßigen Arbeitszeit erfüllen kann (begrenzte Dienstfähigkeit). Da die Arbeitszeit dann entsprechend herabzusetzen ist (§ 27 Abs. 2 BeamtStG) und der Beamte damit weniger Besoldung erhält, ist die Feststellung der begrenzten Dienstfähigkeit mitbestimmungspflichtig, wenn der Beamte die Feststellung nicht selbst beantragt hat.

Nr. 14: Hinausschiebung des Eintritts in den Ruhestand. Die **Ablehnung** des **122** Antrags auf Hinausschiebung des Eintritts in den Ruhestand wegen Erreichens der Altersgrenze ist mitbestimmungspflichtig. Da die Initiative für die Verlängerung der Arbeitszeit nicht mehr von der Dienststelle ausgehen kann, sondern stets einen Antrag des Beamten erfordert (§ 39 LBG), ist ein personalvertretungsrechtlicher Schutz nur erforderlich, wenn der Dienstherr beabsichtigt, die vom Beamten gewünschte und beantragte Hinausschiebung der Altersgrenze abzulehnen.

Bei **Arbeitnehmern** endet nach den tarifvertraglichen Bestimmungen mit Errei- **123** chung des gesetzlich festgelegten Alters zum Erreichen einer abschlagsfreien Regelaltersrente das Arbeitsverhältnis, ohne dass es einer Kündigung bedarf. Soll das Arbeitsverhältnis fortgesetzt werden, muss ein neuer schriftlicher Arbeitsvertrag abgeschlossen werden, der nach Abs. 1 Nr. 2 der Mitbestimmung unterliegt.

Ausgenommener Personenkreis. Bei Beamten der Besoldungsgruppe A 16 und **124** höher, bei den obersten Dienstbehörden des Landes der Besoldungsgruppen B 3 und höher sowie bei Landräten, Bürgermeistern und Beigeordneten bestimmt der PR nicht mit und wird auch sonst **nicht beteiligt** (Abs. 5 Nr. 1).

Herabstufung zur Mitwirkung. Bei Leitern von Dienststellen i. S. d. LPVG, Rek- **125** toren an Grund-, Haupt-, Werkreal-, Real- und Gemeinschaftsschulen sowie entsprechenden sonderpädagogischen Bildungs- und Beratungszentren, Abteilungsleitern bei den Regierungspräsidien, Landesoberbehörden und höheren Sonderbehörden und den Ersten Landesbeamten bei den Landratsämtern tritt an die Stelle der Mitbestimmung die Mitwirkung (Abs. 6 Nr. 1).

IV. Mitbestimmung, soweit keine gesetzliche oder tarifliche Regelung

Tarifvorbehalt. In den in Abs. 4 genannten, grundsätzlich der eingeschränkten **126** Mitbestimmung unterliegenden Angelegenheiten, kann der PR **nur mitbestimmen, soweit keine gesetzliche oder tarifliche Regelung** besteht. Eine die Mitbestimmung ausschließende gesetzliche oder tarifliche Regelung liegt nur vor, wenn der Sachverhalt vollständig, umfassend und erschöpfend unmittelbar geregelt ist und es zum Vollzug der Maßnahme keines Ausführungsaktes mehr bedarf (BVerwG, 12.8.2002 – 6 P 17/01 – PersV 2003, 192 = PersR 2002, 473 und 18.5.2004 – PersV 2004, 386 = PersR 2004, 349). Die Regelung muss zwingend sein, eine gesetzliche Ermessensvorschrift entfaltet keine Sperrwirkung (BVerwG, 15.12.1994 – 6 P 19/92 – PersV 1995, 376 = PersR 1995, 207).

Nr. 1: Bestellung und Abberufung von Ärzten und Beauftragten. Die Mitbe- **127** stimmung erstreckt sich nur auf die Bestellung und Abberufung. Die Entscheidung, ob eine der abschließend aufgeführten Funktionen geschaffen wird, unterliegt nicht der Mitbestimmung, sondern nur die sich anschließende Personalentscheidung, wer sie übertragen bekommt bzw. ob die bisher mit der Funktion beauftragte Person abberufen werden soll. Die Mitbestimmung erstreckt sich auch nicht auf die Tätigkeit dieser Personen in der Dienststelle; insbesondere sind die Beteiligung von Vertrauens- und Betriebsärzten im Rahmen z. B. des Zurruhesetzungsverfahrens (§§ 43 bis 45 LBG) oder sonstiger dienstrechtlicher Maßnahmen keine der Mitbestimmung unterliegenden Maßnahmen. Der PR hat darauf zu achten, dass die zu Bestellenden auch das Vertrauen der Beschäftigten genießen.

128 **Umfang.** Das Mitbestimmungsrecht besteht auch dann, wenn es sich bei den genannten Personen nicht um Beschäftigte der Dienststelle handelt. Handelt es um Beschäftigte der Dienststelle, hat der PR bei der Einstellung von Beamten außerdem noch ein Mitbestimmungsrecht nach Abs. 1 Nr. 1 und bei Arbeitnehmern nach Abs. 1 Nr. 2.

129 **Nr. 1 Buchst. a: Vertrauens- und Betriebsärzte.** Auch die Bestellung von freiberuflichen Betriebsärzten unterliegt der Mitbestimmung nach Nr. 1. Eine Mitbestimmung kommt dagegen nicht in Betracht, wenn eine Dienststelle (z. B. die Unfallkasse Baden-Württemberg) einen Vertrauensarzt nicht für ihre eigenen Beschäftigten, sondern für die von ihr entsprechend ihren gesetzlichen Aufgaben zu betreuenden Personen bestellt.

130 **Nr. 1 Buchst. b: Behördliche Datenschutzbeauftragte.** Das Mitbestimmungsrecht umfasst die Bestellung eines behördlichen Datenschutzbeauftragten nach § 10 LDSG.

131 **Nr. 1 Buchst. c: Fachkräfte für Arbeitssicherheit.** Fachkräfte für Arbeitssicherheit haben die Dienststelle beim Arbeitsschutz und der Unfallverhütung zu unterstützen (§ 6 ASiG). **Sicherheitsbeauftragte** haben die Dienststelle bei der Durchführung der Maßnahmen zur Verhütung von Arbeitsunfällen und Berufskrankheiten zu unterstützen (§ 22 Abs. 2 SGB VII). Das Mitbestimmungsrecht erstreckt sich nicht auf Sicherheitsbeauftragte, deren Tätigkeit sich nicht auf die Beschäftigte bezieht, sondern ausschließlich auf die Benutzer der Einrichtung, z. B. Kinder einer Tagesstätte (BVerwG, 18.5.1994 – 6 P 27/92 – PersR 1994, 466). **Beauftragte für biologische Sicherheit** sind in der Gentechnik-Sicherheitsverordnung vorgesehen, **Fachkräfte und Beauftragte für den Strahlenschutz** in der Strahlenschutz- und Röntgenverordnung.

132 **Nr. 1 Buchst. d: Hygienebeauftragte.** Die Leitungen medizinischer Einrichtungen sind gem. § 5 der Verordnung des Sozialministeriums über die Hygiene und Infektionsprävention in medizinischen Einrichtungen (MedHygVO) v. 20.7.2012 verpflichtet, neben den Hygienefachkräften Ärzte als Hygienebeauftragte zu bestellen. Das Mitbestimmungsrecht umfasst nur die Bestellung dieser Hygienebeauftragten.

133 **Nr. 1 Buchst. e: Schwerbehindertenbeauftragter.** Soweit in einer Norm die Pflicht des Arbeitgebers zur Bestellung eines Schwerbehindertenbeauftragten vorgesehen ist, wirkt der PR bei dessen Bestellung mit.

Nr. 2: Beauftragte für Chancengleichheit. Der Widerruf der Bestellung der Be- **134** auftragten für Chancengleichheit oder ihrer Stellvertreterin ist mitbestimmungspflichtig. Da das Chancengleichheitsgesetz die Wahl der Beauftragten für Chancengleichheit zum gesetzlichen Regelfall bestimmt (§§ 16 Abs. 1 Satz 1, 17 Abs. 1 ChancenG), beschränkt sich das Mitbestimmungsrecht auf den Widerruf der Bestellung. Es erstreckt sich nunmehr auch auf den Widerruf der Bestellung der Stellvertreterin. Die Bestellung zur Beauftragten für Chancengleichheit darf nur auf deren Verlangen oder wegen grober Verletzung ihrer gesetzlichen Verpflichtungen widerrufen werden (§ 18 Abs. 2 ChancenG). Eine grobe Verletzung ihrer gesetzlichen Verpflichtungen kann z. B. darin liegen, dass sie die ihr nach § 19 Abs. 6 ChancenG obliegende Schweigepflicht verletzt hat. Nachdem der Gesetzeswortlaut keine entsprechende Einschränkung enthält, gilt das Mitbestimmungsrecht auch für den Fall, dass der Widerruf auf Antrag der Beauftragten für Chancengleichheit erfolgt.

Nr. 3: Personalfragebögen. Der PR hat mitzubestimmen über den Inhalt von **135** Personalfragebögen, mit Ausnahme von solchen im Rahmen der Rechnungsprüfung. Nur der **Inhalt** der Personalfragebögen unterliegt der Mitbestimmung, nicht aber die Entscheidung, ob solche Fragebögen eingeführt oder abgeschafft werden sollen. Erfasst sind Personalfragebögen, die sich an Bewerber zur Einstellung oder an vorhandene Beschäftigte richten.

Begriff. Personalfragebögen sind Erhebungsbögen zu Fragen nach der Person, **136** den persönlichen Verhältnissen, dem beruflichen Werdegang, den fachlichen Kenntnissen und sonstigen Fähigkeiten eines Bewerbers oder Beschäftigten. Es dürfen nur Fragen gestellt werden, für die ein **berechtigtes Auskunftsbedürfnis** besteht (BVerwG, 26.3.1985 – 6 P 31/82 – ZBR 1985, 174).

Fragebogeninhalt. Fragebögen mit arbeitsplatzbezogenem Inhalt fallen, soweit **137** sie Rückschlüsse auf die Auslastung und Zufriedenheit zulassen, unter Nr. 3 (VGH Mannheim, 2.3.1993 – PL 15 S 2133/92 – PersV 1997, 512 = PersR 1993, 360). Kein Mitbestimmungsrecht besteht dagegen z. B. bei im Rahmen von Neuorganisationen erstellten Tätigkeitskatalogen, in denen u. a. der Name und der Arbeitsaufwand anzugeben sowie die Tätigkeiten zu beschreiben sind (OVG Münster, 24.6.1982 – CL 40/81 – PersV 1986, 435). Ebenso wenig steht dem PR ein Mitbestimmungsrecht zu bei der Befragung mittels Vordrucks zur Ausübung einer Nebenbeschäftigung. Auch die im Rahmen einer angeordneten Sicherheitsüberprüfung auszufüllenden Fragebögen unterfallen nicht der Mitbestimmung. Beabsichtigt eine Dienststelle aus Gründen der Verwaltungsvereinfachung einen Vordruck für Anträge auf Versetzungen einzuführen oder zu ändern, in dem personenbezogene Angaben erbeten werden, die der Dienststelle aufgrund der Personalakten bereits bekannt sind, hat der PR nicht mitzubestimmen. Angaben der gewünschten Dienststelle und des angestrebten Versetzungstermins sind hierbei keine personenbezogenen Fragen. Sie sind Bestandteil eines jeden Versetzungsantrags.

Wahrheitsgemäße Angaben. Die fehlende Zustimmung des PR zu einem Perso- **138** nalfragebogen gibt dem Beschäftigten nicht das Recht, eine individualrechtlich zulässigerweise gestellte Frage wahrheitswidrig zu beantworten.

139   **Nr. 4: Beurteilungsrichtlinien.** Sowohl die erstmalige Einführung von Beurteilungsrichtlinien wie auch die Änderung bereits vorhandener Beurteilungsrichtlinien unterliegen der Mitbestimmung. Das Mitbestimmungsrecht umfasst die Festlegung materieller Beurteilungsmerkmale sowie des Verfahrens zu ihrer Feststellung (BVerwG, 11.12.1991 – 6 P 20/89 – PersV 1992, 379 = PersR 1992, 202). Eine Weisung an die Schulaufsichtsbeamten, Unterrichtsbesuche nicht anzukündigen, stellt ausnahmsweise eine mitbestimmungspflichtige Beurteilungsrichtlinie dar, wenn davon auch Besuche erfasst werden, die der Vorbereitung dienstlicher Beurteilungen dienen und an diese Besuche Einzelbewertungen anknüpfen, die das spätere Leistungsbild in der nachfolgenden dienstlichen Beurteilung in prägender Weise vorwegnehmen (BVerwG, 11.12.1991 – 6 P 20/89 – PersV 1992, 379 = PersR 1992, 202). Dies gilt auch für die Erarbeitung einer sog. Orientierungsbeurteilung, mit der Richtlinien zum Zweck einer gleichmäßigen Ermittlung und Verteilung von Bewertungsnoten festgelegt werden. Auch wenn Beurteilungsdurchschnittswerte festgelegt werden, ist Nr. 4 einschlägig (VGH Kassel, 24.5.1989 – ZBR 1990, 193). Bei der Beurteilung selbst ist der PR nicht zu beteiligen.

140   **Nr. 5: Formulararbeitsverträge.** Der PR hat mitzubestimmen über Inhalt und Verwendung von Formulararbeitsverträgen. Formulararbeitsverträge sind für alle Beschäftigte oder für bestimmte Beschäftigtengruppen verwendete Arbeitsvertragsmuster, die alle für das Beschäftigungsverhältnis allgemein maßgebenden Beschäftigungsbedingungen enthalten. Das Mitbestimmungsrecht steht nur hinsichtlich der von der Dienststelle eigenverantwortlich erstellten, geänderten oder auf Empfehlung einer übergeordneten Dienststelle zur Einführung geplanten Formulararbeitsverträge zu.

141   *Allgemeine Regelungen des Arbeitsvertrags.* Nur der abstrakte Inhalt der Arbeitsvertragsvordrucke, also etwa die Fragen, welche Rubriken sie enthalten sollen und welche persönlichen Angaben danach vom jeweiligen Arbeitnehmer bei Vertragsabschluss zu machen sind, ist mitbestimmungspflichtig. Nicht erfasst werden hingegen die zu vereinbarenden konkreten Vertragsbedingungen, die der verfassungsrechtlich gewährleisteten Vertragsfreiheit unterliegen, auch wenn einzelne Regelungen in jeden Arbeitsvertrag aufgenommen werden. Der im Rahmen von Formulararbeits- und -ausbildungsverträgen vereinbarte Ausschluss von Beihilfen im Krankheitsfall unterliegt insofern nicht der Mitbestimmung des PR (VGH Mannheim, 12.12.2000 – PL 15 S 1212/00 – PersV 2003, 432 = PersR 2001, 218 und 13.11.2001 – PL 15 S 523/00 – PersR 2002, 127).

142   **Nr. 6: Richtlinien über die personelle Auswahl.** Gemeint sind generelle Grundsätze für die unter Buchst. a bis g im Einzelnen aufgeführten Personalmaßnahmen. Ob solche Richtlinien erlassen werden, entscheidet die Dienststelle. Der PR hat aber ein Initiativrecht (s. § 84 Abs. 1). Bei ihrer Anwendung im konkreten Einzelfall steht dem PR ohnehin ein Beteiligungsrecht zu (s. z. B. Abs. 1 Nr. 2 und Abs. 2 Nr. 1). Die Beteiligung des PR im Einzelfall kann nicht durch Erlass von Richtlinien nach Nr. 6 ersetzt werden.

143   **Nr. 6 Buchst. a: Einstellungen.** Eine Richtlinie über die personelle Auswahl bei Einstellungen liegt auch vor, wenn für den schriftlichen Teil einer Eignungsfeststellung Testbogen erstellt werden und eine Mindestpunktzahl bestimmt wird, die ein Bewerber für die Zulassung zum mündlichen Teil der Eignungsfeststellung erreichen muss (BVerwG, 5.9.1990 – 6 P 27/87 – PersV 1991, 85 = PersR 1990, 332). Das Mitbestimmungsrecht bezieht sich nicht nur auf die personellen Voraussetzungen, sondern auch auf die verfahrensmäßigen Vorgaben. Dagegen stellt die **Beschreibung bzw. Festlegung der Anforderungen**, die Bewerber um eine ausgeschriebene Stelle erfüllen sollen, keine Einstellungsrichtlinie i. S. der Nr. 6 dar (VGH Mannheim, 15.5.1997 – PB 15 S 145/97 – PersR 1997, 403).

Nr. 6 Buchst. b: Versetzungen. Festgelegt werden können Kriterien für die Auswahl, z. B. nach Familienstand, Dauer der Zugehörigkeit zur Dienststelle.   **144**

Nr. 6 Buchst. c: Höher-, Rück- oder Umgruppierungen. Zu den Begriffen s. die Kommentierung zu Abs. 1. Festgelegt werden kann z. B. die Dauer der Ausübung der anders bewerteten Tätigkeit.   **145**

Nr. 6 Buchst. d: Kündigung. Zum Begriff s. die Kommentierung zu Abs. 1. Festgelegt werden können z. B. Kriterien für die Sozialauswahl.   **146**

Nr. 6 Buchst. e: Beförderungen und horizontaler Laufbahnwechsel. Gegenstand entsprechender Richtlinien können personelle Auswahlkriterien (soweit das LBG bzw. die laufbahnrechtlichen Vorschriften Raum lassen), wie Alter, Vorbildung, beruflicher Werdegang und verfahrensmäßige Festlegungen sein.   **147**

Nr. 6 Buchst. f: Übertragungen anderer Tätigkeiten. Der Erlass von Richtlinien für beförderungsähnliche Übertragungen anderer Tätigkeiten und Übertragung von Tätigkeiten, die einen Anspruch auf Zahlung einer Zulage auslösen, ist mitbestimmungspflichtig. Gegenstand entsprechender Richtlinien können personelle Auswahlkriterien (soweit das LBG bzw. die laufbahnrechtlichen Vorschriften Raum lassen), wie Alter, Vorbildung, beruflicher Werdegang und verfahrensmäßige Festlegungen sein.   **148**

Nr. 6 Buchst. g: Zulassung zum Aufstieg. Der Erlass von Richtlinien für die Zulassung zum Aufstieg einschließlich der Zulassung zur Eignungsfeststellung für den Aufstieg ist mitbestimmungspflichtig. Gegenstand entsprechender Richtlinien können personelle Auswahlkriterien (soweit das LBG bzw. die laufbahnrechtlichen Vorschriften Raum lassen), wie Alter, Vorbildung, beruflicher Werdegang und die Durchführung des Auswahlverfahrens sein. Festgelegt werden kann auch die Anzahl der Auszuwählenden sowie das Auswahlverfahren nach Häufigkeit, Zeit und Ort.   **149**

Nr. 7: Richtlinien für die Stellenausschreibung. Der Erlass von Richtlinien über Ausnahmen von der Ausschreibung von Dienstposten für Beamte und Aufstellung von allgemeinen Grundsätzen über die Durchführung von Stellenausschreibungen für Arbeitnehmer einschließlich Inhalt, Ort und Dauer ist mitbestimmungspflichtig. Es handelt sich um zwei selbstständige Mitbestimmungstatbestände. Ausnahmen von der in § 11 Abs. 1 LBG ausdrücklich festgelegten Pflicht zur öffentlichen Ausschreibung freier Beamtenstellen (Dienstposten) sind nur in den in § 11 Abs. 3 LBG genannten Fällen zulässig. Der Dienststelle steht danach vor allem für die   **150**

Ausschreibung freier Dienstposten der leitenden Beamten der obersten Landesbehörden und der diesen unmittelbar nachgeordneten Behörden ein Entscheidungsspielraum zu. Das Mitbestimmungsrecht ist nach Nr. 7 nur gegeben bei der generellen Zulassung von Ausnahmen. Soll lediglich im Einzelfall eine Ausnahme gemacht werden, gilt Nr. 8.

151   **Allgemeine Grundsätze für Stellenausschreibungen.** Dem zweiten Tatbestand (Allgemeine Grundsätze über die Durchführung von Stellenausschreibungen für Arbeitnehmer einschließlich Inhalt, Ort und Dauer) wird vermehrt Bedeutung zukommen. Festgelegt werden können beispielsweise Mindestinformationen zum Bewerberkreis, der Ort der Ausschreibung, die Gestaltung des Ausschreibungstextes und die Ausschreibungsdauer. Mitbestimmungspflichtig ist nur die Festlegung von allgemeinen Grundsätzen, nicht die einzelne Ausschreibung selbst.

152   **Nr. 8: Verzicht auf Ausschreibung.** Der Erlass von Richtlinien über das Absehen von der Ausschreibung von Dienstposten für Beamte, der nach gesetzlichen Vorschriften, einer Richtlinie nach Nummer 7 oder einer Dienstvereinbarung auszuschreiben wäre, ist mitbestimmungspflichtig. Der Mitbestimmung unterliegt nur das Absehen von der Ausschreibung im Einzelfall. Wird der Dienstposten ausgeschrieben, entscheidet allein die Dienststelle über Inhalt, Zeit und Ort der Ausschreibung.

153   **Nr. 9: Allgemeine Fragen der beruflichen Ausbildung.** Der Erlass von Richtlinien über allgemeine Fragen zur Durchführung der beruflichen Ausbildung mit Ausnahme der Gestaltung der Lehrveranstaltungen ist mitbestimmungspflichtig. An der inhaltlichen Ausrichtung der Ausbildung selbst ist der PR nicht beteiligt, insbesondere nicht an der Gestaltung der Lehrveranstaltungen. Auch die **Auswahl** schon vorhandener Arbeitnehmer **für Ausbildungsmaßnahmen** wird von Nr. 9 nicht erfasst, sondern unterliegt der Mitwirkung nach § 81 Abs. 1 Nr. 5. **Die Weiterbildung von approbierten Ärzten zu Fachärzten** oder Ärzten mit „Gebietsbezeichnung" in einer Klinik **ist keine Berufsausbildung** im Sinne des Personalvertretungsrechts (BVerwG, 15.5.1991 – 6 P 10/89 – PersV 1992, 37 = PersR 91, 287). Die Forderung nach einer bestimmten Zahl von qualifizierten und hauptamtlich tätigen **Ausbildern** betrifft nur mittelbar die Durchführung der Berufsausbildung und ist deshalb mitbestimmungsfrei (BVerwG, 24.3.1998 – 6 P 1/96 – PersV 1998, 557 = PersR 98, 331). Nr. 9 erstreckt sich auch **nicht** auf die Frage, ob, wann und mit **wie vielen Plätzen welche Lehrgänge durchgeführt werden** (VGH Mannheim, 14.11.1989 – 15 S 382/89 – PersV 1990, 486).

154   **Nr. 9 Buchst. a: Ausbildung von Arbeitnehmern.** Bei Arbeitnehmern umfasst dies auch Richtlinien für die Bestellung und Abberufung der Ausbilder und Ausbildungsleiter bei Ausbildungen im Sinne des Berufsbildungsgesetzes, des Krankenpflegegesetzes und des Hebammengesetzes. Berufsausbildung ist die Grundausbildung zu einem Beruf (s. a. § 1 Abs. 2 Berufsbildungsgesetz). Die Vorschrift betrifft praktisch nur die Ausbildung von Lehrlingen sowie die Umschulung z. B. von schwerbehinderten Beschäftigten. Da hierfür weitgehend gesetzliche Regelungen bestehen, auch z. B. zur Berufsschulpflicht, verbleibt wenig Raum für eine Mitbestimmung. Zur „Durchführung" gehören alle die

Berufsausbildung betreffenden Maßnahmen; eine Beschränkung auf allgemeine Grundsätze oder allgemeine Regeln ergibt sich aus dem Gesetzeswortlaut nicht. Die Maßnahmen müssen jedoch unmittelbar in die Gestaltung und Durchführung der Berufsausbildung eingreifen (z. B. Schließung von Ausbildungsstätten, Ausbildungsort, interne Prüfungen, zeitlicher Ablauf; BVerwG, 10.11.1999 – 6 P 12/98 – PersV 2001, 30 = PersR 2000, 70).

Nr. 9 Buchst. b: Ausbildung von Beamten. Bei Beamten umfasst dies Richtli- **155** nien einschließlich der Bestellung und Abberufung der Ausbilder und Ausbildungsleiter. Auch hinsichtlich der Bestellung und Abberufung der Ausbilder und Ausbildungsleiter, beschränkt sich das Mitbestimmungsrecht auf die allgemeinen Fragen, d. h. der PR kann bei Einzelbestellungen bzw. -abberufungen nicht mitbestimmen. Dies gilt auch für die Zuteilung eines Auszubildenden zu bestimmten Ausbildungsstationen. Allgemeine Fragen können betreffen die Festlegung der Ausbildungsstationen, die Einführung interner Prüfungen, die fachlichen und praktischen Anforderungen an die Ausbilder und Ausbildungsleiter, die Zeit ihrer Bestellung und evtl. Abberufungskriterien.

Nr. 9 Buchst. c: Duale Hochschule. Die Ausbildung von Studierenden der Dua- **156** len Hochschule, von Studierenden, die ein nach einer Studienordnung vorgeschriebenes Praktikum leisten, oder von Volontären ist in der Sache vergleichbar mit der Ausbildung von Beamten und Arbeitnehmern.

Nr. 10: Fortbildung, Weiterbildung, Umschulung. Die Vorschrift umfasst **157** Richtlinien zu allgemeinen Fragen der beruflichen Fortbildung, Weiterbildung, Umschulung, Einführung in die Aufgaben einer anderen Laufbahn und Qualifizierungsmaßnahmen im Rahmen der Personalentwicklung. **Fortbildung** betrifft alle Maßnahmen, die an den vorhandenen Wissensstock anknüpfen, fachliche und berufliche Kenntnisse vertiefen und aktualisieren und die ein Mehr an Kenntnissen vermitteln als für den Eintritt in die Laufbahn bzw. für die Befähigung zur Ausübung der dem Beschäftigten übertragenen Arbeit erforderlich ist. Wesentlich ist, dass über die bloße Erhaltung und Vertiefung des bereits vorhandenen Wissens hinaus neue Kenntnisse erworben werden, die sich innerhalb des beruflichen Spektrums halten, aber über den Mindeststandard hinausgehen. Die Fortbildung soll also dem Teilnehmer ermöglichen, sich Kenntnisse und Fähigkeiten zu erwerben, die über die bloße fehlerfreie und ordnungsgemäße Wahrnehmung seiner jetzigen Aufgaben hinausgehen und ihm zusätzliche Qualifikationen vermitteln (BVerwG, 27.11.1991 – 6 P 7/90 – PersV 1992, 385 = PersR 1992, 147 und 17.10.2002 – 6 P 3/02 – PersV 2003, 60 = PersR 2003, 116). Für den Begriff „Fortbildung" ist es gleichgültig, ob diese durch vom Beschäftigten selbst beschaffte Maßnahmen, durch Veranstaltungen externer Einrichtungen (z. B. der Verwaltungs- und Wirtschaftsakademien) oder durch Lehrgänge des Dienstherrn bzw. Arbeitgebers vermittelt wird. Eine Beteiligung des PR kommt jedoch nur insoweit in Betracht, als die Dienststelle die Fortbildung selbst durchführt, deren Inhalt oder den zuzulassenden Teilnehmerkreis entscheidend beeinflusst.

Weiterbildung. Die Weiterbildung entspricht praktisch der Fortbildung. **Um-** **158** **schulung** und bei Beamten Unterweisung sollen zu einer anderen (neuen) beruflichen Befähigung führen; das gilt auch für **Qualifizierungsmaßnahmen,** die im Rahmen einer strukturierten Personalentwicklung von der Dienststelle veranlasst werden. **Keine Fortbildung** ist die **fachliche Unterrichtung,** bei der Beschäftigte durch dienstliche Veranstaltungen in technische, organisatorische und rechtliche Neuerungen des Dienstbetriebs eingeführt oder auf dem bisherigen, bereits durch die Ausbildung erworbenen Leistungsstand erhalten bleiben sollen (VGH Mannheim, 31.3.1992 – 15 S 551/91 – PersV 1993, 451 = PersR 1993, 129) oder durch die keine zusätzlichen Qualifikationen, die sich auf das berufliche Fortkommen auswirken können, vermittelt werden sollen (BVerwG, 27.11.1991 – 6 P 7/90 – PersV 1992, 385 = PersR 1992, 147).

159 **Allgemeine Fragen.** Der Begriff „allgemeine Fragen" ist weit auszulegen. Es fallen darunter alle Angelegenheiten, welche die Fortbildung in ihrer grundsätzlichen Art betreffen, wie die Festlegung des Teilnehmerkreises, der Auswahlgrundsätze, des zeitlichen Umfangs der Fortbildung, die Zuständigkeiten für die Organisation und die Auswahl der in Betracht kommenden Teilnehmer und die Teilnahmebedingungen (VGH Mannheim, 31.3.1992 – 15 S 551/91 – PersV 1993, 451 = PersR 1993, 129).

160 **Lehrpläne.** Nicht von Nr. 10 erfasst werden Lehrpläne. Das gilt auch für die Frage, ob und wann Beschäftigte, die an einer Fortbildungsveranstaltung außerhalb ihrer regelmäßigen Arbeitszeit teilnehmen (z. B. Teilzeitbeschäftigte), einen entsprechenden Freizeitausgleich erhalten (OVG Berlin, 13.2.1998 – 60 PV 11.96 – PersV 1998, 552 = PersR 1998, 476).

161 **Nr. 11: Überwachungseinrichtungen.** Der PR hat mitzubestimmen bei der Einführung und Anwendung technischer Einrichtungen, die dazu **geeignet** sind, das Verhalten und die Leistung der Beschäftigten zu überwachen. Abzustellen ist nach dem ÄG 2013 nicht mehr auf den Bestimmungszweck, sondern auf die Geeignetheit als technisch basierte Überwachungsmaßnahme. Die Einführung und Anwendung von (technischen) Kontrolleinrichtungen ist mitbestimmungspflichtig, wenn diese geeignet sind, das Verhalten und die Leistung der Beschäftigten zu überwachen, z. B. Geräte zur Arbeitszeitüberwachung, Video- und Aufzeichnungssysteme zur Anwesenheitsüberwachung. Dabei ist es unerheblich, ob diese Einrichtungen für alle oder nur für einen Teil der Beschäftigten eingeführt werden. Sind die gewonnenen Daten nicht bestimmten Beschäftigten zuordenbar, ist ein Mitbestimmungsrecht allerdings nicht gegeben (VGH Mannheim, 12.12.2000 – PL 15 S 518/00 – PersR 2001, 219). Das Mitbestimmungsrecht dient in erster Linie dem Schutz des Persönlichkeitsrechts der Beschäftigten. Unerheblich ist, ob die Nutzung der Kontrollmöglichkeiten beabsichtigt ist; es genügt allein die Möglichkeit der Nutzbarkeit.

162 **Umfang.** Nicht der Mitbestimmung unterliegen die Einführung und Anwendung solcher technischer Einrichtungen, die lediglich den **störungsfreien Ablauf eines Verfahrens überwachen** sollen und nur nebenbei eine Leistungs- und Verhaltenskontrolle einzelner Beschäftigter ergeben. Nicht der Mitbestimmung unterliegen auch die Einführung und die Anwendung von Kontrolleinrichtungen, die aus Sicherheitsgründen aufgrund von Rechtsvorschriften beschafft werden müssen, z. B. Fahrtenschreiber, Flugschreiber und ähnliche Einrichtungen. Der

PR hat auch nicht mitzubestimmen, wenn die Kontrolleinrichtung in Vollzug einer behördlichen Anordnung installiert oder die Entscheidung nicht der Dienststelle personalvertretungsrechtlich zuzuordnen ist (z. B. Anordnung der Staatsanwaltschaft).

Mitarbeiter-Berichtssystem. Der PR hat mitzubestimmen bei der Einführung **163** und Anwendung eines Mitarbeiter-Berichtssystems mit anschließender Auswertung der von den Beschäftigten laufend erstellten Tätigkeitsberichte durch eine EDV-Anlage. Es genügt, dass die Maßnahme „objektiv" geeignet ist, Verhalten und Leistung der Beschäftigten zu überwachen, auch wenn der Dienststellenleiter nicht die Absicht hat, sie zu diesem Zweck einzusetzen (sog. objektiv-finale Betrachtungsweise). Der Beschäftigte wird auch dann von der technischen Einrichtung „überwacht", wenn die leistungs- und verhaltensbezogenen Daten nicht von der Einrichtung selbst erhoben werden, sondern ihr – aufgrund der Tätigkeitsberichte – zur Speicherung und Verarbeitung eingegeben werden. Die Einrichtung muss nicht im Eigentum der Dienststelle stehen oder sich in ihren Räumen befinden.

Eignung der technischen Einrichtung. Für die Mitbestimmungspflicht genügt **164** es, wenn die technische Einrichtung nach ihrer Konstruktion oder konkreten Verwendungsweise **zur Verhaltens- und Leistungsüberwachung geeignet ist** und auch dann, wenn ein „entsprechendes Programm" noch nicht vorhanden ist, die Einrichtung aber unmittelbar die Überwachung ermöglicht und ohne „unüberwindbare Hindernisse" mit einem entsprechenden Programm ausgestattet werden kann. Die Mitbestimmung ist nur ausgeschlossen, wenn die Kontrolleinrichtung aufgrund ihrer Konstruktion bzw. aufgrund sonstiger objektiver und erkennbarer Gegebenheiten zur Überwachung ungeeignet ist.

Nichttechnische Überwachung. Nur die Einführung und Anwendung **techni- 165 scher Einrichtungen** unterliegen der Mitbestimmung. Die Einführung von Anwesenheits- und Pünktlichkeitskontrollen durch Aufsichts- oder Kontrollpersonal bedarf daher nicht der Mitbestimmung. Auch **Listen, die mit der Hand ausgefüllt und ohne technische Hilfsmittel ausgewertet werden, sind daher keine technischen Einrichtungen** zur Überwachung der Beschäftigten. Ihre Einführung und Anwendung bedarf nicht der Mitbestimmung des PR.

Abschaffung von Kontrolleinrichtungen. Der Mitbestimmung unterliegt nur **166** die Einführung und die Anwendung von Kontrolleinrichtungen, nicht aber auch deren **Abschaffung.** Eine **mitbestimmungspflichtige Änderung** einer Kontrolleinrichtung i. S. v. Nr. 11 ist jedoch u. a. gegeben, wenn neu festgelegt wird, an welchem Ort ein **Zeiterfassungsgerät** zu benutzen ist.

Zugangskontrollsystem. Ein rechnergesteuertes Zugangskontrollsystem, das **167** den mit einer codierten Ausweiskarte unternommenen Zutrittsversuch nach Ort, Zeit und Nummer der benutzten Karte dokumentiert, ist dazu bestimmt, das Verhalten der Beschäftigten zu überwachen. Bei seiner Einführung und Anwendung hat daher der PR mitzubestimmen.

Verdeckte Überwachung. Ebenso ist eine zur verdeckten Beobachtung der Be- **168** schäftigten am Arbeitsplatz eingesetzte **Videoanlage** eine i. S. der Nr. 11 zur

Überwachung des Verhaltens oder der Leistung der Beschäftigten geeignete **technische Einrichtung** auch dann, wenn ihr Einsatz nur der Aufklärung von Unregelmäßigkeiten dient und sie keine reproduzierbaren Aufzeichnungen herstellt. Das Mitbestimmungsrecht ist dagegen nicht gegeben, wenn die Überwachung mit einer Überwachungskamera staatsanwaltlich angeordnet ist. Der PR hat ferner mitzubestimmen bei der Inbetriebnahme einer **automatischen Gesprächsdatenerfassungsanlage,** in der Nebenstellen-Nr., Ziel-Nr., Dauer und Zeitpunkt des Gesprächs, Gesprächseinheiten und Gesprächsgebühren gespeichert werden. Die Zielnummernerfassung bei handvermittelten Ferngesprächen fällt jedoch nicht unter Nr. 11.

169 Telefonerfassung. Die Einführung von ISDN-Fernsprechanlagen, die beispielsweise über die (interne) Rückrufmöglichkeit eine Verhaltenskontrolle zulassen, unterliegt ebenfalls der Mitbestimmung nach Nr. 11. Das Gleiche gilt für **Mobiltelefone,** da sie i. d. R. ebenfalls Dauer und Zeitpunkt des Gesprächs und die Zielnummern speichern. Auch die Anordnung des Dienststellenleiters, die Gesprächsdatenerfassung durch ein externes Unternehmen (z. B. TELECOM) vornehmen zu lassen, dürfte ebenfalls unter Nr. 11 fallen, da die Datenerfassung nur unter Inanspruchnahme der Telefonanlage der Dienststelle möglich ist (so im Ergebnis auch Ilbertz-Widmaier § 75 Rn. 218).

170 Sendeempfänger. Die Ausstattung von Bereitschaftsdienst leistenden Beschäftigten mit Sendeempfängern ist weder nach Nr. 11 noch nach Nr. 13 mitbestimmungspflichtig (vgl. VGH Mannheim, 18.3.2003 – PL 15 S 1430/02 – PersV 2003, 459).

171 Internetanschluss. Dagegen ist der PR bei der Einrichtung von Internetanschlüssen zu beteiligen, da systemimmanent Verlaufsprotokolle erstellt werden können.

172 E-Government. Auch E-Government wird zu zusätzlichen Kontrollmöglichkeiten und damit bei Einführung zur Mitbestimmungspflicht nach Nr. 11 führen (s. a. Ilbertz-Widmaier § 75 Rn. 218c).

173 Überwachung von Parkplätzen. Bei Einführung einer **EDV-gestützten Parkerlaubnisverwaltung,** bei der auch Parkverstöße, Abmahnungen, Verwarnungen usw. gespeichert werden, hat der PR ebenfalls mitzubestimmen und zwar auch dann, wenn diese Daten von Hand eingegeben sowie Schreibaufträge manuell erteilt und ausgeführt werden (BVerwG, 9.12.1992 – 6 P 16/92 – PersR 1993, 276 = PersV 1994, 193).

174 Privater PC. Gestattet der Leiter einer Dienststelle einem Beschäftigten auf dessen Wunsch hin die Benutzung seines privaten Kleincomputers zur Erledigung dienstlicher Aufgaben, so liegt dann jedenfalls keine mitbestimmungspflichtige Maßnahme vor, wenn dadurch lediglich den individuellen Wünschen des Beschäftigten Rechnung getragen werden soll. Die Gestattung der Benutzung des Geräts ist keine Maßnahme, die gemäß Nr. 12 oder 13 (Gestaltung der Arbeitsplätze – Anwendung technischer Einrichtungen) oder Nr. 14 oder 15 (Maßnahmen zur Hebung der Arbeitsleistung und Erleichterung des Arbeitsablaufs –

Einführung grundsätzlich neuer Arbeitsmethoden) dazu bestimmt ist, das Verhalten oder die Leistung der Beschäftigten zu überwachen.

Nr. 12: Gestaltung der Arbeitsplätze. Der PR kann auf die Gestaltung der Ar- **175** beitsplätze Einfluss nehmen. Der Arbeitsplatz in diesem Sinne ist nicht funktional als ein bestimmter Dienstposten, sondern **räumlich zu sehen,** nämlich als der räumliche Bereich, in dem der Beschäftigte tätig ist, und dessen unmittelbare Umgebung. Dazu gehört auch die Anordnung der Arbeitsmittel (Schreibtisch, Geräte, Maschinen usw.), auch wenn sie von einer Mehrzahl von Beschäftigten benutzt werden. Der Arbeitsplatz muss nicht in einem Gebäude liegen oder stationär sein; er kann sich auch im Freien oder in einem Fahrzeug (z. B. Dienstfahrzeug, Einsatzfahrzeug der Polizei oder Feuerwehr) befinden (BVerwG, 19.5.2003 – 6 P 16/02 – PersV 2003, 339 = PersR 2003, 314). Zur Ausgestaltung des Arbeitsplatzes zählen auch seine Beleuchtung, Belüftung und die Temperaturverhältnisse. Ebenso wird die informationstechnische Gestaltung (z. B. Softwareergonomie) dazu gerechnet werden müssen. Da der Arbeitsplatz nur der räumliche Bereich ist, in dem der Beschäftigte seine Arbeitsleistung zu erbringen hat, gehören außerhalb dieses Bereiches liegende Einrichtungen, wie Pausen- und Sanitärräume, Flure, Treppen, nicht zum Arbeitsplatz.

Telearbeitsplatz. Besondere Aufmerksamkeit ist den sog. Telearbeitsplätzen zu **176** widmen, damit sie dem in der Dienststelle üblichen Standard entsprechen.

Bauliche Maßnahmen. Alle baulichen und technischen Maßnahmen, durch die **177** der räumliche Bereich des Arbeitsplatzes des Beschäftigten unmittelbar beeinflusst wird, gleichgültig, ob es sich um Licht-, Temperatur oder sonstige Einflüsse der Umgebung auf den Arbeitsplatz handelt, fallen unter Nr. 12.

Neu-, Um- und Erweiterungsbauten. Auch durch Neu-, Um- und Erweiterungs- **178** bautenwird in der Regel in die Gestaltung der Arbeitsplätze eingegriffen. Dadurch ergibt sich, wenn die Voraussetzungen vorliegen, ein Mitbestimmungsrecht des PR nach Nr. 12 und ein Anhörungsrecht nach § 87 Abs. 1 Nr. 4. In diesen Fällen verdrängt das weniger weitgehende Anhörungsrecht nach § 87 Abs. 1 Nr. 4 das stärkere Mitbestimmungsrecht nach Nr. 12, wenn mit der Planung und Durchführung von Neu-, Um- oder Erweiterungsbauten organisatorische Vorstellungen mit nicht unerheblichen Auswirkungen auf die nach außen zu erfüllenden Aufgaben der Dienststelle verwirklicht werden.

Aufstellung von Raumplänen. Die Aufstellung von Raumplänen als Vorausset- **179** zung der Verlagerung einer Dienststelle oder eines Teils davon fällt dann unter Nr. 12, wenn damit nicht unbedeutende Veränderungen des Arbeitsplatzes, insbesondere hinsichtlich räumlicher Unterbringung, Ausstattung mit Geräten und Einrichtungsgegenständen, Beleuchtung und Belüftung u. a. vorgenommen werden. Unbedeutende Umstellungen/Veränderungen an einem Arbeitsplatz unterliegen dagegen nicht der Mitbestimmung, mag sie der Beschäftigte auch subjektiv als belastend empfinden.

Individuelle Überprüfung von Arbeitsplätzen. Bei der Überprüfung der Arbeits- **180** plätze steht dem PR kein Mitbestimmungs- oder Teilnahmerecht zu.

181 **Einbau von Fenstern.** Der PR kann wegen des Einbaus von Isolierglas initiativ werden, wenn es sich um Arbeitsplätze handelt, die im Einwirkungsbereich der Fenster liegen.

182 **Verlagerung von Arbeitsplätzen.** Die bloße Verlagerung von Arbeitsplätzen innerhalb desselben Gebäudes von einem Raum in einen anderen löst kein Mitbestimmungsrecht aus. Das Gleiche gilt für die Zuteilung eines Raumes an zwei Arbeitskräfte und die Zusammenführung zweier bislang in eigenen Räumen arbeitenden Schreibkräften.

183 **Nr. 13: Automatisierte Datenverarbeitung.** Die Einführung, Anwendung oder wesentliche Änderung oder wesentliche Erweiterung technischer Einrichtungen und Verfahren der automatisierten Verarbeitung personenbezogener Daten der Beschäftigen ist mitbestimmungspflichtig. Ausnahme: Die meisten der beim Statistischen Landesamt für Statistiken eingesetzten EDV-Programme werden von Dienststellen außerhalb des Landes unter Beteiligung des dortigen PR entwickelt. Da eine erneute Beteiligung des PR beim Statistischen Landesamt deshalb entbehrlich ist, ist ihre Einführung und Anwendung von der Mitbestimmung ausgenommen. Dies gilt jedoch nur, wenn außerhalb des Landes eine qualitativ gleichwertige Beteiligung des dortigen PR stattgefunden hat. Die vom hiesigen Statistischen Landesamt entwickelten Programme unterliegen in jedem Fall der Mitbestimmung.

184 **Überwachung von Parkplätzen.** Die Einführung einer EDV-gestützten Parkerlaubnisverwaltung, bei der auch Parkverstöße, Abmahnungen, Verwarnungen und Entscheidungen über den Entzug der Parkerlaubnis gespeichert werden, unterliegt auch dann der Mitbestimmung, wenn diese Daten von Hand eingegeben sowie Schreibaufträge über Abmahnungen und Entzug manuell erteilt und ausgeführt werden (BVerwG, 9.12.1992 – 6 P 16/92 – PersR 1993, 276 = PersV 1994, 193).

185 **Privatdaten der Beschäftigten.** Auch die **automatisierte** Führung von **Geburtstagslisten** und **Listen über private Fernsprechnummern**, E-Mail-Adressen und Faxnummern von Beschäftigten löst das Mitbestimmungsrecht nach Nr. 13 aus.

186 **Bekanntgabe personenbezogener Daten.** Die Gestattung, personenbezogene Daten der Beschäftigten auf dem World-Wide-Web-Server der Dienststelle für den Abruf über das Intranet oder aus dem Internet bereitzustellen, ist mitbestimmungspflichtig nach Nr. 13.

187 **Testinstallation.** Die Testinstallation von Personalverwaltungsverfahren mit sog. Spieldaten unterliegt noch nicht der Mitbestimmung nach Nr. 13, weil die Daten keine Schlüsse auf Beschäftigte der Dienststelle zulassen.

188 **Nr. 14: Hebung der Arbeitsleistung.** Der PR hat mitzubestimmen bei Maßnahmen, die zur Hebung der Arbeitsleistung und Erleichterung des Arbeitsablaufs geeignet sind, sowie deren wesentliche Änderung oder wesentliche Ausweitung. Entscheidend ist nicht der Zweck der Maßnahme, sondern deren tatsächlich mögliche Wirkung. Maßnahmen zur Hebung der Arbeitsleistung sind solche, die geeignet sind, bei den Beschäftigten ein Mehr an Arbeitsleistung zu erreichen im Sinne einer Steigerung des körperlichen Einsatzes oder des geistigen Aufwands. Die Maßnahme muss geeignet sein, die Effektivität der Arbeit in der vorgegebenen Zeit qualitativ und/oder quantitativ zu fördern, d. h. die Güte und/oder Menge der zu leistenden Arbeit zu steigern. Dabei ist als Hebung der Arbeitsleistung nicht die Steigerung der Menge oder Qualität des Arbeitsertrages anzusehen, sondern die erhöhte Inanspruchnahme des betroffenen Beschäftigten, zu der solche Maßnahmen typischerweise führen, z. B. gesteigerte körperliche Anforderung oder vermehrte geistig/psychische Belastung. Bei verfügbarer gleichzeitiger Entlastung von anderen Aufgaben in mindestens gleichem Umfang tritt das Mitbestimmungsrecht nicht ein. Zielt die Maßnahme darauf ab, dem Beschäftigten bei gleich bleibender Arbeitszeit mehr oder bessere Dienstleistungen abzuverlangen, so greift der Mitbestimmungstatbestand ein, ohne dass denkbaren oder anheimgestellten Entlastungsmöglichkeiten oder der Frage nach einer etwaigen Geringfügigkeit nachzugehen ist. In den anderen Fällen, in denen die Maßnahme nicht erkennbar auf zusätzliche Belastung der Beschäftigten angelegt erscheint, kommt es auf die tatsächliche objektive Mehrbelastung an (BVerwG, 18.5.2004 – 6 P 13/03 – Persv 2004, 386 = PersR 2004, 349).

Zuweisung weiterer Aufgaben. Die Zuweisung weiterer Aufgaben an einzelne **189** Beschäftigte ist dann keine Maßnahme zur Hebung der Arbeitsleistung, wenn die Mehrarbeit nicht innerhalb bisher vorgegebener Zeiten zu erbringen ist.

Zentraler Schreibdienst. Die Einrichtung eines zentralen Schreibdienstes ist als **190** mitbestimmungspflichtige Maßnahme zur Hebung der Arbeitsleistung zu qualifizieren. Der Ersatz von Menschenarbeit durch Maschinenarbeit ist dagegen für sich keine derartige Maßnahme.

Individuelle Leistungskontrolle. Eine Leistungskontrolle mittels Strichliste ist **191** keine Maßnahme zur Hebung der Arbeitsleistung i. S. von Nr. 14.

Reinigungsdienst. Die Anpassung der Reinigungshäufigkeit in Diensträumen **192** an dienstliche Erfordernisse und finanzielle Gegebenheiten ist im Blick auf den Reinigungsdienst keine der Mitbestimmung unterliegende Maßnahme zur Hebung der Arbeitsleistung.

Anordnung von Überstunden. Die Anordnung von Überstunden stellt keine **193** Hebung der Arbeitsleistung dar. Dies gilt auch für eine Anordnung, nach der Gruppen- und Abschnittsleiter ab einer bestimmten, mehrmals auftretenden Bearbeitungsdauer zum Zwecke des Abbaus von zeitlichen Bearbeitungsrückständen vorübergehend selbst eine bestimmte Zahl von Widersprüchen zu bearbeiten haben, wenn ihnen stillschweigend ein Spielraum in der Gestaltung ihrer Führungsaufgaben überlassen bleibt, insbesondere ihre Kontrolltätigkeit während dieser Zeit zu reduzieren.

Arbeitszeitverkürzung für Lehrkräfte. Die bei der Umsetzung einer Arbeitszeit- **194** verkürzung für Lehrkräfte vorgenommene Streichung von Ermäßigungsstunden für Klassenlehrer und die Kürzung der Anrechnungsstunden um eine wöchentliche Unterrichtsstunde für Schulleiter und andere Funktionsträger sind keine Maßnahmen zur Hebung der Arbeitsleistung. Dagegen liegt eine solche vor, wenn die Pflichtstundenzahl erhöht wird, um so die Zahl der Lehrer aus finanzwirtschaftlichen Gründen zu reduzieren und die Pflichtstundenzahl an die der anderen Ländern anzugleichen, es sei denn, dass anderweitige Entlastungen konkret gegeben sind. Auch die Zuweisung weiterer Aufgaben, z. B die Betreuung von Studenten im neu eingeführten Orientierungspraktikum, ist, wenn sie ohne Zuweisung zusätzlicher Ressourcen erfolgt, eine Maßnahme zur Hebung der Arbeitsleistung.

195 **Schulorganisatorische Maßnahmen.** Wird in Ausnahmefällen von der nach schulorganisatorischen Richtlinien bestehenden Möglichkeit Gebrauch gemacht, an Grundschulen die **Schülerzahl pro Klasse** geringfügig über die vorgesehene Frequenzbreite hinaus zu erhöhen, so liegt darin keine mitbestimmungspflichtige Maßnahme i. S. der Nr. 14.

196 **Umfang.** Maßnahmen zur Erleichterung des Arbeitsablaufs betreffen die Erleichterung ständig wiederkehrende Arbeitsvorgänge. Sie kommen nicht nur im Bereich von Ausführungs-, sondern auch bei Leitungsaufgaben in Betracht.

197 **Arbeitsumverteilung.** Eine Arbeitsumverteilung, die durch Zusammenfassung gleichartiger Arbeitsabläufe bewirken soll, dass sich das Verhältnis von Arbeitsaufwand und Arbeitsergebnis verbessert, ist eine Maßnahme zur Hebung der Arbeitsleistung und Erleichterung des Arbeitsablaufs und unterliegt daher der Mitbestimmung des PR.

198 **Fortbildungsmaßnahmen.** Maßnahmen, die nur Kenntnisse und Erfahrungen vermitteln sollen, ob und gegebenenfalls welche Anordnungen zwecks Hebung der Arbeitsleistung oder Erleichterung des Arbeitsablaufs zukünftig getroffen werden können, unterliegen nicht der Mitbestimmung nach Nr. 14.

199 **Arbeitsplatzuntersuchungen.** Arbeitsplatzuntersuchungen mit dem Ziel, zu prüfen, ob von Dritten (etwa vom Rechnungshof) empfohlene oder geforderte Maßnahmen zu einer Hebung der Arbeitsleistung oder zu einer Verbesserung des Arbeitsablaufs führen, unterliegen nicht der Beteiligung des PR. Erst die Ein- oder Durchführung der von der Dienststelle aufgrund des (positiven) Ergebnisses der Arbeitsplatzuntersuchungen beabsichtigten Maßnahmen bedarf der Mitbestimmung. Ebenso bedürfen Arbeitsplatzuntersuchungen, die der Rechnungshof in einer Dienststelle in Erfüllung seiner Aufgaben selbst durchführt oder von der Dienststelle durchführen lässt, nicht der Beteiligung des PR.

200 **Verbesserungsvorschläge.** Die Aussetzung von Prämien für Verbesserungsvorschläge sowie deren Abschaffung fallen nicht unter Nr. 14, da aus solchen Vorschlägen nicht mit Sicherheit Folgerungen gezogen werden.

201 **EDV-Ausstattung.** Die Aufstellung von elektronischen Recheneinrichtungen mit Bildschirmanzeige in einem Hochschulinstitut, welche die Benutzung der Großrechenanlage der Hochschule erleichtert oder nicht mehr erforderlich macht, stellt sich personalvertretungsrechtlich als mitbestimmungspflichtige Maßnahme zur Gestaltung von Arbeitsplätzen, nicht jedoch als Maßnahme zur Hebung der Arbeitsleistung oder zur Erleichterung des Arbeitsablaufs dar; mit ihr wird auch keine grundsätzlich neue Arbeitsmethode eingeführt.

Nr. 15: Grundsätzlich neue Arbeitsmethoden. Der PR hat mitzubestimmen bei **202** der Einführung grundsätzlich neuer Arbeitsmethoden sowie der wesentlichen Änderung oder wesentlichen Ausweitung bestehender Arbeitsmethoden. Es muss sich um **grundsätzlich** neue Methoden handeln, die den objektiven Arbeitsablauf betreffen. Beispiele: Einführung der elektronischen Datenverarbeitung, ausschließliche Benutzung von digitalen Diktiergeräten, dagegen **nicht** eine bloße (technische) Verbesserung innerhalb gleich bleibender (Grund-)Methoden. Dem Mitbestimmungsrecht unterliegt deshalb nicht die laufende, allgemein übliche Verbesserung der Arbeitsmethode, ein Ersatz eines Journals durch eine Kartei und grundsätzlich auch nicht ein Generationswechsel der EDV. Allerdings kann auch ein **Systemwechsel in der Datenverarbeitungsanlage** zu einer grundsätzlich neuen Arbeitsmethode führen, wenn es sich um grundlegende Veränderungen handelt. Obwohl nunmehr auch die wesentliche Änderung und wesentliche Ausweitung bestehender Arbeitsmethoden mitbestimmungspflichtig sind, kann im Einzelfall die Abgrenzung immer noch schwierig sein. Der VGH Mannheim verneinte ein Mitbestimmungsrecht nach (jetzt) Nr. 15 bzgl. einer neuen Programmversion, trotz geänderter Bedienungsoberfläche und teilweise geänderter Form der Eingabemöglichkeiten, da die Konzeption des Arbeitsablaufs die Gleiche geblieben und die Fortentwicklung nach Gesichtspunkten der Optimierung des Programmhandlings erfolgt sei (12.3.2002 – PL 15 S 978/01 – PersR 2003, 326). Deshalb dürfte es sich auch um keine **wesentliche** Änderung bestehender Arbeitsmethoden handeln.

Regelungsgegenstand. Nr. 15 ist nicht nur erfüllt, wenn die Gesamtheit der den **203** Arbeitsablauf bestimmenden Regeln geändert wird; auch Änderungen, die sich auf Abschnitte des Arbeitsablaufs beschränken, können eine grundlegend neue Arbeitsmethode sein. Voraussetzung ist stets, dass die Änderungen für die betroffenen Beschäftigten ins Gewicht fallende Auswirkungen haben.

Einzelfälle. Die Inbetriebnahme eines **Telefax-Gerätes** unterliegt als Einführung **204** einer neuen Arbeitsmethode und unter dem Gesichtspunkt der Arbeitsplatzgestaltung der Mitbestimmung. Grundsätzlich neue Arbeitsmethoden ergeben sich auch mit der **Einführung der neuen Steuerungsinstrumente** wie Kosten- und Leistungs-Rechnung, Controlling und Budgetierung; auch E-Government kann dazu führen sowie die Einführung der elektronischen Akte.

Modellversuch. Mitbestimmungspflichtig ist sowohl die probeweise Einfüh- **205** rung einer grundsätzlich neuen Arbeitsmethode als auch dann erneut deren spätere feste Installierung.

Nr. 16: Informations- und Kommunikationsnetz. Der PR hat mitzubestimmen **206** bei der Einführung, der wesentlichen Änderung oder wesentlichen Ausweitung der Informations- und Kommunikationsnetze. Die Einführung neuer Datenbanken für Recherchemöglichkeiten und neuer Kommunikationsnetze hat erhebliche Auswirkungen auf die Arbeit der Beschäftigten, vergleichbar mit der Einführung grundsätzlich neuer Arbeitsmethoden.

207 **Nr. 17: Arbeitsorganisation.** Der PR hat mitzubestimmen bei der Einführung grundsätzlich neuer Formen der Arbeitsorganisation und wesentlichen Änderung der Arbeitsorganisation. Das Mitbestimmungsrecht eröffnet dem PR weitreichende Mitspracherechte in fast allen organisatorischen Fragen. Unter Arbeitsorganisation ist die planmäßige Regelung der Arbeitsausführung zur Erfüllung der Aufgaben der Dienststelle durch deren Beschäftigte zu verstehen. Dabei muss sich die Maßnahme unmittelbar auf die Arbeitsausführung, d. h. auf die von den einzelnen Beschäftigten konkret vorzunehmenden Arbeitsvorgänge auswirken. Hierunter fallen alle Regelungen über das Arbeitsverfahren und die Arbeitsabläufe, die zur Erfüllung der Dienstaufgaben erforderlich sind (VGH Mannheim, 12.3.2002 – PL 15 S 978/01 – PersR 2003, 326). Es können sich auch Überschneidungen mit den Mitbestimmungstatbeständen des Nr. 14 (Maßnahmen zur Hebung der Arbeitsleistung und Erleichterung des Arbeitsablaufs) und Nr. 15 (Einführung grundsätzlich neuer Arbeitsmethoden) ergeben.

208 **Begriff.** Von dem Begriff Arbeitsorganisation ist die **Behördenorganisation** abzugrenzen; sie wird – wie auch die Organisationspläne – von Nr. 17 nicht erfasst (Bildung von Dienststellen einschl. deren Zuständigkeitsfestlegungen und Untergliederung in Abteilungen, Dezernate, Referate usw.). So unterliegt z. B. die Auflösung eines Bauverwaltungsamtes als selbstständiges Amt und dessen Zuweisung als Sachgebiet an das Tiefbauamt nicht der Mitwirkung des PR (VGH Mannheim, 24.4.2001 – PL 15 S 2420/00 – PersR 2001, 431).

209 **Geschäftsverteilungspläne.** Der PR bestimmt auch bei der Aufstellung der Geschäftsverteilungspläne mit, die den Organisationsplan in personeller Hinsicht konkretisieren. Bei Änderungen des Geschäftsverteilungsplans muss es sich aber um generelle Maßnahmen handeln, die einen abstrakt abgrenzbaren Kreis von Dienstposten betreffen. Der PR kann nicht an Aufgabenzuweisungen an einzelne Beschäftigte mitbestimmen. Nr. 17 ist allerdings erfüllt, wenn beispielsweise zwischen Organisationseinheiten Arbeitskapazitäten verschoben werden sollen.

210 **Ziel der Mitbestimmung.** Da sich über die Arbeitsorganisation die körperliche und geistige Einbindung der Beschäftigten in die tägliche Arbeit entscheidet, sollen durch das Mitbestimmungsrecht des PR die Beschäftigten vor Überlastung und Überforderung geschützt und die Wahrnehmung ihrer Interessen bei arbeitsorganisatorischen Veränderungen gewährleistet werden (vgl. VGH Mannheim, 12.3.2002 – PL 15 S 978/01 – PersR 2003, 326).

211 **Nr. 18: Urlaubssperre.** Der PR hat mitzubestimmen bei der Anordnung von Urlaubssperren aus arbeitsorganisatorischen Gründen. Es muss sich um die Anordnung einer Urlaubssperre für alle oder bestimmte Gruppen von Beschäftigten handeln.

212 **Nr. 19: Chancengleichheitsplan.** Der PR hat mitzubestimmen bei der Erstellung und Anpassung des Chancengleichheitsplans i. S. v. §§ 5 ff. ChancenG, gleichgültig ob er freiwillig erstellt wird oder zwingend zu erstellen ist. Nach § 5 Abs. 4 ChancenG ist der Chancengleichheitsplan für die Dauer von fünf Jahren zu erstellen; er soll bei erheblichen strukturellen Änderungen angepasst werden. Dem PR ist der bereits mit der Beauftragten für Chancengleichheit abgestimmte Plan zur Beteiligung zuzuleiten, da sich das Mitbestimmungsrecht auf den in seiner Gesamtheit und endgültig erstellten Chancengleichheitsplan erstreckt. Das Mitbestimmungsrecht besteht nicht für vorbereitende Beiträge oder statistische Erhebungen oder Fortschreibungen im Zusammenhang mit Vorarbeiten zur Erstellung des Chancengleichheitsplans; dies gilt auch für die Erstellung der Übersicht über die Beschäftigtenstruktur der einzelnen Dienststellen.

V. Ausgenommener Personenkreis

Vorbemerkung. Abs. 5 nimmt bei bestimmten Beschäftigten eine Reihe von **213** Personalangelegenheiten von der **Mitbestimmungsbefugnis** des PR **vollständig aus.** Für Dienststellen, die bildenden, wissenschaftlichen und künstlerischen Zwecken dienen, enthalten die §§ 99 ff. Sonderregelungen. Das Gleiche gilt für die Beschäftigten des Südwestrundfunks (s. § 105 ff.).

Umfang. Bei den in **Nr. 1** genannten Beschäftigten sind **alle** Personalangelegen- **214** heiten der **Abs. 1 und 2** und eine Reihe von Personalangelegenheiten des Abs. 3 von der Mitbestimmungsbefugnis des PR ausgeschlossen. Bei den in **Nr. 2** genannten Beschäftigten ist nur die Begründung des Beamtenverhältnisses (Abs. 1 Nr. 1) von der Mitbestimmung ausgeschlossen. Bei den in **Nr. 3** genannten nicht beamteten Lehrern sind die Umsetzung (Abs. 1 Nr. 11) und **alle** Personalangelegenheiten des **Abs. 2** von der Mitbestimmung ausgeschlossen.

Nr. 1: Leitende Beschäftigte. Bei diesem Personenkreis besteht die weitestge- **215** hende Einschränkung. Von der Mitbestimmung ausgeschlossen sind **alle** Personalangelegenheiten der **Abs. 1 und 2** sowie eine Reihe von Personalangelegenheiten des Abs. 3 (auf die Kommentierung zu Abs. 3 wird verwiesen).

Nr. 1 Buchst. a: Höhere Beamte und entsprechende Arbeitnehmer. Beamte der **216** Besoldungsgruppe A 16 und höher, bei den obersten Dienstbehörden erst ab Besoldungsgruppe B 3 und höher sowie entsprechende Arbeitnehmer.

Maßgebliche Stellung. Für die Einschränkung der Beteiligung kommt es auf **217** die **Stellung** an, die der betreffende Beschäftigte durch die beabsichtigte Maßnahme **erhalten soll,** nicht auf die, in der er sich befindet (BVerwG, 20.3.2002 – 6 P 6/01 – PersV 2002, 405 = PersR 2002, 302). Das Mitbestimmungsrecht des PR nach Abs. 1 Nr. 4 (Beförderung) ist danach z. B. ausgeschlossen bei der Beförderung eines Regierungsdirektors (A 15) zum Leitenden Regierungsdirektor (A 16). Dieser Ausschluss gilt aber nicht bei der Beförderung eines Oberregierungsrats (A 14), der eine A 16-Stelle wahrnimmt, zum Regierungsdirektor (Lorenzen u. a. § 77 Rn. 31; Ilbertz-Widmaier § 77 Rn. 13). Andernfalls hätte es die Dienststelle in der Hand, junge Beamte über A 16-Stellen „am PR vorbei" zu befördern, was der Zielsetzung des Gesetzes zuwiderlaufen würde.

Entsprechende Arbeitnehmer. Für die Frage, ob es sich um eine entsprechende **218** Arbeitnehmerstelle handelt, kommt es auf die Funktionsgleichwertigkeit mit Beamtenstellen an; diese beurteilt sich in erster Linie danach, in welcher Besoldungsgruppe sich der Arbeitnehmer befände, wenn er als Beamter eingestellt worden wäre. Gibt es keine entsprechenden Beamtenstellen, so kann i. d. R. die Vergütung als Anhalt für die Funktionsgleichwertigkeit dienen (BAG, 7.12.2000 – 2 AZR 532/99 – PersR 2001, 221).

219 **Nr. 1 Buchst. b: Landräte, Bürgermeister und Beigeordnete** ohne Rücksicht auf die Höhe der Besoldung

220 **Nr. 1 Buchst. c: Öffentlich-rechtliche Kreditinstitute.** Welche Beschäftigte als leitende Beschäftigte öffentlich-rechtlicher Kreditinstitute anzusehen sind, entscheidet die zuständige oberste Aufsichtsbehörde.

221 **Nr. 2. Einstellung von Polizeibeamten und Lehrern.** Bei diesem Personenkreis ist die Mitbestimmung **nur** ausgeschlossen bei der **Begründung des Beamtenverhältnisses** (Abs. 1 Nr. 1):
a) Polizeimeister und Polizeikommissare,
b) beamtete Lehrer an allgemeinbildenden und beruflichen Schulen.
Die Verwaltung muss in der Lage sein, bei diesem Personenkreis über die Einstellung von Bewerbern, die ihre Einstellung in den Landesdienst beantragen, so schnell wie möglich zu entscheiden.

222 **Schulbegriff.** Allgemeinbildende und berufliche Schulen sind die Grundschule, die Hauptschule, die Werkrealschule, die Realschule, die Gemeinschaftsschule, das Gymnasium, das Kolleg, die Berufsschule, die Berufsfachschule, das Berufskolleg, die Berufsoberschule, die Fachschule und die Sonderschule.

223 **Nr. 3. Nicht beamtete Lehrer.** Bei nicht beamteten Lehrern sind die Umsetzung (Abs. 1 Nr. 11) und **alle** Personalangelegenheiten des **Abs. 2** von der Mitbestimmung ausgeschlossen.

VI. Herabstufung zur Mitwirkung

224 **Vorbemerkung.** In Abs. 6 wird für einen **weiteren** Teil der Beschäftigten die Mitbestimmung zur **Mitwirkung heruntergestuft.** Dabei ist allerdings zunächst in einem ersten Schritt zu prüfen, ob bei diesen Beschäftigten nicht nach **Abs. 5 die Mitbestimmung vollständig ausgeschlossen** ist. Ein Ausschluss der Mitbestimmung kann der Fall sein bei Abteilungsleitern bei den Regierungspräsidien, Landesoberbehörden und höheren Sonderbehörden sowie bei den Ersten Landesbeamten bei den Landratsämtern. Für Dienststellen, die bildenden, wissenschaftlichen und künstlerischen Zwecken dienen, enthalten die §§ 99 ff. Sonderregelungen. Das Gleiche gilt für die Beschäftigten des Südwestrundfunks (s. § 105 ff.).

225 **Umfang.** Bei den in **Nr. 1** genannten Beschäftigten wird bei **allen** Personalangelegenheiten der **Abs. 1 und 2** und bei einer Reihe von Personalangelegenheiten des Abs. 3 die Mitbestimmungsbefugnis des PR zur Mitwirkungsbefugnis herabgestuft. Bei den in **Nr. 2** genannten Beschäftigten wird bei der Umsetzung (Abs. 1 Nr. 11) und bei **allen** Personalangelegenheiten des **Abs. 2** die Mitbestimmung zur Mitwirkung herabgestuft.

Nr. 1: Leitende Beschäftigte.   **226**
a) Leiter von Dienststellen i. S. d. LPVG,
b) Rektoren an Grund-, Haupt-, Werkreal-, Real- und Gemeinschaftsschulen sowie entsprechenden sonderpädagogischen Bildungs- und Beratungszentren,
c) Abteilungsleiter bei den Regierungspräsidien, Landesoberbehörden und höheren Sonderbehörden,
d) Erste Landesbeamte bei den Landratsämtern.
Dabei ist zunächst in einem ersten Schritt zu prüfen, ob bei diesen Beschäftigten nicht nach Abs. 5 die Mitbestimmung vollständig ausgeschlossen ist.

Nr. 2: Justizvollzugseinrichtungen, Polizei, Verfassungsschutz.   **227**
a) Beamte des allgemeinen Vollzugsdienstes und des Werkdienstes bei den Justizvollzugseinrichtungen,
b) Polizeibeamte,
c) Beschäftigte des Landesamts des Verfassungsschutz.
Im Strafvollzug, bei der Polizei und beim Landesamt des Verfassungsschutz soll es möglich sein, den Personaleinsatz so schnell wie möglich den jeweiligen Sicherheitserfordernissen anzupassen. Deshalb wird bei der Umsetzung innerhalb der Dienststelle mit Dienstortwechsel, Versetzung, Abordnung, Zuweisung und Personalgestellung die Mitbestimmung zur Mitwirkung herabgestuft.

VII. Weiterbeschäftigungsanspruch bei ordentlicher Kündigung

Vorbemerkung. Gem. Abs. 1 Nr. 12 unterliegt die ordentliche Kündigung   **228**
durch die Dienststelle nunmehr grundsätzlich der eingeschränkten Mitbestimmung (zur Ausnahme siehe Abs. 6, Rn. 225). Sie kann somit nur mit Zustimmung des PR oder der Stufenvertretung ausgesprochen werden. Wird diese nicht erteilt und die Einigungsstelle angerufen, kann diese nur eine Empfehlung an die oberste Dienstbehörde aussprechen. Die oberste Dienstbehörde entscheidet dann endgültig, ohne an die Empfehlung der Einigungsstelle gebunden zu sein (s. § 78 Abs. 4). Wird eine Kündigung ausgesprochen, obwohl die Einigungsstelle eine anderslautende Empfehlung abgegeben hat, hat der Arbeitnehmer, wenn er Kündigungsschutzklage erhebt, einen Weiterbeschäftigungsanspruch.

1. Unterrichtungspflicht. Erfolgt die Kündigung des Arbeitnehmers, obwohl   **229**
die Einigungsstelle eine anderslautende Empfehlung nach § 78 Abs. 4 abgegeben hat, muss dem Arbeitnehmer mit der Kündigung eine Abschrift der Empfehlung der Einigungsstelle zugeleitet werden. Damit soll es diesem erleichtert werden, seine Rechte im arbeitsgerichtlichen Verfahren zu verfolgen.

2. Kündigungsschutzklage. Ein gekündigter Arbeitnehmer kann das Arbeitsge-   **230**
richt anrufen (§ 4 KSchG). Falls die Kündigung entgegen der anderslautenden Empfehlung der Einigungsstelle ausgesprochen worden ist, hat der Arbeitnehmer bis zur rechtskräftigen Entscheidung über seine Kündigungsschutzklage einen Weiterbeschäftigungsanspruch, und zwar zu unveränderten Arbeitsbedingungen. Der Arbeitnehmer muss den Wunsch zur Weiterbeschäftigung ein-

deutig und unverzüglich spätestens am ersten Tag nach Ablauf der Kündigungsfrist erklären (vgl. BAG, 11.5.2000 – 2 AZR 54/99 – juris).

231 **3. Einstweilige Verfügung.** Die Dienststelle kann die Weiterbeschäftigung des gekündigten Arbeitnehmers nur vermeiden, wenn sie beim Arbeitsgericht erfolgreich einen Antrag auf Erlass einer einstweiligen Verfügung stellt. Das Arbeitsgericht darf den Arbeitgeber jedoch nur **ausnahmsweise** von der Weiterbeschäftigungspflicht entbinden, wenn einer der in Satz 3 genannten Gründe vorliegt, die eng auszulegen sind.

232 **Nr. 1: Keine hinreichende Erfolgsaussicht oder Mutwilligkeit.** Die Kündigungsschutzklage des Arbeitnehmers bietet keine hinreichende Aussicht auf Erfolg, wenn eine summarische Prüfung ergibt, dass sie offensichtlich oder zumindest mit hoher Wahrscheinlichkeit aussichtslos ist. Die Kündigungsschutzklage erscheint **mutwillig**, wenn eine verständige Person keine Klage erheben würde.

233 **Nr. 2: Unzumutbare wirtschaftliche Belastung.** Die – auch nur vorübergehende – Weiterbeschäftigung des Arbeitnehmers würde zu einer unzumutbaren wirtschaftlichen Belastung der Dienststelle führen.

234 **Nr. 3: Offensichtlich unbegründete Verweigerung.** Es muss sich geradezu aufdrängen, dass der PR die Zustimmung zu Unrecht verweigert hat. Dies dürfte kaum der Fall sein, wenn die Einigungsstelle eine anderslautende Empfehlung abgegeben hat, was nur möglich ist, wenn sie davon ausgeht, dass der PR die Zustimmung mit zureichendem Grund versagt hat.

235 **Dauer des Weiterbeschäftigungsanspruchs.** Auch ohne Erlass einer einstweiligen Verfügung durch das Arbeitsgericht endet der Weiterbeschäftigungsanspruch mit dem rechtskräftigen Abschluss des Kündigungsrechtsstreits, sei es durch Rücknahme der Klage oder Erlass eines Urteils.

VIII. Weiterbeschäftigungsanspruch bei herabgestufter Beteiligung

236 **Vorbemerkung.** Gem. Abs. 1 Nr. 12 unterliegt die Kündigung nunmehr grundsätzlich der eingeschränkten Mitbestimmung, diese wird jedoch gem. Abs. 6 Nr. 1 bei den dort Beschäftigten zur **Mitwirkung** herabgestuft (dies kommt allerdings nur dann zum Tragen, wenn sich bei den in Abs. 6 Nr. 1 Genannten um keine Beamten, sondern um Arbeitnehmer handelt, was selten der Fall sein dürfte, denn eine Kündigung kann nur gegenüber Arbeitnehmern erfolgen, Beamte werden entlassen). Bei der Beteiligungsform der Mitwirkung kann sich die Dienststelle über die vom PR erhobenen Einwendungen hinwegsetzen, sie hat dem PR ihre Entscheidung nur unter Angabe der Gründe schriftlich mitzuteilen (s. § 82 Abs. 6 und die Kommentierung hierzu). Wird eine Kündigung ausgesprochen, obwohl der PR nach § 82 Abs. 4 Satz 1 Einwendungen erhoben hat, die die Stufenvertretung aufrechterhalten hat, hat der Arbeitnehmer, wenn er Kündigungsschutzklage erhebt, einen Weiterbeschäftigungsanspruch.

237 **1. Unterrichtungspflicht.** Erfolgt die Kündigung des Arbeitnehmers obwohl der PR Einwendungen nach § 82 Abs. 4 Satz 1 erhoben hat, muss dem Arbeitnehmer mit der Kündigung eine Abschrift der Stellungnahme des PR zugeleitet werden. Damit soll es diesem erleichtert werden, seine Rechte im arbeitsgerichtlichen Verfahren zu verfolgen. Wurden die Einwendungen im Stufenverfahren nicht aufrechterhalten, besteht die Mitteilungspflicht nicht.

2. Aufschiebende Wirkung. Eine **ordentliche Kündigung kann erst nach Abschluss**   **238** **des Mitwirkungsverfahrens** (§ 82) ausgesprochen werden. Hat der PR Einwendungen gegen eine beabsichtigte ordentliche Kündigung erhoben und wurde im Stufenverfahren die Entscheidung der übergeordneten Dienststelle (§ 83 Abs. 1) oder der obersten Dienstbehörde (§ 83 Abs. 2) oder des bei Gemeinden, Landkreisen und sonstigen Körperschaften, Anstalten und Stiftungen des öffentlichen Rechts zuständigen Organs (§ 89 Abs. 1) beantragt, kann die beabsichtigte Kündigung erst nach Abschluss des Mitwirkungsverfahrens ausgesprochen werden.

3. Kündigungsschutzklage. Ein gekündigter Arbeitnehmer kann unbeschadet des   **239** § 82 das Arbeitsgericht anrufen (§ 4 KSchG). Falls der PR der Kündigung widersprochen hat, hat der Arbeitnehmer bis zur rechtskräftigen Entscheidung über seine Kündigungsschutzklage einen Weiterbeschäftigungsanspruch, und zwar zu unveränderten Arbeitsbedingungen. Der Arbeitnehmer muss den Wunsch zur Weiterbeschäftigung eindeutig und unverzüglich spätestens am ersten Tag nach Ablauf der Kündigungsfrist erklären (vgl. BAG, 11.5.2000 – 2 AZR 54/99 – juris).

Einstweilige Verfügung. Die Dienststelle kann die Weiterbeschäftigung des   **240** gekündigten Arbeitnehmers nur vermeiden, wenn sie beim Arbeitsgericht erfolgreich einen Antrag auf Erlass einer einstweiligen Verfügung stellt. Das Arbeitsgericht darf den Arbeitgeber jedoch nur **ausnahmsweise** von der Weiterbeschäftigungspflicht entbinden, wenn einer in Abs. 7 Satz 3 genannten Gründe vorliegt, die eng auszulegen sind (Satz 3).

Nr. 1: Keine hinreichende Erfolgsaussicht oder Mutwilligkeit. Die Kündigungs-   **241** schutzklage des Arbeitnehmers bietet keine hinreichende Aussicht auf Erfolg, wenn eine summarische Prüfung ergibt, dass sie offensichtlich oder zumindest mit hoher Wahrscheinlichkeit aussichtslos ist. Die Kündigungsschutzklage erscheint **mutwillig**, wenn eine verständige Person keine Klage erheben würde.

Nr. 2: Unzumutbare wirtschaftliche Belastung. Die – auch nur vorüberge-   **242** hende – Weiterbeschäftigung des Arbeitnehmers würde zu einer unzumutbaren wirtschaftlichen Belastung des Arbeitgebers führen.

Nr. 3: Offensichtlich unbegründeter Widerspruch. Es muss sich geradezu auf-   **243** drängen, dass der vom PR eingelegte Widerspruch unbegründet ist.

Hinweispflicht. Gem. Satz 3 i. V. m. § 76 Abs. 3 (bei dem Verweis auf § 76   **244** Abs. 2 handelt es sich offensichtlich um ein Versehen des Gesetzgebers) ist der Arbeitnehmer auf den Weiterbeschäftigungsanspruch hinzuweisen.

Dauer des Weiterbeschäftigungsanspruchs. Auch ohne Erlass einer einstwei-   **245** ligen Verfügung durch das Arbeitsgericht endet der Weiterbeschäftigungsanspruch mit dem rechtskräftigen Abschluss des Kündigungsrechtsstreits, sei es durch Rücknahme der Klage oder Erlass eines Urteils.

§ 76   Einleitung, Verfahren der Mitbestimmung

(1) Die Dienststelle unterrichtet den Personalrat von der beabsichtigten Maßnahme und beantragt seine Zustimmung.

(2) [1]Der Personalrat bestimmt, soweit in § 75 Absatz 5 und 6 nichts anderes bestimmt ist, nur mit
1. in den Personalangelegenheiten nach § 75 Absatz 1 und 2 der
   a) in § 9 Absatz 2 Satz 1 Nummer 2 und 3 bezeichneten Beschäftigten,
   b) der Beamten auf Zeit,
   c) der Beschäftigten mit überwiegend wissenschaftlicher oder künstlerischer Tätigkeit,
2. in den Angelegenheiten des § 74 Absatz 1 Nummer 4,
   wenn die betroffenen Beschäftigten es beantragen sowie
3. in den Angelegenheiten des § 74 Absatz 1 Nummer 1,
   wenn die betroffenen Beschäftigten nicht widersprechen. [2]§ 75 Absatz 3 bleibt unberührt.

(3) In den Fällen von Absatz 2 sowie von § 75 Absatz 3 sind die Beschäftigten von der beabsichtigten Maßnahme rechtzeitig vorher in Kenntnis zu setzen; gleichzeitig sind sie auf ihr Antrags- oder Widerspruchsrecht hinzuweisen.

(4) In den Angelegenheiten nach § 74 Absatz 1 Nummer 1 und 4 bestimmt auf Verlangen der betroffenen Beschäftigten nur der Vorstand mit.

(5) Der Personalrat kann verlangen, dass die Dienststelle die beabsichtigte Maßnahme begründet.

(6) [1]Der Beschluss des Personalrats über die beantragte Zustimmung ist der Dienststelle innerhalb von drei Wochen mitzuteilen. [2]In dringenden Fällen kann die Dienststelle diese Frist auf eine Woche abkürzen. [3]Personalrat und Dienststelle können für die Dauer der Amtszeit des Personalrats abweichende Fristen vereinbaren.

(7) Die Dienststelle kann die Fristen im Einzelfall verlängern oder in begründeten Fällen im Einvernehmen mit dem Personalrat abkürzen.

(8) [1]Aufgrund eines Beschlusses des Vorstands kann der Vorsitzende des Personalrats bei der Dienststelle im Einzelfall eine längere Frist beantragen. [2]Dabei ist die Dauer der Fristverlängerung zu benennen und ihre Erforderlichkeit zu begründen. [3]Soweit keine andere Frist bewilligt wird, verlängert sich die Frist um drei Arbeitstage. [4]Entscheidet die Dienststelle nicht innerhalb von drei Arbeitstagen nach Zugang über den Antrag, gilt die Fristverlängerung im beantragten Umfang als bewilligt. [5]Der Antrag kann nicht wiederholt werden.

(9) [1]Die Maßnahme gilt als gebilligt, wenn nicht der Personalrat innerhalb der geltenden Frist die Zustimmung unter Angabe der Gründe schriftlich verweigert oder die angeführten Gründe offenkundig keinen unmittelbaren Bezug zu den Mitbestimmungsangelegenheiten haben. [2]Soweit dabei Beschwerden oder Behauptungen tatsächlicher Art vorgetragen werden, die für einzelne Beschäftigte ungünstig sind oder ihnen nachteilig werden können, hat die Dienststelle den betroffenen Beschäftigten Gelegenheit zur Äußerung zu geben; die Äußerung ist aktenkundig zu machen.

(10) Kommt bei Arbeitnehmern in den Fällen des § 75 Absatz 3 Nummer 2 über die beantragte Verringerung der arbeitsvertraglich vereinbarten Arbeitszeit und in den Fällen des § 75 Absatz 3 Nummer 6 über die beantragte Teilzeitbeschäftigung eine Einigung nicht zustande, entscheidet die Dienststelle endgültig; die §§ 77 und 78 finden keine Anwendung.

I. Mitbestimmungsverfahren, Unterrichtung und Antrag (Abs. 1)

Einleitung des Verfahrens. Das Mitbestimmungsverfahren ist nur eröffnet, **1**
wenn es sich tatsächlich um einen Mitbestimmungstatbestand handelt. Dies
setzt voraus, dass es um einen der im Gesetz **abschließend aufgezählten** Mitbestimmungsgegenstände handelt.

Antrag. Das Mitbestimmungsverfahren wird durch einen Antrag des Dienst- **2**
stellenleiters eingeleitet. Das Initiativrecht liegt grundsätzlich – vorbehaltlich
des § 84 – bei der Dienststelle. Ob und wann ein solcher Antrag gestellt wird,
entscheidet der Dienststellenleiter. Es stellt aber eine unzulässige **Umgehung**
der Mitbestimmung des PR dar, wenn der Dienststellenleiter mitbestimmungsbedürftige abstrakt-generelle Regelungen unterlässt und eine **Vielzahl von Ein-
zelentscheidungen** trifft (BVerwG, 28.5.2009 – 6 PB 5/09 – PersR 2009, 365).
In einem solchen Fall kann der PR sein Mitbestimmungsrecht im Wege des
Initiativrechts nach § 84 durchsetzen. Allein die **Übermittlung von Unterlagen**
oder **Entwürfen** löst das Mitbestimmungsverfahren nicht aus; es muss vielmehr
deutlich sein, dass es sich um einen verbindlichen Zustimmungsantrag des
Dienststellenleiters handelt (VGH Mannheim, 4.6.1991 – 15 S 3176/90 –
PersV 1992, 352).

Weisungen. Beruht eine beteiligungspflichtige Maßnahme auf der Weisung ei- **3**
ner übergeordneten Behörde, ist der bei der die Maßnahme treffenden Behörde
gebildete PR zu beteiligen (BVerwG, 19.10.1983 – 6 P 16/81 – juris).

Maßnahme. Es muss sich um eine (eigene) Maßnahme **des Dienststellenleiters** **4**
handeln, also um eine Entscheidung oder Handlung, die er nach außen zu
verantworten hat (vgl. hierzu VGH Mannheim, 4.6.1991 – 15 S 3176/90 –
PersV 1992, 352). Wird eine Maßnahme **ohne Kenntnis** des Dienststellenleiters
oder gegen seinen Willen von einer nicht zuständigen Stelle getroffen, liegt
keine Maßnahme im Sinne des Gesetzes vor (BVerwG, 15.11.1995 – 6 P 2/
94 – PersV 1996, 453 = PersR 1996, 278). Der Dienststellenleiter muss eine
Änderung eines bestehenden Zustands bewirken wollen. Keine Beteiligung des
PR, wenn die Dienststelle den bestehenden Zustand nicht ändern will, z. B. bei
Ablehnung der Versetzung oder Beförderung eines Beamten.

Beabsichtigte Maßnahme. Beabsichtigt ist eine Maßnahme erst dann, wenn der **5**
Willensbildungsprozess beim Dienststellenleiter abgeschlossen ist (BVerwG,
18.3.2008 – 6 PB 19/07 – PersR 2009, 167 = PersV 2008, 309).

Vorbereitende Handlungen. Die verwaltungsinterne Meinungsbildung sowie **6**
dienststelleninterne Vorprüfungen und Vorgespräche unterliegen nicht der Mitbestimmung (BVerwG, 14.10.2002 – 6 P 7/01 – PersV 2003, 186 = PersR
2003, 113). Anderes gilt nach der Neuregelung von § 73 Abs. 1 Satz 2 aber
für solche Handlungen, die eine mitbestimmungspflichtige Maßnahme vorwegnehmen oder festlegen.

Hinweise. Keine Maßnahmen sind Hinweise zur Erfüllung bestimmter Arbeits- **7**
pflichten oder sonstige Hinweise auf gesetzliche und tarifliche Regelungen bzw.
Anordnungen der vorgesetzten Dienstbehörde.

8   **Externe Dritte.** Keine Maßnahme liegt vor, wenn nicht der Dienststellenleiter, sondern externe Dritte handeln (vgl. z. B. OVG Münster, 21.12.1978 – CL 9/78 – PersV 1980, 286). Handlungen der **Polizei** oder der **Staatsanwaltschaft** zur Aufklärung von Straftaten am Arbeitsplatz sind auch dann keine Maßnahme, wenn der Dienststellenleiter das Eingreifen dieser Stellen veranlasst oder deren Handlungen zugestimmt hat. Auch Arbeitsplatzuntersuchungen bei der Überprüfung einer Dienststelle durch den **Rechnungshof** und die Zustimmung des Dienststellenleiters hierzu sind keine der Mitbestimmung unterliegenden Maßnahmen.

9   **Modellversuche.** Die versuchsweise Einführung einer dem Grunde nach mitbestimmungspflichtigen Maßnahme ist beteiligungspflichtig, weil insoweit ein abgeschlossener Willensbildungsprozess des Dienststellenleiters vorliegt.

10   **Form der Unterrichtung.** Das LPVG enthält keine Bestimmungen in welcher Form der PR über eine beabsichtigte Maßnahme zu unterrichten ist. Es würde daher mündliche Unterrichtung genügen. Da aber durch die Unterrichtung eine **Frist in Lauf** gesetzt wird, empfiehlt es sich, den PR schriftlich zu unterrichten und den Zeitpunkt der Unterrichtung aktenkundig zu machen.

11   **Umfang der Unterrichtung.** Die Unterrichtung ist auf die beabsichtigte Maßnahme beschränkt. Ihr Inhalt und Umfang richtet sich insbesondere nach Art und Bedeutung des Einzelfalls und nach dem Umfang der allgemeinen Informationen, die der PR bereits erhalten hat, z. B. bei Besprechungen mit dem Dienststellenleiter, bei PR-Sitzungen, an denen der Dienststellenleiter oder sein Beauftragter teilgenommen haben, oder in den Vierteljahresgesprächen nach § 68 Abs. 1. Der PR muss im Einzelfall aber **alle für seine Willensbildung und Entscheidung wesentlichen Informationen erhalten;** das bedeutet, dass der PR alle die Informationen und Unterlagen erhalten muss, die er als für die Prüfung der Frage bedeutsam halten darf, ob ein Versagungsgrund vorliegen könnte (BVerwG, 10.8.1987 – 6 P 22/84 – PersR 1988, 18 = PersV 1988, 357; BVerwG, 8.11.1989 – 6 P 7/87 – PersV 1990, 342 = PersR 1990, 102).

II.   Einschränkungen der Mitbestimmung (Abs. 2)

12   **1. Antragsabhängige Mitbestimmung, Widerspruch.** Nach Absatz 2 Satz 1 bestimmt der PR in den dort genannten Personalangelegenheiten nur mit, wenn der betroffene Beschäftigte dies beantragt bzw. der Beteiligung des PR nicht widerspricht. Die Neufassung von § 76 Abs. 2 entspricht teilweise der früheren Regelung des § 81 Satz 1 a. F.

13   **Vorbehalt des § 75 Abs. 5, 6.** Die Regelung des Absatzes 2 Satz 1 steht zunächst unter dem Vorbehalt der abweichenden Regelung des § 75 Abs. 5, 6 („soweit … nichts anderes bestimmt ist"). Dies bedeutet, dass vorrangig zu prüfen ist, ob ein Ausschluss oder eine Einschränkung der Mitbestimmung bereits nach diesen Regelungen erfolgt. Wird ein Antrag nach § 76 Abs. 2 Satz 1 gestellt, hat der PR das Mitbestimmungsrecht nur, wenn der Beschäftigte nicht zu den in § 75 Abs. 5, 6 genannten Personengruppen gehört und deshalb der PR nicht das Mitbestimmungs-, sondern nur das Mitwirkungsrecht hat –

auch nicht auf Antrag des Beschäftigten – bzw. das Mitbestimmungsrecht schon nach diesen Bestimmungen entfällt.

Maßgebliche Stellung. Für die Einschränkung der Beteiligung nach § 76 Abs. 2 **14**
Satz 1 kommt es auf die **Stellung** an, die der betreffende Beschäftigte durch die beabsichtigte Maßnahme **erhalten soll**, nicht auf die, in der er sich befindet (BVerwG, 20.3.2002 – 6 P 6/01 – PersV 2002, 405 = PersR 2002, 302). Das Mitbestimmungsrecht des PR ist danach z. B. ausgeschlossen bei der Übertragung der Funktion einer A 16-Stelle oder der Beförderung eines Regierungsdirektors (A 15) zum Leitenden Regierungsdirektor (A 16).

Nr. 1: Personalangelegenheiten nach § 75 Abs. 1, 2. In den verbleibenden Per- **15**
sonalangelegenheiten nach § 75 Abs. 1, 2 findet eine Mitbestimmung des PR hinsichtlich der in Nr. 1 genannten Beschäftigten nur statt, wenn diese die Beteiligung des PR ausdrücklich beantragen. Die Stellung eines Antrags ist für das Mitbestimmungsverfahren konstitutiv; d. h. ohne die Stellung eines **Antrags** darf der Dienststellenleiter nicht den PR einbeziehen und keinen Antrag auf Zustimmung zur beabsichtigten Maßnahme stellen. Wird trotz Information und Belehrung nach Absatz 3 kein Antrag seitens des Beschäftigten gestellt, kann die Maßnahme ohne Mitbestimmungsverfahren vollzogen werden.

Form des Antrags. Die Norm schreibt für den zu stellenden Antrag des Beschäf- **16**
tigten keine bestimmte Form ausdrücklich vor. Wegen der rechtlichen Bedeutung des Antrags für das Verfahren ist jedoch die **Schriftform** zu fordern. Inhaltliche Unklarheiten der Erklärung des Beschäftigten muss ggf. der Dienststellenleiter oder der PR-Vorsitzende ausräumen und den Beschäftigten zu eindeutigen Erklärungen auffordern.

Antragsfrist. Das Gesetz sieht für die Stellung des Antrags durch den Beschäf- **17**
tigten keine bestimmte Frist vor. Um keine Rechtsverluste zu erleiden, ist dem Beschäftigten aber zu raten, den Antrag alsbald nach entsprechender Information und Überlegungsfrist (vgl. Absatz 3) zu stellen. Der Antrag kann bereits vorsorglich gestellt werden, wenn sich eine Maßnahme klar erkennbar abzeichnet. Dies muss jedenfalls nach der neuen Rechtslage (vgl. § 73 Abs. 1 Satz 2) gelten. Ggf. kommt eine Antragstellung auch noch nach Vollzug der Maßnahme in Betracht. Dies muss jedenfalls dann gelten, wenn die Maßnahme unschwer rückgängig gemacht oder korrigiert werden kann, jedenfalls dann, wenn sie aktuell noch fortwirkt.

Einlegungsort. Der Antrag des Beschäftigten ist sinnvollerweise an den Dienststel- **18**
lenleiter zu richten. Denn dieser muss wissen, ob er das nun notwendige Mitbestimmungsverfahren einleiten und die Zustimmung des PR beantragen muss. Der Beschäftigte kann den Antrag aber auch beim PR stellen, der dann die Dienststelle unverzüglich über den Antrag informieren muss. Handlungspflichten des Dienststellenleiters entstehen aber erst nach Kenntnis des gestellten Antrags.

Widerruf, Rücknahme. Der Beschäftigte kann seinen Antrag in jeder Phase des **19**
Verfahrens zurücknehmen bzw. widerrufen. Mit der Rücknahme entfällt eine tragende Voraussetzung für das Mitbestimmungsverfahren, welches sich erle-

digt. Nach Abschluss des Mitbestimmungsverfahrens ist eine Rücknahme des Antrags nicht mehr möglich. Nach erfolgter Rücknahme des Antrags ist die erneute Stellung eines Antrags seitens des Beschäftigten ausgeschlossen.

20   **Antragsberechtigter Beschäftigter.** Betrifft eine beabsichtigte Maßnahme nur einen Beschäftigten, ist dieser antragsberechtigt. Sind von der Maßnahme mehrere Beschäftigte gleichermaßen betroffen, sind alle antragsberechtigt. Ist bei einer gegenüber mehreren Personen zu treffenden Entscheidung aber nur einer betroffen, so ist nur dieser antragsberechtigt. So kann z. B. bei einer Einstellung aus dem Kreis von mehreren Bewerbern das Antragsrecht **nur von dem vorgeschlagenen Bewerber** ausgeübt werden (BVerwG, 20.3.2002 – 6 P 6/01 – PersV 2002, 405 = PersR 2002, 302). Beabsichtigte Maßnahme ist nicht die Auswahl, sondern die Auswahlentscheidung als deren Ergebnis. Ungeachtet dessen ist es zweckmäßig und zulässig, wenn sämtliche Bewerber bereits zu Beginn des Stellenbesetzungsverfahrens danach gefragt werden, ob sie den Mitbestimmungsantrag ggf. stellen wollen. Hiervon ausgehend hat der PR in den in Absatz 2 Satz 1 genannten Fällen keinen Anspruch auf Vorlage von Bewerbungsunterlagen, wenn der von der Dienststelle vorgeschlagene Bewerber keinen Mitbestimmungsantrag gestellt hat.

21   **Nr. 1 Buchst. a: Personenkreis des § 9 Abs. 2 Satz 1 Nr. 2 und 3.** Die hier angesprochenen Beschäftigten sind der **Leiter der Dienststelle**, sein ständiger Vertreter sowie Beschäftigte, die zu selbstständigen Entscheidungen in Personalangelegenheiten der Dienststelle befugt sind (vgl. insoweit die Kommentierung zu § 9), nicht aber die unmittelbaren Mitarbeiter dieser Beschäftigten, die als Personalsachbearbeiter die Entscheidungen vorbereiten. Auf die in § 9 Abs. 2 Satz 1 genannten Beschäftigten findet Absatz 2 Satz 1 auch dann Anwendung, wenn der die Mitbestimmung unterliegende Maßnahme von einer übergeordneten Dienststelle getroffen wird. Es kommt auch nicht darauf an, ob die in § 9 Abs. 2 Satz 1 bezeichneten Beschäftigten das passive Wahlrecht zu der für die Mitbestimmung zuständigen Personalvertretung haben.

22   **Nr. 1 Buchst. b: Beamte auf Zeit.** Die gleichen verfahrensmäßigen Einschränkungen der Beteiligungsrechte gelten nach Absatz 2 Satz 1 lit. b) für Beamte auf Zeit. Hier geht der Gesetzgeber davon aus, dass dieser Personenkreis zeitlich begrenzt und auch nicht in der Intensität wie andere Beschäftigte in die Dienststelle integriert sein wird (BVerwG, 20.3.2002 – 6 P 6/01 – PersV 2002, 229 = PersR 2002, 302) und deshalb selbst entscheiden soll, ob er eine Beteiligung des PR will.

23   **Nr. 1 Buchst. c: Überwiegend wissenschaftliche oder künstlerische Tätigkeit.** Bei diesem Personenkreis (vgl. zum Begriff: BVerwG, 20.3.2002 – 6 P 6/01 – PersV 2002, 229 = PersR 2002, 302) soll das Antragserfordernis den verfassungsrechtlichen Erfordernissen von Art. 5 Abs. 3 GG Rechnung tragen. Im Hinblick auf die konkrete Tätigkeit soll den betroffenen Beschäftigten überlassen werden, ob sie sich der Unterstützung des PR bedienen oder nicht. Überwiegend ist eine wissenschaftliche bzw. künstlerische Tätigkeit dann, wenn die übertragenen Aufgaben im Wissenschafts- bzw. Kunstbereich angesiedelt sind und der Beschäftigte eigenverantwortlich und schwerpunktmäßig diese Aufgaben erfüllt. Vgl. insoweit auch die Kommentierung zu § 99.

Nr. 2: Wohnungskündigung. Nach § 74 Abs. 1 Nr. 4 hat der PR bei der Kündi-   **24**
gung von Wohnungen, über die die Beschäftigungsdienststelle verfügt oder für
die sie ein Vorschlagsrecht hat (vgl. § 74 Abs. 1 Nr. 2) grundsätzlich mitzustimmen. Nach Absatz 2 Satz 1 Nr. 2 wird der PR auch in diesen Fällen nur auf
Antrag des Beschäftigten beteiligt. Bei der Kündigung einer Wohnung können
regelmäßig persönliche Umstände des Beschäftigten zu Tage treten, die seine
Persönlichkeitsrechte betreffen. Dann soll allein er darüber entscheiden, ob er
damit einverstanden ist, dass diese persönlichen Umstände einem größeren
Kreis – ggf. auch nur dem PR-Vorstand (vgl. § 76 Abs. 4) – zur Kenntnis gelangen Wegen der Anforderungen an den zu stellenden Antrag und das Verfahren
gelten die obigen Ausführungen (Rn. 16 ff.).

Nr. 3: Widerspruchsrecht. Nach § 70 Abs. 1 Nr. 1 hat der PR bei der Gewährung   **25**
von **Unterstützungen, Vorschüssen, Darlehen** und entsprechenden sozialen Zuwendungen grundsätzlich mitzubestimmen. Eines Antrags des Beschäftigten auf
Beteiligung des PR bedarf es hier nicht, so dass das Mitbestimmungsverfahren zunächst nach den allgemeinen Regeln einzuleiten ist, wenn die Dienststelle eine mitbestimmungspflichtige Maßnahme beabsichtigt. Der Beschäftigte hat jedoch das
Recht, der PR-Beteiligung zu widersprechen (Absatz 2 Satz 1 Nr. 3).

Schriftform, Verfahren. Aus Gründen der Rechtsklarheit muss der Wider-   **26**
spruch schriftlich erfolgen. Dienststelle und Personalvertretung müssen wissen,
ob das Mitbestimmungsverfahren durchgeführt werden muss oder nicht. Der
Widerspruch ist an die **Dienststelle oder den PR** zu richten, die jeweils zur
Information des anderen Beteiligten verpflichtet sind. Der Dienststellenleiter
bzw. der PR-Vorsitzende hat bei unklaren Erklärungen des Beschäftigten auf
eine eindeutige Aussage des Beschäftigten hinzuwirken. Für die Einlegung des
Widerspruchs gibt es **keine gesetzliche Frist.** Der Widerspruch kann in jeder
Phase des Verfahrens – auch schon vor Befassung des PR – erfolgen; dann hat
die Beteiligung des PR zu unterbleiben. Sobald ein Widerspruch vorliegt, erledigt sich ein bereits eingeleitetes Mitbestimmungsverfahren und ist zu beenden;
der Dienststellenleiter kann die Maßnahme dann sofort vollziehen. Die **Rücknahme** des eingelegten Widerspruchs durch den Beschäftigten ist möglich, solange die Maßnahme noch nicht vollzogen ist. In diesem Fall ist das Mitbestimmungsverfahren fortzuführen bzw. einzuleiten.

2. Vorbehalt des § 75 Abs. 3. Nach Absatz 2 Satz 2 bleiben die Regelungen   **27**
von § 75 Abs. 3 unberührt. Hiermit wird lediglich klargestellt, dass der PR bei
den dort genannten Mitbestimmungsgegenständen ebenfalls nur auf ausdrücklichen Antrag der betroffenen Beschäftigten zu beteiligen ist (vgl. die dortige
Kommentierung). Die Informations- und Hinweispflicht des Dienststellenleiters richtet sich aber auch in diesen Fällen nach § 76 Abs. 3.

III. Informations- und Hinweispflicht (Abs. 3)

Informationspflicht. Nach § 76 Abs. 3 ist in den Fällen des Absatzes 2 sowie   **28**
von § 75 Abs. 3 der betroffene Beschäftigte von der beabsichtigten Maßnahme
rechtzeitig vorher in Kenntnis zu setzen und auf das Antragsrecht bzw. das

Widerspruchsrecht hinzuweisen. Pflichtig ist der Dienststellenleiter, der den Beschäftigten vollständig informieren muss, damit dieser prüfen und überlegen kann, ob er die Beteiligung des PR beantragen bzw. ob er dieser Beteiligung widersprechen will. Dem Beschäftigten muss dabei auch eine angemessene Erklärungsfrist eingeräumt werden. Während dieser Frist darf die Maßnahme nicht vollzogen bzw. das Beteiligungsverfahren nicht weiter betrieben werden.

29 **Überlegungsfrist.** Die vorherige Information des Beschäftigten soll diesen in die Lage setzen, die Erforderlichkeit und Zweckmäßigkeit eines Beteiligungsverfahrens zu prüfen und eine entsprechende Entscheidung zu treffen. Deshalb darf die von der Dienststelle gesetzte Frist nicht zu knapp bemessen sein. Es erscheint sinnvoll, grundsätzlich an der Fristenregelung des § 76 Abs. 6 Satz 1 anzuknüpfen. Bei eilbedürftigen Maßnahmen kann die Dienststelle im Einzelfall auch eine kürzere Frist zur Stellungnahme einräumen. Dem Beschäftigten muss aber genügend Zeit verbleiben, sich zu informieren und ggf. auch Rechtsrat einzuholen, um eine Entscheidung treffen zu können.

30 **Hinweispflicht.** Mit der Information über die beabsichtigte Maßnahme ist gleichzeitig auf das Antragsrecht bzw. das Widerspruchsrecht des Beschäftigten hinzuweisen. Der Hinweis muss **ausdrücklich, eindeutig und so klar** sein, dass jeder Beschäftigte über die ihm zustehende Verfahrensrechte informiert ist.

31 **Verletzung der Informations-/Hinweispflicht.** Bei Verletzung der aus Absatz 3 folgenden Pflichten gelten die allgemeinen Grundsätze zur rechtswidrig unterlassenen Beteiligung. Auch nach erfolgtem Vollzug der Maßnahme ist die Beteiligung – nach nachträglich erfolgter Antragstellung – nachzuholen, wenn die Maßnahme rückgängig gemacht werden kann oder sonst korrigierbar ist, jedenfalls dann, wenn die getroffene Maßnahme fortwirkt.

IV. Mitbestimmung durch den PR-Vorstand (Abs. 4)

32 **Vorstandsentscheidung.** In den Fällen des § 76 Abs. 4 kann der betroffene Beschäftigte die Beteiligung des PR gänzlich verhindern (s. o.), er kann sich aber auch für die Durchführung eines Beteiligungsverfahrens entscheiden und diese Beteiligung auf den PR-Vorstand beschränken; in diesem Fall sind nur die Vertreter der Gruppe im Vorstand zur Beschlussfassung befugt, welcher der Beschäftigte angehört (a. A. Altvater u. a. § 78 Rn. 4).

33 **Kündigung von Wohnungen.** In den Fällen des § 74 Abs. 1 Nr. 4 hat der PR bei der Kündigung von Wohnungen, über die die Beschäftigungsdienststelle verfügt oder für die sie ein Vorschlagsrecht hat (§ 74 Abs. 1 Nr. 2) grundsätzlich mitzustimmen. Der PR wird aber nur auf Antrag des Beschäftigten beteiligt (Absatz 2 Satz 1 Nr. 2). Will der Beschäftigte die Beteiligung des PR-Vorstands erreichen, muss er auf jeden Fall zunächst einen **Antrag nach Absatz 2** stellen, weil ohne diesen Antrag kein Mitbestimmungsverfahren eingeleitet werden darf. In diesem Antrag – ggf. auch separat zu einem späteren Zeitpunkt – muss er klar zum Ausdruck bringen, dass er lediglich die Befassung des PR-Vorstandes wünscht. Das Verlangen des Beschäftigten bedarf der **Schriftform**. Es muss für alle Beteiligten klar sein, dass nicht das Plenum, sondern nur der PR-Vorstand mit der Angelegenheit zu befassen ist und nur dieser Beschluss fassen darf. Wird der Beteiligungsantrag des Beschäftigten aufrecht erhalten, das Verlangen auf Beschränkung auf den PR-Vorstand aber zurückgenommen, ist das Mitbestimmungsverfahren fortzusetzen; der PR hat dann als Plenum zu beraten und zu entscheiden.

Soziale Zuwendungen. In den Angelegenheiten des § 74 Abs. 1 Nr. 1 (Gewährung **34** von Unterstützungen, Vorschüssen, Darlehen und entsprechenden sozialen Zuwendungen) hat der PR grundsätzlich mitzubestimmen. Eines Antrags des Beschäftigten auf Beteiligung bedarf es hier nicht, das Mitbestimmungsverfahren ist bei einer beabsichtigten Maßnahme nach den allgemeinen Bestimmungen einzuleiten und durchzuführen. Der Beschäftigte hat jedoch das Recht, der PR-Beteiligung ganz zu widersprechen (Absatz 2 Satz 1 Nr. 3), was zur Beendigung des Mitbestimmungsverfahrens führt. Bringt der Beschäftigte hingegen nur zum Ausdruck, dass er lediglich die Befassung des PR-Vorstandes wünscht, ist das bereits eingeleitete Beteiligungsverfahren mit der entsprechenden Beschränkung fortzusetzen. Das Verlangen des Beschäftigten muss eindeutig sein, es bedarf der **Schriftform.** Widerspricht der Beschäftigte zu einem späteren Zeitpunkt der Befassung des PR insgesamt, ist das Mitbestimmungsverfahren einzustellen und die Maßnahme zu vollziehen. Nimmt der Beschäftigte nur das Verlangen nach Absatz 4 zurück, wird das Verfahren nach den allgemeinen Grundsätzen zu Ende geführt.

Hinweispflicht. § 76 Abs. 3 begründet seinem Wortlaut nach nur eine Hinweis- **35** pflicht auf das Antragsrecht bzw. Widerspruchsrecht nach Absatz 2. In entsprechender Anwendung von Absatz 3 ist der Beschäftigte jedoch auch auf die Möglichkeit ausdrücklich hinzuweisen, dass er die Mitbestimmung allein des Vorstands verlangen kann. In vielen Fällen wird dem Persönlichkeitsrecht des Beschäftigten schon dadurch ausreichend Rechnung getragen, dass der mit der Angelegenheit befasste Personenkreis klein gehalten wird, wie dies durch die Entscheidung des PR-Vorstands gewährleistet ist. Dann sollte dem Beschäftigten aber schon bei dem Hinweis nach Absatz 3 klar sein, dass die Beschränkung auf den PR-Vorstand eine zulässige Möglichkeit der Sachbehandlung darstellt. Anderenfalls wird er irregeführt, da er dann nur die Alternative Vollbeteiligung oder Verzicht auf das Mitbestimmungsverfahren aufgezeigt bekommt.

V.   Verlangen einer Begründung (Abs. 5)

Voraussetzungen. Der PR kann für jede beabsichtigte Maßnahme eine Begrün- **36** dung verlangen. Eine bestimmte Form des Verlangens und der Begründung schreibt das LPVG nicht vor. Aus dem Grundsatz der vertrauensvollen Zusammenarbeit zwischen Dienststelle und PR ergibt sich eine Einschränkung der Begründungspflicht, wenn dem PR für seine Willensbildung und Entscheidung bereits wesentliche allgemeine Informationen in hinreichendem Maße zur Verfügung stehen.

Sachverhaltsermittlung. Im Regelfall soll und kann der PR auf der Grundlage **37** der Informationen und Unterlagen der Dienststelle über den Antrag entscheiden. Der PR ist jedoch nicht gehindert, ergänzende Sachverhaltsermittlungen anzustellen. Hierbei ist auch die Zuziehung von **Sachverständigen** nicht ausgeschlossen (BVerwG, 8.11.1989 – 6 P 7/87 – PersR 1990, 102 = PersV 1990, 342).

VI. Entscheidung des PR, Entscheidungsfrist (Abs. 6)

38   **Beschlussfassung.** Über den Antrag entscheidet der PR; die Befugnis kann – vorbehaltlich des Absatzes 4 und § 36 – nicht auf den Vorstand delegiert werden, (vgl. zur früheren Regelung in § 78 Abs. 1 Satz 3 a. F.: BVerwG, 19.7.1994 – 6 P 12/92 – PersV 1995, 77 = PersR 1994, 518).

39   **Entscheidungsgegenstand.** Der PR entscheidet über den vom Dienststellenleiter gestellten Antrag. Er kann die Zustimmung verweigern oder die Zustimmung ausdrücklich – ggf. auch durch bewusstes Schweigen – erteilen. Einschränkungen der Zustimmung sind problematisch, da sie i. d. R. einer Ablehnung gleichkommen. Eine befristete Zustimmung zu Modellversuchen ist dagegen unproblematisch.

40   **Zustimmung, Vollzug.** Nach erfolgter Zustimmung des PR kann die Maßnahme seitens der Dienststelle vollzogen werden (§ 88 Abs. 1). Die Zustimmung begründet aber **keinen Anspruch auf** deren **Vollzug** (BVerwG, 15.11.1995 – 6 P 2/94 – PersV 1996, 453 = PersR 1996, 278). Im Falle des Nichtvollzugs hat der PR jetzt aber einen Anspruch auf Information durch den Dienststellenleiter (§ 88 Abs. 2).

41   **Widerruf der Zustimmung.** Die Zustimmung ist grundsätzlich nicht widerruflich; ein etwaiger Widerruf wäre rechtlich unbeachtlich. Demgegenüber ist ein „Widerruf" einer Zustimmungsverweigerung möglich, weil der PR in jeder Verfahrenssituation seine Zustimmung erteilen kann.

42   **Zustimmungsverweigerung.** Die Verweigerung der Zustimmung durch den PR ist der Dienststelle schriftlich und mit einer Begründung versehen innerhalb der Erklärungsfrist zuzuleiten. Ein **Telefax** entspricht der für die Zustimmungsverweigerung geforderten Schriftform (für das BetrVG: BAG, 11.6.2002 – 1 ABR 43/01 – NJW 2003, 843). Bei der Erklärung der Zustimmungsverweigerung ist ggf. § 29 Abs. 2 Satz 2 zu beachten, um sie nicht unwirksam werden zu lassen (OVG Münster, 14.10.1991 – CL 57/90 – PersR 1992, 158).

43   **Fehlerhafte PR-Entscheidung.** Der Dienststellenleiter ist grundsätzlich nicht verpflichtet, den Beschluss des PR auf seine Rechtmäßigkeit zu überprüfen (BVerwG, 21.4.1992 – 6 P 8/90 – PersV 1992, 434 = PersR 1992, 304). In der **Sphäre des PR** liegende Fehler führen nicht zur Rechtswidrigkeit der getroffenen Maßnahme (VGH Mannheim, 21.9.2007 – 4 S 2131/07 – juris).

44   **1. Regelmäßige Entscheidungsfrist.** Die regelmäßige Erklärungsfrist des PR beträgt nach der Neufassung drei Wochen. Die Umstellung auf Wochenfristen ist zu begrüßen, weil sie die vorherige Unsicherheit bei der Fristberechnung, die mit dem Begriff „Arbeitstag" verbunden war, beseitigt.

Fristbeginn. Die Frist beginnt mit dem Zugang des Zustimmungsantrags beim **45**
Vorsitzenden des PR oder seinem Stellvertreter. Mit dem Zustimmungsantrag
hat die Dienststelle dem PR zugleich die für dessen Meinungs- und Willensbildung erforderlichen Informationen und Unterlagen zu übermitteln. Für die Berechnung der Frist gelten die §§ 187 bis 193 BGB. Der Tag des Zugangs wird
nicht mitgerechnet (Ilbertz-Widmaier § 69 Rn. 9).

Unzureichende Unterrichtung. Die Frist läuft nur bei ausreichender Unterrich- **46**
tung des PR. Wird der PR erst nachträglich ausreichend unterrichtet, so beginnt die Erklärungsfrist – sofern der PR die unzureichende Unterrichtung innerhalb der Erklärungsfrist gerügt hat – mit dem Zeitpunkt zu laufen, in dem
der PR ausreichend unterrichtet worden ist (BVerwG, 10.8.1987 – 6 P 22/84 –
PersV 1988, 357 = PersR 1988, 18; BVerwG, 1.7.1988 – 6 PB 6/88 – PersV
1988, 532 = PersR 1988, 296; vgl. auch BVerwG, 8.11.1989 – 6 P 7/87 –
PersV 1990, 342 = PersR 1990, 102). Diese ältere Rechtsprechung hat durch
die neu ins Gesetz eingeführten Möglichkeiten der Fristverlängerung bzw. abweichender Fristvereinbarung aber klar an Bedeutung verloren.

Gesetzliche Fristverlängerung. Statt der 3-Wochen-Frist gilt kraft Gesetzes in **47**
den Fällen, in denen eine **Stufenvertretung** oder ein **GesamtPR** einem örtlichen
PR Gelegenheit zur Stellungnahme geben muss, eine **5-Wochen-Frist** (§ 91
Abs. 3 Satz 2 und Abs. 8 Satz 4); wegen der Möglichkeit der individuellen
Fristverlängerung – generell oder im Einzelfall – vgl. Absatz 6 Satz 3 und Ab-
satz 7. Nach § 91 Abs. 3 Satz 3 und § 91 Abs. 8 Satz 4 gilt auch in diesen
Fällen § 76 Abs. 6 Satz 3, Abs. 7 und 8 entsprechend, so dass auch in diesen
Fällen die Möglichkeit genereller oder einzelfallbezogener Abweichungen von
der 5-Wochen-Frist eröffnet ist.

2. Fristabkürzung. Die Entscheidungsfrist von drei Wochen kann nur in drin- **48**
genden Fällen vom Dienststellenleiter auf eine Woche abgekürzt werden. Eine
weitergehende Abkürzung ist ausgeschlossen. Bei Maßnahmen, die der Natur
der Sache nach nicht einmal einen einwöchigen Aufschub dulden, ist der
Dienststellenleiter auf eine vorläufige Regelung nach § 88 Abs. 4 angewiesen
(VGH München, 13.7.1988 – 18 P 88.01415 – PersR 1989, 305).

Voraussetzungen. Der Dienststellenleiter darf die Äußerungsfrist nur dann we- **49**
gen Dringlichkeit des Vorhabens abkürzen, wenn wichtige Gründe vorliegen,
insbesondere ein (weiterer) Aufschub zu erheblichen Nachteilen führen würde
(BVerwG, 15.11.1995 – 6 P 4/94 – PersR 1996, 157 = PersV 1996, 326). Die
Einhaltung der Frist muss nach Lage der Dinge in zumutbarer Weise nicht
möglich sein oder jedenfalls zu einer erheblichen Beeinträchtigung öffentlicher
Belange führen.

Rechtswidrige Fristabkürzung. Auch die durch die Dienststelle abgekürzte Frist **50**
ist „geltende Frist" im Sinne von § 76 Abs. 9 Satz 1. Der PR muss deshalb
innerhalb der abgekürzten Frist reagieren, auch wenn er die Fristabkürzung
für rechtswidrig hält. Unterlässt er jede Reaktion, tritt die Zustimmungsfiktion
ein (Absatz 9 Satz 1); die Maßnahme kann dann ohne weiteres durchgeführt
werden.

51   **Widerspruch.** Hält der PR die Fristabkürzung für rechtswidrig, muss er innerhalb der Frist reagieren damit nicht die Zustimmungsfiktion eintritt. Er kann
eine Sachentscheidung treffen oder er muss zumindest – **innerhalb der verkürzten Frist** – der Fristabkürzung **widersprechen** (VGH München, 13.7.1988 – 18
P 88.01415 – PersR 1989, 305). Die Beschränkung auf einen Widerspruch ist
aber risikoreich. Denn wenn die Dienststelle an der abgekürzten Frist – trotz
des Widerspruchs – festhält und die Maßnahme vollzieht, hat der PR lediglich
die Möglichkeit, die Rechtswidrigkeit der Fristabkürzung im Beschlussverfahren geltend zu machen und die Fortsetzung des Mitbestimmungsverfahrens zu
beantragen. Unterliegt er vor dem VG mit diesem Antrag, hat er sein Mitbestimmungsrecht verloren. Es ist deshalb überlegenswert, ob nicht eine Sachentscheidung des PR – innerhalb der verkürzten Frist – sinnvoller ist, wenn eine
einvernehmliche Fristverlängerung mit der Dienststelle nicht vereinbart werden
kann.

52   **3. Abweichende Fristvereinbarung.** Während die frühere Äußerungs- und Entscheidungsfrist für den PR (vgl. § 69 a. F.) eine Ausschlussfrist war, geht die
Neuregelung einen praxisfreundlichen neuen Weg. Sie sieht die Möglichkeit
einer einvernehmlichen generellen Bestimmung abweichender Fristen vor. Damit sind sowohl generelle Fristverlängerungen als auch generelle Fristabkürzungen möglich. Von dieser Möglichkeit sollte dann Gebrauch gemacht werden, wenn Besonderheiten im Dienststellenbetrieb die Regelfrist als ungünstig
oder unzureichend erscheinen lassen; insbesondere um eine Vielzahl von Frist-
regelungen im Einzelfall zu vermeiden.

53   **Form, Verfahren, Inhalt.** Die Initiative zu einer Vereinbarung kann vom Dienststellenleiter oder vom PR ausgehen. Vereinbarungen zwischen PR und Dienststelle bedürfen aus Gründen der Rechtssicherheit der **Schriftform.** Die Vereinbarung muss nicht für alle künftigen Mitbestimmungsverfahren Regelungen
treffen oder gar für alle Mitbestimmungsverfahren gleiche (abweichende) Fristen bestimmen. Die vereinbarte Fristverlängerung oder Fristabkürzung kann
sich auch **auf einzelne Mitbestimmungsgegenstände beschränken** bzw. für unterschiedliche Mitbestimmungsgegenstände unterschiedliche Fristenregelungen
vorsehen. Fristvereinbarungen können maximal für die Dauer der Amtszeit des
PR geschlossen werden.

54   **Fristverlängerung.** Für die zulässige Dauer einer vereinbarten Fristverlängerung
gibt das Gesetz keine direkten Anhaltspunkte. Es kommt auf die konkreten
Verhältnisse in der einzelnen Dienststelle und die Mitbestimmungsgegenstände,
für die Regelungen getroffen werden sollen, an. Anhaltspunkt für eine Obergrenze der Verlängerung der Äußerungsfrist kann die 5-Wochen-Frist des § 91
sein.

55   **Fristabkürzung.** Auch bei der Fristabkürzung kommt es entscheidend auf die
konkreten Verhältnisse in der Dienststelle und die möglichen Mitbestimmungsgegenstände an. Hier ist aber zusätzlich zu bedenken, dass die gesetzliche 3-
Wochen-Frist die umfassende Information des PR sowie die Zeit für dessen
Beratung und Beschlussfassung sichern will. Generelle Abkürzungen der Frist
dürfen dieses Anliegen des Gesetzes nicht in Frage stellen, die Funktionsfähig-

keit des PR muss auch bei abgekürzter Frist gesichert sein. Einvernehmliche Fristenregelungen müssen sich daher am gesetzlich vorgegebenen Rahmen messen lassen. So hat beispielsweise das Arbeitsgericht Freiburg eine zwischen Dienststelle und PR einvernehmlich vereinbarte Fristverkürzung auf einen Tag für unwirksam gehalten, da sie einem Verzicht auf das Mitbestimmungsrecht gleichkommt (ArbG Freiburg, 6.2.2003 – 11 Ca 421/02 – PersR 2003, 167).

VII. Fristverlängerung/Fristabkürzung im Einzelfall (Abs. 7)

Einzelfallregelungen. Während Absatz 6 Satz 3 die Vereinbarung generell ab-   **56** weichender Fristen ermöglicht, schafft Absatz 7 Gestaltungsmöglichkeiten im konkreten Einzelfall. Eine Zustimmung des PR (Einvernehmen) zur Friständerung ist hier auch nur bei der Fristabkürzung erforderlich; über eine Fristverlängerung entscheidet die Dienststelle allein.

Fristverlängerung. Das Vorliegen besonderer Voraussetzungen für eine Fristver-   **57** längerung verlangt das Gesetz nicht. Die Dienststelle kann deshalb nach ihrer freien Entscheidung jederzeit eine Frist im Beteiligungsfall verlängern. Der Mitwirkung oder Zustimmung des PR bedarf es insoweit nicht, weil die Fristverlängerung für die Personalvertretung ausschließlich vorteilhaft ist. Dieser ist es auch unbenommen von der verlängerten Frist keinen Gebrauch zu machen und vorzeitig zu entscheiden. Praktisch wird eine Fristverlängerung nach Absatz 7 dann bedeutsam sein, wenn der PR noch Gesprächs-/Klärungsbedarf sieht und der Eintritt der Fiktionswirkung vermieden werden soll. Die Fristverlängerung ist in dieser Verfahrenssituation nicht nur Ausdruck der vertrauensvollen Zusammenarbeit, sondern auch im wohlverstandenen eigenen Interesse der Dienststelle. Denn sie läuft anderenfalls das Risiko, dass der PR seine Zustimmung in dieser Drucksituation versagt, was das Verfahren nicht nur komplizieren, sondern vor allen Dingen auch verlängern würde.

Schriftform. Die Fristverlängerung bedarf aus Gründen der Rechtssicherheit   **58** der Schriftform, weil durch diese Erklärung die gesetzliche Frist abgeändert wird und für das weitere Mitbestimmungsverfahren klar sein muss, welche Frist gilt. Nicht formgerechte (z. B. mündliche) Erklärungen der Dienststelle sind unbeachtlich; es bleibt bei der gesetzlichen Frist.

Verfahren. Die Fristverlängerung kann von der Dienststelle bereits mit dem   **59** Zustimmungsantrag verbunden werden, wenn absehbar ist, dass der PR eine längere Zeit als die gesetzliche Frist für seine Entscheidung benötigen wird. Die Fristverlängerung kann aber auch noch zeitlich nach dem Antrag der Dienststelle separat erfolgen, wenn ein Bedürfnis nach Fristverlängerung erst nachträglich entsteht. Die Frist muss aber dann **zwingend vor Ablauf der gesetzlichen Frist verlängert** werden, weil anderenfalls bereits die Fiktionswirkung des Absatz 9 Satz 1 eingetreten ist, die durch eine verspätete Fristverlängerung nicht mehr beseitigt werden kann.

Fristabkürzung. Absatz 7 schafft im Einzelfall auch die Möglichkeit der Abkür-   **60** zung der gesetzlichen Frist. Der entscheidende Unterschied zu Absatz 6 Satz 2 ist hier die erforderliche Zustimmung der Personalvertretung. Fristabkürzungen nach Absatz 6 Satz 2 sind einseitige Maßnahmen der Dienststelle „in dringenden Fällen". Demgegenüber verlangt Absatz 7 lediglich das Vorliegen eines „begründeten Falles". D. h. die Dienststelle ist – anders als bei der Fristverlängerung – nicht frei bei ihrer Entscheidung, sondern muss sich gegenüber dem PR rechtfertigen, einen guten und nachvollziehbaren Grund für die Abkürzung der Frist nennen können. Bei Fällen, die wiederholt oder häufig vorkommen, ist auch an die Möglichkeit einer generellen Regelung nach Absatz 6 Satz 3 zu denken.

61 **Einvernehmen.** Die Fristabkürzung ist nur im Einvernehmen mit dem PR zulässig. Dies bedeutet, dass die von der Dienststelle beabsichtigte Fristabkürzung nur wirksam wird, wenn der PR dieser ausdrücklich zustimmt. Verweigert der PR sein Einvernehmen ausdrücklich oder schweigt er auf einen entsprechenden Vorschlag der Dienststelle, bleibt es bei der gesetzlichen Frist. Das Einvernehmen wird der PR im Rahmen der vertrauensvollen Zusammenarbeit nicht ohne weiteres verweigern können, wenn die Dienststelle gute Gründe für die Fristabkürzung nennt; eine Verpflichtung zur Zustimmung des PR besteht aber grundsätzlich nicht, weil der Dienststelle in dringenden Fällen immer die Möglichkeit des Absatz 6 Satz 2 verbleibt.

62 **Schriftform.** Sowohl der Vorschlag der Fristabkürzung seitens der Dienststelle als auch die Zustimmung des PR bedürfen aus Gründen der Rechtssicherheit der Schriftform, weil durch diese Erklärungen die gesetzliche Frist abgeändert wird und für das weitere Mitbestimmungsverfahren klar sein muss, welche Frist gilt. Nicht formgerechte Erklärungen sind unbeachtlich; es bleibt bei der gesetzlichen Frist. Demgegenüber bedarf die Ablehnung der Fristabkürzung seitens des PR keiner besonderen Form, weil das Gesetz für das Wirksamwerden der Fristabkürzung die ausdrückliche (schriftliche) Zustimmung verlangt und der PR auf einen Vorschlag der Dienststelle auch schweigen könnte.

63 **Verfahren.** Der Vorschlag zur Fristabkürzung ist dem PR von der Dienststelle zusammen mit dem Antrag auf Zustimmung zu übermitteln. Der Vorschlag einer Fristabkürzung ist zu begründen. Dabei sind im Einzelnen die Gründe darzulegen, die aus Sicht der Dienststelle ein Abweichen von der gesetzlichen Frist gebieten. Ob das Verfahren nach Absatz 7 sinnvoll ist, muss die künftige Praxis erweisen. Wenn die Dienststelle nicht bereits im Vorfeld des Mitbestimmungsverfahrens vom PR eine Zustimmung zur Fristabkürzung in Aussicht gestellt bekommt, ist es bei eiligen Angelegenheiten wohl besser, nach Absatz 6 Satz 2 zu verfahren.

64 **Fehlerhafte Fristabkürzung.** Führt die Dienststelle die Maßnahme durch, weil sie irrtümlich oder zu Unrecht von einer wirksamen Fristabkürzung und damit vom Eintritt der Fiktionswirkung nach Fristablauf ausgeht, bleibt dem PR nur das gerichtliche Beschlussverfahren, mit dem Antrag, dass das Mitbestimmungsverfahren fortgesetzt werden soll.

65 **Keine Umdeutung.** Ein mangels Einvernehmens des PR fehlgeschlagener Versuch der Fristabkürzung nach Absatz 7 kann nicht in eine Abkürzungserklärung nach Absatz 6 Satz 2 umgedeutet werden, auch dann nicht, wenn die Dienststelle in ihrem Antrag dringende Gründe genannt hat, die die Voraussetzungen für eine einseitige Fristabkürzung erfüllen würden. Aus Gründen der Rechtssicherheit muss klar sein, welches Verfahren die Dienststelle wählt und welche Frist gilt.

VIII. Fristverlängerungsantrag des PR (Abs. 8)

1. Verlängerungsantrag. Absatz 8 regelt die Möglichkeit der Verlängerung der **66** Äußerungsfrist auf Betreiben des PR. Nach der Neuregelung kann der PR-Vorsitzende im Einzelfall bei der Dienststelle eine längere Frist beantragen. Die Begründung des Regierungsentwurfs führt insoweit aus, dass damit den Bedürfnissen der personalvertretungsrechtlichen Praxis entsprochen werden soll. Ob es für diese zusätzliche Verlängerungsmöglichkeit wirklich ein praktisches Bedürfnis gibt, darf allerdings bezweifelt werden. Die Regelung ist derart umständlich und aufwendig, dass sie nicht überzeugen kann.

Anwendungsbereich. Absatz 8 kommt nur zur Anwendung, wenn es um die **67** Verlängerung der **gesetzlichen Frist** (§§ 76 Abs. 6 Satz 1, 91 Abs. 3 Satz 2, Abs. 8 Satz 2) geht. Dies folgt schon aus dem Wortlaut der Norm. Denn „eine längere Frist beantragen" bezieht sich auf die konkrete Frist des Abs. 6 Satz 1. Absatz 8 eröffnet keine Verlängerungsmöglichkeit im Falle einer bereits erfolgten Fristverlängerung durch die Dienststelle und erst recht nicht bei Abkürzung der Äußerungsfrist durch die Dienststelle nach Absatz 6 Satz 2 oder Abkürzung nach Absatz 6 Satz 3. Insoweit ist der PR ggf. auf das Beschlussverfahren verwiesen, in dem er die Unzulässigkeit der Fristabkürzung geltend machen kann.

Schriftform. Der Antrag auf Fristverlängerung und die bewilligte Fristverlänge- **68** rung bedürfen aus Gründen der Rechtssicherheit der Schriftform, weil durch den Antrag die Verlängerungsfiktion ausgelöst wird bzw. durch die gewährte Fristverlängerung die gesetzliche Frist abgeändert wird und für das weitere Mitbestimmungsverfahren klar sein muss, welche Frist gilt. Nicht formgerechte (z. B. mündliche) Erklärungen des PR-Vorsitzenden bzw. der Dienststelle sind unbeachtlich; es bleibt bei der gesetzlichen Frist.

Vorstandsbeschluss. Den Verlängerungsantrag kann der PR-Vorsitzende nur **69** aufgrund eines Vorstandsbeschlusses stellen. Für die Beschlussfassung des Vorstands gelten die allgemeinen Regelungen. Weil die Erforderlichkeit der Fristverlängerung dem Grunde nach und auch ihrer Dauer nach im Antrag dargelegt werden muss (vgl. Abs. 8 Satz 2), ist unausweichlich, dass sich der PR-Vorstand mit der Mitbestimmungsangelegenheit befasst, sich der Entscheidungssituation des PR bewusst ist und auch die konkreten Gründe für die Notwendigkeit der Fristverlängerung Gegenstand der Behandlung und Beschlussfassung des PR-Vorstands sind. Der Vorstand kann den PR-Vorsitzenden nicht ermächtigen, eigenständig Gründe für eine Fristverlängerung zu entwickeln. Der Vorsitzende kann nur „aufgrund eines Beschlusses des Vorstands" und im Rahmen dieses Vorstandsbeschlusses handeln.

70 Verfahren. Die begehrte Fristverlängerung ist ausdrücklich zu beantragen. Den Antrag muss der Vorsitzende des PR stellen. Der Antrag ist an den Dienststellenleiter oder seinen Vertreter zu richten.

71 2. Darlegung. In dem Antrag muss der PR-Vorsitzende auf der Basis des Vorstandsbeschlusses eine konkrete Dauer der Fristverlängerung benennen und deren Erforderlichkeit begründen. Auch wenn hier keine überspannten Anforderungen gestellt werden dürfen, muss sich aus dem Antrag jedenfalls schlüssig ergeben, dass und warum im konkreten Einzelfall die gesetzliche Frist nicht ausreicht.

72 3. Entscheidung der Dienststelle. Die Dienststelle muss über den gestellten Antrag unverzüglich entscheiden. Dies folgt zum einen aus dem Grundsatz der vertrauensvollen Zusammenarbeit, zum anderen kann sie nur durch eine Entscheidung innerhalb der Frist des Absatz 8 Satz 4 den Eintritt der dort geregelten Bewilligungsfiktion vermeiden. Aus dem Grundsatz der vertrauensvollen Zusammenarbeit folgt auch, dass die Dienststelle verpflichtet ist, den PR-Vorsitzenden unverzüglich auf etwaige Fehler des Verlängerungsantrags hinzuweisen (z. B. fehlender Vorstandsbeschluss).

73 Zustimmung. Stimmt die Dienststelle formgerecht der beantragten Fristverlängerung zu, tritt die beantragte Frist anstelle der gesetzlichen Frist. Dasselbe Ergebnis kann man, wenn Einvernehmen mit der Dienststelle besteht, ungleich einfacher über § 76 Abs. 7 erreichen.

74 Ablehnung. Lehnt die Dienststelle die Fristverlängerung ab, verlängert sich die Frist gleichwohl von Gesetzes wegen um drei Arbeitstage. Ob diese Fristverlängerung den Aufwand lohnt, den Absatz 8 erfordert, muss jeder PR für sich entscheiden. Diese gesetzliche Verlängerung um drei Arbeitstage tritt nur ein, wenn ein ordnungsgemäßer Beschluss des PR-Vorstands und ein ordnungsgemäßer Antrag des PR-Vorsitzenden vorgelegen hat, der den Anforderungen von Absatz 8 Satz 1 und 2 entspricht.

75 Arbeitstag. Arbeitstage im Sinne des § 76 Abs. 8 sind nur die Wochentage Montag bis Freitag mit Ausnahme der gesetzlichen Feiertage, auch wenn an diesen Tagen bei der konkreten Dienststelle typischerweise nicht gearbeitet wird (Altvater u. a. § 69 Rn. 16; a. A. Ilbertz-Widmaier § 69 Rn. 11a).

76 4. Zustimmungsfiktion. Wenn die Dienststelle nicht innerhalb von drei Arbeitstagen über den Verlängerungsantrag entscheidet, gilt die beantragte Fristverlängerung als bewilligt. Maßgeblich für den Lauf der Frist von drei Arbeitstagen ist der Zugang des Verlängerungsantrags beim Dienststellenleiter oder dessen Vertreter. Anstatt einer ausdrücklichen Zustimmung zum Verlängerungsantrag kann die Dienststelle auch durch Schweigen, die beantragte Fristverlängerung zugestehen. Die Fiktion des Absatz 8 Satz 4 tritt nur ein, wenn der Fristverlängerungsantrag ordnungsgemäß gestellt worden ist (siehe oben).

77 5. Einmalige Antragstellung. Ein Verlängerungsantrag im Sinne von Absatz 8 Satz 1 kann nur einmal gestellt werden. Ein gleichwohl erneut gestellter Antrag auf Fristverlängerung ist in eine Anregung auf Fristverlängerung nach Absatz 7 umzudeuten, über den die Dienststelle unverzüglich zu entscheiden hat. Die Rechtsfolgen des Absatzes 8 Satz 3 und 4 treten bei wiederholtem Antrag aber nicht ein.

IX. Verweigerungsgründe (Abs. 9)

1. Zustimmungsfiktion. Läuft die Erklärungsfrist ab, ohne dass bei der Dienst- **78** stelle eine schriftliche Mitteilung über die Verweigerung der Zustimmung eingegangen ist, gilt die Maßnahme als gebilligt. Gegenteilige Vereinbarungen von Dienststelle und PR sind unbeachtlich (VGH Mannheim, 12.4.1983 – 15 S 744/82 – ZBR 1984, 216). Möglich ist nach neuer Rechtslage aber die Verlängerung der Äußerungsfrist für den PR. Im Einzelfall ist diese Fristverlängerung aber nur wirksam, wenn die Verlängerung **vor Fristablauf bewilligt** oder vereinbart worden war, weil anderenfalls bereits die Fiktionswirkung des Absatzes 9 Satz 1 eingetreten ist.

Mündliche Ablehnung. Eine nur mündliche Verweigerung der Zustimmung **79** reicht nicht aus, weil sie dem Schriftlichkeitserfordernis nicht genügt; die Zustimmungsfiktion tritt ein.

Fehlende Gründe. Die Zustimmungsfiktion tritt auch ein, wenn die Ablehnung **80** zwar schriftlich erfolgt, aber keine Gründe enthält. Eine **Bezugnahme** im Ablehnungsschreiben auf im Mitbestimmungsverfahren bereits der Dienststelle schriftlich unterbreitete Ablehnungsgründe, die ihrerseits zureichend sind, ist zulässig.

Unzureichende Begründung. Die Zustimmungsfiktion tritt auch ein, wenn die **81** schriftlich mitgeteilten Gründe offenkundig unzureichend sind. Die bei einer Ablehnung zwingend anzugebenden Gründe müssen stets auf die beabsichtigte Maßnahme abgestellt und auf den betreffenden Mitbestimmungstatbestand bezogen sein. Es ist erforderlich, dass konkrete sachliche Gründe für die Verweigerung der Zustimmung geltend gemacht werden, die ihrerseits einen hinreichenden sachlichen Bezug zu dem einschlägigen gesetzlichen Mitbestimmungstatbestand haben müssen. Dies gilt grundsätzlich auch dann, wenn sich der PR auf ein Mitbestimmungsrecht beruft, welches die Dienststelle ihrerseits in dem Antrag auf Zustimmung nicht benannt hat oder welches sie offen in Abrede stellt (OVG Münster, 6.8.2003 – 1 A 1086/01.PVL – PersR 2004, 68 = PersV 2004, 356).

Unbeachtliche Erklärungen. Eine Begründung, die offensichtlich außerhalb des **82** Mitbestimmungstatbestands liegt, ist ebenso unbeachtlich, wie eine Verweigerung ohne Angabe von Gründen (BVerwG, 6.9.1995 – 6 P 41/93 – PersR 1996, 24 = PersV 1996, 265). Eine Zustimmungsverweigerung ist aber nur dann unbeachtlich, wenn die angegebenen Gründe sich dem Inhalt des Mitbestimmungstatbestands sowie dem Sinn und Zweck des Mitbestimmungserfordernisses offensichtlich nicht zuordnen lassen (BVerwG, 15.11.1995 – 6 P 53/93 – PersR 1996, 155 = PersV 1996, 323; BVerwG, 30.4.2001 – 6 P 9/00 – PersR 2001, 382 = PersV 2001, 411). Auch bloße Gesetzeszitate und allgemeine

Rechtsausführungen oder Wertungen allein sind keine ausreichende Begründung (OVG Schleswig, 18.7.1991 – 11 L 6/91 – ZBR 1992, 28).

83 **Fehlerhafte Entscheidung.** Der Dienststellenleiter ist grundsätzlich nicht verpflichtet, den Beschluss des PR auf seine Rechtmäßigkeit zu überprüfen (BVerwG, 21.4.1992 – 6 P 8/90 – PersV 1992, 434 = PersR 1992, 304) und den PR z. B. auf eine unzureichende Begründung der Ablehnung hinzuweisen.

84 **Fehlender Fristenlauf.** Die Zustimmungsfiktion tritt nicht ein, wenn die Äußerungsfrist nicht wirksam in Lauf gesetzt wurde. Dies gilt z. B., wenn der PR von der Dienststelle **nicht ordnungsgemäß unterrichtet** wurde (OVG Münster, 11.10.1988 – CL 23/86 – PersV 1990, 79; VGH Mannheim, 30.6.1992 – 15 S 1578/91 – PersR 1993, 173). Gleiches gilt, wenn die Äußerungsfrist von der Dienststelle in gesetzwidriger Weise abgekürzt wurde.

85 **2. Äußerungsmöglichkeit für Betroffene.** Ob das vom PR Vorgebrachte den Tatbestand des Abs. 9 Satz 2 erfüllt, hat der Dienststellenleiter nach pflichtmäßigem Ermessen zu prüfen. Erforderlichenfalls hat er dem betroffenen Beschäftigten Gelegenheit zur Äußerung zu geben und diese Äußerung zu den Akten zu nehmen.

X. Ausschluss des Stufenverfahrens (Abs. 10)

86 **Arbeitszeitregelung, Teilzeitbeschäftigung.** Absatz 10 betrifft zwei Angelegenheiten der eingeschränkten Mitbestimmung nach § 75 Abs. 3. Nach der dortigen Nr. 2 bestimmt der PR auf Antrag des Beschäftigten mit bei der Änderung der arbeitsvertraglich vereinbarten Arbeitszeit für die Dauer von mehr als zwei Monaten. Nach § 75 Abs. 3 Nr. 6 bestimmt auf Antrag des Beschäftigten der PR u. a. mit bei der Ablehnung eines Antrags auf Teilzeitbeschäftigung. Voraussetzung der Anwendung des Absatzes 10 ist damit, dass ein Mitbestimmungsverfahren hinsichtlich dieser Mitbestimmungsgegenstände aufgrund eines Antrags des Beschäftigten eröffnet worden ist und dass in diesem Verfahren keine Einigung zwischen PR und Dienststelle erzielt worden ist.

87 **Rechtsfolge der Nichteinigung.** Abweichend von den allgemeinen Regelungen bestimmt Absatz 10 für den Fall der Nichteinigung im Mitbestimmungsverfahren, die **Letztentscheidung der Dienststelle**. Nach dem letzten Halbsatz finden §§ 77 und 78 keine Anwendung, weshalb kein Beteiligter ein Stufenverfahren einleiten oder die Einigungsstelle anrufen kann.

§ 77   Stufenverfahren der Mitbestimmung

(1) ¹Kommt eine Einigung nicht zustande, so kann die Dienststelle oder der Personalrat die Angelegenheit binnen drei Wochen auf dem Dienstweg der übergeordneten Dienststelle, bei der eine Stufenvertretung besteht, vorlegen. ²Legt die Dienststelle die Angelegenheit der übergeordneten Dienststelle vor, so teilt sie dies dem Personalrat unter Angabe der Gründe mit.

(2) ¹**Die übergeordnete Dienststelle hat die Angelegenheit der bei ihr gebildeten Stufenvertretung innerhalb von fünf Wochen vorzulegen.** ²**§ 76 Absatz 1 und 5 bis 9 gilt entsprechend.**

(3) ¹**Können sich die übergeordnete Dienststelle und die Stufenvertretung nicht einigen, so kann die übergeordnete Dienststelle oder die Stufenvertretung die Angelegenheit binnen drei Wochen der obersten Dienstbehörde vorlegen.** ²**Absatz 1 Satz 2 und Absatz 2 Satz 2 gelten entsprechend.**

I. Stufenverfahren (Abs. 1)

1. Vorlage an übergeordnete Dienststelle. Wenn keine Einigung erzielt worden ist, kommt eine Fortsetzung des Verfahrens im Stufenverfahren in Betracht. Ob sie das Verfahren fortsetzen wollen, entscheiden sowohl der Leiter der Dienststelle als auch der PR nach pflichtgemäßem Ermessen. Beim PR bedarf es hierzu eines Beschlusses des Plenums (§ 34 Abs. 1), es sei denn, die Angelegenheit betrifft nur die Angehörigen einer Gruppe (§ 34 Abs. 4). Der GesamtPR ist keine Stufenvertretung. Die Dienststelle, bei der er gebildet ist, kann deshalb im Mitbestimmungsverfahren nicht angerufen werden.   **1**

Mitwirkung. Die Vorlage hat auf dem Dienstweg zu erfolgen (vgl. hierzu: Richardi/Dörner/Weber § 69 Rn. 66). Bei einer Vorlage durch den PR hat der Dienststellenleiter mitzuwirken; auch ist der Leiter der übergeordneten Dienststelle verpflichtet, die Vorlage entgegen zu nehmen und das Stufenverfahren durch Einschaltung der Stufenvertretung einzuleiten (BVerwG, 20.1.1993 – 6 P 21/90 – PersR 1993, 310 = PersV 1994, 219).   **2**

Oberste Landesbehörde. Kommt eine Einigung zwischen dem Leiter einer obersten Landesbehörde und dem bei ihr bestehenden (örtlichen) PR nicht zustande, kann die Angelegenheit nicht einer „übergeordneten Dienststelle, bei der eine Stufenvertretung besteht", vorgelegt werden. In diesem Falle kann unmittelbar die Einigungsstelle angerufen werden.   **3**

Vorlagefrist. Für die Vorlage ist nun eine Frist von **drei Wochen** gesetzt. Nach Ablauf dieser Frist kann eine Angelegenheit nicht mehr vorgelegt werden. Das Stufenverfahren ist allerdings erst eingeleitet, wenn die übergeordnete Dienststelle die Stufenvertretung von der streitigen Angelegenheit unterrichtet hat (BVerwG, 2.11.1994 – 6 P 28/92 – PersR 1995, 83 = PersV 1995, 227; BVerwG, 28.12.1994 – 6 P 35/93 – PersR 1995, 209 = PersV 1995, 406). Die Vorlagefrist ist gewahrt, wenn die Vorlage fristgerecht abgesandt wurde (Richardi/Dörner/Weber § 69 Rn. 68). Aus Gründen der Rechtssicherheit empfiehlt es sich, den Tag der Absendung aktenkundig zu machen.   **4**

Fristbeginn. Die Vorlagefrist beginnt mit dem Zugang der (schriftlichen und mit einer Begründung versehenen) Zustimmungsverweigerung bei der Dienststelle (Ilbertz-Widmaier § 69 Rn. 20).   **5**

Fristversäumung. Wird die Vorlagefrist versäumt, kann die Angelegenheit nicht mehr weiterverfolgt werden. Eine – auch einvernehmliche – Fristverlängerung   **6**

kommt nicht in Betracht. Die beabsichtigte Maßnahme hat daher zu unterbleiben.

7   **Zweitantrag.** Der Fristablauf hindert den Dienststellenleiter aber nicht trotz unveränderter Sach- und Rechtslage dem PR erneut den Zustimmungsantrag zu übermitteln. Die verwaltungsverfahrensrechtlichen Regelungen für ein Wiederaufgreifen des Verfahrens finden keine entsprechende Anwendung (BVerwG, 12.9.2011 – 6 PB 13.11 – ZfPR 2012, 34; BVerwG, 11.4.1991 – 6 P 9/89 – PersR 1991, 284, 287 = PersV 1992, 156).

8   **2. Mitteilung.** Legt die Dienststelle im Stufenverfahren der übergeordneten Dienststelle vor, so hat sie dies dem PR unter Angabe der hierfür maßgeblichen Gründe mitzuteilen. Aus dem Gebot der vertrauensvollen Zusammenarbeit folgt, dass auch der PR bzw. die Stufenvertretung die Pflicht hat, die Dienststelle bzw. die übergeordnete Dienststelle über die Vorlage einer Angelegenheit zu unterrichten.

II.   Vorlage und Vorlageverfahren (Abs. 2)

9   **1. Vorlage an Stufenvertretung.** Die übergeordnete Dienststelle muss die Angelegenheit **innerhalb von fünf Wochen** der bei ihr gebildeten Stufenvertretung vorlegen. Für die oberste Dienstbehörde besteht diese Vorlagefrist gegenüber dem HPR nur, wenn es sich um Angelegenheiten einer ihr unmittelbar nachgeordneten Dienststelle handelt.

10   **2. Verfahren.** Für das weitere Verfahren ordnet Abs. 2 Satz 2 die entsprechende Anwendung von § 76 Abs. 1 und 5 bis 9 an. Dies bedeutet, dass die übergeordnete Dienststelle die beabsichtigte Maßnahme der Stufenvertretung vorlegt, deren Zustimmung beantragt und – auf Verlangen der Stufenvertretung – die beabsichtigte Maßnahme ergänzend begründet. Die Stufenvertretung muss sich innerhalb der 3-Wochen-Frist des § 76 Abs. 6 Satz 1 erklären. Es gelten auch in diesem Verfahren die Abkürzungsmöglichkeiten, Verlängerungsmöglichkeiten und die Möglichkeit der Vereinbarung abweichender Fristen, die § 76 Abs. 6 bis 8 vorsieht. Wegen der Einzelheiten der Regelungen vgl. die Kommentierung zu § 76.

11   **Zustimmungsfiktion.** In entsprechender Anwendung von § 76 Abs. 9 Satz 1 gilt die Maßnahme als gebilligt, wenn die Stufenvertretung nicht innerhalb der geltenden Frist die Zustimmung unter Angabe der Gründe schriftlich verweigert. Gleiches gilt, wenn die Gründe der Zustimmungsverweigerung offenkundig keinen unmittelbaren Bezug zu der Mitbestimmungsangelegenheit haben.

III.   Weitere Vorlage und Vorlageverfahren (Abs. 3)

12   **1. Vorlage an oberste Dienstbehörde.** Erfolgt auch auf der Stufe der übergeordneten Dienststelle keine Einigung, so kann diese oder die Stufenvertretung die Angelegenheit **innerhalb von drei Wochen** der obersten Dienstbehörde vorlegen.

2. Verfahren. Das Verfahren der obersten Dienstbehörde nach erfolgter Vor- **13** lage durch Stufenvertretung oder übergeordneter Dienstbehörde bestimmt sich nach Absatz 3 Satz 2, der die entsprechende Geltung von Absatz 1 Satz 2 und Absatz 2 Satz 2 anordnet.

Mitteilung. Dies bedeutet zunächst, dass die übergeordnete Dienststelle die Stu- **14** fenvertretung in entsprechender Anwendung von § 77 Abs. 1 Satz 2 unter Angabe der Gründe von der Vorlage an die oberste Dienstbehörde zu informieren hat. Entsprechendes gilt für die Stufenvertretung, wenn sie die Angelegenheit an die oberste Dienstbehörde vorlegt.

Verfahren. Für das weitere Verfahren bei der obersten Dienstbehörde verweist **15** Absatz 3 Satz 2 zudem auf Absatz 2 Satz 2 und ordnet damit die entsprechende Geltung von § 76 Abs. 1 und 5 bis 9 auch in diesem Verfahrensabschnitt an. Dies bedeutet, dass die oberste Dienstbehörde den HPR von der beabsichtigten Maßnahme zu unterrichten und die Zustimmung zur Maßnahme zu beantragen hat; der HPR kann eine ergänzende Begründung verlangen.

Fristen, Zustimmungsfiktion. Über den Zustimmungsantrag der obersten Dienst- **16** behörde muss der HPR innerhalb der 3-Wochen-Frist des § 76 Abs. 6 Satz 1 entscheiden. Entscheidet der HPR nicht fristgemäß oder lehnt er die Zustimmung mit unzureichenden Gründen ab, gilt die Maßnahme als gebilligt (§ 76 Abs. 9 entspr.). Es gelten auch hier die Abkürzungsmöglichkeiten und Verlängerungsmöglichkeiten sowie die Möglichkeit der Vereinbarung abweichender Fristen des § 76 Abs. 6 bis 8. Auf die Kommentierung zu § 76 wird verwiesen.

Entscheidung. Erteilt auch der HPR nicht die beantragte Zustimmung zur be- **17** absichtigten Maßnahme, ist das Stufenverfahren beendet. Es verbleibt die Möglichkeit der Anrufung der Einigungsstelle (§ 78 Abs. 1), um die Zustimmung durch einen Spruch der Einigungsstelle zu erlangen (§§ 78 Abs. 2, 79 Abs. 5) oder – in den Fällen der eingeschränkten Mitbestimmung – die Möglichkeit der Letztentscheidung der Dienststelle (§ 78 Abs. 4) zu eröffnen.

§ 78 Einigungsstellenverfahren

(1) Ergibt sich zwischen der obersten Dienstbehörde und der bei ihr bestehenden zuständigen Personalvertretung keine Einigung, so kann jede Seite die Einigungsstelle anrufen.

(2) [1]In den Fällen des § 74 entscheidet die Einigungsstelle endgültig. [2]Ihr Beschluss bindet die Beteiligten, soweit er eine Entscheidung im Sinne von § 79 Absatz 5 enthält. [3]Die oberste Dienstbehörde kann einen Beschluss der Einigungsstelle, der im Einzelfall wegen seiner Auswirkungen auf das Gemeinwesen wesentlicher Bestandteil der Regierungsverantwortung ist, unverzüglich nach seiner Zustellung der Landesregierung zur endgültigen Entscheidung vorlegen. [4]Der Einigungsstelle und der bei der obersten Dienstbehörde bestehenden zuständigen Personalvertretung ist Gelegenheit zu geben, innerhalb von zwei Wochen zu der Vorlage an die Landesregierung Stellung zu nehmen. [5]Eine Stellungnahme ist der Landesregierung zur Kenntnis zu bringen. [6]Die Entscheidung der Landesregierung ist den Beteiligten durch die oberste Dienstbehörde bekanntzugeben.

(3) An die Stelle der Landesregierung tritt in Angelegenheiten der Dienststellen des Landtags von Baden-Württemberg der Präsident des Landtags und in Angelegenheiten des Rechnungshofs Baden-Württemberg der Präsident des Rechnungshofs.

(4) ¹In den Fällen des § 75 beschließt die Einigungsstelle, wenn sie sich nicht der Auffassung der obersten Dienstbehörde anschließt, eine Empfehlung an diese. ²Die oberste Dienstbehörde entscheidet sodann endgültig. ³Die Entscheidung ist zu begründen und der Einigungsstelle und den beteiligten Personalvertretungen bekanntzugeben.

I. Anrufung der Einigungsstelle (Abs. 1)

1   **Nichteinigung.** Ergibt sich zwischen der obersten Dienstbehörde und der bei ihr bestehenden zuständigen Personalvertretung keine Einigung, kann jede Seite die Einigungsstelle anrufen. Eine Verpflichtung, die Einigungsstelle anzurufen, besteht weder für die Dienststelle noch für den PR. Das Einigungsstellenverfahren wird durch die Erklärung eines Beteiligten, die Entscheidung einer Einigungsstelle herbeiführen zu wollen, eingeleitet. Für diese Erklärung ist keine bestimmte Form vorgeschrieben; sie erfolgt zweckmäßigerweise allerdings **schriftlich**. Besteht keine Einigungsstelle auf Dauer (§ 79 Abs. 2) ist die Einigungsstelle ad hoc zu bilden (§ 79 Abs. 1 Satz 1).

2   **Anrufungsfrist.** Eine Ausschlussfrist für die Bildung der Einigungsstelle enthält das LPVG nicht. Nach § 79 Abs. 4 Satz 1 soll jedoch die Einigungsstelle binnen zwei Monaten nach der Erklärung eines Beteiligten, die Entscheidung der Einigungsstelle herbeiführen zu wollen, entscheiden. Auch die Fristen für die Benennung der Beisitzer bzw. des Vorsitzenden (§ 79 Abs. 1 Satz 3) sind vergleichsweise kurz. Daraus ergibt sich die Verpflichtung von Dienststelle und PR sich **unverzüglich** darüber zu erklären, dass sie die Entscheidung einer Einigungsstelle herbeiführen wollen.

3   **Folge der Nichtanrufung.** Wird die Einigungsstelle nicht bzw. nicht unverzüglich angerufen, verbleibt das Mitbestimmungsverfahren in dem Zustand, den es durch die vorherige Befassung erreicht hat. Mitbestimmungspflichtige Maßnahmen (§§ 74, 75), die die Dienststelle beabsichtigt hatte, können nicht vollzogen werden (§ 73 Abs. 1 Satz 1); Anträge der Personalvertretung nach § 84 erledigen sich.

II. Entscheidungen in Fällen der uneingeschränkten Mitbestimmung (Abs. 2)

4   **1. Entscheidung.** Die Einigungsstelle entscheidet, ob der PR seine Zustimmung zu Recht verweigert hat. Verneint sie dies, kann die Maßnahme durchgeführt werden. Wird die Feststellung getroffen, dass die Zustimmung zu Recht verweigert worden ist, hat die Maßnahme in den Fällen der vollen Mitbestimmung zu unterbleiben. Bei mehreren bzw. bei teilbaren Verhandlungsgegenständen kann den Anträgen auch teilweise entsprochen werden (§ 79 Abs. 5 Satz 2);

die Einigungsstelle kann jedoch nichts grundsätzlich anderes beschließen, als beantragt war.

Endgültige Entscheidung. Nach Abs. 2 Satz 1 endscheidet die Einigungsstelle **5** endgültig. Dies besagt aber lediglich, dass die eigentliche nach § 79 Abs. 5 getroffene Entscheidung (wurde die Zustimmung zu Recht oder zu Unrecht verweigert) im Mitbestimmungsverfahren nicht mehr in Frage gestellt werden kann. Dieses Mitbestimmungsverfahren hat durch die Entscheidung der Einigungsstelle sein Ende gefunden. Hiervon unberührt bleibt die Befugnis der obersten Dienstbehörde nach Abs. 2 Satz 3 der **Vorlage an die Landesregierung.** Ebenfalls unberührt bleibt das Recht der Beteiligten im gerichtlichen **Beschlussverfahren** klären zu lassen, ob die Entscheidung der Einigungsstelle rechtswidrig war. In verfahrensmäßiger Hinsicht könnte dort z. B. gerügt werden, dass die Einigungsstelle nicht beschlussfähig gewesen war oder nicht ordnungsgemäß besetzt gewesen war. In materieller Hinsicht könnte das Fehlen der Entscheidungsvoraussetzungen, Verletzung des Haushaltsrechts oder sonstiger Rechtsbestimmungen gerügt werden, z. B. könnte streitig sein, ob es sich überhaupt um eine Mitbestimmungsangelegenheit gehandelt hatte oder ob wegen Fristversäumung des PR bereits eine Zustimmungsfiktion eingetreten war. Die Zweckmäßigkeit oder Sachgerechtigkeit der getroffenen Entscheidung kann grundsätzlich nicht im Beschlussverfahren überprüft werden.

2. Bindungswirkung. Die von der Einigungsstelle nach § 79 Abs. 5 getroffene **6** Entscheidung ist (vorbehaltlich Rn. 5) abschließend und für die Beteiligten bindend. Diese Bindung bezieht sich aber nur auf das konkrete Mitbestimmungsverfahren und die dort getroffene Entscheidung. Bei Zustimmungserteilung kann die Maßnahme von der Dienststelle durchgeführt werden (§ 88 Abs. 1). Wird die Zustimmung hingegen nicht erteilt, bleibt es der Dienststelle grundsätzlich möglich – auch bei unveränderter Sach- und Rechtslage – einen neuen Antrag auf Zustimmung an den PR zu stellen (BVerwG 12.9.2011 – 6 PB 13.11 – ZfPR 2012, 34).

3. Evokationsrecht. Mit dem durch das Dienstrechtsreformgesetz vom **7** 9.11.2010 (GBl. S. 793) neu eingefügten Evokationsrecht wurde dem Beschluss des BVerfG vom 24.5.1995 (2 BvF 1/92 – PersR 1995, 483 = PersV 1995, 553) Rechnung getragen. Die Einführung eines Evokationsrechts war für erforderlich gehalten geworden, weil das damalige LPVG insoweit nicht mehr verfassungskonform war. Damit war auch in den Fällen der vollen Mitbestimmung das Recht der obersten Dienstbehörde gewährleistet, in Angelegenheiten, die wegen ihrer Auswirkungen auf das Gemeinwohl wesentlicher Bestandteil der Regierungsgewalt sind, die Entscheidung der Einigungsstelle im Einzelfall aus Gemeinwohlgründen ganz oder teilweise in Frage zu stellen.

Vorlage an Landesregierung. Nach der nun in § 78 Abs. 2 getroffenen Neure- **8** gelung kann die oberste Dienstbehörde die Entscheidung der Einigungsstelle nicht mehr einfach aufheben und abschließend entscheiden. Das Evokationsrecht überantwortet § 78 Abs. 2 Satz 3 nunmehr der Landesregierung, die endgültig entscheidet. Die Neuregelung stärkt somit den Beschluss der Einigungsstelle. Vorgelegt werden kann nur ein Beschluss der Einigungsstelle, der eine

Entscheidung im Sinne von § 79 Abs. 5 getroffen hat. Es muss sich also um eine Sachentscheidung in einer Angelegenheit der uneingeschränkten Mitbestimmung (§ 74) handeln.

9   **Voraussetzungen der Vorlage.** Eine Vorlage an die Landesregierung kommt nur in Betracht, wenn die tatbestandlichen Voraussetzungen des § 78 Abs. 2 Satz 3 vorliegen. Im konkret entschiedenen Einzelfall muss aufgrund der dort getroffenen Entscheidung zu besorgen sein, dass wegen seiner Auswirkungen auf das Gemeinwesen ein wesentlicher Bestandteil der Regierungsverantwortung betroffen ist. Der inhaltliche Maßstab, ob diese Voraussetzungen zu bejahen sind, ergibt sich aus dem Beschluss des BVerfG vom 24.5.1995 (2 BvF 1/92 – PersR 1995, 483 = PersV 1995, 553). Kommt die oberste Dienstbehörde zu diesem Ergebnis, so legt sie den Beschluss der Einigungsstelle der Landesregierung zur Letztentscheidung vor.

10   **Unverzüglich.** Die Vorlage an die Landesregierung hat „unverzüglich" also ohne schuldhaftes Zögern zu erfolgen. Diese in § 121 Abs. 1 Satz 1 BGB erfolgte Legaldefinition gilt im gesamten Privatrecht und auch im öffentlichen Recht (Palandt/Ellenberger, 70. Aufl., § 121 Rn. 3) und ist auch hier heran zu ziehen. Dies bedeutet, dass der obersten Dienstbehörde eine den Umständen des Einzelfalls gemäße Prüfungs- und Überlegungsfrist zur Verfügung steht (vgl. z. B. BGH, 28.6.2012 – VII ZR 130/11 – NJW 2012, 3305), innerhalb derer die Vorlage zu erfolgen hat. Als Obergrenze in zeitlicher Hinsicht wird in der Regel ein Zeitraum von zwei Wochen anzusehen sein (Palandt/Ellenberger, 70. Aufl., § 121 Rn. 3), zumal sich die hier zu beantwortenden Fragen bereits im Einigungsstellenverfahren stellen.

11   **Kein Ermessen.** Der Gesetzeswortlaut („kann") spricht zwar für eine Ermessensentscheidung, eine solche Auslegung würde aber im Widerspruch zu den verfassungsrechtlichen Erfordernissen stehen. Denn eine Vorlage an die Landesregierung kommt nur in Betracht, wenn die tatbestandlichen Voraussetzungen des Abs. 2 Satz 3 erfüllt sind, wenn also im Einzelfall feststeht, dass der Einigungsstellenbeschluss „wegen seiner Auswirkungen auf das Gemeinwesen wesentlicher Bestandteil der Regierungsverantwortung ist". In solchen Fällen hat die Einigungsstelle aber schon im Ansatz keine Entscheidungsbefugnis, weshalb ein gleichwohl ergangener Beschluss der Revision bedarf. Fälle geringerer Bedeutung, in denen eine Ermessensentscheidung denkbar wäre, sieht das Gesetz nicht vor, weil es sich um einen „wesentlichen" Bestandteil der Regierungsverantwortung handeln muss.

12   **4. Stellungnahmen.** Die Neuregelung sieht für die Ausübung des Evokationsrechts nicht nur eine neue Zuständigkeitsregelung vor, sondern stärkt die Entscheidung der Einigungsstelle auch durch eine neue Ausgestaltung des Evokationsverfahrens. Denn mit der Entscheidung der obersten Dienstbehörde zur Vorlage an die Landesregierung muss nunmehr zwingend der Einigungsstelle und der zuständigen Personalvertretung Gelegenheit zur Stellungnahme eingeräumt werden. Sinnvollerweise wird die oberste Dienstbehörde die Aufforderung zur Stellungnahme gemeinsam mit der Vorlage an die Landesregierung verfügen.

Verfahren der Einigungsstelle. Ist die Einigungsstelle nicht auf Dauer eingerich- **13** tet (§ 79 Abs. 2 Satz 1), endet sie regelmäßig mit der getroffenen Entscheidung. In den Fällen des § 78 Abs. 2 Satz 3 besteht sie aber fort, da keine neue Eini- gungsstelle gebildet wird, sondern das ursprünglich mit der Sache befasste Gre- mium zur Stellungnahme aufgerufen ist. Einigungsstelle in diesem Sinne ist nicht der Vorsitzende, sondern das gesamte Gremium, dem Gelegenheit zur Stellungnahme einzuräumen ist. Dies bedeutet, dass der Vorsitzende der Eini- gungsstelle von der obersten Dienstbehörde von der erfolgten Vorlage an die Landesregierung unverzüglich zu informieren ist. Dieser muss unmittelbar nach Benachrichtigung durch die oberste Dienstbehörde die Beisitzer zu einer neuen Sitzung der Einigungsstelle laden. Gegenstand dieser Sitzung ist die Frage, ob die Einigungsstelle zur Vorlage an die Landesregierung Stellung nehmen will und ggf. der Inhalt einer etwaigen Stellungnahme. Für die zu treffenden Ent- scheidungen der Einigungsstelle gilt § 79 Abs. 5 Satz 3 entsprechend.

Verfahren der Personalvertretung. In gleicher Weise wie die Einigungsstelle ist **14** die zuständige Personalvertretung über die Vorlage an die Landesregierung zu informieren. Über die Frage ob und ggf. wie die Personalvertretung Stellung nehmen soll, entscheidet das Gremium. Für das Verfahren und die Beschluss- fassung der Personalvertretung gelten die allgemeinen Regelungen.

Frist. Etwaige Stellungnahmen sind an die oberste Dienstbehörde zu richten, **15** die sie dann der Landesregierung zur Kenntnis bringt (§ 78 Abs. 2 Satz 5). Für die Einhaltung der 2-Wochen-Frist kommt es auf den Eingang der Stellungnah- men bei der obersten Dienstbehörde an; für die Fristberechnung gelten die allgemeinen Vorschriften. Die 2-Wochen-Frist ist keine Ausschlussfrist, wes- halb auch verspätet bei der obersten Dienstbehörde eingegangene Stellungnah- men der Landesregierung vorzulegen sind.

5. Rechtliches Gehör. Nach § 78 Abs. 2 Satz 5 sind die Stellungnahmen, die **16** die Einigungsstelle bzw. die zuständige Personalvertretung abgibt, der Landes- regierung zur Kenntnis zu bringen. Dies gilt auch für verspätet eingegangene Stellungnahmen, wenn die Landesregierung nicht bereits in der Sache entschie- den hat. Die Landesregierung muss die Stellungnahmen zur Kenntnis nehmen, sie berücksichtigen und sich mit diesen auseinandersetzen.

6. Bekanntgabe der Entscheidung. Die Entscheidung der Landesregierung ist **17** den Beteiligten des Mitbestimmungsverfahrens durch die oberste Dienstbe- hörde unverzüglich bekanntzugeben. Die Entscheidung der Landesregierung muss begründet werden. Dabei ist im Einzelnen darzulegen, weshalb der Be- schluss der Einigungsstelle aufgehoben worden ist, weshalb also die tatbestand- lichen Voraussetzungen des § 78 Abs. 2 Satz 3 bejaht worden sind. Ob diese Voraussetzungen vorliegen, kann die Personalvertretung ggf. im gerichtlichen Beschlussverfahren einer Überprüfung zuführen.

III. Dienststellen des Landtags und des Rechnungshofs (Abs. 3)

Abweichende Zuständigkeit. § 78 Abs. 3 trifft eine zu Absatz 2 Satz 3 notwen- **18** dige Folgeregelung. Denn den Dienststellen des Landtags bzw. des Rechnungshofs kommt eine gegenüber der Landesregierung unabhängige Stellung zu, weshalb ein Evokationsrecht der Landesregierung ausscheidet. Nach Absatz 3 findet die Regelung des Absatzes 2 Satz 3 zwar grundsätzlich auch in diesen Fällen Anwendung, jedoch mit der Maßgabe, dass der Präsident des Landtags bzw. der Präsident des Rechnungshofs an die Stelle der Landesregierung tritt. Den Präsidenten kommt das Evokationsrecht zu, weshalb es zu keiner Vorlage im Sinne des Absatzes 2 kommt. Die anderen Regelungen des Absatzes 2 gelten jedoch auch hier.

19 **Nicht gestufte Verwaltungen.** Ein Evokationsrecht der Landesregierung scheidet auch in den von § 89 geregelten Fällen aus (vgl. die dortige Kommentierung).

IV. Eingeschränkte Mitbestimmung (Abs. 4)

20 **1. Empfehlung.** In den Fällen der eingeschränkten Mitbestimmung (§ 75) kann die Einigungsstelle nicht endgültig entscheiden, sondern nur eine Empfehlung an die oberste Dienstbehörde beschließen. Hat der PR seine Zustimmung ohne zureichenden Grund versagt, stellt die Einigungsstelle dies fest; die Maßnahme kann dann ohne weiteres vollzogen werden. Folgt die Einigungsstelle den Einwänden des PR lautet die Entscheidungsformel, dass empfohlen wird, von der beabsichtigten Maßnahme abzusehen, ggf. diese nur mit Modifikationen durchzuführen. Die oberste Dienstbehörde ist an diese Empfehlung **nicht gebunden,** wird sie aber auch nicht ohne weiteres ignorieren können. Einen klagbaren Anspruch darauf, dass von der Empfehlung der Einigungsstelle nicht abgewichen wird, hat der PR aber nicht (vgl. hierzu BVerwG, 31.8.2009 – 6 PB 21/09 – PersR 2009, 510 = PersV 2010, 26).

21 **2. Letztentscheidung.** Die oberste Dienstbehörde entscheidet nach dem Abschluss des Einigungsstellenverfahrens endgültig. In aller Regel wird eine Letztentscheidung erst in Betracht kommen, wenn die schriftlichen Gründe der Entscheidung der Einigungsstelle vorliegen. Dies folgt nach der gesetzlichen Neuregelung unmittelbar aus der Begründungspflicht. Denn die abweichende Entscheidung der obersten Dienstbehörde muss sich bei ihrer Begründung mit der Begründung der Einigungsstelle auseinandersetzen. Nur in Fällen äußerster Eilbedürftigkeit ist eine Letztentscheidung vor dem Vorliegen der Einigungsstellenbegründung zulässig. Die Letztentscheidung setzt auch voraus, dass die Personalvertretung spätestens im Einigungsstellenverfahren vollständig und zutreffend über die maßgeblichen Umstände informiert worden ist. Ist die oberste Dienstbehörde der Auffassung, dass der PR jedenfalls bis zum Abschluss des Einigungsstellenverfahrens ordnungsgemäß unterrichtet worden ist, kann sie vom Letztentscheidungsrecht auch dann Gebrauch machen, wenn die Personalvertretung oder die Einigungsstelle anderer Auffassung ist (BVerwG, 10.2.2009 – 6 PB 25/08 – PersR 2009, 203 = PersV 2009, 227).

22 **3. Begründungspflicht, Bekanntgabe.** Die Neufassung des § 78 Abs. 4 sieht nun ausdrücklich eine Begründungspflicht für den Fall vor, dass die oberste Dienstbehörde von der ausgesprochenen Empfehlung abweicht. Dies folgte nach altem Recht bereits aus dem Grundsatz der vertrauensvollen Zusammenarbeit, ist nun durch die Neuregelung aber eindeutig klargestellt. Die von der obersten Dienstbehörde getroffene Letztentscheidung ist nach Absatz 4 Satz 3 der Einigungsstelle sowie allen mit der Sache befassten Personalvertretungen bekanntzugeben.

§ 79   Einigungsstelle

(1) ¹Die Einigungsstelle wird, soweit sich aus Absatz 2 nichts Abweichendes ergibt, von Fall zu Fall bei der obersten Dienstbehörde gebildet. ²Sie besteht aus je drei Beisitzern, die von der obersten Dienstbehörde und der bei ihr bestehenden zuständigen Personalvertretung bestellt werden, und einer unparteiischen Person für den Vorsitz, auf die sich beide Seiten einigen. ³Die Beisitzer sowie die Person für den Vorsitz sind innerhalb von zwei Wochen nach Anrufung der Einigungsstelle zu bestellen. ⁴Die Person für den Vorsitz muss die Befähigung zum Richteramt besitzen oder die Voraussetzungen des § 110 Satz 1 des Deutschen Richtergesetzes erfüllen. ⁵Kommt eine Einigung über die Person für den Vorsitz nicht zustande, so bestellt sie der Präsident des Verwaltungsgerichtshofs. ⁶Unter den Beisitzern, die von der Personalvertretung bestellt werden, muss sich je ein Beamter und ein Arbeitnehmer befinden, es sei denn, die Angelegenheit betrifft lediglich die Beamten oder die Arbeitnehmer.

(2) ¹Aufgrund einer Dienstvereinbarung kann die Einigungsstelle auf Dauer, längstens bis zum Ablauf der Amtszeit der zuständigen Personalvertretung gebildet werden. ²Absatz 1 gilt mit der Maßgabe entsprechend, dass zwischen der obersten Dienstbehörde und der zuständigen Personalvertretung Einigung über die unparteiische Person für den Vorsitz für die vereinbarte Amtszeit erzielt wird.

(3) ¹Die Verhandlung der Einigungsstelle ist nicht öffentlich. ²Der obersten Dienstbehörde und der zuständigen Personalvertretung ist Gelegenheit zur mündlichen Äußerung zu geben. ³Im Einvernehmen mit den Beteiligten kann die Äußerung schriftlich erfolgen.

(4) ¹Die Einigungsstelle soll binnen zwei Monaten nach der Anrufung durch einen Beteiligten entscheiden. ²Die Einigungsstelle ist beschlussfähig, wenn die Person für den Vorsitz und mindestens drei Beisitzer anwesend sind. ³Bestellt eine Seite innerhalb der in Absatz 1 Satz 3 genannten Frist keine Beisitzer oder bleiben Beisitzer trotz rechtzeitiger Einladung der Sitzung fern, so entscheiden die Person für den Vorsitz und die erschienenen Beisitzer allein.

(5) ¹Die Einigungsstelle entscheidet durch Beschluss. ²Sie kann den Anträgen der Beteiligten auch teilweise entsprechen. ³Der Beschluss wird mit einfacher Stimmenmehrheit gefasst; bei Stimmengleichheit entscheidet die Stimme der Person für den Vorsitz. ⁴Er muss sich im Rahmen der geltenden Rechtsvorschriften, insbesondere des Haushaltsgesetzes, halten. ⁵Der Beschluss ist den Beteiligten zuzustellen.

I.   Einigungsstelle (Abs. 1)

1. Bildung. Die Einigungsstelle wird in der Regel im Bedarfsfall bei der obersten Dienstbehörde gebildet (vgl. aber auch Abs. 2). Mit der Bildung wird die   1

Einigungsstelle organisatorisch Teil der obersten Dienstbehörde. Diese hat die sächlichen Mittel für den Betrieb der Einigungsstelle bereit zu stellen und die organisatorischen Rahmenbedingungen zu gewährleisten. Der Sache nach fungiert sie als **Geschäftsstelle** der Einigungsstelle, die auf Anordnung des Vorsitzenden das Verfahren der Einigungsstelle betreibt, insbesondere die Ladungen und Zustellungen vornimmt und die sonstigen Voraussetzungen für Vorbereitung, Beratung und Beschlussfassung schafft. Die durch die Tätigkeit der Einigungsstelle entstandenen **Kosten** muss die oberste Dienstbehörde tragen. Die Einigungsstelle ist eine **unabhängige Schiedsstelle** zwischen der obersten Dienstbehörde und der Personalvertretung.

2 **Gemeinsame Einigungsstelle.** Absatz 1 Satz 1 schließt die Bildung einer gemeinsamen Einigungsstelle für die Geschäftsbereiche mehrerer oberster Dienstbehörden grundsätzlich aus, ebenso die Bildung einer gemeinsamen Einigungsstelle für mehrere bei derselben obersten Dienstbehörde bestehende Stufenvertretungen (vgl. § 96 Abs. 2 Satz 1 und § 98 Abs. 2). Wegen der Sonderregelung bei Einzelmaßnahmen, die sich auf Dienststellen mehrerer oberster Dienstbehörden erstreckt, vgl. § 91 Abs. 6 Satz 3.

3 **2. Beisitzer und Vorsitzender.** Die Einigungsstelle besteht aus drei Beisitzern, die von der obersten Dienstbehörde und drei Beisitzern, die von der zuständigen Personalvertretung bestellt werden sowie einem unparteiischen Vorsitzenden, auf den sich beide Seiten einigen. Sonderregelungen hinsichtlich der Zusammensetzung der Einigungsstelle treffen die §§ 94 Abs. 3 Satz 1, 97 Nr. 3.

4 **Beisitzer, Personenkreis.** Das LPVG enthält keine Bestimmungen darüber, wer zum Beisitzer der Einigungsstelle bestellt werden kann (vgl. aber auch Absatz 1 Satz 6). Typischerweise werden die von der obersten Dienstbehörde bestellten Beisitzer Bedienstete der obersten Dienstbehörde sein und die von der Personalvertretung bestellten Beisitzer Mitglieder des HPR. Die Beisitzer brauchen aber weder unbedingt Beschäftigte im Geschäftsbereich der beteiligten obersten Dienstbehörde sein, noch müssen sie einer Personalvertretung in diesem Geschäftsbereich angehören (Richardi/Dörner/Weber § 71 Rn. 15; Ilbertz-Widmaier § 71 Rn. 8). In Betracht kommt hier auch die Zuziehung anderer Personen, z. B. besonders **fachkundiger Bediensteter** nachgeordneter Behörden oder von Dritten z. B. auch von **Rechtsanwälten** oder **Rechtssekretären** einer Gewerkschaft.

5 **Bestimmung.** Die Beisitzer der obersten Dienstbehörde werden vom **Behördenleiter** bestimmt. Die zuständige **Personalvertretung** bestimmt ihre Beisitzer durch **Beschluss** (§ 34). Soweit die dem Einigungsverfahren zugrunde liegende Angelegenheit nur eine Gruppe betrifft, beschließt nur diese – nach vorausgehender gemeinsamer Beratung – über die Beisitzer, wenn die Voraussetzungen des § 34 Abs. 4 vorliegen. Absatz 1 Satz 6 ist zu beachten, d. h. unter den vom PR bestellten Vertretern muss sich je ein Beamter und ein Arbeitnehmer befinden, es sei denn, die Angelegenheit betrifft lediglich die Beamten oder die Arbeitnehmer.

6 **Rechtsstellung.** Die Mitglieder der Einigungsstelle gehören zu dem Personenkreis, der Aufgaben und Befugnisse nach dem LPVG wahrnimmt. Deshalb gilt für sie die **Schweigepflicht** des § 7 LPVG. Ebenfalls gilt das **Verbot der Behin-**

derung, Benachteiligung oder Begünstigung (§ 6 Abs. 1) sowie die Regelung über die **Unfallfürsorge** für Beamte (§ 6 Abs. 2). Soweit Mitglieder der Einigungsstelle aus dem Geschäftsbereich der Dienststelle ihre Aufgaben aufgrund dienstlicher Weisungen wahrnehmen, handelt es sich um eine dienstliche Tätigkeit. Bei einer Inanspruchnahme über die regelmäßige Arbeitszeit hinaus ist nach § 43 Abs. 2 Satz 2 zu verfahren (Freizeitausgleich).

Weisungsgebundenheit. Die Beisitzer sind Vertreter der bestimmenden Stellen.   **7**
Sie können jederzeit während des Einigungsstellenverfahrens abberufen und durch andere Beisitzer ersetzt werden. Die Beisitzer sind **nicht unabhängig,** sondern hinsichtlich ihres Abstimmungsverhaltens weisungsgebunden.

Befangenheit. Wegen der Weisungsgebundenheit sind Beisitzer nicht wegen   **8**
Vorbefassung mit der Sache ausgeschlossen und können auch nicht wegen der Besorgnis der Befangenheit abgelehnt werden. Die Bestellung von Beschäftigten oder von PR-Mitgliedern als Beisitzer ist auch dann nicht ausgeschlossen, wenn diese an einem der Entscheidung der Einigungsstelle vorausgegangenen Beschluss in der Angelegenheit, die Gegenstand des Verfahrens vor der Einigungsstelle ist, mitgewirkt haben (BVerwG, 21.6.1982 – 6 P 13/79 – PersV 1983, 239).

Vergütung. Die Beisitzer erhalten grundsätzlich keine Vergütung für ihre Heran-   **9**
ziehung. Eine **Ausnahme** besteht nur für **dienststellenfremde Beisitzer,** wenn die Tätigkeit in das weitere berufliche Umfeld dieses Beisitzers fällt (z. B. Rechtsanwalt, Rechtssekretär), der Aufwand erforderlich und der Höhe nach angemessen ist. Eine **Vereinbarung** über eine Vergütung muss vorab getroffen worden sein. Sie kann wirksam nur mit der Dienststelle und nicht mit der bestellenden Personalvertretung getroffen werden. Auch ohne Vereinbarung besteht in entsprechender Anwendung des § 41 Abs. 1 Satz 1 ein Anspruch auf Aufwandsersatz in Höhe der üblichen Vergütung, wenn dies zuvor geltend gemacht worden ist, die Beisitzertätigkeit in das weitere berufliche Tätigkeitsfeld des Beisitzers fällt und der Kostenaufwand angemessen und vertretbar sowie erforderlich ist (BVerwG, 9.10.1991 – 6 P 1/90 – PersV 1992, 218). Bei externen Beisitzern hat die Personalvertretung gegenüber der Dienststelle nachzuweisen, dass und welche Überlegungen und Anstrengungen sie unternommen hat, um Personen zu finden, die gleichermaßen geeignet sind, ihr Vertrauen genießen, jedoch die Mitwirkung in der Einigungsstelle nicht von der Zahlung eines Honorars abhängig machen. Fehlt es an einer überzeugenden Darlegung, kann die Kostenübernahme abgelehnt werden (BVerwG, 9.10.1991 – 6 P 1/90 – PersV 1992, 218).

Vorsitzender, Rechtsstellung. Über die Person des **unparteiischen Vorsitzenden**   **10**
müssen sich die oberste Dienstbehörde und die beteiligte Personalvertretung einigen. Im Gegensatz zu den Beisitzern ist der Vorsitzende nicht weisungsgebunden, sondern sowohl in der Verfahrensgestaltung als auch bei der Entscheidungsfindung **unabhängig.**

Ablehnung. Dienststelle oder PR können den Vorsitzenden der Einigungsstelle   **11**
wegen der Besorgnis der **Befangenheit** ablehnen. In diesem Fall sind die Vorschriften der ZPO über die Ablehnung von Schiedsrichtern im schiedsgerichtli-

chen Verfahren entsprechend anzuwenden. Hierbei wird es sich typischerweise nur um Gesichtspunkte handeln können, die erst während des Einigungsstellenverfahrens entstanden oder bekannt geworden sind. Über den Ablehnungsantrag entscheiden die Mitglieder der Einigungsstelle ohne Mitwirkung des Vorsitzenden (für das BetrVG: BAG, 11.9.2001 – 1 ABR 5/01 – BAGE 99, 42). Wird dem Antrag entsprochen, ist ein neuer Vorsitzender einvernehmlich zu bestimmen.

12 **Vergütung.** Mit dem (in der Regel dienststellenfremden) Vorsitzenden können in vernünftigem Rahmen **Honorarvereinbarungen** abgeschlossen werden, ohne dass damit gegen das Begünstigungsverbot des § 6 Abs. 1 verstoßen wird (VGH Mannheim, 15.5.1984 – 15 S 1780/83 – ZBR 1985, 121; Richardi/ Dörner/Weber § 71 Rn. 55; Ilbertz-Widmaier § 71 Rn. 16).

13 **3. Bestellungsfrist.** Im Interesse der Verfahrensbeschleunigung sind die Beisitzer und der Vorsitzende innerhalb von **zwei Wochen** nach Anrufung der Einigungsstelle zu bestellen. Es ist sachgerecht, wenn sich die Beteiligten bereits im Vorfeld der Bildung der Einigungsstelle über in Betracht kommende Personen austauschen und entsprechende Abstimmungen vornehmen, um das Verfahren zu beschleunigen und um die gesetzliche Frist einhalten zu können. Die Fristbestimmung steht in Zusammenhang mit der Regelung des § 79 Abs. 4 Satz 3, nach dem – bei nicht rechtzeitiger Benennung der Beisitzer – die Einigungsstelle auch ohne diese Beisitzer entscheiden kann. Von dieser Befugnis sollte allerdings nur im Ausnahmefall (z. B. erkennbare Verzögerungsabsicht) Gebrauch gemacht werden.

14 **4. Personenkreis.** Über den Personenkreis, aus dem der unparteiische Vorsitzende auszuwählen ist, bestimmt das LPVG lediglich, dass er die Befähigung zum Richteramt besitzen oder nach Maßgabe des § 110 Satz 1 DRiG die Befähigung zum höheren Verwaltungsdienst erworben haben muss.

15 **5. Bestimmung bei Nichteinigung.** Können sich die oberste Dienstbehörde und die zuständige Personalvertretung über die Person des unparteiischen Vorsitzenden nicht einigen, kann jeder Teil beim **Präsidenten des VGH Baden-Württemberg** die Bestellung eines Vorsitzenden beantragen. Sie können Vorschläge machen, an die der Präsident des VGH aber nicht gebunden ist. Die Entscheidung des Präsidenten ist nicht anfechtbar.

16 **6. Beamte und Arbeitnehmer.** Bei der Bestimmung der **Beisitzer** ist Absatz 1 Satz 6 zu beachten. Hiernach müssen unter den von der Personalvertretung benannten Beisitzern je ein Beamter und ein Arbeitnehmer sein, wenn die Angelegenheit nicht lediglich Beamte oder Arbeitnehmer betrifft.

II.   Dienstvereinbarung (Abs. 2)

17 **1. Ständige Einigungsstelle.** Die Einigungsstelle wird grundsätzlich von Fall zu Fall bei der obersten Dienstbehörde gebildet. Absatz 2 eröffnet die Möglichkeit, die Einigungsstelle „**auf Dauer**", längstens jedoch bis zum Ablauf der Amtszeit der zuständigen Personalvertretung einzurichten. Voraussetzung ist der Abschluss einer Dienstvereinbarung, in welcher mindestens festzulegen sind: Zeitpunkt der Bildung der Einigungsstelle, Zuständigkeitsbereich, Dauer ihres Bestehens, Namen des Vorsitzenden und der Beisitzer. Daneben bietet es sich an, Fragen der Geschäftsordnung zu regeln. Zum Abschluss der Dienstvereinbarung siehe § 85 Abs. 1 Satz 2.

2. Ständiger Vorsitzender. Durch Dienstvereinbarung kann auch dauerhaft Einigung über den unparteiischen Vorsitzenden erzielt werden. Auch eine solche Vereinbarung gilt längstens bis zum Ablauf der Amtszeit der zuständigen Personalvertretung. Ob dabei auch zwei Personen benannt werden können (so Altvater u. a. § 71 Rn. 20), erscheint fraglich. Jedenfalls müsste bei einer solchen Festlegung eine eindeutige Geschäftsverteilung bestimmen, wer in welchem Fall zur Entscheidung berufen ist. **18**

III. Verfahren (Abs. 3)

Allgemeines. Das Verfahren der Einigungsstelle beginnt damit, dass ein antragsberechtigter Beteiligter erklärt, die Entscheidung der Einigungsstelle herbeiführen zu wollen. Nach Bestellung des Vorsitzenden sind diesem von der obersten Dienstbehörde die zur Sache gehörenden Verwaltungsvorgänge zu übermitteln. Die beiden Beteiligten sollen nach Anrufung der Einigungsstelle ggf. ihre Standpunkte und Argumente zusammenfassend schriftsätzlich gegenüber der Einigungsstelle vortragen. Über die Ausgestaltung des weiteren Verfahrens enthält das Gesetz in Absatz 3 bis 5 nur wenige Bestimmungen. Soweit keine Geschäftsordnung existiert, wird das Verfahren vom Vorsitzenden nach zweckmäßigen Erwägungen (insb. Beschleunigung und Suche nach Einigungsmöglichkeiten) gestaltet. Ggf. ist das Verfahren nach prozessrechtlichen Grundsätzen zu ergänzen. **19**

1. Verhandlung. Für die Verhandlung hat die oberste Dienstbehörde einen geeigneten Raum zur Verfügung zu stellen. Über die Erklärungen der Beteiligten in der Sitzung und die Beratung haben die Mitglieder der Einigungsstelle **Stillschweigen** zu wahren. Dies gilt auch für das gesamte der Verhandlung vorausgehende Verfahren. **20**

Erörterung und Entscheidung. Die Verhandlung der Einigungsstelle ist **nicht öffentlich.** Aus Absatz 3 Satz 1 folgt auch, dass der Verhandlung keine dritten Personen beiwohnen dürfen. So kommt die Zuziehung einer **Protokollführerin** ebenso wenig in Betracht, wie die Teilnahme sonstiger Personen; auch nicht zu Ausbildungszwecken. Bei der **Erörterung** der Sache in der Verhandlung dürfen die Beteiligten zugegen sein und sich zur Sache äußern; sie können ggf. auch andere Personen hinzuziehen (z. B. fachkundige Bedienstete oder Bevollmächtigte). Nach erfolgter Äußerung haben auch diese Personen den Verhandlungsraum zu verlassen. Die **Beratung und Entscheidung** darf nur in Anwesenheit der Mitglieder der Einigungsstelle erfolgen. **21**

Ladung. Der Vorsitzende bestimmt den Termin. Sinnvollerweise wird er sich dabei vorher mit den Beisitzern und den äußerungsberechtigten Beteiligten ab- **22**

stimmen. Eine **Ladungsfrist** sieht das Gesetz nicht vor. Die Ladung wird von der obersten Dienstbehörde als Geschäftsstelle der Einigungsstelle bewirkt. Zu laden sind die Beisitzer und die Beteiligten. Die Beteiligten sind in der Ladung auf ihr Äußerungsrecht hinzuweisen. Sinnvollerweise klärt der Vorsitzende aber bereits im Vorfeld ab, ob ergänzender Vortrag vorgesehen ist. Die Ladung hat in geeigneter Form (schriftlich, aber auch per E-Mail) zu erfolgen.

23 **Niederschrift.** Über den Gang der Verhandlung ist vom Vorsitzenden eine Niederschrift zu errichten, aus der sich die mitwirkenden Mitglieder der Einigungsstelle, eventuelle Vertreter der Beteiligten, der Ablauf und die Beachtung der Formalitäten sowie die getroffene Entscheidung ergeben. Abschriften der Niederschrift erhalten die Beteiligten von der obersten Dienstbehörde übermittelt.

24 **2. Äußerungsmöglichkeit.** Die Beteiligten des Einigungsstellenverfahrens haben ihre wechselseitigen Standpunkte bereits im Stufenverfahren ausgetauscht. Von daher kommt der Äußerungsmöglichkeit in der Verhandlung nur eine untergeordnete Bedeutung zu. Gleichwohl sind die Beteiligten auf diese Möglichkeit in der Ladung hinzuweisen und sind ergänzende Ausführungen seitens des Vorsitzenden anzuregen, falls entsprechender Klärungsbedarf besteht.

25 **3. Schriftliche Äußerung.** Absatz 3 Satz 3 sieht die Möglichkeit der schriftlichen Äußerung anstelle des Vortrags in der Verhandlung vor. Da die mündliche Äußerung keine nennenswerte Rolle spielt (die Vertreter der Beteiligten sind durch die Beisitzer in der Einigungsstelle repräsentiert!), kommt auch dieser Bestimmung keine große Bedeutung zu. Sinnvoll ist es allerdings, dass die beiden Beteiligten die wechselseitigen Standpunkte vor der Sitzung der Einigungsstelle nochmals schriftsätzlich zusammenfassen, um die Entscheidungsfindung und Verhandlung zu erleichtern.

IV. Entscheidung (Abs. 4)

26 **1. Entscheidungsfrist.** Die Einigungsstelle soll binnen zwei Monaten nach der Erklärung eines Beteiligten, die Entscheidung der Einigungsstelle herbeiführen zu wollen, entscheiden. Die Regelung entspricht dem früheren § 69 Abs. 4 Satz 2 a. F. Diese Fristbestimmung ist in vielen Fällen wirklichkeitsfern. Allein die Bestellung der Beisitzer bzw. des Vorsitzenden nimmt oft einen erheblichen Teil der Frist in Anspruch, falls sich die Beteiligten überhaupt auf einen Vorsitzenden einigen können. Im Einigungsstellenverfahren muss sich der Vorsitzende in den Streitstand einarbeiten, ggf. ist den Beteiligten Gelegenheit zur ergänzenden Stellungnahme zu gewähren, von terminlichen Unwägbarkeiten ganz zu schweigen. Aus der gesetzlichen Frist kann deshalb nur ein allgemeines Beschleunigungsgebot abgeleitet werden; die Nichteinhaltung der Frist ist folgenlos.

27 **Einigung.** Vordringlichstes Ziel auch des Verfahrens der Einigungsstelle ist die gütliche Einigung. Diese sollte schon im Vorfeld, jedenfalls aber in der Verhandlung angestrebt werden. Realistische Einigungsmöglichkeiten sollten jedenfalls nicht an der 2-Monats-Frist scheitern. Kommt es zur Einigung, ist das Verfahren der Einigungsstelle erledigt. Tritt die **Erledigung** im Vorfeld der Verhandlung ein, stellt der Vorsitzende das Verfahren durch Beschluss ein. Kommt es erst in der Verhandlung zur Einigung stellt das Gremium durch Beschluss das Verfahren ein. Die Einstellung ist in der Niederschrift zu vermerken. Wird in der Verhandlung ein **Vergleich** geschlossen, so ist dieser ebenfalls in die Niederschrift aufzunehmen. Kommt auch während des Einigungsstellenverfahrens keine gütliche Einigung zustande, muss die Einigungsstelle in der Sache entscheiden.

2. Beschlussfähigkeit. Nach der Neuregelung von § 79 Abs. 4 Satz 2 ist die Einigungsstelle beschlussfähig, wenn der Vorsitzende und mindestens drei Beisitzer anwesend sind. Die Anwendung dieser Regelung setzt naturgemäß voraus, dass sämtliche Mitglieder der Einigungsstelle ordnungsgemäß geladen waren.   **28**

3. Fehlende Mitwirkung. Benennt eine Seite nicht innerhalb der Frist des § 79 Abs. 1 Satz 3 ihre Beisitzer oder erscheinen die von einer Seite benannten Beisitzer trotz ordnungsgemäßer Ladung nicht zur Sitzung eröffnet der neue § 79 Abs. 4 Satz 3 nunmehr ausdrücklich die Möglichkeit der Entscheidung der Einigungsstelle auch ohne diese Beisitzer (vgl. zur früheren entsprechenden Anwendung von § 76 Abs. 5 Satz 2 BetrVG: Richardi/Dörner/Weber § 71 Rn. 29; a. A. Ilbertz-Widmaier § 71 Rn. 21). Die restlichen Mitglieder der Einigungsstelle stimmen dann allein ab, wenn Beschlussfähigkeit gegeben ist. Von dieser Möglichkeit sollte nur ausnahmsweise, z. B. wenn erkennbar eine Verzögerungsabsicht besteht, Gebrauch gemacht werden.   **29**

V. Beschluss, Zustellung, Bindung (Abs. 5)

1. Beschluss, Form. Die Einigungsstelle entscheidet nach Absatz 5 Satz 1 durch Beschluss. Da der Beschluss den Beteiligten zugestellt werden muss, bedarf er der **Schriftform**. Dieses Formerfordernis ist erfüllt, wenn die **Beschlussformel** schriftlich niedergelegt und **von allen Mitgliedern** der Einigungsstelle **unterzeichnet** ist (BVerwG, 10.3.1987 – 6 P 17/85 – PersR 1987, 171 = PersV 1988, 128). Fehlende Unterschriften der Mitglieder der Einigungsstelle unter deren Beschluss können jederzeit nachgeholt werden (OVG Münster, 20.12.1989 – CL 28/87 – PersV 1991, 177).   **30**

Begründung. Eine Begründung ist nicht vorgeschrieben, aber zweckmäßig (vgl. BVerwG, 9.7.1980 – 6 P 73/78 – PersV 1981, 369; BVerwG, 20.12.1988 – 6 P 34/85 – PersR 1989, 49 = PersV 1989, 319). Es wird sich für die Einigungsstelle empfehlen, die wesentlichen Gründe, die zu ihrer Entscheidung geführt haben, darzulegen, damit die Beteiligten sich von der Richtigkeit und Zweckmäßigkeit des Beschlusses überzeugen können. Bei dem mit Gründen versehenen Beschluss genügt die Unterschrift des Vorsitzenden.   **31**

Entscheidungsvoraussetzungen. Die Einigungsstelle kann nur in dem in den §§ 73 ff. geregelten Verfahren entscheiden. Dieses Verfahren setzt u. a. voraus, dass die strittige Angelegenheit überhaupt der Mitbestimmung unterliegt. Ver-   **32**

neint die Einigungsstelle die **Mitbestimmungsbedürftigkeit** der Maßnahme, wird dies im Beschluss ausgesprochen; eine Sachentscheidung ergeht nicht. Dem PR bleibt dann nur die Möglichkeit im verwaltungsgerichtlichen Verfahren nach § 92 Abs. 1 Nr. 3 entscheiden zu lassen, ob die streitige Angelegenheit der Mitbestimmung unterliegt (BVerwG, 2.2.1990 – 6 PB 13/89 – PersR 1990, 114 = PersV 1991, 22). Die Sachentscheidungsvoraussetzungen können auch fehlen, wenn das **Verfahren** nicht ordnungsgemäß geführt worden ist. So kann z. B. bereits im Stufenverfahren die Zustimmungsfiktion wegen verspäteter Ablehnung durch den PR eingetreten sein.

33   **Ablauf der Amtszeit.** Bei Ablauf der Amtszeit der zuständigen Personalvertretung noch anhängige Einigungsverfahren können, ohne dass es einer Bestätigung der entsprechenden Beisitzer durch die neue Personalvertretung bedarf, von der Einigungsstelle zu Ende geführt werden (Ilbertz-Widmaier § 71 Rn. 3; Lorenzen u. a. § 71 Rn. 30).

34   **Entscheidungsinhalt.** Die Einigungsstelle entscheidet, ob der PR seine Zustimmung zu Recht verweigert hat. Verneint sie dies, kann die Maßnahme durchgeführt werden. Wird die Feststellung getroffen, dass die Zustimmung zu Recht verweigert worden ist, hat die Maßnahme in den Fällen der vollen Mitbestimmung – vorbehaltlich des Evokationsrechts – zu unterbleiben. Bei Angelegenheiten der eingeschränkten Mitbestimmung kann die Einigungsstelle nur eine Empfehlung aussprechen, über die sich die Dienststelle hinweg setzen kann (§ 78 Abs. 4).

35   **Bindung.** Der Beschluss der Einigungsstelle ist für die Beteiligten grundsätzlich bindend (§ 78 Abs. 2 Satz 2). Auch wenn die oberste Dienstbehörde von § 78 Abs. 2 Satz 3 Gebrauch macht, muss der bindende Ausspruch der Einigungsstelle erst förmlich beseitigt werden. In den Fällen der **eingeschränkten Mitbestimmung** entscheidet die oberste Dienstbehörde in eigener Zuständigkeit, ob und in welchem Umfang sie der Empfehlung der Einigungsstelle folgen will (BVerwG, 17.3.1987 – 6 P 15/85 – PersR 1987, 188 = PersV 1988, 131).

36   **Gerichtliche Kontrolle.** Die Beschlüsse der Einigungsstelle unterliegen der gerichtlichen Kontrolle. Der PR kann nur die die Beteiligten bindenden Beschlüsse gerichtlich überprüfen lassen, nicht aber bloße Empfehlungen (BVerwG, 24.1.2001 – 6 PB 15/00 – PersR 2001, 204).

37   **2. Teilstattgabe.** Nach Absatz 5 Satz 2 kann den Anträgen bei mehreren bzw. bei teilbaren Verhandlungsgegenständen auch teilweise entsprochen werden; die Einigungsstelle kann jedoch nichts grundsätzlich anderes beschließen, als beantragt war. Förmliche Anträge sind dem Einigungsstellenverfahren ohnehin fremd.

38   **3. Mehrheitsbeschluss.** Der Beschluss der Einigungsstelle wird mit Stimmenmehrheit gefasst. Typischerweise gibt damit der unparteiische Vorsitzende den Ausschlag. Sollte jedoch ein Beisitzer im Sinne des anderen Beteiligten abstimmen, käme auch so die erforderliche Mehrheit zustande; auch wenn dies gegen eine ausdrücklich erteilte Weisung verstoßen würde. Stimmenmehrheit liegt vor, wenn die Ja-Stimmen die Nein-Stimmen überwiegen (a. A. Lorenzen u. a. § 71 Rn. 52, welche Stimmenthaltung als Ablehnung werten). Eine **Stimmenthaltung** ist unzulässig (Richardi/Dörner/Weber § 71 Rn. 35). Bei Stimmengleichheit entscheidet die Stimme des Vorsitzenden.

4. Rechtlicher Rahmen. Die Entscheidung der Einigungsstelle ist in vielfältiger **39** Beziehung von Zweckmäßigkeitsgesichtspunkten geprägt. Einer rechtlichen Bindung unterliegt die Einigungsstelle aber nicht nur hinsichtlich der Entscheidungsvoraussetzungen (s. o.), sondern nach Absatz 5 Satz 4 auch hinsichtlich der Entscheidung selbst. Die Entscheidung der Einigungsstelle muss das geltende Recht, insbesondere das Haushaltsrecht berücksichtigen. Dies gilt auch im Fall der eingeschränkten Mitbestimmung. Die Einigungsstelle darf auch keine gesetzwidrige Empfehlung abgeben.

5. Zustellung. Der Beschluss der Einigungsstelle ist nach den Vorschriften des **40** Verwaltungszustellungsgesetzes zuzustellen (a. A. Richardi/Dörner/Weber § 71 Rn. 39; Ilbertz-Widmaier § 71 Rn. 25). Mit der Zustellung läuft die Überlegungsfrist für die oberste Dienstbehörde, ob sie von § 78 Abs. 2 Satz 3 (Evokationsrecht) Gebrauch machen will. Die oberste Dienstbehörde handelt in der Regel nicht unverzüglich, wenn sie auf die spätere Bekanntgabe des mit Gründen versehenen Beschlusses wartet.

§ 80 Mitwirkung

Soweit der Personalrat an Entscheidungen mitwirkt, ist ihm die beabsichtigte Maßnahme rechtzeitig bekanntzugeben und auf Verlangen mit ihm zu erörtern.

Regelungsinhalt. § 80 regelt die grundsätzliche Form der Beteiligung bei den An- **1** gelegenheiten, bei denen der PR mitzuwirken hat. Diese sind (abschließend) in § 81 aufgeführt. Die beim Mitwirkungsverfahren im Einzelnen geltenden Regelungen enthält § 82 sowie hinsichtlich des Stufenverfahrens § 83. Welche Personalvertretung mitzuwirken hat (örtlicher PR, Stufenvertretung, GesamtPR), ist in § 91 festgelegt.

Grundsatz. Mittelpunkt des Mitwirkungsverfahrens ist die Pflicht der Dienst- **2** stelle, die beabsichtigte Maßnahme mit dem Ziel der Verständigung eingehend mit der Personalvertretung zu erörtern, und das Recht der Personalvertretung, ggf. die übergeordneten Dienststellen um Entscheidung anzurufen. Die Mitwirkung ist daher lediglich ein formalisiertes Instrument, um der Personalvertretung in besonders nachdrücklicher Weise Gehör zu verschaffen, ohne ihr jedoch – im Gegensatz zur Mitbestimmung – eine rechtlich festgelegte Einflussnahme auf Maßnahmen der Dienststelle zu ermöglichen. Die Dienststelle kann deshalb auch bei fehlender Zustimmung der Personalvertretung die endgültige Entscheidung ohne Einschaltung einer Einigungsstelle treffen.

Bekanntgabe und Erörterung. Vorgeschrieben ist nicht nur die rechtzeitigeBe- **3** kanntgabe der beabsichtigten Maßnahme, sondern ausdrücklich genannt wird auch die Pflicht zur Erörterung mit dem PR. Abweichend von § 72 BPersVG ist eine Erörterung nicht in jedem Fall, sondern nur auf Verlangen des PR vorgeschrieben. Dies erscheint sinnvoll, da nicht jede Maßnahme einer Erörterung bedarf. Die Regelung ermöglicht dadurch eine Beschleunigung des Verfahrens und des Ergehens der Maßnahme. Für die Bekanntgabe der beabsichtigten Maßnahme an den PR empfiehlt sich u. a. folgende Formulierung: *„... mit der Bitte um Zustimmung im Verfahren nach § 80 i. V. m. § 81 Abs. ... Nr. ... LPVG."*

4 **Unterbliebene Mitwirkung.** Maßnahmen der Dienststelle sind grundsätzlich nicht nichtig oder unwirksam, wenn das Mitwirkungsrecht des PR verletzt ist. Bei Verwaltungsakten führen Verfahrensverstöße zur Anfechtbarkeit, die nur der betroffene Beamte, nicht der PR geltend machen kann. Die Mitwirkung kann bei beamtenrechtlichen Entscheidungen bis zum Abschluss des Vorverfahrens (Erlass des Widerspruchsbescheids) nachgeholt werden (BVerwG, 24.11.1983 – 2 C 9/82 – BWVPr 1984, 161). Werden die Vorschriften der §§ 80 bis 83 verletzt, kann der PR gemäß § 92 Abs. 1 Nr. 3 das Verwaltungsgericht anrufen und auch Dienstaufsichtsbeschwerde gegen den Dienststellenleiter erheben. Vorsätzliche Nichtbeteiligung des PR durch den Dienststellenleiter kann ein Dienstvergehen sein.

§ 81 Angelegenheiten der Mitwirkung

(1) Der Personalrat wirkt mit bei
1. Vorbereitung von Verwaltungsanordnungen einer Dienststelle für die innerdienstlichen, sozialen oder persönlichen Angelegenheiten der Beschäftigten ihres Geschäftsbereichs,
2. Auflösung, Einschränkung, Erweiterung, Verlegung oder Zusammenlegung von Dienststellen oder wesentlichen Teilen von ihnen,
3. nicht nur vorübergehender Übertragung wesentlicher Arbeiten oder wesentlicher Aufgaben, die bisher üblicherweise durch Beschäftigte der Dienststelle wahrgenommen werden, durch Vergabe oder Privatisierung,
4. Einrichtung von Telearbeitsplätzen oder sonstigen Arbeitsplätzen außerhalb der Dienststelle,
5. Auswahl der Beschäftigten zur Teilnahme an Maßnahmen der Berufsausbildung, an Fortbildungs- sowie Weiterbildungsveranstaltungen, an Qualifizierungsmaßnahmen im Rahmen der Personalentwicklung,
6. Grundsätzen der Personalplanung,
7. Arbeitsorganisation einschließlich der Planungs- und Gestaltungsmittel und der Zahl der einzusetzenden Beschäftigten, mit Ausnahme der Erstellung von Stundenplänen an allgemeinbildenden und beruflichen Schulen,
8. Grundsätzen der Arbeitsplatz- oder Dienstpostenbewertung.

(2) [1]**Der Personalrat wirkt auf Antrag der Beschäftigten mit bei**
1. Erlass von Disziplinarverfügungen oder schriftlichen Missbilligungen gegen Beamte,
2. Erteilung schriftlicher Abmahnungen gegen Arbeitnehmer.
[2]§ 75 Absatz 5 Nummer 1 gilt entsprechend.

1 **Vorbemerkung.** In der Vorschrift sind nunmehr sämtliche Angelegenheiten aufgeführt, in denen der PR mitzuwirken hat. Die Aufzählung ist **abschließend.**

In Abs. 1 sind die Angelegenheiten aufgeführt, in denen der PR immer mitzuwirken hat. Abs. 2 zählt in Satz 1 die Angelegenheiten auf, in denen der PR mitwirkt, wenn der Beschäftigte dies beantragt, wobei in Satz 2 bestimmte Personenkreise von der Mitwirkungsbefugnis des PR ausgenommen werden. Das **Verfahren**, das bei der **Mitwirkung** einzuhalten ist, ist in den §§ 80 und 82 und hinsichtlich des Stufenverfahrens in § 83 geregelt.

Fehlerhafte Beteiligung. Eine unterbliebene oder mangelhafte Beteiligung des **2** PR kann bis zum Abschluss des Widerspruchsverfahrens nachgeholt werden, wenn dem PR mit der nachgeholten Beteiligung noch eine echte Einwirkungsmöglichkeit auf die Entscheidung der Dienststelle gewährt wird.

I. Angelegenheiten der Mitwirkung ohne Antrag

Nr. 1. Verwaltungsanordnungen. Der PR hat mitzuwirken bei der Vorberei- **3** tung von Verwaltungsanordnungen einer Dienststelle für die innerdienstlichen, sozialen oder persönlichen Angelegenheiten der Beschäftigten ihres Geschäftsbereichs. Verwaltungsanordnung in diesem Sinne ist jede Regelung, welche die Dienststelle in Wahrnehmung ihrer Aufgaben und Rechte als Dienstherr oder Arbeitgeber gegenüber allen ihren Beschäftigten, jedenfalls aber gegenüber einer unbestimmten Anzahl ihrer Beschäftigten, trifft. Die Verwaltungsanordnungen müssen die innerdienstlichen, sozialen oder persönlichen Angelegenheiten der Beschäftigten ihres Geschäftsbereichs betreffen. Diese Angelegenheiten betreffen allein das Verhältnis, in dem die Dienststelle als „Arbeitgeber" und die Beschäftigten als „Arbeitnehmer" zueinander stehen. Die Mitwirkung ist beschränkt auf die Vorbereitung der Verwaltungsanordnungen. Wird der Inhalt der Verwaltungsanordnung von speziellen Mitbestimmungsrechten erfasst, gehen diese dem schwächeren Mitwirkungsrecht vor. Berührt die Verwaltungsanordnung nur in Teilaspekten Mitbestimmungsrechte, verbleibt es im Übrigen beim Mitwirkungsrecht, d. h. neben der Mitwirkungspflicht kann die Verwaltungsanordnung zusätzlich ganz oder teilweise der Mitbestimmung unterliegen (BVerwG, 1.9.2004 – 6 P 3/04 – PersR 2004, 437 = PersV 2005, 59).

Begriff. Verwaltungsanordnungen sind Regelungen, die die Dienststelle gegen- **4** über allen ihren Beschäftigten oder jedenfalls gegenüber einer unbestimmten Zahl der Beschäftigten trifft. Es muss sich um Maßnahmen zur Einwirkung auf das Verhalten der Beschäftigten handeln. Diese Maßnahmen müssen **unmittelbar** gestaltend in die innerdienstlichen, sozialen oder persönlichen Angelegenheiten der Beschäftigten der Dienststelle eingreifen. Rundschreiben, Erlasse usw. der Dienststelle an ihre Beschäftigten, die z. B. der Erläuterung bereits getroffener Maßnahmen oder der Darlegung einer Rechtsauffassung dienen, ohne dass damit eine Einwirkung auf das Verhalten der Beschäftigten verbunden ist, sind keine Verwaltungsanordnungen i. S. von Nr. 1 (vgl. VGH Mannheim, 26.2.1985 – 15 S 873/84 – ZBR 1985, 258). An einer unmittelbaren Einwirkung fehlt es bei einer ministeriellen Anordnung gegenüber Hochschulen darüber, wie die Dienstverträge mit einzustellenden Tutoren und wissenschaftlichen Hilfskräften zu gestalten sind (VGH Mannheim, 20.3.1984 – 15 S 152/83 – ZBR 1985, 120).

5   Zu den Verwaltungsanordnungen i. S. der Nr. 1 **gehören nicht** Anordnungen, die die Art und Weise der **Erfüllung der Aufgaben der Dienststelle gegenüber Außenstehenden** betreffen, auch wenn sie sich mittelbar im innerdienstlichen, sozialen oder persönlichen Bereich auf die Beschäftigten der Dienststelle auswirken. Damit trägt Nr. 1 dem Grundsatz Rechnung, dass der Personalvertretung keine Einwirkungsmöglichkeit auf die Erfüllung der der Dienststelle vom Gesetz oder auf gesetzlicher Grundlage gestellten Aufgaben eingeräumt werden darf. Auch dienstliche Weisungen an personalverwaltende Dienststellen fallen nicht darunter (VGH Mannheim, 20.4.1993 – PB 15 S 879/92 – PersV 1995, 131 zur dienstlichen Weisung zum Verhalten gegenüber langzeiterkrankten und häufig kurzzeiterkrankten Beschäftigten).

6   **Gleichlautende Einzelanordnungen.** Eine Verwaltungsanordnung i. S. von Nr. 1 liegt auch nicht vor, wenn die Dienststelle eine Vielzahl von Anträgen Beschäftigter mit gleichlautenden Schreiben beantwortet und darin zur Begründung allgemeine Ausführungen ohne anordnenden Charakter macht (VGH Mannheim, 20.3.1984 – 15 S 2472/82 – ZBR 1984, 347).

7   **Dienstliche Weisung.** Eine nach Nr. 1 mitwirkungsbedürftige Verwaltungsanordnung liegt ebenfalls nicht vor, wenn es sich in Wahrheit um eine dienstliche Einzelanweisung handelt, weil der darin angesprochene Personenkreis konkret bestimmt und abgrenzbar ist und sich die Anordnung auf ein bestimmtes Ereignis bezieht (VGH Mannheim, 6.9.1988 – 15 S 1357/87 – ZBR 1989, 158 zur Festsetzung einer verpflichtenden Fortbildungsveranstaltung für Biologielehrer auf einen bestimmten Abend).

8   **Innerdienstliche, soziale oder persönliche Angelegenheiten.** Was innerdienstliche, soziale oder persönliche Angelegenheiten sind, ist im LPVG wie auch im BPersVG nicht festgelegt. Die Ausfüllung dieser – gleichberechtigt und unabhängig voneinander stehenden – Begriffe hat deshalb nach allgemeinem Sprachgebrauch zu erfolgen. Als Beispiele seien genannt: Verfahren bei Krankheit, Einreichung und Behandlung von Urlaubsgesuchen, Benutzung von Dienstkraftwagen zu nichtdienstlichen Zwecken, Abschaffung verbilligter Fahrausweise.

9   **Einführungserlasse zu Tarifverträgen.** Nach Auffassung des BVerwG (14.12.1962 – VII P 5/62 – ZBR 1963, 63) sind auch Einführungserlasse zu Tarifverträgen Verwaltungsanordnungen. Soweit jedoch solche Einführungserlasse – wie in Baden-Württemberg üblich – vom Finanzministerium für den gesamten Landesbereich ergehen, entfällt eine Beteiligung des PR (s. Rn. 10).

10   **Ressortübergreifende Verwaltungsanordnungen.** Mitwirkungspflichtig ist nur die Vorbereitung von Verwaltungsanordnungen, die die Dienststelle für ihren Bereich erlassen will. Ressortübergreifende Verwaltungsanordnungen, die von einer **obersten Landesbehörde** kraft der ihr zustehenden Regelungsbefugnis auch für die Bereiche anderer oberster Dienstbehörden erlassen werden sollen, unterliegen nicht der Mitwirkung, da die oberste Dienstbehörde (z. B. das Finanzministerium) insoweit keinen Partner hat. § 91 Abs. 6 Satz 1 kommt in diesem Fall nicht zur Anwendung, da diese Vorschrift nur eine Zuständigkeitsregelung hinsichtlich sozialer, personeller und organisatorischer **Einzelmaßnah-**

men, für die das Gesetz eine Beteiligung des PR vorsieht, trifft (s. § 91 Rn. 18). Die ausschließliche Bekanntgabe und Weitergabe von Verwaltungsanordnungen übergeordneter Dienststellen ist nur dann mitwirkungspflichtig, wenn die Verwaltungsanordnung der übergeordneten Dienststelle noch einen ausfüllungsbedürftigen Raum enthält, für den die örtliche Dienststelle zuständig ist.

Gewerkschaftsbeteiligung. Bei Verwaltungsanordnungen, bei deren Vorberei- **11** tung nach § 89 Abs. 1 LBG die Spitzenorganisationen der zuständigen Gewerkschaften zu beteiligen sind, findet nach § 90 ein Mitwirkungsverfahren nicht statt. Voraussetzung für die Beteiligung von Spitzenorganisationen ist, dass die Verwaltungsanordnung von einer obersten Dienstbehörde erlassen wird und sie Fragen von grundsätzlicher Bedeutung regelt. Grundsätzliche Bedeutung haben Vorschriften, die nach Form und Inhalt über die Erledigung eines speziellen Tatbestandes oder Einzelfalles hinausgehen (siehe die Erl. zu § 90).

Nr. 2. Veränderung von Dienststellen. Die Auflösung, Einschränkung, Erweite- **12** rung, Verlegung oder Zusammenlegung von Dienststellen oder von wesentlichen Teilen von ihnen bedarf der Mitwirkung des PR. Wesentliche Teile einer Dienststelle sind abgrenzbare Organisationseinheiten, deren Fortfall oder Veränderung sich auf den Aufgabenbereich oder die Struktur der Dienststelle derart auswirkt, dass sie zu einer wesensmäßigen „anderen" Dienststelle wird. Daraus ergibt sich z. B., dass von der vorübergehenden Schließung einiger weniger Zweigstellen der Stadtbibliothek einer Großstadt in der Ferienzeit keine „wesentlichen Teile" i. S. der Nr. 2 betroffen sind, der PR also nicht mitzuwirken hat (BVerwG, 17.7.1987 – 6 P 13/85 – PersV 1989, 315 = PersR 1988, 17).

Dienststellenbegriff. Dienststellen sind die in § 5 Abs. 1 aufgeführten Organisa- **13** tionseinheiten. Außenstellen, Nebenstellen oder Teile einer Dienststelle, die nach § 5 Abs. 3 personalvertretungsrechtlich verselbstständigt sind, werden dadurch nicht automatisch zu Dienststellen i. S. v. Nr. 2 (so auch Altvater u. a. § 84 Rn. 12, a. A. Lorenzen u. a. § 78 Rn. 23). Es ist vielmehr zu prüfen, ob es sich dabei im Einzelfall um wesentliche Teile von Dienststellen i. S. v. Nr. 2 handelt.

Auflösung. Bei der Auflösung der Dienststelle fallen die Aufgaben der Dienst- **14** stelle entweder vollständig ersatzlos weg oder werden vollständig auf eine andere Dienststelle übertragen.

Privatisierung. Eine Auflösung i. S. v. Nr. 2 ist auch die vollständige Privatisie- **14a** rung von Einrichtungen (Lorenzen u. a. § 78 Rn. 25 sowie Altvater u. a. § 78 Rn. 13; a. A. Ilbertz-Widmaier § 78 Rn. 10a). Da die Einrichtung in einer anderen Rechtsform weitergeführt wird, wird die Dienststelle als solche stillgelegt. Dem PR steht deshalb an der Organisationsentscheidung ein Mitwirkungsrecht zu (s. hierzu auch BVerfG, 25.1.2011 – 1 BvR 1741/09 – PersR 2011, 346). Werden nur bestimmte Arbeiten und Aufgaben, die bisher von Beschäftigten der Dienststelle wahrgenommen werden, privatisiert, besteht nach Nr. 3 ein Mitwirkungsrecht des PR.

Einschränkung. Eine Einschränkung liegt vor, wenn der sachliche oder örtliche **15** Aufgabenkreis der Dienststelle eingeschränkt wird und davon ein erheblicher

Teil der Beschäftigten betroffen ist. Eine Einschränkung ist mitwirkungspflichtig, wenn sie das „Wesen der Dienststelle" berührt und nicht nur unbedeutende
personelle Maßnahmen auslöst.

16 **Erweiterung.** Eine Erweiterung liegt vor, wenn der Dienststelle zusätzlich neue
Aufgaben übertragen werden. Davon nicht umfasst sind bauliche Erweiterun-
gen, für die gem. § 87 Abs. 1 Nr. 3 und 4 ein Anhörungsrecht des PR besteht,
auch nicht die Anmietung neuer Räume, für die ebenfalls gem. § 87 Abs. 1
Nr. 4 ein Anhörungsrecht des PR besteht. Nach dem Regelungszusammenhang
ist vielmehr davon auszugehen, dass die Vorschrift zur Anwendung kommt,
wenn der sachliche oder örtliche Aufgabenkreis der Dienststelle erweitert wird
und davon ein erheblicher Teil der Beschäftigten betroffen ist. Ein Mitwirkungsrecht kommt jedoch nur in Frage, soweit die Dienststelle entscheidungsbefugt ist, was – wenn überhaupt – nur sehr selten der Fall sein dürfte.

17 **Verlegung.** Verlegung ist die örtliche Änderung der Dienststelle. Die Verlegung
einer Dienststelle unterliegt der Mitwirkung des PR, wenn die persönlichen
Verhältnisse eines größeren Teils der Beschäftigten – z. B. durch längere oder
schwierigere Wege zur Dienststelle – berührt werden. Dies kann auch bei einem
Umzug innerhalb einer Großstadt der Fall sein.

18 **Zusammenlegung.** Zusammenlegung bedeutet die völlige Eingliederung in eine
andere Dienststelle oder die Neubildung einer Dienststelle aus mindestens zwei
vorhandenen Dienststellen.

19 **Umfang der Mitwirkungsbefugnis.** Die Beteiligung des PR erstreckt sich nur
auf die Entscheidung über die organisatorische Maßnahme selbst. Die Durchführung im Einzelnen obliegt der Dienststelle. Dabei kann, wenn weitere (Ein-
zel-)Maßnahmen erforderlich sind, allerdings nach anderen Vorschriften eine
Beteiligung des PR in Betracht kommen, z. B. bei etwa erforderlichen Versetzungen eine Mitbestimmung nach § 75 Abs. 2 Nr. 1.

20 **Fehlende Personalvertretung.** Eine Beteiligung **entfällt** bei den in Nr. 2 genannten Maßnahmen, wenn eine Stelle entscheidet, die keinen PR als Partner hat,
z. B. bei einer Entscheidung der Landesregierung. Diese kann, soweit gesetzlich
nichts anderes bestimmt ist, nach § 25 Abs. 2 LVG organisatorische Maßnahmen (Errichtung und Aufhebung, Sitzbestimmung) für höhere und untere Sonderbehörden treffen.

21 **Fehlender Entscheidungsspielraum.** Eine Beteiligung **entfällt** auch, soweit der
Dienststelle **kein Entscheidungsspielraum** zusteht, z. B. weil sie nur noch eine
bereits an anderer Stelle getroffene Entscheidung – sei es auch durch eine weitere eigene Anordnung – zu vollziehen hat.

22 **Gesetzesvorrang.** Organisatorische Maßnahmen, die durch gesetzliche Vorschriften getroffen werden, unterliegen **nicht der Mitwirkung** einer Personalvertretung. Da durch das LPVG die verfassungsmäßigen Rechte des Landtags
nicht eingeschränkt werden können, gilt dies von vornherein für Maßnahmen
in formellen Gesetzen, z. B. auch bei Verringerung der Zahl der Planstellen bei
einer Behörde durch das Haushaltsgesetz (den Haushaltsplan). Eine Mitwir-

kung an der Gestaltung des Haushalts entfällt auch, wenn darüber ein Selbstverwaltungsorgan als legislatives Organ entscheidet. Durch § 84 i. d. F. des ÄG 2013 (jetzt: § 90) wird nunmehr ausdrücklich klargestellt, dass beim Erlass von Rechtsverordnungen und Satzungen eine Beteiligung des PR ausgeschlossen ist (siehe die Erl. zu § 90).

Nr. 3. Aufgabenübertragung. Die nicht nur vorübergehende Übertragung wesentlicher Arbeiten oder wesentlicher Aufgaben, die bisher üblicherweise durch Beschäftigte der Dienststelle wahrgenommen werden, durch Vergabe oder Privatisierung ist mitwirkungsbedürftig. Es muss sich um wesentliche Arbeiten oder wesentliche Aufgaben handeln, die bisher von Beschäftigten der Dienststelle wahrgenommen wurden, und die **dauerhaft** ausgelagert werden sollen. Nicht jede kleinere Maßnahme, etwa die kurzzeitige Übertragung einer Aufgabe des Bauhofs auf einen Handwerker oder die Heranziehung Externer wegen vorübergehendem Krankheitsausfall eines Beschäftigten, soll jeweils den Mitwirkungsfall auslösen. Erfasst werden sollen vielmehr nur Maßnahmen, die wesentliche Dauerwirkung für die Beschäftigten haben und personelle Konsequenzen für die Dienststelle haben können. Gegenstand der Mitwirkung ist sowohl die Entscheidung, ob eine Vergabe oder Privatisierung stattfinden soll, als auch die danach folgenden Entscheidungen über die Umsetzung des Vorhabens. **23**

Vergabe. Die Vergabe ist die Beauftragung eines externen Dritten mit bestimmten Arbeiten oder Aufgaben, ohne dass sich an der grundsätzlichen Zuständigkeit der Dienststelle etwas ändert. Die Verantwortung bleibt bei der Dienststelle. **23a**

Privatisierung. Bei der Privatisierung gehen die bisher von Beschäftigten der Dienststelle wahrgenommenen Arbeiten oder Aufgaben auf Dauer auf einen Dritten in Privatrechtsform über. Hinsichtlich dieser Arbeiten und Aufgaben gibt die Dienststelle ihre Verantwortung und Aufsicht an den privaten Rechtsträger ab. **23b**

Nr. 4. Externe Arbeitsplätze. Die Einrichtung von externen Arbeitsplätzen (Telearbeitsplätze oder sonstige Arbeitsplätze außerhalb der Dienststelle) hat erhebliche Konsequenzen für alle Beschäftigten. Da die betroffenen Beschäftigten ihre Dienstaufgaben in diesen Fällen nicht mehr in den Räumen der Dienststelle, sondern in anderen Räumen, insbesondere in ihrer Wohnung erledigen, gilt dies auch für die Beschäftigten, die ihre Dienstaufgaben weiterhin in den Räumen der Dienststelle erledigen. Neben dem Mitwirkungsrecht nach Nr. 4 sind auch die Mitbestimmungsrechte des PR nach § 75 Abs. 3 Nr. 4 (Ablehnung eines Antrags auf Telearbeit oder auf Einrichtung eines Arbeitsplatzes außerhalb der Dienststelle) und nach § 75 Abs. 4 Nr. 12 (Gestaltung der Arbeitsplätze) zu beachten. **24**

Telearbeitsplätze. Beim Telearbeitsplatz ist der Beschäftigte online mit der Dienststelle verbunden, d. h. er loggt sich in das Kommunikationsnetz der Dienststelle ein. **24a**

Sonstige Arbeitsplätze außerhalb der Dienststelle. Die Beschäftigten erledigen ihre Arbeit nicht in Räumen der Dienststelle, sondern in anderen Räumen ohne **24b**

online mit der Dienststelle verbunden zu sein. Davon zu unterscheiden ist die Tätigkeit in einer Außen- oder Nebenstelle, bei der es sich um räumlich aus der Hauptstelle ausgegliederte **Teile der Dienststelle** handelt. (s. § 5 Abs. 3 sowie die Kommentierung hierzu).

25 **Nr. 5. Fort- und Weiterbildung.** Die Auswahl der Beschäftigten zur Teilnahme an Maßnahmen der Berufsausbildung, an Fortbildungs- sowie Weiterbildungsveranstaltungen, an Qualifizierungsmaßnahmen im Rahmen der Personalentwicklung unterliegt der Mitwirkung des PR. Die Begriffe Maßnahmen und Veranstaltungen haben die gleiche Bedeutung. Mit der Zulassung zu einer neuen Berufsausbildung soll Beschäftigten eine neue berufliche Qualifikation ermöglicht werden, das gilt auch für die Qualifizierungsmaßnahmen. Die Fort- oder Weiterbildungsveranstaltungen können auch der allgemeinen oder politischen Weiterbildung dienen.

26 **Umfang.** Das Mitwirkungsrecht, das eine chancengerechte Behandlung der Beschäftigten sicherstellen soll, erstreckt sich auf die von der Dienststelle zu treffende **Einzelauswahlentscheidung**, es beinhaltet **kein gemeinsames Auswahlrecht** (Ilbertz-Widmaier § 75 Rn. 134; BVerwG, 7.3.1995 – 6 P 7/93 – PersV 1995, 449 = PersR 1995, 332). Generelle Festlegungen zu allgemeinen Fragen, z. B. die Festlegung von Ausschreibungs- und Auswahlgrundsätze, fallen unter den Mitbestimmungstatbestand des § 75 Abs. 4 Nr. 10. Dazu gehört auch die Einführung und Ausgestaltung von Assessment-Centern zur Auswahl der Teilnehmerinnen und Teilnehmer an den genannten Maßnahmen. Hinsichtlich der Auswahl für eine konkrete Maßnahme, ist dagegen nur das Mitwirkungsrecht nach Nr. 5 gegeben.

27 **Nr. 6. Grundsätze der Personalplanung.** Der Mitwirkungstatbestand ist neu eingeführt worden durch das ÄG 2013 (damals: § 76 Abs. 1 Nr. 6). Bei der Festlegung von **Grundsätzen**, wie die Aufstellung von Personalplanungen im Einzelfall zu erfolgen haben, hat der PR nunmehr ein Mitwirkungsrecht. Bei der danach erfolgenden Personalplanung hat er dagegen nur ein Anhörungsrecht gem. § 87 Abs. 1 Nr. 2.

28 **Nr. 7. Arbeitsorganisation.** Die Arbeitsorganisation einschließlich der Planungs- und Gestaltungsmittel und der Zahl der einzusetzenden Beschäftigten, mit Ausnahme der Erstellung von Stundenplänen an allgemeinbildenden und beruflichen Schulen, unterliegt der Mitwirkung des PR. Das Mitwirkungsrecht eröffnet dem PR weitreichende Mitspracherechte in fast allen organisatorischen Fragen. Unter Arbeitsorganisation ist die planmäßige Regelung der Arbeitsausführung zur Erfüllung der Aufgaben der Dienststelle durch deren Beschäftigte zu verstehen. Dabei muss sich die Maßnahme unmittelbar auf die Arbeitsausführung, d. h. auf die von den einzelnen Beschäftigten konkret vorzunehmenden Arbeitsvorgänge auswirken. Hierunter fallen alle Regelungen über das Arbeitsverfahren und die Arbeitsabläufe, die zur Erfüllung der Dienstaufgaben erforderlich sind (VGH Mannheim, 12.3.2002 – PL 15 S 978/01 – PersR 2003, 326). Es können sich auch Überschneidungen mit den Mitbestimmungstatbeständen des § 75 Abs. 4 Nr. 14 (Maßnahmen, die zur Hebung der Arbeitsleistung und Erleichterung des Arbeitsablaufs geeignet sind) und § 75

Abs. 4 Nr. 15 (Einführung grundsätzlich neuer Arbeitsmethoden) ergeben. Insoweit geht das stärkere Mitbestimmungsrecht dem schwächeren Mitwirkungsrecht vor.

Stundenpläne. Vom Mitwirkungsrecht ausdrücklich ausgenommen ist die Erstellung von Stundenplänen an allgemeinbildenden und beruflichen Schulen. Damit soll eine termingerechte Stundenplanerstellung sichergestellt werden. **29**

Nr. 8. Grundsätze der Arbeitsplatz- oder Dienstpostenbewertung. Die Arbeitsplatz- oder Dienstpostenbewertung ist die Zuordnung der auf einem bestimmten Arbeitsplatz oder Dienstposten wahrzunehmenden Tätigkeit zu einer Entgelt- oder Besoldungsgruppe. Mitwirkungspflichtig sind die **Grundsätze** dieser Bewertung. Das sind die allgemeinen Regeln über die Methodik des Bewertungsverfahrens, die Bewertungsmerkmale, die Bestimmungsgrößen und deren Gewichtung. **30**

II. Antragsabhängige Mitwirkung

1. Anwendungsbereich. Satz 1 zählt **abschließend** die Angelegenheiten auf, in denen der PR nur mitwirkt, wenn der betroffene Beschäftigte dies beantragt. Deshalb ist ihm von der beabsichtigten Maßnahme rechtzeitig vorher Kenntnis zu geben, gleichzeitig ist er auf sein Antragsrecht hinzuweisen (§ 82 Abs. 2 Hs. 1 i. V. m. § 76 Abs. 3); dies sollte zweckmäßigerweise in Schriftform erfolgen. Gem. § 82 Abs. 2 Hs. 2 i. V. m. § 85 ist das Mitwirkungsverfahren darüber hinaus dahingehend modifiziert, dass bei mehrstufigen Verwaltungen das Mitwirkungsverfahren nicht als Stufenverfahren fortgesetzt werden kann und bei Gemeinden oder Gemeindeverbänden und sonstigen Körperschaften, Anstalten und Stiftungen des öffentlichen Rechts nicht durch Anrufung des obersten Organs oder der Aufsichtsbehörde fortgesetzt werden kann. **31**

Nr. 1. Disziplinarverfügungen. Der Erlass von Disziplinarmaßnahmen oder schriftlichen Missbilligungen gegen Beamte unterliegt der Mitwirkung des PR. Im Gegensatz zu § 78 Abs. 1 Nr. 3 BPersVG, wonach lediglich die Erhebung einer Disziplinarklage gegen einen Beamten der Mitwirkung unterliegt (wenn der Beamte dies beantragt, s. § 78 Abs. 2 Satz 2 BPersVG), hat nach Nr. 1 der PR mitzuwirken beim Erlass von allen Disziplinarmaßnahmen i. S. v. §§ 25 bis 33 LDG, also bei Verweisen (§ 27 LDG), Geldbußen (§ 28 LDG), Kürzung der Bezüge (§ 29 LDG), Zurückstufung (§ 30 LDG), Entfernung aus dem Beamtenverhältnis (§ 31 LDG), Kürzung des Ruhegehalts (§ 32 LDG) und Aberkennung des Ruhegehalts (§ 33 LDG) sowie bei schriftlichen Missbilligungen (Rechtsgrundlage nunmehr das allgemeine Aufsichtsrecht des Dienstherrn, da das zum 22.10.2008 in Kraft getretene LDG keine dem außer Kraft getretenen § 6 Abs. 2 LDO a. F. entsprechende Vorschrift enthält, h. M.). Bei der Verfügung vorläufiger Maßnahmen gem. § 21 LDG (vorläufige, nicht amtsgemäße Verwendung) und § 22 LDG (vorläufige Dienstenthebung) findet keine Beteiligung der Personalvertretung statt, da damit noch keine Disziplinarverfügung ergeht. **32**

Schriftliche Missbilligung. Eine schriftliche Missbilligung i. S. v. Nr. 1 liegt vor, wenn ein Dienstvorgesetzter einem Beamten in schriftlicher Form eine Dienst- **33**

pflichtverletzung durch ein bestimmtes in der Vergangenheit liegendes Verhalten vorhält und sein Missfallen über dieses Fehlverhalten ausspricht. Eine Missbilligung unterliegt nur dann als schriftliche Missbilligung nach Nr. 1 der Mitwirkung, wenn diese in der Form eines an den Beamten gerichteten Schreibens ausgesprochen wird. Dies ist nicht der Fall, wenn über eine **mündliche Missbilligung** nachträglich ein Aktenvermerk erstellt, dieser zu den Personaldatenakten genommen und dem Beamten eine Ausfertigung ausgehändigt wird (vgl. VGH Mannheim, 19.5.1981 – 13 S 2362/80 – ZBR 1982, 191).

34   **Nr. 2. Abmahnungen.** Mitwirkungspflichtig ist nur die Erteilung **schriftlicher** Abmahnungen gegen Arbeitnehmer, **nicht** die **mündliche** Abmahnung. Eine bloße **Ermahnung** des Arbeitnehmers ist keine Abmahnung. Eine Abmahnung liegt nur dann vor, wenn der Arbeitgeber ein konkretes Verhalten des Arbeitnehmers diesem gegenüber schriftlich beanstandet verbunden mit dem Hinweis, dass ein Wiederholungsfall zu einer Kündigung führen kann.

35   **2. Ausgenommener Personenkreis.** Disziplinarverfügungen oder schriftliche Missbilligungen gegen Beamte unterliegen nicht der Mitwirkung bei Beamten der Besoldungsgruppen A 16 und höher, bei den obersten Dienstbehörden des Landes der Besoldungsgruppen B 3 und höher sowie bei Landräten, Bürgermeistern und Beigeordneten (Abs. 2 Satz 2 i. V. m. § 75 Abs. 5 Nr. 1). Ebenso unterliegen schriftlicher Abmahnungen gegen Arbeitnehmer, die eine der Besoldungsgruppe A 16 bzw. B 3 und höher entsprechende Vergütung erhalten, sowie gegen leitende Beschäftigte öffentlich-rechtlicher Kreditinstitute nicht der Mitwirkung (Abs. 2 Satz 2 i. V. m. § 75 Abs. 5 Nr. 1).

§ 82   Einleitung, Verfahren der Mitwirkung

(1) Die Dienststelle unterrichtet den Personalrat über die beabsichtigte Maßnahme.

(2) In den Fällen des § 81 Absatz 2 gilt § 76 Absatz 3 entsprechend, § 83 findet keine Anwendung.

(3) Der Personalrat kann verlangen, dass die Dienststelle die beabsichtigte Maßnahme begründet.

(4) [1]Äußert sich der Personalrat nicht innerhalb von drei Wochen, hält er bei Erörterung seine Einwendungen oder Vorschläge nicht aufrecht oder haben sie offenkundig keinen unmittelbaren Bezug zu den Mitwirkungsangelegenheiten, so gilt die beabsichtigte Maßnahme als gebilligt. [2]§ 76 Absatz 6 Satz 2 und 3, Absatz 7 und 8 gilt entsprechend.

(5) [1]Erhebt der Personalrat Einwendungen, so hat er der Dienststelle die Gründe mitzuteilen. [2]§ 76 Absatz 9 Satz 2 gilt entsprechend.

(6) Entspricht die Dienststelle den Einwendungen des Personalrats nicht oder nicht in vollem Umfang, so teilt sie dem Personalrat ihre Entscheidung unter Angabe der Gründe schriftlich mit.

1   **Vorbemerkung.** Die Vorschrift regelt im Einzelnen das Verfahren bei den Angelegenheiten, bei denen der PR mitzuwirken hat. Die grundsätzliche Form der

Beteiligung in diesen Angelegenheiten ist in § 80 ausgeführt. Mittelpunkt des Mitwirkungsverfahrens ist die Pflicht der Dienststelle, die beabsichtigte Maßnahme mit dem Ziel der Verständigung eingehend mit der Personalvertretung zu erörtern, und das Recht der Personalvertretung, ggf. die übergeordneten Dienststellen um Entscheidung anzurufen. Die Mitwirkung ist daher lediglich ein formalisiertes Instrument, um der Personalvertretung in besonders nachdrücklicher Weise Gehör zu verschaffen, ohne ihr jedoch – im Gegensatz zur Mitbestimmung – eine rechtlich festgelegte Einflussnahme auf Maßnahmen der Dienststelle zu ermöglichen. Die Dienststelle kann deshalb auch bei fehlender Zustimmung der Personalvertretung die endgültige Entscheidung ohne Einschaltung einer Einigungsstelle treffen. Welche Personalvertretung mitzuwirken hat (örtlicher PR, Stufenvertretung, GesamtPR), ist in § 91 festgelegt.

I. Unterrichtung des PR

Unterrichtungspflicht. Abs. 1 in der Form des ÄG 2013 (damals: § 77 Abs. 1) **2** stellt nunmehr ausdrücklich klar, dass die Dienststelle den PR über die beabsichtigte Maßnahme **unterrichten** muss. Unterrichten ist mehr als die bloße Bekanntgabe, sie verlangt eine, u. U. auch detailliertere, Erläuterung, so dass sich der PR ein Bild über die beabsichtigte Maßnahme machen kann. Gem. Abs. 3 muss die Dienststelle die beabsichtigte Maßnahme auf Verlangen des PR auch begründen (s. Rn. 5). Die Unterrichtung hat rechtzeitig zu erfolgen und auf Verlangen des PR ist die beabsichtigte Maßnahme mit diesem auch zu erörtern (s. § 80).

II. Verfahren bei Mitwirkung nur auf Antrag

Hinweispflicht. § 81 Abs. 2 Satz 1 zählt (abschließend) die Angelegenheiten **3** auf, in denen der PR nur mitwirkt, wenn der betroffene Beschäftigte dies beantragt. Dies sind Erlasse von Disziplinarverfügungen oder schriftlichen Missbilligungen gegen Beamte (§ 81 Abs. 2 Satz 1 Nr. 1) und Erteilung schriftlicher Abmahnungen gegen Arbeitnehmer (§ 81 Abs. 2 Satz 1 Nr. 2). Gem. Abs. 2 Hs. 1 i. V. m. § 76 Abs. 3 sind in diesen Fällen die Beschäftigten von der beabsichtigten Maßnahme rechtzeitig vorher in Kenntnis zu setzen, gleichzeitig sind sie auf ihr Antragsrecht hinzuweisen; dies sollte zweckmäßigerweise in Schriftform erfolgen.

Ausschluss des Stufenverfahrens. In diesen Angelegenheiten kann darüber hi- **4** naus gem. Abs. 2 Hs. 2 i. V. m. § 83 bei mehrstufigen Verwaltungen das Mitwirkungsverfahren nicht als Stufenverfahren fortgesetzt werden und bei Gemeinden oder Gemeindeverbänden und sonstigen Körperschaften, Anstalten und Stiftungen des öffentlichen Rechts kann das Mitwirkungsverfahren nicht durch Anrufung des obersten Organs oder der Aufsichtsbehörde fortgesetzt werden. Grund für diesen Ausschluss dürfte sein, dass Disziplinarverfügungen, schriftliche Missbilligungen und schriftliche Abmahnungen zeitnah erfolgen müssen um wirkungsvoll zu sein und es auch im Interesse des Beschäftigten liegt, wenn sich die Entscheidung, ob eine derartige Maßnahme erlassen wird, nicht zu lange hinzieht.

III. Begründungspflicht der Dienststelle

5 **Begründungspflicht.** Auf Verlangen des PR hat die Dienststelle die beabsichtigte Maßnahme zu begründen. **Schriftform** ist weder für das Verlangen des PR noch für die Begründung seitens der Dienststelle ausdrücklich vorgeschrieben. Sie dürfte aber in der Regel sinnvoll sein, damit für das weitere Verfahren die wechselseitigen Positionen klargestellt sind.

IV. Äußerungsfrist, Zustimmungsfiktion und Nichtberücksichtigung von Einwendungen

6 **1. Zustimmungsfiktion.** Der PR kann beschließen (§ 34), der beabsichtigten Maßnahme zuzustimmen oder sie abzulehnen. **Schweigen gilt** nach Ablauf der Frist von drei Wochen **als Zustimmung.** Der PR kann aber auch beschließen, der Dienststelle Einwendungen oder (Gegen-)Vorschläge zu unterbreiten. In diesem Fall – und auch im Fall der Ablehnung – wird in der Regel eine Erörterung (mit dem gesamten PR, nicht mit dem Vorstand) der Angelegenheit stattfinden. Hält hier der PR seine Einwendungen oder (Gegen-)Vorschläge nicht aufrecht, gilt die Maßnahme auch ohne ausdrückliche Zustimmung als gebilligt.

7 **Unbeachtliche Einwendungen.** Die beabsichtigte Maßnahme gilt auch dann als gebilligt, wenn der PR innerhalb der drei Wochen nur Einwendungen oder Gegenvorschläge vorbringt, die **offenkundig** keinen unmittelbaren Bezug zu den Mitwirkungsangelegenheiten haben. Solche Gründe sind unbeachtlich und die Maßnahme gilt als gebilligt. Gem. Abs. 5 Satz 1 hat der PR, wenn er Einwendungen erhebt, die Gründe der Dienststelle mitzuteilen. Grundsätzlich hat die Dienststelle, wenn sie den Einwendungen des PR nicht oder nicht in vollem Umfang entspricht, ihre Entscheidung dem PR schriftlich unter Angabe der Gründe mitzuteilen (Abs. 6). Die Dienststelle darf die vorgebrachten Einwendungen des PR nur dann als **offenkundig unbeachtlich** übergehen, wenn diese nur allgemeiner Art und formelhaft sind oder jeden Bezug zu der beabsichtigten **konkreten** Maßnahme vermissen lassen. Es ist nicht ausreichend, dass die Einwendungen nicht widerspruchsfrei und in vollem Umfang schlüssig sind (vgl. die Rspr. zum bisherigen § 82: BVerwG, 9.12.1992 – 6 P 16/91 – PersR 1993, 212 = PersV 1994, 173 und 30.4.2001 – 6 P 9/00 – PersR 2001, 382 = PersV 2001, 411).

8 **Fristbeginn.** Die Äußerungsfrist beginnt mit der ordnungsgemäßen, d. h. vollständigen Unterrichtung des PR durch die Dienststelle, im Fall des Abs. 3 mit der Begründung der beabsichtigten Maßnahme durch die Dienststelle. Die Frist wird durch eine Erörterung weder unterbrochen noch gehemmt (BVerwG, 27.1.1995 – 6 P 22/92 – PersV 1995, 443 = PersR 1995, 185). Innerhalb der Äußerungsfrist muss nicht nur der Beschluss des PR gefasst werden, sondern dieser auch der Dienststelle mitgeteilt werden.

2. Fristverkürzung und abweichende Fristenregelung. Satz 2 sieht unter Bezug- **9**
nahme auf § 76 Abs. 6 Satz 2 und 3 sowie Abs. 7 und 8 die Möglichkeit einer
einseitigen Fristverkürzung oder auch Fristverlängerung durch die Dienststelle
sowie von abweichenden einverständlichen Vereinbarungen vor. Die Dienststelle kann in dringenden Fällen die Äußerungsfrist des PR auf maximal eine
Woche abkürzen und im Einzelfall auch verlängern. Darüber hinaus besteht
die Möglichkeit, abweichende Vereinbarungen zu treffen und zwar generell für
die Dauer der Amtszeit des PR oder im Einzelfall.

Eilfall. In dringenden Fällen kann die Dienststelle die **Äußerungsfrist** des PR **10**
auf maximal eine Woche **abkürzen** (§ 76 Abs. 6 Satz 2 entsprechend). Ein dringender Fall liegt vor, wenn ein Aufschub zu erheblichen Nachteilen führen
würde (BVerwG, 15.11.1995 – 6 P 4/94 – PersR 1996, 157 = PersV 1996,
326). Auf die Kommentierung zu § 76 Abs. 6 Satz 2 wird verwiesen. Begründet
wird diese durch Art. 1 Nr. 69 ÄG 2013 in das Gesetz aufgenommene ganz
erhebliche Fristverkürzung damit, dass es Dienststellen möglich sein müsse,
erforderliche Maßnahmen zügig umzusetzen, und die moderne Büro- und
Kommunikationstechnik für den PR einen schnellen Informationsaustausch
und eine kurzfristige Informationsbeschaffung möglich mache. Dennoch sollte
von dieser Möglichkeit der ganz erheblichen Verkürzung der Erklärungsfrist
nur sehr restriktiv Gebrauch gemacht werden um zu verhindern, dass der PR
nicht unter unzumutbaren Entscheidungsdruck gerät.

Fristvereinbarung. In entsprechender Anwendung von § 76 Abs. 6 Satz 3 kön- **11**
nen der PR und die Dienststelle für die Dauer der Amtszeit des PR **generell**
abweichende Fristenregelungen vereinbaren. Einvernehmlich sind damit sowohl generelle Fristverlängerungen als auch generelle Fristabkürzungen möglich. Neben dieser generellen Vereinbarung sind auch im **konkreten Einzelfall**
Fristverlängerungen oder Fristabkürzungen möglich.

Abweichende Fristbestimmung durch Dienststelle. Die Dienststelle kann die **11a**
Äußerungsfrist des PR jederzeit verlängern und in begründeten Fällen im Einvernehmen mit dem PR auch abkürzen (Satz 1 i. V. m. § 76 Abs. 7),

Fristverlängerung auf Antrag des PR. Der Vorsitzende des PR kann aufgrund **11b**
eines Beschlusses des Vorstands eine längere Frist, die im Antrag zu bestimmen
und deren Erforderlichkeit zu begründen ist, beantragen. Entscheidet die
Dienststelle nicht innerhalb von drei Arbeitstagen nach Zugang über den Antrag, gilt die Fristverlängerung im beantragten Umfang als bewilligt. Ist ein
entsprechender Antrag gestellt, verlängert sich die Frist zumindest um drei Arbeitstage, es sei denn, die Dienstelle bewilligt eine längere Frist. Der Antrag
kann nicht wiederholt werden (§ 76 Abs. 8). Auf die Kommentierung zu § 76
Abs. 8 wird verwiesen.

V. Einwendungen des PR

1. Mitteilungs- und Begründungspflicht. Besteht der PR, nachdem die beab- **12**
sichtigte Maßnahme gem. § 80 auf sein Verlangen mit ihm erörtert worden

ist, auf seinen Einwendungen, so hat er die Einwendungen der Dienststelle mitzuteilen und diese zu begründen. Schriftform ist zwar nicht ausdrücklich vorgeschrieben, sie ist aber erforderlich, weil die Einwendungen u. U. am Anfang des weiteren Verfahrens stehen, bei dem die Angelegenheit auf dem Dienstweg und damit schriftlich der übergeordneten Dienststelle vorzulegen ist (§ 83).

13 **2. Betroffene Beschäftigte.** Soweit bei diesen Einwendungen Beschwerden oder Behauptungen tatsächlicher Art vorgetragen werden, die für einzelne Beschäftigte ungünstig sind oder ihnen nachteilig werden können, hat die Dienststelle diesen Beschäftigten Gelegenheit zur Äußerung zu geben; die Äußerung ist aktenkundig zu machen (Abs. 5 Satz 2 i. V. m. § 76 Abs. 9 Satz 2). Auf die Kommentierung zu § 76 Abs. 9 wird verwiesen.

VI. Nichtberücksichtigung von Einwendungen

14 **Prüfungspflicht.** Hat der PR rechtzeitig und ordnungsgemäß Einwendungen erhoben, muss die Dienststelle die Einwendungen des PR gründlich prüfen und ggf. im Rahmen der vertrauensvollen Zusammenarbeit mit dem PR erörtern. Entspricht die Dienststelle den Einwendungen ganz oder teilweise nicht, muss die Dienststelle ihre Entscheidung dem PR schriftlich mit Gründen mitteilen. Bei mehrstufigen Verwaltungen hat der PR dann die Möglichkeit zu prüfen, ob er das Mitwirkungsverfahren als Stufenverfahren fortsetzen will (s. § 83). Ansonsten ist das Mitwirkungsverfahren mit dem Zugang der begründeten Mitteilung an den PR abgeschlossen. Die Dienststelle kann die Maßnahme jedoch auch in diesem Fall erst drei Wochen nach Zugang der Mitteilung durchführen, da der PR innerhalb von drei Wochen die Angelegenheit der nächsthöheren (übergeordneten) Dienststelle, bei der eine Stufenvertretung besteht, auf dem Dienstweg mit einem Antrag auf Entscheidung vorlegen kann (s. § 83 Abs. 1 und 3).

---

§ 83   Stufenverfahren der Mitwirkung

(1) [1]Der Personalrat einer nachgeordneten Dienststelle kann die Angelegenheit binnen drei Wochen nach Zugang der Mitteilung der Dienststelle, dass Einwendungen nicht oder nicht in vollem Umfang berücksichtigt werden, auf dem Dienstweg der übergeordneten Dienststelle, bei der eine Stufenvertretung besteht, mit dem Antrag auf Entscheidung vorlegen. [2]Der Personalrat leitet der Dienststelle eine Abschrift des Antrags zu. [3]Die übergeordnete Dienststelle hat die Angelegenheit der Stufenvertretung innerhalb von fünf Wochen vorzulegen. [4]Die übergeordnete Dienststelle entscheidet nach Verhandlung mit der Stufenvertretung. [5]§ 82 Absatz 1 und 3 bis 6 gilt entsprechend.

(2) [1]Die Stufenvertretung kann die Angelegenheit binnen drei Wochen der obersten Dienstbehörde vorlegen. [2]Absatz 1 Satz 2, 4 und 5 gilt entsprechend.

(3) Ist ein Antrag nach Absatz 1 oder 2 gestellt, so ist die beabsichtigte Maßnahme bis zur Entscheidung der angerufenen Dienststelle auszusetzen.

---

1 **Vorbemerkung.** Entspricht die Dienststelle den Einwendungen des PR nicht oder nicht in vollem Umfang, muss sie ihre Entscheidung dem PR schriftlich mit Gründen mitteilen (§ 82 Abs. 6). Bei mehrstufigen Verwaltungen hat der PR dann die Möglichkeit, das Mitwirkungsverfahren als Stufenverfahren fortzusetzen (zu nicht gestuften Verwaltungen s. § 89). § 83 regelt in Abs. 1 und 2 das Verfahren, wenn sich der PR für die Einschaltung der Stufenvertretung entscheidet. Der PR kann die Angelegenheit zunächst der übergeordneten Dienststelle vorlegen (Abs. 1) und diese danach der obersten Dienstbehörde (Abs. 2). Gem. Abs. 3 haben diese Anträge im Stufenverfahren aufschiebende Wirkung. Wird die nächsthöhere Dienststelle oder die oberste Dienstbehörde angerufen, darf die beabsichtigte Maßnahme vor Entscheidung der angerufenen Dienststelle nicht durchgeführt werden.

I. Anrufung der übergeordneten Dienststelle

1. Vorlagefrist. Entspricht die Dienststelle den Einwendungen des PR ganz oder   **2**
teilweise nicht, muss die Dienststelle ihre Entscheidung dem PR schriftlich mit Gründen mitteilen (§ 82 Abs. 6). Mit dem Zugang dieser Mitteilung beim PR beginnt die Frist zu laufen. Innerhalb von drei Wochen kann der PR die Angelegenheit auf dem Dienstweg der übergeordneten Dienststelle, bei der eine Stufenvertretung besteht, mit dem Antrag auf Entscheidung vorlegen.

2. Mitteilung an die Dienststelle. Seiner eigenen Dienststelle hat der PR eine   **3**
Abschrift des Antrags zuzuleiten. Da die beabsichtigte Maßnahme gem. Abs. 3 vor Abschluss des Stufenverfahrens nicht durchgeführt werden kann, muss die Dienststelle über die Einleitung des Stufenverfahrens informiert sein.

3. Beteiligung der Stufenvertretung. Die übergeordnete Dienststelle hat die An-   **4**
gelegenheit der bei ihr bestehenden Stufenvertretung innerhalb von fünf Wochen vorzulegen. Die Stufenvertretung ist dann aufgefordert, sich mit der Sache zu befassen.

4. Entscheidung. Die übergeordnete Dienststelle entscheidet nach Eingang der   **5**
Stellungnahme der bei ihr bestehenden Stufenvertretung und ggf. nach Verhandlung mit dieser.

5. Verfahren. Gem. Satz 5 gelten die Regelungen des § 82 entsprechend, mit   **6**
Ausnahme von § 82 Abs. 2, da in den Angelegenheiten, in denen gem. § 81 Abs. 2 die Mitwirkung des PR nur auf Antrag des betroffenen Beschäftigten stattfindet, das Mitwirkungsverfahren nicht als Stufenverfahren fortgesetzt werden kann (s. § 82 Abs. 2, § 82 Rn. 4).

Unterrichtungspflicht. Sofort nach Eingang des Antrags des PR hat die überge-   **7**
ordnete Dienststelle die bei ihr bestehende Stufenvertretung von dem Antrag zu **unterrichten** (§ 82 Abs. 1 entsprechend). Unterrichten ist mehr als die bloße Bekanntgabe, sie verlangt eine, u. U. auch detaillierte, Erläuterung, so dass sich die Stufenvertretung ein Bild sowohl über die beabsichtigte Maßnahme als auch über die gegensätzlichen Meinungen der nachgeordneten Dienststelle und des dortigen PR machen kann. Dies folgt auch aus der entsprechenden Anwendung von § 82 Abs. 3, der ausdrücklich festlegt, dass die Dienststelle die beabsichtigte Maßnahme auf Verlangen des PR auch begründen muss. Die Unter-

richtung hat rechtzeitig zu erfolgen und auf Verlangen der Stufenvertretung ist die beabsichtigte Maßnahme mit dieser auch zu erörtern (s. § 80).

8 **Zustimmungsfiktion.** Die Stufenvertretung kann beschließen (§ 34), der beabsichtigten Maßnahme zuzustimmen oder sie abzulehnen. **Schweigen gilt** nach Ablauf der Frist von drei Wochen **als Zustimmung.** Die Stufenvertretung kann aber auch beschließen, der übergeordneten Dienststelle Einwendungen oder (Gegen-)Vorschläge zu unterbreiten. In diesem Fall – und auch im Fall der Ablehnung – wird in der Regel eine Erörterung (mit der gesamten Stufenvertretung, nicht mit dem Vorstand) der Angelegenheit stattfinden. Hält hier die Stufenvertretung ihre Einwendungen oder (Gegen-)Vorschläge nicht aufrecht, gilt die Maßnahme auch ohne ausdrückliche Zustimmung als gebilligt.

9 **Unbeachtliche Einwendungen.** Die beabsichtigte Maßnahme gilt auch dann als gebilligt, wenn die Stufenvertretung innerhalb der drei Wochen nur Einwendungen oder Gegenvorschläge vorbringt, die **offenkundig** keinen unmittelbaren Bezug zu den Mitwirkungsangelegenheiten haben. Solche Gründe sind unbeachtlich und die Maßnahme gilt als gebilligt. Gem. § 82 Abs. 5 Satz 1 hat die Stufenvertretung, wenn sie Einwendungen erhebt, der übergeordneten Dienststelle die Gründe mitzuteilen. Die übergeordnete Dienststelle hat, wenn sie den Einwendungen der Stufenvertretung nicht oder nicht in vollem Umfang entspricht, ihre Entscheidung der Stufenvertretung grundsätzlich schriftlich unter Angabe der Gründe mitzuteilen (§ 82 Abs. 6). Die übergeordnete Dienststelle darf die vorgebrachten Einwendungen der Stufenvertretung nur dann als **offenkundig unbeachtlich** übergehen, wenn diese nur allgemeiner Art und formelhaft sind oder jeden Bezug zu der beabsichtigten **konkreten** Maßnahme vermissen lassen. Es ist nicht ausreichend, dass die Einwendungen nicht widerspruchsfrei oder nicht in vollem Umfang schlüssig sind (vgl. die Rspr. zum früheren § 82: BVerwG, 9.12.1992 – 6 P 16/91 – PersR 1993, 212 = PersV 1994, 173 und 30.4.2001 – 6 P 9/00 – PersR 2001, 382 = PersV 2001, 411).

10 **Fristbeginn.** Die Äußerungsfrist beginnt mit der ordnungsgemäßen, d. h. vollständigen Unterrichtung der Stufenvertretung durch die übergeordnete Dienststelle. Die Frist wird durch eine Erörterung weder unterbrochen noch gehemmt (BVerwG, 27.1.1995 – 6 P 22/92 – PersV 1995, 443 = PersR 1995, 185). Innerhalb der Äußerungsfrist muss nicht nur der Beschluss der Stufenvertretung gefasst, sondern dieser auch der übergeordneten Dienststelle mitgeteilt werden.

11 **Fristvereinbarung.** In entsprechender Anwendung von § 76 Abs. 6 Satz 3 können die Stufenvertretung und die übergeordnete Dienststelle für die Dauer der Amtszeit der Stufenvertretung **generell abweichende Fristenregelungen vereinbaren.** Einvernehmlich sind damit sowohl generelle Fristverlängerungen als auch generelle Fristabkürzungen möglich. Neben dieser generellen Vereinbarung sind auch im **konkreten Einzelfall** Fristverlängerungen oder Fristabkurzungen möglich.

11a **Abweichende Fristbestimmung durch Dienststelle.** Die übergeordnete Dienststelle kann die Äußerungsfrist der Stufenvertretung jederzeit verlängern und in begründeten Fällen im Einvernehmen mit der Stufenvertretung auch abkürzen (Satz 1 i. V. m. § 76 Abs. 7).

Eilfall. In dringenden Fällen kann die übergeordnete Dienststelle die Äußerungs- **12** frist der Stufenvertretung auf maximal eine Woche **abkürzen** (§ 76 Abs. 6 Satz 2 entsprechend). Ein dringender Fall liegt vor, wenn ein Aufschub zu erheblichen Nachteilen führen würde (BVerwG, 15.11.1995 – 6 P 4/94 – PersR 1996, 157 = PersV 1996, 326). Auf die Kommentierung zu § 76 Abs. 6 Satz 2 wird verwiesen. Begründet wird diese durch Art. 1 Nr. 69 ÄG 2013 in das Gesetz aufgenommene ganz erhebliche Fristverkürzung damit, dass es Dienststellen möglich sein müsse, erforderliche Maßnahmen zügig umzusetzen, und die moderne Büro- und Kommunikationstechnik für den PR einen schnellen Informationsaustausch und eine kurzfristige Informationsbeschaffung möglich mache. Dennoch sollte von dieser Möglichkeit der ganz erheblichen Verkürzung der Erklärungsfrist der Stufenvertretung nur sehr restriktiv Gebrauch gemacht werden um zu verhindern, dass die Stufenvertretung nicht unter unzumutbaren Entscheidungsdruck gerät.

Fristverlängerung auf Antrag des PR. Der Vorsitzende der Stufenvertretung **13** kann aufgrund eines Beschlusses des Vorstands eine längere Frist, die im Antrag zu bestimmen und deren Erforderlichkeit zu begründen ist, beantragen. Entscheidet die übergeordnete Dienststelle nicht innerhalb von drei Arbeitstagen nach Zugang über den Antrag, gilt die Fristverlängerung im beantragten Umfang als bewilligt. Ist ein entsprechender Antrag gestellt, verlängert sich die Frist zumindest um drei Arbeitstage, es sei denn, die übergeordnete Dienststelle bewilligt eine längere Frist. Der Antrag kann nicht wiederholt werden (§ 76 Abs. 8). Auf die Erl. zu § 76 Abs. 8 wird verwiesen.

Einwendungen der Stufenvertretung. Erhebt die Stufenvertretung Einwendun- **14** gen, so hat sie diese der übergeordneten Dienstbehörde schriftlich mitzuteilen und zu begründen (§ 82 Abs. 5 Satz 1 entsprechend). Soweit Beschwerden oder Behauptungen tatsächlicher Art vorgetragen werden, die für einen Beschäftig- ten ungünstig sind oder ihm nachteilig werden können, hat die übergeordnete Dienstbehörde dem Beschäftigten Gelegenheit zur Äußerung zu geben; die Äu- ßerung ist aktenkundig zu machen (§ 82 Abs. 5 Satz 1 entsprechend). Auf die Erl. zu § 76 Abs. 9 wird verwiesen.

Nichtberücksichtigung von Einwendungen. Hat die Stufenvertretung rechtzei- **15** tig und ordnungsgemäß Einwendungen erhoben, muss die übergeordnete Dienststelle die Einwendungen der Stufenvertretung gründlich prüfen und ggf. im Rahmen der vertrauensvollen Zusammenarbeit mit der Stufenvertretung erörtern. Entspricht die übergeordnete Dienststelle den Einwendungen ganz oder teilweise nicht, muss die übergeordnete Dienststelle ihre Entscheidung der Stufenvertretung schriftlich mit Gründen mitteilen. Bei mehrstufigen Verwal- tungen hat die Stufenvertretung dann die Möglichkeit zu prüfen, ob sie das Stufenverfahren weiter fortsetzen und die oberste Dienstbehörde anrufen will (s. Abs. 2). Ansonsten ist das Mitwirkungsverfahren mit dem Zugang der be- gründeten Mitteilung an die Stufenvertretung abgeschlossen. Auch in diesem Fall kann die Maßnahme jedoch erst drei Wochen nach Zugang der Mitteilung durchgeführt werden, da die Stufenvertretung innerhalb von drei Wochen die

Angelegenheit der obersten Dienstbehörde auf dem Dienstweg mit einem Antrag auf Entscheidung vorlegen kann (s. Abs. 2).

II. Anrufung der obersten Dienstbehörde

16 1. **Voraussetzung.** Entspricht die übergeordnete Dienststelle den Einwendungen der Stufenvertretung ganz oder teilweise nicht, muss die übergeordnete
Dienststelle ihre Entscheidung der Stufenvertretung schriftlich mit Gründen
mitteilen (§ 82 Abs. 6). Innerhalb von drei Wochen nach Zugang dieser Mitteilung bei der Stufenvertretung kann diese die Angelegenheit auf dem Dienstweg
der obersten Dienstbehörde mit dem Antrag auf Entscheidung vorlegen.

17 2. **Verfahren.** Für das Verfahren bei der obersten Dienstbehörde gelten die Vorschriften für das Verfahren vor der übergeordneten Dienstbehörde entsprechend. Die Stufenvertretung hat die übergeordnete Dienststelle zu unterrichten
und ihr eine Abschrift ihres Antrags zuzuleiten. Die oberste Dienstbehörde
entscheidet nach Verhandlung mit der bei ihr bestehenden Stufenvertretung.
Äußert sich diese nicht innerhalb von drei Wochen oder hält sie bei Erörterung
ihre Einwendungen und Vorschläge nicht aufrecht, so gilt die beabsichtigte
Maßnahme als gebilligt. In dringenden Fällen kann die oberste Dienstbehörde
diese Frist auf eine Woche abkürzen. Erhebt die Stufenvertretung Einwendungen, so hat sie diese der obersten Dienstbehörde schriftlich mitzuteilen und zu
begründen. Soweit Beschwerden oder Behauptungen tatsächlicher Art vorgetragen werden, die für einen Beschäftigten ungünstig sind oder ihm nachteilig
werden können, hat die oberste Dienstbehörde dem Beschäftigten Gelegenheit
zur Äußerung zu geben; die Äußerung ist aktenkundig zu machen.

III. Aussetzung der beabsichtigten Maßnahme

18 **Aufschiebende Wirkung.** Fristgerechte Anträge im Stufenverfahren haben aufschiebende Wirkung. Wenn die übergeordnete Dienststelle oder die oberste
Dienstbehörde angerufen werden, darf die beabsichtigte Maßnahme vor Abschluss des jeweiligen Verfahrens nicht durchgeführt werden. Die beabsichtigte
Maßnahme ist bis zur Entscheidung der angerufenen Dienststelle auszusetzen.

19 **Vorläufige Regelung.** Bei Maßnahmen, die der Natur der Sache nach keinen
Aufschub dulden, kann die Dienststelle gem. § 88 Abs. 4 vorläufige Regelungen treffen.

§ 84 Antrag des Personalrats

(1) [1]Der Personalrat kann eine Maßnahme, die nach § 74 Absatz 1 Nummer 2,
5 und 6, Absatz 2 und 3, § 75 Absatz 4 und § 81 Absatz 1 seiner Mitbestimmung
oder Mitwirkung unterliegt, schriftlich beim Leiter der Dienststelle beantragen;
der Antrag ist zu begründen. [2]§ 70 Absatz 2 Satz 1 gilt entsprechend.

(2) [1]Entspricht der Leiter der Dienststelle dem Antrag nicht oder nicht in vollem Umfang, so teilt er dem Personalrat die Entscheidung unter Angabe der

Gründe schriftlich mit. [2]Das weitere Verfahren bestimmt sich nach der Art der beantragten Maßnahme und dem dafür vorgesehenen Verfahren nach den §§ 77 bis 79 und 83.

(3) § 70 Absatz 1 bleibt unberührt.

I.　Initiativrecht des PR (Abs. 1)

Bedeutung. Das förmliche Initiativrecht des PR geht über das allgemeine An- **1** tragsrecht nach § 70 Abs. 1 Nr. 1 bzw. die Weitergabe von Anregungen und Beschwerden (§ 70 Abs. 1 Nr. 3) weit hinaus. Es dient dazu, Sachverhalte, die der PR für **regelungsbedürftig** hält, anzusprechen und die Dienststelle zu den für erforderlich gehaltenen Maßnahmen zu veranlassen (vgl z. B. BVerwG, 28.5.2009 – 6 PB 5/09 – PersR 2009, 365). Diese Sachverhalte müssen aber **regelungsfähig** sein. Gegenstand des Antrags kann deshalb nur eine **Maßnahme** sein, wie sie der Dienststellenleiter im Rahmen seines Initiativrechts an den PR herantragen könnte. Das Initiativrecht erweitert die Mitbestimmungsrechte des PR nicht, sondern setzt diese voraus (vgl. z. B. VGH Mannheim, 14.11.1989 – 15 S 452/89 – juris).

1. Antrag, Schriftform. Anträge des PR in den in § 84 Abs. 1 genannten Ange- **2** legenheiten bedürfen der Schriftform. Mündliche Anträge setzen das Mitbestimmungsverfahren nicht in Lauf. Eine **Begründung** der Anträge ist nun ausdrücklich vorgeschrieben. Anträge sind an den **Dienststellenleiter** zu richten; bei der Erklärungsabgabe ist § 29 Abs. 2 zu beachten.

Beschlussfassung. Ob ein Antrag gestellt werden soll, entscheidet der PR in **3** seiner Gesamtheit (§ 34 Abs. 1), es sei denn, es handelt sich um eine Angelegenheit, die nur die Angehörigen einer Gruppe betrifft. In diesem Fall entscheidet die Gruppe nach § 34 Abs. 4, wenn die dortigen Voraussetzungen vorliegen, ob ein Antrag gestellt werden soll (vgl. hierzu auch Ilbertz-Widmaier § 70 Rn. 11).

Gegenstände des Initiativrechts. Der Antrag des PR kann sich nur auf Maßnah- **4** men beziehen, die seiner **Mitbestimmung bzw. Mitwirkung** unterliegen und in § 84 Abs. 1 Satz 1 genannt sind. Damit besteht ein Initiativrecht in folgenden Angelegenheiten, soweit keine gesetzliche (vgl. hierzu z. B. VGH Mannheim, 14.11.1989 – 15 S 452/89 – juris) oder tarifliche Regelung besteht:

a) Fälle der uneingeschränkten Mitbestimmung – § 74 Abs. 1 Nr. 2, Nr. 5 und Nr. 6, § 74 Abs. 2 und 3,

b) Fälle der eingeschränkten Mitbestimmung – § 75 Abs. 4,

c) Fälle der Mitwirkung – § 81 Abs. 1.

Zuständigkeit für die Maßnahme. Der PR kann nur Anträge stellen, die Maß- **5** nahmen betreffen, für die die Dienststelle, bei der er gebildet ist, **zuständig** ist (BVerwG, 19.12.1975 – VII P 15/74 – PersV 1976, 457; VGH Mannheim, 26.4.1994 – PL 15 S 162/93 – PersR 1994, 561 = PersV 1995, 138; VGH Mannheim, 8.5.1990 – 15 S 2410/89 – PersR 1990, 373). Maßnahmen, die zum Zuständigkeitsbereich einer übergeordneten Dienststelle gehören, kann nur der dort bestehende PR (Stufenvertretung) beantragen.

6 Maßnahme des Dienststellenleiters. Der PR darf das Initiativrecht nicht dafür in Anspruch nehmen, der **bereits getroffenen Entscheidung** einer zuständigen Behörde einen anderen Vorschlag entgegenzusetzen. Das Initiativrecht kann auch nicht ausgeübt werden, wenn der Dienststellenleiter bereits eine einschlägige **Maßnahme beabsichtigt** (Ilbertz-Widmaier § 70 Rn. 3) und dem PR zur Zustimmung vorgelegt hat. Gleiches gilt bereits bei einer **erkennbar bevorstehenden Entscheidung** der Dienststelle bzw. wenn die vorgesetzte Dienststelle die Angelegenheit an sich gezogen hat (BVerwG, 22.2.1991 – 6 PB 10/90 – PersR 1991, 282 = PersV 1991, 475; BVerwG, 11.7.1995 – 6 P 22/93 – PersR 1995, 524 = PersV 1996, 212).

7 2. Entscheidungsfrist. Nach Absatz 1 Satz 2 gilt § 70 Abs. 2 Satz 1 entsprechend. Die Neuregelung des Initiativrechts gibt damit keine zwingende Frist für die Entscheidung der Dienststelle vor. Der Dienststellenleiter **soll** jetzt aber über Initiativanträge des PR innerhalb von drei Wochen schriftlich entscheiden oder jedenfalls – wenn ihm die Einhaltung der Frist nicht möglich ist – einen schriftlichen Zwischenbescheid erteilen. Eine alsbaldige Sachbehandlung und Entscheidung erfordert im Übrigen auch der Grundsatz der vertrauensvollen Zusammenarbeit, der u. a. verlangt, dass die Dienststelle Entscheidungen über solche Anträge nicht unangemessen verzögert oder gar untätig bleibt (VGH Mannheim, 4.6.1991 – 15 S 2826/90 – PersV 1992, 451; Ilbertz-Widmaier § 70 Rn. 13).

8 Verfahren. Der PR kann verlangen, dass der Dienststellenleiter den Initiativantrag entgegen nimmt, sich sachlich mit diesem befasst und ggf. auf Ergänzungen oder Erläuterungen durch den PR hinwirkt. Der PR hat weiterhin einen Anspruch darauf, dass der Dienststellenleiter über diesen Antrag sachlich entscheidet.

II. Entscheidung des Dienststellenleiters (Abs. 2)

9 1. Ablehnung. Lehnt der Dienststellenleiter den Antrag ganz oder teilweise ab, so muss er nach § 84 Abs. 2 Satz 1 dem PR die Entscheidung unter Angabe der Gründe schriftlich mitteilen.

10 2. Weiteres Verfahren. Das auf die Ablehnung folgende weitere Verfahren bestimmt sich nach der Art der beantragten Maßnahme und dem dafür jeweils nach §§ 77 bis 79, 83 vorgesehenen Verfahren (§ 84 Abs. 2 Satz 2).

11 Mitbestimmungsangelegenheiten. Bei den Mitbestimmungsgegenständen der §§ 74 Abs. 1, 2 und 3, 75 Abs. 4 bedeutet dies, dass zunächst nach § 77 ein **Stufenverfahren** durchzuführen ist. Hierfür gelten dieselben Anforderungen, wie für einen Antrag des Dienststellenleiters (vgl. insoweit die Kommentierung zu § 77). Der PR hat dabei gegenüber dem Leiter der übergeordneten Dienststelle Anspruch auf Entgegennahme der Vorlage und auf Einleitung des Stufenverfahrens durch Einschaltung der Stufenvertretung (BVerwG, 20.1.1993 – 6 P 21/90 – PersR 1993, 310 = PersV 1994, 219). Letzteres wird auch gelten müssen, wenn der Dienststellenleiter nicht in der gesetzlichen Frist auf den Initiativantrag reagiert.

Einigungsstelle. Kommt auch im Stufenverfahren eine Einigung nicht zustande, **12** entscheidet eine Einigungsstelle über den Initiativantrag des PR (§§ 78, 79). Die Reichweite der Entscheidung der Einigungsstelle richtet sich dabei jeweils nach dem konkreten Mitbestimmungsgegenstand.

Uneingeschränkte Mitbestimmung. In den Fällen des § 74 Abs. 1, 2 und 3 **13** besteht ein uneingeschränktes Mitbestimmungsrecht des PR. In diesen Fällen entscheidet die Einigungsstelle durchweg abschließend und **verbindlich.** Die oberste Dienstbehörde hat lediglich ausnahmsweise die Möglichkeit, die Aufhebung des Beschlusses der Einigungsstelle durch die Landesregierung in Anwendung von § 78 Abs. 2 **(Evokationsrecht)** zu beantragen. In Betracht kommt u. U. auch die Anfechtung der Entscheidung der Einigungsstelle im **Beschlussverfahren vor dem Verwaltungsgericht,** wenn die Einigungsstelle bei ihrer Entscheidung geltendes Recht verletzt hat.

Eingeschränkte Mitbestimmung. In den Fällen der eingeschränkten Mitbestimmung (§ 75 Abs. 4) ist ebenfalls das Stufenverfahren und ggf. das sich anschließende Einigungsstellenverfahren zu durchlaufen. In diesen Fällen kommt der Einigungsstelle aber nicht das Recht zur verbindlichen Entscheidung zu, sondern lediglich zur Abgabe einer **Empfehlung** an die oberste Dienstbehörde (§ 78 Abs. 4 Satz 1). In diesen Fällen richtet sich das weitere Verfahren dann nach § 78 Abs. 4 mit der Folge, dass die oberste Dienstbehörde der Letztentscheid zusteht und sie diese Entscheidung lediglich nach § 78 Abs. 4 Satz 3 zu begründen und bekannt zu geben braucht.

Mitwirkung. In den Fällen des § 81 Abs. 1, die lediglich der Mitwirkung der Personalvertretung unterliegen, richtet sich das Verfahren nach §§ 82, 83. Dies bedeutet, dass zunächst das Stufenverfahren nach den Anforderungen des § 83 i. V. m. § 82 zu durchlaufen ist. Hierbei entscheidet die übergeordnete Dienstbehörde nach Verhandlung mit der Stufenvertretung (§ 83 Abs. 1 Satz 4) und teilt, wenn sie dem Antrag des PR nicht oder nicht vollständig folgt, der Personalvertretung die Entscheidung und ihre Gründe schriftlich mit (§ 83 Abs. 1 Satz 5 i. V. m. § 82 Abs. 6). Gleiches gilt für die oberste Dienstbehörde, wenn ihr die Angelegenheit nach § 83 Abs. 2 Satz 1 vorgelegt wird. Die oberste Dienstbehörde entscheidet dann und teilt ihre Entscheidung und die Gründe der Personalvertretung mit (§ 83 Abs. 2 Satz 2 i. V. m. Abs. 1 Satz 5, § 82 Abs. 6).

Letztentscheidung. Im Gegensatz zu den Mitbestimmungsangelegenheiten wird **16** in den Fällen des § 81 Abs. 1 aber keine Einigungsstelle gebildet. Führt das Verfahren nicht zu einer Einigung, so entscheidet die oberste Dienstbehörde endgültig. Diese Entscheidung kann der PR nicht im Wege des Beschlussverfahrens gerichtlich überprüfen lassen.

III. Allgemeine Befugnisse der Personalvertretung (Abs. 3)

Allgemeines Antragsrecht. Nach Absatz 3 bleibt § 70 Absatz 1 unberührt. Dies **17** bedeutet, dass die Regelungen des § 84 Abs. 1 und 2 sich nur auf das förmliche Initiativrecht des PR beziehen. Hiervon zu unterscheiden ist das allgemeine

Antragsrecht des PR bzw. dessen allgemeine Aufgaben, wie sie in § 70 Abs. 1 zum Ausdruck kommen. Diese Befugnisse des PR richten sich ausschließlich nach § 70.

§ 85   Dienstvereinbarungen

(1) [1]Dienstvereinbarungen sind in allen Angelegenheiten der Mitbestimmung nach § 74 Absatz 1 Nummer 2, 5 und 6, Absatz 2 und 3, § 75 Absatz 4 und Mitwirkung nach § 81 Absatz 1 zulässig, soweit eine gesetzliche oder tarifliche Regelung nicht besteht. [2]Sie sind ferner zulässig, soweit dieses Gesetz oder tarifvertragliche Vereinbarungen Dienstvereinbarungen vorsehen.

(2) [1]Arbeitsentgelte und sonstige Arbeitsbedingungen, die durch Tarif geregelt sind oder üblicherweise geregelt werden, können nicht Gegenstand einer Dienstvereinbarung sein. [2]Dies gilt nicht, wenn tarifvertragliche Vereinbarungen den Abschluss ergänzender Dienstvereinbarungen ausdrücklich zulassen.

(3) Dienstvereinbarungen werden durch Dienststelle und Personalrat gemeinsam beschlossen, sind schriftlich niederzulegen, von beiden Seiten zu unterzeichnen und in geeigneter Weise bekanntzumachen.

(4) Dienstvereinbarungen, die für einen größeren Bereich gelten, gehen Dienstvereinbarungen für einen kleineren Bereich vor.

(5) Sofern nichts anderes vereinbart ist, können Dienstvereinbarungen von beiden Seiten jederzeit mit einer Frist von drei Monaten gekündigt werden.

(6) [1]In Angelegenheiten der uneingeschränkten Mitbestimmung nach § 74 Absatz 1 Nummer 2, 5 und 6 sowie Absatz 2 und 3 kann die Weitergeltung einer gekündigten oder abgelaufenen Dienstvereinbarung über eine bestimmte Dauer vereinbart werden. [2]Ist keine Vereinbarung über die Dauer der Weitergeltung getroffen, endet die Weitergeltung mit Ablauf der Amtszeit des Personalrats, der zum Zeitpunkt der Kündigung oder des Auslaufens der Dienstvereinbarung amtiert hat.

(7) [1]Weitergeltende Regelungen einer gekündigten oder abgelaufenen Dienstvereinbarung können jederzeit ganz oder teilweise aufgehoben werden, soweit diese Regelungen wegen ihrer Auswirkungen auf das Gemeinwesen die Regierungsverantwortung wesentlich berühren. [2]§ 78 Absatz 2 Satz 3 bis 6 und Absatz 3 gilt entsprechend.

1 Vorbemerkung. Nach der durch das ÄG 2013 (damals: § 80) vollkommen neu gefassten Vorschrift sind nunmehr Dienstvereinbarungen in allen nicht auf Einzelpersonen bezogenen Mitbestimmungs- und Mitwirkungsangelegenheiten zulässig, allerdings nur, soweit eine gesetzliche oder tarifliche Regelung nicht besteht oder soweit das LPVG oder die Tarifverträge Dienstvereinbarungen ausdrücklich vorsehen. Die Aufzählung in Abs. 1 ist **abschließend**.

I. Zulässigkeit von Dienstvereinbarungen

2 Inhalt. Gegenstand einer Dienstvereinbarung sind zwischen dem PR und der Dienststelle getroffene **generelle** Regelungen mit Dauerwirkung. Statt jeweils im Einzelfall ein Beteiligungsverfahren durchzuführen, werden generell verbindliche Absprachen getroffen. **Maßnahmen, die gegenüber einzelnen Personen** ergehen, wie z. B. Einstellungen, Versetzungen oder Abordnungen, können nicht Gegenstand einer Dienstvereinbarung sein, da diese Maßnahmen sich nicht generell regeln lassen. Auch eine Vereinbarung zwischen PR und Dienststellenleiter nach § 40 Abs. 1 Satz 2 über Zeit und Ort von Sprechstunden des PR während der Arbeitszeit ist keine Dienstvereinbarung.

Rechtsnatur. Die Dienstvereinbarung ist nach überwiegender Meinung ein öf-   **3** fentlich-rechtlicher Vertrag und keine Satzung. Sie kann aber auch normativen Charakter haben und damit als objektives Recht unmittelbarer Inhalt der Arbeitsverhältnisse und auch der Beamtenverhältnisse sein.

1. Anwendungsbereich. Durch das ÄG 2013 sind nunmehr alle **nicht auf Ein-**   **4** **zelpersonen bezogene** Beteiligungstatbestände für den Abschluss von Dienstvereinbarungen geöffnet worden. Dies sind:
- die Angelegenheiten, die gem. § 74 der **uneingeschränkten Mitbestimmung** unterliegen mit Ausnahme der Gewährung von Unterstützungen etc. (§ 74 Abs. 1 Nr. 1) und der Zuweisung und Kündigung von Wohnungen (§ 74 Abs. 1 Nr. 3 und 4),
- von den Angelegenheiten, die gem. § 75 der **eingeschränkten Mitbestim-** **mung** unterliegen, diejenigen, die sich nicht auf Maßnahmen gegenüber einzelnen Personen beziehen, diese sind in § 75 Abs. 4 aufgeführt,
- die Angelegenheiten, die gem. § 81 der **Mitwirkung** unterliegen mit Ausnahme der Disziplinarverfügungen, schriftlichen Missbilligungen und schriftlichen Abmahnungen (§ 81 Abs. 2).

Nichtigkeit. Personalvertretung und Dienststelle dürfen über die Ausübung von   **5** Beteiligungsrechten nur dann eine generelle Regelung in der Form einer Dienstvereinbarung treffen, wenn das LPVG dies ausdrücklich gestattet. Dienstvereinbarungen, die über den in § 85 genannten Katalog hinausgehen, sind nichtig (BVerwG, 12.7.1984 – 6 P 14/83 – juris).

Gesetzes-/Tarifvorbehalt. Dienstvereinbarungen sind nur zulässig, soweit keine   **6** gesetzliche oder tarifliche Regelung besteht. Eine die Dienstvereinbarung ausschließende gesetzliche oder tarifliche Regelung liegt vor, wenn der Sachverhalt unmittelbar und abschließend geregelt ist und es zum Vollzug keines Ausführungsaktes mehr bedarf (BVerwG, 15.12.1994 – 6 P 19/92 – PersV 1995, 376 = PersR 1995, 207; s. a. § 84 Rn. 3).

2. Erweiterung des Anwendungsbereichs. Über den Satz 1 hinaus sind nach Satz 2   **7** Dienstvereinbarungen auch dann zulässig, wenn das LPVG dies ausdrücklich vorsieht; so kann z. B. gem. § 79 Abs. 2 durch Dienstvereinbarung eine Einigungsstelle auf Dauer gebildet (Satz 1) oder zwischen der obersten Dienstbehörde und der zuständigen Personalvertretung eine Einigung über die unparteiische Person für den Vorsitz der Einigungsstelle für die vereinbarte Amtszeit erzielt werden. Dienstvereinbarungen sind weiter auch dann zulässig, wenn tarifvertragliche Vereinbarungen den Abschluss von Dienstvereinbarungen ausdrücklich vorsehen; dabei muss es sich um keine Angelegenheit handeln, die nach dem LPVG der Mitbestimmung oder Mitwirkung des PR unterliegt.

8 Gerichtliche Überprüfung. Über die Frage des wirksamen Bestehens von Dienstvereinbarungen und auch bei Streitigkeiten über den Inhalt und die Anwendung im Einzelfall **entscheiden** die **Verwaltungsgerichte** nach § 92 Abs. 1 Nr. 4 auf Antrag eines Beteiligten. Der einzelne **Beschäftigte** kann wegen einer etwaigen Verletzung seiner Rechte nach allgemeinem Recht die Verwaltungsgerichte (Beamte) oder die Arbeitsgerichte (Arbeitnehmer) anrufen.

II. Einschränkung der Zulässigkeit von Dienstvereinbarungen

9 **1. Ausschluss von Dienstvereinbarungen.** Sind Arbeitsentgelte oder sonstige Arbeitsbedingungen durch Tarifvertrag geregelt **oder** werden sie üblicherweise durch Tarifvertrag geregelt, können sie nicht Gegenstand einer Dienstvereinbarung i. S. v. § 85 sein. **Arbeitsentgelte** sind alle Leistungen, die der Arbeitgeber dem Arbeitnehmer schuldet. **Sonstige Arbeitsbedingungen** sind alle Regelungen, die i. S. v. § 1 Abs. 1 und § 4 Abs. 1 TVG zu den Inhaltsnormen eines Tarifvertrags gehören können. Eine **Regelung durch Tarifvertrag** besteht, wenn die Dienststelle und ihre Arbeitnehmer zum Geltungsbereich eines bestehenden Tarifvertrags gehören, ohne dass es darauf ankommt, ob der Arbeitgeber und die Arbeitnehmer tarifgebunden sind. Eine **üblicherweise Regelung durch Tarifvertrag** ist anzunehmen, wenn die genannten Arbeitsbedingungen zwar zur Zeit nicht tariflich geregelt sind, sich ein einschlägiger Tarifvertrag aber eingebürgert hat, weil diese Arbeitsbedingungen bereits in mehreren aufeinanderfolgenden Tarifverträgen oder in einem einmalig abgeschlossenen Tarifvertrag mit längerer Laufzeit geregelt waren und davon auszugehen ist, dass die Tarifvertragsparteien die Angelegenheit erneut tariflich regeln wollen.

10 **2. Tarifliche Öffnungsklausel.** Die Sperrwirkung besteht nicht, wenn der Tarifvertrag den Abschluss ergänzender Dienstvereinbarungen ausdrücklich, d. h. in einer klaren und eindeutigen positiven Bestimmung, zulässt.

III. Verfahren und Form

11 Schriftform. Die in Abs. 3 genannten **Formvorschriften** sind zwingend. Eine nicht in der zwingend vorgeschriebenen Form abgeschlossene Vereinbarung zwischen Dienststelle und PR ist als Dienstvereinbarung unwirksam (**nichtig**). Sie kann aber als sonstige Vereinbarung zulässig sein, hat dann jedoch nicht die Rechtswirkungen einer Dienstvereinbarung. Die Dienstvereinbarung kommt zustande, indem sich PR und Dienststellenleiter über ihren Inhalt einigen, diesen schriftlich fixieren und beide Seiten die Vereinbarung unterschreiben.

12 Abschluss der Dienstvereinbarung. Die **Initiative** zum Abschluss einer Dienstvereinbarung kann vom Dienststellenleiter oder vom PR ausgehen. Der PR hat einen Anspruch auf Behandlung eines entsprechenden Initiativbegehrens.

13 Ersetzung der Zustimmung. Die Einigungsstelle (§§ 78, 79) ist befugt, die Zustimmung des PR zu einer vom Dienststellenleiter vorgeschlagenen Dienstvereinbarung zu ersetzen (BVerwG, 17.12.2003 – 6 P 7/03 – PersV 2004, 223 =

PersR 2004, 106). Dies gilt entsprechend für Initiativanträge des PR nach § 84 Abs. 1.

Bekanntmachung. Die vorgeschriebene Bekanntmachung einer Dienstvereinba- **14** rung ist nicht Voraussetzung für ihre Wirksamkeit (Ilbertz-Widmaier § 73 Rn. 14; Lorenzen u. a. § 73 Rn. 8). Die Bekanntmachung, die in dienststellen- üblicher Weise zu erfolgen hat, ist von der Dienststelle vorzunehmen (§ 88).

IV. Dienstvereinbarungen für einen größeren Bereich

Zuständigkeit. Dienstvereinbarungen für einen größeren Bereich kommen in **15** Betracht bei Dienststellen, bei denen eine Stufenvertretung (§ 55) oder ein Ge- samtPR (§ 54) gebildet ist. Die Stufenvertretung oder der GesamtPR muss nach § 91 zuständig sein; die Dienstvereinbarung wird gemeinsam mit der Dienst- stelle, bei der die Stufenvertretung oder der GesamtPR gebildet ist, beschlossen; ggf. sind die (örtlichen) PR der einzelnen (nachgeordneten) Dienststellen zu hören (§ 91 Abs. 3 Satz 1 und Abs. 8 Satz 3).

Vorrang. Die für einen größeren Bereich abgeschlossenen Dienstvereinbarun- **16** gen gehen den für einen kleineren (nachgeordneten) Bereich abgeschlossenen Dienstvereinbarungen vor, wenn und soweit diese von den für den größeren Bereich abgeschlossenen Dienstvereinbarungen abweichen. Die für den kleine- ren Bereich abgeschlossenen Dienstvereinbarungen werden also ganz oder teil- weise kraft Gesetzes unwirksam. Wird eine Dienstvereinbarung für einen grö- ßeren Bereich abgeschlossen, ist die Mitbestimmung der Personalvertretung im nachgeordneten Bereich nach den insoweit einschlägigen Mitbestimmungstat- beständen abgegolten (VGH Mannheim, 17.5.1988 – 15 S 1889/87 – juris).

V. Beendigung der Dienstvereinbarung

Beendigung. Dienstvereinbarungen enden durch Kündigung, übereinstim- **17** mende Entscheidung von Dienststelle und PR (Aufhebungsvertrag), Fristab- lauf, Inkrafttreten einer inhaltlich abschließenden gesetzlichen oder tariflichen Regelung oder durch Auflösung der Dienststelle. Durch den Ablauf der Amts- zeit des PR oder den Wechsel des Dienststellenleiters wird ihre Wirksamkeit nicht berührt.

Zusammenschluss von Dienststellen. Vereinigt sich eine größere Dienststelle **18** mit einer kleineren, so gilt eine bei der großen Dienststelle bestehende Dienst- vereinbarung fort, wenn deren Dienststellen – bei gleichzeitiger Auflösung der Dienststellen der kleineren – unverändert weiter bestehen oder der Dienststel- lenorganismus der großen seine Identität wahrt (BVerwG, 25.6.2003 – 6 P 1/ 03 – PersV 2004, 48 = PersR 2003, 361).

Kündigung. Während Dienststelle und PR beim Aufhebungsvertrag eine einver- **19** nehmliche Regelung vereinbaren, erfolgt die Kündigung einseitig durch die Dienststelle oder den PR. Enthält die Dienstvereinbarung eine Kündigungsrege- lung, kann die Kündigung entsprechend dieser Regelung erfolgen. Fehlt in der

Dienstvereinbarung eine ausdrückliche Kündigungsregelung, ist eine Kündigung grundsätzlich jederzeit sowohl durch die Dienststelle als auch den PR möglich, ohne dass es eines rechtfertigenden Grundes bedarf.

19a   **Kündigungsfrist.** Ist eine Kündigungsfrist nicht vereinbart, können Dienstvereinbarungen von beiden Seiten jederzeit mit einer **Frist von drei Monaten** gekündigt werden.

19b   **Fristlose Kündigung.** Eine fristlose Kündigung aus wichtigem Grund ist zulässig, wenn Gründe vorliegen, die ein Festhalten an der Dienstvereinbarung bis zum Ablauf der Kündigungsfrist unzumutbar erscheinen lassen. Hinsichtlich der Regelungen einer Dienstvereinbarung, die wegen ihrer Auswirkungen auf das Gemeinwesen die **Regierungsverantwortung** wesentlich berühren (s. die Erl. zu Abs. 6 und 7), wird der Dienststelle ein außerordentliches fristloses Kündigungsrecht eingeräumt. In diesen Fällen muss die Dienststelle aus Gründen des Gemeinwohls die Dienstvereinbarung jederzeit mit sofortiger Wirkung kündigen können. Diese Voraussetzungen sind nur erfüllt, wenn die Dienstvereinbarung Bedeutung für die Erfüllung des Amtsauftrags hat, was eher selten der Fall sein dürfte. Kündigen kann auch in diesem Fall nur die beteiligte Dienststelle, nicht eine übergeordnete Dienststelle.

20   **Form der Kündigung.** Entsprechend Abs. 3, der vorschreibt, dass Dienstvereinbarungen schriftlich niederzulegen und von beiden Seiten zu unterzeichnen sind, hat auch die Kündigung schriftlich zu erfolgen. Mündliche Kündigungen sind unwirksam; die Dienstvereinbarung hat Bestand.

21   **Rechtsfolge der Kündigung.** Die Kündigung wird mit dem Zugang bei der anderen Vertragspartei wirksam. Mit Ablauf der vereinbarten Kündigungsfrist oder, wenn es an einer solchen Vereinbarung fehlt, der gesetzlichen Kündigungsfrist von drei Monaten wird die gekündigte Dienstvereinbarung unwirksam. Im Streitfall können die Vertragsparteien beim Verwaltungsgericht überprüfen lassen, ob die Dienstvereinbarung wirksam gekündigt worden ist und wenn ja, zu welchem Zeitpunkt die Unwirksamkeit der gekündigten Dienstvereinbarung eingetreten ist.

22   **Folge der Beendigung.** Mit dem Auslaufen der Dienstvereinbarung leben die für im Einzelfall bestehenden Mitbestimmungs- und Mitwirkungsrechte des PR in vollem Umfang wieder auf.

VI. Nachwirkung

23   **1. Begriff.** Im Interesse der Rechtsklarheit regelt nunmehr der durch das ÄG 2013 in das Gesetz aufgenommene Abs. 6 (damals: § 80 Abs. 5) die Frage der Nachwirkung der Dienstvereinbarung, d. h. die Weitergeltung ihrer Bestimmungen über die Beendigung der Dienstvereinbarung durch Kündigung oder Ablauf (Abs. 5) hinaus. In einer Dienstvereinbarung, in der Angelegenheiten geregelt werden, die der **uneingeschränkten Mitbestimmung** des PR unterliegen (siehe Abs. 1), können die Vertragsparteien deren **Nachwirkung vereinbaren.** In der Kündigungsbegründung muss im Einzelnen dargelegt sein, weshalb die betroffene Regelung die in Abs. 4 Satz 1 genannten Auswirkungen haben soll. Ist eine Weitergeltung nicht ausdrücklich vereinbart, endet die Geltung der Dienstvereinbarung mit deren Beendigung.

2. Dauer der Nachwirkung. Vereinbart werden kann weiter auch die **Dauer** **24**
der Weitergeltung. Ist die Weitergeltung vereinbart, aber keine Vereinbarung über die **Dauer** der Weitergeltung getroffen, endet die Weitergeltung mit Ablauf der Amtszeit des PR, der zum Zeitpunkt der Kündigung oder des Auslaufens der Dienstvereinbarung amtiert hat.

Ausschluss der Nachwirkung. Werden in einer Dienstvereinbarung Angelegen- **25**
heiten geregelt, die der **eingeschränkten Mitbestimmung** oder der **Mitwirkung** des PR unterliegen (siehe Abs. 1), können die Vertragsparteien **keine Nachwirkung** vereinbaren.

VII. Sonderkündigungsrecht

1. Voraussetzungen. Regelungen einer abgelaufenen oder gekündigten Dienst- **26**
vereinbarung, für welche die Nachwirkung (Weitergeltung) vereinbart worden ist, können jederzeit ganz oder teilweise aufgehoben werden, wenn diese Regelungen wegen ihrer Auswirkungen auf das Gemeinwesen die **Regierungsverantwortung** wesentlich berühren. Im Hinblick auf die Entscheidung des BVerfG vom 24.5.1995 – 2 BvF 1/92 – (PersV 1995, 553 = PersR 1995, 483) bleiben diese nachwirkenden Regelungen unter Evokationsvorbehalt. Diese Voraussetzungen sind nur erfüllt, wenn die Dienstvereinbarung Bedeutung für die Erfüllung des Amtsauftrags hat, was eher selten der Fall sein dürfte. Der Evokationsvorbehalt muss nicht die gesamte Dienstvereinbarung umfassen, sondern kann sich auch nur auf einzelne Regelungen beziehen. Im Zweifel sind das diejenigen, wegen denen die Dienststelle die Dienstvereinbarung gekündigt hat.

2. Zuständigkeit/Verfahren. Das Verfahren ist geregelt durch die Verweisung in **27**
Satz 2 auf § 78 Absatz 2 Satz 3 bis 6 und Absatz 3, wo die Ausübung des Evokationsrechts bei Einigungsstellenbeschlüssen geregelt ist. Das Evokationsrecht kann nur von der Landesregierung, dem Präsident des Landtags (bei Dienstvereinbarungen der Dienststellen des Landtags) und vom Präsident des Rechnungshofs (bei Dienstvereinbarungen des Rechnungshofs) ausgeübt werden.

Dienstvereinbarungen nachgeordneter Dienststellen. Bei Dienstvereinbarungen **28**
nachgeordneter Dienststellen ist zunächst eine Vorlage an die oberste Dienstbehörde erforderlich, die die Angelegenheit dann der Landesregierung zur Entscheidung vorlegt. Hierbei handelt es sich um den üblichen Dienstweg, nicht um ein Stufenverfahren. Dem zuständigen PR ist jedoch Gelegenheit zu geben, innerhalb von zwei Wochen zu der Vorlage an die Landesregierung Stellung zu nehmen. Gibt er eine Stellungnahme ab, ist diese der Landesregierung zur Kenntnis zu geben. Die Entscheidung der Landesregierung ist der nachgeordneten Dienststelle und dem dortigen PR durch die oberste Dienstbehörde bekanntzugeben. Auf die Kommentierung zu § 78 Abs. 2 und 3 wird verwiesen.

§ 86   Anhörung des Personalrats

Soweit der Personalrat anzuhören ist, ist ihm die Angelegenheit rechtzeitig bekanntzugeben und ausreichend Gelegenheit zur Äußerung zu geben.

1   **Grundsatz.** In der zur Klarstellung durch das ÄG 2013 eingefügten Vorschrift (damals: § 81) werden nunmehr ausdrücklich die wichtigsten Voraussetzungen einer angemessenen Anhörung des PR aufgeführt. Diese berücksichtigen die Grundsätze vertrauensvoller Zusammenarbeit i. S. v. § 2 Abs. 1 und den grundsätzlichen Informationsanspruch des PR nach § 71 Abs. 1 Satz 1. Der Leiter der Dienststelle teilt dem PR rechtzeitig schriftlich oder mündlich seine Absicht mit, eine bestimmte Maßnahme durchführen zu wollen, und gibt ihm ausreichend Gelegenheit, sich hierzu schriftlich oder mündlich zu äußern. Ausgehend vom Grundsatz der vertrauensvollen Zusammenarbeit wird der Leiter der Dienststelle einen Wunsch des PR, die Maßnahme mit ihm vor Vollzug zu erörtern, nicht ablehnen können.

2   **Verfahren.** Äußert sich der PR **schriftlich**, soll der Leiter der Dienststelle gem. § 87 Abs. 2 i. V. m. § 70 Abs. 2 innerhalb von drei Wochen schriftlich Stellung nehmen oder in einer Sitzung des PR diesen mündlich unterrichten; ist die Einhaltung der Frist nicht möglich, soll er einen schriftlichen Zwischenbescheid erteilen oder in einer Sitzung des PR diesen mündlich unterrichten. Entscheidet der Leiter der Dienststelle entgegen dem Votum des PR, muss er dies schriftlich oder in einer Sitzung des PR mündlich begründen. Diese besonderen Verfahrensvorschriften kommen allerdings nicht zur Anwendung bei der Kündigung von Arbeitsverhältnissen während der Probezeit, bei fristlosen Entlassungen und außerordentlichen Kündigungen (s. § 87 Abs. 1 Nr. 9), das in diesen Fällen zur Anwendung kommende Verfahren regelt § 87 Abs. 3 Sätze 1 und 2.

3   **Kündigung/Entlassung.** Bei der Kündigung von Arbeitsverhältnissen während der Probezeit, bei fristlosen Entlassungen und bei außerordentlichen Kündigungen (§ 87 Abs. 1 Nr. 9) muss die Dienststelle gem. § 87 Abs. 3 die beabsichtigte Maßnahme gegenüber dem PR schriftlich oder mündlich begründen (§ 87 Abs. 3 Satz 1). Hat der PR Bedenken, so hat er dies unter Angabe der Gründe der Dienststelle unverzüglich, spätestens jedoch innerhalb von drei Arbeitstagen schriftlich mitzuteilen (§ 87 Abs. 3 Satz 2). Dies gilt jedoch nicht bei den in § 75 Abs. 5 Nr. 1 aufgeführten höheren Beamtengruppen und leitenden Beschäftigten (§ 87 Abs. 3 Satz 3).

§ 87   Angelegenheiten der Anhörung

(1) Der Personalrat ist anzuhören
1. bei Personalplanungen,
2. bei Personalanforderungen zum Haushaltsvoranschlag vor der Weiterleitung; gibt der Personalrat einer nachgeordneten Dienststelle zu den Personalanforderungen eine Stellungnahme ab, so ist diese mit den Personalanforderungen der übergeordneten Dienststelle vorzulegen,
3. bei Raumbedarfsanforderungen für Neu-, Um- und Erweiterungsbauten von Diensträumen vor der Weiterleitung; Nummer 2 Halbsatz 2 gilt entsprechend,

4. bei Bauplanungsprojekten und Anmietungen,
5. bei räumlicher Auslagerung von Arbeit aus der Dienststelle,
6. bei Festlegung von Verfahren und Methoden von Wirtschaftlichkeits- und Organisationsuntersuchungen, mit Ausnahme von solchen im Rahmen der Rechnungsprüfung,
7. bei der Auswahl und Beauftragung von Gutachten für Wirtschaftlichkeits- und Organisationsuntersuchungen nach Nummer 6,
8. beim Abschluss von Arbeitnehmerüberlassungs- oder Arbeitnehmergestellungsverträgen,
9. vor Kündigungen von Arbeitsverhältnissen während der Probezeit, bei fristlosen Entlassungen und außerordentlichen Kündigungen.

(2) In den Fällen des Absatzes 1 Nummer 1 bis 8 gilt § 70 Absatz 2 mit der Maßgabe, dass anstelle der Schriftform auch die mündliche Unterrichtung in einer Sitzung des Personalrats erfolgen kann.

(3) ¹In den Fällen des Absatzes 1 Nummer 9 hat die Dienststelle die beabsichtigte Maßnahme zu begründen. ²Hat der Personalrat Bedenken, so hat er sie unter Angabe der Gründe der Dienststelle unverzüglich, spätestens jedoch innerhalb von drei Arbeitstagen schriftlich mitzuteilen. ³§ 75 Absatz 5 Nummer 1 gilt entsprechend.

Vorbemerkung. In Abs. 1 der Vorschrift sind nunmehr sämtliche Angelegenheiten aufgeführt, in denen der PR anzuhören ist. Die Aufzählung ist **abschließend.** Die wichtigsten Voraussetzungen für eine angemessene Anhörung enthält § 86. Für die Kündigung von Arbeitsverhältnissen während der Probezeit, die fristlose Entlassung und die außerordentliche Kündigung (Abs. 1 Nr. 9) enthält Abs. 3 besondere Verfahrensvorschriften und beschränkt darüber hinaus den Personenkreis. Für die übrigen Angelegenheiten, in denen die Anhörung des PR zu erfolgen hat (Abs. 1 Nr. 1 bis 8) enthält Abs. 2 besondere Verfahrensvorschriften für den Fall, dass sich der PR schriftlich äußert. **1**

I. Angelegenheiten der Anhörung

Nr. 1: Personalplanungen. Das Anhörungsrecht umfasst insbesondere die **Personalbedarfs-, Personalbeschaffungs-, Personalentwicklungs- und Personaleinsatzplanung.** Da die Dienststelle nicht verpflichtet ist, entsprechende Pläne aufzustellen, besteht das Anhörungsrecht nur, soweit sie von dieser Möglichkeit Gebrauch machen will. Personalplanung ist wie jede Planung eine Prognose, die unter Berücksichtigung aller maßgebenden Faktoren mit hinreichender Wahrscheinlichkeit den Bedarf an Personal für einen bestimmten – nicht notwendigerweise längeren – Zeitraum zu ermitteln versucht. Auch ein im Zuge von Stellenstreichungen aufgestellter Personalabbauplan fällt unter Nr. 1. Das hinsichtlich der Planung bestehende Anhörungsrecht verdrängt nicht die Mitbestimmungsrechte hinsichtlich der der Planung nachfolgenden personellen Einzelmaßnahmen, wie z. B. Versetzung, Abordnung, Umsetzung und Kündigung (s. § 75). **2**

Nr. 2: Personalanforderungen. Die Vorschrift bestimmt in Hs. 1, dass der PR bei Personalanforderungen zum Haushaltsvoranschlag anzuhören ist und zwar vor der Weiterleitung der Personalanforderungen. Hs. 2 bestimmt, dass bei **3**

mehrstufigen Verwaltungen die vom PR einer nachgeordneten Dienststelle abgegebene Stellungnahme der übergeordneten Dienststelle zusammen mit der Personalanforderung vorzulegen ist. Personalanforderungen umfassen den gesamten personellen Bedarf, der von einer Dienststelle angemeldet wird, und zwar aufgegliedert nach Zahl und Art der geforderten Stellen (Neustellen, Stellenhebungen, Stellenumwandlungen, Stellenübertragungen, Verlängerung oder Wegfall von kw-Vermerken). Der PR ist so rechtzeitig und umfassend zu unterrichten, dass er sich über die Personalanforderungen zum Haushaltsvoranschlag eine Meinung bilden kann und die Dienststelle die Stellungnahme des PR bei ihrem Voranschlag berücksichtigen kann.

4 **Nr. 3: Raumbedarfsanforderungen.** Die Vorschrift bestimmt in Hs. 1 dass der PR anzuhören ist bei Raumbedarfsanforderungen für Neu-, Um- und Erweiterungsbauten von Diensträumen und zwar vor der Weiterleitung dieser Anforderungen. Hs. 2 bestimmt, dass bei mehrstufigen Verwaltungen die vom PR einer nachgeordneten Dienststelle abgegebene Stellungnahme der übergeordneten Dienststelle zusammen mit der Raumbedarfsanforderung vorzulegen ist.

5 **Nr. 4: Bauplanungsprojekte und Anmietungen.** Dieser Anhörungstatbestand ist neu eingeführt worden durch das ÄG 2013. Baumaßnahmen und die Anmietung von neuen Diensträumen für die Unterbringung der Beschäftigten können erhebliche Auswirkungen auf den dienstlichen Alltag der Beschäftigten haben. Das Anhörungsrecht des PR ist deshalb über die in Nr. 3 genannten Raumbedarfsanforderungen hinaus auf die im Anschluss daran erfolgenden Bauplanungsmaßnahmen und Anmietungen erweitert worden. Der PR ist rechtzeitig noch in der Planungsphase umfassend zu unterrichten. Die Anhörungspflicht entfällt, wenn lediglich **Renovierungsarbeiten** oder geringfügige bauliche Veränderungen vorgenommen werden; die Grundsätze der vertrauensvollen Zusammenarbeit (§ 2 Abs. 1 und § 68 Abs. 1) sind aber auch in diesen Fällen zu beachten und erfordern grundsätzlich eine Information des PR. Ob nach Einführung dieses Anhörungstatbestandes noch davon ausgegangen werden kann, dass der PR keinen Anspruch hat gegenüber der Dienststelle auf Teilnahme an Erörterungen und Verhandlungen, die die Dienststelle anlässlich der Planung des Neu- oder Umbaus von Diensträumen mit dem zuständigen Staatlichen Hochbauamt führt (so VGH Mannheim, 3.9.1991 – 15 S 243/91 – PersV 1992, 354), erscheint fraglich.

6 **Nr. 5: Externe Arbeitsplätze.** Der PR ist anzuhören bei der **räumlichen** Auslagerung von Arbeit aus der Dienststelle. Eine räumliche Auslagerung liegt vor, wenn die betroffenen Beschäftigten ihre Dienstaufgaben nicht mehr in den Räumen der Dienststelle, sondern in anderen Räumen, z. B. auch in ihrer Wohnung erledigen (z. B. Telearbeit). Das Anhörungsrecht erstreckt sich auf das Ob und das Wie der räumlichen Auslagerung. Der Anhörungstatbestand nach Nr. 5 entfaltet allerdings nur Bedeutung, wenn kein stärkeres Beteiligungsrecht eingreift. Beantragt z. B. ein Beschäftigter Telearbeit, so ist die Ablehnung dieses Antrags durch die Dienststelle mitbestimmungspflichtig – sofern der betroffene Beschäftigte einen Antrag auf Beteiligung des PR stellt – (§ 75 Abs. 2 Nr. 4 Alt. 1).

7 **Nr. 6 und 7: Wirtschaftlichkeits- und Organisationsuntersuchungen.** Der PR ist anzuhören bei der **Festlegung von Verfahren und Methoden** von Wirtschaftlichkeits- und Organisationsuntersuchungen, mit Ausnahme von solchen im Rahmen der Rechnungsprüfung, sowie der **Auswahl und Beauftragung von Gutachten.** Wirtschaftlichkeits- und Organisationsuntersuchungen im Rahmen der Rechnungsprüfung (z. B. durch Rechnungshof, Gemeindeprüfungsanstalt) sind von dem Anhörungsrecht ausgenommen. Werden solche Untersuchungen aber von der Prüfungsbehörde im Rahmen ihrer Beratungsfunktion auf Veranlassung der untersuchenden Behörde vorgenommen, ist das Anhörungsrecht des PR gegeben.

Nr. 8: Arbeitnehmerüberlassung/-gestellung. Der PR ist anzuhören beim **Ab-** **8** **schluss** von Arbeitnehmerüberlassungs- oder Arbeitnehmergestellungsverträgen. Eine Arbeitnehmerüberlassung liegt vor, wenn ein Dienstherr einen seiner Beschäftigten einem Dritten zur Arbeitsleistung überlässt. Bei der Arbeitnehmergestellung sorgt der Dienstherr nicht nur für die Vergütung, sondern darüber hinaus auch für den Einsatz und die Überwachung seines einem Dritten zur Arbeitsleistung überlassenen Beschäftigten. Bei einer Zuweisung oder einer Personalgestellung für die Dauer von mehr als zwei Monaten ist der PR nicht nur anzuhören, sondern er hat gem. § 75 Abs. 2 Nr. 3 und 4 mitzubestimmen, und zwar sowohl der PR der abgebenden als auch der PR der aufnehmenden Dienststelle (doppelte Mitbestimmung).

Nr. 9: Kündigung/Entlassung. Die Vorschrift ist durch das Dienstrechtsreform- **9** gesetz vom 9.11.2010 dahingehend erweitert worden, dass bei Kündigungen während der Probezeit der PR nicht mehr wie bis dahin im Rahmen der Mitwirkung zu beteiligen, sondern aus Gründen der Verfahrensbeschleunigung wie bei außerordentlichen Kündigungen nur noch anzuhören ist. In der Praxis hatte sich gezeigt, dass das Mitwirkungsverfahren wegen der Äußerungs- und Handlungsfristen weit vor dem Ende der Probezeit eingeleitet werden musste, damit eine Kündigung rechtzeitig erfolgen konnte. Ist aus betriebsbedingten Gründen ausnahmsweise die **außerordentliche Kündigung eines tariflich unkündbaren Arbeitnehmers** zulässig, steht diese hinsichtlich der PR-Beteiligung einer ordentlichen Kündigung gleich, d. h. der PR hat nicht nur ein Anhörungs-, sondern ein Mitbestimmungsrecht nach § 75 Abs. 1 Nr. 12 (vgl. BAG, 5.2.1998 – 2 AZR 227/97 – PersR 1998, 387).

Kündigung von Arbeitsverhältnissen während der Probezeit. Der PR ist anzu- **10** hören vor jeder, auch der ordentlichen, Kündigung, die dem Beschäftigten gegenüber **während des Laufs der Probezeit ausgesprochen** werden soll. Gleichgültig ist, ob das Arbeitsverhältnis durch die Kündigung **vor** Ablauf der Probezeit, **mit** dem Ende der Probezeit oder erst **nach** Ablauf der Probezeit enden soll.

Fristlose Entlassung. Eine Anhörung ist nur erforderlich, wenn die Entlassung des **11** **Beamten** durch Verwaltungsakt erfolgt (§ 23 BeamtStG), nicht wenn die Entlassung gem. § 22 BeamtStG kraft Gesetzes eintritt. Der PR ist anzuhören, wenn die Entlassung fristlos, d. h. mit Wirksamkeit der Bekanntgabe der Entlassungsverfügung erfolgen soll. Die fristlose Entlassung eines Beamten ist nur ganz ausnahmsweise zulässig (s. § 31 Abs. 4 Satz 1 und 2 LBG). Wenn ein Beamter auf Probe eine Handlung begeht, die im Beamtenverhältnis auf Lebenszeit mindestens eine Kürzung der Dienstbezüge zur Folge hätte, kann er fristlos entlassen werden (§ 23

Abs. 3 Satz 1 Nr. 1 BeamtStG i. V. m. § 31 Abs. 4 Satz 4 LBG). Weiter ist ein Beamter, der den Diensteid oder das an dessen Stelle vorgeschriebene Gelöbnis verweigert, fristlos zu entlassen (§ 23 Abs. 1 Satz 1 Nr. 1 BeamtStG i. V. m. § 31
Abs. 4 Satz 4 LBG). Bei der Entlassung eines Beamten auf Widerruf oder der Entlassung eines Beamten auf Probe unter Einhaltung einer Frist, die an weniger
strenge Voraussetzungen gebunden sind (s. § 23 Abs. 2 und 3 BeamtStG), hat der
PR auf Antrag des Beamten mitzubestimmen (s. § 75 Abs. 3 Nr. 10).

12 **Außerordentliche Kündigung.** Eine außerordentliche Kündigung beendet das
Arbeitsverhältnis vorzeitig und ohne Beachtung der sonst geltenden Kündi-
gungsfristen. Sie kann nach § 626 BGB nur aus einem wichtigen Grund und
innerhalb von zwei Wochen nach Kenntniserlangung vom Kündigungsgrund
erfolgen. Eine außerordentliche Kündigung kann mit oder ohne Einhaltung
einer Frist ergehen.

13 **Besondere Verfahrensvorschriften.** Für den Anhörungstatbestand des Nr. 9 enthält Abs. 3 besondere Verfahrensvorschriften. Die Dienststelle hat die beabsichtigte Maßnahme gegenüber dem PR zu begründen (Satz 1) und dieser hat
eine Äußerungsfrist (Satz 2). Darüber hinaus wird der Personenkreis, bei dem
der Anhörungstatbestand zur Anwendung kommt, beschränkt (Satz 3), siehe
die Kommentierung zu Abs. 3.

II. Schriftliche oder mündliche Unterrichtung des PR

14 **Anwendungsbereich.** Abs. 2 gilt nur hinsichtlich der in Abs. 1 Nr. 1 bis 8 genannten Anhörungstatbestände. Hinsichtlich der in Abs. 1 Nr. 9 genannten Anhörungstatbestände (Kündigung von Arbeitsverhältnissen während der Probezeit, fristlose Entlassung und außerordentliche Kündigung) enthält Abs. 3
Satz 1 und 2 besondere Verfahrensvorschriften.

15 **Schriftliche Unterrichtung.** Äußert sich der PR schriftlich, soll der Leiter der
Dienststelle gem. § 70 Abs. 2 Satz 1 innerhalb von drei Wochen schriftlich Stellung nehmen oder, wenn die Einhaltung der Frist nicht möglich ist, innerhalb
dieser Frist einen schriftlichen **Zwischenbescheid** erteilen. Entscheidet der Leiter der Dienststelle entgegen dem Votum des PR, muss er dies schriftlich begründen (§ 70 Abs. 2 Satz 2).

15a **Mündliche Unterrichtung.** Stattdessen kann der Leiter der Dienststelle den PR
auch innerhalb von drei Wochen in einer Sitzung des PR mündlich unterrichten, d. h. mündlich Stellung nehmen oder, wenn dies noch nicht möglich ist,
einen mündlichen **Zwischenbescheid** erteilen. Entscheidet der Leiter der Dienststelle entgegen dem Votum des PR, muss er dies schriftlich oder in einer Sitzung
des PR mündlich begründen (§ 70 Abs. 2 Satz 2).

III. Verfahren in den Fällen des Abs. 1 Nr. 9

16 **1. Begründungspflicht der Dienststelle.** Vor der Kündigung eines Arbeitsverhältnisses während der Probezeit, der fristlosen Entlassung und der außerordentlichen Kündigung muss die Dienststelle die beabsichtigte Maßnahme ge-

genüber dem PR schriftlich oder mündlich begründen. Die Dienststelle muss die beabsichtigte Maßnahme so begründen, dass sich der PR innerhalb der gesetzlichen Frist (Satz 2) zur Sache äußern kann. Dies verlangt eine vollständige Information des PR über alle maßgeblichen Umstände; wird der PR unzureichend informiert, läuft die Frist nach Satz 2 nicht.

2. Äußerungsfrist des PR. Hat der PR Bedenken, so hat er dies unter Angabe **17** der Gründe der Dienststelle unverzüglich, spätestens jedoch innerhalb von drei Arbeitstagen schriftlich mitzuteilen. Die Ausschlussfrist von drei Arbeitstagen beginnt mit der – ausreichenden (s. Rn. 16) – Unterrichtung zu laufen.

Schwerbehinderte Beschäftigte. Ist zur außerordentlichen Kündigung die Zu- **18** stimmung des Integrationsamtes (§ 91 SGB IX) erforderlich, so wird die Ausschlussfrist des § 626 Abs. 2 BGB gewahrt, wenn die Dienststelle innerhalb der Ausschlussfrist die Zustimmung beantragt, nach Erteilung der Zustimmung in der kürzest möglichen Zeit den PR beteiligt und nach Beendigung dieses Verfahrens in kürzest möglicher Zeit die Kündigung ausspricht.

3. Ausgenommener Personenkreis. Bei der fristlosen Entlassung von Beamten **19** der **Besoldungsgruppe A 16** und höher, bei den obersten Dienstbehörden des Landes der **Besoldungsgruppe B 3** und höher sowie bei Landräten, Bürgermeistern und Beigeordneten, bei der außerordentlichen Kündigung des Arbeitsverhältnisses von Arbeitnehmern, die eine der Besoldungsgruppe A 16 bzw. B 3 und höher entsprechende Vergütung erhalten, sowie bei leitenden Beschäftigten öffentlich-rechtlicher Kreditinstitute wird der PR **nicht angehört** und auch sonst **nicht beteiligt** (Satz 3 i. V. m. § 75 Abs. 5 Nr. 1).

§ 88 Durchführung von Entscheidungen, vorläufige Regelungen

(1) Entscheidungen, an denen der Personalrat beteiligt war, führt die Dienststelle durch, es sei denn, dass im Einzelfall etwas anderes vereinbart ist.

(2) Wird eine Maßnahme. welcher der Personalrat zugestimmt hat, die durch den Personalrat als gebilligt gilt oder die auf Antrag des Personalrats zustande gekommen ist, von der Dienststelle nicht oder nicht in angemessener Zeit durchgeführt, unterrichtet diese den Personalrat unter Angabe der Gründe.

(3) Der Personalrat darf nicht durch einseitige Handlungen in den Dienstbetrieb eingreifen.

(4) ¹Die Dienststelle kann bei Maßnahmen, die der Natur der Sache nach keinen Aufschub dulden, bis zur endgültigen Entscheidung vorläufige Regelungen treffen. ²Sie hat dem Personalrat die vorläufige Regelung mitzuteilen und zu begründen und unverzüglich das Verfahren
1. in Mitbestimmungsangelegenheiten nach §§ 76 bis 78 Absatz 1,
2. in Mitwirkungsangelegenheiten nach §§ 82 und 83
einzuleiten oder fortzusetzen.

I. Durchführung von Maßnahmen

Grundsatz. Abs. 1 stellt klar, dass der **PR** trotz Mitbestimmung und Mitwirkung **1** keine **Exekutivbefugnis** hat und dass die Verantwortlichkeit und das Direktionsrecht der Dienststelle trotz Einschränkung durch die Beteiligung des PR grundsätzlich gewahrt sind. Eine Beteiligung des PR im Sinne des Abs. 1 ist nicht nur im förmlichen Beteiligungsverfahren der Mitbestimmung und der Mitwirkung, sondern auch bei Anträgen und Anregungen etwa nach § 70 Abs. 1 Nr. 1 oder beim Abschluss von Dienstvereinbarungen nach § 85 gegeben.

2 **Abweichende Vereinbarung.** Im Einzelfall, nicht generell, kann vereinbart werden, dass der PR Entscheidungen durchführt, an denen er beteiligt war (z. B. Verwaltung einer Wohlfahrtseinrichtung, Durchführung einer Feier). Die Verantwortung der Dienststelle für den Vollzug bleibt davon aber unberührt. Die Vereinbarung über die Überlassung der Durchführung bedarf auf Seiten des PR eines Beschlusses (§ 34); es handelt sich dabei um kein laufendes Geschäft i. S. von § 28 Abs. 4 Satz 1.

3 **Abgrenzung.** Abs. 1 gilt nicht für den Vollzug von Entscheidungen, die nach dem Gesetz in die alleinige Zuständigkeit des PR fallen. So hat der PR in eigener Zuständigkeit z. B. seine laufenden Geschäfte (vgl. §§ 30 ff.) zu führen, den Wahlvorstand nach § 16 Abs. 1 zu bestellen sowie Personalversammlungen einzuberufen (§§ 49 ff.).

II. Unterlassene oder verzögerte Durchführung gebilligter Maßnahmen

4 **Verfahren nach Zustimmung.** Durch das ÄG 2013 (damals: § 83) ist die Verpflichtung zur vertrauensvollen Zusammenarbeit mit dem PR (s. § 2 Abs. 1) dahingehend konkretisiert worden, dass die Dienststelle den PR vom Unterlassen oder der verzögerten Umsetzung bereits zugestimmter Maßnahmen unterrichten muss. Der PR hat einen Anspruch auf Information über den weiteren Fortgang einer Maßnahme, der er zugestimmt hat. Dabei ist gleichgültig, ob er dieser ausdrücklich zugestimmt hat, sie als von ihm gebilligt gilt (s. §§ 76 Abs. 9 und 82 Abs. 4 und die Erl. hierzu) oder die Maßnahme sogar auf seinen Antrag zustande gekommen ist. Entscheidend ist allein, dass die Dienststelle objektiv in der Lage ist, die Maßnahme zu vollziehen.

4a **Nichtvollzug.** Vollzieht die Dienststelle die Maßnahme nicht, obwohl sie dazu objektiv in der Lage wäre, hat sie den PR zu unterrichten. Die Gründe für die Unterlassung oder die Verzögerung müssen angegeben werden. Dies gilt nicht, wenn sich die Maßnahme auch nach Ansicht des PR erledigt hat.

4b **Rechtsfolge des Nichtvollzugs.** Vollzieht der Dienststellenleiter die Maßnahme nicht, obwohl er dazu objektiv in der Lage wäre, gilt auch insoweit das Verbot des Abs. 3. Der PR hat nur die Möglichkeit eine Dienstaufsichtsbeschwerde zu erheben oder beim Verwaltungsgericht ein personalvertretungsrechtliches Beschlussverfahren nach § 92 Abs. 1 Nr. 3 einzuleiten.

III. Verbot einseitiger Handlungen

5 **Vertrauensvolle Zusammenarbeit.** Eingriffe des PR in den Dienstbetrieb ohne Einverständnis des Dienststellenleiters sind veboten. Das Verbot, durch **einsei-**

tige Handlungen in den Dienstbetrieb einzugreifen, gilt auch dann, wenn der Dienststellenleiter – nach Ansicht des PR – seine Befugnisse überschreitet oder die vorgeschriebene Beteiligung des PR nicht herbeiführt. Der PR hat nur die Möglichkeit eine Dienstaufsichtsbeschwerde zu erheben oder beim Verwaltungsgericht ein personalvertretungsrechtliches Beschlussverfahren nach § 92 Abs. 1 Nr. 3 einzuleiten. Ein verbotswidriges Verhalten des PR stellt eine grobe Pflichtverletzung dar, die ein Ausschluss- oder Auflösungsverfahren nach § 24 Abs. 1 zur Folge haben kann, das beim Verwaltungsgericht zu beantragen ist. Außerdem wird in der Regel auch eine Verletzung der Dienstpflichten vorliegen, die bei einem Beamten zu einem Disziplinarverfahren und bei einem Arbeitnehmer zu einer Abmahnung führen kann.

IV. Vorläufige Regelungen

Grundsatz. Bei unaufschiebbaren Maßnahmen hat der Dienststellenleiter zu- **6**
nächst die Möglichkeit, die Frist für die Entscheidung des PR gem. § 76 Abs. 6 Satz 2 auf eine Woche abzukürzen. Bei Maßnahmen, die der Natur der Sache nach nicht einmal einen einwöchigen Aufschub dulden, kann der Dienststellenleiter eine vorläufige Regelung treffen. Diese darf die Hauptsache grundsätzlich nicht vorweg nehmen und darf auch eine andere Entscheidung nicht unmöglich machen, also keinen endgültigen und unwiderruflichen Zustand schaffen. Die Dienststelle hat dem PR die vorläufige Regelung mitzuteilen und zu begründen und unverzüglich das Mitbestimmungs- oder Mitwirkungsverfahren einzuleiten oder zu begründen.

1. Unaufschiebbare Maßnahmen. Es muss sich um eine Maßnahme handeln, **7**
die der Natur der Sache nach keinen Aufschub duldet, d. h., dass deren Durchführung zu einem späteren Zeitpunkt praktisch nicht mehr möglich oder rechtlich nicht mehr zulässig ist oder mit einer Beeinträchtigung der Interessen der Beschäftigten oder der Dienststelle verbunden wäre. Vor Erlass einer vorläufigen Maßnahme ist zu prüfen, ob eine Abkürzung der vom Gesetz in §§ 76, 77, 82, 83 und 87 eingeräumten Fristen nicht ausreichend ist (BVerwG, 14.3.1989 – 6 P 4/86 – PersR 1989, 230 = PersV 1989, 359; BVerwG, 19.4.1988 – 6 P 33/85 – PersR 1988, 159 = PersV 1988, 528; BVerwG, 22.8.1988 – 6 P 27/85 – PersR 1988, 269 = PersV 1989, 269).

Vorläufigkeit. Die Maßnahme soll nur der Sicherung dienen; sie muss eine **8**
vorläufige sein und darf nicht die Hauptsache vorwegnehmen. Die Maßnahme muss sich auf das zeitlich unbedingt Notwendige beschränken und darf keine tatsächlich oder rechtlich endgültige Regelung darstellen. So kann z. B. die (unbefristete) Einstellung oder die Versetzung eines Beschäftigten, die Ernennung, Beförderung oder Entlassung eines Beamten oder die Anordnung von Überstunden nicht Gegenstand einer vorläufigen Regelung nach Abs. 4 sein.

Vorwegnahme der Hauptsache. Die allgemeinen Grenzen vorläufiger Regelun- **9**
gen dürfen **ausnahmsweise** überschritten werden, wenn die beabsichtigte Maßnahme der Natur der Sache nach Einschränkungen, sei es zeitlich oder sachlich, nicht zulässt und schließlich die bei Beteiligung des PR eintretende Verzögerung

zu einer Schwächung (bzw. konkreten Gefährdung) überragender Gemeinschaftsgüter oder Interessen führen würde (BVerwG, 16.12.1992 – 6 P 6/91 – PersR 1993, 123 = PersV 1993, 355). Ein **Leistungsbescheid zur Heranziehung eines Beschäftigten zum Schadensersatz** ist dann als vorläufige Regelung zulässig, wenn er die Vollstreckung bis zum Abschluss des Mitbestimmungsverfahrens aussetzt. Der Erlass eines Leistungsbescheids ist der Natur der Sache nach unaufschiebbar, wenn die Verjährung des Schadensersatzanspruchs bevorsteht (BVerwG, 25.10.1979 – 6 P 53/78 – PersV 1981, 203). Die Befristung einer Einstellung allein genügt regelmäßig nicht, um die entsprechende Maßnahme als Eilmaßnahme einzustufen. Der Arbeitsvertrag ist vielmehr mit der auflösenden Bedingung zu versehen, dass im Falle der endgültigen Versagung der Zustimmung des PR das Beschäftigungsverhältnis automatisch endet (VGH Mannheim, 1.10.2002 – PL 15 S 2098/01 – PersR 2003, 79).

10 **Verfahren.** Eine Regelung nach Abs. 4 ist nur zulässig, wenn der PR der Maßnahme nicht zugestimmt hat. Die vorläufige Regelung kann auch noch nach Einleitung des Stufenverfahrens getroffen werden; **zuständig** ist stets der Dienststellenleiter auf der „örtlichen" Ebene.

11 **2. Verfahren nach der vorläufigen Maßnahme.** Die vorläufige Regelung muss dem PR unverzüglich schriftlich mitgeteilt und im Einzelnen begründet werden. Begründet werden muss zum einen, weshalb die Maßnahme keinen Aufschub duldet. Zum anderen muss begründet werden, inwiefern die Maßnahme nur der Sicherung dient und die Hauptsache nicht vorwegnimmt.

12 **Einleitung/Fortsetzung des Beteiligungsverfahrens.** Der Dienststellenleiter ist verpflichtet, das reguläre Mitbestimmungs- und Mitwirkungsverfahren beschleunigt fortzuführen (BVerwG, 16.12.1992 – 6 P 6/91 – PersR 1993, 123 = PersV 1993, 355). Der PR kann ggf. im gerichtlichen Beschlussverfahren nach § 92 überprüfen lassen, ob die Voraussetzungen für eine vorläufige Regelung gegeben waren.

§ 89   Zuständigkeit in nicht gestuften Verwaltungen

(1) [1]In Gemeinden und Gemeindeverbänden sowie sonstigen Körperschaften, Anstalten und Stiftungen des öffentlichen Rechts tritt in Verfahren nach den § 77 Absatz 3, §§ 78, 79 Absatz 1 Satz 2 und Absatz 3 sowie § 83 Absatz 2 an die Stelle
1. der obersten Dienstbehörde das in ihrer Verfassung vorgesehene oberste Organ oder ein Ausschuss dieses Organs oder, wenn ein solches nicht vorhanden ist, die Aufsichtsbehörde; in Zweifelsfällen bestimmt die zuständige oberste Landesbehörde die anzurufende Stelle,
2. der Stufenvertretung der Personalrat,
3. der Landesregierung das Organ nach Nummer 1.
[2]Besteht ein Gesamtpersonalrat, ist dieser zu hören.

(2) [1]Stehen soziale oder personelle Angelegenheiten der Beschäftigten, über die zwischen dem Personalrat und der Dienststelle keine Einigung besteht, in der Sitzung des Hauptorgans einer Gemeinde, eines Gemeindeverbandes, eines Zweckverbandes oder eines anderen öffentlich-rechtlichen Verbandes

kommunaler Gebietskörperschaften zur Beratung an, so ist der Vorsitzende des Personalrats zur Darlegung der Auffassung des Personalrats in nicht öffentlicher Sitzung zu laden. [2]Das Gleiche gilt für Ausschüsse der Hauptorgane oder für vergleichbare Gremien, die aufgrund ihrer Satzung oder Verfassung als Beschlussorgan vorgesehen sind.

I. Abweichende Verfahrens- und Zuständigkeitsregelungen (Abs. 1)

1. Anwendungsbereich. Die allgemeinen Regelungen des Mitbestimmungs- **1** bzw. Mitwirkungsverfahrens gehen von einer hierarchisch aufgebauten, gestuften Verwaltung aus. § 89 Abs. 1 trifft Sonderregelungen für die Körperschaften, Anstalten und Stiftungen des öffentlichen Rechts, die unter der Aufsicht des Landes stehen, aber nicht in einen hierarchischen Behördenaufbau integriert sind. Der neugefasste § 89 führt die bisher in den §§ 69 Abs. 3 und 4, 72 Abs. 5 a. F. getroffenen Regelungen zusammen; der Absatz 2 entspricht dem früheren § 83a a. F. Für die in § 89 Abs. 1 genannten juristischen Personen des öffentlichen Rechts gelten im Mitbestimmungsverfahren und Mitwirkungsverfahren zunächst grundsätzlich die allgemeinen Bestimmungen, die aber durch die speziellen Regelungen des § 89 Abs. 1 partiell modifiziert werden.

Selbstverwaltung. Das Stufenverfahren (§§ 77, 83) korrespondiert mit einer **2** hierarisch gegliederten Behördenstruktur („übergeordnete Dienststelle"), wie sie typischerweise in der unmittelbaren Staatsverwaltung anzutreffen ist. Erfolgt die Erfüllung öffentlicher Aufgaben nicht als Staatsverwaltung, sondern staatsunabhängig durch andere Körperschaften, Anstalten oder Stiftungen des öffentlichen Rechts, hat dies auch Auswirkungen auf das Personalvertretungsrecht. Wenn den jeweiligen juristischen Personen des öffentlichen Rechts Bereiche zur eigenverantwortlichen Aufgabenerfüllung überantwortet sind, berührt dies nicht nur den Bereich der Erfüllung der öffentlichen Aufgabe selbst, der dem staatlichen Reglement grundsätzlich entzogen ist, sondern immer auch den Bereich der Aufgabenorganisation und Personalwirtschaft, auf den das Personalvertretungsrecht bezogen ist.

Institutionelle Gewährleistungen. Jedenfalls wenn das Grundgesetz selbst Frei- **3** heitsbereiche bezeichnet, die möglichst weitgehend staatlicher Kontrolle und Einflussnahme entzogen sein sollen, ist im Konfliktfall zu prüfen, ob der Staat in diesen Angelegenheiten nicht von Verfassungs wegen auf die Rechtsaufsicht beschränkt ist und auch ein staatliches Evokationsrecht bzw. staatliches Letztentscheidungsrecht im Beteiligungsverfahren ausscheidet.

Gemeinden, Gemeindeverbände. Aus der durch Art. 28 Abs. 2 GG verbürgten **4** kommunalen Selbstverwaltungsgarantie ist die Befugnis der Gemeinden und Gemeindeverbände zu entnehmen, ihre Angelegenheiten in eigener Verantwortung, also weisungsfrei und unter Wahrung von bestehenden Ermessens- und Gestaltungsspielräumen regeln zu können. Damit schließt Art. 28 Abs. 2 GG auch ein staatliches Weisungsrecht, Letztentscheidungsrecht oder Evokationsrecht im personalvertretungsrechtlichen Verfahren aus. Dem trägt § 89 Abs. 1 Rechnung.

5   **Hochschulen.** Vergleichbare Bedeutung kommt Art. 5 Abs. 3 Satz 1 GG zu, der einen besonderen Schutz vor staatlicher Einflussnahme gewährleistet. Hochschulen sind keine nachgeordneten Behörden, sondern Orte, an denen Lehre und Forschung stattfinden. Diese Freiheitsverbürgung betrifft nicht nur den Kernbereich wissenschaftlicher Betätigung, sondern hat Bedeutung auch gegenüber Organisationsnormen, wenn hierdurch eine wissenschaftsinadäquate Organisation und damit eine mögliche Grundrechtsgefährdung bewirkt wird. Art. 5 Abs. 3 Satz 1 GG fordert daher eine Hochschulorganisation und damit auch eine hochschulorganisatorische Willensbildung, die bewirkt, dass in der Hochschule freie Wissenschaft möglich ist und ungefährdet betrieben werden kann. Hierbei ist maßgeblich, ob durch die Organisationsnormen die freie wissenschaftliche Betätigung und Aufgabenerfüllung strukturell gefährdet wird. Dem ist nicht allein durch die speziellen Regelungen der §§ 99 ff. Rechnung getragen, sondern bedarf der Berücksichtigung auch bei der Ausgestaltung der personalvertretungsrechtlichen Beteiligungsverfahren.

6   **Rundfunkanstalten.** Der durch Art. 5 Abs. 1 Satz 2 GG besonders geschützten Rundfunkfreiheit wird u. a. durch die Sonderregelungen der §§ 105 ff. Rechnung getragen; vgl. die dortige Kommentierung.

7   **Kirchen.** Für die Religionsgemeinschaften, die als Körperschaften des öffentlichen Rechts organisiert sind (Art. 140 GG i. V. m. Art. 137 Abs. 5 WRV), sowie deren karitativen oder erzieherischen Einrichtungen findet das LPVG keine Anwendung (§ 115).

8   **Nr. 1: Zuständigkeit des obersten Organs.** Nach Absatz 1 Satz 1 tritt im Stufenverfahren (§ 77 Abs. 3), dem Einigungsstellenverfahren (§§ 78, 79 Abs. 1 Satz 2 und Abs. 3) sowie im Mitwirkungsverfahren (§ 83 Abs. 2) an die Stelle der obersten Dienstbehörde grundsätzlich das oberste Organ der juristischen Person oder ein Ausschuss dieses obersten Organs.

9   **Oberstes Organ.** Wer bei einer juristischen Person des öffentlichen Rechts jeweils oberstes Organ in diesem Sinne ist, ergibt sich nicht aus § 89 Abs. 1, sondern wird vom jeweiligen Organisationsrecht bestimmt (VGH Mannheim, 19.10.1999 – PL 15 S 1167/99 – PersR 2000, 27). Das LPVG verwendet keinen eigenständigen personalvertretungsrechtlichen Begriff, sondern folgt den jeweiligen durch Gesetz, Satzung oder sonstige Rechtsnorm getroffenen organisationsrechtlichen Regelungen.

10   **Gemeinden, Landkreise.** Bei dem besonders bedeutsamen kommunalen Bereich tritt an die Stelle der obersten Dienstbehörde als verfassungsmäßig zuständiges oberstes Organ der **Gemeinderat** (§ 24 Abs. 1 GemO) bzw. der **Kreistag** (§ 19 Abs. 1 LKrO).

11   **Ausschuss.** Gemeinderat und Kreistag sowie das oberste Organ anderer der Aufsicht des Landes unterstehender Körperschaften, Anstalten und Stiftungen des öffentlichen Rechts können nach Maßgabe des Kommunalverfassungsrechts oder der sonstigen für sie geltenden gesetzlichen oder satzungsmäßigen Bestimmungen ihre Aufgaben als oberstes Organ im Beteiligungsverfahren grundsätzlich auf einen (beschließenden) Ausschuss übertragen. Dadurch wird keine weitere „Einigungsstufe" eingerichtet. Die Übertragungsmöglichkeit gilt nicht für das Evokationsrecht.

Aufsichtsbehörde. Wenn nach dem jeweils einschlägigen Organisationsrecht **12** kein oberstes Organ im Sinne von § 89 Abs. 1 Satz 1 Nr. 1 besteht, ist die Angelegenheit der jeweiligen Aufsichtsbehörde vorzulegen, die dann als oberstes Organ fungiert. Wer Aufsichtsbehörde für die jeweilige juristische Person ist, ergibt sich ebenfalls aus dem Organisationsrecht und dem Landesverwaltungsgesetz. Die Aufsichtsbehörde nimmt dann am Mitbestimmungsverfahren teil, ihr steht auch das Letztentscheidungsrecht im Falle der Empfehlung der Einigungsstelle zu (§ 78 Abs. 4 Satz 2).

Oberste Landesbehörde. Ist zweifelhaft, ob ein oberstes Organ vorhanden ist, **13** wer als oberstes Organ zu betrachten ist bzw. wer zuständige Aufsichtsbehörde ist, bestimmt die zuständige oberste Landesbehörde die anzurufende Stelle. Die oberste Landesbehörde ist in dieser Funktion aber nie selbst oberstes Organ, sondern nur dazu berufen, das nach den jeweils maßgeblichen gesetzlichen bzw. satzungsmäßigen Regelungen vorgesehene Organ zu bestimmen. Das weitere Verfahren wird dann von dem im Zwischenverfahren bestimmten Organ weiter geführt.

Nr. 2: Zuständigkeit des PR. Nach Absatz 1 Satz 1 Nr. 2 kommt dem PR im **14** Mitbestimmungsverfahren bzw. Mitwirkungsverfahren neben seiner Ausgangszuständigkeit auch die Funktion der **Stufenvertretung** zu. Dies bedeutet, dass die Angelegenheit nach einer Nichteinigung im Sinne von § 77 Abs. 1, § 83 Abs. 1 erneut mit der Ausgangspersonalvertretung zu behandeln ist. Kommt es auch in dieser Verfahrenssituation zu keiner Einigung, kann die Angelegenheit vom PR oder der Dienststelle nach § 77 Abs. 3 dem obersten Organ der juristischen Person vorgelegt werden. Auch in diesem letzten Verfahrensabschnitt mit dem obersten Organ kommt dem PR die Funktion der Stufenvertretung zu. Gleiches gilt im Mitwirkungsverfahren nach § 83.

GesamtPR. Fällt die Beteiligungsangelegenheit in die Zuständigkeit eines Ge- **15** samtPR (§ 91 Abs. 8), so ist dieser der „Personalrat" im Sinne der Nr. 2, dem dann auch die Stellung der Stufenvertretung zukommt. Hiervon zu unterscheiden ist das Anhörungsrecht des GesamtPR nach Absatz 1 Satz 2, das keine eigene Zuständigkeit des GesamtPR begründet.

Einigungsstellenverfahren. Die Zuständigkeit von oberstem Organ und PR **16** kommt nach § 89 Abs. 1 Satz 1 auch im Einigungsstellenverfahren partiell zum Tragen (§§ 78, 79 Abs. 1 Satz 2, Abs. 3). Dies bedeutet, dass die Einigungsstelle vom PR oder vom obersten Organ bzw. Aufsichtsbehörde angerufen werden kann (§ 78 Abs. 1). Die Beisitzer der Einigungsstelle werden vom PR und vom obersten Organ bzw. der Aufsichtsbehörde bestimmt (§ 79 Abs. 1 Satz 2). Das Äußerungsrecht vor der Einigungsstelle haben der PR und das oberste Organ bzw. die Aufsichtsbehörde (§ 79 Abs. 3 Satz 2). Das Letztentscheidungsrecht (§ 78 Abs. 4 Satz 2) hat das oberste Organ bzw. die Aufsichtsbehörde. Im Übrigen verbleibt es bei den allgemeinen Regelungen; insoweit wird auf die Kommentierung zu §§ 78, 79 verwiesen.

17 **Nr. 3: Evokationsrecht.** Nach Absatz 1 Satz 1 Nr. 3 tritt das oberste Organ im Einigungsstellenverfahren auch an die Stelle der Landesregierung. Dies bedeutet, dass ihm auch das Evokationsrecht nach § 78 Abs. 2 Satz 3 zusteht. Das Verfahren gestaltet sich in diesem Fall derart, dass das oberste Organ dem PR und der Einigungsstelle Gelegenheit zur Stellungnahme zu geben hat. Etwaige Stellungnahmen sind gegenüber dem obersten Organ abzugeben. Die Entscheidung des obersten Organs ist dem PR bekanntzugeben. Die sonstigen Verfahrensregelungen von § 78 Abs. 2 gelten auch für das oberste Organ.

18 **Keine Ausschussentscheidung.** Nach dem Wortlaut der Nr. 3, der das „Organ nach Nummer 1" nennt, ist eine Übertragung des Evokationsrechts vom obersten Organ auf einen Ausschuss ausgeschlossen. Der besonderen Bedeutung des Evokationsrechts, wie es insbesondere in der ansonsten erfolgten Zuweisung an die Landesregierung zum Ausdruck kommt, wird auch nur eine Entscheidung des obersten Organs, nicht aber eines Ausschusses gerecht.

19 **2. Anhörung des GesamtPR.** Nach Absatz 1 Satz 2 ist der GesamtPR zu hören, falls ein solcher besteht. Dies bedeutet nicht, dass ein GesamtPR an die Stelle des PR tritt und dessen in Absatz 1 Satz 1 beschriebenen Funktionen im „Stufenverfahren" bzw. im Einigungsstellenverfahren übernimmt. Insoweit verbleibt es bei der Regelung von Satz 1. Einem bestehenden GesamtPR ist im Mitbestimmungsverfahren bzw. Mitwirkungsverfahren lediglich Gelegenheit zur Äußerung zu den umstrittenen Fragen zu geben. Diese Anhörung soll sicherstellen, dass auch Belange der anderen Beschäftigten, die nicht in dem vom PR vertretenen Bereich tätig sind, ebenfalls bei der Entscheidungsfindung der Dienststelle bzw. des obersten Organs Berücksichtigung finden. Die Anhörung des GesamtPR wird durch die Dienststelle durchgeführt. Ein bestehender GesamtPR „ist" anzuhören, weshalb der Dienststelle kein Ermessen zusteht; die Anhörung ist zwingend vorgeschrieben.

20 **Zeitpunkt der Anhörung.** Wann der GesamtPR anzuhören ist, sagt Absatz 1 Satz 2 nicht. Im ersten Verfahrensabschnitt (§§ 76 Abs. 1, 82 Abs. 1) zwischen PR und der Dienststelle, die allein in die Zuständigkeit des PR fällt, kommt eine Anhörung des GesamtPR nicht in Betracht. Eine Anhörung kann erst **im Falle der Nichteinigung** erfolgen. Sachgerecht dürfte es dann aber sein, die Anhörung des GesamtPR möglichst früh durchzuführen, um die Erwägungen, die der GesamtPR in das Verfahren einführen kann, möglichst früh berücksichtigen zu können.

II.   Erörterung sozialer und personeller Angelegenheiten (Abs. 2)

21 **Anwendungsbereich.** § 89 Abs. 2 entspricht dem früheren § 83a a. F. Diese Vorschrift war mit dem ÄG 95 in das Gesetz aufgenommen worden und galt bzw. gilt nur für den **kommunalen Bereich.** Nach der früheren Rechtsprechung des BVerwG (14.1.1983 – 6 P 93/78 – PersV 1984, 30) stand dem PR gegenüber dem Gemeinderat oder einem Ausschuss kein Erörterungs- oder Beteiligungsrecht zu. Inhaltlich ist das durch das ÄG 95 geschaffene Teilnahme- und Vortragsrecht des PR-Vorsitzenden ausschließlich auf streitige soziale oder personelle Angelegenheiten beschränkt. Dem PR-Vorsitzenden ist es deshalb – auch unter Berücksichtigung der Schweigepflicht nach § 7 – verwehrt, aus Anlass anderer Angelegenheiten an Sitzungen des Hauptorgans oder dessen Ausschüssen teilzunehmen, um die Position des PR darzustellen.

1. Teilnahme- und Vortragsrecht. Voraussetzung des Teilnahmerechts des PR-**22** Vorsitzenden ist ein laufendes Beteiligungsverfahren, in dem zwischen PR und Dienststelle keine Einigung erzielt werden konnte, oder ein sonstiges Verfahren, das soziale oder personelle Angelegenheiten zum Gegenstand hat. Das nicht abdingbare Teilnahme- und Vortragsrecht des PR-Vorsitzenden soll diesem die Gelegenheit geben, den Standpunkt des PR bei dem im weiteren Verfahren zur Entscheidung zuständigen Hauptorgan direkt zu Gehör zu bringen. Ein Teilnahmerecht an der Beratung oder Beschlussfassung des Hauptorgans folgt aus § 89 Abs. 2 Satz 1 nicht.

Hauptorgan. Das Teilnahmerecht besteht hinsichtlich von Sitzungen des **23** Hauptorgans der Gemeinde, eines Gemeindeverbandes, eines Zweckverbandes oder eines anderen öffentlich-rechtlichen Verbandes kommunaler Gebietskörperschaften. Auf sonstige Sitzungen, z.B der Teilnahme an Sitzungen von Gemeinderatsfraktionen, erstreckt sich das Recht nicht. Ebenso ist es dem PR verwehrt, den Gemeinderatsfraktionen unmittelbar seine Stellungnahme zuzuleiten (Verstoß gegen den Grundsatz der vertrauensvollen Zusammenarbeit).

Soziale und personelle Angelegenheiten. Solche Angelegenheiten liegen nicht **24** nur vor, wenn ein förmliches Beteiligungsrecht nach §§ 74, 75 besteht, das zu einem Mitbestimmungs- oder Mitwirkungsverfahren geführt hat, sondern dazu zählen alle entsprechenden Angelegenheiten, mit denen sich der PR im Rahmen seiner Aufgabenstellung zu beschäftigen hat (z. B. Initiativen nach § 70).

Ladung. Der Bürgermeister bzw. der jeweilige Vorsitzende des Hauptorgans **25** oder des Ausschusses ist verpflichtet, den PR-Vorsitzenden rechtzeitig zu der Sitzung einzuladen, in der die streitige Angelegenheit im Gremium behandelt werden soll. Das Teilnahmerecht ist auf den Vorsitzenden des PR begrenzt; dazu gehört im Verhinderungsfall auch sein Stellvertreter. Weitere Personalratsmitglieder dürfen nur teilnehmen, sofern das Gremium dies über den Gesetzeswortlaut hinaus ausdrücklich zulässt.

Auffassung des PR. Der PR-Vorsitzende ist nur befugt, dem Hauptorgan die **26** Auffassung des PR zur Kenntnis zu bringen. Der Inhalt der Stellungnahme vor dem Hauptorgan muss daher zuvor vom PR behandelt und grundsätzlich beschlossen worden sein.

Schweigepflicht. Bei sozialen und personellen Angelegenheiten geht es regelmä-**27** ßig um sensible Fragen, die dem Persönlichkeitsschutz unterliegen. Die absolute Schweigepflicht des PR-Vorsitzenden (§ 7) wird durch § 89 Abs. 2 überlagert

und für die dort abschließend aufgezählten Sachverhalte geöffnet. Die Bekanntgabe personenbezogener Daten ist unter Datenschutzgesichtspunkten auf den
für die Entscheidungsfindung zwingend notwendigen Umfang zu beschränken.
Dem Persönlichkeitsschutz trägt Absatz 2 Satz 1 auch dadurch Rechnung, dass
die Sitzung in diesem Punkt nichtöffentlich sein muss.

28 **Schriftliche Stellungnahme.** Der Bürgermeister ist ohnehin verpflichtet, die ihm
gegenüber vom PR im Mitbestimmungs- bzw. Mitwirkungsverfahren vorgebrachten Bedenken und Einwendungen vollständig und objektiv dem beschließenden Organ vor der Beschlussfassung mitzuteilen. Danach ist es auch zulässig, dem Gemeinderat mit den Sitzungsunterlagen eine einschlägige
Stellungnahme des PR zu übergeben. Ein Anspruch einzelner Gemeinderatsfraktionen auf Überlassung dieser Stellungnahmen besteht jedoch nicht, da der
Informationsanspruch nur zugunsten des Gemeinderats gilt.

29 **2. Ausschüsse.** Satz 1 findet entsprechende Anwendung, wenn Ausschüsse der
Hauptorgane oder vergleichbare Gremien als Beschlussorgan vorgesehen sind.

§ 90   Verhältnis zu anderen Beteiligungsrechten

**Die Personalvertretungen werden bei Maßnahmen, bei deren Vorbereitung
nach § 53 des Beamtenstatusgesetzes und § 89 des Landesbeamtengesetzes
die Spitzenorganisationen der zuständigen Gewerkschaften zu beteiligen sind,
sowie beim Erlass von Rechtsverordnungen und Satzungen nicht beteiligt.**

1 **Anwendungsbereich.** Die Vorschrift, die durch das ÄG 2013 (damals: § 84)
ergänzt worden ist, schließt die Beteiligung der Personalvertretungen aus zum
einen bei Maßnahmen, bei deren Vorbereitung nach § 53 BeamtStG und § 89
LBG die Spitzenorganisationen der zuständigen Gewerkschaften zu beteiligen
sind, und zum anderen beim Erlass von Rechtsverordnungen und Satzungen.

2 **Gewerkschaftsbeteiligung.** Nach § 53 BeamtStG sind bei der Vorbereitung **gesetzlicher** Regelungen der beamtenrechtlichen Verhältnisse durch die obersten
Landesbehörden die Spitzenorganisationen der zuständigen Gewerkschaften
und Berufsverbände zu beteiligen; § 89 LBG dehnt dies aus auf alle allgemeinen
Regelungen (§ 89 Abs. 1 LBG) und regelt das Beteiligungsverfahren näher
(§ 89 Abs. 4 LBG). Bei der Vorbereitung von Regelungen der beamtenrechtlichen Verhältnisse durch **Gesetz oder Rechtsverordnung** ist eine Beteiligung der
Spitzenorganisationen der zuständigen Gewerkschaften und Berufsverbände
immer erforderlich (§ 89 Abs. 2 LBG), bei der Vorbereitung von **Verwaltungsvorschriften** nur dann, wenn die Verwaltungsvorschrift Fragen von grundsätzlicher Bedeutung regelt (§ 89 Abs. 3 LBG). Ob Letzteres vorliegt, ist vor allem
nach dem Gewicht und der Bedeutung zu beurteilen, die dem Inhalt der Regelung vom Blickwinkel der bestehenden Rechtsordnung her zukommt. Weitere
Gesichtspunkte können sein das Gewicht der Interessen, welche die von den
Gewerkschaften und Berufsverbänden vertretenen Personengruppen haben, die
Zahl der zu erwartenden Anwendungsfälle und erhebliche Interessen der
Dienstherrn, die zugleich Interessen der Allgemeinheit darstellen (VGH Mann-

heim, 30.9.2004 – PL 15 S 2470/03 – PersR 2005, 160 zu § 120 LBG a. F.,
der § 89 LBG n. F. entspricht).

Rechtsverordnungen und Satzungen. Mit dieser durch das ÄG 2013 (damals: **3**
§ 84) erfolgten Ergänzung der Vorschrift wird i. S. d. Rechtsprechung klargestellt, dass die Beteiligung der Personalvertretungen beim Erlass von Rechtsverordnungen und Satzungen ausgeschlossen ist, auch wenn durch einzelne in
diesen enthaltene Regelungen ein personalvertretungsrechtlicher Beteiligungstatbestand tangiert wird (s. BVerwG, 7.4.2008 – 6 PB 1/08 – PersR 2008, 450).
Die Gesetzgebung ist Aufgabe der Legislative, der die Personalvertretungen
nicht zugeordnet sind.

Teil 9   Zuständigkeit des Personalrats, des Gesamtpersonalrats und der Stufenvertretungen

§ 91

(1) Der Personalrat wird an den Maßnahmen beteiligt, die die Dienststelle, bei
der er gebildet ist, für ihre Beschäftigten trifft.

(2) In Angelegenheiten, in denen die Dienststelle nicht zur Entscheidung befugt ist, ist an Stelle des Personalrats die bei der zuständigen Dienststelle
gebildete Stufenvertretung zu beteiligen.

(3) [1]Vor einem Beschluss in Angelegenheiten, die einzelne Beschäftigte oder
Dienststellen betreffen, gibt die Stufenvertretung dem Personalrat Gelegenheit
zur Äußerung. [2]In diesem Fall erhöhen sich die Beteiligungsfristen auf fünf
Wochen; § 76 Absatz 6 Satz 2 findet Anwendung. [3]§ 76 Absatz 6 Satz 3 sowie
Absatz 7 und 8 gilt entsprechend.

(4) Werden im Geschäftsbereich mehrstufiger Verwaltungen personelle oder
soziale Maßnahmen von einer Dienststelle getroffen, bei der keine für eine
Beteiligung zu diesen Maßnahmen zuständige Personalvertretung vorgesehen
ist, so ist die Stufenvertretung bei der nächsthöheren Dienststelle, zu deren
Geschäftsbereich die entscheidende Dienststelle und die von der Entscheidung Betroffenen gehören, zu beteiligen.

(5) Soweit der Ministerpräsident Maßnahmen für Beschäftigte des Geschäftsbereichs einer anderen obersten Dienstbehörde als des Staatsministeriums
trifft, die der Beteiligung der Personalvertretung unterliegen, wird die zuständige Personalvertretung beim Vorschlag der obersten Dienstbehörde an den
Ministerpräsidenten beteiligt.

(6) [1]Bei Einzelmaßnahmen, in denen die Entscheidung von einer Dienststelle
getroffen wird, die zum Geschäftsbereich einer anderen obersten Dienstbehörde gehört als die, auf die sich die Maßnahme erstreckt, ist der Personalrat
der Dienststelle, auf deren Beschäftigte sich die Maßnahme erstreckt, zu beteiligen. [2]Erstreckt sich die Einzelmaßnahme auf mehrere Dienststellen, ist der
Personalrat jeder dieser Dienststellen zu beteiligen. [3]Erstreckt sich eine Maßnahme auf Dienststellen mehrerer oberster Dienstbehörden, wird bei der
obersten Dienstbehörde, zu der die hauptnutzende Stelle gehört, eine gemeinsame Einigungsstelle gebildet.

(7) Ist eine Dienststelle neu errichtet und ist bei ihr ein Personalrat noch nicht gebildet worden, ist auf die Dauer von längstens sechs Monaten die bei der übergeordneten Dienststelle gebildete Stufenvertretung zu beteiligen.

(8) ¹Besteht ein Gesamtpersonalrat, so ist dieser zu beteiligen, wenn die Maßnahme über den Bereich einer Dienststelle hinausgeht. ²Soweit der Gesamtpersonalrat zuständig ist, ist er an Stelle der Personalräte der Dienststellen zu beteiligen. ³Vor einem Beschluss in Angelegenheiten, die einzelne Beschäftigte oder Dienststellen betreffen, gibt der Gesamtpersonalrat dem Personalrat Gelegenheit zur Äußerung. ⁴Absatz 3 Satz 2 und 3 gilt entsprechend.

1 **Vorbemerkung.** Da der Teil 8 des LPVG nichts darüber sagt, welcher PR zu beteiligen ist, enthält § 91 die notwendigen Zuständigkeitsregelungen. Die Bestimmung ergänzt insoweit insbesondere die §§ 54 und 55 sowie die Verfahrensvorschriften der §§ 76, 77, 82 und 83. Geregelt wird die Zuständigkeitsabgrenzung zwischen örtlichem PR einerseits und Stufenvertretungen und GesamtPR andererseits.

2 **Anwendungsbereich.** § 91 gilt nicht nur für die eigentlichen Beteiligungsformen der Mitbestimmung, Mitwirkung und Anhörung, sondern **auch in den sonstigen Fällen**, in denen der Personalvertretung Aufgaben zugewiesen sind. So ist z. B. auch im Rahmen der Erfüllung der Aufgaben nach §§ 70 und 71 die Zuständigkeitsverteilung des § 91 zu beachten, so dass eine Personalvertretung, etwa eine Stufenvertretung, die in §§ 70 und 71 genannten Aufgaben nur im Rahmen ihres Zuständigkeitsbereichs wahrnehmen kann und sich bei Anträgen aufgrund dieser Vorschriften an ihren jeweiligen Partner zu wenden hat. Die Regelungen in Abs. 2 bis 7 betreffen nur den staatlichen Bereich, da es nur hier Stufenvertretungen gibt, nicht dagegen den kommunalen Bereich.

3 **Zwingende Regelung.** Die Zuständigkeitsregelungen in § 91 sind **zwingend**. Von ihnen kann weder im Einvernehmen mit allen Beteiligten noch durch Tarifvertrag oder Dienstvereinbarung (s. § 85) abgewichen werden. Sie darf auch nicht durch abweichende Übung umgangen werden; dies gilt in besonderem Maße dann, wenn durch die Beteiligung einer unzuständigen Personalvertretung eine andere, an sich zuständige Personalvertretung ausgeschaltet würde. Verstöße gegen die Zuständigkeitsverteilung in § 91 führen zur Rechtswidrigkeit und können sowohl bei der gerichtlichen Überprüfung der Maßnahme selbst geltend gemacht werden, wie auch in einem isolierten Verfahren nach § 92 Abs. 1 Nr. 3 vom Verwaltungsgericht festgestellt werden.

4 **Abweichende Regelungen.** Das LPVG selbst enthält jedoch folgende abweichende Regelungen:
- § 94 Abs. 4 Satz 1 für die Behandlung von Verschlusssachen,
- § 99 Abs. 4 Satz 3 für die Duale Hochschule,
- § 112 Abs. 1 Satz 2 und 3 für den SWR.

I. Zuständigkeit des örtlichen Personalrats (Abs. 1)

5 **Maßnahmen der Dienststelle.** Trifft die Dienststelle, bei der der örtliche PR gebildet ist, selbst eine Maßnahme für ihren eigenen Bereich, so ist der örtliche

PR zuständig. Soweit die Dienststelle selbst **keine Entscheidung trifft**, sondern diese etwa nur vorbereitet oder am Zustandekommen der Maßnahme überhaupt nicht beteiligt ist, ist eine unmittelbare Beteiligung des örtlichen PR ausgeschlossen. Handelt dagegen die örtliche Dienststelle entsprechend der **internen Weisung** einer übergeordneten Dienststelle, ändert dies nichts daran, dass die Maßnahme von der örtlichen Dienststelle getroffen wird und an der Zuständigkeit des örtlichen PR ändert sich deshalb nichts.

Mittelbare Beteiligung des örtlichen PR. Entscheidet nicht die Dienststelle, bei   **6** der der örtliche PR gebildet ist, kommt allerdings eine mittelbare Beteiligung des örtlichen PR gemäß Abs. 3 oder Abs. 8 Satz 3 in Betracht. Wenn eine Stufenvertretung oder ein GesamtPR zu beteiligen ist und die Maßnahme einzelne Beschäftigte oder Dienststellen betrifft, geben die Stufenvertretung und der GesamtPR dem örtlichen PR Gelegenheit zur Äußerung. Das Äußerungsrecht räumt dem örtlichen PR aber nicht die dem PR sonst im Rahmen der Mitbestimmung oder Mitwirkung zustehenden Rechte ein, insb. kann der örtliche PR, wenn seiner Ansicht nicht Folge geleistet wird, nicht selbst ein Verfahren nach § 77 Abs. 1, § 78 Abs. 1 oder § 83 Abs. 1 in Gang setzen.

II. Zuständigkeit der Stufenvertretung (Abs. 2)

Maßnahmen der übergeordneten Dienststelle. Die Beteiligungsbefugnis der   **7** Personalvertretung folgt der Entscheidungszuständigkeit der Dienststelle. Trifft eine Dienststelle Maßnahmen als übergeordnete Dienststelle für alle oder einzelne nachgeordnete Dienststellen oder Beschäftigte, ist die bei der übergeordneten Dienststelle bestehende Stufenvertretung, d. h. der BPR, zu beteiligen. Bei einer **Entscheidung der übergeordneten Dienststelle nur für den eigenen Hausbereich** (die eigene Dienststelle und deren Beschäftigte) ist nur der örtliche PR zu beteiligen. Dies ergibt sich eindeutig aus Abs. 1 (vgl. BVerwG, 15.7.2004 – 6 P 1/04 – PersV 2005, 33 = PersR 2004, 396).

Maßnahmen der obersten Dienststelle. Trifft eine Dienststelle Maßnahmen als   **8** oberste Dienststelle für ihren gesamten Geschäftsbereich oder für alle oder einzelne nachgeordnete Dienststellen oder Beschäftigte, ist die bei der obersten Dienststelle bestehende Stufenvertretung, d. h. der HPR, zu beteiligen. Bei einer **Entscheidung der obersten Dienststelle nur für den eigenen Hausbereich** (die eigene Dienststelle und deren Beschäftigte) ist nur der örtliche PR zu beteiligen. Dies ergibt sich eindeutig aus Abs. 1 (vgl. BVerwG, 15.7.2004 – 6 P 1/04 – PersV 2005, 33 = PersR 2004, 396).

III. Anhörung des örtlichen Personalrats (Abs. 3)

Anwendungsbereich. Ist nach Abs. 2 die Stufenvertretung zuständig, schreibt   **9** Abs. 3 vor, dass die Stufenvertretung in Angelegenheiten, die nur einzelne Beschäftigte oder Dienststellen betreffen, vor ihrer Entscheidung dem örtlichen PR Gelegenheit zur Äußerung zu geben hat. Die Regelung **ist zwingend.**

10 **1. Verfahren.** Ein Instanzenzug zwischen HPR und örtlichem PR über den BPR und umgekehrt ist nicht einzuhalten. Ist der HPR zuständig, ist der BPR überhaupt nicht einzuschalten. Die Stufenvertretung genügt ihrer Informationspflicht, wenn sie den Zustimmungsantrag des Dienststellenleiters vollständig an die örtliche Personalvertretung zur Stellungnahme innerhalb einer angemessenen Frist weiterleitet. Sie ist nicht verpflichtet, sämtliche im Laufe des Mitbestimmungsverfahrens beim Dienststellenleiter beschafften Informationen an die örtliche Personalvertretung weiterzuleiten. Das Anhörungsrecht gibt der örtlichen Personalvertretung jedenfalls keinen Anspruch darauf, dass sich die Stufenvertretung deren Begehren nach weiteren Informationen zu Eigen macht und sich damit an die zur Entscheidung befugte Dienststelle wendet (BVerwG, 2.10.2000 – 6 P 11/99 – PersR 2001, 80). Auch die Abgabe einer Stellungnahme durch den örtlichen PR ist nicht vorgeschrieben. Äußert sich jedoch der örtliche PR, ist diese Äußerung den Mitgliedern der Stufenvertretung vor ihrer Entscheidung bekanntzugeben (BVerwG, 19.7.1994 – 6 P 12/92 – PersV 1995, 77 = PersR 1994, 518).

11 **Vorbehaltsbeschlüsse.** Sog. Vorbehaltsbeschlüsse des HPR sind nicht zulässig. Fasst der HPR vor Eingang einer Stellungnahme des örtlichen PR einen Beschluss unter Vorbehalt, der bekanntgegeben wird, wenn sich der örtliche PR nicht oder im Sinne des gefassten Vorbehaltsbeschlusses äußert, verletzt dies die Informationsrechte und Entscheidungsbefugnisse der Mitglieder des HPR (BVerwG, 19.7.1994 – 6 P 12/92 – PersV 1995, 77 = PersR 1994, 518). Es ist zwar Sache der Stufenvertretung, ob und wie sie die Stellungnahme des örtlichen PR berücksichtigt, da sie daran nicht gebunden ist. Da der HPR aber meist nicht über die Kenntnisse, die für die Entscheidung des Einzelfalles erforderlich sind, verfügt wie der örtliche PR, ist der HPR für die Entscheidungsfindung auf die Stellungnahme des örtlichen PR angewiesen.

12 **Unterbliebene Anhörung.** Ob die Anhörung des örtlichen PR durchgeführt worden ist, ist von der Dienststelle nicht zu prüfen; da die Stufenvertretung an die Äußerung des örtlichen PR nicht gebunden ist, wird die der Beteiligung der Stufenvertretung unterliegende Maßnahme in ihrer Rechtswirkung durch eine unterbliebene Anhörung nicht beeinträchtigt (Altvater u. a. § 85 Rn. 13).

13 **2. Fristverlängerung.** Satz 2 Hs. 1 **verlängert** die Erklärungsfristen der Stufenvertretung nach §§ 77 und 83 von drei auf fünf Wochen, wenn die Stufenvertretung vor ihrer Entscheidung einen örtlichen PR hören muss. Für die Äußerung des örtlichen PR gegenüber der Stufenvertretung legt das Gesetz dagegen keine Frist fest. Diese sollte jedoch so rechtzeitig bei der Stufenvertretung eingehen, dass sie von der Stufenvertretung bei ihrer Beratung berücksichtigt werden kann.

13a **3. Fristvereinbarung.** Gem. Satz 3 i. V. m. § 76 Abs. 6 Satz 3 können die Stufenvertretung und die übergeordnete Dienststelle für die Dauer der Amtszeit der Stufenvertretung **generell abweichende Fristenregelungen vereinbaren**. Einvernehmlich sind damit sowohl generelle Fristverlängerungen als auch generelle Fristabkürzungen möglich. Neben dieser generellen Vereinbarung können auch im **konkreten Einzelfall** Fristverlängerungen oder Fristabkürzungen vereinbart werden.

Abweichende Fristbestimmung durch Dienststelle. Die übergeordnete Dienst- **13b** stelle kann die Äußerungsfrist der Stufenvertretung jederzeit verlängern und in begründeten Fällen im Einvernehmen mit der Stufenvertretung auch abkürzen (Satz 3 i. V. m. § 76 Abs. 7).

Eilfall. In dringenden Fällen kann die übergeordnete Dienststelle die Erklä- **14** rungsfrist der Stufenvertretung auf eine Woche abkürzen (Hs. 2 i. V. m. § 76 Abs. 6 Satz 2). Begründet wird diese durch das ÄG 2013 (damals: § 72) in das Gesetz aufgenommene ganz erhebliche Fristverkürzung damit, dass es Dienststellen möglich sein müsse, erforderliche Maßnahmen zügig umzusetzen, und die moderne Büro- und Kommunikationstechnik für den PR einen schnellen Informationsaustausch und eine kurzfristige Informationsbeschaffung möglich mache. Dennoch sollte von dieser Möglichkeit der ganz erheblichen Verkürzung der Erklärungsfrist der Stufenvertretung nur sehr restriktiv Gebrauch gemacht werden, um zu verhindern, dass der PR nicht unter unzumutbaren Entscheidungsdruck gerät. Ein dringender Fall liegt vor, wenn ein Aufschub zu erheblichen Nachteilen führen würde (BVerwG, 15.11.1995 – 6 P 4/94 – PersR 1996, 157 = PersV 1996, 326). Auf die Erl. zu § 76 Abs. 6 Satz 2 wird verwiesen.

3. Fristverlängerung auf Antrag des PR. Der Vorsitzende der Stufenvertretung **15** kann eine längere Frist, die im Antrag zu bestimmen und deren Erforderlichkeit zu begründen ist, beantragen. Entscheidet die Dienststelle nicht innerhalb von drei Arbeitstagen nach Zugang über den Antrag, gilt die Fristverlängerung im beantragten Umfang als bewilligt. Ist ein entsprechender Antrag gestellt, verlängert sich die Frist zumindest um drei Arbeitstage, es sei denn, die Dienststelle bewilligt eine längere Frist. Der Antrag kann nicht wiederholt werden (Satz 3 i. V. m. § 76 Abs. 8). Auf die Kommentierung zu § 76 Abs. 7 und 8 wird verwiesen.

IV. Zuständigkeit der nächsthöheren Stufenvertretung (Abs. 4)

Fehlende Personalvertretung. Da die Personalvertretungen nach dem LPVG wie **16** beim Bund und den anderen Bundesländern dreistufig (örtlicher PR, BPR, HPR) sind, ergibt es sich bei mehr als dreistufigen Verwaltungen, dass bei einer oder mehreren übergeordneten Dienststellen keine Stufenvertretung besteht (s. auch § 55 Abs. 1). Dies ist z. B. in der Justizverwaltung bei den Landgerichten der Fall. Will der Landgerichtspräsident im Rahmen seiner Zuständigkeit eine beteiligungspflichtige Maßnahme nicht nur für das Landgericht selbst, sondern für die zum Landgerichtsbezirk gehörenden Amtsgerichte treffen, so ist der beim Oberlandesgericht bestehende BPR zu beteiligen. Immer dann, wenn ein Dienststellenleiter eine Maßnahme treffen will, für die bei seiner Dienststelle keine Personalvertretung vorgesehen ist, muss er eine Stufe höher gehen.

V. Maßnahmen des Ministerpräsidenten (Abs. 5)

Andere oberste Dienstbehörde. Die Vorschrift trifft eine Regelung für die Fälle, **17** in denen **der Ministerpräsident** der Beteiligung der Personalvertretung unterliegende Maßnahmen für Beschäftigte trifft, die nicht dem Geschäftsbereich des Staatsministeriums angehören, sondern einer anderen obersten Dienstbehörde. In diesen Fällen wird die zuständige Personalvertretung bei der obersten Dienstbehörde, zu deren Geschäftsbereich die betroffenen Beschäftigten gehören, beim **Vorschlag** beteiligt, den diese Behörde dem Ministerpräsidenten unterbreitet. Gegenstand des Beteiligungsverfahrens ist also nicht die beabsichtigte Maßnahme selbst, sondern der ihr vorausgehende Vorschlag.

VI. Ressortübergreifende Maßnahmen (Abs. 6)

18 1. Einzelmaßnahmen. Unter die Vorschrift fallen alle sozialen, personellen und organisatorischen Einzelmaßnahmen, für die das Gesetz eine Beteiligung des PR vorsieht und über die von einer Dienststelle entschieden wird, die zu einem anderen Ressortbereich gehört als diejenige, auf welche sich die Maßnahme erstreckt (z. B. Entscheidung über die Einrichtung einer Fernmeldeanlage bei der Dienststelle X aus dem Ressortbereich des Innenministeriums durch die Oberfinanzdirektion). Zu beteiligen ist nur der PR der Dienststelle, auf deren Beschäftigte sich die Maßnahme erstreckt. Die Vorschrift gilt nur für Einzelmaßnahmen, nicht für generelle Maßnahmen.

19 2. **Beteiligung mehrerer PR.** Erstreckt sich die Einzelmaßnahme auf mehrere Dienststellen, ist der PR jeder dieser Dienststellen zu beteiligen.

20 3. **Gemeinsame Einigungsstelle.** Erstreckt sich die beteiligungspflichtige Maßnahme auf Dienststellen mehrerer oberster Dienstbehörden, wird nur eine gemeinsame Einigungsstelle eingerichtet und zwar bei der obersten Dienstbehörde, zu der die hauptnutzende Dienststelle gehört. Die Regelung ist erforderlich, um bei Maßnahmen, die sich auf Dienststellen mehrerer oberster Dienstbehörden erstrecken, u. U. auseinanderlaufende Einigungsstellenverfahren auszuschließen. Bei der Bestellung der Mitglieder der Einigungsstelle (§ 79 Abs. 1) sind die Belange der am Stufenverfahren beteiligt gewesenen ressortfremden Dienststellen und Personalvertretungen angemessen zu berücksichtigen.

VII. Neuerrichtung einer Dienststelle (Abs. 7)

21 Errichtungsphase. Die Vorschrift soll eine **personalratslose Zeit in neu errichteten Dienststellen vermeiden.** Dabei ist es unerheblich, ob die Dienststelle völlig neu geschaffen wird oder ob eine neue Dienststelle durch den Zusammenschluss bereits bestehender Dienststellen oder von Teilen bereits bestehender Dienststellen entsteht. Der Anwendungsbereich der Vorschrift ist jedoch erheblich eingeschränkt. Sie kommt nur dann zur Anwendung, wenn kein ÜbergangsPR gem. § 113 Abs. 1 bis 4 zuständig ist und auch keine Übergangsregelung in einem anderen Gesetz oder eine Regelung in einer gem. § 113 Abs. 5 erlassenen Rechtsverordnung eingreift. Abs. 7 hat somit praktische Bedeutung nur in den Fällen, in denen die gem. § 113 Abs. 5 erlassene Rechtsverordnung beim Wirksamwerden der Umbildung noch nicht in Kraft getreten ist.

Stufenvertretungen. Obwohl die Vorschrift nur vom „PR" (= ÜbergangsPR) **22**
spricht, wird sie nach ihrem Sinn und Zweck zur Schließung einer offensichtlichen Regelungslücke auch auf den BPR angewandt werden können.

VIII. Zuständigkeit des Gesamtpersonalrats (Abs. 8)

1. Zuständigkeit des GesamtPR. Die Vorschrift grenzt die Zuständigkeit des **23**
GesamtPR und der PR in personalvertretungsrechtlich aufgegliederten Dienststellen (s. § 5 Abs. 3) ab; für den SWR gilt allerdings die Sonderregelung in
§ 112 Abs. 1 Satz 2 und 3. Die Zuständigkeit des GesamtPR ist gegeben, wenn
die beabsichtigte Maßnahme über den Bereich einer personalvertretungsrechtlich verselbstständigten Dienststelle hinausgeht. In Abs. 8 wird nicht, wie dies
in Abs. 1 und 2 der Fall ist, auf die Zuständigkeit des Leiters der Dienststelle,
sondern auf die Dienststelle als solche abgestellt. Maßgebend ist also, für welche personalvertretungsrechtlich verselbstständigte Dienststelle die beabsichtigte Maßnahme gelten oder getroffen werden soll. Ist von einer beabsichtigten
Maßnahme nur eine der im Bereich der Gesamtdienststelle (verwaltungsorganisatorischen Dienststelle) bestehende personalvertretungsrechtlich verselbstständigte Dienststelle betroffen, so beschränkt sich diese Maßnahme, auch wenn
sie vom Leiter der Gesamtdienststelle getroffen wird, auf diese Dienststelle und
geht nicht über sie hinaus. Es ist also die Zuständigkeit des bei der personalvertretungsrechtlich verselbstständigten Dienststelle gebildeten PR und nicht die
Zuständigkeit des GesamtPR gegeben.

2. Verhältnis zum örtlichen PR. Wenn der GesamtPR nach Abs. 8 Satz 1 zu- **24**
ständig ist, ist allein er an Stelle des PR der Dienststelle zu beteiligen, d. h. es
gibt keine Doppelbefassung.

3. Anhörung des örtlichen PR. Betrifft eine Maßnahme, für die der GesamtPR **25**
nach Satz 1 zuständig ist, zugleich einzelne Beschäftigte oder einzelne Dienststellen besonders, ist der GesamtPR verpflichtet, den durch seine Zuständigkeit
ausgeschlossenen PR anzuhören. Die Erklärungsfrist des GesamtPR verlängert
sich dann auf fünf Wochen (Satz 4 Hs. 1 i. V. m. Abs. 3 Satz 2).

4. Fristvereinbarung. Gem. Satz 4 Hs. 2 i. V. m. Abs 3 Satz 4 und § 76 Abs. 6 **26**
Satz 3 können der GesamtPR und die Dienststelle für die Dauer der Amtszeit des
GesamtPR **generell abweichende Fristenregelungen vereinbaren.** Einvernehmlich
sind damit sowohl generelle Fristverlängerungen als auch generelle Fristabkürzungen möglich. Neben dieser generellen Vereinbarung können auch im **konkreten
Einzelfall** Fristverlängerungen oder Fristabkürzungen vereinbart werden.

Abweichende Fristbestimmung durch Dienststelle. Die Dienststelle kann die **27**
Äußerungsfrist des GesamtPR jederzeit verlängern und in begründeten Fällen
im Einvernehmen mit dem GesamtPR auch abkürzen (Satz 4 Hs. 2 i. V. m.
Abs. 3 Satz 4 und § 76 Abs. 6 Satz 3).

Eilfall. In dringenden Fällen kann die Dienststelle die Erklärungsfrist des Ge- **28**
samtPR auf eine Woche abkürzen (Satz 4 Hs. 2 i. V. m. Abs. 3 Satz 3 und § 76
Abs. 6 Satz 2). Begründet wird diese durch das ÄG 2013 (damals: § 72) in das

Gesetz aufgenommene ganz erhebliche Fristverkürzung damit, dass es Dienststellen möglich sein müsse, erforderliche Maßnahmen zügig umzusetzen, und
die moderne Büro- und Kommunikationstechnik für den PR einen schnellen
Informationsaustausch und eine kurzfristige Informationsbeschaffung möglich
mache. Dennoch sollte von dieser Möglichkeit der ganz erheblichen Verkürzung der Erklärungsfrist des GesamtPR nur sehr restriktiv Gebrauch gemacht
werden, um zu verhindern, dass dieser nicht unter unzumutbaren Entscheidungsdruck gerät. Ein dringender Fall liegt vor, wenn ein Aufschub zu erheblichen Nachteilen führen würde (BVerwG, 15.11.1995 – 6 P 4/94 – PersR 1996,
157 = PersV 1996, 326). Auf die Erl. zu § 76 Abs. 6 wird verwiesen.

29   **Fristverlängerung auf Antrag des PR.** Der Vorsitzende des GesamtPR kann
eine längere Frist, die im Antrag zu bestimmen und deren Erforderlichkeit zu
begründen ist, beantragen. Entscheidet die Dienststelle nicht innerhalb von drei
Arbeitstagen nach Zugang über den Antrag, gilt die Fristverlängerung im beantragten Umfang als bewilligt. Ist ein entsprechender Antrag gestellt, verlängert
sich die Frist zumindest um drei Arbeitstage, es sei denn, die Dienststelle bewilligt eine längere Frist. Der Antrag kann nicht wiederholt werden (Satz 4 Hs. 2
i. V. m. Abs. 3 Satz 4 und § 76 Abs. 8). Auf die Kommentierung zu § 76 Abs. 8
wird verwiesen.

Teil 10   Gerichtliche Entscheidungen

§ 92

**(1) Die Verwaltungsgerichte entscheiden außer in den Fällen der §§ 21, 24, 47
Absatz 1 und 4, § 48 Absatz 4 sowie § 64 Satz 2 über**
1. Wahlberechtigung und Wählbarkeit,
**2. Wahl, Amtszeit und Zusammensetzung der Personalvertretungen und der
in § 59 genannten Vertretungen,**
3. Zuständigkeit und Geschäftsführung der Personalvertretungen,
4. Bestehen oder Nichtbestehen von Dienstvereinbarungen.

**(2) Die Vorschriften des Arbeitsgerichtsgesetzes über das Beschlussverfahren
gelten entsprechend.**

I.   Entscheidungen des Verwaltungsgerichts (Abs. 1)

1   Gerichte. Nach Absatz 1 entscheiden in personalvertretungsrechtlichen Verfahren
die Verwaltungsgerichte. Das sind die erstinstanzlich entscheidenden Verwaltungsgerichte Freiburg, Karlsruhe, Sigmaringen und Stuttgart, der Verwaltungsgerichtshof Baden-Württemberg in Mannheim sowie das Bundesverwaltungsgericht
(§§ 2, 184 VwGO). Die Zuweisung der Materie zu den Verwaltungsgerichten ist
bundesrechtlich durch § 106 BPersVG vorgegeben.

2   Sachliche Zuständigkeit. Die Verwaltungsgerichte (Fachkammern, Fachsenat –
vgl. § 93) entscheiden in den in Abs. 1 genannten Fällen. Diese Aufzählung

ist abschließend. Über personalvertretungsrechtliche Fragen können aber auch andere Gerichte inzident entscheiden, wenn sich diese Problematik im dortigen Verfahren als Vorfrage (z. B. im beamtenrechtlichen Verfahren des Verwaltungsgerichts oder im arbeitsgerichtlichen Verfahren) stellt.

Wahlanfechtung, Auflösung. Die Verwaltungsgerichte entscheiden über die **3** Wahlanfechtung nach § 21 und den Antrag auf Ausschluss einzelner PR-Mitglieder bzw. auf Auflösung des PR (§ 24). Bei Ungültigerklärung der Wahl bzw. Auflösung des PR setzt der Vorsitzende der Personalvertretungskammer einen Wahlvorstand ein, sobald die stattgebende Entscheidung rechtskräftig geworden ist (§§ 21 Abs. 2 Satz 1, 24 Abs. 3 Satz 1).

Schutz des Arbeitsplatzes. Zuständig ist die Personalvertretungskammer auch in **4** den Fällen des § 47 Abs. 1 und 4. Nach § 47 Abs. 1 Satz 3 kann im Falle der beabsichtigten **Versetzung** eines Personalratsmitglieds das Verwaltungsgericht die erforderliche **Zustimmung des PR ersetzen**, wenn der Dienststellenleiter die Ersetzung beantragt. Gleiches gilt für den Fall der beabsichtigten **außerordentlichen Kündigung** eines PR-Mitglieds. Auch hier kann der Dienststellenleiter die Ersetzung der erforderlichen Zustimmung des PR im gerichtlichen Verfahren beantragen (§ 47 Abs. 4 Satz 2). Durch das Dienstrechtsreformgesetz wurde die Regelung des § 108 Abs. 1 BPersVG in das LPVG integriert; eine inhaltliche Veränderung ist damit nicht verbunden. Über Verweisungen wird die Schutzvorschrift im bisherigen Umfang auf Wahlvorstandsmitglieder und Wahlbewerber (§ 20 Abs. 1 Satz 3), Mitglieder von Gesamtpersonalräten (§ 54 Abs. 4) und Mitglieder von Haupt- und Bezirkspersonalräten (§ 55 Abs. 3) erstreckt.

Übernahme Auszubildender. Beabsichtigt die Dienststelle, einen Auszubilden- **5** den, der PR-Mitglied ist, nach erfolgreicher Beendigung des Berufsausbildungsverhältnisses nicht in ein Arbeitsverhältnis auf unbestimmte Zeit zu übernehmen, gelten die Regelungen des § 48. Das Verwaltungsgericht entscheidet dabei über den Antrag der Dienststelle, festzustellen, dass mit dem Auszubildenden kein Arbeitsverhältnis begründet worden bzw. das bereits begründete Arbeitsverhältnis aufzulösen sei (§ 48 Abs. 4).

Schutz der JAV-Mitglieder. § 64 Satz 2 erstreckt die Vorschriften über den **6** Schutz des Arbeitsplatzes auf die Mitglieder der JAV durch entsprechende Anwendung von §§ 47 Abs. 1 und 4, 48, so dass das Verwaltungsgericht im oben dargestellten Umfang über Anträge des Dienststellenleiters zu entscheiden hat.

Nr. 1: Wahlberechtigung und Wählbarkeit. Im Vorfeld einer Wahl können **7** Streitigkeiten über die Wahlberechtigung (§ 8) sowie die Wählbarkeit von Kandidaten (§ 9) auftauchen, über die das Verwaltungsgericht auf Antrag zu entscheiden hat. Hierzu rechnen auch Verfahren, in denen über die Gruppenzugehörigkeit gestritten wird.

Nr. 2: Wahl, Amtszeit, Zusammensetzung. Nach Absatz 1 Nr. 2 ist über die Wahl **8** der Personalvertretungen (PR, GesamtPR, BPR, HPR und AusbildungsPR) zu entscheiden; entsprechend gilt Nr. 2 für die in § 59 genannten Vertretungen. Strittig können alle Fragen über die Voraussetzungen der Wahl, deren Durchführung sowie deren Ergebnis sein. Nach **Ablauf der Wahlanfechtungsfrist** bzw. rechtskräftiger Ablehnung des Anfechtungsbegehrens hat das Wahlergebnis grundsätzlich Bestand, wenn es nicht ausnahmsweise nichtig ist. Die Feststellung der Nichtigkeit kann auch nach Ablauf der Anfechtungsfrist begehrt werden. Sonstigen auf die Wahl bezogenen Feststellungsanträgen ist dann grundsätzlich das Rechtsschutzinteresse abzusprechen. Verfahren über die Amtszeit betreffen Beginn, Ende und Dauer der Amtszeit der Personalvertretungen sowie der Mitgliedschaft in denselben. Die Frage der Zusammensetzung der Personalvertretung stellt sich typischerweise bei der (zeitweiligen) Verhinderung eines Mitglieds.

9 **Nr. 3: Zuständigkeit, Geschäftsführung.** In der gerichtlichen Praxis stellt dies die zentrale Fallgruppe dar. Hierzu rechnen alle Aufgaben und Befugnisse, die das LPVG den Personalvertretungen im Verhältnis zur Dienststelle zuweist. Streitigkeiten können sich aber auch über interne Fragen, wie Einberufung und Durchführung von Sitzungen, ergeben.

10 **Maßnahmen des Dienststellenleiters.** Relevanz hat diese Regelung aber nicht nur für den PR, sondern auch für den Dienststellenleiter. Im Verhältnis zum PR und dessen Mitglieder sind ihm **einseitige Maßnahmen grundsätzlich untersagt**; er ist vielmehr auf das Beschlussverfahren verwiesen, um vermeintliche Ansprüche gerichtlich überprüfen lassen zu können (z. B. Beseitigung von Aushängen, Löschung einer Homepage, Unterbindung von E-Mails; etc. vgl. hierzu BVerwG, 27.10.2009 – 6 P 11/08 – PersR 2010, 74 = PersV 2010, 187; OVG Hamburg, 7.3.2008 – 8 Bf 233/07.PVL – PersR 2008, 328; LAG Hamm, 12.3.2004 – 10 TaBV 161/03 – juris).

11 **Nr. 4: Dienstvereinbarungen.** Nach Absatz 1 Nr. 4 entscheiden die Verwaltungsgerichte auch über das Bestehen oder Nichtbestehen von Dienstvereinbarungen. Hiervon umfasst ist auch die **Auslegung** unstreitig bestehender und gültiger Dienstvereinbarungen. Eine neue Fallgruppe ist durch die Neufassung des § 85 durch das ÄG 2013 entstanden. Nach § 85 Abs. 7 kann die Weitergeltung einer gekündigten oder abgelaufenen Dienstvereinbarung in entsprechender Anwendung des § 78 Abs. 2 Satz 3 bis 6, Abs. 3 (Evokationsrecht) beseitigt werden. Insoweit kann die Personalvertretung gerichtlich überprüfen lassen, ob die Voraussetzungen eines solchen Vorgehens tatsächlich vorliegen.

12 **Örtliche Zuständigkeit.** Örtlich zuständig ist das Verwaltungsgericht, in dessen Bezirk die Dienststelle liegt (§ 82 ArbGG). Bei der Anfechtung von Personalratswahlen ist für die örtliche Zuständigkeit des Verwaltungsgerichts der Sitz der Dienststelle entscheidend, deren Wahl zum PR angefochten wird (VG Berlin, 27.5.2008 – 70 A 5/08 – PersR 2008, 514); zur Zuständigkeit beim Streit über die Auflösung von Arbeitsverhältnissen mit Mitgliedern von Jugend- und Auszubildendenvertretungen vgl. VG Arnsberg, 24.10.2005 – 20 K 1510/05.PVL – juris).

II. Anwendbarkeit des Arbeitsgerichtsgesetzes (Abs. 2)

13 **1. Allgemeines.** § 187 Abs. 2 VwGO eröffnet den Ländern die Befugnis für das Gebiet des Personalvertretungsrechts von der VwGO abweichende Vorschrif-

ten über die Besetzung der Spruchkörper und das Verfahren der Verwaltungsgerichte und des Oberverwaltungsgerichts zu erlassen. Von dieser Befugnis hat das Land Baden-Württemberg Gebrauch gemacht indem es in Absatz 2 die entsprechende Geltung des Arbeitsgerichtsgesetzes (ArbGG) bestimmt hat. Damit gilt die VwGO in personalvertretungsrechtlichen Verfahren grundsätzlich nicht.

2. Beschlussverfahren. Für das Verfahren der Verwaltungsgerichte gelten nach **14** Absatz 2 die Vorschriften über das Beschlussverfahren entsprechend. Damit verweist das LPVG zunächst auf die §§ 80 bis 96a des Arbeitsgerichtsgesetzes, wobei § 80 Abs. 2 ArbGG für das **erstinstanzliche Verfahren** vorbehaltlich der §§ 81 bis 84 ArbGG auf die Regelungen des Urteilsverfahrens des ersten Rechtszugs verweist, soweit keine speziellen Regelungen des ArbGG vorgehen. Ergänzend gelten aufgrund allgemeiner Verweisung das GVG (§ 9 ArbGG) und die ZPO (§ 46 Abs. 2 ArbGG) sowie aufgrund spezieller Verweisung (z. B. § 85 Abs. 1 Satz 3, Abs. 2 Satz 2 ArbGG) die entsprechenden Vorschriften der ZPO.

Rechtsmittelverfahren. Für das **zweitinstanzliche Verfahren** ordnet § 87 Abs. 2 **15** Satz 1 ArbGG die entsprechende Anwendung der Vorschriften über das Berufungsverfahren an. Für **Rechtsbeschwerdeverfahren** gelten gemäß § 92 Abs. 2 Satz 1 ArbGG die Vorschriften über die Revision entsprechend.

3. Verfahrensgrundsätze. Das Beschlussverfahren ist ein **objektives Verfahren,** **16** kein kontradiktorisches Verfahren, weshalb es keinen Gegner; sondern nur Beteiligte gibt. Das Verwaltungsgericht ist eine **außenstehende Stelle** im Sinne von § 68 Abs. 3. Es darf deshalb grundsätzlich erst dann angerufen werden, wenn ein Einigungsversuch unternommen worden ist und erfolglos geblieben ist.

Amtsaufklärung. Im Verfahren ist der Sachverhalt von Amts wegen zu klären **17** (Untersuchungsmaxime, § 83 Abs. 1 Satz 1 ArbGG). Die Beteiligten haben an der Aufklärung des Sachverhalts mitzuwirken (§ 83 Abs. 1 Satz 2 ArbGG).

Dispositionsmaxime. Die Beteiligten sind trotz der Objektivität des Verfahrens **18** Herren des Verfahrens. Sie können sich in jeder Verfahrensphase außergerichtlich oder gerichtlich einigen, das Verfahren für erledigt erklären oder den gestellten Antrag zurück nehmen. Eine Sachentscheidung ist dem Gericht dann verwehrt.

4. Beteiligte. Am Verfahren beteiligt kann sein, wer Aufgaben und Befugnisse **19** nach dem LPVG wahrnimmt, insbesondere der Dienststellenleiter, der PR, der GesamtPR, die Stufenvertretungen (BPR und HPR), die Vorstände des PR, des GesamtPR und der Stufenvertretung, die JAV, die Gesamt-JAV, der AusbildungsPR und einzelne Mitglieder dieser Personalvertretungen, der Wahlvorstand, die Gewerkschaften, die Arbeitgebervereinigungen und u. U. auch einzelne Beschäftigte.

Beteiligungsbefugnis. Wer im konkreten Fall Beteiligter ist, ergibt sich aus dem **20** Sachverhalt, der Gegenstand des Beschlussverfahrens ist. Die Beteiligungsbefugnis hat, wer von der beantragten Entscheidung in seiner sich aus dem materiellen Recht ergebenden Stellung berührt ist (BVerwG, 15.12.1978 – 6 P 13/

78 – PersV 1980, 145). Wer im Einzelfall beteiligungsberechtigt ist, ist vom Gericht von Amts wegen zu ermitteln und am Beschlussverfahren zu beteiligen (§ 83 ArbGG).

21 **Dienststellenleiter.** Der Dienststellenleiter ist stets beteiligt (§ 83 Abs. 3 ArbGG; BVerwG, 18.10.1978 – 6 P 7/78 – BVerwGE 56, 330), sei es als weiterer Beteiligter, sei es als Antragsteller, z. B. hinsichtlich der Frage des Wahlrechts von Beschäftigten (BVerwG, 18.10.1978 – 6 P 7/78 – BVerwGE 56, 330); vgl. auch Rn. 10. Die Beteiligungsbefugnis ist nicht an die Person, sondern an das Amt des Dienststellenleiters gebunden (BVerwG, 6.2.1979 – 4 CB 8/79 – PersV 1980, 196).

22 **Personalrat.** Der PR ist ebenfalls Beteiligter, insbesondere, wenn seine Wahl, Amtszeit, Zuständigkeit und Geschäftsführung Gegenstand des Beschlussverfahrens ist. Einer Antragsstellung durch den PR muss ein Beschluss des Gremiums vorausgehen (§ 34) und zwar getrennt für jede Rechtsinstanz (BVerwG, 19.12.1996 – 6 P 10/94 – PersR 1997, 309). Im gerichtlichen Verfahren wird der PR vom Vorsitzenden vertreten, weshalb es genügt, wenn der Vorsitzende des PR an dem von der Fachkammer anberaumten Anhörungstermin – ggf. neben dem Prozessbevollmächtigten – teilnimmt (OVG Münster, 25.2.2004 – 1 A 2078/01.PVL – PersR 2004, 359 = PersV 2004, 435).

23 **Personalratsmitglieder.** Mitglieder der Personalvertretung können in allen Beschlussverfahren Beteiligte sein, durch die ihre personalvertretungsrechtliche Stellung berührt wird. Das BVerwG hat ihnen in ständiger Rechtsprechung ein rechtlich beachtliches Interesse an der Herbeiführung einer gerichtlichen Entscheidung über die Gesetzmäßigkeit der von ihnen gefassten Beschlüsse oder sonstiger rechtlich erheblicher Handlungen zuerkannt (BVerwG, 10.6.1998 – 6 P 7/97 – PersR 1998, 520 = PersV 1999, 217). Die Antragsberechtigung muss sich aus dem materiellen Recht ergeben. Antragsberechtigt ist nur, wer durch die begehrte oder zur Nachprüfung gestellte Entscheidung in seiner personalvertretungsrechtlichen Stellung betroffen wird (BVerwG, 8.7.1977 – VII P 28/75 – PersV 1978, 312). Die PR-Mitglieder sind aber durch Beschlüsse und sonstige Handlungen des PR schon deshalb betroffen, weil sie für das gesetzmäßige Handeln des PR mitverantwortlich sind (BVerwG, 16.9.1977 – VII P 10/75 – PersV 1979, 63).

24 **JAV.** Grundsätzlich werden die Interessen der JAV vom PR wahrgenommen. Bei diesem muss die JAV Maßnahmen beantragen (§ 63 Abs. 1 Nr. 1), Anregungen und Beschwerden sind an den PR zu richten (§ 63 Abs. 1 Nr. 3), einen Anspruch auf Unterrichtung hat die JAV gegenüber dem PR (§ 63 Abs. 4) mit dem PR hat die JAV nach Maßgabe von § 63 Abs. 3 zusammen zu arbeiten. Ein eigenständiges Beteiligungsrecht weist der JAV aber **§ 64 Satz 2** in den Verfahren nach §§ 47 Abs. 1 und 4, 48 zu.

25 **Wahlvorstand.** Der Wahlvorstand kann Beteiligter sein, wenn es im Verfahren um seine Aufgaben, seine Rechtsstellung oder seine Geschäftsführung geht. Hinsichtlich der Problematik des § 47 Abs. 1 und 4 vgl. auch § 20 Abs. 1 Satz 3 und § 64 Satz 3. Im Falle der **Wahlanfechtung** ist der Wahlvorstand **nicht Beteiligter.** Denn das Amt des Wahlvorstands endet mit der ersten (konstituierenden) Sitzung des neuen PR mit der Bestellung eines Wahlleiters zur Durchführung der in den §§ 28 und 29 vorgeschriebenen Wahl der Vorstandsmitglieder des neuen PR.

Gewerkschaften. Die in der Dienststelle vertretenen Gewerkschaften sind Beteiligte, soweit sie von ihrem Antragsrecht, das sich aus §§ 2, 13 Abs. 4, § 21 Abs. 1, § 24 Abs. 1, §§ 32 Abs. 3, 50 Abs. 3 und § 53 ergeben kann, Gebrauch machen. In anderen Angelegenheiten steht ihnen hingegen ein Antragsrecht nicht zu. **26**

Arbeitgebervereinigung. Eine Arbeitgebervereinigung kann nur Beteiligte sein, wenn es sich um die Teilnahme von Beauftragten an Personalversammlungen handelt (§ 53 Abs. 2). **27**

Beschäftigte. Ein Beschäftigter kann im Beschlussverfahren nur Beteiligter sein, wenn er ein Antragsrecht, sei es allein (z. B. zur Feststellung seiner Wahlberechtigung oder Wählbarkeit) oder gemeinsam mit anderen Beschäftigten (z. B. bei einer Wahlanfechtung oder bei einem Antrag auf Auflösung des PR oder Ausschluss eines Mitglieds des PR) ausübt oder wenn es sich um seine Stellung als Mitglied der Belegschaft, d. h. innerhalb der Verfassung der Dienststelle, handelt. **28**

Individualrechtsschutz. Ist der Beschäftigte nur in seinem Dienst- oder Arbeitsverhältnis betroffen so ist dieser grundsätzlich nicht Beteiligter im Beschlussverfahren (OVG Münster, 6.3.1998 – 1 A 127/98.PVL – PersR 1998, 527), auch wenn ihn die dort aufgeworfenen Fragen betreffen. Er muss seine individuellen Rechte ggf. vor dem ArbG bzw. VG geltend machen. Gleiches gilt, wenn ein Streit zwischen Dienststellenleiter und PR über die Auslegung einer **Dienstvereinbarung** besteht hinsichtlich der Beschäftigten, deren Dienst- oder Arbeitsverhältnis durch die Bestimmungen der Dienstvereinbarung betroffen ist. **29**

Rechtswidrige Maßnahmen der Dienststelle. Geht die Dienststelle einseitig dienstrechtlich bzw. arbeitsrechtlich gegen Beschäftigte vor, obwohl diese Beschäftigten in ihrer personalvertretungsrechtlichen Funktion betroffen sind (z. B. Rückforderung von gemäß § 41 bewilligter Reise- und Fortbildungskosten von einem PR-Mitglieds durch Leistungsbescheid), muss sich dieser individualrechtlich gegen die Maßnahme wehren, um die Bestandskraft des Bescheides zu verhindern. Er kann **parallel** hierzu aber auch ein **Beschlussverfahren** betreiben, um die Unzulässigkeit der Inanspruchnahme feststellen zu lassen. **30**

5. Verfahren. Das Verfahren in erster Instanz richtet sich nach den §§ 81, 83 ArbGG und den ergänzenden Bestimmungen des Urteilsverfahrens des ArbGG. **31**

Antragstellung. Das Beschlussverfahren wird mit der Stellung eines Antrags (§ 81 ArbGG) eingeleitet; keine Klageerhebung. Je nach Sach- und Rechtslage kommt ein Leistungs-, Gestaltungs-, Verpflichtungs- oder Feststellungsantrag in Betracht. Ein Verpflichtungsantrag ist möglich, wenn und soweit das LPVG eine durchsetzbare Rechtsposition einräumt (z. B. Freistellungsanspruch; BVerwG, 29.6.2004 – 6 PB 3/04 – PersR 2004, 355 = PersV 2004, 436). Soll neben einem konkreten Vorgang auch die **abstrakte personalvertretungsrechtliche Frage** geklärt werden, **32**

muss dies spätestens mit dem in der letzten Tatsacheninstanz gestellten Antrag deutlich gemacht werden (BVerwG, 18.4.1986 – 6 P 31/84 – PersR 1986, 134 = PersV 1987, 157).

33 **Antragsfrist.** Der Antrag ist an **keine Frist** gebunden soweit nicht das LPVG für einzelne Verfahrensarten ausdrücklich Antragsfristen regelt; z. B. für die Wahlanfechtung (§ 21). Anträge des Dienststellenleiters auf Ersetzung der Zustimmung des PR zur außerordentlichen Kündigung eines PR-Mitglieds (§ 47 Abs. 4) sind innerhalb der 2-Wochen-Frist des § 626 Abs. 2 BGB zu stellen; eine 2-Wochen-Frist gilt nach § 48 Abs. 4 auch für die dort genannten Anträge der Dienststelle. Zur Verfahrensbeschleunigung kann eine Frist für das Vorbringen von Angriffs- und Verteidigungsmitteln gesetzt werden (§ 83 Abs. 1a ArbGG).

34 **Verwirkung.** Das Antragsrecht kann verwirkt sein, wenn seit der Möglichkeit der Antragstellung längere Zeit verstrichen ist und besondere Umstände hinzutreten, aufgrund derer die verspätete Geltendmachung als Verstoß gegen Treu und Glauben anzusehen ist (BVerwG, 9.12.1992 – 6 P 16/91 – PersR 1993, 212 = PersV 1994, 173; VGH Mannheim, 18.3.2003 – PL 15 S 1430/02 – PersV 2003, 459; OVG Münster, 18.9.1995 – 1 A 4061/92.PVL – PersR 1997, 23).

35 **Rechtsschutzbedürfnis.** Das Beschlussverfahren ist nur zulässig, wenn für den Antragsteller ein Rechtsschutzbedürfnis besteht. Dies ist vom Verwaltungsgericht von Amts wegen zu prüfen (Ilbertz-Widmaier § 83 Rn. 40). So besteht beispielsweise kein Rechtsschutzbedürfnis an der Klärung von Fragen, für die der antragstellende PR nicht zuständig ist (BVerwG, 13.12.1974 – VII P 4/73 – PersV 1975, 178).

36 **Vollzogene Maßnahme.** Ist die fragliche Maßnahme bereits vollzogen, ist ein Rechtsschutzbedürfnis für einen **anlassbezogenen Feststellungsantrag** zu bejahen, wenn die fragliche Maßnahme **fortwirkt** und für die Zukunft **rückgängig gemacht** oder abgeändert werden kann (BVerwG, 17.2.2010 – 6 PB 43/09 – PersR 2010, 208).

37 **Erledigte Maßnahme.** Ist der konkrete Streitgegenstand erledigt, ist ein Rechtsschutzbedürfnis nur zu bejahen, wenn aus der Antragstellung deutlich wird, dass eine Entscheidung nicht nur über einen bestimmten Vorgang, sondern außerdem über die dahinter stehende **abstrakte personalvertretungsrechtliche Frage** begehrt wird. Außerdem muss davon ausgegangen werden können, dass sich die strittige und entscheidungserhebliche Rechtsfrage zwischen denselben Verfahrensbeteiligten in vergleichbaren Mitbestimmungsverfahren **künftig erneut** mit einiger, mehr als nur geringfügiger Wahrscheinlichkeit **stellen wird** (BVerwG, 29.1.1996 – 6 P 45/93 – PersR 1996, 361 = PersV 1997, 106; BVerwG, 17.9.1996 – 6 P 5/94 – PersR 1997, 113 = PersV 1997, 169; BVerwG, 18.12.1996 – 6 P 6/94 – PersR 1997, 210 = PersV 1998, 489; vgl. hierzu auch BVerwG, 15.11.1995 – 6 P 4/94 – PersR 1996, 157 = PersV 1996, 326 – zur Frage der Rechtshängigkeit dieses neuen Streitgegenstands).

38 **Wiederholungsgefahr.** Es besteht kein rechtlich geschütztes Interesse der Dienststelle an der Feststellung, dass der PR durch ein in der Vergangenheit liegendes und nicht weiter wirkendes Verhalten gegen gesetzliche Pflichten verstoßen hat (BVerwG, 12.11.2002 – 6 P 2/02 – PersR 2003, 152 = PersV 2003, 189); anders allerdings wenn **Wiederholungsgefahr** droht (vgl. z. B. BVerwG, 10.3.1995 – 6 P 15/93 – PersR 1995, 489).

6. Entscheidung. Das Verwaltungsgericht entscheidet durch schriftlichen Beschluss (§ 84 ArbGG). Der Beschlusstenor wird von allen Kammermitgliedern unterschrieben; der mit Gründen versehene Beschluss lediglich vom Vorsitzenden. Die Verwaltungsgerichte üben nur Rechtskontrolle aus; soweit dem PR ein Ermessen zusteht, wird nur die Einhaltung der Grenzen des Ermessens überprüft.   **39**

Kostenentscheidung. Im Beschlussverfahren werden **keine Gerichtskosten** erhoben. Eine Kostenentscheidung ist entbehrlich, weil auch **keine prozessuale Kostenerstattung** stattfindet (VGH Mannheim, 5.2.1980 – 13 S 239/80 – ZBR 1980, 259). Dies hat vor allem Bedeutung für die Rechtsanwaltskosten; deren Erstattung nicht prozessrechtlich verlangt werden kann. Die außergerichtlichen Kosten des PR sind jedoch in der Regel nach § 41 Abs. 1 von der Dienststelle zu erstatten; dies kann auch aufgrund der Tätigkeit eines einzelnen PR-Mitglieds der Fall sein, muss allerdings in einem besonderen Verfahren festgestellt werden.   **40**

Gegenstandswert. Die Festsetzung des Gegenstandswerts im Beschlussverfahren dient der internen Abrechnung der Rechtsanwälte mit ihren Mandanten (vgl. hierzu BVerwG, 21.3.2007 – 6 PB 17/06 – PersR 2008, 26; VGH Mannheim, 6.9.1994 – 15 S 2971/93 – PersV 1995, 142).   **41**

Materielle Kostenerstattung. Von der prozessualen Kostenerstattung ist die materielle Kostenerstattung gemäß § 41 Abs. 1 Satz 1 zu unterscheiden. Beauftragt der PR einen Rechtsanwalt mit der Rechtsverfolgung oder Rechtsverteidigung so sind die dadurch entstehenden Kosten grundsätzlich von der Dienststelle zu tragen. Denn die Hinzuziehung eines Rechtsanwalts im gerichtlichen Verfahren ist grundsätzlich geboten. Nur wenn die Rechtsverfolgung **offensichtlich aussichtslos** oder **mutwillig** erfolgt, entfällt die Erstattungspflicht der Dienststelle (BVerwG, 9.3.1992 – 6 P 11/90 – PersR 1992, 243 = PersV 1992, 429).   **42**

7. Rechtsmittel. Gegen den Beschluss des Verwaltungsgerichts kann Beschwerde (§ 87 ArbGG) und gegen die Beschwerdeentscheidung unter gewissen Voraussetzungen Rechtsbeschwerde (§ 92 ArbGG) eingelegt werden. Die Einlegungs- und Begründungsfristen sind zu beachten. Beschwerde und Rechtsbeschwerde haben **aufschiebende Wirkung** (§§ 87 Abs. 4, 92 Abs. 3 Satz 1 ArbGG).   **43**

Rechtsmittelgericht. Über die Beschwerde entscheidet der **Fachsenat beim VGH** (vgl. § 92 Abs. 2 i. V. m. § 87 Abs. 1 ArbGG und § 91 Abs. 1 ArbGG sowie § 93 Abs. 1). Über die Rechtsbeschwerde entscheidet das Bundesverwaltungsgericht (vgl. § 92 i. V. m. § 92 Abs. 1 ArbGG).   **44**

Zulässigkeit der Rechtsbeschwerde. Die Rechtsbeschwerde ist nur zulässig, wenn der VGH sie wegen der **grundsätzlichen Bedeutung** der Sache zugelassen   **45**

hat oder wenn die Entscheidung des Fachsenats von einer Entscheidung des BVerwG oder eines anderen Divergenzgerichts abweicht und auf dieser Entscheidung beruht (**Divergenzbeschwerde**), BVerwG, 28.1.2004 – 6 PB 10/03 – PersR 2004, 179 = PersV 2004, 273. Die Nichtzulassung der Rechtsbeschwerde kann nach Maßgabe des § 92a ArbGG durch die **Nichtzulassungsbeschwerde** angefochten werden. Zur **Anschlussrechtsbeschwerde** vgl. BAG, 20.12.1988 – 1 ABR 63/87 – BAGE 60, 311; zur **Sprungsrechtsbeschwerde** vgl. § 96a ArbGG.

46   **Beschwerdeverfahren.** Für das Beschwerdeverfahren gelten die Regelungen über das Berufungsverfahren entsprechend (§ 87 Abs. 2 Satz 1 ArbGG). Die Beschwerde muss den angegriffenen Beschluss bezeichnen und die Erklärung enthalten, dass Beschwerde eingelegt werde (§ 89 Abs. 2 Satz 1 ArbGG). Die Beschwerdebegründung muss die Beschwerdegründe sowie etwaige neue Tatsachen angeben (§ 89 Abs. 2 Satz 2 ArbGG). Beschwerdeschrift und Beschwerdebegründung sind den anderen Beteiligten zur Äußerung zuzustellen (§ 90 Abs. 1 ArbGG).

47   **Rechtsbeschwerdeverfahren.** Für das Rechtsbeschwerdeverfahren gelten die Revisionsvorschriften entsprechend (§ 92 Abs. 2 Satz 1 ArbGG). Die Rechtsbeschwerdeschrift muss den angegriffenen Beschluss bezeichnen und erklären, dass Rechtsbeschwerde eingelegt werde (§ 94 Abs. 2 Satz 1 ArbGG). Die Begründung muss angeben, inwieweit die Abänderung beantragt wird, welche Bestimmungen verletzt sein sollen und worin die Verletzung bestehen soll (§ 94 Abs. 2 Satz 2 ArbGG). Rechtsbeschwerdeschrift und Begründung werden den anderen Beteiligten zur Äußerung zugestellt (§ 95 ArbGG). Eines ausdrücklichen Antrags bedarf es nicht, wenn das Rechtsschutzziel eindeutig erkennbar ist (BVerwG, 23.4.1991 – 6 P 19/89 – PersR 1991, 289 = PersV 1992, 115).

48   **Prozessvertretung.** Für das Beschwerdeverfahren und das Verfahren der Rechtsbeschwerde ordnet § 87 Abs. 2 Satz 2 ArbGG bzw. § 92 Abs. 2 Satz 2 ArbGG nur die entsprechende Geltung von § 11 Abs. 1 bis 3 und Abs. 5 ArbGG an. Damit wird der **Vertretungszwang**, den § 11 Abs. 4 ArbGG für die Verfahren vor dem BAG und dem Landesarbeitsgericht anordnet, **nicht** auf das zweitinstanzliche Beschlussverfahren bzw. das Rechtsbeschwerdeverfahren **erstreckt.** Es bleibt damit allein bei den Sonderregelungen für die Einlegung und Begründung von Beschwerde bzw. Rechtsbeschwerde, für die § 11 Abs. 4 und 5 ArbGG entsprechend gilt (§§ 89 Abs. 1, 94 Abs. 1 ArbGG). Dies bedeutet, dass die Beteiligten auch die Verfahren vor dem VGH bzw. dem BVerwG allein betreiben könnten, wenn nur das Rechtsmittel ordnungsgemäß von einem postulationsfähigen Prozessbevollmächtigten eingelegt und begründet worden war (vgl. hierzu BAG, 20.3.1990 – 1 ABR 20/89 – PersR 1990, 238). Angesichts der Komplexität und Schwierigkeit des Personalvertretungsrechts sowie des Prozessrechts ist anwaltliche oder eine vergleichbare rechtskundige Vertretung aber unverzichtbar.

49   **Entscheidung.** Über die **Beschwerde** entscheidet der VGH durch schriftlichen Beschluss (§§ 91 Abs. 1 Satz 1, 84 Satz 2 ArbGG entspr.). Im Gegensatz zur erstinstanzlichen Entscheidung ist der Beschluss von allen Mitgliedern des Senats zu unterschreiben (§ 91 Abs. 2 ArbGG). Eine Zurückverweisung an das Verwaltungsgericht ist nicht statthaft (§ 91 Abs. 1 Satz 2 ArbGG). Über die **Rechtsbeschwerde** entscheidet das BVerwG durch Beschluss (§ 96 Abs. 1 ArbGG). Auch dieser Beschluss ist von allen Mitgliedern des Senats zu unterschreiben (§ 96 Abs. 2 ArbGG). Das BVerwG **prüft nur** die **Rechtsfragen** (§ 93 ArbGG); es kann auch Landesrecht nachprüfen (BVerwG, 13.1.1961 – VII P 3/60 – PersV 1961, 135).

8. Sonstige Verfahrensbeendigung. Die Beteiligten sind Herren des Verfahrens **50** (Dispositionsmaxime). Sie können sich in jeder Phase des Verfahrens einigen, also außergerichtlich oder vor dem Gericht einen **Vergleich** schließen, womit sich das Beschlussverfahren erledigt. Der Antragsteller kann seinen Antrag jederzeit **zurücknehmen**, wonach das gerichtliche Verfahren durch Beschluss einzustellen ist. Die Beteiligten können das Beschlussverfahren auch **übereinstimmend für erledigt** erklären, was ebenfalls zur Verfahrenseinstellung durch das Gericht führt.

9. Einstweilige Verfügung. Der Erlass einer einstweiligen Verfügung ist auch in **51** Personalvertretungssachen statthaft (§ 85 Abs. 2 ArbGG). Voraussetzung ist ein begründeter Anlass für die Gewährung von Rechtsschutz vor Entscheidung in der Hauptsache. Nach einhelliger Rechtsprechung hat der PR jedoch grundsätzlich keinen materiell-rechtlichen Anspruch gegen den Dienststellenleiter, eine der Mitbestimmung unterliegende Maßnahme einstweilen zu unterlassen oder rückgängig zu machen (BVerwG, 27.7.1990 – 6 PB 12/89 – PersR 1990, 297 = PersV 1991, 29; VGH Mannheim, 2.7.2002 – PL 15 S 2497/01 – PersR 2003, 76 = PersV 2003, 99). Danach ist – wenn die sachlichen Voraussetzungen vorliegen – eine einstweilige Verfügung i. d. R. nur mit einem Anspruch **verfahrensrechtlichen Inhalts** möglich, z. B. dass die Dienststelle verpflichtet wird, das Mitbestimmungsverfahren einzuleiten und/oder diesem einstweiligen Fortgang zu geben (BVerwG, 3.7.1990 – 6 P 22/87 – PersR 1990, 294 = PersV 1991, 28; VGH Mannheim, 19.1.1993 – PL 15 S 2849/92 – PersR 1993, 559 = PersV 1997, 510).

Vorsitzendenentscheidung. Nach ständiger Rechtsprechung des VGH Mann- **52** heim kann der Vorsitzende in **dringlichen Fällen** ohne mündliche Verhandlung und ohne Mitwirkung der ehrenamtlichen Richter entscheiden (vgl. z. B. 24.2.2005 – PL 15 S 434/05 – PersV 2005, 435; vgl. hierzu auch BVerwG, 22.3.2006 – 6 PB 5/06 – juris).

§ 93

(1) Für die nach diesem Gesetz zu treffenden Entscheidungen sind bei den Verwaltungsgerichten Fachkammern und beim Verwaltungsgerichtshof ein Fachsenat zu bilden.

(2) ¹Die Fachkammer besteht aus einem Vorsitzenden und ehrenamtlichen Richtern, der Fachsenat aus dem Vorsitzenden, Richtern und ehrenamtlichen Richtern. ²Die ehrenamtlichen Richter müssen Beschäftigte des Landes oder einer der Aufsicht des Landes unterstehenden Körperschaft, Anstalt oder Stiftung des öffentlichen Rechts sein. ³Sie werden je zur Hälfte von

1. den unter den Beschäftigten vertretenen Gewerkschaften und
2. den obersten Landesbehörden oder den von diesen bestimmten Stellen und den kommunalen Landesverbänden

vorgeschlagen und vom Justizministerium berufen. ⁴Für die Berufung und Stellung der Beisitzer und ihre Heranziehung zu den Sitzungen gelten die Vorschriften des Arbeitsgerichtsgesetzes über Arbeitsrichter und Landesarbeitsrichter entsprechend.

(3) ¹Die Fachkammer wird tätig in der Besetzung mit einem Vorsitzenden und je zwei nach Absatz 2 Satz 3 Nummer 1 und 2 vorgeschlagenen und berufenen ehrenamtlichen Richtern. ²Unter den in Absatz 2 Satz 3 Nummer 1 bezeichneten ehrenamtlichen Richtern muss sich je ein Beamter und ein Arbeitnehmer befinden.

(4) ¹Der Fachsenat wird tätig in der Besetzung mit einem Vorsitzenden, zwei Richtern und je einem nach Absatz 2 Satz 3 Nummer 1 und 2 vorgeschlagenen und berufenen ehrenamtlichen Richter. ²Einer der ehrenamtlichen Richter muss Beamter und einer Arbeitnehmer sein.

I.   Gerichte (Abs. 1)

1   **Fachkammern.** § 93 bringt in Ergänzung zu § 92 Abs. 2 die erforderlichen gerichtsorganisatorischen Bestimmungen für die Gerichte des Landes. Bei den Verwaltungsgerichten Freiburg, Karlsruhe, Sigmaringen und Stuttgart wird je eine Fachkammer für Landespersonalvertretungsrecht gebildet. Die Erstreckung der Zuständigkeit einer Fachkammer auf die Bezirke anderer Gerichte oder Teile von ihnen ist – anders als in § 84 Abs. 1 Satz 2 BPersVG – in § 93 nicht vorgesehen. Die Fachkammern für Landespersonalvertretungsrecht sind nicht identisch mit den nach § 84 Abs. 1 BPersVG bei denselben Gerichten gebildeten Fachkammern für Angelegenheiten des BPersVG.

2   **Fachsenat.** Beim Verwaltungsgerichtshof Baden-Württemberg in Mannheim wird ein Fachsenat für Landespersonalvertretungsrecht gebildet, der für die Entscheidungen nach diesem Gesetz zuständig ist. Auch dieser Fachsenat ist nicht identisch mit dem nach § 84 Abs. 1 BPersVG bei demselben Gericht gebildeten Fachsenat für Angelegenheiten des BPersVG. Die Besetzung des zuständigen Senats beim BVerwG richtet sich hingegen nach § 10 Abs. 3 VwGO; es wird kein besonderer Spruchkörper gebildet.

II.   Richter (Abs. 2)

3   **1. Berufsrichter.** Die Spruchkörper der Fachkammern bestehen aus Berufsrichtern, den **Vorsitzenden,** und den ehrenamtlichen Richtern. Der Fachsenat beim Verwaltungsgerichtshof Baden-Württemberg besteht aus Berufsrichtern, dem Vorsitzenden und weiteren Richtern, sowie den ehrenamtlichen Richtern.

4   **2. Ehrenamtliche Richter.** Die ehrenamtlichen Richter müssen Bedienstete des Landes oder einer der Aufsicht des Landes unterstehenden juristischen Person des öffentlichen Rechts sein. Die Zahl der zu berufenden ehrenamtlichen Richter bestimmt das Justizministerium nach dem voraussichtlichen Bedarf. Es bestimmt auch das Zahlenverhältnis der auf Vorschlag der obersten Landesbehörden, der auf Vorschlag der kommunalen Landesverbände und der auf Vorschlag der Gewerkschaften zu berufenden ehrenamtlichen Richter.

3. Vorschlagsrecht. Absatz 2 Satz 3 gibt im Unterschied zu der entsprechenden **5** Regelung des § 84 Abs. 2 BPersVG den **einzelnen Verwaltungen kein Vorschlagsrecht** für die Berufung der ehrenamtlichen Richter, sondern neben den Gewerkschaften nur den obersten Landesbehörden und den kommunalen Landesbänden.

Gewerkschaften. Nach Absatz 2 Satz 3 Nr. 1 ist entscheidend, dass die Ge- **6** werkschaften unter den Beschäftigten vertreten sind. Zwar sind nach § 20 Abs. 2 ArbGG auch Minderheiten „billig" zu berücksichtigen, doch wird eine nur geringe Mitgliederzahl nicht ausreichen. Soweit eine Gewerkschaft einer Spitzenorganisation angeschlossen ist, wird sie durch diese vertreten.

Oberste Landesbehörden. Absatz 2 Satz 3 Nr. 2 weist das Vorschlagsrecht den **7** obersten Landesbehörden und den kommunalen Landesverbänden zu. Die in diesem Zusammenhang von § 3 LVG genannten obersten Landesbehörden sind die Ministerien und der Rechnungshof. Die kommunalen Spitzenverbände sind der Städtetag, der Gemeindetag und der Landkreistag.

4. Berufung, Rechtsstellung, Heranziehung. Hinsichtlich ihrer Berufung, ihrer **8** Stellung sowie der Heranziehung der ehrenamtlichen Richter verweist § 93 Abs. 3 Satz 4 auf das ArbGG. An zwingenden Voraussetzungen für die Berufung der ehrenamtlichen Richter sind neben Absatz 2 Satz 2 wegen der Verweisung in Absatz 2 Satz 4 auch § 21 Abs. 1 bis 4 ArbGG zu beachten; in § 37 Abs. 1 ArbGG sind weitere Voraussetzungen festgelegt; §§ 22 und 23 ArbGG finden wegen Absatz 2 Satz 2 keine Anwendung, wohl aber § 24 ArbGG. Die Rechtsstellung der ehrenamtlichen Richter ergibt sich insbesondere aus §§ 26 bis 28 ArbGG sowie aus §§ 44 bis 45a DRiG, die ihre **Unabhängigkeit** sichern. Für die Ablehnung und Ausschließung der ehrenamtlichen Richter gelten § 49 ArbGG und §§ 41 ff. Zivilprozessordnung.

Entschädigung. Für die zeitliche Inanspruchnahme durch Sitzungs- oder Bera- **9** tungstätigkeit erhalten die ehrenamtlichen Richter Fahrtkostenersatz sowie Ersatz für Zeitaufwand und sonstigen Aufwand sowie für Verdienstausfall.

Heranziehung. Zu den Sitzungen werden die ehrenamtlichen Richter gemäß **10** §§ 31 und 39 ArbGG herangezogen. Die in § 29 ArbGG für die Arbeitsgerichte mit mehr als einer Kammer vorgesehene Bildung von Ausschüssen der ehrenamtlichen Richter ist bei den Verwaltungsgerichten nicht praktisch, weil die Bildung einer Fachkammer bei jedem Verwaltungsgericht genügt; dagegen ist beim Verwaltungsgerichtshof die Bildung eines solchen Ausschusses zwingend vorgeschrieben, obwohl nur ein Fachsenat gebildet wird (§ 38 ArbGG). Neben den Hauptlisten, nach denen die Heranziehung erfolgt, ist es sinnvoll eine Hilfsliste für eilige Fälle bzw. die Heranziehung im Verhinderungsfall zu führen.

III. Besetzung der Spruchkörper (Abs. 3)

11 **1. Besetzung der Fachkammer.** Nach Absatz 3 wird die Fachkammer grundsätzlich in der Besetzung mit einem Vorsitzenden und je zwei nach Absatz 2 Satz 3 Nr. 1 und Nr. 2 vorgeschlagenen und berufenen ehrenamtlichen Richtern tätig. Diese Besetzung betrifft aber nur die aufgrund der mündlichen Verhandlung (Anhörung) getroffene Entscheidung (Beschluss) bzw. den Fall der Sachentscheidung ohne Anhörung im Einverständnis der Beteiligten (§ 83 Abs. 4 Satz 3 ArbGG).

12 **Vorbereitendes Verfahren.** Im Verfahren nach Antragstellung bis zur Anberaumung der mündlichen Verhandlung entscheidet der Vorsitzende allein (§ 53 Abs. 1 Satz 1 ArbGG). Er trifft beispielsweise die prozessleitenden Verfügungen, erhebt ggf. Beweis durch Anforderung von Urkunden, Beauftragung von Sachverständigen oder Vernehmung von Zeugen, entscheidet über die Beteiligung am Verfahren, Fragen der Prozessvertretung (§ 11 ArbGG).

13 **Einsetzung des Wahlvorstands.** In den Fällen des §§ 21 Abs. 2 Satz 1, 24 Abs. 3 Satz 1 setzt der Vorsitzende der Personalvertretungskammer einen Wahlvorstand ein, wenn die erfolgreiche Wahlanfechtung bzw. die Auflösung des PR rechtskräftig geworden ist.

14 **Verfahrensbeendigung.** Wird der Antrag zurück genommen, stellt der Vorsitzende das Verfahren durch Beschluss ein (§ 81 Abs. 2 Satz 2 ArbGG). Gleiches gilt für den Fall des Vergleichs bzw. der übereinstimmenden Erledigungserklärung der Beteiligten (§ 83a Abs. 1, Abs. 2 Satz 1 ArbGG).

15 **Einstweilige Verfügung.** Nach ständiger Rechtsprechung des VGH Mannheim kann der **Vorsitzende** in **dringlichen Fällen** ohne mündliche Verhandlung und ohne Mitwirkung der ehrenamtlichen Richter über den Antrag auf Erlass einer einstweiligen Verfügung entscheiden (vgl. z. B. 24.2.2005 – PL 15 S 434/05 – PersV 2005, 435; vgl. hierzu auch BVerwG, 22.3.2006 – 6 PB 5/06 – juris).

16 **2. Beamte/Arbeitnehmer.** Absatz 3 Satz 2 soll gewährleisten, dass auf jeden Fall Vertreter beider Gruppen des öffentlichen Dienstes (Beamten einerseits, Arbeitnehmer des öffentlichen Dienstes andererseits) an den Entscheidungen mitwirken, und zwar auch dann, wenn nur Angehörige einer Gruppe beteiligt sind.

IV. Fachsenat (Abs. 4)

17 **1. Besetzung.** Absatz 4 Satz 1 weicht insofern von der entsprechenden Vorschrift des § 84 BPersVG ab, als der **Fachsenat mit drei Berufsrichtern und zwei ehrenamtlichen Richtern** (BPersVG: ein Berufsrichter und vier ehrenamtliche Richter) besetzt ist.

18 **Vorsitzendenentscheidung.** Absatz 3 Satz 1 und Absatz 4 Satz 1 bedeuten nicht, dass außer den Beschlüssen im Rahmen der Hauptverhandlung, insbesondere den abschließenden Beschlüssen nach § 91 ArbGG, sämtliche übrigen Entscheidungen im gerichtlichen Verfahren in voller Senatsbesetzung zu fällen wären. Die im arbeitsgerichtlichen Verfahren dem Vorsitzenden vorbehaltenen Entscheidungen (vgl. z. B. § 87 Abs. 2 Satz 1 ArbGG i. V. m. § 53 Abs. 1 ArbGG, § 89 Abs. 4 Satz 2 ArbGG) trifft auch im Beschwerdeverfahren der Vorsitzende allein.

Einstweilige Verfügung. Nach ständiger Rechtsprechung des VGH Mannheim **19** kann auch im Beschwerdeverfahren der **Vorsitzende** in **dringlichen Fällen** ohne mündliche Verhandlung und ohne Mitwirkung der anderen Richter über den Antrag auf Erlass einer einstweiligen Verfügung entscheiden (vgl. z. B. 24.2.2005 – PL 15 S 434/05 – PersV 2005, 435; vgl. hierzu auch BVerwG, 22.3.2006 – 6 PB 5/06 – juris).

2. Beamte/Arbeitnehmer. Absatz 4 Satz 2 soll gewährleisten, dass auf jeden Fall **20** Vertreter beider Gruppen des öffentlichen Dienstes (Beamten einerseits, Arbeitnehmer des öffentlichen Dienstes andererseits) an der Entscheidung des Fachsenats mitwirken, und zwar auch dann, wenn nur Angehörige einer Gruppe beteiligt sind.

Teil 11 Vorschriften für die Behandlung von Verschlusssachen

§ 94

(1) ¹Soweit eine Angelegenheit, an der eine Personalvertretung zu beteiligen ist, als Verschlusssache mindestens des Geheimhaltungsgrads „VS – VER-TRAULICH" eingestuft ist, tritt an die Stelle der Personalvertretung ein Ausschuss. ²Dem Ausschuss gehört höchstens je ein in entsprechender Anwendung des § 28 Absatz 1 gewählter Vertreter der im Personalrat vertretenen Gruppen an. ³Die Mitglieder des Ausschusses müssen nach den dafür geltenden Bestimmungen ermächtigt sein, Kenntnis von Verschlusssachen des in Betracht kommenden Geheimhaltungsgrads zu erhalten. ⁴Personalvertretungen bei Dienststellen, die Mittelbehörden nachgeordnet sind, bilden keinen Ausschuss; an ihre Stelle tritt der Ausschuss des Bezirkspersonalrats.

(2) Wird der zuständige Ausschuss nicht rechtzeitig gebildet, ist der Ausschuss der bei der Dienststelle bestehenden Stufenvertretung oder, wenn dieser nicht rechtzeitig gebildet wird, der Ausschuss der bei der obersten Dienstbehörde bestehenden Stufenvertretung zu beteiligen.

(3) ¹Die Einigungsstelle besteht in den in Absatz 1 Satz 1 bezeichneten Fällen aus je einem Beisitzer, der von der obersten Dienstbehörde und der nach § 78 Absatz 1 zuletzt beteiligten Personalvertretung bestellt wird, und einem unparteiischen Vorsitzenden, der nach den dafür geltenden Bestimmungen ermächtigt sind, von Verschlusssachen des in Betracht kommenden Geheimhaltungsgrads Kenntnis zu erhalten. ²§ 78 Absatz 2 und 3, § 79 Absatz 1 Satz 1 bis 5, Absatz 2 bis 5 und § 89 Absatz 1 Satz 1 Nummer 1 gelten entsprechend.

(4) ¹§ 32 Absatz 4 bis 6 und § 91 Absatz 3 sowie die Vorschriften über die Beteiligung der Gewerkschaften und Arbeitgebervereinigungen in § 32 Absatz 3 und § 37 Absatz 1 sind nicht anzuwenden. ²Angelegenheiten, die als Ver-

schlusssache mindestens des Geheimhaltungsgrads „VS – VERTRAULICH" eingestuft sind, werden in der Personalversammlung nicht behandelt.

(5) [1]Die oberste Dienstbehörde kann anordnen, dass in den Fällen des Absatzes 1 Satz 1 dem Ausschuss und der Einigungsstelle Unterlagen nicht vorgelegt und Auskünfte nicht erteilt werden dürfen, soweit dies zur Vermeidung von Nachteilen für das Wohl der Bundesrepublik Deutschland oder eines ihrer Länder oder auf Grund internationaler Verpflichtungen geboten ist. [2]Im Verfahren nach § 92 sind die gesetzlichen Voraussetzungen für die Anordnung glaubhaft zu machen.

I. Vertrauliche Angelegenheiten (Abs. 1)

1   **1. Verschlusssache.** Durch § 94 wurde die Möglichkeit geschaffen, auch Angelegenheiten, die der Beteiligung der Personalvertretungen unterliegen, aber als Verschlusssache mindestens des Geheimhaltungsgrads „VS-Vertraulich" eingestuft sind, in den Personalvertretungen zu behandeln. Die Schweigepflicht (§ 7) und die hierzu bestehenden Strafvorschriften (vgl. die Erl. zu § 7) hielt der Gesetzgeber für nicht ausreichend, weshalb die Behandlung dieser Verschlusssachen nach den sonstigen Vorschriften des LPVG ausscheidet. Nach § 94 tritt vielmehr an die Stelle der Personalvertretung ein **Ausschuss**, der die Beteiligungsrechte wahrnimmt. In diesem „VS-Ausschuss" sind danach alle Verschlusssachen zu behandeln, die dem Geheimhaltungsgrad „Streng geheim" und „Geheim" und „VS-Vertraulich" eingestuft sind. Im PR können nur in „VS – Nur für den Dienstgebrauch" eingestufte Angelegenheiten eingebracht werden.

2   **Gerichtliche Überprüfung.** Der PR kann die Einordnung einer mitbestimmungspflichtigen Maßnahme als Verschlusssache bzw. deren Klassifizierung gerichtlich überprüfen lassen (Richardi/Dörner/Weber § 93 Rn. 6 m. w. N.).

3   **2. Zusammensetzung des Ausschusses.** Die Mitgliederzahl legt das LPVG dahin fest, dass dem Ausschuss höchstens je ein Vertreter der im PR vertretenen Gruppen angehört. Der Ausschuss hat also höchstens zwei Mitglieder. Diese werden von den Gruppen in entsprechender Anwendung des § 28 Abs. 1 gewählt.

4   **3. Persönliche Voraussetzungen.** Die Ausschussmitglieder müssen nach Durchführung der vorgeschriebenen Prüfung ermächtigt sein, von Verschlusssachen mindestens des Geheimhaltungsgrads „VS-Vertraulich" Kenntnis zu nehmen. Bei Verschlusssachen eines **höheren Geheimhaltungsgrads** kann der Ausschuss nur tätig werden, wenn alle Mitglieder ermächtigt sind, von Verschlusssachen des in Betracht kommenden Geheimhaltungsgrads Kenntnis zu erhalten.

5   **VS-Ermächtigung.** Die VS-Ermächtigung kann nur nach dem Landessicherheitsüberprüfungsgesetz vom 12.2.1996 (GBl. S. 159), zuletzt geändert durch Gesetz vom 11.10.2005 (GBl. S. 661) bei Vorliegen eines dienstlichen Bedürfnisses und nur in dem hiernach erforderlichen Umfang erteilt werden. Der PR kann nicht aus Anlass der Beteiligung an einer VS-Vertraulich oder höher eingestuften VS-Angelegenheit die Erteilung der entsprechenden VS-Ermächtigung an einen Teil seiner Mitglieder verlangen.

Personalratsmitglieder. In den Ausschuss können **nur Mitglieder des PR** ge- **6** wählt werden. Auf Beschäftigte, die nicht Mitglieder des PR sind, aber eine entsprechende Verschlusssachenermächtigung haben, kann nicht zurückgegriffen werden. Ist hiernach eine Gruppe nicht in der Lage, das ihr zustehende Mitglied im Ausschuss zu stellen, hat der Ausschuss eben nur ein Mitglied. Kann keine Gruppe das ihr zustehende Mitglied stellen, kann der Ausschuss nicht gebildet werden. Eine Beteiligung des PR findet in diesem Fall nicht statt; auch Absatz 2 kann nur Anwendung finden, wenn der Ausschuss nicht **rechtzeitig** gebildet werden kann, aber nicht, wenn er nicht gebildet werden kann.

Amtszeit. Der Ausschuss kann für die **ganze Amtszeit** des PR **oder von Fall** **7** **zu Fall** gebildet werden. Im Hinblick auf Absatz 2 erscheint die Bildung des Ausschusses für die ganze Amtszeit des PR zweckmäßig.

4. Nachgeordnete Behörden. Bei Personalvertretungen von Dienststellen, **die** **8** **Mittelbehörden** i. S. des LPVG (vgl. § 55 Abs. 1) **nachgeordnet** sind, wird ein Ausschuss nach § 94, nicht gebildet. An ihre Stelle tritt der Ausschuss des BPR.

II.   Nicht rechtzeitige Bildung (Abs. 2)

Stufenvertretung. Wird der zuständige Ausschuss nicht rechtzeitig gebildet, ist **9** der bei der Stufenvertretung gebildete Ausschuss zu beteiligen; wenn auch dieser nicht rechtzeitig gebildet worden ist, ist der Ausschuss der bei der obersten Dienstbehörde bestehenden Stufenvertretung zu beteiligen (Ilbertz-Widmaier § 93 Rn. 9). Eine Beteiligung des PR findet in diesem Fall nicht statt. Absatz 2 kann nur Anwendung finden, wenn der Ausschuss nicht **rechtzeitig** gebildet werden kann (Lorenzen u. a. § 93 Rn. 12; a. A. Richardi/Dörner/Weber § 93 Rn. 8).

III.   Einigungsstelle (Abs. 3)

1. Zusammensetzung. Absatz 3 Satz 1 regelt eine von § 79 abweichende Zu- **10** sammensetzung der Einigungsstelle. Sie besteht aus **drei Mitgliedern,** die alle ermächtigt sein müssen, von Verschlusssachen des in Betracht kommenden Geheimhaltungsgrads Kenntnis zu nehmen.

2. Verfahren, Entscheidung. Hinsichtlich des Verfahrens und der von der Eini- **11** gungsstelle zu treffenden Entscheidung verweist Absatz 3 Satz 2 auf §§ 78 Abs. 2 und 3, 79 Abs. 1 Satz 1 bis 5, Abs. 2 bis 5 und § 89 Abs. 1 Satz 1 Nr. 1.

IV.   Nichtanwendung sonstiger Vorschriften (Abs. 4)

1. Ausschusssitzungen. An den Sitzungen des Ausschusses können die JAV, die **12** **Schwerbehindertenvertretung** und die Beauftragte für Chancengleichheit nicht teilnehmen. Ebenso finden die Vorschriften der §§ 32 Abs. 3 und 37 Abs. 1 über das Einspruchsrecht der Gruppen und über die Beteiligung der **Gewerk-schaften** und Arbeitgebervereinigungen auf die Ausschusssitzungen keine Anwendung. Ferner gibt der Ausschuss vor einem Beschluss in Angelegenheiten, die einzelne Beschäftigte oder Dienststellen betreffen, dem örtlichen PR **keine Gelegenheit zur Äußerung** nach § 91 Abs. 3.

13 **2. Personalversammlung.** Die Personalversammlung kann sich nicht mit Angelegenheiten befassen, die als Verschlusssache des Geheimhaltungsgrads „VS-Vertraulich" und höher eingestuft sind.

V. Geheimhaltungsbedürftige Unterlagen und Informationen (Abs. 5)

14 **1. Anordnung.** Die oberste Dienstbehörde kann anordnen, dass dem Ausschuss bzw. der Einigungsstelle Unterlagen nicht vorgelegt und Auskünfte nicht erteilt werden, um schwerwiegende Nachteile zu vermeiden.

15 **2. Gerichtliche Überprüfung.** Wird die Anordnung einer gerichtlichen Überprüfung nach § 92 unterzogen, muss die oberste Dienstbehörde glaubhaft machen, dass die gesetzlichen Voraussetzungen für die getroffene Anordnung vorliegen. Eine direkte Anwendung von § 99 VwGO (In-Camera-Verfahren) scheidet aus, weil die VwGO im Beschlussverfahren nicht anwendbar ist (a. A. Altvater u. a. § 88 Rn. 8).

Teil 12   Besondere Vorschriften für die Justizverwaltung

§ 95

Für den Geschäftsbereich eines Oberlandesgerichts und der in seinem Bezirk bestehenden Staatsanwaltschaften wird eine gemeinsame Stufenvertretung (Bezirkspersonalrat beim Oberlandesgericht) gebildet.

1 **Gemeinsame Stufenvertretung.** Nach § 55 Abs. 1 sind bei den einer obersten Dienstbehörde unmittelbar nachgeordneten Behörden, denen andere Dienststellen nachgeordnet sind, d. h. bei den Mittelbehörden i. S. des LPVG, BPR zu bilden. Im Geschäftsbereich des Justizministeriums wären deshalb bei den **Oberlandesgerichten** Karlsruhe und Stuttgart je ein BPR für die Beschäftigten des Oberlandesgerichts und der diesen nachgeordneten Gerichten und Behörden und je ein BPR für die im Bezirk dieser Oberlandesgerichte bestehenden **Staatsanwaltschaften** zu bilden. Nach § 95 ist jedoch abweichend von § 55 Abs. 1 in jedem der beiden Oberlandesgerichtsbezirke für den gesamten Geschäftsbereich des Oberlandesgerichts und für alle in dessen Bezirk bestehenden Staatsanwaltschaften eine gemeinsame Stufenvertretung (BPR beim Oberlandesgericht) zu bilden.

2 **Dienststellenleiter.** Der OLG-Präsident bzw. der Generalstaatsanwalt sind jeweils für ihren Bereich Dienststellenleiter.

Teil 13   **Besondere Vorschriften für die Polizei und für das Landesamt für Verfassungsschutz**

§ 96   Polizei

(1) § 5 Absatz 3 findet auf das Polizeipräsidium Einsatz, das Präsidium Technik, Logistik, Service der Polizei und auf die Hochschule für Polizei Baden-Württemberg nur mit der Maßgabe Anwendung, dass Außenstellen, Nebenstellen und Teile der Dienststelle räumlich weit von der Hauptdienststelle entfernt liegen. Im Übrigen findet § 5 Absatz 3 auf Polizeidienststellen keine Anwendung.

(2) Die Beschäftigten der Polizeidienststellen und Einrichtungen für den Polizeivollzugsdienst wählen einen Hauptpersonalrat der Polizei beim Innenministerium. Dieser kann gemeinsam mit dem beim Innenministerium gebildeten allgemeinen Hauptpersonalrat beraten, soweit beide Hauptpersonalräte zu beteiligen sind; eine gemeinsame Beschlussfassung findet jedoch nicht statt.

(3) Polizeibeamte im Vorbereitungs- oder Ausbildungsdienst, die am Wahltag das 18. Lebensjahr vollendet haben, besitzen nicht die Wahlberechtigung und Wählbarkeit zur Jugend- und Auszubildendenvertretung.

(4) Werden im Geschäftsbereich der Polizei Maßnahmen von einer dem Innenministerium nachgeordneten Polizeidienststelle oder Einrichtung für den Polizeivollzugsdienst getroffen, die sich auf Beschäftigte anderer Polizeidienststellen oder Einrichtungen für den Polizeivollzugsdienst erstrecken, wird der Hauptpersonalrat der Polizei beteiligt. § 91 Absatz 1 und 4 findet keine Anwendung.

Vorbemerkung. § 90 a. F. wurde durch Art. 12 des Polizeistrukturreformgeset-   **1**
zes- PolRG vom 23.7.2013 (GBl. S. 233) und zuletzt durch Art. 1 Nr. 73 des
Gesetzes vom 3.12.2013 (GBl. S. 329) geändert.Die Arbeit der Personalvertretungen im Bereich der Polizei hat durch das Polizeistrukturreformgesetz grundlegende Veränderungen erfahren.

I.   Verselbstständigung und Zusammenfassung von Dienststellen
     (Abs. 1)

1. Verselbstständigung. Nach § 5 Abs. 3 können Außenstellen, Nebenstellen und   **2**
Teile einer Dienststelle auf Antrag der Mehrheit der betroffenen wahlberechtigten Beschäftigten oder von Amts wegen vom Dienststellenleiter personalvertretungsrechtlich verselbständigt oder zusammengefasst werden. § 96 Abs. 1 Satz 1
betrifft nur die Verselbstständigung von Dienststellen. Er bestimmt, dass § 5
Abs. 3 auf das Polizeipräsidium Einsatz, das Präsidium Technik, Logistik, Service
der Polizei und auf die Hochschule der Polizei Baden-Württemberg nur eingeschränkt Anwendung finden kann. Eine Verselbstständigung von Außenstellen,
Nebenstellen oder Teilen von Dienststellen ist hiernach nur **ausnahmsweise** dann
zulässig, wenn diese räumlich weit von der Hauptdienststelle entfernt liegen. Von
dieser zwingenden Regelung kann auch nicht durch Dienstvereinbarung abgewichen werden.

3 **2. Grundsatz.** Nach Absatz 1 Satz 2 ist im Übrigen im Bereich der Polizei die personalvertretungsrechtliche Verselbstständigung von Außenstellen, Nebenstellen und Teilen von Dienststellen oder deren Zusammenfassung grundsätzlich ausgeschlossen.

II. Hauptpersonalrat beim Innenministerium (Abs. 2)

4 **Zweistufigkeit.** Nach Inkrafttreten des Polizeistrukturreformgesetzes ist der dreistufige Aufbau der Polizei und damit auch der entsprechende Aufbau der Personalvertretungen im Bereich der Polizei entfallen. Es werden nunmehr nur noch örtliche PR bei den einzelnen Dienststellen gebildet sowie als Stufenvertretung nur mehr der HPR der Polizei, der beim Innenministerium angesiedelt ist. Die Ebene des Bezirkspersonalrats ist entfallen. Das personalvertretungsrechtliche Stufenverfahren führt damit direkt vom PR zum HPR. Denkbar ist aber nach der Neuregelung noch die Bildung eines GesamtPR, wenn von der Befugnis des § 96 Abs. 1 Satz 1 Gebrauch gemacht wird.

5 **1. HPR der Polizei.** Nach Absatz 2 Satz 1 ist abweichend von § 55 Abs. 1 für die Beschäftigten bei den Polizeidienststellen und Einrichtungen für den Polizeivollzugsdienst ein besonderer HPR der Polizei beim Innenministerium zu wählen. **Wahlberechtigt** sind auch hier alle bei diesen Dienststellen Beschäftigten. Die Vorschrift spricht zwar nur von „wählen", gemeint und davon auszugehen ist aber, dass sie zum HPR der Polizei auch wählbar sind.

6 **HPR der übrigen Beschäftigten.** Beim Innenministerium werden damit zwei Hauptpersonalräte gebildet, nämlich ein HPR für die Polizei und ein HPR für die übrigen Beschäftigten der staatlichen Innenverwaltung (HPR beim Innenministerium).

7 **2. Beratung und Beschlussfassung.** Die beiden beim Innenministerium bestehenden HPR sind bei der Wahrnehmung ihrer Aufgaben in ihrer Organisation und ihrer Geschäftsführung voneinander unabhängig. Sie haben weder einen gemeinsamen Vorsitzenden noch einen gemeinsamen Vorstand oder Ausschuss. Bei vielen Maßnahmen, die das Innenministerium für seine Beschäftigten treffen, werden jedoch beide HPR zu beteiligen sein. Die beiden HPR können diese Angelegenheiten **gemeinsam beraten.** Sie können aber über diese Angelegenheiten **nicht gemeinsam beschließen.** Dies schließt aber nicht aus, dass beide Stufenvertretungen in getrennten Abstimmungen dennoch übereinstimmende Beschlüsse fassen. Für die Beschlussfassung in Angelegenheiten, denen eine gemeinsame Beratung der beiden Stufenvertretungen vorausging, gelten die allgemeinen Vorschriften über die Geschäftsführung und die Beschlussfassung der PR, insbesondere auch § 34, wonach u. U. die Entscheidung einer Gruppe zukommt.

III. Vorbereitungs-/Ausbildungsdienst (Abs. 3)

8 **JAV.** Der in Absatz 3 genannte Personenkreis ist entgegen den allgemeinen Vorschriften (§§ 59 ff.) zur JAV weder wahlberechtigt noch wählbar.

IV. Besondere Zuständigkeit des HPR der Polizei (Abs. 4)

1. Voraussetzungen. Werden im Geschäftsbereich der Polizei Maßnahmen von **9** einer dem IM nachgeordneten Dienststelle getroffen, die sich auch auf Beschäftigte anderer Dienststellen erstrecken, wird nach § 96 Abs. 4 Satz 1 der HPR der Polizei beteiligt. Diese Situation kann beispielsweise auftreten, wenn einer Dienststelle bei einem Einsatz die Einsatzleitung übertragen wird und diese Unterstützungskräfte von anderen Dienststellen anfordert oder deren Einsatz regelt. Die Vorschrift dient dazu, auch die Interessen der Beschäftigten, für die der für die Maßnahme eigentlich zuständige PR nicht zuständig wäre, angemessen zu berücksichtigen.

2. Ausschluss von § 91 Abs. 1. Nach § 91 Abs. 1 ist an Maßnahmen der **10** Dienststelle der PR zu beteiligen, der bei dieser Dienststelle gebildet worden ist (örtlicher PR). Zuständig ist dieser PR für Maßnahmen hinsichtlich der Beschäftigten der Dienststelle, bei der er gebildet ist. Nach § 96 Abs. 4 Satz 2 findet § 91 Abs. 1 im Falle des § 96 Abs. 4 Satz 1 keine Anwendung. Damit soll eine konkurrierende Zuständigkeit zwischen HPR und örtlichem PR verhindert werden. Liegen die Voraussetzungen des Absatzes 4 Satz 1 vor, ist ausschließlich der HPR für die Maßnahme zuständig. Anwendbar bleibt aber § 91 Abs. 3 Satz 1, so dass der HPR dem PR Gelegenheit zur Äußerung zu geben hat. Entsprechend verlängert sich die Frist (§ 91 Abs. 3 Satz 2) und besteht die Möglichkeit, in entsprechender Anwendung von § 76 Abs. 6 Satz 3, Abs. 7 und 8 abweichende Fristen zu bestimmen oder zu vereinbaren (§ 91 Abs. 3 Satz 3).

Ausschluss des § 91 Abs. 4. Nach § 91 Abs. 4 ist die Stufenvertretung bei der **11** nächsthöheren Behörde für Maßnahmen zuständig, die von einer Dienststelle getroffen worden ist, bei der keine für eine Beteiligung zu diesen Maßnahmen zuständige Personalvertretung vorgesehen ist. Der durch § 96 Abs. 4 Satz 2 getroffene Ausschluss dieser Regelung hat nur klarstellende Funktion, weil die Regelung des § 96 Abs. 4 Satz 1 diesen Problemfall abschließend regelt.

§ 97 Landesamt für Verfassungsschutz

Für das Landesamt für Verfassungsschutz gilt dieses Gesetz mit folgenden Abweichungen:
1. **Der Leiter des Landesamts für Verfassungsschutz kann nach Anhörung des Personalrats bestimmen, dass Beschäftigte, bei denen dies wegen ihrer dienstlichen Aufgaben dringend geboten ist, nicht an Personalversammlungen teilnehmen.**
2. **Die Vorschriften über eine Beteiligung von Vertretern oder Beauftragten der Gewerkschaften und Arbeitgebervereinigungen (§ 32 Absatz 3, § 37 Absatz 1, § 53) sind nicht anzuwenden.**
3. **Bei der Beteiligung der Stufenvertretung und der Einigungsstelle sind Angelegenheiten, die lediglich Beschäftigte des Landesamts für Verfassungsschutz betreffen, wie Verschlusssachen des Geheimhaltungsgrads »VS – VERTRAULICH« zu behandeln, soweit nicht die zuständige Stelle etwas anderes bestimmt.**

1 Grundsatz. Im Interesse des Geheimschutzes und einer wirksamen Tätigkeit des Landesamts soll Außenstehenden möglichst wenig Einblick in den Aufbau, die Arbeitsweise und die personelle Zusammensetzung des Landesamts für Verfassungsschutz gewährt werden. Deshalb trifft § 97 Einschränkungen, die dies sicherstellen sollen.

2 Nr. 1: Personalversammlung. Vor einer Entscheidung über die Nichtzulassung von bestimmten Beschäftigten zur Personalversammlung hat der Leiter des Landesamts für Verfassungsschutz den PR zu hören. Die Entscheidung unterliegt nicht der Mitbestimmung oder der Mitwirkung mit dem sich im Falle der Nichteinigung vorgesehenen weiteren Verfahren (vgl. §§ 73 ff.).

3 Nr. 2: Ausschluss von Beteiligungsrechten. Es finden folgende Vorschriften über die Teilnahme an den Sitzungen des PR und an den Personalversammlungen auf den PR und auf die Personalversammlungen beim Landesamt für Verfassungsschutz **keine Anwendung:**
§ 32 Abs. 3: Teilnahme je eines Beauftragten der unter den Mitgliedern des PR vertretenen Gewerkschaften und eines Vertreters der Arbeitgebervereinigung, der die Dienststelle angehört, an den PR-Sitzungen.
§ 37 Abs. 1: Beteiligung der unter den Mitgliedern des PR vertretenen Gewerkschaften an einem Verständigungsversuch, wenn die Mehrheit der Vertreter einer Gruppe gegen einen Beschluss Einspruch eingelegt hat.
§ 53: Teilnahme der Gewerkschaften und der Arbeitgebervereinigung an Personalversammlungen.

4 Nr. 3: Stufenvertretung/Einigungsstelle. Angelegenheiten, die lediglich Beschäftigte des Landesamts für Verfassungsschutz betreffen, müssen vom HPR beim Innenministerium (im Stufenverfahren und bei unmittelbarer Beteiligung nach § 91 Abs. 2) und von der Einigungsstelle wie **Verschlusssachen** des Geheimhaltungsgrads „VS-Vertraulich" (vgl. § 94) behandelt werden, es sei denn, das Innenministerium hat etwas anderes bestimmt (im Einzelfall oder allgemein).

Teil 14 Besondere Vorschriften für Dienststellen, die bildenden, wissenschaftlichen und künstlerischen Zwecken dienen

§ 98 Personalvertretungen im Schulbereich

(1) [1]Für Grund-, Haupt-, Werkreal-, Real-, Gemeinschafts- und entsprechende sonderpädagogische Bildungs- und Beratungszentren sowie Schulkindergärten mit Ausnahme der sonderpädagogische Bildungs- und Beratungszentren mit Internat und der diesen angegliederten Schulkindergärten werden besondere Personalräte bei den unteren Schulaufsichtsbehörden gebildet. [2]Für Lehrer an Schulen besonderer Art sowie an Schulen, die in einem Verbund von Schularten oder einen Schulversuch einbezogen sind, kann das Kultusministerium eine hiervon abweichende Regelung treffen, sofern an der Schule auch Lehrer der in Absatz 2 Satz 1 Nummer 2 oder 3 aufgeführten Schularten unterrichten. [3]§ 5 Absatz 3 findet keine Anwendung.

(2) ¹Die beamteten und nichtbeamteten Lehrer der

1. Grund-, Haupt-, Werkreal-, Real-, Gemeinschafts- und entsprechenden sonderpädagogische Bildungs- und Beratungszentren sowie Schulkindergärten,
2. Gymnasien und Kollegs,
3. beruflichen Schulen einschließlich der beruflichen Gymnasien

wählen je besondere Stufenvertretungen bei den oberen Schulaufsichtsbehörden und beim Kultusministerium. ²Absatz 1 Satz 2 gilt entsprechend. ³Die besonderen Stufenvertretungen können gemeinsam und zusammen mit der bei der Dienststelle gebildeten allgemeinen Stufenvertretung beraten, soweit alle jeweils gemeinsam beratenden Stufenvertretungen zu beteiligen sind; eine gemeinsame Beschlussfassung mehrerer Stufenvertretungen findet jedoch nicht statt.

(3) In Angelegenheiten der in Ausbildung zu einem Lehrerberuf stehenden Beschäftigten, in denen die Dienststelle nicht zur Entscheidung befugt ist, werden die entsprechenden Lehrerstufenvertretungen beteiligt.

(4) Das sonstige pädagogisch tätige Personal ist Lehrern im Sinne dieser Vorschrift gleichgestellt.

I. Besondere örtliche Personalräte (Abs. 1)

1. Örtliche PR. Für die Grund-, Haupt-, Werkreal-, Real-, Gemeinschafts- und **1** entsprechenden sonderpädagogischen Bildungs- und Beratungszentren sowie Schulkindergärten mit Ausnahme der sonderpädagogischen Bildungs- und Beratungszentren mit Internat und der diesen angegliederten Schulkindergärten werden besondere Personalräte bei den unteren Schulaufsichtsbehörden (**Staatliche Schulämter**) gebildet.

Wahlrecht. Den örtlichen **PR** bei den staatlichen Schulen wählen alle an diesen **2** Schulen tätigen Landesbediensteten, also auch die Amtsgehilfen, Büroangestellten und sonstigen Arbeitnehmer mit. Bei den Schulen, die einen **kommunalen Schulträger** haben, stehen die Beschäftigten, die nicht Lehrpersonen sind, in der Regel im Dienst des Schulträgers. Sie sind deshalb bei den Personalvertretungen des Schulträgers wahlberechtigt und wählbar. Diese sind auch für die Angelegenheiten dieser Beschäftigten zuständig.

2. Schulen besonderer Art. Das Kultusministerium kann für Schulen besonderer Art (§ 107 SchG) und für Schulen, die in einem Verbund von Schularten **3** stehen oder in einen Schulversuch einbezogen sind, besondere Regelungen treffen. Dies setzt allerdings voraus, dass an dieser Schule auch Lehrkräfte i. S. v. Absatz 2 Satz 1 Nr. 2 oder Nr. 3 (Gymnasien, Berufliche Schulen, Kollegs) unterrichten. Von dieser Befugnis hat das Kultusministerium Gebrauch gemacht.

3. Verselbstständigung. Nach Absatz 1 Satz 3 findet § 5 Abs. 3 keine Anwen- **4** dung, weshalb im Schulbereich eine Verselbstständigung von Dienststellenteilen nicht in Betracht kommt.

II. Besondere Stufenvertretungen (Abs. 2)

1. Schulischer Bereich. Absatz 2 trifft für die Bildung der Stufenvertretungen **5** im Bereich des Kultusministeriums eine von § 55 Abs. 1 abweichende Regelung. Bei den Regierungspräsidien als oberen Schulaufsichtsbehörden und beim Kultusministerium sind für den schulischen Bereich jeweils **drei Stufenvertretungen** (**BPR und HPR**) zu bilden. Und zwar für

a) die beamteten und nichtbeamteten Lehrern an den Grund-, Haupt-, Werkreal-, Real-, Gemeinschafts- und entsprechenden sonderpädagogischen Bildungs- und Beratungszentren sowie Schulkindergärten (**GHWRGS**),
b) die beamteten und nichtbeamteten Lehrern an den **Gymnasien** und Kollegs,
c) die beamteten und nichtbeamteten Lehrern an **beruflichen Schulen** einschließlich beruflichen Gymnasien.

6   **Außerschulischer Bereich.** Beim Kultusministerium besteht für alle übrigen Beschäftigten seines Geschäftsbereichs, zu denen auch die Beschäftigten des schulpsychologischen und schulpädagogischen Dienstes der Regierungspräsidien gehören, ein weiterer **HPR für den außerschulischen Bereich.** Während zu den oben genannten Stufenvertretungen nur die beamteten und nichtbeamteten Lehrer wahlberechtigt und wählbar sind, wenn sie die sonstigen Voraussetzungen erfüllen, sind zum außerschulischen HPR beim Kultusministerium **alle Beschäftigten** seines Geschäftsbereichs einschließlich den Beschäftigten des schulpsychologischen und schulpädagogischen Dienstes der Regierungspräsidien nach Maßgabe der §§ 8 und 9 wahlberechtigt und wählbar, die nicht zu den oben genannten Stufenvertretungen wahlberechtigt und wählbar sind.

7   **Wahlrecht sonstiger Arbeitnehmer.** Die bei den staatlichen Schulen beschäftigten Amtsgehilfen, Büroangestellten und sonstigen **Arbeitnehmer** wählen den **allgemeinen BPR** beim Regierungspräsidium und den **außerschulischen HPR** beim Kultusministerium mit.

8   **Lehrauftrag.** Lehrer, die **neben der Lehrtätigkeit** an ihrer Schule, an einem Seminar für Didaktik und Lehrerbildung einen Lehrauftrag wahrnehmen, sind hinsichtlich der Stufenvertretungen bei allen Dienststellen, bei denen sie tätig sind, wahlberechtigt. Die Entscheidung des VGH Mannheim (9.9.1986 – 15 S 2643/85 – PersV 1987, 477) ist durch den neuen erweiterten Beschäftigtenbegriff überholt.

9   **2. Sonderregelungen/Verfahren.** Nach Absatz 2 Satz 2 gilt Absatz 1 Satz 2 entsprechend. Für die dort bezeichneten besonderen Schulen kann das Kultusministerium auch bei den Stufenvertretungen abweichende Regelungen treffen.

10   **3. Beratung, Beschlussfassung.** Nach dem neu angefügten Satz 3 können die besonderen Stufenvertretungen **gemeinsam** und auch mit der allgemeinen Stufenvertretung **beraten**, soweit diese Stufenvertretungen zu beteiligen sind. Die Beschlussfassung muss jedoch getrennt in den jeweiligen Gremien erfolgen.

III. In Ausbildung stehende Beschäftigte (Abs. 3)

11   **Stammdienststellen.** In Ausbildung befindliche Beschäftigte wählen bei ihren Stammdienststellen (§ 8 Abs. 2). Lehramtsanwärter wählen an den Seminaren für Grund- und Hauptschulen bzw. für das Lehramt an Realschulen, die jeweils gebildeten besonderen örtlichen Personalvertretungen bzw. Stufenvertretungen.

Ausbildungspersonalrat. Die Lehramtsanwärter, die der Verordnung des Kul-   **12**
tusministeriums vom 7.3.1977 (GBl. S. 98) unterliegen, wählen ihren Ausbildungspersonalrat.

IV. Sonstiges pädagogisch tätiges Personal (Abs. 4)

Personenkreis. Nach Absatz 4 ist das sonstige pädagogisch tätige Personal den   **13**
Lehrern hinsichtlich der Regelungen des § 98 gleich gestellt. Bei diesem Personenkreis handelt es sich in erster Linie um die Beschäftigten von Schulkindergärten und sonderpädagogischen Bildungs- und Beratungszentren mit Internat.

§ 99   Besondere Vorschriften für Lehre und Forschung

(1) Dieses Gesetz gilt nicht für
1. **Hochschullehrer, vor Inkrafttreten des Landeshochschulgesetzes vom 1. Januar 2005 eingestellte Hochschuldozenten, Gastprofessoren, Oberassistenten, Oberingenieure, wissenschaftliche und künstlerische Assistenten sowie Akademische Mitarbeiter, denen Aufgaben in Forschung und Lehre zur selbstständigen Wahrnehmung übertragen sind, ferner Lehrbeauftragte an Hochschulen,**
2. **die in Lehre und Forschung tätigen habilitierten Personen sowie solche Personen, die die Einstellungsvoraussetzungen als Professor erfüllen, an Forschungsstätten, die nicht wissenschaftliche Hochschulen sind; das KIT ist keine solche Forschungsstätte,**
3. **leitende Wissenschaftler im Sinne von § 14 Absatz 3 Satz 1 Nummer 1 und Satz 2 des KIT-Gesetzes (KITG).**

(2) [1]§ 75 Absatz 1 Nummer 2 und 3 findet auf Beschäftigte, die als
1. **Akademische Mitarbeiter an Hochschulen, soweit sie nicht unter Absatz 1 Nummer 1 fallen,**
2. **nicht habilitierte Akademische Mitarbeiter an Forschungsstätten, die nicht wissenschaftliche Hochschulen sind,**
in einem befristeten Arbeitsverhältnis eingestellt werden sollen, keine Anwendung. [2]Wissenschaftliche Mitarbeiter im Sinne von § 14 Absatz 5 KITG gelten als befristet beschäftigte Akademische Mitarbeiter im Sinne von Satz 1 Nummer 1, wenn sie in einem befristeten Arbeitsverhältnis eingestellt werden sollen und sie nach der vertraglichen Vereinbarung wenigstens die Hälfte ihrer Arbeitszeit zur Promotion, Habilitation oder zur Wahrnehmung der Aufgaben einer Juniorprofessur zur Verfügung haben sollen.

(3) [1]Bei wissenschaftlichen und künstlerischen Hilfskräften an Hochschulen im Sinne von § 57 Satz 1 des Landeshochschulgesetzes sowie bei studentischen Hilfskräften an Hochschulen im Sinne von § 57 Satz 2 des Landeshochschulgesetzes tritt an die Stelle der Mitbestimmung die Mitwirkung, in den Personalangelegenheiten nach § 75 Absatz 1 Nummer 1, 2, 3 für alle Regelungsfälle, ausgenommen die Fallgruppenbestimmung, Nummer 4, 6, 7 Buchstabe a und Nummer 11, Absatz 2 und 3 Nummer 2, 3, 5 bis 7 und 14 jedoch nur, wenn sie es beantragen. [2]Bei Personalangelegenheiten dieser Beschäftigten nach § 75 Absatz 1 Nummer 3 für den Regelungsfall der Fallgruppenbestimmung, Nummer 5, 7 Buchstabe b und Nummer 8 sowie Absatz 3 Nummer 1 ist der Personalrat nur zu beteiligen, wenn sie es beantragen.

(4) [1]Die Studienakademien der Dualen Hochschule sind Dienststellen im Sinne des § 5 Absatz 3. [2]Der Gesamtpersonalrat bei der Dualen Hochschule führt die Bezeichnung »Hochschulpersonalrat«. [3]§ 91 Absatz 8 Satz 1 und 2 gilt mit der Maßgabe, dass der Hochschulpersonalrat auch bei Maßnahmen zu beteiligen ist, die von den zentralen Organen der Hochschule getroffen werden.

I. Anwendungsbereich (Abs. 1)

1   **Personenkreis.** Das LPVG gilt nach Absatz 1 nicht für **Hochschullehrer** und die sonstigen in den Nr. 1 bis 3 genannten Personen. Sie sind zum PR nicht wahlberechtigt und auch nicht wählbar. Bei allen ihren Angelegenheiten wird der PR weder allgemein noch im Einzelfall kraft Gesetzes beteiligt. Auch eine Beteiligung des PR auf Antrag dieser Beschäftigten ist nicht zulässig. Mit Art. 8 des 2. HRÄG wurde in Nr. 1 in Anpassung an § 44 Abs. 1 LHG der Begriff Professoren durch Hochschullehrer ersetzt und damit auch die Juniorprofessoren von der Anwendung des Gesetzes ausgeschlossen. Dgl. gilt für die **wissenschaftlichen und künstlerischen Mitarbeiter**, denen professorale Aufgaben in Forschung und Lehre übertragen sind. In Nr. 2 wurden außerdem den **Habilitierten** in Forschungseinrichtungen außerhalb der Hochschulen solche Personen gleichgestellt, welche die Einstellungsvoraussetzungen als Professor erfüllen.

2   **Sonstige Beschäftigte.** Für die in § 99 nicht genannten Beschäftigten der Hochschulen und der Forschungsstätten, die nicht wissenschaftliche Hochschulen sind, gilt das LPVG uneingeschränkt (z. B. für Verwaltungsbeamte und Arbeitnehmer).

3   **Wissenschaftsfreiheit, Kunstfreiheit.** Die wissenschaftliche Forschung und Lehre sowie die Kunst müssen frei sein (Art. 5 Abs. 3 GG). Das LHG enthält daher zahlreiche Bestimmungen, um dies sicherzustellen. Auch die Anwendung des Personalvertretungsrechts auf die Hochschulen sowie auf die Forschungsstätten, die nicht wissenschaftliche Hochschulen sind, ist daher nur beschränkt möglich. Bei diesen Einrichtungen werden zwar PR gebildet, jedoch können dem Personalvertretungsrecht in vollem Umfang nur deren Beschäftigte unterliegen, die nicht wissenschaftlich oder künstlerisch tätig sind.

4   **Hochschulen.** § 99 vereinheitlicht den Geltungsbereich sowie Art und Umfang der Anwendung des LPVG an den Hochschulen des Landes Baden-Württemberg. Die Vorschrift wurde mit Art. 8 des Zweiten Hochschulrechtsänderungsgesetzes vom 1.1.2005 (GBl. S. 1) an die neuen Begriffe des LHG und dessen Terminologie angepasst. Nach § 1 Abs. 2 LHG sind staatliche Hochschulen:
1. die Universitäten,
2. die Pädagogischen Hochschulen,
3. die Kunsthochschulen, die Hochschulen für Musik, die Hochschulen für Musik und Darstellende Kunst sowie die Akademien der Bildenden Künste und die Hochschule für Gestaltung Karlsruhe,
4. die Fachhochschulen,
5. die besonderen nach § 69 LHG errichteten Fachhochschulen für den öffentlichen Dienst, die zum Zeitpunkt des Inkrafttretens dieses Gesetzes bestehen.

II. Befristete Arbeitsverhältnisse (Abs. 2)

1. Mitbestimmungsausschluss. Auf die in Absatz 2 Satz 1 genannten Beschäf- **5**
tigten findet § 75 Abs. 1 Nr. 2 und Nr. 3 keine Anwendung. In diesen Fällen
bestimmt der PR weder bei der Einstellung, der Übertragung der auszuübenden
Tätigkeit, Nebenabreden zum Arbeitsvertrag bzw. der Zeit- oder Zweckbefristung (§ 75 Abs. 1 Nr. 2) mit. Gleiches gilt für die Fälle des § 75 Abs. 1 Nr. 3 der
Ein-, Höher-, Um- oder Rückgruppierung einschließlich der Stufenzuordnung.

Befristetes Arbeitsverhältnis. Der Mitbestimmungsausschluss greift nur, wenn **6**
diese Beschäftigten in einem befristeten Arbeitsverhältnis eingestellt werden
sollen bzw. eingestellt worden sind. Im Falle einer unbefristeten Einstellung
gelten auch für diesen Personenkreis sämtliche Beteiligungsrechte einschließlich
der Mitbestimmung nach § 75 Abs. 1 Nr. 2 und Nr. 3.

Sonstige Beteiligungstatbestände. Alle übrigen Beteiligungstatbestände finden **7**
selbst für die befristet eingestellten Akademischen Mitarbeiter und die diesen
gleichgestellten KIT-Mitarbeiter uneingeschränkt Anwendung. Dies ist nicht
unproblematisch, weil durch diese Neuregelung der § 99 insgesamt in eine
Schieflage gerät. Denn die Akademischen Mitarbeiter weisen regelmäßig ein
abgeschlossenes Hochschulstudium auf und sind dem höheren Dienst zuzurechnen (§ 52 Abs. 3 LHG). Weshalb dieser Personenkreis uneingeschränkt in
den Anwendungsbereich des LPVG gelangen soll, die deutlich schutzbedürfti-
geren wissenschaftlichen und künstlerischen Assistenten (Absatz 1 Nr. 1) und
die wissenschaftlichen und künstlerischen Hilfskräfte im Sinne des Absatzes 3
aber nicht, ist ein kaum auflösbarer Widerspruch. Dem Gesetzgeber steht bei
der Ausgestaltung von Beteiligungsrechten zwar ein großer Ermessensspiel-
raum zu. Unter dem Blickwinkel des Art. 3 Abs. 1 GG muss eine getroffene
Regelung aber immer systemgerecht sein, d. h. sie muss im gewählten Rege-
lungskonzept bleiben und darf keine systemwidrigen Widersprüche aufweisen.
Wenn der Gesetzgeber also Beteiligungsrechte der Personalvertretung stärken
will, wie dies die Neufassung anstrebt, so muss die – bezogen auf die unterschiedlichen Beschäftigungsverhältnisse – grundsätzlich zulässige Abstufung
der Beteiligungsmöglichkeiten dem auch systemgerecht folgen. Jedenfalls im
Verhältnis von Absatz 2 und Absatz 3 ist ein verfassungsrechtlich bedenklicher
Widerspruch festzustellen.

Nr. 1: Akademische Mitarbeiter. Nach Absatz 2 Satz 1 Nr. 1 findet der Mitbe- **8**
stimmungsausschluss für Akademische Mitarbeiter an Hochschulen statt.
Nicht berührt sind die Akademischen Mitarbeiter, die bereits unter Absatz 1
Nr. 1 fallen, weil für diesen Personenkreis das LPVG insgesamt keine Anwendung findet. Wer Akademische Mitarbeiter im Sinne der Nr. 1 ist, bestimmt
§ 52 LHG. Das sind die Beamten und Angestellten, denen weisungsgebunden
im Rahmen der Aufgabenerfüllung der Hochschule, insbesondere in Wissenschaft, Forschung, Lehre und Weiterbildung wissenschaftliche Dienstleistungen
nach Maßgabe ihrer Dienstaufgabenbeschreibung obliegen (§ 52 Abs. 1 Satz 1
LHG). Akademische Mitarbeiter in diesem Sinne sind auch die in § 52 Abs. 6
bis 8 LHG genannten Beschäftigten an Akademien der Bildenden Kunst und
der Hochschule für Gestaltung, den Musikhochschulen sowie die Lektoren.

9   **Nr. 2: Sonstige Forschungsstätten.** Nach der Nr. 2 gilt der Ausschlusstatbestand auch für nicht habilitierte Akademische Mitarbeiter an Forschungsstätten, die nicht wissenschaftliche Hochschulen sind.

10   **2. KIT.** Durch Absatz 2 Satz 2 wird bestimmt, dass wissenschaftliche Mitarbeiter im Sinne von § 14 Abs. 5 KITG als befristet beschäftigte Akademische Mitarbeiter im Sinne von Satz 1 Nr. 1 gelten, wenn sie in einem befristeten Arbeitsverhältnis eingestellt werden sollen und sie nach dem Vertrag wenigstens die Hälfte der Arbeitszeit zur Promotion, Habilitation oder zur Wahrnehmung der Aufgaben einer Juniorprofessur zur Verfügung haben sollen. Hinsichtlich der sonstigen für das KIT geltenden Regelungen vgl. § 101.

III. Wissenschaftliche und künstlerische Hilfskräfte (Abs. 3)

11   **1. Herabstufung.** Auch die in Absatz 3 genannten wissenschaftlichen und künstlerischen sowie studentischen Hilfskräfte (vgl. hierzu VGH Mannheim, 9.2.2010 – PL 15 S 2160/08 – juris) sind, wenn die sonstigen Voraussetzungen (vgl. z. B. §§ 8 und 9) vorliegen, zum PR wahlberechtigt und wählbar. Die Beteiligung des PR in ihren Angelegenheiten ist jedoch insoweit eingeschränkt, als durch Absatz 3 Satz 1 generell **an die Stelle der Mitbestimmung die Mitwirkung** tritt.

12   **Antragserfordernis nach Abs. 3 Satz 1.** In den in Absatz 3 Satz 1 genannten Personalangelegenheiten des § 75 Abs. 1 Nr. 1, Nr. 2, Nr. 3 (außer Fallgruppenbestimmung), Nr. 4, Nr. 6, Nr. 7 lit. a und Nr. 11, Abs. 2 und Abs. 3 Nr. 2, Nr. 3, Nr. 5 bis 7 und Nr. 14 wirkt die Personalvertretung nur mit, wenn diese Beschäftigten dies **beantragen.**

13   **2. Antragserfordernis nach Abs. 3 Satz 2.** Auch für die Personalangelegenheiten des Absatzes 3 Satz 2 (§ 75 Abs. 1 Nr. 3 (Fallgruppenbestimmung), Nr. 5, Nr. 7 lit. b und Nr. 8 sowie Abs. 3 Nr. 1) gilt das **Antragserfordernis.** Die Regelung in einem getrennten Satz 2 ist verunglückt und war in der früheren Fassung dadurch gerechtfertigt, dass hier Angelegenheiten geregelt waren, die originär der Mitwirkung bzw. Anhörung unterlagen.

14   **Drittmittelprojekte.** Bei Beschäftigungsverhältnissen im Zusammenhang mit sog. Drittmittelfinanzierung hat der Dienststellenleiter durch geeignete Maßnahmen sicherzustellen, dass der PR auch bei Verlängerungen, die wegen ungeklärter Zusagen weiterer Drittmittel bis zuletzt offenbleiben, rechtzeitig beteiligt wird (BVerwG, 15.11.1995 – 6 P 2/94 – PersR 1996, 278 = PersV 1996, 453).

IV. Studienakademien der Dualen Hochschule (Abs. 4)

15   **Anwendungsbereich.** Durch Art. 6 Nr. 2 des Zweiten Gesetzes zur Umsetzung der Föderalismusreform im Hochschulbereich vom 3.12.2008 (GBl. S. 435) wurde in § 99 der Abs. 4 angefügt. Die bisherigen Berufsakademien erhielten hierdurch den Hochschulstatus (Duale Hochschule – vgl. hierzu das Gesetz zur Errichtung der Dualen Hochschule Baden-Württemberg). Sitz der Dualen Hochschule Baden-Württemberg ist Stuttgart (§ 1 Abs. 2 Satz 1 Nr. 1 LHG), wo sich Vorstand, Senat und Aufsichtsrat befinden. Hinzu kommen die Studienakademien an den acht Standorten.

1. Dienststelle. Durch Absatz 4 Satz 1 werden die Studienakademien der Dualen **16**
Hochschule zu Dienststellen im Sinne von § 5 Abs. 3 erklärt, die jeweils örtliche
PR zu wählen haben. Die Zentraleinheit in Stuttgart ist Hauptdienststelle.

2. GesamtPR. Absatz 4 Satz 2 trifft Regelungen hinsichtlich des Gesamtperso- **17**
nalrats, der die Bezeichnung „Hochschulpersonalrat" führt. Die bisherige Sonderregelung hinsichtlich der Größe des Hochschulpersonalrats ist durch die
Neuregelung von § 54 Abs. 2 Satz 2 durch das ÄG 2013 entbehrlich geworden.

3. Maßnahmen der Zentralorgane. Absatz 4 Satz 3 regelt das Verhältnis zwi- **18**
schen den örtlichen Personalvertretungen und dem Hochschulpersonalrat (GesamtPR). Nach § 91 Abs. 8 Satz 1 ist der GesamtPR zu beteiligen, wenn die
Maßnahme über den Bereich einer Dienststelle hinausgeht und er insoweit an
die Stelle der PR der Dienststellen tritt (§ 91 Abs. 8 Satz 2). Der Satz regelt die
Anwendung dieser Bestimmungen mit der Maßgabe, dass der Hochschulpersonalrat immer bei Maßnahmen zu beteiligen ist, die von den zentralen Organen
der Hochschule getroffen werden.

**§ 100   Besondere Vorschriften für Beschäftigte an Hochschulen mit
Aufgaben an einem Universitätsklinikum**

[1]**Akademische Mitarbeiter an Hochschulen, soweit sie nicht unter § 99 Absatz 1 Nummer 1 fallen, und nicht habilitierte Akademische Mitarbeiter an Forschungsstätten, die nicht wissenschaftliche Hochschulen sind, sowie Beschäftigte an Hochschulen im Sinne von § 99 Absatz 3, die Aufgaben im
Universitätsklinikum erfüllen, gelten auch als Beschäftigte des Universitätsklinikums; entsprechende Beschäftigte sind auch Arbeitnehmer an Hochschulen, die nach § 12 Absatz 1 Satz 4 des Universitätsklinika-Gesetzes vom 24. November 1997 (GBl. S. 474) nicht auf das Universitätsklinikum übergeleitet
wurden und ihre Dienste beim Universitätsklinikum erbringen. [2]Die Beschäftigteneigenschaft bei der Hochschule bleibt unberührt. [3]In Personalangelegenheiten der in Satz 1 genannten Beschäftigten gibt die zuständige Personalvertretung dem Personalrat des Universitätsklinikums Gelegenheit zur Äußerung.
[4]In diesem Fall erhöhen sich die Beteiligungsfristen auf fünf Wochen; § 76
Absatz 6 Satz 2 findet Anwendung. [5]§ 76 Absatz 6 Satz 3 sowie Absatz 7 und 8
gilt entsprechend. [6]§ 91 Absatz 3 Satz 1 bleibt unberührt.**

Geltungsbereich. Die Vorschrift gilt nur für Beschäftigte an Hochschulen, die **1**
auch Aufgaben an einem **Universitätsklinikum** wahrnehmen. § 94a a. F. kam
wie der frühere § 94b a. F. durch Art. 3 des Hochschulmedizinreformgesetzes
vom 24.11.1997 (GBl. S. 474) in das LPVG und wurde durch das UniMedG
vom 7.2.2011 geändert. Nach Art. 9 Abs. 4 UniMedG hätten die dort vorgesehenen personalvertretungsrechtlichen Neuregelungen (§§ 94a, 94b a. F.) ab
dem jeweiligen Errichtungszeitpunkt der Körperschaften für Universitätsmedizin in Kraft treten sollen. Nach § 77 Abs. 1 LHG a. F. hätte dies spätestens
bis 1.1.2013 erfolgen müssen. Durch die weitgehende Rückabwicklung des

Universitätsmedizingesetzes durch das Gesetz vom 22.11.2011 sind die personalvertretungsrechtlichen Regelungen (§§ 94a, 94b a. F.) wieder in den Stand der vor dem 7.2.2011 geltenden Fassung gebracht worden. Durch Art. 1 Nr. 78 des ÄG 2013 wurde § 94a a. F. zuletzt geändert und durch Art. 1 Nr. 79 des ÄG 2013 wurde § 94b a. F. aufgehoben.

2 **Personalrat.** Beim Universitätsklinikum ist ein örtlicher PR zu errichten, der im Rahmen von § 99 auch für das wissenschaftliche Personal zuständig ist.

3 **Oberstes Organ.** Der Vorstand des Universitätsklinikums ist das oberste Organ i. S. v. § 89 Abs. 1 Satz 1 Nr. 1 (VGH Mannheim, 19.10.1999 – PL 15 S 1167/99 – PersR 2000, 27 – zum früheren § 69 Abs. 3 Satz 4 a. F.).

4 **1. Beschäftigte.** Satz 1 bestimmt, dass die dort aufgeführten Beschäftigten, die bei den Universitäten bzw. gleich gestellten Forschungsstätten beschäftigt sind und im Universitätsklinikum Aufgaben der Krankenversorgung und sonstige Aufgaben auf dem Gebiet des öffentlichen Gesundheitswesens und der Schulen für ihre ärztliche medizinische Berufe zu erfüllen haben, auch als Beschäftigte des Universitätsklinikums gelten. Diese Beschäftigten haben damit das Wahlrecht und die Wählbarkeit in der Universität bzw. den gleich gestellten Forschungsstätten und zusätzlich im Universitätsklinikum.

5 **Wissenschaftliches Personal.** Die Norm teilt die Akademischen Mitarbeiter an Hochschulen und an Forschungsstätten, die nicht Hochschulen im Sinne des § 99 Abs. 3 sind, in zwei verschiedene Gruppen ein: solchen, die aus der Geltung des LPVG insgesamt und damit auch aus der Geltung des § 100 fallen und den anderen Akademischen Mitarbeitern, für die das LPVG grundsätzlich gilt und die durch § 100 auch als Beschäftigte des Universitätsklinikums gelten.

6 **Hochschullehrer.** Soweit Satz 1 zunächst klarstellt, dass Hochschullehrern i. S. v. § 99 Abs. 1 Nr. 1 nicht die Beschäftigteneigenschaft beim Klinikum zukommt, ist dies folgerichtig. Denn für diese Beschäftigten gilt das LPVG durchweg nicht, weshalb sie auch nicht unter den Anwendungsbereich des § 100 fallen können.

7 **Gleichgestellte Akademische Mitarbeiter.** Problematisch ist aber der Ausschluss der Beschäftigteneigenschaft der den Hochschullehrern in § 99 Abs. 1 Nr. 1 gleich gestellten anderen Akademischen Mitarbeitern. Denn hinsichtlich ihrer arbeitsrechtlichen und sozialen Stellung und damit ihrer Schutzbedürftigkeit unterscheiden sich beispielsweise wissenschaftliche und künstlerische Assistenten signifikant von Hochschullehrern. Die in der Kommentierung zu § 99 dargestellten Bedenken gelten deshalb auch hier.

8 **Sonstige Akademische Mitarbeiter.** Die verbleibenden wissenschaftlichen Mitarbeiter gelten personalvertretungsrechtlich als Hochschulbeschäftigte und auch als Beschäftigte des Universitätsklinikums. Gleiches gilt nach Satz 1 auch für die nicht habilitierten Akademischen Mitarbeiter an Forschungsstätten, die nicht wissenschaftliche Hochschulen sind. Dies bedeutet, dass sie neben der Beschäftigteneigenschaft in der Forschungseinrichtung auch Beschäftigte des Universitätsklinikums sind und die daraus folgende Rechte besitzen.

Widersprecher. Gleiches gilt nach Satz 1 zweiter Halbsatz für die Arbeitnehmer **9**
an Hochschulen, die 1997 dem Übergang ihrer Arbeitsverhältnisse auf ein Universitätsklinikum widersprochen hatten und deshalb gemäß § 12 Abs. 1 Satz 4 des Universitätsklinika-Gesetzes nicht übergeleitet worden sind. Arbeitnehmer, die gemäß § 12 Abs. 1 Satz 4 UKG der Überleitung ihrer mit dem Land Baden-Württemberg bestehenden Arbeitsverhältnisse auf das Universitätsklinikum widersprochen haben, sind nicht mehr als Beschäftigte im personalvertretungsrechtlichen Sinne des Geschäftsbereichs des Ministeriums für Wissenschaft und Kunst, sondern allein dem Uniklinikum zuzuordnen, so dass sie für die Wahl des HPR beim Ministerium nicht mehr wahlberechtigt sind (VGH Mannheim, 10.5.2004 – PL 15 S 1844/03 – PersV 2004, 342).

2. Wahlrecht. Nach § 100 Satz 2 bleibt die Beschäftigteneigenschaft der in **10**
Satz 1 bezeichneten Beschäftigten bei der Hochschule unberührt. Dies bedeutet, dass sie neben dem aktiven und passiven Wahlrecht beim Universitätsklinikum auch das aktive und passive Wahlrecht zum PR der Universität besitzen. Satz 2 spricht zwar nur von der Beschäftigteneigenschaft „bei der Hochschule", gilt aber entsprechend für die Beschäftigteneigenschaft an sonstigen Forschungsstätten, die nicht wissenschaftliche Hochschulen sind.

3. Anhörung. Mit der in Satz 3 zwingend vorgeschriebenen Anhörung des PR des **11**
Universitätsklinikums durch den PR der Universität soll sichergestellt werden, dass Probleme, die mit der Tätigkeit der Beschäftigten in der Universitätsmedizin zusammenhängen, bei der Beratung und Entscheidung des PR berücksichtigt werden können. Die Aufforderung zur Äußerung erfolgt zweckmäßigerweise in Schriftform (Fristwahrung), wenn dies auch nicht förmlich vorgeschrieben ist.

4. Regelmäßige Frist. Nach dem neu gefassten Satz 4 erhöhen sich im Fall der **12**
Anhörung die Beteiligungsfristen auf **fünf Wochen.** Dies stellt eine geringfügige Fristverkürzung gegenüber dem früheren Zustand dar, entspricht aber der Regelung in § 91 Abs. 3 Satz 2 für die vergleichbare Problemlage der Anhörung durch eine Stufenvertretung bzw. den GesamtPR (§ 91 Abs. 8 Satz 4).

Fristabkürzung. Nach dem zweiten Halbsatz von Satz 4 findet § 76 Abs. 6 Satz 2 **13**
auch hier Anwendung. Das bedeutet, dass die Dienststelle die Frist in dringenden Fällen auf eine Woche abkürzen kann. Wegen der Einzelheiten der Voraussetzungen und des Verfahrens für eine Fristabkürzung vgl. § 76 Rn. 48 ff.

5. Fristverlängerung, Fristvereinbarung. Nach Satz 5 gelten § 76 Abs. 6 Satz 3 **14**
sowie dessen Abs. 7 und Abs. 8 entsprechend. PR und Dienststelle können deshalb in geeigneten Fällen generell abweichende Fristen vereinbaren (§ 76 Abs. 6 Satz 3). Die Dienststelle kann Fristen im Einzelfall verlängern bzw. im Einvernehmen mit dem PR in begründeten Fällen abkürzen (§ 76 Abs. 7). Schließlich stehen dem PR-Vorstand auch hier die in § 76 Abs. 8 geregelten Möglichkeiten des Verlangens einer Fristverlängerung zur Verfügung.

6. Personalangelegenheiten. Nach Satz 6 bleibt § 91 Abs. 3 Satz 1 unberührt. **15**
Dies bedeutet, dass bei einer Anhörung, die Personalangelegenheiten einzelner Beschäftigten betrifft, die Anhörungspflicht der Stufenvertretung unberührt

bleibt, weshalb der HPR sowohl dem PR der Universität, als auch dem PR des Klinikums Gelegenheit zur Äußerung zu geben hat.

§ 101   Besondere Vorschriften für das Karlsruher Institut für Technologie

Für das KIT gilt dieses Gesetz nach Maßgabe der folgenden Vorschriften:
1. [1]Im KIT sind
    a) das Institut für Atmosphärische Umweltforschung des KIT in Garmisch-Partenkirchen,
    b) die Einrichtungen, Institute und sonstigen Stellen des KIT im Übrigen jeweils eine Dienststelle im Sinne von § 5 Absatz 3. [2]§ 56 Absatz 4 findet entsprechende Anwendung. [3]Leiter der Dienststellen ist der Vorsitzende des Vorstands des KIT.
2. Der Personalrat bei der Dienststelle nach Nummer 1 Buchstabe b besteht aus 37 Mitgliedern.
3. Abweichend von § 28 Absatz 2 Satz 1 wählt der Personalrat neun weitere Mitglieder in den Vorstand.
4. Auf Antrag des Personalrats sind bis zu 13 Mitglieder des Personalrats bei der Dienststelle nach Nummer 1 Buchstabe b von ihrer dienstlichen Tätigkeit frei zu stellen.
5. Der Personalrat kann bis zu vier Mal in jedem Kalenderjahr eine Personalversammlung einberufen.
6. Die Jugend- und Auszubildendenvertretung bei der Dienststelle nach Nummer 1 Buchstabe b besteht aus 13 Mitgliedern; sie kann bis zu viermal in jedem Kalenderjahr eine Jugend- und Auszubildendenversammlung einberufen.
7. Der Leiter der Dienststelle oder sein Beauftragter und die Personalvertretungen treten mindestens einmal im Monat zu gemeinschaftlichen Besprechungen zusammen.
8. a) [1]Vor der Vorlage einer Angelegenheit nach § 77 oder § 83 ist ein Schlichtungsversuch zu unternehmen, der abgesehen von Verfahren nach § 76 Absatz 6 Satz 2 oder § 82 Absatz 4 Satz 2 auf Antrag des Personalrats oder der Dienststelle vor einer Schlichtungsstelle erfolgt. [2]Ein Antrag hemmt die Frist nach § 77 Absatz 1 Satz 1 oder § 83 Absatz 1 Satz 1.
    b) [1]In Angelegenheiten nach § 74 Absatz 1 Nummer 6, § 75 Absatz 1 Nummer 1 bis 8, 11 und 12, Absatz 2, Absatz 3 Nummer 1 bis 3, 5 bis 7, 9, 10, 12 und 14, § 81 Absatz 1 Nummer 5 und Absatz 2 wird eine ständige Schlichtungsstelle eingerichtet. [2]Das Nähere zur Bildung der Schlichtungsstelle, zum Verfahren und zu Einigungsvorschlägen der Schlichtungsstelle ist durch eine Dienstvereinbarung zu regeln. [3]Einigen sich die Personalvertretungen und die Dienststelle nicht auf eine Dienstvereinbarung, trifft nach entsprechender Anwendung des Verfahrens nach § 77 das Wissenschaftsministerium endgültig die Bestimmungen.
9. [1]In den Personalangelegenheiten nach § 75 Absatz 1 Nummer 1 bis 4, 6 bis 8 und 11, Absatz 2 und Absatz 3 Nummer 2, 3, 5 bis 7 und 14 der wissenschaftlichen Mitarbeiter des Großforschungsbereichs im Sinne von § 14 Absatz 3 Satz 1 Nummer 2 KITG wird, auch in Verfahren nach § 76 Absatz 6 Satz 2 und § 82 Absatz 4 Satz 2, an Stelle der Vorlage nach § 77 oder § 83 das Verfahren nach Nummer 8 durchgeführt, auch ohne dass es eines Antrags des wissenschaftlichen Mitarbeiters bedarf. [2]In diesen Fällen kann

durch Dienstvereinbarung ein von § 76 Absatz 1, 5 bis 9, §§ 80 und 82 Absatz 4 bis 6 abweichendes Verfahren vereinbart werden. ³§ 99 Absatz 2
Satz 2 bleibt unberührt.

10. ¹Arbeitnehmer des Landes am KIT gelten auch als Beschäftigte des KIT.
²In deren Angelegenheiten gibt der Hauptpersonalrat beim Wissenschaftsministerium dem Personalrat des KIT Gelegenheit zur Äußerung.

11. ¹Der Personalrat kann von Fall zu Fall beschließen, dass ein Mitglied des
Hauptpersonalrats beim Wissenschaftsministerium berechtigt ist, mit beratender Stimme an den Sitzungen des Personalrats teilzunehmen. ²E-
benso kann ein Mitglied des Hauptpersonalrats beim Wissenschaftsministerium sowie ein Vertreter des Wissenschaftsministeriums an den
Personalversammlungen teilnehmen.

Grundsatz. Mit dem Gesetz über das **Karlsruher Institut für Technologie** vom   **1**
14.7.2009 (GBl. S. 317), zuletzt geändert durch Art. 8 des ÄG 2013 wird das
Ziel verfolgt, die Aufgaben einer Universität und einer Einrichtung der Groß-
forschung in einer Rechtsperson zusammenzuführen (§ 1 KITG – Zum KIT-
Zusammenführungsgesetz vgl. Wagner, WissR 2009, 300). Grundsätzlich gilt
auch für diese Dienststellen das LPVG. § 101 soll der besonderen Struktur und
der Größe der Einrichtung durch partielle Sonderregelungen Rechnung tragen.

Nr. 1: Struktur und Zusammenarbeit. § 101 Nr. 1 regelt die Struktur der Perso-   **2**
nalvertretungen und deren Zusammenarbeit im KIT sowie die Frage, wer Leiter der Dienststellen ist. Bei den nachfolgenden Regelungen der Nr. 2 bis 11 ist
immer darauf zu achten, ob diese lediglich für die größere Dienststelle (Nr. 1
Satz 1 lit. b) oder für beide Dienststellen gelten.

a) Dienststellen. Nach Nr. 1 Satz 1 bestehen zwei Dienststellen: Das Institut für   **3**
Atmosphärische Umweltforschung in Garmisch-Partenkirchen sowie die übri-
gen Einrichtungen, Institute und sonstigen Stellen des KIT. Bei beiden Dienststellen werden PR gebildet; zu denen die jeweiligen Beschäftigten jeweils nach
den allgemeinen Bestimmungen wahlberechtigt und wählbar sind.

b) Arbeitsgemeinschaft. Nach Nr. 1 Satz 2 findet § 56 Absatz 4 entsprechende   **4**
Anwendung. Dies bedeutet, dass die beiden PR eine Arbeitsgemeinschaft bilden
können, der aus jedem PR bis zu zwei Mitglieder angehören können. Hinsichtlich der Freistellung bzw. Teilfreistellung für diese Tätigkeit gilt § 56 Abs. 4
Satz 2 und 3 entsprechend; hinsichtlich der Versäumung von Arbeitszeit gilt
§ 56 Abs. 4 Satz i. V. m. § 43 Abs. 2 entsprechend. Die Regelung ist abschließend, so dass die Möglichkeit der Bildung der Arbeitsgemeinschaft die Bildung
eines **GesamtPR** ausschließt.

c) Dienststellenleiter. Nach Nr. 1 Satz 3 ist der Vorstandsvorsitzende des KIT   **5**
auch Dienststellenleiter beider Einrichtungen. Zentrale Organe des KIT sind
der Vorstand, der Aufsichtsrat und der KIT-Senat (§ 4 KITG). Das KIT wird
vom kollegialen Vorstand des KIT geleitet, dem der Vorstandsvorsitzende sowie weitere Vorstandsmitglieder angehören (§ 5 Abs. 1 KITG). Nach § 6
Abs. 1 Satz 1 KITG vertritt der Vorstandsvorsitzende das KIT.

6   **Nr. 2: PR-Größe.** Nach Nr. 2 besteht der PR der größeren Dienststelle aus 37 Mitgliedern. Mit dieser von § 10 Abs. 3 und 4 abweichenden Regelung wird der Größe und der besonderen Komplexität des KIT und der damit verbundenen Anforderungen an den PR bei der Aufgabenerfüllung Rechnung getragen.

7   **Nr. 3: Vorstandsmitglieder.** Die Nr. 3 trifft eine von den allgemeinen Bestimmungen abweichende Regelung hinsichtlich der Größe des PR-Vorstands. § 28 Abs. 2 eröffnet dem PR die Möglichkeit zwei weitere Mitglieder in den Vorstand zu wählen. Abweichend von § 28 Abs. 2 Satz 1 wählt der PR neun weitere Mitglieder in den Vorstand. Diese Sonderregelung gilt nur für die Dienststelle nach Nr. 1 Satz 1 lit. b.

8   **Nr. 4: Freistellung.** Wegen des besonderen Arbeitsaufwandes trifft Nr. 4 auch eine Sonderregelung hinsichtlich der Freistellung der PR-Mitglieder. Auf Antrag des PR sind bis zu 13 PR-Mitglieder bei der Dienststelle nach Nr. 1 Satz 1 lit. b von ihrer dienstlichen Tätigkeit freizustellen.

9   **Nr. 5: Personalversammlung.** Nach der Nr. 5 kann der PR bis zu vier Mal in jedem Kalenderjahr eine Personalversammlung einberufen. Hinsichtlich der Modalitäten, der Antragsberechtigung sowie der Durchführung der Personalversammlung und der zu behandelnden Angelegenheiten verbleibt es bei den allgemeinen Regelungen (§§ 49 ff.); vgl. insoweit aber auch Nr. 11 Satz 2.

10   **Nr. 6: JAV.** Nach der Nr. 6 besteht die JAV bei der Dienststelle nach Nr. 1 Satz 1 lit. b aus 13 Mitgliedern. Mit dem zweiten Halbsatz wird die Möglichkeit der Einberufung einer Jugend- und Auszubildendenversammlung an § 101 Nr. 5 angepasst (viermal in jedem Kalenderjahr).

11   **Nr. 7: Monatsbesprechungen.** Nr. 7 trifft – ebenfalls abweichend von den allgemeinen Regelungen (vgl. § 68 Abs. 1 Satz 1 – Vierteljahresgespräche) – die Regelung, wonach der Dienststellenleiter oder sein Beauftragter mindestens einmal im Monat mit den Personalvertretungen zu gemeinschaftlichen Besprechungen zusammen tritt.

12   **Nr. 8: Schlichtungsverfahren.** Die Nr. 8 implementiert ein besonderes Schlichtungsverfahren in die Mitbestimmungs- und Mitwirkungsverfahren der Dienststellen des KIT. Das Schlichtungsverfahren ersetzt grundsätzlich nicht das Stufenverfahren (vgl. die Ausnahme in Nr. 9), sondern tritt neben dieses. Die gesetzliche Regelung ist zwingend; es besteht kein Wahlrecht von PR und Dienststelle zwischen Stufenverfahren und Schlichtungsverfahren. Hinsichtlich der Durchführung der Schlichtung sind die gesetzlichen Regelungen durch Dienstvereinbarung zu ergänzen.

13   **Nr. 8 Buchst. a: Anwendungsbereich.** Das besondere Schlichtungsverfahren nach Nr. 8 gilt grundsätzlich in allen Mitbestimmungs- und Mitwirkungsverfahren der Dienststellen. Ausgenommen sind nach Nr. 8 lit. a Satz 1 lediglich die dringenden Fälle, die den Dienststellenleiter zur Abkürzung der Frist zur Stellungnahme des PR auf eine Woche berechtigen (§ 76 Abs. 6 Satz 2, § 82 Abs. 4 Satz 2; vgl. aber auch die Rückausnahme der Nr. 9 für Personalangelegenheiten der wissenschaftlichen Mitarbeiter des Großforschungsbereichs).

Demgegenüber findet das Schlichtungsverfahren auch dann statt, wenn die Dienststelle vorläufige Regelungen nach § 88 Abs. 4 getroffen hat.

Stufenverfahren. Kommt über eine Maßnahme im Mitbestimmungs- bzw. Mit-   **14** wirkungsverfahren keine Einigung zustande, schließt sich nach den allgemeinen Regelungen das Stufenverfahren an. Nach Nr. 8 lit. a Satz 1 ist vor der Vorlage der Angelegenheit im Stufenverfahren (§§ 77, 83) ein Schlichtungsversuch zu unternehmen. Das Schlichtungsverfahren wird durch den Antrag des PR oder der Dienststelle eingeleitet, über den eine Schlichtungsstelle entscheidet.

Eilsachen. Ausdrücklich vom Schlichtungsverfahren ausgenommen sind die   **15** Mitbestimmungs- und Mitwirkungsverfahren nach § 76 Abs. 6 Satz 2 und § 82 Abs. 4 Satz 2, die wegen ihrer besonderen Dringlichkeit die Abkürzung der Äußerungsfrist des PR rechtfertigen. In diesen dringlichen Fällen ist eine Verfahrensverzögerung durch das zwischengeschaltete Schlichtungsverfahren nicht hinnehmbar.

Fristhemmung. Der Antrag auf Durchführung des Schlichtungsverfahrens   **16** hemmt die Frist nach § 77 Abs. 1 Satz 1 bzw. § 83 Abs. 1 Satz 1. Da das LPVG keinen eigenständigen Begriff der „Hemmung" kennt, ist an die allgemeinen Regelungen des BGB anzuknüpfen. Nach § 209 BGB wird der Zeitraum, während dessen die Verjährung gehemmt ist, in die Verjährungszeit nicht eingerechnet. Nach § 203 BGB ist die Verjährung gehemmt, solange Verhandlungen zwischen dem Schuldner und dem Gläubiger über den Anspruch schweben, bis der eine oder der andere Teil die Fortsetzung der Verhandlungen verweigert. Legt man diese Rechtsgedanken für das Schlichtungsverfahren zu Grunde, bedeutet dies, dass die Fristen des § 77 Abs. 1 Satz 1 und § 83 Abs. 1 Satz 1 ab dem Tag des Zugangs der Erklärung des PR bzw. der Dienststelle, das Schlichtungsverfahren durchführen zu wollen, bis zum Ende des Schlichtungsverfahrens nicht weiterlaufen.

Kein neuer Fristenlauf. Scheitert die Schlichtung kann das Mitbestimmungs-   **17** bzw. Mitwirkungsverfahren nach den allgemeinen Regelungen fortgesetzt werden. Hemmung bedeutet dann aber nicht Neubeginn des Fristenlaufs. Die bei Beginn des Schlichtungsverfahrens bereits verstrichene Zeit ist auf die 3-Wochen-Frist anzurechnen. Mit der Bekanntgabe des Vorschlags der Schlichtungsstelle endet die Hemmung der Frist, so dass dann in der verbleibenden Zeit – bis zum Ablauf von insgesamt drei Wochen – das Stufenverfahren eingeleitet werden muss. Die 3-Wochen-Frist beginnt mit dem Ende der Schlichtung nicht erneut zu laufen.

Nr. 8 Buchst. b: Ständige Schlichtungsstelle. Nr. 8 lit. b regelt die Einrichtung   **18** einer ständigen Schlichtungsstelle in bestimmten Mitbestimmungs- und Mitwirkungsangelegenheiten beim KIT sowie die Voraussetzungen der diesbezüglichen Verfahrensregelungen.

Verfahrensgegenstände. Satz 1 nennt die Mitbestimmungsangelegenheiten, für   **19** die eine ständige Schlichtungsstelle einzurichten ist (§ 74 Abs. 1 Nr. 6, § 75 Abs. 1 Nr. 1 bis 8, 11 und 12, Abs. 2 sowie Abs. 3 Nr. 1 bis 3, 5 bis 7, 9, 10,

12 und 14). Gleiches gilt für die Mitwirkungsangelegenheiten des § 81 Abs. 1 Nr. 5 und Abs. 2.

20 **Bildung, Verfahren.** Nach Satz 2 sind die Einzelheiten über Bildung, das Verfahren und die Einigungsvorschläge der Schlichtungsstelle durch **Dienstvereinbarung** (§ 85 Abs. 1 Satz 2) zu regeln. Bei diesen Regelungen sind die Beteiligten weitgehend frei, da das Gesetz insoweit nur wenige Vorgaben macht. Das Verfahren muss zweckmäßig ausgestaltet sein und dem besonderen Beschleunigungsgebot, das das personalvertretungsrechtliche Verfahren bestimmt, genügen. Einigungsvorschläge der Schlichtungsstelle sind keine Entscheidungen, die für die Beteiligten verbindlich sind. PR und Dienststelle können frei entscheiden, ob sie dem Vorschlag folgen oder nicht.

21 **Nichteinigung.** Satz 3 stellt eine Auffangregelung für den Fall dar, dass sich Dienststelle und PR nicht auf eine Dienstvereinbarung einigen können. Für diesen Fall des Nichtzustandekommens der Dienstvereinbarung trifft das Wissenschaftsministerium endgültig die Bestimmungen.

22 **Verfahren.** Hinsichtlich des dann notwendigen Verfahrens ordnet Satz 3 die entsprechende Anwendung von § 77 an. Dies bedeutet zunächst, dass PR und Dienststelle ergebnislos über den Inhalt einer Dienstvereinbarung verhandelt haben müssen. Wie lange solche Verhandlungen geschwebt haben müssen, sagt das Gesetz nicht. Aus dem Grundsatz der vertrauensvollen Zusammenarbeit ist aber zu folgern, dass sich beide Seiten ernsthaft um den Abschluss der Dienstvereinbarung bemühen müssen. Tauchen dann unüberwindliche Schwierigkeiten auf, können beide Seiten übereinstimmend oder jede Seite einzeln das Scheitern der Verhandlungen erklären und die Angelegenheit dem Wissenschaftsministerium vorlegen.

23 **Nr. 9: Wissenschaftliche Mitarbeiter.** Die Nr. 9 stellt eine Sonderregelung und teilweise Rückausnahme zu Nr. 8 lit. a Satz 1 dar. Dies bedeutet, dass in den dort einzeln aufgeführten Fällen durchweg ein Schlichtungsverfahren nach Nr. 8 stattfinden muss, auch in den eiligen Fällen der §§ 76 Abs. 6 Satz 2, 82 Abs. 4 Satz 2. Weiterhin ist bestimmt, dass in diesen Fällen das Schlichtungsverfahren „an Stelle" der Vorlage nach §§ 77, 83 tritt; mit anderen Worten: Das Schlichtungsverfahren verdrängt hier das Stufenverfahren.

24 **a) Anwendungsbereich.** Es muss sich um Personalangelegenheiten nach § 75 Abs. 1 Nr. 1 bis 4, 6, 7, 8 und 11, Abs. 2 und Abs. 3 Nr. 2, 3, 5 bis 7 und 14 handeln. Nr. 9 gilt auch nur, wenn ein wissenschaftlicher Mitarbeiter des Großforschungsbereichs im Sinne von § 14 Abs. 3 Satz 2 Nr. 1 KITG betroffen ist. § 14 Abs. 3 Satz 1 KITG gliedert das wissenschaftliche Personal des Großforschungsbereichs in die leitenden Wissenschaftler (dortige Nr. 1) und die wissenschaftlichen Mitarbeiter (dortige Nr. 2). Nur für letztere gilt die Sonderregelung der Nr. 9.

25 **Antrag des Beschäftigten.** Nach dem letzten Halbsatz des ersten Satzes findet dieses Verfahren auch statt, wenn der wissenschaftliche Mitarbeiter keinen diesbezüglichen Antrag gestellt hat. Dies bezieht sich aber lediglich auf die

Durchführung des Schlichtungsverfahrens. Hängt die Mitbestimmung des PR schon dem Grundsatz nach von einem Antrag des Beschäftigten ab (§ 75 Abs. 3), kann ein diesbezügliches Mitbestimmungsverfahren nur eingeleitet und fortgeführt werden, wenn ein solcher Antrag des Beschäftigten vorliegt. Dies bedeutet letztendlich auch, dass der Beschäftigte auch ein Schlichtungsverfahren, das er nicht haben möchte, wirksam verhindern kann, indem er seinen ursprünglich gestellten Antrag auf Beteiligung des PR zurücknimmt.

b) Abweichendes Verfahren. Nach Satz 2 kann in den Fällen des Satzes 1 durch **26** Dienstvereinbarung ein von § 76 Abs. 1, 5 bis 9, §§ 80 und 82 Abs. 4 bis 6 abweichendes Verfahren bestimmt werden. Auf der Grundlage dieser Öffnungsklausel können die Dienststelle und der PR das Verfahren der Schlichtungsstelle in diesen Fällen weitgehend frei nach Zweckmäßigkeitserwägungen gestalten. Insbesondere sind auch abweichende Fristenregelungen möglich.

c) Befristete Arbeitsverhältnisse. Nach Satz 3 bleibt § 99 Abs. 2 Satz 2 unbe- **27** rührt. Nach dieser Vorschrift gelten wissenschaftliche Mitarbeiter im Sinne von § 14 Abs. 5 KITG als befristet beschäftigte Akademische Mitarbeiter im Sinne von § 99 Abs. 2 Satz 1 Nr. 1, wenn sie in einem befristeten Arbeitsverhältnis eingestellt werden sollen und vertraglich wenigstens die Hälfte ihrer Arbeitszeit zur Promotion, Habilitation oder zur Wahrnehmung einer Juniorprofessur zur Verfügung haben sollen. Auf solche Beschäftigte findet § 75 Abs. 1 Nr. 2 und 3 keine Anwendung.

Nr. 10: Landesbedienstete. Die Nr. 10 betrifft Arbeitnehmer des Landes am **28** KIT, die zusätzlich als Beschäftigte des KIT gelten, mit der Folge der grundsätzlichen Wahlberechtigung und Wählbarkeit. Sind vom HPR beim Wissenschaftsministerium deren Angelegenheiten zu behandeln, muss dem PR des KIT Gelegenheit zur Äußerung gegeben werden. In diesem Fall gilt § 91 Abs. 3.

Nr. 11: Teilnahmerecht an PR-Sitzung und Personalversammlung. Die Nr. 11 **29** Satz 1 enthält eine spezielle Regelung zur Teilnahmemöglichkeit eines Mitglieds des HPR beim Wissenschaftsministerium an den Sitzungen des PR, die die allgemeinen Bestimmungen ergänzt; Satz 2 betrifft die Teilnahme von HPR-Mitgliedern und Beauftragten des Wissenschaftsministeriums an Personalversammlungen.

a) PR-Sitzung. Nach Nr. 11 Satz 1 kann der PR beschließen, dass ein Mitglied **30** des HPR beim Wissenschaftsministerium berechtigt ist, mit beratender Stimme an den Sitzungen des PR teilzunehmen. Diese Regelung erweitert die allgemeine Regelung des § 32, die aber ergänzend Geltung behält. Dies bedeutet unter anderem, dass personelle und soziale Angelegenheiten einzelner Beschäftigter nur mit deren vorheriger Zustimmung in Anwesenheit des Vertreters des HPR beraten werden dürfen (§ 32 Abs. 3 Satz 4 entspr.). Dies bedeutet auch, dass der HPR-Vertreter nur bei der Beratung, nicht aber bei der Beschlussfassung des PR zugegen sein darf.

Beschluss im Einzelfall. Der PR kann nur „von Fall zu Fall" also im konkreten **31** Einzelfall beschließen, dass ein HPR-Mitglied an der Sitzung teilnehmen darf.

Ein Anspruch des HPR oder dessen Mitglieder auf Teilnahme an der Sitzung des PR besteht nicht. Die Beschlussfassung des PR erfolgt nach den allgemeinen Grundsätzen. Eine generelle Beschlussfassung des PR ist unzulässig. Bei der Ausübung seines Ermessens muss sich der PR an den in der Sitzung zu behandelnden Tagesordnungspunkten orientieren; § 32 Abs. 3 Satz 4 ist zu beachten.

32 b) **Personalversammlung.** Nach Nr. 11 Satz 2 kann ein Vertreter des Wissenschaftsministeriums sowie ein Mitglied des HPR beim Wissenschaftsministerium an den Personalversammlungen teilnehmen. Diese Regelung modifiziert die allgemeine Regelung des § 53 Abs. 2 Nr. 3 und Nr. 4, nach der diese Möglichkeit bereits von Gesetzes wegen eröffnet ist. Eines Beschlusses des PR bedarf es insoweit nicht. § 53 Abs. 2 spricht aber nur von einer Teilnahme der dort aufgezählten Personen „mit beratender Stimme", was in Nr. 11 Satz 2 nicht ausdrücklich geregelt ist. In Nr. 11 Satz 1 ist der Zusatz „mit beratender Stimme" aber ausdrücklich aufgenommen worden und deren Satz 2 beginnt mit dem Wort „Ebenso", was sich nur auf „mit beratender Stimme" beziehen kann, weshalb davon auszugehen ist, dass das HPR-Mitglied und der Vertreter des Wissenschaftsministeriums in der Personalversammlung kein Stimmrecht haben, weshalb die Regelung eigentlich überflüssig ist.

§ 102 Besondere Vorschriften für die Führungsakademie Baden-Württemberg

[1]Die bei der Führungsakademie Baden-Württemberg tätigen Landesbeamten gelten auch als Beschäftigte des Staatsministeriums. [2]Die Beschäftigteneigenschaft bei der Führungsakademie bleibt unberührt. [3]§ 100 Satz 3 bis 5 gilt entsprechend.

1 1. **PR des Staatsministeriums.** Nach Satz 1 gelten die bei der Führungsakademie tätigen Landesbeamten auch als Beschäftigte des Staatsministeriums. Dies ist sachgerecht, weil das Staatsministerium an seinen Entscheidungen als oberste Dienstbehörde für die bei der Führungsakademie tätigen Landesbeamten den PR des Staatsministeriums beteiligt und die Landesbeamten der Führungsakademie deshalb das aktive und passive Wahlrecht zu dem für sie insoweit zuständigen PR des Staatsministeriums eingeräumt bekommen.

2 2. **Doppelte Beschäftigteneigenschaft.** Nach Satz 2 bleibt die Beschäftigteneigenschaft bei der Führungsakademie durch die Regelung des Satzes 1 unberührt. Diese Beschäftigten haben deshalb eine doppelte Beschäftigteneigenschaft und zwar bei der Führungsakademie und dem Staatsministerium.

3 3. **Äußerungsrecht.** Nach § 102 Satz 3 gelten die Sätze 3 bis 5 des § 100 entsprechend. Danach muss der PR des Staatsministeriums in Personalangelegenheiten der bei der Führungsakademie tätigen Landesbeamten vor seiner Entscheidung dem PR der Führungsakademie Gelegenheit zur Äußerung geben. In entsprechender Anwendung von § 100 Satz 4 erhöhen sich in solchen Fällen die Beteiligungsfristen auf **fünf Wochen.** In dringenden Fällen kann die Dienststelle diese Frist auf eine Woche abkürzen (§ 76 Abs. 6 Satz 2 entspr.).

Fristregelung, Fristvereinbarung. Auch in den Fällen der bei der Führungsaka- **4** demie tätigen Landesbeamten bestehen die neu geschaffenen Möglichkeiten der abweichenden Fristregelung bzw. der Fristvereinbarung. So können Dienststelle und PR in entsprechender Anwendung von § 76 Abs. 6 Satz 3 für die Dauer der Amtszeit des PR generell abweichende Fristen vereinbaren. Ebenso können von der Dienststelle nach § 76 Abs. 7 (entspr.) im Einzelfall längere Fristen eingeräumt bzw. Fristen – im Einvernehmen mit dem PR – auch abgekürzt werden.

Verlangen der Fristverlängerung. Schließlich wird über § 102 Satz 3 auch § 76 **5** Abs. 8 für entsprechend anwendbar erklärt. Danach kann der Vorsitzende des PR aufgrund eines Vorstandsbeschlusses im Einzelfall eine Fristverlängerung beim Dienststellenleiter beantragen. In dem Antrag muss die Dauer der begehrten Fristverlängerung benannt und die Erforderlichkeit der Fristverlängerung dargelegt werden. Lehnt die Dienststelle diesen Antrag innerhalb von drei Arbeitstagen ab, verbleibt es bei der ursprünglichen Frist zuzüglich einer Verlängerung von drei Arbeitstagen (§ 76 Abs. 8 Satz 3 entspr.). Entscheidet die Dienststelle nicht innerhalb der gesetzlichen Antwortfrist von drei Arbeitstagen, so gilt die beantragte Fristverlängerung als bewilligt. Der Fristverlängerungsantrag kann nur einmal und nicht wiederholt gestellt werden.

§ 103 Besondere Vorschriften für Theater und Orchester

§ 74 Absatz 1 Nummer 5, 6, Absatz 2 Nummer 2, 4 und 5, § 75 Absatz 1 Nummer 1 bis 8, 11 und 12, Absatz 2, Absatz 3 Nummer 1 bis 3, 5 bis 7, 10, 12 und 14, Absatz 4 Nummer 12, 14 und 15, § 81 Absatz 1 Nummer 2 und 7, Absatz 2 sowie § 87 Absatz 1 Nummer 2 und 9 gelten nicht für künstlerische Mitglieder von Theatern und Orchestern.

Beteiligungsausschluss. § 103 schließt die dort genannten Beteiligungsrechte **1** für künstlerische Mitglieder von Theatern und Orchestern aus. Dies ist eine notwendige Folge, der durch Art. 5 Abs. 3 GG gewährleisteten **Kunstfreiheit.** § 103 ist als Ausnahmevorschrift nicht weit auszulegen, so dass die übrigen in § 103 nicht aufgeführten Mitbestimmungs-, Mitwirkungs- und Anhörungsfällen auch dem dort genannten Personenkreis zustehen.

Künstlerische Mitglieder. Künstlerische Mitglieder eines Theaters sind alle im **2** Theater Beschäftigten, deren vertragliche Aufgabe es ist, eigene schöpferische künstlerische Leistungen in die Gestaltung einer Aufführung einzubringen. Die Möglichkeit zu einer künstlerisch mitgestaltenden Aufgabenerfüllung darf dabei aber nicht nur in ganz seltenen und vom Gewicht her geringfügigen Fällen gefordert sein (BVerwG, 7.12.1994 – 6 P 29/92 – PersR 1995, 293 = PersV 1995, 395). So kann beispielsweise ein Bühneninspektor künstlerisches Mitglied des Theaters sein (VGH Mannheim, 8.9.1992 – PL 15 S 878/92 – PersR 1993, 222). Auch wenn die eigene schöpferische Leistung auf dem Einsatz technischer oder handwerklicher Mittel beruht (Beleuchtungsinspektoren, Tonmeister, Requisiteure) steht dies der Anwendung von § 103 nicht entgegen (VGH Mannheim, 20.10.2009 – PL 15 S 685/08 – juris).

3 Informationsrecht des PR. § 103 steht aber nicht dem Informationsanspruch des PR entgegen. So erstreckt sich das Informationsrecht des PR auch beim Personenkreis des § 103 auf die nicht anonymisierten Listen der Vergütungen für Solomitglieder und Bühnentechniker, um den allgemeinen Aufgaben nach §§ 69, 70 entsprechen zu können.

Teil 15 Besondere Vorschriften für die Forstverwaltung

§ 104 Beschäftigte der Abteilung Forstdirektion der Regierungspräsidien

Die Beschäftigten der Abteilung Forstdirektion der Regierungspräsidien sind Beschäftigte in den Geschäftsbereichen des Innenministeriums und des Ministeriums für Ländlichen Raum und Verbraucherschutz.

1 Doppelte Beschäftigteneigenschaft. § 104 soll sicherstellen, dass die Beschäftigten der Abteilung Forstdirektion der Regierungspräsidien die Beschäftigteneigenschaft im Geschäftsbereich des Innenministeriums und im Bereich des Ministeriums für Ländlichen Raum und Verbraucherschutz haben. Sie sind damit wahlberechtigt und wählbar zum allgemeinen HPR beim Innenministerium und dem HPR beim Ministerium für Ländlichen Raum und Verbraucherschutz. Hinsichtlich der Wahlberechtigung und Wählbarkeit zum örtlichen PR und zum allgemeinen BPR beim jeweiligen RP entfaltet § 104 keine Auswirkung.

2 Zuständiges Ministerium. Ist das Innenministerium in einer konkreten Angelegenheit entscheidungsbefugt, führt das Mitbestimmungs- bzw. Mitwirkungsverfahren zu diesem, anderenfalls zum Ministerium für Ländlichen Raum und Verbraucherschutz.

Teil 16 Südwestrundfunk

§ 105 Allgemeines

Dieses Gesetz gilt für den Südwestrundfunk nach Maßgabe der folgenden Vorschriften.

1 Staatsvertrag. Zu den rechtlichen Verhältnissen des SWR allgemein vgl. den Staatsvertrag über den Südwestrundfunk vom 3.7.2013 sowie das Gesetz zu dem Staatsvertrag über den Südwestrundfunk und zur Änderung medienrechtlicher und datenschutzrechtlicher Vorschriften vom 3. Dezember 2013 (GBl. S. 314). Organ des SWR ist u. a. der Intendant, der den SWR leitet (§ 25 Abs. 1 Staatsvertrag) und nach Maßgabe von § 30 Staatsvertrag und der Hauptsatzung des SWR die Geschäfte führt. Die Rechtsaufsicht obliegt nach § 37 Staatsvertrag den Landesregierungen.

Anwendbarkeit des LPVG. Nach § 38 Abs. 1 des Staatsvertrags gilt für den **2** Südwestrundfunk das Personalvertretungsgesetz des Landes, in dem der Dienstort des Intendanten liegt. Sitz der Landessender sind nach § 2 Abs. 1 des Staatsvertrags die Landeshauptstädte Stuttgart und Mainz; **Dienstort des Intendanten ist Stuttgart.** Damit gelten für die Beschäftigten des SWR die Vorschriften des LPVG Baden-Württemberg in der jeweils geltenden Fassung auch für die Einrichtungen, die sich in Rheinland-Pfalz befinden (zum maßgeblichen Personalvertretungsrecht bei gemeinschaftlichen Einrichtungen mehrerer Dienstherren vgl. auch BVerwG, 5.5.1976 – VII P 7/74 – Buchholz 238.31 § 4 LPVG BW Nr. 1). Es gelten damit für alle Beschäftigte des SWR die Regelungen des LPVG mit den sich aus den §§ 105 bis 112 ergebenden Abweichungen.

Redaktionsstatut. Nach § 38 Abs. 2 Staatsvertrag stellt der Intendant ein Re- **3** daktionsstatut auf, das die Mitwirkungsrechte der Programmbeschäftigten in Programmangelegenheiten – insbesondere das Verfahren zur Beilegung von Konflikten in Programmfragen – regelt.

§ 106 Dienststellen

(1) Beim Südwestrundfunk wird an jedem der drei Sitze eine Dienststelle im Sinne dieses Gesetzes gebildet:
1. Der Dienststelle in Baden-Baden sind alle Beschäftigten zugeordnet, die überwiegend am Sitz in Baden-Baden und außerhalb des Sendegebiets des Südwestrundfunks tätig sind.
2. Der Dienststelle in Stuttgart sind alle sonstigen Beschäftigten zugeordnet, die überwiegend in Baden-Württemberg tätig sind.
3. Der Dienststelle in Mainz sind alle Beschäftigten zugeordnet, die überwiegend in Rheinland-Pfalz tätig sind.
(2) § 5 Absatz 3 findet keine Anwendung.
(3) ¹Leiter der Dienststellen ist der Intendant. ²Er entscheidet in allen Fällen, in denen nach diesem Gesetz der Leiter der Dienststelle, die übergeordnete Dienststelle und die oberste Dienstbehörde zur Entscheidung befugt sind.

I. Dienststellen (Abs. 1)

Sitz des SWR. Nach Art. 2 Abs. 1 des Staatsvertrags über den SWR vom **1** 3.7.2013 (GBl. S. 315) erfüllt der SWR seinen Auftrag in den Landeshauptstädten Stuttgart und Mainz, die jeweils Sitz der Landessender sind sowie am dritten Standort Baden-Baden. Neben diesen drei Standorten bestehen an anderen Orten Studios, Regionalbüros und Korrespondentenbüros des SWR.

Bildung, Zuordnung. § 106 Abs. 1 regelt die Bildung von drei Dienststellen im **2** Sinne des LPVG und die Zuordnung der Beschäftigten des SWR zu diesen Dienststellen. Die Regelung in Absatz 1 ist abschließend. Mit dem durch Art. 4 des Gesetzes zu dem Staatsvertrag über den Südwestrundfunk (SWR) vom 21.7.1997 (GBl. S. 297) anlässlich der Zusammenlegung des Süddeutschen Rundfunks und des Südwestfunks ab 1.10.1998 an den drei Sitzen des SWR neu geschaffenen personalvertretungsrechtlichen Dienststellen wurde einerseits der dezentralen Struktur der neuen Rundfunkanstalt Rechnung getragen, aber auch auf die regionalen Belange Rücksicht genommen. Zur Untergliederung des SWR vgl. nun § 2 des neuen Staatsvertrags.

II. Selbstständige Außenstellen (Abs. 2)

3   **Außenstellen, Nebenstellen.** Nach Absatz 2 besteht nicht die Möglichkeit, Außenstellen, Nebenstellen und Teile des Südwestrundfunks zu selbstständigen Dienststellen i. S. des LPVG zu erklären oder zu solchen zusammenzufassen, da § 5 Abs. 3 keine Anwendung findet.

III. Dienststellenleiter (Abs. 3)

4   **1. Intendant.** Der Intendant hat die Aufgaben und Befugnisse, die ihm der Staatsvertrag bzw. die Satzung des SWR zuweist. Hierzu zählt insbesondere auch die Leitung und Geschäftsleitung des SWR sowie die gerichtliche und außergerichtliche Vertretung (§§ 25 Abs. 2, 30 Staatsvertrag, Artikel 16.1 und 16.4, 17 der Satzung). § 106 Abs. 3 Satz 1 weist dem Intendanten ausdrücklich auch die Stellung als Dienststellenleiter im personalvertretungsrechtlichen Sinne zu.

5   **2. Oberste Dienstbehörde, Letztentscheidung.** Der Intendant ist nicht nur Dienststellenleiter, sondern nimmt nach Absatz 3 auch alle im LPVG der übergeordneten Dienststelle und der obersten Dienstbehörde zugeordneten Entscheidungsbefugnisse in Personalunion wahr. Damit steht ihm auch das Letztentscheidungsrecht nach § 78 Abs. 4 Satz 2 zu.

6   **Evokation.** Dem Intendanten kommt aber nicht das Evokationsrecht gegenüber Beschlüssen der Einigungsstelle zu. Hier kommt nur die Vorlage an die Landesregierung nach § 78 Abs. 2 in Betracht. Die Regelung des § 78 Abs. 3 ist abschließend und einer ergänzenden Auslegung nicht zugänglich. Liegen die Voraussetzungen des § 78 Abs. 2 Satz 3 vor, muss der Intendant die Entscheidung der Landesregierung nach dem in § 78 Abs. 2 geregelten Verfahren herbeiführen.

§ 107 Beschäftigte

Beschäftigte des Südwestrundfunks im Sinne dieses Gesetzes sind
1. die durch Arbeitsvertrag unbefristet oder auf Zeit fest angestellten Personen einschließlich die zu ihrer Berufsausbildung durch Ausbildungsvertrag Beschäftigten,
2. arbeitnehmerähnliche Personen nach § 12a des Tarifvertragsgesetzes.
Beschäftigte im Sinne dieses Gesetzes sind nicht die Mitglieder der Geschäftsleitung.

1   **1. Beschäftigtenbegriff.** Der Begriff des Beschäftigten weicht beim SWR nicht grundsätzlich vom allgemeinen Beschäftigtenbegriff ab, weshalb hier generell auf die Kommentierung zu § 4 verwiesen werden kann. Danach sind alle Personen, die als Arbeitnehmer oder Auszubildende weisungsgebunden in die Arbeitsorganisation der Dienststelle eingegliedert sind, Beschäftigte im personalvertretungsrechtlichen Sinne.

Nr. 1: Fest angestellte Personen. Besonderheiten ergeben sich aber beim SWR **2** insbesondere im Hinblick auf die Personen, die nur für die Dauer der Produktion einer Sendung beschäftigt werden. § 107 Satz 1 Nr. 1 legt den Beschäftigtenbegriff unter Berücksichtigung dieser besonderen Verhältnisse des Südwestrundfunks fest. Nach Nr. 1 sind nur die durch Arbeitsvertrag oder auf Zeit fest angestellten Personen Beschäftigte im personalvertretungsrechtlichen Sinne. Damit ist klargestellt, dass die nur auf Produktionsdauer Beschäftigten und die freien Mitarbeiter grundsätzlich keine Beschäftigten i. S. des LPVG sind (vgl. aber auch Rn. 3).

Nr. 2: Arbeitnehmerähnliche Personen. Beschäftigte sind nach Satz 1 Nr. 2 auch **3** arbeitnehmerähnliche Personen nach § 12a TVG. Gemeint sind damit die Personen, die wegen ihrer wirtschaftlichen Abhängigkeit vom Arbeitgeber einem Arbeitnehmer vergleichbar und damit in besonderer Weise schutzbedürftig sind. Deren Einbeziehung folgt eigentlich schon aus § 4 Abs. 1 Satz 1 Nr. 1, wird hier aber nochmals ausdrücklich im Verhältnis zu Satz 1 Nr. 1 betont. Damit wird klargestellt, dass beim SWR auch freie Mitarbeiter und nur für die Dauer der Produktion Beschäftigte, vom Beschäftigtenbegriff mit umfasst sind, wenn sie sich sozial in einer vergleichbar schutzbedürftigen Lage befinden. Eine Einbeziehung scheidet wegen der verfassungsrechtlich gewährleisteten Rundfunkfreiheit aber aus, wenn diese Personen maßgeblich und verantwortlich an der Programmgestaltung mitwirken (vgl. Einzelbegründung zu § 100 des Gesetzentwurfs vom 29.9.2013).

2. Geschäftsleitung. Nach Satz 2 sind die Mitglieder der Geschäftsleitung des **4** SWR nicht Beschäftigte i. S. des LPVG. Die Geschäftsleitung besteht nach § 30 Abs. 1 des Staatsvertrags aus dem Intendanten und den Direktoren. Nach Artikel 17 der Satzung des SWR sind dies die Direktoren der Landessender Baden-Württemberg und Rheinland-Pfalz, der Fernsehdirektor, der Hörfunkdirektor, der Direktor Technik und Produktion, der Verwaltungsdirektor und der Justitiar.

§ 108 Wählbarkeit

§ 9 gilt mit der Maßgabe, dass auch die Leiter der Außenstudios und Korrespondentenbüros nicht wählbar sind.

§ 108 enthält eine Sonderregelung für die Leiter der Außenstudios und Korres- **1** pondentenbüros, um Interessenkollisionen in ihren leitenden Funktionen zu vermeiden.

§ 109 Kosten

§ 41 Absatz 1 Satz 2 findet mit der Maßgabe Anwendung, dass an die Stelle des Landesreisekostengesetzes die Reisekostenordnung des Südwestrund-

funks tritt und die Reisekostenvergütungen nach der Reisekostenstufe, die für
Abteilungsleiter des Südwestrundfunks gilt, zu bemessen sind.

1   § 109 enthält eine Ergänzung des § 41, die wegen der beim Südwestrundfunk
bestehenden reisekostenrechtlichen Regelungen erforderlich ist.

§ 110   Besondere Gruppen von Beschäftigten

(1) Bei Beschäftigten, deren Funktion nicht mehr von den Merkmalen des Gehaltstarifs des Südwestrundfunks erfasst ist und deren Gehalt über der höchsten Tarifgruppe liegt, wird der Personalrat in den Fällen der § 74 Absatz 1 Nummer 1 bis 4 und 6, Absatz 2 Nummer 1, 9 und 10, § 75 Absatz 1 Nummer 2, 3,
7, 8 und 11, Absatz 2 Nummer 1 bis 3, Absatz 3 Nummer 2, 3, 5 bis 7 und 9,
Absatz 4 Nummer 3 bis 6 Buchstabe a und Nummer 11 bis 13 und § 81 Absatz 2
Satz 1 Nummer 2 nicht beteiligt.

(2) Bei im Programmbereich Beschäftigten der höchsten Gehaltsgruppe des
Tarifvertrages des Südwestrundfunks tritt in den Fällen des § 75 Absatz 1
Nummer 2, 3, 7 Buchstabe a und Nummer 11, Absatz 2 Nummer 1 bis 3 und
Absatz 3 Nummer 2, 3, 5 bis 7 an die Stelle der Mitbestimmung des Personal-
rats die Mitwirkung.

(3) [1]Bei Beschäftigten nach § 107 Satz 1 Nummer 1 mit überwiegend wissenschaftlicher oder künstlerischer Tätigkeit sowie bei Beschäftigten, die maßgeblich und verantwortlich an der Programmgestaltung beteiligt sind, bestimmt der Personalrat in den Fällen des § 75 Absatz 1 Nummer 2, 3, 7
Buchstabe a und Nummer 11, Absatz 2 Nummer 1 bis 3 und Absatz 3 Nummer 2, 3, 5 bis 7 nur dann, wenn sie dies beantragen; sie sind von der beabsichtigten Maßnahme rechtzeitig vorher in Kenntnis zu setzen und gleichzeitig auf
ihr Antragsrecht hinzuweisen. [2]Bei Beschäftigten nach § 107 Satz 1 Nummer 2
findet § 75 Absatz 1 bis 3 keine Anwendung, soweit sie unmittelbar an der
Programmgestaltung mitwirken.

I.   Eingeschränkte Mitbestimmung (Abs. 1)

1   Anwendungsbereich. § 110 Abs. 1 schränkt den Anwendungsbereich des
LPVG für den in Absatz 1 genannten Personenkreis ein. Dies sind die Beschäftigten, deren Funktion nicht mehr von den Merkmalen des Gehaltstarifs des
Südwestrundfunks erfasst wird und deren Gehalt über der höchsten Tarifgruppe liegt. Durch das Gesetz vom 3.12.2013 wurde Absatz 1 an die Neufassung der Mitbestimmungs- und Mitwirkungstatbestände angepasst und teilweise leicht verändert.

II.   Mitwirkung (Abs. 2)

2   Herabstufung. Bei den in Absatz 2 genannten Beschäftigten tritt bei den dort
aufgeführten Personalangelegenheiten nach § 75 Abs. 1, 2 und 3 anstelle der
Mitbestimmung die Mitwirkung.

III. Wissenschaftliche und künstlerische Tätigkeit (Abs. 3)

1. Antragserfordernis. Bei den in Absatz 3 Satz 1 genannten Beschäftigten wird **3** der PR in den dort genannten Personalangelegenheiten (§ 75 Abs. 1 Nr. 2, 3, 7a und 11, Abs. 2 Nr. 1 bis 3 und Abs. 3 Nr. 2, 3 und 5 bis 7) nur auf Antrag des Beschäftigten beteiligt. Nach Absatz 3 Satz 1 Hs. 2 ist der betroffene Beschäftigte rechtzeitig vor der beabsichtigten Maßnahme zu informieren und gleichzeitig ausdrücklich auf das Antragsrecht hinzuweisen. Wird ein entsprechender Antrag von dem Beschäftigten gestellt, bestimmt der PR im Wege der eingeschränkten Mitbestimmung mit.

2. Ausschluss der Mitbestimmung. Nach Absatz 3 Satz 2 finden bei Beschäftig- **4** ten im Sinne von § 110 Satz 1 Nr. 2 die Absätze 1, 2 und 3 des § 75 keine Anwendung, soweit diese Beschäftigten unmittelbar an der Programmgestaltung mitwirken.

§ 111 Einigungsstelle

Kommt zwischen Dienststelle und Personalrat eine Einigung nicht zustande, kann von jeder Seite die Einigungsstelle angerufen werden; die §§ 77, 78 Absatz 1 und § 89 Absatz 1 finden keine Anwendung.

Mitbestimmungsverfahren. Eine Anrufung der Einigungsstelle kommt nur in **1** den Fällen der uneingeschränkten und eingeschränkten Mitbestimmung in Betracht. Insoweit gelten grundsätzlich die allgemeinen Vorschriften über die Mitbestimmungsgegenstände und das Mitbestimmungsverfahren (§§ 73 ff.) und grundsätzlich auch die Regelungen über Verfahren und Entscheidung der Einigungsstelle (§§ 78, 79). § 111 regelt für den SWR partielle Abweichungen von diesen allgemeinen Regelungen; soweit § 111 also nicht ausdrücklich Regelungen trifft, verbleibt es bei den allgemeinen Bestimmungen.

Anrufung der Einigungsstelle. Nach § 111 kann im Fall der Nichteinigung von **2** jeder Seite unmittelbar die Einigungsstelle angerufen werden. Es muss sich demnach um eine nach §§ 74, 75 mitbestimmungspflichtige Maßnahme handeln, das Mitbestimmungsverfahren muss ordnungsgemäß durchlaufen worden sein und der PR darf der beantragten Maßnahme nicht zugestimmt haben. Nur wenn diese Voraussetzungen vorliegen, kommt eine Anrufung der Einigungsstelle und deren Sachentscheidung in Betracht.

Kein Stufenverfahren. § 111 schließt die Anwendung der §§ 77, 78 Abs. 1 und 89 **3** Abs. 1 aus. Nach § 106 Abs. 3 Satz 1 ist der Intendant Leiter der Dienststelle. Nach dessen Absatz 3 Satz 2 entscheidet der Intendant aber auch in allen Fällen, in denen nach dem LPVG eine übergeordnete Dienststelle oder die oberste Dienstbehörde zur Entscheidung befugt ist. Es fehlt somit ein Instanzenzug, in dem ein Stufenverfahren nach § 77 stattfinden könnte. § 111 ordnet deshalb folgerichtig die Nichtanwendung von § 77 an. Gleiches gilt für § 78 Abs. 1. Denn die Nichteinigung findet im Falle des § 111 auf der Ebene der Dienststelle und des PR und nicht bei der obersten Dienstbehörde und der bei dieser bestehenden Personalvertretung statt. Wegen der besonderen Stellung des Intendanten ist es auch sachgerecht § 89 Abs. 1, der die Zuständigkeit in nicht gestuften Verwaltungen regelt, ebenfalls von der Anwendung auszuschließen.

4 **Verfahren der Einigungsstelle.** Das Verfahren der Einigungsstelle richtet sich nach §§ 78, 79. Die nach § 79 Abs. 1 Satz 2 zu bestellenden Beisitzer der Einigungsstelle werden vom **Intendanten** bestellt. Dieser hat auch das Äußerungsrecht in der Verhandlung der Einigungsstelle. Der Intendant ist auch für den Abschluss einer Dienstvereinbarung zuständig (§ 79 Abs. 2).

5 **Entscheidung nach § 78 Abs. 2.** In den Angelegenheiten der uneingeschränkten Mitbestimmung (§ 74) entscheidet die Einigungsstelle nach § 78 Abs. 2. Für die Entscheidung gelten die §§ 78, 79. Der Beschluss bindet die Beteiligten. Er ist den Beteiligten zuzustellen.

6 **Evokationsrecht.** Das Evokationsrecht (§ 78 Abs. 2 Satz 3 bis 6) steht der **Landesregierung** zu, weil § 78 Abs. 3 eine abschließende Regelung enthält und auch die Anwendung von § 89 Abs. 1 ausdrücklich ausgeschlossen ist. Dem Intendanten kommt in einem solchen Fall die Rolle der obersten Dienstbehörde zu. Dies bedeutet, dass er nach Zustellung des Einigungsstellenbeschlusses prüfen muss, ob die Voraussetzungen des § 78 Abs. 2 Satz 3 vorliegen. Bejaht er dies, muss er den Beschluss der Einigungsstelle unverzüglich der Landesregierung vorlegen, die dann endgültig entscheidet. Der Personalvertretung und der Einigungsstelle ist nach § 78 Abs. 2 Satz 4 Gelegenheit zur Stellungnahme zu geben.

7 **Entscheidung nach § 78 Abs. 4.** In den Fällen der eingeschränkten Mitbestimmung (§ 75) gibt die Einigungsstelle, wenn sie sich nicht der Auffassung der Dienststelle anschließt, eine Empfehlung ab. Insoweit kommt dem Intendanten die Stellung der obersten Dienstbehörde zu, also auch das Recht zur **Letztentscheidung** nach § 78 Abs. 4 Satz 2. Die von der Empfehlung abweichende Entscheidung ist zu begründen und der Einigungsstelle sowie der Personalvertretung bekanntzugeben.

§ 112 Gesamtpersonalrat

(1) [1]Beim Südwestrundfunk wird ein Gesamtpersonalrat gebildet, der aus elf Mitgliedern besteht. [2]Er ist zuständig für die Behandlung von Angelegenheiten, die mehrere Dienststellen gemeinsam betreffen und nicht von den einzelnen Personalräten innerhalb ihrer Dienststelle geregelt werden können. [3]Soweit der Gesamtpersonalrat zuständig ist, ist er anstelle der Personalräte der Dienststellen zu beteiligen.

(2) Kommt eine Einigung mit dem Gesamtpersonalrat nicht zustande, gilt § 111 entsprechend.

I. Gesamtpersonalrat (Abs. 1)

1 **1. Anzahl.** Die Zahl der Mitglieder des GesamtPR ist in Abweichung von § 54 Abs. 2 unabhängig von der Zahl der Beschäftigten auf elf festgelegt.

2. Zuständigkeit. Die Zuständigkeit zwischen PR und GesamtPR ist abwei- **2**
chend von § 91 Abs. 8 abgegrenzt. Der GesamtPR ist zuständig, wenn es sich
um eine Angelegenheit handelt, die mehrere Dienststellen betrifft und nicht
vom PR geregelt werden kann. Eine gemeinsame Betroffenheit liegt vor, wenn
zumindest zwei Dienststellen des SWR von einer Maßnahme berührt sind. Vom
PR allein kann eine Angelegenheit dann nicht geregelt werden, wenn eine einheitliche Regelung innerhalb des SWR geboten ist.

3. Verhältnis zum PR. Die Zuständigkeiten von PR und GesamtPR schließen **3**
sich wechselseitig aus. Grundsätzlich ist in allen Angelegenheiten zunächst von
der Zuständigkeit des PR auszugehen und dieser von der Dienststelle zu beteiligen. Wenn aber der GesamtPR nach Abs. 1 Satz 2 zuständig ist, ist allein er
anstelle der PR der Dienststellen zu beteiligen.

II. Verfahren bei Nichteinigung (Abs. 2)

Einigungsstelle. § 111 gilt entsprechend, weshalb auch in diesem Verfahren die **4**
Einigungsstelle direkt angerufen werden kann. Anrufungsbefugt sind der GesamtPR und der Intendant.

Teil 17 Schlussvorschriften

§ 113 Übergangspersonalrat, Regelungen für Umbildungen von Dienststellen

(1) [1]Werden Dienststellen im Sinne von § 5 Absatz 1 vollständig in eine andere
Dienststelle eingegliedert oder zu einer neuen Dienststelle zusammengeschlossen, wird ein Übergangspersonalrat gebildet. [2]Ihm gehören an:
1. bei einer Eingliederung
    der Personalrat der aufnehmenden Dienststelle, die Vorstände und die
    nicht einem Vorstand angehörenden stellvertretenden Vorsitzenden der
    Personalräte der eingegliederten Dienststellen,
2. bei einem Zusammenschluss
    die Vorstände und die nicht einem Vorstand angehörenden stellvertreten-
    den Vorsitzenden der Personalräte der zusammengeschlossenen Dienst-
    stellen.
[3]Besteht ein Gesamtpersonalrat, treten in den Übergangspersonalrat statt der
Mitglieder des Personalrats die entsprechenden Mitglieder des Gesamtpersonalrats ein. [4]Das lebensälteste Mitglied des Übergangspersonalrats nimmt die
Aufgaben nach § 19 wahr. [5]Ersatzmitglieder sind die nicht eingetretenen Mitglieder und Ersatzmitglieder jeweils für die Mitglieder aus ihrem bisherigen
Personalrat. [6]Bei einer Eingliederung tritt der Übergangspersonalrat an die
Stelle des Personalrats oder, wenn ein solcher besteht, des Gesamtpersonalrats der aufnehmenden Dienststelle. [7]Im Übrigen gelten für den Übergangspersonalrat die Vorschriften dieses Gesetzes für Personalräte entsprechend.

(2) [1]Die Amtszeit des Übergangspersonalrats endet mit der Neuwahl eines Personalrats, spätestens mit Ablauf eines Jahres von dem Tag an gerechnet, an

dem er gebildet worden ist. [2]Die Amtszeit wird über ein Jahr hinaus verlängert, wenn binnen weiterer fünf Monate regelmäßige Personalratswahlen stattfinden. [3]§ 23 Absatz 1 Satz 1 Nummer 1 findet keine Anwendung.

(3) [1]Wird aus Teilen des Geschäftsbereichs eines Ministeriums oder mehrerer Ministerien ein Ministerium neu gebildet, ist bis zur Wahl eines Personalrats, längstens jedoch auf die Dauer von sechs Monaten nach der Bekanntmachung der Landesregierung über die Abgrenzung der Geschäftsbereiche der Ministerien, der Personalrat bei dem Ministerium zu beteiligen, aus welchem die meisten Beschäftigten zu dem neu gebildeten Ministerium übergegangen sind. [2]Bei gleicher Anzahl übergegangener Beschäftigter oder in Zweifelsfällen bestimmen die Ministerien, welche die maßgeblichen Geschäftsbereiche abgegeben haben, einvernehmlich den zu beteiligenden Personalrat; die Personalräte sind vor der Bestimmung anzuhören. [3]Befinden sich unter den übergegangenen Beschäftigten des neu gebildeten Ministeriums Beschäftigte, die unmittelbar vor der Bildung des neuen Ministeriums Mitglied in einem Personalrat waren, treten diese Beschäftigten bei der Behandlung von Angelegenheiten des neu gebildeten Ministeriums zu dem zu beteiligenden Personalrat mit Stimmrecht hinzu.

(4) [1]Bei Umbildungen von Dienststellen nach Absatz 1 bilden die bisherigen Jugend- und Auszubildendenvertretungen eine Übergangs-Jugend- und Auszubildendenvertretung. [2]Absatz 1 Satz 3 bis 7 und Absatz 2 und 3 gelten entsprechend.

(5) [1]Die Ministerien werden ermächtigt, für ihren Geschäftsbereich und die von ihnen beaufsichtigten Körperschaften, Anstalten und Stiftungen des öffentlichen Rechts im Benehmen mit dem Innenministerium durch Rechtsverordnung Vorschriften zu erlassen, welche die Personalvertretung und ihre Wahl insoweit sicherstellen oder erleichtern, als dies erforderlich ist, um Erschwernisse auszugleichen, die bei der Neubildung, Eingliederung oder Auflösung von Dienststellen entstehen, wenn andere als die in Absatz 1 genannten Umbildungen vorgenommen oder zugleich Übergangsbestimmungen für Stufenvertretungen in demselben Geschäftsbereich getroffen werden. [2]Ist kein Ministerium zuständig, erlässt das Innenministerium die Rechtsverordnung. [3]Es können dabei insbesondere Bestimmungen getroffen werden über

1. die Bildung von Übergangspersonalvertretungen, höchstens mit einer Amtszeit entsprechend Absatz 2,
2. die vorübergehende Fortführung der Geschäfte durch nicht weiterbestehende Personalvertretungen für längstens sechs Monate,
3. die Zuordnung von Mitgliedern von Personalvertretungen nicht weiterbestehender oder umgebildeter Dienststellen zu anderen Personalvertretungen,
4. die Voraussetzungen und den Zeitpunkt für die Neuwahl der Personalvertretungen,
5. die Änderung der Amtszeit der Personalvertretungen bis zu höchstens einem Jahr,
6. die Bestellung von Wahlvorständen.

I. Eingliederung, Zusammenschluss von Dienststellen (Abs. 1)

1 1. Bildung von Übergangspersonalräten. Absatz 1 Satz 1 bestimmt für die Fälle, in denen alle beteiligten Dienststellen vollständig von der Umbildung betroffen sind (d. h. Eingliederung von Dienststellen vollständig in eine andere

Dienststelle oder Zusammenlegung von jeweils ganzen Dienststellen zu einer neuen Dienststelle), dass kraft Gesetzes ein ÜbergangsPR gebildet wird. Damit sollen außerordentliche PR-Wahlen vermieden bzw. die Zahl der Rechtsverordnungen als Folge von Zusammenschlüssen von Dienststellen verringert werden. Die in Absatz 1 getroffene Regelung ist abschließend; von ihr darf nicht abgewichen werden.

2. Zusammensetzung. Absatz 1 Satz 2 bestimmt, wie sich der ÜbergangsPR jeweils zusammensetzt, wobei das Gesetz zwischen der Eingliederung einer Dienststelle und dem Zusammenschluss von Dienststellen differenziert. **2**

Nr. 1: Eingliederung. Im Falle der Nr. 1 besteht der ÜbergangsPR aus allen Mitgliedern des PR der aufnehmenden Dienststelle und aus den Vorstandsmitgliedern bzw. den nicht einem Vorstand angehörenden stellvertretenden Vorsitzenden der eingegliederten Dienststellen. **3**

Nr. 2: Zusammenschluss. Im Falle der Nr. 2 besteht der ÜbergangsPR aus den Vorstandsmitgliedern und den nicht dem Vorstand angehörenden stellvertretenden Vorsitzenden der PR der zusammengeschlossenen Dienststellen. **4**

3. Gesamtpersonalrat. Hinsichtlich eines vor der Umbildung vorhandenen GesamtPR ergeben sich die folgenden Besonderheiten bei Eingliederung und Zusammenschluss von Dienststellen: **5**

a) Eingliederung. Im Falle der Eingliederung von Dienststellen sind drei Varianten zu unterscheiden. Zum einen kann nur bei der aufnehmenden Dienststelle ein GesamtPR bestehen, es können bei beiden Dienststellen GesamtPR bestehen und es kann nur bei der eingegliederten Dienststelle ein GesamtPR bestanden haben. **6**

b) GesamtPR bei aufnehmender Dienststelle. Besteht in der aufnehmenden Dienststelle ein GesamtPR, bleiben die PR der Haupt-, Neben- oder Außenstellen unverändert erhalten. Der bisherige GesamtPR wird komplett in den ÜbergangsPR übergeleitet und setzt sich nach Absatz 1 Satz 2 Nr. 1 und Satz 3 aus den Mitgliedern des GesamtPR der aufnehmenden Dienststelle und aus den Mitgliedern, die im PR der eingegliederten Dienststelle dem Vorstand angehörten und stellvertretende Vorsitzende waren, zusammen. Der ÜbergangsPR ist bei allen Maßnahmen zu beteiligen, die über den Bereich der einzelnen Haupt-, Neben- oder Außenstelle hinausgehen. Betrifft die Maßnahme nur einen Beschäftigten der eingegliederten Dienststelle ist der ÜbergangsPR zu beteiligen, geht es um einen Beschäftigten der aufnehmenden Dienststelle, ist der PR der Haupt-, Neben- oder Außenstelle zu beteiligen, bei der er beschäftigt ist. **7**

c) Zwei GesamtPR. Bestehen in der aufnehmenden und in der eingegliederten Dienststelle GesamtPR, setzt sich der ÜbergangsPR aus den Mitgliedern des GesamtPR der aufnehmenden Dienststelle und aus den Mitgliedern, die im GesamtPR der eingegliederten Dienststelle dem Vorstand angehörten und stellvertretende Vorsitzende waren, zusammen. Die Zuständigkeiten sind die gleichen wie unter Rn. 7. **8**

9 d) GesamtPR bei eingegliederter Dienststelle. Besteht ein GesamtPR nur bei der eingegliederten Dienststelle, besteht der ÜbergangsPR aus den Mitgliedern des PR der aufnehmenden Dienststelle und aus den Mitgliedern, die im GesamtPR der eingegliederten Dienststelle dem Vorstand angehörten und stellvertretende Vorsitzende waren, zusammen. Der ÜbergangsPR ist die einzige Personalvertretung und damit für alle Maßnahmen zuständig.

10 e) Zusammenschluss. Der nach Absatz 1 Satz 2 und 3 aus den Vorständen und den nicht einem Vorstand angehörenden stellvertretenden Vorsitzenden der PR bzw. GesamtPR der zusammengeschlossenen Dienststellen gebildete ÜbergangsPR ist mit dem Wirksamwerden der Umbildung die einzige Personalvertretung und damit für alle Maßnahmen zuständig.

11 4. Konstituierende Sitzung. Nach Absatz 1 Satz 4 hat das lebensälteste Mitglied des ÜbergangsPR die Aufgaben des § 19. Der ÜbergangsPR entsteht zwar bereits von Gesetzes wegen mit dem Inkrafttreten der Umbildungsmaßnahme; die Amtsaufnahme des ÜbergangsPR erfolgt aber erst mit der konstituierenden Sitzung. Insoweit hat das lebensälteste Mitglied Rechte und Pflichten wie ein Wahlvorstand i. S. v. § 19. Die entsprechende Anwendung dieser Norm verlangt, dass die Mitglieder des ÜbergangsPR zur konstituierenden Sitzung innerhalb einer Frist von sechs Arbeitstagen nach Inkrafttreten der Umbildungsmaßnahme einberufen werden müssen. Das lebensälteste Mitglied des ÜbergangsPR muss die konstituierende Sitzung leiten, bis ein Wahlleiter bestellt ist.

12 5. Ersatzmitglieder. Nach Absatz 1 Satz 5 sind die nicht zum ÜbergangsPR gehörenden Mitglieder der PR der betroffenen Dienststellen und deren jeweilige Ersatzmitglieder die Ersatzmitglieder des ÜbergangsPR und zwar jeweils für die Mitglieder aus ihrem bisherigen PR.

13 6. Rechtsnachfolge. Der PR und der GesamtPR der zusammengeschlossenen Dienststellen gehen mit ihren Dienststellen unter. Nach Absatz 1 Satz 6 tritt bei einer **Eingliederung** der ÜbergangsPR an die Stelle des PR bzw., wenn ein solcher besteht, an die Stelle des GesamtPR der aufnehmenden Stelle. Die Befugnisse des ÜbergangsPR umfassen alle gesetzlich dem PR zugewiesenen Aufgaben.

14 7. Rechtsstellung. Durch das ÄG 2013 wurde in Absatz 1 der neue Satz 7 angefügt, nach dem für den ÜbergangsPR die Vorschriften des LPVG über die Personalräte entsprechend gelten. Mit dieser Neuregelung soll die rechtliche Stellung des ÜbergangsPR als PR ausdrücklich klargestellt werden. Ebenso soll klargestellt werden, dass der Schwerbehindertenvertretung Teilnahme- und Schutzrechte ebenso wie einem PR zustehen.

II. Amtszeit des Übergangspersonalrats (Abs. 2)

15 1. Ende der Amtszeit. Nach Absatz 2 Satz 1 endet die Amtszeit des ÜbergangsPR mit der Wahl des neuen PR, spätestens aber mit Ablauf eines Jahres von dem Tag an gerechnet, an dem er gebildet worden ist. Maßgeblich für den Lauf der Jahresfrist ist der Zeitpunkt des Inkrafttretens der Umbildungsmaßnahme und nicht der Zeitpunkt der konstituierenden Sitzung.

2. Verlängerung. Absatz 2 Satz 2 sieht eine Verlängerung der Amtszeit für den **16** Fall vor, dass binnen weiterer fünf Monate regelmäßige PR-Wahlen stattfinden sollten. Die Amtszeit des ÜbergangsPR endet dann mit der Wahl des neuen PR (§ 22 Abs. 1 Satz 2).

3. Vorzeitige Neuwahl. Nach Absatz 2 Satz 3 findet § 23 Abs. 1 Nr. 1 keine **17** Anwendung. Damit ist die Möglichkeit einer vorzeitigen Neuwahl für den Fall einer erheblichen Veränderung der Beschäftigtenzahl ausgeschlossen. Im Hinblick auf die beiden Stichtage „20 Monate" und „40 Monate" und der Höchstdauer der Amtszeit des ÜbergangsPR nach Satz 1 dürfte dieser Ausschluss kaum praktische Bedeutung haben.

III. Neubildung von Ministerien (Abs. 3)

1. Mehrzahl der Beschäftigten. Bei der Neubildung von Ministerien aus Teilen **18** des Geschäftsbereichs bestehender Ministerien können die Regelungen über die Eingliederung bzw. den Zusammenschluss von Dienststellen keine Anwendung finden. Um in diesen Fällen möglichst schnell eine handlungsfähige Personalvertretung zu konstituieren, sieht Absatz 3 Satz 1 vor, dass bis zur Wahl eines neuen PR, der PR bei dem Ministerium zu beteiligen ist, aus dem die meisten Beschäftigen zu dem neu gebildeten Ministerium übergegangen sind. Mit dieser Übergangszuständigkeit soll eine personalvertretungslose Zeit ebenso vermieden werden, wie der Erlass einer besonderen Rechtsverordnung nach Absatz 5. Diese besondere Vertretungsbefugnis ist auf die Dauer von sechs Monaten nach der Bekanntmachung der Landesregierung über die Abgrenzung der Geschäftsbereiche befristet.

2. Gleiche Beschäftigtenzahl. Nach Absatz 3 Satz 2 findet bei gleicher Anzahl **19** übergegangener Beschäftigter oder in Zweifelsfällen eine Abstimmung unter den beteiligten Ministerien statt. Diese bestimmen dann einvernehmlich, welcher PR übergangsweise zu beteiligen ist. Vor dieser Bestimmung sind die in Betracht kommenden PR anzuhören.

3. PR-Mitglieder. Nach Absatz 3 Satz 3 treten die übergegangenen Beschäftig- **20** ten, die unmittelbar vor der Bildung des neuen Ministeriums Mitglied in einem PR waren, in den ÜbergangsPR mit Stimmrecht ein. Dabei kann es sich auch um Beschäftigte handeln, die bisher in dem die Übergangszuständigkeit ausübenden PR nicht Mitglied waren, sondern aus einem anderen Geschäftsteil des neuen Ministeriums kommen.

IV. ÜbergangsJAV (Abs. 4)

1. Bildung der ÜbergangsJAV. Werden Dienststellen nach Absatz 1 umgebildet, **21** entstehen auch für die bei diesen Dienststellen bestehenden JAV Übergangsprobleme, die durch die Bildung einer ÜbergangsJAV gelöst werden.

2. Zusammensetzung, Amtszeit, Neubildung von Ministerien. Nach Absatz 4 **22** Satz 2 gelten Absatz 1 Satz 3 bis 7 sowie die Absätze 2 und 3 entsprechend. Weil hier nicht auf Absatz 1 Satz 2 verwiesen wird, besteht für die ÜbergangsJAV **keine Begrenzung der Mitgliederzahl;** sie setzt sich aus den Mitgliedern der in den umgebildeten Dienststellen vorhandenen JAV zusammen. Soweit in den Dienststellen GesamtJAV vorhandenen sind, treten diese an die Stelle der JAV. Hinsichtlich der Amtszeit, der konstituierenden Sitzung und der Rechtsstellung der Mitglieder der ÜbergangsJAV gelten die Vorschriften für den ÜbergangsPR entsprechend; ebenso Absatz 3 für den Fall der Neubildung von Ministerien.

V. Verordnungsermächtigung (Abs. 5)

23   **1. Zuständigkeit.** Die nach altem Recht dem Innenministerium zustehende Ermächtigung zum Erlass von **Rechtsverordnungen** wurde durch die Neufassung des Absatzes 5 durch das ÄG 2013 den Ministerien übertragen. Damit soll praktischen Bedürfnissen entsprochen werden, weil die Ministerien die Verhältnisse, in dem ihnen nachgeordneten und beaufsichtigten Bereich besser beurteilen können. Um eine gewisse Einheitlichkeit der Regelungen sicher zu stellen, verlangt das Gesetz das **Benehmen** mit dem **Innenministerium.** Eine VO nach Absatz 5 Satz 1 kann sich aber nur auf andere als in Absatz 1 genannte Umbildungen beziehen, weil in diesem Fall die gesetzliche Regelung abschließend ist.

24   **Stufenvertretungen.** Die Absätze 1 bis 4 finden keine Anwendung, wenn in mehrstufigen Verwaltungen durch die Organisationsänderungen gleichzeitig auch Übergangsregelungen für den BPR oder HPR getroffen werden sollen. In diesen Fällen können die notwendigen Übergangspersonalvertretungen durch eine VO des zuständigen Ministeriums nach Absatz 5 Satz 1 bestimmt werden.

25   **Fehlender PR.** § 91 Abs. 7 kommt bei Umbildungen in den Fällen des Absatzes 4 Satz 1 nur noch praktische Bedeutung zu, wenn die Rechtsverordnung nicht bis zum Wirksamwerden der Umbildung in Kraft getreten ist. Ist nach Absatz 1 von Gesetzes wegen ein ÜbergangsPR gebildet, schließt dies die Anwendung von § 91 Abs. 7 aus.

26   **2. Auffangzuständigkeit.** Soweit kein Ministerium für den Erlass der VO nach Absatz 5 Satz 1 zuständig ist, bestimmt Absatz 5 Satz 2 eine Auffangzuständigkeit des **Innenministeriums.**

27   **3. Inhalt der VO.** Absatz 5 Satz 3 beschreibt exemplarisch den Inhalt einer möglichen VO nach Satz 1. Im Hinblick auf die nun bestehende Zuständigkeit mehrerer Verordnungsgeber wird der mögliche Inhalt insbesondere hinsichtlich der **Geltungsdauer** von Übergangsregelungen einschränkend vorgegeben. Dabei werden insbesondere Amtszeiten oder Verlängerungen von Amtszeiten in der Regel auf ein Jahr beschränkt und die Weiterführung der Geschäfte auf höchstens sechs Monate zugelassen.

§ 114   Wahlordnung, Verwaltungsvorschriften

(1) Zur Regelung der in den §§ 8 bis 20, 22, 23, 54, 55 und 58 bis 62 bezeichneten Wahlen erlässt die Landesregierung durch Rechtsverordnung Vorschriften über

1. die Vorbereitung der Wahl, insbesondere die Aufstellung der Wählerlisten und die Errechnung der Vertreterzahl,
2. die Frist für die Einsichtnahme in die Wählerlisten und die Erhebung von Einsprüchen,
3. die Vorschlagslisten und die Frist für ihre Einreichung,
4. das Wahlausschreiben und die Fristen für seine Bekanntmachung,
5. die Stimmabgabe,
6. die Feststellung des Wahlergebnisses und die Fristen für seine Bekanntmachung,
7. die Aufbewahrung der Wahlakten,
8. die Nutzung elektronischer Informations- und Kommunikationstechnik, insbesondere für Bekanntmachungen des Wahlvorstands, die Vorbereitung der Wahl und die Ermittlung und Feststellung des Wahlergebnisses.

(2) Absatz 1 gilt entsprechend für die Vorabstimmungen nach § 12 Absatz 1 und § 13 Absatz 2.

(3) Die zur Ausführung dieses Gesetzes erforderlichen Verwaltungsvorschriften erlässt das zuständige Ministerium im Einvernehmen mit dem Innenministerium.

Wahlordnung. Aufgrund dieser Ermächtigung wurde die Wahlordnung zum LPVG in der Neufassung vom 12.3.2015 (GBl. S. 260) neu bekannt gemacht (s. Anhang).   **1**

Elektronisches Verfahren. Mit der Neuregelung durch das ÄG 2013 wurde in Absatz 1 u. a. die Nr. 8 angefügt, die die Möglichkeit der Nutzung elektronischer Medien bei der Wahl eröffnet.   **2**

§ 115 Religionsgemeinschaften

Dieses Gesetz findet keine Anwendung auf Religionsgemeinschaften und ihre karitativen und erzieherischen Einrichtungen, die kraft Satzung Teil einer Religionsgemeinschaft sind, ohne Rücksicht auf ihre Rechtsform; ihnen bleibt die selbstständige Ordnung eines Personalvertretungsrechts überlassen.

Mit dem ÄG 95 wurde durch § 115 klargestellt, dass das LPVG keine Anwendung auf Religionsgemeinschaften und ihre karitativen Einrichtungen ohne Rücksicht auf ihre Rechtsform findet.   **1**

§ 116 Inkrafttreten

(1) [1]Dieses Gesetz tritt am 1. August 1958 in Kraft mit Ausnahme des § 87, der erst am 1. November 1958 in Kraft tritt. [2]Bis dahin sind für die nach diesem Gesetz zu treffenden Entscheidungen die bestehenden Verwaltungsgerichte und Verwaltungsgerichtshöfe nach den zurzeit geltenden verwaltungsgerichtlichen Verfahrensvorschriften zuständig.

(2) *Nicht abgedruckt.*

1   Diese Vorschrift regelte das Inkrafttreten des Gesetzes in der ursprünglichen Fassung vom 30.6.1958 (GBl. S. 175) und die Aufhebung des bis dahin in den einzelnen Landesteilen geltenden Personalvertretungsrechts.

Wahlordnung zum Landespersonalvertretungsgesetz (LPVGWO)

vom 12. März 2015 (GBl. S. 260)

Inhaltsübersicht

Teil 1 Wahl des Personalrats

Teil 1 Wahl des Personalrats

Abschnitt 1 Gemeinsame Vorschriften über die Vorbereitung und die Durchführung der Wahl

§ 1 Wahlvorstand, Wahlhelfer

(1) [1]Der Wahlvorstand führt die Wahl des Personalrats durch. [2]Er kann wahlberechtigte Beschäftigte als Wahlhelfer zu seiner Unterstützung bestellen. [3]§ 20 Absatz 2 Satz 2, § 41 Absatz 1 Satz 2 und § 43 Absatz 2 Satz 2 des Gesetzes gelten für die Wahlhelfer entsprechend.

(2) [1]Die Dienststelle hat den Wahlvorstand bei der Erfüllung seiner Aufgaben zu unterstützen, insbesondere die notwendigen Unterlagen zur Verfügung zu stellen und, wenn erforderlich, zu ergänzen sowie die erforderlichen Auskünfte zu erteilen. [2]Für die Vorbereitung und Durchführung der Wahl hat die Dienststelle in erforderlichem Umfang Räume, den Geschäftsbedarf, die üblicherweise in der Dienststelle genutzte Informations- und Kommunikationstechnik und Büropersonal zur Verfügung zu stellen.

(3) [1]Der Wahlvorstand macht die Namen seiner Mitglieder und der Ersatzmitglieder für das jeweilige Mitglied in der durch den Personalrat bestimmten Reihenfolge unverzüglich nach seiner Wahl oder Bestellung in der Dienststelle bekannt. [2]Die Zusammensetzung des Wahlvorstands ist bis zur Bekanntmachung des Wahlergebnisses auszuhängen; § 2 Absatz 2 gilt entsprechend. [3]Im Bereich der Forstverwaltung können die Namen der Mitglieder und Ersatzmitglieder des Wahlvorstands den Waldarbeitern, wenn ein Aushang nicht möglich ist, auch in sonstiger geeigneter Weise bekanntgegeben werden.

(4) [1]Der Wahlvorstand fasst seine Beschlüsse mit einfacher Stimmenmehrheit seiner Mitglieder. [2]Der Wahlvorstand ist beschlussfähig, wenn alle Mitglieder anwesend sind; die Stellvertretung durch Ersatzmitglieder, wenn Mitglieder ausgeschieden oder zeitweilig verhindert sind, ist zulässig.

§ 2 Bekanntmachungen des Wahlvorstands

(1) [1]Bekanntmachungen des Wahlvorstands sind an einer geeigneten Stelle oder an mehreren solchen Stellen auszuhängen. [2]Räumlich getrennte Teile, Außenstellen oder Nebenstellen von Dienststellen und Dienststellen, die nach § 5 Absatz 4 des Gesetzes mit einer anderen Dienststelle zusammengefasst oder nach § 10 Absatz 2 des Gesetzes einer anderen Dienststelle zugeteilt sind, sowie Schulen und Schulkindergärten, für die nach § 98 Absatz 1 des Gesetzes besondere Personalräte bei den unteren Schulaufsichtsbehörden gebildet werden, sind dabei besonders zu berücksichtigen.

(2) [1]Bekanntmachungen des Wahlvorstands können zusätzlich elektronisch mittels der in der Dienststelle üblicherweise genutzten Informations- und Kommunikationstechnik vorgenommen werden. [2]In diesem Fall genügt es, die Bekanntmachung an einer geeigneten Stelle in der Hauptdienststelle und, falls davon abweichend, am dienstlichen Sitz des Vorsitzenden des Wahlvorstands auszuhängen; in der elektronischen Fassung der Bekanntmachung ist anzugeben, an welchem Ort der schriftliche Aushang erfolgt. [3]Ein ausschließliche elektronische Bekanntmachung ist nur zulässig, wenn alle wahlberechtigten Beschäftigten der Dienststelle über einen eigenen Zugang zur üblicherweise in der Dienststelle genutzten Informations- und Kommunikationstechnik verfügen. [4]Bei der Bekanntmachung in

elektronischer Form sind technische oder programmtechnische Vorkehrungen zu treffen, dass die Bekanntmachungen des Wahlvorstands nicht durch andere Personen als Mitglieder des Wahlvorstands verändert werden können. [5]Dies gilt für die elektronische Übermittlung von Bekanntmachungen des Wahlvorstands an andere Stellen entsprechend, wofür sichere Übertragungswege zu nutzen und Dateiformate zu verwenden sind, deren Veränderung einen unverhältnismäßig hohen Aufwand erfordert.

§ 3   Ort und Zeit der Wahl

[1]Der Wahlvorstand bestimmt den Ort, den Tag (Wahltag) und die Zeit der Wahl. [2]Er hat dabei auf die Belange der Dienststelle und der Beschäftigten Rücksicht zu nehmen. [3]Wenn die besonderen Verhältnisse einer Dienststelle es erfordern, kann er die Wahl in einem Zeitraum von höchstens vier aufeinanderfolgenden Tagen durchführen. [4]Als Wahltag im Sinne des Gesetzes und dieser Wahlordnung gilt in diesem Fall der erste Tag der Wahlhandlung.

§ 4   Vorabstimmungen[1]

Der Wahlvorstand macht gleichzeitig mit der Bekanntmachung nach § 1 Absatz 3 bekannt, dass Vorabstimmungen über
1. eine von § 11 des Gesetzes abweichende Verteilung der Mitglieder des Personalrats auf die Gruppen (§ 12 Absatz 1 des Gesetzes) oder
2. die Durchführung gemeinsamer Wahl (§ 13 Absatz 2 des Gesetzes)
nur berücksichtigt werden, wenn ihr Ergebnis dem Wahlvorstand binnen sechs Arbeitstagen nach der Bekanntmachung nach § 1 Absatz 3 vorliegt und dem Wahlvorstand glaubhaft gemacht wird, dass das Ergebnis unter Leitung eines aus mindestens drei wahlberechtigten Beschäftigten bestehenden Abstimmungsvorstands in geheimen und in nach Gruppen getrennten Abstimmungen zustande gekommen ist und dem Abstimmungsvorstand mindestens ein Mitglied jeder in der Dienststelle vertretenen Gruppe angehört hat.

§ 5   Feststellung der Zahl der Beschäftigten und der Anteile der Geschlechter

[1]Der Wahlvorstand stellt die Zahl der in der Regel Beschäftigten und ihre Verteilung auf die Gruppen (§ 4 Absatz 3 und 4 des Gesetzes) sowie die Anteile von Frauen und Männern an den in der Regel Beschäftigten und in den Gruppen fest. [2]Maßgebend für die Feststellungen ist der zehnte Arbeitstag vor Erlass des Wahlausschreibens. [3]Der Wahlvorstand legt dabei den zu dem Stichtag absehbaren Beschäftigtenstand zugrunde, der voraussichtlich über die Hälfte der Amtszeit des Personalrats

---

1 Vgl. Art. 2 § 1 der Verordnung der Landesregierung zur Änderung der Wahlordnung zum Landespersonalvertretungsgesetz vom 28. Januar 2014 (GBl. S. 67) („Vorabstimmungen"): „[1]Vor dem 11. Dezember 2013 durchgeführte Vorabstimmungen nach § 4 der Wahlordnung zum Landespersonalvertretungsgesetz (LPVGWO) für regelmäßige Personalratswahlen im Jahr 2014 sind unwirksam. [2]Sie sind erneut durchzuführen. [3]Der Wahlvorstand gibt spätestens vier Wochen vor Erlass des Wahlausschreibens bekannt, dass erneut Vorabstimmungen durchgeführt werden können, deren Ergebnis ihm binnen sechs Arbeitstagen nach der Bekanntmachung vorliegen muss. [4]Der Ablauf dieser Frist tritt in § 8 Absatz 1 LPVGWO an die Stelle der Frist nach § 4 LPVGWO."

in der Dienststelle vorhanden sein wird. [4]Übersteigt die Zahl der in der Regel Beschäftigten 50 nicht, stellt der Wahlvorstand außerdem die Zahl der wahlberechtigten Beschäftigten fest.

§ 6 Wählerverzeichnis

(1) [1]Der Wahlvorstand stellt ein Verzeichnis der wahlberechtigten Beschäftigten (Wählerverzeichnis) getrennt nach den Gruppen der Beamten und der Arbeitnehmer auf (§ 11 Absatz 2 des Gesetzes). [2]Er hat das Wählerverzeichnis bis zum Abschluss der Wahlhandlung auf dem Laufenden zu halten und zu berichtigen.

(2) [1]Das Wählerverzeichnis kann in schriftlicher Form einer Wählerliste oder einer Wählerkartei oder bis zum Beginn der Wahlhandlung in elektronischer Form einer Wählerdatei geführt werden. [2]Der Wahlvorstand kann bestimmen, dass für jede Gruppe ein besonderes Wählerverzeichnis anzulegen ist. [3]Das Gleiche gilt für Außenstellen, Nebenstellen und Teile einer Dienststelle. [4]Schriftliche Wählerlisten müssen gebunden oder geheftet sein. [5]Bei schriftlichen Wählerkarteien müssen die Behälter, in denen die Karteikarten aufbewahrt werden, verschließbar und mit einer Vorrichtung versehen sein, die jede einzelne Karteikarte festhält und die unberechtigte Entnahme oder Einfügung von Karteikarten unmöglich macht. [6]Elektronische Wählerdateien können als Liste, Tabelle oder Datenbank geführt werden, dabei darf die Schreibberechtigung für Änderungen in der Wählerdatei nur den Mitgliedern des Wahlvorstands eingeräumt sein und jede Änderung muss protokolliert werden und nachverfolgbar aufgezeichnet sein.

(3) [1]Das Wählerverzeichnis muss folgende Angaben enthalten:
1. laufende Nummer
2. Familiennamen
3. Vornamen
4. Geburtstag
5. Amts- oder Funktionsbezeichnung
6. Vermerk über Stimmabgabe,
7. Bemerkungen.

der Wahlberechtigten,

[2]Im Wählerverzeichnis sind ferner die Anteile von Frauen und Männern an den in der Regel Beschäftigten innerhalb der Gruppen der Beamten und Arbeitnehmer anzugeben (§ 11 Absatz 1 des Gesetzes); wird für jede Gruppe ein besonderes Wählerverzeichnis angelegt, kann sich die Angabe auf die Anteile innerhalb dieser Gruppe beschränken. [3]In das Wählerverzeichnis kann außerdem die Bezeichnung der Dienststelle der Wahlberechtigten aufgenommen werden. [4]In der Spalte 7 dürfen Bemerkungen, die sich auf die Änderung des Wählerverzeichnisses beziehen, nur vom Beginn der Auflegungsfrist ab eingetragen werden. [5]Die Bemerkungen sind mit Datum und Unterschrift des vollziehenden Bediensteten zu versehen; bei Führung als elektronische Wählerdatei tritt an die Stelle der Unterschrift ein unverwechselbares, zuvor vom Wahlvorstand für seine Mitglieder festgelegtes Namenskürzel. [6]Bei einem Wegfall der Wahlberechtigung darf der Grund nur durch Anführung der Rechtsgrundlage vermerkt werden.

(4) [1]Das Wählerverzeichnis ist mindestens zwölf Arbeitstage vor dem Wahltag bis zum zweiten Arbeitstag vor dem Wahltag während der Dienststunden zur Einsicht der Beschäftigten aufzulegen. [2]In räumlich getrennten Teilen, Außenstellen oder Nebenstellen von Dienststellen und in Dienststellen, die nach § 5 Absatz 4 des Gesetzes mit einer anderen Dienststelle zusammengefasst oder nach § 10 Absatz 2 des Gesetzes einer anderen Dienststelle zugeteilt sind, sowie in Schulen und in Schulkindergärten, für die nach § 98 Absatz 1 des Gesetzes besondere Personalräte bei

den unteren Schulaufsichtsbehörden gebildet werden, können statt der Urschrift des Wählerverzeichnisses Abschriften hiervon aufgelegt werden. [3]In den aufgelegten Fertigungen des Wählerverzeichnisses darf der Geburtstag der Wahlberechtigten nicht enthalten sein. [4]Die Auflegung durch Gewährung von Einsicht in die elektronisch geführte Wählerdatei ist nicht zulässig.

(5) Jeder Beschäftigte kann innerhalb der Auflegungsfrist (Absatz 4 Satz 1) beim Wahlvorstand schriftlich Einspruch gegen die Richtigkeit des Wählerverzeichnisses einlegen.

(6) [1]Über den Einspruch entscheidet der Wahlvorstand unverzüglich. [2]Die Entscheidung ist dem Beschäftigten, der den Einspruch eingelegt hat, und dem durch den Einspruch Betroffenen unverzüglich, spätestens am Arbeitstag vor dem Wahltag (§ 3), schriftlich mitzuteilen. [3]Ist der Einspruch begründet, hat der Wahlvorstand das Wählerverzeichnis zu berichtigen.

§ 7   Verteilung der Personalratssitze auf die Gruppen

(1) [1]Der Wahlvorstand ermittelt die Zahl der zu wählenden Mitglieder des Personalrats (§ 10 Absatz 3 und 4 des Gesetzes). [2]Besteht der Personalrat aus mindestens drei Mitgliedern und ist keine andere Gruppeneinteilung beschlossen worden (§ 12 des Gesetzes), so errechnet der Wahlvorstand die Verteilung der Personalratssitze auf die Gruppen nach § 11 Absatz 2 bis 5 des Gesetzes.

(2) [1]Bei der Verteilung der Sitze auf die Gruppen nach den Grundsätzen der Verhältniswahl (§ 11 Absatz 3 des Gesetzes) ist das d'Hondt'sche Höchstzahlverfahren anzuwenden. [2]Hierzu werden die Zahlen der der Dienststelle angehörenden Beamten und Arbeitnehmer (§ 5) nebeneinandergestellt und der Reihe nach durch 1, 2, 3 usw. geteilt. [3]Auf die jeweils höchste Teilzahl (Höchstzahl) wird so lange ein Sitz zugeteilt, bis alle Personalratssitze (§ 10 Absatz 3 und 4 des Gesetzes) verteilt sind. [4]Jede Gruppe erhält so viele Sitze, wie Höchstzahlen auf sie entfallen. [5]Ist bei gleichen Höchstzahlen nur noch ein Sitz zu verteilen, so entscheidet das Los.

(3) [1]Entfallen bei der Verteilung der Sitze nach Absatz 2 auf eine Gruppe weniger Sitze, als ihr nach § 11 Absatz 4 des Gesetzes mindestens zustehen, so erhält sie die in § 11 Absatz 4 des Gesetzes vorgeschriebene Zahl von Sitzen. [2]Die Zahl der Sitze der anderen Gruppe vermindert sich entsprechend um die ihr zuletzt zugeteilten Sitze.

(4) Ist auch innerhalb der Nachfrist (§ 16) bei Gruppenwahl für eine Gruppe kein gültiger Wahlvorschlag eingegangen oder sind bei gemeinsamer Wahl für eine Gruppe keine Bewerber gültig vorgeschlagen (§ 16 Absatz 2 und 4), fallen alle Sitze der anderen Gruppe zu.

§ 8   Anteilige Vertretung nach Geschlechtern

[1]Besteht der Personalrat aus mindestens drei Mitgliedern, so ermittelt der Wahlvorstand nach den Grundsätzen der Verhältniswahl, wie viele Sitze im Personalrat auf Frauen und Männer entfallen sollen. [2]Sind beide Gruppen im Personalrat vertreten, ermittelt der Wahlvorstand nach den Grundsätzen der Verhältniswahl, wie viele Sitze in der jeweiligen Gruppe, der mehr als ein Sitz im Personalrat zusteht, auf Frauen und Männer entfallen sollen. [3]§ 7 Absatz 2 gilt entsprechend.

§ 9   Wahlausschreiben[2]

(1) [1]Nach Ablauf der in § 4 bestimmten Frist, spätestens zwei Monate vor dem Wahltag, erlässt der Wahlvorstand ein Wahlausschreiben. [2]Es soll von sämtlichen Mitgliedern des Wahlvorstands unterschrieben werden.

(2) Das Wahlausschreiben muss enthalten:

1. den Ort und den Tag seines Erlasses,
2. den Tag, die Zeit und den Ort der Wahl (§ 17 Absatz 1 Satz 2 des Gesetzes),
3. die nach § 5 Satz 1 ermittelte Zahl der Beschäftigten und, sofern der Personalrat aus mindestens drei Mitgliedern besteht, ihre Verteilung auf die Gruppen der Beamten und Arbeitnehmer, sowie die nach § 5 Satz 4 ermittelte Zahl der Wahlberechtigten,
4. die Zahl der zu wählenden Mitglieder des Personalrats und, sofern der Personalrat aus mindestens drei Mitgliedern besteht, ihre Verteilung auf die Gruppen der Beamten und Arbeitnehmer (§ 7),
5. die Angabe der Anteile der Männer und Frauen an den in der Regel Beschäftigten innerhalb der Gruppen der Beamten und Arbeitnehmer (§ 11 Absatz 1 des Gesetzes),
6. die Angabe, wie viele Sitze im Personalrat und in den Gruppen auf Frauen und Männer entfallen sollen (§ 8),
7. Angaben darüber, ob die Beamten und Arbeitnehmer ihre Vertreter in getrennten Wahlgängen wählen (Gruppenwahl) oder gemeinsame Wahl beschlossen worden (§ 4 Nummer 2) oder gesetzlich vorgesehen ist (§ 13 Absatz 2 des Gesetzes),
8. die Angabe, wo und wann das Wählerverzeichnis oder Abschriften des Wählerverzeichnisses zur Einsicht aufliegen (§ 6 Absatz 4),
9. den Hinweis, dass nur Beschäftigte wählen können, die in das Wählerverzeichnis eingetragen sind (§ 20 Absatz 1),
10. den Hinweis, wo und wann das Landespersonalvertretungsgesetz und diese Wahlordnung zur Einsicht aufliegen oder in elektronischer Form eingesehen werden können (§ 10),
11. den Hinweis, dass Frauen und Männer im Personalrat entsprechend ihren Anteilen an den in der Regel Beschäftigten der Dienststelle und in den Gruppen entsprechend ihrem Anteil an den in der Regel beschäftigten Gruppenangehörigen vertreten sein sollen (§ 11 Absatz 1 des Gesetzes),
12. den Hinweis, dass Einsprüche gegen das Wählerverzeichnis nur innerhalb der Auflegungsfrist (§ 6 Absatz 4 Satz 1) schriftlich beim Wahlvorstand eingelegt werden können; Tag und Uhrzeit des Ablaufs der Auflegungsfrist (§ 6 Absatz 4 Satz 1 und Absatz 5) sind anzugeben,

---

2   Vgl. Art. 2 § 2 der Verordnung der Landesregierung zur Änderung der Wahlordnung zum Landespersonalvertretungsgesetz vom 28. Januar 2014 (GBl. S. 67) („Wahlausschreiben"): „(1) [1]Ist ein Wahlausschreiben (§ 8 LPVGWO) für regelmäßige Personalratswahlen im Jahr 2014 vor dem 11. Dezember 2013 erlassen worden, prüft der Wahlvorstand unverzüglich, ob sich an den in dem Wahlausschreiben bekanntgemachten Angaben aufgrund des Gesetzes zur Änderung des Landespersonalvertretungsgesetzes, des Landesrichter- und -staatsanwaltsgesetzes und anderer Vorschriften vom 3. Dezember 2013 (GBl. S. 329) Änderungen ergeben haben. [2]Ist dies der Fall, stellt der Wahlvorstand die Änderungen in einer Niederschrift fest. (2) [1]Wahlausschreiben, die nach der Feststellung nach Absatz 1 nicht den gesetzlichen Bestimmungen entsprechen, sind unwirksam. [2]Der Wahlvorstand macht dies bekannt und erlässt unverzüglich ein neues Wahlausschreiben, mit dem die Wahl erneut eingeleitet wird. (3) Abweichend von § 8 Absatz 1 Satz 1 LPVGWO ist das Wahlausschreiben spätestens sechs Wochen vor dem Wahltag zu erlassen, wenn der Wahlvorstand zum Zeitpunkt der Verkündung dieser Verordnung bereits den Wahltag in der Zeit vom 1. April bis 30. April 2014 festgelegt hat."

13. die Aufforderung, Wahlvorschläge innerhalb von zwölf Arbeitstagen nach dem Erlass des Wahlausschreibens während der Dienststunden beim Wahlvorstand einzureichen; Tag und Uhrzeit des Ablaufs der Einreichungsfrist (§ 11 Absatz 2) sind anzugeben,

14. einen Hinweis auf den Inhalt der Wahlvorschläge (§§ 12, 13),

15. die Mindestzahl der wahlberechtigten Beschäftigten, von denen ein von den Wahlberechtigten eingereichter Wahlvorschlag unterzeichnet sein muss (§ 13 Absatz 4, 6 und 7 des Gesetzes) und den Hinweis, dass jeder Beschäftigte für die Wahl des Personalrats nur auf *einem* Wahlvorschlag benannt werden kann (§ 13 Absatz 1), sowie den Hinweis, dass ein von einer in der Dienststelle vertretenen Gewerkschaft eingereichter Wahlvorschlag nur der Unterschrift eines zeichnungsberechtigten Mitglieds des Vorstands dieser Gewerkschaft auf Orts-, Bezirks-, Landes- oder Bundesebene bedarf (§ 12 Absatz 4),

16. den Hinweis, dass nur rechtzeitig eingereichte Wahlvorschläge berücksichtigt werden (§ 15 Absatz 5 Nummer 1) und dass nur gewählt werden kann, wer in einen bekanntgemachten Wahlvorschlag aufgenommen ist (§ 18 Absatz 2 Satz 2 Nummer 2),

17. den Ort, an dem die Wahlvorschläge bekanntgemacht werden,

18. einen Hinweis auf die Möglichkeit der Briefwahl (§ 23) und gegebenenfalls auf deren Anordnung in den Fällen des §§ 24 und 25,

19. den Ort und die Zeit der Stimmenauszählung und der Sitzung des Wahlvorstands, in der das Wahlergebnis abschließend festgestellt wird.

(3) ¹Der Wahlvorstand macht das Wahlausschreiben am Tag des Erlasses in der Dienststelle bekannt. ²Das Wahlausschreiben ist bis zur Bekanntmachung des Wahlergebnisses auszuhängen; § 2 Absatz 2 gilt entsprechend.

(4) ¹Wahlberechtigten Beschäftigten, die für längere Dauer beurlaubt, abgeordnet, zugewiesen oder aus sonstigen Gründen nicht in der Dienststelle beschäftigt sind, soll der Wahlvorstand eine Abschrift des Wahlausschreibens übersenden. ²Die Übersendung kann auch in geeigneter elektronischer Form erfolgen. ³Von der Übersendung an die wahlberechtigten Beschäftigten im Sinne von Satz 1 in der Kultusverwaltung kann der Wahlvorstand, insbesondere bei Wahlen zu schulischen Personalvertretungen absehen, wenn das Wahlausschreiben nach § 2 Absatz 2 elektronisch bekanntgemacht wird und für diese Beschäftigten Zugang zu dieser Form der Bekanntmachung besteht.

(5) Offenbare Unrichtigkeiten des Wahlausschreibens können vom Wahlvorstand jederzeit berichtigt werden.

(6) Mit Erlass des Wahlausschreibens ist die Wahl eingeleitet.

§ 10 Auflegung des Landespersonalvertretungsgesetzes und der Wahlordnung

¹Der Wahlvorstand legt vom Tag des Erlasses des Wahlausschreibens bis zur Bekanntmachung des Wahlergebnisses das Landespersonalvertretungsgesetz und diese Wahlordnung zur Einsicht der Beschäftigten auf oder macht bekannt, wo sie in elektronischer Form abgerufen werden können. ²§ 2 gilt entsprechend.

§ 11 Wahlvorschläge, Einreichungsfrist

(1) Zur Wahl des Personalrats können die wahlberechtigten Beschäftigten und die in der Dienststelle vertretenen Gewerkschaften Wahlvorschläge machen.

(2) ¹Wahlvorschläge sind innerhalb von zwölf Arbeitstagen nach dem Erlass des Wahlausschreibens während der Dienststunden beim Wahlvorstand schriftlich einzureichen. ²Bei Gruppenwahl sind für die einzelnen Gruppen getrennte Wahlvorschläge einzureichen.

§ 12 Inhalt der Wahlvorschläge

(1) Jeder Wahlvorschlag soll mindestens doppelt so viele Bewerber enthalten, als
1. bei Gruppenwahl Gruppenvertreter,
2. bei gemeinsamer Wahl, sofern mindestens drei Personalratsmitglieder zu wählen sind, Gruppenvertreter, im übrigen Personalratsmitglieder zu wählen sind.

(2) ¹Jeder Wahlvorschlag muss mindestens so viele Bewerber enthalten, wie erforderlich sind, um die anteilige Verteilung der Sitze im Personalrat und innerhalb der Gruppen auf Frauen und Männer zu erreichen (§ 8). ²Entspricht der Wahlvorschlag diesem Erfordernis nicht, ist die Abweichung schriftlich zu begründen.

(3) ¹Die Namen der einzelnen Bewerber sind auf dem Wahlvorschlag untereinander aufzuführen und mit fortlaufenden Nummern zu versehen. ²Außer dem Familiennamen sind der Vorname, die Amts- oder Funktionsbezeichnung, die Gruppenzugehörigkeit und, soweit Sicherheitsbedürfnisse nicht entgegenstehen, die Dienststelle, bei der der Bewerber beschäftigt ist, anzugeben. ³Vorschläge für die Stimmabgabe (Stimmenhäufung) dürfen die Wahlvorschläge nicht enthalten. ⁴Bei gemeinsamer Wahl sind in dem Wahlvorschlag die Bewerber nach Gruppen zusammenzufassen, sofern mindestens drei Personalratsmitglieder zu wählen sind.

(4) Ein von einer in der Dienststelle vertretenen Gewerkschaft eingereichter Wahlvorschlag bedarf der Unterschrift eines zeichnungsberechtigten Mitglieds des Vorstands der Gewerkschaft auf Orts-, Bezirks-, Landes- oder Bundesebene.

(5) ¹Aus dem Wahlvorschlag der wahlberechtigten Beschäftigten soll zu ersehen sein, welcher der Unterzeichner zur Vertretung des Wahlvorschlags gegenüber dem Wahlvorstand und zur Entgegennahme von Erklärungen und Entscheidungen des Wahlvorstands berechtigt ist (Vertreter des Wahlvorschlags) und wer ihn im Fall seiner Verhinderung vertritt. ²Fehlt eine Angabe hierüber, so gilt der an erster Stelle stehende Unterzeichner als berechtigt. ³Er wird von dem an zweiter Stelle stehenden Unterzeichner vertreten. ⁴Auf einem von einer in der Dienststelle vertretenen Gewerkschaft eingereichten Wahlvorschlag (Absatz 4) kann die Gewerkschaft je einen in der Dienststelle Beschäftigten, der Mitglied der Gewerkschaft ist, als Vertreter des Wahlvorschlags und dessen Stellvertreter benennen; wird ein Vertreter des Wahlvorschlags nicht benannt, gilt der Unterzeichner des Wahlvorschlags als Vertreter des Wahlvorschlags.

(6) Mitglieder des Wahlvorstands können nicht Vertreter eines Wahlvorschlags oder deren Stellvertreter sein.

(7) Der Wahlvorschlag kann mit einem Kennwort versehen sein.

§ 13 Sonstige Erfordernisse

(1) Jeder Bewerber kann für die Wahl des Personalrats nur auf *einem* Wahlvorschlag benannt werden.

(2) Dem Wahlvorschlag ist die schriftliche Zustimmung der in ihm aufgeführten Bewerber zur Aufnahme in den Wahlvorschlag beizufügen.

(3) ¹Jeder Beschäftigte, der berechtigt ist, Wahlvorschläge zu machen und zu unterzeichnen (§ 13 Absatz 4 Satz 1 und 4 des Gesetzes), kann seine Unterschrift zur Wahl des Personalrats rechtswirksam nur für *einen* Wahlvorschlag abgeben. ²Die Unterzeichner eines Wahlvorschlags haben ihrer Unterschrift ihre Amts- oder Funktionsbezeichnung und die Bezeichnung der Dienststelle, bei der sie beschäftigt sind, beizufügen. ³Die Namen sind in Block- oder Maschinenschrift zu wiederholen.

(4) Eine Verbindung von Wahlvorschlägen ist unzulässig.

§ 14   Vorprüfung der Wahlvorschläge durch den Wahlvorstand

(1) ¹Der Vorsitzende des Wahlvorstands vermerkt auf den Wahlvorschlägen den Tag und die Uhrzeit des Eingangs. ²Im Fall des Absatzes 2 und des § 15 Absatz 4 ist auch der Zeitpunkt des Eingangs des berichtigten Wahlvorschlags zu vermerken. ³Maßgebend ist jeweils der Zugang des Wahlvorschlags in Schriftform.

(2) ¹Etwaige Mängel hat der Vorsitzende des Wahlvorstands dem Vertreter des Wahlvorschlags unverzüglich, spätestens am Arbeitstag nach dem Ablauf der Einreichungsfrist unter Rückgabe des Wahlvorschlags mitzuteilen; dabei hat er ihn aufzufordern, die Anstände unverzüglich zu beseitigen. ²Fehlen die erforderlichen Unterschriften oder Zustimmungserklärungen oder sind sie oder der ganze Wahlvorschlag unter einer Bedingung abgegeben, können diese Anstände, unbeschadet der Bestimmungen des § 15 Absatz 4, nach Ablauf der Einreichungsfrist nicht mehr behoben werden. ³Der berichtigte Wahlvorschlag muss spätestens am dritten Arbeitstag nach Ablauf der Einreichungsfrist wieder eingereicht sein.

(3) Unterschriften unter einem Wahlvorschlag und Zustimmungserklärungen von Bewerbern können nicht zurückgenommen werden.

§ 15   Beschlussfassung über die Wahlvorschläge

(1) ¹Der Wahlvorstand prüft unverzüglich, spätestens unmittelbar nach Ablauf der in § 14 Absatz 2 Satz 3 genannten Frist, die Wahlvorschläge, insbesondere
1. die Einhaltung der Einreichungsfrist (§ 11 Absatz 2),
2. bei Wahlvorschlägen der wahlberechtigten Beschäftigten die Unterschriften der Unterzeichner und ihre Wahlberechtigung sowie ihre Berechtigung, Wahlvorschläge zu machen oder zu unterzeichnen (§ 13 Absatz 4 Satz 1 und 4 des Gesetzes),
3. die Angabe einer Reihenfolge der Bewerber sowie das Vorliegen der Zustimmungserklärungen,
4. die Einhaltung des Verbots der Unterzeichnung mehrerer Wahlvorschläge für dieselbe Wahl durch einen Wahlberechtigten und der Aufnahme eines Bewerbers in mehrere Wahlvorschläge für dieselbe Wahl,
5. die Einhaltung des Verbots von Stimmenhäufungsvorschlägen im Wahlvorschlag (§ 12 Absatz 2 Satz 3),
6. die ausreichende Benennung von Frauen und Männern, um die anteilige Vertretung der Geschlechter im Personalrat und in den Gruppen zu erreichen, oder das Vorliegen einer schriftlichen Begründung für ein Abweichen von dem Erfordernis.

²Hat der Wahlvorstand bei einem von einer Gewerkschaft eingereichten Wahlvorschlag Zweifel an der Vertretungsberechtigung des Unterzeichners oder ob die Gewerkschaft unter den Beschäftigten der Dienststelle vertreten ist, also mindestens ein Mitglied unter den Beschäftigten der Dienststelle hat, so hat die Gewerkschaft

den Nachweis binnen drei Arbeitstagen nach Aufforderung durch den Wahlvorstand zu führen.

(2) ¹In den Wahlvorschlägen sind die Bewerber zu streichen,
1. die so unvollständig bezeichnet sind, dass Zweifel über ihre Person bestehen können,
2. deren Zustimmungserklärung fehlt oder nicht rechtzeitig oder unter einer Bedingung vorgelegt worden ist,
3. die offensichtlich nicht wählbar sind.
²Stimmenhäufungsvorschläge sind zu streichen.

(3) ¹Der Wahlvorstand hat Bewerber, die mit ihrer schriftlichen Zustimmung von mehreren Wahlvorschlägen für diese Wahl benannt worden sind, aufzufordern, innerhalb von drei Arbeitstagen zu erklären, auf welchem Wahlvorschlag sie benannt bleiben wollen. ²Gibt ein Bewerber diese Erklärung nicht fristgerecht ab, so wird er von sämtlichen Wahlvorschlägen gestrichen.

(4) ¹Hat ein Wahlberechtigter mehr als einen Wahlvorschlag unterzeichnet, ist sein Name unter allen eingereichten Wahlvorschlägen zu streichen. ²Wahlvorschläge, die danach nicht mehr die erforderliche Anzahl Unterschriften aufweisen, sind vom Wahlvorstand dem Vertreter des Wahlvorschlags mit der Auflage, die fehlenden Unterschriften binnen drei Arbeitstagen nachzubringen, zurückzugeben.

(5) Als ungültig zurückzuweisen sind Wahlvorschläge,
1. die nicht rechtzeitig eingereicht worden sind,
2. die eine Bedingung enthalten,
3. die nicht ordnungsgemäß, insbesondere nicht von der erforderlichen Zahl Wahlberechtigter oder nicht von einem zeichnungsberechtigten Mitglied des Vorstands der Gewerkschaft auf Orts-, Bezirks-, Landes- oder Bundesebene unterzeichnet sind (§ 13 Absatz 4, 6 und 7 des Gesetzes, § 12 Absatz 4 dieser Wahlordnung),
4. die die Reihenfolge der Bewerber nicht zweifelsfrei erkennen lassen,
5. die im Falle des Absatzes 4 nicht rechtzeitig oder ohne Behebung des Mangels wieder eingereicht worden sind,
6. bei denen die Gewerkschaft die nach Absatz 1 Satz 2 vom Wahlvorstand verlangten Nachweise nicht binnen drei Arbeitstagen erbringt,
7. die ohne schriftliche Begründung keine ausreichende Zahl von Frauen und Männern enthalten, um die anteilige Vertretung der Geschlechter im Personalrat und in den Gruppen zu erreichen (§ 13 Absatz 5 des Gesetzes, § 8).

(6) Wird ein Wahlvorschlag zurückgewiesen oder wird ein Bewerber oder ein Stimmenhäufungsvorschlag gestrichen, sind die getroffenen Entscheidungen dem Vertreter des Wahlvorschlags sowie dem betroffenen Bewerber unverzüglich gegen Unterschrift zu eröffnen oder sonst zuzustellen.

§ 16 Nachfrist für die Einreichung von Wahlvorschlägen

(1) ¹Ist nach Ablauf der in § 10 Absatz 2, § 14 Absatz 2 Satz 3 und § 15 Absatz 1 Satz 2 und Absatz 4 und 5 Nummer 6 genannten Fristen bei Gruppenwahl nicht für jede Gruppe mindestens ein gültiger Wahlvorschlag oder bei gemeinsamer Wahl überhaupt kein gültiger Wahlvorschlag eingegangen oder sind bei gemeinsamer Wahl zwar gültige Wahlvorschläge eingegangen, aber für eine Gruppe, der nach § 11 des Gesetzes mindestens ein Sitz zusteht, keine Bewerber gültig benannt worden, so macht der Wahlvorstand dies sofort durch Aushang an den gleichen Stellen, an denen das Wahlausschreiben ausgehängt ist, bekannt. ²Gleichzeitig fordert er

zur Einreichung von Wahlvorschlägen während der Dienststunden innerhalb einer Nachfrist von sechs Arbeitstagen auf.

(2) [1]Im Falle der Gruppenwahl weist der Wahlvorstand in der Bekanntmachung darauf hin, dass eine Gruppe keine Vertreter in den Personalrat wählen kann und die ihr zustehenden Sitze der anderen Gruppe zufallen, wenn bis zum Ablauf der Nachfrist für jene kein gültiger Wahlvorschlag eingeht; liegt von beiden Gruppen kein gültiger Wahlvorschlag vor, weist der Wahlvorstand auch darauf hin, dass der Personalrat nicht gewählt werden kann, wenn nicht mindestens ein gültiger Wahlvorschlag eingeht. [2]Im Falle gemeinsamer Wahl weist der Wahlvorstand darauf hin, dass, falls bis zum Ablauf der Nachfrist kein gültiger Wahlvorschlag eingeht,

1. der Personalrat nicht gewählt werden kann,
2. für die Gruppe, für die keine Bewerber gültig benannt wurden, keine Vertreter in den Personalrat gewählt werden können.

(3) Für nachgereichte Wahlvorschläge gelten die §§ 14 und 15 entsprechend.

(4) Gehen auch innerhalb der Nachfrist gültige Wahlvorschläge nicht oder nicht für alle Gruppen ein, so macht der Wahlvorstand sofort bekannt

1. bei Gruppenwahl, wenn nur für eine Gruppe kein gültiger Wahlvorschlag eingereicht wurde, und bei gemeinsamer Wahl im Falle des Absatzes 2 Satz 2 Nummer 2,
   a) für welche Gruppe keine Vertreter gewählt werden können,
   b) dass alle Sitze der anderen Gruppe zufallen (§ 7 Absatz 4),
2. bei Gruppenwahl und bei gemeinsamer Wahl, wenn kein gültiger Wahlvorschlag eingereicht wurde, dass die Wahl nicht stattfinden kann.

§ 17   Reihenfolge der Wahlvorschläge

[1]Der Wahlvorstand versieht die gültigen Wahlvorschläge in der Reihenfolge ihres Eingangs mit Ordnungsnummern. [2]Ist ein Wahlvorschlag berichtigt worden (§ 14 Absatz 2, § 15 Absatz 4), so ist der Zeitpunkt, zu dem der berichtigte Wahlvorschlag eingegangen ist, maßgebend. [3]Sind mehrere Wahlvorschläge gleichzeitig eingegangen, so entscheidet das Los über die Reihenfolge.

§ 18   Bekanntmachung der Wahlvorschläge

(1) [1]Unverzüglich nach Beschlussfassung über die Wahlvorschläge (§§ 15 und 16 Absatz 3), spätestens jedoch fünf Arbeitstage vor dem Wahltag, macht der Wahlvorstand die zugelassenen Wahlvorschläge bekannt. [2]Enthält ein zugelassener Wahlvorschlag keine ausreichende Zahl von Frauen und Männern, um die anteilige Vertretung der Geschlechter im Personalrat und in den Gruppen zu erreichen, ist die dazu abgegebene Begründung mit dem jeweiligen Wahlvorschlag bekanntzumachen (§ 13 Absatz 5 des Gesetzes, § 15 Absatz 1 Nummer 6). [3]Die Wahlvorschläge, gegebenenfalls mit dazu abgegebener Begründung, sind bis zur Bekanntmachung des Wahlergebnisses auszuhängen; § 2 Absatz 2 gilt entsprechend. [4]Mehrere zugelassene Wahlvorschläge sind in der Bekanntmachung in der Reihenfolge ihrer Ordnungsnummern (§ 17) aufzuführen. [5]Bei Wahlvorschlägen, die mit einem Kennwort versehen sind, ist auch dieses anzugeben. [6]Die Namen der Unterzeichner der Wahlvorschläge werden nicht bekannt gegeben.

(2) [1]In der Bekanntmachung ist auf die jeweils in Betracht kommenden Vorschriften des § 20 Absatz 4 hinzuweisen. [2]Außerdem ist darauf hinzuweisen, dass der Wahlberechtigte

1. nur mit amtlichen Stimmzetteln und amtlichen Stimmzettelumschlägen (§ 21) abstimmen darf,
2. nur solche Bewerber wählen darf, die in einen der bekanntgemachten Wahlvorschläge aufgenommen sind,
3. in der Art abzustimmen hat, dass er durch Ankreuzen von Namen, Beifügen einer Zahl oder auf sonstige Weise zweifelsfrei zu erkennen gibt, für welche Bewerber er stimmt und wie viele Stimmen er ihnen gibt (§ 20 Absatz 3).

§ 19 Sitzungsniederschriften

¹Der Wahlvorstand fertigt über jede Sitzung, in der über die Anlegung des Wählerverzeichnisses (§ 6 Absatz 2 Satz 2 und 3), die Ermittlung der Zahl der zu wählenden Personalratsmitglieder (§ 10 des Gesetzes) und die Verteilung der Personalratssitze auf die Gruppen (§ 7) sowie die anteilige Vertretung nach Geschlechtern (§ 8), über Einsprüche gegen das Wählerverzeichnis (§ 6 Absatz 5 und 6), über die Zulassung oder Reihenfolge von Wahlvorschlägen (§ 15, § 16 Absatz 3 und § 17) oder über die Gewährung von Nachfristen (§ 16) entschieden wird, eine Niederschrift. ²Sie soll von sämtlichen Mitgliedern des Wahlvorstands unterzeichnet werden.

§ 20 Ausübung des Wahlrechts

(1) Wählen kann nur, wer in das Wählerverzeichnis eingetragen ist.

(2) Das Wahlrecht wird durch persönliche Abgabe eines amtlichen Stimmzettels in einem amtlichen Stimmzettelumschlag (§ 22), ausnahmsweise durch Briefwahl (§§ 23 bis 25) ausgeübt.

(3) Der Wähler gibt seine Stimmen in der Weise auf dem Stimmzettel (§ 21) ab, dass er durch Ankreuzen von Namen, Beifügen einer Zahl oder auf sonstige Weise zweifelsfrei zu erkennen gibt, für welche Bewerber er stimmt und wie viele Stimmen er ihnen gibt.

(4) ¹Jeder Wähler kann so viele Stimmen abgeben, als bei Gruppenwahl Vertreter der Gruppe, der er angehört, bei gemeinsamer Wahl Personalratsmitglieder zu wählen sind. ²Bei gemeinsamer Wahl kann er für die Bewerber der einzelnen Gruppen nur so viele Stimmen abgeben, als Vertreter dieser Gruppen zu wählen sind. ³Der Wähler ist nicht gebunden, eine bestimmte Anzahl von Stimmen an Bewerber eines bestimmten Geschlechts zu vergeben.

§ 21 Stimmzettel, Stimmzettelumschläge, Wählerverzeichnis

(1) ¹Abgestimmt wird mit amtlichen Stimmzetteln; für ihre Herstellung hat der Wahlvorstand zu sorgen. ²Bei Gruppenwahl müssen die Stimmzettel für jede Gruppe, bei gemeinsamer Wahl alle Stimmzettel dieselbe Größe, Farbe, Beschaffenheit und Beschriftung haben. ³Sie dürfen keine besonderen Merkmale (Zeichen, Falten, Flecken, Risse und dergleichen) aufweisen und müssen die Bezeichung der Dienststelle, für die der Personalrat gewählt werden soll, enthalten.

(2) ¹Die Stimmzettelumschläge sind vom Wahlvorstand bereitzustellen (amtlicher Stimmzettelumschlag). ²Sie müssen undurchsichtig sein; im Übrigen gilt Absatz 1 Satz 2 und 3 entsprechend.

(3) ¹Vor Beginn der Wahlhandlung hat der Wahlvorstand das Wählerverzeichnis in Form einer elektronischen Wählerdatei abzuschließen, auszudrucken und zu heften

oder zu binden. [2]Der Wahlhandlung ist das Wählerverzeichnis in schriftlicher Form zugrunde zu legen. [3]Entsprechendes gilt für besondere Wählerverzeichnisse für Gruppen sowie für Außenstellen, Nebenstellen und Teile einer Dienststelle.

§ 22   Wahlhandlung

(1) [1]Der Wahlvorstand trifft Vorkehrungen, dass der Wähler den Stimmzettel im Wahlraum unbeobachtet kennzeichnen und in den Stimmzettelumschlag legen kann. [2]Für die Aufnahme der Umschläge sind Wahlurnen zu verwenden. [3]Vor Beginn der Stimmabgabe sind die Wahlurnen vom Wahlvorstand zu verschließen. [4]Sie müssen so eingerichtet sein, dass die eingeworfenen Umschläge nicht vor Öffnung der Wahlurne entnommen werden können. [5]Findet Gruppenwahl statt, so kann die Wahlhandlung nach Gruppen getrennt durchgeführt werden; in jedem Falle sind jedoch getrennte Wahlurnen zu verwenden.

(2) [1]Ein Wähler, der durch körperliches Gebrechen in der Stimmabgabe behindert ist, bestimmt eine Person seines Vertrauens, deren er sich bei der Stimmabgabe bedienen will, und gibt dies dem Wahlvorstand bekannt. [2]Die Hilfeleistung hat sich auf die Erfüllung der Wünsche des Wählers zur Stimmabgabe zu beschränken. [3]Die Vertrauensperson darf gemeinsam mit dem Wähler die Wahlzelle aufsuchen, soweit dies zur Hilfeleistung erforderlich ist. [4]Die Vertrauensperson ist zur Geheimhaltung der Kenntnisse verpflichtet, die sie bei der Hilfeleistung von der Wahl eines anderen erlangt hat. [5]Wahlbewerber, Mitglieder des Wahlvorstands und Wahlhelfer dürfen nicht zur Hilfeleistung herangezogen werden.

(3) Solange der Wahlraum zur Stimmabgabe geöffnet ist, müssen mindestens zwei Mitglieder des Wahlvorstands im Wahlraum anwesend sein; sind Wahlhelfer bestellt (§ 1 Absatz 1), genügt die Anwesenheit eines Mitglieds des Wahlvorstands und eines Wahlhelfers.

(4) [1]Vor Einwurf des Stimmzettelumschlags in die Wahlurne ist festzustellen, ob der Wähler im Wählerverzeichnis eingetragen ist. [2]Ist dies der Fall, prüft der Vorsitzende des Wahlvorstands oder das von ihm mit der Entgegennahme der Stimmzettelumschläge beauftragte Mitglied des Wahlvorstands den Stimmzettelumschlag. [3]Nichtamtliche Stimmzettelumschläge und Stimmzettelumschläge, die mit einem Kennzeichen versehen sind oder einen von außen wahrnehmbaren Gegenstand enthalten, sind zurückzuweisen. [4]Im anderen Falle wirft der Wahlberechtigte oder mit dessen Zustimmung der Vorsitzende des Wahlvorstands oder das von ihm mit der Entgegennahme der Stimmzettelumschläge beauftragte Mitglied des Wahlvorstands den Stimmzettelumschlag sofort ungeöffnet in die Wahlurne. [5]Die Stimmabgabe ist im Wählerverzeichnis zu vermerken.

(5) [1]Wird die Wahlhandlung unterbrochen oder wird das Wahlergebnis nicht unmittelbar nach Abschluss der Wahlhandlung festgestellt, so hat der Wahlvorstand für die Zwischenzeit die Wahlurne so zu verschließen und aufzubewahren, dass der Einwurf oder die Entnahme von Stimmzetteln unmöglich ist. [2]Bei Wiedereröffnung der Wahl oder bei Entnahme der Stimmzettel zur Stimmenzählung hat sich der Wahlvorstand davon zu überzeugen, dass der Verschluss unversehrt ist.

(6) [1]Nach Ablauf der für die Durchführung der Wahlhandlung festgesetzten Zeit dürfen nur noch die Wahlberechtigten abstimmen, die sich in diesem Zeitpunkt im Wahlraum befinden. [2]Sodann erklärt der Wahlvorstand die Wahlhandlung für beendet.

(7) Über Zweifelsfragen, die sich bei der Wahlhandlung ergeben, entscheidet der Wahlvorstand.

(8) Der Wahlraum muss allen Beschäftigten während der Dauer der Wahlhandlung zugänglich sein.

§23 Briefwahl

(1) [1]Einem wahlberechtigten Beschäftigten, der im Wählerverzeichnis eingetragen ist, hat der Wahlvorstand auf Antrag
1. die Stimmzettel und den Stimmzettelumschlag,
2. eine vorgedruckte, vom Wähler abzugebende Erklärung, in der dieser gegenüber dem Wahlvorstand versichert, dass er den Stimmzettel persönlich gekennzeichnet hat oder, soweit unter den Voraussetzungen des §22 Absatz 2 erforderlich, durch eine Person seines Vertrauens hat kennzeichnen lassen, sowie
3. einen Wahlbriefumschlag, der die Anschrift des Wahlvorstands und als Absender den Namen und die Anschrift des wahlberechtigten Beschäftigten sowie den Vermerk >>Briefwahl<< trägt,

auszuhändigen oder zu übersenden. [2]Auf Antrag ist auch ein Abdruck des Wahlausschreibens (§9) und der etwa ergangenen Ergänzungen und Berichtigungen (§9 Absatz 5, §16 Absatz 4) auszuhändigen oder zu übersenden. [3]Der Wahlbriefumschlag ist so zu gestalten, dass er für den Beschäftigten kostenfrei durch die Post befördert werden kann. [4]Der Wahlvorstand soll dem Wähler ferner ein Merkblatt über die Art und Weise der Briefwahl (Absatz 2) aushändigen oder übersenden. [5]Der Wahlvorstand hat die Aushändigung oder Übersendung im Wählerverzeichnis zu vermerken.

(2) [1]Im Falle der Briefwahl gibt der Wähler seine Stimme in der Weise ab, dass er im verschlossenen Wahlbriefumschlag den unverschlossenen Stimmzettelumschlag, der den gemäß §20 Absatz 3 ausgefüllten Stimmzettel enthält, sowie die in Absatz 1 Satz 1 Nummer 2 genannte, mit Datum und Unterschrift des Wählers versehene Erklärung so rechtzeitig durch die Post an den Wahlvorstand absendet oder dem Vorsitzenden des Wahlvorstands oder im Falle seiner Verhinderung einem von ihm bestimmten Mitglied des Wahlvorstands übergibt, dass er bei diesem spätestens bei Ablauf der für die Wahlhandlung festgesetzten Zeit vorliegt. [2]Der Wähler kann, soweit unter den Voraussetzungen des §22 Absatz 2 erforderlich, die in Satz 1 bezeichneten Tätigkeiten durch eine Person seines Vertrauens verrichten lassen.

(3) [1]Der Wahlvorstand hat die eingegangenen Wahlbriefe bis zum Wahltag ungeöffnet unter Verschluss zu halten. [2]Vor Abschluss der Wahlhandlung prüft er die eingegangenen Wahlbriefe. [3]Dabei darf der Stimmzettelumschlag nicht geöffnet werden. [4]Ein Wahlbrief ist zurückzuweisen, wenn
1. er nicht bis zum Ablauf der für die Durchführung der Wahlhandlung festgelegten Zeit eingegangen ist,
2. er unverschlossen eingegangen ist,
3. der Stimmzettelumschlag als nichtamtlich erkennbar, mit einem Kennzeichen versehen ist oder einen von außen wahrnehmbaren Gegenstand enthält,
4. der Stimmzettelumschlag im Wahlbrief verschlossen ist,
5. der Stimmzettel nicht in einen Stimmzettelumschlag gelegt ist,
6. die in Absatz 1 Satz 1 Nummer 2 genannte vorgedruckte Erklärung nicht vorliegt oder unvollständig ist.

(4) In den Fällen des Absatzes 3 Satz 4 liegt eine Stimmabgabe nicht vor.

(5) [1]Die zurückgewiesenen Wahlbriefe sind samt ihrem Inhalt auszusondern und im Falle des Absatzes 3 Satz 4 Nummer 1 ungeöffnet, im Übrigen ohne Öffnung des Stimmzettelumschlags samt ihrem Inhalt verpackt und versiegelt als Anlagen der Wahlniederschrift beizufügen. [2]Die zurückgewiesenen Wahlbriefe sind einen Monat nach Bekanntgabe des Wahlergebnisses, im Falle des Absatzes 3 Satz 4 Nummer 1 ungeöffnet, im Übrigen ohne Öffnung des Stimmzettelumschlags zu vernichten. [3]Ist

die Wahl angefochten, so sind sie einen Monat nach rechtskräftigem Abschluss des Wahlanfechtungsverfahrens zu vernichten.

(6) Nach der Prüfung eines jeden Wahlbriefs wirft, wenn der Wahlbrief nicht zurückgewiesen werden musste, der Vorsitzende des Wahlvorstands oder das von ihm beauftragte Mitglied des Wahlvorstands den Stimmzettelumschlag nach Vermerk der Stimmabgabe im Wählerverzeichnis ungeöffnet in die Wahlurne.

§ 24 Wahl bei Außenstellen, Nebenstellen und Teilen von Dienststellen

(1) [1]Für die Beschäftigten von Außenstellen, Nebenstellen oder Teilen einer Dienststelle, die räumlich weit von dieser entfernt liegen und nicht zu selbstständigen Dienststellen nach § 5 Absatz 3 des Gesetzes erklärt sind, soll der Wahlvorstand die Wahlhandlung in diesen Stellen durchführen oder die Briefwahl anordnen. [2]Ist wegen der geringen Zahl der Wahlberechtigten das Wahlgeheimnis gefährdet, so hat der Wahlvorstand anzuordnen, dass der Inhalt der hierbei verwendeten Wahlurnen vor Feststellung des Wahlergebnisses mit dem Inhalt der bei der allgemeinen Wahlhandlung verwendeten Wahlurnen vermischt wird.

(2) Absatz 1 findet sinngemäß Anwendung auf Dienststellen, die mit einer anderen Dienststelle desselben Verwaltungszweigs zusammengefasst (§ 5 Absatz 4 und § 98 Absatz 1 des Gesetzes) oder einer benachbarten Dienststelle zugeteilt (§ 10 Absatz 2 des Gesetzes) worden sind.

§ 25 Wahl von Beschäftigten außerhalb der Dienststelle

[1]Für die wahlberechtigten Beschäftigten, die für längere Dauer beurlaubt, abgeordnet, zugewiesen oder aus sonstigen Gründen nicht in der Dienststelle beschäftigt sind, kann der Wahlvorstand die Briefwahl anordnen. [2]§ 24 Absatz 1 Satz 2 gilt entsprechend.

§ 26 Feststellung des Wahlergebnisses

(1) [1]Das Wahlergebnis wird vom Wahlvorstand nach Beendigung der Wahlhandlung und nach Einwurf der in § 23 Absatz 6 genannten Stimmzettelumschläge in die Wahlurnen unverzüglich ermittelt. [2]Wenn besondere Gründe es erfordern, kann der Wahlvorstand die Ermittlung des Wahlergebnisses unterbrechen; dabei sind die Wahlunterlagen unter Verschluss zu nehmen.

(2) [1]Vor dem Öffnen der Wahlurne werden alle nicht benützten Stimmzettelumschläge und Stimmzettel vom Wahltisch entfernt. [2]Sodann werden die Stimmzettelumschläge der Wahlurne entnommen und ungeöffnet gezählt. [3]Zugleich wird die Zahl der Stimmabgabevermerke im Wählerverzeichnis festgestellt. [4]Ergibt sich dabei auch nach wiederholter Zählung keine Übereinstimmung, so ist dies in der Wahlniederschrift anzugeben und soweit möglich zu erläutern.

(3) Nach der Zählung der Stimmzettelumschläge und der Abstimmungsvermerke entnimmt der Wahlvorstand die Stimmzettel den Stimmzettelumschlägen und prüft ihre Gültigkeit.

(4) Der Wahlvorstand stellt die Zahl der gültigen und ungültigen Stimmzettel und der gültigen und ungültigen Stimmen fest.

(5) [1]Über Stimmzettel und Stimmen, die zu Zweifeln über ihre Gültigkeit Anlass geben, beschließt der Wahlvorstand. [2]Stimmzettelumschläge und Stimmzettel, über

die der Wahlvorstand Beschluss fassen musste, sind der Wahlniederschrift (§ 29) anzuschließen. [3]Dies gilt auch für Stimmzettel, auf denen einzelne Stimmen für ungültig erklärt werden.

(6) Die Sitzung, in der das Wahlergebnis festgestellt wird, muss den Beschäftigten zugänglich sein.

§ 27   Ungültige Stimmzettel

(1) [1]Ungültig sind Stimmzettel,
1. die nicht in einem amtlichen Stimmzettelumschlag abgegeben worden sind,
2. die in einem gekennzeichneten Stimmzettelumschlag abgegeben worden sind,
3. die sich in einem Stimmzettelumschlag, der beleidigende Bemerkungen für Bewerber, Dritte oder Behörden enthält, befinden,
4. die nicht als amtlich erkennbar sind,
5. die ganz durchgestrichen oder ganz durchgerissen sind,
6. die beleidigende Bemerkungen für Bewerber, Dritte oder Behörden enthalten.
[2]Die auf ungültigen Stimmzetteln abgegebenen Stimmen werden weder als gültige noch als ungültige Stimmen gezählt.

(2) [1]Mehrere in einem Stimmzettelumschlag enthaltene Stimmzettel gelten als *ein* Stimmzettel,
1. wenn sie gleichlautend sind oder
2. wenn nur einer von ihnen eine Stimmabgabe enthält.
[2]Bei der Verhältniswahl gilt dies auch, wenn mehrere Stimmzettel eine Stimmabgabe enthalten und die höchstzulässige Stimmenzahl (§ 20 Absatz 4 Satz 1) insgesamt nicht überschritten ist. [3]Trifft keine dieser Voraussetzungen zu, gelten die mehreren in einem Stimmzettelumschlag enthaltenen Stimmzettel als *ein* ungültiger Stimmzettel.

(3) Ein Stimmzettelumschlag, der keinen Stimmzettel enthält, gilt als ungültiger Stimmzettel.

§ 28   Ungültige Stimmen

[1]Ungültig sind Stimmen,
1. bei denen nicht erkennbar ist, für welchen Bewerber sie abgegeben wurden,
2. die für Personen abgegeben worden sind, deren Name nicht lesbar oder nicht unzweifelhaft erkennbar ist, oder denen gegenüber eine Verwahrung oder ein Vorbehalt beigefügt ist,
3. die für Personen abgegeben worden sind, die auf keinem öffentlich bekanntgemachten Wahlvorschlag aufgeführt sind.
[2]Ungültige Stimmen sind bei der Ermittlung des Wahlergebnisses nicht anzurechnen.

§ 29   Wahlniederschrift

(1) [1]Der Wahlvorstand fertigt eine Wahlniederschrift; sie soll von sämtlichen Mitgliedern des Wahlvorstands unterzeichnet werden. [2]Die Wahlniederschrift hat insbesondere zu enthalten:
1. die Namen der Mitglieder des Wahlvorstands,
2. die während der Wahlhandlung und der Feststellung des Wahlergebnisses gefassten Beschlüsse,

3. die Zahl der in das Wählerverzeichnis, bei Gruppenwahl für jede Gruppe, bei gemeinsamer Wahl insgesamt, eingetragenen Wahlberechtigten,
4. den Zeitpunkt des Beginns und Endes der Wahl,
5. bei Gruppenwahl die Zahl der Wahlberechtigten jeder Gruppe, bei gemeinsamer Wahl die Gesamtzahl der Wahlberechtigten, die an der Wahl teilgenommen haben,
6. bei Gruppenwahl die Zahlen der von jeder Gruppe abgegebenen Stimmzettel und Stimmen, bei gemeinsamer Wahl die Zahl aller abgegebenen Stimmzettel und Stimmen,
7. bei Gruppenwahl die Zahlen der von jeder Gruppe abgegebenen gültigen Stimmzettel und Stimmen, bei gemeinsamer Wahl die Zahl aller abgegebenen gültigen Stimmzettel und Stimmen,
8. die Zahl der ungültigen Stimmzettel,
9. die für die Gültigkeit oder Ungültigkeit zweifelhafter Stimmzettel oder Stimmen maßgebenden Gründe,
10. die Namen der gewählten Bewerber sowie die Namen und die Reihenfolge der als Ersatzmitglieder der Personalratsmitglieder festgestellten Bewerber.

(2) Besondere Vorkommnisse bei der Wahlhandlung oder der Feststellung des Wahlergebnisses sind in der Niederschrift zu vermerken.

§ 30 Benachrichtigung der gewählten Bewerber

Der Wahlvorstand benachrichtigt die als Personalratsmitglieder Gewählten unverzüglich schriftlich von ihrer Wahl.

§ 31 Bekanntmachung des Wahlergebnisses

(1) [1]Der Wahlvorstand macht die Namen der als Personalratsmitglieder gewählten Bewerber in der Dienststelle bekannt. [2]Das Wahlergebnis ist für die Dauer von zwei Wochen an den gleichen Stellen wie das Wahlausschreiben auszuhängen; § 2 Absatz 2 gilt entsprechend.

(2) Die Bekanntmachung des Wahlergebnisses hat zu enthalten:
1. die Gesamtzahl der in das Wählerverzeichnis eingetragenen Wahlberechtigten,
2. die Gesamtzahl der Wahlberechtigten, die an der Wahl teilgenommen haben,
3. die Gesamtzahlen der gültigen und ungültigen Stimmzettel,
4. die Gesamtzahl der gültigen Stimmen,
5. die Namen und die Reihenfolge der gewählten Bewerber und der Ersatzmitglieder.

(3) Bei Gruppenwahl sind die Angaben für jede Gruppe getrennt zu machen.

(4) Dem Leiter der Dienststelle, den in der Dienststelle vertretenen Gewerkschaften und den Vertretern der sonstigen gültigen Wahlvorschläge ist eine Abschrift der Wahlniederschrift (§ 29) zu übersenden.

§ 32 Aufbewahrung der Wahlunterlagen

Die Wahlunterlagen (Niederschriften, Bekanntmachungen, Stimmzettel usw.) werden vom Personalrat mindestens bis zur Durchführung der nächsten Personalratswahl in schriftlicher Form aufbewahrt; elektronisch gespeicherte Daten und Wahlunterlagen sind unverzüglich zu löschen, sobald die Gültigkeit oder Ungültigkeit der Wahl feststeht.

Abschnitt 2 **Besondere Vorschriften für die Verhältniswahl**

§ 33 Stimmabgabe bei Verhältniswahl

[1]Findet Verhältniswahl statt, so kann der Wähler Bewerber innerhalb der gleichen Gruppe aus anderen Wahlvorschlägen übernehmen (panaschieren) und innerhalb der Gesamtzahl der für jede Gruppe zulässigen Stimmen einem Bewerber bis zu drei Stimmen geben (kumulieren). [2]Hierauf ist in der Bekanntmachung der Wahlvorschläge (§ 18) hinzuweisen.

§ 34 Stimmzettel bei Verhältniswahl

(1) [1]Die Stimmzettel sind als Einzelstimmzettel für jeden Wahlvorschlag, bei Gruppenwahl auch für jede Gruppe herzustellen. [2]Sind die Einzelstimmzettel nur durch Perforation getrennt, so sind die Wahlvorschläge in der Reihenfolge ihrer Ordnungsnummer (§ 17) anzuordnen. [3]Bei Wahlvorschlägen, die mit einem Kennwort versehen sind, ist auch dieses anzugeben.

(2) [1]Die Stimmzettel müssen die Ordnungsnummer und die Bewerber in der vorgeschlagenen Reihenfolge unter Angabe von Familienname, Vorname und Amts- oder Funktionsbezeichnung enthalten. [2]Bei Gruppenwahl müssen die Stimmzettel ferner die Angabe der Gruppe und bei gemeinsamer Wahl die Angabe der Gruppenzugehörigkeit des einzelnen Bewerbers enthalten. [3]Weiter müssen sie Hinweise darauf enthalten,

1. dass der Wähler nur einen Stimmzettel abgeben soll,
2. wie viele Stimmen jeder Wähler abgeben kann (§ 20 Absatz 4),
3. dass die Bewerber, die gewählt werden, durch ein zu ihrem Namen gesetztes Kreuz, durch Beifügen einer Zahl oder auf sonstige Weise zweifelsfrei zu bezeichnen sind (§ 20 Absatz 3),
4. dass der Wähler Bewerber anderer Wahlvorschläge übernehmen (panaschieren) kann (§ 33),
5. dass der Wähler einem Bewerber innerhalb der Gesamtzahl der für jede Gruppe zulässigen Stimmen durch Beifügen einer Zahl bis zu drei Stimmen geben (kumulieren) kann (§ 33),
6. wie viele Frauen und Männer im Personalrat vertreten sein sollen (§ 8),
7. dass Personen, die auf keinem Wahlvorschlag aufgeführt sind, nicht gewählt werden können.

§ 35 Ungültige Stimmen bei Verhältniswahl

Bei Verhältniswahl sind auch Stimmen ungültig, die einem Bewerber im Wege der Stimmenhäufung über die zulässige Häufungszahl hinaus oder durch Beifügung einer nicht lesbaren Häufungszahl zugewendet werden.

§ 36 Streichung überzähliger Stimmen bei Verhältniswahl

[1]Stehen bei Verhältniswahl nach Streichung ungültiger Stimmen (§§ 28, 35) mehr Stimmen auf dem Stimmzettel als Bewerber insgesamt oder Bewerber einer bestimmten Gruppe zu wählen sind, so werden die über die zulässige Zahl hinaus abgegebenen Stimmen gestrichen. [2]Dabei sind in der Reihenfolge von hinten die Einzelstimmen und sodann die Stimmenhäufungen der Bewerber, die zwei Stimmen

erhalten haben, und sodann erforderlichenfalls deren verbleibende Einzelstimme so lange in der Reihenfolge von hinten zu streichen, bis die zulässige Gesamtstimmenzahl nicht mehr überschritten ist. [3]Entfällt auf die dann verbleibenden Bewerber mit je drei Stimmen noch eine zu hohe Gesamtstimmenzahl oder sind von vornherein gleiche Stimmenzahlen in der Weise gehäuft, dass die Gesamtstimmenzahl zu hoch ist, so sind zunächst in der Reihenfolge von hinten die Stimmenhäufungen zu verringern, dann zu streichen und erforderlichenfalls auch Einzelstimmen zu streichen.

§ 37   Ermittlung der gewählten Gruppenvertreter bei Gruppenwahl

(1) [1]Bei Gruppenwahl sind die einer Gruppe zustehenden Sitze auf die einzelnen Wahlvorschläge der Gruppe nach dem d'Hondt'schen Höchstzahlverfahren zu verteilen. [2]Hierzu werden die auf sämtliche Bewerber eines jeden Wahlvorschlags entfallenden Stimmen zusammengezählt, die Gesamtstimmenzahlen der einzelnen Wahlvorschläge nebeneinander gestellt und der Reihe nach durch 1, 2, 3 usw. geteilt. [3]Auf die jeweils höchste Teilzahl (Höchstzahl) wird so lange ein Sitz zugeteilt, bis alle der Gruppe zustehenden Sitze (§ 7) verteilt sind. [4]Ist bei gleichen Höchstzahlen nur noch ein Sitz oder sind bei drei gleichen Höchstzahlen nur noch zwei Sitze zu verteilen, so entscheidet das Los. [5]Stimmen, die für einen Bewerber abgegeben worden sind, der vom Wähler aus einem anderen Wahlvorschlag übernommen worden ist, sind zugunsten des Wahlvorschlags, auf dem er benannt ist, zu zählen.

(2) [1]Innerhalb der Wahlvorschläge werden die Sitze auf die Bewerber in der Reihenfolge der von ihnen erreichten Stimmenzahlen zugeteilt. [2]Dabei sind die durch Übernahme eines Bewerbers in einen anderen Wahlvorschlag von diesem erlangten Stimmen mitzuzählen. [3]Haben mehrere Bewerber die gleiche Stimmenzahl erhalten, entscheidet die Reihenfolge der Benennung im Wahlvorschlag. [4]Die Bewerber, auf die kein Sitz entfällt, sind in der Reihenfolge der von ihnen erreichten Stimmenzahlen als Ersatzmitglieder ihres Wahlvorschlags festzustellen.

(3) [1]Enthält ein Wahlvorschlag weniger Bewerber, als ihm nach der Zahl der auf ihn entfallenen Höchstzahlen Sitze zustehen würden, so fallen die überschüssigen Sitze den übrigen Wahlvorschlägen in der Reihenfolge der nächsten Höchstzahlen zu. [2]Soweit auch die übrigen Wahlvorschläge nicht genügend Bewerber enthalten, bleiben die überschüssigen Sitze unbesetzt.

§ 38   Ermittlung der gewählten Gruppenvertreter bei gemeinsamer Wahl

(1) [1]Bei gemeinsamer Wahl sind die den einzelnen Gruppen zustehenden Sitze auf die verschiedenen Wahlvorschläge nach dem d'Hondt'schen Höchstzahlverfahren zu verteilen. [2]Hierzu werden innerhalb der Wahlvorschläge die auf Bewerber gleicher Gruppenzugehörigkeit entfallenen Stimmen zusammengezählt, die Gesamtstimmenzahlen der Bewerber gleicher Gruppenzugehörigkeit aus den verschiedenen Wahlvorschlägen nebeneinandergestellt und der Reihe nach durch 1, 2, 3 usw. geteilt. [3]Auf die jeweils höchste Teilzahl (Höchstzahl) wird so lange ein Sitz zugeteilt, bis alle der jeweiligen Gruppe zustehenden Sitze (§ 7) verteilt sind. [4]Ist bei gleichen Höchstzahlen nur noch ein Sitz oder sind bei drei gleichen Höchstzahlen nur noch zwei Sitze zu verteilen, so entscheidet das Los. [5]Stimmen, die für einen Bewerber abgegeben worden sind, der vom Wähler aus einem anderen Wahlvorschlag übernommen worden ist, sind zugunsten des Wahlvorschlags, auf dem er benannt ist, zu zählen.

(2) ¹Innerhalb der Wahlvorschläge werden die den einzelnen Gruppen zugefallenen Sitze auf die Bewerber der entsprechenden Gruppe in der Reihenfolge der von ihnen erreichten Stimmenzahlen zugeteilt. ²§ 37 Absatz 2 Satz 2 bis 4 gilt entsprechend.

(3) ¹Enthält ein Wahlvorschlag weniger Bewerber einer Gruppe als dieser nach der Zahl der auf sie entfallenen Höchstzahlen Sitze zustehen würden, so fallen die überschüssigen Sitze den Bewerbern derselben Gruppe auf den übrigen Wahlvorschlägen in der Reihenfolge der nächsten Höchstzahlen dieser Gruppe zu. ²§ 37 Absatz 3 Satz 2 findet Anwendung.

§ 39 Wahlniederschrift und Bekanntmachung des Wahlergebnisses bei Verhältniswahl

(1) Die Wahlniederschrift (§ 29) muss im Falle der Verhältniswahl auch die Zahl der für jeden Wahlvorschlag und für jeden Bewerber abgegebenen gültigen Stimmen sowie die Errechnung der Höchstzahlen und die Verteilung der Sitze auf die Wahlvorschläge und Bewerber, bei gemeinsamer Wahl auch auf die Gruppen, enthalten.

(2) Die Bekanntmachung des Wahlergebnisses (§ 31) muss in diesem Falle die Zahl der für jeden Wahlvorschlag und für jeden Bewerber abgegebenen gültigen Stimmen enthalten.

Abschnitt 3 **Besondere Vorschriften für die Mehrheitswahl**

§ 40 Stimmabgabe bei Mehrheitswahl

¹Findet Mehrheitswahl statt, so kann der Wähler jedem Bewerber nur eine Stimme geben. ²Hierauf ist in der Bekanntmachung der Wahlvorschläge (§ 18) hinzuweisen.

§ 41 Stimmzettel bei Mehrheitswahl

(1) Ist *ein* Bewerber oder sind *mehrere* Bewerber auf Grund *eines* Wahlvorschlags zu wählen, so werden die Bewerber aus dem Wahlvorschlag in unveränderter Reihenfolge unter Angabe von Familienname, Vorname, Amts- oder Funktionsbezeichnung in den Stimmzettel übernommen.

(2) Ist *ein* Bewerber auf Grund *mehrerer* Wahlvorschläge zu wählen, so werden die Bewerber aus den Wahlvorschlägen in alphabetischer Reihenfolge unter Angabe von Familienname, Vorname, Amts- oder Funktionsbezeichnung in den Stimmzettel übernommen.

(3) ¹Bei Gruppenwahl müssen die Stimmzettel ferner die Angabe der Gruppe und bei gemeinsamer Wahl die Angabe der Gruppenzugehörigkeit des einzelnen Bewerbers enthalten. ²Weiter müssen sie Hinweise darauf enthalten,
1. dass der Wähler nur einen Stimmzettel abgeben kann,
2. wie viele Stimmen jeder Wähler abgeben kann (§ 20 Absatz 4),
3. dass jedem Bewerber nur eine Stimme gegeben werden kann (§ 40),
4. dass die Bewerber, die gewählt werden, durch ein zu ihrem Namen gesetztes Kreuz oder auf sonstige Weise zweifelsfrei zu bezeichnen sind (§ 20 Absatz 3),
5. wie viele Frauen und Männer im Personalrat vertreten sein sollen (§ 8),
6. dass Personen, die auf keinem Wahlvorschlag aufgeführt sind, nicht gewählt werden können.

§ 42 Ungültige Stimmzettel und ungültige Stimmen bei Mehrheitswahl

(1) Ist *ein* Bewerber auf Grund *mehrerer* Wahlvorschläge zu wählen und sind auf dem Stimmzettel Stimmen für mehr als einen Bewerber abgegeben worden, so ist der Stimmzettel ungültig.

(2) [1]Bei Mehrheitswahl sind auch Stimmen ungültig, die einem Bewerber im Wege der Stimmenhäufung zugewendet wurden. [2]In diesem Falle bleibt eine der zugewendeten Stimmen gültig.

§ 43 Ermittlung der gewählten Bewerber bei Mehrheitswahl

(1) [1]Sind *mehrere* Bewerber auf Grund *eines* Wahlvorschlags zu wählen, so sind
1. bei Gruppenwahl die Bewerber in der Reihenfolge der jeweils höchsten auf sie entfallenen Stimmenzahlen gewählt,
2. bei gemeinsamer Wahl die den einzelnen Gruppen zustehenden Sitze mit den Bewerbern dieser Gruppe in der Reihenfolge der jeweils höchsten auf sie entfallenen Stimmenzahlen zu besetzen.

[2]Bei gleicher Stimmenzahl entscheidet das Los. [3]Für jede Gruppe sind die Bewerber, auf die kein Sitz entfällt, in der Reihenfolge der von ihnen erreichten Stimmenzahlen als Ersatzmitglieder festzustellen.

(2) [1]Ist *ein* Bewerber auf Grund *mehrerer* Wahlvorschläge zu wählen, so ist der Bewerber gewählt, der die meisten Stimmen erhalten hat. [2]Absatz 1 Satz 2 findet entsprechend Anwendung. [3]Bewerber, auf die kein Sitz entfällt, sind in der Reihenfolge der von ihnen erreichten Stimmenzahlen als Ersatzmitglieder festzustellen.

(3) Sind *mehrere* Bewerber auf Grund *eines* Wahlvorschlags zu wählen und sind nach Streichung ungültiger Stimmen (§ 28, § 42 Absatz 2) mehr Stimmen auf dem Stimmzettel als Bewerber insgesamt oder Bewerber einer bestimmten Gruppe zu wählen sind, so ist eine entsprechende Anzahl von Stimmen in der Reihenfolge von hinten zu streichen.

(4) Ist *ein* Bewerber auf Grund *eines* Wahlvorschlags zu wählen, so gelten die Absätze 1 und 3 entsprechend.

§ 44 Wahlniederschrift und Bekanntmachung des Wahlergebnisses bei Mehrheitswahl

(1) Die Wahlniederschrift (§ 29) muss im Falle der Mehrheitswahl auch die Zahl der auf jeden Bewerber entfallenen gültigen Stimmen enthalten.

(2) Die öffentliche Bekanntmachung des Wahlergebnisses (§ 31) muss in diesen Fällen die Zahlen der auf die einzelnen Bewerber entfallenen gültigen Stimmen enthalten.

Teil 2 Wahl der Stufenvertretungen und des Gesamtpersonalrats

Abschnitt 1 Wahl des Bezirkspersonalrats

§ 45 Vorschriften über die Wahl des Bezirkspersonalrats

(1) Für die Wahl des Bezirkspersonalrats gelten die §§ 1 bis 44 entsprechend, soweit in den §§ 46 bis 49 nichts anderes bestimmt ist.

(2) [1]Mitteilungen zwischen den Wahlvorständen können elektronisch mittels der in der Dienststelle und zwischen Dienststellen üblicherweise genutzten Informations- und Kommunikationstechnik übermittelt werden, soweit die Schriftform nicht vorgeschrieben ist oder sich aus der Natur der Sache ergibt, insbesondere bei der Übermittlung der Wahlniederschriften. [2]Für die Übermittlung sind sichere Übertragungswege zu nutzen und Dateiformate zu verwenden, deren Veränderung einen unverhältnismäßig hohen Aufwand erfordert, jedoch dem örtlichen Wahlvorstand die Möglichkeit zur Ergänzung lässt (§ 48 Absatz 3).

§ 46   Bezirkswahlvorstand

[1]Der Bezirkswahlvorstand leitet die Wahl des Bezirkspersonalrats. [2]Er hat insbesondere

1. den Wahltag (§ 3) und den Tag des Erlasses des Wahlausschreibens (§ 48) zu bestimmen,

2. auf Grund der Mitteilungen der örtlichen Wahlvorstände festzustellen, welche Beschäftigten durch Abordnung, Zuweisung oder Personalgestellung mehrerer Dienststellen im Geschäftsbereich der Mittelbehörde, bei welcher der Bezirkspersonalrat zu bilden ist, als Beschäftigte zugehören, zu bestimmen, bei welcher Dienststelle diese Beschäftigten zur Wahl des Bezirkspersonalrats berechtigt sind, und dies den örtlichen Wahlvorständen aller für die Wahlausübung in Frage kommenden Dienststellen rechtzeitig vor der Wahl zur Berücksichtigung im Wählerverzeichnis mitzuteilen,

3. auf Grund der Mitteilungen der örtlichen Wahlvorstände die Zahl der in der Regel Beschäftigten und ihre Verteilung auf die Gruppen (§ 4 Absatz 3 und 4 des Gesetzes) festzustellen (§ 5); der Bezirkswahlvorstand legt dabei den am zehnten Arbeitstag vor Erlass des Wahlausschreibens bei den Dienststellen, für die der Bezirkspersonalrat zu wählen ist, absehbaren Beschäftigtenstand zugrunde, der voraussichtlich über die Hälfte der Amtszeit des Bezirkspersonalrats vorhanden sein wird,

4. die Zahl der zu wählenden Mitglieder des Bezirkspersonalrats und ihre Verteilung auf die Gruppen der Beamten und Arbeitnehmer zu ermitteln (§ 55 des Gesetzes und § 7 dieser Wahlordnung),

5. auf Grund der Mitteilungen der örtlichen Wahlvorstände die Anteile von Frauen und Männern an den in der Regel Beschäftigten innerhalb der Gruppen der Beamten und Arbeitnehmer (§ 11 Absatz 1 des Gesetzes) festzustellen (§ 5); der Bezirkswahlvorstand legt dabei den am zehnten Arbeitstag vor Erlass des Wahlausschreibens bei den Dienststellen, für die der Bezirkspersonalrat zu wählen ist, absehbaren Beschäftigtenstand zugrunde, der voraussichtlich über die Hälfte der Amtszeit des Bezirkspersonalrats vorhanden sein wird,

6. auf Grund der Anteile von Frauen und Männern nach der Nummer 5 zu ermitteln, wie viele Sitze im Bezirkspersonalrat und in den Gruppen auf Frauen und Männer entfallen sollen (§ 8),

7. das Wahlausschreiben zu erlassen (§ 48),

8. das Landespersonalvertretungsgesetz und diese Wahlordnung zur Einsicht der Beschäftigten bereitzustellen (§ 10),

9. die Wahlvorschläge entgegenzunehmen und zu prüfen, über sie Beschluss zu fassen und sie bekanntzugeben (§§ 11 bis 18),

10. die Stimmzettel und die Stimmzettelumschläge bereitzustellen und den örtlichen Wahlvorständen rechtzeitig vor der Wahl in ausreichender Zahl zur Verfügung zu stellen (§ 21),

11. die ihm von den örtlichen Wahlvorständen nach § 47 Absatz 7 übermittelten versiegelten Briefumschläge mit den Stimmzettelumschlägen entgegenzunehmen, sie auf ihre Unversehrtheit zu prüfen, ihnen die Stimmzettelumschläge zu entnehmen und diese nach einem entsprechenden Vermerk in der Wahlniederschrift ungeöffnet in eine Wahlurne einzuwerfen sowie nach Eingang der Wahlniederschriften aller an der Wahl des Bezirkspersonalrats beteiligten Dienststellen die Wahlurne zu öffnen und die Zahl der auf die einzelnen Bewerber entfallenen gültigen Stimmen nach § 26 zu ermitteln,

12. die von den örtlichen Wahlvorständen gefertigten Wahlniederschriften und die weiteren mit den Wahlniederschriften vorzulegenden Unterlagen zu prüfen, erforderlichenfalls zu berichtigen und hierüber eine Niederschrift zu fertigen (§ 29),

13. das Wahlergebnis festzustellen (Nummer 11 und §§ 37, 38 und 43) und bekanntzumachen (§ 31) sowie die Gewählten unverzüglich schriftlich von ihrer Wahl zu benachrichtigen (§ 30) und sie zur ersten Sitzung des Bezirkspersonalrats einzuberufen (§ 19 und § 55 Absatz 3 des Gesetzes).

§ 47 Örtlicher Wahlvorstand

(1) Kommt der Personalrat einer Dienststelle seiner Verpflichtung, einen örtlichen Wahlvorstand zu bestellen (§ 55 Absatz 5 Satz 1 des Gesetzes), nach Aufforderung durch den Bezirkswahlvorstand nicht unverzüglich nach, so hat auf Antrag des Bezirkswahlvorstands der Leiter der Dienststelle den örtlichen Wahlvorstand zu bestellen.

(2) [1]Der örtliche Wahlvorstand macht die Namen seiner Mitglieder und der Ersatzmitglieder für das jeweilige Mitglied in der durch den Personalrat bestimmten Reihenfolge sowie die Namen der Mitglieder des Bezirkswahlvorstands und der Ersatzmitglieder für das jeweilige Mitglied in der durch den Bezirkspersonalrat bestimmten Reihenfolge unverzüglich nach seiner Bestellung in der Dienststelle bekannt. [2]Die Zusammensetzung des Wahlvorstands ist bis zur Bekanntmachung des Wahlergebnisses auszuhängen; § 2 Absatz 2 gilt entsprechend.

(3) [1]Der örtliche Wahlvorstand hat die Wahl des Bezirkspersonalrats im Auftrag und nach den Weisungen des Bezirkswahlvorstands in der Dienststelle vorzubereiten und durchzuführen. [2]Er kann wahlberechtigte Beschäftigte als Wahlhelfer zu seiner Unterstützung bestellen.

(4) Für die Durchführung der Wahl des Bezirkspersonalrats bei den Landratsämtern ist der Wahlvorstand für die Wahl des Personalrats beim Landratsamt als örtlicher Wahlvorstand zuständig (§ 55 Absatz 5 Satz 3 des Gesetzes).

(5) Der örtliche Wahlvorstand hat insbesondere

1. den Ort und die Zeit der Wahl in der Dienststelle zu bestimmen (§§ 3 und 46 Satz 2 Nummer 1),

2. die Zahl der in der Dienststelle in der Regel Beschäftigten und ihre Verteilung auf die Gruppen (§ 4 Absatz 3 und 4 des Gesetzes) festzustellen (§ 5) und diese Zahlen unverzüglich dem Bezirkswahlvorstand mitzuteilen; der örtliche Wahlvorstand legt dabei den am zehnten Arbeitstag vor Erlass des Wahlausschreibens absehbaren Beschäftigtenstand zugrunde, der voraussichtlich über die Hälfte der Amtszeit des Bezirkspersonalrats vorhanden sein wird,

3. mitzuteilen, welche Beschäftigten aufgrund Abordnung, Zuweisung oder Personalgestellung welchen anderen Dienststellen im Geschäftsbereich der Mittelbehörde, bei welcher der Bezirkspersonalrat zu bilden ist, ebenfalls als Beschäftigte zugehören,

4. die Anteile der Frauen und Männer an den in der Regel Beschäftigten innerhalb der Gruppen (§ 11 Absatz 1 des Gesetzes) festzustellen (§ 5) und diese Zahlen unverzüglich dem Bezirkswahlvorstand mitzuteilen,

5. das Wählerverzeichnis aufzustellen, aufzulegen, es bis zum Abschluss der Wahlhandlung auf dem Laufenden zu halten und zu berichtigen und über etwaige Einsprüche gegen die Richtigkeit des Wählerverzeichnisses zu entscheiden (§ 6),

6. das Wahlausschreiben des Bezirkswahlvorstands zu ergänzen und unverzüglich in der Dienststelle bekanntzumachen; das ergänzte Wahlausschreiben ist bis zur Bekanntmachung des Wahlergebnisses auszuhängen; § 2 Absatz 2 gilt entsprechend (§ 9 Absatz 3, § 48 Absatz 3),

7. das Landespersonalvertretungsgesetz und diese Wahlordnung zur Einsicht durch die Beschäftigten aufzulegen oder bekanntzumachen, wo sie in elektronischer Form abgerufen werden können (§ 10),

8. das zur ordnungsmäßigen Durchführung der Wahlhandlung sowie der Briefwahl Erforderliche in der Dienststelle zu veranlassen (§§ 22 bis 25),

9. unverzüglich nach Abschluss der Wahlhandlung die Zahl der auf die einzelnen Bewerber entfallenen gültigen Stimmen festzustellen (§ 26), eine Wahlniederschrift nach § 29 Absatz 1 Satz 2 Nummer 1 bis 9 und Absatz 2 zu fertigen, diese mit den zurückgewiesenen Wahlbriefen (§ 23 Absatz 3 Satz 4) und mit den Stimmzettelumschlägen und den Stimmzetteln, über die der Wahlvorstand beschließen musste (§ 26 Absatz 5), unverzüglich dem Bezirkswahlvorstand als Übergabeeinschreiben oder auf andere sichere Weise zu übersenden und die übrigen in der Dienststelle entstandenen Wahlunterlagen mit einer Abschrift der Wahlniederschrift dem örtlichen Personalrat zur Aufbewahrung zu übergeben; die Wahlniederschrift ohne Anlagen kann zusätzlich elektronisch übermittelt werden (§ 45 Absatz 2),

10. das vom Bezirkswahlvorstand festgestellte Wahlergebnis bekanntzumachen; das Wahlergebnis ist für die Dauer von zwei Wochen an den gleichen Stellen wie das Wahlausschreiben auszuhängen; § 2 Absatz 2 gilt entsprechend (§ 31 Absatz 1).

(6) Der örtliche Wahlvorstand soll wahlberechtigten Beschäftigen, die für längere Dauer beurlaubt, abgeordnet, zugewiesen oder aus sonstigen Gründen nicht in der Dienststelle beschäftigt sind, eine Abschrift des von ihm ergänzten Wahlausschreibens übersenden (§ 9 Absatz 4).

(7) [1]Haben bei Gruppenwahl in einer Dienststelle bei einer Gruppe weniger als zehn Wahlberechtigte dieser Gruppe ihre Stimme abgegeben, so hat der örtliche Wahlvorstand nach Erfüllung seiner in § 26 Absatz 2 genannten Aufgaben die Stimmzettelumschläge ungeöffnet in einem versiegelten Briefumschlag der Wahlniederschrift, in die ein entsprechender Vermerk aufzunehmen ist, anzuschließen und mit dieser und den in Absatz 5 Nummer 9 genannten weiteren Unterlagen unverzüglich dem Bezirkswahlvorstand als Übergabeeinschreiben oder auf andere sichere Weise zu übersenden. [2]Für die andere Gruppe bleibt Absatz 5 Nummer 9 unberührt. [3]Satz 1 gilt entsprechend, wenn bei gemeinsamer Wahl in einer Dienststelle weniger als zehn Wahlberechtigte ihre Stimme abgegeben haben.

§ 48   Wahlausschreiben

(1) Spätestens zwei Monate vor dem Wahltag erlässt der Bezirkswahlvorstand ein Wahlausschreiben; es soll von sämtlichen Mitgliedern des Bezirkswahlvorstands unterschrieben werden.

(2) Das Wahlausschreiben muss enthalten:
1. Ort und Tag seines Erlasses,
2. den Tag der Wahl (§ 3),
3. die nach § 5 festgestellte Zahl der Beschäftigten und ihre Verteilung auf die Gruppen der Beamten und Arbeitnehmer,
4. die Zahl der zu wählenden Mitglieder des Bezirkspersonalrats und ihre Verteilung auf die Gruppen der Beamten und Arbeitnehmer (§ 7),
5. die Angabe der Anteile der Frauen und Männer an den in der Regel Beschäftigten innerhalb der Gruppen der Beamten und Arbeitnehmer (§ 11 Absatz 1 des Gesetzes),
6. die Angabe, wie viele Sitze im Bezirkspersonalrat und in den Gruppen auf Frauen und Männer entfallen sollen (§ 8),
7. Angaben darüber, ob die Beamten und Arbeitnehmer ihre Vertreter in getrennten Wahlgängen wählen (Gruppenwahl) oder ob gemeinsame Wahl beschlossen worden ist (§ 4 Nummer 2),
8. den Hinweis, dass die wahlberechtigten Beschäftigten nur bei der Dienststelle, zu der sie am Wahltag gehören, wählen können und dass die wahlberechtigten Beschäftigten, die mehreren Dienststellen angehören, nur bei einer Dienststelle, zu der sie am Wahltag gehören, denselben Bezirkspersonalrat wählen können (§ 55 Absatz 3 in Verbindung mit § 54 Absatz 4 Nummer 1 des Gesetzes),
9. den Hinweis, dass nur Beschäftigte wählen können, die in das Wählerverzeichnis eingetragen sind (§ 20 Absatz 1),
10. den Hinweis, dass Frauen und Männer im Bezirkspersonalrat entsprechend ihren Anteilen an den in der Regel Beschäftigten und in den Gruppen entsprechend ihrem Anteil an den in der Regel beschäftigten Gruppenangehörigen vertreten sein sollen (§ 11 Absatz 1 des Gesetzes),
11. die Aufforderung, Wahlvorschläge innerhalb von zwölf Arbeitstagen nach dem Erlass des Wahlausschreibens während der Dienststunden beim Bezirkswahlvorstand einzureichen; Tag und Uhrzeit des Ablaufs der Einreichungsfrist (§ 11 Absatz 2) sind anzugeben,
12. einen Hinweis auf den Inhalt der Wahlvorschläge und die mit den Wahlvorschlägen einzureichenden Nachweise (§§ 12, 13 und 49),
13. die Mindestzahl von wahlberechtigten Beschäftigten, von denen ein Wahlvorschlag unterzeichnet sein muss (§ 13 Absatz 4, 6 und 7 des Gesetzes) und den Hinweis, dass jeder Bewerber für die Wahl des Bezirkspersonalrats nur auf *einem* Wahlvorschlag benannt werden kann (§ 13 Absatz 8 des Gesetzes),
14. den Hinweis, dass nur rechtzeitig eingereichte Wahlvorschläge berücksichtigt werden (§ 15 Absatz 5 Nummer 1) und dass nur gewählt werden kann, wer in einen der bekanntgemachten Wahlvorschläge aufgenommen ist (§ 18 Absatz 2 Satz 2 Nummer 2),
15. einen Hinweis auf die Möglichkeit der Briefwahl (§ 23),
16. den Ort und die Zeit der Sitzung des Bezirkswahlvorstands, in der das Wahlergebnis abschließend festgestellt wird.

(3) Der örtliche Wahlvorstand ergänzt das Wahlausschreiben durch die folgenden Angaben:
1. Ort und Zeit der Wahl (§ 3),
2. die Angabe, wo und wann das Wählerverzeichnis oder eine Abschrift des Wählerverzeichnisses zur Einsicht aufliegen (§ 6 Absatz 4 Satz 1),
3. den Hinweis, wo und wann das Landespersonalvertretungsgesetz und diese Wahlordnung zur Einsicht aufliegen oder in elektronischer Form eingesehen werden können (§ 10),

4. den Hinweis, dass Einsprüche gegen das Wählerverzeichnis nur innerhalb der Auflegungsfrist (§ 6 Absatz 4 Satz 1) schriftlich beim örtlichen Wahlvorstand eingelegt werden können; Tag und Uhrzeit des Ablaufs der Auflegungsfrist (§ 6 Absatz 4 Satz 1 und Absatz 5) sind anzugeben,

5. den Ort, an dem die Wahlvorschläge in der Dienststelle bekanntgemacht werden,

6. einen etwaigen Hinweis auf die Anordnung der Briefwahl nach §§ 24 und 25,

7. den Ort und die Zeit der Stimmenauszählung,

8. im Falle der gleichzeitigen Durchführung mehrerer Wahlen einen Hinweis, dass die Stimmzettel für jede Wahl in einem besonderen Stimmzettelumschlag abzugeben sind (§ 52 Absatz 2 Nummer 3) und dass die in § 23 Absatz 3 Satz 4 Nummer 6 vorgeschriebene Erklärung für alle gleichzeitig durchgeführten Wahlen in einer Erklärung zusammengefasst werden kann.

(4) Der örtliche Wahlvorstand vermerkt auf dem Wahlausschreiben den ersten und den letzten Tag des Aushangs.

§ 49 Wahlvorschläge

[1]In den Wahlvorschlägen sind, soweit Sicherheitsgründe nicht entgegenstehen, auch die Dienststellen, bei denen die Bewerber beschäftigt sind, anzugeben. [2]Dem Wahlvorschlag ist für jeden Bewerber und für jeden Unterzeichner eine Bescheinigung des örtlichen Wahlvorstands über seine Aufnahme in das Wählerverzeichnis und über seine Gruppenzugehörigkeit beizufügen.

Abschnitt 2 Wahl des Hauptpersonalrats

§ 50 Entsprechende Anwendung der Vorschriften über die Wahl des Bezirkspersonalrats

(1) Für die Wahl des Hauptpersonalrats gelten die §§ 45 bis 49 entsprechend, soweit in den Absätzen 2 bis 4 nichts anderes bestimmt ist.

(2) Der Hauptwahlvorstand kann die bei den Mittelbehörden bestehenden Bezirkswahlvorstände beauftragen,

1. die von den örtlichen Wahlvorständen im Bereich der Mittelbehörde festzustellenden Zahlen der in der Regel Beschäftigten und ihre Verteilung auf die Gruppen zusammenzustellen,

2. die Zahl der im Bereich der Mittelbehörde in der Regel Beschäftigten getrennt nach Gruppen der Beamten und Arbeitnehmer sowie die Anteile der Frauen und Männer an den wahlberechtigten Beschäftigten innerhalb der Gruppen festzustellen,

3. die in § 46 Satz 2 Nummer 9 genannten Aufgaben zu übernehmen und hierüber eine besondere Niederschrift zu fertigen,

4. die bei den Dienststellen im Bereich der Mittelbehörde festgestellten Abstimmungsergebnisse zusammenzustellen, auf Grund der Wahlniederschriften und der mit diesen vorzulegenden Unterlagen zu prüfen und erforderlichenfalls zu berichtigen,

5. die Bekanntmachungen des Hauptwahlvorstands an die örtlichen Wahlvorstände im Bereich der Mittelbehörden weiterzuleiten.

(3) Im Falle des Absatzes 2 hat der Bezirkswahlvorstand

1. die örtlichen Wahlvorstände darüber zu unterrichten, dass die in Absatz 2 genannten Angaben an ihn zu senden sind,
2. über die Nachprüfung und die Zusammenstellung der Abstimmungsergebnisse eine Niederschrift zu fertigen,
3. dem Hauptwahlvorstand jeweils unverzüglich als Übergabeeinschreiben oder auf andere sichere Weise die in Absatz 2 Nummer 1 und 2 genannten Zusammenstellungen, die Niederschrift nach Absatz 2 Nummer 3 und die Niederschrift über die Prüfung und die Zusammenstellung der Abstimmungsergebnisse zu übersenden.

(4) ¹Besteht in einer Mittelbehörde bei der Wahl des Hauptpersonalrats kein Bezirkswahlvorstand, so hat auf Antrag des Hauptwahlvorstands der Bezirkspersonalrat drei wahlberechtigte Beschäftigte aus dem Geschäftsbereich der Mittelbehörde zum Bezirkswahlvorstand und einen von diesen zum Vorsitzenden des Bezirkswahlvorstands zu bestellen. ²Sind im Geschäftsbereich der Mittelbehörde Angehörige verschiedener Gruppen beschäftigt, so muss jede Gruppe im Bezirkswahlvorstand vertreten sein. ³Besteht bei einer Mittelbehörde kein Bezirkspersonalrat oder entspricht dieser dem Antrag des Hauptwahlvorstands auf Bestellung eines Bezirkswahlvorstands nicht, so hat auf Antrag des Hauptwahlvorstands der Leiter der Mittelbehörde den Bezirkswahlvorstand zu bestellen; die Sätze 1 und 2 gelten im Übrigen entsprechend. ⁴Für jedes Mitglied des Bezirkswahlvorstands können Ersatzmitglieder der jeweiligen Gruppe bestellt werden (§ 15 Absatz 3 des Gesetzes).

Abschnitt 3 **Wahl des Gesamtpersonalrats**

§ 51   **Entsprechende Anwendung von Vorschriften**

¹Für die Wahl des Gesamtpersonalrats gelten die Vorschriften der §§ 1 bis 44 entsprechend. ²Der Wahlvorstand für die Wahl des Gesamtpersonalrats kann die Personalräte der an der Wahl des Gesamtpersonalrats beteiligten Dienststellen beauftragen, jeweils für ihren Bereich örtliche Wahlvorstände zu bestellen. ³In diesem Falle gelten § 45 Absatz 2 und die §§ 46 bis 49 entsprechend mit der Maßgabe, dass der Wahlvorstand für die Wahl des Gesamtpersonalrats auf die Vorlage der in § 49 Satz 2 genannten Nachweise allgemein verzichten kann, wenn er sich auf andere Weise bei der Prüfung der Wahlvorschläge Gewissheit über die Eintragung der Unterzeichner der Wahlvorschläge und der Bewerber in das Wählerverzeichnis verschaffen kann.

Abschnitt 4 **Gleichzeitige Durchführung mehrerer Wahlen**

§ 52   **Verfahrensgrundsätze**

(1) ¹In den einzelnen Verwaltungszweigen sollen die Wahl des Hauptpersonalrats und die Wahl der Bezirkspersonalräte möglichst gleichzeitig stattfinden. ²Ebenso sollen die Wahl des Personalrats der einzelnen Dienststellen und die Wahl des Gesamtpersonalrats möglichst gleichzeitig durchgeführt werden. ³Die Wahlen des Personalrats und des Gesamtpersonalrats können auch gleichzeitig mit den Wahlen der Stufenvertretungen durchgeführt werden.

(2) Werden mehrere der in Absatz 1 genannten Wahlen gleichzeitig durchgeführt, gilt folgendes:
1. für alle Wahlen ist in jeder Dienststelle ein gemeinsames Wählerverzeichnis aufzustellen,
2. die Stimmabgabe ist für jede Wahl im Wählerverzeichnis in einer besonderen Spalte zu vermerken,
3. für jede Wahl sind besondere Stimmzettel und besondere Stimmzettelumschläge zu verwenden; sie müssen für jede Wahl von anderer Farbe sein und die Wahl, für die sie zu verwenden sind, einwandfrei bezeichnen,
4. für jede Wahl sind besondere Wahlurnen zu verwenden, die mit einem deutlich sichtbaren Hinweis auf die Wahl, für die sie verwendet werden, versehen sein müssen,
5. für jede Wahl ist eine besondere Wahlniederschrift zu fertigen,
6. das Abstimmungsergebnis für die Wahl des Hauptpersonalrats ist zuerst zu ermitteln, dann das Abstimmungsergebnis für die Wahl des Bezirkspersonalrats, dann das Abstimmungsergebnis für die Wahl des Gesamtpersonalrats; das Abstimmungsergebnis für die Wahl des Personalrats ist zuletzt zu ermitteln,
7. bei der Briefwahl ist in jedem Falle nur ein Wahlbriefumschlag zu verwenden; die in § 23 Absatz 3 Satz 4 Nummer 6 vorgeschriebene Erklärung kann für alle gleichzeitig durchgeführten Wahlen in einem Vordruck zusammengefasst werden,
8. liegt bei Briefwahl ein Zurückweisungsgrund nach § 23 Absatz 3 Satz 4 Nummer 3 bis 6 nur für einzelne Wahlen vor, so ist der Wahlbrief nur für diese Wahlen zurückzuweisen.

Teil 3 Wahl des Ausbildungspersonalrats und der Jugend- und Auszubildendenvertretung

§ 53 Wahl des Ausbildungspersonalrats

Auf die Vorbereitung und Durchführung der Wahl des Ausbildungspersonalrats finden die §§ 1 bis 44 entsprechende Anwendung.

§ 54 Wahl der Jugend- und Auszubildendenvertretung

(1) Sofern nicht nach § 62 Absatz 2 des Gesetzes eine Wahlversammlung stattfindet, finden auf die Vorbereitung und Durchführung der Wahl der Jugend- und Auszubildendenvertretung die §§ 1 bis 44 mit folgenden Maßgaben Anwendung:
1. die Mitglieder der Jugend- und Auszubildendenvertretung werden in gemeinsamer Wahl gewählt,
2. die Vorschriften über die Gruppenwahl gelten nicht,
3. dem Wahlvorstand muss mindestens ein nach § 9 des Gesetzes in den Personalrat wählbarer Beschäftigter angehören.

(2) [1]Erfolgt die Wahl nach § 62 Absatz 2 des Gesetzes in einer Wahlversammlung der wahlberechtigten Beschäftigten im Sinne von § 59 des Gesetzes, wird in geheimer Wahl mit Stimmzetteln nach den Grundsätzen der Mehrheitswahl auf Grund von Wahlvorschlägen, die aus der Mitte der Teilnehmer an der Wahlversammlung gemacht werden können, gewählt. [2]Die Einzelheiten des Wahlverfahrens bestimmt der Wahlvorstand in sinngemäßer Anwendung der Vorschriften über die Mehrheits-

wahl. ³Das Wahlergebnis ist unverzüglich nach Abschluss der Wahlhandlung in der Wahlversammlung festzustellen. ⁴Im Anschluss an die Wahlversammlung sind die Gewählten unverzüglich schriftlich zu benachrichtigen und ist das Wahlergebnis in der Dienststelle bekanntzumachen.

Teil 4 Schlussvorschriften

§ 55 Berechnung von Fristen

¹Auf die Berechnung der in dieser Wahlordnung bestimmten Fristen finden die §§ 186 bis 193 des Bürgerlichen Gesetzbuchs entsprechende Anwendung. ²Arbeitstage im Sinne dieser Wahlordnung sind die Wochentage Montag bis Freitag mit Ausnahme der gesetzlichen Feiertage, Heiligabend und Silvester.

§ 56 Inkrafttreten³

¹Diese Verordnung tritt am Tage nach ihrer Verkündung in Kraft. ²Gleichzeitig tritt die Wahlordnung zum Landespersonalvertretungsgesetz in der Fassung vom 3. Januar 1977 (GBl. S. 1), zuletzt geändert durch Artikel 2 der Verordnung vom 24. Juni 1991 (GBl. S. 480), außer Kraft.

---

3 Amtliche Fußnote: Diese Vorschrift betrifft das Inkrafttreten der Verordnung in der ursprünglichen Fassung vom 14. Oktober 1996 (GBl. S. 677).

Stichwortverzeichnis

Fettgedruckte Zahlen verweisen auf die §§ des Landespersonalvertretungsgesetzes, magere Zahlen auf die Randnummern.

Stichwortverzeichnis

Stichwortverzeichnis

Stichwortverzeichnis

Stichwortverzeichnis

Stichwortverzeichnis

Stichwortverzeichnis